DIREITO CIVIL
Parte Geral

O GEN | Grupo Editorial Nacional – maior plataforma editorial brasileira no segmento científico, técnico e profissional – publica conteúdos nas áreas de concursos, ciências jurídicas, humanas, exatas, da saúde e sociais aplicadas, além de prover serviços direcionados à educação continuada.

As editoras que integram o GEN, das mais respeitadas no mercado editorial, construíram catálogos inigualáveis, com obras decisivas para a formação acadêmica e o aperfeiçoamento de várias gerações de profissionais e estudantes, tendo se tornado sinônimo de qualidade e seriedade.

A missão do GEN e dos núcleos de conteúdo que o compõem é prover a melhor informação científica e distribuí-la de maneira flexível e conveniente, a preços justos, gerando benefícios e servindo a autores, docentes, livreiros, funcionários, colaboradores e acionistas.

Nosso comportamento ético incondicional e nossa responsabilidade social e ambiental são reforçados pela natureza educacional de nossa atividade e dão sustentabilidade ao crescimento contínuo e à rentabilidade do grupo.

1

DIREITO CIVIL
Parte Geral

SÍLVIO DE SALVO **VENOSA**

25ª edição — revista, atualizada e ampliada

- O autor deste livro e a editora empenharam seus melhores esforços para assegurar que as informações e os procedimentos apresentados no texto estejam em acordo com os padrões aceitos à época da publicação, e todos os dados foram atualizados pelo autor até a data de fechamento do livro. Entretanto, tendo em conta a evolução das ciências, as atualizações legislativas, as mudanças regulamentares governamentais e o constante fluxo de novas informações sobre os temas que constam do livro, recomendamos enfaticamente que os leitores consultem sempre outras fontes fidedignas, de modo a se certificarem de que as informações contidas no texto estão corretas e de que não houve alterações nas recomendações ou na legislação regulamentadora.

- Fechamento desta edição: *08.11.2024*

- O Autor e a editora se empenharam para citar adequadamente e dar o devido crédito a todos os detentores de direitos autorais de qualquer material utilizado neste livro, dispondo-se a possíveis acertos posteriores caso, inadvertida e involuntariamente, a identificação de algum deles tenha sido omitida.

- **Atendimento ao cliente:** (11) 5080-0751 | faleconosco@grupogen.com.br

- Direitos exclusivos para a língua portuguesa
  Copyright © 2025 by
  Editora Atlas Ltda.
  Uma editora integrante do GEN | Grupo Editorial Nacional
  Travessa do Ouvidor, 11
  Rio de Janeiro – RJ – 20040-040
  www.grupogen.com.br

- Reservados todos os direitos. É proibida a duplicação ou reprodução deste volume, no todo ou em parte, em quaisquer formas ou por quaisquer meios (eletrônico, mecânico, gravação, fotocópia, distribuição pela Internet ou outros), sem permissão, por escrito, da Editora Atlas Ltda.

- Capa: Danilo Oliveira

- **CIP-BRASIL. CATALOGAÇÃO NA PUBLICAÇÃO**
  SINDICATO NACIONAL DOS EDITORES DE LIVROS, RJ

V575d
25. ed.
v. 1

Venosa, Sílvio de Salvo
Direito civil : parte geral / Sílvio de Salvo Venosa. - 25. ed. - Barueri [SP]: Atlas, 2025.
560 p. ; 24 cm. (Direito civil ; 1)

Continua com: Direito civil : obrigações e responsabilidade civil ,v. 1
Apêndice
Inclui índice remissivo
ISBN 978-65-5977-667-2

1. Direito civil - Brasil. I. Título. II. Série.

24-94561   CDU: 347.12(81)

Meri Gleice Rodrigues de Souza - Bibliotecária - CRB-7/6439

In memoriam,
a Luiz Venosa e Anna Elisa,
meus pais.

SOBRE O AUTOR

Foi juiz no Estado de São Paulo por 25 anos. Aposentou-se como membro do extinto Primeiro Tribunal de Alçada Civil, passando a integrar o corpo de profissionais de grande escritório jurídico brasileiro. Atualmente é sócio consultor desse escritório. Atua como árbitro em entidades nacionais e estrangeiras. Redige pareceres em todos os campos do Direito Privado. Foi professor em várias faculdades de Direito no Estado de São Paulo. É professor convidado e palestrante em instituições docentes e profissionais em todo o País. Membro da Academia Paulista de Magistrados. Autor de diversas obras jurídicas.

PREFÁCIO

A civilística brasileira, com o lançamento desta obra, encontra-se enriquecida de maneira toda especial.[1]

Sílvio Venosa, magistrado e professor de Direito em São Paulo, lançou-se a empreendimento excepcionalmente árduo, ao assumir a tarefa de escrever, *ex professo*, com mão de mestre e pena agigantada, sobre todo o Direito Civil brasileiro. A tarefa de escrever bem é sabidamente pesada, que exige de quem o faz dedicação que foge ao comum dos trabalhos da vida, supondo uma preparação prévia, a seu turno, igualmente penosa e, possivelmente, acima de tudo, dotes intelectuais privilegiados.

Esta obra, entretanto, contém méritos que a colocam diferenciadamente em nosso cenário jurídico.

A empreitada levada parcialmente a cabo, com este primeiro volume, revelou qualidades excepcionais de seu autor. Foram suas grandes virtudes de jurista e de trabalhador infatigável que viabilizaram a confecção da obra, em seu primeiro volume, com as características que a enformam e lhe conferem conteúdo notável.

Aponte-se, em primeiro lugar, a luminosa clareza do texto, predicado essencial à transmissão de qualquer ciência, por meio do qual tanto estudantes quanto advogados, juízes, membros do Ministério Público e, bem assim, professores e especialistas encontrarão ideias limpidamente comunicadas, sem qualquer jaça.

Em segundo lugar, remarque-se a ampla abrangência da matéria tratada. Na verdade, encontramo-nos diante de trabalho que contém, na Parte I, perfeita e adequada "Introdução ao Direito Civil", fornecidos que foram todos os elementos propedêuticos e úteis (conceituais, históricos, filosóficos, teóricos e técnicos) à compreensão do que seja o Direito Civil, atualmente, e tendo em vista a perspectiva de sua evolução histórica. Nessa parte se encartam, outrossim, referências aos mais variados sistemas jurídicos, a ensejar a concretização consciente de que o direito brasileiro deve ser, também, analisado nesse contexto mais amplo do direito comparado. Seguem-se lições respeitantes ao sentido e à função, para o direito, da *codificação*, complementadas com a referência às principais obras legislativas existentes, que têm servido de modelo a países menos desenvolvidos culturalmente, como ainda é o Brasil.

Na Parte II, defrontamo-nos com a exposição sistematizada da "Teoria Geral do Direito Civil", em que despontam facetas que peculiarizam este livro, outorgando-lhe merecimento invejável. O autor expõe o Direito Civil de forma extremamente minuciosa, não se esquecendo o eminente especialista de fazer acompanhar sua exposição de referências, apropriadas e precisas, a suas fontes históricas, vale dizer, ao Direito Romano, permeando com essa mesma

---

[1] Este prefácio foi escrito por ocasião do lançamento da edição de 1984 deste livro.

metodologia todo o texto, rico e claro, analítico, no qual comparece o dever de análise, e sintético, em que é recomendável a síntese.

Mostra-se-nos um jurista envergado e solidamente apropriado dos mais atuais elementos de informação, primando pelo cuidado em abordar assuntos que muitas vezes são deixados na sombra, mas que, na realidade, são possivelmente os que demandam maior tratamento. Assim, *e.g.*, no esmiuçamento da pessoa jurídica, são expostas as diversas concepções existentes, visualização esta que é altamente elucidativa, para se poder compreender sua função nos sistemas jurídicos, não se eximindo o autor de encerrar o capítulo com sua conclusão pessoal, atitude esta que marca todo o texto. Neste tema, não lhe escapou o tratamento dos chamados "grupos com personificação anômala" (Parte II, seção 14.6.2), ponto pouquíssimo versado, mas que no cotidiano da vida e da vivência diária dos Tribunais apresenta problemas crescentes e bastante graves, precisamente pela novidade que oferta essa problemática, acompanhada, entretanto, de pouco esclarecimento. No tema responsabilidade civil, considera, com toda a propriedade, a "aplicação da teoria do risco administrativo" ao Direito Civil (Parte II, seção 14.8.3), uma vez que aumenta, patente, quantitativa e qualitativamente, o espectro da responsabilidade civil, somando-se outras hipóteses à responsabilidade civil, calcada na culpa ou no dolo, e, por isso mesmo, impendendo que se expliquem e se justifiquem os fundamentos, em decorrência dos quais foi hipertrofiada essa responsabilidade. Ainda merece decidido aplauso o que foi escrito a respeito da "desconsideração da pessoa jurídica" (Parte II, seção 14.14), assunto praticamente omitido de nossa literatura ordinária e, muitas vezes, até mesmo de Tratados. Esse assunto revela-se de suprema importância, pela atualidade e complexidade extremamente intricada dos problemas que tem suscitado e que, precisamente pela pouca informação existente, deixa perplexos os profissionais do Direito, sem padrões seguros para enquadrar essa realidade anômala e polimorfa em uma equação jurídica e justa.

Não se esquivou o ilustre privatista de nos fornecer, em virtude desse novo quadro de problemas insondados da realidade contemporânea, o favor generoso de seu talento criativo, posto a serviço do Direito e da Justiça, apto a dilucidar esses temas novos, especialmente intricados. Expõe de forma cintilante o estágio atual da doutrina, haurida especialmente em fontes externas, nesses passos, mercê do que, em face de tais novidades, obturam-se algumas lacunas que existem em nossa literatura e se instrumentam estudiosos e Tribunais com elementos mais idôneos à solução dos muitos conflitos que se instauram a propósito. Revela-se, então, expositor corajoso e criativo, não abdicando, diante de quaisquer dos caminhos menos cômodos, de os trilhar, senão que transpõe sobranceira e bem-sucedidamente essas difíceis novas estradas, reveladoras dos caminhos conducentes à solução de farto temário, quase ausente da civilística clássica. Ostenta-se, assim, de uma parte, como obra não só emergida da informação clássica, mas também renovada em sua ambição de exaurir os meandros mais complexos e menos visíveis do Direito Civil atual, com o que, por certo, exercerá função renovadora, por essa sua modernidade, característica dos trabalhos mais notáveis.

Outro ponto alto do livro é o cuidado com que enfocou o tema do negócio jurídico. Na mesma altitude, prossegue a análise dos rotineiramente chamados vícios do ato jurídico (Parte II, Capítulos 22 a 26), com toda a propriedade corretamente designados vícios dos negócios jurídicos.

Foca esse campo infindamente complexo, maculador da vontade negocial, fornecendo no texto notícia exata de todas as minúcias que, muitas vezes, escapam aos melhores escritores. Essa totalização do autor sobre os assuntos abordados, inclusive este, demonstra o quanto de esforço despendeu o civilista, ajudado por seu tato de jurisconsulto. A exposição oriunda de tal esforço, no entanto, é de clareza meridiana, o que, a seu turno, ainda que descontadas as qualidades pessoais, no particular, terá representado outro tanto de cansaço e dedicação. Vale dizer, trata-se de obra, a um tempo, profunda e densa, mas cujo texto é transparente em sua linguagem, como já se disse, a qual translucidamente nos comunica conceitos exatos, mercê da precedente e exata compreensão por parte daquele que os emite.

O ilustre professor e magistrado de São Paulo mostra-se nesta sua obra, por intermédio deste volume inaugural, como jurisconsulto completo, embora estreante nas letras jurídicas, mas o faz, seguramente, à semelhança do que o fazia o artesão medieval, ou seja, com sua obra-prima. Ao pretender o trabalhador da Idade Média ingressar numa corporação, havia de apresentar um trabalho que viria a ser seu primeiro publicamente considerado, com suas qualidades especialmente mensuradas, para o fim de ser admitido como mestre. Por certo, dedicava-se tanto o artesão a tal obra, com "cuidados artesanais", que, por transposição de sentido, do cronológico para o valorativo, essa *obra-prima*, tendo originariamente significação estritamente cronológica – primeira obra feita para a admissão entre os artesãos-mestres –, passou a revestir-se do sentido de sua obra perfeita. É esse, aceita a imagem, precisamente o caso do Prof. Sílvio Venosa, que, com seu tomo inicial, comparece no mundo jurídico brasileiro com sua *primeira obra-prima*, porque a ela se dedicou tal como o trabalhador medieval e, por isso, enfileira-se, definitivamente, entre nossos melhores civilistas.

Diga-se, ademais, que o Prof. Sílvio Venosa é homem de larga cultura jurídica, o que, ainda, vem situá-lo em posição de notório destaque. Ou seja, a exposição do Direito Civil, ao longo deste primeiro volume, demonstra, além de um civilista altamente qualificado, um cultor da ciência jurídica, justamente por sediar os institutos e os conceitos de Direito Civil em contextura mais iluminadora, dado que recorre a recursos outros que não os estritamente confinados ao *ius civile*; vale dizer, utilizou-se dos instrumentos da filosofia do Direito e da teoria geral do Direito.

Ainda nessa trilha de realizar algo de efetivamente completo, significativo de metodologia exemplar e abrangente, vemos ao longo de todo o trabalho inúmeras decisões de nossos Tribunais, com o que se mostra um escritor ligado intensamente à *práxis* jurisprudencial do Direito, cujo conhecimento é imprescindível para desenvolver qualquer exposição autenticamente útil. A carência de conhecimento de jurisprudência é o fato que, segura e certamente, levará à ausência de exatidão na exegese dos textos e, eventualmente, a desvios da exposição doutrinária. E tal ocorre porque a doutrina tem, necessariamente, de conhecer a realidade empírica do Direito, pois este é, por excelência, uma ciência prática, voltada para regrar as condutas das pessoas no mundo empírico e real, e são os Tribunais que conferem às normas sua expressão final, equalizando-as em função da realidade da época em que são emitidos os pronunciamentos jurisprudenciais.

Esta obra, cuja leitura é recomendada com ênfase, contém todos os atributos necessários para tornar-se um clássico do Direito Civil contemporâneo. Fazemos votos sinceros de que este profícuo trabalho prossiga em seus ulteriores volumes, e que ao Prof. Sílvio Venosa não faltem o ânimo e a disposição para dar consecução à tarefa assumida, pois, vindo à luz este volume, já é devedor, em nossos meios jurídicos, dos outros de sua obra, que, seguramente, será aguardada com a maior das expectativas provocadas pela leitura desta parte, ora publicada.

Arruda Alvim
Professor do Curso de Mestrado
e Doutorado em Direito Civil da Pontifícia Universidade
Católica de São Paulo. Desembargador Aposentado
do Tribunal de Justiça de São Paulo.

SUMÁRIO

Parte I
Introdução ao Direito Civil

1 Introdução ao Direito Civil 3
   1.1 Tipicidade 5

2 Fontes do Direito 7
   2.1 Lei 8
      2.1.1 Classificação das leis 9
   2.2 Costume 12
   2.3 Doutrina 14
   2.4 Jurisprudência 15
   2.5 Analogia 17
   2.6 Princípios gerais de direito 18
   2.7 Equidade 19

3 Direito Romano 21
   3.1 Direito Romano – compreensão e importância 21
   3.2 Fases do Direito Romano – sua divisão 22
      3.2.1 Período Régio 23
      3.2.2 Período da República 24
      3.2.3 Período do Principado 31
      3.2.4 Período da Monarquia Absoluta 33
   3.3 Sistema do *ius civile* 33
   3.4 Sistema do *ius gentium* 35
   3.5 Codificação de Justiniano – outras codificações 36
      3.5.1 Código 37
      3.5.2 *Digesto* 38
      3.5.3 *Institutas* 40
      3.5.4 *Novelas* 40
      3.5.5 Características e importância geral da compilação de Justiniano 41
      3.5.6 Destino da codificação de Justiniano 41
   3.6 Direito Romano e moderno Direito Civil brasileiro 42

4 Direito Civil ... 43
- 4.1 Direito privado em face do direito público ... 43
- 4.2 Direito Civil como um ramo do direito privado ... 45
- 4.3 Importância do Direito Civil ... 47
- 4.4 Objeto do Direito Civil ... 48
- 4.5 Fontes do Direito Civil ... 49

5 Sistemas Jurídicos ... 51
- 5.1 O que se entende por sistema jurídico ... 51
- 5.2 Por que estudar os fundamentos dos vários sistemas jurídicos ... 52
- 5.3 Sistemas jurídicos no mundo contemporâneo ... 53
  - 5.3.1 Introdução ao sistema romano-germânico ... 53
  - 5.3.2 *Common law* ... 54
  - 5.3.3 Relações entre o sistema romano-germânico e o *common law* ... 57
  - 5.3.4 Direitos socialistas ... 58
  - 5.3.5 Sistemas filosóficos e religiosos – direito chinês e direito japonês ... 59
- 5.4 Sistema romano-germânico: características ... 61
  - 5.4.1 Universidades ... 61
  - 5.4.2 Dos costumes à codificação ... 63
  - 5.4.3 Novas tendências ... 64

6 Codificação ... 67
- 6.1 Introdução ... 67
  - 6.1.1 Efeitos positivos e negativos da codificação ... 68
  - 6.1.2 Novos rumos da codificação ... 69
- 6.2 Código de Napoleão ... 70
- 6.3 Código alemão (BGB) ... 71
- 6.4 Outras codificações do século XX ... 72
- 6.5 Técnicas da codificação ... 73

7 Direito Civil Brasileiro ... 75
- 7.1 Direito Civil antes do Código ... 75
- 7.2 As várias tentativas de codificação ... 76
- 7.3 Código Civil brasileiro de 1916 ... 77
- 7.4 Tentativas de reforma legislativa ... 78

8 Lei de Introdução às Normas do Direito Brasileiro ... 81
- 8.1 A Lei de Introdução ... 81
- 8.2 A lei e sua obrigatoriedade ... 82
- 8.3 *Vacatio legis*. Vigência ... 83
- 8.4 Modificação ou revogação da lei ... 84
- 8.5 Ninguém se escusa de cumprir a Lei, alegando que não a conhece (art. 3º da Lei de Introdução) ... 86
- 8.6 Aplicação da lei. Analogia, costumes, princípios gerais de Direito ... 87
- 8.7 Os fins sociais da lei e as exigências do bem comum ... 89
- 8.8 Ato jurídico perfeito, direito adquirido e coisa julgada ... 91

Parte II
Teoria Geral do Direito Civil

9	Sujeitos de Direito (I) – Direito Romano	99
9.1	Pessoa natural	99
9.2	Ser humano sujeito de direito – *status libertatis*	100
	9.2.1 Escravidão	101
	9.2.2 Condição de liberto – Patronato	102
9.3	*Status civitatis*	103
9.4	*Status familiae*	104
10	Sujeitos de Direito (II)	105
10.1	Pessoa natural	105
10.2	Começo da personalidade natural	107
	10.2.1 Condição do nascituro	109
10.3	Incapacidades. Absoluta e relativa. Exclusão do ausente do rol de incapacidades	111
	10.3.1 Menores de 16 anos	114
	10.3.2 A deficiência mental. O Estatuto da Pessoa com Deficiência	115
	10.3.3 Incapacidade transitória	116
10.4	Incapacidade relativa. Maiores de 16 e menores de 18 anos	116
	10.4.1 Pródigos	117
	10.4.2 Ébrios, toxicômanos, deficientes mentais e os excepcionais sem desenvolvimento mental completo	118
	10.4.3 Surdos-mudos. Deficientes visuais. Perspectivas no atual Código	119
10.5	Proteção aos incapazes (*leitura adicional*)	119
10.6	Silvícolas (*leitura adicional*)	120
10.7	Emancipação	121
10.8	Ausência no atual Código	125
10.9	Fim da personalidade natural. A morte presumida no Código Civil de 2002	126
	10.9.1 Comoriência	131
	10.9.2 Momento da morte	133
10.10	Estado das pessoas	134
10.11	Atos do registro civil	136
	10.11.1 Nascimentos	138
	10.11.2 Óbitos	140
	10.11.3 Emancipação, interdição e ausência	140
	10.11.4 Considerações finais	140
11	Direitos da Personalidade. Nome Civil das Pessoas Naturais	143
11.1	Direitos da personalidade. Noção e compreensão	143
	11.1.1 Direitos da personalidade. Características. Enumeração	144
	11.1.2 Tutela dos direitos da personalidade	146
	11.1.3 Legitimidade para a tutela dos direitos da personalidade	147

11.1.4 Proteção da imagem, nome, privacidade e outros aspectos afins 149
11.1.5 Direito ao próprio corpo 154
11.1.6 Pessoa jurídica e direitos da personalidade 156
11.2 Nome civil das pessoas naturais 158
11.2.1 Origens históricas 159
11.2.2 Natureza jurídica 160
11.2.3 Elementos integrantes do nome 160
11.2.4 Nome: prenome e sobrenome. Possibilidade de alteração 162
11.2.4.1 Alteração do nome da mulher e do marido 169
11.2.4.2 Redesignação do estado sexual e mudança de prenome 170
11.2.5 Proteção do nome 173

12 Domicílio 177
12.1 Domicílio no Direito Romano 178
12.2 Domicílio, residência e moradia 178
12.3 Unidade, pluralidade, falta e mudança de domicílio 180
12.4 Importância do domicílio 182
12.5 Espécies de domicílio 183
12.5.1 Domicílio de eleição (foro de eleição) 186
12.6 Domicílio da pessoa jurídica 188

13 Pessoas Jurídicas no Direito Romano 191
13.1 Pessoa jurídica – introdução 191
13.2 Pessoa jurídica no Direito Romano 191
13.3 Principais pessoas jurídicas 192
13.4 Capacidade das pessoas jurídicas no Direito Romano 193

14 Pessoas Jurídicas 195
14.1 Introdução 195
14.2 Denominação 196
14.3 Requisitos para a constituição da pessoa jurídica 197
14.4 Natureza da pessoa jurídica 198
14.4.1 Doutrinas da ficção 198
14.4.2 Doutrinas da realidade 199
14.4.3 Doutrinas negativistas 200
14.4.4 Doutrina da instituição 201
14.4.5 Conclusão 201
14.5 Capacidade e representação da pessoa jurídica 202
14.6 Classificação das pessoas jurídicas 204
14.6.1 Pessoas jurídicas de direito privado 205
14.6.2 Grupos com personificação anômala 207
14.7 Patrimônio como elemento não essencial da pessoa jurídica 210
14.8 Responsabilidade civil das pessoas jurídicas 211
14.8.1 Evolução doutrinária da responsabilidade civil da Administração 214

		14.8.2	Art. 15 do Código Civil de 1916. Art. 43 do Código Civil de 2002	216
		14.8.3	Aplicação da teoria do risco administrativo	218
		14.8.4	Responsabilidade por atos legislativos e judiciais	219
		14.8.5	Reparação do dano: a ação de indenização	220
	14.9	Nacionalidade das pessoas jurídicas		220
	14.10	Começo da existência legal da pessoa jurídica		221
		14.10.1	Registro da pessoa jurídica	222
	14.11	Sociedades e associações		223
		14.11.1	Associações	224
		14.11.2	Organizações religiosas e partidos políticos	233
	14.12	Fundações		234
	14.13	Transformações e extinção da pessoa jurídica		239
	14.14	Desconsideração da pessoa jurídica		242

15 Bens em Direito Romano 249

	15.1	Introdução		249
	15.2	As coisas *in patrimonio*		249
		15.2.1	*Res mancipie* e *res nec mancipi*	249
		15.2.2	Coisas corpóreas e coisas incorpóreas	250
		15.2.3	Móveis e imóveis	250
	15.3	Coisas *extra patrimonium*		251
		15.3.1	*Res humani iuris*	251
		15.3.2	*Res divini iuris*	251
	15.4	Divisões modernas de bens		252
	15.5	Patrimônio		252

16 Os Bens e sua Classificação 255

	16.1	Bens e coisas: objeto do direito		255
	16.2	Bens corpóreos e incorpóreos		256
	16.3	Móveis e imóveis		257
		16.3.1	Regime dos bens imóveis	257
		16.3.2	Regime dos bens móveis	262
	16.4	Bens fungíveis e infungíveis		263
	16.5	Bens consumíveis e não consumíveis		266
	16.6	Bens divisíveis e indivisíveis		267
	16.7	Bens singulares e coletivos		269
	16.8	Bens reciprocamente considerados: principais e acessórios. Pertenças		270
		16.8.1	Frutos, produtos e rendimentos	274
		16.8.2	Benfeitorias	274
	16.9	Bens públicos e particulares		276
	16.10	Bens que estão fora do comércio		278
	16.11	Os animais		279

17 Fatos, Atos e Negócios Jurídicos 281

	17.1	Introdução: os fatos jurídicos	281

17.2	Negócio jurídico	284
	17.2.1 Classificação dos negócios jurídicos	285
17.3	Atos jurídicos no Direito Romano	286

18 Aquisição, Modificação, Defesa e Extinção dos Direitos ... 289

18.1	Aquisição dos direitos	289
	18.1.1 Direitos atuais e direitos futuros	290
	18.1.2 Direitos eventuais	291
	18.1.3 Expectativas de direito	291
	18.1.4 Direitos condicionais	292
	18.1.5 Direitos potestativos	293
18.2	Modificação dos direitos	294
18.3	Defesa dos direitos	295
	18.3.1 Legítimo interesse: condições da ação	297
18.4	Extinção dos direitos	298

19 Fenômeno da Representação no Direito: Conceito e Espécies ... 301

19.1	Conceito	301
19.2	Evolução histórica da representação	302
19.3	Figura do núncio	302
19.4	Representação legal e voluntária	303
19.5	Efeitos da representação	306

20 Elementos do Negócio Jurídico. Planos de Existência e Validade ... 309

20.1	Elementos, pressupostos e requisitos	309
20.2	Vontade e sua declaração	310
	20.2.1 Elementos constitutivos da declaração de vontade	312
	20.2.2 Silêncio como manifestação de vontade	313
20.3	Capacidade do agente	314
	20.3.1 Legitimação	315
20.4	Forma	316
20.5	Objeto	318
20.6	Causa	320

21 Interpretação dos Negócios Jurídicos ... 323

21.1	Sentido da interpretação dos negócios jurídicos	323
21.2	Interpretação no Código Civil. A boa-fé	324

22 Defeitos dos Negócios Jurídicos – O Erro ... 333

22.1	Defeitos dos negócios jurídicos	333
22.2	Erro ou ignorância	335
22.3	Escusabilidade do erro	337
22.4	Erro substancial e erro acidental	338
22.5	Erro consistente numa falsa causa	340
22.6	Erro de fato e erro de direito	340

22.7	Art. 141 do Código Civil	341
22.8	Art. 142 do Código Civil	342
22.9	Erro de cálculo	342
22.10	Aceitação da manifestação de vontade errônea pelo declaratário	343
22.11	Erro e vícios redibitórios	344
22.12	Erro sobre o valor	344
22.13	Consequências da anulação do negócio por erro – interesse negativo	345

23 Dolo ... 347

23.1	Conceito	347
23.2	Erro e dolo	349
23.3	Dolo e fraude	349
23.4	Requisitos do dolo	349
	23.4.1 Dolo essencial e dolo acidental	350
	23.4.2 *Dolus bonus* e *dolus malus*	351
23.5	Dolo positivo e dolo negativo	353
23.6	Dolo de terceiro: diferença de tratamento da coação praticada por terceiro no Código de 1916	355
23.7	Dolo do representante	358
23.8	Dolo de ambas as partes	359

24 Coação e Estado de Perigo ... 361

24.1	Conceito	361
24.2	Requisitos da coação	363
	24.2.1 Essencialidade da coação	363
	24.2.2 Intenção de coagir	364
	24.2.3 Gravidade do mal cominado	364
	24.2.4 Injustiça ou ilicitude da cominação	365
	24.2.5 Dano atual ou iminente	366
	24.2.6 Justo receio de prejuízo igual, pelo menos, ao decorrente do dano extorquido. A posição do atual Código	366
	24.2.7 Ameaça de prejuízo à pessoa ou bens da vítima, ou pessoas de sua família	367
24.3	O temor reverencial	368
24.4	Coação por parte de terceiros	369
24.5	Estado de necessidade ou estado de perigo. Situações afins	370

25 Lesão ... 373

25.1	Introdução	373
25.2	Noção histórica	373
25.3	Conceito e requisitos	375
25.4	Lesão e lei de proteção à economia popular. Código de Defesa do Consumidor	379
25.5	Procedimento judicial	380
25.6	Renúncia antecipada à alegação de lesão	380
25.7	Prazo prescricional	381

26 Fraude contra Credores ... 383
- 26.1 Introdução ... 383
- 26.2 Noção histórica ... 384
- 26.3 Fraude em geral ... 384
- 26.4 Fraude contra credores ... 385
  - 26.4.1 Requisitos ... 387
  - 26.4.2 Ação pauliana ... 391
- 26.5 Casos particulares estatuídos na lei ... 393
  - 26.5.1 Outros casos particulares de fraude contra credores ... 396
- 26.6 Fraude de execução ... 397
- 26.7 Ação revocatória falencial ... 400
- 26.8 Conclusão ... 400

27 Elementos Acidentais dos Negócios Jurídicos: Condição, Termo e Encargo ... 401
- 27.1 Introdução – elementos acidentais do negócio jurídico ... 401
- 27.2 Condição ... 402
  - 27.2.1 Condições lícitas e ilícitas ... 403
  - 27.2.2 Condição perplexa e potestativa ... 405
  - 27.2.3 Condição impossível no Código de 1916 ... 407
    - 27.2.3.1 Condições que invalidam o negócio jurídico no atual Código ... 408
  - 27.2.4 Condição resolutiva e condição suspensiva ... 409
  - 27.2.5 Implemento ou não implemento das condições por malícia do interessado. Frustração da condição ... 414
  - 27.2.6 Retroatividade da condição ... 416
  - 27.2.7 Condição e pressuposição ... 417
- 27.3 Termo ... 417
  - 27.3.1 O prazo ... 419
- 27.4 Encargo ... 420

28 Invalidade dos Negócios Jurídicos ... 425
- 28.1 Introdução ao estudo das nulidades do negócio jurídico ... 425
- 28.2 Nulidade ... 426
  - 28.2.1 Conversão do negócio jurídico ... 433
- 28.3 Anulabilidade ... 434
  - 28.3.1 Ratificação ou confirmação dos negócios anuláveis ... 437
- 28.4 Distinção entre negócios nulos e negócios anuláveis ... 438
- 28.5 Problemática da inexistência dos negócios jurídicos ... 439

29 Simulação ... 441
- 29.1 Conceito ... 441
- 29.2 Requisitos ... 443
- 29.3 Espécies de simulação ... 445
- 29.4 Simulação absoluta e simulação relativa ... 447

29.5	Simulação maliciosa e simulação inocente		449
29.6	Síntese da simulação no direito atual		451
29.7	Simulação e defeitos afins. Reserva mental. Reserva mental no Código de 2002		452
	29.7.1	Reserva mental	453
29.8	Ação de simulação		455
29.9	Prova da simulação		458

30 Atos Ilícitos. Introdução. Abuso de Direito 461

30.1	Responsabilidade civil, responsabilidade contratual e extracontratual		461
30.2	Elementos da responsabilidade extracontratual (extranegocial) ou aquiliana		464
30.3	Exclusão ou diminuição da responsabilidade		469
30.4	Abuso de direito		472
	30.4.1	Conceito de abuso de direito	473
	30.4.2	Alguns exemplos significativos de abuso de direito	474
	30.4.3	Aplicação da teoria do abuso em nosso direito	476
	30.4.4	Abuso de Direito no atual Código Civil	477

31 Prescrição e Decadência 479

31.1	Influência do tempo nas relações jurídicas		479
31.2	Prescrição extintiva e prescrição aquisitiva		480
31.3	Síntese histórica da prescrição		481
31.4	Conceito e requisitos da prescrição		481
	31.4.1	Ações imprescritíveis	483
	31.4.2	Prescrição e decadência	484
	31.4.3	Disposições legais sobre a prescrição	489
	31.4.4	Impedimento, suspensão e interrupção da prescrição	492
31.5	Prescrição e decadência no Código Civil de 2002. A nova decadência		502

32 Forma e Prova dos Negócios Jurídicos 507

32.1	Conceito, valor e função da forma		507
	32.1.1	Escritura pública e instrumento particular	511
32.2	Prova dos negócios jurídicos		512
	32.2.1	Meios de prova	513
	32.2.2	Confissão	514
	32.2.3	Atos processados em juízo	515
	32.2.4	Documentos públicos ou particulares	516
	32.2.5	A prova testemunhal	517
	32.2.6	Presunções e indícios	520
	32.2.7	A perícia. A inspeção judicial	522

Bibliografia 525

Índice remissivo 531

Parte I
INTRODUÇÃO AO DIREITO CIVIL

1

INTRODUÇÃO AO DIREITO CIVIL

A realidade em torno do ser humano pode ser considerada sob três formas: o mundo da natureza, o mundo dos valores e o mundo da cultura. Esses três aspectos dão ordem ao caos que nos rodeia.

O *mundo da natureza* compreende tudo quanto existe independentemente da atividade humana. Nesse plano vigora o princípio da causalidade, que rege as leis naturais as quais não comportam exceção, não podendo ser violadas.

As leis naturais são as leis do ser. Uma vez ocorridas determinadas circunstâncias, decorrerão inexoravelmente determinados efeitos. É o universo das ciências exatas.

No *mundo dos valores*, atribuímos certos significados, qualidades aos fatos e coisas que pertencem a nosso meio, a nossa vida. A tudo que nos afeta, direta ou indiretamente, atribui-se um *valor*. A atribuição de valor às coisas da realidade constitui uma necessidade vital. O homem em sociedade sente necessidade de segurança, trabalho, cooperação, lazer, política, estética, moral, religiosidade. Todas essas necessidades são valoradas pela conduta humana. Trata-se, portanto, do aspecto axiológico.

Ao afirmarmos que determinada pessoa ou coisa é boa ou má, é simpática ou antipática, nada mais fazemos do que lhe atribuir um valor; esse valor é pessoal, podendo não ser o mesmo atribuído por outrem ou por uma coletividade. Trata-se do universo axiológico. Uma conduta que não era considerada crime no passado, pode ser assim considerada no presente e poderá se alterar no futuro. O universo axiológico é mutável porque transformam-se os valores da sociedade e de cada sociedade. Uma conduta legalmente proibida aqui, poderá não ser proibida alhures.

A conduta humana não pode prescindir de uma escala de valores a reger os atos, as ações socialmente aceitáveis ou inaceitáveis, de acordo com a opinião dessa mesma sociedade. O fato de o ser humano atribuir valor a sua realidade é vital para satisfazer a suas próprias necessidades. Se não tivéssemos continuamente carências, não haveria necessidade de uma escala de valores.

Por outro lado, o *mundo da cultura* é o mundo das realizações humanas.

À medida que a natureza se mostra insuficiente para satisfazer às necessidades do ser humano, quando sente a falta de abrigo, de instrumentos, de viver com outros seres semelhantes, ou de alijar outros dessa mesma convivência, passa o homem a agir sobre os dados da natureza, por meio dos valores, isto é, necessidades para sua existência, criando uma realidade que é produto seu, resultado de sua criatividade.

Esta breve introdução serve para posicionar o Direito como pertencente ao mundo da cultura. Nesse mundo cultural, o indivíduo criou vários processos de adaptação, esforçando-se para a realização dos seus valores. Não pretendemos aqui explicar a ciência do Direito ou o Direito em si, nem é objeto dessa disciplina. É necessário, no entanto, fixar os primeiros passos, para posicionar esse estudo.

A referida cultura abrange tanto a cultura material como a cultura espiritual. Uma pintura, uma obra literária ou arquitetônica, uma poesia são bens culturais. A intenção com que foram criadas é que as faz produtos da cultura humana.

A atividade valorativa ou axiológica orientada para realizar a ordem, a segurança e a paz social fazem surgir o Direito, posicionado no mundo da cultura.

O Direito constitui inexoravelmente uma realidade histórica, trata-se de um dado ou movimento contínuo, provém da experiência. Só há uma história e só pode haver uma acumulação de experiência valorativa na sociedade. Não existe Direito fora da sociedade (*ubi societas, ibi ius*, onde existe a sociedade, existe o direito).

Daí dizer-se que no Direito existe o fenômeno da *alteridade*, isto é, da relação jurídica. Só pode haver direito onde o ser humano, além de viver, *convive*. Um sujeito que vive só, em uma ilha deserta, não é alcançado, em princípio, pelo Direito, embora esse aspecto modernamente também possa ser colocado em dúvida, mormente na área do direito ambiental. Há, portanto, particularidades que distinguem a ciência do Direito das demais. No Direito, como nas ciências sociais em geral, nada é, tudo pode ser. O direito que se mostra o mais absoluto também é relativo.

O Direito disciplina condutas, impondo-se como princípio da vida social. Leva as pessoas a relacionarem-se por meio de liames de várias naturezas, comprometendo-se entre si. Já acenamos, nesse aspecto, portanto, com a existência da obrigação jurídica.

Para que exista essa disciplina social, para que as condutas não tornem a convivência inviável, surge o conceito de *norma jurídica*.

A norma é a expressão formal do Direito, disciplinadora das condutas e enquadrada no Direito.

Pelo que até aqui se expôs, há de se perceber a diferença marcante entre o "ser" do mundo da natureza e o "deve ser" do mundo jurídico: um metal aquecido a determinada temperatura muda do estado sólido para o líquido. Essa disposição da natureza é imutável. O homem que comete delito de homicídio "deve ser" punido. Pode ocorrer que essa punição não se concretize pelos mais variados motivos: o criminoso não foi identificado, ou agiu em legítima defesa, ou o fato ocorreu sem que houvesse a menor culpa do indivíduo.

Caracteriza-se pela liberdade na escolha da conduta. O mundo do "ser" é do conhecimento, enquanto o mundo do "dever ser" é objeto da ação. Por isso, qualquer afirmação peremptória em Direito é arriscada e convém não ser feita.

Entre os vários objetivos das normas, primordial será conciliar o interesse individual, egoísta por excelência, com o interesse coletivo, nem sempre muito claro. Direito é ordem normativa, trata-se de um sistema de normas harmônicas entre si.

No entanto, o mundo cultural do direito não prescinde dos valores. Vive o Direito da valoração dos fatos sociais, do qual nascem as normas, ou, como queiram, é por meio das normas que são valorados os fatos sociais.

Há uma trilogia da qual não se afasta nenhuma expressão da vida jurídica: fato social--valor-norma, na chamada Teoria Tridimensional do Direito, magistralmente descrita por Miguel Reale (1973).

A medida de valor que se atribui ao fato transporta-se inteiramente para a norma. Exemplo: suponha que exista número grande de indivíduos em uma sociedade que necessitem alugar prédios para suas moradas. Os edifícios são poucos e, havendo muita demanda, é certo que pela lei da oferta e da procura os preços dos imóveis a serem locados elevem-se. O legislador, apercebendo-se desse fato social, atribui valor preponderante à necessidade dos inquilinos, protegendo-os com uma Lei do Inquilinato, que lhes dá maior proteção em detrimento do proprietário. Há aqui um fato social devidamente valorado que se transmutou em norma.

Não cabe aqui um aprofundamento sobre a matéria, que pertence propriamente à Filosofia do Direito. Em nossa obra *Introdução ao estudo do direito: primeiras linhas*, traçamos um quadro mais amplo desse tema. O que por ora pretendemos é situar o Direito, para chegar à posição do chamado Direito Civil. Essas noções introdutórias, porém, são importantes, a fim de preparar o espírito para o que advirá brevemente nessa exposição.

Complementando, importa também afirmar que o Direito é realidade histórico-cultural e, como já acentuamos, de natureza bilateral ou alternativa. Não existe Direito fora do mundo da cultura, que se insere em um contexto histórico, sempre na sociedade.

Por isso se diz que o direito é *atributivo*, ou seja, consiste em um realizar constante de valores de convivência.

O Direito refere-se sempre ao todo social como garantia de coexistência. Realizar o Direito é realizar a sociedade como comunidade concreta, que não se reduz a um conglomerado amorfo de indivíduos, mas forma uma ordem de cooperação, uma comunhão de fins que precisa ser ordenada. Daí por que só existir Direito em sociedade.

Direito é ciência do "dever ser" que se projeta necessariamente no plano da experiência. Para cada um receber o que é seu, o Direito é coercivo, isto é, imposto à sociedade por meio de normas da conduta.

Há um claro processo de adequação social no Direito, que busca seu objetivo por meio de normas. Como produto cultural, o direito é o resultado de processo axiológico. Todas as realizações humanas, positivas ou negativas, boas ou ruins, decorrem de um processo axiológico. O Direito se constitui, e, portanto, busca dar uma resposta às condutas humanas por meio de normas. Norma é expressão formal do Direito, disciplinadora de condutas. Assim, o direito é um sistema constante de valores. Por isso, o Direito deve reagir às constantes alterações que ocorrem nos valores no curso da História.

1.1 TIPICIDADE

Para atingir esse objetivo do Direito, para que o Direito tenha a certeza de que existe e deve ser cumprido, joga com predeterminações formais de conduta, isto é, descrições legais na norma que obrigam determinado comportamento, quer sob forma positiva, quer sob forma negativa. A isso se dá o nome de tipicidade. Os fatos típicos existem em todas as categorias jurídicas, notando-se com mais veemência no campo do Direito Penal, direito punitivo por excelência, em que as condutas criminosas, reprimidas pela lei, são por ela descritas. Só há crime se houver lei anterior que o defina.

Contudo, o fenômeno da tipicidade é universal no Direito. No Direito Privado, seus vários institutos são delineados com uma descrição legal. Daí por que a lei define o que é obrigação, o que é propriedade, como nasce e se extingue a obrigação etc.

Essa predeterminação formal do Direito, essa necessidade de certeza jurídica, para regular as ações na sociedade, vai até o ponto de exigir a constituição de um Poder do Estado, o Poder Judiciário, cuja finalidade é ditar o sentido exato das normas. Essa função jurisdicional existe tão só no Direito, não sendo encontrada na Moral. E é justamente esse poder jurisdicional que aplica a coercibilidade às normas reguladoras da sociedade.

Esse fato típico que dá origem às relações jurídicas também é denominado fato jurígeno ou fato gerador (embora esta última expressão seja consagrada no Direito Tributário, seu sentido é idêntico).

Na maioria das vezes, o fato típico, ou seja, a descrição legal de uma conduta, predetermina uma ação do indivíduo, quer para permitir que ele aja de uma forma, quer para proibir determinada ação.

Quando o Código Penal, no art. 121, afirma "matar alguém", está definindo um fato típico. Todo aquele que praticar essa conduta de matar alguém *pode, deve ser* condenado, sem que se afirme que isso venha a ocorrer. Quando o Código Civil afirma, no art. 1.267, que "a propriedade das coisas não se transfere pelos negócios jurídicos antes da tradição", isso quer dizer que há uma tipicidade na conduta para entregar as coisas adquiridas pelo contrato, pois a propriedade só ocorre com a entrega (tradição) da coisa móvel. Qualquer outra conduta será atípica, isto é, contrária à disposição da norma, e sofrerá uma reprimenda, no caso, uma reprimenda civil.

2

FONTES DO DIREITO

A expressão *fontes do Direito* possui dois sentidos: origem histórica ou diferentes maneiras de realização do Direito. Aqui, no sentido que ora nos interessa, analisamos o aspecto de fonte criadora do Direito.

No início da evolução social, mormente antes de surgir a escrita, residia nos costumes a principal fonte. A tradição oral desempenhava papel importante no estabelecimento de condutas, como ainda ocorre hoje com as sociedades primitivas. Posteriormente, a lei ganha foros de fonte principal. Sob esses dois aspectos, decorrem os dois principais sistemas atuais: o sistema do direito costumeiro do *Common Law* e o sistema romano-germânico, que é o nosso, dos quais nos ocuparemos mais detidamente a seguir. É certo que o sistema do *Common Law* atualmente já não é um direito essencialmente costumeiro, mas de precedentes jurisprudenciais, como veremos, embora os costumes tenham sido sua base no início. Voltaremos ao tema ao tratarmos dos sistemas jurídicos (Cap. 5).

A Lei de Introdução às Normas do Direito Brasileiro (Lei nº 12.376, de 30-12-2010) (Decreto-lei nº 4.657, de 4-9-1942), (Cap. 8 desta obra), assim mais recentemente nomeada, pois nunca foi simplesmente uma introdução ao Código Civil, mas a todo o ordenamento jurídico brasileiro, apresenta em seu art. 4º, como fontes de Direito: a lei, a analogia, os costumes e os princípios gerais de Direito. Continua em vigor mesmo perante o Código Civil de 2002 e com ele se harmoniza perfeitamente.

Miguel Reale (1973:164), um dos mais acatados filósofos do Direito, entende por fonte do Direito, no aspecto que nos interessa, "*os processos ou meios em virtude dos quais as regras jurídicas se positivam com legítima força obrigatória, isto é, com vigência e eficácia*". Há, destarte, necessidade de um poder que dê validade a essas fontes como normas.

Cumpre examinar de quais fontes brota o Direito.

É necessário distinguir as fontes diretas, ou seja, as que *de per si* possuem força suficiente para gerar a regra jurídica, as quais podem ser denominadas, segundo a doutrina tradicional, fontes imediatas ou primárias. Ao lado dessas, há as denominadas fontes mediatas ou secundárias, as que não têm a força das primeiras, mas esclarecem os espíritos dos aplicadores da lei e servem de precioso substrato para a compreensão e aplicação global do Direito.

Como fontes primárias ou formais, a maioria da doutrina estatui a lei e o costume. Como fontes mediatas ou secundárias devem ser citadas, sem unanimidade entre os juristas, a doutrina, a jurisprudência, a analogia, os princípios gerais de Direito e a equidade.

Entendendo-se, contudo, a fonte formal do Direito como modo de expressão do Direito Positivo, só a lei e o costume podem assim ser considerados. Os outros institutos gravitam em torno da noção de estratégias para a aplicação do Direito.

É importante fixar de plano que no universo jurídico atual, como já apontamos, coexistem duas grandes famílias jurídicas ou sistemas. O sistema denominado romano-germânico, em que tem cabal proeminência a lei escrita, e o sistema do *Common Law*, dos países de língua inglesa ou de colonização inglesa, em geral, que é um sistema, basicamente, de direito não escrito, vazado em normas costumeiras e precedentes.

Note, ainda, que, embora nosso ordenamento de leis seja escrito, legalmente se reconhecem outras fontes, como vimos no citado art. 4º da Lei de Introdução às Normas do Direito Brasileiro (Lei nº 12.376, de 30-12-2010).

2.1 LEI

No tocante à etimologia da palavra *lei*, há duas explicações técnicas: ou a palavra é originária do verbo *legere* = ler; ou decorre do verbo *ligare*, e é de notar que *legere* também significa eleger, escolher. Daí se inferir que se chama *lei* por se tratar da escolha de determinada norma, regra, dentro de um conjunto.

Todo doutrinador apresenta um conceito próprio de lei, mas não podemos fugir a seus caracteres estáveis e permanentes em qualquer definição que elaborarmos.

Primeiramente, temos de afastar da denominação *lei* as leis naturais. Aqui, importa a regra jurídica, como lei do "dever ser".

> "Nesse âmbito, podemos conceituar lei como uma regra geral de direito, abstrata e permanente, dotada de sanção, expressa pela vontade de uma autoridade competente, de cunho obrigatório e de forma escrita."

É necessário o estudo de cada um desses característicos:

A lei é uma *regra geral*, não se dirige a um caso particular, mas a um número indeterminado de indivíduos. É dirigida a todos os casos que se colocam em sua tipicidade. Contudo, o domínio de alcance da lei pode ser maior ou menor, sem que isso descaracterize a generalidade. O comando que emana de um poder dirigido a uma única pessoa não pode ser caracterizado, de acordo com o que aqui foi afirmado, como lei propriamente dita.

Dessa generalidade da lei decorrem dois outros caracteres também importantes, uma vez que a lei é uma regra abstrata e permanente.

É regra *abstrata* porque regula uma situação jurídica abstrata. O legislador tem em mira condutas sociais futuras a serem alcançadas pela lei. Ela será aplicada a todas as situações concretas que se subsumirem em sua descrição. No dizer de Brethe de La Gressaye e Laborde Lacoste (1947:198), reside aí, ao mesmo tempo, a força e a fraqueza da lei.

É a força porque facilita o preordenamento das condutas sociais, simplificando o trabalho do juiz que, em sua atividade mais simples, aplicará a lei ao caso concreto que lhe é apresentado.

Todavia, por outro lado, a lei não apresenta flexibilidade por si própria, nem sempre se aplicará adequadamente ao caso concreto, uma vez que as situações fáticas são infinitas e o comando da lei é abstrato. Isso faz, com frequência, o juiz agir rigorosamente dentro da chamada "letra da lei", arriscando-se a praticar uma injustiça (*summus ius, summa iniuria*), ou então o juiz tenta dar um matiz diferente à norma que se lhe apresente para adequá-la ao caso em julgamento. As duas posições do magistrado, aí, são filosóficas. Seu estudo foge ao objetivo deste livro, se bem que o registro da problemática, já de plano, deve ser feito. Quando tratamos da questão da interpretação, retornaremos ao tema.

A lei tem também o caráter de *permanência*. Mesmo nas chamadas leis temporárias (examinadas a seguir), existe o sentido de a lei reger todos os casos aplicáveis indefinidamente, até ser revogada, ou seja, até deixar de ser obrigatória. Melhor dizendo, os efeitos da aplicação da lei são permanentes.

A lei deve *emanar de um poder competente*. A estrutura do Estado dirá qual o poder competente para expressar determinada lei. Havendo separação de poderes, como em nossa Constituição, em regra geral, cabe ao Poder Legislativo promulgar leis; contudo, o Poder Executivo tem o poder de editá-las em determinadas matérias, e até mesmo o Poder Judiciário, sob determinadas circunstâncias.

A *sanção*, como elemento constrangedor, obriga o indivíduo a fazer o que a lei determina, ou não fazer o que a lei proíbe, de modo direto ou indireto. No Direito Repressivo, a sanção é sempre direta. O Código Penal obriga a não matar e impõe uma pena a quem praticar crime de homicídio. Já no Direito Privado, a sanção atuará, em geral, de forma indireta: se para um contrato for exigida a presença de duas testemunhas, sua ausência poderá acarretar a anulação do contrato, se for esse o interesse de uma das partes. E é por meio da sanção, elemento constritivo para o cumprimento, que a lei se torna consequentemente *obrigatória*, pois de nada adiantaria a obrigatoriedade se não houvesse uma reprimenda para seu não cumprimento.

No que tange à força *obrigatória* da lei, é da tradição dizê-la como decorrente dos princípios de justiça e do poder do legislador. A matéria referente à obrigatoriedade da lei, contudo, pertence a outras ciências jurídicas.

A lei é apresentada por uma *fórmula escrita*, em geral, imperativa e categórica. Como já expusemos, reside na escrita a diferença básica de nosso sistema com relação ao direito costumeiro.

Toda essa matéria representada pelo estudo das fontes será mais detidamente examinada em nossa obra *Introdução ao estudo do direito: primeiras linhas*.

Tomando o Código Civil, vemos que a obra é dividida em Partes Geral e Especial, livros, títulos, capítulos, seções, artigos etc. Essa divisão visa dar melhor compreensão à lei, que terá mais ou menos divisões, de acordo com sua complexidade, facilitando assim a localização da matéria e as citações.

2.1.1 Classificação das Leis

Quanto à *origem legislativa* de onde promanam, as leis são federais, estaduais e municipais. No Estado federativo, existe uma hierarquia de leis: no conflito entre elas, na ordem enunciada, têm preferência as leis federais às estaduais e estas às municipais.

Quanto à duração, as leis são *temporárias* e *permanentes*. As leis temporárias, exceção no ordenamento jurídico, já nascem com um tempo determinado de vigência. Geralmente, surgem para atender a uma situação circunstancial ou emergencial.

As leis permanentes são editadas para vigorar por tempo indeterminado, deixando de ter vigência apenas mediante outro ato legislativo que as revogue. Já as leis temporárias deixam automaticamente de ter eficácia, ou cessada a situação para qual foram criadas, ou com o implemento da condição, ou com o advento do termo nelas expresso, ou em lei posterior.

Quanto à *amplitude ou ao alcance*, as leis são *gerais, especiais, excepcionais* e *singulares*.

Gerais são as leis que disciplinam um número indeterminado de pessoas e atingem uma gama de situações genéricas. O Código Civil brasileiro é exemplo de lei geral.

São consideradas *especiais* as leis que regulam matérias com critérios particulares, diversos das leis gerais. Exemplo disso é a Lei do Inquilinato (Lei nº 8.245, de 18-10-1991), que cuida diferentemente do Código Civil a respeito da locação de imóveis.

São consideradas leis *excepcionais*, no dizer de Orlando Gomes (1983:53), as que *"regulam, por modo contrário ao estabelecido na lei geral, fatos ou relações jurídicas que, por sua natureza, estariam compreendidos nela"*. Os atos institucionais suprimiram muitas das garantias constitucionais e são exemplos típicos de leis excepcionais.

Não devemos confundir, porém, a lei especial, em que o legislador tem por bem regular diferentemente um conjunto de relações jurídicas, com a lei excepcional, pois esta contraria, geralmente, todo um sistema preestabelecido.

A denominada lei *singular* só pode ser assim rotulada para compreensão didática. Vimos que a lei tem o caráter de generalidade. Um decreto que nomeia ou demite um funcionário público é um ato legislativo, mas só impropriamente pode ser chamado lei.

Segundo sua *força obrigatória*, as leis são *cogentes* e *dispositivas*.

São *cogentes* as normas que se impõem por si mesmas, ficando excluído qualquer arbítrio individual. São aplicadas ainda que pessoas eventualmente beneficiadas não desejassem delas se valer. Era exemplo de norma cogente o princípio da imutabilidade de bens no casamento no Código de 1916, princípio que se alterou no atual Código, bem como a regra que impunha presença de cinco testemunhas no testamento também no Código de 1916. No Código de 2002 o número de testemunhas exigido para esse ato é menor.

É cada vez maior o âmbito de atuação de normas cogentes, pois a todo o momento o Estado intervém na relação entre particulares. O fenômeno da constante publicização do Direito Privado será ainda referido nesta obra.

Nas leis cogentes, as partes não podem dispor diferentemente. Atuam as normas cogentes com proeminência nas relações de direito de família.

As normas *dispositivas* impõem-se supletivamente às partes. Cabe aos interessados valerem-se delas ou não. Na ausência da vontade das partes, essas leis são chamadas a atuar, sendo então obrigatoriamente aplicadas pelo juiz. É no campo do Direito das Obrigações que essas normas têm maior âmbito de atuação. Como assevera Serpa Lopes (1962, v. 1:49), para editar tais leis o legislador inspira-se em duas ideias:

> *"a primeira consiste em reproduzir a vontade presumida das partes, regulamentando a relação jurídica, como se os interessados a houvessem confeccionado, eles próprios; a segunda, considerando antes de tudo as tradições, os costumes, os hábitos de interesse geral, como no caso em que se estabelece um determinado regime de bens no casamento, na ausência de pacto antenupcial".*

Como já dissemos, cada vez mais se reduz o campo das leis dispositivas.

Nem sempre é fácil, à primeira vista, distinguir uma norma cogente de uma norma dispositiva. Impõe-se, em cada caso, examinar a finalidade da lei e a intenção do legislador, dentro do conjunto da situação jurídica enfocada, pois raramente o legislador é expresso no atinente a uma disposição cogente. Geralmente, se se tratar da tutela de interesses gerais, garantias de liberdades ou proteção da família, por exemplo, a norma será cogente. Quando o interesse é meramente individual, a norma é dispositiva.

Paralelamente ao tema de normas cogentes, é importante lembrar o conceito de ordem pública. As *leis de ordem pública* são normas a que, em regra, o Estado dá maior relevo, dada sua natureza especial de tutela jurídica e finalidade social. São princípios de Direito Privado que atuam na tutela do interesse coletivo. Seus efeitos e sua conceituação muito se aproximam das normas cogentes, não havendo razão para não aproximarmos os dois institutos. A dificuldade maior reside no conceito exato de "ordem pública", que extravasa o campo do Direito Privado sendo motivo de divergência por parte de muitos autores. A melhor solução a ser apresentada nesta introdução é equipararmos as normas cogentes, impositivas ou absolutas, às leis de ordem pública, como faz Maria Helena Diniz (1982, v. 1:28). Serpa Lopes (1962, v. 1:56) diverge dessa equiparação sem, porém, apresentar os fundamentos dessa discrepância.

Quando o legislador valora determinada conduta de molde a entender que o particular não pode dela se afastar, passa a tutelar interesses fundamentais, diretamente ligados ao bem comum.

As dificuldades de conceituar ordem pública, acentuadas por Colin e Capitant (1934:10), são matéria para outros campos da Ciência Jurídica.

Quanto à *sanção*, as leis podem ser *perfeitas*, *mais que perfeitas*, *menos que perfeitas* e *imperfeitas*.

Perfeitas são aquelas cuja infringência importa em sanção de nulidade, ou possibilidade de anulação do ato praticado. Exemplo dessa modalidade é a disposição que exigia cinco testemunhas, no Código de 1916, para a feitura do testamento: desobedecido o princípio legal, o testamento é nulo. Doutra parte, o ato praticado com dolo (art. 145 do Código Civil) fica sujeito à anulação, dependendo da iniciativa da parte interessada.

Mais que perfeitas são as normas cuja violação dá margem a duas sanções, a nulidade do ato praticado, com possibilidade de restabelecimento do ato anterior assim como uma pena ao transgressor. A disposição do art. 1.521, VI, do Código, estabelece que não podem casar as pessoas casadas. A transgressão desse dispositivo faz com que se decrete a nulidade do casamento (art. 1.548, II, do Código Civil), sem prejuízo de punição penal ao infrator (art. 235 do Código Penal, crime de bigamia).

São *menos que perfeitas* as leis que trazem sanção incompleta ou inadequada. O ato vale, mas com sanção parcial, como é a hipótese da viúva ou viúvo que contrai novo matrimônio, tendo prole do consórcio anterior, não fazendo inventário do cônjuge falecido. O novo casamento será válido, mas perderá a mulher o usufruto dos bens dos filhos menores, além de se casar obrigatoriamente no regime de separação de bens (art. 1.641, I, do Código Civil).

São leis *imperfeitas* as que prescrevem uma conduta sem impor sanção. Não existe nulidade para o ato, nem qualquer punição. Exemplo dessa espécie é a que determina prazo de dois meses, a contar da abertura da sucessão, para o início do processo do inventário (art. 611 do CPC de 2015). Não obstante isso, leis estaduais cominaram multa pela desobediência do prazo ou perda de incentivo fiscal e foram admitidas pela jurisprudência, o que não desnatura o exemplo (ver Súmula 542 do Supremo Tribunal Federal). Outro exemplo é o das dívidas prescritas e de jogo (obrigações naturais). Essas dívidas devem ser pagas, porém o ordenamento não concede meio jurídico de obrigar o pagamento (art. 814 do Código Civil). Como toda obrigação natural, seu pagamento é bom e perfeito e não pode ser repetido (requerida a devolução do que foi pago); no entanto, não tem o credor ação judicial para obter o cumprimento dessas obrigações.

No conceito lato de lei, são incluídos também os *decretos* e *regulamentos*, os quais em sentido estrito não se amoldam à situação aqui enfocada.

2.2 COSTUME

Sem que possamos precisar exatamente a origem nem seus autores, o uso reiterado de uma conduta perfaz o costume. Forma-se ele paulatinamente, quase imperceptivelmente. Chega, porém, a determinado momento, em que aquela prática reiterada é tida por obrigatória.

É difícil dar uma prova concreta de sua existência, é custoso buscar a gênese de sua elaboração e, na grande maioria das vezes, é difícil provar sua presença, mormente nos sistemas de direito escrito.

Brota o costume da própria sociedade, da repetição de usos de determinada parcela do corpo social. Quando o uso se torna obrigatório, converte-se em *costume*.

Seu papel de fonte criadora do Direito nas primitivas sociedades, como é óbvio, foi muito grande. Todos os grandes sistemas jurídicos da Antiguidade foram condensados de costumes.

Note que nem todo uso é costume. O costume é um uso considerado juridicamente obrigatório. Para isso, são necessárias determinadas características.

Exige-se que o costume seja *geral*, isto é, largamente disseminado no meio social, observado por um número grande de sujeitos. Não é necessário que toda a sociedade ou que todo o país observe o costume. Aliás, é raro que isso ocorra. Em geral, o costume é setorizado numa parcela da sociedade.

É necessário que o costume tenha certo *lapso de tempo*, pois deve constituir-se em um hábito arraigado, bem estabelecido.

Ademais, deve o costume ser *constante*, repetitivo na parcela da sociedade que o utiliza.

Para converter-se em fonte do Direito, dois requisitos são imprescindíveis ao costume: um de ordem objetiva (o uso, a exterioridade do instituto, o que é palpável e percebido pelos sentidos e pela sociedade), outro de ordem subjetiva (ou seja, a consciência coletiva de que aquela prática é obrigatória). É este último aspecto que, na realidade, distingue o costume de outras práticas reiteradas, de ordem moral ou religiosa ou de simples hábitos sociais.

Não se confunde o costume com as chamadas "cláusulas de estilo", simples praxe ou repetição automática, inserida nos contratos.

O fundamento jurídico do instituto é controvertido. Para uns, é a vontade tática do próprio legislador, para outros, trata-se da consciência popular. Parece mais claro, no entanto, ser a consciência da obrigatoriedade que dá força ao costume.

Quando esse uso reiterado e consciente é aceito pelos tribunais, estará solidificada uma fonte do Direito. O uso, por si só, não pode ser conceituado como costume, embora atue como fonte subsidiária de interpretação dos atos e negócios jurídicos. O uso possui um espectro menor de atuação do que o costume. O uso reiterado de uma conduta ou atividade ganha *status* de costume. O uso transforma-se em costume quando a prática reiterada torna-se obrigatória na consciência social. Nem todo uso é costume; quando o uso torna-se obrigatório, converte-se em costume. É difícil dar prova concreta de sua existência, custoso buscar a gênese de sua elaboração e, na grande maioria das vezes, não é fácil provar sua presença, mormente nos sistemas de direito escrito. O uso traduz-se também por uma prática social reiterada. Não atinge o *status* de costume porque apresenta apenas o aspecto material, o *corpus*, faltando-lhe o aspecto subjetivo, o *animus*, a consciência da obrigatoriedade.

Há, como se nota, uma tênue linha divisória, nem sempre bem perceptível, entre o uso e o costume.

Pode também o legislador transformar em lei um costume, mas então o enfoque passa a ser diferente, pois, em última análise, já se estará perante uma lei e não mais diante de um costume.

É pequena a influência do costume nos sistemas de direito escrito, mas não se pode subestimar sua influência, que tem crescido consideravelmente. A lei não tem o condão de ser a fonte única do direito. O costume, por vezes, torna-se instrumento precioso no preenchimento de lacunas no direito escrito.

No direito contratual ou lei entre partes, o recurso ao costume das partes e do local onde foi celebrado o contrato será meio importante de sua interpretação. O Código Civil de 2002 acentua a utilização do costume como fonte subsidiária de interpretação em várias oportunidades (arts. 569, II, arts. 596, 599, 615, 965, I, art. 1.297, § 1º), atribuindo ao juiz sua conceituação.

Se levarmos em conta nosso sistema de direito escrito, apesar de na Teoria Geral do Direito o costume ser considerado fonte principal, segundo o art. 4º da Lei de Introdução às Normas do Direito Brasileiro (veja Cap. 8 desta obra), é ele fonte formal, mas fonte subsidiária, uma vez que o legislador dispõe que, na omissão da lei, o juiz decidirá de acordo com a analogia, *os costumes* e os princípios gerais de Direito. Portanto, temos lei para erigir o costume em fonte do Direito, ao contrário do que ocorre em outras legislações.

Considerado fonte subsidiária, o costume deverá girar em torno da lei. Portanto, não pode o costume contrariar a lei, que só pode ser substituída por outra lei.

Os costumes podem ser *secundum legem*, *praeter legem* e *contra legem*.

O costume *secundum legem* já foi erigido em lei e, portanto, perdeu a característica de costume propriamente dito.

O costume *praeter legem* é exatamente aquele referido no art. 4º da Lei de Introdução às Normas do Direito Brasileiro (Lei nº 12.376, de 30-12-2010), ou seja, o que serve para preencher lacunas é um dos recursos de que se serve o juiz para sentenciar quando a lei for omissa.

O costume *contra legem* é o que se opõe ao dispositivo de uma lei, denominando-se *costume ab-rogatório*; quando torna uma lei não utilizada, denomina-se *desuso*.

Discute-se a possibilidade de admissão de costumes contra a lei. Há opiniões favoráveis pela afirmativa. Entretanto, deve prevalecer a opinião de que a lei é suprema, não se podendo reconhecer validade ao costume contrário à norma, pois no caso haveria instabilidade no sistema (cf. Pereira, 2000, v. 1:70, 71; Gomes, 1983:81; Monteiro, 2005, v. 1:20).

Alguns autores veem no art. 5º da Lei de Introdução às Normas do Direito Brasileiro (Lei nº 12.376, de 30-12-2010) (Cap. 8 deste volume) uma válvula que permite ao juiz aplicar o costume contra a disposição da lei. Diz esse dispositivo: "*Na aplicação da lei, o juiz atenderá aos fins sociais a que ela se dirige e às exigências do bem comum.*" De qualquer modo, mesmo aqueles que admitem o costume ab-rogatório procedem sempre em caráter de exceção. O próprio Clóvis Beviláqua afirma que o costume aplicado nessa forma seria inconveniente por tirar do aparelho jurídico a supremacia da lei e a certeza das prescrições legais, mas conclui:

> "*Todavia, se o legislador for imprevidente em desenvolver a legislação nacional de harmonia com as transformações econômicas, intelectuais e morais operadas no país, casos excepcionais haverá em que, apesar da declaração peremptória da ineficácia ab-rogatória do costume, este prevaleça contra legem, porque a desídia ou a incapacidade do poder legislativo determinou um regresso parcial da sociedade da época, em que o costume exerça, em sua plenitude, a função de revelar o direito, e porque as forças vivas da nação se divorciam, nesse caso, das normas estabelecidas na lei escrita*" (Beviláqua, 1980:39).

Maria Helena Diniz (1981:179), em sua obra *As lacunas no direito*, menciona caso jurisprudencial de São Paulo em que se julgou com o costume *contra legem*, justamente pelos fundamentos apresentados por Clóvis.

Entre nós, a maior repercussão dos costumes é no Direito Comercial ou Empresarial, em que se apresentam como fonte suplementar de maior aplicação que no Direito Civil.

No estágio atual de nosso direito, porém, o papel do costume é restrito, mormente devido à inelutável expansão legislativa, à pletora de leis, que limita a força criadora dos costumes.

2.3 DOUTRINA

A doutrina é o trabalho dos juristas, dos estudiosos do Direito dentro dos campos técnico, científico e filosófico.

Há discussão a respeito de considerá-la ou não fonte do Direito. Indubitavelmente no passado, antes de nossa codificação ou nos primórdios dela, as decisões dos juízes e tribunais recorriam aos ensinamentos dos mestres. Hoje, a doutrina não é tão utilizada ou não é tão citada pelos pretórios, mas não resta a menor dúvida de que na doutrina o Direito inspira-se, ora aclarando textos, ora sugerindo reformas, ora importando institutos e aclimatizando-os a nossas necessidades fáticas. Os estudos dos juristas estão sempre ventilando a jurisprudência e, portanto, a aplicação do Direito. É fora de dúvida que o trabalho doutrinário é fonte subsidiária de Direito.

Muitos dos temas estudados no curso de Direito Civil e depois erigidos como princípios legais são obra de monumentais trabalhos doutrinários, como, por exemplo, a modificação de tratamento dos companheiros na união estável; dos filhos adotivos e adulterinos; a indenização por danos morais; os novos rumos da responsabilidade civil em geral etc. Com o projeto de reforma do Código Civil em curso, sem dúvidas, avulta a importância e o papel dos doutrinadores.

O valor da obra jurídica baseia-se no fato de não se limitar a repetir conceitos estratificados no sistema, mas de buscar novas soluções, avaliar as soluções do direito comparado, criticar a injustiça e lacunas de nosso sistema legislativo, enfim, preparar o espírito do legislador para as reformas que se fizerem necessárias e dar alento ao julgador para partir para voos mais elevados, não os deixando relegados a meros escravos aplicadores da lei ou seguidores de conceitos ultrapassados pela era de desenvolvimento tecnológico e social ciclópico em que vivemos.

A doutrina, portanto, do simples escrito ou manual mais singelo à da mais profunda monografia, traz sempre um novo sopro à aplicação do Direito. É a chamada *autoridade moral* da doutrina.

Somente por intermédio da obra de estudiosos temos acesso a uma visão sistemática do Direito. A simples leitura dos textos legais, por si só, parece um corpo sem alma, por vezes complexo e inatingível.

Como lembra Orlando Gomes (1983:64), a influência da doutrina é percebida em três sentidos fundamentais:

> *"(1º) pelo ensino ministrado nas Faculdades de Direito; (2º) sobre o legislador; (3º) sobre o juiz. Pelo ensino, formam-se os magistrados e advogados, que se preparam para o exercício dessas profissões pelo conhecimento dos conceitos e teorias indispensáveis à compreensão dos sistemas de direito positivo. Inegável, por outro lado, a influência da obra dos jurisconsultos sobre os legisladores, que, não raro, vão buscar, no ensinamento dos doutores, os elementos para legiferar. E, por fim, notável a sua projeção na jurisprudência, não só porque proporciona fundamentos aos julgados, como porque, através da crítica doutrinária, se modifica frequentemente a orientação dos tribunais."*

É pela doutrina que se forjam o vocabulário e os conceitos jurídicos, importantíssimos para a exata compreensão da ciência.

Importante notar que as obras dos juristas latinos caracterizam-se, em sua grande maioria, por um dogmatismo praticamente desvinculado da jurisprudência, embora essa tendência tenha diminuído em anos mais recentes. E é exatamente esse dogmatismo que influencia a aplicação do Direito pelos tribunais, tornando a doutrina importante fonte subsidiária. A obra doutrinária que simplesmente se curva perante a jurisprudência majoritária é sectária, não inovadora, não cumprindo seu importante papel revitalizador do Direito.

2.4 JURISPRUDÊNCIA

Modernamente, é aplicado o nome *jurisprudência*, ao conjunto de decisões dos tribunais, ou uma série de decisões similares sobre uma mesma matéria. Trata-se de substantivo coletivo. A jurisprudência nunca é constituída de um único julgado, mas de uma pluralidade de decisões.

O termo *jurisprudência*, no Direito antigo, significava a sabedoria dos prudentes, os sábios do direito. Significava a ciência do Direito, e ainda hoje pode ser empregada nesse sentido, mas fora do campo que tratamos.

A jurisprudência, como um conjunto de decisões, forma-se mediante o trabalho diuturno dos tribunais. É o próprio direito ao vivo, cabendo-lhe o importante papel de preencher lacunas do ordenamento nos casos concretos.

Os julgados, como princípio, não têm força vinculativa. Não pode ser considerada a jurisprudência como uma fonte primária do Direito. Contudo, é inelutável que um conjunto de decisões sobre uma matéria, no mesmo sentido, influa na mente do julgador que tende a julgar de igual maneira. Entretanto, não devemos olvidar que o juiz julga de acordo com a lei e não pode fazê-lo, em geral, contra a lei, além do que o julgado só tem efeito entre as partes envolvidas no processo.

Outro aspecto importante é que a jurisprudência orienta o legislador, quando procura dar coloração diversa à interpretação de uma norma, ou quando preenche uma lacuna.

A jurisprudência não está mencionada diretamente na lei como fonte, mas sua importância como tal, ainda que subsidiária, é inarredável. Trata-se de fonte informativa. As leis envelhecem, perdem a atualidade e distanciam-se dos fatos sociais para as quais foram editadas. Cumpre à jurisprudência atualizar o entendimento da lei, dando-lhe uma interpretação dinâmica que atenda às necessidades do momento do julgamento e cujo teor possa ser absorvido pela sociedade à qual se destina. Por isso, afirma-se que a jurisprudência é dinâmica. O juiz deve ser um arguto pesquisador das necessidades sociais, julgando como um homem de seu tempo, não se prendendo a ditames do passado e não tentando adivinhar o futuro. Aí se coloca toda a grandeza do papel da jurisprudência.

Embora não caiba aos tribunais ditar normas, opera-se paulatinamente no país um deslocamento da visão judicial, com a expedição de *súmulas* de jurisprudência dos Tribunais, em especial do precursor que foi o Supremo Tribunal Federal. Atualmente há instrumento sobre ações repetitivas nos tribunais, que também devem ser lembrados. A invocação da súmula, um enunciado que resume uma tendência sobre determinada matéria, decidida contínua e reiteradamente pelo Tribunal, acaba sendo verdadeira fonte formal. Cientificamente, não pode ser assim considerada, mas, na prática, as súmulas do Supremo Tribunal Federal se, por um lado, tiveram o condão de dar certeza a determinada forma de decidir, por outro lado, colocam em choque a verdadeira finalidade dos julgados dos tribunais que não podem estratificar suas formas de julgar. Para evitar o entrave mencionado, que não devem o doutrinador e muito menos o juiz e o advogado se acomodar perante um enunciado de súmula, se os fatos sociais demonstrarem que, como as leis, aquela forma de decidir já não atende mais às necessidades sociais.

Sob esse prisma, coloca-se a maior crítica para os que defendem a denominada súmula vinculante. Com base no forte argumento de desafogar a pletora de feitos nos tribunais, postula-se que os casos repetitivos e idênticos recebam uma súmula que obrigatoriamente deve ser seguida pelos julgadores de instância inferior, autorizando-se assim o julgamento coletivo de inúmeros processos. Se, por um lado, a súmula vinculante permite o julgamento rápido e simultâneo de centenas de processos, por outro, corre-se o risco de petrificar o poder criativo dos tribunais, principalmente dos juízes de primeira instância, primeiros receptáculos das modificações sociais. A matéria esteve muito tempo em discussão e por fim foi aprovada pela Emenda Constitucional nº 45 que ousadamente, após tantos anos de tentativas, se propôs a reestruturar o Poder Judiciário. Pelo seu art. 2º,

> "o Supremo Tribunal Federal poderá, de ofício ou por provocação, mediante decisão de dois terços dos seus membros, após reiteradas decisões sobre a matéria constitucional, aprovar súmulas que, a partir de sua publicação na imprensa oficial, terá efeito vinculante em relação aos demais órgãos do Poder Judiciário e à administração pública direta e indireta, nas esferas federal, estadual e municipal, bem como proceder à sua revisão ou cancelamento, na forma estabelecida em lei".

No § 1º desse dispositivo está descrito que a súmula vinculante

> "terá por objetivo a validade, a interpretação e a eficácia de normas determinadas, acerca das quais haja controvérsia atual entre órgãos judiciários ou entre esses e a administração pública que acarrete grave insegurança jurídica e relevante multiplicação de processos sobre questão idêntica".

As súmulas já existentes do STF somente terão efeito vinculante se confirmadas por dois terços de seus integrantes (art. 8º da citada Emenda Constitucional).

Sem dúvida, sente-se constante necessidade de agilizar os julgamentos; contudo, a instituição de súmulas vinculantes, ou instrumentos para ações repetitivas, não pode ir ao ponto de estabelecer um permanente amordaçamento do poder criativo dos julgados. É necessário que o STF, assim como os demais tribunais, esteja sempre sensível aos reclamos sociais e altere prontamente a orientação sumulada quando mudanças forem necessárias. Agora que o instituto está definitivamente implantado, não pode ser visto como uma muleta para corrigir um Judiciário permanentemente claudicante, mas como um meio eficaz de aplicação e interpretação do Direito. Muito ainda discutirão os doutos sobre a eficácia e conveniência da súmula vinculante, contudo, costumamos acentuar que as leis em si não são boas ou más: bons ou maus são aqueles que as aplicam. Mais criticável que a nova súmula é a forma de provimento dos cargos de Ministros do Supremo Federal, com influência política direta do Executivo, situação que não se ousa alterar. Aplicada com critério jurídico, moral e social, a súmula vinculante poderá resolver e estabilizar questões tormentosas. Se aplicada com critérios e interesses essencialmente políticos, suas consequências poderão ser traumáticas. O curso da História ditará certamente os novos caminhos, alguns já presentes entre nós.

Há vários repertórios de jurisprudência publicados no país com cunho oficial. Citemos, para exemplificar, as tradicionais *Revista dos Tribunais* e a *Revista Forense*. Tantos outros estão presentes hoje na internet. Afora essas, que procuram selecionar mensalmente os julgados dignos de nota nos vários campos do Direito, há muitas outras, tais como as publicações oficiais dos tribunais, como a *Revista Trimestral de Jurisprudência do Supremo Tribunal Federal* e do *Superior Tribunal de Justiça*, além das publicações oficiais dos Tribunais dos Estados e mais as revistas setorizadas de acordo com cada campo jurídico. Toda essa jurisprudência está atualmente informatizada, pelas editoras e pelos tribunais do país, dispensando-se, na maioria das vezes, a outrora cansativa consulta a repertórios impressos, bastando o acesso à rede de computadores. Essa informação é importante para aquele que se inicia no trato das primeiras linhas jurídicas, pois não há estudo do Direito, não há doutrinador completo, não há advogado solerte ou juiz competente que possa prescindir de uma atualização contínua com os julgados dos tribunais, mormente no tocante ao campo jurídico em que se especializar.

Ademais, é essencial que o professor, na sala de aula, não se limite a expor os dogmas do Direito, mas que vincule esses ensinamentos ao direito vivo, a ilustrações de casos práticos, decididos pelos tribunais.

Nas últimas décadas torna-se patente o papel cada vez mais importante da jurisprudência como fonte, nos países de tradição romana como o nosso, essencialmente de lei escrita. Por outro lado, nos países do *Common Law*, o papel da lei escrita vem paulatinamente ganhando força. Trata-se do resultado do constante intercâmbio econômico e jurídico entre as várias nações e, sem dúvida, decorrência lógica da união dos países europeus. No novo sistema, contudo, não há que se transformar a sua aplicação em um ordenamento casuístico. A preponderância deve ser da lei, sempre amparada pela doutrina. O "case study", os precedentes judiciais pertencem ao direito anglo-saxão.

2.5 ANALOGIA

O ideal seria o ordenamento jurídico preencher todos os acontecimentos da sociedade. Não é, como vimos, o que ocorre.

O juiz não pode, em hipótese alguma, deixar de proferir decisão nas causas que lhe são apresentadas. Na falta de lei que regule a matéria, recorre às fontes subsidiárias, entre as quais podemos colocar a analogia. Na realidade, a analogia não constitui propriamente uma técnica de interpretação, como à princípio possa parecer, mas verdadeira fonte do Direito, ainda que subsidiária e assim tida pelo legislador no art. 4º da Lei de Introdução às Normas do Direito Brasileiro (Lei nº 12.376, de 30-12-2010) (Cap. 8 desta obra).

Trata-se de um processo de raciocínio lógico pelo qual o juiz estende um preceito legal a casos não diretamente compreendidos na descrição legal. O juiz pesquisa a vontade da lei, para transportá-la aos casos que a letra do texto não havia compreendido.

Para que esse processo tenha cabimento, é necessária a omissão no ordenamento.

A analogia pode operar de duas formas: analogia legal e analogia jurídica.

Na *analogia legal*, o aplicador do Direito busca uma norma que se aplique a casos semelhantes. Como no caso do *leasing*, ou arrendamento mercantil, que é uma locação com opção de compra da coisa locada, no final do contrato. Na hipótese de omissão do texto legal, o intérprete poderia valer-se dos princípios da compra e venda e da locação para dar solução ao problema. O intérprete procura institutos que têm semelhança com a situação sob enfoque.

Não logrando o intérprete um texto semelhante para aplicar ao caso sob exame, ou então sendo os textos semelhantes insuficientes, recorre a um raciocínio mais profundo e complexo. Tenta extrair do pensamento dominante em um conjunto de normas uma conclusão particular para o caso em exame. Essa é chamada *analogia jurídica*.

A analogia é um processo de semelhança, mas, especialmente a analogia jurídica, requer cuidado maior do intérprete e conhecimento profundo da ciência a que se dedica.

Para o uso da analogia, é necessário que haja lacuna na lei e semelhança com a relação não imaginada pelo legislador. A seguir, no derradeiro passo do raciocínio, o intérprete procura uma razão de identidade entre a norma encontrada, ou o conjunto de normas, e o caso contemplado.[1]

A utilização da técnica analógica para o preenchimento de lacunas presta grandes serviços, mas só pode ser utilizada com eficiência quando o aplicador não foge à *ratio legis* aplicada, quando então daria amplitude perigosa ao princípio, arriscando-se a julgar contra a lei.

2.6 PRINCÍPIOS GERAIS DE DIREITO

Conceituar princípios gerais de direito é uma tarefa árdua que se perde em um emaranhado de teorias de ordem filosófica, incompatíveis com os propósitos da presente obra.

O legislador, enfim, coloca os princípios gerais de direito como fonte subsidiária, no decantado art. 4º da Lei de Introdução às Normas do Direito Brasileiro (Lei nº 12.376, de 30-12-2010) (Cap. 8).

Por esses princípios, o intérprete investiga o pensamento mais alto da cultura jurídica universal, buscando uma orientação geral do pensamento jurídico.

Cada autor, dentro de várias correntes, procura dar sua própria explicação sobre o tema.

É tarefa inútil, por ser impossível, definir o que sejam esses princípios. São regras oriundas da abstração lógica do que constitui o substrato comum do Direito. Por ser um instrumento tão amplo e de tamanha profundidade, sua utilização é difícil por parte do julgador, pois requer traquejo com conceitos abstratos e concretos do Direito e alto nível cultural.

Para citar algumas correntes, ora os autores propendem para identificá-los com o Direito Natural, ora com princípios de equidade, ora com princípios fundamentais da organização social e política do Estado.

De plano, podemos enfatizar sua reconhecida importância pelo próprio legislador não só como fonte, isto é, normas inspiradoras para a aplicação do Direito, mas também como fonte inspiradora da atividade legislativa e administrativa do Estado.

João Franzen de Lima (1977, v. 1:35) propõe o critério já coimado por Clóvis Beviláqua, invocando os famosos brocardos de Ulpiano ao expor os *iuris praecepta*, que podem resumir toda uma filosofia, em um plano global do Direito: *honeste vivere, neminem laedere, suum cuique tribuere*. Viver honestamente, não lesar a ninguém e dar a cada um aquilo que é seu. A invocação desses princípios pelo julgador, na lacuna da lei, ou mesmo em sua interpretação, constitui um ideal da mais alta justiça.

Propendemos para a opinião de que existe um valor coercitivo nesses elevados princípios.

Não podemos dizer, contudo, que a enunciação desses princípios possa ser exaustiva. Mesmo os autores que entendem que tais elementos decorrem do Direito Natural, o que também é uma realidade, compreendem que o Direito Natural apenas auxilia na compreensão do instituto, mas não esgota a matéria.

Rubens Limongi França (1971:201), em alentada monografia, apresenta várias conclusões, mas acaba por aceitar a ideia de fundamentar os princípios no Direito Natural e de explicitá-los,

---

[1] Não devemos confundir o método analógico com a interpretação extensiva, mero método de interpretação. Ver LOPES, Miguel Maria de Serpa (1962, v. 1:179).

ad exemplum, pelos preceitos jurídicos enumerados, fazendo acrescentar outros brocardos romanos, particularizados a determinadas situações. Conclui, no entanto, o monografista, nessa sua obra, que, uma vez que o aplicador do direito atinja a compreensão de um desses princípios, esse trabalho orienta-lhe a ideia suprema do justo.

2.7 EQUIDADE

Equidade é uma forma de manifestação de justiça que tem o condão de atenuar a rudeza de uma regra jurídica. Como informam Stolze Gagliano e Pamplona Filho, a equidade, na concepção aristotélica, é a *"justiça do caso concreto"* (2002:25).

Na realidade, o conceito de equidade não se afasta do conteúdo do próprio Direito, pois, enquanto o Direito regula a sociedade com normas gerais do justo e equitativo, a equidade procura adaptar essas normas a um caso concreto.

São frequentes as situações com que se defronta o juiz ao ter de aplicar uma lei, oportunidade em que percebe que, no caso concreto, se afasta da noção do que é justo. O trabalho de aplicação por equidade é de exatamente aparar as arestas na aplicação da lei para que uma injustiça não seja cometida. A equidade é um labor de abrandamento da norma jurídica no caso concreto.

Tratamos aqui da equidade na aplicação do Direito e em sua interpretação, se bem que o legislador não pode olvidar seus princípios, em que a equidade necessariamente deve ser utilizada para que a lei surja no sentido da justiça.

A equidade é não só abrandamento de uma norma em um caso concreto, como também sentimento que brota do âmago do julgador. Como seu conceito é filosófico, dá margem a várias concepções.

O Código Civil brasileiro de 1916 não se referiu diretamente à equidade, que não é propriamente uma fonte de direito, mas um recurso, por vezes deveras necessário, para que não ocorra o que Cícero já denominava *summum ius, summa iniuria*, isto é, que a aplicação cega da lei leve a uma iniquidade.

Nosso Código Civil de 1916 não ignorava, no entanto, a equidade, pois a ela se referia no art. 1.040, IV, permitindo que se autorizem os árbitros, no compromisso (juízo arbitral), a decidirem por "equidade"; no art. 1.456, a ela também se referia ao tratar da interpretação de aspecto de contrato de seguro. Aliás, é da tradição do instituto da arbitragem que as partes possam autorizar os árbitros a decidir por equidade, como consta de nossa atual lei sobre a matéria (art. 11, II, da Lei nº 9.307/96). Entenda-se, porém, que a equidade é antes de mais nada uma posição filosófica a que cada aplicador do direito dará uma valoração própria, mas com a mesma finalidade de abrandamento da norma. Indubitavelmente, há muito de subjetivismo do intérprete em sua utilização.

Vale a pena lembrar, contudo, que, se a equidade não é mencionada como forma direta de julgamento no Código de 2002, este estatuto menciona em mais de uma oportunidade a fixação da indenização de forma equitativa, o que implica um raciocínio por equidade por parte do magistrado. A esse respeito diga-se que, no sistema de 1916, o valor do prejuízo, na responsabilidade civil, sempre foi tido como o valor a ser indenizado. Essa regra geral é exposta no *caput* do art. 944: *"A indenização mede-se pela extensão do dano."* No entanto, o parágrafo único desse dispositivo aduz: *"Se houver excessiva desproporção entre a gravidade da culpa e o dano, poderá o juiz reduzir, equitativamente, a indenização."* Nesta última hipótese, em síntese, aplicará o juiz a equidade. No mesmo diapasão é colocada a indenização carreada ao incapaz, conforme o art. 928, matéria à qual retornaremos no estudo da responsabilidade civil.

No Código de Processo Civil de 2015 pode ser lembrada a hipótese prevista no art. 85, § 8º, quanto à fixação de honorários de advogado nas causas de pequeno valor, nas de valor inestimável, nas em que não houver condenação, "*em que se delega ao prudente arbítrio do julgador a estipulação do* quantum debeatur", como recordam Stolze Gagliano e Pamplona Filho (2002:26). Esses autores também recordam que nos procedimentos de jurisdição voluntária o juiz não é obrigado a observar critério da legalidade estrita, podendo adotar, em cada caso, a solução que reputar mais conveniente ou oportuna (assim dizia o art. 1.109 do CPC de 1973). Apesar de essa regra não ser repetida no estatuto processual atual, nada obsta que seja aplicada quando necessário. Os procedimentos de jurisdição voluntária não guardam a rigidez do processo contencioso e podem ser conduzidos com leveza, desde que atingida a sua finalidade e preservados os direitos dos interessados.

Na realidade, sintetiza-se que a equidade se traduz na busca constante e permanente do julgador da melhor interpretação legal e da melhor decisão para o caso concreto. Trata-se, como se vê, de um raciocínio que busca a adequação da norma ao caso concreto. Em momento algum, porém, salvo quando expressamente autorizado pela lei, pode o julgador decidir exclusivamente pelo critério do justo e do equânime, abandonando o texto legal, sob o risco de converter-se em legislador.

3

DIREITO ROMANO

3.1 DIREITO ROMANO – COMPREENSÃO E IMPORTÂNCIA

Denomina-se Direito Romano, em geral, o complexo de normas jurídicas que vigorou em Roma e nos países dominados pelos romanos há 2.000 anos, aproximadamente.

Aqui, não se pretende apresentar um curso de Direito Romano. A matéria exposta visa dar ao iniciante a noção da *mater* do Direito Civil e dos fundamentos principais do Direito em geral. Não só isso, a intenção é fazer breve relato do que foi a evolução do Direito Romano, perfunctoriamente sob o aspecto histórico, como um preparo, um antecedente lógico e necessário para o início do estudo do Direito Civil.

Se é necessário justificar a todo momento ou discutir sobre a utilidade do Direito Romano, é porque há opositores a seu estudo. Invoca-se sempre a inutilidade do estudo de uma legislação morta para fundamentar o desaparecimento de maior preocupação com a matéria.

Os Estados de direito ocidental, como o nosso, herdaram sua estrutura jurídica do Direito Romano.

O Direito Romano nunca pereceu; mesmo após as invasões bárbaras, continuou a ser aplicado por aqueles que subjugaram Roma. Suas instituições revelaram-se como uma arte completa e uma ciência perfeita. Suas máximas fornecem, até hoje, ao direito moderno, um manancial inesgotável de resultados inocentes.

Ao pesquisar as origens de nosso direito, inevitavelmente retornamos às fontes romanas.

Não existe, doutra parte, nenhuma legislação antiga tão conhecida como a romana. Os monumentos legislativos e doutrinários que chegaram até nós permitem um acompanhamento das variações do Direito Romano, de suas origens até a época moderna e, raramente, tais variações deixam de afetar o direito que ora aplicamos.

Desse modo, um exame profundo de Direito Romano merece o cuidado de todo estudioso que almeja uma cultura jurídica superior.

Pretendemos aqui apresentar tão só um apanhado geral da história do Direito Romano e fornecer os lineamentos básicos correlativos com a parte geral de nosso Código Civil, que é o objeto primeiro desta obra.

Nenhum principiante no estudo da ciência jurídica pode prescindir, ainda que perfunctoriamente, do significado das instituições romanas. Seu estudo facilita, prepara e eleva o espírito iniciante para as primeiras linhas de nosso Direito Civil. Daí a importância de situarmos no tempo e no espaço o Direito Romano, a Lei das XII Tábuas até a época da decadência bizantina, perpassando por séculos de mutações jurídicas que até hoje são fundamentos de nosso Direito.

É de enfatizar, pois, que devemos entender por *direito romano*, em sentido estrito, *"o conjunto dos princípios de direito que regeram a sociedade romana em diversas épocas de sua existência, desde sua origem até a morte de Justiniano"* (Petit, s.d.:23). A posição e a influência de Justiniano serão vistoriadas na seção 3.5.

Devemos destacar a importância e a utilidade do estudo e do conhecimento do Direito Romano por vários aspectos.

Pela importância histórica, pois o Direito atual é baseado em compilações vazadas no Direito Romano; sua importância deve-se também ao fato de ser considerado um *modelo*, porque os romanos tiveram aptidão especial para o direito, criando uma inteligência e uma forma de raciocínio jurídicas que nos seguem até o presente. Ademais, o estudo do Direito Romano deve ser visto como um auxiliar precioso para o estudo de todos os povos de influência romano-germânica, como o nosso, estando, a todo o momento, a explicar e especificar nossas instituições jurídicas.

Como ressalta Von Ihering (apud Petit, s.d:8), *"a importância e a missão de Roma na História Universal se resumem em uma palavra. Roma representa o triunfo da ideia de universalidade sobre o princípio das nacionalidades".*

Ressalta o autor (apud Petit, s.d:8) o extraordinário fenômeno que representa um direito escrito em uma língua morta, mas que floresce e apresenta-se ainda em pleno vigor, capaz de regenerar, muito tempo após seu desaparecimento temporal, os direitos de outros povos. Acrescenta que a importância do Direito Romano para o mundo não reside só no fato de ter sido fonte de inspiração dos direitos modernos, pois esse valor foi passageiro. Seu maior valor está no fato de ter causado profunda revolução no pensamento jurídico, chegando a ser, como o próprio cristianismo, um fundamento básico da civilização moderna.

Temos que compreender, portanto, o Direito Romano como um direito universal. Todo o nosso pensamento jurídico, método e forma de intuição, toda a educação jurídica que ora se inicia é romana.

Assim, passemos a examinar as fases desse direito, que vão desde o período da fundação da cidade de Roma, ocorrida no século VII a.C., até a morte de Justiniano, em 565 d.C. A partir daí, até a queda de Constantinopla, em 1453, o direito sofre novas influências, passando a denominar-se romano-helênico, sem nunca ter deixado de exercer sua repercussão.

Quando do descobrimento do Brasil, o "direito romano" era aplicado em Portugal e, por via de consequência, foi aplicado na nova colônia. As Ordenações Afonsinas, Manoelinas e Filipinas, com raízes profundas no Direito Romano, fornecem a continuidade desse direito entre nós, mormente porque, tão só no início do século XX, o Código Civil de 1916 substituiu a última dessas ordenações.

3.2 FASES DO DIREITO ROMANO – SUA DIVISÃO

O Direito Romano apresenta-se como um bloco de ordenamentos, mas, para facilidade de estudo dos romanistas, costuma-se dividi-lo em períodos.

Os autores apresentam a divisão ora segundo o aspecto do Estado Romano, suas mudanças políticas, ora sob o aspecto interno do Direito Privado, destacando os acontecimentos de grande importância.

Alexandre Correia e Gaetano Sciascia (1953:15) apresentam uma síntese das várias opiniões, dividindo o Direito Romano, sob o prisma do Estado Romano, nas seguintes fases:

a) *Período Régio*: da data convencional da fundação de Roma (754 a.C.) até a expulsão dos reis, em 510 a.C.;

b) *Período da República*: de 510 a.C. até a instauração do Principado com Otaviano Augusto, em 27 a.C.;

c) *Período do Principado*: de Augusto até o imperador Diocleciano, 27 a.C. a 284 d.C.;

d) *Período da Monarquia Absoluta*: de Diocleciano até a morte de Justiniano, em 565 d.C.

3.2.1 Período Régio

Essa fase é essencialmente legendária, como a própria fundação de Roma. Até mesmo os sete reis de Roma: Rômulo, Numa Pompílio, Tulo Hostílio, Anco Márcio, Tarquínio, o Prisco, Sérvio túlio e Tarquínio, o Soberbo, parecem não ter sido personagens históricas. Toda lenda, porém, apresenta um fundo de verdade.

A Roma real parece ter sido, a princípio, um aglomerado modesto de trabalhadores do campo, reunidos no Lácio, distante alguns quilômetros da embocadura do rio Tibre, em um território de extensão e fertilidade medíocres. Desde o princípio, porém, a cidade parece ter apresentado um sentido de unidade e uma fisionomia que hoje podemos chamar de latina.

A sociedade vivia principalmente da cultura do solo e da criação de animais. O direito apresenta-se de forma embrionária, dirigido ainda a esta comunidade de parcos horizontes. O regime familiar, como de toda comunidade agrícola, era patriarcal, sob a chefia de um *pater familias* que, depois, iria tomar papel preponderante nas instituições.

A princípio, o *pater familias* é não apenas o proprietário do fruto do trabalho da família, como também o senhor dos escravos, de sua mulher e dos filhos, os quais podia vender, como fazia com os produtos agrícolas.

O *pater familias* é o juiz, se não em matéria privada onde até então não se distinguiam os direitos, entre as pessoas sob sua guarda, mas em matéria penal, porque podia impor penas a seus subjugados, até mesmo a pena de morte à mulher, aos filhos e aos escravos. Possuía poder absoluto em seu âmbito de ação.

A família romana tinha amplitude maior que a família moderna unida pelos laços de sangue. Os agnatos de uma mesma família eram aqueles que podiam provar sua decadência comum, de geração em geração (Girard, 1911:12). Já os gentílicos eram aqueles tidos como da mesma família por vínculo, verdadeiro ou imaginário, mas distante.

A *gens* (gentes) é um produto natural do regime patriarcal: um grupo de pessoas que acreditava descender de um ancestral comum.

A formação política da época apresentava uma simetria com esse sistema patriarcal. O rei é o magistrado único, vitalício e irresponsável, no sentido técnico do termo.

O rei não era vitalício e, segundo os estudiosos, era eleito pelos "comícios". Ficava à testa dos romanos, como o próprio *pater* o fazia perante a família. Era encarregado do culto do Estado, como o *pater* era encarregado do culto familiar dos antepassados. O rei é juiz dentro da cidade, como o *pater familias* é juiz no meio familiar, com sua jurisdição tanto civil como criminal, mas é na justiça criminal que mais se destaca o papel do rei, porque a jurisdição civil ainda se apresenta tosca e rudimentar.

O rei é assistido por um conselho de anciãos, *senatores*, os quais, primitivamente, eram chefes das várias *gentes*, tribos.

Em determinada época, cessa o absolutismo puramente copiado do poder patriarcal e surgem os comícios (*comitia*), uma assembleia do povo masculino, sem distinção entre pais e filhos, mas com a exclusão dos chamados clientes, que não possuíam o *status* de cidadãos, cuja origem é, nessa época, obscura.

São fontes do Direito nesse período o costume (*mores*) e as chamadas *leges regiae*, das quais uma compilação chegou até nós por meio de *papirius*. Ao que tudo indica, essa compilação é de época muito posterior, do fim da realeza ou do começo da república. Os comícios nunca votaram leis abstratas, com caráter de generalidade, mas apenas casos concretos referentes às coisas estabelecidas na cidade.

Noticia-se também uma reforma feita pelo penúltimo rei, Sérvio Túlio; nela, pela primeira vez, notamos um ordenamento sobre impostos e sobre o serviço militar e uma ligação, ao que parece já precedente, entre o serviço eleitoral e o direito de voto. A constituição de Sérvio toma por base as *tribus*, que são divisões territoriais das quais cada indivíduo é proprietário, e o *census*, recenseamento que determina as obrigações de cada um como contribuinte e como soldado.

O direito sagrado (*fas*) está estreitamente ligado ao direito humano (*ius*). A *Iurisprudentia*, que significa aqui *ciência do direito* (*prudentia* = ciência; *Iuris* = do direito), era monopolizada pelo colégio sacerdotal dos pontífices, que tinha o monopólio do *ius* e dos *fas*. Segundo Moreira Alves (1971, v. 1:25),

> *"esse monopólio – em decorrência do rigoroso formalismo que caracteriza o direito arcaico – consistia em deterem os pontífices o conhecimento, não só dos dias em que era permitido comparecer a juízo (dias fastos, em contraposição aos nefastos, em que isso era proibido), mas também das fórmulas com que se celebravam os contratos ou com que se intentavam as ações judiciais".*

Não obstante as dúvidas das fontes, o rei tem poder do *imperium*, que posteriormente, no período da República e do Império, representa o poder político supremo. Esse poder de império assume, então, preponderância na guerra, prevalecendo sobre as funções políticas que eram divididas com o Senado e com o *interre*, que era membro do Senado. O papel do rei é essencialmente de um legislador.

As regras costumeiras ficavam a cargo da família.

Tendo em vista o poder do *pater*, pouca função judicial restava ao rei.

No entanto, é nessa época que Roma inicia suas primeiras conquistas, a princípio modestas e limitadas à vizinhança da cidade. Nessa época, começam a surgir as rivalidades entre a Roma nascente e seus vizinhos (Gaudemet, 1967:278). A tradição romana, todavia, estampa que os primeiros povos conquistados foram perfeitamente assimilados aos romanos. Aos contatos belicosos acrescentam-se as ligações de amizade, o instituto da hospitalidade, que culminam com alianças que preparam o apogeu que muitos séculos mais tarde adviria.

3.2.2 Período da República

A realeza, segundo a tradição, teria terminado de modo violento, por meio de uma revolução que baniu Tarquínio, o Soberbo, de Roma, em 510 a.C.

A transferência dos poderes políticos dos reis é o resultado quase exclusivo da queda da realeza. Mantém-se nesses dois dirigentes (cônsules) a proteção religiosa. No tocante ao poder laico, porém, os cônsules detêm os mesmos poderes dos reis, durante o ano em que exercem suas funções. Nesse período, eram irresponsáveis, como o eram os reis vitaliciamente; tinham o direito de comandar o exército e de distribuir a justiça civil e criminal, de convocar os comícios e o Senado e de nomear senadores. Contudo, a introdução do termo *consulado* já dava margem a certo refreamento de atitudes.

O senado ganha importância política, apesar de ser de nomeação dos cônsules, porque existe maior responsabilidade em sua escolha, justamente em razão da espécie de mandato dos cônsules, que passam a consultar o Senado em todas as decisões importantes.

Pouco a pouco, surgem novas magistraturas, que dividem as atribuições do consulado, como, por exemplo, os *quaestores* encarregados das finanças públicas.

Os plebeus, sob a ameaça de sublevação, conseguem a criação do *tribuni plebis,* tendo a seu lado os *aediles plebis,* investidos do direito de impedir, com a *intercessio,* atos realizados no interior de Roma e arredores. Foi por iniciativa da plebe, no primeiro século da República, que se deu a codificação do direito até então costumeiro, fato importantíssimo para a história do Direito Romano.

No período que vai do estabelecimento da República à Lei das XII Tábuas, pela primeira vez se encontra o direito escrito.

A Lei das XII Tábuas é um monumento fundamental para o Direito que revela claramente uma legislação rude e bárbara, fortemente inspirada em legislações primitivas e talvez muito pouco diferente do direito vigente nos séculos anteriores.

Essa lei surgiu do conflito entre a plebe e o patriciado, e dela só restam fragmentos que vieram até nós transmitidos por jurisconsultos e literatos. Os romanistas têm procurado reconstituir seu conteúdo, sobressaindo-se nessa tarefa os juristas alemães.

Entre nós despontou o saudoso romanista Sílvio Meira como um dos grandes estudiosos da matéria, não só em sua obra *Curso de direito romano: história e fontes* (São Paulo: Saraiva, 1975), mas principalmente na monografia *A lei das XII tábuas: fonte do Direito Público e Privado* (1972). Nessas obras, em profundidade, o autor procurou não só analisar o conteúdo da legislação, como também apresentar as reconstituições feitas. Permitimo-nos transcrever, para ilustração ao iniciante, entre as várias reconstituições que Sílvio Meira apresenta, a do jurista J. Godefroi (apud Meira, 1975:83-89). Com isso, reafirmamos nosso desejo de despertar no leitor seu interesse em conhecer a grandeza de nossas antigas instituições.

FRAGMENTOS DA LEI DAS XII TÁBUAS

Tábua Primeira
DOS CHAMAMENTOS A JUÍZO

1. Se alguém é chamado a Juízo, compareça.
2. Se não comparece, aquele que o citou tome testemunhas e o prenda.
3. Se procurar enganar ou fugir, o que o citou pode lançar mão sobre (segurar) o citado.
4. Se uma doença ou a velhice o impede de andar, o que o citou lhe forneça um cavalo.
5. Se não aceitá-lo, que forneça um carro, sem a obrigação de dá-lo coberto.
6. Se se apresenta alguém para defender o citado, que este seja solto.

7. O rico será fiador do rico; para o pobre qualquer um poderá servir de fiador.
8. Se as partes entram em acordo em caminho, a causa está encerrada.
9. Se não entram em acordo, que o pretor as ouça no *comitium* ou no *forum* e conheçam da causa antes do meio-dia, ambas as partes presentes.
10. Depois do meio-dia, se apenas uma parte comparece, o pretor decide a favor da que está presente.
11. O pôr do sol será o termo final da audiência.

Tábua Segunda
DOS JULGAMENTOS E DOS FURTOS

1. [...]
2. Aquele que não tiver testemunhas irá, por três dias de feira, para a porta da casa da parte contrária, anunciar a sua causa em altas vozes injuriosas, para que ela se defenda.
3. Se alguém comete furto à noite e é morto em flagrante, o que matou não será punido.
4. Se o furto ocorre durante o dia e o ladrão é flagrado, que seja fustigado e entregue como escravo à vítima. Se é escravo, que seja fustigado e precipitado do alto da rocha Tarpeia.
5. Se ainda não atingiu a puberdade, que seja fustigado com varas a critério do pretor, e que indenize o dano.
6. Se o ladrão durante o dia defende-se com arma, que a vítima peça socorro em altas vozes e se, depois disso, mata o ladrão, que fique impune.
7. Se, pela procura *cum lance licioque*, a coisa furtada é encontrada na casa de alguém, que seja punido como se fora furto manifesto.
8. Se alguém intenta ação por furto não manifesto, que o ladrão seja condenado no dobro.
9. Se alguém, sem razão, cortou árvores de outrem, que seja condenado a indenizar à razão de 25 asses por árvore cortada.
10. Se transigiu com um furto, que a ação seja considerada extinta.
11. A coisa furtada nunca poderá ser adquirida por usucapião.

Tábua Terceira
DOS DIREITOS DE CRÉDITO

1. Se o depositário, de má-fé, pratica alguma falta com relação ao depósito, que seja condenado em dobro.
2. Se alguém coloca o seu dinheiro a juros superiores a um por cento ao ano, que seja condenado a devolver o quádruplo.
3. O estrangeiro jamais poderá adquirir bem algum por usucapião.
4. Aquele que confessa dívida perante o magistrado ou é condenado terá 30 dias para pagar.
5. Esgotados os trinta dias e não tendo pago, que seja agarrado e levado à presença do magistrado.

6. Se não paga e ninguém se apresenta como fiador, que o devedor seja levado pelo seu credor e amarrado pelo pescoço e pés com cadeias com peso até o máximo 15 libras; ou menos, se assim quiser o credor.
7. O devedor preso viverá à sua custa, se quiser; se não quiser, o credor que o mantém preso dar-lhe-á por dia uma libra de pão ou mais, a seu critério.
8. Se não há conciliação, que o devedor fique preso por 60 dias, durante os quais será conduzido em 3 dias de feira ao *comitium*, onde se proclamará, em altas vozes, o valor da dívida.
9. Se são muitos os credores, é permitido, depois do terceiro dia de feira, dividir o corpo do devedor em tantos pedaços quantos sejam os credores, não importando mais ou menos; se os credores preferirem, poderão vender o devedor a um estrangeiro, além do Tibre.

Tábua Quarta
DO PÁTRIO PODER E DO CASAMENTO

1. É permitido ao pai matar o filho que nasce disforme, mediante o julgamento de cinco vizinhos.
2. O pai terá sobre os filhos nascidos de casamento legítimo o direito de vida e de morte e o poder de vendê-los.
3. Se o pai vendeu o filho 3 vezes, que esse filho não recaia mais sob o poder paterno.
4. Se um filho póstumo nasceu no décimo mês após a dissolução do matrimônio, que esse filho seja reputado legítimo.

Tábua Quinta
DAS HERANÇAS E TUTELAS

1. As disposições testamentárias de um pai de família sobre os seus bens ou a tutela dos filhos terão força de lei.
2. Se o pai de família morre intestado não deixando herdeiro seu (necessário), que o agnado mais próximo seja o herdeiro.
3. Se não há agnados, que a herança seja entregue aos gentis.
4. Se um liberto morre intestado, sem deixar herdeiros, mas o patrono ou os filhos do patrono a ele sobrevivem, que a sucessão desse liberto se transfira ao parente mais próximo na família do patrono.
5. Que as dívidas ativas e passivas sejam divididas entre os herdeiros, segundo o quinhão de cada um.
6. Quanto ao demais bens da sucessão indivisa, os herdeiros poderão partilhá-los, se assim o desejarem; para esse fim, o pretor poderá indicar 3 árbitros.
7. Se o pai de família morre sem deixar testamento, ficando um herdeiro seu impúbere, que o agnado mais próximo seja o seu tutor.
8. Se alguém torna-se louco ou pródigo e não tem tutor, que a pessoa e seus bens sejam confiados à curatela dos agnados e, se não há agnados, à dos gentis.

Tábua Sexta

DO DIREITO DE PROPRIEDADE E DA POSSE

1. Se alguém empenha a sua coisa ou vende em presença de testemunhas, o que prometeu tem força de lei.
2. Se não cumpre o que prometeu, que seja condenado em dobro.
3. O escravo a quem foi concedida a liberdade por testamento, sob a condição de pagar uma certa quantia, e que é vendido em seguida, tornar-se-á livre se pagar a mesma quantia ao comprador.
4. A coisa vendida, embora entregue, só será adquirida pelo comprador depois de pago o preço.
5. As terras serão adquiridas por usucapião depois de dois anos de posse, as coisas móveis depois de um ano.
6. A mulher que residiu durante um ano em casa de um homem, como se fora sua esposa, é adquirida por esse homem e cai sob seu poder, salvo se se ausentar da casa por três noites.
7. Se uma coisa é litigiosa, que o pretor a entregue provisoriamente àquele que detém a posse; mas se se tratar de liberdade de um homem que está em escravidão, que o pretor lhe conceda a liberdade provisória.
8. Que a madeira utilizada para a construção de uma casa ou para amparar a videira não seja retirada só porque o proprietário a reivindica; mas aquele que utilizou a madeira que não lhe pertencia seja condenado a pagar o dobro do valor; se a madeira é destacada da construção ou do vinhedo, que seja permitido ao proprietário reivindicá-la.
9. Se alguém quer repudiar a sua mulher, que apresente as razões desse repúdio.

Tábua Sétima

DOS DELITOS

1. Se um quadrúpede causa qualquer dano, que o seu proprietário indenize o valor desse dano ou abandone o animal ao prejudicado.
2. Se alguém causa um dano premeditadamente, que o repare.
3. Aquele que fez encantamentos contra a colheita de outrem.
4. Ou a colheu furtivamente à noite antes de amadurecer ou a cortou depois de madura, será sacrificado a ceres.
5. Se o autor do dano é impúbere, que seja fustigado a critério do pretor e indenize o prejuízo em dobro.
6. Aquele que fez pastar o seu rebanho em terreno alheio.
7. E o que intencionalmente incendiou uma casa ou um monte de trigo perto de uma casa, seja fustigado com varas e em seguida lançado ao fogo.
8. Mas se assim agiu por imprudência, que repare o dano; se não tem recursos para isso, que seja punido menos severamente do que se tivesse agido intencionalmente.

9. Aquele que causar dano leve indenizará 25 asses.
10. Se alguém difama outrem com palavras ou cânticos, que seja fustigado.
11. Se alguém fere a outrem, que sofra a pena de Talião, salvo se houver acordo.
12. Aquele que arrancar ou quebrar um osso a outrem deve ser condenado a uma multa de 800 asses, se o ofendido é um homem livre; e de 150 asses, se o ofendido é um escravo.
13. Se o tutor administra com dolo, que seja destituído como suspeito e com infâmia; se causou algum prejuízo ao tutelado, que seja condenado a pagar o dobro ao fim da gestão.
14. Se um patrono causa dano a seu cliente, que seja decretado "sacer" (infame, intocável) (podendo ser morto como vítima devotada aos deuses).
15. Se alguém participou de um ato como testemunha ou desempenhou nesse ato as funções de libripende, e recusa dar seu testemunho, que recaia sobre ele a infâmia e ninguém lhe sirva de testemunha.
16. Se alguém profere um falso testemunho, que seja precipitado da rocha Tarpeia.
17. Se alguém matou um homem livre e empregou feitiçaria e veneno, que seja sacrificado com o último suplício.
18. Se alguém matou o pai ou a mãe, que se lhe envolva a cabeça, e seja colocado em um saco costurado e lançado ao rio.

Tábua Oitava
DOS DIREITOS PREDIAIS

1. A distância entre as construções deve ser de dois pés e meio.
2. Que os sodales (sócios) façam para si os regulamentos que entenderem, contanto que não prejudiquem o interesse público.
3. A área de cinco pés deixada livre entre os campos limítrofes não pode ser adquirida por usucapião.
4. Se surgem divergências entre possuidores de campos vizinhos, que o pretor nomeie três árbitros para estabelecerem os limites respectivos.
5. Lei incerta sobre limites.
    [...]
9. Se uma árvore se inclina sobre o terreno alheio, que os seus galhos sejam podados à altura de mais de 15 pés.
10. Se caem frutos sobre o terreno vizinho, o proprietário da árvore tem o direito de colher esses frutos.
11. Se a água da chuva retida ou dirigida por trabalho humano causa prejuízo ao vizinho, que o pretor nomeie três árbitros, e que estes exijam, do dono da obra, garantias contra o dano iminente.
12. Que o caminho em reta tenha oito pés de largura e o em curva tenha dezesseis.
13. Se aqueles que possuem terrenos vizinhos a estradas não os cercam, que seja permitido deixar pastar o rebanho à vontade (nesses terrenos).

Tábua Nona
DO DIREITO PÚBLICO

1. Que não se estabeleçam privilégios em leis (ou: que não se façam leis contra indivíduos).
2. Aqueles que foram presos por dívidas e as pagaram, gozam dos mesmos direitos como se não tivessem sido presos; os povos que foram sempre fiéis e aqueles cuja defecção foi apenas momentânea gozarão de igual direito.
3. Se um juiz ou um árbitro indicado pelo magistrado recebeu dinheiro para julgar a favor de uma das partes em prejuízo de outrem, que seja morto.
4. Que os comícios por centúrias sejam os únicos a decidir sobre o estado de um cidadão (vida, liberdade, cidadania, família).
5. [...]
6. Se alguém promove em Roma assembleias noturnas, que seja morto.
7. Se alguém insuflou contra a sua Pátria ou entregou um concidadão ao inimigo, que seja morto.

Tábua Décima
DO DIREITO SACRO

1. [...]
2. Não é permitido sepultar nem incinerar um homem morto na cidade.
3. Moderai as despesas com os funerais.
4. Fazei apenas o que é permitido.
5. Não deveis polir a madeira que vai servir à incineração.
6. Que o cadáver seja vestido com três roupas e o enterro se faça acompanhar de dez tocadores de instrumentos.
7. Que as mulheres não arranhem as faces nem soltem gritos imoderados.
8. Não retireis da pira os restos dos ossos de um morto, para lhe dar segundos funerais, a menos que tenha morrido na guerra ou em país estrangeiro.
9. Que os corpos dos escravos não sejam embalsamados e que seja abolido dos seus funerais o uso da bebida em torno do cadáver.
10. Que não se lancem licores sobre a pira da incineração nem sobre as cinzas do morto.
11. Que não se usem longas coroas nem turíbulos nos funerais.
12. Que aquele que mereceu uma coroa pelo próprio esforço ou a quem seus escravos ou seus cavalos fizerem sobressair nos jogos, traga a coroa como prova de seu valor, assim como os seus parentes, enquanto o cadáver está em casa e durante o cortejo.
13. Não é permitido fazer muitas exéquias nem muitos leitos fúnebres para o mesmo morto.
14. Não é permitido enterrar ouro com o cadáver; mas se seus dentes são presos com ouro, pode-se enterrar ou incinerar com esse ouro.
15. Não é permitido, sem o consentimento do proprietário, levantar uma pira ou cavar novo sepulcro, a menos de sessenta pés de distância da casa.

16. Que o vestíbulo de um túmulo jamais possa ser adquirido por usucapião assim como o próprio túmulo.

Tábua Décima Primeira

1. Que a última vontade do povo tenha força de lei.
2. Não é permitido o casamento entre patrícios e plebeus.
[...]

Tábua Décima Segunda

1. [...]
2. Se alguém fez consagrar uma coisa litigiosa, que pague o dobro do valor da coisa consagrada.
3. Se alguém obtém de má-fé a posse provisória de uma coisa, que o pretor, para pôr fim ao litígio, nomeie três árbitros, e que estes condenem o possuidor de má-fé a restituir o dobro dos frutos.
4. Se um escravo comete um furto, ou causa algum dano, sabendo-o o patrono, que seja obrigado esse patrono a entregar o escravo como indenização, ao prejudicado.

Pode-se perceber, no trabalho de Sílvio Meira, que a Lei das XII Tábuas, embora dirigida a uma sociedade ainda primitiva, já trazia em seu bojo numerosos embriões de modernos institutos de Direito Civil e Penal.

Na Lei das XII Tábuas, encontramos disposições relativas ao processo das ações civis, ao direito de família, bem como à atitude do Estado com relação aos crimes que lhe interessam na punição do particular.

A família da Lei das XII Tábuas é a tradicional família patriarcal em que reina o senhor, *pater familias*, com direito de vida e morte sobre a mulher, escravos e filhos. A mulher fica sempre sob o poder da família do marido; o parentesco e as sucessões são regidos pela linha masculina.

No direito obrigacional, a *manus iniectio* é um procedimento que permite ao credor levar o devedor perante o magistrado, podendo tornar o devedor prisioneiro, a menos que intervenha um terceiro, espécie de fiador (*vindex*) que se responsabilize pela dívida. Residem aí os primórdios do processo de execução forçada que surgiria mais tarde, já não sobre a pessoa do devedor, mas sobre seu patrimônio. Essa lei é de aproximadamente 450 a.C.

3.2.3 Período do Principado

Converte-se no período de maior poderio de Roma.

O principado fundado por Augusto em 27 a.C. ocupa um período de mais de 300 anos.

O monarca assume poderes soberanos e, pouco a pouco, as demais instituições perdem sua importância.

O Poder Judiciário dos comícios que, pelo desenvolvimento das funções dos *quaestores*, já tinham perdido as suas, desaparece completamente no tempo de Augusto. Mesmo seu poder legislativo não resiste muito tempo (Girard, 1911:48).

O senado herda até certo ponto o poder eleitoral dos comícios e, assim mesmo, de forma relativa. Divide com o imperador o Poder Judiciário. Nesse período, as províncias são *senatoriais* e *imperiais*, cada tipo com uma forma diferente de governo. No entanto, em todo o território provincial, continuam a existir comunidades com diversas formas de organização, como municípios e colônias.[1]

Nessa época, o primeiro magistrado é o príncipe, mas não detém a mesma concentração de poderes de épocas passadas, como os reis e os primeiros cônsules. Aos poucos, porém, seus poderes aumentam, em detrimento das outras magistraturas. Na realidade, os magistrados da fase republicana, cônsules, pretores, tribunos, edis, questores, continuam a ser eleitos anualmente, mas na eleição existe o poder decisivo do príncipe que lhes tira todo o poder militar, relegando-os a autoridades civis.

Tendo em vista ser esse um período de transição, as fontes de direito foram muito numerosas.

O *costume* continua nesse período a ser uma fonte em pleno vigor.

Algumas leis do período chegaram até nós. Há certo número de leis relativas ao Direito Privado que levam o nome de Augusto.

Os *editos dos magistrados*, forma de manifestação dos magistrados que se predispunham a aplicar o Direito segundo esses editos, continuam a ser expedidos, mas limitam-se a repetir os editos anteriores, sem nada criar, praticamente.

O Poder Legislativo do *Senado*, o *senatus consulto*, perde também paulatinamente o poder inicial. Quando o senado deixa de legislar, esse poder já está todo nas mãos do príncipe.

É dessa época a escola clássica do Direito Romano que, apesar de ser profícua no número de juristas, refere-se ao nascimento das duas célebres escolas antagônicas teóricas, uma fundada por Labeão, cujo sucessor foi Próculo, que deu o nome à escola dos *proculeanos*, e a outra fundada por Capitão, cujo sucessor foi Sabino, daí o nome de *sabinianos*. Não se sabe ao certo a origem das dissenções de caráter teórico dos dois grupos que se tornaram clássicas, porque trazidas até nós pelas compilações.

É desse período, por volta de 130 d.C., que os juristas que participaram da obra de justiniano recolheram o maior cabedal de informações.

Foi então que o imperador Adriano mandou consolidar pelo jurisconsulto Sálvio Juliano os editos dos pretores.

Em 212 de nossa era, por uma necessidade social, para poder manter o Império unido, Caracala estende a cidadania romana a todos os homens livres do mundo romano.

Dessa época data uma compilação que chegou até nós, a *Institutas* de Gaio, um manual escolar para a época, mas de inegável valor por fornecer uma visão do Direito Romano Clássico. Alexandre Correia, Gaetano Sciascia e Alexandre Augusto de Castro Correia têm o grande mérito de ter traduzido tais instituições para o português (1953), juntamente com as instituições de Justiniano.

Além da obra de Gaio, jurista de quem pouco se conhece a vida, são do mesmo período as *Regras* de Ulpiano, obra que não nos chegou na forma original, e as *Sentenças* de Paulo, cujo texto nos chegou em parte por meio de compiladores posteriores (Alves, 1971, v. 1:56).

---

[1] Como não é objetivo deste livro discorrer sobre a História de Roma, sobre a matéria ora tratada, recomendam-se as obras de ALVES, Moreira (1971); MEIRA, Sílvio (1975); GAUDEMET, Jean (1967).

3.2.4 Período da Monarquia Absoluta

Nesse período, que vai da chegada ao poder de Diocleciano em 284 d.C. até a morte de Justiniano (565 d.C.), as restrições à atuação do príncipe desaparecem definitivamente.

O centro de interesses do Império desloca-se para Constantinopla.

O senado transforma-se em uma espécie de assembleia municipal da cidade de Roma, com uma instituição semelhante em Constantinopla. Uma ampla burocracia toma conta de todas as instituições.

O imperador passa a deter todos os poderes, com uma fisionomia toda especial, tendo em vista a divisão do Império em duas partes, a do Oriente e a do Ocidente, governadas por dois Augustos, tendo a seu lado como auxiliares e possíveis sucessores dois césares e um sem-número de funcionários públicos.

Doravante, a autoridade militar é rigorosamente separada da autoridade civil.

A legislação é, em geral, comum aos dois impérios, mas todas as fontes são pobres de criações novas. As constituições imperiais passam a ser a única fonte do Direito. Não há grandes juristas e a base continua sendo o direito antigo, mas interpretado ao sabor de advogados por vezes não muito escrupulosos que deturpam os textos. Segundo Paul F. Girard (1911:73), as situações atingiam iniquidade tal que se justificava até mesmo um matricídio com a deturpação dos textos...

Continuam utilizados os textos dos juristas clássicos, como Gaio, Paulo, Ulpiano, mas essas obras, na época, são denominadas *ius,* contrapondo-se às constituições imperiais que se denominam *leges*. É partindo dessa situação que Justiniano faz a monumental compilação que o ligou imorredouramente à história e ao próprio Direito.

Também é conveniente distinguir uma evolução interna no Direito Romano, dividindo-o em dois grandes quadrantes, o *Ius civile* ou direito quiritário (*Ius quiritum*) e *Ius gentium*.

3.3 SISTEMA DO *IUS CIVILE*

Nos tempos primitivos de Roma, o que predomina é o espírito de ordem e de disciplina. O romano de então é sobretudo um soldado. O cidadão submete-se à regra de direito instintivamente, por reconhecê-la como útil às relações sociais.

Tal obediência, porém, nunca foi irracional. O romano é essencialmente prático e submete-se à lei na medida de sua utilidade. A utilidade é para o espírito romano a fonte verdadeira e suficiente para justificar o direito. Os métodos irracionais do Direito são logo abandonados nos tempos primitivos, surgindo o Estado como soberano.

A sociedade dos primórdios de Roma é essencialmente do campo. Há uma noção religiosa que auxilia o habitante dos tempos primitivos a suportar as adversidades da natureza.

Os pontífices, juristas canônicos, interpretam o direito divino, o *fas,* enunciando fórmulas e indicando os ritos de sacrifício aos deuses. Mais tarde, os juristas leigos vão interpretar o direito dos homens, o *ius*, para tratar do relacionamento entre eles.

Entende-se que o direito não é infalível nem imutável, devendo atender às necessidades sociais. A princípio, o direito não é dirigido ao indivíduo, ao cidadão, mas ao grupo, às *gentes* e às famílias, cuja reunião forma a cidade. O direito da cidade é o direito próprio do cidadão romano.

De qualquer modo, sempre foi um traço marcante do Direito Romano primitivo o conservadorismo e o formalismo. É um direito dirigido a uma sociedade agrícola, com poucas necessidades jurídicas. Em razão disso, o direito primitivo é, a princípio, pobre de instituições.

O formalismo, que é próprio das civilizações primitivas, perdurou em Roma mais tempo; estendendo-se também a outras atividades, como a religião, tendo sobrevivido sem muita atenuação dentro do progresso da civilização romana, modificando-se apenas lentamente.

É a forma que confere vida ao direito, mas isso explica razoavelmente o espírito dos romanos.

As fontes dessas épocas mais antigas, como já vimos, são os costumes e a Lei das XII Tábuas.

Os costumes são as normas que jamais foram escritas, mas que são seguidas inconscientemente pelas pessoas. O costume extrai sua essência do consentimento tácito dos cidadãos.

Roma parte para a lei escrita quando percebe que a incerteza do costume já não satisfaz a suas necessidades.

Denomina-se lei, *lato sensu*, toda disposição obrigatória, tanto a *lex privata*, a convenção que liga dois particulares, como a *lex publica*, direito proclamado pela autoridade pública. As leis são aprovadas pelos comícios e tornam-se obrigatórias.

A transformação do costume em lei é uma sequência natural em toda evolução dos povos. A codificação procura consolidar o direito empregado no passado, mas nunca a codificação foi responsável por uma estagnação no direito; isso não ocorre.

As fontes donde decorre o direito costumeiro são *responsa prudentium* e os editos dos magistrados.

A interpretação ou *responsa prudentium* vem em socorro da norma que não pode atender a todos os casos particulares. Essa é a tarefa do intérprete (*interpres*). É um intermediário entre a norma e as necessidades sociais do momento. Seu trabalho, no entanto, não é aprovado legislativamente. Seu trabalho é de direito costumeiro. Desde os primórdios, foram os pontífices os principais intérpretes. Formam eles um colégio de teólogos. Cabia aos pontífices não só orientar a religião do Estado, o relacionamento do *fas* e do *ius*, como também o culto familiar.

Essa interpretação pelos pontífices permanece por muito tempo secreta, enquanto o direito teórico era de conhecimento de todos; prova disso é a existência da Lei das XII Tábuas.

A partir de certo período, a jurisprudência deixa de ser secreta para ser aplicada pelos pretores, por meio das fórmulas a serem proferidas perante o magistrado.

Ao lado dos pontífices, encontravam-se também os juristas leigos que, igualmente, exerceram grande influência na formação do direito nessa época. A eles se deve, verdadeiramente, o nascimento da ciência do Direito.

Os *editos* dos magistrados eram programas de conduta publicados para demonstrar como agiriam durante seu exercício no cargo. Esses magistrados eram os pretores e os *edis curuls*. A princípio, há apenas o pretor da cidade, *praetor urbanus*, que tratava do direito dos cidadãos. Depois, quando se cria um direito para as relações entre cidadãos e peregrinos ou entre peregrinos, surge o *praetor peregrinus*.

Os *edis curuls* eram investidos de jurisdição relativa à venda de escravos e de animais.

O direito criado por esses magistrados são os Editos, que têm particular importância como fonte do Direito Romano.

Aos poucos, o novo pretor que assumia o cargo passava a copiar o edito de seu predecessor, pois a experiência havia demonstrado ser útil. Assim, o edito foi tornando-se uma fonte de direito estável. Em princípio, como o pretor não tinha o poder de criar o direito, o edito não criava o *ius civile*, mas é por meio das normas processuais que o pretor acaba por supri-lo e corrigi-lo.

O direito que se foi formando mediante o trabalho pretoriano denomina-se *ius honorarium*, que é a formação de um corpo homogêneo e coerente de fórmulas procedimentais, com a função de ajudar, completar ou corrigir o Direito Civil. Também os editos dos magistrados, a exemplo dos costumes, extraíam sua obrigatoriedade da vontade tácita dos cidadãos. Contudo, o direito honorário tinha a vantagem sobre o costume de ser conhecido por todos. O direito honorário prepara o terreno para uma modificação no direito, o *ius gentium*.

3.4 SISTEMA DO *IUS GENTIUM*

O *ius civile* convinha a uma cidade de estreitos confins.

À medida que o Estado romano trava contato com outros povos, aumentando os contatos com os estrangeiros, o excessivo formalismo do *ius civile* torna-se insuficiente e inconveniente.

Roma deixa de ser uma cidade essencialmente agrícola para tornar-se um centro de atividade comercial. No campo das obrigações, principalmente, as modificações na técnica do direito tornam-se uma necessidade.

Ao mesmo tempo, o velho direito nacional transforma-se sob a influência dos acontecimentos que ameaçam a proeminência da aristocracia.

Os magistrados romanos, governadores de províncias ou pretores peregrinos foram insensivelmente influenciados pelos costumes locais. Acostuma-se assim a se opor ao direito formalístico um direito mais elástico, apropriado aos estrangeiros e ao comércio, um direito sem formas, mas praticado por todas as nações estrangeiras civilizadas, o *ius gentium*, o direito das gentes, expressão até hoje empregada para designar um direito internacional.

Ao que tudo indica, esse direito empregado indistintamente aos estrangeiros em sua relação com Roma tinha muito do direito natural, *ius naturale*, imposto à humanidade pela natureza, inspirado eternamente no bom, justo e equitativo. Os juristas latinos passam a admitir essa concepção, seguindo o que já era proposto pelos filósofos gregos.

Essa invasão do *ius gentium*, porém, não faz desaparecer o *ius civile* nem o suplanta. O Direito Romano passa a conviver com o dualismo do *ius civile* perante o *ius honorarium*. Doravante, a história do Direito Romano passa a ser a coexistência das duas formas de direito, que se interpenetram. Ao contato com o *ius gentium*, o *ius civile* ameniza-se, torna-se menos formalístico, apesar de que sua essência permanece intacta. Essa transformação foi obra, contudo, de muitos séculos.

Importa referirmos aqui a influência dos *senatus consultum*, que, no dizer de Correia e Sciascia (1953:29), "*é a deliberação do senado mediante proposta do magistrado*". Apenas no período do principado têm força de lei e, portanto, fonte do direito. Ao lado deles, as constituições imperiais, deliberações do imperador, têm força legislativa, como vontade do imperador.

Do fim do terceiro século até Justiniano, prossegue a unificação dos direitos sob a ação de várias influências (May, 1932:53).

O direito das gentes pouco a pouco invade o domínio do *ius civile*, não só pela extensão da cidadania romana a todos os habitantes do império por Caracala, generalizando a aplicação do Direito Romano que tende a universalizar-se, como também pela divisão do Império em duas partes, com a fundação de uma segunda capital, Constantinopla, para rivalizar-se com Roma. O centro político do Império transfere-se para o Oriente, enquanto Roma cai nas mãos dos povos bárbaros.

Graças ao triunfo dos trabalhos pretorianos, que atendiam à equidade e ao direito natural, desaparecia paulatinamente a diferença entre direito civil e direito das gentes. O que precipita a fusão dos dois sistemas, porém, é a abolição do procedimento formular feito por Diocleciano; desaparecem assim os resquícios de diferença entre os dois sistemas.

3.5 CODIFICAÇÃO DE JUSTINIANO – OUTRAS CODIFICAÇÕES

Havia uma massa muito grande de compilações realizadas por juristas clássicos, tais como Papiniano, Ulpiano, Paulo e Modestino, que reúnem as opiniões dos jurisconsultos mais antigos. A tarefa dos juízes da época era difícil.

Uma constituição de Teodósio II e Valentiniano III tenta pôr fim a esse estado de coisas. Entre todos os juristas, são escolhidos somente cinco, cujas opiniões têm força de lei: os quatro clássicos, Papiniano, Ulpiniano, Paulo e Modestino, aos quais se acrescenta Gaio, que ganhou renome após quase dois séculos. Em caso de igualdade de opinião entre esses mestres, esta tinha força de lei e vinculava os juízes. Em caso de desacordo, deveria imperar a vontade da maioria. Se a opinião sobre determinado caso se dividia, prevalecia a opinião de Papiniano.

No século IV de nossa era, os juristas Gregório e Hermogeniano produziram duas compilações, conhecidas sob o nome de Códigos Gregoriano e Hermogeniano, os quais pareciam gozar de muita autoridade, ainda que fossem desprovidos de caráter oficial.

Seus exemplos foram seguidos no século V por Teodósio II, que, em 438, mandou redigir uma compilação das constituições que surgiram após Constantino até seu próprio reinado, dando-lhe o nome de *Codex Theodosianus*. Publicado nas duas partes do Império, exerceu notável influência no Império do Ocidente, preparando o terreno no Oriente para a compilação de Justiniano.

Gaston May (1932:57) afirma que se há de mencionar duas séries de documentos que, antecedendo a obra de Justiniano, preparam-lhe o espírito: são os escritos dos juristas, desprovidos de caráter oficial, destinados à prática do direito; consistem em um apanhado de constituições imperiais e de extratos dos jurisconsultos (fim do século IV ou princípio do século V) conhecidos como *Fragmenta Vaticana* e *Collatio legum mosaicarum et romanarum*; pertencem também a essa série de documentos as *Leges romanae barbarorum*, do começo do século VI, feitas pelas populações romanas do Ocidente submetidas aos povos bárbaros, redigidas sob idêntico espírito. Em todos esses trabalhos, encontra-se uma reunião de *ius* e *leges*, em um agrupamento que, se não demonstra interesse científico, ao menos marca a intenção de fixar uma unidade dos documentos jurídicos.

Nessas citadas compilações encontramos um direito muito diverso do Direito Romano clássico. Há, na realidade, um intervalo de três séculos entre os juristas clássicos e o trabalho a ser realizado por Justiniano. Observa Jean Gaudemet (1967:753) que esses séculos, contudo, não foram um período de estagnação, e prova disso são as constituições pós-clássicas e as obras anônimas da doutrina que chegaram até nós.

Como vemos, até o aparecimento do trabalho de Justiniano, que passaremos a enfocar, a codificação realizada no século V mostra-se incompleta e insuficiente. Uma obra importante é necessariamente imposta por um governante esclarecido e feita por verdadeiros juristas. A compilação justinianeia preenche essas duas finalidades. Durante muito tempo na Idade Média, no entanto, o Direito Romano estivera reduzido a um direito consuetudinário provinciano. A obra legislativa de Justiniano, contudo, não entra em vigor no Ocidente devido ao isolamento deste do império do Oriente e ao fracasso de Justiniano em reconquistar os territórios invadidos pelos germânicos (Caenegem, 2000:25).

Justiniano (527-565) pretendeu restaurar o prestígio do Império e o fez em todos os campos. Subiu ao trono do Império Romano do Oriente, em Constantinopla, a 1º-8-527. Era natural da Ilíria, Tauresium. Fez grandes conquistas militares, pretendendo que o Império Romano retornasse a sua grandeza. Era filho de pais camponeses, tendo sido adotado pelo imperador

Justino, seu tio, também filho de um camponês. Correia e Sciascia (1953:436) realçam a importância da mulher de Justiniano:

> *"Teodora era filha de um artista de circo domador de ursos. Bem jovem pisou o tablado, onde obteve grande êxito pelas qualidades de dançarina belíssima. Moça, levava vida dissoluta, a ponto de se dizer que Messalina, comparada com ela, pareceria uma virtuosa matrona. Mais tarde, conquistou o afeto do jovem Justiniano, e depois de este ter obtido do tio Justino a ab-rogação da proibição, sancionada por leis de Augusto, do matrimônio de senador com bailarina, a desposou."*

Acrescente-se que a firmeza de caráter dessa mulher muito o auxiliou em sua obra, tanto militar como jurídica.

Na época de Justiniano, a língua oficial ainda é o latim para a administração, o exército e a legislação, numa nação na qual, entretanto, a língua comum era o grego; os comentários à compilação e a maioria das *Novelas* serão redigidos nessa língua. Em todas as suas manifestações, porém, Justiniano demonstra seu desejo de retornar às tradições romanas clássicas, como sucessor dos imperadores de Roma.

No domínio político e militar, Justiniano restabeleceu a autoridade imperial no Ocidente pela reconquista da África sobre os vândalos (534), da Itália sobre os ostrogodos (535-554) e de uma parte da Espanha sobre os visigodos (550-554). Essas conquistas serão efêmeras, mas demonstram uma vontade do monarca em restaurar a antiga Roma sobre todo o mundo mediterrâneo. O mesmo cuidado tem o imperador com a organização interna do Império, pois trata de reorganizar o governo central, a administração provincial e as relações com a Igreja. É nesse conjunto que ele situa seu trabalho jurídico.

Esse imperador bizantino, já no segundo ano de seu governo, dá início a sua obra legislativa. Remaneja as fontes de direito conhecidas, e seu trabalho de compilação e correção compreende quatro obras monumentais para a cultura jurídica universal: o *Código*, o *Digesto*, as *Institutas* e as *Novelas*. Ao conjunto dessas obras juristas mais modernos chamam *Corpus Juris Civilis,* como até hoje é conhecido. Sua grandeza reside no fato de ser a última criação da ciência jurídica romana, um supremo esforço de concentrar-se um direito esparso prestes a se desagregar e a perder seu esplendor. Sua importância é tão grande para o direito moderno como foi a Lei das XII Tábuas para o antigo direito. No dizer de Gaston May (1932:57),

> *"estes dois monumentos jurídicos que se erigem nas duas extremidades da carreira percorrida pelo direito Romano testemunham transformações profundas cumpridas nesse longo intervalo: o primeiro ainda impregnado do espírito das instituições primitivas, o segundo contendo já os princípios essenciais do direito das sociedades modernas".*

O trabalho de justiniano foi atribuído a uma comissão, em que despontava o jurista Triboniano, que ele não se cansou de elogiar. Esse jurista, principal colaborador, era professor de direito da escola de Constantinopla. Triboniano cerca-se de juristas, professores e advogados, com os quais inicia enorme trabalho de compilação. Foi eficazmente auxiliado nessa missão por Teófilo, outro professor da mesma escola.

3.5.1 Código

A missão dos compiladores completou-se em dois anos. O *Código* era destinado a substituir o Gregoriano, o Hermogeniano, as constituições particulares e o Código Teodosiano de 438.

Em 7-4-529, com a constituição *Summa rei publicae,* o imperador publica o *Codex* e estabelece que entraria em vigor em 16 de abril daquele ano. Essa primeira obra não chegou até nós, já que mais tarde foi substituída por outra.[2]

A publicação de novas constituições tornou necessária uma segunda edição, que esteve a cargo de outra comissão, com menor número de estudiosos. Esse segundo *Código* foi publicado em 16-11-534, para entrar em vigor no dia 29 de dezembro do mesmo ano. Essa obra chegou até nós.

O *Código* redigido de acordo com o sistema das compilações anteriores é dividido em 12 livros, subdivididos em títulos. As constituições estão ordenadas em cada título por ordem cronológica, como nos códigos anteriores.

O *Código* começa por uma invocação a Cristo, em que se afirma a fé de Justiniano. Os outros títulos do Livro I são consagrados às fontes do direito, ao direito de asilo e às funções dos diversos agentes imperiais. O Livro II trata principalmente do processo. Os Livros III a VIII tratam do direito privado, o Livro IX do direito penal, os Livros X a XII foram consagrados ao direito administrativo e fiscal.

Como nos códigos anteriores, encontra-se nos títulos mais que nos livros uma unidade de matéria. A técnica, porém, ainda é antiga, pois os títulos são muito numerosos e não se exclui a interpolação de certos textos (adaptações feitas pelos compiladores).

O mérito da compilação, colocando todas as constituições no *Código,* é torná-lo obrigatório como lei do Império.

3.5.2 Digesto

O *Digesto,* conhecido igualmente pelo nome grego *Pandectas,* é uma compilação de fragmentos de jurisconsultos clássicos. É obra mais completa que o *Código* e ofereceu maiores dificuldades em sua elaboração.

Na constituição *Deo auctore de conceptione Digestorum,* de 15-12-530, o imperador expôs seu programa referente à obra. Coube a Triboniano escolher seus colaboradores. Foram escolhidos Constantino, além de Teófilo e Crátino, de Constantinopla, Doroteu, Isidoro, da Universidade de Berito, mais onze advogados que trabalhavam junto à alta magistratura.

O *Digesto* diferenciava-se do *Código* por não ter havido anteriormente trabalho do mesmo gênero. A massa da jurisprudência era enorme, frequentemente difícil de ser encontrada. Havia muitos autores, com pontos de vista diversos, por vezes antagônicos. A tarefa parecia ciclópica, e era temerário juntar todo esse amálgama de opiniões num trabalho homogêneo.

Justiniano abraçou essa empreita ao verificar que o *Código* era insuficiente para as finalidades a que se destinava, e se propôs a codificar e reunir todo o direito clássico.

O objetivo atribuído a Triboniano e seus auxiliares era de colocar um paradeiro às dificuldades, incertezas e confusões que a jurisprudência de então, excessivamente abundante, provocava. Pelo novo sistema, Justiniano procurou romper com o estado anterior, que adotava a lei das citações. A intenção do imperador era de fornecer aos demandantes o essencial da jurisprudência, assim como os mestres da época extraíam o essencial de leis esparsas.

---

[2] Um fragmento de papiro deu-nos a conhecer parte do índice dessa obra (Livro I, Títulos 11 a 16); cf. GAUDEMET (1967:756).

Todavia, incumbia à comissão fazer cessar as contradições, corrigir os textos e eliminar os institutos em desuso. Inspirando-se na divisão do Código, a nova obra deveria agrupar os textos por matérias divididas em 50 livros, subdivididos em títulos. A obra teria a autoridade de lei imperial. A tarefa era enorme. Cerca de 1.400 anos de cultura jurídica deveriam ser pesquisados, requerendo o exame de aproximadamente 1.500 livros. São citados 38 ou 39 jurisconsultos no *Digesto*, desde o século II a.C. até o final do século III de nossa era.

Acreditava-se que a obra requereria uma dezena de anos para ser feita, mas ao fim de apenas três anos estava completa, e foi publicada em 16-12-533, entrando em vigor no dia 30 do mesmo mês e ano.

Essa rapidez é surpreendente, e os historiadores apenas conjecturam sobre como teria trabalhado a comissão. Acredita-se que várias subcomissões tenham sido criadas, cada uma delas encarregada de pesquisar determinada massa jurídica. Trata-se, contudo, apenas de uma hipótese não aceita unanimemente (Gaudemet, 1967:760).

Há outra hipótese de que, talvez, os compiladores tivessem partido de uma obra semelhante então existente.

Correia e Sciascia afirmam que modernamente todas as conjecturas foram postas de lado, concluindo-se que, no período de três anos, os juristas realizaram algo verdadeiramente notável.

Todavia, a hipótese do jurista Bluhme, alemão do século XIX, é citada pelos romanistas como a mais plausível. As obras escolhidas para o *Digesto* foram divididas em quatro grupos ou massas: a massa, que ele chama "sabiniana", foi baseada nos livros do *ius civile;* outra que se utilizou dos editos e outros tratados, que o jurista tedesco chamou "massa edital"; uma terceira, que se teria baseado nas obras de Papiniano (*quaestiones, responsa* e *disputationes*), denominada "massa papiniana"; a quarta, encarregada de vários outros autores, denominou "apêndice" (Gaudemet, 1967; Correia, 1953; Girard, 1911).

A elaboração de tão grande obra contou com um espírito inovador por si só. É gigantesca sobretudo pelo fato de acolher vastas tradições do passado com vontade inovadora. Como nas obras mais antigas, o *Digesto* divide-se em 50 livros, subdivididos em títulos; estes possuem os fragmentos atribuídos aos juristas. Para facilitar o manuseio, os juristas medievais dividiram os fragmentos longos em parágrafos. Cada fragmento começa com o nome do jurista, da obra ou do texto em que foi inspirado.

O Direito do *Digesto* é um direito eminentemente clássico. Não foram eliminadas todas as contradições e, por vezes, a mesma matéria é repetida.

Essas falhas, porém, não apagam a grandeza da obra, gigantesca por si só, além de inovadora. E monumental sobretudo pelo fato de os juristas terem adaptado o antigo direito ao direito da época. Para isso se utilizaram das *interpolações*. Como tinham autorização do imperador, conclui-se que as comissões, não só no *Digesto*, mas também no *Código* e nas *Institutas*, fizeram muitas modificações nos textos originais. Houve acréscimos, supressões e substituições de palavras e até de períodos inteiros.

Na época pós-clássica, as glosas marginais ou interlineares feitas na Idade Média dificultavam a tarefa do pesquisador do *Digesto*. Muitos juristas se dedicaram ao estudo das interpolações. Há várias técnicas para detectá-las: as faltas gramaticais, as rupturas no desenvolvimento de um texto, o emprego de certas palavras ou expressões não utilizadas pelos juristas consultados, a citação de institutos jurídicos não conhecidos pelos juristas clássicos, contradições no interior de um mesmo texto etc.

Os compiladores tiveram o mérito de introduzir no *Digesto* um novo espírito na elaboração do direito escrito. O *Digesto* é uma obra metódica, dentro de um plano lógico.

Como acentuam os tratadistas, temos um manuscrito precioso do *Digesto*, a *Littera Florentina*, que data da metade do século VI ou do começo do século VII, conservado hoje em Florença, daí seu nome. Afirmam Correia e Sciascia (1953:467) que, provavelmente, os copiadores do manuscrito eram gregos, pelo que se vê da ortografia latina e da divisão silábica. Após esse manuscrito, considerado o mais importante, vários outros foram encontrados.

3.5.3 *Institutas*

Se, por um lado, o *Código* foi a primeira tentativa de unificação legislativa e o *Digesto* essa obra grandiosa, as *Institutas* são um breve manual de estudo. Foram preparadas ao mesmo tempo que o *Digesto*, e elaboradas por três membros da comissão do *Digesto*, Triboniano, Doroteu e Teófilo. Os redatores foram fiéis ao plano das *Institutas* de Gaio, tendo-se servido de muitas passagens desse antigo jurista. No entanto, há inovações introduzidas de acordo com o direito vigente no Baixo-Império. O cotejo das duas *Institutas*[3] fornece-nos uma boa ideia da evolução dos institutos jurídicos através dos séculos que separam as duas obras.

Como uma obra de professores, destinada ao ensino, as *Institutas* são mais simples e mais teóricas que o *Digesto*. São expostas noções gerais, definições e classificações. Há controvérsias sobre os temas e conteúdo, sendo excelente campo de estudo.

Essa compilação foi publicada em 21-11-533, um mês antes do *Digesto*. Foi aprovada em 22 de dezembro e entrou em vigor como manual de estudo no mesmo dia do *Digesto*, 30-12-533. Por ser mais simples que o *Digesto*, alcançou enorme difusão; prova disso são os inúmeros manuscritos que nos chegaram.

Esse trabalho teve a mesma divisão das *Institutas*, de Gaio: pessoas, coisas e ações. Contudo, os livros dividem-se em títulos. Foram utilizadas na elaboração a *res cotidianae*, também de Gaio, as *Institutas*, de Florentino, de Ulpiano e de Marciano, e os *VII libri regularum*, de Ulpiano. Os fragmentos são postos em seguida, sem indicação das fontes.

3.5.4 *Novelas*

A segunda edição do *Codex* (534) não paralisou a atividade legiferante de Justiniano. Continuou ele a editar outras constituições importantes, entre 535 e 565. Essas novas constituições (*Novellae Constituitiones*) são conhecidas por *Novelas*. A maioria foi editada em língua grega e contém reformas fundamentais, como no direito hereditário e no direito matrimonial.

Três coleções de *Novelas* chegaram até nós. Nenhuma tem o método ou a forma das demais codificações. São colocadas em princípio cronológico. A mais antiga coleção foi obra de um professor de Direito, de Constantinopla, Juliano, daí o nome dado à obra: *Epítome de Juliano*. As constituições são frequentemente apresentadas de forma abreviada, e os textos são transcritos em latim, para que a coleção possa ser utilizada no Ocidente. Essa compilação agrupa 124 *Novelas*, de 535 a 555. Trata-se de uma obra privada.

Há uma segunda coleção denominada *autêntica* pelos glosadores da Escola de Bolonha, por ser considerada oficial. São gregas, traduzidas em latim ruim e às vezes ininteligíveis. São 124 *Novelas*, de 535 a 556. A compilação foi feita na Itália por alguém não especialista em direito ou grego. Graças, porém, às *Novelas*, conhecemos a forma de legislar da época de Justiniano; além disso, essa legislação proporcionou inúmeras reformas importantes ao Código.

---

[3] Esse cotejo pode ser feito por meio das traduções constantes da obra de Correia e Sciascia.

3.5.5 Características e Importância Geral da Compilação de Justiniano

O trabalho de compilação de Justiniano representa uma obra de síntese e de fixação de um direito que estava desagregado e esparso. Tem o mérito não só de mostrar à posteridade o direito de sua época, como também de estampar o pensamento dos juristas clássicos de muitos séculos atrás. Nas palavras de Caenegem,

> *"o Corpus Iuris Civilis, denominação que data do século XII, representa a expressão suprema do antigo direito romano e o resultado final de dez séculos de evolução jurídica"* (2000:25).

A compilação torna-se uma ponte que liga o direito contemporâneo ao Direito Romano clássico, já que o sistema dos povos romano-germânicos é nela baseado.

Por outro lado, pela primeira vez na história, na época de Justiniano (e isto voltaria a acontecer na Idade média), há uma tendência de se voltar à época clássica, pois se trata de uma obra de restauração. O trabalho mostra-se sensível na adaptação de institutos jurídicos já em desuso. Demonstra, por outro lado, desprezo pela prática do direito "vulgar" da época.

Por tudo isso, temos que ter o *Corpus Iuris* como um sistema jurídico muito evoluído. Pela primeira vez se separa o direito civil do direito pretoriano sobre o qual se baseou o Direito Romano Clássico. Edifica-se o *ius gentium* como direito comum do povo, desprovido de formalismo. Tais qualidades explicam por que a partir de sua redescoberta, no século XII, ele torna-se a base dos direitos ocidentais, tendo inspirado todos os códigos modernos de nosso sistema de filiação romano-germânica.

3.5.6 Destino da Codificação de Justiniano

Justiniano proibiu qualquer comentário a sua obra, autorizando apenas interpretações breves (*indices*) ou agrupamento de textos paralelos. O imperador acreditava que um comentário seria uma traição e que por esse meio sua obra poderia ser desfigurada.

Essa proibição foi a princípio seguida pelos juristas da época. Uma parte da obra é conhecida como *Basílicas*. Trata-se mesmo de *indices*.

A proibição imperial não se estendia, contudo, nem ao *Código*, nem às *Institutas*, o que permitiu aos intérpretes trabalhos mais importantes. As *Institutas* foram objeto de uma paráfrase, provavelmente de Teófilo, um dos colaboradores de Triboniano. Esse autor se valeu também de uma tradução grega das *Institutas* de Gaio, documento que nos mostra a aplicação do direito justinianeu.

O *Código*, por sua vez, teve vários comentários, assim como as *Novelas* que apresentavam soluções diferentes dos textos originais, mostrando a evolução do direito da época.

A aplicação do Direito Romano no Ocidente nunca sofreu interrupção. Foi sempre objeto de ensino nas universidades, notadamente da França e da Itália.

A obra dos glosadores começa em Bolonha no final do século XI. O nome *glosadores* provém do fato de que faziam *glosas*, interlineares ou marginais, nos textos para comentá-los ou adaptá-los. A glosa mais famosa é a de Acúrsio (1182-1260), em que se encontram classificadas e incorporadas as glosas mais importantes anteriores, que desfrutavam de autoridade e eram citadas nos tribunais.

O fato é que, com o renascimento dos estudos clássicos, começa um novo período para o Direito Romano no século XVI. Surge um movimento que tende a restituir a verdade histórica ao Direito Romano em vez de simplesmente interpretá-lo.

O renascimento, porém, situa-se justamente no local mais estrangeiro de todos com relação ao Direito Romano original: a Alemanha, no século XIX. Essa escola tida como histórica, da qual Savigny foi um dos expoentes, teve mérito de reencontrar a universalidade do Direito Romano.

Não devemos esquecer também que a Igreja teve seu papel de conservação do Direito Romano na Idade Média, pois a cultura de seus membros permitia-lhe sentir a superioridade de seus princípios.

3.6 DIREITO ROMANO E MODERNO DIREITO CIVIL BRASILEIRO

Evidentemente, a história de nosso direito está ligada a Portugal. Foi da Universidade de Coimbra que os estudos de Direito Romano, alicerce do direito civil português, ganharam difusão.

Os portugueses não se limitaram a assimilar o direito civil romano e o direito local, mas adaptaram a jurisprudência (entendida aqui como ciência do direito) ao meio e realizaram todo um trabalho de comentários, de interpretação e aplicação práticos (Meira, 1975:225).

Também em Portugal se verificou o fenômeno da recepção do Direito Romano, assim como ocorrera na Alemanha, França, Espanha e em quase todos os países do Ocidente. Essa recepção era a adaptação do Direito Romano clássico aos povos que sofreram a fragmentação das conquistas bárbaras, quando surgiram várias nações com caracteres próprios.

Em Portugal, a adaptação do Direito Romano deveu-se a seus grandes jurisconsultos e em especial à Universidade de Coimbra. Até 1722, nessa Universidade, o estudo do Direito resumia-se ao Direito Romano, tal era sua autoridade.

Em ordem cronológica, podemos citar as Ordenações Afonsinas de 1446, que determinavam a aplicação do Direito Romano nos casos não previstos na legislação, nos estilos da Corte, nos costumes ou no Direito Canônico.

Sucedem-se as Ordenações Manuelinas, do início do século XVI, que mantiveram os princípios das Ordenações Afonsinas.

As Ordenações Filipinas, de 11-1-1603, passaram a admitir a invocação do Direito Romano no silêncio da lei; no costume do reino ou estilo da Corte e em matéria que não importasse pecado.

A Lei da Boa Razão, de 18-8-1769, promulgada pelo Marquês de Pombal, vedou a invocação do Direito Canônico no foro civil e considerou "boa razão" a decorrente do direito das gentes, como produto do consenso universal.

No Brasil colonial, tinham plena vigência as leis portuguesas e, mesmo após a Independência, mantiveram-se elas em vigor. Uma lei de 20-10-1823 mandou observar as Ordenações Filipinas no país, bem como as leis, regimentos, alvarás, decretos e resoluções vigentes em Portugal até a data da saída de D. João VI, isto é, 25-4-1821. A legislação da pátria-mãe teve vigência no Brasil até a promulgação do Código Civil, em 1º-1-1917, de cuja história nos ocuparemos adiante.

É curioso lembrar que as Ordenações tiveram maior tempo de vigência no Brasil do que em Portugal, já que, lá, o Código Civil lusitano foi promulgado em 1867. Essa parte da história de nosso direito desenvolvemos em nossa obra *Introdução ao estudo do direito: primeiras linhas*.

4

DIREITO CIVIL

O direito privado é compartimento ou setor jurídico que, tradicionalmente, regula o ordenamento dos interesses de particulares, sendo o Direito Civil o ramo do direito privado por excelência.

À medida que perguntamos o que devem os membros da sociedade uns aos outros; ou o que é meu e o que é teu; quando estudamos as relações entre os indivíduos e as relações entre esses indivíduos e as associações, as relações de família, estamos perante o ramo do direito privado que se denomina Direito Civil.

O *ius civile*, tal como era estudado nos séculos passados, compreendia tanto o direito público como o direito privado, uma vez que as instituições romanas, como vimos, não diferençavam um e outro e, apesar de os juristas romanos estabelecerem a diferença, os direitos público e privado interpenetravam-se.

No Direito Civil preponderam as normas jurídicas reguladoras das atividades dos particulares. Trata dos interesses individuais. Estuda-se a personalidade; a posição do indivíduo dentro da sociedade; os atos que pratica; como o indivíduo trata com outros indivíduos; como adquire e perde a propriedade; como deve o indivíduo cumprir as obrigações que contraiu com outro; qual a posição do indivíduo dentro da família; qual a destinação de seus bens após a morte...

Os interesses protegidos no Direito Civil são privados. Contudo não podemos tratar de um direito privado sem contrapô-lo a um "direito público", que a cada momento, em nossa vida particular, se imiscui, interferindo no relacionamento não só do indivíduo para com o Estado, mas também no próprio relacionamento de indivíduo para indivíduo.

4.1 DIREITO PRIVADO EM FACE DO DIREITO PÚBLICO

A distinção entre direito público e direito privado, na vida prática, não tem a importância que alguns juristas pretendem dar. O Direito deve ser entendido como um todo. Fazemos, porém, a distinção entre direito privado e direito público, mais por motivos didáticos e por amor à tradição.

Quando o juiz ou advogado, o operador jurídico em geral, se defronta com um problema a ser resolvido, não pode encará-lo somente sob determinado ponto de vista ou aspecto jurídico. O jurista deve ter amplitude de formação suficiente para encarar cada fato social como um todo, visto que sua solução envolverá certamente mais que uma disciplina jurídica.

Mesmo o especialista, no denominado direito público ou no denominado direito privado, não pode prescindir da visão geral do Direito como um cosmos. O penalista não prescinde dos conhecimentos do Direito Civil; o civilista necessita conhecer o direito administrativo, o Direito Processual Civil e assim por diante.

O problema da distinção do direito em público e privado, entre os que se preocupam com o tema, envolve, de plano, especulação filosófica. De qualquer modo, como já procuramos enfocar, a distinção ora tratada deve deixar de lado o fundamento do fenômeno jurídico, principalmente para não criar no iniciante do estudo das letras jurídicas uma antítese, uma antinomia nos dois compartimentos que absolutamente não existe.

O *ius civile* dos romanos distinguia direito público de direito privado com objetivo de traçar fronteiras entre o Estado e o indivíduo. O *ius publicum* procurava as relações políticas e os fins do Estado a serem atingidos. O *ius privatum* dizia respeito às relações entre os cidadãos e os limites do indivíduo em seu próprio interesse.

Modernamente, várias teorias procuram explicar a distinção, sem que se chegue a um ponto comum.

Do ponto de vista prático, frequentemente torna-se importante saber se estamos perante uma norma tipicamente de direito público ou tipicamente de direito privado, sem que isso anule a proposição que fizemos a princípio.

Em qualquer distinção feita, a linha divisória entre os dois grandes ramos do Direito não pode ser nitidamente estabelecida em teoria, em virtude do enorme entrosamento das relações jurídicas. Por vezes, as entidades de direito público agem como particulares e como tal devem ser tratadas, ficando sujeitas às leis de direito privado. Também no direito privado o Estado imiscui-se, impondo sua vontade e tolhendo a autonomia do particular. São os chamados *preceitos de ordem pública* que, embora não pertençam necessariamente ao chamado direito público, a suas normas equiparam-se, dada sua *força obrigatória* inderrogável pela vontade das partes.

Ao distinguirmos direito público de direito privado, toda tentativa não será imune a críticas.

Karl Larenz (1978:1) afirma que o direito privado é aquela parte do ordenamento jurídico que regula as relações dos particulares entre si *"com base na sua igualdade jurídica e sua autodeterminação (autonomia privada)"*. Entendemos, por conseguinte, por direito público a parte do ordenamento que *"regula as relações do Estado e de outras corporações investidas de poder de autoridade, tanto com seus membros, como entre si, assim como a organização de ditas corporações"*. O próprio autor, porém, assevera que existem relações de direito privado na qual ocorre uma "supraordenação", como, por exemplo, no direito de família, assim como no relacionamento das pessoas jurídicas de direito privado, as associações com relação a seus membros. Na Alemanha, a distinção tem maior razão de ser, pois ali existe uma jurisdição privativa de Direito Civil, isto é, tribunais civis, ao lado de tribunais administrativos, o que, até agora, não ocorre entre nós.

A cada dia, no entanto, notamos maior *publicização* do direito privado. São frequentes as invasões do Estado na órbita que originalmente apenas interessava ao âmbito privado do indivíduo. A influência do Estado é cada dia mais absorvente; surgem, então, fórmulas para proteger o Estado por meio de um direcionamento de condutas do indivíduo. É acentuada a cada momento a restrição à liberdade individual. Princípios tradicionais de direito privado, como, por exemplo, a autonomia da vontade no direito obrigacional, sofrem paulatina intervenção do Estado.

O direito de família tende a publicizar-se mais em razão de ordenar um organismo de vital importância para o Estado. O direito de propriedade sofre permanentemente impacto social nas restrições a sua plena utilização e à disponibilidade do bem. A teoria do risco, mormente no campo dos acidentes de trabalho, ganha novos rumos. Enfim, cada vez mais notamos interpenetração de normas de direito público no direito privado.

Não obstante, tal fato não significa que exista tendência para o desaparecimento do direito privado. A todo momento os indivíduos criam novas relações jurídicas. Sua autonomia de vontade ainda tem e, esperamos, sempre terá campo de atuação, pois nela reside a liberdade do indivíduo, bem supremo que em um regime político que se diz democrático deve ser resguardado a qualquer custo. Esse fenômeno, que os juristas chamam de publicização do direito privado, é um fenômeno universal de *socialização* das relações jurídicas, da propriedade privada, do Direito, enfim.

Embora existam amplas dificuldades em dividir esses dois grandes compartimentos, é preciso optar por um critério. Melhor será considerar como direito público o direito que tem por finalidade regular as relações do Estado, dos Estados entre si, do Estado com relação a seus súditos, quando procede com seu poder de soberania, isto é, poder de império. Direito privado é o que regula as relações entre particulares naquilo que é de seu peculiar interesse. Modernamente, há compartimentos de direito e os chamados microssistemas, como o Código de Defesa e Proteção do Consumidor, que muitos defendem como um terceiro gênero denominado *direito social*, cujos princípios são concomitantemente de direito privado e de direito público. No curso de nossa exposição, voltaremos ao tema.

4.2   DIREITO CIVIL COMO UM RAMO DO DIREITO PRIVADO

Aceita essa divisão do Direito em público e privado, devemos localizar o Direito Civil.

O direito público pode ser dividido em interno e externo. O direito público interno compreende o direito constitucional, o direito administrativo, o direito tributário, o direito penal, o direito processual civil e penal, enquanto o direito público externo compreende o direito internacional público e privado.

O direito privado engloba o direito civil e o direito comercial.

Direito do Trabalho trata das relações jurídicas entre empregado e empregador dentro da empresa moderna; atingiu tamanho grau de publicização, que se torna mais apropriado colocá-lo como um ramo do direito público. Na realidade, cuida-se de um direito social, que absorve princípios de direito privado e de direito público.

Desgarrando-se do Direito Civil, surgem novas disciplinas, como o direito agrário e o direito autoral, que aos poucos ganham foros de autonomia. Do direito comercial, tradicional, surgem como autônomos o direito marítimo, o direito aéreo e o direito econômico, além do direito do comércio eletrônico. Essas autonomias, contudo, têm efeito mais didático do que real. A especialização do profissional no campo do direito é uma realidade.

O *Direito Constitucional* baseia-se na Constituição e tem por objetivo a estrutura básica do Estado inserida na constituição; além disso, há o sentido político-social de suas normas, o valor da autoridade e das liberdades públicas.

O *Direito Administrativo* ordena os serviços públicos e regulamenta as relações entre a Administração, seus órgãos, os administradores e seus administrados.

Direito Tributário é o ramo do direito público que ordena a forma de arrecadação de tributos e o relacionamento entre o poder público fiscal e o contribuinte. Trata-se de um direito obrigacional público, porque retrata a obrigação do contribuinte com o Fisco.

Direito Processual Civil é o ramo do direito público que preordena a forma pela qual alguém pode conseguir do Estado, de seu Poder Judiciário, uma prestação jurisdicional, isto é, a composição de um conflito de interesses.

Direito Penal

> *"é o conjunto dos preceitos legais, fixados pelo Estado, para definir os crimes e determinar aos seus autores as correspondentes penas e medidas de segurança"* (Garcia, s.d.:8).

Direito Processual Penal é o ramo do direito público que faz a jurisdição estatal no âmbito do Direito Penal, regulando também as atividades da política judiciária e seus auxiliares. É por intermédio do Direito Processual Penal que logramos obter o direito de punir o delinquente, que é privativo do Estado.

Direito Internacional Público ou direito das gentes

> *"é o conjunto de princípios ou regras destinados a reger os direitos e deveres internacionais, tanto dos Estados ou outros organismos análogos, quanto dos indivíduos"* (Accioly, 1968:1).

Direito Internacional Privado é a disciplina que trata do conflito de leis no espaço, isto é, aplicação de norma, a ser escolhida entre as de diversos países, a um caso concreto. Em tais situações, é aplicada a lei de um Estado no território de outro.

Direito Comercial é tradicionalmente outro grande ramo do direito privado, atualmente melhor conhecido como *direito empresarial*. Aquilo que dantes tratava do comerciante e de suas atividades, hoje é um "direito das empresas mercantis". Aos poucos, a figura do comerciante é substituída pela noção de empresa. Esse é o sentido que lhe dá, aliás, o Código Civil de 2002, que passa a tratar amplamente desse ramo.

O *Direito Econômico* dá voos mais altos que o direito comercial, que se mostrou acanhado para tratar dos grandes problemas da produção e sua disciplina. Trata-se de novo ramo do Direito em que o dirigismo estatal se faz sentir de forma acentuada, colocando seus princípios já nos quadrantes do direito público. Notadamente, o privatista do Direito ainda sente dificuldade em conceituar essa novel disciplina que trata das normas relativas à produção. Caracteriza-se por uma hipertrofia legislativa, uma economia excessivamente dirigida, uma inconstância e instabilidade das leis que balançam ao sabor de interesses momentâneos da economia de um Estado, com uma técnica legislativa falha, mormente em nosso país, por provir de economistas, fundamentalmente, e não de juristas.

O *Direito civil* trata do conjunto de normas reguladoras das relações jurídicas dos particulares. O interesse de suas regras é eminentemente individual. Nele estão os princípios da personalidade, o conjunto de atributos que situam o homem na sociedade. É a matéria fundamental, sem a qual todas as outras disciplinas não podem ser convenientemente compreendidas. O *Direito Internacional Privado* nada mais faz do que harmonizar um direito civil estrangeiro com os princípios do direito civil interno.

O Direito Civil é o direito privado por excelência. Como vimos, dada a influência do Direito Romano, é do Direito Civil que partem e afloram os outros ramos do Direito.

Os pontos de contato do Direito Civil com o Direito Comercial ou Direito da Empresa são muitos. Contudo, apesar de, por vezes, o mesmo instituto ser comum a um ou a outro campo, o Direito Civil encara o fenômeno jurídico em seu *valor de uso,* enquanto o *Direito Comercial* ou *Mercantil* examina o fenômeno do ponto de vista do *valor de troca,* já que aí estará sempre presente a atividade lucrativa.

Na atualidade já importa mencionar o *direito digital*, aquele que transita pelos meios da internet e vai ganhando contornos próprios, ramo que atrai princípios de direito público e direito privado. Já enfrentamos a denominada *inteligência artificial*, que penetra na sociedade e, consequentemente, em todos os campos do direito.

4.3 IMPORTÂNCIA DO DIREITO CIVIL

O *ius civile* romano abrangia tanto princípios de direito privado como de direito público. As normas de direito público foram perdendo sua utilidade, pois diziam respeito a determinada época política, seus administradores e sua administração. O *ius civile* privado foi aquele que ultrapassou os séculos, em virtude de seus princípios universais, chegando até nós. Esse mesmo *ius civile,* humanizado com o cristianismo, tornou-se, por assim dizer, um direito comum dos ocidentais, com poucas divergências locais. As universidades medievais preocupavam-se com o estudo desse direito privado, demorando para que começassem a se preocupar com os chamados "direitos locais".

O Direito Civil hoje empregado entre nós é a cristalização de uma fase evolutiva que culminara com o Código de Napoleão, o Código Civil francês, do início do século XIX, que surge, como fruto de sua própria época, ligado à ideia de liberdade individual.

Passa hoje o Direito Civil por importantes modificações. A exacerbação do individualismo do século passado que impregnou nosso anterior Código Civil já não pode ser aceita em uma época de importantes mudanças sociais.

Em que pese encontrarmos no Direito Civil aquelas *normas cogentes*, de ordem pública, quais sejam as que não podem deixar de ser observadas pelas partes, é ainda nesse campo do Direito em que as partes encontram extenso campo para expandir sua vontade. São as chamadas *normas dispositivas,* às quais as partes se prendem se não desejarem dispor diferentemente.

Apesar desse fenômeno, denominado *publicização* do direito privado, resta ainda e sempre restará o fenômeno da pessoa, da personalidade, de sua dignidade, de sua posição individual no cosmo do Direito, sua estrutura orgânica dentro da sociedade, na família, na aquisição de bens que lhe são próprios, a propriedade; na expressão de sua última vontade, no testamento; nas relações contratuais; enfim, em um sem-número de relações jurídicas em que estará manifestada a liberdade, a autonomia da vontade.

Embora seja dito que o Direito Civil é o ramo principal do direito privado, sua noção extravasa essa afirmação. É na técnica do Direito Civil que apreendemos melhor a técnica legislativa, a forma de apresentação das leis, sua estrutura fundamental. É no Direito Civil que tomamos conhecimento da filosofia jurídica de um povo, do valor dado por ele ao casamento, aos bens, à propriedade, enfim. No dizer de Caio Mário da Silva Pereira (2006, v. 1:22),

> *"é consultando o Direito Civil que um jurista estrangeiro toma conhecimento da estrutura fundamental do ordenamento jurídico de um país, e é dentro dele que o jurista nacional encontra aquelas regras de repercussão obrigatória a outras províncias do seu direito".*

As noções fundamentais de Direito Civil estendem-se a todas as áreas do Direito, não apenas ao direito privado, mas igualmente ao direito público. Ninguém pode arvorar-se em especialista em uma área de direito público se não conhecer solidamente as noções de fato jurídico, ato jurídico, negócio jurídico, os defeitos desses atos, os contratos etc.

O Direito Civil tem por conteúdo a regulamentação dos direitos e obrigações de ordem privada, concernentes "às pessoas, aos bens e às suas relações", como estava disposto no art. 1º de nosso revogado Código Civil de 1916.

Muito é discutido sobre a unificação do direito privado, englobando-se em um único ordenamento tanto o Direito Civil como o Direito Comercial. O Código Civil italiano seguiu essa orientação inovadora com seus estatutos em vigor desde 1942.

No Brasil, a ideia chegou a ser defendida por muitos que entendiam ser inconveniente a dualidade de legislação sobre institutos iguais, não existindo entre nós, mormente, a dualidade de jurisdição, civil e comercial.

Os que se opõem à ideia de unificação pura e simples argumentam que a especialização é uma realidade palpável em todas as ciências, não podendo o Direito fugir à regra. Há, hoje, nova concepção de direito mercantil que refoge à vetusta ideia do simples comerciante de antanho. Atualmente, é a empresa que se expande. O Direito Comercial é dirigido à empresa e não mais ao comerciante dos tempos das "casas de armarinhos". O que devemos fazer é a unificação de institutos muito semelhantes, como fizeram determinados países. O *direito das obrigações* é perfeitamente unificável, como se tentou em nosso país, com o Projeto de Código de Obrigações de 1961, da lavra de Caio Mário da Silva Pereira. O Código Civil de 2002 adota igual orientação unificadora, deixando, porém, à margem alguns institutos típicos de direito comercial.

A Constituição de 1988 trouxe inúmeros princípios de Direito Civil, o que faz muitos afirmarem que existe uma constitucionalização do direito privado ou um Direito Civil constitucional.

4.4 OBJETO DO DIREITO CIVIL

O Direito Civil disciplina as relações jurídicas concernentes às pessoas, aos bens e a suas relações. Essa é a *noção objetiva*.

Subjetivamente, o Direito Civil é uma faculdade reconhecida pelo direito civil objetivo; é um poder de ação que tem cada indivíduo. À medida que alguém diz: "tenho determinado objeto"; "sou casado"; "tomei emprestado determinada quantia em dinheiro", está estampando uma *faculdade* que lhe foi atribuída pelo Direito Civil como norma. Para fixar esses direitos, costuma-se dizer que são uma faculdade, um direito subjetivo. Assim, o *direito de propriedade* confere uma faculdade de usar, gozar e dispor de uma coisa; o *direito de crédito* confere uma faculdade, que nos é dada pela lei, de exigir de alguém o pagamento daquilo que nos deve.

São várias as acepções da expressão *Direito Civil*.

O Direito Civil pode ser encarado também como ciência: estudo que é feito para pesquisar seu conteúdo, seus institutos, não só de direito positivo (isto é, direito posto ou imposto por um ordenamento estatal), como também o estudo do Direito Civil de outros povos, comparando-os para trazer, quiçá, soluções ao direito interno, tanto no campo prático como no campo legislativo (Direito Civil Comparado). A ciência do Direito Civil estampa-se na doutrina, fonte subsidiária do Direito. A doutrina investiga, instrui, ensina, fundamenta, interpreta, raciocina sobre os postulados do direito imposto, direito positivo. É essa doutrina que procuramos irradiar nas salas de aula para que se propague aos novos legisladores e aplicadores do Direito, sempre para inspirar o bem público e os ideais mais elevados de Justiça.

4.5 FONTES DO DIREITO CIVIL

Ao estudarmos as fontes do Direito vimos que a lei tem proeminência nesse aspecto. A fonte primordial do Direito Civil entre nós foi o Código Civil, Lei nº 3.071, de 1º-1-1916, que entrou em vigor no mesmo dia do ano seguinte. Foi substituído pelo Código Civil de 2002, Lei nº 10.406/2002, que entrou em vigor em 11 de janeiro de 2003.

A esse código de 1916, que deu arcabouço ao Direito Civil entre nós, foram adicionadas inúmeras leis de âmbito do Direito Civil, para atender às necessidades de determinadas situações.

O Código Civil de 1916 foi alterado em muitas disposições. Há títulos inteiros do grandioso ordenamento que foram derrogados, como é o caso da Lei do Divórcio (Lei nº 6.515, de 26-12-77), em que o legislador preferiu dispor em lei à parte as disposições referentes à dissolução da sociedade conjugal, em vez de simplesmente adaptar as disposições do Código Civil, o que era perfeitamente possível. Com esse procedimento, o legislador dilacera uma obra monumental sob todos os aspectos, como é nosso Código. Também na legislação do inquilinato foi seguido o mesmo procedimento (a Lei do Inquilinato atual é a Lei nº 8.245, de 18-10-91), o que só pode merecer a crítica da doutrina.

Esperamos que, com o advento do Código Civil de 2002, os legisladores tenham bom senso, como em outros países, para adaptar, quando necessário, as disposições do Código, em vez de dilacerar uma obra homogênea e de tanto fôlego, como é uma codificação, matéria da qual nos ocuparemos adiante. Estamos no limiar de uma modificação concreta do atual Código, com projeto já apresentado, com muitas alterações.

Na omissão da lei, o juiz vale-se, de acordo com o art. 4º da Lei de Introdução às Normas do Direito Brasileiro, conforme redação dada pela Lei nº 12.376, de 30-12-2010, da analogia, dos costumes e dos princípios gerais de Direito. A essas fontes acrescentamos a doutrina, a jurisprudência e a equidade, já examinadas.

A história de nossa codificação e as vicissitudes de nossa legislação civil serão objeto do Capítulo 6 deste livro.

5

SISTEMAS JURÍDICOS

5.1 O QUE SE ENTENDE POR SISTEMA JURÍDICO

Toda sociedade política possui seu próprio ordenamento jurídico. Nele há um conjunto de normas ditadas para ter vigência sobre essa determinada sociedade. Nem sempre, porém, a sociedade política juridicamente ordenada em Estado terá o mesmo ordenamento jurídico.

Há, portanto, países, Estados, com mais de um ordenamento jurídico, que nem sempre obedecem aos mesmos princípios, como é o caso dos cantões da Suíça e dos Estados Federados dos EUA, em que existe um claro direito local, ao lado de um federal.

À medida que o jurista passa a fazer a comparação entre o ordenamento jurídico de uma sociedade e outro de sociedade diversa, por exemplo, quando estuda paralelamente institutos de direito brasileiro e de direito português, adentra a ciência que se denomina Direito Comparado.

Não vamos discorrer aqui sobre o Direito Comparado, disciplina afeta aos cursos de pós-graduação.

Para o iniciante das letras jurídicas, importa saber que a diversidade de ordenamentos jurídicos, à primeira vista excessivamente complexa e insolúvel, na realidade assim não o é, se reunirmos os vários ordenamentos existentes no mundo em agrupamentos que seguem, com mais ou menos profundidade, princípios e origens comuns.

Destarte, devemos considerar como "sistema jurídico" um agrupamento de ordenamentos unidos por um conjunto de elementos comuns, tanto pelo regulamento da vida em sociedade, como pela existência de instituições jurídicas e administrativas semelhantes. Os vários tipos de ordenamentos podem ser reduzidos a certos tipos, certos sistemas.

René David (1973:11) entende que melhor seria empregar a terminologia "famílias jurídicas" para esses diversos agrupamentos de direitos e deixar a palavra *sistema* tão só para os estudos dos ramos de determinado direito nacional. Manteremos aqui a terminologia tradicional.

Se olharmos para a evolução do direito brasileiro, veremos como se posiciona dentro da História. Desenvolve-se e evolui por meio de uma troca constante de normas, que, quando vigentes, constituem o que denominamos "direito brasileiro". Devido a essa dinâmica própria da ciência jurídica, o Direito que hoje se ensina nas universidades brasileiras é diferente, no que se refere ao conteúdo das normas, do Direito ensinado há 20, 30 anos. Inclusive as disciplinas às quais damos maior relevo hoje nas faculdades não são as mesmas do passado. Isso, porém, não quer dizer que os bacharéis formados no passado não estejam capacitados para o exercício profissional no campo jurídico que escolheram: a escola deu-lhes os fundamentos necessários para que se adaptassem às mudanças que fatalmente ocorrem em nossa ciência.

Fazemos tais afirmações para enfatizar que temos uma "continuidade" no Direito, independentemente das mudanças que se produzem na esfera legislativa; é exatamente isso que coloca em destaque em cada sistema jurídico alguma coisa a mais do que simplesmente normas vigentes, válidas só para um país e para uma época determinados. Existe, portanto, algo de perene no dinamismo do Direito.

A problemática passa a ser mais importante, a partir daí, por classificar os Direitos dos povos em sistemas (ou famílias).

Numa época de comunicações rápidas como a nossa, importa perguntar se um jurista formado em determinado país, sob determinada cultura jurídica, está preparado para assimilar um direito estrangeiro, não para trabalhar com esse direito no sentido mais vulgar, mas para conhecê-lo, pois hoje, a todo momento, o técnico do direito defronta-se, a exemplo das outras ciências, com institutos jurídicos estrangeiros, dentro de seu próprio país. *Se a resposta a essa indagação é negativa, é porque o jurista se defronta com um instituto de outro sistema jurídico.*

Devemos entender que ordenamentos de um mesmo sistema jurídico partem dos mesmos pressupostos filosóficos e sociais, dos mesmos conceitos e técnicas, embora com adaptações às situações que lhes são particulares. Sob a ação da conquista de um povo por outro, da colonização ou simplesmente da pura imitação, as leis de um sistema jurídico e, por vezes, mesmo de sistemas jurídicos diversos interpenetram-se e unificam-se. Há numerosos ordenamentos jurídicos que têm legislações quase idênticas, muito semelhantes. Como enfocam Arminjon, Nolde e Wolff (1950, v. 1:12), essa semelhança não existe apenas entre povos que possuem o mesmo grau de civilização. Por vezes, as semelhanças são encontradas em nações separadas por grandes distâncias, com raça, cultura e religião muito diferentes, com o mesmo sistema jurídico, no entanto. É o que ocorre, por exemplo, com o Japão, que tem um sistema jurídico ocidentalizado.

5.2 POR QUE ESTUDAR OS FUNDAMENTOS DOS VÁRIOS SISTEMAS JURÍDICOS

O cultor do Direito deve estar em condições de situar o Direito de seu país dentro dos vários sistemas existentes, da mesma forma que deve enquadrar sua nação em um contexto histórico.

Para o estudo de direitos estrangeiros, deve o operador do Direito conhecer ao menos as regras fundamentais de cada sistema jurídico para poder situar-se em um universo que se torna cada vez menor em razão da rapidez das comunicações e alterações sociais mundiais. Essa tarefa, entretanto, não é nova, pois diz a tradição que as Leis das XII Tábuas, já por nós conhecidas, foram precedidas de investigações das leis de Sólon, na Grécia, tendo havido já aí um direito comparado. É de lembrar que o êxito da comparação no direito devolveu-lhe, no século XIX, o sentido universalista que possuía no antigo Direito Romano.

Na época em que vivemos, ao que tudo indica, ainda não está madura, para se levar a cabo, uma codificação internacional abrangente que possa reger vários povos. Esta, porém, é uma aspiração que a cada dia ganha mais corpo, tendo alguns países já logrado algumas legislações comuns. Campos como a Internet, por exemplo, exigem um ordenamento supranacional.

Em virtude do desenvolvimento do direito norte-americano, já bastante diverso do tradicional direito inglês, ele tem merecido o estudo de suas instituições jurídicas, para as quais o jurista de formação romanística não está preparado. Há a necessidade de certa iniciação para se compreender um direito de princípios tão diversos dos nossos.

Ainda que não seja essa nossa vontade, as mudanças em um país estrangeiro afetam-nos diretamente na atualidade. Cada variação no sistema financeiro internacional que o diga. A facilidade com que circulam pessoas e capitais não pode ficar indiferente ao jurista. Precisamos criar uma consciência jurídica internacional, para que o direito não fique em posição de extrema inferioridade perante as demais ciências sociais. Importa, hoje, muito mais do que conhecer unicamente a legislação de um país, harmonizá-la dentro de um concerto mundial. Nossa intenção é despertar no leitor a curiosidade pelo estudo comparado, para que se situe em contexto universal, pois ninguém está só no direito, quer nas relações sociais em si, quer nas relações internacionais.

O estudo do direito exclusivamente nacional deve vir posicionado em um contexto maior; o próprio sistema jurídico deve ser posto em cotejo com sistemas antagônicos, em uma fase posterior de estudos.

Não pretendemos nos estreitos limites desta introdução ao Direito Civil fazer um estudo de Direito comparado. O ensino do Direito deve partir necessária e evidentemente do Direito nacional, que é suficiente para quem deseja adquirir uma simples técnica profissional e para quem não divisa horizontes mais largos. Os que procuram uma faculdade de Direito, com outro sentido, fatalmente concluirão que o campo do Direito estritamente nacional lhes será insuficiente. O próprio desconhecimento de línguas estrangeiras, por consequência, coloca os bacharéis em Direito em desvantagem no campo profissional, pois, à medida que se conhece uma língua estrangeira, adentra-se também na cultura do povo que fala esse idioma, elemento precioso de convivência e para o desempenho profissional.

5.3 SISTEMAS JURÍDICOS NO MUNDO CONTEMPORÂNEO

Ao abordar o problema, Arminjon, Nolde e Wolff (1950, v. 1:42) expõem que cada autor procura dar sua própria classificação de sistemas jurídicos, prendendo-se ao elemento geográfico ou a caracteres étnicos de povos regidos por ordenamentos diversos, como se cada raça ou cada região geográfica tivesse um direito especial. Após citarem as classificações de vários autores, rejeitando-as, apresentam sua própria, dividida em sete sistemas-tronco e sistemas derivados, enunciando sete grupos ou famílias: francês, alemão, escandinavo, inglês, russo, islâmico e hindu. Modernamente, também a classificação desses juristas deve ser criticada por ser excessivamente complexa e não separar devidamente os elementos constitutivos.

René David (1973:14 ss) apresenta classificação mais simplificada, que deve ser adotada para a finalidade deste estudo. Para esse autor, as famílias ou sistemas no mundo atual são a *romano-germânica*; a do *Common Law*; os sistemas de *direitos socialistas* e os sistemas *filosóficos ou religiosos*. O mesmo autor elimina da classificação o *Direito Canônico*, por ser um ordenamento particular da Igreja e não um direito divulgado, sem que com isso afaste sua influência principalmente no sistema germânico.

Também não vemos razão para separar os direitos do Extremo Oriente que ora adotam a tradição romano-germânica, ora partem, hoje, para o sistema socialista.

5.3.1 Introdução ao Sistema Romano-Germânico

É a esse sistema que pertence o direito brasileiro, bem como se filiam todos os direitos que tomaram por base o Direito Romano.

Nesses países, as normas surgem vinculadas a preocupações de justiça e moral. Há predominância da lei como fonte do Direito. As obras de doutrina, e isto é uma constante entre nós, preocupam-se em ser dogmáticas e interpretar os textos legislativos, relegando a jurisprudência e a prática do Direito a plano secundário. Notamos essa constante com frequência no ensino do Direito em nossas faculdades. As aulas são conferenciais. Timidamente, em nossos currículos, surgem disciplinas para um ensino prático. A tradição romana ainda pesa muito para essa tomada de posição.

Da mesma forma, dadas as razões históricas, o Direito Civil é a base de todo o sistema jurídico, influindo até mesmo nos princípios de Direito Público e orientando-os.

Essa família estende-se por toda a Europa Ocidental (tanto que ele é chamado direito continental pelos ingleses e norte-americanos), assim como por todos aqueles países de colonização, em virtude do fenômeno da recepção ou da imitação, já mencionado.

Desse sistema, por ser o que nos afeta, trataremos a seguir.

5.3.2 Common Law

É o Direito da Inglaterra e dos países que seguiram seu modelo, mormente os de língua inglesa. Foi elaborado com base no direito costumeiro e hoje é baseado em decisões judiciais. A norma só tem valor nesse sistema à medida que o juiz a emprega.

As soluções e o próprio Direito são casuísticos.

Como no sistema romano, o sistema do *Common Law* difundiu-se no mundo pelas mesmas razões, pela colonização e recepção nos diferentes povos que o adotam.

Note, porém, que o Direito dos Estados Unidos da América e do Canadá hoje se distancia bastante do direito inglês, possuindo, podemos dizer, certa autonomia dentro do próprio sistema.

Não podemos deixar de mencionar, também, os chamados direitos mistos, que se valem de princípios romanísticos e do *Common Law*, como é o caso, por exemplo, da Escócia, Israel e Filipinas.

a. Inglaterra. Reino Unido

O estudo do direito inglês deve ser feito, mais do que os outros, sob uma perspectiva histórica.

É engano dizer que o direito inglês é um direito costumeiro. Hoje, é essencialmente de precedentes judiciais. Os costumes antigos formaram tão só o início do Direito.

A denominação *Common Law* é devida por ser um direito comum a toda a Inglaterra, em contraposição aos antigos costumes locais. Também existem elementos do Direito Romano no direito inglês, porém deformados pelos costumes do reino.

Hoje, notamos certa aproximação do direito inglês dos chamados direitos continentais, em um movimento estimulado pelas necessidades do comércio internacional e pela vinculação tradicional dos países ocidentais.

Sob todos os aspectos, no entanto, o direito inglês difere de nosso sistema romano-germânico. Sua estrutura é diferente e é justamente nessa estrutura que reside a maior dificuldade para um jurista latino compreendê-lo. Não encontramos aí a tradicional divisão entre direito público e direito privado, nem mesmo aquelas divisões que para nós são elementares no direito privado, como o Direito Comercial e o Direito Civil.

A grande divisão que encontramos nesse sistema é o *Common Law* e a *Equity*. Essa divisão é totalmente desconhecida do romanista.

O *Common Law*, em sentido amplo, serve para designar o conjunto de direito não escrito, em contraposição ao *statute law,* direito escrito. Em sentido estrito, porém, o *Common Law* opõe-se não apenas ao direito escrito, como também à *Equity*.

A origem do direito comum está nos costumes, mas modernamente o *Common Law* é formado pela acumulação de precedentes judiciários. São as decisões dos juízes que criam o Direito. Observa Guido Fernando Silva Soares (2000:32) que

> "após a conquista normanda da Inglaterra, o direito que os Tribunais de Westminster criavam era denominado **common law** (corruptela da expressão dita na língua do rei: **commune ley**) em oposição aos direitos costumeiros locais e muito particularizados a cada tribo dos primitivos habitantes, aplicados pelas **County Courts**, e que logo seriam suplantados".

A *Equity* não pode ser traduzida por equidade, pura e simplesmente. São normas que se superpõem ao *Common Law*. A *Equity* origina-se de um pedido das partes da intervenção do rei em uma contenda que decidia de acordo com os imperativos de sua consciência. Tem por escopo suprimir as lacunas e complementar o *Common Law*. As normas da *equity* foram obras elaboradas pelos Tribunais de Chancelaria. O chanceler, elemento da coroa, examinava os casos que lhe eram submetidos, com um sistema de provas completamente diferente do *Common Law*. O procedimento aí é escrito, inquisitório, inspirado no procedimento canônico.

Modernamente, com a fusão das cortes de chancelaria e do direito comum e como os dois sistemas estavam tão arraigados no espírito inglês, não houve propriamente divisão.

René David (1973:270) entende que a *Equity* tende a converter-se em um conjunto de regras destinadas a julgar, em processo escrito, enquanto ao *Common Law* ficam relegadas as matérias do direito oral antigo. A cada sistema corresponde certo número de matérias, não havendo mais duplicidade de jurisdição.

Portanto, afaste-se a ideia de que o direito inglês moderno seja um direito costumeiro. É um direito jurisprudencial. O *Common Law* determinou o desaparecimento do direito consuetudinário antigo, que era conteúdo dos direitos locais. Hoje, há uma única jurisdição que dita a jurisprudência vinculante.

Igualmente, nos tempos atuais, a lei escrita já não deve ser considerada fonte secundária no sistema inglês. É correto que a Inglaterra não conta com "códigos", como estamos acostumados a ter em nosso sistema, porém a lei desempenha papel importante no direito comum, pois existem extensos campos legislativos no atual *Common Law*. A lei, porém, é encarada de forma diversa: só é verdadeiramente eficaz quando é aplicada em um caso concreto. São características das leis inglesas, também, o fato de serem particularizadas. O legislador tem dificuldade de ditar ordens gerais de comportamento.

Não devemos ainda admitir a crença de que o direito dos precedentes seja um obstáculo ao desenvolvimento do Direito. No momento em que a história assim exigir, a forma de julgar sobre determinada matéria é modificada. A evolução é suficientemente rápida para que o legislador intervenha, ocorrendo isso muito raramente.

O jurista inglês usa a técnica das distinções dentro dos precedentes. As comparações são feitas por meio da apresentação de precedentes análogos. As modificações na forma de decidir vão surgindo, assim como entre nós surgem novas interpretações da lei escrita.

No sistema do *Common Law*, o direito depende menos dos professores de Direito e mais dos juízes. Isso, porém, não afasta obras doutrinárias de vulto que são utilizadas normalmente nas universidades.

b. Estados Unidos da América

Nos diversos países do *Common Law*, há evidentemente diferenças, mas é importante fixarmo-nos um pouco nos EUA.

Nesse país, até meados do século XIX, ainda não se sabia qual seria o resultado de uma luta travada entre os defensores do *Common Law* e da codificação de tradição romana. Acabou por triunfar o sistema do *Common Law*, com exceção do atual Estado da Louisiana, que foi convertido em Estado em 1812 e manteve a tradição francesa.

A proeminência do *Common Law* nos EUA não ocorreu com facilidade nem foi completa. Muitas das normas do *Common Law* nunca foram introduzidas nos EUA.

As diferenças existentes entre o direito inglês e o norte-americano devem-se a diversos fatores, sem se levar em conta a soberania nacional. A principal distinção está no fato de que nos EUA existe um federalismo, há um direito federal e um direito dos Estados, o que por si só embasa grande diversidade de enfoque. Existe, porém, grande unidade no *Common Law*. Não se pode falar em um *Common Law* para New Jersey e outro para New York. Há a tendência de ver o *Common Law* dos EUA como um direito da razão, um direito federal, em vez de um direito repartido entre os vários Estados. É certo que cada Estado tem sua autonomia, mas o *Common Law* deve ser encarado de maneira uniforme.

O respeito à Constituição Federal e às constituições estaduais forma uma verdadeira hierarquia, e a Corte Suprema Federal é o guardião final para defesa da Constituição.

A *Equity* ganha novos caminhos aqui, já que nos tempos da colonização os tribunais de *Equity* eram eclesiásticos. Em virtude dessa tradição, as questões de anulação do casamento, divórcio e testamento consideram-se próprias da *Equity* (David, 1973:329).

As situações do trabalhismo e do sistema bancário americano fazem o direito inglês diferir bastante desses ramos do direito.

O direito norte-americano é um direito de precedentes judiciais, mas devemos entender que nesse país há jurisdições federais e jurisdições estaduais. Cada Estado conta com sua própria estrutura judiciária.

É de notar que a instituição do júri mantém-se muito mais viva nos EUA do que na Inglaterra. No que toca às jurisdições federais, o júri está garantido constitucionalmente pela Emenda VII da Constituição Federal, pela qual todo cidadão tem direito a ser julgado por um júri quando a questão em litígio tiver interesse superior a 20 dólares, sempre que não se tratar de caso afeto à *Equity*. Desse modo, o julgamento pelo júri, em questões civis, é bastante difundido.

Pela própria natureza da estrutura do Estado norte-americano, a distribuição de justiça é descentralizada, o que não ocorre, evidentemente, na Inglaterra.

O advogado, para exercer a prática em determinado Estado, deve ser aprovado pelos Tribunais, ser aprovado pela *American Bar Association* local, que equivale à nossa OAB.

O estudo do Direito é o chamado *case method*, estudo de casos práticos, divergindo fundamentalmente de nosso sistema. O estudante deve ler previamente determinado número de decisões judiciais ou de artigos de interesse para a matéria, para depois expor e debater perante a classe os resultados de seu estudo. O professor fica com a missão de questionar os alunos sobre os pontos controvertidos.[1]

O estudo do *case method* nos EUA apresenta resultado eficaz, visto que a relação professor-aluno passa a ter uma conotação diversa e a faculdade de direito tem um sentido eminentemente profissional.

Nunca devemos esquecer que para o jurista norte-americano sua Constituição Federal tem caráter fundamental. É algo mais do que uma carta política. É um ato fundamental. Este é um dos pontos básicos do direito norte-americano, em cotejo com o direito inglês, em que não há uma constituição escrita. As garantias constitucionais são interpretadas com grande flexibilidade.

Embora se trate de um país do sistema do *Common Law*, encontra-se nele grande número de códigos. Há Estados que possuem código civil. Entretanto, a lei escrita nesse sistema só se considera efetivamente eficaz quando aplicada pelos tribunais. Recorde-se, porém, do Estado de Louisiana, que se mantém fiel à tradição românica, assim como da província de Quebec, no Canadá.

Há uma preocupação nos EUA com certa uniformidade de normas, para não colocar em choque a unidade do *Common Law*. Por isso, tem-se desenvolvido o direito federal, que faz intervir o Congresso norte-americano ou a administração federal sempre que o âmbito da matéria se fizer necessário. Há uma tendência de ampliação dos poderes da autoridade federal para se evitar um esfacelamento do *Common Law*.

5.3.3 Relações entre o Sistema Romano-Germânico e o *Common Law*

Como assinala René David (1973:8), no decorrer dos tempos têm sido constantes os contatos entre as duas famílias. Os direitos têm mostrado certa tendência de aproximação, podendo-se falar hoje "de uma grande família de direito ocidental" que englobe as duas.

O sistema do *Common Law* conserva sua sistemática bastante diversa de nosso sistema, mas há a tendência para avicinar os métodos de conceber cada vez mais a norma como fonte de Direito nos países de sistema inglês, com conteúdo do sistema romano, oferecendo soluções muito semelhantes. Essa tendência fica ainda mais clara quando falamos dos direitos chamados mistos, isto é, aqueles que usam elementos de um e de outro sistema, como Israel, Escócia e a Província de Quebec, no Canadá.

Os países socialistas denominavam, depreciativamente, tanto um quanto outro sistema de direitos "burgueses", por verem neles uma unidade contrária a seu espírito marxista-leninista.

---

[1] Sem embargo de que nosso sistema de estudo fundamental não pode partir dessa premissa, um estudo jurisprudencial entre nós nesse sistema é necessário e deve ser incentivado em nossas escolas de Direito sempre que possível. É o que se tenta fazer nas chamadas disciplinas de "estudo de jurisprudência", ou "análise de jurisprudência". A lacuna desse tipo de ensino entre nós deixa o bacharel que se gradua em Direito totalmente despreparado para a vida prática, experiência essa que irá conseguir apenas se pessoalmente se dedicar a alguma atividade que lhe dê essa formação. A missão, porém, da universidade é formar profissionais aptos a exercerem profissão, mas isso não tem ocorrido entre nós. O ensino dogmático, como é o nosso, é de capital importância em nosso sistema, mas o ensino prático deve ser uma meta de nossos mestres. A responsabilidade talvez seja dos próprios professores, formados e inseridos em nós em um contexto de aulas conferenciais, ainda quando pretextam ministrar aula prática. Já existem cursos que modificaram sua estrutura e essas afirmações não têm mais caráter geral. Cada vez mais em nosso País, como realçamos ao estudar as fontes do Direito, a jurisprudência ganha espaço e importância nos países do sistema romano-germânico.

5.3.4 Direitos Socialistas

Não se trata aqui de fazer uma comparação com nosso sistema, mas o limite de nosso trabalho nos impõe apresentar as principais noções dos chamados direitos socialistas, sem maiores particularidades, próprias do estudo do Direito Comparado.

Os direitos socialistas constituíam-se em um terceiro sistema, posto ao lado do sistema romano-germânico e do sistema do *Common Law*. Esse sistema esfacelou-se juntamente com o desaparecimento da União Soviética e do muro de Berlim. Fixemos, de plano, que todos os estados socialistas, antes da introdução do chamado sistema socialista, pertenciam ao sistema romano-germânico.

Parte o sistema socialista da revolução comunista de 1917.

Como sustentam Arminjon, Nolde e Wolff (1950, v. 3:227), o sistema jurídico soviético foi uma improvisação, uma vasta experiência social da qual 170 milhões de homens e mulheres foram objeto.

Para os revolucionários, impunha-se uma nova ordem determinada pelo marxismo-leninismo. Aos juristas soviéticos impunha-se criar uma nova ordem, transformar totalmente a sociedade, criando condições para que no futuro as ideias de Estado e Direito desaparecessem.

Nessas condições, o direito privado, tal como é compreendido por nós, deixa de aparecer. A propriedade privada era restrita, de tal modo que podemos dizer que, no sistema soviético, o direito é tão só público. O direito procurava afastar-se de todas as normas que no entender dos revolucionários seriam "burguesas".

Os direitos socialistas tiveram início na antiga URSS, a partir da revolução de 1917, espalhando-se depois pelos países onde os soviéticos passaram a ter influência política e econômica.

O marxismo-leninismo representava para a União Soviética muito mais do que uma doutrina filosófica representa para nós. A doutrina deles era tida como oficial e regia todos os campos, da economia ao Direito, já que, para eles, a nova filosofia descobrira as leis para o desenvolvimento e a harmonia da sociedade, para subjugar a miséria e a criminalidade.

O direito passou a ser uma superestrutura que traduzia os interesses da classe governante, segundo a crítica que faziam os socialistas.

Entendiam que o Direito é uma forma de opressão; portanto, a concepção de direito marxista era totalmente oposta à nossa. Para eles, para se conceber o Direito há que se entender a teoria comunista que considera nosso sistema um instrumento que, na luta de classes, serve para proteger os interesses da classe dominante. Para os soviéticos, as lutas e a miséria cessariam quando se pusesse em prática uma solução adequada, correspondente ao modelo marxista.

O essencial da doutrina marxista está na convicção de que o antagonismo entre as classes é a causa de todos os males da sociedade. Devem ser suprimidas as classes sociais por meio da proibição da propriedade privada dos meios de produção, colocando-se esses meios à disposição da coletividade. Esse ideal, na verdade, mostrou-se inatingível e o velho regime soviético permaneceu indefinidamente na fase de transição.

Para pôr em prática tais ideias, o denominado "direito burguês" deveria ser afastado. O direito soviético passa então a ter uma função fundamentalmente econômica e educadora; seu conhecimento e aplicação não podem vir dissociados da teoria marxista, que fixa seus objetivos e dirige sua evolução, interpretação e aplicação.

Tal análise marxista manda desconfiar dos juristas "burgueses", que não devem ser outra coisa senão agentes no interesse do capitalismo. Seria vão tentar convencer um jurista soviético de que a busca do "justo" é uma procura universal. Fazer concessões sobre tal ponto seria tentar minar as bases do sistema soviético. Como percebemos, mostrava-se o Direito na antiga União Soviética como um dogma imposto pelo Estado.

O direito soviético era um direito revolucionário sob todos os pontos de vista. Tinha a intenção precípua de romper com todos os laços do passado. Todavia, a verdade é que, apesar disso, não conseguiram os soviéticos libertar-se dos fundamentos do sistema romano-germânico. Também não podemos dizer que o sistema soviético tenha sido filosófico, pois é excessivamente recente no curso da História, para que seus efeitos possam ser corretamente avaliados.

Por tudo isso, o direito ora sob enfoque deveria ser encarado à parte dos demais sistemas.

A lei continuava como fonte fundamental do direito soviético, mas interpretada conforme os interesses e orientações da política dos governantes.

Doutra parte, podemos afirmar que o direito socialista empregado nos outros países de influência soviética não era exatamente o mesmo. É claro que a filosofia é idêntica, mas tais direitos, em países como a antiga Checoslováquia, Hungria, Polônia e outros, difeririam entre si. A doutrina soviética admitia que em razão de adaptações locais podiam existir tais diferenças.

A imposição dos direitos socialistas nessas outras repúblicas, por sua própria situação, foi diferente. Em nenhum desses países entendeu-se necessário romper completamente com o passado e derrogar em bloco o direito então vigente ("direito burguês"). Os códigos e as leis em vigor foram adaptados, aos poucos, ao novo regime, mas tentou-se manter a estrutura da ordem antiga. Entretanto, mesmo quando se conservaram leis antigas, foram interpretadas de acordo com a doutrina socialista. Foi realizada uma obra considerável de codificação nesses países que praticamente extinguiu o direito precedente.

O esfacelamento da União Soviética no final da década de 1980 fez ruir todo o arcabouço econômico e político, o que necessariamente alterou substancialmente o sistema jurídico. A falência do sistema marxista leva os países do Leste Europeu, com atraso de muitas décadas, a ingressar na economia de mercado. Seu sistema jurídico certamente retorna às origens, inserindo-se no esquema de uma Europa preocupada com a unificação. De qualquer forma, o sistema jurídico socialista demonstra mais uma face do fracasso comunista, da imposição de leis pela força.

5.3.5 Sistemas Filosóficos e Religiosos – Direito Chinês e Direito Japonês

Os três sistemas referidos, romano-germânico, do *Common Law* e socialista, são, de fato, as três famílias jurídicas mais importantes.

A esses sistemas acrescentamos os chamados sistemas religiosos ou filosóficos que não se constituem propriamente em famílias. São independentes entre si e não se agrupam em uma unidade de direitos nacionais.

O mais importante entre eles é o sistema do *Direito muçulmano* que não é propriamente direito de Estado algum, mas refere-se aos Estados ligados pela religião maometana. Em virtude de a religião pretender substituir o Direito, mais que um sistema jurídico, é um conjunto de normas relativas às relações humanas. Deriva de uma religião difundida, razão pela qual difere dos sistemas até aqui enfocados. Trata-se de uma das facetas da religião islâmica. A sanção última das obrigações que se impõem ao crente é o pecado em que incorre o contraventor.

A concepção islâmica é de uma sociedade essencialmente teocrática, em que o Estado apenas se justifica para servir à religião. Como está estreitamente vinculado à religião e à civilização islâmica, o Direito muçulmano somente pode ser entendido por quem possua um mínimo de conhecimento dessa religião e da respectiva civilização. A principal fonte do Direito muçulmano é o Corão, livro sagrado dos árabes, juntamente com outras três fontes.[2]

A cultura jurídica islâmica formou-se durante a alta Idade Média, tendo se estagnado sem uma grande reforma, o que explica certos institutos arcaicos e a dificuldade de sua modernização. Trata-se de um sistema original; se há semelhanças com outros sistemas, não passam de meras coincidências. Por outro lado, em que pese terem os árabes dominado grande parte da Europa durante muitos séculos, a influência de seus direitos nos países europeus é praticamente nula. Como direito islâmico manteve-se por assim dizer fundamentalista, como sua própria cultura, sem o rompimento e as modernizações que sofreu o mundo cristão romano-germânico, explicam-se assim hoje as barreiras e diferenças culturais irreconciliáveis em nossa era.

Da mesma forma que o Direito muçulmano não é o direito de um Estado, em especial, assim também o *Direito hindu*. É o direito de todos os países do sudeste asiático que aderiram ao hinduísmo. É constituído pelo conjunto de preceitos que se impõem por força legal a todos os fiéis da religião hindu, não importando o país em que se encontrem.

A tendência atual na Índia é substituir o conceito tradicional de direito religioso pelo conceito tradicional de direito leigo, de cunho ocidental. Há muitos pontos de contato com o direito inglês, tendo em vista os longos anos de dominação da Inglaterra.

Quanto ao *Direito chinês*, sua concepção é bastante diferente do direito ocidental. No entendimento desse Direito, tal ciência apenas desempenha função secundária. A promulgação de leis para os chineses não é um procedimento normal para assegurar o funcionamento da sociedade. A filosofia tradicional chinesa considera a promulgação de leis como algo mau em si mesmo, porque os indivíduos, ao conhecerem essas leis, passam a entender-se com direitos e tendem a prevalecer-se dos mesmos, abandonando as normas tradicionais de honestidade e moral que são as únicas que devem orientar sua conduta. De qualquer forma, visando adaptar-se ao mundo ocidental, a China promulgou recentemente um Código Civil ocidentalizado, que entrou em vigor em 1º de janeiro de 2021.

No direito chinês, antes de se chegar a um processo judicial, tentam-se todas as formas de conciliação, pois existem muitos grupos sociais dispostos a conciliar os antagonistas, como os municípios e as próprias famílias. Mesmo quando já se conseguiu uma decisão favorável em Juízo, reluta-se em executá-la; quando executada, procede-se de forma que prejudique o adversário o mínimo possível. Esses são os pensamentos tradicionais chineses, de acordo com a doutrina de Confúcio, tão distantes de nosso entendimento ocidental.

O ideal chinês é de que cada um se submeta a seu superior natural: o jovem ao velho; o filho ao pai; a esposa ao esposo; o amigo ao amigo (Dekkers, 1957:70).

O Direito não atrai os pensadores chineses, que são mais atraídos pela moral e pelas normas de conduta.

A tendência de codificação observada na China, cujo primeiro Código Civil entrou em vigor em 1929-1931, não jogou por terra os postulados aqui firmados, subsistindo as concepções tradicionais.

Com o advento do comunismo na China, em 1949, as ideias de tal regime amoldaram-se com maior facilidade ao pensamento chinês do que na União Soviética. Na filosofia

---

[2] A Sunna, ou tradição relativa ao enviado de Deus; o Idjma, ou o consentimento universal da comunidade muçulmana e, finalmente, o Quiyás, o raciocínio por analogia.

marxista-leninista, há elementos que se amoldam à filosofia tradicional chinesa: para os chineses o direito nunca representou o fundamento necessário para a ordenação da sociedade.

No Japão, com a transformação do Estado feudal em Estado democrático, houve desenvolvimento espetacular em todos os sentidos e o Direito ocidentalizou-se. Atualmente, o *direito japonês* segue o modelo ocidental românico. Isso é patente nas próprias obras da doutrina desse país. O antigo direito japonês, baseado no sistema feudal, parece ter sido praticamente esquecido. O Código Civil japonês, de 1898, segue os rumos do Código Civil alemão.

A partir de 1945, notamos no Japão a influência norte-americana, mormente no direito público.

A Coreia do Sul, por seu lado, possui um direito totalmente ocidentalizado.

5.4 SISTEMA ROMANO-GERMÂNICO: CARACTERÍSTICAS

Por se tratar da primeira das famílias do mundo contemporâneo e por ser a família jurídica que nos toca de perto, pois nosso Direito pertence a ela, deixamos para tratar desse sistema no encerramento deste capítulo.

Apresentamos a seguir a situação da família romana do Direito; ela traz uma história milenar de tradições jurídicas até hoje empregadas e decantadas entre nós. Os herdeiros desse sistema são os herdeiros do Direito Romano.

Essa família espalha-se hoje por todo o mundo e faz esquecer o antigo mundo de conquistas romanas; estende-se da América Latina a uma grande parte da África e a países do Extremo Oriente, como o Japão. Tal expansão deve-se à recepção ocorrida com a colonização, mas as codificações modernas contribuíram bastante para dar certa unidade a esse sistema, apesar de certos países apresentarem diferenças que são mais aparentes do que reais. Como nos demais sistemas até aqui enfocados, a unidade que afirmamos não prescinde da noção lógica de certas diferenças entre os vários direitos positivos. Contudo, a estrutura fundamental caracteriza a unidade de que falamos.

Esse sistema se irradia da Europa continental, seu grande centro propulsor, para atingir os mais diversos confins. Fala-se do surgimento de um "sistema" romano a partir do século XIII, pois antes dessa época o direito feudal era assistemático. O surgimento do sistema está ligado ao próprio Renascimento, que se manifesta em todos os planos. Nessa época, abandona-se a ideia de que a ordem só pode ser garantida dentro do ideal cristão de caridade. A própria Igreja passa a aceitar essa ideia. Tal noção desenvolve-se no decorrer dos séculos XII e XIII, desvinculada, porém, de qualquer poder político. Nisso o sistema brasileiro diferencia-se do *Common Law*, que caminha paralelamente aos avanços políticos de seu tempo histórico.

Como afirma René David (1973:28), o sistema romano-germânico *sempre se fundou exclusivamente sobre uma comunidade de cultura*, sem qualquer conotação de significado político. Reside aí toda a grandeza da tradição romântica.

5.4.1 Universidades

São muitos os documentos que chegaram até nós para demonstrar as leis bárbaras, como a *lex Romana Wisigothorum* ou *Breviário de Alarico* (do ano 506), além da já estudada compilação de Justiniano, publicada entre 529 e 534, principalmente o *Código*, o *Digesto* e as *Institutas*. A partir do século VI, foram elaboradas leis bárbaras na maior parte das tribos germânicas, já que as compilações de Justiniano tinham força de lei no Império do Oriente, enquanto o

Breviário de Alarico era empregado na França e na Península Ibérica, como o próprio Direito Romano da época.

As compilações romanas, inclusive o próprio *Breviário* de Alarico, são consideradas complicadas demais ou muito eruditas e são substituídas por textos mais simples, adaptados à alta Idade Média.

Com o Renascimento, porém, ressurge o interesse em se voltar às origens romanas. O direito que hoje entendemos como direito positivo, isto é, direito vigente, era na época muito complicado e esparso, apresentando aspecto caótico.

Ao lado desse direito local, confuso e complicado, tinham os professores e estudiosos, diante de si, um direito milenar preordenado e compilado, o Direito Romano. O *Corpus Juris* de Justiniano expunha seus pensamentos em latim, uma língua que a Igreja tratara de conservar acessível às pessoas cultas. O Direito Canônico, por seu lado, encarregara-se de manter vivas muitas das instituições de origem romana.

Quanto ao óbice posto pelo cristianismo de que o Direito Romano era um direito pagão, Santo Tomás de Aquino, em princípios do século XIII, encarregou-se de eliminar essa crença. Provou Santo Tomás que os princípios do justo e do equitativo do Direito Romano amoldavam-se perfeitamente à religião cristã.

As universidades europeias, a partir de então, passam a ensinar e a estudar um direito que não era o direito positivo. Muito demorou para que os direitos locais fossem às universidades.

Temos de destacar, durante esse período, o trabalho dos glosadores, uma vez que não tinham acesso à compilação completa de Justiniano. Com os elementos, às vezes, não genuínos de que dispunham, os glosadores, além de efetuarem o trabalho que lhes deu o nome, esclarecendo e explicando o *Corpus Juris,* criaram também o sistema das *Sumas,* exposições ordenadas de algumas matérias, em que questionam problemas e apontam soluções. A obra dos glosadores na Idade Média merece nossa admiração, por sua dedicação ao estudo da compilação justinianeia.

Nada se compara, nos séculos mencionados, com a influência da Universidade de Bolonha. Como aponta Koschaker (1955:117), principia como uma escola de artes no final do século X. A modesta escola de artes, dois séculos mais tarde, transforma-se na Universidade que dirigiu a cultura jurídica universal da época, alcançando fama em toda a Europa. Segundo aponta o mencionado autor, o corpo discente chega a 10.000 alunos, número respeitável para qualquer universidade moderna; imagine-se para a época. Tal fenômeno não é de fácil explicação.

O Direito Romano impôs-se também por seu caráter imperativo na época de sua aplicação, por ter regido um povo, bem como povos conquistados. Essa ideia foi fundamental para o renascimento de seus estudos nas universidades e para o alcance desses estudos através dos séculos.

Por influência dos glosadores e de seu trabalho na Universidade de Bolonha, são criadas novas escolas dentro dos mesmos princípios. No século XIII, por exemplo, surgem na Espanha as Universidades de Valência e Salamanca. A famosa legislação das "Sete Partidas", direito local espanhol, de Afonso X, acusa forte influência romanística. Na França, surge sob o mesmo aspecto, no século XII, a Escola de Montpelier, assim como, em época próxima, a Escola Jurídica de Orleans. Enfim, toda a Europa é influenciada notavelmente pelo trabalho de Bolonha.

Ocorre muita demora para que os direitos locais passem a ser ensinados nas universidades. Até a época do apogeu de Bolonha, o direito que se aprende é o Direito Romano, que não tem força de lei; um direito histórico, portanto. Esses estudos têm reflexos muitos séculos depois, quando da elaboração das codificações, como veremos.

Os direitos positivos, isto é, os direitos locais, tardiamente se tornam disciplinas nas escolas. Em Upsala, na Suécia, o direito local começou a ser ensinado em 1620. Em Paris, foi criada a cadeira de direito francês, em 1679, mas na maior parte dos países europeus o ensino dos direitos locais não começa antes do século XVIII (David, 1973:30). Em Portugal, apenas em 1772 inicia-se o ensino do direito local. O Direito Romano é até o século XIX, época das codificações, o ensino básico das faculdades, relegando-se sempre a um plano secundário o ensino dos direitos positivos locais. Tudo isso se deve, indubitavelmente, à influência da Universidade de Bolonha nos séculos XII e XIII.

À escola dos glosadores, da época de Bolonha mencionada, sucede-se a chamada escola dos "pós-glosadores", com nova tendência, a de adaptar o Direito Romano às necessidades de comércio da época, isso no século XIV. O esforço continua, no entanto, no sentido de aprofundar e de acentuar o trabalho de compilação de Justiniano.

É fato que o Direito Romano teve a virtude de unir os povos da Europa.

Por influência dos pós-glosadores, o direito aparta-se cada vez mais da compilação do *Corpus Juris* para dela extrair o que tem de imanente e permanente: um direito fundado na razão, com foros de universidade. Abriu-se caminho para uma nova escola, a escola do "Direito Natural", que surge nas universidades, nos séculos XVII e XVIII.

Essa escola do Direito Natural introduz a noção dos "direitos subjetivos", inexistente na tradição romanística.[3]

A chamada escola do Direito Natural defende a ideia da existência de um direito perene, permanente, imutável, comum a todas as épocas e a todos os povos. Essa tendência tem a virtude de sincretizar os costumes locais e regionais e fortalecer a união europeia em torno das mesmas ideias. Essa escola renova os princípios da grande família romano-germânica que vai tendo seu campo de influência aumentado.

No direito privado, que é o que nos toca neste livro, a Escola do Direito Natural não ameaça o Direito Romano, antes o sublima, já que no fundo existe identidade entre o Direito Romano das universidades e o Direito Natural. Já no direito público, o aspecto é diverso, mesmo porque o direito de tradição romanística pouca influência exerce nesse campo.

5.4.2 Dos Costumes à Codificação

Às universidades propõe-se o renascimento do direito. Cabe a elas o trabalho de tornar o Direito Romano novamente em vigor, ou seja, direito positivo. Há uma problemática a ser enfrentada: elaborar um novo direito, tomando-se por base os costumes existentes. Adapta-se o direito já elaborado. Nos países do *Common Law*, parte-se daí para o casuísmo, a adaptação de acordo com cada necessidade.

Nos países de sistema romano, porém, prevalece a tendência da adaptação dos costumes ao Direito Romano. Há uma recepção desse direito nos diversos países por meio de sua terminologia, seus conceitos, suas categorias. Esse renascimento de estudos faz surgir propriamente a família romano-germânica.

Como vimos, as normas ensinadas nas escolas, durante muito tempo, não se aplicam necessariamente na vida prática, mas em todos os países da Europa continua a ser cultivado o Direito Romano.

---

[3] Numa primeira noção da matéria, uma vez que, fundamentalmente, nos dirigimos a principiantes, é preciso entender o direito subjetivo como uma faculdade outorgada ao indivíduo. Um poder jurídico posto à ordem de cada ser humano para o cumprimento de um dever jurídico, bem como para ser atendido perante uma necessidade jurídica. A matéria é estudada com mais detalhes na cadeira de Introdução à Ciência do Direito.

Os progressos alcançados pela ciência romanística veem coroados seus esforços para o surgimento de compilações oficiais ou privadas que aparecem entre os séculos XII e XVIII. O propósito primeiro dessas compilações fora o de fixar os costumes regionais. Parece, à primeira vista, que isso vai impedir o desenvolvimento do Direito Romano, mas não é assim que ocorre. Há, na verdade, uma conciliação das normas de Direito Romano, Direito Canônico e normas costumeiras.

Em lugar algum, porém, a recepção do Direito Romano deu-se de forma pura, coincidindo com o direito vulgar. Sempre se levarão em conta as discrepâncias decorrentes, é lógico, dos costumes locais.

O Direito mais próximo do Direito Romano é encontrado nos países latinizados, como na península Itálica, no sul da França, na Espanha e em Portugal. Nesses países, a influência dos costumes locais foi ponderável. Elementos originais desenvolveram-se em cada país.

Durante esse período de assimilação, a legislação teve papel secundário como fonte do Direito. O Direito existe independentemente de um poder soberano que o edite. A influência é nitidamente da Escola do Direito Natural.

A lei não ascendeu à posição de primazia em nosso Direito de modo rápido. Houve um período de transição, desde os precedentes judiciais, passando pelos costumes, até se chegar à lei.

Como acentua René Dekkers (1957:333), a partir do momento em que a lei se arvora em completar o costume, em corrigi-lo ou em reformá-lo, surge como fonte de direito, já como fonte primária.

Essa tendência cria no legislador a vontade de ver as leis em um corpo ordenado de normas: o desejo de reunir em um único texto todo o direito em vigor (a afirmação tem valor primordial para o direito privado).

A codificação é, sem dúvida, o resultado das ideias da Escola do Direito Natural, cuja ambição era tornar realidade a concentração das normas jurídicas em um corpo legislativo. Dessa matéria nos ocuparemos em maior profundidade no Capítulo 6.

5.4.3 Novas Tendências

A codificação teve sempre seus opositores. Com aproximadamente dois séculos de codificação, porém, o problema já se deslocou para o campo de sua própria elaboração. Toda codificação apresenta, sem dúvida, vantagens e desvantagens. Se, por um lado, facilita a tarefa do jurista que encontra as normas em um corpo legislativo unificado, por outro lado há argumento desfavorável que se refere à imobilidade do direito.

> "Toda codificação coloca, portanto, um dilema: se o código não é modificado, perde todo o contato com a realidade, fica ultrapassado e impede o desenvolvimento social; mas, se os componentes do código são constantemente modificados para adaptar-se às novas situações, o todo perde sua unidade lógica e começa a mostrar divergências crescentes e até mesmo contradições. Os perigos são reais, pois a experiência mostra que a compilação de um novo código é uma tarefa difícil que raramente alcança êxito" (Caenegem, 2000:19).

O envelhecimento dos Códigos, promulgados nos séculos XIX e XX, leva à noção de que não apenas a codificação é um meio propulsor do Direito, como também há necessidade de constantes reformas e adaptações às legislações existentes.

Quando examinamos o problema das codificações, em especial da codificação brasileira, verificamos que as leis especiais derrogaram muitas normas do antigo Código Civil, que o próprio Código fora alterado em inúmeros dispositivos e que de há muito se tenta introduzir uma nova codificação no Brasil.

Mesmo nas codificações mais recentes e nos projetos atuais permanece a estrutura do sistema romanístico; os pontos de contato são a terminologia, os institutos jurídicos etc. É claro, contudo, que cada um dos direitos mantém sua própria originalidade, mas, como alertamos a princípio, trata-se de um agrupamento em uma mesma família que tentamos demonstrar neste capítulo. Hoje os Códigos já não apresentam mais a importância do passado. Fica cada vez mais difícil inserir em um corpo legal único toda uma série de fenômenos jurídicos, tendo em vista sua diversidade. A tendência contemporânea é a legislação por microssistemas ou estatutos, devendo, em futuro não distante, ficarem os Códigos apenas com os princípios gerais. Por isso, a exemplo do que temos com relação a um Código de Defesa do Consumidor e uma Lei do Inquilinato, exemplos típicos de microssistemas jurídicos, dentre tantos, no futuro certamente teremos um Estatuto da Família e das Sucessões, dos Direitos Reais e Registrários etc.

Com as facilidades das comunicações, com o aumento de intercâmbio de juristas, com o acesso facilitado por nossos estudiosos à bibliografia e às universidades europeias, podemos dizer que nosso Direito Civil hoje, perfeitamente integrado no sistema romano--germânico, com um Código Civil que nos coloca entre os mais importantes países no mundo jurídico, tem evoluído satisfatoriamente. Mais evoluiria se não fora certo descuido dos governantes na elaboração das leis, tarefa nem sempre atribuída a técnicos do Direito, mas a tecnocratas.

Outro fator que impede especificamente o Direito brasileiro de exercer maior influência no mundo românico reside na situação de estarmos ilhados no idioma português, que não se difunde na Europa. Talvez por isso mesmo as soluções jurídicas que encontramos superem, muitas vezes, as soluções de países latino-americanos e mesmo da Europa. Não podemos esquecer, porém, que nossa forma de raciocínio jurídico, em que pese às diferenças nacionais, está voltada para o pensamento do sistema romano-germânico.

6

CODIFICAÇÃO

6.1   INTRODUÇÃO

Após transformar os costumes em leis, o legislador parte para ambição mais elevada: reunir em texto único e conexo todo o direito em vigor, em determinada área. Trata-se da criação de um código.

Não pense que essa ideia seja nova e tenha partido tão só de legisladores da época moderna. Uniformizar o direito privado foi ambição de quase todos os governantes, desde Hamurábi até Justiniano, Carlos Magno, Napoleão e muitos outros, apenas para citar os mais conhecidos. Essa ambição, no entanto, nem sempre foi concretizada, já que muitos dos príncipes estavam adiantados para sua época.

Cada época histórica tem seu próprio momento para determinadas realizações. As codificações, portanto, só surgem quando o Direito de um povo se encontra devidamente amadurecido. Poucos foram os chefes de governo que lograram viver essas épocas e puderam ver a tarefa da codificação concluída. Poucas são também as gerações de operadores do Direito que conviveram com o nascimento ou a substituição de códigos, como acontece no presente com o Código Civil de 2002, entre nós.

O Direito é um contínuo e permanente acumular de experiências. Código algum pode surgir do nada. Há necessidade de um profundo substrato estrutural para uma codificação, de um conjunto de leis anterior, de maturidade para a tarefa, bem como de técnicos capazes de captar as necessidades jurídicas de seu tempo.

Toda lei já nasce sob certos aspectos defasada. Isso porque o legislador tem como laboratório a História, seu próprio passado. Programa leis para os fatos sociais que o cercam, e é cada vez mais difícil prever condutas. No entanto, a grandeza de uma codificação reside, entre outros aspectos, justamente no fato de poder adaptar-se, pelo labor diuturno dos juízes e doutrinadores, aos fatos que estão no porvir. Aí está o caráter de permanência de um código, que contribuirá para a aplicação ordenada do Direito, em busca da paz e da adequação social, fins últimos da Ciência do Direito.

O legislador, porém, nem sempre raciocina dessa maneira. Crê geralmente que, ao criar uma lei, o está fazendo para sempre. Confunde o caráter de permanência da lei com o sentido de perenidade, esquecendo-se, muitas vezes, e isso é próprio da vaidade humana, de que seu nome se desligará muito breve da lei que criou, passando a legislação a ter vida própria, a partir de sua imediata vigência. Alguns, no entanto, conseguem tal intento, pois até hoje o Código Civil francês é conhecido como o Código de Napoleão.

Uma codificação, por outro lado, é custosa e trabalhosa. Por sua própria essência, deve ser meticulosa e, em virtude disso, geralmente é demorada. Isso, porém, não deve ser motivo de crítica. É natural que assim seja. A experiência está a demonstrar a todo momento, mormente em nosso país e na época em que vivemos, que leis açodadas, da mais simples à mais complexa, trazem resultados desastrosos e dificultam suas respectivas aplicações pelos tribunais e, com isso, perdem a finalidade de atribuir certeza a condutas jurídicas que pretendem reger. Por isso, não devemos ser açodados com a reforma de nosso Código Civil, que se propõe, com projeto entregue ao Senado.

Não nos devemos impressionar, portanto, com a aparente demora no surgimento da codificação ou com o retardamento na reestruturação vigente, que é o caso atual de nosso país, ao menos no que toca ao Direito Civil.

Como ensina René Dekkers (1957:337), a lei deve ser uma obra rara, pomposa e solene, pois perderia todo seu prestígio se se modificasse constantemente. A lentidão na elaboração torna-se necessária. Por outro lado, se a lei tem a importância de uma codificação, torna-se mais difícil ainda modificá-la, mesmo quando seja esse o desejo geral. É árduo, para o legislador, aquilatar todos os efeitos diretos e reflexos que são ocasionados pela modificação de uma lei.

Isso não significa que o Direito deva manter-se preso a legislações já ultrapassadas. Note que no intervalo entre a promulgação de um código e outro (e os países que já passaram por essa experiência são prova disso, como a Itália e Portugal, por exemplo) existe a jurisprudência, para dar a coloração da época aos dispositivos legais interpretados. Quanto mais envelhece uma lei, maior será o desafio do intérprete. Com isso, o intérprete passa a tirar conclusões de dispositivos legais, às vezes não imaginadas pelo legislador.

O Código é consequência de racionalismo dedutivo e não se adapta a sistemas que têm como direito uma amálgama de religião e costumes, como já estudamos.

Na realidade, o Ser Humano quer imortalizar-se por meio de uma codificação, mas é a codificação que imortaliza o Homem. Contemporaneamente, diga-se, os Códigos não têm a mesma importância do passado. Cada vez mais difícil, dada a complexidade da sociedade e da era tecnológica, redigir um corpo único de leis.

6.1.1 Efeitos Positivos e Negativos da Codificação

Para os tempos modernos, a codificação foi outro resultado espetacular alcançado pela Escola do Direito Natural. Por que não converter em direito positivo aquele direito que era ensinado nas universidades – um direito que já se apresentava ordenado, pesquisado e que fora direito positivo em tempos de antanho? Pretendeu-se transformar em direito real algo que na época era um direito ideal.

A Escola do Direito Natural permitirá realizar essa ambição. No século XVIII a codificação permitirá também, pela intervenção do legislador, acabar com os arcaísmos que impediam o progresso do direito positivo da época, bem como com a situação fragmentária do direito, preso à multiplicidade de costumes. Nisso a codificação se distingue da "consolidação", que apenas coloca lado a lado as normas então vigentes.

Como comenta René David (1973:49), acusou-se muitas vezes de ser a codificação responsável pela fragmentação do direito europeu e pela ruptura da família jurídica romano--germânica. Lembra, porém, o autor que na época o Direito ensinado nas universidades não era um direito aplicado. Na realidade, nunca existiu direito uniforme na Europa. Isso é tarefa contemporânea e ainda em situação embrionária.

A codificação reduziu os direitos a certos grupos bem definidos. O Código de Napoleão e, posteriormente, o Código Civil alemão tiveram papel preponderante nesse sentido. Notamos, ao contrário, um sentido de realização de um ideal comum, além do que essas codificações fundamentais mencionadas foram fator de tremenda difusão universal do sistema românico, tanto dentro como fora da Europa.

Reconhecemos, porém, ao menos para a época da promulgação dos códigos, que, a princípio, houve alguns efeitos negativos com os novos institutos: o Direito passou a ser aplicado de forma mais racionalista, esquecendo-se do sentido de Direito "justo" das universidades. Passou-se a entender o código como a palavra definitiva do Direito, com apego muito grande à letra da lei. Logo que surgiram os primeiros códigos, a ciência hermenêutica viu-se restrita, pois se entendia que bastava tão só, para aplicar o Direito, valer-se da exegese dos novos textos. Tal atitude faz renascer o positivismo jurídico que em nada auxilia a evolução do Direito. Contudo, como a codificação moderna era algo de novo e revolucionário no campo jurídico, era normal que isso acontecesse.

Ainda hoje, quando ocorre a promulgação de uma nova lei, primeiramente há apego a seu texto. À medida que a lei envelhece, as interpretações lhe dão a necessária flexibilidade.

Com o advento das codificações, porém, deixou-se de considerar o Direito como simples norma de conduta social, para ser compreendido como "realidade essencialmente supranacional".

A conjunção de inúmeros fatores é necessária para que um código atinja suas finalidades. De um lado, é necessária a existência de um governante culto, ou ao menos cercado de gente culta, liberado de excessiva tradição, bem como interessado em consagrar um direito de iguais oportunidades para todos (ainda que na filosofia individualista, como aconteceu com os primeiros Códigos) e ansioso por consagrar novos princípios de justiça, de dignidade do homem. Doutro lado, é necessário o surgimento de uma compilação de um país culturalmente influente e populoso, capaz de se impor às pequenas nações como paradigma. Por não cumprir tais requisitos é que o Código Civil da Prússia, de 1794, e o Código Civil da Áustria, de 1811, precursores das grandes codificações, não lograram maior difusão, nem conseguiram influenciar outros povos. E foi exatamente por cumprir essas exigências sociais que, principalmente, o Código napoleônico desencadeou as codificações do século XIX e o Código alemão influenciou as codificações do século XX.

6.1.2 Novos Rumos da Codificação

Hoje, novamente, se discute sobre vantagens ou desvantagens da codificação. O Código Civil, sobretudo, é a lei fundamental de todos os povos do sistema romano-germânico.

Pouco influi hoje a atitude exclusivamente positivista de alguns que ainda se mostram por demais apegados a uma filosofia de difícil explicação no campo jurídico. Reconhece-se, sem rebuços, universalmente, o papel fundamental da doutrina e da jurisprudência na criação e transformação do Direito. O positivismo, na verdade, adquire novos contornos. Nenhum jurista de nosso sistema vê nos Códigos a única fonte de Direito. Mesmo no Direito Penal (e isso entre nós é ainda mais real) são conferidos poderes cada vez mais amplos ao juiz, em um Direito em que deve ter aplicação a estrita legalidade.

O intercâmbio internacional, por meio de congressos, simpósios, visitas e cursos, incita nova forma de encarar o Direito em plano internacionalista, fazendo reavivar a possibilidade de um dia termos um direito supranacional. Hoje, o direito positivo abandona o provincialismo que o prendeu por tantos séculos, porque até o século XIX havia tendência de menosprezar os direitos estrangeiros, mormente pela doutrina francesa.

Todavia, entre a codificação francesa e a codificação alemã, nesses países surgiram duas tendências de estudo dos Códigos. Enquanto os juristas franceses se dedicaram mais à exegese, interpretação de seu código, os juristas alemães continuaram os trabalhos nas universidades, trabalhando sobre textos de Direito Romano. Tanto que na Alemanha triunfa a chamada escola dos "pandectistas", que conseguiu elevar os princípios romanísticos a um ponto nunca dantes alcançado. A elaboração do código alemão faz-se sobre o trabalho de base dos pandectistas.

Como consequência do que expusemos no parágrafo anterior, existe diferença de métodos e estilo em ambos os códigos. Há, como se vê, explicação histórica para isso. Esse entendimento é importante, pois ao se estudar o Direito brasileiro, com frequência a doutrina busca comparações nos dois Códigos. Pelo que vimos, a técnica de redação de ambas as obras nunca poderia ser semelhante. Os lineamentos básicos de cada um deles veremos a seguir.

A par das influências desses dois Códigos nas legislações europeias e latino-americanas, ao mesmo tempo que não se pode falar de um antagonismo dos vários diplomas legislativos surgidos, há que se afirmar que cada direito mantém sua própria individualidade e originalidade, mas, no grande conjunto de elementos, as semelhanças são evidentes, até mesmo nos direitos socialistas que, como vimos, não conseguiram libertar-se da estrutura românica.

Como destacamos no Capítulo 5, a importância dos Códigos se vê reduzida neste novo século, com tendência de a legislação ocidental orientar-se por microssistemas ou estatutos, os quais, contudo, não podem prescindir ao menos de uma teoria geral exposta na lei.

6.2 CÓDIGO DE NAPOLEÃO

A Revolução Francesa retomara o antigo pensamento de realizar uma unidade legislativa. Na França, no sul, havia a predominância do então chamado direito de influência romana, enquanto o Direito do norte do país era costumeiro. Na Constituição de 3-9-1791 inseriu-se disposição de que seria feito um código de todas as leis civis do país. Após muitos contratempos de ordem legislativa, acabou-se por nomear uma comissão extraparlamentar para redigir o Código, composta de quatro membros: Treonchet, Portalis, Bigot-Prémeneu e Maleville, todos magistrados.

O projeto apresentado encontra muitas dificuldades na tramitação legislativa; foi discutido no Conselho de Estado, em inúmeras sessões, presididas na maior parte das vezes pelo próprio Napoleão. Após terem sido sancionadas 36 leis, em 21-3-1804 foi promulgado o conjunto que tomou o nome de Código Civil.

Se examinado por sua estrutura exterior, o código compreende três livros, divididos cada um em vários títulos, os quais se subdividem, por sua vez, em capítulos compostos, às vezes, de várias seções. Cada divisão é precedida de uma rubrica. Antes do Livro Primeiro existe um "título preliminar", mas a numeração é única.

O primeiro livro trata das "pessoas", o segundo versa sobre "bens e as diferentes modificações da propriedade" e o terceiro, sobre os "diversos modos pelos quais se adquire a propriedade". Este último compreende um sem-número de assuntos, diversos entre si, tais como regimes matrimoniais, obrigações e garantias reais.

Desde o princípio o Código foi criticado, principalmente pela divisão de matérias, que segue a ordem das Institutas de Justiniano, as quais, por sua vez, seguem a ordem de Gaio.

O Código francês tentou conciliar o Direito Romano com o direito costumeiro, inspirando-se principalmente em Domat e Pothier. É um código essencialmente individualista e dá proeminência ao direito privado em suas relações com o direito público. Diz-se que é um código excessivamente "burguês", mas é fruto de uma época e não se pode dizer que tenha sido uma lei para criar privilégio.

Arminjon, Nolde e Wolff (1950:135) refutam a crítica de que tenha sido um "código do credor", pois a lei foi muito indulgente com o devedor, mesmo de má-fé, mas, como o código foi redigido por influência de comerciantes, há de fato muitos privilégios para o credor.

O código desencadeou uma série de comentários e tratados de alto valor, os quais praticamente orientaram o direito civil do Ocidente no século XIX e início do XX, com nomes de eminentes juristas, como Colin, Capitant, Planiol, os irmãos Mazeaud, entre tantos outros.

Criticado e comentado, o Código francês formou, na verdade, o pensamento jurídico dos séculos XIX e XX, atraindo ineslutavelmente os legisladores que se seguiram, com suas respectivas codificações, até o aparecimento do Código alemão, que entrou em vigor no início do século XX.

Hoje, o diploma encontra-se alterado em muitas disposições, mas conserva sua estrutura original. Há muito se pensa em substituí-lo, como fizeram outras nações com códigos mais recentes, mas o fato é que, para uma legislação desse jaez, há necessidade de consenso político, dificilmente conseguido na França, onde há constante alternância de orientação política.

6.3 CÓDIGO ALEMÃO (BGB)

O Código Civil alemão (*Burgerlich Gesetzbuch*, BGB) entrou em vigor em 1º-1-1900, após ter sido promulgado, em 1896.

Trata-se de marco espetacular para o Direito Civil do nosso sistema.

Esse Código, com as modificações até aqui efetuadas, teve vigência na República Federal da Alemanha (ocidental) como direito federal.

Politicamente, a criação do código foi consequência da instalação do império alemão, em 1871. Até então, o direito privado empregado na Alemanha era muito fracionado. Estava em vigor o chamado "direito comum", entre outros, apenas para algumas regiões, mas como complemento do Direito vigente. Por "direito comum" entendia-se o Direito Romano tardio, que chegara até a Alemanha por via da recepção já por nós mencionada, com a configuração que ganhara o *Corpus Juris* de Justiniano.

O século XIX ganhou a investigação e a sistematização do Direito Romano com Savigny e o ramo romanístico da chamada Escola Histórica do Direito. É chamada "histórica" porque significa a primazia que para tal escola tem a investigação da história do Direito.

A Savigny (1779-1861) e sua escola deve a Alemanha o posto elevado que ocupa na ciência do Direito no mundo. Savigny e seus discípulos conseguiram em pouco tempo restabelecer toda a importância do Direito Romano nas universidades alemãs. A realização do Código Civil alemão é uma grande vitória desse jurista e da chamada "Pandectística" alemã. Savigny estava convencido de que um bom Código Civil pressupõe uma bem elaborada doutrina do Direito, suficientemente madura, para sobrepujar as diferenças locais, e isso só se tornaria possível se fundado em princípios jusnaturalistas.

Em razão disso, não sem muita oposição, essa escola se esforçou e conseguiu elaborar uma doutrina jurídica alemã, unitária, sobre os fundamentos do Direito Romano.

Pesquisadores como Puchta, Jhering e Windscheid, entre outros, continuaram a obra de Savigny.

A criação de um Código Civil, com vigência em toda a Alemanha, era uma das finalidades desses estudos.

A primeira comissão legislativa para tal fim é criada em 1874, da qual participaram Planck e Windscheid, entre outros. A demora desse período de trabalho deve-se à forma extremamente minuciosa com que procedeu a comissão. Foram agrupadas primeiramente as disposições jurídicas vigentes nas diferentes regiões da Alemanha, com o objetivo de se fazer comparação e investigação mais aproveitáveis. No princípio de 1888, foi publicado um primeiro projeto, com resumo de motivos da comissão. Tal projeto foi bastante criticado, principalmente por dar pouca atenção às necessidades sociais da época e por ser trabalho de gabinete. Foi reelaborado, e surge um segundo projeto, terminado em 1895, que se diferenciava do primeiro em muitos pontos, mas não no estilo e no conjunto. Esse segundo projeto foi publicado em 1898, juntamente com as atas da segunda comissão.

O Código foi promulgado em 18-8-1896 e entrou em vigor em 1º-1-1900. O conhecimento dos antecedentes legislativos do Código é importante elemento de interpretação para o diploma, mas, como sabemos, uma vez promulgada a lei, a vontade de seus elaboradores apenas representa critério de interpretação; acrescente-se também que, à medida que o tempo passa, novos critérios surgem.

O conteúdo do Código Civil alemão é lógico-formal, apartando-se do casuísmo do direito local até então vigente. É lei excessivamente técnica e dirigida a juristas. Entenderam os elaboradores do Código que deviam apartar-se do método casuístico, prendendo-se a princípios abstratos e generalizados, como uma das formas de dar segurança ao Direito.

O Código, de modo geral, foi bem recebido na época de sua promulgação. Devido a suas qualidades formais, foi adotado prontamente no Japão (o Código Civil japonês é de 1898) e mais tarde na China (seu Código Civil anterior é de 1930).

Note que, enquanto a comissão designada para a elaboração do Código francês trabalhou quatro anos, a comissão para o primeiro projeto do Código alemão trabalhou durante 13 anos.

O Código alemão divide-se em duas partes: uma *parte geral* e outra *especial*. A *parte geral* compreende o direito das pessoas, dos bens e os negócios jurídicos, aplicando-se tais preceitos a todo o Direito Civil. A *parte especial* divide-se em quatro livros: direito das obrigações, direitos reais, direito de família e direito das sucessões. Concomitantemente, foi elaborada uma Lei de Introdução ao Código Civil, com normas referentes a direito internacional privado, que disciplina o relacionamento entre o Código Civil e as leis nacionais, o direito local e as disposições transitórias.

Com a promulgação do Código a doutrina desenvolveu-se bastante. Surgiram então tratados com críticas às disposições do diploma. São encontráveis, vertidas para o espanhol, as obras de Enneccerus, Kipp e Wolff (*Lehrbuch des Burgelichen Rechts*) e de Von Thur (*Der algemeine Teil des Deutschen Burgelichen Recht*). Esse Código também sofreu sensíveis modificações.

6.4 OUTRAS CODIFICAÇÕES DO SÉCULO XX

Já nos referimos aos Códigos Civis japonês e chinês, fortemente influenciados pelo Código alemão.

No século XX, muitos foram os países que substituíram suas codificações do século passado por novos códigos, como é o caso do Brasil, em 1916.

Digno de menção é o Código suíço de 1907, grande obra legislativa que, para alguns, é superior até mesmo ao BGB. No sistema suíço, a parte de "obrigações" não integra o bojo do Código, constituindo-se um código à parte; fica unificado, portanto, o direito das obrigações, como fez a Polônia em 1933. O Código suíço é criação do grande jurista Helvécio Huber, que não tomou como modelo nem o pensamento nem a forma do Código alemão, preferindo linguagem mais sensível e compreensível. Esse diploma exerce, por seu lado, grande influência na interpretação e na doutrina da Alemanha, assim como em sua jurisprudência.

Dekkers (1957:236) considera o Código da Suíça superior ao Código alemão, por ter aliado qualidades científicas à clareza do Código de Napoleão; reputa-o como o melhor dos Códigos contemporâneos.

O Código Civil italiano de 1865 foi revisto em 1942. Sua principal inovação é a unificação do Direito Civil e Comercial. Divide-se em seis livros: pessoas e família, sucessões, propriedade, obrigações, trabalho e proteção dos direitos. Os dois últimos são inovação em relação ao Código do século XVIII. É um trabalho igualmente claro, que se afastou do modelo tecnicista alemão. O direito do trabalho procura imprimir uma orientação social, anti-individualista.

O Código Civil português de 1967 substituiu o do século passado, de 1867. É também um Código claro, que não procura esconder a influência que sofreu do Código italiano atual.

6.5 TÉCNICAS DA CODIFICAÇÃO

Os códigos não apresentam diferenças no tocante às leis ordinárias, mas, em relação à matéria tratada, sua estrutura orgânica, tem maior peso evidentemente para o jurista.

Desse modo, enquanto a lei ordinária é citada por seu número e respectiva data de promulgação, tal não acontece com os Códigos, simplesmente mencionados como Código Civil, Código Comercial, Código Penal etc.

Citam-se os "artigos" do Código, que seguem numeração contínua. Para maior facilidade, os códigos estão, geralmente, divididos em livros, capítulos, títulos e seções. Os artigos podem vir subdivididos em parágrafos e alíneas, todos numerados no artigo.

É costume, entre nós, numerar os artigos de qualquer lei, do 1º ao 9º, pelos ordinais, e a partir do artigo 10, pelos cardinais, assim como a numeração dos parágrafos. Os incisos, dentro dos artigos, vêm numerados pelos números romanos. É de boa técnica englobar em um mesmo artigo várias normas, quando possuem vínculo de dependência.

A citação dos artigos é feita pelos números, e, quando há parágrafos ou alíneas, deve ser citado o número do artigo. Quando o artigo possui vários parágrafos, usa-se o sinal gráfico "§". Quando o artigo possui um só parágrafo, denomina-se "parágrafo único", e se escreve por extenso.

Há certos Códigos modernos, como o italiano e o suíço, que apresentam ao lado dos artigos *notas marginais*, para facilitar o encontro da matéria que se está procurando, já que tais notas, curtas e diretas, sumariam o conteúdo de um artigo ou de um conjunto de artigos. Nada impede, contudo, que o editor e o anotador de um código que não possui tais notas, como é o nosso, se encarreguem de fazê-las, com objetivo didático.

7

DIREITO CIVIL BRASILEIRO

7.1 DIREITO CIVIL ANTES DO CÓDIGO

A legislação portuguesa exerceu logicamente o papel de fonte histórica do direito brasileiro; tendo o Brasil vivido mais de três séculos como Colônia, é natural que as tradições lusitanas e brasileiras sejam comuns. Os costumes indígenas não tiveram qualquer influência em nosso direito. É em Portugal, portanto, que reside a origem de nossas instituições jurídicas. O estudo da história de nosso Direito deve necessariamente iniciar-se pela península ibérica e pelo direito português. É necessário avaliar qual foi o direito imposto pela Metrópole à Colônia, bem como as transformações locais que esse direito lusitano sofreu em terras brasileiras.

A partir do século XIII, Portugal desliga-se do Direito da Península Ibérica e ganha as Ordenações do Reino, da época do rei Afonso VI, daí o nome Ordenações Afonsinas, promulgadas em 1446. Trata-se de uma codificação cujo início remonta a 1212, época de plena influência da Universidade de Bolonha, que contou com o esforço do quase lendário João das Regras, famoso jurista que desejou libertar Portugal dos últimos vínculos com a Espanha.

A seguir, D. Manuel, o Venturoso, procede a uma reforma nas ordenações, em 1521, aparecendo, então, as "Ordenações Manuelinas". Para essas ambas ordenações, houve dificuldade de conhecimento dos textos exatos, pois as técnicas de impressão eram rudimentares; estavam apenas começando. Surgem depois as "Ordenações Filipinas", em 1603, que influenciarão mais diretamente nossa vida jurídica, já que estarão em vigor, com modificações, é verdade, até o aparecimento de nosso Código Civil de 1916. As Ordenações Filipinas tiveram inúmeras impressões, tendo em vista o vasto período de vigência.

O sistema do direito português é baseado nos sistemas romano e canônico. Com nossa Independência, a primeira Constituição de 1824 utilizou-se do instituto da *recepção*, mandando aplicar as Ordenações Filipinas como nosso direito positivo, até que se tornasse possível a elaboração de um Código Civil.

O fato é que o país, sob o Império, ganhou com presteza um Código Criminal, promulgado em 1830 e depois um Código Comercial, em 1850, este, com muitas alterações e derrogações, ainda em vigor no tocante ao direito marítimo.

As chamadas leis extravagantes promulgadas no Brasil após a Independência foram formando um emaranhado jurídico complicado e obscuro.

Em 1855, pensou-se em Nabuco de Araújo, então Ministro da Justiça, para realizar a tarefa da codificação. Mas este indicou o nome de Teixeira de Freitas para primeiramente realizar uma Consolidação, primeiro passo para a codificação. Como consequência disso, surge a "Consolidação das Leis Civis", elaborada por esse jurista, monumento jurídico que ainda hoje pode ser consultado com proveito. Tal consolidação, aprovada pelo governo, tornou-se oficial e veio preencher a lacuna da inexistência de um Código Civil. Essa obra, pela disposição da matéria, foi elogiada na época.

7.2 AS VÁRIAS TENTATIVAS DE CODIFICAÇÃO

A Constituição de 25 de março de 1824 referira-se expressamente à organização de um Código Civil e Criminal (art. 179, XVIII).

Uma vez feita a Consolidação, foi o próprio Teixeira de Freitas encarregado de redigir o projeto. Esse jurista ofereceu um trabalho preparatório, denominado *Esboço*, que era publicado parcialmente, à medida que o elaborava. Foram publicados 1.702 artigos em 1865, enquanto posteriormente deveriam ser publicados 1.314 artigos, relativos aos direitos reais. O governo imperial começou a apressar a tarefa do jurista. Freitas envia uma carta ao governo em que expõe a necessidade de rever o projeto. Como as reclamações prosseguissem, o autor renuncia à tarefa e ao encargo, em 1866.

As principais razões da renúncia não se detiveram no retardamento, mas na ideia de Freitas de não subordinar o Código Civil ao Código Comercial de 1850 e no fato de pretender fazer um trabalho que abrangesse toda a matéria de direito privado.

Embora o *Esboço* não se tenha convertido em Projeto entre nós, o trabalho de Teixeira de Freitas teve grande repercussão no Código Civil argentino, como confessa com honestidade o jurista daquele país, Vélez Sarsfield. Esse código partiu da Consolidação e do *Esboço*, tanto que Teixeira de Freitas é até hoje autor citado e acatado naquele país.

Frustrada a tarefa confiada a Freitas, novamente o governo imperial confia a missão a Nabuco de Araújo, em 1872, que falece tendo deixado apenas algum rascunho de 182 artigos redigidos, isto em 1878.

A terceira tentativa de dotar a nação de um Código Civil coube ao jurista mineiro Joaquim Felício dos Santos. Sua obra, apresentada em 1881, foi denominada "Apontamentos para o Projeto do Código Civil Brasileiro". Nomeou-se uma comissão para estudar o projeto, que terminou por apresentar parecer desfavorável. A Câmara dos Deputados não chegou a se pronunciar sobre o projeto e a comissão foi dissolvida em 1886. Quando sobreveio a República, malogrou-se mais esta tentativa de codificação.

Logo depois de proclamada a República, como não estavam firmadas as bases para a Federação, ocorreu dúvida sobre a competência da União para tratar de uma codificação com base federal, tendo então o Ministro Campos Sales dissolvido a comissão até então nomeada, às vésperas da República.

Em 1890, entendendo o Ministro Campos Sales que a comissão não dava bons resultados, encarregou o jurista Coelho Rodrigues de organizar o projeto do Código Civil. Concluído em Genebra em 11-1-1893, não foi aceito pelo governo, em virtude de parecer contrário da comissão que o examinou. Em 1895, decidiu o Senado nomear uma comissão especial incumbida de indicar qual dos projetos abandonados poderia servir de base ao futuro Código, e em 6-11-1896 resolveu autorizar o governo a contratar um jurisconsulto ou uma comissão de jurisconsultos para que procedesse à revisão do Projeto de Coelho Rodrigues.

Lembrou-se do nome de consenso de Clóvis Beviláqua, jurista cearense e professor da Faculdade do Recife, que recomendou aproveitar tanto quanto possível o projeto de Coelho Rodrigues.

Clóvis transferiu-se para o Rio de Janeiro e em pouco mais de seis meses desincumbiu-se da missão, no ano de 1899.

Numerosas foram as reuniões para críticas e emendas até ser encaminhado à Câmara dos Deputados, em que a chamada "Comissão dos 21" redige oito volumes de atas. Em 1902, a Câmara aprova o Projeto e o remete ao Senado. Rui Barbosa é o relator da comissão e redige em três dias seu parecer, que se prende mais ao ponto de vista da forma que de fundo. Seguiu-se enérgica discussão sobre a matéria, ficando famosa a *Réplica* de Rui, na porfia com Carneiro Ribeiro, que redige erudita *Tréplica*. Carneiro Ribeiro tinha sido antigo professor de Rui Barbosa no Liceu Baiano.

Só em 1912 concluiu o Senado sua tarefa e remeteu o Projeto à Câmara, com grande número de emendas. Tais emendas foram na maior parte de redação; apenas 186 modificaram a substância do Projeto (Espínola, 1977:20).

Finalmente, não sem atravessar outro período de vicissitudes, as comissões reunidas da Câmara e do Senado prepararam redação definitiva, sendo o Projeto aprovado em dezembro de 1915, sancionado e promulgado em 1º-1-16, convertendo-se na Lei nº 3.071/16, para entrar em vigor no dia 1º-1-17. Como vários de seus dispositivos haviam sido publicados com incorreções, o Congresso resolveu repará-las, o que foi feito com o Decreto nº 3.725/17, que corrigiu principalmente a redação.

7.3 CÓDIGO CIVIL BRASILEIRO DE 1916

Trata-se, sem dúvida, de obra jurídica que honra as letras jurídicas de nosso país. Arminjon, Nolde e Wolff (1950, v. 1:170-171) destacam a originalidade de suas disposições, que não copiam pura e simplesmente os modelos então existentes, e a clareza e a precisão dos conceitos, bem como sua brevidade e técnica jurídica. No entanto, surge com ideias todas elas do século XIX, para uma sociedade brasileira parcamente alfabetizada, e logo, no curso do século XX, se mostra por demais acadêmico e anacrônico.

Washington de Barros Monteiro salienta que, apesar de ter o Código regulado institutos em franca decadência, como a "hipoteca judicial" e o "pacto de melhor comprador", e ter deixado de regular institutos nascentes à época, como o condomínio em apartamentos, *suas inúmeras qualidades superam e compensam, com vantagem, o reduzido número de defeitos*.

A exemplo do Código Civil alemão, nosso Código anterior já possui uma parte geral, em que são reguladas as noções e relações jurídicas das pessoas, dos bens e dos fatos jurídicos. A seguir, pela ordem, vêm a parte especial, direito de família, direito das coisas, direito das obrigações e direito das sucessões.

O Código vinha precedido de uma Lei de Introdução, depois substituída pelo Decreto-lei nº 4.657/1942, Lei de Introdução ao Código Civil, atual Lei de Introdução às Normas do Direito Brasileiro, Lei nº 12.376, de 30-12-2010 para a solução dos conflitos intertemporais e de direito internacional privado.

O fato é que nosso Código representava em seu tempo o que de mais completo se conhecia no campo do Direito. Suas ideias eram, de fato, piegas e burguesas, como fruto da cultura da época.

Como foi elaborada no anoitecer do século XIX, para vigorar em um novo século, não tinha condições de prever as mudanças que viriam a ocorrer. Seguiram-se duas grandes guerras.

A sociedade sofreu grande impacto e modificou-se. A mulher galgou seus justos direitos e passou a participar do mercado de trabalho. A família brasileira perdeu em poucas décadas o ranço medieval e paternalista do período colonial e monárquico. Por isso, em alguns aspectos, essa monumental obra legislativa de há muito já não representava os anseios de nossa época.

Desde sua promulgação, foram muitas as leis extravagantes que trataram de matérias não analisadas pelo Código ou modificaram disposições do diploma. A seu lado outros Códigos surgiram, cuidando de matérias paralelas, como o Código de Águas, o Código de Minas e a anterior Lei de Introdução, agora Lei de Introdução às Normas do Direito Brasileiro.

Muitas foram as modificações no Direito de Família. A Lei nº 6.515, de 26-12-77, regulamentou a Emenda Constitucional nº 9, de 28-6-77, Lei do Divórcio, que derrogou vários artigos do Código Civil, quando se poderia tão só fazer substituições das disposições.

Para exemplificar, o mesmo pode ser dito das sucessivas Leis do Inquilinato que regem a locação, em detrimento das disposições do Código, que têm em vista a premente necessidade social.

Daí concluímos que nosso Código de 1916, apesar de ter chegado ao ocaso de uma época histórica, nem por isso deixa de ser considerado um valioso monumento legislativo.

7.4 TENTATIVAS DE REFORMA LEGISLATIVA

Na década de 40, surge a primeira tentativa de modificação da lei vigente, com o surgimento de um Anteprojeto de Código de Obrigações, elaborado pelos grandes juristas Orosimbo Nonato, Philadelpho Azevedo e Hannemann Guimarães, que se prendeu apenas à Parte Geral das Obrigações.

Continuaram a surgir leis que complementam ou mesmo derrogam o Código Civil, como é o caso da chamada Lei de Usura, Decreto nº 22.626, de 7-4-33, apenas para citar uma das que mais repercussão tiveram, isso sem falar nas grandes modificações surgidas no decorrer do século XX, legislativamente, no tocante ao estado de filiação, à situação da mulher casada e à adoção.

Não resta dúvida de que de há muito sentíamos a necessidade de revisão completa em nosso grande diploma civil.

Vários projetos foram apresentados, como o de Orlando Gomes, de 31-3-63, e o Código das Obrigações de Caio Mário da Silva Pereira, de 25-12-63. Esses projetos, por si sós, honram nossa cultura jurídica.

Tendo levado em consideração essas manifestações, em 1969, uma comissão nomeada pelo Ministro da Justiça prefere elaborar novo Código, em vez de fazer tão só uma revisão. Daí o surgimento de um anteprojeto em 1972, elaborado sob a supervisão do grande mestre e filósofo do Direito, Miguel Reale. A comissão era integrada pelos profs. Agostinho de Arruda Alvim (Direito das Obrigações), Sylvio Marcondes (Atividade Negocial), Ebert Vianna Chamoun (Direito das Coisas), Clóvis do Couto e Silva (Direito da Família) e Torquato Castro (Direito das Sucessões). Depois de ter recebido muitas emendas, o Anteprojeto foi publicado em 1973.

Após numerosas modificações, foi elaborado o Projeto definitivo, que, tendo sido apresentado ao Poder Executivo, foi enviado ao Congresso Nacional, onde se transformou no Projeto de Lei nº 634, de 1975. Em 17-5-84, foi publicada a redação final do projeto aprovada pela Câmara dos Deputados, com algumas alterações.

É fato que, embora tenham sido nomeadas as comissões, os debates sobre o referido projeto ainda não tinham tomado corpo. Mais recentemente, o Ministério da Justiça incumbiu Miguel Reale e o Ministro José Carlos Moreira Alves de reestruturar o projeto e dar-lhe andamento. Em uma época de transição política houve demora na tramitação desse projeto; digamos também que não é conveniente que uma lei seja promulgada de afogadilho, mormente levando-se em conta as grandes mudanças de cunho social e econômico que universalmente atravessamos, cujos reflexos no Brasil devem ser cuidadosamente sopesados para uma legislação do porte de um novo Código Civil. Por outro lado, o projeto originário já se mostrava defasado, em face de novas legislações, como é o caso do Código de Defesa do Consumidor (Lei nº 8.078, de 11-9-90) e principalmente da Constituição de 1988. O projeto foi modificado em ambas as casas do Congresso para se converter no atual Código Civil, Lei nº 10.406, de 10 de janeiro de 2002. Muitas de suas inovações de última hora, mormente engendradas na Câmara dos Deputados, causaram celeuma e perplexidade entre os cultores do Direito Civil. Para essas modificações, realizadas com injustificável açodamento, não houve a devida meditação pelos operadores do Direito do país. Mais de 300 artigos já constam em projetos de modificação. Algumas alterações pontuais, de interesse maior para determinados grupos, já foram feitas. Nossas casas legislativas não são bons exemplos para país algum. De qualquer forma, temos um Código Civil, obra que poucas nações almejarão e conseguirão levar a cabo neste século XXI, do qual devemos nos orgulhar, cabendo às futuras gerações de juristas e operadores do Direito em geral torná-lo efetivo e eficiente para regular a sociedade brasileira, ainda que em torno dele continuem a gravitar inúmeros microssistemas jurídicos.

Várias modificações já foram feitas no Código de 2002. Acena-se mais recentemente com o Estatuto das Famílias, que iria derrogar todo o livro de família do Código. Muitos afirmaram que esse Código já nasceu antiquado, mormente no direito de família. Certamente, a médio e longo prazo, o sistema de codificação do direito material sofrerá mudanças.

Atualmente já se busca melhor atualização do Código de 2002, com comissão no Senado e com várias assessorias pelo Brasil, conjunto de entidades, professores e técnicos, também com nossa participação, os quais certamente irão opinar para uma revitalização do Código de 2002, que já se faz necessária, em virtude de rápidas modificações sociológicas e técnicas no campo jurídico, de cunho universal. As mudanças sugeridas com um projeto amplo de modificações do Código Civil está no Senado. Espera-se um cuidado especial dos legisladores, pois a tarefa será ampla e complexa.

8

LEI DE INTRODUÇÃO ÀS NORMAS DO DIREITO BRASILEIRO

8.1 A LEI DE INTRODUÇÃO

Todos os códigos são geralmente acompanhados de leis introdutórias e preliminares, embora com diversas denominações. Essas leis, *"sem constituírem parte integrante do seu organismo, formam, contudo, uma espécie de cobertura, absolutamente necessária para sua própria aplicação e que lhes ficam apensadas como mecanismo regulador de todos os seus movimentos"* (Lopes, 1959, v. 1:7).

A primeira observação que se faz é que a Lei de Introdução é diploma legislativo autônomo, não se confundindo nem integrando o Código Civil. A lei vigente revogou a lei de introdução anterior, que entrara em vigor simultaneamente ao Código Civil de 1916. A Lei nº 12.376/2010 resolveu renomear esse diploma legal, destacando sua verdadeira amplitude: *Lei de Introdução às normas do Direito Brasileiro*. Com novo ou velho título não se altera o alcance dessa norma. A mais recente Lei nº 13.655/2018 introduziu modificações relativas à aplicação do direito público.

Tanto a presente lei como a anterior LICC possuem, é fato, sentido mais amplo que uma simples introdução às leis civis. Cuida-se, na verdade, de introdução a todo o sistema legislativo brasileiro. O mandamento no sentido de que o juiz aplicará a lei tendo em vista seus fins sociais e o bem comum (art. 5º) não se limita ao âmbito do Código Civil. Nesse sentido pode-se afirmar que a lei de introdução é uma lei que regula as outras leis, direito sobre direito.

Os seis primeiros artigos contêm disposições de direito público, porque é nesse campo que se situam os preceitos relativos à publicação e obrigatoriedade das leis. Os artigos restantes se referem aos conflitos de leis no espaço, didaticamente situados no Direito Internacional Privado. Os arts. 7º a 18 dessa lei tratam, basicamente, de regras de direito civil internacional, abrangendo alguns dispositivos acerca de competência processual, homologação de sentença estrangeira e atribuições consulares em matéria de casamento.

Essa Lei de Introdução a todo sistema legal brasileiro classifica-se, portanto, como lei ordinária, subordinando-se à hierarquia das leis e à revogação por lei posterior. Ainda não se sentiu necessidade de substituí-la, tendo em vista a promulgação do Código Civil de 2002, embora já existam tentativas nesse sentido. A LICC de 1942, agora sob nova denominação, continua em vigor.

Eduardo Espínola e Eduardo Espínola Filho (1943, v. 1:7) distinguem cinco matérias tratadas nessa lei:

> "I – Da lei e sua obrigatoriedade: 1. início da obrigatoriedade da lei (art. 1º); 2. tempo de obrigatoriedade (art. 2º); 3. não ignorância da lei vigente.
>
> II – Da aplicação, interpretação e integração das normas jurídicas: 1. aplicação da norma jurídica e integração da ordem jurídica positiva (art. 4º); 2. interpretação da norma jurídica (art. 5º).
>
> III – Do império da lei em relação ao tempo – direito intertemporal (art. 6º).
>
> IV – Do direito internacional privado brasileiro (arts. 7º a 17).
>
> V – Dos atos civis praticados, no estrangeiro, pelas autoridades consulares brasileiras (art. 18)".

O que importa neste estudo, por ora, é o exame dos três primeiros mencionados incisos (arts. 1º a 6º).

Assim, é importante que se destaque que a Lei de Introdução não é parte integrante do Código Civil, mas uma lei anexa, que visa facilitar não apenas sua interpretação, mas também a aplicação de todo o ordenamento nacional.

Desse modo, essa norma "*é lei geral de aplicação, no tempo e no espaço, das normas jurídicas, sejam de direito público ou de direito privado. Portanto é uma* lex legum, *conjunto de normas sobre normas, um direito sobre direito (sobredireito* = Uberrecht = surdroit*), enfim, um código de normas*" (Veloso, 2006:14). Essa lei estabelece um arcabouço de aplicação, no tempo e no espaço, de todas as leis brasileiras.

O exame que se faz aqui da Lei de Introdução é essencialmente superficial e introdutório, reportando-se, com frequência, a outros textos por nós redigidos. Não há, nesta altura, possibilidade de aprofundamento teórico sobre temas tão essenciais presentes nesses artigos, o que somente deve ocorrer em outras disciplinas do estudo jurídico.

8.2 A LEI E SUA OBRIGATORIEDADE

O conceito de lei e sua classificação já foram vistos no capítulo 2. Em nossa obra *Introdução ao estudo do Direito: primeiras linhas*, no capítulo 3 nos ocupamos da *normatividade* e aprofundamos a compreensão de lei e norma.

Neste ponto, examinam-se, sob a forma de estudo introdutório, os preceitos da Lei de Introdução no tocante à obrigatoriedade da lei.

O início de vigência da lei está previsto no art. 1º. Salvo disposição em contrário, a lei começa a vigorar no país 45 dias depois de publicada no órgão oficial. Como regra geral, as leis costumam indicar seu prazo de início de vigência, o qual pode ser inferior aos 45 dias citados na lei. São comuns em nosso país que as leis entrem em vigor "*na data de sua publicação*", o que é por demais inconveniente. A entrada imediata em vigor deve ser reservada às leis que efetivamente apresentam urgência em sua aplicabilidade.

Quanto mais complexa a lei, maior deverá ser o prazo para seu início de vigência, a fim de que a sociedade tenha tempo hábil para se adaptar ao novo ato normativo, o que nem sempre é seguido pelo legislador. A publicação indicará o início da vigência. Previamente a essa publicação é curial que exista todo um processo legislativo, basicamente disposto na Constituição Federal (arts. 59 a 69). A finalidade da publicação é tornar a lei conhecida. A lei de introdução anterior estipulava prazos diversos de vigência em diferentes Estados do país. Na lei atual, em toda a nação a lei inicia sua vigência no mesmo dia.

O intervalo temporal entre a publicação e o início de vigência denomina-se *vacatio legis*. Lei que entra em vigor na data de sua publicação é lei sem *vacatio legis*. Acrescente-se, todavia, que a Lei Complementar nº 95, de 26-2-98, prevista no art. 59, parágrafo único, da Constituição Federal alterou alguns artigos da Lei de Introdução. O art. 8º dessa lei dispõe:

> "A vigência da lei será indicada de forma expressa e de modo a contemplar prazo razoável para que dela se tenha amplo conhecimento, reservada a cláusula 'entra em vigor na data de sua publicação' para as leis de pequena repercussão.
>
> § 1º A contagem de prazo para entrada em vigor das leis que estabeleçam período de vacância far-se-á com a inclusão da data da publicação e do último dia do prazo, entrando em vigor no dia subsequente à sua consumação integral.
>
> § 2º As leis que estabelecem período de vacância deverão utilizar a cláusula 'esta lei entra em vigor após decorrido o número de dias de sua publicação oficial'."

E ainda dispõe de forma definitiva o art. 9º dessa Lei Complementar:

> "A cláusula de revogação deverá enumerar expressamente, as leis ou disposições legais revogadas."

Realçando esse último artigo transcrito, é desanimador observar que o próprio legislador é refratário em cumprir o ordenamento. Mui raramente o legislador brasileiro tem o cuidado de mencionar as leis revogadas. Exemplo maior é nosso próprio Código Civil de 2002 (Lei nº 10.406/2002). Essa lei fundamental não observou esse art. 9º. O art. 2.045 desse diploma revogou expressamente apenas o Código de 1916 e a parte primeira do Código Comercial. Dezenas de leis referentes a matérias tratadas pelo mais recente Código Civil não foram revogadas expressamente, por incúria ou incapacidade técnica do legislador. Assim, foi relegado ao trabalho dos juízes e tribunais o mister de interpretar as respectivas revogações, em situação de evidente instabilidade jurídica e social.

8.3 *VACATIO LEGIS*. VIGÊNCIA

Ainda que promulgada e publicada a lei, se estiver em curso o prazo de *vacatio legis*, o diploma não poderá ser aplicado, pois não tem eficácia. Somente não haverá esse interregno da *vacatio legis* quando a lei entrar em vigor na data da sua publicação. Uma lei pode revogar outra anterior. Nesse período de tempo, ainda não estará em vigor a lei nova e se aplica a lei antiga. Se a lei nova não dispuser sobre o início de seu prazo de vigência, só começará a vigorar, como visto, 45 dias após a data de sua publicação (art. 1º da Lei de Introdução).

Durante o período de vacância, a nova lei, como ato jurídico, existe, é válida, mas não é ainda eficaz. A eficácia permanece com a lei antiga. A eficácia da lei, isto é, seus efeitos plenos, só ocorrem com sua entrada em vigor. Note que de conformidade com o art. 8º, § 1º, da Lei Complementar nº 95/98, acima transcrito, para a contagem do prazo de entrada em vigor, computa-se da data da publicação no órgão oficial e o último dia do prazo marcado. Esse dia de entrada em vigor operará mesmo na hipótese de recair em domingo ou feriado. Observe que o prazo de *vacatio legis* não se suspende, interrompe ou prorroga, salvo nova disposição legal.

O Código Civil, contudo, apresenta uma diferenciação na contagem de prazo para os negócios jurídicos. No direito material, de acordo com o art. 132 e seu § 1º desse Código, computam-se os prazos, excluindo o dia do começo e incluindo o do vencimento. Se o dia do vencimento cair em feriado, considerar-se-á prorrogado até o dia útil seguinte. São regras para os negócios jurídicos, obrigações em geral, contratos e não se aplicam às leis, que possuem ordenamento próprio, como vimos.

Há que se ter atenção porque a contagem dos prazos processuais também é diversa: de acordo com o CPC de 2015 (art. 219), nos prazos estabelecidos em dias, computar-se-ão apenas os dias úteis. Essa regra somente é aplicável aos prazos processuais. Conforme o art. 224 do estatuto processual, mantém-se a regra do estatuto anterior, excluindo o dia do começo do prazo e incluindo-se o dia do vencimento.

O mencionado prazo de 45 dias da lei introdutória para entrada em vigor se aplica às leis. Não se aplica aos decretos e regulamentos. Estes são diplomas regulamentadores da lei e normalmente também contêm prazo de vigência, salvo se entrar em vigor na data da publicação. Há leis que dependem necessariamente de regulamentação e leis que dela prescindem. Nem sempre isso fica muito claro por parte do legislador, trazendo por vezes incerteza sobre a sua aplicabilidade imediata.

O § 1º do art. 1º da lei dispõe acerca da obrigatoriedade da lei brasileira nos Estados estrangeiros, a qual se inicia três meses depois de oficialmente publicada, quando isto for admitido. Por uma questão de lógica, não se pode admitir a vigência no estrangeiro se a *vacatio legis* for superior a três meses. Há situações nas quais a lei brasileira será aplicada no exterior, principalmente no tocante às representações diplomáticas, assim como leis que por força de tratados ou acordos internacionais devam ser aplicadas no estrangeiro.

O dispositivo constante do § 2º do art. 1º estava ultimamente inaplicável, e agora foi revogado pela Lei nº 12.036/09. Dizia respeito a vigência de leis que os governos estaduais podiam elaborar por autorização do governo federal. A partir da Constituição de 1946 não existe mais essa possibilidade porque os Estados-membros legislam autonomamente no âmbito de sua competência. Para as leis estaduais, cujo espectro aliás é bastante restrito, aplicam-se os princípios do *caput* do art. 1º da Lei de Introdução.

O § 3º desse artigo inicial reporta-se à nova publicação do texto da lei, destinada a correção:

> "Se, antes de entrar a lei em vigor, ocorrer nova publicação de seu texto, destinada a correção, o prazo deste artigo e dos parágrafos anteriores começará a correr da nova publicação."

O legislador pode corrigir a lei, republicando-a. Nisto se verifica uma das vantagens da *vacatio legis*, afora o fato de preparar a sociedade para a lei nova. Publicada novamente a lei, o prazo de *vacatio* começa a correr novamente, salvo expressa menção em contrário. Se a lei já entrou em vigor, porém, e necessita de correção, somente uma nova lei pode fazê-lo (§ 4º).

8.4 MODIFICAÇÃO OU REVOGAÇÃO DA LEI

A lei tem, como regra geral, um caráter de permanência. Não se destinando a atender situação específica, a qual uma vez terminada, o diploma legal perde razão de existir, ou não trazendo já no seu bojo prazo de vigência, a lei tem esse caráter de permanência. Sob esse diapasão, dispõe o art. 2º da Lei de Introdução:

> "Art. 2º Não se destinando à vigência temporária, a lei terá vigor até que outra a modifique ou revogue.
>
> § 1º A lei posterior revoga a anterior quando expressamente o declare, quando seja com ela incompatível ou quando regule inteiramente a matéria de que tratava a lei anterior.

§ 2º *A lei nova, que estabeleça disposições gerais ou especiais a par das já existentes, não revoga nem modifica a lei anterior.*

§ 3º *Salvo disposição em contrário, a lei revogada não se restaura por ter a lei revogadora perdido a vigência."*

Já apontamos que lei mais recente determina que o legislador deve indicar expressamente quais as leis ou disposições legais que revoga. Vimos que há um descuido do legislador nesse sentido, cabendo ao intérprete, perante essa omissão, solucionar as hipóteses de revogação tácita ou implícita. Nesses termos, no caso concreto deverá ser observado quando a nova lei é incompatível com a anterior, ou com disposições de lei anterior, bem como quando a nova lei regula inteiramente a matéria tratada por lei precedente.

Uma lei com disposições gerais ou especiais ao lado de leis já existentes sobre a mesma matéria não as revoga automaticamente. Nesse caso, o ordenamento conviverá com mais de uma lei regulando a mesma esfera social, desde que as disposições não conflitem. Nem sempre será tarefa fácil essa conclusão. As leis podem ser compatíveis apesar de se sucederem no tempo. Percebe-se que, de certa forma, a disposição do § 2º é redundante, pois essa compreensão já decorre do *caput*. Há que se atentar que se a lei nova regular inteiramente assunto de lei precedente, a estará revogando. Nem sempre será fácil essa exegese.

O saudoso Zeno Veloso lembra com propriedade, ao tratar desse tema, das Medidas Provisórias, reguladas pelo art. 62 da Constituição Federal (2006:47). A Medida Provisória é norma editada pelo Presidente da República, em caso de relevância e urgência. Esse canal vem sendo utilizado exageradamente no ordenamento pátrio. Essas medidas têm força de lei, devendo ser submetidas ao Congresso Nacional, mas perderão eficácia, desde a edição, se não forem convertidas em lei no prazo de 60 dias, a partir de sua publicação, devendo o Congresso nacional disciplinar, por decreto legislativo, as relações jurídicas decorrentes.

É evidente que sendo a Medida Provisória uma norma com eficácia imediata, embora sem todas as características de lei, poderá haver conflito com norma anterior. Essa lei precedente terá sua *eficácia suspensa*, enquanto se aguarda o destino da nem sempre festejada Medida Provisória. Há quem entenda, porém, que a MP revoga a legislação anterior, ficando subordinada à condição resolutiva. Assim, se a medida não for convertida em lei, restaura-se a lei anterior (Veloso, 2006:47). Qualquer das duas correntes leva, contudo, à mesma solução, embora a tese da eficácia suspensiva melhor se amolde à natureza da Medida Provisória e aos princípios da revogação.

De qualquer forma, o instituto das medidas provisórias não se amolda claramente à teoria tradicional. Houve evidente abuso na edição e reedição de constantes medidas provisórias. A Emenda Constitucional nº 32, de 2001, no intuito de limitar esse carnaval legislativo, vedou a reedição, na mesma sessão legislativa, de medida provisória que tenha sido rejeitada ou que tenha perdido sua eficácia por decurso de prazo. Assim, o Presidente da República não pode reeditar medidas provisórias, admitindo-se uma única prorrogação. No entanto, a Presidência tem se utilizado de estratagema para contornar a proibição, baixando nova MP com mínimas alterações em relação à precedente.

Assim, quando a Medida Provisória não se converte em lei, o Congresso Nacional deve disciplinar a matéria por decreto legislativo. Se o Congresso não editar o decreto, até 60 dias após a rejeição ou perda de eficácia da medida provisória, as relações jurídicas nesse entretempo serão atingidas pela MP. A incerteza jurídica será grande, quando se tem em vista que uma lei precedente continua a vigorar. De qualquer forma, há que se protegerem os direitos adquiridos durante a vigência da norma de duração efêmera.

Em se tratando de leis ordinárias, a par dessa problemática das medidas provisórias, de acordo com o § 3º, a lei revogada não se restaura por ter a lei revogadora perdido a vigência. Assim, salvo disposição em contrário, não ocorre a *repristinação* da lei antiga. Destarte, a vigência de lei revogada só se restaura por disposição expressa. Essa situação não se confunde com a inconstitucionalidade. Declarada inconstitucional, a lei é tida como se nunca tivesse existido. Mas a matéria sobre inconstitucionalidade é por demais complexa, com inúmeras particularidades, e deve ser vista no momento próprio no estudo do direito público. Lembre-se também de que existe a rara possibilidade de uma lei ter sua vigência suspensa por outra norma, quando então a lei suspensa ficará sem eficácia.

8.5 NINGUÉM SE ESCUSA DE CUMPRIR A LEI, ALEGANDO QUE NÃO A CONHECE (ART. 3º DA LEI DE INTRODUÇÃO)

É evidente que ninguém pode conhecer todas as leis que compõem o ordenamento de um Estado, mormente em nosso país, em que a pletora legislativa é exaustiva. Porém, para segurança da estrutura do Estado, a lei, uma vez publicada e tendo entrado em vigor, torna-se obrigatória para todos. Ninguém pode eximir-se de cumprir a lei por não a conhecer (*nemo ius ignorare consetur*). A finalidade do presente artigo é garantir a obrigatoriedade da norma. A sociedade padeceria de permanente insegurança se fosse permitido escusar-se do cumprimento das normas que compõem o ordenamento. A publicação da lei faz presumi-la conhecida de todos.[1]

No entanto, em situações particulares, sustenta a doutrina a possibilidade de alegação de erro de direito, como acontece com a anulação dos negócios jurídicos, conforme tratamos no

---

[1] "Apelação. Atualização cadastral de imóvel alienado. Sentença de improcedência dos pleitos de danos materiais e morais. Não acolhimento da insurgência. Alienação que não foi celebrada por escritura pública, descumprindo a formalidade do art. 108, CC, tornando inviável a terceiros – o que inclui a Municipalidade – o conhecimento da alienação. Dispositivo específico da legislação municipal que prevê a responsabilidade subsidiária do alienante em manter os cadastros atualizados. **Alegação de desconhecimento da lei que não pode ser admitida, nos termos do art. 3º da LINDB.** Sentença mantida. Recurso desprovido" (TJSP – Ap 1022573-39.2023.8.26.0477, 26-8-2024, Rel. Donegá Morandini).
"Apelação. Assunção de obrigação no último ano do mandato ou legislatura. Sentença condenatória. Recurso defensivo visando à absolvição da apelante. Alegação de que não tinha conhecimento de que se tratava de conduta ilícita e de que nada pôde fazer a respeito. Não acolhimento. Como é notório, **ninguém pode descumprir a lei alegando desconhecimento (art. 3º, da LINDB).** Ademais, a apelada foi cientificada pelo Tribunal de Contas, por oito vezes, sobre as irregularidades, o que afasta a tese de desconhecimento. Não se cogita da causa de excludente da culpabilidade de inexigibilidade de conduta diversa, uma vez que os gastos efetuados no período não se limitaram a serviços essenciais, existindo o pagamento de horas extras em desacordo até mesmo com o que está disciplinado na CLT. Condenação mantida. Dosimetria da pena que não merece reparo. Negado provimento ao recurso" (TJSP – Ap 1000305-25.2018.8.26.0102, 19-9-2022, Rel. Xisto Albarelli Rangel Neto).
"Obrigação de não fazer e repetição de indébito. Cobrança indevida de tarifa de manutenção de conta, porquanto aberta por organização da sociedade civil (APAE) como exigência para o recebimento de repasse de verba pública. **Isenção que decorre de lei, cujo suposto desconhecimento não serve de escusa para o seu cumprimento. Art. 3º da Lei de Introdução às normas do Direito Brasileiro.** Instituição financeira que foi instada por mais de uma vez a cessar a cobrança, inclusive mediante apresentação da base legal que dá sustentação ao pedido. Art. 51 da Lei nº 13.019/2014. Prova documental ignorada que corrobora a má-fé. Devolução em dobro dos valores pagos. Manutenção que também se aplica ao valor dos honorários advocatícios, pois não se afigura sua excessividade ou desproporção. Recurso desprovido" (TJSP – Ap 1005682-02.2020.8.26.0362, 7-5-2021, Rel. Ramon Mateo Júnior).
"Agravo de instrumento – Ação civil pública – Danos ao meio ambiente – **Desconhecimento da lei** – Denunciação da lide inadmissível – Ausência de solidariedade – Recurso não provido – **Ninguém se escusa de cumprir a lei alegando que não a conhece** – A eventual omissão do Ente Político na promoção da educação ambiental não autoriza a sua denunciação à lide pelo dano que o particular causou exclusivamente ao meio ambiente. A solidariedade não se presume; resulta da lei ou da vontade das partes" (TJMG – AI-Cv 1.0084.17.002501-3/001, 6-2-2019, Rel. Elias Camilo).

capítulo específico neste volume. Veja o que falamos sobre a anulação dos negócios jurídicos por erro (*Direito Civil: parte geral*, Cap. 22).

Vimos que o período de *vacatio legis* tem por finalidade precípua preparar a sociedade para a nova lei. No entanto, razões de oportunidade e conveniência podem obrigar o legislador a fazer com que a lei tenha vigência imediata, com eficácia na data da publicação. Não resta dúvida de que essa vigência imediata representa uma violência contra o meio social, mormente em nosso país, no qual há uma orgia legiferante. Contudo, em Direito nunca as afirmações podem ser peremptórias. Assim como o dogma da coisa julgada sofre hoje temperamentos, situações haverá, de curial e patente injustiça, que a aplicação do textual desse artigo sob exame sofra também certa flexibilidade. Zeno Veloso aponta, por exemplo, o art. 21 do Código Civil mexicano, que permite que o juiz leve em conta o atraso intelectual ou isolamento geográfico, para eximir a pessoa das sanções da lei, desde que não se trate de normas de interesse público. Cada vez mais há necessidade de reexame de dogmas que foram tidos como absolutos no passado.

8.6 APLICAÇÃO DA LEI. ANALOGIA, COSTUMES, PRINCÍPIOS GERAIS DE DIREITO

Veja tudo que foi descrito no capítulo 2 deste volume, quando tratamos das fontes do direito e examinamos precipuamente a lei, a analogia e os princípios gerais de direito. Cumpre aqui fazer referência aos princípios de aplicação do Direito, os quais também são vistos em minha obra *Introdução ao Estudo do Direito – Primeiras Linhas*, especificamente no capítulo 4 (*Fontes do direito*) e capítulo 5 (*Técnica jurídica. Aplicação do direito. Interpretação e integração das normas. Argumentação*).

O juiz deve aplicar sempre o direito à situação concreta que se apresenta. Embora exista persistente e cansativa divisão na doutrina sobre essa matéria, o Direito não pode apresentar lacunas; deve ser visto como um todo unitário. Assim se encara o ordenamento jurídico. Não é aqui oportuno entrar em divagações filosóficas sobre a matéria, objeto da filosofia e sociologia jurídica e de nosso exame na obra de introdução ao estudo do direito. Sob esse diapasão, o art. 140 do Código de Processo Civil dispõe:

> "O juiz não se exime de decidir sob a alegação de lacuna ou obscuridade no ordenamento jurídico."

Esse artigo é fundamental para a base do pensamento jurídico e para a compreensão da aplicação da lei.[2]

---

[2] "Agravo interno no agravo em recurso especial – Processual Civil – Julgamento monocrático – Possibilidade – Ofensa aos princípios da colegialidade e do cerceamento de defesa – Inexistência – Negativa de prestação jurisdicional – Não Demonstrada – Prequestionamento ausente – Súmula nº 211/STJ – Impugnação do cumprimento de sentença – Requisitos – Planilha – Cálculos – Reexame de provas súmula nº 7/STJ – Fundamentos do acórdão – Falta de impugnação – Súmula nº 283/STF – 1– Recurso especial interposto contra acórdão publicado na vigência do Código de Processo Civil de 2015 (Enunciados Administrativos nºs 2 e 3/STJ). 2– A jurisprudência do Superior Tribunal de Justiça firmou o entendimento de ser possível ao relator dar ou negar provimento ao recurso especial, em decisão monocrática, nas hipóteses em que há jurisprudência dominante quanto ao tema ou se tratar de recurso manifestamente inadmissível, prejudicado ou que não tenha impugnado especificamente os fundamentos da decisão recorrida (artigo 932, III e IV, do Código de Processo Civil de 2015). 3– Inexiste afronta ao princípio da colegialidade e/ou do cerceamento de defesa, pois a possibilidade de interposição de agravo interno contra a decisão monocrática permite que a matéria seja apreciada pela Turma, afastando eventual vício. 4– Não viola o artigo 1.022 do Código de Processo Civil de 2015 nem importa negativa de prestação jurisdicional o acórdão que adota, para a resolução da causa, fundamentação suficiente, porém diversa da pretendida pelo recorrente, para decidir de modo integral a controvérsia posta. 5– A inexistência de debate prévio da matéria suscitada no recurso especial, a despeito da oposição de embargos de declaração, impede o conhecimento do

É mais do que evidente que o legislador não pode prever todas as situações sociais que chegam aos tribunais. É mais do que curial que o jurisdicionado não pode deixar de receber uma solução legal do tribunal apenas porque o ordenamento é omisso. Perante as lacunas da lei, o magistrado aplicará o Direito ao caso concreto com um raciocínio complexo, valendo--se das demais fontes do direito, não só da *analogia, costumes* e *princípios gerais*, mas também das demais fontes examinadas, a *doutrina*, a *equidade* e a *jurisprudência*. Essa principiologia encontra sua base na Constituição Federal, quando diz que a lei não excluirá da apreciação do Poder Judiciário lesão ou ameaça a direito (art. 5º, XXXV).

Aplicar e interpretar o direito é uma operação complexa una. O intérprete é, em síntese, um renovador, porque atualiza e adapta a compreensão das normas para o momento atual. Veja o que falamos sobre o processo de aplicação do Direito em nossa Introdução (capítulo 5, nº 1.1), inclusive sobre a interpretação e a integração das normas. O juiz deve aplicar a norma de molde a adaptá-la às necessidades sociais de cada momento histórico. Seu ponto de partida sempre será a lei. O direito é essencialmente argumentativo, algo que expomos no item 3.1 do capítulo 5 de nosso *Introdução ao estudo do direito*, uma obra introdutória.

Ao tratarmos das fontes, destacamos o papel da jurisprudência. A globalização que também reflete no direito tem feito emergir um fenômeno palpável atualmente. Os países de direito romano-germânico, como o nosso, passaram nas últimas décadas a conceder muito maior importância aos precedentes judiciais, inclusive com a consolidação em súmulas. Os países dessa família jurídica, nações da Europa continental e de toda América Latina, sempre tiveram na lei a fonte primária. Cada vez mais, porém, os julgados que formam jurisprudência ganham importância na aplicação do Direito. Por outro lado, os países de língua inglesa, da família do *Common Law* ou do direito anglo-saxão, vêm dando importância maior à lei escrita, eles que

---

recurso, diante da incidência da Súmula nº 211/STJ. 6– Se a questão levantada não foi discutida pelo tribunal de origem e não verificada, nesta Corte, a existência de erro, omissão, contradição ou obscuridade, não há falar em prequestionamento ficto da matéria, nos termos do art. 1.025 do CPC/2015, incidindo na espécie a Súmula nº 211/STJ. 7– Não há incompatibilidade entre a falta de ofensa ao art. 1.022 do CPC/2015 e a ausência de prequestionamento quanto às teses invocadas pela parte recorrente, mas não debatidas pelo tribunal local, por entender suficientes para a solução da controvérsia outros argumentos utilizados pelo colegiado. 8– Na hipótese, rever o entendimento do tribunal local, que concluiu que a planilha de cálculo acompanhou a impugnação do cumprimento de sentença, demandaria o reexame das provas dos autos, procedimento obstado pelos ditames da Súmula nº 7/STJ. 9– É assente nesta Corte Superior que os pedidos formulados devem ser examinados a partir de uma interpretação lógico-sistemática, não podendo o magistrado se esquivar da análise am-pla e detida da relação jurídica posta, mesmo porque a obrigatória adstrição do julgador ao pedido expressamente formulado pelo autor pode ser mitigada em observância aos brocardos da *mihi factum dabo tibi ius* (dá-me os fatos que te darei o direito) e *iura novit curia* (o juiz é quem conhece o direito). 10– A ausência de impugnação específica dos fundamentos do acórdão recorrido atrai a incidência da Súmula nº 283/STF. 11– Agravo interno não provido" (STJ – AGInt-AG-REsp 1368750/MG, 14-6-2019, Rel. Min. Ricardo Villas Bôas Cueva).

"Nulidade da sentença – Inocorrência – Declaração de quitação do contrato – Pronunciamento jurisdicional a respeito que está de acordo com as assertivas da inicial, lastreado nas máximas *mihi factum, dabo tibi ius* e *iura novit curia*. Outorga de escritura. Pagamento de todas as parcelas previstas no contrato. Notificação, da vendedora, afirmando a existência de saldo residual (expurgos inflacionários). Contestação, todavia, que informa a inexistência de débito. Resistência na outorga da escritura configurada. Procedência mantida. Recurso desprovido" (TJSP – Ap 1008805-15.2016.8.26.0114, 14-2-2018, Rel. Araldo Telles).

"Apelação – Ação anulatória de homologação de partilha em arrolamento sumário – Petição inicial indeferida – Extinção do processo sem resolução do mérito por inadequação da via eleita – Pedido de justiça gratuita da autora negado na sentença – Inconformismo da autora – Concedida a benesse da gratuidade processual à apelante – Adequada a ação anulatória para se buscar a invalidação de sentença homologatória de partilha amigável realizada em arrolamento sumário – Desnecessidade da indicação dos dispositivos legais em que está a autora fundamentando sua decisão – Aplicação dos princípios *jura novit curia* e da *mihi factum dabo tibi ius* – Decreto de extinção afastado, anulando-se essa parte da sentença, prosseguindo-se o feito com a citação da ré – Recurso parcialmente provido, com determinação" (TJSP – Ap 1011920-42.2014.8.26.0008, 10-3-2016, Rel. Pedro de Alcântara da Silva Leme Filho).

sempre dependeram quase exclusivamente dos precedentes. Há que se prever, portanto, em futuro mais ou menos próximo, uma globalização também do pensamento jurídico e da aplicação do Direito. Não resta dúvida de que concorre para esse patamar a unificação europeia, que tende a harmonizar ambas as famílias jurídicas. Sobre os sistemas ou famílias jurídicas, veja o Capítulo 5 deste volume.

8.7 OS FINS SOCIAIS DA LEI E AS EXIGÊNCIAS DO BEM COMUM

Já discorremos sobre a complexidade do raciocínio do julgador, quando da aplicação da lei. A sentença anacrônica é injusta. Tanto será injusta aquela decisão que busca aplicar valores do passado, como aquela que tenta prever valores do futuro. A decisão deve atender ao *aqui-e-agora*. Deve dar uma resposta aos anseios atuais da sociedade.

Por isso, ao buscar atender aos fins sociais na aplicação da lei, esses mesmos fins alteram-se no curso da História. O que era um valor ético e social no passado poderá ter deixado de sê-lo no presente. Nesse diapasão, é fundamental que o juiz seja uma pessoa antenada permanentemente com os fatos sociais, seja um ser humano de seu tempo, enfim. Mesmo as exigências do bem comum flutuam na História. Os exemplos podem se multiplicar. A proteção do meio ambiente, por exemplo, somente ganhou contornos de proteção efetiva nas últimas décadas.

Assim, a dicção do art. 5º da Lei de Introdução às Normas do Direito Brasileiro estampa uma regra de interpretação: "*Na aplicação da lei, o juiz atenderá aos fins sociais a que ela se dirige e às exigências do bem comum*".[3]

---

[3] "Apelação cível. Plano de saúde. Pedido de portabilidade sem carência. Sentença de procedência. Inconformismo da ré que não vinga. Autoras em pleno tratamento de sérias doenças e que cumpriram a quase totalidade dos requisitos para a portabilidade pretendida, exceção feita ao prazo para o requerimento, que ultrapassou poucos dias, sem prejuízo nenhum para a requerida, apenas tendo as autoras arcado com mensalidades de dois planos por um período. Função social do contrato. **Inteligência do artigo 5º da Lei de Introdução às normas do Direito Brasileiro: Na aplicação da lei, o juiz atenderá aos fins sociais a que ela se dirige e às exigências do bem comum.** O próprio Código Civil reza em seu artigo 421 que: A liberdade contratual será exercida nos limites da função social do contrato. Sentença mantida. Recurso desprovido" (TJSP – Ap 1098328-70.2022.8.26.0100, 23-1-2024, Rel. José Carlos Ferreira Alves).

"Falência. Decisão que deferiu o praceamento de bem imóvel, em que pese objeção de credores trabalhistas quanto ao preço, a pretender que a venda se dê apenas por 80% do valor atualizado da avaliação. Agravo de instrumento. Consoante o § 2º-A, V, do art. 142 da Lei nº 11.101/2005, introduzido pela Lei nº 14.112/2020, a alienação de bens não mais está sujeita à objeção de preço vil. Como explica MARCELO BARBOSA SACRAMONE, '[d]iante das peculiaridades do procedimento falimentar e de recuperação, medidas céleres para a liquidação dos ativos podem ser exigidas em razão da conservação dispendiosa dos bens, risco de perecimento ou deterioração das coisas, em razão de os ativos não serem relevantes para o desenvolvimento da atividade e necessitarem ser liquidados para reverter o produto para a manutenção da atividade principal com urgência, ou pela inexistência de interessados, notadamente diante do estigma ainda existente em face de bens de Massa Falida e que tem afugentado os interessados das aquisições. O preço vil não é aplicado em função desse caráter forçado da venda e da celeridade exigida e que compele à liquidação célere, ainda que em detrimento da conjuntura do mercado no momento da venda'. Certo, todavia, que, como todas as regras de direito, essa nova, de dispensa da objeção de preço vil, será aplicada sob a ótica dos fins sociais da lei, das exigências do bem comum, da proporcionalidade, da razoabilidade, da publicidade e da eficiência (CPC, art. 8º; Lei de Introdução às Normas do Direito Brasileiro, art. 5º). Sua interpretação reverenciará a dignidade e o prestígio da Justiça. Levar-se-ão, para tanto, sempre, em conta as circunstâncias do caso concreto, em que pese a literalidade do novel § 2º-A. U'a maior complacência haverá, por parte do Juízo falimentar, na apreciação do que seja preço vil, mas jamais coonestará ele com ofertas irrisórias, absolutamente irrazoáveis e desproporcionais, atentatórias, como dito, ao bom conceito da Justiça. O que significa que, caso seja o imóvel arrematado por preço vilíssimo, isto poderá alegado, posteriormente, à luz dos mencionados arts. 8º e 5º, do CPC e da LINDB, decidindo o Juízo na forma do art. 143 da Lei de regência. Decisão de venda mantida, em seus exatos termos. Agravo de instrumento a que se nega provimento" (TJSP – Agravo de Instrumento 2063230-50.2021.8.26.0000, 20-9-2021, Rel. Cesar Ciampolini).

"Agravo de instrumento – Ação de obrigação de fazer – Polícia Militar – Filha de servidora com deficiência mental – Pretensão de redução de carga horária em 50%, sem redução da remuneração – Decisão que indeferiu o

Essa regra é de interpretação, destina-se, como se vê, ao juiz. Na arbitragem, também o árbitro é destinatário dessa norma.

Tanto o art. 4º como este art. 5º dizem respeito ao processo de interpretação e aplicação do Direito e representam uma reação ao positivismo jurídico de primeira hora que campeou nas primeiras codificações modernas.

Não se está falando do trabalho de Justiniano (nº 3.5). Nessa compilação que representa a base do nosso direito, que tinha força de lei, estava proibida qualquer interpretação. O Imperador proibiu qualquer interpretação, pois tinha a noção de que se tratava de obra acabada. Como, contudo, eram permitidos índices, várias interpretações dessa legislação justinianeia surgiram sob essa égide.

Na codificação moderna, representada maiormente pelo Código Civil francês do início do século XIX, repetiu-se a mesma ideia, proibindo Napoleão que se fizesse qualquer interpretação que não fosse com sentido gramatical. Essa posição, embora impossível face à realidade do Direito, justificava-se à época, pois a lei escrita representava uma reação contra o regime de privilégios da nobreza e a garantia propiciada à classe abastada emergente, a burguesia, para que tivesse acesso a bens, principalmente bens imóveis. É claro que em momento algum será possível uma interpretação única de um texto legislativo e muito cedo a jurisprudência

---

pedido de tutela de urgência, ao fundamento de não estarem presentes todos os requisitos legais autorizadores, porquanto necessária a instrução probatória. Pretensão de reforma. Possibilidade, mas parcial. Prescrição médica que é contundente ao afirmar a enfermidade da filha da recorrente e da necessidade de acompanhamento desta. Observância e aplicação irrestrita da Convenção Internacional sobre os Direitos das Pessoas com Deficiência, que é equivalente à emenda constitucional (CF, art. 5º, § 3º). Ademais, o juiz decidirá o caso de acordo com a analogia, os costumes e os princípios gerais de direito, e, **na aplicação da lei, atenderá aos fins sociais a que ela se dirige e às exigências do bem comum** (LINDB, arts. 4º e 5º). Precedentes. Princípio da proporcionalidade. Embora ainda dependa de instrução probatória, diante da relevância do caso, necessária a concessão parcial, para reduzir-se a carga horária da agravante em apenas 25%, passando a 30 horas semanais, e sem redução remuneratória, até o julgamento do mérito do feito principal. Recurso parcialmente provido" (TJSP – AI 2107683-04.2019.8.26.0000, 7-8-2019, Rel. Camargo Pereira).

"Repercussão Geral no RE 586.453/SE – De entendimento sobre competência da Justiça Comum Estadual para processar e julgar ação ajuizada em face de previdência privada e com o objetivo de obter complementação de aposentadoria – Juízo de retratação exercido – Nominada 'ação de revisão de benefício para complementação de aposentadoria' – Sentença que julgou procedente o pedido do autor para condenar fundação COPEL a revisar o valor da aposentadoria complementar do autor, em conformidade com a alteração do coeficiente de cálculo determinado pela Justiça do Trabalho, desde 19-10-97 – Apelação da Fundação COPEL (1) pretensão de reforma da sentença (2) cabimento em parte (3) prescrição – Discussão sobre a relação jurídica. Tribunal de Justiça Apelação Cível nº 611.602-3 fls. 2 fundamental (3.1) o ato de reconhecimento, pela Justiça do Trabalho, do direito de acréscimo de valores à base de cálculo da aposentadoria do requerente, declarou o direito do autor de complementação da aposentadoria, tratando-se, pois, de um ato jurídico único de efeitos concretos – Prazo quinquenal previsto no artigo 1º do decreto 20.910/32 (3.2) só para argumentar, não verificada, também, a prescrição das parcelas que se venceram nos cinco anos anteriores ao ajuizamento da demanda (Súmula 291 do STJ) – Artigo 5º do Código Civil ('Art. 5º Na aplicação da lei, o juiz atenderá aos fins sociais a que ela se dirige e às exigências do bem comum.') (4) aporte de recursos pelo contribuinte (4.1) pagamento ao autor das diferenças de complementação de aposentadoria que está subordinado à contraprestação, pelo requerente, das contribuições respectivas para recomposição do fundo previdenciário (4.2) quantificação do montante a recolhido pelo autor, a ser aferido em liquidação por arbitramento – Exegese do artigo 475-C do CPC (5) manutenção da distribuição dos ônus da sucumbência, porque o provimento parcial do apelo da fundação ré implicou no acolhimento da integralidade das pretensões do autor – Tribunal de Justiça Apelação Cível nº 611.602-3 fls. 3 – retratação exercida para declarar a competência da Justiça Comum Estadual para processar e julgar esta ação – Apelação da requerida Fundação Copel de previdência conhecida e provida em parte para declarar a obrigatoriedade de o autor Milton Latorre França fazer o aporte da contrapartida contributiva destinada à implementação do valor revisado da aposentadoria dele, nos moldes definidos pela Justiça do Trabalho, com quantificação em liquidação por arbitramento do montante do recolhimento que o requerente deverá fazer para constituição do fundo de reserva do benefício de complementação de aposentadoria, mantidos os índices de juros de mora e correção monetária fixados pela sentença. Sucumbência única que continua sendo da requerida Fundação Copel" (TJPR – AC 0611602-3, 3-2-2016, Rel. Des. Renato Lopes de Paiva).

francesa deu mostras nesse sentido. O que ocorreu na França é retrato mais ou menos idêntico na época em toda Europa continental. Justiniano, Napoleão e os demais codificadores tiveram a vã ilusão de que suas obras legislativas eram completas e não necessitariam nunca de interpretação e comentários. O Código Civil francês não foi o primeiro nem foi o melhor dessa era, mas foi aquele que maior influência exerceu no mundo ocidental em virtude da importância da cultura francesa de então.

O fato é que esse pretenso positivismo cego, de aplicação literal da lei, cai por terra definitivamente depois da Segunda Guerra Mundial, abrindo margem a uma aplicação elástica da lei, de acordo com as necessidades sociais e a argumentação. Veja o que falamos a esse respeito sobre métodos e interpretação, argumentação e retórica no capítulo 5 de nossa *Introdução ao Estudo do Direito – Primeiras Linhas*, e a complementação que fazemos ao analisar principalmente a obra de Chaïm Perelman no capítulo 8.

Assim, o trabalho racional do aplicador da lei é complexo. Parte do texto legal, quando se amolda ao caso concreto, mas sua análise passa e perpassa por uma série de raciocínios dentro da técnica de interpretação. Não se esqueça nunca que interpretar e aplicar o direito são estágios que se implicam reciprocamente. Por isso, o próprio adágio que estatui que a lei clara não exige interpretação é uma falácia (*in claris cessat interpretatio*). Toda lei exige reflexão até mesmo para concluir que o seu texto é claro.

Por outro lado, o ordenamento está pleno de normas que deixam em aberto a conclusão no caso concreto pelo julgador. Daí a doutrina mais recente denominá-las cláusulas abertas. Esses arts. 4º e 5º retratam efetivamente essa modalidade de norma. O Código Civil de 2002, que primou, no dizer de seu maior preceptor, Miguel Reale, pela praticidade e eticidade, traz inúmeras cláusulas ditas abertas, num convite à argumentação e aplicação da lei de acordo com a necessidade e compreensão da sociedade. Assim, no exemplo mais buscado do art. 421 do Código Civil, quando se diz que "*a liberdade de contratar será exercida em razão e nos limites da função social do contrato*", não há como se estabelecer previamente o que é interesse social do contrato, mas, traga-se à baila um determinado contrato bem como as agruras e dificuldades das partes em cumpri-lo e poderemos concluir, após um processo de argumentação, se suas cláusulas ou o contrato como um todo atendem ou não às finalidades sociais. O Código Civil em vigor está todo pontilhado de disposições dessa natureza. Se analisarmos leis longevas, que atravessaram várias décadas de vigência, veremos como a forma de julgar alterou-se no decorrer do tempo e como estão distantes as conclusões doutrinárias e jurisprudenciais do passado.

Zeno Veloso conclui de forma lapidar ao tratar do dispositivo legal em exame:

> "O art. 5º da LICC indica um caminho, um rumo para o juiz: ele deve atender os fins sociais a que a lei se dirige, às exigências do bem comum. A interpretação, portanto, deve ser axiológica, progressista, na busca daqueles valores, para que a prestação jurisdicional seja democrática e justa, adaptando-se às contingências e mutações sociais" (2006:126).

Há um paralelismo evidente entre a interpretação e aplicação da lei e a interpretação dos negócios jurídicos, como destacamos neste volume (cap. 21).

8.8 ATO JURÍDICO PERFEITO, DIREITO ADQUIRIDO E COISA JULGADA

Uma vez em vigor, a lei terá plena eficácia, total aplicabilidade, mas o art. 6º ressalta a clássica trilogia de garantia de direitos fundamentais: o respeito ao ato jurídico perfeito, o direito adquirido e à coisa julgada. Os parágrafos do artigo conceituam, de forma sintética, esses três institutos. Esse dispositivo trata, como se vê, da obrigatoriedade da lei no tempo.

O princípio constitucional do art. 5º, XXXVI, traça a mesma segurança: "*a lei não prejudicará o direito adquirido, o ato jurídico perfeito e a coisa julgada*". Esses princípios integram o rol de direitos e garantias individuais. Cuida-se de uma das denominadas cláusulas pétreas, conforme o art. 60, § 4º: os direitos e garantias individuais não podem ser objeto de proposta de emenda para sua abolição. Sendo imutável, não se sujeitam a poder constituinte reformador. Estando esses princípios presentes na carta constitucional, não necessitariam estar repetidos em lei ordinária.[4]

---

[4] "Agravo de instrumento. Cumprimento de sentença. Decisão interlocutória que acolheu em parte impugnação ao cumprimento, modificando a condenação do título executivo judicial transitado em julgado para alterar a divisão entre três requeridos para nova divisão apenas entre dois requeridos. Inconformismo da executada. Cabimento. Inocorrência de preclusão. Vício na intimação da executada. Inobservância do Comunicado Conjunto nº 418/2020. Mérito. Coisa julgada material que dispôs expressamente sobre a divisão da condenação pro rata em partes iguais entre os três requeridos. **Modificação do título em sede de cumprimento de sentença que ofende a garantia constitucional da coisa julgada.** Art. 5º, XXXVI da CF. Art. 6º da LINDB. Arts. 502, 525 e 966 do CPC. Pretensão de alterar o título executivo judicial que deveria ser manejada na via da ação rescisória. Decisão reformada. Agravo provido" (*TJSP* – AI 2136041-03.2024.8.26.0000, 5-7-2024, Rel. Eduardo Prataviera).
"Processual civil. Ilegitimidade passiva da cossuplicada não verificada. Requeridas integrantes do mesmo grupo econômico. Contestação conjunta. Teoria da aparência. Responsabilidade solidária das fornecedoras. Artigos 7º, parágrafo único, e 25, parágrafo 1º, da apontada legislação. Preliminar afastada. Apelação cível. Ação rescisória de contrato cumulada com restituição de valores. Compromisso de compra e venda de unidade em empreendimento hoteleiro (You Ibis São Caetano). Resultado, na origem, de parcial procedência. **Irretroatividade da Lei n. 13.786/2018, pena de afronta aos arts. 5º, XXXVI, CF, e 6º, § 1º, da Lei de Introdução ao Código Civil.** Incidência da Lei nº 8.078/90. Atraso na entrega da coisa. Expedição do habite-se a não afastar a mora das acionadas. Súmula nº 160 do TJSP. Resilição da avença por culpa das promissárias vendedoras. Restituição integral do desembolsado, nele incluído o da comissão de corretagem. Retorno das partes ao 'statu quo ante'. Correção monetária com fluência a partir de cada desembolso. Termo inicial do juros moratórios com repouso na data da citação. Sentença reformada. Recurso dos autores provido, com improvimento ao de interesse das suplicadas" (*TJSP* – Ap 1028092-98.2019.8.26.0100, 11-4-2022, Rel. Tercio Pires).
"Ambiental e processual civil – Agravo de instrumento – Coisa julgada ambiental – Art. 6º da lei de introdução às normas do direito brasileiro – Aplicação do novo Código Florestal – Impossibilidade – Precedentes – 1– Recebo a petição dos Embargos de Declaração de fls. 681-683 como simples petição e passo a julgar o Recurso Especial do Ministério Público do Estado de São Paulo. Trata-se, na origem, de Agravo de Instrumento interposto pelo Estado de São Paulo contra decisão judicial que determinou a desnecessidade de averbar reserva legal e reconstituir a vegetação nativa em razão do advento da Lei 12.651/2012 (Novo Código Florestal). 2– Na hipótese dos autos, a discussão gira em torno de acórdão transitado em julgado. Na linha do art. 6º, da Lei de Introdução às Normas do Direito Brasileiro, o STJ entende que **a lei nova não pode afastar 'o ato jurídico perfeito, o direito adquirido e a coisa julgada'.** Nesse sentido: REsp 1.544.203/MG, Relª. Ministra Assusete Magalhães, Segunda Turma, julgado em 3/5/2018; AgInt no REsp 1.597.589/SP, Rel. Ministro Mauro Campbell Marques, Segunda Turma, DJe 26/2/2018; REsp 1.715.929/SP, Rel. Ministro Mauro Campbell Marques, Segunda Turma, DJe 26/2/2018; AgInt no REsp 1.389.613/MS. Relª. Ministra Assusete Magalhães, Segunda Turma. DJe 27/6/2017; AgInt no REsp 1.381.085/MS, Rel. Ministro Og Fernandes, Segunda Turma. DJe 23/8/2017; REsp 1.680.699/SP, Rel. Ministro Herman Benjamin, Segunda Turma, DJe 19/12/2017; AgInt no AREsp 826.869/PR, Rel. Ministro Francisco Falcão, Segunda Turma, DJe 15/12/2016; REsp 1.462.208/SC, Rel. Ministro Humberto Martins, Segunda Turma, DJe 6/4/2015. Cf., ademais, AgInt no REsp 1.363.943/SC, Rel. Ministro Gurgel de Farias, Primeira Turma, DJe 15/12/2017; AgInt no REsp 1.510.457/MS, Relª. Ministra Regina Helena Costa, Primeira Turma, *DJe* 26/6/2017; REsp 1.381.191/SP, Relª. Ministra Diva Malerbi, Segunda Turma, *DJe* 30/6/2016. 3- Agravo Interno (fls. 671-673) do Estado de São Paulo julgado prejudicado. 4– Recurso Especial conhecido em parte para, nessa parte, dar provimento" (*STJ* – REsp 1605841/SP, 1-7-2019, Rel. Min. Herman Benjamin).
"Direito processual civil – Ação rescisória – Cabimento – Extraordinário interposto sob a égide do CPC/1973 – Alegação de ofensa ao art. 5º, XXXVI e LV, da Constituição Federal – **Ato jurídico perfeito, coisa julgada e direito adquirido** – Debate de âmbito infraconstitucional – Contraditório e ampla defesa – inexistência de repercussão geral – Eventual violação reflexa da constituição da república não viabiliza o manejo de Recurso Extraordinário – Agravo manejado sob a vigência do CPC/2015 – 1 – O exame da alegada ofensa ao art. 5º, XXXVI e LV, da Lei Maior, nos moldes com que solvida a controvérsia pelas instâncias de origem, bem como observados os limites com que devolvida a matéria à apreciação deste Supremo Tribunal Federal, demandaria incursão à legislação infraconstitucional aplicada ao caso (art. 102 da Constituição da República). 2 – As razões do agravo regimental não se mostram aptas a infirmar os fundamentos que lastrearam a decisão agravada. 3 – Majoração em 10% (dez por cento) dos honorários advocatícios anteriormente fixados, obedecidos os limites previstos no art. 85, §§ 2º,

Lembre-se de que nossa Constituição de 1937 quebrou a tradição democrática e não trouxe princípio nesse sentido, como fizeram as demais cartas. Quando entra em vigor a atual Lei de Introdução, em 1942, o texto do art. 6º em exame tinha redação que dava margem à retroatividade pelo legislador. Com a Constituição democrática de 1946, o dispositivo não foi evidentemente recepcionado pela nova ordem que voltou a garantir esse nível de direito. Lei de 1957 finalmente houve por bem redefinir o citado artigo com a atual redação.

As regras de direito intertemporal devem solucionar os denominados conflitos de leis no tempo. Embora a lei nova só deva atingir fatos posteriores à sua vigência, há inevitáveis efeitos remanescentes ou reflexos de leis anteriores, os quais devem sempre ser vistos com extremo cuidado a fim de não ocorrer pura e simplesmente um efeito retroativo da lei.

O próprio legislador pode, nas disposições transitórias da lei nova, apontar dispositivos da lei pretérita que continuarão em vigor, ainda que de forma transitória. No entanto, nessas disposições o que se busca, naturalmente, é evitar dificuldades de confrontos da lei nova e da lei antiga e maiores dificuldades de interpretação.

A lei deve atingir somente efeitos futuros. Essa é a regra. Efeito retroativo é aquele cuja lei atinge fatos passados, atos praticados sob o pálio da lei revogada. A retroatividade por vezes ocorre e será necessária, dentro dos limites de garantia desse artigo. Caberá aos tribunais colocar a situação concreta nesses limites. Ademais, a lei nova não pode destruir os efeitos dos atos que se praticaram na lei antiga e ainda gerar consequências jurídicas sob a nova lei. Nem sempre a distinção entre efeitos de rescaldo, o chamado efeito residual, da lei antiga e atos praticados sob a lei nova será simples. O princípio da irretroatividade é instrumento para garantir o direito adquirido. A doutrina mais recente entende que nosso sistema constitucional admite a *retroatividade limitada*. Assim,

> "*a lei é irretroativa no sentido de que não pode voltar-se para o tempo anterior e reger casos pretéritos que já estejam acobertados pelo direito adquirido. Fora disso, a lei em vigor tem efeito imediato e geral, regula o que encontra, o que vai ocorrer futuramente, inclusive o que vem do passado, se o que vem da época antecedente não é direito adquirido (utilizada, aqui, a expressão, em sentido lato, abrangendo as duas outras figuras, de ato jurídico perfeito e de coisa julgada)*" (Veloso, 2006:133).

Ato jurídico perfeito é aquele que se consumou durante o império de norma vigente ao tempo que se efetuou. Essa é uma razão de segurança para proteger o direito adquirido. Fica mais fácil de compreender nosso sistema entendendo-se, portanto, que o princípio de irretroatividade das leis significa proteção ao direito adquirido.

Nosso ordenamento não admite, porém, a retroatividade total e completa, a chamada retroatividade restitutória, isto é, que a lei especifique que atingirá todos os atos e situações ocorridas sob as vestes da antiga lei. Isso já ocorreu em períodos negros de nossa história, quando não se preservavam os direitos e garantias individuais e a dignidade do ser humano. A lei nova, porém, pode tentar cobrir alguns efeitos remanescentes de atos praticados pela lei antiga. Nesse caso, a interpretação no caso concreto se faz preciosa, na avaliação de eventual transgressão ao princípio do direito adquirido e do ato jurídico dito perfeito. Como regra geral, esses efeitos não podem ser admitidos. Há, com maior frequência, situação já apontada de alguns efeitos da lei antiga que persistem por força da lei nova, quando efeitos de atos celebrados sob

---

3º e 11, do CPC/2015. 4 – Agravo regimental conhecido e não provido" (*STF* – AgRg-RE-AG 979.470, 07-02-2017, Relª Minª Rosa Weber).

lei pretérita passam a ser atingidos pela lei nova. Há autores que repelem qualquer modalidade de retroatividade; outros entendem que nem sempre haverá violação de direitos adquiridos. Como sempre apontamos, qualquer afirmação peremptória em Direito será de risco. Situações ocorrerão nas quais essa retroação poderá ocorrer com benefício aos interessados.

Nesse diapasão, é emblemático o art. 2.035 do Código Civil de 2002, colocado nas Disposições Finais e Transitórias, o qual tem acarretado inúmeras interpretações conflitantes, a partir da discussão de sua constitucionalidade até a definição exata do seu alcance:

> *"A validade dos negócios e demais atos jurídicos, constituídos antes da entrada em vigor deste Código, obedece ao disposto nas leis anteriores, referidas no art. 2.045, mas os seus efeitos, produzidos após a vigência deste Código, aos preceitos dele se subordinam, salvo se houver sido prevista pelas partes determinada forma de execução."*[5]

Não é fácil a interpretação desse artigo mormente levando-se em conta a riqueza de detalhes em um caso concreto. Não é oportuno nesta altura de nossos estudos aprofundarmos nessa matéria que requer conhecimentos mais amplos da teoria geral do direito e da filosofia do direito.

O conceito de *direito adquirido*, que se entrosa perfeitamente com o da irretroatividade da lei, é daquele que já está concluído e ingressou definitivamente no patrimônio moral ou material do titular, ainda que não o tenha exercido. Assim, dispõe o § 2º: *"Consideram-se adquiridos os direitos que o seu titular, ou alguém por ele, possa exercer, como aqueles cujo exercício tenha termo pré-fixo, ou condição preestabelecida inalterável, a arbítrio de outrem."*

Como aponta Maria Helena Diniz, o direito adquirido é aquele cujo exercício está inteiramente ligado ao arbítrio de seu titular ou de alguém que o represente, sob a lei vigente à época e idôneo para produzir efeitos (2002:189). Assim, a lei nova não pode retroagir para atingir esse ato incorporado ao patrimônio legal do seu titular.

Termo e condição, que podem ser trazidos à baila nessa matéria, são temas estudados neste volume (Capítulo 27), como elementos acidentais do negócio jurídico. Condição é cláusula que

---

[5] "Ação declaratória de nulidade de negócio jurídico (venda e compra) simulado. Sentença de extinção com resolução de mérito. Reconhecimento de decadência. Apelação. Irresignação das autoras. Cerceamento de defesa. Alegação de ocorrência de cerceamento de defesa. Não verificado. Inteligência do artigo 355, I, do Código de Processo Civil. Sentença de extinção do feito, com resolução de mérito, em virtude de consumação de decadência. Hipótese em que não se afigurar-se-ia razoável oportunizar a manifestação das partes quanto as provas que pretendiam produzir a fim de demonstrar a veracidade de suas alegações. Mérito não adentrado. Justiça gratuita. Pleito de concessão da benesse da gratuidade de justiça. Inviabilidade. Recorrentes que procederam ao recolhimento das custas processuais. Ato incompatível com o pedido formulado. Hipossuficiência financeira não demonstrada. Mérito. Negócio jurídico celebrado em 2002. **Inteligência do artigo 2.035 do Código Civil de 2002. Princípio 'tempus regit actum'. Incidência das disposições do Código Civil de 1916.** Exegese de seus artigos 145 e 147. Contexto em que a hipótese de simulação de negócio jurídico implicava a anulação do ato, e não a nulidade, como disciplina, atualmente, o Código Civil de 2002. Existência de prazo decadencial de quatro anos a ser observado, conforme artigo 178, § 9º, V, 'b', do Código Civil de 1916. Pretensão fulminada pela decadência. Precedente do C. STJ. Aplicação do artigo 252 do Regimento Interno do Tribunal de Justiça. Sentença mantida. Recurso desprovido" (TJSP – Ap 1004182-28.2022.8.26.0297, 21-2-2024, Rel.ª Maria Salete Corrêa Dias).
"Ação declaratória de nulidade de negócio jurídico por simulação. Agravo de instrumento interposto pelo réu contra a rejeição, por decisão interlocutória, da tese de decadência do direito. Negócio jurídico impugnado firmado em 10.11.1999. Exame da validade do negócio jurídico está sujeito ao regime do Código Civil de 1916, consoante **norma de transição fixada pelo art. 2.035 do Código Civil de 2002**. Anulação por simulação então sujeita a prazo prescricional quadrienal ('art. 178, § 9º, V, b, do Código Civil de 1916), o qual não corria entre cônjuges na constância do casamento (art. 168, I, do Código Civil de 1916). Exceção de decadência inaplicável à hipótese. Recurso desprovido" (TJSP – Agravo de Instrumento 2286216-48.2020.8.26.0000, 22-9-2021, Rel. Rômolo Russo).

subordina o efeito do ato a evento futuro e incerto. O termo é certo, porque joga com o tempo. O termo pode ser inicial e final. O termo inicial suspende o exercício, mas não a aquisição de um direito. A condição que suspende os efeitos de um ato faz com que o direito ainda não esteja plenamente adquirido. Mas essa condição suspensiva caracteriza já um *direito eventual* (ou direito expectativo) que não se confunde com mera expectativa de direito. A expectativa de direito nada representa no mundo jurídico, diferentemente do direito eventual que já merece proteção jurídica. A matéria é desenvolvida quando do estudo dos atos e negócios jurídicos.

Assim, se sob a égide da lei antiga o sujeito já teve todos os requisitos legais para a aposentadoria, lei nova que introduza outras exigências ou aumente o lapso temporal para o benefício não pode atingi-lo. Assim, não se confunde o direito adquirido com seu exercício.

O direito adquirido não se identifica com a expectativa de direito. Nesta, o direito ainda não se completou. Assim, ninguém é herdeiro antes da morte do autor da herança. Só terá direitos de herdeiro com o falecimento, quando então for aplicada a lei vigente nesse momento. Assim, o filho somente será herdeiro do pai no momento de sua morte. Até então terá mera expectativa de direito.

Entendimento majoritário, sufragado pelo Supremo Tribunal Federal, é no sentido de que o princípio do direito adquirido, bem como do ato jurídico perfeito e da coisa julgada presentes na Constituição federal, aplica-se a todas as leis, de direito público e de direito privado, de ordem pública ou não (ADIn nº 493-0, relator Ministro Moreira Alves). Isso se afirma porque se tentou defender que esses princípios não seriam absolutos, que não haveria direito adquirido perante lei de ordem pública entre vários outros aspectos.

Coisa julgada é decisão judicial sobre a qual não caiba mais recurso. A expressão presente no texto constitucional e na Lei de Introdução refere-se à *coisa julgada material*, aquela que propriamente decide a lide ou a questão de mérito deduzida em juízo. Ao lado dessa coisa julgada material coloca-se a coisa julgada formal, aquela que decide questões processuais dentro de um processo.

A sentença de mérito que julgar total ou parcialmente a lide tem força de lei nos limites da matéria de mérito e das questões decididas. Assim, a decisão judicial não mais sujeita a recurso denomina-se coisa julgada material. A imutabilidade da sentença é importante instrumento de credibilidade do Estado em prol da segurança e paz social. Sobre a sentença, já com trânsito em julgado, pode caber ação rescisória, nos termos estritos do art. 966 do CPC, o que não retira a regra geral de imutabilidade. Diz-se que se trata de coisa soberanamente julgada quando nem mesmo cabe mais ação rescisória. A matéria, de profundo interesse, é objeto de estudo no campo do direito processual.

Como sempre reiteramos, toda afirmação peremptória em direito é colocada em xeque. Há um novo rumo nos estudos e nos tribunais em relação à chamada relativização da coisa julgada. Em termos acanhados, pode-se explicar que nem mesmo a coisa julgada pode ser sustentada perante realidades concretas da vida. A situação melhor se explica com as ações de investigação e reconhecimento de paternidade, nas quais os mais recentes exames genéticos podem definir a real paternidade, que deve, em princípio, preponderar com relação à verdade processual, que pode ter sido falha. Outra situação que coloca em dúvida esse dogma da coisa julgada é a sentença baseada em lei inconstitucional. Essa matéria requer profundo estudo e larga digressão no campo processual.

Parte II
TEORIA GERAL DO DIREITO CIVIL

9

SUJEITOS DE DIREITO (I) – DIREITO ROMANO

9.1 PESSOA NATURAL

O Direito regula e ordena a sociedade. Trata-se de um instrumento de adequação social. Não existe sociedade sem Direito, não existe Direito sem sociedade.

A sociedade é composta de *pessoas*. São essas pessoas que a constituem. Os animais e as coisas podem ser *objeto* de Direito, mas nunca serão *sujeitos* de Direito, atributo exclusivo da *pessoa*.

O estudo do Direito deve começar pelo conhecimento e compreensão das pessoas, os sujeitos de direito, porque são elas que se *relacionam* dentro da sociedade. Vimos que um homem só em uma ilha deserta não está subordinado, como regra geral, a uma ordem jurídica. No momento em que aparece um segundo homem nessa ilha, passam a existir *relações jurídicas*, direitos e obrigações que os atam, que serão os *sujeitos* da *relação jurídica*.

Portanto, em qualquer instituto jurídico que se estude, em qualquer situação jurídica, deve-se partir de um ponto fundamental, questionando-se: qual é a relação jurídica existente? Quem faz parte dessa relação jurídica? Quais são os sujeitos de direito dessa relação? O ser humano é a destinação de todas as coisas no campo do Direito.

A palavra *persona* no latim significa máscara de teatro, ou, em sentido figurado, o próprio papel atribuído a um ator, isto porque na Antiguidade os atores adaptavam uma máscara ao rosto, com um dispositivo especial que permitia emitir a voz. Pela evolução de sentido, o termo *pessoa* passou a representar o próprio sujeito de direito nas relações jurídicas, como se todos nós fôssemos atores a representar um papel dentro da sociedade.

O fato é que em nosso conhecimento vulgar designamos pessoa a todo ser humano. No sentido jurídico, pessoa é o ente suscetível de direitos e obrigações.

No direito moderno, consideram-se pessoas tanto o homem, isoladamente, como as entidades personificadas, isto é, certos grupos sociais que se denominam *pessoas jurídicas*; os romanos levaram muito tempo para conceber tais pessoas como entidades diversas de seus componentes, isto é, as pessoas humanas que no campo jurídico hoje denominamos pessoas físicas ou pessoas naturais.

Os romanos não possuíam termo específico para designar os sujeitos de direito, pois *persona* é usado nos textos com a significação de ser humano em geral, aplicando-se também aos escravos que não eram sujeitos da relação jurídica; eram considerados coisas (*res*).

Portanto, a personalidade, conjunto de atributos jurídicos ou aptidões, no Direito Romano e em todas as civilizações antigas, não era atributo de todo ser humano. A personalidade era considerada privilégio que exigia certas condições.

No vigente Código: *"toda pessoa é capaz de direitos e deveres na ordem civil."* Anterior redação do Projeto do Código Civil de 2002, levando em consideração a absoluta igualdade de direitos das pessoas na Constituição atual, substituiu a palavra *homem* por *ser humano* (art. 1º). Essa alteração era meramente cosmética, pois sempre se entendeu que a referência a Homem, genericamente, diz respeito a toda a humanidade.

Basta, para tanto, que o ser humano tenha nascido com vida (art. 2º) para que se lhe atribua personalidade, passando a ser sujeito de direito. Mesmo o nascituro, isto é, aquele concebido, mas ainda não nascido, apesar de ainda não ter personalidade, como veremos, já terá, em nosso direito positivo, resguardados seus direitos.

Sabe-se que no Direito Romano os textos aludem à *forma humana*. Quem não tivesse forma humana não era considerado ser humano; mas os antigos romanos não descreviam o que era forma humana. Acreditavam na possibilidade de alguém nascer de mulher com alguma característica de animal e não consideravam humanos os que nascessem com deformações congênitas, tais como a acefalia (ausência de cabeça), ausência de membros. No entanto, os romanos já protegiam os direitos do nascituro.

Personalidade jurídica, pois, deve ser entendida como a aptidão para adquirir direitos e contrair obrigações. A *capacidade* jurídica dá a extensão da personalidade, pois, à medida que nos aprofundarmos nos conceitos, veremos que pode haver capacidade relativa a certos atos da vida civil, enquanto a personalidade é terminologia genérica.

Nesse diapasão, distingue-se a *capacidade de direito ou jurídica*, aquela que gera a aptidão para exercer direitos e contrair obrigações da *capacidade de fato*, que é a aptidão "pessoal" para praticar atos com efeitos jurídicos. Exemplo: o homem maior de 18 anos entre nós, na plenitude de sua capacidade mental, tem ambas as capacidades, a de direito e a de fato, pode ser sujeito de direito, podendo praticar pessoalmente atos da vida civil; já o alienado mental, interdito por decisão judicial, não deixa de ter personalidade, como ser humano que é, possuindo capacidade jurídica, podendo figurar como sujeito de direito, porém necessita de que alguém, *por ele*, exercite a capacidade de fato que não possui, por lhe faltar o devido discernimento. Seus atos da vida civil são praticados por curador.

Após essas noções introdutórias, vejamos como os romanos encaravam o problema da capacidade.

9.2 SER HUMANO SUJEITO DE DIREITO – *STATUS LIBERTATIS*

No Direito Romano, faltavam noções para qualificar as formas de capacidade. Não possuíam termos gerais para qualificar a capacidade de direito ou a capacidade de fato. Entendia-se que o indivíduo possuía certa aptidão para cada ato determinado de sua vida civil, com termos específicos, como o *commercium*, em relação às atividades que envolviam direitos patrimoniais; o *connubium*, que se referia à capacidade de contrair matrimônio pelo *ius civile;* o *testamenti factio*, referente à capacidade de fazer testamento; o *ius sufregii*, que era o direito de votar nos comícios e o *ius honorum*, o direito de poder ser investido em uma das magistraturas romanas, por exemplo.

Os homens livres distinguiam-se dos escravos.

No Direito Romano, a princípio, eram necessárias duas condições para que o ser humano adquirisse personalidade jurídica, no sentido em que conhecemos o instituto modernamente: que fosse livre e cidadão romano.

Os romanos distinguiam três *status* dentro de sua sociedade. Entende-se como *status* o conjunto de atributos de uma posição que o indivíduo ocupava em sua condição de ser livre ou escravo (*status libertatis*); em sua condição de cidadão romano (*status civitatis*) e em sua condição familiar (*status familiae*). Esses estados podiam ser alterados, com a perda total ou parcial por meio da *capitis deminutio*, como veremos adiante.

Entendia-se como homem livre aquele que não pertencia a outrem. A noção do *status libertatis*, portanto, não se referia à liberdade civil ou à liberdade física.

O estado de homem livre adquire-se ou pelo nascimento ou por ato posterior ao nascimento. Quando o pai e a mãe eram livres e a criança nascesse de seu casamento legítimo, passava a ser livre desde o momento do nascimento. Posteriormente, admitiu-se que, se a mãe tivesse sido livre durante qualquer época da gestação, a criança nasceria livre.

Após o nascimento, a liberdade poderia ser adquirida pela alforria, por meio de vários modos permitidos pela lei ou pela prescrição, quando um escravo gozasse, de boa-fé, da posse da liberdade, durante 10 ou 20 anos (Cuq, 1928:78).

Entre os homens livres, distinguem-se os *ingenui*, os nascidos de livre estirpe e que jamais foram escravos, e os *liberti*, aqueles que nasceram ou caíram em estado de servidão e que conseguiram, posteriormente, a liberdade.

A perda da liberdade denominava-se *capitis deminutio maxima* e implicava a perda da capacidade jurídica.

O ingênuo (*ingenuus*) é a pessoa nascida livre e que jamais deixou de sê-lo. Pouco importava se seu pai fosse ingênuo ou liberto. A *ingenuitas* era a condição de o homem ser livre.

Os ingênuos podiam ser cidadãos romanos, latinos ou peregrinos (estrangeiros). Quando cidadão romano (*status civitatis*), o ingênuo possuía todos os direitos dessa condição. Os ingênuos latinos ou peregrinos sofriam restrições no estado civil.

A *ingenuitas* era considerada a mais alta situação social.

Os libertos eram aqueles que haviam sido escravos e haviam adquirido a liberdade. Chamavam-se assim também os filhos dos libertos. Justiniano, após certa evolução, concedeu a *ingenuitas* a todos os libertos, desaparecendo as diferenças entre ingênuos e libertos.

9.2.1 Escravidão

Em Roma, como em todos os povos da Antiguidade, a escravidão era normalmente aceita como instituição. Os escravos eram de várias categorias e geralmente bem tratados pelos senhores; muitos gozavam de benefícios que os aproximavam bastante dos homens livres.

Nas classes inferiores, eram comuns os casamentos de escravos com pessoas livres.

Os escravos, na realidade, sustentavam a economia do Império, desempenhando as mais diversas funções, desde as domésticas até as agrícolas, trabalhando em minas e como escribas.

Perante o *ius civile*, o escravo está na posição de coisa (*res*), sendo, portanto, suscetível de qualquer transação comercial. Matar escravo equivalia a destruir coisa alheia. Por influência de doutrinas filosóficas gregas, aos poucos reconheceu-se que o escravo é homem.

A origem da escravidão em Roma deflui de três aspectos, basicamente: nasce escravo o filho de mulher que é escrava no momento do parto, qualquer que seja a condição do pai; pelo direito das gentes torna-se escravo o inimigo feito prisioneiro (assim também o cidadão romano, se feito prisioneiro no estrangeiro; retornando à pátria readquiria a condição de homem livre) e pelas várias formas do antigo *ius civile*.

Eram muitas as formas do *ius civile* para reduzir alguém à condição de escravo, se bem que numericamente os escravos dessa categoria fossem poucos em relação às outras origens. Por exemplo, o que se recusava a servir no exército, ou seja, o renitente ao recrutamento, tornava-se escravo (*indelectus*), assim também aquele que se subtraísse às obrigações do censo (*incensus*) ou o devedor insolvente; este poderia ser vendido como escravo além do rio Tibre (*trans Tiberim*).

A escravidão termina com a manumissão (*manumissio*), o ato de alforria do escravo. Havia diversas formas de manumissão.

Entre as modalidades do antigo *ius civile* podem ser mencionadas a *vindicta*, que se verificava perante o magistrado (cônsul, pretor, governador de Província). Deveriam estar presentes o senhor e o escravo, bem como uma terceira pessoa, o *adsertor libertatis*. Quando o escravo não possuía personalidade jurídica, o *adsertor* o representava. Este tocava o escravo com uma varinha (*vindicta*), símbolo da propriedade, demonstrando o desejo de conseguir a liberdade, e pronunciava palavras solenes. O senhor (*dominus*) não contradizia essa declaração, pois já concordara previamente, e o magistrado declarava a manumissão por meio da *addictio libertatis*. Com o tempo, desaparece a figura do *adsertor*, bastando a aprovação do senhor e atividade do magistrado (Meira, s.d.:77).

O *ius civile* possuía outras formas de alforria. Uma delas era pelo censo *manumissio censu*. Só poderiam constar do censo os homens livres. Se o senhor inscrevesse o escravo no censo era porque desejava libertá-lo. Também pelo testamento do senhor a alforria poderia ficar estabelecida.

Essas formas de direito civil variavam de época para época dentro da evolução do Direito Romano.

O direito pretoriano, isto é, o trabalho jurisprudencial, criou outros modos de manumissão, mais simples, menos solenes, como a *inter amicos*, por simples declaração de vontade do senhor; a *per mensam*, caso em que o senhor se sentava com o escravo à mesa, em um banquete, e a *manumissio per epistulam*, quando o senhor escrevia ao escravo ausente manifestando seu desejo de libertá-lo.

Na época cristã, após Constantino, surge a *manumissio in sacrosanctis*, quando o senhor declarava na igreja, perante os fiéis, a libertação do escravo.

As formas mais constantes e numerosas de manumissão eram por testamento (Gaudemet, 1967:559). Na República, ocorreu o maior número de alforrias. Como os escravos começassem posteriormente a rarear e em virtude da perda do antigo formalismo nas manumissões, essa mão de obra foi sensivelmente reduzida, tanto que no início do Império houve necessidade de reduzir a possibilidade de manumitir. Foram promulgadas várias leis a fim de coibir excessos.[1]

9.2.2 Condição de Liberto – Patronato

Os vínculos do liberto persistiam com seu antigo senhor, o *patronus*, e ele tomava o nome gentílico do patrão, o que marcava seu ingresso jurídico na família do ex-senhor.

Ficava o liberto sujeito ao *obsequium* com relação ao patrono. Era o dever de respeito e reverência. Uma obrigação de caráter social, que se manifestava juridicamente pela proibição de

---

[1] A respeito dessas leis, para outros pormenores, consultem-se MEIRA (s.d.); GAUDEMET (1967); CORREIA, SCIASCIA (1953:43).

o liberto chamar o patrono a Juízo para qualquer ação judicial, sem permissão do magistrado. Em tempos arcaicos, esse dever representava um meio-termo entre a liberdade e a escravidão, já que o patrão poderia usar da *manus injectio* contra o liberto, aprisionando-o, caso faltasse com suas obrigações, podendo até condená-lo à morte, em caso de falta grave.

Em épocas mais recentes, os deveres do liberto são abrandados. Compreendem dever de deferência com relação ao patrão.

Em caso de ingratidão do liberto, o patrono poderia obter a revogação do benefício por meio da *revocatio in servitutem*.

Enquanto o *obsequium* importava em dever geral de deferência, havia uma obrigação mais concreta para o liberto que se denominava *operae*. Eram serviços a que o escravo se obrigava por meio de um compromisso, consubstanciado em juramento, já que o escravo não podia civilmente se obrigar. Eram tarefas que o liberto se comprometia a fazer para o *patronus*, como o exercício de uma profissão ou de um trabalho específico. Como a promessa feita pelo escravo não era jurídica, prometia contratar com o patrão após libertado. Muitas, porém, eram as causas de isenção das *operae*, mormente quando haviam sido impostas tão só para agravar a situação do liberto.

Sob a denominação de *bona*, entendia-se que o patrão possuía direito sucessório no caso de morte do liberto, no tocante a seus bens, como o dever de o liberto prestar assistência (alimentos) ao patrão, em caso de necessidade. Esse direito vinha já da Lei das XII Tábuas. Os descendentes do patrono permaneciam *ingênuos*, isto é, livres das obrigações do patrono.

O patronato sofre grandes modificações na época de Justiniano: desde que o manumitente renunciasse a tais direitos, deixariam de existir. O imperador também poderia conceder a *ingenuidade*, desde que o patrono não se opusesse ou se concedesse ao liberto um anel de ouro próprio dos cavaleiros.[2]

9.3   *STATUS CIVITATIS*

A cidadania romana é essencial para a capacidade jurídica, que resulta de dispositivos do *ius civile*.

Os homens livres podiam ser cidadãos (*cives*) ou estrangeiros (*peregrini*). As normas do *ius civile* eram reservadas apenas aos cidadãos romanos; os estrangeiros só podiam praticar atos do *ius gentium*.

Os libertos, para os fins do *status civitatis*, distinguem-se em: *cives romani*, libertados pelo *ius civile; latini iuniani*, antigos habitantes do Lácio, escravos outrora, que haviam adquirido o direito de comerciar; sua capacidade jurídica era limitada, e os *dediticii*, originalmente estrangeiros subjugados que aceitavam a soberania romana. Estes últimos não podiam em nenhum caso obter a cidadania romana.

No ano de 212, o Imperador Caracala, pela *Constitutio Antoniana*, estendeu a cidadania a todos os habitantes do Império, como forma de poder controlá-los melhor.

A perda da cidadania romana chamava-se *Capitis Deminutio Media*. Perdia tal cidadania o cidadão que fosse feito escravo, se se naturalizasse cidadão de outro Estado, se se tornasse

---

[2]   Cf. *Digesto e Novelas*. Ver também MEIRA (s.d.:82). Em várias circunstâncias, nos vários períodos da História romana existiram situações muito próximas à escravidão, como é o caso do "colonato" do Baixo Império. Tais colonos (em situação muito próxima dos empregados de nossas não tão antigas propriedades rurais brasileiras) consideravam-se escravos da terra. Possuíam capacidade para contrair matrimônio, agir juridicamente e praticar atos patrimoniais, mas não podiam ausentar-se das terras que habitavam, devendo pagar um tributo aos senhores.

membro de uma colônia latina ou se fosse condenado a certas penas perpétuas, como, por exemplo, a deportação.

9.4 STATUS FAMILIAE

No Direito Romano o estado familiar da pessoa é muito importante para determinar sua capacidade jurídica no campo de sua atuação no direito privado.

Eram dois os sentidos empregados para o termo *família* para os juristas romanos. Em sentido amplo, abrangia o conjunto de pessoas que descendiam de um parente comum e sob cujo poder estavam caso ele estivesse vivo. Em sentido restrito, para caracterizar o próprio *status familiae*: de um lado, existe o *pater familias*, que não está subordinado a nenhum ascendente vivo masculino e, de outro, as *filii familias*, que abrangem todas as demais pessoas que estavam sob a *potestas* do *pater*.

Daí entender-se como *sui iuris* a pessoa que não possuía ascendentes masculinos e que estava livre do pátrio poder. É o *pater familias*. A idade é irrelevante; um menor poderia ter essa qualidade. Eram *alieni iuris* todas as demais pessoas sujeitas ao poder do *pater*; não tinham direitos nem podiam adquiri-los para si.

Com a morte do *pater familias*, sua família dividia-se em tantas quantas fossem as pessoas do sexo masculino.

As pessoas unidas pelo vínculo familiar possuíam parentesco entre si. No Direito Romano, temos de distinguir duas espécies de parentesco:

> "o agnatício (agnatio = agnação) e o cognatício (cognatio = cognação). O parentesco agnatício é o que se transmite apenas pelos homens; o cognatício é o que se propaga pelo sangue e, em consequência, tanto por via masculina, quanto por via feminina. Um exemplo para esclarecer essa diferença. Públio Cornélio Scipião e Cornélia eram irmãos, filhos de Scipião, O Africano; ambos se casaram e tiveram descendência (os de Cornélia foram os célebres Tibério e Caio Graco); ora, o filho de Públio Cornélio Scipião era agnado do avô, Scipião, O Africano; já os filhos de Cornélio eram apenas cognados dele, pois entre Tibério e Caio Graco de um lado, e Scipião, O Africano, de outro, havia uma mulher – Cornélia – que não transmitia o parentesco agnatício" (Alves, 1971, v. 1:123).

Com Justiniano é abolida a diferença, passando o parentesco a ser tão só o de sangue, o cognatício.

As mulheres eram também consideradas *alieni iuris* e pertenciam à família do marido ou do pai, enquanto não se casassem. A mulher viúva tornava-se *sui iuris*, mas com direitos restritos, e sua situação era indefinida.

Na época clássica do direito, o poder absoluto do *pater* foi bastante atenuado, principalmente no tocante ao *filius familiae* e aos escravos.

Certas pessoas capazes de direito eram incapazes de fato, como era o caso dos menores de 25 anos no Baixo Império. A idade também era levada em consideração para certos atos, como o de fazer testamento.

A perda do estado de família denominava-se *Capitis Deminutio Minima*, quando uma pessoa *sui iuris* se tornasse *alieni iuris*, quando um *filius familiae* passasse à guarda de um terceiro, por exemplo, ou quando a pessoa, por qualquer modo, se transferisse de família ou se ausentasse dela.

10

SUJEITOS DE DIREITO (II)

10.1 PESSOA NATURAL

Como enfocamos no título anterior, só o ser humano pode ser titular das relações jurídicas. No estágio atual do Direito, entendemos por *pessoa* o ser ao qual se atribuem direitos e obrigações.

A personalidade jurídica é projeção da personalidade íntima, psíquica de cada um; é projeção social da personalidade psíquica, com consequências jurídicas. Dizia o Código Civil de 1916: *"Art. 2º Todo homem é capaz de direitos e obrigações na ordem civil."* O Código Civil de 2002, no seu art. 1º, em arroubo a favor das mulheres, substituiu o termo *homem* por *pessoa*. A modificação é apenas de forma e não altera o fundo. Nada impede, porém, que se continue a referir a Homem com o sentido de Humanidade, sem que se excluam, evidentemente, as pessoas do sexo feminino. A personalidade, no campo jurídico, é a própria capacidade jurídica, a possibilidade de figurar nos polos da relação jurídica.

Como temos no ser humano o sujeito da relação jurídica, dizemos que toda pessoa é dotada de personalidade.

O Direito também atribui personalidade a entes formados por conjunto de pessoas ou patrimônio, as pessoas jurídicas ou morais, o que será objeto do Capítulo 14.

Prendemo-nos aqui à ideia de personalidade da pessoa natural, denominada ainda por alguns pessoa física, cuja compreensão e utilização é de uso vulgar.

Os animais e os seres inanimados não podem ser sujeitos de direito. Poderão ser objetos de direito e deverão ser protegidos. As normas que almejam proteger a flora e a fauna o fazem tendo em mira a atividade do ser humano. Os animais são levados em consideração tão só para sua finalidade social, no sentido protetivo, embora a doutrina tente ampliar essa concepção, o projeto de reforma do Código Civil a esse aspecto se refere no art. 19, dispondo que a afetividade humana também se manifesta por expressões de cuidado e de proteção aos animais, que compõem o entorno sociofamiliar, podendo ser parte de indenização civil e de reparação de danos. Mudam os tempos, mudam os costumes. Na verdade, cabe à humanidade respeitar a fauna e a flora como um todo.

No curso da História, nem sempre toda pessoa foi sujeito de direitos. Os escravos, considerados *coisa*, estavam fora do alcance da personalidade.

Quando o Código de 1916 dispunha, no art. 2º, que o homem era *capaz* de direitos e obrigações, entrosava o conceito de *capacidade* com o de *personalidade*. A capacidade é a medida da personalidade.

Todo ser humano é pessoa na acepção jurídica. A capacidade jurídica, aquela delineada no art. 1º do vigente diploma, todos a possuem. Trata-se da denominada capacidade de direito. O ser humano é sujeito de direitos, portanto, podendo agir pessoalmente ou por meio de outra pessoa que o represente. Nem todas as pessoas, porém, são detentoras da capacidade de fato. Essa assim chamada capacidade de fato ou de exercício é a aptidão para pessoalmente o indivíduo adquirir direitos e contrair obrigações. Sob esse aspecto entram em conta diversos fatores referentes à idade e ao estado de saúde da pessoa.[1]

Assim, ao conjunto de poderes conferidos ao ser humano para figurar nas relações jurídicas dá-se o nome de personalidade. A capacidade é elemento desse conceito; ela confere o limite da personalidade. Se a capacidade é plena, o indivíduo conjuga tanto a capacidade de direito como a capacidade de fato; se é limitada, o indivíduo tem capacidade de direito, como todo ser humano, mas sua capacidade de exercício está mitigada; nesse caso, a lei lhe restringe alguns ou todos os atos da vida civil. Quem não é plenamente capaz necessita de outra pessoa, isto é, de outra vontade que substitua ou complete sua própria no campo jurídico. A pessoa, maior de 18 anos, no sistema atual, com plena higidez mental, possui capacidade de direito e de fato.

É importante acentuar aqui a noção de direito subjetivo, mais afeta à disciplina de Introdução ao Estudo do Direito.

O direito dito objetivo é a norma; a lei que vigora em determinado Estado; tem por escopo regular a sociedade em busca do ordenamento das relações jurídicas e da paz social. É a norma agendi. Quando o indivíduo se torna titular de um direito, ganha a facultas agendi, isto é, o ser humano é guindado à posição de sujeito de direito. Daí falar-se em direito subjetivo. Esse direito subjetivo é estampado nas relações jurídicas de que todos somos titulares no curso de nossa vida. Na simples compra de um jornal ou livro, por exemplo, atividade que vai paulatinamente se extinguindo com a informática, estamos exercendo nossa titularidade na relação jurídica: há um relacionamento entre nós, o comprador e o vendedor, cada um ocupando posição na relação jurídica que se denomina, no caso, contrato de compra e venda. Tecemos maiores considerações sobre direito objetivo e subjetivo em nossa obra Introdução ao estudo do direito: primeiras linhas.

Das relações jurídicas mais simples às mais complexas de nossa vida cotidiana estamos sempre na posição de titulares de direitos e obrigações, na posição de *sujeitos de direito*. Em toda relação jurídica há um *vínculo psicológico* que une duas ou mais pessoas. No campo das obrigações, como exemplificamos com o contrato de compra e venda, há a posição do vendedor que tem o dever de nos entregar a coisa comprada e o direito de receber o preço. O comprador,

---

[1] "Não se confunde o conceito de capacidade com o de legitimação. A legitimação consiste em se averiguar se uma pessoa, perante determinada situação jurídica, tem ou não capacidade para estabelecê-la. A legitimação é uma forma específica de capacidade para determinados atos da vida civil. O conceito é emprestado da ciência processual. Está legitimado para agir em determinada situação jurídica quem a lei determinar. Por exemplo, toda pessoa tem capacidade para comprar ou vender. Contudo, o art. 1.132 do CC de 1916 estatui: *'Os ascendentes não podem vender aos descendentes, sem que os outros descendentes expressamente o consintam'.* Desse modo, o pai, que tem a capacidade genérica para praticar, em geral, todos os atos da vida civil, se pretender vender um bem a um filho tendo outros filhos, não poderá fazê-lo se não conseguir a anuência dos demais filhos. Não estará ele, sem tal anuência, 'legitimado' para tal alienação. Num conceito bem aproximado da ciência do processo, legitimação é a pertinência subjetiva de um titular de um direito com relação a determinada relação jurídica. A legitimação é um *plus* que se agrega à capacidade em determinadas situações".

por seu turno, tem o dever de pagar o preço para ter o direito de receber a coisa. Há um liame psicológico que une as pessoas nas relações jurídicas. Assim será em todos os campos do Direito.

10.2 COMEÇO DA PERSONALIDADE NATURAL

Dispõe o art. 2º do Código Civil: *"A personalidade civil da pessoa começa do nascimento com vida; mas a lei põe a salvo, desde a concepção, os direitos do nascituro."*[2] O atual Código refere-se à personalidade civil da "pessoa" nessa disposição. Em razão dos novos horizontes da ciência genética, procura-se proteger também o embrião, segundo projeto que pretende já alterar

---

[2] "Apelação. Civil e processo civil. Alimentos gravídicos. Requisito. Prova indiciária da paternidade. Observância. Fixação. Binômio. Necessidade. Possibilidade. Pensionamento adequado. Sentença mantida. 1. A obrigação alimentar prevista nos artigos 1.566 e 1.630 do CC/02, decorrente do poder familiar, pode começar antes mesmo do nascimento, pois o ordenamento jurídico resguarda os **direitos do nascituro, consoante se observa do disposto no artigo 2º do CC/02.** 2. A Lei nº 11.804/2008 reconhece o direito de personalidade do nascituro a uma gestação saudável, o que autoriza a gestante pleitear alimentos da concepção ao parto, sendo a pensão alimentícia, nessa hipótese, fixada quando restarem provados meros indícios de paternidade. 3. Para a fixação dos alimentos, consideram-se a possibilidade do alimentante e a necessidade do alimentando, nos termos do artigo 1.694, §1º, do CC/02. 4. Demonstradas nos autos a prova indiciária da paternidade e a capacidade financeira do Réu, que, embora alegue ser excessivo o encargo alimentar a que foi condenado a pagar, não se desincumbiu do ônus que lhe competia de comprovar cabalmente a impossibilidade de contribuir com o valor arbitrado em sentença, tem-se por inviabilizada a pretensão de redução do quantum. 5. Os alimentos fixados no importe de 20% (vinte por cento) dos rendimentos brutos do Réu mostram-se adequados e compatíveis com a situação financeira descrita nos autos, atento à obrigação de sustento que recai sobre outro filho, sem desconsiderar a subsistência mínima dele. 6. Apelação conhecida e não provida". (*TJDFT* – Ap. 07065615920218070012, 9-8-2022, Rel. Robson Teixeira de Freitas).
"Ação declaratória de dupla maternidade – Procedência – Insurgência do Ministério Público – Cabimento – Autoras que pretendem a declaração de dupla maternidade do filho que está sendo gerado pela coautora F.E. – Provimento nº 63/2017, do CNJ, que dispõe sobre o registro de nascimento dos filhos gerados por reprodução assistida, sem disciplina legal para a hipótese de "inseminação caseira" – Ainda que seja possível o reconhecimento da maternidade socioafetiva da coautora S. em relação ao/à filho/a que está sendo gerado/a por F.E., é necessário considerar que se trata de um nascituro, desprovido de personalidade civil, e que apenas os interesses das autoras está sendo trazido a debate – **Direito de reconhecimento à ancestralidade que deve ser preservado** (CC, art. 2º, parte final) – Improcedência da ação que é medida de rigor – Recurso provido". (*TJSP* – Ap 1001350-16.2022.8.26.0008, 30-6-2022, Rel. Miguel Brandi).
"Embargos de declaração – Contradição. 1. Inexiste vício quando o julgado contém a análise das questões devolvidas, em absoluta consonância com os elementos dos autos, as normas legais e a jurisprudência, incidentes na espécie. 2. **A legislação civil, muito embora atribua personalidade jurídica aos nascidos vivos, ressalva os direitos do nascituro (art. 2º do CC)**, razão pela qual, no caso, a menor, nascida com vida, aperfeiçoou sua condição de herdeira do falecido pai, isso obstando a emissão de carta de crédito integral de consórcio em favor da autora, viúva, casada sob o regime da comunhão parcial de bens. Acresce a circunstância de a menor não figurar como parte na ação, não sendo possível à sua mãe postular direito alheio em nome próprio. 3. A negativa injustificada da carta de crédito no âmbito administrativo, uma vez que o contrato de consórcio era protegido por seguro prestamista, gerou para a autora, que necessitava do dinheiro, notadamente em razão do falecimento de seu marido, dor psíquica característica de danos morais. 4. Para a fixação do *quantum* indenizatório consideram-se as condições econômicas e sociais das partes, bem como a intensidade do dano, e os princípios da razoabilidade e proporcionalidade. Embargos declaratórios rejeitados" (*TJSP* – Embargos de Declaração Cível 1001518-83.2018.8.26.0452, 29-6-2021, Rel. Itamar Gaino).
"Agravo de instrumento – Plano de saúde – **Nascituro** acometido por mielomeningocele – Tutela antecipada autorizando a realização de cirurgia de correção intrauterina para disrafismo espinhal de modo a preservar a vida intrauterina. Evidenciado o perigo da demora decorrente do risco de agravamento da situação do nascituro, atestado por médico especialista além da probabilidade do direito, eis que a operadora do plano de saúde poderia limitar as doenças abarcadas pelo contrato, mas não o respectivo tratamento. No momento, deverá ser prestigiada a saúde da segurada e do feto. Assim sendo, em princípio, razoável a manutenção do deferimento medida liminar, sem o prejuízo de posterior reavaliação em contraditório regular. Decisão mantida. Recurso improvido" (*TJSP* – AI 2001953-04.2019.8.26.0000, 11-3-2019, Relª. Silvia Maria Facchina Espósito Martinez).
"Apelação – Dano moral – **Morte nascituro** – Laudo pericial produzido nos autos conclusivo no sentido de que não há nexo de causalidade entre o óbito da criança e o atendimento médico-hospitalar dispensado à autora – Sentença mantida – Recurso desprovido" (*TJSP* – Ap 1006338-82.2014.8.26.0292, 17-5-2018, Rel. Nogueira Diefenthaler).

essa dicção da vigente lei. A questão é polêmica, ainda porque o embrião não se apresenta de per si como uma forma de vida sempre viável. A ciência ainda deve dar passos no sentido de fornecer ao jurista a exata concepção da dimensão do embrião como titular de alguns direitos.

A questão do início da personalidade tem relevância porque, com a personalidade, o ser humano se torna sujeito de direitos.[3]

---

[3] "Apelação cível. Civil e processo civil. Gratuidade de justiça. Pagamento do preparo. Preclusão lógica. Conhecimento em parte do apelo. Ação indenizatória. Acidente de trânsito. Atropelamento. Veículo do ofensor. Inobservância. Cuidado e atenção. Dever de oportunizar à pedestre que estava grávida a preferência na via. Travessia em local inadequado sem a devida cautela. Culpa concorrente. Vítima que ficou com lesões no ombro. Necessidade de cirurgia. Aceleração do parto. Dever de indenizar. Danos morais configurados. **Nascituro. Sujeito de direito.** Precedentes do Superior Tribunal de Justiça. Dano estético. Cicatriz permanente. Litigância de má-fé. Sentença parcialmente reformada. (...) 2. Os autos revelam que a vítima, grávida de gêmeas e com 37 (trinta e sete) semanas de gestação, atravessou a pista sem utilizar a faixa de pedestre existente há poucos metros do local do acidente; todavia, essa circunstância não permite atribuir a ela a culpa exclusiva pelo infortúnio, porque o condutor do veículo, que detinha visibilidade da pista, também agiu com negligência ao não dar preferência à pedestre grávida, concorrendo para o atropelamento. 3. Nessas circunstâncias, resta evidenciado que ambos os envolvidos contribuíram para o evento danoso, a configurar a culpa concorrente. Assim, faz-se necessário analisar a ocorrência e a extensão dos danos, observando, na eventual fixação de indenização em favor das Autoras, a proporção da participação de cada parte na concretização do sinistro, nos termos dos artigos 944 e 945 do Código Civil. 4. Em razão do atropelamento, a vítima sofreu lesão no ombro, com a necessidade de rápida intervenção cirúrgica, o que acarretou a aceleração do parto, violando direito de personalidade dos nascituros e psíquica da mãe. 5. Apesar de o artigo 2º do CC/02 condicionar a aquisição da personalidade jurídica ao nascimento com vida, a jurisprudência do c. Superior Tribunal de Justiça, em algumas situações, atribui direitos aos nascituros, quando, de alguma forma, é comprometido o desenvolvimento digno e saudável no meio intrauterino e o nascimento com vida, o que ocorreu no caso concreto. 6. O dano estético deriva especificamente de lesão à integridade física da vítima, ocasionando-lhe modificação permanente (ou pelo menos duradoura) na sua aparência externa. A caracterização exige que a lesão decorrente do evento danoso tenha alterado a aparência da vítima, sendo visível em qualquer lugar do corpo humano. 7. A cicatriz duradoura no ombro decorrente de cirurgia configura o dano estético indenizável. (...) 9. Apelação parcialmente conhecida e, nessa extensão, provida em parte" (*TJDFT* – Ap 07233000920228070001, 22-2-2024, Rel. Robson Teixeira de Freitas).

"Seguro obrigatório (DPVAT) – Cobrança de indenização – Morte de cônjuge e de nascituro em decorrência de acidente automobilístico – Comprovação – Interesse de agir – Prova de prévio pedido na esfera administrativa e da recusa de pagamento – Desnecessidade – Alegação de ilegitimidade passiva – Afastamento – Indenização devida somente em relação ao cônjuge – Nascituro não é sujeito de direito e obrigações – Incidência da Lei nº 6.194/74 em sua redação original, eis que o acidente ocorreu em janeiro de 1989, sem as alterações introduzidas pela Lei nº 8.441/92 – Veículo não identificado – Art. 7º, § 1º – Observância – Base de cálculo – Salário mínimo vigente à época do sinistro corrigido monetariamente a partir da data do evento e com juros de mora a contar da citação – Sentença reformada – Recurso parcialmente provido, com observação. I. A comprovação do requerimento prévio no âmbito administrativo e da recusa da seguradora no atendimento ao pedido não constituem pressupostos ou condições de admissibilidade para a propositura da ação de cobrança de indenização de seguro obrigatório. No caso impõe-se reconhecer o interesse processual do autor, consubstanciado no intuito de buscar na via judicial a indenização que entende fazer jus a título de seguro obrigatório (DPVAT), sob pena de ofensa à garantia constitucional do amplo acesso à Justiça (art. 5º, XXXV, da Constituição Federal). Carência da ação rejeitada. II. A indenização pelo seguro obrigatório (DPVAT) pode ser cobrada de qualquer seguradora que opere no complexo, mesmo antes da vigência da Lei n. 8.441/92, independentemente da identificação dos veículos envolvidos na colisão ou do efetivo pagamento dos prêmios, e assim, não há que se falar em ilegitimidade de parte passiva da seguradora ré. III. Julgada parcialmente procedente a presente ação de cobrança, vez que comprovada a ocorrência do acidente, bem como da morte do cônjuge do autor e nascituro, somente é devida a indenização em relação ao cônjuge, eis que não houve nascimento com vida do nascituro, não adquirindo personalidade, não sendo, portanto, sujeito de direitos e obrigações. IV. Resta evidente, da leitura do art. 5º da Lei nº 6.194/74, que o pagamento da indenização pleiteada pelo autor, marido da vítima falecida em acidente automobilístico, está condicionado à simples prova da ocorrência do sinistro e do dano decorrente deste. In casu, de rigor a condenação da ré a pagar o valor referente à indenização securitária de acordo com o art. 3º, alínea b, da Lei nº 6.194/74, em sua redação original, e também conforme o disposto no art. 7º, § 1º, da aludida lei sem as alterações introduzidas pela Lei nº 8.441/92, considerando a não identificação do veículo, e deve corresponder a 50% (cinquenta por cento) do valor estipulado na alínea a do art. 3º, ou seja, ao autor é devida a indenização a título de seguro obrigatório na quantia correspondente a 20 salários mínimos, considerando o salário mínimo à época do evento. V. Havendo pedido indenizatório referente à morte da mulher e de nascituro, sendo acolhido um deles, de rigor o reconhecimento de sucumbência recíproca, nos termos do art. 86 do CPC" (*TJSP* – Ap 0004153-91.2007.8.26.0338, 9-2-2021, Rel. Paulo Ayrosa).

O ordenamento brasileiro poderia ter seguido a orientação do Código francês que estabelece começar a personalidade com a concepção. Em nosso Código, contudo, predominou a teoria do nascimento com vida para ter início a personalidade. O nascituro, no entanto, possui direitos potencializados resguardados em nosso ordenamento, com muitos julgados agasalhados por nossos tribunais.

Verifica-se o nascimento com vida por meio da respiração. Se comprovarmos que a criança respirou, então houve nascimento com vida. Nesse campo, o Direito vale-se dos ensinamentos da Medicina.

Nosso estatuto contentou-se, portanto, com o nascimento com vida. Não exige que a vida seja viável, como o Código Napoleônico.

Dá-se o nascimento com a positiva separação da criança das vísceras maternas, pouco importando que isso decorra de operação natural ou artificial. A prova inequívoca de o ser ter respirado pertence à ciência médica.

Se a criança nascer com vida e logo depois vier a falecer, será considerada sujeito de direitos. Por breve espaço de tempo houve personalidade. Tal prova, portanto, é importante, mormente para o direito sucessório, pois a partir desse fato o ser pode receber herança e transmiti-la a seus sucessores.

A matéria ganha novos contornos e estudos, pois a possibilidade de reprodução humana assistida, com o nascimento do filho tempos após a morte do pai ou da mãe, obriga, certamente, uma revisão de conceitos filosóficos e jurídicos, inclusive para fins de direito hereditário. Veja o que examinamos a respeito em nossa obra de direito de família. Os seres gerados pela inseminação artificial com o sêmen preservado do marido ou do companheiro e aqueles gerados de embriões congelados trazem novos estudos, que têm implicações éticas e religiosas, além de uma profunda reformulação jurídica.

10.2.1 Condição do Nascituro

O Código apresenta várias disposições a respeito do nascituro, embora não o conceba como com personalidade. Já vimos que o art. 2º põe a salvo seus direitos.

O nascituro é um ente já concebido que se distingue de todo aquele que não o foi ainda e que poderá ser sujeito de direito no futuro, dependendo do nascimento, tratando-se de uma prole eventual. Essa situação nos remete à noção de direito eventual, isto é, um direito em mera

---

"Agravo de instrumento – **Ação de alimentos gravídicos** – **Direito do nascituro** – Tutela de urgência deferida – Irresignação do requerido – Acolhimento da tese de redução dos alimentos arbitrados pelo juízo de origem requerido – Agravante que se encontra desempregado – Alimentos gravídicos fixados de forma excessiva – Redução que se impõe para percentual de dez por cento incidente sobre o salário mínimo – Observância do binômio necessidade/possibilidade – *Decisum* reformado – Recurso conhecido e provido. Os alimentos gravídicos, previstos na Lei nº 11.804/2008, visam auxiliar a mulher gestante nas despesas decorrentes da gravidez, da concepção ao parto, sendo, pois, a gestante a beneficiária direta dos alimentos gravídicos, ficando, por via de consequência, resguardados os direitos do próprio nascituro" (*TJSE* – AI 201700731745 – (7749/2018), 16-4-2018, Rel. Des. Osório de Araújo Ramos Filho).

"Recurso de apelação – Ação de cobrança – Seguro DPVAT – Gravidez interrompida devido ao acidente de trânsito – Direitos do nascituro garantidos pelo Código Civil – Devida a cobertura securitária à mãe – Sentença mantida – Recurso não provido – Apesar de o art. 2º do Código Civil condicionar a aquisição da personalidade jurídica ao nascimento com vida, resguardou os direitos do nascituro desde a concepção, e conforme disposto no art. 3º da Lei nº 6.194/1974, vê-se que o aborto decorrente de acidente de trânsito se adéqua perfeitamente ao preceito legal. A legislação vigente sobre o DPVAT (Lei nº 6.194/1974) objetiva ressarcir o acidentado ou seus beneficiários nas hipóteses de morte, invalidez permanente e despesas médicas provenientes de acidente automobilístico, razão pela qual não há óbices a que a mãe, solteira, menor de 18 anos na data do fato, seja beneficiária do referido seguro" (*TJMS* – Ap 0834549-39.2013.8.12.0001, 25-6-2015, Rel. Des. Amaury da Silva Kuklinski).

situação de potencialidade, de formação, para quem nem ainda foi concebido. É possível ser beneficiado em testamento aquele ainda não concebido. Por isso, entende-se que a condição de nascituro extrapola a simples situação de expectativa de direito. Sob o prisma do direito eventual, os direitos do nascituro ficam sob condição suspensiva. A questão está longe de estar pacífica na doutrina.

A posição do nascituro é peculiar, pois o nascituro possui, entre nós, um regime protetivo tanto no Direito Civil como no Direito Penal, embora não tenha ainda todos os requisitos da personalidade. Desse modo, de acordo com nossa legislação, inclusive o Código de 2002, embora o nascituro não seja considerado pessoa, possui proteção legal de seus direitos desde a concepção.[4]

---

[4] "Agravo de instrumento. Responsabilidade civil em acidente de trânsito. Inclusão do recém nascido no polo ativo da lide a despeito da discordância do réu. Possibilidade no caso concreto. A inclusão do menor, nascido após o ingresso da demanda pela sua genitora, se mostra justificado no caso em análise. Consabido que a personalidade civil se inicia quando nascimento com vida, sendo resguardado, desde a concepção, os **direitos do nascituro**, o que foi observado pela genitora, que desde a exordial relatou a gravidez, tendo tal fato, inclusive, sido sopesado quando da fixação de pensão. Limites da lide não ampliados. Agravo de instrumento desprovido" (TJRS – AI nº 51224013720228217000, 22-9-2022, Rel. Pedro Luiz Pozza).

"Agravo de instrumento – Ação de cobrança de seguro DPVAT – acidente de trânsito que resultou em aborto – decisão interlocutória que reconhece os direitos do nascituro a partir da concepção – alegada ausência de cobertura, diante da falta de nascimento com vida – descabimento – jurisprudência que é pacífica ao reconhecer o **nascituro como titular do direito à indenização do seguro DPVAT** – processo de origem em fase de produção de provas – manutenção da decisão que envolveu parcialmente o mérito da causa. Agravo de Instrumento desprovido". (TJPR – AI 0059266-62.2021.8.16.0000, 4-4-2022, Re. Des. Elizabeth Maria de Franca Rocha).

"Recurso Especial – Constitucional – Civil – Processual Civil – Alimentos Gravídicos – Garantia à gestante – Proteção do nascituro – Nascimento com vida – Extinção do feito – Não Ocorrência – Conversão automática dos alimentos gravídicos em pensão alimentícia em favor do recém-nascido – Mudança de titularidade – Execução promovida pelo menor, representado por sua genitora, dos alimentos inadimplidos após o seu nascimento – Possibilidade – Recurso improvido – 1 – Os alimentos gravídicos, previstos na Lei nº 11.804/2008, visam a auxiliar a mulher gestante nas despesas decorrentes da gravidez, da concepção ao parto, sendo, pois, a gestante a beneficiária direta dos alimentos gravídicos, ficando, por via de consequência, resguardados os direitos do próprio nascituro. 2 – Com o nascimento com vida da criança, os alimentos gravídicos concedidos à gestante serão convertidos automaticamente em pensão alimentícia em favor do recém-nascido, com mudança, assim, da titularidade desses alimentos, sem que, para tanto, seja necessário pronunciamento judicial ou pedido expresso da parte, nos termos do parágrafo único do art. 6º da Lei nº 11.804/2008. 3 – Em regra, a ação de alimentos gravídicos não se extingue ou perde seu objeto com o nascimento da criança, pois os referidos alimentos ficam convertidos em pensão alimentícia até eventual ação revisional em que se solicite a exoneração, redução ou majoração do valor dos alimentos ou até mesmo eventual resultado em ação de investigação ou negatória de paternidade. 4 – Recurso especial improvido" (STJ – REsp 1.629.423 – (2016/0185652-7), 22-6-2017, Rel. Min. Marco Aurélio Bellizze).

"Embargos infringentes – Indenização – Erro médico – 01- Capítulo Unânime: Serviço médico-hospitalar inadequado. Sofrimento fetal intrauterino com resultado morte. Sentença de procedência reformada em parte – Indenização por danos morais arbitrada em R$ 150.000,00 para cada autor e reduzida para R$ 100.000,00 para ambos. 02- Capítulo por Maioria: Danos materiais – Pagamento da pensão mensal – Termo inicial a partir da data em que a criança completaria 14 anos de idade até a data em que atingiria 25 anos de idade – Voto nesta parte divergente apresentado pelo d. Revisor. 03- Embargos Infringentes com pretensão de fazer prevalecer a posição minoritária que excluía a pensão mensal. 04- Personalidade jurídica do nascituro – Teorias: Natalista, da personalidade condicional e concepcionista – Adoção do entendimento doutrinário para quem o nascituro tem personalidade jurídica formal (relacionada com os direitos da personalidade) mas não personalidade jurídica material (relacionada com os direitos patrimoniais), que somente é adquirida com o nascimento com vida (Lições dos Professores Maria Helena Diniz e Flávio Tartuce) – Inteligência do art. 2º do Código Civil. 05- Prevalência do voto minoritário – Dano material indevido. Exclusão do pagamento da pensão mensal. Embargos Infringentes Acolhidos" (TJSP – EI 0054048-67.2010.8.26.0224, 22-9-2015, Rel. Egidio Giacoia).

"Agravo interno – decisão monocrática em apelação cível – Pode o Relator, com base nas disposições do art. 557, do Código de Processo Civil, negar seguimento ou dar provimento a recurso. Seguros. Ação de indenização. Seguro DPVAT. Aplicação do art. 515, § 3º, do Código de Processo Civil. A inexistência de pedido administrativo não é óbice ao ajuizamento de ação de cobrança relativa ao seguro DPVAT. Inteligência do art. 5º, XXXV, da Constituição Federal. Direito de receber a indenização correspondente ao nascituro. Possibilidade jurídica do pedido. A personalidade civil da pessoa começa do nascimento com vida; mas a lei põe a salvo, desde a concepção, os direitos do nascituro. Inteligência do art. 2º do Novo Código Civil. Não trazendo a parte agravante qualquer argumento

O nascituro pode ser objeto de reconhecimento voluntário de filiação (art. 1.609, parágrafo único); deve-se-lhe nomear curador se o pai vier a falecer estando a mulher grávida e não detiver o pátrio poder (art. 1.779); pode ser beneficiário de uma doação feita pelos pais (art. 542), bem como adquirir bens por testamento, princípios que se mantêm no atual Código. Esses direitos outorgados ao nascituro ficam sob condição suspensiva, isto é, ganharão forma e eficácia se houver nascimento com vida, daí por que nos referimos à categoria de direito eventual. Há também quem sustente que ocorre nessa situação apenas uma expectativa de direito. Essas distinções são vistas neste volume quando tratamos dos negócios jurídicos.

O fato de o nascituro ter proteção legal, podendo inclusive pedir alimentos, não deve levar a imaginar que tenha ele personalidade tal como a concebe o ordenamento. Ou, sob outros termos, o fato de ter ele capacidade para alguns atos não significa que o ordenamento lhe atribuiu personalidade. Embora haja quem sufrague o contrário, trata-se de uma situação que somente se aproxima da personalidade, mas com esta não se equipara. A personalidade somente advém do nascimento com vida. Silmara Chinelato e Almeida, em estudo profundo sobre a matéria, conclui, contudo, que a personalidade do nascituro é inafastável (2000:160). Para efeitos práticos, porém, o ordenamento pátrio atribui os necessários instrumentos para a proteção do patrimônio do nascituro. Há tentativas legislativas no sentido de ampliar essa proteção ao próprio embrião, o que alargaria em demasia essa "quase personalidade". Aguardemos o futuro e o que a ciência genética nos reserva.

Stolze Gagliano e Pamplona Filho aduzem ainda que o nascituro deve fazer jus a alimentos, *"por não ser justo que a genitora suporte todos os encargos da gestação sem a colaboração econômica do seu companheiro reconhecido"* (2002:93). Corretíssima a afirmação. Os alimentos são devidos não apenas pelo companheiro reconhecido, mas por qualquer um que tenha concebido o nascituro.

Antônio Chaves (1982:316) apresenta o aspecto do nascimento de gêmeos. Nosso ordenamento não atenta para a situação, mas esse saudoso autor lembra o dispositivo do Código Civil argentino revogado que dispunha, no caso de mais de um nascimento no mesmo parto, que os nascidos são considerados de igual idade e com iguais direitos para os casos de instituição ou substituição dos filhos maiores (art. 88). A questão pode ter interesse no caso, por exemplo, de o primeiro filho ser beneficiado em um testamento...

10.3 INCAPACIDADES. ABSOLUTA E RELATIVA. EXCLUSÃO DO AUSENTE DO ROL DE INCAPACIDADES

Como já apontado, a capacidade de fato é a aptidão da pessoa para exercer por si mesma os atos da vida civil. Essa aptidão requer certas qualidades, sem as quais a pessoa não terá plena capacidade de fato. Essa incapacidade poderá ser absoluta ou relativa. A incapacidade absoluta tolhe completamente a pessoa de exercer por si os atos da vida civil. Para esses atos, será necessário que sejam devidamente representadas pelos pais ou representantes legais. A incapacidade relativa permite que o sujeito realize certos atos, em princípio apenas assistidos pelos pais ou representantes. Trata-se, como se vê, de uma incapacidade limitada.

Assim, nesse diapasão, distingue-se a capacidade de gozo, que todo ser humano possui, da capacidade de exercício ou capacidade de fato, que é a aptidão de exercer pessoalmente os

---

novo capaz de modificar o entendimento adotado na decisão monocrática hostilizada, apenas reeditando a tese anterior, improcede o recurso interposto. Agravo interno não provido" (*TJRS* – AG 70064447287, 28-5-2015, Rel. Des. Ney Wiedemann Neto).

atos da vida civil, a qual pode sofrer restrições, por várias razões. Destarte, as incapacidades reguladas no ordenamento são apenas as de exercício ou de fato, pois a capacidade de gozo é atribuída a todo ser humano. Sob esse prisma, o Código distingue essa partição entre incapacidade absoluta e relativa.

Quanto à incapacidade absoluta, dispunha o art. 3º do Código:[5]

> "São absolutamente incapazes de exercer pessoalmente os atos da vida civil:
>
> I – os menores de 16 (dezesseis) anos;
>
> II – os que, por enfermidade ou deficiência mental, não tiverem o necessário discernimento para a prática desses atos;
>
> III – os que, mesmo por causa transitória, não puderem exprimir sua vontade."

---

[5] "Apelação – Ação de interdição – **Estatuto da pessoa com deficiência** / Lei nº 13.146/2015 – Declaração de incapacidade absoluta – Descabimento – Limites da curatela – Sentença parcialmente reformada. Nos termos da Lei nº 13.146/2015, que, ao instituir a Lei Brasileira de Inclusão da Pessoa com Deficiência (Estatuto da Pessoa com Deficiência), revogou dispositivos do Código Civil, o exercício da curatela pressupõe alguns limites, não alcança o direito ao próprio corpo, à sexualidade, ao matrimônio, à privacidade, à educação, à saúde, ao trabalho e ao voto. Recurso parcialmente provido" (TJMG – AC 1.0000.18.066334-6/001, 5-4-2019, Rel. Kildare Carvalho).

"Apelação – **Direitos da personalidade** – Ação promovida pelo Ministério Público visando obter autorização para realização de esterilização de casal de pessoas interditadas, que já tiveram filhos e não ostentam condições de cuidar de nova prole – Ação fundada na recusa em se submeter ao tratamento – Impossibilidade do pedido – Liberdade sexual garantida pelo Estatuto da Pessoa com Deficiência, vedada esterilização compulsória (art. 6º, IV da Lei nº 13.146/2015) – Ausência de justificativa para o procedimento, existindo meio contraceptivo alternativo que já vem sendo empregado – Posterior manifestação da ré, anuindo ao pedido, que não basta, havendo necessidade de aferição de consentimento informado mais completo – Sentença de improcedência. Recurso improvido" (TJSP – Ap 0006336-97.2012.8.26.0099, 13-3-2018, Rel. Enéas Costa Garcia).

"Previdenciário – Pensão por morte – Filho **absolutamente incapaz** à época do falecimento do genitor – Requerimento administrativo posterior à relativização da incapacidade – Termo inicial do benefício – Data do óbito do genitor – 1 – Em se tratando de menor absolutamente incapaz à época do falecimento do pai, milita em seu favor cláusula impeditiva da prescrição (art. 198, I, do CC). 2 – Nesse contexto, correta se revela a exegese de que será concedida a pensão por morte, retroativamente à data do óbito do instituidor do benefício, independentemente de o requerimento do benefício ter sido realizado após os trinta dias seguintes à data do falecimento de seu genitor. Precedente: (REsp 1.405.909/AL, Rel. Ministro Sérgio Kukina, Rel. p/ Acórdão Ministro Ari Pargendler, Primeira Turma, julgado em 22/05/2014, DJe 09/09/2014). 3 – Conforme destacado na decisão agravada, 'contra o menor não corre a prescrição, por isso que o termo *a quo* das prestações deve, nesses casos, coincidir com a data da morte do segurado'. 4 – Agravo interno a que se nega provimento" (STJ – AGInt-REsp 1.572.391 – (2015/0299027-1), 7-3-2017, Rel. Min. Sérgio Kukina).

"Prestação de serviços – Telefonia – Inexigibilidade de débito – Dano moral – Celebração de negócio jurídico com absolutamente incapaz – Negócio jurídico ineficaz – Indevido registro de inadimplência – Sentença de procedência, para declarar a nulidade do contrato e a inexistência do débito (valor de R$ 80,70), e determinar a exclusão do registro de inadimplência, e para condenar ao pagamento de indenização no valor de R$ 5.000,00 –. Recurso do autor improvido" (TJSP – Ap. 0001387-57.2015.8.26.0541, 3-5-2016, Rel. Flavio Abramovici).

"Recurso especial – Ação de investigação de paternidade cumulada com pedido de herança – Ofensa ao artigo 458 do CPC – Inobservância – Absolutamente incapaz representado por tutor – Prescrição – Inaplicabilidade – Recurso especial parcialmente provido. 1 – Não se verifica a alegada vulneração ao artigo 458, I e II, do Código de Processo Civil, porquanto a Corte local apreciou a lide, discutindo e dirimindo as questões fáticas e jurídicas que lhe foram submetidas. O teor do acórdão recorrido resulta de exercício lógico, ficando mantida a pertinência entre os fundamentos e a conclusão. 2 – Diferentemente do que ocorre com o incapaz acometido de patologia – física ou mental – percebe-se, em relação aos menores impúberes, que, independentemente de sua representação – Seja pelos pais, seja pelo tutor –, o prazo prescricional fica suspenso até que ultrapasse a idade dos 16 anos, pois somente a partir de então é que se terá o termo inicial do referido prazo. 3 – Recurso especial parcialmente provido" (STJ – REsp 1.272.982 – (2011/0197112-5), 11-5-2016, 4ª Turma – Rel. Min. Luis Felipe Salomão).

"Ação de cobrança – Seguro obrigatório – **Autora absolutamente incapaz** – Sentença de procedência – Ausência de intimação do Ministério Público em primeiro grau. Existência de prejuízo à menor, no tocante ao termo inicial da correção monetária. Ausência de recurso. Anulação do processo após a contestação, de ofício. Recurso não conhecido" (TJSP – Ap 0002321-67.2010.8.26.0257, 9-3-2015, Rel. Nestor Duarte).

A incapacidade relativa era elencada no art. 4º:[6]

> "São incapazes, relativamente a certos atos, ou à maneira de os exercer:
>
> I – os maiores de 16 (dezesseis) e menores de 18 (dezoito) anos;
>
> II – os ébrios habituais, os viciados em tóxicos e os que, por deficiência mental, tenham o discernimento reduzido;
>
> III – os excepcionais, sem desenvolvimento mental completo;
>
> IV – os pródigos.
>
> Parágrafo único. A capacidade dos índios será regulada por legislação especial."

O Código vigente excluiu os *ausentes* do primeiro rol, os quais pelo estatuto de 1916 eram considerados absolutamente incapazes. Essa supressão é de rigor técnico, pois o ausente, se vivo estiver alhures, ali terá plena capacidade. O ausente deve ser entendido, como fazia Clóvis a respeito desse tema, como *aquela pessoa cuja habitação se ignora ou de cuja existência se duvida, e cujos bens ficam ao desamparo* (1980:89). A doutrina sempre criticara essa posição do ausente, levando-se em conta, contudo, que a ausência sob a técnica jurídica tem compreensão restrita, pois ausente não é qualquer pessoa não presente, mas aquela assim declarada por sentença judicial. A finalidade precípua da proteção do ausente nessa incapacidade era a proteção de seus bens. O presente Código suprimiu, portanto, essa modalidade de incapacidade, tratando do instituto de forma autônoma nos arts. 22 a 25. As normas acautelatórias para o ausente desdobram-se em três fases distintas: curadoria do ausente, sucessão provisória e sucessão definitiva. Como o ausente, ao retornar, retoma e reassume todos os seus interesses, tecnicamente não se pode falar em incapacidade por ausência.

O texto sobre as incapacidades sofre brusca e ampla modificação com a promulgação da Lei nº 13.146/2015, Estatuto da Pessoa com Deficiência.

Consentâneo com o exórdio desse diploma, a lei derroga os incisos I a III do art. 3º do CC, apenas deixando no seu *caput* a incapacidade dos menores de 16 anos. Não mais se coloca nesse artigo a referência aos que tem enfermidade ou deficiência mental e os que por causa transitória não puderem exprimir sua vontade. Pela lei da pessoa com deficiência, "*considera-se pessoa com deficiência aquela que tem impedimento de longo prazo de natureza física, mental, intelectual ou sensorial, o qual, em interação com uma ou mais barreiras, pode obstruir sua participação plena e efetiva na sociedade em igualdade de condições com as demais pessoas*". Essas pessoas passam a ser vistas como com capacidade limitada ou restrita, dependendo de decisão judicial, com a modificação desse estatuto. Nessa lei evita-se tratar a pessoa com deficiência como incapaz.

---

[6] "**Ação de interdição** – Sentença de procedência, decretando a interdição, declarando a interditanda absolutamente incapaz de exercer pessoalmente os atos da vida civil, nomeando a autora como sua curadora. Apela a ré interdita, impugnando a declaração de absoluta incapacidade; Possibilidade de restrição apenas dos atos de natureza patrimonial e negocial; É caso de declarar a incapacidade relativa, e não absoluta. Cabimento. A perícia aponta retardo mental e acrescenta que a interditanda precisa ser assistida. Como proposto pela Procuradoria de Justiça, é caso de se acolher o reclamo, para declarar a incapacidade relativa da demandada, de modo que a restrição se dê aos atos de viés negocial e patrimonial. Recurso provido" (TJSP – AC 1003981-06.2018.8.26.0223, 14-8-2019, Rel. James Siano).

"Ação anulatória de negócio jurídico – Caso concreto – Matéria de fato – **Agente relativamente incapaz no momento da contratação** – Anulabilidade do negócio jurídico reconhecida – Apelo desprovido" (TJRS – AC 70076461441, 25-4-2018, Rel. Des. Vicente Barroco de Vasconcellos).

10.3.1 Menores de 16 Anos

A incapacidade plena, como no estatuto anterior, perdura até os 16 anos. O direito pré-codificado baseava-se na puberdade, para fixar os limites da incapacidade absoluta: 12 anos para a mulher e 14 anos para o homem. Atualmente, apenas por apego à História podemos nos referir a menores púberes e impúberes, quer eles sejam absoluta ou relativamente incapazes.

O Código estabeleceu que os menores de 16 anos são absolutamente incapazes, sendo detentores apenas da capacidade de direito; não a possuem de fato. Esses menores, portanto, não podem, por si mesmos, exercer os atos da vida civil, senão quando representados legalmente por pai, mãe ou tutor, conforme o caso.

Ao estabelecer essa idade de 16 anos, o legislador considerou não a simples aptidão genética, isto é, de procriação, porém o desenvolvimento intelectual que, em tese, torna o indivíduo plenamente apto para reger sua vida.

A regra geral, sempre vista com as devidas ressalvas, é: qualquer ato praticado por menor dessa idade é nulo. É claro que a capacidade, física e intelectualmente falando, varia de pessoa para pessoa. Contudo, a atual lei civil devia fixar uma regra geral e preferiu o limite de idade como critério para a incapacidade. Não se esqueça, contudo, que a doutrina luta com critérios difíceis para sustentar a nulidade de todo e qualquer ato praticado pelo menor incapaz, pois sabemos que muitos negócios são praticados por eles, os quais são socialmente aceitos. Muito se tem discutido sobre essa categoria de atos que estão diuturnamente presentes em sociedade.

O vigente Código manteve idêntico limite de idade de 16 anos para a incapacidade absoluta. Não é assim em outros sistemas legislativos, que nem sempre se referem a essa idade. O Código alemão, em seu art. 104, considera plenamente incapaz o menor com menos de 7 anos e acima dessa idade outorga certa parcela de direito ao infante que até os 21 anos precisa do consentimento de seus representantes. Já o estatuto francês não distingue entre capacidade relativa e absoluta, deixando ao critério do juiz verificar se o menor chegou à idade do discernimento ou não. O Código italiano atual de 1942, ao contrário do anterior, de 1865, que acompanhava o francês, fixa a idade de 18 anos como regra geral de capacidade civil, apresentando restrições para determinados atos (art. 3º), que só se extinguem totalmente aos 21 anos com a plenitude da capacidade (art. 2º).

Ao comentar o dispositivo do Código em questão, o autor do projeto de 1916, Clóvis (1980:85), referindo-se à idade de 16 anos, dizia:

> *"nessa idade, o indivíduo já recebeu, no seio da família, certas noções essenciais, que lhe dão o critério moral necessário para orientar-se na vida, e a educação intelectual já lhe deu luzes suficientes para dirigir a sua atividade jurídica, sob a vigilância ou assistência da pessoa designada pelo direito para auxiliá-lo e protegê-lo".*

"Civil – Processo Civil – Apelação – Negócio Jurídico – Agente relativamente incapaz – Ação de tutela e curatela distribuída – Laudos médicos indicando a prodigalidade do apelado anterior à contratação – Decretação de interdição – Ulterior Contratação – Renegociação do primeiro contrato de empréstimo – Risco assumido pelo ente bancário – Deliberalidade na contratação – Ausência de verificação da capacidade do cliente – Contratos Anuláveis – Exegese do art. 171 do Código Civil – Recurso Desprovido – 1 – Nos termos do art. 171 do Código Civil, é anulável o negócio jurídico, além dos casos expressamente declarados na lei, por incapacidade relativa do agente e por vício resultante de erro, dolo, coação, estado de perigo, lesão ou fraude contra credores. 2 – Sendo o contrato celebrado por pessoa relativamente incapaz anulável, cabe à outra parte comprovar que não tinha conhecimento ou não possuía condições de evidenciar a incapacidade da outra parte, o que não incorreu *in casu*. 3 – Para que seja possível o ressarcimento de que trata o art. 182 do Código Civil, necessário se faz demonstrar que houve, efetivamente, a prestação do serviço e que o proveito foi revertido em favor do apelado, nos termos do artigo 181 do Código Civil. 4- Recurso conhecido e desprovido" (*TJAC* – Ap 0709095-55.2013.8.01.0001 – (4.161), 25-4-2017, Relª Desª Waldirene Cordeiro).

É de se questionar se tais palavras, atualmente, são ainda apropriadas. Discute-se a diminuição da responsabilidade penal, entre nós fixada aos 18 anos. Hoje a desenvoltura dos jovens aos 14 anos ou menos é infinitamente maior, sob vários aspectos, que na época da promulgação do Código de 1916. Os limites de idade mereceriam novo estudo legislativo para acompanhar a época em que vivemos, tanto do ponto de vista civil como do ponto de vista penal, o que foi parcialmente atendido pelo atual Código.

O projeto de reforma do Código Civil em curso sugere a introdução de princípio atual quanto aos jovens, introduzindo o art. 4º-A no diploma civil: *"É reconhecida a autonomia progressiva da criança e do adolescente, devendo ser considerada a sua vontade em todos os assuntos a eles relacionados, de acordo com sua idade e maturidade"*. Esse dispositivo programado atende a crescente conscientização dos jovens em amplos espectros de nossa sociedade. Segundo esse princípio, ainda que não vigente como lei, os magistrados e outras autoridades devem levar em conta a vontade ativa das crianças e dos adolescentes, em todas as áreas. O projeto ainda se refere à possibilidade, sempre discutida na doutrina, de os menores realizarem pequenos negócios, conforme sua idade e conhecimento (art. 4º-B).

10.3.2 A Deficiência Mental. O Estatuto da Pessoa com Deficiência

O Código de 1916 trazia a sempre criticada expressão *"loucos de todo o gênero"* para descrever a ausência de saúde mental para o ato jurídico. Clóvis Beviláqua (1980:86) apontara, na época, não ser necessária uma definição rigorosa de alienação mental. A explanação do festejado mestre já admitia a falta de técnica da expressão do antigo diploma.

A compreensão da alienação mental é sumamente complexa para a Medicina e para o Direito, pois varia de pequenos distúrbios, cujo enquadramento na dicção *necessário discernimento* pode não ser conclusivo, até a completa alienação, facilmente perceptível mesmo para os olhos leigos. Essa situação dificulta até mesmo o enquadramento vocabular dessa situação mental.

Tanto na expressão do texto revogado como no texto do Código de 2002, a lei refere-se a qualquer distúrbio mental que possa afetar a vida civil do indivíduo. A expressão abrange desde os vícios mentais congênitos até aqueles adquiridos no decorrer da vida, por qualquer causa. Por essa razão, era muito criticada a expressão *loucos de todo gênero*. De qualquer modo, a intenção do legislador sempre foi a de estabelecer uma incapacidade em razão do estado mental. Uma vez estabelecida a anomalia mental, o que é feito com auxílio da Psiquiatria, o indivíduo pode ser considerado incapaz para os atos da vida civil.

O Código de 2002, no artigo transcrito, usava de expressão mais genérica ao referir-se à ausência do necessário discernimento para os atos da vida civil, mas estabelecia gradação para a debilidade mental, pois no art. 4º conceituava como relativamente capazes "os que, por deficiência mental, tenham o discernimento reduzido". Essa gradação era mais justa, pois há casos de deficiência mental que podem autorizar capacidade limitada, isto é, a prática de certos atos. Nesse sentido, aliás, posicionavam-se os julgados mais recentes, descrevendo grau de incapacidade dos interditos. Essa gradação ficou mais clara com o Estatuto da Pessoa com Deficiência, como apontamos anteriormente. A capacidade atual ou transitória, mais ou menos ampla, deve ser apurada no caso concreto, na forma do art. 2º, § 1º, do Estatuto:

> *"A avaliação da deficiência, quando necessária, será biopsicossocial, realizada por equipe multiprofissional e interdisciplinar e considerará:*
>
> *I – os impedimentos nas funções e nas estruturas do corpo;*
>
> *II – os fatores socioambientais, psicológicos e pessoais;*

III – a limitação no desempenho de atividades; e
IV – a restrição de participação".

Desse modo, com esse diploma legal, que procura atribuir os mais amplos direitos às pessoas deficientes, aprioristicamente nunca serão considerados totalmente incapazes, mas relativamente capazes, de acordo com sua respectiva avaliação, com a nova redação aos arts. 3º e 4º do CC. Há possibilidade de questões complexas que podem advir dessa avaliação de incapacidade, mormente no tocante à validade dos negócios jurídicos. Lembre-se que o citado Estatuto cria todo um sistema de curadoria do incapaz, que deverá ser obedecida, o que examinaremos no capítulo próprio.

A senilidade, por si só, não é motivo de incapacidade, a menos que venha acompanhada de estado mental patológico. No exame do caso concreto, deve ser avaliado se o agente, independentemente de sua idade, tinha capacidade de entender o ato ou negócio jurídico.

10.3.3 Incapacidade Transitória

Como apontamos, o Direito moderno não aceita os chamados *lúcidos intervalos* dos deficientes mentais. Essa situação não se confundia com o disposto no inciso III do art. 3º: ali o legislador conceitua os que não tiveram o necessário discernimento ainda que *"por motivo transitório"*. Nessa dicção, ausentes no estatuto de 1916, mas admitidas pela doutrina e pela jurisprudência, incluem-se as inúmeras possibilidades de privação transitória da capacidade de discernimento, que o antigo Direito denominava "privação de sentidos". Assim, serão nulos os atos praticados, por exemplo, pela pessoa embriagada, em estado etílico tal que não possa compreender o ato; por quem tenha ingerido drogas alucinógenas que interferem na compreensão etc. Se, porém, o estado de incompreensão dessas pessoas é permanente, sua situação será de incapacidade relativa, na forma do art. 4º, III, do Estatuto da Pessoa com deficiência.

O exame da incapacidade transitória depende da averiguação da situação concreta, exame biopsicossocial, como reza o § 1º do Estatuto. Nem sempre será fácil sua avaliação e nem sempre a perícia médica será conclusiva, mormente quando do ato já decorreu muito tempo e quando não possa o agente ser examinado diretamente. Nesse campo, muito mais falível se apresentará a prova testemunhal. O juiz deverá ser perspicaz ao analisar o conteúdo probatório, levando sempre em conta que a regra é a capacidade; a incapacidade é exceção.

10.4 INCAPACIDADE RELATIVA. MAIORES DE 16 E MENORES DE 18 ANOS

Como acenado, essa modalidade de incapacidade mitigada atinge determinadas pessoas que podem praticar por si atos da vida civil, desde que assistidas por outrem legalmente autorizado.

Em matéria de deficiência mental o presente Código concede ao magistrado, como se percebe pela redação do artigo transcrito, maior amplitude de poder para decidir sobre o âmbito da restrição que afeta o sujeito.

A capacidade dos silvícolas continuará sujeita ao regime estabelecido por legislação especial, como exposto no texto adicional neste capítulo.

A lei atual admite a maioridade plena aos 18 anos. O Código do século anterior a fixava em 21 anos. O limite de idade é matéria de opção legislativa. Aos 18 anos, em tese, o convívio social e familiar já proporcionou ao indivíduo certo amadurecimento, podendo compreender o alcance dos atos que pratica. A maturidade plena para a vida civil é alcançada, no atual diploma, aos 18 anos.

O menor de 18 anos e maior de 16 pode praticar livremente diversos atos, como, por exemplo, firmar recibos de pagamento de cunho previdenciário; equipara-se ao maior no que toca às obrigações por atos ilícitos (art. 928), com uma nova sistemática acerca dos incapazes em geral como veremos ao estudar a responsabilidade civil. O menor não se exime das obrigações que contrai, quando dolosamente oculta sua idade (art. 180). A maioridade trabalhista já era atingida anteriormente aos 18 anos, assim como a responsabilidade criminal.

O homem e a mulher podem se casar com 16 anos, mas até que completem 18 anos é necessária a autorização de ambos os pais, ou de seus representantes legais (art. 1.517).

Repita-se que, não havendo disposição especial em contrário, os relativamente incapazes devem figurar nos atos jurídicos com a assistência do pai ou da mãe, ou de um tutor se estiverem sob o regime de tutela. Para proporem ações judiciais também necessitam da assistência, e para figurarem como réus nessas ações devem ser citados juntamente com os assistentes.

10.4.1 Pródigos

De acordo com o direito das Ordenações, pródigo é aquele que desordenadamente gasta e destrói sua fazenda (Livro 4º, Título 103, § 6º). Os Códigos de 1916 e 2002 não definem o que seja um pródigo. O Estatuto da Pessoa com deficiência manteve o vocábulo do art. 4º do CC. A questão é de avaliação no caso concreto.

O Código deste século mantivera, portanto, os pródigos como relativamente incapazes no art. 4º, IV. Muito debatida era a inclusão desse conceito entre as incapacidades.

Clóvis não incluíra a prodigalidade entre as incapacidades por entender que, se fosse estado patológico, deveria ser incluída no conceito de alienados, caso contrário não seria o caso de tolher a liberdade do indivíduo que quer dissipar seus bens.

Pródigo é, portanto, o indivíduo que gasta desmedidamente, dissipando seus bens, sua fortuna.

A origem dessa *capitis deminutio* reside no Direito Romano, quando na época era considerado o patrimônio uma propriedade comum e a dilapidação da fortuna afetava toda a família. A interdição vinha em benefício coletivo. Essa noção histórica, sem dúvida, ainda permanece.

A prodigalidade não deixa de ser uma modalidade de desvio mental, geralmente ligado à prática do jogo ou a outros vícios.

Ainda hoje, a prodigalidade é decretada no interesse da família, como um resquício da origem histórica. Há particularidades específicas para esse tipo de incapacidade.

No sistema anterior, só poderia haver decretação de prodigalidade se esta fosse requerida por uma das pessoas descritas no art. 460 do Código Civil de 1916, que rezava: "*O pródigo só incorrerá em interdição, havendo cônjuge, ou tendo ascendentes ou descendentes legítimos, que a promovam*". Se não existisse cônjuge ou os parentes aí enunciados, a lei não se preocupava com a pessoa que dissipasse seus bens. Mesmo existindo esses parentes, dependeria de sua iniciativa a decretação do estado de prodigalidade. Tal posição se efetivava com a complementação do art. 461, que dizia: "*Levantar-se-á a interdição, cessando a incapacidade, que a determinou, ou não existindo mais os parentes designados no artigo anterior. Parágrafo único. Só o mesmo pródigo e as pessoas designadas no artigo 460 poderão arguir a nulidade dos atos do interdito durante a interdição*".

Desse modo, era, no passado, relativa à legitimação para requerer a prodigalidade, como era relativa à legitimação para pedir a anulação dos atos praticados pelo pródigo. A situação mantém-se no novo diploma, mas sob uma nova ótica.

O pródigo, enquanto não declarado tal, é capaz para todos os atos. Declarada sua interdição, fica o indivíduo privado da prática de certos atos:

> "Art. 1.782. A interdição do pródigo só o privará de, sem curador, emprestar, transigir, dar quitação, alienar, hipotecar, demandar ou ser demandado, e praticar, em geral, os atos que não sejam de mera administração."

Note, entretanto, que, se a dissipação da fortuna advém de estado patológico de tal monta que afeta a saúde mental do indivíduo como um todo, o caso será de incapacidade por falta de discernimento; absoluta, portanto, e não de simples prodigalidade, que é uma incapacidade restrita. O conceito, de qualquer forma, deve ser fornecido pela psiquiatria e ciências fins, como acentua o novel Estatuto da Pessoa Deficiente.

A própria pessoa pode sentir-se incapacitada e está legitimada a pedir sua própria interdição. A inovação é importante e já constava do direito estrangeiro.

O Ministério Público somente poderá promover o processo que define a curatela no caso de deficiência mental ou intelectual se as pessoas legitimadas não promoverem ou não existirem ou se estas foram menores ou incapazes (nova redação dada pelo Estatuto de Pessoa com Deficiência).

Como a incapacidade do pródigo é relativa aos atos enumerados no art. 1.782, ele pode praticar todos os demais atos da vida civil, não ficando privado do poder parental, do exercício de sua profissão ou atividades etc.

10.4.2 Ébrios, Toxicômanos, Deficientes Mentais e os Excepcionais sem Desenvolvimento Mental Completo

Nos incisos II e III do art. 4º, o Código contemporâneo inovara na redação, hoje modificada no estatuto mencionado. Esquecida a vetusta expressão *loucos de todo o gênero*, o diploma civil de 2002 procurou estabelecer de forma descritiva as pessoas que, por não terem perfeito conhecimento da realidade e dos fatos, ficam tolhidas de exercer autonomamente os atos da vida civil, necessitando de assistência.

Nesse desiderato, a lei civil refere-se aos *"ébrios habituais"* e aos *"viciados em tóxicos"*. No ordenamento anterior, os toxicômanos e alcoólatras tinham sua limitação de capacidade fixada no Decreto-lei nº 891/1938. Caberá ao juiz avaliar o caso concreto e com auxílio da perícia médica definir o grau de limitação mental que autorize definir a incapacidade relativa. De fato, a dependência de álcool e tóxicos pode ser tal que iniba totalmente a compreensão dos fatos de vida, de molde a implicar incapacidade absoluta. Desse modo, há que ser entendida a disposição. Pela mesma razão, nem sempre a situação de ebriedade ou toxicomania será tal que implique qualquer *capitis deminutio*. Decidirá o juiz, com os meios de prova cada vez mais técnicos e sofisticados de que dispõe, bem como pelo conjunto probatório, inclusive seu contato pessoal com a pessoa, importantíssimo para a conclusão do magistrado. O *interrogatório do interditando* é peça fundamental para sua decisão (art. 751 do CPC).

Por outro lado, o legislador referiu-se a duas categorias de restrição mental: os deficientes mentais e os excepcionais, hoje descritos na lei como *"aqueles que, por causa transitória ou permanente, não puderem exprimir sua vontade"*. Atendeu-se aos reclamos da doutrina, com forma mais genérica e abrangente. A situação, porém, a ser enfrentada pelo juiz no processo de interdição é a mesma: deverá concluir se o sujeito possui limitação mental que o iniba parcialmente para os atos da vida civil. Se a limitação for total, o caso será de incapacidade absoluta.

Observe, também, que a redução de capacidade mental, em qualquer situação, pode desaparecer, mediante tratamento ou educação adequada. Perante essa contingência, a interdição deve ser levantada, desaparecendo a *"capitis deminutio"*. Aduz o art. 756 do CPC que *"levantar-se-á a curatela, quando cessar a causa que a determinou"*. A perícia médica definirá a cessação do estado de incapacidade, mediante avaliação pelo juiz.

10.4.3 Surdos-mudos. Deficientes Visuais. Perspectivas no Atual Código

O Código do século passado se referia expressamente à incapacidade dos surdos-mudos que não pudessem exprimir sua vontade. No atual estatuto, pessoas nessa situação se incluem entre aquelas que, por enfermidade ou doença mental, não tiverem o necessário discernimento para a prática do ato. Se esses sujeitos puderem exprimir sua vontade, ainda que na linguagem que lhes é própria, adquirida por meio de educação adequada, serão capazes. Ficam restritos em sua atuação, no entanto, aos atos em que a audição e a fala oral não sejam necessárias. Não podem, por exemplo, servir de testemunhas em testamento, porque estas devem ouvir as disposições testamentárias.

A colocação dos surdos-mudos como absolutamente incapazes sofria acerbas críticas, principalmente porque o art. 451 do antigo diploma dispunha que o juiz, ao pronunciar a interdição do surdo-mudo, assinalaria os limites de sua incapacidade, ao estabelecer os limites da curatela. Desse modo, a lei já entendia que o surdo-mudo poderia gozar de capacidade limitada, comportando, portanto, essa incapacidade, uma graduação, ensejando que o sujeito fosse considerado relativamente incapaz. Desse modo, caberá ao juiz, no caso concreto, com auxílio da prova técnica, definir o grau de incapacidade do surdo-mudo, como em qualquer outro caso de redução da capacidade mental.

Nossa lei civil atual, assim como o diploma antigo, não colocaram o deficiente visual como incapaz. Essa deficiência, como vimos, por si só, não o torna incapaz, ficando, porém, restrito para a prática de determinados atos, conforme explanamos.

10.5 PROTEÇÃO AOS INCAPAZES (*LEITURA ADICIONAL*)

Estatuía o art. 8º do Código de 1916 que *"na proteção que o Código Civil confere aos incapazes não se compreende o benefício de restituição"*. Essa disposição não é mais repetida no vigente Código, porque se tornou desnecessária.

O Código do século passado extinguiu o chamado instituto da restituição *in integrum*, um remédio extremo, presente nas Ordenações, por meio do qual o menor, na hipótese de ser lesado em seus interesses, poderia pedir a devolução do que pagara, quando o ato lesivo era válido, cercado das formalidades legais. Com essa redação do art. 8º, o legislador de 1916 pretendeu abolir um fator de insegurança nas relações jurídicas. A instituição, existente no Direito anterior, nem sempre beneficiava o menor, porque atemorizava aqueles que com ele pretendiam contratar. Desse modo, os negócios feitos com menores, desde que representados ou assistidos, são plenamente válidos e eficazes. No Código de 1916 e consequentemente no atual, já não havia mais necessidade de essa norma estar presente, pois o provecto instituto já caíra na pátina do esquecimento.

Desse modo, os negócios feitos com menores e demais incapazes, desde que representados ou assistidos, são plenamente válidos e eficazes. Para proteção dos incapazes, coloca-se o incapaz sob representação ou assistência de outra pessoa para os atos da vida civil.

Além dessas medidas de ordem geral, há outras de natureza especial, como o fato, por exemplo, de que contra o menor não corre a prescrição (art. 198, I); o mútuo (empréstimo de bens fungíveis) feito a menor não pode ser reavido, em geral (art. 588) etc. Em leis esparsas são encontradas muitas disposições de proteção aos incapazes.

Aos 18 anos completos, no atual sistema, cessa a menoridade, ficando o indivíduo habilitado para todos os atos da vida civil. A Lei nº 6.015, de 31-12-73, manda que se consigne no assento de nascimento o dia, mês, ano e lugar do nascimento e a hora certa, sendo possível determiná-la ou aproximá-la (art. 54, § 1º).

O art. 5º contém norma peremptória, portanto. Por mais precoce que possa ser a pessoa, sua maioridade só pode ser atingida aos 18 anos. Se dúvida ocorrer, no que tange à contagem do tempo, resolve-se pelo critério do art. 132, que exclui o dia do começo e inclui o dia do vencimento. Antes do 18º ano, o indivíduo só pode adquirir a maioridade pela *emancipação*.

10.6 SILVÍCOLAS (*LEITURA ADICIONAL*)

O projeto primitivo do Código de 1916 não destacava os indígenas. Era intenção de Clóvis relegar a matéria para legislação especial que melhor atendesse a sua peculiar situação.

Preferiu o Código anterior colocá-los como relativamente incapazes e submetê-los a uma legislação especial, nos termos do parágrafo único do art. 6º. No mesmo diapasão coloca-se o vigente Código, estabelecendo no parágrafo único do art. 4º: "*A capacidade dos silvícolas será regulada por legislação especial*."

Nossos indígenas, enquanto afastados da civilização, não possuem habitualmente a experiência necessária para o trato diário da vida civil do chamado "homem civilizado". A incapacidade perdura até que se adaptem à civilização.

Preferiu-se o termo *silvícola*, o que é da selva, para tornar claro que se refere aos habitantes da floresta e não àqueles indígenas já absorvidos pela civilização.

Atualmente, o Estatuto do Índio é a Lei nº 6.001, de 19-12-73. Essa lei coloca o indígena e suas comunidades, enquanto ainda não integradas à comunidade nacional, sob o regime tutelar aí estabelecido. A Lei nº 5.371, de 5-12-67, autoriza a instituição da Fundação Nacional do Índio (Funai), que exerce os poderes de representação ou assistência jurídica tutelar do índio, na forma estabelecida na legislação comum ou em legislação especial.

O Estatuto do Índio procura preservar os usos, costumes e tradições das comunidades indígenas, nas relações de família, na ordem de sucessão, no regime de propriedade e nos atos ou negócios realizados entre os índios, salvo se optarem pelo direito comum (art. 6º). Os índios, enquanto não absorvidos pelos costumes da civilização, submetem-se ao regime tutelar da União. Desse modo, para praticar atos da vida civil necessitam da assistência do órgão tutelar (art. 8º). Lembremos, ainda, que qualquer silvícola pode requerer ao Poder Judiciário sua liberação do regime tutelar de seu estatuto, investindo-se na plenitude da capacidade civil, desde que preenchesse os requisitos do art. 9º:

"*I – idade mínima de 21 anos;*

II – conhecimento da língua portuguesa;

III – habilitação para o exercício de atividade útil, na comunhão nacional; e

IV – razoável compreensão dos usos e costumes da comunhão nacional. Há outras modalidades de emancipação do índio no Estatuto, quais sejam, o reconhecimento pelo próprio órgão tutelar, homologado judicialmente, ou decreto do Presidente da República no tocante à comunidade indígena e seus respectivos membros".

Com a nova maioridade aos 18 anos, essa lei deve ser doravante adaptada.

A Lei nº 6.015/73 (Lei dos Registros Públicos), no art. 50, § 2º, estabelece que "os índios, enquanto não integrados, não estão obrigados a inscrição do nascimento. Este poderá ser feito em livro próprio do órgão federal de assistência aos índios".

A História demonstra que a proteção aos índios em nossa terra tem sempre se mostrado insuficiente, não tendo o Estatuto do Índio a observância que o legislador almejou.

10.7 EMANCIPAÇÃO

O art. 5º, depois de estabelecer que a maioridade é atingida aos 18 anos de idade, dispõe, no parágrafo único, acerca da emancipação:[7]

---

[7] "Apelação cível. Ação anulatória de emancipação. Ato jurídico perfeito. Erro substancial. Ausência. Arrependimento. Impossibilidade. Ausência de interesse processual. Indeferimento da petição inicial. Extinção do processo sem julgamento de mérito. Manutenção. 1. O instituto da **emancipação está previsto no artigo 5º do Código Civil,** podendo ser três espécies: voluntária, judicial ou legal. 'Através da emancipação são antecipados os efeitos da maioridade civil para pessoas que ainda não atingiram os dezoito anos de idade, cessando, por conta disso, a sua incapacidade jurídica de fato'. (...) 2. No caso, a autora foi emancipada voluntariamente por seu genitor, após o falecimento de sua mãe, conforme Escritura Pública de Emancipação, firmada em 4/3/2021, ocasião em que estava prestes a completar 17 anos de idade, embora alegue que foi convencida a se emancipar pelo genitor, sem ter a exata noção das consequências daí advindas. 3. É certo que a emancipação somente deve ser concedida em consideração ao interesse do adolescente. Nesse sentido, diante da ausência de proximidade entre pai e filha, conforme assinalado na inicial, a emancipação permitiria à autora não depender da aquiescência do pai para a prática de atos da vida civil. As partes (filha e pai), de fato, aquiesceram livremente com a emancipação voluntária, porquanto traria benefício à menor, na ocasião, e atualmente adulta. 4. A mera alegação de desconhecimento das consequências do ato de emancipação na seara previdenciária não se enquadra no conceito de erro substancial, porquanto não compromete a essência do ato volitivo. Assim, tratando-se de ato já definitivo, irretratável e irrevogável, não se admite o arrependimento da emancipada. 5. Recurso conhecido e desprovido" (*TJDFT* – Ap 07060084120238070012, 3-4-2024, Rel.ª Soníria Rocha Campos D'Assunção).

"Câmara Especial – **Emancipação judicial** de adolescente em situação de risco pleiteada pelo Ministério Público – Extinção do feito sem resolução de mérito por ausência de legitimidade *ad causam* – Menor que possui genitora, a qual detém o poder familiar, apenas não exercendo a guarda da filha – Legitimidade da genitora para emancipá-la – Inteligência do artigo 5º, parágrafo único, inciso I, do Código Civil – Sentença de extinção que deve ser mantida – Recurso não provido" (*TJSP* – Ap 1013646-96.2022.8.26.0161, 18-4-2023, Rel. Francisco Bruno).

"Emancipação judicial – Menor que contava com quinze anos ao ingressar com a ação – Sentença de indeferimento – Insurgência do menor e de seus pais que concordam com a emancipação – Advento dos dezesseis anos no curso do processo – Inteligência do art. 5, inciso I, do CC – **Emancipação judicial** que é restrita as hipóteses de divergência entre os pais do menor ou quando este é assistido por tutor – Possibilidade de emancipação extrajudicial – Sentença mantida – Recurso não provido". (*TJSP* – Ap. 1008335-07.2021.8.26.0664, 22-2-2022, Rel. Miguel Brandi.

"**Emancipação judicial** – Extinção do feito sem resolução de mérito por ausência de legitimidade *ad causam* – Menor com 17 anos de idade – Guardiã não possui legitimidade para pleitear a emancipação do adolescente – Menor não está sob tutela, pois tem genitora, a qual detém o poder familiar, apenas não exercendo a guarda do filho – Portanto, somente a mãe possui legitimidade para emancipá-lo – Inteligência do art. 5º, parágrafo único, inciso I, do Código Civil – Sentença de extinção mantida – Recurso não provido" (*TJSP* – Ap 1002868-59.2020.8.26.0445, 26-8-2021, Rel. Elcio Trujillo).

"Agravo de instrumento – Ação cominatória – Concurso público estadual para o cargo de soldado bombeiro militar. Candidato que não possuía 18 anos de idade na data de inscrição no certame. Critério de idade mínima previsto no edital. **Emancipação** que não tem o condão de suprir a exigência editalícia. 1– O edital nº 02/2018 para o concurso público soldado BM 3ª classe, no seu item 3.1, alínea d, traz claramente como requisito para a admissão no cargo ter o candidato a idade mínima de 18 (dezoito) anos completos e máxima de 35 (trinta e cinco) anos

"Cessará, para os menores, a incapacidade:

I – pela concessão dos pais, ou de um deles na falta de outro, mediante instrumento público, independentemente de homologação judicial, ou sentença do juiz, ouvido o tutor, se o menor tiver dezesseis anos completos;

II – pelo casamento;

III – pelo exercício de emprego público efetivo;

IV – pela colação de grau em curso de ensino superior;

V – pelo estabelecimento civil ou comercial, ou pela existência de relação de emprego, desde que, em função deles, o menor com dezesseis anos completos tenha economia própria".

A maioridade do menor ocorrerá quando este completar 18 anos. Antes da idade legal o agente poderá adquirir plena capacidade pela emancipação. A principal modalidade de emancipação é aquela concedida pelos pais. Essa emancipação deve ser vista como um benefício para o menor. Ambos os pais devem concedê-la, só podendo um deles isoladamente fazê-lo, na falta, ausência ou impossibilidade do outro progenitor. Tratando-se de filiação natural, reconhecido o indivíduo apenas pela mãe, a esta caberá emancipar, ou a ambos, se o pai constar do registro.

A questão da impossibilidade de um deles estar presente ao ato, por qualquer motivo, deverá ser dirimida pelo juiz no caso concreto. Se um dos progenitores se negar a emancipar, tendo autorizado o outro, a vontade do primeiro pode ser suprida judicialmente se provada que a recusa decorre de mera emulação, sendo injustificada.

Assim, se o menor estiver sob o poder familiar, serão ambos os pais que poderão conceder a emancipação por escritura pública, como já se exigia após a Constituição de 1988. Por sentença, será deferida a emancipação quando o menor estiver sob tutela. Sendo a plena capacidade estabelecida pelo atual Código aos 18 anos, a emancipação por iniciativa dos pais ou do tutor torna-se possível a partir dos 16 anos.

Note que o dispositivo transcrito possibilita a um só dos genitores a outorga, na hipótese de *falta do outro*. Não se refere mais a vigente lei à *"morte"* do outro progenitor, como é expresso no Código antigo. A expressão *falta do outro* pode ser examinada com elasticidade. A lei não se refere à ausência técnica do pai ou da mãe, tal como disciplinada nos arts. 22 ss. A falta do outro progenitor, a par da morte, que é indiscutivelmente a falta maior, pode ocorrer por vários prismas: o pai ou mãe faltante poderá se encontrar em paradeiro desconhecido, tendo em vista, por exemplo, o abandono do lar ou a separação ou divórcio. Caberá, sem dúvida, ao

---

na data de inscrição no concurso. 2– A lei complementar nº 278, de 1º de dezembro de 2016, alterou o art. 10 da lei nº 2.066/76, passando a fixar a idade mínima de 18 anos na data da inscrição para a investidura no cargo de policial militar. 3– Edital que seguiu o que dispõe a legislação estadual sobre a matéria, estando em plena consonância com os julgados do STF em casos semelhantes. 4– O termo de emancipação não pode ser confundido com maioridade, sendo o critério previsto em lei o de idade mínima. Recurso desprovido. Decisão unânime" (*TJSE* – AI 201800827602 – (778/2019), 31-1-2019, Rel. Marcel de Castro Britto).

"Agravo de instrumento – Execução de alimentos – Verba alimentar – Menor relativamente incapaz – Acordo realizado entre pai e filho sem anuência da representante legal – Negócio Anulável – Artigo 171, inciso I, do Código Civil – **Emancipação do menor somente se dá pelo casamento** – Ordem de prisão mantida – Ausência de pagamento da pensão alimentícia – Decisão mantida – Recurso conhecido e desprovido – A emancipação do menor somente se dá pelo casamento, nos termos do artigo 5º do Código Civil. Não pode ser homologada a transação entabulada pelas partes (pai e filho), sem a anuência da representante legal (genitora), uma vez que trata-se de menor relativamente incapaz que deve ser representado" (*TJMS* – AI 1406020-85.2018.8.12.0000, 2-8-2018, Rel. Des. Amaury da Silva Kuklinski).

juiz e ao membro do Ministério Público averiguar quando essa "falta" mencionada na lei seja autorizadora da outorga da emancipação por um único progenitor.

Não se deve esquecer que a emancipação possui importantes efeitos patrimoniais, com reflexos diretos não só na vida do menor, como também em toda estrutura familiar. Desse modo, peremptoriamente, perante o sistema da atual lei, não se poderá lavrar escritura de emancipação com a presença de apenas o pai ou a mãe, sem a devida autorização judicial, ou, se for o caso, com a apresentação de sentença de ausência ou atestado de óbito do faltante. A lei registrária deverá regular a matéria, juntamente com as normas das corregedorias locais. Havendo dúvida a respeito dessa "falta" do pai ou da mãe, pois não há que se confundir falta com recusa, haverá necessidade de suprimento judicial de vontade do progenitor faltante. Poderá ocorrer que o progenitor tente outorgar a emancipação isoladamente, mascarando a "falta", quando na verdade houver recusa de consentimento para o ato. A melhor solução, porém, quando houver dúvidas sobre a dimensão dessa ausência do progenitor ausente, é no sentido de o interessado recorrer à sentença judicial, a exemplo do que é necessário para o tutor. O art. 89 da Lei dos Registros Públicos afirma que cabe aos pais a emancipação. Muitos entenderam que já a partir dessa lei a presença de ambos os pais era necessária para o ato.

No sistema do corrente Código, bem como no que se aplica após a presente Constituição, se os pais não estiverem concordes a respeito da emancipação do filho, há possibilidade de o consentimento do recalcitrante ser suprido por sentença, embora, na prática, o lapso temporal de um procedimento judicial possa tornar inócua a medida.

Qualquer que seja a situação, porém, deve ser entendido que essa emancipação voluntária há de ser concedida sempre no interesse do menor, o qual, nos casos de dúvida, deverá ser ouvido, como na hipótese de requerimento pelo tutor e sempre que houver pendenga ou quesilha a respeito da questão.

Como é curial, uma vez concedida a emancipação pelos pais, não pode ser revogada a qualquer título, salvo, é claro, as hipóteses de nulidade absoluta, ressalvando-se sempre os direitos de terceiros de boa-fé. A emancipação é direito potestativo dos pais. Por outro lado, o menor, de seu lado, não tem direito de pedir ou exigir a emancipação. Trata-se, de fato, de uma concessão. No direito anterior o nosso Código de 1916, dependia sempre, como falamos, de sentença, exigência que se mantém, atualmente, para a concessão pelo tutor.

Em qualquer situação na qual a emancipação dependa de sentença, levando-se em conta o que expusemos nesta oportunidade, não há que se entender que todo e qualquer pedido nesse sentido deva ser acolhido. O juiz ouvirá o tutor, o progenitor presente se for o caso e o próprio menor. Se entender inconveniente a medida, seja um decreto de emancipação, seja um suprimento de vontade para essa finalidade, poderá negar a pretensão, sempre levando em conta o interesse do menor.

Quanto às demais possibilidades de emancipação, afora a concessão dos pais, o art. 5º da atual lei mantém, em síntese, as mesmas hipóteses do Código de 1916. Há, no entanto, uma inovação no inciso V, que se reporta à emancipação obtida "pelo estabelecimento civil ou comercial, ou pela existência de relação de emprego, desde que, em função deles, o menor com dezesseis anos completos tenha economia própria". Há, pois, a possibilidade de ser atingida a maioridade também com a relação de emprego que proporcione economia própria. À primeira vista, parece que a vigente lei civil ressalva que essa possibilidade somente é deferida aos menores com 16 anos, restrição inexistente no Código anterior. Nesse sentido, dois são os requisitos para essa modalidade de emancipação: estabelecimento civil ou comercial ou relação de emprego e a idade mínima de 16 anos. A simples relação de emprego ou estabelecimento próprio, portanto, não será suficiente para o status, pois estaria a permitir fraudes. Discutível e apurável será no caso concreto a existência de economia própria, isto é, recursos próprios de sobrevivência e manutenção. Esse status poderá gerar dúvidas a terceiros e poderá ser necessária sentença judicial que declare a maioridade do interessado nesse caso. É de se recordar que, se o menor, nessa situação, desejar praticar atos da vida civil que exijam a comprovação documental da maioridade, a sentença declaratória será essencial, segundo nos parece. A simples relação de emprego, por si só, não comprova a maioridade perante o universo negocial, como a própria lei demonstra. O emancipado, estabelecendo-se comercialmente, ficará também sujeito à falência. Note que a Lei de Falências de 1945 estabelecia a idade de 18 anos para a falência do menor que se estabelecesse com economia própria. No sistema da Lei no 11.101/2005, não há mais referência a esse vetusto princípio. Para ser comerciante, ou empresário individual, na expressão contemporânea, a pessoa deve encontrar-se no gozo pleno da sua capacidade civil. Assim, não terão capacidade para exercer a empresa, em princípio, os menores de 18 anos, não emancipados e todos aqueles aos quais a lei restringe a capacidade. O menor emancipado (por outorga dos pais, casamento, nomeação para emprego público efetivo, estabelecimento por economia própria, obtenção de grau superior, com todas as complexidades que essas situações apresentam), encontrando-se em pleno gozo de sua capacidade jurídica, pode ser empresário individual e será alcançado pela lei falencial. O art. 974 do Código Civil permite que o incapaz, por meio de representante ou devidamente assistido, continue a empresa antes exercida por ele enquanto capaz, por seus pais ou pelo autor da herança. A oportunidade e a conveniência dessa atividade por parte do incapaz serão aferidas no caso concreto pelo juiz. Trata-se de inovação no ordenamento em prol da continuação da empresa, mormente aquela de natureza familiar. O incapaz desempenhará sua atividade mediante alvará judicial. A situação é especialíssima.

O princípio da *emancipação pelo casamento* mantém-se no atual diploma civil. A idade núbil, de acordo com o art. 1.517, é de 16 anos tanto para o homem como para a mulher. Enquanto não atingirem a maioridade, portanto desejando qualquer um deles contrair matrimônio com menos de 18 anos, necessitarão autorização de ambos os pais, ou de seus representantes legais. Antes da idade núbil legal, porém, podia ser levada em conta a disposição do art. 1.520:

"*Excepcionalmente, será permitido o casamento de quem ainda não alcançou idade núbil (art. 1.517), para evitar imposição ou cumprimento de pena criminal ou em caso de gravidez.*"

Tratava-se de suplementação de idade núbil que somente poderia ocorrer por via judicial. Foi dada nova redação a esse art. 1.520, vedando peremptoriamente o casamento de quem não atingiu a idade núbil, atendendo, assim, a resistência que havia ao antigo texto.

Com o casamento o homem e a mulher emancipam-se. A lei entende que quem constitui família, com a devida autorização dos pais ou responsáveis ou por autorização judicial, deve ter maturidade suficiente para reger os atos da vida civil. Se assim não fosse, criar-se-ia uma situação vexatória para o indivíduo casado que, a todo momento que necessitasse praticar um ato, precisaria da autorização do pai ou responsável. Essa dependência seria inconveniente para quem assume um lar.

Uma vez alcançada a maioridade pelo casamento, não haverá retorno ao estado anterior de incapacidade relativa, pela dissolução do vínculo conjugal, por morte de um dos cônjuges, pela separação judicial ou pela anulação do casamento, como mansamente entende nossa doutrina. A emancipação, uma vez ocorrida, sob qualquer modalidade, é ato pleno e acabado.

Outra situação de emancipação independentemente da maioridade é o *exercício de emprego público efetivo*. A função pública pode ocorrer nos níveis federal, estadual ou municipal.

Somente se emancipará quem for nomeado em caráter efetivo. Não são atingidos pela norma os simples interinos, os contratados a título temporário, os cargos de confiança cujos ocupantes podem ser exonerados *ad nutum*. Não há possibilidade no ordenamento, em princípio, que alguém com menos de 18 anos ascenda a cargo público efetivo.

Também continua o atual código a mencionar como modalidade de emancipação, *a colação em grau de ensino superior*. Pelo nosso sistema de ensino é praticamente impossível que alguém com menos de 18 anos conclua curso universitário, embora já tenhamos notícia de sua ocorrência.

10.8 AUSÊNCIA NO ATUAL CÓDIGO

O estatuto de 1916, como apontamos, incluía os ausentes entre os absolutamente incapazes. O atual Código exclui essa modalidade de incapacidade, tratando do instituto de forma autônoma, mantendo, porém, sua disciplina, na parte geral (arts. 22 ss). Desse modo, devemos examinar o fenômeno fora das hipóteses de incapacidade. Na realidade, os três fenômenos que se desdobram, a ausência, tratada nos arts. 22 a 25, a sucessão provisória (arts. 26 a 36) e a sucessão definitiva (arts. 37 a 39), estão mais ligados aos princípios de direito de família e das sucessões, embora com cunho essencialmente patrimonial. Por essa razão, é de conveniência somente didática que esses institutos sejam ali estudados (ver Capítulo 4 de nosso *Direito das sucessões*).

De forma sintética, podemos afirmar que ausente é a pessoa que deixa seu domicílio e não há mais notícias de seu paradeiro.[8] Não basta, no entanto, a simples não presença: o au-

---

[8] "Apelação cível. **Ação declaratória de ausência**. Sentença de extinção do processo sem resolução do mérito. Indeferimento da inicial. Irresignação do autor. Cabimento. A simples declaração de ausência, ainda que inexistentes bens conhecidos, deve ter seu interesse jurídico preservado, até porque capaz de produzir outros efeitos além dos previstos nos artigos 22 do Código Civil e do art. 744 e ss. do Código de Processo Civil. Possível eventual obtenção do reconhecimento da ausência para fins exclusivamente previdenciários. Ainda, somente após a declaração da ausência reclamada, os bens do falecido poderão ser devidamente investigados pelo curador nomeado, mediante averiguação tendente à sua arrecadação. Se não bastasse, a declaração da ausência, visando futuro reconhecimento presumido do óbito, também apresenta interesse jurídico para fins de sucessão. Evidente interesse processual. Decisão reformada. Recurso provido" (*TJSP* – Ap 1003601-75.2023.8.26.0168, 9-4-2024, Relª Lia Porto).
"Apelação – **declaração de ausência** cumulada com arrecadação de bens – ausência declarada por sentença – inconformismo – pretensão de fixação da data do desaparecimento – rejeição – A sentença declaratória de ausência, embora declare a ocorrência de desaparecimento pretérito, tem efeitos prospectivos, voltados à administração do patrimônio da ausente enquanto desaparecida – Ausente que conta, atualmente, com 48 anos de idade – Sucessão definitiva da ausente que, se necessária no futuro, independerá de fixação de data certa do desaparecimento – Inteligência dos arts. 6º, 22, 37 e 38, todos do CC, e 745, CPC – Sentença mantida – negaram provimento ao recurso" (*TJSP* – Ap 1003714-75.2018.8.26.0565, 9-8-2023, Rel. Alexandre Coelho).
"Conflito negativo de competência. Declaração de ausência. Arts. 744 e 745, do CPC. Procedimento preparatório. Abertura de sucessão provisória. Conexão. Prevenção. 1. O procedimento declaração de **ausência ocorre quando a pessoa desaparece do seu domicílio sem deixar representante** ou quando deixa mandatário que não queira ou não possa continuar a exercer o mandato, prosseguindo-se com a arrecadação de seus bens e a nomeação de curador, conforme disposição dos arts. 22 e 23, do Código Civil, e art. 744, do Código de Processo Civil. 2. A abertura da sucessão provisória é possibilitada após transcorrido prazo da arrecadação dos bens do ausente, convertendo-se, por fim, a sucessão provisória em definitiva quando houver a certeza da morte do ausente, nos termos da lei, conforme art. 745 e parágrafos, do CPC. 3. Conforme disposições dos arts. 744 e 745 do CPC, verifica-se que a ação de declaração de ausência constitui procedimento preparatório para abertura da sucessão provisória, sendo clara a existência de conexão entre os procedimentos. 4. À luz do art. 286, I, do CPC, a ação de sucessão provisória deve ser processada no mesmo foro em que a anterior ação declaratória de ausência. 5. Conflito conhecido e declarado competente o Juízo Suscitado" (*TJDFT* – CC 0726877443202280700000, 19-9-2022, Rel. Ana Cantarino).
"Apelação Cível. Ação declaratória de morte presumida sem decretação de ausência c.c. justificação de óbito. Sentença que indeferiu a inicial e extinguiu o feito sem resolução do mérito. Impossibilidade de se afirmar a ocorrência de perigo efetivo envolvendo o simples desaparecimento de alguém. **Inviável a declaração da morte presumida, devendo-se observar o procedimento e prazos para a declaração de ausência prevista no artigo**

sente deve ser declarado tal pelo juiz. Nesse sentido, Washington de Barros Monteiro (2005, v. 1:120) nos dá uma fórmula para a conceituação da ausência: não presença + falta de notícias + decisão judicial = ausência.

O Código de 2002 repete a mesma noção do Código anterior no art. 463, ao estabelecer, no art. 22:

> *"Desaparecendo uma pessoa do seu domicílio sem dela haver notícia, se não houver deixado representante ou procurador a quem caiba administrar-lhe os bens, o juiz, a requerimento de qualquer interessado ou do Ministério Público, declarará a ausência, e nomear-lhe-á curador."*

O estatuto de 2002 repete a mesma redação do diploma anterior ao estabelecer que também será nomeado curador quando o ausente deixar mandatário que não queira, ou não possa, exercer ou continuar o mandato, ou se seus poderes forem insuficientes (art. 23). Demonstrando a íntima relação do instituto com o direito de família, o art. 24 manda que sejam aplicados ao curador do ausente o que for aplicado a respeito de tutores e curadores. O art. 25 estabelece a preferência pelo cônjuge para o cargo de curador, desde que não esteja separado judicialmente ou de fato por mais de dois anos antes da declaração de ausência. na falta de cônjuge, a curadoria incumbirá aos pais ou descendentes nessa ordem, salvo existir impedimento que os iniba de exercer o cargo. Os descendentes mais próximos excluem os mais remotos. Na falta dessas pessoas, o juiz escolherá um curador de sua confiança, denominado, na prática, de curador dativo.

Devemos aprofundar esse estudo no momento oportuno, no direito de família e sucessões, juntamente com a sucessão provisória e a sucessão definitiva.

10.9 FIM DA PERSONALIDADE NATURAL. A MORTE PRESUMIDA NO CÓDIGO CIVIL DE 2002

A existência da pessoa natural termina com a morte (art. 6º). Como com a morte termina a personalidade jurídica, salvo alguns direitos ligados à personalidade do morto (*mors omnia solvit*, a morte tudo resolve), é importante estabelecer o momento da morte ou fazer sua prova para que ocorram os efeitos inerentes ao desaparecimento jurídico da pessoa humana, como a dissolução do vínculo matrimonial, o término das relações de parentesco, a transmissão da herança etc.[9]

---

22 e seguintes do Código Civil, ainda que as diligências para tentativa de localização se façam necessárias em qualquer caso. Recurso desprovido" (*TJSP* – Ap 1006827-69.2020.8.26.0564, 20-4-2022, Rel. Maria de Lourdes Lopez Gil).

"Declaração de ausência – Art. 22 do CC – Ré que se mudou para o Japão há quinze anos sem deixar notícias – Existência de patrimônio comum com as requerentes, suas irmãs – Diligências exaustivas no Japão e no Brasil para localização de seu paradeiro, sem sucesso, o que inclusive justificou sua citação por edital – Necessidade de lhe dar curador na proteção de seus próprios interesses – Ausência decretada, com determinação para arrecadação de bens – Arts. 744 e seguintes do CPC que regularão a futura e eventual sucessão provisória – Recurso provido" (*TJSP* – Ap 1001916-85.2013.8.26.0361, 9-6-2020, Relª Mônica de Carvalho).

[9] "Apelação cível. **Ação declaratória de morte presumida sem prévia decretação de ausência.** Requerido desaparecido na década de 50. Idade atual de 89 anos, se vivo. Últimas notícias do paradeiro do requerido há 70 anos. Diligências de buscas negativas. Circunstâncias indicativas de provável falecimento. Possibilidade de abertura de sucessão definitiva. Presença dos requisitos legais (CC, ART. 38). Desnecessidade de abertura do procedimento de ausência com todas as suas fases. Peculiaridades do caso concreto. Cabimento da declaração de morte presumida. Sentença reformada. Recurso provido". (*TJPR* – Ap 0000727-16.2018.8.16.0063, 30-3-2022, Rel. Des. Rel. Luis Cesar de Paula Espindola).

"Apelação. **Declaração de morte presumida.** Recurso interposto contra sentença que indeferiu a inicial em razão da ausência de juntada da certidão de nascimento de Bernarda Maria de Jesus, cujo óbito pretende seja declarado. Documento essencial que deveria ter instruído a inicial. Impossibilidade lógica de declarar o óbito

A regra geral é que se prova a morte pela certidão extraída do assento de óbito. Em sua falta, é preciso recorrer aos meios indiretos, à prova indireta. Não devemos confundir, entretanto, a prova indireta da morte com a ausência, em que existe apenas a certeza do desaparecimento, sem que ocorra presunção de morte. O art. 88 da Lei dos Registros Públicos (Lei nº 6.015/73) permite uma modalidade de justificação judicial de morte,

> *"para assento de óbito de pessoas desaparecidas em naufrágio, inundação, incêndio, terremoto ou qualquer outra catástrofe, quando estiver provada a sua presença no local do desastre e não for possível encontrar-se o cadáver para exame".*[10]

---

de quem não teve provado o nascimento. Autor/apelante que, igualmente, sequer provou a inexistência de registro do óbito que pretende ver declarado. Pretensão que exige prova de que o óbito não foi anteriormente registrado. Situação peculiar, ademais, que impede o prosseguimento do feito. Autor/apelante que é herdeiro testamentário de Almerinda Rosa dos Santos e não de seu falecido cônjuge Joaquim Ribeiro dos Santos (filho de Bernarda). Parte que deve demonstrar a existência de interesse de agir e legitimidade. Inexistência de qualquer elemento que vincule o autor/apelante à sucessão de Joaquim Ribeiro dos Santos e, por consequência, à declaração de morte presumida de sua respectiva genitora Bernarda Maria de Jesus. Declaração de morte presumida que exige a prévia declaração de ausência, cujos legitimados são legalmente previstos. Situação que não se enquadra nas hipóteses do art. 7º/CC. Autor/apelante que nada justificou sobre o afastamento daqueles que são legalmente legitimados para tanto. Inobservância à previsão dos arts. 22/25 do Código Civil. Sentença que deve ser mantida, não só porque não provou o nascimento de quem se pretende ver declarada a morte presumida, mas, também, porque não provou que o óbito já não se encontra registrado e, ainda, porque não provou qualquer relação jurídica que justifique tal pretensão, ainda mais com o afastamento das pessoas legalmente legitimadas a tanto. Recurso não provido" (TJSP – Ap 1020194-28.2019.8.26.0005, 28-5-2021, Rel. Ana Maria Baldy).

"Apelação cível – **Ação declaratória de morte presumida** – Sentença de improcedência, argumentando inexistência de probabilidade do falecimento, determinando a remessa das interessadas para as vias próprias, com declaração de ausência do desaparecido. Inconformismo das recorrentes, para que o feito tenha regular prosseguimento, com oitiva das testemunhas para delimitar a data do desaparecimento acolhido – Razoabilidade das alegações – Genitor que era caminhoneiro, havendo notícias de que fora roubado e morto pelos ladrões de carga – Expedição de ofícios para tentativa de localização e edital, que restaram infrutíferas – Desaparecimento há 46 anos, contando o desaparecido 87 anos de idade – Sentença anulada – Recurso provido" (TJSP – Ap 0000364-39.2015.8.26.0424, 7-8-2018, Rel. José Joaquim dos Santos).

[10] "Apelação civil – Civil e processual civil – **Ação declaratória de morte presumida** – Sentença que extinguiu o feito – Fatos declinados que não se amoldam às hipóteses legais, que são taxativas. Sentença mantida. Recurso improvido. 1– Tendo em vista situações excepcionais em que a morte não é fato certo e provado, o sistema jurídico concebe o instituto da morte presumida, em que se procura remediar o grave problema da ausência de uma pessoa. 2– Ocorre que, em decorrência da gravidade inerente à medida extrema, o legislador restringe as hipóteses e elenca requisitos taxativos para a decretação da morte presumida, de modo que, se não observadas, inviável sua declaração pelo poder judiciário. 3– Assim, não restando demonstrado nos autos que o desaparecimento ocorreu nas situações descritas no art. 7º do CC, afasta-se a presunção da morte que se pretende ver declarada. Recurso conhecido e desprovido" (TJSE – AC 201900824209 – (25654/2019), 19-9-2019, Rel. Des. Ricardo Múcio Santana de A. Lima).

"Direito civil e processual civil – **Ação declaratória de morte presumida** – Apelação Cível – Sentença que julgou improcedente o pedido inicial – Fatos declinados que não se amoldam às hipóteses legais, que são taxativas – Ausência decretada judicialmente que não tem como consequência a presunção da morte do ausente – Sentença mantida. 1 – Tendo em vista situações excepcionais em que a morte não é fato certo e provado, o sistema jurídico concebe o instituto da "morte presumida", em que se procura remediar o grave problema da ausência de uma pessoa. 2 – Ocorre que, em decorrência da gravidade inerente à medida extrema, o legislador restringe as hipóteses e elenca requisitos taxativos para a decretação da morte presumida, de modo que, se não observadas, inviável sua declaração pelo Poder Judiciário. 3 – Assim, não restando demonstrado nos autos que o desaparecimento ocorreu nas situações descritas no art. 7º do CC, afasta-se a presunção da morte que se pretende ver declarada. Recurso conhecido e desprovido" (TJPR – AC 1440603-2, 5-4-2016, Rel. Des. Ivanise Maria Tratz Martins).

"**Ação de justificação judicial de morte presumida** – Pretensão de declaração de morte presumida sem decretação de ausência – Sentença de improcedência – Irresignação do autor – Descabimento – Hipótese dos autos que não corresponde às exceções legais do art. 7º do Código Civil – Necessidade de decretação da ausência – Sentença mantida – Aplicação do disposto no art. 252 do Regimento Interno deste Tribunal – Recurso não provido" (TJSP – Ap 0003795-34.2011.8.26.0291, 17-7-2015, Rel. Walter Barone, *DJe* 17-7-2015).

Vimos que na época romana a escravidão também fazia cessar a personalidade com a *capitis deminutio maxima*.

Não temos também a denominada morte civil, embora haja resquício dela, como, por exemplo, no art. 157 do Código Comercial e no art. 1.816 do atual Código Civil. Por esse dispositivo do Código Civil, os excluídos da herança por indignidade são considerados como se mortos fossem: seus descendentes herdam normalmente. Nas legislações antigas, a morte civil atingia, como pena acessória, os delinquentes condenados por determinados crimes graves. Eram reputados como civilmente mortos. Como consequência, podia ser aberta a sucessão do condenado como se morto fosse; perdia ele os direitos civis e políticos e dissolvia-se seu vínculo matrimonial. O direito moderno repudia unanimemente esse tipo de pena, embora permaneçam traços como os apontados anteriormente, mais como uma solução técnica do que como pena.

No sistema do Código de 1916, não existia morte presumida, a não ser para efeitos patrimoniais, nos casos dos arts. 481 e 482. Tal não implicava extinção da personalidade. É permitida a abertura da sucessão provisória ou definitiva do desaparecido, para proteção de seu patrimônio. Permitia-se, no entanto, a justificação judicial de morte, como vimos anteriormente (art. 88 da Lei de Registros Públicos). Não se tratava, porém, de típica presunção de morte. No entanto, mesmo que acolhida uma justificação nesse sentido, nada impedia que a pessoa surgisse posteriormente sã e salva, o que anularia todos os atos praticados com sua morte presumida, protegendo-se os terceiros de boa-fé.

A posição tomada pelo Código de 2002 foi outra. De um lado, o instituto da ausência é tratado dentro da parte geral do diploma (arts. 22 ss) e não mais no direito de família. Essa declaração de ausência tradicionalmente tem por finalidade a proteção do patrimônio do desaparecido, como apontamos, levando à sucessão provisória e à sucessão definitiva (veja os temas tratados em nosso *Direito das sucessões*). Os fins do instituto são exclusivamente patrimoniais.

No presente Código, expressamente o legislador aponta que sejam consideradas mortes presumidas as situações que autorizam a abertura da sucessão definitiva (arts. 37 ss). Nesse sentido dispõe o art. 6º da atual lei civil:

"A existência da pessoa natural termina com a morte; presume-se esta, quanto aos ausentes, nos casos em que a lei autoriza a abertura de sucessão definitiva."

No entanto, o atual ordenamento foi mais além, autorizando a declaração de morte presumida em outras situações, independentemente da declaração de ausência:[11]

---

[11] "Agravo de instrumento – **Ausência** – Determinação para regularização da representação processual do espólio do genitor do ausente, que era vivo nas últimas datas conhecidas que podem ser o marco temporal adotado como data presumida da morte do ausente – Impropriedade – Não é caso das hipóteses do art. 7º do Código Civil de declaração de morte presumida, que prescinde da declaração de ausência, isto porque há uma probabilidade muito grande de que tenha ocorrido a morte – Na espécie, em que não se vislumbra que o desaparecido estivesse em situação de 'perigo de vida', a morte presumida do ausente, em conformidade com o art. 37 do Código Civil, é 10 anos depois de passada em julgado a sentença que determinar a abertura da sucessão provisória (art. 28 do Código Civil), quando se presume a morte da pessoa natural – O trânsito em julgado ocorreu em 22/02/2023 e o genitor faleceu anteriormente em 20/04/1996, sem direito sucessório do ausente – Recurso provido" (*TJSP* – AI 2157885-43.2023.8.26.0000, 10-7-2023, Rel. Alcides Leopoldo).

"**Ação declaratória de morte presumida** – Extinção sem julgamento de mérito – Inconformismo do autor – Alegação de que a recorrida teria viajado para a fazenda de parentes em lugarejo sem recursos médicos e lá teria morrido, bem como fora enterrada pelos próprios familiares na fazenda onde estava hospedada, junto com seus documentos. Não houve decretação da ausência da apelada, e o pedido direto de declaração de morte presumida no caso, não se amolda a nenhuma das hipóteses previstas no art. 7º do Código Civil. Também não se tem certeza de que ela tenha nascido em 11/11/1928, tal como afirma o demandante, nem de que hoje teria 86 anos de idade,

"Art. 7º Pode ser declarada a morte presumida, sem decretação de ausência:

I – se for extremamente provável a morte de quem estava em perigo de vida;

II – se alguém, desaparecido em campanha ou feito prisioneiro, não for encontrado até dois anos após o término da guerra.

Parágrafo único. A declaração da morte presumida, nesses casos, somente poderá ser requerida depois de esgotadas as buscas e averiguações, devendo a sentença fixar a data provável do falecimento."

Tudo que é presumido é altamente provável, mas não constitui certeza. Caberá ao juiz, na nova lei, fixar a data da morte presumida do desaparecido na sentença, requisito que é essencial, melhor cabendo estabelecê-la no dia de sua última notícia, na ausência de critério mais seguro, segundo a prova apresentada.[12]

---

não sendo aplicável, portanto o art. 38 do Código Civil. O próprio autor diz que não foi encontrado no Cartório de Registro Civil da Comarca de Cotegipe/BA o assento de nascimento da apelada. Carece o autor de interesse processual na modalidade adequação, pois é necessária primeiramente a declaração de ausência, nos termos do art. 22 e seguintes do Código Civil. Sentença de extinção sem julgamento de mérito mantida. Recurso desprovido" (TJSP – Ap 0015877-45.2012.8.26.0006, 24-3-2015, Rel. Mendes Pereira).

"**Declaração de ausência**. Hipótese em que parte do corpo da desaparecida (uma perna) foi encontrada boiando no rio Tietê. Interesse de agir que não se identifica na espécie. Possibilidade de se declarar a morte presumida independentemente de prévia decretação de ausência. Art. 7º, I, do CC. Recurso desprovido" (TJSP – Ap 0002576-63.2011.8.26.0136, 31-1-2014, Rel. Ferreira da Cruz).

[12] "Agravo de instrumento. **Ação de declaração de morte presumida**. Insurgência contra decisão que considerou ausentes os requisitos para declaração de morte presumida do marido da agravante. Pretensão de declaração da morte presumida ante supostos fortes indícios de morte. Descabimento. Hipóteses do art. 7º do Código Civil não detectadas em cognição superficial. Inquérito policial pendente de conclusão. Decisão mantida. Adoção do art. 252 do RITJ. Recurso desprovido" (TJSP – AI 2322350-69.2023.8.26.0000, 8-3-2024, Rel. Jair de Souza).

"Apelação cível – **Ação declaratória de morte presumida** sem declaração de ausência – Insurgência ministerial quanto ao indeferimento da exordial – Parcial acolhimento – Necessidade de retorno dos autos à origem – Ação penal nº 060/2.16.0000272-7 em curso – não esgotamento das averiguações e buscas que devem preceder a declaração de morte presumida – reforma do decisum – Caso dos autos em que a existência de probabilidade de que P.L.R. tenha sido vítima de homicídio em janeiro de 2016 está sendo averiguada em ação penal junto à Comarca de Panambi. Assim, necessária a desconstituição da sentença, com suspensão do processo até o deslinde da ação penal nº 060/2.16.0000272-7, com vistas ao esgotamento das buscas e diligências necessárias que devem preceder à declaração de morte presumida, nos termos do disposto no artigo 7º, do Código de Processo Civil. Apelação parcialmente provida" (TJRS – AC 70079978375, 16-5-2019, Rel. Des. José Antônio Daltoé Cezar).

"Civil – Processual civil – **Ação declaratória de morte presumida** – Determinação judicial de emenda à inicial para adequação ao rito da ação declaratória de ausência – Natureza do pronunciamento – Decisão interlocutória – Recorribilidade por agravo de instrumento – Negativa de seguimento – Impossibilidade – Potencial prejuízo à parte decorrente da adoção de rito especial menos célere – Exame dos requisitos para a declaração de morte presumida – Impossibilidade – Ausência de prequestionamento e necessidade de reexame de fatos e provas – 1- Ação distribuída em 13/05/2015 – Recurso Especial interposto em 03/03/2016 e atribuído à relatora em 03/03/2017 – 2- O propósito recursal consiste em definir se o pronunciamento jurisdicional que determina a emenda da petição inicial tem natureza de despacho ou de decisão interlocutória e, ainda, se estão presentes, na hipótese, os requisitos da ação declaratória de morte presumida. 3- O pronunciamento jurisdicional que determina a emenda à inicial, ainda que rotulado como despacho, tem natureza de decisão interlocutória nas hipóteses em que houver potencial prejuízo, como naquelas em que se remete a parte para rito processual menos célere. 4- Não tendo sido examinada a questão relacionada ao preenchimento dos requisitos ensejadores da declaração de morte presumida, é inviável o conhecimento do recurso especial nesse aspecto, pela ausência de prequestionamento e pela necessidade de reexame de fatos e provas. Incidência das Súmulas 211 e 7/STJ. 5- Recurso especial conhecido em parte e, nessa extensão, provido" (STJ – REsp 1.656.771 – (2017/0043191-6), 18-5-2018, Relª Minª Nancy Andrighi).

"**Ação declaratória de morte presumida**. Art. 7º do Código Civil. Pessoa desaparecida que hoje contaria mais de 80 anos e de quem não se tem notícia há mais de cinco anos prévia. Decretação de ausência. Inexigibilidade, na espécie. Possibilidade de abertura de sucessão definitiva. Art. 38 Código Civil. Extinção do processo afastada. Recurso provido em parte" (TJSP – Apelação Cível 0004626-48.2010.8.26.0637, 14-8-2012, Rel. Des. Elliot Akel).

A maior cautela possível deverá, no futuro, ser exigida na declaração de presunção de morte, tamanhas e tão graves as consequências de ordem patrimonial e familiar. A atual disposição, de qualquer forma, harmoniza-se com o mencionado artigo da Lei dos Registros Públicos: acidentes, naufrágios, incêndios e outras catástrofes permitem maior grau de presunção de morte. A presente disposição menciona ainda o desaparecido em campanha ou feito prisioneiro quando não é encontrado até dois anos após o término da guerra. Guerra é termo que deve ser entendido com elasticidade, pois deve compreender também revolução interna e movimentos semelhantes como, por exemplo, exercícios bélicos. Como notamos, há situações de desaparecimento da pessoa e da probabilidade de morte que exige um acertamento judicial. Essa declaração de morte do atual Código, como é óbvio, dependerá de sentença judicial, em procedimento no qual todas as investigações devem ser permitidas, além do esgotamento das buscas e averiguações de que fala a lei.

Temos que entender de forma clara as situações de desaparecimento da pessoa e suas consequências jurídicas. A morte de uma pessoa pode ser incerta quando não houver notícia de seu paradeiro e houver motivo para acreditar que tenha falecido. Por outro lado, ainda que haja certeza da morte, pode haver dúvida sobre o momento do passamento, a data da morte, a qual gera importantes consequências jurídicas, mormente no campo sucessório (Larenz, 1978:116). A data da morte deve ser fixada na sentença. Não se estabelecem presunções para o juiz determinar a data como ocorre no direito comparado: o critério caberá à prudente decisão do magistrado.

Como com a morte termina a personalidade jurídica, salvo alguns direitos ligados à personalidade do morto (*mors ommia solvit*, a morte tudo resolve), é importante estabelecer o momento da morte ou fazer sua prova. A regra geral é que se prova a morte pela certidão extraída do assento de óbito. Em sua falta, é preciso recorrer aos meios indiretos, como mencionado no parágrafo anterior. Não se deve confundir, entretanto, a prova indireta da morte com a *ausência*, em que existe apenas a certeza do desaparecimento, sem que haja presunção de morte, como é o caso do art. 88 da Lei dos Registros Públicos.

Para fins exclusivamente patrimoniais, dez anos depois de passada em julgado a sentença que concede a abertura da sucessão provisória do ausente, poderão os interessados requerer a sucessão definitiva e o levantamento das cauções prestadas (art. 37). Também pode ser requerida a sucessão definitiva, uma vez provado que o ausente conta com 80 anos de idade e que de cinco datam suas últimas notícias (art. 38). Todavia, essa é matéria de que nos ocuparemos em *Direito civil: direito de família* e *Direito civil: sucessões*.

A simples ausência de uma pessoa, ainda que prolongada, não tem, por si só, repercussão jurídica. O desaparecimento da pessoa sem notícia, não tendo deixado representante ou procurador, por outro lado, autoriza a declaração judicial de ausência, com nomeação de curador (art. 22 do atual Código). O decurso de tempo de ausência mais ou menos longo induzirá a possibilidade de morte da pessoa. Em matéria de direito patrimonial, o simples desaparecimento ou ausência decretada não rompe o vínculo do casamento, o que ocorrerá somente pelo divórcio ou com a certeza ou reconhecimento presumido da morte.

A ausência cessará com o retorno da pessoa, com a certeza de sua morte ou com a declaração de morte presumida (Trabucchi, 1992:66). Em face da possibilidade latente de reaparecimento da pessoa, afirma-se que a sentença que admite a morte presumida, embora opere efeitos em relação a todos, não faz coisa julgada. Qualquer interessado poderá impugná-la provando que teve notícias do paradeiro do desaparecido, insurgindo-se, inclusive, quanto à data da morte provável estabelecida na decisão, o que poderá alterar a ordem de vocação hereditária (Borda, 1991, v. 1:289).

O sistema estabelecido pelo Código de 1916 não se preocupava com situações de declaração de morte presumida, tantos são os problemas que podem advir com o reaparecimento do presumido morto, acarretando situações que nem mesmo a melhor ficção pode imaginar. Com o atual sistema, existe a possibilidade de declaração de morte presumida, sem decretação de ausência, que é a fase inicial das sucessões provisória e definitiva.

Como aponta Larenz (1978:116), se um dia o declarado morto regressa, existe desde esse momento certeza de que não faleceu e que, por isso, muito menos perdeu seus direitos. Seu patrimônio, em tese, não foi juridicamente transferido aos presumidos herdeiros, tendo pertencido ao titular como anteriormente. A declaração de falecimento não ocasionou precisamente a perda da capacidade jurídica nem a transmissão de seu patrimônio aos sucessores. Há muitas questões que podem advir do fenômeno, a começar pela proteção aos terceiros adquirentes de boa-fé; retenção e indenização por benfeitorias; responsabilidade pela perda ou deterioração da coisa etc. A matéria requer, sem dúvida, maior aprofundamento de estudo, que diz respeito a questões, entre outras, sobre herdeiro aparente e aplicação dos princípios da sucessão definitiva nas hipóteses de retorno do titular do patrimônio. A verdade é que, durante muito tempo, sob o manto do Código de 1916, convivemos sem a possibilidade de declaração de presunção de morte nas hipóteses do art. 7º e se sua ausência não foi sentida ou reclamada pela sociedade. A nosso ver, as inconveniências de termos essa possibilidade na lei superam nitidamente as vantagens.

Na doutrina estrangeira que adota esse sistema, o regresso do morto que encontra seu cônjuge casado com terceiro deu margem a inúmeras interpretações. A melhor solução, presente no direito argentino, é entender como válido o segundo matrimônio e desfeito o primeiro. Observa Guillermo Borda (1991, t. 1:307) que,

> *"os novos vínculos e afetos devem ser preferidos aos pretéritos; tanto mais quanto é possível que o novo matrimônio haja gerado filhos, que, de plano, ver-se-ão em dolorosa situação de ver destruído seu lar".*

Não é essa solução encontrada por todas as legislações. Nossa lei deveria ter-se preocupado com a hipótese, que certamente ocorrerá em concreto.

10.9.1 Comoriência

O art. 8º do Código Civil reza que, *"se dois ou mais indivíduos falecerem na mesma ocasião, não se podendo averiguar se algum dos comorientes precedeu aos outros, presumir-se-ão simultaneamente mortos"*. O projeto em curso acrescenta a expressão *"indivíduos com vocação hereditária recíproca"*, para maior clareza do texto, já que a problemática da comoriência sempre se liga à sucessão hereditária.

O assunto é de vital importância, uma vez que a pré-morte de um casal, por exemplo, tem implicações no direito sucessório. Se faleceu primeiro o marido, transmitiu a herança à mulher; se ambos não tivessem descendentes ou ascendentes e a mulher falecesse depois, transmitiria a herança a seus herdeiros colaterais. O oposto ocorreria se se provasse que a mulher faleceu primeiro. A situação prática pode ocorrer em catástrofes, acidentes ou mesmo em situações de coincidência.

Na dúvida sobre quem tenha falecido anteriormente, o Código presume o falecimento conjunto.[13]

---

[13] "Ação declaratória – Herdeiros que pretendem o reconhecimento da precedência do óbito da companheira de seu pai em relação à morte deste – Falecimento do casal na mesma ocasião, sem que se pudesse apurar, com segurança, a premoriência afirmada – Circunstâncias da conduta criminosa que impediram a conclusão da perícia técnica quanto ao horário exato do falecimento – Latrocínio seguido de incêndio no local – Insuficiência dos relatos de testemunhas e depoimentos dos acusados a respeito da antecedência dos golpes, deferidos em pequeno intervalo de tempo – Presunção de simultaneidade não afastada – **Comoriência configurada (art. 8º, do CC)** – Sentença mantida – Recurso desprovido" (TJSP – Ap 1026633-33.2020.8.26.0001, 5-3-2024, Rel. Luiz Antonio de Godoy).
"Apelação cível. Ação de consignação em pagamento. Seguro de vida. Morte de segurado. Acidente de trânsito que vitimou o segurado e sua companheira. Dúvida quanto à titularidade do direito à indenização. Metade do valor reclamado pelos herdeiros da companheira do segurado. Prosseguimento do feito nos termos do art. 548, inciso II do CPC. Sentença que julgou extinto o feito, sem resolução de mérito, pela perda do objeto. Fundamento de que há questionamento a respeito da existência de união estável entre os falecidos. Insurgência dos herdeiros do segurado. Acolhimento. Impossibilidade de relegar ao juízo do inventário a discussão a respeito da legitimidade para receber a indenização. Relação de natureza contratual securitária. Possibilidade de análise por este tribunal. Intelecção do art. 1.013, §3º, do CPC. Apólice que não prevê a indicação de beneficiários. Aplicação do disposto no art. 794, do cc. **Ocorrência de comoriência. Intelecção do art. 8º, do CC.** Companheira que faleceu no mesmo momento que o segurado. Direito que não se transmite aos herdeiros da companheira. Ausência de sucessão. Sentença reformada. Inversão do ônus sucumbencial. Recurso de apelação conhecido e provido" (TJPR – Ap 0001548-88.2019.8.16.0126, 30-5-2022, Rel. Des. Marco Antonio Antoniassi).
"Recursos de apelação – Ação de cobrança – seguro de vida em grupo – Pacto acessório que determina o pagamento ao segurado de indenização no caso de falecimento prévio de seu cônjuge – Recusa no pagamento diante da **comoriência** – A presunção relativa de comoriência (art. 8º, do CC) pode ser afastada mediante comprovação idônea e segura do momento exato da morte de cada um dos cônjuges – Testemunho ofertado por pessoa sem conhecimentos técnicos que não pode prevalecer sobre o resultado da perícia indireta – Ainda que assim não fosse, a indenização não é devida, vez que, de acordo com a testemunha, a segurada faleceu antes de seu marido, o que dá ensejo à cobertura básica por morte, mas não à cobertura suplementar de cônjuge – Improcedência do pedido que se impõe – Inversão do ônus da sucumbência – Recurso da ré provido – Recurso dos autores prejudicado" (TJSP – Ap 0154663-54.2007.8.26.0100, 24-3-2022, Rel. Hugo Crepaldi).
"Agravo de instrumento – Inventário conjunto – Insurgência em face da decisão que afastou a pretensão de reconhecimento de comoriência decorrente do óbito da mulher pela prática de feminicídio, seguida de suicídio do agente, marido da vítima – Relatório policial que concluiu pela morte da mulher e, logo em seguida, do marido – Conquanto não tenha constado expressamente da certidão de óbito o horário do falecimento, a investigação policial concluiu pelo óbito primeiro do marido e, em seguida, da mulher – Inexistência de comoriência – Decisão mantida – Recurso não provido" (TJSP – AI 2109500-69.2020.8.26.0000, 15-6-2020, Rel. Erickson Gavazza Marques).
"Seguro de vida – Acidente de trânsito que acarretou a morte do segurado e de sua mulher. Certidões de óbitos que atestam o falecimento do casal no mesmo local e instante. **Comoriência** que afasta a transmissão da herança, com extinção de direitos sucessórios entre o casal. Pais do segurado que devem receber a integralidade da indenização securitária. Sentença reformada. Recurso provido" (TJSP – Ap 1007548-98.2017.8.26.0637, 13-2-2019, Rel. Pedro Baccarat).
"Seguro de vida – Ação de cobrança movida por beneficiários – Indenização securitária por morte do segurado – Procedência em parte – Acidente automobilístico que vitimou o segurado e sua companheira – **Comoriência** – Rompimento dos vínculos jurídicos entre o segurado e sua convivente, com extinção dos direitos sucessórios. Ausência de indicação de beneficiários na apólice de seguro. Prevalência da ordem legal de vocação hereditária (art. 1.829 do CC). Falecido que deixou apenas parentes colaterais (irmãos), autores da ação. Condição de beneficiários que restou demonstrada de forma cabal na presente demanda. Alegação de inexistência de regulação do sinistro que se mostra despicienda diante dos subsídios colhidos no feito e que comprovam a contratação e vigência do seguro, o evento morte e a condição legal de beneficiários ostentada pelos autores. Dever de pagar indenização contratada. Rateio entre os requerentes que deverá observar o disposto na partilha, homologada por sentença com trânsito em julgado. Recurso desprovido, com observação. Consoante se vê, o segurado e sua companheira foram a óbito por ocasião do mesmo evento e no mesmo horário, não sendo possível aferir qual deles faleceu primeiro, restando configurada, portanto, a comoriência (art. 8º do CC). Em consequência, houve rompimento dos vínculos jurídicos entre eles, com extinção dos direitos sucessórios, pelo que somente os parentes do segurado fazem jus ao recebimento da herança por ele deixada. O segurado não indicou beneficiário ao contratar o seguro, prevalecendo, por isso, a ordem de vocação hereditária estabelecida pelo art. 1.829 do CC e que favorece seus parentes colaterais (irmãos), haja vista que não deixou descentes ou ascendentes. Diante de tais considerações, a seguradora não se isenta do pagamento da indenização mediante simples alegação de que os autores não teriam entregado declaração de únicos herdeiros, mesmo porque tal condição se encontra demonstrada à exaustão na presente demanda. Por outro lado, mostra-se irrelevante a assertiva de que os autores não fizeram comunicação do

No Direito Romano, cuidando-se de pais e filhos impúberes, presumia-se terem os filhos perecido antes dos pais; se púberes, presumia-se que estes tinham sobrevivido aos pais. Se a morte atingia marido e mulher, entendia-se ter morrido primeiro o marido.

O direito francês, na esteira do Direito Romano, também admite uma série de confusas presunções.

10.9.2 Momento da Morte

Tal qual o momento do nascimento, o momento da morte é de vital importância. Vimos antes o aspecto que atine à declaração judicial de morte presumida. Hoje, defrontamo-nos

---

sinistro na medida em que ela própria notícia que o procedimento administrativo foi deflagrado pelos herdeiros da companheira do segurado. Seja como for, os subsídios que instruem o feito comprovam a contratação e vigência do seguro de vida, bem como a cobertura para o evento morte, que também restou demonstrado nos autos com todas as circunstâncias que o envolveram, restando dirimidas, ainda, quaisquer dúvidas acerca dos verdadeiros beneficiários. Em face de tais elementos, apuradas a causa, natureza e extensão do dano decorrente do sinistro, a condenação da seguradora ao pagamento da indenização reclamada era mesmo medida de rigor, ressaltando que a distribuição do montante respectivo deverá observar a partilha homologada por sentença (fls. 109/114 e 140), com trânsito em julgado na data de 19.05.2017 (fl. 141)" (*TJSP* – Ap 1003623-47.2017.8.26.0297, 17-5-2018, Rel. Kioitsi Chicuta).

"Agravo de instrumento – Ação de inventário – Preliminares de inadmissibilidade do recurso – Rejeitadas – Acidente automobilístico – Falecimento do casal – Exame de corpo de delito e certidão de óbito – Lapso de oito minutos entre as mortes – Premoriência – Decisão reformada – Embora o Código de Processo Civil/2015, tenha restringido as hipóteses de cabimento do Agravo de Instrumento, em que somente poderão ser impugnadas por meio de referido recurso as decisões interlocutórias que versem sobre as questões elencadas no rol taxativo do artigo 1.015, é importante observar que o parágrafo único do referido artigo autoriza, também, o cabimento do recurso de agravo de instrumento contra decisões interlocutórias proferidas em processos de inventário – Não há que se falar em inadmissibilidade do recurso por ausência de peças obrigatórias, quando encontra-se nos autos a petição que deu ensejo à decisão agravada e a petição de oposição dos herdeiros do espólio, peças suficientes à compreensão da controvérsia – Nos termos do art. 8º, do Código Civil, "Se dois ou mais indivíduos falecerem na mesma ocasião, não se podendo averiguar se algum dos comorientes precedeu aos outros, presumir-se-ão simultaneamente mortos" – Considerando a informação dos exames de corpo de delito e das certidões de óbito em que o inventariado faleceu 08 (oito) minutos antes de sua convivente, é possível constatar a precedência da morte entre o casal e, portanto, deve ser reformada a r. decisão agravada, pois reconhecida a premoriência do varão em relação à varoa e não comoriência" (*TJMG* – AI-Cv 1.0363.11.004336-3/001, 8-5-2017, Relª Yeda Athias).

"Direito civil – Ação declaratória de inexistência de comoriência – Apelação cível – Sentença que julgou procedente o pedido inicial – Acidente automobilístico que levou a óbito pai e filhos – Artigo 8º, do Código Civil – Presunção legal de **comoriência**, que comporta prova em contrário – Testemunhas presenciais ao evento que comprovam que a morte do genitor precedeu a dos infantes – Presunção legal que deve ser afastada – sentença mantida – Recurso conhecido e não provido – 1. A comoriência é o instituto jurídico segundo o qual incide a presunção legal, estabelecida no artigo 8º do Código Civil, de morte simultânea, quando existem indivíduos que morrem num mesmo evento, sem que seja possível estabelecer qual das mortes antecedeu as demais, questão esta que tem especial relevo para fins sucessórios, notadamente porque a pré-morte do autor da herança (genitor) importa na imediata sucessão aos herdeiros (princípio da *saisine*). 2. Por ser uma presunção relativa, a comoriência pode ser devidamente afastada quando existirem provas suficientes a atestar que a morte de uma das vítimas antecedeu às demais, especialmente através da colheita dos testemunhos daqueles que presenciaram o sinistro. 3. No caso, é imperioso o afastamento da presunção legal de morte simultânea, ante a ampla e bem conduzida instrução processual que resultou em robusta prova da pré-morte do genitor em relação aos filhos. Recurso conhecido e desprovido" (*TJPR* – AC 1234978-3, 24-4-2015, Relª Desª Ivanise Maria Tratz Martins).

"Acidente de trânsito. Ação de reparação de danos materiais e morais. Ilegitimidade ativa dos autores para pleitear os danos materiais. Culpa dos réus não comprovada que justificasse o dever de indenizar os alegados danos morais. Tendo em vista que pretendem os autores a reparação dos danos materiais ocasionados no veículo envolvido no acidente, que alegam que era de propriedade do padrasto falecido, não possuem eles qualquer direito de indenização, pois não são herdeiros do *de cujus*. Embora sejam eles herdeiros da mãe, também falecida no acidente, verifica-se que ela nada herdou diante da **comoriência** constatada (art. 8º do CC/2002). Ilegitimidade ativa reconhecida. Alegação trazida na exordial de culpa dos réus pelo acidente não demonstrada de forma cabal, a justificar a obrigação de indenizar os alegados danos morais. Ônus da prova dos autores (art. 333, inciso I, do CPC). Recurso desprovido" (*TJSP* – Ap 0002699-36.2009.8.26.0361, 15-1-2014, Rel. Gilberto Leme).

com o problema científico do diagnóstico do momento exato do passamento. Modernamente, a morte será diagnosticada com a paralisação da atividade cerebral, circulatória e respiratória. Mas uma pergunta, inelutavelmente, deve ser feita pelo jurista: já não terá ocorrido a morte quando toda a atividade cerebral esteja paralisada, mantendo-se um simulacro de vida, inviável, mercê de um sem-número de aparelhos altamente sofisticados? A crônica de nossos jornais está repleta de exemplos nesse sentido.

A resposta há de ser afirmativa. Quando a atividade cerebral se mostra irremediavelmente perdida, não se pode negar que exista morte. Pode o jurista considerá-la como tal? Ao que parece a pergunta ainda levará algum tempo para ser respondida, mas nos inclinamos pela afirmativa.

Em que pese à morte tudo findar, há incontáveis consequências jurídicas que dela decorrem: apenas como exemplo, podemos citar que, pelo art. 354, a legitimação dos filhos falecidos aproveitava a seus descendentes no sistema do Código anterior; o art. 948 prevê a indenização em caso de homicídio, e o art. 951 manda que os médicos satisfaçam ao dano sempre que agirem com culpa.

Além de tudo, a honra dos mortos é protegida em prol dos vivos, seus parentes, em homenagem a sentimentos com relação às pessoas caras.

10.10 ESTADO DAS PESSOAS

No Direito Romano eram três os *status*: o de liberdade (*libertatis*), o de cidadania (*civitatis*) e o familiar (*familiae*). A perda desses estados representava uma *capitis deminutio*, máxima, média ou mínima, respectivamente.

Como já percebemos, cada pessoa se relaciona em um âmbito de atividade dentro da sociedade, de determinada maneira. Podemos conceituar *estado da pessoa* como o conjunto de atributos que ela detém e desempenha dentro da sociedade. Todos nós temos nosso próprio estado pessoal ou civil.

Levando em conta que, segundo a constituição atual, o estado de liberdade só pode ser perdido pela condenação à pena privativa de liberdade, o que não deixa de ser uma *capitis deminutio*, pois hoje, ao menos nas nações civilizadas, não há que se falar em escravidão, importa fixar o estado de cidadania e o estado familiar e seus reflexos na conduta e direitos do indivíduo.

Como ensina Orlando Gomes (1983:180), *estado* é uma qualificação *"que encerra elementos de individualização da personalidade"*.

A pessoa posiciona-se na sociedade de três formas: em relação a sua posição na sociedade política, em relação a sua posição na sociedade familiar e em relação a sua condição física. Falamos, assim, do estado político, estado familiar e do estado individual.

Os atributos da pessoa na sociedade, colocada à margem a situação do condenado ao cárcere, são *irrenunciáveis, inalienáveis e imprescritíveis*.

O indivíduo não pode renunciar ao estado de filho, por exemplo. Pode mudar de estado por força da adoção, mas isso implica inserir-se em outro estado de filiação. A pessoa não pode pura e simplesmente desvencilhar-se do estado de filiação, como não podemos abrir mão dos deveres do antes denominado pátrio poder.

Na época romana, por dívida, o indivíduo poderia tornar-se escravo. Poderia também vender sua liberdade. Modernamente, essa ideia aberra contra o Direito e contra a Moral. O estado da pessoa é inalienável.

Também é imprescritível o *status*. Por maior que seja o tempo decorrido quanto à reivindicação de determinado estado, poderá o indivíduo pleitear sempre, por exemplo, o estado de filho.

Quanto ao *estado político*, as pessoas podem ser nacionais (brasileiros) e estrangeiras. Os nacionais dividem-se em *brasileiros natos* e *naturalizados*. A lei faz distinções no tocante ao exercício e gozo de direitos entre os brasileiros natos, naturalizados e estrangeiros, mas o estudo dessas condições pertence ao campo do *Direito Internacional Privado* e ao *Direito Constitucional*. Os princípios que dizem respeito à *cidadania, aquisição e perda da nacionalidade* encontram-se na Constituição Federal e em leis especiais. A definição da situação jurídica do estrangeiro no Brasil é regulada pela Lei nº 13.445/2017.

Quanto ao *estado familiar*, são duas as situações que a pessoa encontra na família. A de *cônjuge*, criada pelo casamento, e a de *parente*, por meio dos vínculos sanguíneos. O vínculo conjugal não é considerado um parentesco e cria a *afinidade*, que é o cunhadio, ou seja, a relação de um cônjuge com os parentes do outro cônjuge.

O parentesco difere segundo o grau, podendo ser na linha ascendente (pais, avós, bisavós etc.) e na linha descendente (filhos, netos, bisnetos etc.). Essas são as chamadas linhas diretas. Na linha colateral são encontrados os irmãos, tios, sobrinhos etc. Toda essa matéria bem como a forma de contagem do parentesco são estudadas em *Direito civil: direito de família*.

O instituto da adoção pode, artificialmente, introduzir alguém em uma família, no estado de filho.

De qualquer forma, o *status* familiar é condição para inúmeros direitos e influi decididamente sobre a capacidade.

O *estado civil* (solteiro, casado, viúvo, separado judicialmente ou divorciado) cria direitos e deveres específicos; assim como o parentesco, que dá nascimento a deveres e direitos, nos campos do direito de família e das sucessões.

O *estado individual* pode ser encarado sob o aspecto da idade (maiores ou menores); do sexo (homens e mulheres); e da saúde (do ponto de vista da saúde mental, que pode tornar a pessoa relativa ou absolutamente incapaz e, conforme certos defeitos físicos, como cegueira, surdo-mudez etc., inibir o indivíduo para certos e determinados atos da vida civil).

O *estado*, portanto, *qualifica* a pessoa dentro da sociedade. Quando desejamos situar uma pessoa, diferençando-a de outra, devemos verificar sua *qualificação*, isto é, o *status*, nessas três esferas, ocupado pelo indivíduo na sociedade.

No Direito Romano, o *status libertatis, civitatis* e *familiae*, os três em conjunto, tornavam a pessoa totalmente capaz para qualquer ato da vida civil. Modernamente, o prisma é outro, mas o conceito fundamental é o mesmo.

O denominado estado civil é uno e indivisível, pois ninguém pode ser, ao mesmo tempo, maior e menor, brasileiro e estrangeiro, filho natural e filho legítimo etc. Dada sua vital importância, as normas que regulam o "estado" do indivíduo são de ordem pública, daí por que o *status* é *indisponível*. Qualquer modificação de estado decorre de norma autorizadora, sob determinadas condições e formalidades legais.

O estado da pessoa é um atributo da personalidade. Sua importância reside no fato de ser ele pressuposto ou fonte de direitos e deveres, assim como fator fundamental para a capacidade e legitimidade da pessoa para a prática de determinados atos. Há atos, por exemplo, que a pessoa casada somente pode praticar com a autorização do cônjuge; cargos que somente podem ser exercidos por indivíduos considerados brasileiros natos, dentre tantas outras situações.

Os direitos afetos ao *estado* da pessoa são versados em Juízo pelas chamadas *ações de estado*. Tais ações têm por finalidade criar, modificar ou extinguir um estado, conferindo um novo à pessoa, como, por exemplo, a ação de investigação de paternidade, a ação de separação judicial entre cônjuges, a ação de divórcio etc.

Essas ações têm a característica de serem *personalíssimas*, isto é, apenas as pessoas interessadas podem promovê-las. Por exemplo: só o marido pode mover a ação de separação judicial contra a mulher, e vice-versa. A finalidade dessas ações é justamente conseguir, via sentença judicial, uma modificação no estado. Quando pretendemos interditar um pródigo, por exemplo, uma vez acolhida a pretensão (isto é, julgado procedente o pedido), a pessoa passa de capaz para o estado de prodigalidade, que é um estado de incapacidade relativa. Além de personalíssimas, tais ações têm o caráter de *imprescritíveis*, pois, enquanto persistir o estado em questão, a ação pode ser proposta: o filho tem sempre o direito de propor seu reconhecimento contra o pai que renega tal estado, por exemplo. A grande maioria dessas ações é igualmente *intransmissível*, como consequência do caráter personalíssimo.

Toda essa matéria é examinada em profundidade no livro *Direito civil: direito de família*. Importa agora apenas dar ao iniciante do estudo do Direito um primeiro balizamento sobre o assunto, para não fugirmos do âmbito deste estudo.[14]

10.11 ATOS DO REGISTRO CIVIL

Em várias oportunidades já nos referimos à Lei nº 6.015, de 31-12-73, a Lei dos Registros Públicos.

O art. 1º dessa lei explica a finalidade do Registro Público, ao dizer:

> *"Os serviços concernentes aos Registros Públicos, estabelecidos pela legislação civil para autenticidade, segurança e eficácia dos atos jurídicos, ficam sujeitos ao regime estabelecido nesta lei.*
>
> *§ 1º Os Registros referidos neste artigo são os seguintes:*
>
> *I – o registro civil de pessoas naturais;*
>
> *II – o registro civil de pessoas jurídicas;*
>
> *III – o registro de títulos e documentos;*
>
> *IV – o registro de imóveis.*
>
> *§ 2º Os demais registros reger-se-ão por leis próprias.*
>
> *§ 3º Os registros serão escriturados, publicizados e conservados em meio eletrônico, nos termos estabelecidos pela Corregedoria Nacional de Justiça do Conselho Nacional de Justiça, em especial quanto aos:*
>
> *I – padrões tecnológicos de escrituração, indexação, publicidade, segurança, redundância e conservação; e*
>
> *II – prazos de implantação nos registros públicos de que trata este artigo.*

---

[14] Maior aprofundamento da matéria no presente estágio de conhecimento do leitor causaria grande digressão, inclusive com implicações no Direito Processual, razão pela qual optamos por relegar seu estudo para o campo específico do direito de família.

§ 4º É vedado às serventias dos registros públicos recusar a recepção, a conservação ou o registro de documentos em forma eletrônica produzidos nos termos estabelecidos pela Corregedoria Nacional de Justiça do Conselho Nacional de Justiça."

Para o legislador, portanto, os registros públicos têm a finalidade de conferir *autenticidade*, *segurança* e *eficácia* aos atos jurídicos atinentes à matéria tratada no § 1º do artigo citado.

O registro público, quer para atos que a lei tem como obrigatórios, quer para os atos que a lei tem como facultativamente registráveis, além dessas finalidades interpretadas pela própria lei, tem em mira, na grande maioria dos casos, a formalidade de *oponibilidade a terceiros*. Determinados atos, constantes dos registros, presumem-se, *de iure*, conhecidos de todos. São atos oponíveis *erga ommes*, ou seja, perante todos.

Além dessa importante formalidade de valer e ter eficácia contra ou em face de terceiros, os atos constantes do registro ganham eficácia entre as partes envolvidas no ato registrado.

Sinteticamente, podemos afirmar que o registro público tem feição de *publicidade*, de notoriedade dos atos registrados. Se for público, desejando saber a quem pertence determinado imóvel, basta pedirmos uma certidão desse bem. Se pretendemos saber a filiação de determinada pessoa, basta pedirmos certidão de seu assento de nascimento. Se necessitamos cópia de um documento registrado, para tanto pedimos certidão do documento.

Portanto, a finalidade dos registros públicos é mais ampla do que a princípio parece indicar o *caput* do art. 1º da Lei dos Registros Públicos.

Para os registros públicos há *atos obrigatórios*, quando o ato jurídico apenas ganha eficácia com o registro, e *atos facultativos*, quando se trata de interesse do próprio interessado, para a perpetuação e segurança do ato, além de sua autenticação.

Nesse diapasão, para adquirir propriedade por nosso direito é imprescindível a transcrição no Registro Imobiliário (a matrícula do imóvel, com suas vicissitudes). Só será proprietário de um imóvel, regra geral, quem o registro público assim indicar.

Por outro lado, se duas partes contratam particularmente um empréstimo, podem, facultativamente, registrar o documento no competente registro de títulos e documentos, para se acautelarem contra possível destruição ou extravio do documento, bem como para comprovação de data.

A Lei dos Registros Públicos trata, portanto, do registro civil das pessoas naturais e jurídicas, do registro de títulos e documentos e do registro de imóveis. Há outros registros, como o registro de comércio, por exemplo, que não são tratados nessa área.

Historicamente, é de pouca utilidade recorrermos ao Direito Romano. Em Roma, o registro dos nascimentos foi introduzido no tempo do Império, por Marco Aurélio, que confiou tal mister ao prefeito do erário, nas cidades, e aos magistrados municipais, nas províncias, os denominados *tabularii* (Beviláqua, 1916:203). Nada existia a respeito de casamentos e óbitos.

Entre nós, no tempo do Império, atribuía-se à religião o registro de casamento. Não existia registro de nascimento para as pessoas católicas, já que tal era suprido pelo assento de batismo, no qual se declaravam os nomes do pai e mãe legítimos. Até hoje, as pessoas nascidas anteriormente à secularização do Registro Civil fazem prova de idade, mediante a apresentação do batistério, que tem valor probatório.

A separação do registro civil da Igreja ocorreu pelo Decreto nº 9.886, de 7-3-1888; a partir daí várias leis regularam a matéria. Não resta dúvida, porém, de que a instituição do Registro Civil se deve à Igreja Católica, porque foi esta que desde a Idade Média passou a anotar nascimentos, casamentos e óbitos nos livros paroquiais.

O art. 9º de nosso Código Civil estatui:[15]

"Serão registrados em registro público:
I – os nascimentos, casamentos e óbitos;
II – a emancipação por outorga dos pais ou por sentença do juiz;
III – a interdição por incapacidade absoluta ou relativa;
IV – a sentença declaratória de ausência e de morte presumida."

O projeto para nosso Código Civil apresenta outra relação de atos, mais atualizada, mencionando também o reconhecimento de união estável. O registro civil da pessoa natural, além das finalidades gerais dos registros públicos já delineadas, apresenta a utilidade para o próprio interessado em ter como provar sua existência, seu estado civil, bem como um interesse do Estado em saber quantos somos e qual a situação jurídica em que vivemos. O registro civil também interessa a terceiros que veem ali o estado de solteiro, casado, separado etc. de quem contrata, para acautelar possíveis direitos. No Registro Civil encontram-se marcados os fatos mais importantes da vida do indivíduo: nascimento, casamento e suas alterações e morte.

10.11.1 Nascimentos

De acordo com o art. 50 da Lei de Registros Públicos, todo nascimento deve ser dado a registro, no lugar em que tiver ocorrido o parto ou no lugar da residência dos pais, dentro do prazo de 15 dias, ampliando-se até três meses para os locais distantes mais de 30 km da sede do cartório. Nos termos do art. 1.604 do Código Civil, ninguém pode vindicar estado contrário ao que resulta do registro de nascimento, salvo provando-se erro ou sua falsidade.[16] A filiação

---

[15] "Retificação de registro civil – Pretensão de retificação do nome e do patronímico familiar do ascendente italiano dos requerentes, como também de erros de datas, idades e outros nomes inseridos erroneamente em algumas certidões para obtenção de cidadania italiana. Aditamento para mudança de alguns patronímicos outros não ante a dificuldade de familiares idosos. Sentença de improcedência da ação. Impossibilidade de alteração de somente alguns dos requerentes. Recurso desprovido" (TJSP – AC 1096630-05.2017.8.26.0100, 13-5-2019, Rel. Coelho Mendes).

"Ação de retificação de registro civil – Pretensão da autora de mudar seu nome, suprimindo o materno e acrescentando o do marido. Casamento realizado no exterior. Sentença extinguiu o processo, sem resolução de mérito, ante a ausência de pressupostos processuais. Apela a autora, alegando possibilidade de alterar o nome nos termos do art. 1.565, § 1º, do CC, e do art. 70, § 8º, da Lei de Registros Públicos – Lei 6.015/73; Alteração não acarretará prejuízos a terceiros e sua não realização gera embaraços na vida profissional e pessoal da autora. Cabimento. Alteração do nome de casada, de casamento contraído no exterior. Possibilidade. Ausência de impedimento. Costume brasileiro. Incidência dos dispositivos legais: art. 1.565, § 1º, do CC; Arts. 57, § 2º, e 70, § 8º, ambos da Lei 6.015/73. Recurso provido" (TJSP – Ap 1070144-80.2017.8.26.0100, 26-6-2018, Rel. James Siano).

"Apelação – **Registro civil – Pedido de retificação** para constar o patronímico 'Rodrigues' da avó paterna, guardiã do autor, a fim de homenageá-la, bem como para recebimento de pensão. Motivos não relevantes para o acréscimo pretendido. Ausência do patronímico pretendido no nome da avó paterna na certidão de nascimento do autor, embora constante em outros documentos da avó (RG, CPF e certidão de nascimento). Diferenças não esclarecidas. Autor que já possui sobrenome materno e paterno. Ausência de anuência dos genitores do menor, diretamente interessados na intangibilidade do seu assento civil. Sentença de improcedência mantida. Recurso não provido" (TJSP – Ap 0001485-11.2012.8.26.0165, 8-5-2015, Rel. Pedro de Alcântara da Silva Leme Filho).

[16] "Apelação cível. Civil. Processo civil. Direito de família. Ação negatória de paternidade. Ausência de vínculo genético. Vício de consentimento não comprovado. Paternidade socioafetiva caracterizada. Sentença de improcedência mantida. 1. O reconhecimento dos filhos é ato irrevogável, somente se admitindo alteração de registro mediante a prova de vício de consentimento (**art. 1.601 e 1.604 do CC**) por meio de elementos robustos. 2. Ainda que comprovada a ausência de filiação biológica em exame de DNA, a demonstração da paternidade socioafetiva configura óbice à pretensão de declaração negativa de paternidade e de retificação do registro civil da criança. 3. Recurso conhecido e não provido" (TJDFT – Ap 07100871820228070006, 26-6-2024, Rel. Mauricio Silva Miranda).

legítima era provada pela certidão do termo de nascimento (art. 347 do antigo diploma legal), decorrendo daí a obrigatoriedade do registro do nascimento e a imposição de multas para o não cumprimento.

Aos brasileiros nascidos no estrangeiro são aplicadas as mesmas disposições, ressalvadas as prescrições legais relativas aos consulados, conforme disposição do mencionado art. 50, § 5º, da Lei dos Registros Públicos, sendo competentes as autoridades consulares brasileiras para os atos do registro civil, de acordo com o art. 18 da Lei de Introdução às Normas do Direito Brasileiro.

O art. 52 da Lei dos Registros Públicos, por sua vez, determina que são obrigados a fazer a declaração de nascimento: o pai, isoladamente ou em conjunto com a mãe, sendo nesse caso o prazo para declaração prorrogado por 45 dias; no impedimento de ambos, o parente mais próximo, sendo maior e achando-se presente; em falta ou impedimento do parente referido, os administradores de hospitais ou os médicos e parteiras que tiverem assistido o parto; ou pessoa idônea da casa em que ocorrer, sendo fora da residência da mãe; finalmente, as pessoas encarregadas da guarda do menor. O § 1º do citado artigo dispõe que, quando o oficial do registro tiver motivo de dúvida da declaração, poderá ir à casa do recém-nascido verificar sua existência, ou exigir atestado médico ou parteira que tiver assistido o parto, ou o testemunho de duas pessoas que não forem os pais e tiverem visto o recém-nascido. O § 3º do art. 52 da lei registrária determina que o oficial do registro comunicará o nascimento a órgãos oficiais.

Existe, portanto, uma gradação, uma ordem de pessoas obrigadas a fazer a declaração de nascimento.

Se ocorrer erro no registro de nascimento, atribuindo-se pais diferentes, ou sexo diverso, por exemplo, é indispensável a retificação, por via judicial.

O dispositivo do art. 52 não prevê penalidade para a obrigação, mas o art. 46 da mesma lei dispõe que as declarações de nascimento feitas fora do prazo só serão registradas mediante

---

"Apelação cível. **Ação anulatória de registro civil**. Exclusão de filiação. Sentença de improcedência. Irresignação da Requerente. A ausência da paternidade biológica não acarreta a exclusão da paternidade registral. Inexistência de vício de ato registral realizado de forma consciente, voluntária e espontânea. Inocorrência de erro escusável capaz de justificar a anulação do registro de nascimento, art. 1.604, do Código Civil. Precedentes do Superior Tribunal de Justiça. Validade e eficácia do estado de filiação. Pedido alternativo de divisão da pensão por morte – Inovação recursal – Pedido que não foi veiculado em primeiro grau, de modo que inadmissível sua apreciação por esta via, sob pena de indevida supressão de instância, bem como de violação ao princípio do duplo grau de jurisdição. Sentença mantida. Recurso não conhecido em parte e, na parte conhecida, não provido" (TJSP – Ap 1001178-29.2021.8.26.0390, 28-8-2023, Rel. Vitor Frederico Kümpel).

"Ação negatória de paternidade c.c Retificação de registro civil e Exoneração de alimentos. Sentença de Improcedência. Inconformismo do autor. Desacolhimento. A ausência da paternidade biológica não acarreta a exclusão da paternidade registral. Inexistência de vício de ato registral realizado de forma consciente, voluntária e espontânea. Inocorrência de erro escusável capaz de justificar a **anulação do registro de nascimento, art. 1.604, do Código Civil**. Precedentes do Superior Tribunal de Justiça. Validade e eficácia do estado de filiação. Sentença mantida. Honorários majorados. Recurso não provido" (TJSP – Ap 1000462-82.2020.8.26.0407, 13-8-2022, Rel. Vitor Frederico Kumpel).

"Registro civil. Ação declaratória de nulidade de assento de nascimento. Indeferimento da petição inicial (art. 330, II, do CPC). Irresignação dos autores. Pretensão de declaração de **nulidade do registro de nascimento da ré, por falsidade/vício de consentimento** de seu genitor, avô dos autores. Ação que está fundada no art. 1.604 do CC e não se confunde com a negatória de paternidade. Legitimidade ativa daqueles que possuem interesse na medida, não apenas do genitor da ré. Precedentes do STJ e desta Câmara. Extinção do processo afastada, determinado seu processamento regular. Sentença reformada. Recurso provido" (TJSP – Ap 1000431-43.2018.8.26.0533, 13-10-2021, Rel. Alexandre Marcondes).

despacho do juiz e recolhimento de multa de um décimo do salário mínimo da região, sem estabelecer penalidade para a pessoa que deixa de fazer a declaração.

O art. 54 da mencionada lei diz quais os requisitos essenciais do assento de nascimento, colocando entre eles, no nº IV, o *nome* e o *prenome*, que forem postos à criança.

10.11.2 Óbitos

A morte deve ser atestada por médico, se houver no local (art. 77 da Lei dos Registros Públicos). Se não houver, deve ser atestada por duas pessoas qualificadas que a tiverem presenciado ou verificado.

O registro do óbito é regulado pelos arts. 77 a 88 da Lei dos Registros Públicos.

O sepultamento sem assento de óbito prévio é admitido por exceção, quando não houver possibilidade de se efetuar dentro de 24 horas do falecimento, pela distância ou outro motivo relevante. Nesse caso, a lei recomenda urgência no registro, que deve ser feito dentro de 15 dias, prazo ampliado para três meses para lugares distantes mais de 30 km da sede do cartório. A lei prevê as hipóteses comuns no interior do país, com dimensões continentais.

As pessoas obrigadas a declarar o óbito vêm discriminadas no art. 79 e o conteúdo do assento é estatuído no art. 80.

Não só no tocante ao nascimento, como também ao óbito ou com referência a qualquer erro constante dos registros públicos, sempre deve ser feita a retificação mediante autorização judicial.

Quanto à justificação de óbito de pessoas desaparecidas em acidentes ou tragédias (art. 88 da LRP), já nos referimos anteriormente.

10.11.3 Emancipação, Interdição e Ausência

A emancipação, concedida pelos pais ou por sentença do juiz, de acordo com o art. 5º do atual Código, deverá ser também inscrita no registro público (art. 89 da Lei dos Registros Públicos). As sentenças de interdição serão registradas (art. 92 da Lei de Registros Públicos; atual código, art. 9º, III), assim como as sentenças declaratórias de ausência (art. 94 da Lei de Registros Públicos; atual código, art. 9º, IV).

10.11.4 Considerações Finais

Quanto ao registro de casamento, dele trataremos em *Direito civil: direito de família*, assim como das adoções e outros assuntos pertinentes a esse capítulo do Direito Civil.

Todos esses registros são *inscritos* no Registro Civil. A *inscrição* é o registro básico, mas pode vir a sofrer alterações, como, por exemplo, um reconhecimento de filiação. Tais alterações são procedidas mediante *averbações* nos assentos, a sua margem. As averbações são, portanto, complemento do registro e vêm reguladas pelos arts. 97 a 105 da Lei dos Registros Públicos, que explicitam o modo pelo qual tais averbações devem ser feitas.

A averbação é, pois, um registro feito à margem do assento ou, não havendo espaço, no livro próprio, corrente, com notas e remissões que facilitem a busca dos dados. Para qualquer averbação do Registro Civil é indispensável a audiência do Ministério Público. Em caso de dúvida, a solução é entregue ao juiz.

Além das averbações, o oficial do registro deve proceder a *anotações* (arts. 106 a 108 da Lei dos Registros Públicos), que são remissões feitas nos livros de registro para facilitar a busca e favorecer a interligação dos diversos fatos acontecidos na vida do indivíduo. Por exemplo, o art. 107 determina que deverá ser anotado, com remissões recíprocas, o óbito, nos assentos de casamento e nascimento, e o casamento deve ser anotado no registro de nascimento.

O cargo de Oficial de Registro Civil é privativo de servidores outorgados pelo Estado para o exercício dessas funções, de acordo com a legislação judiciária de cada Estado. Trata-se de uma *delegação* outorgada pelo Poder Público. O delegado registrador é responsável pelos atos que praticar e pela exatidão de suas declarações que merecem fé pública. Sua competência é limitada a uma *circunscrição territorial* fixada pela lei.

No entanto, a força probante dos registros públicos em geral não é absoluta. Permanece enquanto não for modificado o registro, ou cancelado, por meio de ação judicial, que tenha por indevido ou incorreto. Como assevera Serpa Lopes (1962, v. 1:325),

> *"a presunção de verdade que decorre do registro do ato do estado civil se localiza no fato da realidade da declaração feita perante o oficial. Contudo, os fatos a que essa declaração se reportar estão sujeitos a uma demonstração em contrário, embora prevaleçam enquanto esta prova não se fizer ou uma sentença exista reconhecendo-a".*

No entanto, poucos serão os casos em que o Oficial de Registro possa alterar os assentos, sem autorização judicial pelo menos. As alterações do registro (ou registro) podem ocorrer em decorrência de ação judicial contenciosa ou de meras retificações, geralmente de erros materiais, mas sempre com a supervisão do juiz competente. Quando a alteração do registro, ou mesmo seu cancelamento, decorrer de sentença judicial, emanará de uma *ação de estado*.

A utilidade do registro é importantíssima, pois o instituto fixa a condição jurídica do homem, em seu próprio interesse, de sua família, da sociedade e do Estado. O Registro Civil, em especial, constitui uma segurança não só para o próprio indivíduo como também para aqueles que com ele contratam, já que fornece um meio seguro que prova o estado civil e a situação jurídica, em geral, das pessoas.

O sistema dos registros públicos já entrou na era da informática, com os cartórios eletrônicos. Ainda que isso possibilite invasão talvez excessiva na vida privada da pessoa, a tendência é para que todas as informações do registro pertençam a um banco de dados e que cada pessoa tenha uma só identificação, desde o nascimento até sua morte, eliminando-se o sem-número de registros, tais como Registro Geral, expedido pelas repartições policiais; Carteiras Profissionais; Certificado de Reservista; inscrição no Cadastro de Pessoa Física (CPF) etc. Para tal há necessidade de um *Registro Nacional da Pessoa Natural*, colocando-se definitivamente o Direito no campo da Informática. É fato que o Brasil é constituído de vários "Brasis": o das metrópoles e o do sertão; o Brasil com recursos materiais e culturais e o Brasil totalmente desamparado desses aspectos, mormente por suas dimensões. Ainda que os registros sejam feitos de modo uniforme e na melhor das intenções, há ainda constantes falhas que dão margem a frequentes nulidades e anulações.

11

DIREITOS DA PERSONALIDADE. NOME CIVIL DAS PESSOAS NATURAIS

11.1 DIREITOS DA PERSONALIDADE. NOÇÃO E COMPREENSÃO

Para a satisfação de suas necessidades, o ser humano posiciona-se em um dos polos da relação jurídica: compra, empresta, vende, contrai matrimônio, faz testamento etc. Desse modo, em torno de sua pessoa, o indivíduo cria um conjunto de direitos e obrigações que denominamos patrimônio, que é a projeção econômica da personalidade (Diniz, 1982:81).

Contudo, há direitos que afetam diretamente a personalidade, os quais não possuem conteúdo econômico direto e imediato. A personalidade não é exatamente um direito; é um conceito básico sobre o qual se apoiam os direitos.

Os direitos denominados personalíssimos incidem sobre bens imateriais ou incorpóreos. As Escolas do Direito Natural proclamam a existência desses direitos, por serem inerentes à personalidade. São, fundamentalmente, os direitos à própria vida, à liberdade, à manifestação do pensamento. A Constituição brasileira enumera longa série desses direitos e garantias individuais (art. 5º). São direitos privados fundamentais, que devem ser respeitados como conteúdo mínimo para permitir a existência e a convivência dos seres humanos. Muitos veem nesse aspecto direitos inatos, que são ínsitos à pessoa, cabendo ao Estado reconhecê-los. É fato que nem sempre, no curso da História e dos regimes políticos, esses direitos são reconhecidos, pois isto apenas se torna possível nos Estados liberais e democráticos, temas de conteúdo sempre e cada vez mais controvertidos.

O Código Civil de 2002 introduziu um capítulo dedicado aos direitos da personalidade, categoria que o legislador pátrio se refere, de forma ordenada, pela primeira vez, o que denota a nova feição que assume o direito privado nesta pós-modernidade. O século XX trouxe enormes mudanças de comportamento e de compreensão de institutos jurídicos, principalmente após o segundo conflito mundial.

Os princípios dos direitos da personalidade estão expressos de forma genérica em dois níveis. Na Constituição Federal, que aponta sua base, com complementação no Código Civil brasileiro, que os enuncia de forma mais específica.

Cada vez mais na sociedade avulta de importância a discussão acerca da proteção à imagem, à privacidade, do direito ao próprio corpo, sobre a doação e o transplante de órgãos e tecidos, matéria que também pertence a essa classe de direitos. Da mesma forma se posiciona o direito à natalidade e a seu controle, temas que tocam tanto o Direito como a Economia, Filosofia, Sociologia e religião.

Como acentua o saudoso Antônio Chaves (1982, t. 1, v. 1:491), esses direitos da personalidade ou personalíssimos relacionam-se com o Direito Natural, constituindo o mínimo necessário do conteúdo da própria personalidade. Diferem dos direitos patrimoniais porque o sentido econômico desses direitos é absolutamente secundário e somente aflorará quando transgredidos: tratar-se-á, então, de pedido substitutivo, qual seja, uma reparação pecuniária indenizatória pela violação do direito, que nunca se colocará no mesmo patamar do direito violentado. Os danos que decorrem da violação desses direitos possuem caráter moral. Os danos patrimoniais que eventualmente podem decorrer são de nível secundário. Fundamentalmente, é no campo dos danos morais que se situa a transgressão dos direitos da personalidade. De fato, em linhas gerais, não há danos morais fora dos direitos da personalidade.

No dizer de Gilberto Haddad Jabur (2000:28), em excelente monografia sobre o tema, "os direitos da personalidade são, diante de sua especial natureza, carentes de taxação exauriente e indefectível. São todos indispensáveis ao desenrolar saudável e pleno das virtudes psicofísicas que ornamentam a pessoa."

Desse modo, não há que se entender que nossa lei, ou qualquer lei comparada, apresente um número fechado para elencar os direitos da personalidade. Terá essa natureza todo o direito subjetivo pessoal que apresentar as características semelhantes. O universo digital amplia significativamente o âmbito dos direitos da personalidade.

11.1.1 Direitos da Personalidade. Características. Enumeração

Aponta Guillermo Borda (1991, v. 1:315) que, pela circunstância de estarem intimamente ligados à pessoa humana, os direitos da personalidade possuem os seguintes característicos: (a) são *inatos* ou originários porque se adquirem ao nascer, independendo de qualquer vontade; (b) são *vitalícios, perenes ou perpétuos*, porque perduram por toda a vida. Alguns se refletem até mesmo após a morte da pessoa. Pela mesma razão são *imprescritíveis* porque perduram enquanto perdurar a personalidade, isto é, a vida humana. Na verdade, transcendem a própria vida, pois são protegidos também após o falecimento; são também imprescritíveis; (c) são *inalienáveis*, ou, mais propriamente, relativamente indisponíveis, porque, em princípio, estão fora do comércio e não possuem valor econômico imediato; (d) são *absolutos*, no sentido de que podem ser opostos *erga omnes*. Os direitos da personalidade são, portanto, direitos subjetivos de natureza privada.

Diz-se que os direitos da personalidade são extrapatrimoniais porque inadmitem avaliação pecuniária, estando fora do patrimônio econômico. As indenizações que ataques a eles podem motivar, de índole moral, são um substitutivo de um desconforto, mas não se equiparam à remuneração ou à contraprestação. Apenas no sentido metafórico e poético podemos afirmar que esses direitos pertencem ao *patrimônio moral* de uma pessoa. São irrenunciáveis porque pertencem à própria vida, da qual se projeta a personalidade.

Geralmente, os direitos da personalidade decompõem-se em direito à vida, à própria imagem, ao nome e à privacidade. Essa classificação, contudo, não é exaustiva. Os direitos de família puros, como, por exemplo, o direito ao reconhecimento da paternidade e o direito a alimentos, também se inserem nessa categoria. Não é possível, como apontamos, esgotar esse elenco.

A matéria não é tratada sistematicamente na maioria dos códigos civis, e nosso provecto código de 1916 não era exceção, embora a doutrina não tão recente já com ela se preocupasse.

No entanto, somente nas últimas décadas do século XX o direito privado passou a ocupar-se dos direitos da personalidade mais detidamente, talvez porque o centro de proteção dos direitos individuais situa-se no Direito Público, no plano constitucional. Aponta-se, contudo, que nosso código do século XX trazia alguns princípios nítidos de proteção à personalidade, como, por exemplo, referências à imagem (art. 666) e ao direito do nome do autor de obra (arts. 449 ss). A legislação esparsa também enunciava muitos direitos dessa natureza.

O Código Civil trata desses direitos no Capítulo II (arts. 11 a 21). Esses princípios devem orientar a doutrina e o julgador, pois pertencem, em síntese, aos princípios gerais de direito. No sentido do que expusemos neste tópico, o art. 11 abre o tema: *"Com exceção dos casos previstos em lei, os direitos da personalidade são intransmissíveis e irrenunciáveis, não podendo o seu exercício sofrer limitação voluntária"*.[1] A lei refere-se apenas a três características desses direitos entre as

---

[1] "Processo civil. Apelação cível. Ação investigatória de paternidade. Manutenção do sobrenome do menor. Impossibilidade. Paternidade biológica constatada. Inclusão do sobrenome paterno no registro civil. Guarda unilateral pela genitora. Sentença parcialmente reformada. 1. **O nome relaciona-se aos direitos de personalidade que são, em regra, irrenunciáveis (art. 11 do CC),** de modo que não cabe à genitora decidir, em nome do filho, sobre a supressão do sobrenome paterno no registro civil. 2. Embora a guarda compartilhada deva ser a regra e o ideal a ser alcançado, presumindo a divisão das decisões relacionadas ao filho, nos termos do art. 1.583 do Código Civil, no caso concreto, a fixação da guarda unilateral em favor da genitora é a medida que melhor atende aos interesses da criança, que a tem como única referência de cuidados. 3. Apelação parcialmente provida. Unânime" (TJDFT – Ap 07028635120218070010, 2-5-2024, Relª Fátima Rafael).

"Ação de retificação de registro civil – Procedência parcial em juízo de primeiro grau – Pretensão de inclusão do sobrenome do bisavô/trisavô materno – Descabimento – Aplicação da regra da imutabilidade do nome civil – Hipótese de exceção não evidenciada – Grande lacuna na linha de transmissão do patronímico "Schuenck" – Ausência de indícios de que os ascendentes Manoel e Sebastião, já falecidos, faziam uso do referido apelido para se identificar perante a sociedade – Ausência de interesse processual quanto ao pedido de alteração dos nomes civis dos de cujus – **Direito da personalidade de caráter intransmissível** – Sobrenome ostentado pelas litigantes que se encontra em sintonia com o utilizado pelo núcleo familiar – Sentença mantida – Recurso não provido" (TJSP – Ap 1117526-30.2021.8.26.0100, 27-9-2022, Rel. César Peixoto).

"Direito civil e processual civil. Agravo de instrumento. Ação de retificação de registro civil para subsidiar pedido de cidadania italiana. Decisão que determina a anuência dos demais interessados. Peculiaridades do caso concreto. Exigência respaldada pelo art. 109, caput, da Lei de Registros Públicos. Razoabilidade. Decisão mantida. 1 – O artigo 109, caput, da Lei nº 6.015/73 prevê a necessidade de se ouvir todos os interessados na retificação do registro. Por interessados tomam-se aqueles que terão os nomes dos seus ascendentes retificados de modo que possa divergir dos nomes constantes de seus assentos. 2 – Na hipótese vertente, tem-se que a determinação do Juiz a quo não carece de qualquer reforma, uma vez que determinou a inclusão dos interessados, viabilizando maior transparência e segurança na formação de uma eventual decisão homologatória do pedido formulado na origem. O fato de existirem diversas pessoas para serem informadas a respeito do processo torna ainda mais necessária a cautela, para que não haja prejuízos a terceiros e ocupação do Judiciário com demandas exaustivas. 3 – Não se perca de vista que **o nome é direito inalienável, de cunho personalíssimo. Compõe a integridade moral dos direitos da personalidade, intransmissíveis e irrenunciáveis, nos termos do Código Civil.** Não se pode, a pretexto de atender exigência de país estrangeiro, vulnerar princípios e causar tumultos nos registros brasileiros, os quais também devem guardar uniformidade. Agravo de Instrumento desprovido" (TJDFT – AI 07447334320208070000, 26-1-2022, Rel. Angelo Passareli).

"Apelação cível. Homologação de acordo extrajudicial de retificação de registro civil de menor. Pretensão de exclusão do pai registral. Indeferimento da petição inicial. Sentença de extinção nos termos do art. 330, III e IV, e 485, I, ambos do Código de Processo Civil. Juntada de documentos em sede recursal. Não conhecimento. Documento intempestivo que não pode ser considerado como novo. Julgamento *extra petita*. Não ocorrência. Indeferimento da petição inicial não caracteriza julgamento além ou aquém da pretensão, pois não análise de mérito. Mérito. Acordo extrajudicial de retificação de registro civil, com exclusão de pai registral. Inadmissibilidade. Inadequação da via eleita. Direito indisponível. Interpretação do art. 841 do Código Civil. **Ações de estado e da personalidade são irrenunciáveis. Art. 11 do Código Civil.** Decisão mantida. Motivação do decisório adotado como julgamento em segundo grau. Inteligência do art. 252 do RITJ. Resultado. Recurso não provido" (TJSP – Ap. 1006835-62.2020.8.26.0009, 16-8-2021, Rel. Edson Luiz de Queiróz).

"Apelação – Ação indenizatória – Autor, locutor profissional que teve material audiográfico de sua autoria (voz) utilizado, sem autorização, em campanha eleitoral do réu. Sentença de parcial procedência, com a condenação em danos morais de R$ 15.000,00. Insurgência pelo requerido. Cabimento parcial – Uso não autorizado de material audiográfico do autor em campanha eleitoral do réu que encontra plena comprovação nos autos e sequer

apontadas: intransmissibilidade, irrenunciabilidade e indisponibilidade. O projeto traz o art. 11-A, com norma geral de importância: *"A eficácia de direitos fundamentais abrange todos os objetos pertencentes à natureza humana, suas essencialidades e potencialidades"*. Essa dicção confirma a amplitude dos direitos da personalidade, cuja enunciação nunca pode ser exaustiva.

Os direitos da personalidade são os que resguardam a dignidade humana. Desse modo, ninguém pode, por ato voluntário, dispor de sua privacidade, renunciar à liberdade, ceder seu nome de registro para utilização por outrem, renunciar ao direito de pedir alimentos no campo de família, por exemplo. Há, porém, situações na sociedade atual que tangenciam a proibição. Na busca de audiência e sensacionalismo, já vimos exemplos de programas televisivos nos quais pessoas autorizam que seu comportamento seja monitorado e divulgado permanentemente; que sua liberdade seja cerceada e sua integridade física seja colocada em situações de extremo limite de resistência etc. Ora, não resta dúvida de que, nesses casos, os envolvidos renunciam negocialmente a direitos em tese irrenunciáveis. A situação retratada é meramente contratual, nada tendo a ver com cessão de direitos da personalidade, tal como é conceituado. Cuida-se de uma representação cênica, teatral ou artística, nada mais que isso. A sociedade e a tecnologia, mais uma vez, estão à frente da lei mais moderna. Não há notícia de que se tenha discutido eventual irregularidade sob o prisma enfocado nessas contratações. De qualquer modo, cumpre ao legislador regulamentar as situações semelhantes, no intuito de evitar abusos que ordinariamente podem ocorrer nesse campo, uma vez que ele próprio previu, no art. 11 do vigente Código, a *"exceção dos casos previstos em lei"*. Evidente, porém, que nunca haverá de se admitir invasão da privacidade de alguém, utilização de sua imagem ou de seu nome sem sua expressa autorização.

11.1.2 Tutela dos Direitos da Personalidade

Aquele que for ameaçado, invadido ou lesado em seus direitos da personalidade, honra, nome, liberdade, recato etc., poderá exigir que cesse a ameaça ou lesão e reclamar perdas e danos, sem prejuízos de outras sanções, como dispõe o art. 12. Nesse prisma, a indenização por danos morais assume grande relevância. Veja o que mencionamos sobre essa modalidade de danos no volume 2 (seção 24.2).

O Código de Processo Civil fornece instrumentos eficazes para que a vítima obtenha celeremente provimento jurisdicional que faça cessar a ameaça ou lesão a direito personalíssimo.

O art. 536 do CPC de 2015, ao cuidar da sentença, nessa hipótese, estabelece:

> *"No cumprimento da sentença que estabeleça a exigibilidade de obrigação de fazer ou de não fazer, o juiz poderá, de ofício ou a requerimento, para a efetivação da tutela específica ou a obtenção da tutela pelo resultado prático equivalente, determinar as medidas necessárias à satisfação do exequente".*

---

foi objeto de impugnação em defesa. Responsabilidade bem reconhecida, derivada da condição de contratante da empresa que realizou a campanha publicitária, bem como do fato de ser o beneficiário direto da campanha. Aplicação, ainda, do artigo 241 da Lei 4.737/65. Danos morais caracterizados – Proteção aos direitos da personalidade – Voz, entendida como um dos sinais intrínsecos da personalidade, que recebe proteção constitucional e legal (art. 5 º, XXVIII da CF e art. 90, § 2º da Lei 9.610/98). Utilização não autorizada da voz do autor que enseja, por si só, indenização por danos morais. Discussão quanto ao não reconhecimento de que se trata da voz do autor como fator impeditivo da indenização que não foi travada em primeiro grau, tratando-se de inovação recursal. VALOR. Indenização reduzida para R$ 8.000,00, em consideração à intensidade e repercussão da ofensa, sendo a veiculação limitada a um dia e em campanha de alcance apenas municipal. Distribuição da sucumbência – Dano material afastado e dano moral colhido. Hipótese de sucumbência recíproca. Aplicação do artigo 21 CPC/1973. Sentença reformada em parte. Recurso parcialmente provido" (*TJSP* – AC 0022915-10.2005.8.26.0506, 26-4-2019, Relª Mariella Ferraz de Arruda Pollice Nogueira).

Esse instrumento é importante meio para que não se concretize a ameaça ou para que se estanque a lesão aos direitos da personalidade. Assim, o juiz pode conceder essa modalidade de tutela liminarmente ou após justificação prévia, sendo relevantes os fundamentos. Desse modo, o provimento jurisdicional antecipatório pode, por exemplo, determinar que o réu cesse a utilização indevida de um nome, paralise a divulgação de um fato desabonador ou impeça que se concretize invasão de privacidade. Para que se assegure a eficácia da tutela antecipatória, o juiz poderá impor multa diária ao réu (pena tradicionalmente denominada *astreinte*), suficientemente constrangedora, a fim de que a decisão seja cumprida, na forma do art. 537 do CPC. Essa multa é de cunho processual e não se confunde, antes se adiciona, com a indenização por perdas e danos que ordinariamente faz parte do pedido, a ser concedida na sentença. Para efetivação da tutela específica ou para obtenção de resultado prático equivalente, poderá o juiz, de ofício ou a requerimento, determinar as medidas necessárias, tais como a imposição de multa por tempo de atraso, a busca e apreensão, remoção de pessoas e coisas, desfazimento de obras, impedimento de atividade nociva, se necessário com requisição de força policial.

Esses dispositivos processuais, presentes do CPC de 2015, constituem marco importante em nosso direito processual, com importantes reflexos no direito material, pois fazem atuar mais eficazmente as disposições deste último. Destarte, com muita frequência far-se-á menção a esses princípios no decorrer de toda esta obra. Trata-se de importante instrumento colocado à disposição da parte e facultado ao juiz, o qual, é evidente, deve usar de toda cautela e prudência em sua utilização, não permitindo que o instituto se converta em instrumento de retaliação, vingança privada ou panaceia para todos os males da sociedade. O poder discricionário do juiz é amplo, e poderá impor a medida necessária mais apropriada para o cumprimento de obrigação ou preceito. Poderá o magistrado, por exemplo, de ofício, aumentar ou diminuir a periodicidade ou o valor da multa, se entender que este se tornou insuficiente ou excessivo (art. 537, § 1º, do CPC).

11.1.3 Legitimidade para a Tutela dos Direitos da Personalidade

Esses direitos, pela própria denominação, são pessoais ou personalíssimos. Em princípio, cabe apenas à própria pessoa atingida na sua incolumidade moral tomar as medidas acautelatórias, preventivas e repressivas que a situação requer.

Por outro lado, é certo que os direitos da personalidade se extinguem com a morte, todavia há resquícios ou rescaldos que podem a ela se sobrepor. A ofensa à honra dos mortos pode atingir seus familiares, ou, como assevera Larenz (1978:163), pode ocorrer que certos familiares próximos estejam legitimados a defender a honra pessoal da pessoa falecida atingida, por serem "fiduciários" dessa faculdade. Nesse diapasão, o art. 12, parágrafo único do atual Código, dispõe:[2]

> *"Em se tratando de morto, terá legitimação para requerer a medida prevista neste artigo o cônjuge sobrevivente, ou qualquer parente em linha reta, ou colateral até o quarto grau."*

---

[2] "Apelação. Responsabilidade civil. Ação de reparação de danos morais. Negativação e protesto indevido de títulos relativos a dívidas declaradas inexigíveis. Demanda promovida pelos genitores do pretenso devedor, pessoa falecida. **Legitimidade ativa *ad causam* reconhecida**, à luz do art. 12, parágrafo único, do Código Civil. Pedido que ostenta duplo fundamento: proteção *post mortem* do direito de personalidade e lesão a direito próprio por meio do constrangimento suportado pelos genitores para que respondessem por débito inexigível. Coisa julgada. Inocorrência. Não repetição da anterior demanda na qual se pleiteou indenização de dano moral pela recusa de custeio de tratamento. Causa de pedir e pedidos distintos. Mérito. Dano moral configurado. Protestos e negativação promovidos quando a dívida já era inexigível, seja pelo desfecho da demanda judicial na qual se reconheceu a legitimidade da cobrança, seja pelo falecimento do pretenso devedor, que não deixou bens. Inexistência de responsabilidade dos genitores. Autores lesados reflexamente. Dano moral *in re ipsa*. Indenização fixada em R$ 20.000,00. Adequação. Dolo intenso da requerida. Recurso desprovido" (*TJSP* – Ap 1000695-62.2016.8.26.0458, 24-3-2023, Rel. Enéas Costa Garcia).

Não se pode negar, também ao companheiro ou companheira, na união estável, o direito de defender a honra do morto. Nesses casos, no entanto, e em outros que a riqueza da vida em sociedade faz brotar, a legitimidade para a causa deve ser examinada no caso concreto, evitando-se abusos e o alargamento dessa legitimidade para extensão não colimada pelo legislador. O projeto cuida de dimensionar mais especificamente essa situação no art. 12.

"Declaratória de inexistência de relação jurídica e indenização por dano moral – conta conjunta – Empréstimo consignado realizado por uma das titulares, falecida, em benefício exclusivo – Débito já declarado extinto noutra ação, transitado em julgado – Pedidos de declaração de inexistência de dívida e abstenção de novas cobranças – Ausência de interesse de agir na modalidade necessidade/utilidade – Descumprimento da obrigação que deve ser arguido em incidente de cumprimento de sentença (artigo 513 e seguintes do CPC) – Extinção da ação, nos termos dos artigos 330, III e 485, VI, do CPC no tocante àqueles pedidos – Recurso prejudicado, no particular. Declaratória de inexistência de relação jurídica e indenização por dano moral – conta conjunta – Empréstimo consignado realizado por uma das titulares, falecida, em benefício exclusivo – Débito já declarado extinto noutra ação, transitada em julgado – Posterior anotação indevida do nome da falecida em órgão de proteção ao crédito – **Legitimidade da irmã no pleito indenizatório, a teor do art. 12, parágrafo único, do Código Civil – Dano reflexo in re ipsa, com valor estabelecido** – Recurso provido". (TJSP – Ap 1055418-62.2021.8.26.0100, 12-4-2022, Rel. Vicentini Barroso).

"Apelação. Seguro prestamista. Ação de indenização por danos morais e materiais c/c cobrança indevida e repetição de indébito. Sentença de parcial procedência. Não efetuado o pagamento do saldo remanescente do seguro prestamista após quitação do contrato de financiamento. Valor devido aos autores, filhos da segurada falecida. Negativação do nome da *de cujus*. Alegação dos réus que a inscrição não se refere aos contratos discutidos nos autos, mas a cartão de crédito. Inovação recursal. Réus que fizeram menção ao extrato Serasa em contestação e não negaram que o valor se referia ao contrato de financiamento, que deveria ter sido quitado em razão do seguro prestamista. Recurso não conhecido nessa parte. Filhos da *de cujus* que tem legitimidade para pleitear indenização por danos morais em nome próprio, por um **ato ilícito que atingiu a honra, imagem e a memória da falecida** (art. 12, parágrafo único, do CC). Ofensa à memória da mãe configurada. Débito pretérito questionado judicialmente e outro débito posterior. Inaplicabilidade da Súmula 385 do STJ. Dano moral *in re ipsa* caracterizado e *quantum* mantido. Descabe pedido em contrarrazões para alteração do julgado. Sentença mantida. Honorários majorados. Recurso desprovido" (TJSP – Ap. 1111549-91.2020.8.26.0100, 31-5-2021, Rel. L. G. Costa Wagner).

"Apelação cível – **Dano moral reflexo** – Conceituação – Inclusão do nome do falecido em banco de dados – Filho – Dano Moral – Valor – Arbitramento – Parâmetros – Devolução em dobro – Requisitos – 1– O dano moral reflexo é aquele que atinge, de forma mediata, o direito personalíssimo de terceiro que mantinha com o lesado um vínculo direto. 2– A inclusão indevida do nome do falecido em banco de dados, por si só, causa dano moral reflexo ao seu filho, a ser indenizado. 3– O valor da indenização por dano moral deve ser fixado examinando-se as peculiaridades de cada caso e, em especial, a gravidade da lesão, a intensidade da culpa do agente, a condição socioeconômica das partes e a participação de cada um nos fatos que originaram o dano a ser ressarcido, de tal forma que assegure ao ofendido satisfação adequada ao seu sofrimento, sem o seu enriquecimento imotivado, e cause no agente impacto suficiente para evitar novo e igual atentado. 4– A devolução em dobro pressupõe a má-fé do credor, caracterizada pela sua deliberada intenção de efetuar a cobrança de forma ilícita, bem como ter o consumidor realizado o pagamento indevido" (TJMG – AC 1.0479.15.014593-2/001, 9-8-2019, Rel. Maurílio Gabriel).

"Apelação cível – Ação indenizatória – Ilegitimidade ativa – **Prejuízo à imagem, reputação e honra do falecido** – Pretensão dos herdeiros – Dano em ricochete – Possibilidade – Preliminar rejeitada – Danos morais – Imprensa – Publicação de notícia – Fato definido como crime – Respeito à memória do *de cujus* – Violação – Dever de indenizar – Configuração – Valor devido – Manutenção – Litigância de má-fé – Inocorrência – Sentença mantida – Na hipótese de dano à imagem do *de cujus*, o herdeiro possui legitimidade para, em nome próprio, deduzir pretensão indenizatória fundada em direito pessoal, porquanto suporta prejuízos reflexos em razão da conduta ofensiva – A hipótese de legitimidade pessoal dos herdeiros não se confunde com o disposto no art. 12, parágrafo único, do Código Civil, que dispõe ser possível a proteção de direitos de personalidade do morto por seu cônjuge ou qualquer parente em linha reta, colateral até o quarto grau – A despeito da intransmissibilidade, a preservação dos direitos de personalidade do falecido é do maior interesse de herdeiros e de entes próximos. A ofensa perpetrada a tais direitos também lhes causa prejuízo, tendo em vista que, titulares do direito à memória do *de cujus*, suportam dor pela moléstia à estima de sua imagem e reputação – A publicação de notícia em que descrita prática considerada como crime ofende a reputação, a honra e a imagem do falecido, configurando ato ilícito passível de gerar indenização a quem suporta prejuízo pelo mesmo ato – O rol do artigo 17 do Código de Processo Civil é taxativo. Não ocorrendo nenhuma das hipóteses ali elencadas, não resta configurada a litigância de má-fé" (TJMG – AC 1.0447.09.011117-3/001, 21-8-2016, Rel. José Marcos Vieira).

11.1.4 Proteção da Imagem, Nome, Privacidade e Outros Aspectos Afins

Na repressão às ofensas aos direitos da personalidade, cabe importante papel à jurisprudência, que não pode agir com timidez, mormente nos tempos hodiernos, quando as comunicações tornam cada vez mais fácil difundir transgressões a essa classe de direitos.

Além dos danos materiais e morais que podem ser concedidos, há todo um sistema penal repressivo em torno desses direitos.

O capítulo do Código tocante aos direitos da personalidade, afora os princípios gerais mencionados, refere-se especificamente ao direito e proteção à *integridade do corpo da pessoa*, a seu *nome e imagem* e à *inviolabilidade da vida privada* da pessoa natural. Não é exaustiva a enumeração legal, pois a ofensa a qualquer modalidade de direito da personalidade, dentro da variedade que a matéria propõe, pode ser coibida, segundo o caso concreto.

Do *nome das pessoas naturais* nos ocuparemos a seguir.

O art. 20 faculta ao interessado pleitear a proibição da divulgação de escritos, a transmissão da palavra, ou a publicação, a exposição ou a utilização da imagem de uma pessoa, sem prejuízo de indenização que couber, se for atingida a honra, a boa fama ou a respeitabilidade ou se se destinarem a fins comerciais. Veja que o estatuto civil se preocupou com a divulgação da imagem com relação a danos à honra ou ao destino comercial. Entretanto, não pode deixar de ser levado em conta o aspecto do agente que se recusa a divulgar sua imagem sob qualquer fundamento, respeitado sempre o interesse público nessa divulgação. Antes mesmo da divulgação, há que se levar em conta o ato de captação da imagem, que também pode não ser de interesse do agente. A simples captação da imagem pode, nesse prisma, configurar ato ilícito. Nesse diapasão, o mesmo dispositivo estatui que essa proibição não vingará, quando esses comportamentos forem autorizados ou a divulgação ou atividade semelhante for necessária à administração da justiça ou à manutenção da ordem pública. O princípio geral é no sentido de que qualquer pessoa pode impedir tais formas de divulgação. A matéria entrosa-se também com os direitos intelectuais e direitos de autor (veja Capítulo 27 do v. 5 desta obra – *Direito civil: direitos reais*). Em qualquer caso, porém, deve ser comprovado o legítimo interesse. Nem sempre esse legítimo interesse saltará à evidência à primeira vista. O prudente critério, em síntese, será do juiz ao analisar o caso concreto.[3] O projeto amplia essas noções, preocupando-se principalmente com as pessoas públicas e com as imagens de pessoas divulgadas no universo virtual.

---

[3] "Ação de indenização por danos materiais e morais. Direito de imagem. Demanda calcada na utilização de imagem do autor, menor, sem a devida autorização, em propaganda veiculada pela internet para fins comerciais. Sentença de procedência. Insurgência. Descabimento. **Art. 20 do vigente Código Civil:** 'Salvo se autorizadas, ou se necessárias à administração da justiça ou à manutenção da ordem pública, a divulgação de escritos, a transmissão da palavra, ou a publicação, a exposição ou a utilização da imagem de uma pessoa poderão ser proibidas, a seu requerimento e sem prejuízo da indenização que couber, se lhe atingirem a honra, a boa fama ou a respeitabilidade, ou se se destinarem a fins comerciais'. Dano material configurado. Material fotográfico utilizado para fins comerciais. Contraprestação devida pelo uso das imagens. Valor da condenação, no entanto, que superou o pedido formulado na exordial. Redução da indenização para o importe de R$ 10.000,00. Dano moral configurado. O simples uso de imagem, sem autorização, acarreta lesão aos direitos da personalidade, passível de indenização (Art. 5º, X, da CF; art. 20 do CC; e Súmula nº 403 do STJ). Indenização fixada em R$ 8.000,00. Valor fixado com razoabilidade e moderação, que deve ser mantido. Sentença reformada. Recurso parcialmente provido" (*TJSP* – Ap 1004935-52.2021.8.26.0577, 13-8-2024, Rel. Salles Rossi).

"Responsabilidade civil. Policial militar. Associação criminosa para cometimento de roubo. Prisão em flagrante e preventiva. Filmagem feita por colega de farda. Divulgação. Absolvição. CPP, art. 386, VII. Dano material, moral e à imagem. Indenização. – 1. Legitimidade passiva. Estado. As condições da ação se aferem pelo que a inicial contém, abstraída a razão ou a veracidade do alegado. O autor alega que teve violadas a honra, moral e imagem pela divulgação de gravação realizada por policial militar no momento de sua prisão; e que a prisão, considerada injusta, causou-lhes prejuízos materiais diversos. O Estado possui legitimidade para figurar no polo passivo; a obrigação ou não de indenizar é questão de mérito a ser vista no momento oportuno. Preliminar rejeitada. – 2.

Cerceamento de defesa. (...) 5. Filmagem da prisão. Divulgação. Dano à imagem. Indenização. O direito à imagem de uma pessoa não é absoluto e deve ser assegurado com temperança e à luz dos demais dispositivos e princípios constitucionais. Inteligência dos art. 5º, V, X e XXVIII, 'a' da CF e art. 20 do Código Civil. A gravação da prisão em flagrante do autor por colega de farda que participou da abordagem é medida lícita e inclusive recomendada por autoridades em segurança pública, por prestigiar a transparência das operações policiais e a todos beneficiar. A divulgação das cenas, embora cause evidente dano à honra e imagem do autor, não implica ilicitude exigida para a configuração do dano indenizável. Inteligência dos art. 187 e 188, I do Código Civil. As ações e operações policiais militares são dotadas de interesse público e, salvo as específicas hipóteses em que o sigilo se justifica, não há razões para sonegá-las do conhecimento público. Especial interesse público no caso, diante das funções exercidas pelo autor. O conteúdo da gravação é limitado ao objeto da apuração e indica abordagem realizada de acordo com o protocolo padrão, sem adjetivações, prejulgamentos ou excessos. – Improcedência. Recurso do autor desprovido" (TJSP – Ap 1011511-13.2023.8.26.0053, 16-8-2023, Rel. Torres de Carvalho).

"Apelação – Ação cominatória c.c. indenizatória – Administração de cadastro restritivo – Gestora que compartilha com seus filiados informações excessivas relacionadas às pessoas cujos nomes estão ali assentados, tais como número de telefone – Conduta infringindo, às escâncaras, o disposto no art. 5º, X, da CF, art. 21 do CC, arts. 3º, §§ 1º e 3º, I, 4º e 5º, VII, da Lei 12.414/11, arts. 7º, I e X, 8º e §§ e 9º, da Lei 13.709/18, preceitos esses de ordem pública e que se fundam, todos, no **direito fundamental à proteção da intimidade e da vida privada do indivíduo** – Informações essas, com efeito, sem nenhuma utilidade em termos de avaliação da concessão de crédito, como exige o art. 7º, X, da Lei de Proteção de Dados (Lei 13.709/18) e os arts. 3º, §§1º e 3º, I, e 5º, VII, da chamada Lei do Cadastro Positivo (Lei 12.414/11), para o fim de permitir compartilhamento para o efeito de concessão de crédito – Ilícito caracterizado – Cenário caracterizando dano moral "in re ipsa" – Precedentes – Indenização, porém, devendo ser arbitrada com comedimento, justamente à falta de prova de efetivo dano – Consequente reforma da sentença, para acolhimento do pedido cominatório e do indenizatório – Indenização que se arbitra na importância de R$ 3.000,00 – Invertida a responsabilidade pelas verbas da sucumbência – Honorários fixados com base no critério equitativo do art. 85, §8º, do CPC, uma vez que diminuto o proveito econômico obtido com a demanda e já que o valor atribuído à causa longe está de espelhar o respectivo conteúdo patrimonial. Deram parcial provimento à apelação" (TJSP – Ap 1063294-95.2021.8.26.0576, 27-9-2022, Rel. Ricardo Pessoa de Mello Belli).

"Apelações cíveis. **Direito de imagem**. Ação de indenização fundada em dano moral. Veiculação, em programa televisivo, de gravação de conversa entre a autora e terceiro. Sentença de parcial procedência. Fixação da indenização em R$ 20.000,00 (vinte mil reais). Apelo de ambas as rés. Alegação de ilegitimidade passiva. Afastamento. Divulgação da conversa gravada clandestinamente que objetivou fins comerciais. Aplicação do art. 20 do Código Civil. Indenização bem fixada, não comportando redução. Recursos desprovidos" (TJSP – Ap 1002179-05.2019.8.26.0007, 15-6-2022, Rel. Maria de Lourdes Lopez Gil).

"Ação de indenização por danos materiais e morais – Direito de imagem – Contrato de prestação de serviços com tempo determinado – Inadimplemento contratual – Veiculação de imagem protagonizada pela autora além do prazo de vigência contratual – Dano material configurado – Art. 20 do vigente Código Civil: "Salvo se autorizadas, ou se necessárias à administração da justiça ou à manutenção da ordem pública, a divulgação de escritos, a transmissão da palavra, ou a publicação, a exposição ou a utilização da imagem de uma pessoa poderão ser proibidas, a seu requerimento e sem prejuízo da indenização que couber, se lhe atingirem a honra, a boa fama ou a respeitabilidade, ou se se destinarem a fins comerciais". – Material fotográfico utilizado para fins comerciais de divulgação da atividade empresarial oferecida pela ré ao mercado – "Independe de prova do prejuízo a indenização pela publicação não autorizada de imagem de pessoa com fins econômicos ou comerciais" (Súmula 403/STJ) – Contraprestação devida pelo uso das imagens – Sentença reformada – Recurso provido parcialmente" (TJSP – Ap 1005740-14.2020.8.26.0068, 3-3-2021, Rel. Salles Rossi).

"Apelação cível – Ação de indenização – Julgamento *extra petita* – Rejeição – Publicação de notícias – Liberdade de expressão – Ausência de excesso – **Violação à honra e à imagem – Inocorrência – Dano moral** – Inexistência – 1– Ao magistrado cabe compor a lide nos limites do pedido do autor e da resposta do réu, sendo-lhe defeso ir aquém (*infra* ou *citra petita*), além (*ultra petita*) ou fora (*extra petita*) do que foi pedido nos autos, nos termos do artigo 492 do Código de Processo Civil. 2– A parte que age dentro dos limites de seu direito constitucional de liberdade de expressão, publicando artigo de opinião sem a intenção de atingir a honra e a imagem do autor, não incorre em abuso de direito. 3– A veiculação de conteúdo informativo, sem a intenção de injuriar, difamar ou caluniar o envolvido, não é vedada em lei, razão pela qual não há de se falar em dano moral indenizável" (TJMG – AC 1.0024.07.792271-4/003, 20-9-2019, Rel. Maurílio Gabriel).

"Apelação cível – Responsabilidade civil – Ação de indenização – **Matéria ofensiva à honra e à imagem** – Condenação à reparação moral confirmada – *Quantum* Indenizatório – Manutenção – A Constituição Federal assegura, como direito fundamental, a intimidade, a vida privada, a honra e a imagem das pessoas (art. 5º, X), bem como a liberdade de expressão e informação (art. 220) – Demonstrado que a matéria veiculada pelo réu causou danos à imagem e honra da parte autora, caracterizando abuso de direito passível de gerar dever de reparação moral – O valor da indenização a título de danos morais deve ser fixado de modo a desestimular o ofensor a repetir a falta, porém não pode vir a constituir-se em enriquecimento indevido" (TJMG – AC 1.0313.14.030292-5/001, 13-7-2018, Rel. Marco Aurelio Ferenzini).

Sem dúvida, a imagem da pessoa é uma das principais projeções de nossa personalidade e atributo fundamental dos direitos ditos personalíssimos. O uso indevido da imagem traz, de fato, situações de prejuízo e constrangimento. No entanto, em cada situação é preciso avaliar se, de fato, há abuso na divulgação da imagem. Nem sempre a simples divulgação de uma imagem é indevida, doutra forma seria inviável noticiário televisivo, jornalístico ou similar. Nesse sentido:

> *"É inquestionável direito da pessoa, posto que respeitante à personalidade, em não ter divulgada a sua imagem, tenha ou não a divulgação fins lucrativos. Caso em que a autora, em logradouro público, se viu enredada em cena de cunho constrangedor e que, posto solicitada, desautorizou fosse reproduzida em programa de televisão, o que, no entanto, não impediu a emissora de fazê-lo, o que, segundo alega, causou-lhes situações embaraçosas e consequências negativas para o meio social em que vive"* (TJRJ – 10ª Câm. Cível; Ac nº 987/2000-RJ; Rel. Des. Jayro dos Santos Ferreira; j. 4-4-2000; v.u.).

A Constituição Federal, ao tratar dos direitos fundamentais nos quais se coloca a proteção à personalidade, em três oportunidades menciona a tutela ao direito à própria imagem (art. 5º, V, X e XXVIII), dentro do contexto de proteção a ofensas de índole moral, referindo-se também à inviolabilidade da intimidade e da vida privada.

Há aspectos objetivos e subjetivos nesse campo que devem ser analisados. A exposição da nudez ou quase nudez é tolerada em nosso país, por exemplo, em um desfile carnavalesco, mas não o será em outros países ou em outras situações. Não há abuso e não deve ferir suscetibilidade, por exemplo, a divulgação de imagem de alguém pela imprensa, com mero cunho jornalístico. Essa mesma divulgação pode ser prejudicial, por exemplo, se se trata de pessoa protegida pelo programa de assistência às vítimas e às testemunhas ameaçadas (Lei nº 9.807/99), podendo gerar direito à indenização se o divulgador era sabedor do fato. Da mesma forma, é abusiva objetivamente a divulgação de imagem da pessoa em sua vida íntima, no recôndito de seu lar. Os astros de cinema e de televisão, os esportistas e políticos notórios vivem efetivamente da divulgação de sua imagem, mas devem gozar do direito de privacidade, quando não atuando, no âmbito de sua atividade profissional, direta ou indiretamente.

De outro lado, a divulgação da imagem pode atender a interesse de administração da justiça e manutenção de ordem pública, como excepciona o dispositivo citado. Não pode insurgir-se contra a divulgação de sua imagem o indivíduo condenado criminalmente, pernicioso à sociedade e inserido nos cartazes de "procurados" ou em programas televisivos.

Em cada caso dessas hipóteses, para fins de indenização, deve ser avaliado se a divulgação atingiu a honra, a boa fama ou a respeitabilidade da pessoa envolvida. Se a manifestação teve finalidades comerciais, aflora diretamente o dever de indenizar. Nem sempre, no entanto, a proteção objetiva a imagem da pessoa e direitos da personalidade correlatos implicarão dever de indenizar.[4]

---

[4] "Apelação cível – **Dano moral** – Direito à liberdade de expressão e informação x direito à honra e imagem – Postagens na rede social Facebook – Abuso de direito – Dano moral configurado – *Quantum* indenizatório fixado – Recurso conhecido e provido – 1– O direito à liberdade de expressão e informação possui envergadura constitucional (art. 5º IV e IX e art. 220, § 2º da CF/88) e constitui relevante conquista histórica, principalmente face às reprimendas observadas durante o período de ditadura militar pelo qual passou o país. 2– Todavia, não se caracteriza como uma garantia absoluta, e o abuso de seu exercício, na prática, pode resvalar na violação de outros direitos igualmente protegidos pelo ordenamento jurídico, tais como os direitos à honra, à imagem, à privacidade e à intimidade. 3– Neste sentido, o direito de informar deve ser exercido com extrema responsabilidade, e possíveis abusos dele decorrentes caracterizam ato ilícito e podem ser objeto de controle jurisdicional. 4– Da análise detida dos elementos de prova trazidos aos autos, verifica-se que muitas das postagens somente se relacionam a críticas políticas

O parágrafo único do art. 20, do vigente ordenamento, aduz que, se a pessoa atingida é morto ou ausente, são partes legítimas para requerer a proteção o cônjuge, os ascendentes ou os descendentes. Nessa hipótese, também se avaliará se há prejuízo avaliável e indenizável. Da mesma forma, o grau de legitimidade deve ser avaliado na medida em que essas pessoas apontadas se ligavam mais ou menos afetivamente à pessoa falecida.

A divulgação de escritos, gravações de voz ou outras manifestações que a tecnologia permite esbarra na proteção aos direitos intelectuais e gera direito à indenização, mormente se utilizados com fins comerciais.

O art. 21 dessa lei reporta-se à tutela da privacidade, ao direito de estar só:

> "*A vida privada da pessoa natural é inviolável, e o juiz, a requerimento do interessado, adotará as providências necessárias para impedir ou fazer cessar ato contrário a esta norma.*"[5]

---

e sociais, às quais uma pessoa que exerce cargo político encontra-se sujeita. Entretanto, constatam-se algumas postagens que possuem conteúdo capaz de violar a honra do Apelante, bem como que relacionam a imagem do mesmo à prática de crimes. 5– As consequências advindas das publicações possuem potencial para lesar a honra, a reputação e a imagem do Apelante, sobressaindo seu direito à indenização por danos morais. 6– Relativamente ao valor arbitrado a título de danos morais, sabe-se que o montante indenizatório deve ser fixado segundo o prudente arbítrio do juiz que, analisando as peculiaridades do caso concreto, determinará o montante condizente com o grau de culpa do agente, a extensão dos prejuízos sofridos, bem como as condições da vítima e as do causador do dano. 7– Analisando as circunstâncias específicas do caso, bem como os critérios da razoabilidade, da gravidade do fato e o porte econômico do ofensor, entendo por bem fixar o valor da indenização em R$ 5.000,00 (cinco mil reais), sendo tal montante suficiente para reparar o dano moral sofrido pelo Apelante. 8– Recurso conhecido e provido" (*TJES* – Ap 0000512-15.2014.8.08.0027, 22-8-2019, Rel. Des. Arthur José Neiva de Almeida).

"Indenizatória – **Direito à imagem** – Utilização de foto da autora, sem sua autorização, como propaganda em rede social e em *banner* na fachada do estabelecimento comercial da ré – Inadmissibilidade – Artigo 5º, inciso X, da CF – Ressarcimento que não depende da demonstração de prejuízo – Súmula nº 403, do STJ – Ausência de utilização vexatória ou negativa da imagem – Indenização devida – Parte vencida beneficiária da assistência judiciária gratuita – Fato que não impede sua condenação aos ônus da sucumbência, mas impõe a suspensão de sua exigibilidade, nos termos do art. 98, § 3º, do CPC – Recurso não provido" (*TJSP* – Ap 1004771-34.2016.8.26.0037, 24-5-2018, Rel. Augusto Rezende).

"Apelação – Ação Cautelar – Internet – Provedor de aplicação – Sentença que julgou extinto o processo, sem resolução do mérito, em razão de o autor não ter proposto ação principal no prazo de trinta dias, nos termos do art. 806 do CPC/73. Impossibilidade. Cautelar em pauta não acarreta constrição de bens ou mesmo restrição de direitos dos réus. Necessidade de obtenção de informações dos réus acerca de usuários para propositura de ação principal. Extinção afastada. Causa madura (art. 515, § 3º, do CPC/73, atual art. 1.013, § 3º, do CPC/15). Mérito. Criação de blog e página em rede social com imagens e conteúdo ofensivo ao autor. Direito fundamental da liberdade de expressão que deve sofrer restrição a exercício porque as publicações são feitas em caráter anônimo em contrariedade ao art. 5º, IV, da CF. Manutenção do bloqueio do usuário, como meio eficaz à disseminação de seu conteúdo baseado no anonimato de seu criador. Fornecimento de endereço IP. Possibilidade. Réus que possuem meios para identificar o IP da máquina utilizada para criação das páginas. Verbas de sucumbência. Réu Facebook que não se opôs à exclusão do conteúdo apontado como ofensivo ou ao fornecimento de dados e não deu causa à propositura da demanda. Afastamento da condenação relativa aos honorários sucumbenciais. Réu Google que resistiu às pretensões do autor. Princípio da sucumbência que prevalece sobre o da causalidade. Recurso provido" (*TJSP* – Ap 0002613-55.2012.8.26.0589, 4-5-2017, Rel. Hamid Bdine).

"Agravo de instrumento – Responsabilidade civil – **Direito de imagem** – Legitimidade passiva da agravada 29 horas mídia aeroportuária – Responsabilidade pela divulgação do conteúdo e circulação da revista responsável pela alegada violação de direito à imagem. Aeroporto de Congonhas – Pertinência subjetiva não reconhecida – Assistência judiciária – Justiça gratuita – Concessão. Declaração de pobreza – Presunção relativa, que deve prevalecer caso não haja indícios de capacidade financeira da parte. Agravante que afirma não possuir recursos para suportar os encargos processuais. Presunção de hipossuficiência decorrente da declaração de pobreza (Lei nº 1.060/50, art. 4º). Gratuidade concedida. Recurso provido em parte" (*TJSP* – AI 2129566-46.2015.8.26.0000, 27-7-2015, Rel. Hamid Bdine).

[5] "Apelação – Ação cominatória c.c. indenizatória – Administração de cadastro restritivo – Gestora que compartilha com seus filiados informações excessivas relacionadas às pessoas cujos nomes estão ali assentados, tais como número de telefone – Conduta infringindo, às escâncaras, o disposto no art. 5º, X, da CF, art. 21 do CC, arts. 3º, §§ 1º e 3º, I, 4º e 5º, VII, da Lei 12.414/11, arts. 7º, I e X, 8º e §§ e 9º, da Lei 13.709/18, preceitos esses de ordem pública e que se fundam, todos, no **direito fundamental à proteção da intimidade e da vida privada do indivíduo** – Informações essas, com efeito, sem nenhuma utilidade em termos de avaliação da concessão de crédito, como

A tutela da intimidade torna-se cada vez mais preocupação de todos e não afeta unicamente pessoas que se destacam na sociedade. A notoriedade, é verdade, traz um preço social. Caberá, porém, ser estabelecido um limite no qual se proteja a vida íntima das pessoas notórias. Em matéria de direito matrimonial, nesse mesmo campo da personalidade, o legislador do atual Código preocupou-se com a proteção da intimidade do casamento, estatuindo no art. 1.513:

> "É defeso a qualquer pessoa, de direito público ou privado, interferir na comunhão de vida instituída pela família."

---

exige o art. 7º, X, da Lei de Proteção de Dados (Lei 13.709/18) e os arts. 3º, §§1º e 3º, I, e 5º, VII, da chamada Lei do Cadastro Positivo (Lei 12.414/11), para o fim de permitir compartilhamento para o efeito de concessão de crédito – Ilícito caracterizado – Cenário caracterizando dano moral "in re ipsa" – Precedentes – Indenização, porém, devendo ser arbitrada com comedimento, justamente à falta de prova de efetivo dano – Consequente reforma da sentença, para acolhimento do pedido cominatório e do indenizatório – Indenização que se arbitra na importância de R$ 3.000,00 – Invertida a responsabilidade pelas verbas da sucumbência – Honorários fixados com base no critério equitativo do art. 85, §8º, do CPC, uma vez que diminuto o proveito econômico obtido com a demanda e já que o valor atribuído à causa longe está de espelhar o respectivo conteúdo patrimonial. Deram parcial provimento à apelação". (TJSP – Ap 1063294-95.2021.8.26.0576, 27-9-2022, Rel. Ricardo Pessoa de Mello Belli).

"Indenização – **Uso indevido de imagem** – A imagem é direito personalíssimo e só pode ser reproduzida mediante autorização da pessoa a quem pertence. Imagem da autora usada nas redes sociais em publicidade para entrega de casas. Proteção da imagem que independe do uso ofensivo. Jurisprudência e doutrina sobre o tema. Súmula 403 do STJ. Danos morais que devem ser fixados em R$ 5.000,00 para ajustar-se aos parâmetros da jurisprudência. Recurso provido para julgar procedente a ação". (TJSP – Ap 1007939-50.2016.8.26.0132, 29-1-2019, Rel. Maia da Cunha).

"Responsabilidade civil – Dano moral – **Uso indevido de imagem de pessoa falecida** – Divulgação de fotos de corpo, em estado avançado de decomposição, que caracteriza excesso do exercício do dever de informar – Limites da liberdade de informação extrapolados – Ré que deve arcar com o risco assumido – Ofensa à intimidade e à integridade psíquica do autor verificada – Dano moral caracterizado – Indenização devida – Valor mantido – Juros moratórios – Súmula 54 do STJ – Contagem a partir do ato ilícito – Honorários majorados – Recurso da ré desprovido e recurso do autor provido em parte" (TJSP – Ap 1011058-28.2016.8.26.0032, 22-3-2018, Rel. Luiz Antonio de Godoy).

"Apelação – Ação cominatória e indenizatória – **Direito de imagem** – Responsabilidade civil – Divulgação de imagem da apelada, em página virtual da apelante, para fins comerciais. Ausência de autorização expressa. Violação dos direitos de personalidade. Dever de indenizar caracterizado. Inteligência do art. 20 do CC/02. Dano moral – in re ipsa – Aplicação da súmula 403 do STJ – Precedentes Jurisprudenciais – Quantum indenizatório mantido, em atenção ao princípio da dupla finalidade da reparação. Dano Material – Ocorrência – Reconhecida a responsabilidade da apelante ao pagamento de lucros cessantes, em consonância com o entendimento do. I – Relator sorteado. Recurso não provido" (TJSP – Ap 1094584-14.2015.8.26.0100, 14-8-2017, Relª Rosangela Telles).

"**Responsabilidade civil** – Dano moral – Provedor de internet – Identificação do autor em imagem gravada pela ré para utilização no serviço de localização 'Google Street View' – Violação ao direito de imagem, à intimidade e à privacidade – Ferramenta de distorção da imagem que não funcionou – Falha do serviço verificada – Dano moral – Ocorrência – Multa diária devida – Ré que descumpriu a ordem judicial de descaracterização ou remoção da imagem do autor de forma reiterada – Existência, ademais, de mecanismos para cumprimento da determinação judicial, sem a necessidade de fornecimento da URL da imagem pelo autor – Redução do valor da multa indevida – Sentença mantida – Art. 252, do RITJSP/2009 – Recurso desprovido" (TJSP – Ap 0016918-41.2012.8.26.0590, 7-7-2015, Rel. Luiz Antonio de Godoy).

"Tutela inibitória – Interesse processual – Existência – A ação inibitória é adequada para proteção de **direitos da personalidade**. Aplicação do art. 5º, XXXV da Constituição Federal, artigos 12 e 21 do Código Civil e artigos 287 e 461 do Código de Processo Civil. Necessidade de, caso a caso, verificar risco concreto de futura violação do direito, possibilidade de cumprimento específico da obrigação e ausência de dano excessivo. Preliminar rejeitada. Direitos da personalidade – privacidade e intimidade – obrigação de não fazer – tutela inibitória – Pretensão de filho para compelir sua mãe a abster-se de com ele tentar manter contato físico, telefônico, eletrônico ou de qualquer natureza. Arguições de perseguição obsessiva e violação de intimidade e privacidade. Insubsistência. Provas que não indicam grave e dolosa violação de direitos fundamentais. Mensagens basicamente circunscritas ao restabelecimento de contato entre mãe e filho, prejudicado após a separação dos pais do autor, à expressão de amor materno e a pedidos de conversa, perdão ou segunda chance. Caso, ademais, de falta de delimitação da extensão e profundidade dos deveres de abstenção que o autor pretende impor à ré, o que implica em impossibilidade de cumprimento específico da obrigação e dano excessivo à esfera jurídica da ré. Curso, também, de ação indenizatória aparentemente fundada nos mesmos fatos. Ação improcedente. Sentença reformada. Apelação da ré provida. Recurso do autor prejudicado" (TJSP – Ap 0186933-29.2010.8.26.0100, 18-2-2014, Rel. Guilherme Santini Teodoro).

Deve haver sempre posição firme do jurista no sentido de defender a preservação da intimidade, tantos são os ataques que sofre modernamente. Não se pode permitir que a tecnologia, os meios de comunicação e a própria atividade do Estado invadam um dos bens mais valiosos do ser humano, que é seu direito à intimidade, direito de estar só ou somente na companhia dos que lhe são próximos e caros. As fotografias e imagens obtidas à socapa, de pessoas no recôndito de seu lar, em atividades essencialmente privadas, são exemplo claro dessa invasão de privacidade, que deve ser coibida e pode gerar direito à indenização. Os fatos comezinhos da vida privada de cada um não devem interessar a terceiros. Tanto mais será danosa a atividade quanto mais renomada e conhecida socialmente for a vítima, mas todos, independentemente de seu nível de projeção social ou cultural, gozam da proteção. Como instrumento para operacionalizá-la, recorde-se do que mencionamos anteriormente acerca do art. 497 do CPC.

11.1.5 Direito ao Próprio Corpo

A Medicina alcançou avanços consideráveis na técnica de transplantes no último século, desde quando se tornou possível, há muitas décadas, o transplante cardíaco. A questão dos transplantes continua a levantar dúvidas éticas, morais, religiosas e jurídicas.

O princípio geral é no sentido de que ninguém pode ser constrangido à invasão de seu corpo contra sua vontade. Quanto aos atos de disposição do próprio corpo, há limites morais e éticos que são recepcionados pelo direito. Nesse sentido, dispõe o art. 13 do vigente Código Civil:

> *"Salvo por exigência médica, é defeso o ato de disposição do próprio corpo, quando importar diminuição permanente da integridade física, ou contrariar os bons costumes.*
>
> *Parágrafo único. O ato previsto neste artigo será admitido para fins de transplante, na forma estabelecida em lei especial."*[6]

---

[6] "Apelação-crime. Comercialização de tecidos, órgãos ou partes do corpo humano (art. 15 da Lei nº 9.434/97). Condenação. Pleito recursal absolutório por ausência de dolo. Apelante que efetuou a compra de pedaços de ossos humanos provenientes de banco de ossos clandestino, em total desacordo com as determinações legais. Alegado desconhecimento quanto à clandestinidade do estabelecimento. Tese rechaçada. Legislação clara a respeito da comercialização ou mercado negro de órgãos, rechaçando-se qualquer tipo de pagamento por doação de material humano, sendo tal prática baseada tão somente no altruísmo e na solidariedade. Inexistente o cenário de erro aventado, porquanto o pagamento efetuado pelos ossos é, sabidamente, absolutamente ilegal, não sendo crível que o apelante, cirurgião-dentista atuante na área há quase duas décadas, pudesse desconhecer as regras do setor. Dolo evidenciado. Pleito de desclassificação para os delitos previstos nos arts. 16 ou 18, do mesmo preceito legal. Descabimento. Conduta perpetrada pelo agente que se amolda ao tipo penal pelo qual foi denunciado. Sentença mantida. Recurso desprovido. A regulamentação sobre remoção de órgãos, tecidos e partes do corpo humano para fins de transplante e tratamento tem como base legal a Constituição Federal e a Lei nº 9.434/97. Essas disposições normativas são sustentadas por três princípios básicos, quais sejam, o consenso afirmativo, o consentimento informado e a gratuidade. Este último previsto no texto constitucional, que consagrou a dignidade da pessoa humana, mediante a proteção do direito à vida, vedando expressamente qualquer negociação que envolva órgãos humanos e valores pecuniários" (TJPR – Ap 0040685-30.2016.8.16.0014, 22-4-2021, Rel. José Mauricio Pinto de Almeida).
"**Biodireito** – Direito à saúde – Alvará – Transplante de rim – Ausência de violação do art. 535, II, do CPC – Autorização judicial – Necessidade – Objetos sindicáveis pelo poder judiciário: inexistência de lesão à integridade física do doador, não ocorrência de comércio ou de qualquer tipo de contraprestação e potencial eficácia do transplante de rim – Inexistência de revogação do § 3º do art. 15 do Decreto nº 2.268/97 pela Lei nº 10.211/01 que alterou a redação do caput do art. 9º da Lei nº 9.434/97. 1. Inexiste violação do art. 535, II, do Código de Processo Civil quando o aresto recorrido adota fundamento suficiente para dirimir a controvérsia, sendo desnecessária a manifestação expressa sobre todos os argumentos apresentados pelos litigantes. 2. A autorização judicial exigida no caput do artigo 9º da Lei nº 9.434/97 tem três objetivos: (I) impedir lesão à integridade física do doador; (II) impedir o comércio de órgãos ou qualquer tipo de contraprestação; e, (III) assegurar, na forma do § 3º do artigo 15 do Decreto nº 2.268/97, potencial eficácia ao transplante de rim. 3. Todas as exigências proporcionais e razoáveis colocadas pelo Poder Legislativo e pelo Poder Executivo para evitar o comércio de órgão ou qualquer tipo de contraprestação e

A Lei nº 9.434, de 4-2-97, dispõe sobre a remoção de órgãos, tecidos e partes do corpo humano para fins de transplante e tratamento. Esse diploma especifica que não estão compreendidos em seu âmbito, entre os tecidos, o sangue, o esperma e o óvulo, pois são em tese renováveis no corpo humano. A respeito de biogenética e de fertilização assistida, veja o capítulo 11 do volume 5 desta obra (*Direito civil: família e sucessões*). O Provimento nº 164/2024 do Conselho Nacional de Justiça regulamenta a autorização eletrônica de doação de órgãos, tecidos e partes do corpo humano.

De outro lado, o art. 14 do atual ordenamento faculta a disposição gratuita do próprio corpo, no todo ou em parte, para depois da morte, com objetivo científico ou altruísta. Trata-se de situação incentivada pelo Estado, a fim de propiciar a vida com órgãos dos que já se foram. A doação de órgãos *post mortem* não deve ter qualquer cunho pecuniário porque imoral e contrário aos bons costumes. Nula, por ausência de objeto lícito, será qualquer disposição nesse sentido. O cunho da disposição deverá ser exclusivamente científico e altruístico. Cabe ao legislador coibir, inclusive penalmente, o desvio de finalidade nesse campo. A faculdade de doar órgãos após a morte é direito potestativo da pessoa, podendo a decisão nesse sentido, por essa razão, ser revogada a qualquer tempo (art. 14, parágrafo único).

O art. 3º da Lei nº 9.434/97 disciplina que a retirada *post mortem* de tecidos, órgãos ou partes do corpo humano destinados a transplante deverá ser precedida de diagnóstico de morte encefálica, constatada por dois médicos não participantes da equipe de remoção e transplante, mediante a utilização de critérios clínicos e tecnológicos definidos por resolução do Conselho Federal de Medicina. De outro lado, o art. 4º desse diploma dispõe que a retirada de órgãos e tecidos de pessoas falecidas dependerá de autorização de seus parentes maiores, na linha reta ou colateral, até o segundo grau inclusive, ou do cônjuge, firmada em documento subscrito por duas testemunhas presentes à verificação. O texto anterior desse artigo trouxe celeuma e enorme resistência da sociedade, tanto que foi substituído pela atual redação, pela Lei nº 10.211, de 23-3-2001.

No texto original, presumia-se que toda pessoa seria doador, salvo manifestação em contrário, e a expressão *não doador de órgãos e tecidos* deveria ser gravada na carteira de Identidade ou na Carteira Nacional de Habilitação de quem fizera essa opção. Evidentemente que a resistência à lei que fizera de todos os brasileiros doadores, em face de constrangimento a direito personalíssimo que criava, exigiu pronta revogação. O ato de doar, pela própria conotação semântica, é o ato voluntário. Não pode ser imposto pelo Estado, o qual deve, isto sim, realizar campanhas de conscientização nacional nesse campo, sem a menor imposição. Há projetos em andamento que fazem retornar o sistema anterior, considerando qualquer pessoa doadora de órgãos. Aguardemos.

Tendo em vista o teor do art. 14 mencionado, temos que concluir, mesmo perante o sistema atual, que, enquanto não regulamentada diferentemente a disposição, será idônea qualquer manifestação de vontade escrita do doador a respeito da disposição de seus órgãos e tecidos após sua morte, devendo os parentes ou o cônjuge autorizar somente perante a omissão da

---

assegurar a potencial eficácia do transplante de rim (direito à saúde) são ratificadas pelo ordenamento jurídico pátrio. 4. É legal a exigência, para a retirada de rins, de comprovação de, pelo menos, quatro compatibilidades em relação aos antígenos leucocitários humanos (HLA), salvo entre cônjuges e consanguíneos, na linha reta ou colateral, até o terceiro grau, inclusive. 5. A Lei nº 10.211/01, ao alterar o *caput* do art. 9º da Lei nº 9.434/97, não revogou ou retirou a eficácia do § 3º do artigo 15 do Decreto nº 2.268/97, portanto correto o Tribunal de origem na aplicação da Lei e do Decreto. Recurso especial improvido" (*STJ* – Acórdão Recurso Especial 1.144.720 – DF (2009/0113695-5), 3-12-2009, Rel. Min. Humberto Martins).

pessoa falecida. Tratando-se de disposição não patrimonial, a doação de órgãos após a morte tanto poderá ser inserida pelo doador em testamento como em outro documento idôneo.

Quanto à disposição de tecidos, órgãos e partes do corpo humano vivo para fins de transplante ou tratamento, dispõe o art. 9º da Lei nº 9.434/97, com redação determinada pela Lei nº 10.211, de 23-3-2001:

> "É permitido à pessoa juridicamente capaz dispor gratuitamente de tecidos, órgãos e partes do próprio corpo vivo, para fins terapêuticos ou para transplantes em cônjuge ou consanguíneos até o quarto grau, inclusive, na forma do § 4º deste artigo, ou em qualquer pessoa, mediante autorização judicial, dispensada esta em relação à medula óssea."

O § 4º especifica que o doador deverá autorizar, preferencialmente por escrito e diante de testemunhas, especificamente tecido, órgão ou parte do corpo objeto da disposição.

O § 3º ressalva que essa doação somente pode ter por objeto órgãos duplos ou partes de órgãos, tecidos ou partes do corpo cuja retirada não impeça o organismo do doador de continuar sua existência sem risco, nem represente comprometimento para suas aptidões. Não admite a lei que a doação cause mutilação ou deformação inaceitável, devendo corresponder a uma necessidade terapêutica comprovadamente indispensável à pessoa receptora. O incapaz com compatibilidade imunológica poderá fazer doação para transplante de medula óssea, desde que haja consentimento de ambos os pais ou seus responsáveis legais e autorização judicial e o ato não oferecer risco para sua saúde (§ 6º).

Entre as disposições complementares dessa lei, destaca-se a proibição de publicidade para a atividade de transplantes, apelo público para doação a pessoa determinada e apelo público para arrecadação de fundos para financiamento de transplante ou enxerto, em benefício de particulares (art. 11). Deve ser afastado todo e qualquer sentido mercantilista nesse campo.

Sob a mesma filosofia, o art. 15 do atual Código especifica que *"ninguém pode ser constrangido a submeter-se, com risco de vida, a tratamento médico ou intervenção cirúrgica"*. Esse singelo artigo traz toda uma gigantesca problemática sobre a Ética Médica, o dever de informação do paciente e a responsabilidade civil dos médicos. Ver o que discorremos a esse respeito no volume 2, *Direito Civil: obrigações* e *responsabilidade civil*, Capítulo 18. Levando em conta que qualquer cirurgia apresenta maior ou menor risco de vida, sempre haverá, em tese, necessidade de autorização do paciente ou de alguém por ele. No mesmo sentido, situam-se tratamentos e medicamentos experimentais, ainda não aprovados pela comunidade médica. A matéria requer, como percebemos, aprofundamento monográfico. O dever de informação, previsto no art. 6º, II, do Código de Defesa do Consumidor e direito inafastável de qualquer tomador de serviços e o paciente o é, desempenhando papel importante na atividade e na responsabilidade médica. O paciente, ou alguém que lhe seja próximo, deve ser sempre informado sobre os procedimentos médicos que sofrerá, com todas as suas vantagens e vicissitudes. O projeto apresenta um alargamento necessário nessa problemática, com várias disposições, inclusive trazendo normas sobre conduta médica. Esperemos a discussão dessa matéria.

11.1.6 Pessoa Jurídica e Direitos da Personalidade

A pessoa jurídica é objeto de estudo nos capítulos seguintes. A pessoa jurídica, entidade moral criada pela vontade do homem, desempenha inúmeras atividades e funções da pessoa natural. Embora não possa ser atingida na sua honra subjetiva, há agressões morais de cunho objetivo que atingem, sem dúvida, as entidades. No entanto, as repercussões serão sempre financeiras. Adiantando-se um pouco no curso de nossa investigação, é importante mencionar a esta altura que o art. 52 do atual estatuto civil menciona:

> "Aplica-se às pessoas jurídicas, no que couber, a proteção dos direitos da personalidade."[7]

---

[7] "Agravo interno. Agravo de instrumento. Julgamento simultâneo. Direito processual civil. Preliminar. Inovação. Recursal impossibilidade. Incidente. Desconsideração da personalidade jurídica. Código Civil. Teoria maior. Requisitos legais. Não demonstrados. Indeferimento. 1. A inovação em sede recursal é vedada pelo ordenamento jurídico como forma de impedir a supressão de instância. 2. O **art. 52 do Código Civil reconheceu a personalidade própria da pessoa jurídica** e conferiu-lhe a devida proteção, razão por que a desconsideração da personalidade jurídica é medida de caráter excepcional. 3. É necessária a prova inequívoca do abuso da personalidade jurídica para possibilitar a desconsideração da personalidade jurídica e o redirecionamento da execução contra os administradores e sócios da empresa. 4. A mera demonstração de insolvência ou a dissolução irregular da empresa sem a presença de abuso da personalidade jurídica, caracterizado pelo desvio de finalidade ou pela confusão patrimonial, não autoriza a desconsideração da personalidade da pessoa jurídica, conforme art. 50, § 4º, do Código Civil. 5. Agravo interno desprovido. Agravo de instrumento parcialmente conhecido e, na extensão, desprovido" (*TJDFT* – Ap 07162852120248070000, 7-8-2024, Rel. Hector Valverde Santanna).

"Inexigibilidade de débito c.c. danos morais – Duplicata mercantil – Protesto indevido – Reconhecimento – Ausência de impugnação Reconhecimento pela r. sentença – Trânsito em julgado – Inexigibilidade reconhecida. Alegação de ré de ofensa ao contraditório e ampla defesa, e princípio da não surpresa, pela ausência de oportunidade se defender em relação ao fato de que o número do título só foi definido depois da contestação – Não reconhecimento – Tutela provisória concedida com individualização do título controvertido – Oportunidade de dedução de considerações e defesa por ocasião da contestação – Pretensão de anulação afastada. Apelo da autora – Pretensão ao reconhecimento de danos morais – Pessoa jurídica – Ausência de prova de circunstância que atinja a dignidade da pessoa jurídica – Limitação da extensão dos direitos da personalidade – Artigo 52 do Código Civil e Súmula 227 do STJ – **Prova da culpa e responsabilidade pela situação da empresa – Prova do dano efetivo – Ofensa à sua honra objetiva, ou seja, imagem externa, conceito, reputação – Não reconhecimento** – Impossibilidade de sua configuração 'in re ipsa' e ausência de prova de dano extrapatrimonial ao patrimônio da empresa – Dano moral não reconhecido – Sentença mantida – RITJ/SP artigo 252 – Assento Regimental nº 562/2017, art. 23. Recursos não providos" (*TJSP* – Ap 1007056-07.2020.8.26.0248, 13-3-2023, Rel. Henrique Rodriguero Clavisio).

"Ação declaratória e indenizatória – Título protestado indevidamente – Questão incontroversa – Declaração de inexigibilidade do débito que não foi objeto da insurgência recursal da ré – Matéria acobertada pelo manto da coisa julgada. Danos morais – Protesto indevido – Pessoa jurídica – Ausência de prova de circunstância que atinja a dignidade da pessoa jurídica – Limitação da extensão dos direitos da personalidade – Artigo 52 do Código Civil e Súmula 227/STJ – Prova da culpa e responsabilidade pela situação da empresa – **Prova do dano efetivo – Ofensa à sua honra objetiva, ou seja, imagem externa, conceito, reputação** – Não reconhecimento – Impossibilidade de sua configuração 'in re ipsa' e ausência de prova de dano extrapatrimonial ao patrimônio da empresa – STJ, REsp nº 1637629/PE – Compensação descabida e indevida – Sentença reformada para julgar parcialmente procedente a ação, mantida apenas a declaração de inexigibilidade do débito – Sucumbência recíproca caracterizada (CPC artigo 86, caput) – Inexistência de sucumbência preponderante da autora – Pretensão recursal afastada. Recurso provido em parte" (*TJSP* – Ap 1011185-68.2021.8.26.0006, 21-7-2022, Rel. Henrique Rodriguero Clavisio).

"Direito Civil – Recurso Especial – **Publicação de matéria jornalística considerada lesiva à honra de pessoa jurídica** – Dano moral configurado – Indenização devida – Declarações do réu que transbordam os limites do direito de crítica – Abuso do direito – Dano moral configurado – Indenização devida. 1 – O litígio revela, em certa medida, colisão entre dois direitos fundamentais, consagrados tanto na Constituição Federal de 1988 quanto na legislação infraconstitucional, como o direito à livre manifestação do pensamento, de um lado, e a tutela dos direitos da personalidade, como a imagem e a honra, de outro, técnica extensível, na medida do possível, à pessoa jurídica, nos termos do art. 52 do Código Civil. Realmente, é consagrado na jurisprudência do STJ o entendimento de que "a pessoa jurídica pode sofrer dano moral" (Súm 227 STJ). 2 – Embora seja livre a manifestação do pensamento – mormente quando se trata de veículo de comunicação –, tal direito não é absoluto. Ao contrário, encontra rédeas até necessárias para a consolidação do Estado Democrático quanto o direito à livre manifestação do pensamento. Não pode haver censura prévia, mas certamente controle posterior de matérias que ofendam a honra e a moral objetiva de cidadãos e instituições. 3 – A liberdade de se expressar, reclamar, criticar, enfim, de se exprimir, esbarra numa condicionante ética, qual seja, o respeito ao próximo. O manto do direito de manifestação não tolera abuso no uso de expressões que ofendam os direitos da personalidade, extensíveis, na forma da lei, às pessoas jurídicas. 4 – No caso, o comportamento adotado pelos recorridos, a pretexto de criticar eventual mau uso do dinheiro público ou dos meios de contratação/concessão de benefícios pelo governo, não enunciou propósito específico de denunciar a conduta do recorrente, mas, ao revés, de forma sub-reptícia, impingiu-lhe (e a seu sócio) diversas condutas criminosas, em verdadeiro abuso de direito. Tudo isso por se tratar de instituto que tem como um de seus sócios o ministro da Suprema Corte, e por ter em seu corpo docente professores do alto escalão de todos os Poderes da República. 5 – Realmente, infere-se a partir da leitura da matéria que, apesar de se pautar por

Houve, de início, uma vacilação compreensível da doutrina e da jurisprudência a respeito dos direitos da personalidade com relação às pessoas jurídicas. A Súmula 227 do STJ admitiu expressamente que a pessoa jurídica pode sofrer dano moral. Nunca se esqueça de que dano moral e direitos da personalidade são faces da mesma moeda. É evidente que alguns desses direitos somente cabem à pessoa do ser humano em virtude de sua própria natureza. Mas não se afasta que existem situações complexas que colocam a pessoa jurídica sob periclitação moral, as quais se refletem, evidentemente, no âmbito pecuniário, no sentido de reparação dos danos e não como uma punição, fator este que se avulta na indenização desse nível às pessoas naturais. Aí está justamente a distinção que, na essência do instituto, somente faz por se admitir danos morais à pessoa natural. Essa equiparação feita pelo art. 52 somente pode ser vista sob esse prisma indenizatório, pois a pureza dos direitos da personalidade não se adapta a quem não é pessoa natural. Ao tema, riquíssimo de meandros, voltaremos ao tratar da responsabilidade civil.

11.2 NOME CIVIL DAS PESSOAS NATURAIS

O nome atribuído à pessoa é um dos principais direitos incluídos na categoria de direitos personalíssimos ou da personalidade. A importância do nome para a pessoa natural situa-se no mesmo plano de seu estado, de sua capacidade civil e dos demais direitos inerentes à personalidade.

Ao nascermos, recebemos um nome que não tivemos a oportunidade de escolher. Conservaremos esse nome, em princípio por toda a vida, como marca distintiva na sociedade, como algo que nos rotula no meio em que vivemos, até a morte. Após a morte, o nome da pessoa continua a ser lembrado e a ter influência, mormente se essa pessoa desempenhou atividade de vulto em vida. Ainda que assim não tenha ocorrido, o nome da pessoa falecida permanece na lembrança daqueles que lhe foram caros.

O nome é, portanto, uma forma de individualização do ser humano na sociedade, mesmo após a morte. Sua utilidade é tão notória que há a exigência para que sejam atribuídos nomes a empresas, navios, aeronaves, ruas, praças, acidentes geográficos, cidades etc. O nome, afinal, é o substantivo que distingue as coisas que nos cercam, e o nome da pessoa a distingue das demais, juntamente com outros atributos da personalidade, dentro da sociedade. É pelo nome que a pessoa fica conhecida no seio da família e da comunidade em que vive. Trata-se da manifestação mais expressiva da personalidade.

Como não é possível ao recém-nascido escolher seu próprio nome, é enorme a responsabilidade dos pais ao fazerem-no, uma vez que, por vezes, do nome decorrerá o sucesso ou o insucesso da pessoa, sem que com isso se afirme que o nome seja essencial para o bom ou mau conceito de alguém. Há nomes vistos com maior simpatia pela comunidade do que outros, que, por seu lado, podem expor seus portadores ao ridículo e à chacota.

Assim, pelo lado do Direito Público, o Estado encontra no nome fator de estabilidade e segurança para identificar as pessoas; pelo lado do direito privado, o nome é essencial para o exercício regular dos direitos e do cumprimento das obrigações.

---

algumas informações públicas, o contexto em que foram utilizadas acabou por ofender a honra objetiva do instituto recorrente, na medida em que o texto jornalístico, valendo-se de afirmações deletérias, traz ao leitor a nítida impressão de que a questão envolvida é policialesca, narrando uma onda de supostos crimes licitatórios, também contra a ordem econômica, tráfico de influência, além de diversos atos passíveis de improbidade administrativa. 6 – Recurso especial parcialmente provido" (*STJ* – REsp 1.504.833 – (2014/0186398-7), 1-2-2016, 4ª Turma – Rel. Min. Luis Felipe Salomão).

Tendo em vista essa importância, o Estado vela pela relativa permanência do nome, permitindo que apenas sob determinadas condições seja alterado. Há legislações mais flexíveis no direito comparado, mormente no direito norte-americano, o qual permite modificação do nome com maior facilidade. O nome, destarte, é um dos meios pelos quais o indivíduo pode firmar-se na sociedade e distinguir-se dos demais. Há nomes que hoje adquiriram conotações de alta profundidade, como Jesus, Hitler, Tiradentes, Mussolini e outros.

Dentro do meio artístico, o nome é um patrimônio, protegido pela Lei nº 9.610/98, que no art. 12 autoriza que em toda divulgação de obra literária, artística ou científica, legalmente protegida no país, seja indicado, ainda que abreviadamente, o nome ou pseudônimo do autor ou autores, salvo convenção em contrário das partes.

De modo geral, pode ser dito que o nome designativo do indivíduo é seu fator de individualização na sociedade, integrando sua *personalidade* e indicando, de maneira geral, sua procedência familiar.

11.2.1 Origens Históricas

Desde o tempo em que o homem passou a verbalizar seus conceitos e pensamentos, começou a dar denominação às coisas e a seus semelhantes.

Nas sociedades rudimentares, um único nome era suficiente para distinguir o indivíduo no local. À medida que a civilização se torna mais burilada e aumenta o número de indivíduos, passa a existir necessidade de complementar o nome individual com algum restritivo que melhor identifique as pessoas.

O saudoso Limongi França (1964:28) destaca que entre os hebreus, a princípio, usava-se um único nome, como Moisés, Jacó, Ester, mas já era costume acrescentar outro a esse nome primitivo, lembrando que o próprio Jesus era conhecido como "Iesus Nazarenus", Jesus de Nazaré. O segundo nome era acrescentado pelo costume, com alusão à profissão ou localidade ou acidente geográfico de nascimento, por exemplo, quando não ligado ao nome do genitor: Afonso Henriques (filho de Henrique), João do Porto, Antônio de Coimbra etc.

Os *gregos*, também a princípio, tinham um único nome. Posteriormente, com a maior complexidade das sociedades, passaram a deter três nomes, desde que pertencessem a família antiga e regularmente constituída: um era o nome particular, outro o nome do pai e o terceiro o nome de toda a *gens*. Como lembra Limongi França (1964:29), o primeiro nome equivalia a nosso prenome, o segundo era o nome de família e o terceiro era o gentílico, a exemplo de Roma, que não possuímos atualmente.

Em *Roma*, o nome dos patrícios era de formação bastante complexa, pois tinham os romanos três nomes próprios para distinguir a pessoa: o *prenome*, o *nome* e o *cognome*, acrescentando-se, às vezes, um quarto elemento, o *agnome*.

Inicialmente, entre os romanos, havia apenas o *gentílico*, que era o nome usado por todos os membros da mesma *gens*, e o *prenome*, que era o nome próprio de cada pessoa. A indicação por três nomes apareceu devido ao grande desenvolvimento das *gens*.

O prenome vinha em primeiro lugar e havia pouco mais de 30; por isso, eram conhecidos de todos e escritos sempre de forma abreviada, como *Quintus* = Quint; *Gaius* = G; *Aulus* = A.

O nome servia para designar a *gens* a que pertencia o indivíduo. São nomes adjetivos e terminam em *ius*, como *Marcus Tulius Cicero*.

O cognome servia para distinguir as diversas famílias de uma mesma *gens* e vinha em terceiro lugar. É Limongi França (1964:31) que em sua obra sobre a matéria lembra o nome de

Publius Cornelius Scipio, que "*designava um indivíduo da gente Cornélia, da família dos Cipiões, chamado Públio...*"

Os nomes únicos ou com dois elementos, no máximo, eram próprios da plebe. Os escravos tinham um nome, com o acréscimo, geralmente, do prenome do dono.

Com a invasão dos bárbaros, na Idade Média, retornou-se ao costume do nome único. Passou-se a dar nome de santo às crianças por influência da Igreja, substituindo-se os nomes bárbaros pelos nomes do calendário cristão. Com o aumento da população, começou a surgir confusão entre muitas pessoas com o mesmo nome e de diversas famílias. Vem daí, por necessidade, um sobrenome, como hoje o conhecemos vulgarmente, tirado de um acidente geográfico ligado ao nascimento (do Porto); de uma profissão (Ferreiro); de um sinal pessoal (Branco, Manco, Baixo); de uma planta (Pereira); de um animal (Coelho); ou então se recorria ao genitivo para designar a origem, como Afonso Henriques (filho de Henrique); Smithson (filho de Smith) etc.

Na Idade Média, o nome duplo surge entre pessoas de alta condição, nos séculos VIII e IX, mas só se torna geral no século XIII.

11.2.2 Natureza Jurídica

Essa questão deu margem a diversas opiniões. Já colocamos alhures que o direito ao nome é um daqueles direitos da personalidade ou personalíssimos. O art. 16 do atual Código estatui: "*Toda pessoa tem direito ao nome, nele compreendidos o prenome e o sobrenome.*"

Alguns veem, no entanto, como forma de direito de propriedade, mas a posição é insustentável, porque o nome situa-se fora de seu patrimônio (visto exclusivamente o termo do ponto de vista econômico), sendo inalienável e imprescritível.

Outros veem no nome um direito *sui generis*, como uma instituição de polícia civil, justificada pela necessidade de identificar os indivíduos (Colin, Capitant, 1934:370). Para outros, é sinal distintivo da filiação; outros entendem o nome como um sinal revelador da personalidade, como é a posição de Washington de Barros Monteiro (2005, v. 1:107).

Limongi França (1964:153), após exaustivamente discorrer sobre as várias opiniões acerca da matéria, acaba por concluir que o nome é um "*direito da personalidade*" e aduz que esse é um direito dentro da categoria dos direitos "*inatos*", pressuposto da personalidade. Serpa Lopes (1962, v. I:297) filia-se à mesma posição dizendo que o nome "*constitui um dos direitos mais essenciais dos pertinentes à personalidade*".

Portanto, o nome é um atributo da personalidade, trata-se de um direito que visa proteger a própria identidade da pessoa, com o atributo da não patrimonialidade. Note que estamos tratando do nome civil; o nome comercial tem conteúdo empresarial e, portanto, patrimonial.

Como direito da personalidade, o nome guarda suas principais características: indisponibilidade, inalienabilidade, imprescritibilidade, intransmissibilidade, irrenunciabilidade, entre outras. Vimos que é atributo obrigatório de todo ser humano e que, em nosso meio, é, em princípio, imutável, ressalvadas as exceções.

11.2.3 Elementos Integrantes do Nome

Não há concordância na doutrina sobre o assunto. Vemos que nosso Código de 1916 não tratara da matéria, e não há, portanto, uma orientação nesse diploma legislativo a seguir.[8] O

---

[8] O autor do Projeto de 1916 destaca que o assunto nome não foi posto em destaque nos debates, devendo presumir-se que os debatedores estavam de acordo com o próprio Clóvis Beviláqua em excluir do diploma o

Código vigente refere-se ao "prenome" e ao "sobrenome". A redação original do Projeto desse diploma usava "patronímico" para se referir ao sobrenome (art. 16).

Em nosso Código Civil anterior, não existia técnica uniforme. O termo *nome*, significando nome por inteiro, era empregado nos arts. 271, I; 324; 386; 487, § 1º; 666, I, II e VII; 677 e §§ 1º e 2º; 698; 846, I; 931; 940 e 1.289, § 2º; 1.307 e 1.510. Os termos *nomes* e *prenomes* vinham nos arts. 195, I, II, III e IV; *apelido*, no art. 240; *nomes* e *sobrenomes*, no art. 1.039. Como percebemos, esse Código não se preocupara em dar uma fisionomia técnica ao assunto. Em razão disso, cada autor passou a classificar à sua maneira os elementos integrantes do nome.

No entanto, foram as leis extravagantes que puderam aclarar a questão.

A atual Lei dos Registros Públicos (art. 54, § 4º, conforme alteração da Lei nº 6.216, de 1975) declara como requisito obrigatório do assento de nascimento *"o nome e o prenome, que forem postos à criança"*. Cremos que o critério a ser seguido no estudo do nome deva ser sob o ponto de vista legal: para nosso legislador, é essencial a existência de um prenome, que vulgarmente denominamos primeiro nome ou nome de batismo, e um nome, vulgarmente chamado sobrenome. O texto anterior do atual Código referia-se ao patronímico, como nome de família. O texto em vigor menciona prenome e sobrenome, o que torna mais própria e acessível a compreensão. O art. 16, quando trata dos direitos da personalidade, estatui que *"toda pessoa tem direito ao nome, nele compreendidos o prenome e o sobrenome"*.

Alguns juristas pretendem esmiuçar essa conceituação, lembrando as expressões *nome individual* ou *nome próprio*, para designar o que a lei chama de *prenome*, e *patronímico, cognome, sobrenome* ou *apelido de família* para o que a lei chama hoje simplesmente de *nome*. O Código Civil de 2002 derivado do Projeto de 1975 fixa-se, como vimos, no termo *sobrenome*, antes falando em patronímico no projeto primitivo.

Apesar da aparente simplicidade enfocada pela lei, no art. 56 da Lei no 6.015 ainda encontrávamos a terminologia *apelidos de família*. A Lei nº 14.382/2022 trouxe unicamente referência ao sobrenome, em várias outras disposições que trataram do nome civil.

Por tudo isso, embora partindo da solução legal, incumbe ao intérprete certa conceituação.

Segundo a lei, os nomes ou patronímicos (denominados agora oficialmente sobrenomes) podem ser plúrimos.

A duplicidade de prenome também é admitida pela lei no art. 63, ao tratar de gêmeos que eventualmente tenham prenomes iguais, determinando que sejam inscritos com *duplo prenome* ou *nome completo* diverso, de modo que possam *distinguir-se*. Portanto, além de a lei admitir o nome completo como englobando o prenome e o nome, admite a pluralidade de ambos.

Além desses elementos que são essenciais por derivarem da lei, há outros que são denominados secundários (França, 1964:59). A lei não se ocupa deles. É o caso dos títulos nobiliárquicos ou honoríficos, como, por exemplo: conde e comendador, apostos antes do prenome, que denominamos, no léxico, "axiônimos". Também devem ser lembrados os títulos eclesiásticos que juridicamente são irrelevantes, como padre, monsenhor bispo, cardeal.

---

estatuto a respeito do nome, apesar de existir no Código alemão. Sustenta a opinião por entender o eminente projetista que não existe um direito ao nome, porque o nome da pessoa não é exclusivo e porque os apelidos de família são suficientes para individualizar a pessoa. Entende que o nome deve ser compreendido como a designação da pessoa, mas não é um direito; que os princípios da responsabilidade civil são suficientes para proteger os eventuais abusos atinentes ao nome, "não porque o uso dele seja exclusivo, porém porque todas as ofensas causadas às pessoas devem ser reparadas, ou se reflitam na esfera econômica ou se refiram à dignidade, à honra e aos interesses morais da pessoa" (*Comentários ao art. 9º*, p. 197-198). Em que pese à costumeira clareza do mestre modernamente, sua concepção evoluiu e se acha superada, continuando, porém, apropriada no que toca à responsabilidade civil.

Há ainda os qualificativos de identidade oficial, como as denominações Senador Olímpio; Juiz Almeida; Prefeito Faria Lima etc., assim como os títulos acadêmicos e científicos, como Doutor e Mestre.

É frequente encontrarmos nomes (sobrenomes) com as partículas *Júnior, Filho, Neto* e *Sobrinho, o Calvo, o moço, o velho,* atribuídas às pessoas para diferenciar de parentes que tenham o mesmo nome. Para efeitos legais, esses termos integram o nome e são, de vernáculo, denominados *agnomes*, formando o chamado *nome completo: Pedro da Silva júnior.* Não é de nosso costume, como o é em países de língua inglesa, o uso de ordinais para distinguir as pessoas da mesma família: João Ribeiro Segundo; João Ribeiro Terceiro etc., embora por vezes encontremos alguns exemplos entre nós. Também nesta última situação trata-se de *agnome*. O agnome, de qualquer modo, faz parte do nome e deve fazer parte do registro civil.

O *apelido*, no sentido vulgar por todos conhecido, também denominado *alcunha* ou *epíteto*, é a designação atribuída a alguém, em razão de alguma particularidade; às vezes, sua origem não é exatamente conhecida. Há apelidos de pessoas famosas, como o de *Pelé*, por exemplo, que ganharam foros de nome comercial, com todas as garantias daí decorrentes. Há apelidos que se agregam de tal maneira à personalidade da pessoa, quando não jocosos, que podem ser acrescentados, sob determinadas condições, ao nome.

Lembre-se também da existência do chamado *nome vocatório,* pelo qual as pessoas são conhecidas ou chamadas, como é o caso do eminente *Pontes de Miranda,* sempre assim citado e poucos sabem que seu prenome era *Francisco.*

José Roberto Neves Amorim (2003:12) conclui corretamente que

> *"o nome, em verdade, é uma composição de prenome, acrescido do nome de família ou sobrenome ou patronímico, com as variações possíveis de simples ou compostos, com ou sem agnome, com ou sem partículas, ou seja, é um todo, e não somente o designativo da filiação ou estirpe, como quer fazer crer a Lei dos registros Públicos, em seus arts. 56 e 57".*

Lembre-se, também, das partículas de ligação constantes dos sobrenomes ou apelidos. Na Idade Média, a partícula "de" designava um local ou proveniência: João da Mata. Poderia também, na Itália, designar uma origem nobre: Antonio de Curtis, saudoso ator italiano.

11.2.4 Nome: Prenome e Sobrenome. Possibilidade de Alteração[9]

Segundo o art. 16 do atual diploma, *"toda pessoa tem direito ao nome, nele compreendidos o prenome e o sobrenome".*[10] O Projeto originário de 1975 preferia denominar patronímico o sobrenome ou apelido de família. Melhor que se padronize doravante a denominação "sobrenome".

---

[9] Sobre o assunto, verificar o Provimento do CNJ 73/2018, que trata da averbação da alteração do prenome e do gênero nos assentos de nascimento e casamento de pessoa transgênero no Registro Civil das Pessoas Naturais.

[10] "Civil e processual civil. Direito de família. Apelação cível. Ação de desconstituição de paternidade e retificação do registro civil. Abandono afetivo do pai biológico em relação à filha. Modificação do nome para suprimir patronímico paterno. Retificação do assento de nascimento. Justo motivo. Art. 57 da Lei 6.015/75. Pai socioafetivo. Multiparentalidade. Melhor interesse do descendente. Possibilidade de desligamento do poder familiar biológico. 1. De acordo com os artigos 226 e 229 da Constituição Federal, a família é a base da sociedade e os pais possuem o poder familiar como um dever, cabendo-lhes assistir, criar e educar os filhos menores, com o estabelecimento das bases para uma vida digna. 2. A ausência dos laços afetivos transforma o núcleo familiar, que deve ser de amparo e educação, em referência de insegurança e hostilidade, de forma que o convívio do indivíduo com o sobrenome dos ascendentes pode ocasionar desconforto e sofrimento psíquico, motivo pelo qual a jurisprudência vem entendendo que o rol da Lei de Registros Públicos (Lei 6.015/1973) deve ser flexibilizado diante de circunstâncias

O art. 58 da Lei dos Registros Públicos dispunha originalmente que o prenome era imutável. A Lei nº 9.708, de 18-11-98, deu nova redação a esse dispositivo: *"O prenome será definitivo, admitindo-se, todavia, a sua substituição por apelidos públicos notórios."* A redação original do parágrafo único desse mesmo artigo admitia a mudança do prenome por evidente erro gráfico, bem como na hipótese do parágrafo único do art. 55. A redação do parágrafo único desse art. 58 foi dada pela Lei nº 9.807/1999: *"A substituição do prenome será ainda admitida em razão de fundada coação ou ameaça decorrente da colaboração com apuração de crime, por determinação, em sentença, de juiz competente, ouvido o Ministério Público."* Sinal dos tempos. A questão tem a ver com a chamada delação premiada. A Lei nº 9.708/98 dispôs, no parágrafo único do art. 58, que não se admite a adoção de apelidos proibidos em Lei.

Não se nega, porém, que persiste, como regra geral, a possibilidade de correção de prenome por evidente erro gráfico, embora derrogado o dispositivo expresso que mencionava essa faculdade.

O STF se posicionou em torno do Pacto da Costa Rica e art. 58 da LRP, reconhecendo aos transgêneros, independente de cirurgia ou outros procedimentos, o direito à substituição de prenome e sexo diretamente no registro civil.

---

excepcionais, como é o caso do abandono afetivo. 3. O artigo 16 do Código Civil estabelece que (t)oda pessoa tem direito ao nome, nele compreendidos o prenome e o sobrenome. 3.1. Em regra, o nome faz parte do direito da personalidade do indivíduo e é imutável, admitindo-se, contudo, sua alteração nas hipóteses expressas em lei ou reconhecidas como excepcionais por decisão judicial, com fundamento no artigo 57 da Lei 6.015/75. 4. O direito ao nome e sobrenome envolve não apenas o direito registral, mas trata-se essencialmente de direito fundamental, cujo sentido primordial é a tutela da dignidade da pessoa humana. 5. O abandono afetivo configura justo motivo capaz de admitir a supressão do sobrenome paterno ou materno. 6. O pedido de desfiliação deve ser compreendido como de desligamento do vínculo do poder familiar biológico em decorrência do manifesto prejuízo causado aos direitos da personalidade da autora. 6.1. O reconhecimento da pluriparentalidade desafia, nos termos do RE n. 898.060, que a interpretação ocorra no melhor interesse do descendente. (STF, Tribunal Pleno, RE. n. 898.060, Rel. Min. Luiz Fux, julgamento: 21/09/2016). 6.2. No caso dos autos, o incontroverso abandono afetivo é razão suficiente para demonstrar a repulsa da descendente em manter o registro de filiação do pai biológico. 6.3. A existência de reconhecimento prévio de parentalidade socioafetiva em favor de P. H. F. P. fulminou o interesse de agir em relação ao ajuizamento de possível ação de adoção unilateral de adulto, mas não impede a observância do artigo 43 do ECA, no sentido de que a ruptura do vínculo seja pleiteada no melhor interesse do descendente. 7. Apelação cível conhecida e integralmente provida" (TJDFT – Ap 07361138620238070016, 9-5-2024, Relª Carmen Bittencourt).

"**Toda pessoa tem direito ao nome e sobrenome, diz o art. 16 do CC**. A autora foi registrada sem inclusão do patronímico materno (MASSARI) e pretende adotá-lo, como fizeram as mulheres da família (sua mãe e avó materna). Recorrente que possui ficha limpa e que tem o apoio da ilustrada Procuradoria Geral de Justiça. Pretensão legítima (arts. 56 e 57 da Lei 6015/73). Provimento para admitir a alteração do nome, com acréscimo do sobrenome materno" (TJSP – Ap 1027117-04.2021.8.26.0554, 5-5-2022, Rel. Enio Zuliani).

"Apelação – Alteração de registro – **Retificação de prenome** – Pedido fundamentado no artigo 57, da Lei de Registros Públicos, que trata de situação excepcional. Prenome 'Sebastiana', que é demasiadamente comum. Ausência de demonstração de casos concretos de situações degradantes. Prenome comum, e que, embora destoante das características físicas nipônicas da apelante, não se afigura vexatório. Sentença mantida. Recurso improvido" (TJSP – AC 0054066-38.2011.8.26.0100, 29-7-2019, Rel. Fábio Podestá).

"Apelação – **Retificação de registro civil** – Supressão do sobrenome do marido na constância do vínculo conjugal. Possibilidade. Princípio da imutabilidade do nome que não é absoluto. Previsão expressa da Lei nº 6.015/73 quanto à possibilidade de alteração do nome em circunstâncias excepcionais e justificadas (LRP, art. 57). Dispositivo que deve ser interpretado à luz do princípio constitucional de promoção da dignidade da pessoa humana. Dimensão personalística do nome que não implica na impossibilidade de autolimitação voluntária, desde que não prejudique a identificação social da pessoa e nem direitos de terceiros. Dispensa de motivação para a supressão do patronímico do cônjuge que, ademais, melhor se coaduna com o regramento especial dos arts. 1.565, § 1º e 1.578, § 2º, do CC. Interpretação que acompanha a tendência da jurisprudência de ampliação do espaço de autodeterminação no tocante ao nome. Motivação suficiente que deve ser exigida apenas para a rejeição do pedido de exclusão do sobrenome de casada, e não ao seu acolhimento. Sentença reformada. Recurso provido" (TJSP – Ap 1037055-03.2016.8.26.0100, 7-5-2018, Rel. Hamid Bdine).

O art. 110 da Lei dos Registros Públicos permite a correção de evidente erro de grafia de qualquer registro, inclusive do nome civil, processando-se no próprio cartório onde se encontrar o assentamento. O texto atual desse artigo, com redação dada pela Lei n. 13.484/2017, trouxe maior clareza ao expor que o oficial retificará o registro de ofício ou mediante requerimento, quando necessário, sem necessidade de intervenção judicial ou do Ministério Público. Se houver dúvida do registrador, recorrerá então à autoridade.

A possibilidade de substituição do prenome por apelido público notório atende à tendência social brasileira, abrindo importante brecha na regra que impunha a imutabilidade do prenome, que doravante passa a ser relativa. A jurisprudência, contudo, já abrira exceções. No entanto, caberá ao juiz avaliar no caso concreto a notoriedade do apelido mencionada na lei. O julgador levará em consideração também o disposto nos parágrafos do art. 55 da Lei nº 6.015/1973:

> *"§ 1º O oficial de registro civil não registrará prenomes suscetíveis de expor ao ridículo os seus portadores, observado que, quando os genitores não se conformarem com a recusa do oficial, este submeterá por escrito o caso à decisão do juiz competente, independentemente da cobrança de quaisquer emolumentos.*
>
> *§ 2º Quando o declarante não indicar o nome completo, o oficial de registro lançará adiante do prenome escolhido ao menos um sobrenome de cada um dos genitores, na ordem que julgar mais conveniente para evitar homonímias.*
>
> *§ 3º O oficial de registro orientará os pais acerca da conveniência de acrescer sobrenomes, a fim de se evitar prejuízos à pessoa em razão da homonímia.*
>
> *§ 4º Em até 15 (quinze) dias após o registro, qualquer dos genitores poderá apresentar, perante o registro civil onde foi lavrado o assento de nascimento, oposição fundamentada ao prenome e sobrenomes indicados pelo declarante, observado que, se houver manifestação consensual dos genitores, será realizado o procedimento de retificação administrativa do registro, mas, se não houver consenso, a oposição será encaminhada ao juiz competente para decisão."*[11]

---

[11] "Apelação cível – **Ação de retificação de registro civil** – Pretensão de alteração do prenome – Destinação do mesmo tanto ao gênero feminino quanto ao masculino. Prova do constrangimento não efetivada. Descontentamento de ordem pessoal que não autoriza alteração no nome. Apelante que conta com 78 anos de idade. Ausência de justificativa ao nome pretendido, que difere do apelido pelo qual é conhecida na comunidade. Imperatividade do princípio da imutabilidade. Sentença mantida. Recurso conhecido e desprovido" (*TJSC* – AC 0300385-30.2017.8.24.0002, 2-5-2019, Rel. Des. Jairo Fernandes Gonçalves).
"**Nome – Pretensão de modificação** de prenome composto, remanescendo apenas aquele que não traz constrangimento à autora – Exposição à situação vexatória caracterizada – Nome estrangeiro, marcadamente designativo do gênero masculino e sem correspondente ao gênero da autora – Ausência de prejuízo a terceiros – Sentença revista – Recurso provido" (*TJSP* – Ap 1012660-94.2014.8.26.0009, 29-1-2016, Rel. Claudio Godoy).
"Agravo regimental no agravo em recurso especial – Direito Civil – Retificação do prenome – Art. 57 da Lei nº 6.015/73 – Reversão do julgado – Impossibilidade – Incidência da Súmula nº 7/STJ – Recurso não provido. 1 – O direito brasileiro impera a regra geral da imutabilidade ou definitividade do nome civil. A Lei de Registros Públicos prevê, entretanto, duas exceções, (i) no art. 56, a alteração do prenome, pelo interessado, no primeiro ano após ter atingido a maioridade civil, desde que não haja prejuízo aos apelidos de família e (ii) no art. 57, a alteração do nome, excepcional e motivadamente, mediante apreciação judicial, e após oitiva do MP. 2 – O Tribunal local ao apreciar as provas produzidas nos autos entendeu não ter estar caracterizada situação que justifique a retificação do registro civil da ora recorrente, na medida em que não restou comprovado que seu prenome lhe expôs a qualquer situação vexatória. Nestas circunstâncias, afigura-se inviável rever o substrato fático-probatório diante do óbice da Súmula 7/STJ. 3 – Agravo regimental não provido" (*STJ* – AgRg-AG-REsp. 253.087 (2012/0234170-6), 19-12-2014, Rel. Min. Raul Araújo).

Essa regra também se aplica aos apelidos, agora permitidos como prenomes pela lei. O oficial do registro tem o dever de recusar-se a efetuar registro nessas condições; e, no caso de insistência do registrante, deve submeter, sob forma de dúvida, o caso ao juiz competente. Se ocorrer, porém, o registro de nome ridículo, mesmo com esse dever imposto ao oficial, permite-se a alteração do prenome.[12]

Inovação importante no novo texto é a possibilidade de os genitores, em 15 dias depois do registro, oporem-se ao nome e prenome da criança, justificadamente. As justificativas são as mais variadas. Caberá ao juiz a definição em cada caso.

A lei de registros anterior possuía o mesmo preceito (art. 72 do Decreto nº 4.857/39).

A própria lei prevê os casos de substituição do prenome. Não só o prenome pode ser ridículo, como também a própria combinação de todo o nome, por exemplo, em caso concreto no qual, como juiz, autorizamos a mudança do nome de quem se apresentara como Mitiko Kuzuda.

Nesses casos, entendemos que o dever de recusa do oficial persiste. Em caso de levantamento de dúvida pelo serventuário, deve o juiz impedir o registro de nomes que exponham seus portadores ao riso, ao ridículo e à chacota da sociedade. Ficaram clássicos os exemplos mencionados por Washington de Barros Monteiro (1977, v. 1:89), que exemplifica com nomes como Oderfla (Alfredo, às avessas) Valdevinos, Rodometálico e o já célebre Himeneu Casamentício das Dores Conjugais. Vemos aí que não se trata unicamente de substituir o prenome, mas todo o nome como um conjunto insólito, para dizer o menos.

Mesmo assim, em que pese à lei cercar de cuidados o Registro Civil, a imprensa divulgou lista de nomes curiosos, dos arquivos do antigo INPS, que autorizariam sua mudança pela via judicial, sem qualquer dúvida.[13]

A lei, aí, disse menos do que pretendeu. O que se evita é o nome ridículo em si e não apenas o prenome. É claro que um prenome ridículo, de per si, é muito mais grave, pois geralmente é

---

[12] **"Retificação de registro civil** – Pedido de alteração do prenome 'RAIMUNDA' para 'HELENA' – Autora que alega que seu nome a expõe ao ridículo, e lhe traz constrangimento em razão das piadas e trocadilhos feitos com seu nome – Sentença de improcedência – Insurgência – Não acolhimento – Ausência de motivo relevante ou de comprovação de qualquer hipótese excepcional – Hipótese em que não se verifica o efetivo constrangimento ou exposição ao ridículo, tampouco qualquer comprovação de que ela seja conhecida pelo prenome 'HELENA' – Não enquadramento às hipóteses legais previstas nos arts. 56 a 58 da Lei de Registros Públicos, a autorizar a retificação – Precedentes – Sentença mantida – Recurso desprovido" (*TJSP* – Ap 1000523-53.2021.8.26.0165, 17-12-2021, Rel. Marcus Vinicius Rios Gonçalves).
"Apelação cível – **Ação de retificação de registro civil** – Alteração do prenome – Princípio da imutabilidade – Condição vexatória não demonstrada – Recurso não provido – 1– Nos termos do art. 58 da Lei de Registros Públicos, o prenome é definitivo. 2– Admite a jurisprudência a alteração uma vez presente situação que cause constrangimento, vexame ou humilhação à pessoa. 3– Não se configura razoável a substituição do prenome Sirlei para Shirley, considerando a ausência de qualquer das hipóteses autorizativas admitidas na jurisprudência. 3– Sentença mantida. 4– Recurso não provido" (*TJMG* – AC 1.0431.17.004669-9/001, 7-6-2019, Rel. Raimundo Messias Júnior).
"Apelação cível – **Ação de retificação do registro civil** – Alteração do prenome – Erro na grafia pela oficial de registro do cartório de pessoas naturais. Incidência dos artigos 57 e 58 da lei de registros públicos. Situação de constrangimento. Dignidade da pessoa humana. Motivação e razoabilidade. Sentença mantida. Recurso conhecido e improvido" (*TJBA* – Ap 8000603-44.2017.8.05.0189, 6-7-2018, Rel. Raimundo Sérgio Sales Cafezeiro).

[13] Eis alguns dos nomes da relação: Antônio Dodói; Antônio Manso Pacífico de Oliveira Sossegado; Antônio Noites e Dias; Antônio Treze de Julho de Mil Novecentos e Dezessete; Céu Azul do Sol Poente; Dezêncio Feverêncio de Oitenta e Cinco; Graciosa Rodela; Inocência Coitadinho; João da Mesma Data; João Cara de José; Casou de Calças Curtas; Joaquim Pinto Molhadinho; Lança Perfume Rodometálico da Silva; Leão Rolando Pedreira; Manuelina Terebentina Capitulina de Jesus do Amor Divino; Maria Passa Cantando; Neide Navinda Navolta Pereira; Pedrinha Bonitinha da Silva; Remédio Amargo; Restos Mortais de Catarina; Rolando Pela Escada Abaixo; Sossegado de Oliveira; Último Vaqueiro; Um Dois Três de Oliveira Quatro; Vitória Carne e Osso.

o nome vocatório, isto é, como a pessoa é costumeiramente chamada em seu meio social. No entanto, o nome, no conjunto completo, não deve ser de molde a provocar a galhofa da sociedade.

De qualquer forma, a peremptoriedade da lei ao proibir a alteração do prenome sofre mitigações. Não pode ser esquecida a possibilidade de alguém ter sido registrado com nome masculino sendo do sexo feminino, e vice-versa. Outra hipótese que a cada dia ganha mais atualidade é a possibilidade de alteração de sexo, mediante intervenções cirúrgicas. Todas essas hipóteses inserem-se numa interpretação extensiva da lei.

A própria Lei dos Registros Públicos, no art. 63, determina uma alteração compulsória do prenome, indicando que, no caso de gêmeos de igual prenome, deverão eles ser inscritos com prenome duplo ou *"nome completo diverso de modo que possam distinguir-se"*. E o parágrafo único desse artigo dispõe mesmo para o caso de irmãos, para os quais se dê igual nome. Incumbe ao oficial de registro certificar-se da existência dessa coincidência para atender à exigência legal.

De qualquer modo, a jurisprudência abre maiores válvulas à imutabilidade do prenome determinada pela lei. Por mais de uma vez já se decidiu que o prenome que deve constar do registro é aquele pelo qual a pessoa é conhecida e não aquele que consta do registro:

"Se o prenome lançado no Registro Civil, por razões respeitáveis e não por mero capricho, jamais representou a individualidade de seu portador, a retificação é de ser admitida."

E prossegue o acórdão: *"sobrepujando as realidades da vida o simples apego às exigências formais"* (RT 534/79; no mesmo sentido: RT 517/106, 412/178, 537/75). Nesse sentido, é a decisão que acolheu a razão de pessoa que sempre fora conhecida no meio social como Maria Luciana, enquanto seu registro constava Maria Aparecida (RT 532/86).

As decisões desse teor devem ser proferidas com cautela, para evitar que os tribunais contrariem o espírito de lei, permitindo a alteração do nome por mero capricho, quando não com o sentido de burlar terceiros. Para esse entendimento judicial prosperar, o pedido deve ser plenamente justificável e provado, caso contrário cairá por terra o princípio da imutabilidade do prenome, criado com finalidade social.

Diferente é a situação do prenome de origem estrangeira, cuja pronúncia exponha seu titular ao ridículo (RT 543/192). No caso tratava-se de jovem de origem nipônica cujo nome eufonicamente a submetia a vexames e ao ridículo. Não há dúvida de que, nesse caso, é de se conceder a mudança do prenome e, com maior razão, até dos nomes de família.

Deve-se entender, todavia, que a regra de imutabilidade do prenome visa garantir a permanência daquele com que a pessoa se tornou conhecida no meio social. Como exemplo, podemos citar o caso em que se pedia a supressão do primeiro nome de um nome composto. O tribunal indeferiu o pedido, alegando não só que o prenome não expunha a requerente ao ridículo e não lhe trazia humilhação, como também o fato de a demandante ser conhecida pelo duplo prenome (RT 555/83-TJSP). Já se decidiu, porém, em contrário, permitindo-se, em um prenome composto, não só a supressão de um elemento (RT 417/157, 507/105), como também a mudança do prenome de *Martim* para *Martins*, como a pessoa era conhecida (RT 507/69).

Caso interessante de ser mencionado é de pessoa registrada com o prenome de *Divino*. Depois, ao se tornar sacerdote católico, o indivíduo assume o nome de *Armando*. Retornando à situação de leigo, pretendeu alterar seu prenome para *Armando*, alegando ser conhecido por esse nome. O Tribunal de Justiça de São Paulo indeferiu a pretensão (RT 496/75), defendendo a imutabilidade do nome que era anterior à condição de clérigo do requerente.

A tradução de nomes estrangeiros tem sido pacificamente admitida. Como exemplo, cita-se a mudança de *Elizabeth* para *Isabel* (RT 492/86), embora aí entendamos que o prenome

Elizabeth já tenha sido integrado definitivamente em nossa língua e sua tradução equivale à mudança de prenome. O mesmo se diga de William para Guilherme. Se ocorrer o caso de alguém que queira traduzir seu nome de Joseph para José, o fato já não é o mesmo. Não há, contudo, qualquer proibição em nosso país de se atribuir nome estrangeiro a brasileiro aqui nascido. Nessas condições, entende-se que uma tradução de Elizabeth por Isabel ou William por Guilherme atenta frontalmente contra o disposto no *caput* do art. 58. O mesmo já não se dá com estrangeiros que vêm se fixar no Brasil e desejam traduzir seu nome para um melhor aculturamento.

O art. 56 da Lei dos Registros Públicos permite que

> *"A pessoa registrada poderá, após ter atingido a maioridade civil, requerer pessoalmente e imotivadamente a alteração de seu prenome, independentemente de decisão judicial, e a alteração será averbada e publicada em meio eletrônico.*
>
> *§ 1º A alteração imotivada de prenome poderá ser feita na via extrajudicial apenas 1 (uma) vez, e sua desconstituição dependerá de sentença judicial.*
>
> *§ 2º A averbação de alteração de prenome conterá, obrigatoriamente, o prenome anterior, os números de documento de identidade, de inscrição no Cadastro de Pessoas Físicas (CPF) da Secretaria Especial da Receita Federal do Brasil, de passaporte e de título de eleitor do registrado, dados esses que deverão constar expressamente de todas as certidões solicitadas.*
>
> *§ 3º Finalizado o procedimento de alteração no assento, o ofício de registro civil de pessoas naturais no qual se processou a alteração, a expensas do requerente, comunicará o ato oficialmente aos órgãos expedidores do documento de identidade, do CPF e do passaporte, bem como ao Tribunal Superior Eleitoral, preferencialmente por meio eletrônico.*
>
> *§ 4º Se suspeitar de fraude, falsidade, má-fé, vício de vontade ou simulação quanto à real intenção da pessoa requerente, o oficial de registro civil fundamentadamente recusará a retificação."*

A nova redação desse artigo permite que a pessoa, atingida a maioridade, possa, por si ou por procurador, alterar seu prenome imotivadamente. Desse modo, cai por terra a regra geral de imutabilidade do prenome em nosso ordenamento, embora essa modalidade de alteração só possa ocorrer uma única vez. O legislador preferiu essa solução tendo em vista inúmeros casos de jovens com desconforto com seu prenome. Não devemos em Direito raciocinar sob fraudes ou má-fé. O oficial do registro se suspeitar de vício deverá recusar a alteração e a decisão passará ao magistrado. Isso não impede que qualquer interessado intervenha judicialmente, obstruindo, se for o caso, a modificação do prenome.

Da mesma forma, para falha ortográfica no nome, pode ser pedida sua retificação a qualquer momento, mas os fundamentos são os do parágrafo único do art. 58.[14]

---

[14] "Apelação cível – **Ação de retificação de registro civil** – Ausência de fundado motivo – Não cabimento – Improcedência do pedido inicial – Recurso desprovido – A retificação de registro civil possui caráter excepcional e somente pode ocorrer quando fundada em justo motivo, na medida em que imutabilidade do nome visa à preservação da segurança das relações jurídicas e sociais, constituindo verdadeiro princípio de ordem pública – Ausente situação extraordinária, na medida em que não se trata de corrigir erro de grafia no assento civil, nem de constrangimento sofrido ou de exposição ao ridículo em razão da denominação, a improcedência do pedido inicial é medida que se impõe, até mesmo porque não restou demonstrado que o sobrenome pretendido seja um patronímico de família. – Recurso desprovido" (TJMG – AC 1.0074.18.004063-1/001, 8-7-2019, Relª. Ângela de Lourdes Rodrigues).
"Apelação – **Ação de retificação de assento** – Princípio da imutabilidade do nome – O prenome será definitivo, admitindo-se, todavia, a sua substituição por apelidos públicos notórios. Inteligência do art. 58 da Lei

No tocante ao art. 56, porém, deve o interessado respeitar a imutabilidade do prenome, de acordo com o art. 58, bem como os *apelidos de família* (sobrenome). Afora isso, poderá acrescentar novos nomes intermediários, como, por exemplo, inserir um apelido pelo qual ficou conhecido, colocar o nome dos avós etc. Para isso, tem o interessado o prazo de decadência de um ano após ter atingido a maioridade. Os apelidos de família são adquiridos *ipso iure*, nos termos dos arts. 55, *caput*, 59 e 60.

A nova redação do art. 57 da Lei dos Registros Públicos, conferida pela Lei nº 14.382/2022, passou a permitir flexibilidade ampla para alteração dos sobrenomes.[15] Assim, os interessados poderão pedir, a qualquer tempo, inclusão de sobrenomes familiares; inclusão ou exclusão de sobrenome de cônjuge, na constância do casamento; exclusão de sobrenome de ex-cônjuge, após a dissolução da sociedade conjugal, por qualquer de suas causas e inclusão e exclusão de sobrenomes em razão de alterações de filiação, inclusive para os descendentes, cônjuge ou companheiro da pessoa que teve seu estado alterado.

O mesmo art. 57 permite aos conviventes em união estável devidamente registrada no registro civil a inclusão do sobrenome do seu companheiro ou companheira (§ 2º). Poderão também alterar os sobrenomes nas mesmas situações das pessoas casadas.

Com o término da união estável averbada no registro, os conviventes poderão reassumir o nome de solteiro ou solteira (§ 3º-A).

Essas inovações, que surpreendem por sua abertura, buscam inserir a figura do nome da pessoa na sociedade contemporânea brasileira, mormente nas novas estruturas familiares. Com isso, esqueçamos a regras estritas que disciplinavam uma aparente imutabilidade dos nomes.

A Lei nº 9.807/1999 estabelece normas para proteção a vítimas e testemunhas ameaçadas. Excepcionalmente, essa lei permite que seja requerida judicialmente por essas pessoas a alteração do nome, mantido o segredo de justiça. Essa regra permite que a pessoa volte a usar seu nome originário, uma vez cessado o perigo ou ameaça e sua participação no programa. A

---

[15] 6.015/73. Prova segura de que o autor é conhecido publicamente pelo prenome MIKE. Hipótese excepcional demonstrada. Dignidade da pessoa humana. Recurso provido" (*TJSP* – Ap 1023660-37.2016.8.26.0554, 28-6-2018, Relª Rosangela Telles).
"Apelação – **Ação de retificação de assento** – Princípio da imutabilidade do nome – Art. 58 da Lei 6.015/73 – O prenome será definitivo, admitindo-se, todavia, a sua substituição por apelidos públicos notórios. Prova segura de que a autora é conhecida publicamente pelo prenome SONIC – Hipótese excepcional demonstrada – Dignidade da pessoa humana – Recurso provido" (*TJSP* – Ap 0002902-69.2012.8.26.0271, 12-2-2016, Rel. Rosangela Telles).
"Apelação cível. Ação de retificação de registro. Sentença de improcedência. Insurgência da autora. Pretensão de inclusão do sobrenome dos avós maternos. Desacolhimento. A alteração do nome ou sobrenome é somente admitida em casos excepcionais. Ausência de justo motivo. Não demonstração de relação de parentesco. Inexistência de certidões e documentos necessários. **Inteligência do artigo 57 da Lei nº 6.015/73, com a redação que lhe foi dada pela Lei nº 14.382, de 2022.** Sentença mantida por seus próprios fundamentos (RITJSP, art. 252). Recurso improvido" (*TJSP* – Ap 1031293-30.2021.8.26.0100, 18-1-2024, Rel. Pastorelo Kfouri).
"Ação de retificação de registro civil – Pretensão de exclusão do sobrenome paterno 'pinto' – Lei de registros públicos, art. 57, recentemente alterada pela Lei 14.382/22 – Exclusão justificada – Constrangimento subjetivo à criança que conta, atualmente, com 4 anos e está na fase de alfabetização – O sobrenome composto 'Teixeira Pinto' gera cacofonia – Melhor interesse da menor – Alteração autorizada – Sentença mantida – Apelo desprovido" (*TJSP* – Ap 1015041-97.2022.8.26.0008, 21-6-2023, Rel. Theodureto Camargo).
"Apelação. Retificação de Registro Civil. Requerimento de alteração do prenome e inclusão do sobrenome materno. Sentença de parcial procedência, apenas admitindo inclusão do sobrenome da genitora. Pedido de alteração do prenome, substituindo 'Ed Carlos' por 'Eddy'. Admissibilidade. Alteração que implementa o direito geral de personalidade e não traz prejuízo a terceiros. Alteração legislativa introduzida pela Lei 14.382/22 que admite alteração imotivada do prenome quando alcançada a maioridade, não mais subsistindo limitação temporal para formulação deste pedido (art. 56 da Lei dos Registros Públicos). Pedido acolhido. Recurso provido" (*TJSP* – Ap 1001999-54.2018.8.26.0126, 17-5-2023, Rel. Enéas Costa Garcia).

previsão para participação nesse programa é de dois anos, prazo que pode ser prorrogado por motivos extraordinários.

11.2.4.1 Alteração do Nome da Mulher e do Marido

Anteriormente, estabelecia o art. 240 do Código Civil de 1916 que a mulher assumia, pelo casamento, *"os apelidos do marido"*. Portanto, a mudança do nome da mulher, assumindo o nome do marido, era obrigatória, devendo ela ter seu nome averbado no registro, bem como retificados todos os seus documentos.

Posteriormente, a situação alterou-se, uma vez que a Lei do Divórcio, que deu nova redação ao art. 240, estabeleceu que a mulher *"poderá"* assumir o nome do marido. Havia, portanto, a faculdade de a mulher usar ou não o nome do marido. Essa faculdade não é somente da mulher, pois ambos os cônjuges possuem o mesmo direito no atual Código (art. 1.565, § 1º): o marido também pode acrescer ao seu o sobrenome da esposa, embora esse não seja nosso costume.

Advirta-se que toda a matéria aqui exposta sofre alterações no presente Código Civil, cujas particularidades examinamos em nosso tomo sobre direito de família, para qual remetemos o leitor. As linhas gerais, porém, são mantidas.

No caso de desquite (separação judicial), se a mulher fosse condenada, perdia o direito de usar o nome do marido, de acordo com o art. 17 da Lei nº 6.515/77. A averbação do novo nome deveria emanar de mandado de ação judicial.

Também perderia o direito ao nome do marido a mulher que tomasse a iniciativa da ação de separação, por força do art. 17, § 1º, da Lei do Divórcio, nos casos de ruptura da vida em comum conforme os §§ 1º e 2º do art. 5º dessa lei.[16]

Se vencedora na ação de separação judicial, diz o art. 18 da citada lei que a mulher poderia renunciar, a qualquer momento, ao direito de usar o nome do marido. Fazia-se o pedido ao juiz que concedera a separação e ele determinaria a averbação.

No divórcio concedido após a separação, a questão do nome da mulher já terá sido resolvida nesta. Segundo entende Yussef Said Cahali (1978:376), se fosse reconhecida à mulher a faculdade de manter o nome do marido, tal faculdade se manteria, ainda que tenha promovido a conversão de separação em divórcio. Na ação de divórcio, também eram aplicadas as regras dos arts. 17 e 18 examinados. No divórcio consensual, o acordo disporá a esse respeito. Caso a mulher venha a contrair novo matrimônio, não tinha sentido continuar usando o nome do primeiro marido. Cumular o nome dos dois maridos ou cumular ambas as faculdades *"mostra-se*

---

[16] Transcrevemos na íntegra o art. 5º da Lei nº 6.515/77:
"Art. 5º A separação judicial pode ser pedida por um só dos cônjuges quando imputar ao outro conduta desonrosa ou qualquer ato que importe em grave violação dos deveres do casamento e tornem insuportável a vida em comum.
§ 1º A separação judicial pode, também, ser pedida se um dos cônjuges provar a ruptura da vida em comum há mais de (um) ano consecutivo e a impossibilidade de sua reconstituição.
§ 2º O cônjuge pode ainda pedir a separação judicial quando o outro estiver acometido de grave doença mental, manifestada após o casamento, que torne impossível a continuação da vida em comum, desde que, após uma duração de 5 (cinco) anos, a enfermidade tenha sido reconhecida de cura improvável.
§ 3º Nos casos dos parágrafos anteriores, reverterão, ao cônjuge que não houver pedido a separação judicial, os remanescentes dos bens que levou para o casamento, e, se o regime de bens adotado o permitir, também a meação nos adquiridos na constância da sociedade conjugal."
Fazendo a lei com que, nos casos dos §§ 1º e 2º, a mulher também perca o direito ao nome, a impressão é que o legislador usa de meios para desestimular os pedidos de separação sob tais fundamentos e indiretamente quer punir, no caso, a mulher, já que nessas hipóteses, não está em jogo a culpa pela separação.

incompatível com os princípios do direito matrimonial".[17] Não é, porém, o que parece estar presente no novel estatuto. Há que se examinar o que está exposto em nosso Direito de Família.

Já mencionamos no tópico acima que a nova redação do art. 57 da Lei dos Registros Públicos permitiu ampla possibilidade de alteração de sobrenomes de cônjuges, separados ou não e de conviventes.

O dispositivo veio em socorro das várias situações conjugais da atualidade.

A questão dos nomes dos filhos adotivos e dos filhos provenientes de uniões sem casamento é estudada no Direito de Família.

No sistema do atual Código, ao disciplinar a dissolução da sociedade conjugal, o art. 1.571, § 2º, dispõe: "*Dissolvido o casamento pelo divórcio direto ou por conversão, o cônjuge poderá manter o nome de casado; salvo, no segundo caso, dispondo em contrário a sentença de separação judicial.*" O vigente ordenamento, preocupado com a identidade absoluta de direitos entre os cônjuges, admite que também o marido acrescente ao seu o nome da mulher com o casamento, daí por que se refere à possibilidade de o "cônjuge" manter o nome de casado. Não é de nosso costume, contudo, que o varão assuma o nome da mulher, apesar da expressa autorização legal. Na maioria das vezes, ocorrerá de a mulher manter o nome do ex-marido. Nessa hipótese, havendo novo casamento do varão, há possibilidade de a outra esposa também assumir o nome do marido. Como enfatizado, no local próprio fazemos maiores considerações sobre o tema (vol. VI).

11.2.4.2 Redesignação do Estado Sexual e Mudança de Prenome

Apontamos anteriormente que é atual a problemática de alteração do prenome, tendo em vista a alteração cirúrgica do sexo da pessoa. Nessas hipóteses, o cuidado do magistrado ao deferir a modificação do prenome deve atender a razões psicológicas e sociais, mercê de um

---

[17] "**Registro civil** – Acréscimo de apelido de família usado pela avó paterna – Pedido para retirar o apelido de família materno – Impossibilidade – 1– O nome patronímico é indicativo do tronco familiar e também da prole, revelando a continuidade da família. 2– O nosso sistema registral pátrio admite que o prenome seja mudado, mas o nome de família é imutável. Inteligência do art. 56 da Lei de Registros Públicos. 3– O nome dos avós que é transmissível é aquele que passou para o pai ou para a mãe, não sendo transmissível aquele que não seguiu a cadeia registral. 4– Pretensa homenagem às raízes familiares não constitui justificativa ponderável para promover a alteração do registro civil. 5– Se a filha foi registrada constando os apelidos de família paterno e materno, descabe a supressão deste, pois o prenome pode ser modificado, mas o nome de família é imutável. Recurso desprovido" (*TJRS* – AC 70079555645, 27-2-2019, Rel. Des. Sérgio Fernando de Vasconcellos Chaves).

"Recurso especial – Direito de família – Retificação – Sobrenome – Registro de nascimento dos filhos – Casamento posterior – Possibilidade. 1 – É possível retificar o patronímico materno no registro de nascimento de filho em decorrência do casamento conforme exegese do art. 3º, parágrafo único, da Lei nº 8.560/1992. 2 – O acréscimo ao patronímico materno do sobrenome paterno facilitará a identificação da criança registrada no âmbito social e familiar, realizando os princípios da autonomia de vontade e da verdade real. 3 – Em razão do princípio da segurança jurídica e da necessidade de preservação dos atos jurídicos até então praticados, o nome de solteira não deve ser suprimido dos assentamentos, procedendo-se, tão somente, a averbação da mudança requerida após as núpcias. 4 – Recurso especial provido" (*STJ* – REsp 1.328.754 – 2012/0122625-5, 23-2-2016, Rel. Min. Ricardo Villas Bôas Cueva).

"**Direito civil** – Retificação de patronímico – Nome de solteira da genitora – Possibilidade – 1. O princípio da verdade real norteia o registro público e tem por finalidade a segurança jurídica, razão pela qual deve espelhar a realidade presente, informando as alterações relevantes ocorridas desde a sua lavratura. 2. O ordenamento jurídico prevê expressamente a possibilidade de averbação, no termo de nascimento do filho, da alteração do patronímico materno em decorrência do casamento, o que enseja a aplicação da mesma norma à hipótese inversa – Princípio da simetria –, ou seja, quando a genitora, em decorrência de divórcio ou separação, deixa de utilizar o nome de casada (Lei 8.560/1992, art. 3º, parágrafo único). Precedentes. 3 – Recurso especial provido" (*STJ* – REsp 1.072.402 – (2008/0150324-2), 1º-2-2013, Rel. Min. Luis Felipe Salomão).

cuidadoso exame da hipótese concreta. A questão desloca-se até mesmo para o plano constitucional sob os aspectos da cidadania e a dignidade do ser humano (Szaniawski, 1999:248). Não é este local para estudo mais aprofundado do transexualismo e as respectivas possibilidades de modificação de sexo. No entanto, sob esse prisma, comprovada a alteração do sexo, impor a manutenção do nome do outro sexo à pessoa é cruel, sujeitando-a a uma degradação que não é consentânea com os princípios de justiça social. Como corolário dos princípios que protegem a personalidade, nessas situações o prenome deve ser alterado. Nesse sentido, observa Elimar Szaniawski (1999:255) que *"o transexual não redesignado vive em situação de incerteza, de angústias e de conflitos, o que lhe dificulta, senão o impede, de exercer as atividades dos seres humanos"*. Desse modo, a alteração do prenome para o sexo biológico e psíquico reconhecido pela Medicina e pela Justiça harmoniza-se com o ordenamento não só com a Constituição, mas também com a Lei dos Registros Públicos, não conflitando com seu art. 58.[18]

---

[18] "Agravo de instrumento. Retificação de registro. **Pretensão de alteração de nome em razão da transexualidade**. Decisão que determinou a remessa dos autos a uma das Varas da Família e Sucessões do Foro Central da Comarca de São Paulo, por se tratar de matéria atinente ao estado de pessoa. Insurgência do autor. Acolhimento. A ADI 4.275, do Supremo Tribunal Federal reconhece à pessoa transexual a possibilidade de se socorrer tanto da via administrativa quanto da via judicial, com o objetivo de retificar o nome e sexo no assento de registro civil. O § 3º, do Provimento nº 73, do CNJ, de 28.06.2018, prevê, expressamente, que a alteração do prenome e gênero nos assentos de nascimento e casamento de pessoa transgênero poderá ser desconstituído na via administrativa, mediante autorização do juiz corregedor permanente ou na via judicial. Competência do Juiz da Vara de Registros Públicos, no procedimento próprio, previsto no art. 109 da Lei de Registros Públicos, preenchidos os requisitos constantes no Provimento do CNJ nº 73/2018. Recurso provido." (TJSP – AI 2170357-13.2022.8.26.0000, 7-2-2023, Rel. Coelho Mendes).

"Apelação cível. Registro civil das pessoas naturais. **Pretensão de retificação de prenome civil e gênero. Transexual**. Autor residente no exterior. Faculdade que pode ser exercida tanto pela via judicial quanto diretamente pela via administrativa. Tema 761 da repercussão geral do STF. Sentença de extinção, sem resolução de mérito, desconstituída. A alteração do prenome e do gênero nos assentos de pessoa transgênero pode ser buscada tanto na via administrativa, diretamente junto ao Cartório do Registro Civil, quanto na via judicial, consoante entendimento do Supremo Tribunal Federal ao apreciar o Tema 761 da Repercussão Geral. A possibilidade de utilização da via administrativa para obter a referida retificação de registro civil, regulamentada pelo Provimento n. 73/2018 – CNJ, não impede, por si só, a parte de manejar o pedido de retificação pela via judicial, especialmente na hipótese dos autos, em que se trata de parte que reside no exterior, a reforçar a possibilidade do ajuizamento da presente ação. Precedentes do TJRS. Apelação provida" (*TJRS* – Ap 50541804720228210001, 13-5-2022, Rel. Carlos Eduardo Zietlow Duro).

"Ação cominatória visando o custeio integral do procedimento cirúrgico de mastectomia – Beneficiário transexual em transição para o sexo masculino – **Prévia alteração de prenome e gênero junto ao Cartório de Registro Civil, com a obtenção de documentos adequados à identidade autopercebida** – Cirurgia indicada pelos profissionais assistentes – Direito do paciente à cobertura e dever da operadora de custeio – Necessidade de reparação da incongruência existente entre a aparência física e a autoimagem do litigante – Preservação da dignidade e da saúde humana, valores supremos e bens maiores de toda a ordem jurídica – Súmula n. 102 deste Tribunal de Justiça – Irrelevância prática para o resultado da controvérsia sobre o conteúdo taxativo, ou meramente exemplificativo, do rol divulgado pela agência nacional reguladora do setor suplementar – Inexistência de imperatividade ou de eficácia de lei, na acepção do termo, das diretrizes editadas pela autarquia, e falta de caráter vinculante ao juízo das posturas administrativas, de hierarquia baixa – Prejuízos extrapatrimoniais não caracterizados – Mero inadimplemento contratual – Ausência de situação extraordinária capaz de legitimar a pretensão – Possibilidade de fixação de prazo na sentença para o cumprimento da obrigação de fazer – Exigibilidade da multa cominatória condicionada à intimação pessoal e prévia, Súmula n. 410 do Superior Tribunal de Justiça – Sentença mantida – Inclusão de honorários recursais, ressalvada a gratuidade – Recursos não providos" (*TJSP* – Ap1013287-09.2020.8.26.0100, 29-3-2022, Rel. César Peixoto).

"Agravo de instrumento. **Retificação de registro civil.** Pretensão à **modificação do prenome e da designação do gênero** (feminino para masculino). Decisão interlocutória que determina a realização de perícia psiquiátrica e o agendamento de data para o exame médico do agravante, homem transexual. Inconformismo. Plausibilidade. Pretensão que pode ser deduzida na esfera administrativa e que sequer está condicionada à realização do procedimento cirúrgico. Posicionamento do STJ e do STF. Possibilidade de substituição de prenome e sexo diretamente no registro civil, sem necessidade de autorização judicial (ADI 4.275). Eficácia vinculante. Desconformidade entre os aspectos morfológico e psicológico evidente. Registro civil que deve dar prevalência ao aspecto psicológico e ao comportamento social do indivíduo. Relativização das normas registrais e flexibilização da regra de imutabilidade do nome. Absolutismo da imutabilidade que fomenta a indignidade. Primazia do princípio da dignidade humana.

Certidões pessoais sem mácula. Inexistência de prejuízo à segurança jurídica de terceiros. Precedentes. Decisão reformada. Agravo liminarmente provido" (*TJSP* – Agravo de Instrumento 2137806-14.2021.8.26.0000, 29-6-2021, Rel. Rômolo Russo).

"Apelação – **Ação de retificação de registro civil** – Pedido realizado por transexual – Sentença de procedência – Apelo do Ministério Público – Preliminar de cerceamento de defesa afastada – Possibilidade de alteração registrária de prenome e gênero antes da cirurgia de transgenitalização. Precedentes jurisprudenciais. Laudos periciais atestam que a discrepância entre o prenome, a aparência física e como se apresenta perante a sociedade ocasiona danos à saúde psíquica da parte apelada. Observância ao princípio da dignidade da pessoa humana. Sentença mantida. Recurso a que se nega provimento" (*TJSP* – AC 1038669-83.2015.8.26.0001, 26-7-2019, Rel. José Rubens Queiroz Gomes).

"**Retificação de registro civil** – Transexual – Modificação de nome e sexo que devem ser processadas pela via da averbação, para que se preserve a continuidade do registro civil e os direitos de terceiro, limitadas, contudo, as informações nas certidões expedidas a fim de preservar a intimidade da requerente – Recurso provido" (*TJSP* – Ap 1011298-66.2014.8.26.0006, 24-1-2018, Rel. Miguel Brandi).

"Recurso Especial – **Ação de retificação de registro de nascimento para a troca de prenome e do sexo** (gênero) masculino para o feminino – Pessoa Transexual – Desnecessidade de cirurgia de transgenitalização – 1 – À luz do disposto nos artigos 55, 57 e 58 da Lei 6.015/73 (Lei de Registros Públicos), infere-se que o princípio da imutabilidade do nome, conquanto de ordem pública, pode ser mitigado quando sobressair o interesse individual ou o benefício social da alteração, o que reclama, em todo caso, autorização judicial, devidamente motivada, após audiência do Ministério Público. 2 – Nessa perspectiva, observada a necessidade de intervenção do Poder Judiciário, admite-se a mudança do nome ensejador de situação vexatória ou degradação social ao indivíduo, como ocorre com aqueles cujos prenomes são notoriamente enquadrados como pertencentes ao gênero masculino ou ao gênero feminino, mas que possuem aparência física e fenótipo comportamental em total desconformidade com o disposto no ato registral. 3 – Contudo, em se tratando de pessoas transexuais, a mera alteração do prenome não alcança o escopo protetivo encartado na norma jurídica infralegal, além de descurar da imperiosa exigência de concretização do princípio constitucional da dignidade da pessoa humana, que traduz a máxima antiutilitarista segundo a qual cada ser humano deve ser compreendido como um fim em si mesmo e não como um meio para a realização de finalidades alheias ou de metas coletivas. 4 – Isso porque, se a mudança do prenome configura alteração de gênero (masculino para feminino ou vice-versa), a manutenção do sexo constante no registro civil preservará a incongruência entre os dados assentados e a identidade de gênero da pessoa, a qual continuará suscetível a toda sorte de constrangimentos na vida civil, configurando-se flagrante atentado a direito existencial inerente à personalidade. 5 – Assim, a segurança jurídica pretendida com a individualização da pessoa perante a família e a sociedade – *Ratio essendi* do registro público, norteado pelos princípios da publicidade e da veracidade registral – Deve ser compatibilizada com o princípio fundamental da dignidade da pessoa humana, que constitui vetor interpretativo de toda a ordem jurídico-constitucional. 6 – Nessa compreensão, o STJ, ao apreciar casos de transexuais submetidos a cirurgias de transgenitalização, já vinha permitindo a alteração do nome e do sexo/gênero no registro civil (REsp 1.008.398/SP, Rel. Ministra Nancy Andrighi, Terceira Turma, julgado em 15.10.2009, *DJe* 18.11.2009; e REsp 737.993/MG, Rel. Ministro João Otávio de Noronha, Quarta Turma, julgado em 10.11.2009, *DJe* 18.12.2009). 7 – A citada jurisprudência deve evoluir para alcançar também os transexuais não operados, conferindo-se, assim, a máxima efetividade ao princípio constitucional da promoção da dignidade da pessoa humana, cláusula geral de tutela dos direitos existenciais inerentes à personalidade, a qual, hodiernamente, é concebida como valor fundamental do ordenamento jurídico, o que implica o dever inarredável de respeito às diferenças. 8 – Tal valor (e princípio normativo) supremo envolve um complexo de direitos e deveres fundamentais de todas as dimensões que protegem o indivíduo de qualquer tratamento degradante ou desumano, garantindo-lhe condições existenciais mínimas para uma vida digna e preservando-lhe a individualidade e a autonomia contra qualquer tipo de interferência estatal ou de terceiros (eficácias vertical e horizontal dos direitos fundamentais). 9 – Sob essa ótica, devem ser resguardados os direitos fundamentais das pessoas transexuais não operadas à identidade (tratamento social de acordo com sua identidade de gênero), à liberdade de desenvolvimento e de expressão da personalidade humana (sem indevida intromissão estatal), ao reconhecimento perante a lei (independentemente da realização de procedimentos médicos), à intimidade e à privacidade (proteção das escolhas de vida), à igualdade e à não discriminação (eliminação de desigualdades fáticas que venham a colocá-los em situação de inferioridade), à saúde (garantia do bem-estar biopsicofísico) e à felicidade (bem-estar geral). 10 – Consequentemente, à luz dos direitos fundamentais corolários do princípio fundamental da dignidade da pessoa humana, infere-se que o direito dos transexuais à retificação do sexo no registro civil não pode ficar condicionado à exigência de realização da cirurgia de transgenitalização, para muitos inatingível do ponto de vista financeiro (como parece ser o caso em exame) ou mesmo inviável do ponto de vista médico. 11 – Ademais, o chamado sexo jurídico (aquele constante no registro civil de nascimento, atribuído, na primeira infância, com base no aspecto morfológico, gonádico ou cromossômico) não pode olvidar o aspecto psicossocial defluente da identidade de gênero autodefinido por cada indivíduo, o qual, tendo em vista a *ratio essendi* dos registros públicos, é o critério que deve, na hipótese, reger as relações do indivíduo perante a sociedade. 12 – Exegese contrária revela-se incoerente diante da consagração jurisprudencial

11.2.5 Proteção do Nome

Não existe exclusividade para a atribuição do nome civil. Contudo, como emanação do direito da personalidade, o uso do nome da pessoa deve gozar de proteção.

No Código Penal, no art. 185, estava capitulado o crime de

> *"Usurpação de nome ou pseudônimo alheio: Atribuir falsamente a alguém, mediante o uso de nome, pseudônimo ou sinal por ele dotado para designar seus trabalhos, a autoria de obra literária, científica ou artística: Pena – detenção, de 6 (seis) meses a 2 (dois) anos, e multa."*

O atual Código Civil consagra expressamente a proteção do nome:

> *"O nome da pessoa não pode ser empregado por outrem em publicações ou representações que a exponham ao desprezo público, ainda quando não haja intenção difamatória"* (art. 17).[19]

---

do direito de retificação do sexo registral conferido aos transexuais operados, que, nada obstante, continuam vinculados ao sexo biológico/cromossômico repudiado. Ou seja, independentemente da realidade biológica, o registro civil deve retratar a identidade de gênero psicossocial da pessoa transexual, de quem não se pode exigir a cirurgia de transgenitalização para o gozo de um direito. 13 – Recurso especial provido a fim de julgar integralmente procedente a pretensão deduzida na inicial, autorizando a retificação do registro civil da autora, no qual deve ser averbado, além do prenome indicado, o sexo/gênero feminino, assinalada a existência de determinação judicial, sem menção à razão ou ao conteúdo das alterações procedidas, resguardando-se a publicidade dos registros e a intimidade da autora" (*STJ* – REsp 1.626.739 – (2016/0245586-9), 1-8-2017, Rel. Min. Luis Felipe Salomão).

[19] "**Danos morais** – Uso indevido de imagem de jogador de futebol em jogos de vídeo game – Insurgência das partes em face da sentença de procedência parcial. Preliminares arguidas pela ré. Afastamento. Denunciação da lide. Retorno dos autos à origem neste momento com nulidade dos atos processuais posteriores à réplica que contrariaria o princípio duração razoável do processo. Ausência de prejuízo com a possibilidade de ajuizamento de ação autônoma de regresso. Documentos indispensáveis à propositura da demanda. Desnecessidade de juntada da integralidade dos jogos. Documentos apresentados pelo autor que comprovam a utilização do nome e da imagem dele nos jogos do FIFA SOCCER 2011 e 2012 e FIFA MANAGER 2011, 2012 e 2013. Ré, na condição de desenvolvedora, poderia comprovar a não utilização da imagem do autor nas edições mencionadas acima, o que não ocorreu. Prescrição. Versões anteriores dos jogos continuam em circulação e sendo comercializadas. Violação contínua ao direito de imagem. Prescrição não configurada. Mérito. *Suppressio*. Não aplicação do instituto. Ausência de relação contratual ente as partes. Insuficiência dos contratos de licenciamento celebrados com a FIFPRO. Interesse exclusivamente econômico na utilização da imagem do atleta que dependa de expressa autorização dele (art. 49 da Lei 9.610/98 e 87-A da Lei 9.615/98). Dano moral presumido (Súmula 403 do STJ). Valor indenizatório (R$ 5.000,00 por edição) que não comporta mudança. Sentença em conformidade com diversos julgados desse TJSP. Juros a contar dos respectivos eventos danosos (lançamento dos jogos), conforme Súmula nº 54 do STJ. Sentença alterada apenas para que a atualização monetária se dê desde o arbitramento. Sucumbência integral das rés mantida. Indenização por dano moral em quantia menor que a pleiteada não implica sucumbência parcial (Súmula 326 do STJ). Recurso do autor desprovido, provido em parte o das rés" (*TJSP* – AC 1032696-39.2018.8.26.0100, 5-9-2019, Rel. Carlos Alberto de Salles).

"Direito da personalidade – **Imagem** – **Uso do nome** – Pedagogo que teve seu nome associado à escola de aviação civil, mesmo após ter sido dispensado, em folhetos de propaganda e junto à ANAC – Ofensa caracterizada – Imposição de indenização por dano moral – Valor estimado com razoabilidade em R$ 5.000,00 – Pretensão à fixação de outra verba decorrente de licença de uso de imagem – Contratação anterior inexistente – Controvérsia sobre a natureza salarial da verba, caso ela fosse devida, o que retiraria a competência da Justiça Estadual – Honorários fixados com base na sucumbência recíproca – Recurso não provido" (*TJSP* – Ap 4003107-30.2013.8.26.0001, 15-3-2018, Relª Mônica de Carvalho).

"Danos morais – Uso indevido do nome – Publicidade – Sentença de parcial procedência – Apelam as partes – Reforma em parte. 1 – Uso indevido do nome em propaganda – Substituição dos panfletos, com exclusão do nome do autor – Contrato de prestação de serviços exclusivamente entre a ré e a clínica médica onde o autor presta serviços médicos – Autor que é terceiro em relação a ele – Direito de divulgação publicitária dos serviços pela ré que não atinge o nome do autor – Necessidade de autorização expressa do titular do nome (art. 18, CC) – Panfletos de divulgação simplesmente com o nome da clínica contratada pela ré, com as especialidades médicas – Consumidores que podem conferir os profissionais médicos diretamente com clínica médica – Direito de informação garantido – Desnecessidade de referência aos nomes dos médicos, mas tão somente das especialidades médicas – Retirada do nome já realizada pela ré – Vedação a novas publicações do nome do autor sem

Sob idêntica óptica, o art. 18 estatui: *"Sem autorização, não se pode usar o nome alheio em propaganda comercial."*[20]

No estágio de aplicação do Código de 1916, como não tínhamos disposição expressa semelhante ao atual Código, nem por isso o abuso na divulgação do nome ficava sem proteção, pois, havendo culpa na divulgação infamante do nome, deveria entrar em operação o art. 159 de nosso Código Civil, que regulava a responsabilidade civil entre nós. A utilização injuriosa do nome pode dar margem a indenização, quer haja prejuízo econômico propriamente dito, quer esse prejuízo seja tão somente moral.

Ninguém pode, sem qualquer razão, utilizar-se ou mencionar o nome alheio com finalidade de expô-lo a chacota. Note que, por vezes, tão íntima é a relação do nome com a pessoa que o porta, que haverá crime contra a honra da *pessoa* e não propriamente um ataque ao nome desta.

Por outro lado, o vigente Código protege também o uso indevido do nome alheio em propaganda comercial. Atualmente, tal proteção deve ser conferida mesmo na ausência de lei, juntamente com a proteção à utilização indevida da imagem, projeções que são da personalidade.

---

[20] autorização dele – Acolhimento em parte. 2 – Danos morais – Mero uso do nome sem autorização que gera danos morais indenizáveis. Danos *in re ipsa* – Inteligência do artigo 5º, inciso X, da Constituição Federal, e dos artigos 16, 17 e 18 do Código Civil – Arbitramento em valor irrisório – Majoração para R$ 5.000,00 (cinco mil reais) – Correção desde o arbitramento, pela Tabela Prática do TJ-SP (Súmula 362, STJ) – Juros de mora desde o ato danoso, ou seja, a publicação dos panfletos, em data presumida de 31 de dezembro de 2011, data-limite da publicação (Súmula 54, STJ) – Indenização mantida. Recurso do autor parcialmente provido e recurso da ré desprovido" (TJSP – Ap 0011164-93.2012.8.26.0566, 10-9-2016, Rel. Carlos Alberto de Salles).

"Apelação – Cível – Liberdade de imprensa e imagem de menor – Divulgação de fotografia em matéria jornalística – **Uso Indevido** – Colisão com norma protetiva prevista no ECA – Dano moral configurado – Sucumbência inexistente pelo valor arbitrado inferior ao postulado na inicial – 1– A liberdade de imprensa não é absoluta, devendo ser sopesada juntamente aos demais direitos fundamentais em conflito, também protegidos constitucionalmente, como a proteção da imagem e da dignidade das crianças e dos adolescentes. 2– A publicação desautorizada da fotografia de infante e sem a adoção de mecanismo apto a inviabilizar sua identificação, mesmo que ausente a divulgação de seu nome, entra em colisão com as normas previstas no ECA sobre a preservação da imagem dos menores, configurando ato ilícito. 3– Atingido o direito da personalidade diretamente, o dano moral (puro ou direto) estará vinculado à própria existência do fato (*in re ipsa*), cujos resultados são presumidos. 4– Na ação de indenização por dano moral, a condenação em montante inferior ao postulado na inicial não implica sucumbência recíproca. Aplicação da Súmula 326 do STJ. 5– Apelação conhecida e não provida" (TJDFT – Proc. 07141455520178070001 – (1158794), 24-4-2019, Rel. Fábio Eduardo Marques).

"Apelação Cível – Ação de cobrança cumulada com indenização por danos morais – **Uso indevido de imagem** – Veiculação de filme institucional da ré protagonizado pela autora em *sites* e emissora de televisão aberta sem a devida autorização – Sentença que julgou parcialmente procedente a ação, condenando a ré apenas ao pagamento da remuneração devida à autora pela divulgação do filme institucional (R$ 5.000,00) – Recurso de apelação interposto pela autora para pleitear a majoração do cachê devido pela veiculação não autorizada do vídeo institucional, nos termos pleiteados na inicial, bem como a condenação da ré ao pagamento de indenização por danos morais – Preliminar de cerceamento de defesa afastada – Ré que extrapolou os limites de autorização concedida pela autora para divulgação de sua imagem em filme institucional destinado à promoção do produto 'Intelligender Menino ou Menina', veiculando-o em mais de um *site* e em emissora de televisão aberta – Danos morais configurados – Utilização indevida da imagem – Dano incerto no próprio uso indevido e que independe de prova de prejuízo – Inteligência da Súmula nº 403 do Egrégio Superior Tribunal de Justiça – Indenização devida – *Quantum* indenizatório arbitrado em R$ 10.000,00 – Danos materiais – Ausência de elementos nos autos que permitam arbitrar o cachê da autora no montante fixado pela R. Sentença apelada (R$ 5.000,00) ou naquele pleiteado na inicial (R$ 15.000,00) – Remuneração devida pela ré que deverá ser calculada em liquidação por arbitramento, utilizando-se como parâmetros o valor inicialmente pago pela ré e o montante usualmente cobrado pela autora para veiculação de sua imagem em emissora de televisão, nunca inferior ao valor fixado na R. Sentença apelada, sob pena de *reformatio in pejus* – Recurso de apelação provido em parte. Dá-se provimento em parte ao recurso de apelação" (TJSP – Ap 0197232-94.2012.8.26.0100, 23-2-2016, Rel. Christine Santini.

Há que se levar em conta que o nome se une tão fortemente à pessoa que o carrega, extravasando o aspecto de simples designação ou rótulo de um indivíduo. A imagem da pessoa se une inevitavelmente ao nome e eventuais excessos em torno de sua divulgação pelos meios sabidamente conhecidos devem ser apurados e reprimidos no exame do caso concreto. O projeto em curso para alterar nosso Código Civil traz inúmeros aspectos em torno dessa problemática (arts. 17 a 20).

12

DOMICÍLIO

Tanto a pessoa natural como a pessoa jurídica possuem um local onde gravita seu centro de interesses, seus negócios, seu centro familiar, seu centro social. Assim como a vida da pessoa tem determinado limite de tempo, possui também limite de espaço.

A atividade jurídica e social da pessoa manifesta-se no tempo e num espaço definido: *"O lugar em que a ação jurídica da pessoa se exerce de modo contínuo e permanente é o seu domicílio"* (Espínola, 1977:372).

Toda pessoa, como regra geral, constrói sua existência em torno de um lugar. O nomadismo é exceção na História da humanidade a partir do momento em que sua cultura atinge determinado estágio. Poucos são os povos e as pessoas que, na atualidade, não se fixam em um local.

É possível afirmar, inclusive, que o domicílio tem um sentido metafísico, isto é, o local onde a pessoa vive passa a integrar o próprio sentido de sua personalidade. Geralmente, as pessoas apegam-se ao local onde vivem e onde possuem seu centro de interesses, tanto por motivos de ordem moral e afetiva bem como por motivos de ordem econômica.

Desde os primórdios da História, quando o homem passou a ligar-se a um ponto geográfico, a noção de domicílio passou a ter relevância jurídica, mormente no campo do Direito Processual. A pessoa precisa ter um local onde possa ser costumeiramente encontrada para a própria garantia da estabilidade das relações jurídicas. Quem, por exceção, não tem domicílio certo terá sua vida jurídica e familiar incerta, pois são as raízes do local onde o homem planta sua personalidade que fazem florescer sua vida no campo sociológico, profissional, moral, familiar e jurídico.

Daí por que não bastam as simples noções de residência e morada para a conotação jurídica de domicílio. O domicílio, além do vínculo material, que prende objetivamente o homem a determinado local, possui vínculo imaterial, por todos percebido, que o fixa em um ponto determinado da Terra.

O ser errante, sem eira nem beira, nunca atingirá a plenitude de seu relacionamento social. Sua situação será sempre precária e instável. A sociedade o verá sempre como estranho, opondo-lhe toda sorte de reservas.

Impõe-se, portanto, fixar a noção de *domicílio*, a sede jurídica, a sede da pessoa onde ela se presume presente para uma série de efeitos jurídicos. Como percebemos, a conceituação de domicílio transcende sua simples conotação jurídica.

12.1 DOMICÍLIO NO DIREITO ROMANO

O conceito de domicílio no antigo Direito Romano aparece já nas antigas tribos do Lácio, originariamente limitado àqueles que possuem propriedade fundiária.

A princípio, o lugar de origem (*origo*) determina a cidadania do indivíduo, sua participação na cidade ou na municipalidade de origem. Contrapõe-se ao conceito de *origo*, ainda na época republicana, o conceito de domicílio, entendido como o local onde a pessoa vive estavelmente.

O termo que exprime tal conceito, inicialmente, é *domus*, que significa casa, morada, e depois o termo *domicilium*, mais recente na história, que etimologicamente deriva do primeiro e que se encontra nas fontes como equiparado a *domus* (Burdese, 1964, v. 13:838).

O domicílio constitui, nas fontes romanas, o lugar onde o indivíduo se situa com estabilidade, constituindo aí o centro de suas próprias atividades, conquanto temporariamente se distancie desse lugar ou tenha interesses patrimoniais em locais diversos. Segundo as fontes, a pessoa é livre para fixar o domicílio onde queira, e a declaração de vontade é tão só suficiente para isso. Existe no direito clássico, apesar de várias opiniões contrárias, a coexistência da pluralidade de domicílios e também a ausência de domicílio.

A noção de domicílios especiais, como o do soldado domiciliado no lugar onde presta serviço, já existe. Os senadores, que a princípio deveriam ter domicílio em Roma, acabam por mantê-lo apenas como um simples *domicilium dignitatis*, ficando livres para se domiciliarem em outro local (Burdese, 1964, v. 13:838).

O *filius familias* pode ter domicílio diferente do *pater*. A mulher, com o casamento, adquire o domicílio do marido, conservando-o mesmo se viúva, até que contraia novas núpcias (Tedeschi, 1968, v. 6:192).

Os textos referentes ao domicílio dos libertos são contraditórios.

Na Idade Média, há como que uma fusão entre os conceitos de domicílio e cidadania, porque geralmente as pessoas eram "residentes" das cidades feudais. A noção romana de *domicilium* praticamente se perde, e essa terminologia é esquecida. Volta a surgir na Renascença, com o desenvolvimento do comércio, que obriga a circulação de riquezas e torna necessário o homem estabelecer um centro de negócios.

O Direito Romano, porém, não logra fazer perfeita distinção entre domicílio e residência. Por influência da Igreja, consegue-se colocar ao lado do elemento puramente material da residência um elemento constitutivo, um *animus*, de teor afetivo e espiritual que une a pessoa a um local. Essas duas noções, material e espiritual, prepararão o conceito moderno de domicílio, destacando-o definitivamente do conceito de residência.

12.2 DOMICÍLIO, RESIDÊNCIA E MORADIA

Em sentido amplo, que abrange também o conceito de residência, a *moradia* pode ser entendida como o local onde uma pessoa habita atualmente ou simplesmente permanece. Em sentido estrito, contrapondo-se esse conceito ao de habitação, podemos dizer que habitação é a *moradia habitual*. Para nosso direito, não há maior importância para a distinção entre moradia e habitação. Na habitação ou moradia, há simplesmente um relacionamento de fato e material entre o indivíduo e o local.

A moradia é conceito mais tênue do que residência. Quem aluga uma casa de campo ou de praia para passar um período de férias tem aí sua "moradia" e não sua residência. A estada passageira de alguém por um hotel, do mesmo modo, caracteriza a moradia e não a residência.

Como a moradia é uma relação passageira e de vínculo tênue de ordem material, não podemos falar em duas moradias, uma vez que o conceito exige a presença, e não existe a presença da mesma pessoa em mais de um local.

Há, portanto, transitoriedade na noção de moradia.

Em *residência*, há um sentido de maior permanência. É o lugar em que se habita, com ânimo de permanência. Ainda que desse local a pessoa se ausente temporariamente. Nossos Códigos não definiram residência; o Código italiano, no entanto, entende-a como "*o lugar onde a pessoa tem a moradia habitual*" (art. 43).

Na noção romana de domicílio, estavam presentes o estabelecimento do lar e o centro de negócios. A noção romana levava em conta a vontade de o indivíduo permanecer em determinado local.

O direito moderno, por meio da doutrina francesa, embaralhou essa noção clara de domicílio, imaginando a "*relação jurídica entre uma pessoa e um lugar*". O art. 102 do Código francês conceitua domicílio como lugar onde a pessoa tem seu principal estabelecimento. Se entendermos o domicílio como uma "relação de direito", como queria a antiga doutrina francesa, necessariamente devemos concluir que toda pessoa deve, obrigatoriamente, ter um domicílio, não podendo existir pessoa sem domicílio e nem com mais de um domicílio.

O conceito alemão de domicílio restaurou-lhe a antiga simplicidade, pois o art. 7º do BGB – Código Civil alemão – trata do domicílio como o centro de relações de uma pessoa.

O Código suíço, no art. 23, fala em "intenção" de se estabelecer em um local, ideia que está presente em nossa noção de domicílio.

Nosso Código Civil, tendo esses três modelos a seguir, optou por redefinir a conceituação suíça, dizendo, no art. 70: "*O domicílio da pessoa natural é o lugar onde ela estabelece a sua residência com ânimo definitivo.*" Trata-se de mesma conceituação do Código de 1916.

Nosso diploma legal, portanto, leva em consideração a residência, que, como vimos, constitui vínculo material. Portanto, na conceituação legal sobre o tema, não resta dúvida de que nosso legislador foi mais feliz que os códigos que possuía como modelo: estipulou nitidamente a existência de dois elementos na definição: um *material* ou *objetivo*, a fixação da pessoa em determinado lugar, e outro *subjetivo* ou *psíquico*, ou seja, o ânimo de permanecer.

Há, pois, um elemento externo para caracterizar o domicílio, que é a residência; isso facilita, na prática, sua conceituação; existe, por outro lado, o elemento interno, este essencialmente jurídico, que é o ânimo de permanecer.

Desse modo, fixada a ideia de residência, se a ela se agregar a conceituação psíquica do ânimo de permanecer, fica caracterizado o domicílio, segundo nosso dispositivo. Uma noção completa a outra. Nesse sentido, afirma com exatidão Caio Mário da Silva Pereira (2006, v. 1:372):

> "*O lar, o teto, a habitação do indivíduo e de sua família, o abrigo duradouro e estável – eis a residência: as relações sociais, e a extensão das atividades profissionais, o desenvolvimento das faculdades de trabalho, a radicação no meio, a filiação às entidades locais, a aquisição de bens – eis algumas das circunstâncias que autorizam concluir pela existência do ânimo definitivo de ficar.*"

Destarte, para nós, o domicílio não é mero conceito de fato.

Em que pese a essa noção de domicílio, o art. 70 de nosso estatuto deve ser visto em consonância com os arts. 71 e 73. Isto porque o art. 71 admite que a pessoa possua mais de uma residência ou mais de um domicílio, ao contrário de outras legislações, e o art. 73 admite que uma pessoa simplesmente não tenha domicílio, como passamos a ver.[1]

12.3 UNIDADE, PLURALIDADE, FALTA E MUDANÇA DE DOMICÍLIO

O Direito Romano admitia a pluralidade de domicílios, porque fundava sua noção no conceito de residência.

A maioria dos direitos alienígenas não admite a pluralidade de domicílios. Contudo, o princípio da unidade obrigatória de domicílio refoge à realidade da vida social, mormente em nossa época em que as comunicações são desenvolvidas e o indivíduo pode deslocar-se com rapidez e facilidade.

O fato é que a pessoa pode ter mais de uma residência ou mais de um domicílio. Nesse caso, bipartem-se as noções objetiva e subjetiva de domicílio do art. 70, mas o art. 71 resolve a

---

[1] "Conflito negativo de competência – Ação de repactuação de dívidas – Demanda aforada na Comarca de Guariba, domicílio voluntário do autor – Juízo Suscitado que de ofício, reconhece sua incompetência e determina a remessa do feito à Comarca de Araraquara (Juízo Suscitante), por ser a jurisdição do domicílio necessário do requerente, em razão da função pública que exerce – Descabimento – Inteligência do art. 101, I, CDC – **Hipótese de pluralidade de domicílios**, nos termos do art. 71, do CC, que estabelece competência concorrente entre os dois Juízos – Ademais, eventual incompetência de natureza relativa não pode ser reconhecida de ofício – Inteligência da Súmula nº 33, do C. Superior Tribunal de Justiça – Precedentes desta C. Câmara Especial – Conflito conhecido para declarar a competência do Juízo Suscitado (1ª Vara Judicial da Comarca de Guariba)". (TJSP – CC 0027587-94.2023.8.26.0000, 10-8-2023, Rel. Francisco Bruno).

"Conflito negativo de competência – Ação de cobrança de adicional de insalubridade proposta por policial militar em face da Fazenda Pública do Estado de São Paulo – Juízo do Anexo do Juizado Especial da Fazenda Pública da Comarca de São José do Rio, cidade de residência do autor, que extinguiu o processo sem apreciação do mérito e declinou da competência sob o fundamento de que o autor possui domicílio necessário na Comarca de São Paulo – Proposta nova ação, com mesmo pedido, perante o Juízo da 2ª Vara do Juizados Especial da Fazenda Pública da Comarca da Capital, que também extinguiu o processo sem julgamento do mérito – **Hipótese de pluralidade de domicílio** – Domicílio necessário que não exclui o domicílio voluntário – Inteligência dos artigos 71 e 76 do Código Civil e 52, parágrafo único do Código de Processo Civil – Faculdade de escolha do autor pela propositura da ação no domicílio voluntário (São José do Rio Preto) ou no domicílio necessário (São Paulo) – Competência territorial e, portanto, relativa – Impossibilidade de declinação de ofício – Incidência da Súmula nº 33 do STJ – Precedentes da C. Câmara Especial neste sentido – Conflito procedente – Competência do MM. Juiz do Anexo do Juizado Especial da Fazenda Pública da Comarca de São José do Rio Preto". (TJSP – CC 2177102-09.2022.8.26.0000, 9-8-2022, Rel. Ana Luiza Villa Nova).

"Apelação – Ação anulatória de débito fiscal – IPVA – **Pluralidade de domicílios** – Comprovação nos autos de que o autor também possui domicílio no Município de Toledo/PR – Eleição pelo autor/contribuinte para efeito de registro do veículo e recolhimento do tributo em qualquer deles – Possibilidade – Artigos 120 e 130 do Código de Trânsito Brasileiro e 71 do Código Civil – Precedentes – Sentença de procedência da ação – Desprovimento do recurso, para manter a r. sentença recorrida, também por seus próprios e jurídicos fundamentos, fixada a sucumbência recursal" (TJSP – AC 1022328-91.2016.8.26.0309, 3-6-2019, Rel. Osvaldo Magalhães).

"Agravo de instrumento – Execução fiscal – IPVA – **Pluralidade de domicílios** – Exceção de pré-executividade – Rejeição – Inadmissibilidade – Comprovação de duplo domicílio – Eleição pela agravante/contribuinte para efeito de registro do veículo e recolhimento do tributo em qualquer deles – Possibilidade – Artigos 120 e 130 do Código de Trânsito Brasileiro e 71 do Código Civil – Precedentes – Provimento do recurso, consoante especificado" (TJSP – AI 0073756-91.2013.8.26.0000, 15-5-2018, Rel. Osvaldo Magalhães).

"Anulatória – Inexigibilidade de IPVA – Pluralidade de domicílios – Caso concreto em que a prova documental dá suporte ao pedido. Observância do art. 120 do CTB e 127, I, do CTN. Possuindo mais de um domicílio, o contribuinte pode optar por quaisquer deles, de acordo com os artigos 70 a 72 do Código Civil. Precedentes. Protesto e inserção do valor no CADIN que se mostraram irregulares. Dano moral in re ipsa. Majoração do valor da indenização. Sentença parcialmente reformada. Recurso da FESP conhecido e não provido. Apelo da autora conhecido e provido em parte" (TJSP – Ap 1001397-73.2017.8.26.0037, 27-2-2018, Relª Vera Angrisani).

"Apelação – Ação anulatória de débito fiscal – IPVA – Pretensão de declaração de nulidade de lançamento de créditos de IPVA – **Pluralidade de residências e domicílios devidamente comprovada** – Dupla atividade econômica: uma no Estado de São Paulo, outra no Estado do Paraná – Veículo que pode ser registrado e licenciado em qualquer um dos domicílios – Inteligência dos artigos 4º, da Lei nº 13.296/08, 120 e 130 do Código de Trânsito Brasileiro e 127 do CTN – Custas processuais – Afastamento, nos termos do artigo 6º, da Lei Estadual 11.608/2003 – Recurso parcialmente provido" (TJSP – Ap 0003639-59.2014.8.26.0576, 3-3-2017, Relª Silvia Meirelles).

situação, considerando domicílio qualquer das residências onde alternadamente viva a pessoa. O Código anterior referia-se também a qualquer dos centros de ocupações habituais (domicílio em sentido estrito). O atual Código, no art. 71, mantém exclusivamente a noção objetiva de múltiplas residências, como critério suficiente para a caracterização de múltiplos domicílios: *"se, porém a pessoa natural tiver diversas residências, onde alternadamente, viva, considerar-se-á domicílio seu qualquer delas"*.[2] Por outro lado, o vigente diploma civil introduz a noção do "domicílio profissional", muito reclamada pela doutrina, o qual possui importantes reflexos principalmente na ordem processual. Assim, dispõe o art. 72: *"É também domicílio da pessoa natural, quanto às relações concernentes à profissão, o lugar onde esta é exercida"*. Acrescenta ainda o parágrafo único desse dispositivo que *"se a pessoa exercitar profissão em lugares diversos, cada um deles constituirá domicílio para as relações que lhe corresponderem"*. Essas situações tornam-se atualmente cada vez mais frequentes, com as facilidades propiciadas pelo mundo moderno.

Pode ocorrer que um advogado, por exemplo, resida em uma comarca da Grande São Paulo, mas mantenha seu escritório de advocacia no centro da Capital, onde tem seu centro de interesses. Poderá esse profissional utilizar-se de sua residência apenas para pernoite e para o lazer de fins de semana. Também pode ocorrer que o profissional tenha escritórios em mais de uma cidade. No sistema de 1916, não há maior dificuldade para o deslinde da questão, pois, de acordo com o art. 32, a pessoa com vários centros de ocupações habituais tem seu domicílio no local de seu escritório ou no local de sua residência. O mesmo se dirá do médico que tenha consultório em duas cidades.[3] O atual Código, ao definir o domicílio profissional, explicita, porém, a matéria.

---

[2] "Conflito negativo de competência – Demanda proposta por servidor público estadual em face da F. P. do E. de S. P. – **Autor com pluralidade de domicílios** – Faculdade de propor a ação no foro do domicílio necessário ou no de seu domicílio voluntário – Existência de um domicílio necessário ou legal que não impede o servidor público de estabelecer sua residência, com ânimo definitivo, em outra localidade (que corresponde ao seu domicílio voluntário) – Inteligência do artigo 71 do Código Civil – Faculdade à parte demandante, em havendo pluralidade de domicílios, de propor a ação no foro do local onde exerce as suas funções ou no do seu domicílio voluntário – Conflito conhecido, a teor do art. 66, II do CPC/2015 – Competência do Juízo da 1ª Vara da Fazenda Pública do Foro e Comarca de Guarulhos, suscitado" (TJSP – CC 0034523-38.2023.8.26.0000, 6-2-2024, Rel. Xavier de Aquino).
"Apelação. Execução Fiscal. Embargos. IPVA. Sujeito ativo da obrigação. Embargante com propriedade rural em Mato Grosso do Sul, onde exerce atividades profissionais. Veículo sem registro em São Paulo. Residência em São Paulo. **Duplo domicílio**. Código Civil, artigos 71 e 72. Possibilidade de eleição do domicílio tributário pelo contribuinte. Código Tributário Nacional, artigo 127, "caput" e inciso I, e Sujeito ativo segundo o local de registro do veículo, em correspondência com o domicílio profissional do contribuinte. Imposto não devido ao Estado de São Paulo. Embargos à execução fiscal acolhidos. Recurso não provido, sem majoração de honorários advocatícios, porque a sentença foi proferida ainda na vigência do estatuto processual anterior, conforme Superior Tribunal de Justiça, Enunciado Administrativo nº 07" (TJSP – Ap 0011902-08.2013.8.26.0482, 27-7-2022, Rel. Edson Ferreira).
"Agravo de instrumento – Ação de levantamento de interdição – Parte que declarou na petição inicial residir em Brasília – Declinação de competência de ofício – Impossibilidade – Súmula nº 33 do Superior Tribunal de Justiça – **Domicílio Duplo** – Incidência do art. 46, § 1º, do Código de Processo Civil – Recurso Provido – Em sendo relativa a competência, é defeso ao juiz declará-la de ofício, nos termos do Enunciado de Súmula nº 33 do Superior Tribunal de Justiça. Tendo a parte dois domicílios, é possível a propositura da demanda em qualquer um deles, a teor do disposto no art. 46, § 1º, do Código de Processo Civil" (TJMS – AI 1406078-54.2019.8.12.0000, 17-6-2019, Rel. Des. Vladimir Abreu da Silva).
"Recurso de apelação – IPVA – **Duplo domicílio** – Pessoa física – O apelado à época do fato gerador, possuía multiplicidade de residências, tanto no Estado de São Paulo quanto no Rio de Janeiro, de tal sorte que poderia eleger o domicílio para fins de registro de seu veículo automotor, nos termos do artigo 71 do Código Civil Brasileiro combinado com o artigo 127 do Código Tributário Nacional – Ausente indício de fraude ou dolo suficiente para afastar o domicílio eleito pelo apelado para fins de registro de seu veículo – Sentença mantida – Recurso não provido" (TJSP – Ap 1002296-86.2017.8.26.0323, 14-8-2018, Rel. Marcos Pimentel Tamassia).

[3] O Projeto de 1975 manteve em linhas gerais os mesmos princípios sobre o domicílio, mas inseriu disposição sobre a pluralidade de domicílios.

Nossa noção legal de pluralidade de domicílios está mais de acordo com a realidade social do que as legislações que não admitem essa pluralidade.

Assim como se admite a pluralidade, a lei aceita que a pessoa não tenha um ponto central de atividade, nem residência habitual em parte alguma, como os vagabundos e ambulantes que não se fixam em nenhum lugar. Para esses, o art. 73 entende que o domicílio será o local onde a pessoa for encontrada.

A mudança de domicílio caracteriza-se pelo *animus* ou intenção de mudar, como diz o art. 74: *"Muda-se o domicílio, transferindo a residência, com a intenção manifesta de o mudar."* Portanto, não é qualquer ausência de determinado local que caracterizará a mudança de domicílio. A lei exige a *intenção* da mudança. O parágrafo único do art. 74 apresenta elementos objetivos para caracterizar esse *animus* de mudar, ao estatuir:

> *"A prova da intenção resultará do que declarar a pessoa às municipalidades dos lugares, que deixa, e para onde vai, ou, se tais declarações não fizer, da própria mudança, com as circunstâncias que a acompanharem."*

Raramente a pessoa fará declarações às autoridades municipais, mas, por exemplo, se o indivíduo for contribuinte de impostos municipais, poderá requerer sua inscrição em determinado município e seu cancelamento em outro, o que caracteriza a intenção de mudar. O que deve caracterizar, de fato, a mudança são os atos exteriores, visíveis, que permitem perceber que houve a transferência do domicílio. A pessoa deixa imóvel que residia em um município e passa a residir em outro; modifica seus endereços de correspondência; passa a ter relacionamentos sociais com os moradores do novo local etc. Esses aspectos exteriores são facilmente perceptíveis.

12.4 IMPORTÂNCIA DO DOMICÍLIO

O domicílio, primeiramente, é importante do ponto de vista do direito público. Ao Estado é conveniente que o indivíduo se fixe em determinado ponto do território para poder ser encontrado para uma fiscalização no tocante a suas obrigações fiscais, políticas, militares e policiais.

No Direito Processual Civil, a noção de domicílio é fundamental. Como o domicílio é uma presunção legal de onde a pessoa esteja sempre presente, sem essa presunção seria fácil para as pessoas com constantes deslocações furtarem-se a responder a um processo judicial, furtando-se a receber citações e intimações.

O art. 46 do CPC reza que *"a ação fundada em direito pessoal e a ação fundada em direito real sobre bens móveis serão propostas, em regra, no foro do domicílio do réu"*. Portanto, a regra de direito processual vale-se das disposições da conceituação material de domicílio para dar o foro do domicílio do réu como competente, como regra geral, para a propositura das ações. Em consonância com o Código Civil que admite a pluralidade de domicílios, diz o § 1º do mesmo artigo: *"Tendo mais de um domicílio, o réu será demandado no foro de qualquer deles."* Se desconhecido ou incerto o domicílio do réu, será ele demandado onde for encontrado ou no domicílio do autor da ação (§ 2º). Portanto, se o réu tiver domicílio profissional diverso do domicílio residencial, pode ser demandado em qualquer deles.

No processo civil, o domicílio determina, como regra geral, o foro competente. O foro do domicílio do autor da herança (pessoa falecida) é o competente para o inventário, a partilha, a arrecadação, o cumprimento das disposições testamentárias e todas as ações em que o espólio for réu, ainda que o óbito tenha ocorrido no estrangeiro, de acordo com o art. 48 do CPC. Em muitos outros dispositivos desse diploma legal, o domicílio influencia na competência.[4]

No Direito Processual Penal, igualmente, é importante a noção de domicílio. Não sendo conhecido o local do crime, a competência para julgar o réu é regulada por seu domicílio ou residência (art. 72 do CPP).

Nos conflitos sobre a *lei aplicável* nas questões regidas pelo Direito Internacional Privado, o art. 7º da Lei de Introdução às Normas do Direito Brasileiro dispõe: "*A lei do país em que for domiciliada a pessoa determina as regras sobre o começo e o fim da personalidade, o nome, a capacidade e os direitos de família.*"

No Direito Civil, afora outras situações, a importância do domicílio é enfatizada, principalmente, por ser o lugar onde, normalmente, o devedor deve cumprir suas obrigações (art. 327 do atual Código).

12.5 ESPÉCIES DE DOMICÍLIO

A noção de *domicílio político* não pertence ao Direito Civil. É o lugar onde a pessoa como cidadão exerce seus direitos decorrentes da cidadania, de votar e ser votado. Não existe propriamente dependência entre ele e o domicílio civil, mas normalmente o domicílio político deve corresponder ao civil, porque o Código Eleitoral determina que a qualificação eleitoral se faça perante o juiz do lugar de moradia ou residência do eleitor. As fraudes que costumeiramente ocorrem em nosso país nesse campo pertencem ao âmbito do direito eleitoral.

Entre as várias espécies de domicílio, a primeira que surge, cronologicamente, é a do domicílio onde a pessoa nasce, denominando-se *domicílio de origem*, que não é propriamente o lugar onde a pessoa vem ao mundo, mas o domicílio do pai ou da mãe. Embora a essa espécie de domicílio não se refira o Código Civil de 1916, o art. 7º, § 7º, da Lei de Introdução às Normas do Direito Brasileiro alude a ela, ao mencionar: "*Salvo o caso de abandono, o domicílio do chefe da família estende-se ao outro cônjuge e aos filhos não emancipados, e o do tutor ou curador aos incapazes sob sua guarda.*"

Alguns autores referem-se ao *domicílio geral*, que alcança os objetivos genéricos da noção de domicílio, para contrapor esse conceito às noções de *domicílio legal ou necessário* e *domicílio de eleição*.

Como o domicílio é o lugar onde a pessoa estabelece sua residência com ânimo definitivo, na dicção legal prendemo-nos logo à ideia de que a pessoa pode fixar seu domicílio onde bem entenda, de acordo com sua vontade. Geralmente, portanto, o ato de escolher um domicílio

---

[4] "Conflito negativo de competência – Ação de Inventário – **Foro do último domicílio do autor da herança de natureza relativa** – Inteligência do art. 48, CPC – Competência relativa, de acordo com a Súmula 71 do TJSP – Declinação de ofício – Impossibilidade – Inteligência da Súmula 33 do Superior Tribunal de Justiça – Conflito conhecido para declarar a competência do Juízo suscitado" (*TJSP* – CC 0018286-60.2022.8.26.0000, 15-7-2022, Rel. Francisco Bruno).

"Agravo de instrumento – Ação de inventário – Declinação de competência – **Competência do foro do domicílio do autor da herança** – Inteligência do artigo 1.785, do Código Civil – Inexistência de dependência em relação ao inventário da ex-cônjuge quando neste feito já se ultimou a partilha – Decisão mantida – Recurso conhecido e desprovido" (*TJMS* – AI 1408099-37.2018.8.12.0000, 28-02-2019, Rel. Des. Nélio Stábile).

"Agravo de instrumento – Inventário – Competência territorial – **Domicílio do autor da herança** – Não comprovação – Recurso não provido – A competência para processar e julgar o inventário é o foro de domicílio do autor da herança, a teor do que dispõe o artigo 48 do Código de Processo Civil – Não tendo a parte agravante comprovado que o domicílio do autor da herança era diverso daquele indicado na inicial, não há como acolher a arguição de incompetência territorial" (*TJMG* – AI-Cv 1.0000.17.076331-2/001, 5-2-2018, Rel. Moacyr Lobato).

resulta de ato de vontade, mormente se a pessoa for maior e capaz. Essa é a simples noção de *domicílio voluntário*, que pode ser compreendida pelo conceito de domicílio geral referido.

Entretanto, nem sempre a pessoa tem liberdade de conduta para estabelecer seu domicílio. Há determinadas condições individuais que alteram a voluntariedade na fixação do domicílio.

Daí surgir a noção de *domicílio legal* ou *necessário*. Com base em determinadas circunstâncias, estabelece a lei o domicílio de certas pessoas, sem que exista qualquer manifestação de vontade. Para que ocorra tal espécie de domicílio, não há necessidade de qualquer declaração, bastando que a pessoa se coloque na situação prevista na lei, como, por exemplo, contraindo matrimônio, a mulher assumia o domicílio do marido, no sistema originário do Código de 1916; tomando posse num cargo público, o funcionário público assume seu domicílio legal.

Essa é a forma de domicílio imposto, tratando-se de disposição cogente à qual a parte não pode fugir. Tal condição mantém-se enquanto o interessado "tipificar" a situação descrita na lei.

Assim ocorre com o domicílio dos incapazes, que é o de seus representantes, na forma do *caput* do art. 76 do Código.[5] O mesmo dispositivo do atual diploma também se refere ao domicílio necessário do servidor público, do militar, do marítimo e do preso.

Nessa situação permanece o menor, com relação a seu pai ou sua mãe, conforme o caso; tutelado quanto ao tutor, e o interdito quanto a seu curador.

Em relação ao menor, seu domicílio é o dos pais que exercem o poder familiar. Na falta ou impedimento de um dos progenitores, o domicílio do menor é o do ascendente conhecido. Sempre que os pais mudarem de domicílio, o domicílio do menor os acompanhará. A esse respeito dispõe o atual Código que o domicílio do incapaz é o de seu representante ou assistente (art. 76, parágrafo único).

Se o menor não tiver pai, mãe ou tutor, deverá ser levado em conta seu domicílio real.

O domicílio legal do menor cessa com sua maioridade ou emancipação.

Por vezes, ocorre que o menor tenha pais ignorados e viva sob a guarda de terceiros. Nesse caso, o domicílio do menor é o desses terceiros.

---

[5] "Conflito negativo de competência – Ação de Interdição e curatela – Juízos da 3ª Vara da Família e Sucessões do Foro Regional do Jabaquara e da 1ª Vara de Família e Sucessões do Foro Central, ambos da Comarca da Capital – Internação em clínica de natureza transitória e provisória, que não se equipara à mudança de domicílio – Princípio da Perpetuatio Jurisdictionis – Competência determinada no momento da propositura da ação – Competência do Juízo originário reconhecida – **Prevalência do domicílio do incapaz como critério de fixação da competência – Artigo 43 do Código de Processo Civil e artigo 76, parágrafo único, do Código Civil** – Conflito procedente – Competência do Juízo suscitado (MMº Juiz da 1ª Vara de Família e Sucessões do Foro Central da Comarca da Capital)" (*TJSP* – CC 0013958-19.2024.8.26.0000, 11-7-2024, Rel. Ana Luiza Villa Nova).

"Conflito negativo de competência – Ação de Interdição – Juízos da 3ª Vara da Família e Sucessões do Foro Regional IV da Lapa e da 4ª Vara da Família e Sucessões do Foro Regional de Santana, ambos da Comarca da Capital – Interdição de pessoas portadoras de transtornos mentais – Internação transitória em instituição de acolhimento – Mudança de domicílio não caracterizada – Princípio da Perpetuatio Jurisdictionis – Competência determinada no momento da propositura da ação – Competência do Juízo originário reconhecida – **Prevalência do domicílio necessário do incapaz, que coincide com o domicílio do seu representante, como critério de fixação da competência** – Artigo 43 do Código de Processo Civil e artigo 76, parágrafo único, do Código Civil – Conflito procedente – Competência da 4ª Vara da Família e Sucessões do Foro Regional de Santana da Comarca da Capital para processar e julgar a ação de interdição" (*TJSP* – CC 0014303-19.2023.8.26.0000, 29-6-2023, Rel. Ana Luiza Villa Nova).

"Direito à saúde. 1. Legitimidade passiva ad causam da municipalidade configurada. O **domicílio do incapaz é o do seu representante ou assistente**, conforme dispõem os artigos 76, parágrafo único do Código Civil, e 50 do Código de Processo Civil. 2. Pretensão ao fornecimento de insumo (dieta enteral), consoante prescrição médica. Admissibilidade. Garantia do direito à saúde e à vida. Inteligência do art. 196 da Constitui Federal, e do art. 219, parágrafo único (item 4), da Constituição Estadual. 3. Recursos denegados" (*TJSP* – Ap/Remessa Necessária 1003262-25.2021.8.26.0609, 9-9-2022, Rel. Coimbra Schmidt).

Outro caso de domicílio legal originalmente presente no Código anterior era o da *mulher casada*, de acordo com o parágrafo único do art. 36, que tinha por domicílio o do marido, salvo se estivesse separada judicialmente ou, por exceção, competisse-lhe a administração do casal. Esse era o princípio que já operava no Direito Romano, uma vez que a mulher era *alieni iuris* e, quando se casava, passava para a família do marido, o *pater*, assumindo também o domicílio do marido.

De acordo com o art. 7º, § 7º, da Lei de Introdução às Normas do Direito Brasileiro, no caso de abandono do lar conjugal pelo marido, passava a mulher a ter seu próprio domicílio, juntamente com os filhos menores que com ela permanecessem. Na verdade, harmonizando a norma com o direito mais recente, nesse caso a mulher individualmente assume seu domicílio.

No atual sistema constitucional, em face dos direitos e deveres idênticos de ambos os cônjuges, esse domicílio legal da mulher deixou de existir (art. 226, § 5º).

A situação da mulher que comercia ou tem profissão própria deve ser examinada. Nesse caso, para fins práticos, entende-se que a mulher pode ter mais de um domicílio, ou seja, um domicílio profissional diverso daquele do marido, ainda que não se levasse em conta o princípio constitucional, sem que isso contrariasse as disposições do código, harmonizando-se a regra do parágrafo único do art. 36 com a regra do art. 32 do antigo diploma legal.

Os *funcionários públicos* têm-se por domiciliados no lugar onde exercem suas funções, desde que não sejam temporárias ou periódicas (art. 76, parágrafo único do atual Código). Para o funcionário, portanto, mesmo que resida em outro local, a lei reputa como domicílio o local onde desempenha suas funções públicas. Trata-se do chamado "domicílio necessário", denominação também adotada pelo presente Código.

Tanto a mulher como o homem casado podem ter duplo domicílio legal, um no tocante ao casamento e ao lar conjugal e tudo o que direta ou indiretamente lhe disser respeito; outro, no tocante à função pública ou profissão, para tudo o que disser respeito a essa referida atividade. Cremos que a função do legislador ao estabelecer o regime domiciliar legal para o funcionário público foi vinculá-lo ao local do desempenho das funções de seu cargo, naquilo que diga respeito ao próprio cargo público; essa nossa interpretação não afronta nenhum dispositivo legal.

As outras situações de domicílio legal, ora denominado necessário, do antigo Código são a do *militar em serviço ativo*, cujo domicílio é o do lugar onde estiver servindo (art. 38, *caput*); se for da Marinha, será a sede da respectiva estação naval ou do emprego em terra que estiver exercendo (art. 38, parágrafo único). O domicílio dos *oficiais* e *tripulantes da marinha mercante* é o do lugar onde estiver matriculado o navio (art. 39). As mesmas noções são mantidas na presente lei civil (art. 76).

O domicílio do preso também é legal ou necessário (art. 76) no lugar onde cumpre a sentença, não se havendo de falar em desterro, pena que já não subsiste entre nós. Sucede, porém, que o domicílio do condenado não se estende a sua família, ainda porque à mulher competia, se a pena fosse superior a dois anos, a direção e administração dos bens do casal, no mesmo caso, haveria suspensão do pátrio poder (art. 1.637 do atual código). Mesmo em se tratando de pena inferior a dois anos, era ilógico que o cumprimento da pena transfira para o local da execução da sentença o domicílio de toda a família do condenado. Na nova sistemática constitucional de tratamento conjugal, por mais forte razão, não há dúvida que persista a esse respeito.

O *ministro* ou *agente diplomático*, de acordo com o art. 77, se citado no estrangeiro e alegar extraterritorialidade sem designar onde tem, no país, seu domicílio, poderá ser demandado no Distrito Federal ou no último ponto do território brasileiro em que o teve.

Caio Mário da Silva Pereira (2006, v. 1:382) lembra ainda a situação dos empregados domésticos, que no Direito francês perdem seu próprio domicílio e assumem o domicílio dos patrões. Como nosso direito não tem disposição semelhante, a fixação do domicílio do empregado segue a regra geral, isto é, se transferir seu centro de negócios e residir com os patrões, seu domicílio será o mesmo dos patrões.

12.5.1 Domicílio de Eleição (Foro de Eleição)

Estatui o art. 78 do Código Civil: *"Nos contratos escritos, poderão os contratantes especificar domicílio onde se exercitem e cumpram os direitos e obrigações deles resultantes."* A dicção possuía a mesma compreensão no Código anterior.[6]

Esse domicílio especial que, na prática, é denominado *foro do contrato* ou *foro de eleição* tem a finalidade de facilitar a execução de um contrato e a propositura da ação ao menos para um dos contratantes, geralmente o credor, modificando a competência judicial.

Como nosso CPC de 1939 não se referira ao instituto, muito se discutiu se essa disposição não estaria derrogada. Com o estatuído no art. 111 do Código Processual de 1973, a questão foi superada. O CPC de 2015 cuidou do tema nos arts. 62 e 63, estatuindo a respeito do foro contratual.

O art. 47 do CPC também alude ao foro de eleição. Deve ocorrer sempre alguma pertinência material para a escolha do foro pelas partes.

---

[6] "Embargos à execução – Cédula de crédito bancário – Rejeição da exceção de incompetência por prevenção suscitada pela executada, em preliminar da demanda incidental – **Validade da cláusula de eleição de foro livremente pactuada entre as partes** – Exegese dos arts. 78 do CC e 63 do CPC bem como da Súmula 335 do STF – Empresa executada que não se desincumbiu de detalhar os motivos pelos quais lhe é prejudicial o foro eleito – Inocorrência de abusividade, notadamente diante da possibilidade de acompanhamento processual pela rede mundial de computadores (processo digital) – Acesso ao Judiciário não inviabilizado – Decisão mantida – Recurso improvido" (TJSP – AI 2050291-33.2024.8.26.0000, 2-6-2024, Rel. Correia Lima).
"Direito processual civil. Conflito negativo de competência. Execução de título extrajudicial. Competência territorial. Natureza relativa. Declinação *ex officio*. Impossibilidade. **Foro de eleição.** Ausência de abusividade. Competência do juízo suscitado. I. A competência para processar execução de título extrajudicial é de ordem territorial, segundo o artigo 781 do Código de Processo Civil, e, por conseguinte, de natureza relativa, razão por que não pode ser controlada de ofício pelo juiz. II. Ressalvadas as exceções legais, a incompetência territorial não pode ser conhecida ex officio, cabendo ao réu argui-la 'como questão preliminar de contestação' ou, no caso específico da execução de título extrajudicial, por meio de embargos à execução, a teor do que dispõem os artigos 64, caput e § 1º, e 65, *caput*, e 917, inciso V, do Código de Processo Civil. III. À falta de indicativo de abusividade, não pode ser considerada ineficaz, sobretudo antes do contraditório, cláusula de eleição de foro convencionada em contrato de locação entre particulares, de maneira a respeitar o ajuizamento da execução em conformidade com os artigos 78 do Código Civil e 63, *caput*, e 781, inciso I, do Código de Processo Civil. IV. A eleição de foro convencionada em contrato paritário, civil ou empresarial, não pode ser considerada ineficaz pelo simples fato de que não coincide com as regras de competência da legislação processual ou da legislação de organização judiciária. V. Salvo nas hipóteses em que representar grave acinte à boa-fé objetiva ou à função social do contrato e, ao mesmo tempo, impor grande dificuldade de defesa à parte demandada, deve ser respeitada a eleição de foro regularmente convencionada em contratos civis e empresariais, presente o princípio da intervenção mínima consagrado nos artigos 113 e 421-A do Código Civil. VI. Conflito de Competência conhecido para declarar competente o Juízo Suscitado" (TJDFT – Ap 07404717920228070000, 10-4-2023, Rel. James Eduardo Oliveira).
"Execução de título extrajudicial – Cédula de Crédito Bancário – Determinação de indicação do foro competente para redistribuição do feito, sob pena de extinção – Insurgência do exequente – Cabimento – **Cláusula de eleição de foro** – Ainda que a hipótese em tela cuide de contrato de adesão, não restou configurada a dificuldade de um dos estipulantes em exercer o seu direito de defesa, necessária para caracterizar a nulidade da cláusula de eleição de foro – Prevalência do ajuste contido na cláusula de eleição de foro – Inteligência dos artigos 78 do Código Civil e artigo 111, do Código de Processo Civil – Aplicação do enunciado da Súmula 335, do C. STF – Decisão reformada – recurso provido" (TJSP – AI 2028233-07.2022.8.26.0000, 9-3-2022, Rel. Renato Rangel Desinano).

O foro de eleição opera tão somente quanto às questões emergentes dos contratos, não infringindo qualquer norma cogente de competência do estatuto processual. Dentro da terminologia do processo, em que a matéria deve ser estudada, apenas a *competência relativa* referente ao valor e ao território pode sofrer modificação pelo foro de eleição.[7]

A *competência absoluta*, representada no artigo por aquela em razão da matéria e da hierarquia, é inderrogável por vontade das partes.

Em face de tal faculdade, portanto, a lei permite que as partes criem um domicílio para o fim único da execução de um contrato, para a execução de um ato ou para uma série de atos; para um negócio jurídico, enfim.

No entanto, ainda que exista foro de eleição, se o credor preferir, pode valer-se da regra geral, demandando no domicílio do réu, porque esta norma lhe favorece.

Há palpável corrente jurisprudencial que pretende negar validade à disposição que elege foro nos contratos de adesão, mormente naqueles referentes a consórcios e demais situações de relação de consumo. Sustentam seus seguidores que se trata de cláusula abusiva, obrigando o consumidor a responder por ação judicial em local diverso de seu domicílio. Essa interpretação vem fundada no art. 51, IV, do Código de Defesa do Consumidor (Lei nº 8.078, de 11-9-90). Por esse dispositivo são nulas as cláusulas que *estabeleçam obrigações iníquas, abusivas, que coloquem o consumidor em desvantagem exagerada, ou sejam incompatíveis com a boa-fé ou a equidade*. Não nos parece acertada essa interpretação, se aplicada de forma peremptória e sistemática. Primeiramente, porque, como deflui do espírito do instituto no Código Civil, o foro de eleição sempre é inserido no contrato para facilitar o credor. Essa a sua finalidade. Em segundo plano, dentro da economia de massa regulada pela lei do consumidor, embora seja sublimada sua proteção, devem ser vistas todas as relações de consumo. Se o consumidor tem prévia notícia do foro de eleição no contrato que se lhe apresenta, não podemos concluir que a cláusula seja abusiva.[8] A adesão ao contrato não

---

[7] "Agravo de instrumento. Locação de bem imóvel. Execução de título extrajudicial. Exceção de preexecutividade rejeitada. **Cláusula de eleição de foro** que apenas pode dispor sobre a comarca, aspecto de competência relativa, mas não sobre o juízo, questão que possui natureza de competência absoluta. Matéria definida pelas normas estaduais de organização judiciária (Lei n.º 3.947/83 e Resolução n.º 02/76). Ação ajuizada na comarca da Capital, conforme a cláusula de eleição de foro, questão que sequer podia ser objeto de exceção de preexecutividade em função de sua natureza. Regras de divisão funcional observadas, vez que a ação foi proposta no foro do domicílio do executado. Reunião dos processos não obrigatória, notadamente em razão da diversidade de títulos executivos. Decisão mantida. Recurso improvido". (*TJSP* – AI 2289652-78.2021.8.26.0000, 25-2-2022, Rel. Walter Exner).

"**Cláusula de eleição de foro** – Ação de cobrança de vultosa quantia, versando contrato de licenciamento de software e seus anexos – Inaplicabilidade do CDC (Lei 8078/90) à hipótese dos autos – Empresa ré que não apresenta a vulnerabilidade indispensável para a aplicação do Diploma Consumerista – Legalidade da cláusula de eleição de foro, porquanto não evidenciada a inviabilidade ou especial dificuldade do exercício do direito de defesa – Jurisprudência do STJ/TJSP e Súmula 335 /STF – Legítimo inconformismo da excepta autora – Agravo provido" (*TJSP* – AI 2054250-85.2019.8.26.0000, 17-05-2019, Rel. Jovino de Sylos).

"Execução de título extrajudicial – **Cláusula de eleição de foro** – Decisão que, de ofício, decreta a respectiva nulidade, a pretexto de representar ofensa ao princípio do juiz natural, com determinação de remessa dos autos à comarca do Rio de Janeiro, local de domicílio da empresa agravada e de celebração do negócio jurídico objeto da execução – Descabimento – Possibilidade de modificação da competência territorial que decorre de autorização processual expressa (art. 63, do Código de Processo Civil), sem que isso incorra em ofensa à regra do juiz natural, e independente das demais regras de competência estabelecidas na Lei adjetiva, que ganham caráter secundário quando as partes, válida e bilateralmente, elegem foro diverso para dirimir as controvérsias decorrentes do contrato, como no caso ocorrera – Ausência de hipossuficiência de qualquer das partes a ensejar a nulidade da avença – Decisão reformada para que se mantenha o processamento da demanda na comarca de São Paulo – Recurso provido" (*TJSP* – AI 2204266-22.2017.8.26.0000, 8-3-2018, Rel. Paulo Roberto de Santana).

[8] "Agravo de instrumento. Ação de execução. Cédula de crédito bancário. Código de defesa do consumidor. Não incidência. **Cláusula de eleição de foro no caso concreto não abusiva**. Inaplicabilidade do art. 63, § 3º, do Código

desnatura o contratualismo. Tal ainda é mais verdadeiro quando, na economia de mercado, existem muitos fornecedores de serviços e produtos idênticos ou semelhantes, com possibilidade de escolha por parte do adquirente de empresa que elege foro mais favorável. Se o consumidor aderiu a contrato como foro previamente definido, existindo outras empresas com a mesma finalidade no mercado nacional, não há como negar validade ao domicílio contratual. Entender de outro modo, antes de proteger o consumidor, é estar protegendo, como regra, o mau pagador. Todavia, sempre deverá atuar o bom senso do julgador em cada caso concreto, com suas peculiaridades exclusivas.

Há que se verificar sempre a abusividade, isto é, quando o foro é imposto pela parte economicamente mais forte, a dificultar o direito de defesa daquele, em tese economicamente mais fraco ou hipossuficiente.

Não prevalece, por outro lado, o foro de eleição quando se tratar de ação que verse sobre imóveis, sobre direito real; nesse caso, será competente o foro da situação da coisa, como regra geral, de acordo com o art. 47 do CPC.[9]

12.6 DOMICÍLIO DA PESSOA JURÍDICA

Embora não tenhamos tratado da pessoa jurídica, remetemos o leitor aos tópicos seguintes, passando a analisar aqui seu domicílio, para cobrirmos todo o título de "Domicílio" de nosso Código.

---

de Processo Civil. Provimento" (TJSP – Agravo de Instrumento 2212623-83.2020.8.26.0000, 12-4-2021, Rel. Carlos Goldman).

"Ação Monitória – **Cláusula de eleição de foro** – Litígio entre empresas de expressivo porte econômico e envolvendo contrato de vultoso valor – Ausência de indícios de vício na formalização da cláusula de eleição de foro – Não comprovação de prejuízos pela tramitação dos autos na comarca em que as requeridas foram citadas e que foi eleita pelas partes para dirimir controvérsias relativas à avença – Decisão mantida. – Recurso não provido" (TJSP – AI 2021612-96.2019.8.26.0000, 28-3-2019, Rel. Renato Rangel Desinano).

"Agravo de instrumento – Ação de busca e apreensão – Relação de consumo – Hipossuficiência caracterizada – **Cláusula de eleição de foro** – Ineficácia (CPC, art. 63, § 3º) – Tratando-se de relação de consumo, a desigualdade das partes não poderá implicar ônus excessivo ao consumidor. Manutenção da cláusula contratual de eleição de foro que inviabiliza o exercício do direito constitucional da ampla defesa. Prevalência dos artigos 6º, VIII, e 101, ambos do CDC, sobre a cláusula contratual de eleição que estipulou o foro da sede do banco credor. Norma cogente que se sobrepõe às disposições restritivas de direito previstas no contrato. Ineficácia da cláusula reconhecida, com remessa dos autos ao juízo do foro do domicílio do réu. CPC, art. 63, § 3º. Recurso desprovido" (TJSP – AI 2078563-47.2018.8.26.0000, 24-5-2018, Rel. Antônio Nascimento).

[9] "Conflito negativo de competência. Ação de rescisão contratual cumulada com restituição de quantias pagas. Demanda ajuizada no foro de domicílio do autor. Declinação da competência, de ofício, à Comarca de Itapetininga, correspondente ao foro de situação da coisa. Impossibilidade. Natureza obrigacional do direito vindicado. Ausente questão afeta a direito real de propriedade. **Inaplicabilidade do art. 47 do CPC.** Relação de direito pessoal. Incidência do art. 46 do CPC. Incompetência relativa que não pode ser declinada de ofício, nos termos da Súmula 33 do C. STJ. Faculdade do consumidor de optar entre o foro do local do seu domicílio, da parte requerida, do local de cumprimento da obrigação ou do foro de eleição contratual. Inteligência do art. 101, I, do CDC. Aplicação da Súmula 77 do TJSP. Precedentes. Conflito procedente. Competência do juízo suscitado" (TJSP – CC 0023420-97.2024.8.26.0000, 29-7-2024, Rel. Sulaiman Miguel Neto).

"Agravo de instrumento – Ação de Extinção de Condomínio – Reconhecimento da incompetência absoluta do Juízo de Tupã-SP em relação aos imóveis situados nas comarcas de Osvaldo Cruz e Olímpia – A competência para a ação de natureza real rege-se pelo **foro da situação da coisa** (forum rei sitae), conforme o art. 47 do CPC/2015 – Precedentes da Câmara Especial – Decisão mantida – Recurso desprovido" (TJSP – AI 2206278-96.2023.8.26.0000, 22-8-2023, Rel. Alcides Leopoldo).

"Agravo de instrumento. Competência. Promessa de compra e venda. Cláusula de eleição de foro entabulada livremente entre as partes. Validade. Ausência de prejuízo substancial à defesa e matéria passível de convenção entre as partes. Inteligência do art. 63 do CPC. Ação fundada em direito real sobre imóvel. **Foro de situação da coisa**. Inteligência do art. 47 do CPC. Reforma da r. decisão agravada. Recurso dos autores provido" (TJSP – AI 2130248-54.2022.8.26.0000, 5-8-2022, Rel. Berenice Marcondes Cesar).

Estabelece o art. 75 do atual Código:

"Quanto às pessoas jurídicas, o domicílio é:

I – da União, o Distrito Federal;

II – dos Estados e Territórios, as respectivas capitais;

III – do Município, o lugar onde funcione a administração municipal;

IV – das demais pessoas jurídicas, o lugar onde funcionarem as respectivas diretorias e administrações, ou onde elegerem domicílio especial no seu estatuto ou atos constitutivos."

No tocante à União, foram profundas as alterações introduzidas pela legislação processual.

O CPC de 2015, no art. 51, secundando o código revogado, estatui: *"É competente o foro do domicílio do réu para as causas em que seja autora a União. Parágrafo único: Se a União for demandada, a ação poderá ser proposta no foro do domicílio do autor, no de ocorrência do ato ou fato que originou a demanda, no de situação da coisa ou no Distrito Federal".*

Essas hipóteses harmonizam-se com a Constituição Federal, que no art. 109, § 1º, dispõe que as causas em que a União for autora serão aforadas na seção judiciária onde tiver domicílio a outra parte. O § 2º estabelece que as causas intentadas contra a União poderão ser aforadas na seção judiciária em que for domiciliado o autor, naquela onde tiver ocorrido o ato ou fato que deu origem à demanda ou onde esteja situada a coisa ou, ainda, no Distrito Federal.

Sempre que a União for parte na ação judicial, será competente, em princípio, a Justiça Federal.

Quando o Estado for parte, no Estado de São Paulo compete aos Juízos das Varas Privativas da Fazenda Pública julgar os feitos. Também o Município de São Paulo tem foro privativo nas Varas de Fazenda.

Já o princípio do art. 75, § 1º do Código de 2002 atinente às pessoas jurídicas em geral, vem em socorro da parte que tenha de demandar contra entidade com estabelecimentos em vários lugares. Se a pessoa jurídica tiver estabelecimentos em lugares diferentes, cada um deles será considerado domicílio, para os atos nele praticados. Dispõe a Súmula 363 do Supremo Tribunal Federal: *"A pessoa jurídica de direito privado pode ser demandada no domicílio da agência, ou estabelecimento, em que se praticou o ato."* Se se obrigasse sempre à parte demandar contra a pessoa jurídica em sua sede, o ônus seria muito grande. Todavia, a parte pode renunciar a esse benefício.

É necessário dar elasticidade ao conceito de agência ou filial para não tolher o caminho do Judiciário, mormente às partes de menores recursos econômicos. Imagine alguém que tenha de demandar contra um estabelecimento bancário, por fato ocorrido em uma agência muito distante da matriz, se tivesse de demandar no foro da matriz...

O § 2º do art. 75 diz respeito às pessoas jurídicas estrangeiras que tenham estabelecimento no Brasil; no foro desse estabelecimento poderão ser demandadas, bem como qualquer agência aqui localizada. O parágrafo único do art. 21 do CPC, por sua vez, diz que *se reputa domiciliada no Brasil a pessoa jurídica estrangeira que aqui tiver agência, filial ou sucursal* (art. 75, § 2º).

O fato é que a lei pressupõe, no caso de pessoas jurídicas, que, se elas espalham filiais pelo país, necessariamente devem colocar prepostos seus à altura de serem demandados. Tais medidas são de grande alcance para todos que travam contato, de um modo ou de outro, com uma pessoa jurídica.

Embora o art. 75 do atual Código mantenha exatamente as mesmas posições, o art. 75, IV, estabelece que, quanto às demais pessoas jurídicas, o domicílio é *"o lugar onde funcionarem as respectivas diretorias e administrações, ou onde elegerem domicílio especial no seu estatuto ou atos constitutivos"*. Essas noções visam eliminar casuísmos e dificuldades de estabelecer domicílio da pessoa jurídica, mormente para fins processuais. O § 1º, já citado, observa que, se a pessoa jurídica tiver diversos estabelecimentos em locais diferentes, *"cada um deles será considerado domicílio para os atos nele praticados"*. Essa ideia já estava de há muito solidificada em matéria de citação da pessoa jurídica. Ainda, o § 2º desse mesmo dispositivo, como exposto, se reporta à pessoa jurídica que tenha administração ou diretoria em sede no estrangeiro: *"o domicílio, no tocante às obrigações contraídas por qualquer de suas agências, será o do estabelecimento situado no Brasil"*.

13

PESSOAS JURÍDICAS NO DIREITO ROMANO

13.1 PESSOA JURÍDICA – INTRODUÇÃO

Há interesses, tarefas e empreendimentos que não podem ser realizados apenas pelo indivíduo, por uma única pessoa ou por um grupo reduzido de pessoas, porque ultrapassam as forças do próprio indivíduo. Para a realização desses interesses, atribui-se capacidade a um grupo de pessoas ou a um patrimônio, para que eles, superando a efemeridade da vida humana e transpondo-se acanhados limites das possibilidades da pessoa natural, possam atingir determinados objetivos.

Desse modo, assim como se atribui capacidade à chamada pessoa natural – o indivíduo –, atribui-se personalidade a esse grupo de pessoas ou a um conjunto patrimonial criado em busca de um fim. Assim como se atribui à pessoa humana capacidade jurídica, da mesma forma se atribui capacidade a essas entidades que se distanciam da pessoa individual para formar o conceito de pessoa jurídica.

Portanto, há duas espécies de pessoas: a pessoa física ou natural, o homem, e a pessoa jurídica ou grupo social, ao qual a lei também atribui capacidade. O traço comum de ambas as entidades é a personalidade; a pessoa jurídica, na vida civil, age como qualquer pessoa natural, nos atos que com ela são compatíveis. Os grupos, portanto, que se unem para realizar determinados fins, ganham personalidade no direito moderno, tornando-se sujeitos de direitos e de obrigações.

13.2 PESSOA JURÍDICA NO DIREITO ROMANO

O conceito de pessoa jurídica, no curso da História, sofreu lenta evolução.

O antigo Direito Romano não conhece essa noção abstrata.

Justamente porque é fruto de abstração, a noção de pessoa jurídica é resultado de uma evolução. Primeiramente, existe sentido em reconhecer certa personalidade a agrupamentos de pessoas que apresentam afinidade com as pessoas físicas que os integram. O sentido, porém, de pessoa jurídica, desvinculado totalmente dos membros integrantes, demora para ocorrer.

No antigo Direito, os romanos entendiam que, se um patrimônio pertencia a várias pessoas, os titulares desse patrimônio não formavam uma entidade abstrata, a *corporação*, mas pertenciam aos diferentes indivíduos que constituíam o conjunto, sendo cada um titular de uma parte dos bens (Alves, 1971, v. 1:146). Chega-se à ideia de corporação quando se admite uma entidade abstrata, com direitos e obrigações ao lado da pessoa física. Já no direito clássico, os romanos passam a encarar o Estado, em sua existência, como um ente abstrato, denominando os textos de *populus romanus*.

O conceito de "fundação", isto é, patrimônio destinado a um fim, é a princípio desconhecido em Roma.

Dessa maneira, entende-se o conceito de pessoa jurídica como existente apenas no Direito pós-clássico, apesar de a existência da pessoa jurídica não ser desconhecida.

13.3 PRINCIPAIS PESSOAS JURÍDICAS

Há duas grandes categorias de pessoas jurídicas designadas por denominações não romanas: *universitates personarum* e *universitates rerum*.

As *universitates personarum* que os romanos denominavam frequentemente *corpus* ou *universitas* constituem-se nas associações de pessoas que têm personalidade própria, distinta de seus membros, assim como patrimônio próprio (May, 1932:235).

As *universitates rerum* são as fundações formadas por uma massa de bens destinada a fins determinados, como fins pios, religiosos ou de instrução.

Essas denominações não são encontradas no Direito Romano clássico.

Do *populus romanus* a ideia do Estado como agente abstrato transferiu-se para os municípios, as colônias, as cidades. No Baixo Império, reconhece-se personalidade às fundações com fins religiosos ou filantrópicos, por influência, principalmente, do Cristianismo (Meira, s/d:126). Antes da noção de Estado, tiveram os romanos a noção de "erário público" distinta dos cidadãos desse mesmo Estado.

As associações de direito privado eram os colégios operários, as associações de auxílio mútuo, as associações religiosas (*soda litia*). Como as associações de direito público tinham plena capacidade e eram representadas, na vida civil, por um *magister*, também chamado *curator*, no direito pós-clássico eram conhecidas por *syndicus*.

As fundações são os templos no direito clássico; no direito pós-clássico, são as igrejas, os conventos, os hospitais e os hospícios, além dos estabelecimentos de beneficência.

A herança jacente, isto é, o patrimônio ainda sem titular pela morte do proprietário, foi considerada pessoa jurídica por Justiniano.

Para a constituição de uma pessoa jurídica, a princípio, era necessário um mínimo de três pessoas, para que pudesse ocorrer maioria nas decisões; e de um pacto (estatutos). Aos poucos, algumas pessoas jurídicas passaram a necessitar de autorização legal para se constituírem.

Demorou muito para que a capacidade das pessoas naturais se transferisse plenamente às pessoas jurídicas. O conceito moderno de fundação só surge no direito pós-clássico.

Segundo Paul Girard (1911:237), na noção romana, a associação munida de personalidade jurídica só pode existir em virtude de lei. Refere-se o autor à "*concessão*" do legislador para que possa haver a existência legal da pessoa jurídica.

A princípio, a autorização do Estado pode ser geral ou especial, não admitindo o Direito Romano jamais uma entidade jurídica sem estatutos; por outro lado, todas as associações eram lícitas na época da República. Os romanos já tinham noção de que as pessoas jurídicas podiam sobreviver a seus elementos constitutivos, tendo, portanto, vida independente.

Aos poucos, a liberdade de associação é restringida, já não podendo contrariar a noção de ordem pública na Lei das XII Tábuas.

Os romanos não designavam a pessoa jurídica com o termo *persona*, preferindo sempre os termos *universitas, corpus* ou *collegium*.

A situação das pessoas jurídicas era confusa no final do período republicano, tanto que a *lex Julia de collegiis* dissolveu numerosas associações, mantendo apenas as mais idôneas e mais antigas.

13.4 CAPACIDADE DAS PESSOAS JURÍDICAS NO DIREITO ROMANO

As pessoas jurídicas são capazes de direito e incapazes de fato; não podem ser titulares de todos os direitos, como, por exemplo, os direitos de família. Seus direitos restringem-se ao campo patrimonial.

As "cidades" são capazes de possuir, de usucapir, de adquirir servidão. Os imperadores deram-lhes prerrogativas de receber legados e serem instituídas herdeiras. Essa capacidade é estendida também aos colégios sacerdotais.

No Baixo Império, as igrejas, as fundações pias e beneficentes têm a capacidade bastante alargada (Cuq, 1928:119). Desde a época de Constantino, permite-se testar em favor das igrejas católicas em Roma. Essa faculdade foi depois generalizada.

Por outro lado, as pessoas jurídicas são consideradas incapazes de fato, necessitam de que alguém pratique os atos por elas. Os administradores de uma cidade, por exemplo, são considerados como seus representantes, aproveitando seus atos à cidade. As vilas têm curador, e os colégios têm magistrados para zelar por eles, a exemplo das cidades.

No Baixo Império a divisão do patrimônio das fundações é atribuída a um administrador, fiscalizado pelos bispos e nomeado pelo fundador ou, na falta dessa nomeação, pelo próprio bispo. O administrador dessas fundações chamava-se *o economus*.

A pessoa jurídica não se extingue com o desaparecimento de um ou de alguns de seus membros; sua existência transcende a de seus elementos constitutivos. O desaparecimento de todos os membros, porém, determinava certamente sua extinção. Terminava também a pessoa jurídica com a consecução ou impossibilidade de seus fins ou quando se tornava contrária à ordem pública, proibindo, então, o Estado sua existência. Poderia também extinguir-se por vontade dos próprios membros e pelo decurso de prazo, se temporária.

Os romanistas divergem quanto à destinação dos bens das corporações e fundações, quando nem a lei, nem os estatutos estipulavam. Alguns entendem que, nesse caso, os bens iam para o Estado, por serem considerados vacantes, outros entendem que os bens eram atribuídos aos próprios associados. Enfatiza José Carlos Moreira Alves (1971:151) que os textos não oferecem base sólida para uma conclusão.

No que toca às pessoas jurídicas em Roma, sua influência foi maior no Direito Público, com o *populus romanus*, a organização máxima dos homens livres, cidadãos da cidade, não deixando essa noção, contudo, de oferecer subsídio para a criação da noção de pessoa jurídica de direito privado.

De qualquer forma, é no decorrer da História, após Roma, que se solidifica o conceito de pessoa jurídica, cujos elementos modernos passamos agora a estudar.

14

PESSOAS JURÍDICAS

14.1 INTRODUÇÃO

O ser humano, pessoa física ou natural, é dotado de capacidade jurídica. No entanto, isoladamente é pequeno demais para a realização de grandes empreendimentos. Desde cedo percebeu a necessidade de conjugar esforços, de unir-se a outros homens, para realizar determinados empreendimentos, conseguindo, por meio dessa união, uma polarização de atividades em torno do grupo reunido.

Daí decorre a atribuição de capacidade jurídica aos entes abstratos assim constituídos, gerados pela vontade e necessidade do homem. As pessoas jurídicas surgem, portanto, ora como conjunto de pessoas, ora como destinação patrimonial, com aptidão para adquirir direitos e contrair obrigações.

A necessidade da sociedade em constituir pessoas jurídicas surge desde a criação de uma associação de bairro para defender o interesse de seus moradores ou de uma associação esportiva para reunir adeptos de determinada prática esportiva até a criação do próprio Estado, entidade jurídica que transcende a própria noção singela que ora damos.

A necessidade ou premência de conjugar esforços é tão inerente ao homem como a própria necessidade de viver em sociedade. É por meio da pessoa jurídica que o homem sobrepuja suas limitações e transcende a brevidade de sua vida. Há sempre, na vontade do ser humano, ao constituir uma pessoa jurídica, um sentido de perenidade a qual, como ser mortal, não pode atingir.

Contudo, não basta a simples aglomeração ou união de pessoas para que surja uma pessoa desvinculada da vontade e da autonomia de seus próprios membros. É imprescindível a vinculação psíquica entre os que constituem a pessoa jurídica para que esta assim seja considerada. É essa vinculação jurídica entre as pessoas, entre seus membros, que imprime *unidade orgânica* ao ente criado.

De forma singela, surge a *personificação* do ente abstrato, cuja vontade é diversa da vontade de seus membros – *societas distat a singulis* –, há personificação do ente coletivo.

No antigo Direito Romano, a criação da pessoa jurídica era livre. Modernamente, não basta a simples vontade para sua constituição. A lei impõe certos requisitos a serem obedecidos, mais ou menos complexos, dependendo da modalidade, para que a pessoa jurídica possa ser considerada regular e esteja apta a agir com todas as suas prerrogativas na vida jurídica.

Regulamentam-se, também, os poderes e direitos dos diretores e de seus membros integrantes. A forma de constituição e de dissolução da pessoa jurídica e o destino de seus bens igualmente devem ser disciplinados.

A pessoa jurídica apresenta muitas das peculiaridades da pessoa natural: nascimento, registro, personalidade, capacidade, domicílio, previsão de seu final, sua morte, e até mesmo um direito sucessório.

O século XX, podemos dizer, foi o século da pessoa jurídica. Desde então, pouquíssimas atividades da sociedade são desempenhadas pelo homem como pessoa natural. A pessoa jurídica, da mais singela à mais complexa, interfere e imiscui-se na vida de cada um, até mesmo na vida privada. Sentimos um crescimento exacerbado da importância das pessoas jurídicas.

Atualmente, o peso da "economia" conta-se pela potencialidade das pessoas jurídicas, que transcendem o próprio Estado e se tornam supranacionais naquelas empresas que se denominam "multinacionais".

O Código Civil de 1916 não poderia prever, no final do século XIX e início do século XX, a dimensão que tomaria a matéria. Esse estatuto serve, portanto, tão somente de ponto de partida para a fixação dos conceitos fundamentais de pessoas jurídicas. A refugir desses limites, o estudo da pessoa jurídica passa a pertencer ao novo Direito Empresarial, Financeiro e Econômico.

A legislação não acompanha as mutações constantes e rápidas que ocorrem no âmbito das pessoas jurídicas. Sente-se perfeitamente, dentro de cada ordem de pessoas jurídicas, necessidade permanente de o legislador, a cada momento, estar a disciplinar um novo fenômeno que surge tanto no campo dos atos lícitos como no campo dos atos ilícitos. Sim, porque, se a pessoa jurídica é mola propulsora para a economia, também pode servir de instrumento para atos contrários à Moral e ao Direito. São os chamados crimes de "colarinho branco" praticados por pessoas jurídicas; seus danos são tão grandes ou até maiores que os crimes praticados por assaltantes à mão armada; são transgressões da lei que se mostram de forma indolor, mas que ocasionam, ou podem ocasionar, ruínas financeiras profundas na economia não só da pessoa jurídica como também do próprio Estado, que as têm como que sob manto protetor.

Assim como o legislador, a doutrina ressente-se da novidade do fenômeno da participação das pessoas jurídicas na sociedade, não se aprofundando e não atingindo verdadeiramente o âmago das intrincadas questões surgidas a cada dia. A doutrina tradicional mostra-se ainda insuficiente. Os criadores já não conseguem controlar suas criaturas. As pessoas jurídicas constituídas pelo homem agigantam-se de tal forma que se tornam impessoais, insensíveis e fazem dos seres humanos homens que certo dia as instituíram meras peças componentes de uma engrenagem que a qualquer momento pode ser substituída, como se substitui, pura e simplesmente, um mecanismo obsoleto por um novo. Hoje, na pessoa jurídica, a pessoa natural despersonaliza-se, torna-se um objeto, um joguete de interesses. Os poderosos controladores da pessoa jurídica do presente podem, sem nenhuma hesitação, tornar-se o mecanismo obsoleto do amanhã. Tais reflexos não devem ser esquecidos pelo legislador, porque repercutem decididamente na questão social ou econômica com relação direta com o desemprego e a produção.

Segundo Antônio Chaves, ao escrever no século XX (1982, v. 1. t. 1:652), *"vivemos o século das pessoas jurídicas, se não são elas que vivem o nosso século"*.

14.2 DENOMINAÇÃO

Não é unânime na doutrina e nas várias legislações a denominação *pessoa jurídica*. Essa é a denominação de nosso Código e também do Código alemão. Na França, usa-se da expressão "pessoas morais". Na verdade, a denominação por nós utilizada tem a vantagem de realçar o aspecto jurídico, o que nos interessa. *"Pessoa coletiva"* é como denomina o Direito português, realçando mais o aspecto externo do instituto; enfatiza as pessoas jurídicas constituídas de indivíduos, mas deixa de fora aquelas pessoas jurídicas constituídas fundamentalmente de patrimônio, que são as fundações.

Teixeira de Freitas, em seu esboço, denominou-as "pessoas de existência ideal", contrapondo-se às pessoas de existência visível como denominava as pessoas naturais; essa denominação foi adotada pelo Código argentino (art. 32).

Outras denominações são lembradas, como pessoas místicas, civis, fictícias, abstratas, intelectuais, universalidades de pessoas e de bens etc.

Como vimos, a denominação *persona* para designar o instituto em questão não era utilizada no Direito Romano, já que o termo era reservado à pessoa humana.

Entretanto, *pessoa jurídica* é a expressão mais aceitável, a denominação menos imperfeita, como afirma Caio Mário da Silva Pereira (2006, v. 1:301), pois é mais tradicional na doutrina. Se, de fato, sua criação é obra do Direito, surge da abstração a que o Direito atribui personalidade; se é somente na esfera jurídica que é tomada em consideração, há que se ter a terminologia tradicional como a mais apropriada.

14.3 REQUISITOS PARA A CONSTITUIÇÃO DA PESSOA JURÍDICA

Para a constituição de uma pessoa jurídica exigem-se três requisitos básicos: vontade humana criadora, observância das condições legais para sua formação e finalidade lícita.

No que diz respeito à *vontade humana* criadora, o *animus* de constituir um corpo social diferente dos membros integrantes é fundamental. Existe uma pluralidade inicial de membros que, por sua vontade, se transforma numa unidade, na pessoa jurídica que futuramente passará a existir como ente autônomo. O momento em que passa a existir o vínculo de unidade caracteriza precisamente o momento da constituição da pessoa jurídica.

Tenha-se presente a diferença fundamental entre a constituição das pessoas jurídicas de direito público e de direito privado. Embora tratemos aqui de direito privado, não podemos ignorar as pessoas jurídicas do direito público que têm no Estado sua mais elevada posição.

As pessoas jurídicas de direito público de caráter fundamental, como o próprio Estado, iniciam-se em razão de suporte histórico, de criação constitucional, surgindo como que espontaneamente da necessidade social de soberania de um Estado em face de outro. Afasta-se, portanto, esse conceito criativo, por ser um processo diferente, da gênese das pessoas jurídicas de direito privado.

No direito privado, o fato que dá origem à pessoa jurídica é a vontade humana, sem, a princípio, nenhuma interferência do Estado, exceto quando a autorização estatal é necessária. Antes de qualquer ato de cunho estatal a personalidade desses entes já existe, ainda que em estado potencial. Esses entes podem ser tratados como *sociedades irregulares*, mas não se nega que já tenham certos atributos da personalidade.

Há, portanto, um direcionamento da vontade de várias pessoas em torno de uma finalidade comum e de um novo organismo. A pessoa jurídica também pode nascer da destinação de bens de uma pessoa para integrá-la na procura de uma finalidade. Para que essa destinação de bens se transforme em pessoa jurídica, é sempre necessária a atuação da vontade do instituidor. É o princípio das *fundações*. Em qualquer caso, portanto, a pessoa jurídica tem como ponto de nascimento a vontade criadora.

Passada a fase da manifestação da vontade, no sentido da *criação* do novo ente, a pessoa jurídica já existe em *estado latente*.

Para que essa pessoa jurídica possa gozar de suas prerrogativas na vida civil, cumpre observar o segundo requisito, qual seja, a *observância das determinações legais*. É a lei que diz a quais requisitos a vontade preexistente deve obedecer, se tal manifestação pode ser efetivada por documento particular ou se será exigido o documento público, por exemplo. É a lei que estipula que determinadas pessoas jurídicas, para certas finalidades, só podem existir mediante prévia autorização do Estado. É o ordenamento que regulamenta a inscrição no Registro Público, como condição de existência legal da pessoa jurídica. É, pois, por força da lei que aquela vontade se materializa definitivamente num corpo coletivo.

Finalmente, a atividade do novo ente deve dirigir-se para um *fim lícito*. Não se adapta à ordem jurídica a criação de uma pessoa que não tenha finalidade lícita. Não pode a ordem jurídica admitir que uma figura criada com seu beneplácito contra ela atente. Se a pessoa jurídica, em suas atividades, desviar-se das finalidades lícitas, o ordenamento tem meios para cercear e extinguir sua personalidade.

14.4 NATUREZA DA PESSOA JURÍDICA

É por demais polêmica a conceituação da natureza da pessoa jurídica, dela tendo-se ocupado juristas de todas as épocas e de todos os campos do Direito. Como diz Francisco Ferrara (1958:18), com frequência o problema dessa conceituação vê-se banhado por posições e paixões políticas e religiosas e, de qualquer modo, sobre a matéria formou-se uma literatura vastíssima e complexa, cujas teorias se interpenetram e se mesclam, num emaranhado de posições sociológicas e filosóficas.

Na verdade, o conceito de *pessoa jurídica* é um dos assuntos mais tormentosos em Direito.

Intuitivamente, percebemos, quer se trate de sociedades, quer se trate de associações, quer se trate de fundações, destacar-se delas algo que as transforma em entidade que não se confunde com as pessoas que as constituíram ou as dirigem, nem com as pessoas que são beneficiadas por sua atividade. Sua personalidade é distinta.

Agrupamos a seguir as principais opiniões a respeito do tema e destacamos as teorias da *ficção*, da *realidade*, as *negativistas* e as da *instituição*.

14.4.1 Doutrinas da Ficção

Há múltiplas formas de encarar a pessoa jurídica. Dizem os adeptos dessa teoria que os direitos são prerrogativas concedidas apenas ao homem nas relações com seus semelhantes. Tais prerrogativas humanas pressupõem vontade capaz de deliberar, assim como poder de ação. Por isso, só o homem pode ser titular de direitos, porque só ele tem existência real e psíquica. Quando se atribuem direitos a pessoas de outra natureza, isso se trata de *simples criação da mente humana*, construindo-se uma ficção jurídica. Desse raciocínio infere-se que o legislador pode livremente conceder, negar ou limitar a capacidade desses entes ficticiamente criados. A capacidade das pessoas jurídicas, sendo criação ficta do legislador, é limitada na medida de seus interesses. Essa teoria tem em Savigny (apud Ferrara, 1958:20) seu grande defensor. A pessoa jurídica, portanto, é obra do direito positivo, restringindo seu âmbito de ação apenas às relações patrimoniais.

Uma das mais sérias críticas feitas a essa teoria refere-se à personalidade do próprio Estado, como sujeito de direito, isto é, como sujeito capaz de possuir, adquirir e transferir bens, de estar em juízo etc. Se o próprio Estado é uma pessoa jurídica, é de se perguntar quem o investe de tal capacidade. Respondem os adeptos dessa corrente que, como o Estado é necessidade primária e fundamental, tem existência natural. Contudo, isso não afasta a contradição da teoria.

Essa teoria, liderada por Savigny, prevaleceu na Alemanha e na França no século XVIII.

O defeito desse pensamento reside não só no fato de restringir o alcance das pessoas jurídicas apenas aos direitos patrimoniais, mas também no fato, como objeta Ferrara (1958:21), de considerar como ficção o que é uma configuração técnica e que, por isso mesmo, tem realidade jurídica, como qualquer outra figura ou instituto do mundo jurídico.

Embora nem sempre Hans Kelsen (1979:263) seja considerado um ficcionista, dada a originalidade de seu pensamento, pode sua opinião sobre a matéria ser assim considerada. Esse autor parte da premissa de que o conceito de "pessoa", em si, não significa realidade alguma, mas um modo de exercer direitos por meio de normas que incidem sobre o que vulgarmente se entende por essa pessoa. Entende-se a pessoa como um centro de imputações normativas, um aglomerado de normas. Portanto, não há que se falar na distinção de pessoas físicas ou jurídicas, pois ambas são criações do Direito e devem ser consideradas pessoas jurídicas. De acordo com sua tese, o conceito de pessoa, em geral, é tão só um recurso mental, artificial para o raciocínio jurídico. Para o autor, a pessoa natural não é o homem, como afirma a teoria tradicional, uma vez que o Direito não o concebe em sua totalidade, com todas suas funções anímicas e corporais: o Direito apenas prescreve atos humanos determinados como deveres ou faculdades. Portanto, o ser humano não pertence à comunidade constituída por um ordenamento jurídico como um todo integral, *mas unicamente com suas ações e omissões enquanto essas são objeto de regulamentação normativa.*

> *"Quando se diz que a ordem jurídica confere a uma corporação personalidade jurídica, isso significa que a ordem jurídica estatui deveres e direitos que têm por conteúdo a conduta de indivíduos que são órgãos e membros da corporação constituída através de um estatuto, e que esta situação complexa pode ser descrita com vantagem, de maneira relativamente mais simples, com o auxílio de uma personificação do estatuto constitutivo da corporação."*

Para Kelsen às vezes o conceito de "pessoa jurídica" é a personificação de uma ordem parcial, constituindo-se de uma comunidade parcial, como, por exemplo, uma associação; outras vezes é a personificação de uma ordem jurídica total, constituindo-se de todas as comunidades parciais, como é o Estado. Segundo a teoria kelseniana, os deveres e direitos da pessoa jurídica não são mais do que deveres e direitos de homens individuais, enquanto a conduta humana é regulada e o que se denomina patrimônio da pessoa jurídica é um patrimônio dos homens que a constituem; os homens não podem dispor indistintamente desses bens, porque devem seguir as normas prescritas.

O conceito de Kelsen, embora seja de exemplar logicidade, não pode fugir às críticas que se fazem a todas as teorias ficcionistas.

14.4.2 Doutrinas da Realidade

Essas doutrinas consideram as pessoas jurídicas como realidade social.

A doutrina normalmente denominada de "realidade objetiva ou orgânica" sustenta que a vontade, pública ou privada, é capaz de criar e dar vida a um organismo, que passa a ter existência própria, distinta da de seus membros, tornando-se um sujeito de direito, com existência real e verdadeira (Ráo, 1952, v. 2:240).

Clóvis, entre nós, filia-se a essa corrente, dizendo em seus Comentários ao art. 13 do Código de 1916:

> "A pessoa jurídica, como sujeito de direito, do mesmo modo que do ponto de vista sociológico, é uma realidade, é uma realidade social, uma formação orgânica investida de direitos pela ordem jurídica, a fim de realizar certos fins humanos."

Considera as fundações como universalidades de bens, personalizadas em atenção ao fim que lhes dá unidade.

Vicente Ráo (1952, v. 2:241) refere-se à doutrina da "realidade técnica" como dominante entre os modernos autores franceses. As pessoas jurídicas, segundo essa corrente, são *reais*, porém dentro de uma realidade que não se equipara à das pessoas naturais. Existem, como o Estado que confere personalidade às associações e demais pessoas jurídicas. O Direito deve assegurar direitos subjetivos não unicamente às pessoas naturais, mas também a esses entes criados. Não se trata, portanto, a pessoa jurídica como uma ficção, mas como uma realidade, uma *"realidade técnica"*. Para essa teoria, o ser humano é o centro fundamental de interesse e vontade a quem o Direito reconhece personalidade. Como indivíduo, porém, não pode cumprir todas as atividades a que se propõe senão unindo-se a outros, o Direito deve reconhecer e proteger os interesses e a atuação do grupo social. Para tal é mister que o Direito encontre um corpo ideal coletivo com interesse unificado, diferente da vontade individual de seus membros, e com uma organização capaz de expressar a vontade coletiva.

Como acentua Washington de Barros Monteiro (2005, v. 1:131), a "teoria da realidade técnica" surge como teoria eclética entre a teoria da ficção e a teoria da realidade orgânica, pois reconhece traços de validade em ambas, uma vez que admite que só o homem é passível de direitos e obrigações e que a personalidade da pessoa jurídica deriva de uma criação, de uma técnica jurídica.

A doutrina de Ferrara (1958:32 ss) deve ser incluída nessa última. Para ele a personalidade jurídica, tanto individual como coletiva, não é fato nem ficção. É categoria jurídica, criada pelo Direito. A pessoa jurídica funciona como conceito unificador das relações jurídicas entre os indivíduos e as organizações. A realidade jurídica a que se refere é meramente abstrata, ideal, como sucede a todos os institutos jurídicos, porque a pessoa jurídica, diferentemente dos seres humanos, não se vê, nem se toca.

14.4.3 Doutrinas Negativistas

Há doutrinas que, partindo da negação do conceito de direito subjetivo, concluem pelo desconhecimento da personalidade.

Portanto, além do grupo de doutrinas que, de uma forma ou de outra, reconhece a existência da pessoa jurídica, há opiniões que negam essa mesma existência. Para tais sistemas, na grande maioria, só existem no Direito os seres humanos, carecendo as denominadas pessoas jurídicas de qualquer atributo de personalidade.

É nessa categoria que deve ser colocado M. Planiol (1911/1913, t. 1:3005-3019), para quem a denominação "pessoa jurídica" mascara um "patrimônio coletivo" ou uma "propriedade coletiva". Sustenta esse autor que se trata de forma muito especial de propriedade, que tem em si mesma sua razão de ser e que se fundamenta no necessário agrupamento de indivíduos a quem a propriedade pertence. A propriedade é comum, embora a administração dos bens seja apenas reservada a alguns membros.

A identificação que faz M. Planiol da propriedade coletiva com a pessoa jurídica complica mais o problema da natureza jurídica, pois é evidente que a existência de um patrimônio deve ter como referência uma coletividade; contudo, essa coletividade não pode ser confundida com seus membros integrantes.

Não podemos negar, portanto, que ao lado da pessoa natural existe uma pessoa criada pelo Direito, uma pessoa jurídica.

14.4.4 Doutrina da Instituição

Essa corrente foi criada por Maurice Hauriou, tendo sido desenvolvida por George Bonnard (cf. Ráo, 1952, v. 2:243). Segundo essa opinião, existe na realidade social uma série de realidades institucionais que se apresentam à observação como constituindo uma estrutura hierárquica. Para Hauriou, uma instituição dá ideia de obra, de empresa que se desenvolve, realiza e projeta, dando formas definidas aos fatos sociais. A vida interior da pessoa jurídica revela-se por meio das decisões dos órgãos diretores. Ao exercer a atividade exterior, como a aquisição de bens, empréstimos etc., a pessoa age como pessoa jurídica.

Quando a ideia de obra ou de empresa se firma de tal modo na consciência dos indivíduos que estes passam a atuar com plena consciência e responsabilidade dos fins sociais, a "instituição" adquire personalidade moral. Quando essa ideia permite unificar a atuação dos indivíduos de tal modo que essa atuação se manifesta como exercício de poder juridicamente reconhecido, a instituição adquire personalidade jurídica.

Como percebemos, tal doutrina nada aclara sobre a existência da pessoa jurídica.

14.4.5 Conclusão

Todo ordenamento jurídico é destinado a regular a vida dos indivíduos. Não se pode negar que o Direito tem por finalidade o homem como sujeito de direitos.

No entanto, assim como se criam institutos jurídicos em prol do indivíduo, tais como a propriedade, os direitos obrigacionais, os direitos intelectuais, criam-se pessoas jurídicas como forma de se atribuir maior força ao ser humano, para realizar determinadas tarefas, as quais, sozinho ou em um grupo amorfo de indivíduos sem comando e estrutura, seriam inconvenientes ou impraticáveis.

Da mesma forma que o Direito atribui à pessoa natural direitos e obrigações, restringindo-os em certos casos, também existe essa atribuição para as pessoas jurídicas. Há para cada tipo de pessoa certas condições objetivas e subjetivas prescritas pelo ordenamento. Portanto, o conceito de pessoa jurídica é uma *objetivação* do ordenamento, mas uma objetivação que deve reconhecer tanto a personalidade da pessoa física, quanto da jurídica como criações do Direito.

Desse modo, encara-se a pessoa jurídica como realidade técnica.

Para nosso direito positivo, a pessoa jurídica tem realidade objetiva, porque assim está estabelecido na lei. Diz o art. 45 do Código Civil que "*começa a existência legal das pessoas jurídicas de direito privado*" com a inscrição do ato constitutivo no registro competente, e o art. 20 do antigo diploma legal rezava que "*as pessoas jurídicas têm existência distinta da dos seus membros*".[1] E o art. 21 enunciava as hipóteses em que "*termina a existência da pessoa jurídica*". Para nosso direito, portanto, a pessoa jurídica é uma criação técnica.

---

[1] "Apelação cível – Processual Civil – Ação Monitória – Ilegitimidade Passiva – Extinção da empresa – Sucessão Processual – Suspensão Processual – *Ope Legis* – Sentença condenatória de pessoa jurídica extinta – Impossibilidade

14.5 CAPACIDADE E REPRESENTAÇÃO DA PESSOA JURÍDICA

A capacidade é decorrência lógica da personalidade atribuída à pessoa. Se, por um lado, a capacidade para a pessoa natural é plena, a capacidade da pessoa jurídica é limitada à finalidade para a qual foi criada, abrangendo também aqueles atos que direta ou indiretamente servem ao propósito de sua existência e finalidade.

Os poderes outorgados à pessoa jurídica estão delimitados nos atos constitutivos, em seu ordenamento interno (contrato social, estatutos), bem como delimitados pela lei, porque os estatutos não podem contrariar normas cogentes, quando a atuação de determinadas pessoas jurídicas é autorizada ou fiscalizada (em sentido estrito) pelo Estado. Há restrições de ordem legal, por vezes impostas pelo Estado, que obrigam certo controle estatal. É o que ocorre entre nós, por exemplo, no tocante às instituições financeiras.

Assim, uma vez registrada a pessoa jurídica, o Direito reconhece-lhe a atividade no mundo jurídico, decorrendo daí, portanto, a capacidade que se estende por todos os campos do Direito e em todas as atividades compatíveis com a pessoa jurídica.

– Apelação conhecida e provida – Sentença Cassada – 1– A existência legal das pessoas jurídicas de direito privado começa com a **inscrição do ato constitutivo no respectivo registro** (artigo 45 do Código Civil). Da mesma forma, a extinção da sociedade ocorre com a averbação de sua dissolução no registro (artigo 51, § 1º, do Código Civil). 2– Extinta a pessoa jurídica no curso do processo, o Magistrado deverá suspender o processo e designar prazo razoável para que seja sanado o vício, nesse caso, com a promoção da sucessão processual (entendimento do artigo 110 em combinação com o artigo 313, I, ambos do Código de Processo Civil). 3– A suspensão do processo devido à extinção da empresa ocorre *ope leges*, portanto o ato do Magistrado tem efeito meramente declaratório, retroagindo à data da extinção da sociedade. Dessa forma, os atos posteriores à dissolução são nulos. Precedentes. 4– Apelação conhecida e provida. Sentença cassada" (TJDFT – Proc. 20160410037382APC – (1144719), 21-1-2019, Rel. Luís Gustavo B. de Oliveira).

"Direito civil e processual civil – Mandado de segurança – Indeferimento da inicial – Documento indispensável – **Ato constitutivo da pessoa jurídica** – Desnecessidade – Excesso de formalismo – Apelação provida – Sentença cassada – 1. Na espécie, tem-se que a juntada do Estatuto Social requerida pelo Juízo *a quo* se revela despicienda, tendo em vista que inexistem dúvidas acerca da legitimidade da pessoa física que outorgou poderes para a representação judicial da pessoa jurídica que postula em juízo, mormente porque, *in casu*, cuida-se de empresário individual, o qual, nos termos do artigo 1.156 do Código Civil, opera sob firma constituída por seu nome, completo ou abreviado. 2. Além do mais, cumpre observar que a firma constante no instrumento de representação judicial foi devidamente reconhecida e autenticada pelo Cartório de Registros Civis, o qual, como se sabe, goza de presunção de legitimidade e veracidade dos seus atos. 3. Logo, tem-se que a ausência dos atos constitutivos da pessoa jurídica não importa em irregularidade na representação, principalmente quando observado que o instrumento particular de mandato foi devidamente reconhecido em cartório. 4. Constatando-se que os documentos que acompanham a peça inaugural são suficientes para determinar o prosseguimento regular e válido do processo, tem-se por descabido o indeferimento da inicial. 5. Apelação conhecida e provida. Sentença cassada para determinar o regular processamento na vara de origem" (TJDFT – Proc. 07075031520178070018 – (1088205), 17-4-2018, Rel. Gilberto Pereira de Oliveira).

"Agravo de instrumento – Cumprimento de sentença – Decisão que indeferiu pedido de penhora em ativos financeiros da filial – Agravo de instrumento – Penhora *on-line* – Pedido de bloqueio, via BacenJud, a ser efetivado no CNPJ da filial – Possibilidade personalidade jurídica da sociedade empresária que é adquirida com a inscrição de seu ato constitutivo na junta comercial (art. 985 c/c art. 45 do CC) – Registro da filial que fica vinculado à inscrição da respectiva sede (art. 969 do CC) – Matriz e filial que constituem a mesma pessoa jurídica – Jurisprudência do STJ reconhecendo – Possibilidade de penhora dos bens da matriz por dívidas da filial ou vice-versa. Recurso conhecido e provido" (TJPR – AI 1466326-0, 8-3-2016, Rel. Juiz Subst. Humberto Gonçalves Brito).

"Processual – Demanda declaratória de **nulidade do ato constitutivo de sociedade** – Empresa constituída por cônjuges, com a integralização do capital social por meio da transferência de bens imóveis. Autora que, após o divórcio, busca a reversão do patrimônio da sociedade, alegando ter a pessoa jurídica se prestado ao desvio de patrimônio comum do casal. Perícia contábil deferida com o escopo de investigar o acréscimo de patrimônio da sociedade e dos sócios originários, nos anos em que perdurou o matrimônio. Utilidade e relevância reconhecidos, bem como sua pertinência para com o objeto da demanda. Decisão agravada que se confirma. Agravo de instrumento dos réus não provido" (TJSP – AI 2074680-97.2015.8.26.0000, 23-06-2015, Rel. Fabio Tabosa).

A pessoa jurídica tem sua esfera de atuação ampla, não se limitando sua atividade tão somente à esfera patrimonial. Ao ganhar vida, a pessoa jurídica recebe denominação, domicílio e nacionalidade, todos atributos da personalidade.

Como pessoa, o ente ora tratado pode gozar de direitos patrimoniais (ser proprietário, usufrutuário etc.), de direitos obrigacionais (contratar) e de direitos sucessórios, pois pode adquirir *causa mortis*.

Como, no entanto, a pessoa jurídica sofre limitações ditadas por sua própria natureza, não se equipara à pessoa física ou natural e não pode inserir-se nos direitos de família e em outros direitos exclusivos da pessoa natural, como ser humano. Doutro lado, sofre também a pessoa jurídica limitações impostas pela norma, mesmo no campo patrimonial, tendo em vista razões de ordem pública. Devemos entender, pois, as limitações à capacidade da pessoa jurídica dentro dessas impostas por sua própria condição.

Decorre daí que, enquanto a capacidade da pessoa natural pode ser ilimitada e irrestrita, a capacidade da pessoa jurídica é sempre limitada a sua própria órbita. Essa limitação não pode ser tal que nulifique as finalidades para as quais a pessoa foi criada, nem ser encarada de forma a fixar-se a atividade da pessoa jurídica apenas para sua finalidade. Vezes há em que a pessoa jurídica, ao agir, extravasa seus ordenamentos internos, sem que com isso seus atos possam ser tidos como ineficazes. Para considerá-los como tal, é necessário o exame de cada caso concreto, sem se olvidar que a pessoa jurídica também possui uma capacidade genérica para os atos e negócios que não pode ser olvidada. Assim, por exemplo, não é porque uma entidade tenha por finalidade operações financeiras que estará impedida de, por exemplo, realizar uma mostra de arte. As restrições devem ter em mira a finalidade lícita e, para efeitos com relação a terceiros, essas atividades lícitas são, em princípio, sempre válidas. Os membros, sócios ou associados da pessoa jurídica terão, em tese, legitimidade para impugnar atos que, em tese, extrapolam a finalidade social.

Sob o aspecto do exercício dos direitos é que ressalta a diferença com as pessoas naturais. Não podendo a pessoa jurídica agir senão através do homem, denominador comum de todas as coisas no Direito, esse ente corporificado pela norma deve, em cada caso, manifestar-se pela vontade transmitida por alguém. A tal respeito dizia o art. 17 do Código Civil anterior que *"as pessoas jurídicas serão representadas, ativa e passivamente, nos atos judiciais e extrajudiciais, por quem os respectivos estatutos designarem, ou, não o designando, pelos seus diretores"*. O atual Código estatui que, *"se a pessoa jurídica tiver administração coletiva, as decisões se tomarão por maioria de votos dos presentes, salvo se o ato constitutivo dispuser de modo diverso"* (art. 48).

A base jurídica da pessoa jurídica em sua ordem interna será sempre seu ato constitutivo, seus estatutos ou contrato social. Quando estes não contrariarem norma de ordem pública, prevalecerá sobre os dispositivos legais em prol da autonomia da vontade. Assim também devem ser vistos os dispositivos presentes no vigente Código.

O CPC estatui que os entes de direito público, isto é, União, Estados e Territórios, serão representados por seus procuradores, e o Município, pelo Prefeito ou procurador (art. 75, I, II e III). Há, portanto, uma vontade humana que opera na pessoa jurídica, condicionada a suas finalidades.

Não se há de fazer, contudo, analogia entre a representação dos incapazes com a chamada representação da pessoa jurídica. Isso porque a representação dos incapazes (alienados mentais, surdos-mudos, menores etc.) ocorre quando há incapacidade, exigindo, assim, proteção e suprimentos legais. Na chamada representação das pessoas jurídicas, o que se intenta é provê-las de vozes que por elas possam falar, agir e praticar os atos da vida civil. Há, pois, na pessoa jurídica, mais propriamente uma *presentação*, algo de originário na atividade dos chamados representantes, do que propriamente uma *"representação"*. A pessoa jurídica presenta-se (ou se apresenta) perante os atos jurídicos, e não se representa, como ordinariamente se diz.

Por isso, hoje há tendência de substituir o termo *representante* da pessoa jurídica, como ainda temos no Código Civil atual pelo vocábulo *órgão*, levando-se em consideração que a pessoa natural não é mero porta-voz da pessoa jurídica, nem simples intermediária de sua vontade. Na realidade, nem sempre a vontade do diretor ou administrador que se manifesta pela pessoa jurídica coincide com sua própria vontade. Ele é apenas um instrumento ou "órgão" da pessoa jurídica, entendendo-se, assim, que há duas vontades que não se confundem. O diretor ou presidente pode manifestar a vontade da assembleia geral que não coincide com a sua. A vontade da pessoa jurídica é autônoma, como decorrência de seu próprio conceito.

Apenas impropriamente, portanto, e por respeito à tradição e ao Direito positivo fala-se em "representação" da pessoa jurídica (Pereira, 2006, v. 1:617).

14.6 CLASSIFICAÇÃO DAS PESSOAS JURÍDICAS

A primeira grande divisão que se faz é de *pessoas jurídicas de direito público* e *pessoas jurídicas de direito privado* (art. 40 do vigente Código Civil).

As pessoas jurídicas de direito público são de direito público *interno* e de direito público *externo* ou *internacional*.

O Estado é a pessoa jurídica de direito público interno por excelência; é a nação politicamente organizada. Nos Estados de organização federativa, desdobra-se a pessoa jurídica, como entre nós, em Estados federados e Municípios.

No âmbito do direito interno, a União, os Estados e os Municípios são reconhecidos como pessoas jurídicas. A princípio eram só essas as pessoas de direito público interno, juntamente com o Distrito Federal (art. 14 do Código Civil de 1916). Em virtude da crescente multiplicidade e complexidade das funções do Estado, a Administração viu-se obrigada a criar organismos paraestatais, para facilitar a ação administrativa, como ocorre com a criação das autarquias.[2] Nesse diapasão, o atual Código enumera também as autarquias e *"as demais entidades de caráter público criadas por lei"* (art. 41, IV e V).

O art. 5º do Decreto-lei nº 200, de 25-2-67, com a alteração do Decreto nº 900, de 29-9-69, define autarquia como

> *"o serviço autônomo, criado por lei, com personalidade jurídica, patrimônio e receita próprios, para executar atividades típicas da Administração Pública, que requeiram, para seu melhor funcionamento, gestão administrativa e financeira descentralizada".*

Portanto, a autarquia é um ente com personalidade pública que desfruta de certa autonomia. Embora ligada umbilicalmente ao Estado, pode ter maior ou menor atividade desvinculada do Estado, dependendo de cada caso. Os limites de sua atividade são definidos pela lei que as institui.

As autarquias podem ser criadas nos três níveis administrativos, pela União, pelos Estados e Municípios.

---

[2] Em sua atividade descentralizadora, são vários os organismos que o Estado cria, quer com personalidade privada, quer com personalidade pública, tais como as fundações, as empresas públicas e as sociedades de economia mista, cujo estudo aprofundado pertence ao campo do Direito Administrativo.

O art. 14 do Código Civil de 1916, ao enunciar as pessoas jurídicas de direito público interno, não mencionava os Territórios Federais, ainda não constituídos em Estados, o que é feito pelo art. 41 do vigente estatuto civil. Possuíam eles certa autonomia administrativa, como as autarquias, mas não eram autônomos, posto que vinculados à União; não deixavam, contudo, de ter personalidade para muitos atos.

As nações politicamente organizadas, os Estados, dotam-se reciprocamente de personalidade jurídica, trocando representantes diplomáticos e organizando entidades internacionais, como a Organização das Nações Unidas. Desse modo, todos os Estados, politicamente organizados, são tidos como pessoas jurídicas na esfera internacional.

Entende-se que a Igreja Católica tem personalidade internacional sob a égide da Santa Sé, com representantes diplomáticos nas nações, que igualmente enviam seus embaixadores à Santa Sé. Esse tratamento é excepcional, porque é a única igreja assim tratada. Já no direito interno, a Igreja Católica fragmenta-se em várias entidades, sob a forma de associações.

De qualquer modo, as pessoas jurídicas de direito público, tanto interno quanto externo, não devem ser objeto de estudo do direito privado, mas do direito público. No direito atual não se afasta a possibilidade de existência de pessoa jurídica com um único integrante, como a legalmente extinta *empresa individual de responsabilidade limitada* (EIRELI), criada pela Lei nº 12.441, de 2011, assim como outras pessoas jurídicas que transitoriamente podem ter um único membro. Essa modalidade já foi suplantada por outra modalidade de sociedade unipessoal. Cuidamos do assunto em nossa obra de direito empresarial.

14.6.1 Pessoas Jurídicas de Direito Privado

As pessoas jurídicas de direito privado originam-se da vontade individual, propondo-se à realização de interesses e fins privados, em benefício dos próprios instituidores ou de determinada parcela da coletividade.

As pessoas jurídicas de direito privado vêm enunciadas no art. 16 do Código Civil de 1916: sociedades civis, religiosas, pias, morais, científicas ou literárias, as associações de utilidade pública e as fundações, bem como as sociedades mercantis. O Código de 2002, assimilando a doutrina e os costumes contemporâneos, enuncia as pessoas jurídicas no art. 44: "*I – as associações; II – as sociedades; III – as fundações*." A Lei nº 10.825, de 22 de dezembro de 2003, incluiu, nesse artigo, duas outras entidades: "*IV – as organizações religiosas; V – os partidos políticos*".

As sociedades e associações de ordem civil (*universitas personarum*), à primeira vista, podem ter ou não finalidade de lucro. As fundações (*universitas bonorum*) constituem-se de um patrimônio destinado a um fim sempre altruísta. Não existe uma finalidade direta de lucro nas fundações. Há nelas a figura de um instituidor que separa um patrimônio, para atingir certa finalidade, podendo ser pessoa natural ou jurídica.

As sociedades mercantis, atualmente melhor dito "empresariais", têm sempre finalidade lucrativa e são regidas pelas leis comerciais, como menciona o § 2º do art. 16 do Código antigo. O vigente Código assume as disposições do direito de empresa no livro II (arts. 966 ss) e passa a disciplinar as sociedades nos arts. 981 ss. A sociedade anônima ou companhia continuará, no entanto, regida por lei especial (art. 1.089).

As sociedades mercantis ou empresariais constituem-se por diversas formas típicas originárias do provecto Direito Comercial, conforme a responsabilidade de seus sócios, solidária ou não, ilimitada ou não, dentro de determinado capital, para cuja formação concorrem os sócios, os quais podem concorrer, também, apenas com sua atividade, seu trabalho, algo que a legislação atual não esclareceu. Parece, de fato, que as sociedades de capital e indústria desapareceram do cenário nacional e nunca tiveram papel de destaque. Veja o art. 1.007 do Código de 2002, que, de passagem, refere-se a sócio cuja contribuição consiste em serviços. Trata-se da única referência desse Código ao sócio de indústria. As sociedades anônimas têm sempre finalidade mercantil. As demais formas de capital podem ser comuns tanto às sociedades e associações civis quanto às sociedades mercantis, embora, na prática, nas entidades mercantis, os sócios não respondam, via de regra, pelo capital social com seu próprio patrimônio, embora isso deva constar dos atos constitutivos.

A lei civil de 1916 mencionava as sociedades e associações que podem ter fins econômicos ou não, perseguindo apenas finalidades pias, filantrópicas, morais, religiosas etc. Geralmente, embora isso não seja regra, as sociedades têm fins econômicos; as associações não as têm. Essa é a posição assumida pelo atual Código. São constituídas de agrupamentos de indivíduos que se associam em torno de objetivo comum e, de conformidade com a lei, integram um ente autônomo e capaz. Tais entidades podem até não ter patrimônio. Nesse sentido, o art. 53 do Código define: *"Constituem-se as associações pela união de pessoas que se organizem para fins não econômicos"*. O termo *sociedade* é reservado às entidades com finalidades econômicas, na verdade, o termo mais correto seria finalidades *"lucrativas"*, o projeto promove essa alteração.

As *fundações*, sempre de natureza civil, são outro tipo de pessoa jurídica. São constituídas por um patrimônio destinado a determinado fim. O instituidor, que atribui o patrimônio, será uma pessoa natural ou jurídica; ele faz nascer essa pessoa mediante a dotação de determinada quantidade de bens, à qual a lei atribui personalidade. Seus fins serão sempre altruísticos, geralmente dedicados à educação, à pesquisa científica ou a finalidades filantrópicas.

Sob o termo *corporação* podemos englobar as sociedades e associações, que são as *universitas personarum*, distinguindo-as das fundações, que são as *universitas bonorum*. Suas distinções são bem nítidas, uma vez que nas *corporações* (sociedades e associações) os interesses são exclusivos dos sócios; seu patrimônio é constituído pelos sócios, que deliberam livremente sobre sua destinação, e podem alterar a finalidade social, desde que obedecida a vontade da maioria. Já nas *fundações*, os fins são estabelecidos pelo instituidor e não pelos sócios, além de possuírem finalidade imutável, como regra geral, limitando-se os administradores a executarem a busca da finalidade fundacional; as resoluções são limitadas pelo instituidor.

O art. 52 assevera que se *"aplica às pessoas jurídicas, no que couber, a proteção dos direitos da personalidade"*.[3] De fato, a jurisprudência e a doutrina já se posicionaram no sentido

---

[3] "Ação declaratória de nulidade de contrato c/c inexigibilidade de débito e indenização por danos morais – Contrato de figuração – Prestação de serviços de publicidade – Instrumento assinado por funcionária destituída de poderes para tanto – Nulidade do contrato e, por consequência, do distrato – Reconhecimento – Teoria da aparência – Inaplicabilidade – Evidente negligência das requeridas – Inexistência, ademais, de comprovação da prestação dos serviços supostamente contratados – Inexigibilidade dos valores – Protesto indevido – Ocorrência – Danos morais – Não caracterização – Ausência de prova de circunstância que atinja a dignidade da pessoa jurídica envolvida – Limitação da extensão dos direitos da personalidade – **Artigo 52 do Código Civil** e Súmula 227 do STJ – Prova do dano efetivo – Ofensa à honra objetiva (imagem externa, conceito e reputação) – Não reconhecimento – Impossibilidade de configuração 'in re ipsa' – Inexistência de prova de dano extrapatrimonial ao patrimônio da empresa – Artigo 373, inciso I, do CPC – Pretensão indenizatória afastada – Procedência parcial dos pedidos – Sucumbência recíproca caracterizada. Recurso provido em parte" (*TJSP* – Ap 1061846-89.2023.8.26.0100, 3-7-2024, Rel. Henrique Rodriguero Clavisio).
"Declaratória c/c indenizatória – Duplicata mercantil – Ausência de causa subjacente – Falta de prova da contratação e efetiva prestação dos serviços – Crédito inexigível – **Danos morais – Pessoa jurídica** – Ausência de prova de circunstância que atinja a dignidade da pessoa jurídica – Limitação da extensão dos direitos da personalidade – Artigo 52 do Código Civil e Sumula 227 do STJ – Prova da culpa e responsabilidade pela situação da empresa – Prova do dano efetivo – Ofensa à sua honra objetiva, ou seja, imagem externa, conceito, reputação – Não reconhecimento – Intimação de cartório de protesto para pagamento ou justificação de recusa de pagamento – Responsabilidade Civil – Inexistência – Peculiaridade do caso – Protesto não concretizado – Mera comunicação

de que a pessoa jurídica pode ser passível de dano moral de caráter objetivo (ver nosso v. 4). No entanto, como apontamos no capítulo em que tratamos do tema, a extensão dos direitos da personalidade às pessoas jurídicas não é de fácil compreensão técnica e somente pode ser entendida sob o prisma dos prejuízos com repercussão patrimonial.

14.6.2 Grupos com Personificação Anômala

Há determinadas entidades com muitas das características das pessoas jurídicas, mas que não chegam a ganhar sua personalidade. Faltam-lhes requisitos imprescindíveis à personificação, embora, na maioria das vezes, tenham representação processual, isto é, podem agir no processo, ativa e passivamente, como ser transeunte entre a pessoa jurídica e um corpo apenas materializado, um simples agrupamento, sem que haja a *affectio societatis*, porque são formados independentemente da vontade de seus membros ou por ato jurídico que vincule um corpo

---

da possibilidade de apontamento do título a protesto – Ausência de publicidade ou reflexos de natureza moral – Danos morais não comprovados – Protesto e negativação não ocorridos e desvio ilícito, abuso de direito ou violação da boa-fé não demonstradas – Simples exigência de valor a partir de vínculo contratual, por si só não gera dano moral – Enunciado n. 25 do Colégio Recursal da Capital/SP – Incidência do art. 373, I do CPC – Impossibilidade de sua configuração 'in re ipsa' e ausência de prova de dano extrapatrimonial ao patrimônio da empresa – STJ, REsp nº 1637629/PE – Compensação descabida e indevida – Precedentes jurisprudenciais – Pretensão indenizatória afastada – Sucumbência recíproca caracterizada – Incidência do artigo 86, 'caput', do CPC. Recurso provido em parte" (*TJSP* – Ap 1006535-82.2022.8.26.0348, 3-7-2023, Rel. Henrique Rodriguero Clavisio).

"Indenizatória por danos morais c/c Tutela de urgência – Energia Elétrica – Apontamento de fatura já paga – Requerimentos internos sob a análise da concessionária – Apontamento indevido a protesto – Ocorrência – Demonstração da regularidade da cobrança – Ônus do réu do qual não se desincumbiu (artigo 373, II do Código de Processo Civil) – Tutela de urgência mantida – Pretensão recursal afastada – **Danos morais – Pessoa jurídica** – Ausência de prova de circunstância que atinja a dignidade da pessoa jurídica – Limitação da extensão dos direitos da personalidade – Artigo 52 do Código Civil e Sumula 227 do STJ – Prova da culpa e responsabilidade pela situação da empresa – Prova do dano efetivo – Ofensa à sua honra objetiva, ou seja, imagem externa, conceito, reputação – Não reconhecimento – Impossibilidade de sua configuração 'in re ipsa' e ausência de prova de dano extrapatrimonial ao patrimônio da empresa – Compensação descabida e indevida – Dano moral afastado – Sucumbência recíproca – Reconhecimento. Recurso provido em parte" (*TJSP* – Ap 1006126-44.2021.8.26.0477, 17-1-2022, Rel. Henrique Rodriguero Clavisio).

"Civil e processual civil – **Dano moral – Pessoa física e pessoa jurídica** – Posto de combustível – Postagem em rede social (Facebook) – Ponderação de direitos fundamentais – Dano moral configurado – *Quantum* razoável – 1 – Apelação interposta contra sentença que julgou parcialmente procedente o pedido para condenar o réu, em virtude de postagem em rede social, ao pagamento de R$ 6.000,00 (seis mil reais) a título de indenização por danos morais – Metade para o estabelecimento e metade para sua sócia administradora. 2 – O dano moral passível de ser indenizado é aquele que, violando direitos da personalidade e transcendendo a fronteira do mero aborrecimento cotidiano, impõe ao indivíduo sofrimento considerável, capaz de fazê-lo se sentir inferiorizado em sua condição de ser humano. 3 – A liberdade de expressão encontra limites na proteção dos direitos da personalidade, sobretudo quanto à honra e a imagem do indivíduo, estes também protegidos em âmbito constitucional e inseridos no rol dos direitos fundamentais. 4 – A publicação de imagem da sócia administradora de posto de combustível, sem a sua autorização e vinculada a alegações vexatórias não comprovadas e desabonadoras de sua pessoa e de suas atividades exercidas (inclusive classificáveis como fato criminoso – adulteração de combustível), constituem conduta apta a macular a honra da parte, violando os atributos de sua personalidade e ensejando a reparação pelos danos sofridos. 5 – O dano moral sofrido pela pessoa jurídica não se configura *in re ipsa*, o que não obsta, contudo, que sua comprovação ocorra por meio da utilização de presunções e regras de experiência no julgamento da controvérsia. Precedentes do STJ. 6 – Demonstrado que a pessoa jurídica teve sua reputação maculada perante clientes e terceiros graças ao excesso no exercício do direito de livre manifestação cometido pelo autor ao publicar em rede social, impõe-se a reparação por dano moral. 7 – Para a fixação do valor da indenização por dano moral, diante da ausência de critérios legalmente definidos, deve o julgador se atentar às finalidades compensatória, punitiva e preventivo-pedagógica da condenação e se guiar pelos princípios gerais da prudência, bom senso, proporcionalidade e razoabilidade, porquanto o objetivo é não permitir que a reparação se transforme em fonte de renda indevida para o lesado ou que se apresente parcimoniosa a ponto de passar despercebida pelo ofensor. 8 – Com base nos delineamentos fáticos e nas condições financeiras das partes e, ainda, observando a função compensatória e preventiva da indenização, mostra-se adequado o valor fixado na sentença. 9 – Recurso conhecido e desprovido" (*TJDFT* – Proc. 07269839320188070001 (1198117), 9-9-2019, Rel. Sandoval Oliveira).

de bens. Na maioria dessas entidades existe, na verdade, uma capacidade ou personalidade diminuída ou restrita.

A primeira dessas formas limítrofes que enumeramos é a *família*. O conjunto familiar não constitui uma pessoa jurídica. Ainda que exista um grupo de pessoas sob a direção de um chefe familiar, a lei não lhe atribui nem mesmo representação processual. Cada indivíduo do corpo familiar é considerado autônomo, embora na família exista, em virtude do vínculo de sangue, identidade de interesses e de finalidade. Não existe o patrimônio familiar no moderno direito, mas o patrimônio da pessoa natural que, com sua morte, seguirá o destino ditado pelo direito sucessório. Igualmente, não existe responsabilidade da família pelos débitos, mas responsabilidade individual de cada um de seus componentes. Não há interesse em atribuir personalidade à família, tendo em vista que suas atividades jurídicas, de natureza patrimonial ou não, podem ser realizadas sem tal atributo.

O CPC, no art. 75, ao estabelecer como são representadas em juízo, ativa ou passivamente, as pessoas jurídicas, atendendo a uma realidade social, atribui *personificação processual* a certas entidades que não têm personalidade jurídica de direito material. São os casos da *massa falida*, da *herança jacente ou vacante*, do *espólio*, *das sociedades sem personalidade jurídica* (sociedades irregulares ou de fato) e do *condomínio*.

A *massa falida* passa a ter existência no mundo jurídico após a sentença declaratória de falência, trazendo como consequência para o devedor a perda do direito à administração e disposição de seus bens. A massa falida, portanto, substitui o falido como figura eminentemente processual, embora possa agir, dentro do campo que a lei estipula. É representada por um administrador da massa e age processualmente por ela.

A *herança jacente* vinha definida nos arts. 1.591 e 1.592 do Código Civil anterior. O Código de 2002 disciplina a matéria no art. 1.819:

> *"Falecendo alguém sem deixar testamento nem herdeiro legítimo notoriamente conhecido, os bens da herança, depois de arrecadados, ficarão sob a guarda e administração de um curador, até a sua entrega ao sucessor devidamente habilitado ou à declaração de sua vacância."*

De outro lado, a *herança vacante* vem delineada no art. 1.820 do Código Civil de 2002.

Herança jacente e herança vacante são o mesmo fenômeno, isto é, herança que não possui herdeiro, ainda que transitoriamente. A lei lhes atribui representação processual. Trata-se de fenômeno paralelo ao *espólio*.

Espólio é o conjunto de direitos e deveres pertencentes à pessoa falecida, ao *de cujus*. É simples massa patrimonial que permanece coesa até a atribuição dos quinhões hereditários aos herdeiros. É o inventariante quem representa processualmente o espólio (art. 75, VII, do CPC). Surge, pois, com a abertura do inventário e a nomeação e compromisso do inventariante. Até que o inventariante preste compromisso, o espólio fica na administração de um "administrador provisório" (art. 613 do CPC) que o representará ativa e passivamente (art. 614 do CPC). No entanto, o espólio não é pessoa jurídica, não tem qualquer personalidade.

O CPC, no art. 75, VII, diz que as sociedades sem personalidade jurídica serão representadas no processo pela pessoa a quem couber a administração de seus bens. O diploma processual refere-se às *sociedades de fato ou irregulares*. São as pessoas jurídicas que ainda não atenderam aos requisitos legais que lhes autorizam a vida jurídica regular, ou por faltar o registro, que é essencial, ou por este registro ser irregular. A falta de registro implica ausência de personalidade jurídica. Contudo, havendo a sociedade, como realidade fática, o direito não pode abstrair todos os seus efeitos jurídicos. Sem estabelecer a personalidade jurídica, o ordenamento reconhece efeitos práticos na existência dessa identidade. Dá-se nome de *sociedades de fato*, para distingui-las das sociedades de direito ou regulares. O estatuto civil regente, sob a epígrafe "*da sociedade em comum*", dispõe a respeito no art. 986:

> "*Enquanto não inscritos os atos constitutivos, reger-se-á a sociedade, exceto por ações em organização, pelo disposto neste Capítulo, observadas subsidiariamente e no que com ele forem compatíveis, as normas da sociedade simples.*"

Na esteira do que observamos, o art. 987 dispõe que os sócios, nessa entidade, nas relações entre si ou com terceiros, somente podem provar a sua existência por escrito, mas os terceiros podem prová-la de qualquer modo.

O fato é que essas sociedades, enquanto não registradas, não podem regularmente adquirir direitos e assumir obrigações. Mesmo assim, se essas pessoas atuaram na esfera jurídica, não se pode negar-lhes certos efeitos jurídicos, mormente na defesa de terceiros de boa-fé. O patrimônio da entidade responde pelas obrigações e subsidiariamente responderão os bens dos sócios na proporção de sua entrada de capital segundo o art. 1.381 e o art. 1.396 do Código Civil de 1916. Esta disposição trazia dificuldades e obstava direito de terceiros. O atual Código dispõe que todos os sócios respondem, em princípio, solidária e ilimitadamente pelas obrigações sociais (art. 990).

Com a ausência de personalidade, está a entidade impedida de agir, não podendo acionar nem seus sócios, nem terceiros. A irregularidade da sociedade ocasiona comunhão patrimonial e jurídica entre os vários sócios: "*os bens e dívidas sociais constituem patrimônio especial, do qual os sócios são titulares em comum*" (art. 988). O CPC protege ainda terceiros, ao afirmar que "*a sociedade ou associação sem personalidade jurídica não poderá opor a irregularidade de sua constituição quando demandada*" (art. 75, § 2º).

Entre o ato constitutivo e o registro pode haver um período mais ou menos longo em que a pessoa vive como sociedade de fato. Nessa fase, aplicam-se os princípios da sociedade irregular ou sociedade em comum, como denomina o atual Código. Feito o registro, ela regulariza-se e ganha personalidade jurídica; contudo, o registro não retroage, não purifica os atos praticados durante o estágio irregular.

Algumas pessoas jurídicas, tendo em vista sua finalidade, exigem autorização para funcionar (veja art. 45 do atual Código). A falta de autorização não impede a constituição da sociedade, mas implica convertê-la em sociedade de fato. A falta de autorização, que no caso também é elemento essencial, impede o registro.

Como a pessoa jurídica irregular, apesar de não se constituir em pessoa legalmente falando, pode figurar em determinadas relações jurídicas, entendemos que

> "*a compreensão do tratamento que a lei dispensa à sociedade irregular somente pode decorrer daquele princípio, segundo o qual a aquisição de direitos é consequência da observância da norma, enquanto a imposição de deveres (princípio da responsabilidade) existe sempre*" (Pereira, 1978, v. 1:299).

Finalmente, juntamente com essas entidades assemelhadas às pessoas jurídicas, pode ser considerado o *condomínio*.

Entende-se por condomínio a propriedade, ao mesmo tempo e sobre o mesmo bem, de mais de um proprietário. Pode-se tratar de condomínio simples, ou tradicional, tratado nos arts. 1.314 ss do Código de 2002, ou do condomínio em apartamentos, regulado, anteriormente ao atual Código, pela Lei nº 4.591/64. Esse condomínio edilício sofre nova regulamentação no atual Código, a substituir essa lei (arts. 1.331 ss). Sua representação em juízo, ativa e passivamente, cabe ao administrador ou síndico, que defenderá os direitos do condomínio sob a fiscalização da assembleia.

No condomínio tradicional, parece não existir dúvida de que não se trata de uma pessoa jurídica. Leve-se em conta que a lei, quando possível, incentiva a extinção de condomínio, sempre um campo propício ao desentendimento e à discórdia.

Por outro lado, no edifício de apartamentos ou situações assemelhadas, como residenciais fechados, clubes de campo, há maiores pontos de contato do condomínio com a sociedade. A lei, no entanto, admite-lhe apenas a personalidade processual, no art. 75, XI, do CPC. O atual Código, contudo, observa que compete ao síndico representar ativa e passivamente o condomínio, praticando, em juízo ou fora dele, os atos necessários à defesa dos interesses comuns (art. 1.348, II). Em que pesem opiniões em contrário, apesar de o condomínio poder figurar extrajudicialmente em aquisição de direitos e contração de obrigações, nele não existe a *affectio societatis*. Quem adquire um apartamento não está buscando algum relacionamento com os coproprietários. Esse relacionamento decorre de situação fática e não de uma situação jurídica. O síndico é mero representante dos condôminos, por meio do mandato outorgado pela assembleia.

Caio Mário da Silva Pereira (1981, v. 1:73), em obra monográfica sobre o condomínio de apartamentos, nega que possa ser vista uma sociedade no condomínio, por faltar completamente a *affectio societatis*; alega que o vínculo jurídico a congregar os condôminos não é pessoal, mas real, não havendo vínculo associativo algum.

No entanto, não apenas no condomínio horizontal, como também, com menor intensidade, no espólio, massa falida e herança jacente, observamos que sua personificação anômala extravasa o simples limite processual regulado pela lei. De fato, o condomínio compra e vende; pode emprestar, locar etc. O mesmo pode ser dito acerca das outras entidades. Ora, esses atos são típicos de direito material. Existe aproximação muito grande dessas entidades com a pessoa jurídica, estando a merecer atual tratamento legislativo. Não se pode negar ao condomínio, ao espólio ou à massa falida o direito de, por exemplo, adquirir imóvel para facilitar e dinamizar suas atividades. Nada está a impedir que o condomínio de edifício de apartamentos, por exemplo, adquira e mantenha, em seu próprio nome, propriedade de unidade autônoma sua, ou até mesmo estranha ao edifício, utilizando-a para suas necessidades, ou locando-a para abater as despesas gerais de toda a coletividade. Nessa atividade, em tudo esse condomínio pratica atos próprios de quem detém personalidade jurídica. Perdeu excelente oportunidade o legislador de 2002 de aclarar definitivamente essa matéria, da qual a doutrina não tem dúvida. Também, com muita frequência esses negócios necessitam ser praticados pelo espólio e pela massa falida, em que pese a transitoriedade de sua existência. Não bastasse isso, lembre-se de que essas pessoas mantêm contas bancárias, contribuem regularmente para o Fisco etc.

14.7 PATRIMÔNIO COMO ELEMENTO NÃO ESSENCIAL DA PESSOA JURÍDICA

Não é obrigatória a existência de patrimônio na pessoa jurídica. Para as fundações o patrimônio é essencial, o que não ocorre com as corporações.

Para que a pessoa jurídica exista não é necessário que tenha patrimônio; basta-lhe a possibilidade de vir a tê-lo. Ademais, a atividade patrimonial, dependendo da finalidade social, não é essencial, pois pode exaurir-se independentemente da existência de patrimônio. Assim, pessoas destinadas a confraternização, assistência, propaganda podem ter vida jurídica sem terem patrimônio.

Não devemos confundir capacidade patrimonial com a existência de um patrimônio (Ferrara, 1958:63). Se examinarmos os estatutos de algumas corporações, veremos que se constituem sem qualquer patrimônio inicial, mas sempre com a possibilidade de vir a tê-lo.

14.8 RESPONSABILIDADE CIVIL DAS PESSOAS JURÍDICAS

A pessoa jurídica de direito público ou de direito privado é responsável na esfera civil, *contratual* e *extracontratual*.

No campo do direito contratual, tem aplicação o art. 389 do Código, ficando o devedor, pessoa natural ou jurídica, responsável por perdas e danos, no descumprimento da obrigação ou no inadimplemento parcial. O atual Código acrescentou que, nesse caso, além das perdas e danos, o devedor responderá também com juros e atualização monetária segundo índices oficiais, bem como por honorários de advogado. A referência aos honorários de advogado deve ser recebida com certa reserva, porque não haverá honorários se não houver efetiva atividade desse profissional. A matéria deveria ter sido explicitada na lei civil. A presente lei também não se refere à proporcionalidade desses honorários, o que leva a crer que deva ser utilizada a lei processual a esse respeito, a qual fixa a porcentagem de 10 a 20% sobre o valor do principal na obrigação (art. 85, § 2º, do CPC).

Na esfera extracontratual, a responsabilidade das pessoas jurídicas de direito privado decorre do art. 927 do Código Civil, no tocante às associações sem intuito de lucro. Quanto às sociedades com intuito lucrativo, sua responsabilidade extracontratual deriva da interpretação dos arts. 1.521, 1.522 e 1.523 do Código Civil de 1916, levando-se em conta que a jurisprudência estende os casos de responsabilidade. No vigente Código a matéria vem disciplinada nos arts. 932 e 933. O art. 15 do Código de 1916 e o art. 43 do atual estatuto estabelecem a responsabilidade civil das pessoas jurídicas de direito público interno.

A responsabilidade extracontratual das pessoas jurídicas de direito público por danos causados a particulares pelos órgãos ou funcionários oferece nuanças especiais.

O atual Código é expresso naquilo que a jurisprudência já de há muito solidificara, em obediência a princípio constitucional:

> *"As pessoas jurídicas de direito público interno são civilmente responsáveis por atos dos seus agentes que nessa qualidade causem danos a terceiros, ressalvado direito regressivo contra os causadores do dano, se houver, por parte destes, culpa ou dolo"* (art. 43).[4]

---

[4] *"Civil e processual civil – **Responsabilidade civil do estado** – Indenização por danos materiais e morais – Lesão corporal – Incapacidade parcial e permanente – Disparos efetuados por policial militar – Existência de nexo causal – Dever de indenizar. 1. As pessoas jurídicas de direito público e as de direito privado prestadoras de serviços públicos respondem pelos danos que seus agentes, nessa qualidade, causarem a terceiros, assegurado o direito de regresso contra o responsável nos casos de dolo ou culpa (art. 37, § 6º, CF e art. 43 CC). 2. A Constituição Federal não exige que o agente público tenha agido no exercício de suas funções, mas na qualidade de agente público (art. 37, § 6º). Por sua natureza essencial à garantia da ordem e segurança pública a atividade policial é daquelas que não permitem ao servidor se omitir ao dever jurídico de agir. O policial se considera em serviço em tempo integral. 3. Disparos efetuados por policial com arma da Corporação. Ação administrativa, dano e nexo de causalidade demonstrados. Indenização devida. Danos morais e estéticos demonstrados pela prova pericial cuja conclusão não foi contrariada. Valor da indenização que se mostra elevado e desproporcional, devendo ser reduzido. Recurso provido, em parte"* (TJSP – Ap 1018291-03.2022.8.26.0053, 26-1-2024, Rel. Décio Notarangeli).

*"Danos morais – responsabilidade da universidade pública – assédio sexual – **Caracterizada a responsabilidade objetiva** da ré – As pessoas jurídicas de direito público e as de direito privado prestadoras de serviços públicos respondem pelos danos que seus agentes, nessa qualidade, causarem a terceiros, assegurado o direito de regresso contra o responsável nos casos de dolo ou culpa (art. 37, § 6º, da CF e art. 43 do CC) – Comprovado o comportamento abusivo do funcionário público, com vistas à violação da liberdade sexual da autora – Insinuações por meio

A responsabilidade é sempre ligada ao conceito de obrigação; resulta do comportamento do homem, omissivo ou comissivo, que tenha causado modificação nas relações jurídicas com seu semelhante, com conteúdo patrimonial.

Se, por um ato do agente, há prejuízo resultante de infringência de contrato entre as partes, estaremos diante da responsabilidade *contratual*. Se não há vínculo contratual entre o causador do dano e o prejudicado, a responsabilidade é *extracontratual*. A doutrina moderna tende a equiparar as duas modalidades, pois ontologicamente não há diferença. O conceito gravita em torno da reparação de um prejuízo, que pode derivar de um contrato ou não. A ideia de reparação é sempre a mesma. Para efeito exclusivamente de estudo e posição didática, no atual estágio do direito positivo brasileiro, a distinção deve ser mantida, pelo que dispõem os arts. 389, 393 e 927 do Código Civil de 2002.

A responsabilidade civil, portanto, resulta de um dano, direto ou indireto, causado a patrimônio de terceiro, por dolo, culpa ou simples fato, que deve ser ressarcido. A responsabilidade civil não exclui a responsabilidade criminal, se o fato é descrito como delito, mas coexiste com ela.

Por essa conceituação, a responsabilidade civil desdobra-se em *direta*, quando recai sobre o próprio autor do ato lesivo, ou *indireta*, quando incide sobre uma pessoa, por ato praticado por seu representante, mandatário ou por quem, enfim, a lei dispõe ser responsável.

Responsabilidade objetiva e *responsabilidade subjetiva* são duas outras divisões da matéria. Esta última é sempre lastreada na ideia central de culpa (*lato sensu*). A responsabilidade objetiva resulta tão só do fato danoso e do nexo causal, formando a teoria do risco. Por essa teoria, surge o dever de indenizar apenas pelo fato de o sujeito exercer um tipo determinado de atividade.

Nosso Código Civil de 1916 perfilou-se à teoria subjetiva. O Código de 2002 coloca a responsabilidade subjetiva como regra geral, mas o art. 927, parágrafo único, inova ao permitir que o juiz adote a responsabilidade objetiva no caso concreto, não somente nos casos especificados em lei, mas também *quando a atividade normalmente desenvolvida pelo autor do dano implicar, por sua natureza, risco para os direitos de outrem*. Sobre essa nova dimensão da responsabilidade objetiva em nosso direito, discorremos no volume dedicado à responsabilidade civil.

---

de e-mails, bilhetes, fotografias e presentes – Comportamento do denunciante dispensado à autora que diferia do tratamento dos demais membros da equipe – Indenização por danos morais acertadamente arbitrada no valor equivalente a 30 salários-mínimos – Sentença mantida – Recurso não provido" (TJSP – Ap 1046666-59.2021.8.26.0114, 10-5-2023, Rel. Percival Nogueira).

"Constitucional e civil – **Responsabilidade civil do estado** – Ato ilícito – Pensão alimentícia – Descontos indevidos – Retenção de quantia superior a determinada judicialmente – Danos materiais – Nexo causal – Concorrência – Indenização devida. 1. As pessoas jurídicas de direito público e as de direito privado prestadoras de serviços públicos respondem pelos danos que seus agentes, nessa qualidade, causarem a terceiros, assegurado o direito de regresso contra o responsável nos casos de dolo ou culpa (art. 37, § 6º, CF e art. 43 CC). 2. Servidor público municipal inativo. Ato ilícito. Autarquia previdenciária que procedeu a descontos no valor dos proventos de quantia superior àquela determinada judicialmente a título de pensão alimentícia. Erro reconhecido e corrigido administrativamente. Falha do serviço configurada, que causou dano material ao autor. Indenização devida. Devolução da quantia descontada a maior no período de maio de 2014 a janeiro de 2017, mais os acréscimos legais. Sentença reformada. Pedido procedente, em parte. Recurso provido" (TJSP – Ap 1011931-13.2018.8.26.0564, 17-2-2022, Rel. Décio Notarangeli).

"Constitucional e civil – Responsabilidade civil do Estado – Ato ilícito – Prisão ilegal – Dano – Nexo causal – Concorrência – Danos morais – Indenização devida. 1. As pessoas jurídicas de direito público e as de direito privado prestadoras de serviços públicos respondem pelos danos que seus agentes, nessa qualidade, causarem a terceiros, assegurado o direito de regresso contra o responsável nos casos de dolo ou culpa (art. 37, § 6º, da CF e art. 43 do CC). 2. Ato ilícito. Cumprimento de mandado de prisão expedido em processo encerrado um ano antes com o pagamento de dívida de alimentos. Contramandado expedido, mas não inserida informação correspondente no sistema de dados da Administração. Falha do serviço configurada. Dano moral in re ipsa. Indenização devida. Pedido procedente. Sentença mantida. Recurso desprovido" (TJSP – Ap 1035582-84.2020.8.26.0053, 16-6-2021, Rel. Décio Notarangeli).

No direito privado, entre nós, em princípio, há necessidade de culpa. Contudo, com a crescente publicização do direito privado, a responsabilidade objetiva vem ganhando terreno. Nos confrontos entre particular e Estado, avulta de importância a responsabilidade objetiva que atende melhor à reparação dos danos e à equidade.

Portanto, para o Direito só importarão em responsabilidade civil os fatos ou atos do homem que geram prejuízo econômico, ainda que o dano seja apenas de cunho moral.

A responsabilidade exclusivamente moral, de conhecimento do leigo, não é objeto do Direito. Desta última devem ocupar-se outras ciências sociológicas afins, tais como a Religião e a Ética.

Não podemos, porém, negar afinidade entre a responsabilidade jurídica e a responsabilidade moral. O domínio da Moral é mais extenso do que o domínio do Direito, porque *"desembaraçado de qualquer fim utilitário, o que não acontece com o direito, cuja função é fazer prevalecer a ordem e assegurar a liberdade individual e harmonia de relações entre os homens"* (Dias, 1979:14).

Não se deve confundir a responsabilidade moral, ora mencionada, com a indenização por danos morais, capítulo importante da indenização e que se tornou possível em nosso país com a Constituição de 1988. Os danos morais colocam-se em paralelo com os danos materiais e podem resultar da mesma conduta. Essa matéria será amplamente enfocada em nosso volume dedicado à responsabilidade civil.

A ideia central da responsabilidade civil é a reparação do dano, embora na reparação por danos exclusivamente morais esse aspecto não fique muito claro. Em sede de danos morais, como se examinará, há um forte conteúdo punitivo na indenização. Por meio dessa reparação restabelece-se o equilíbrio na sociedade. A reparação do dano e os meios conferidos pelo direito para se concretizar essa reparação outorgam aos membros da sociedade foros de segurança. Um dano irreparado é sempre um fator de insegurança social. Pessoa alguma se conforta em não ter o seu prejuízo reparado.

O conceito e o fundamento de responsabilidade civil são, portanto, essencialmente dinâmicos. O jurista e o legislador do final do século XX e início do século XXI não podem encarar a reparação do dano da forma que faziam seus pares do passado não muito remoto. Em sede de responsabilidade civil e reparação do dano, quer no campo da culpa quer no campo do risco, o legislador e o julgador devem ter em mente sempre dois parâmetros: a indenização deve ser suficiente para restabelecer o equilíbrio da relação; não podendo, porém, ser exagerada, a ponto de depauperar o causador do dano e de tolher suas atividades, sua iniciativa, vindo a causar desequilíbrio a pretexto de reparar outrem. Isso é tanto verdadeiro para as pessoas naturais, como para as pessoas jurídicas. Agregam-se outros elementos aos valores que se estabelecem para reparar danos exclusivamente morais, que serão oportunamente estudados.

As noções até aqui expostas pertencem à teoria geral da responsabilidade civil, sobre a qual adiantamos algumas noções.

A *responsabilidade civil do Estado* pertence à categoria da responsabilidade por fato de outrem. Nesse aspecto, a pessoa que tem o dever de reparar o dano não é a executora do ato danoso. No dizer de Alvino Lima (1973:27),

> *"a responsabilidade civil pelo fato de outrem se verifica todas as vezes em que alguém responde pelas consequências jurídicas de um ato material de outrem, ocasionando ilegalmente um dano a terceiro. Em matéria de responsabilidade pelo fato de outrem, a reparação do dano cabe a uma pessoa que é materialmente estranha à sua realização".*

O responsável pela reparação está ligado ao causador do dano por um liame jurídico, em situação de subordinação ou submissão, em caráter permanente ou eventual.[5]

A doutrina dominante e erigida em lei, entre nós, no que toca ao fundamento da responsabilidade das pessoas jurídicas de direito público, é a teoria da *garantia*. O Poder Público, no exercício de sua atividade em prol do bem comum, tem o dever de garantir os direitos dos particulares contra danos a eles causados. Se houve lesão de um particular, sem excludente para o Estado, deve ser reparada. O Estado tem esse dever, mais do que qualquer outra pessoa jurídica, justamente por sua finalidade de tudo fazer para assegurar a atividade dos particulares em prol do progresso da coletividade. Contudo, para atingir esse estágio de desenvolvimento jurídico, muitos séculos decorreram e o princípio não tem a mesma validade para todas as legislações.

Modernamente, melhor seria empregarmos a expressão *responsabilidade civil da Administração*, porque essa responsabilidade surge dos atos de administração e não dos atos do Estado como entidade política.

14.8.1 Evolução Doutrinária da Responsabilidade Civil da Administração

A princípio, não se podia responsabilizar o Estado por atos de seus agentes. Aplicava-se a máxima: *The King can do no wrong*.

Na Inglaterra, não havia possibilidade de se demandar contra o rei ou os funcionários da Coroa, com base na responsabilidade civil. Deve-se entender *King* como abrangente dos funcionários do reino.

Não bastasse isso, o direito anglo-saxão estabelecia dificuldades para acionar diretamente os funcionários, impondo várias barreiras, tais como prescrição breve e direito conferido ao funcionário de oferecer ao demandante determinada composição pecuniária (Dias, 1979, v. 2:592 ss).

Destarte, era completamente desconhecida no direito inglês a ação fundada em danos derivados de culpa dos funcionários. A vítima tinha de acionar o funcionário diretamente ou conformar-se com o prejuízo, se o funcionário pertencesse à categoria de *servants of the crown*, que gozavam de imunidade funcional (tais como juízes, autoridades alfandegárias, policiais e sanitárias). Possuía também a Coroa a prerrogativa de impedir a *petition of rights* do particular, embora quase nunca se utilizasse dessa faculdade.

A estrutura sócio-histórico-cultural da Inglaterra (e também dos Estados Unidos da América, no qual o regime foi adotado) permitia esse sistema, sem que, via de regra, ocorressem danos de vulto sem reparação.

José de Aguiar Dias (1979, v. 2:595 ss), com base na opinião de Rodolfo Bulrich, autor argentino, proclama:

> "Justificava-se o sistema na Inglaterra e Estados Unidos pelo religioso respeito pelas instituições e pelos seus semelhantes, isto é, pela liberdade, o que não se observa nos países em período de evolução, carentes de disciplina geral e com educação nova e deficiente, havendo necessidade de normas severas, que permitam modelar as instituições e assegurar os princípios constitucionais."

---

[5] Na teoria organicista do Estado, por vezes, será inelutável considerar que a responsabilidade por um ato do funcionário é direta, pois o funcionário é órgão do Estado. Nem sempre, porém, a teoria do órgão é suficiente, pois mesmo nela haverá situações de responsabilidade indireta. De qualquer modo, esse estudo pertence à matéria específica do Direito Administrativo e refoge ao âmbito deste livro.

Tais palavras continuam atualíssimas para nosso país.

Mesmo nesses países, o sistema está derrogado pelo *Crown Proceeding Act*, de 1947, na Inglaterra, e pelo *Federal Tort Claims*, de 1946, nos EUA, caindo os últimos redutos da irresponsabilidade pura do Estado.

Verdade é que o erário público tanto menos será onerado quanto melhores forem os serviços prestados pelo Estado.

Para a responsabilização do Estado, passou-se ao conceito de culpa, de acordo com o direito privado. No entanto, legislações há que procuram safar o Estado de responsabilidade, mesmo havendo culpa de seu servidor, como é o caso do México.

A doutrina civilista, ou da culpa civil comum, por sua vez, vem perdendo terreno, com predomínio da teoria do risco na relação entre Administração e administrados.

A teoria da responsabilidade objetiva da Administração (responsabilidade sem culpa) divide-se em três subespécies: *culpa administrativa, risco administrativo* e *risco integral*.

A *culpa administrativa* constitui-se no primeiro estágio de transição dos princípios de direito civil para o direito administrativo, pois leva em conta a falta do serviço, para dela inferir a responsabilidade da administração. Não prescinde do elemento culpa do órgão da administração, no entanto.

Pela teoria do *risco administrativo* surge a obrigação de indenizar o dano, como decorrência tão só do ato lesivo e injusto causado à vítima pela Administração. Não se exige falta do serviço, nem culpa dos agentes. Na culpa administrativa exige-se a falta do serviço, enquanto no risco administrativo é suficiente o mero *fato do serviço*. A demonstração da culpa da vítima exclui a responsabilidade da Administração. A culpa concorrente, do agente e do particular, autoriza uma indenização mitigada ou proporcional ao grau de culpa.

Pelo *risco integral*, haveria em qualquer hipótese de nexo causal a responsabilidade da Administração. É a modalidade extremada que não pode ser aceita, e de fato não o é em qualquer legislação, pois leva a desvios e abusos.

No direito brasileiro, a responsabilidade da Administração, no curso dos tempos, oscilou entre as doutrinas subjetivas e objetivas.

A Constituição de 1967, com a Emenda Constitucional de 1969, seguindo o exemplo da lei maior de 1946, dava cunho legal à teoria do risco administrativo, no art. 107:

> *"As pessoas jurídicas de direito público responderão pelos danos que seus funcionários, nessa qualidade, causarem a terceiros.*
>
> *Parágrafo único. Caberá ação regressiva contra o funcionário responsável, nos casos de culpa ou dolo."*

A Carta de 1946, no art. 194, possuía a mesma redação, apenas acrescentando a palavra *interno* às pessoas jurídicas de direito público.

A Constituição vigente, promulgada em 5-10-1988, dispõe, no art. 37, § 6º:

> *"As pessoas jurídicas de direito público e as de direito privado prestadoras de serviços públicos responderão pelos danos que seus agentes, nessa qualidade, causarem a terceiros, assegurado o direito de regresso contra o responsável nos casos de dolo ou culpa."*

A dicção constitucional atual preferiu explicitar o que já se entendia no texto anterior. Incluem-se na responsabilidade do Estado os atos das pessoas que exerçam funções delegadas, sob a forma de entidades paraestatais, ou de empresas concessionárias ou permissionárias de serviços públicos, ainda que tenham personalidade de direito privado.[6] Há, no entanto, por exceção à regra, situações emanadas da Administração que ainda ficam sob a regência da responsabilidade subjetiva, isto é, a responsabilidade com culpa, como ocorre com os danos causados pela má prestação jurisdicional. Veja o que comentamos a respeito em nosso volume dedicado à Responsabilidade Civil.

14.8.2 Art. 15 do Código Civil de 1916. Art. 43 do Código Civil de 2002

Assim se expressava o art. 15 do Código Civil de 1916:

> *"As pessoas jurídicas de direito público são civilmente responsáveis por atos de seus representantes que nessa qualidade causem danos a terceiros, procedendo de modo contrário ao direito ou faltando a dever prescrito por lei, salvo o direito regressivo contra os causadores do dano."*

Como vemos, aqui o legislador não previra somente a concorrência de danos a terceiros causados por *atos* dos funcionários, mas também decorrentes de suas *omissões*. Decorre daí que nem o art. 194 da Constituição de 1946, nem o art. 105 da Constituição de 1967, nem o art. 37 da Constituição atual revogaram o dispositivo do Código Civil de 1916 no tocante às omissões dos funcionários. O art. 15 fora derrogado apenas no que se refere aos danos causados por atos positivos dos servidores.

Apesar da divergência de interpretação no que respeita a esse artigo, a culpa foi exigida pelo legislador, embora de maneira imprecisa para a responsabilidade civil do Estado.[7]

---

[6] Interessante julgado encontramos na *Revista dos Tribunais* 499/98. Em determinado município, a Prefeitura contratou serviços de terceiro para a realização de espetáculo pirotécnico. Um dos morteiros lançados caiu ao solo e atingiu uma pessoa e outros espectadores a uma distância de 200 metros. O Tribunal de Justiça de São Paulo deu a correta interpretação à norma constitucional, responsabilizando a municipalidade, com apoio, na opinião de Hely Lopes Meirelles, aduzindo: "Assim é irrelevante a circunstância de não ser o funcionário da Administração o técnico encarregado de acionar os foguetes, já que o espetáculo pirotécnico programado foi ordenado pela Prefeitura Municipal. Daí emerge a responsabilidade objetiva da Municipalidade pelo evento".

[7] "Apelação cível. Responsabilidade civil em acidente de trânsito. Ação indenizatória.1. **Responsabilidade civil objetiva das pessoas jurídicas de direito público interno. Teoria do risco administrativo.** 1.1 Tratando-se de acidente de trânsito ocorrido em rodovia sob jurisdição de pessoa jurídica de direito público, nos termos do art. 37, § 6º, da CRFB/88, c/c o art. 43 do CC/2002, a Egr detém responsabilidade civil objetiva, por si e por seus prepostos, em decorrência das suas ações e omissões causadoras de danos a terceiros, à luz da teoria do risco administrativo, do princípio da solidariedade social e da leitura constitucionalizada do instituto da responsabilidade civil objetiva, âmbito em que a parte lesada deverá comprovar o nexo causal existente entre a ação ou a omissão estatal e os danos daí decorrentes. 1.2 Na espécie vertente, o evento de trânsito danoso ocorrido em rodovia sob jurisdição estadual deve ser visto e julgado sob a ótica da teoria do risco administrativo inerente à responsabilidade civil objetiva da pessoa jurídica de direito público interno, âmbito em que os ofensores somente poderão se eximir das responsabilidades que lhes são atribuídas, seja por ação ou omissão, se e quando ficar comprovada a incidência de qualquer das causas excludentes de responsabilidade no plano da ruptura do nexo causal entre o infortunístico e os danos patrimoniais dele decorrentes. 1.3 No caso, a ré não produziu prova que materializasse, via excludente de responsabilidade civil objetiva, a ruptura do nexo causal incontroverso entre o acidente de trânsito ocorrido e as suas consequências danosas ao autor. Sentença mantida. 2. Danos materiais. Dimensionamento. Sob o princípio da *restitutio in integrum*, a reparação do dano material em ação indenizatória deve ser suficiente à recomposição da perda pecuniária imposta ao lesado, em decorrência do evento danoso, sem implicar em enriquecimento sem causa. 2.1. Comprovado o montante necessário para conserto do veículo sinistrado, o autor faz jus ao ressarcimento da quantia pela concessionária que administra a rodovia. Regularidade do orçamento encartado no caderno processual. Precedentes desta corte. (...). (*TJRS* -Ap 50012724520158210005, 23-6-2022, Rel. Aymoré Roque Pottes de Mello).

"Processual Civil – Agravo interno no recurso especial – Código de Processo Civil de 2015 – Aplicabilidade – **Responsabilidade objetiva do Estado** – Dano Moral – Revisão do valor arbitrado – Impossibilidade – Súmula nº 07 / STJ – Incidência – Argumentos insuficientes para desconstituir a decisão atacada – Aplicação de multa – Art. 1.021, § 4º, do Código de Processo Civil de 2015 – Descabimento – I– Consoante o decidido pelo Plenário desta Corte na

Para as omissões dos funcionários, não havia, entre nós, a responsabilidade objetiva em face da vigência, nessa parte, do art. 15 do Código Civil anterior, embora a jurisprudência seja vacilante.

Já, por seu lado, o art. 43 do atual diploma legal assim determina:

> "As pessoas jurídicas de direito público interno são civilmente responsáveis por atos de seus agentes que nessa qualidade causem danos a terceiros, ressalvado direito regressivo contra os causadores do dano, se houver, por parte destes, culpa ou dolo."

Como se nota no art. 43 do atual Código, ora transcrito, não existe mais referência às omissões da Administração. Diz esse dispositivo que as pessoas jurídicas de direito público interno são responsáveis pelos atos de seus agentes. A pergunta é saber se a responsabilidade objetiva do Estado passa a estender-se também às omissões da Administração, com essa supressão na nova dicção legal. À primeira vista parece que a responsabilidade objetiva do Estado é ampliada também para suas omissões. Há, porém, argumentos em contrário que devem ser ponderados, sob o risco de se estender em demasia a responsabilidade do Estado. A responsabilização objetiva do Estado por omissões, de forma ampla, inviabilizaria, na prática, a Administração. Caberá à jurisprudência e aos estudos de direito administrativo estabelecer os limites e pressupostos desse aparente alargamento. A omissão em concreto, aquela que deriva de uma ausência de um

---

sessão realizada em 09.03.2016, o regime recursal será determinado pela data da publicação do provimento jurisdicional impugnado. *In casu*, aplica-se o Código de Processo Civil de 2015. II– A jurisprudência desta Corte admite a revisão do *quantum* indenizatório fixado a títulos de danos morais em ações de responsabilidade civil quando irrisório ou exorbitante o valor arbitrado. III– Caso em que o tribunal de origem considerou adequado o valor fixado à guisa de dano moral. O reexame de tal entendimento demandaria necessário revolvimento de matéria fática, o que é inviável em sede de recurso especial, à luz do óbice contido na Súmula nº 07 /STJ. IV– Não apresentação de argumentos suficientes para desconstituir a decisão recorrida. V– Em regra, descabe a imposição da multa, prevista no art. 1.021, § 4º, do Código de Processo Civil de 2015, em razão do mero improvimento do Agravo Interno em votação unânime, sendo necessária a configuração da manifesta inadmissibilidade ou improcedência do recurso a autorizar sua aplicação, o que não ocorreu no caso. VI– Agravo Interno improvido" (*STJ* – AGInt-REsp 1805596/ MS, 26-6-2019, Relª. Minª. Regina Helena Costa).

"Apelação Cível – Administrativo – **Responsabilidade civil objetiva do Estado** – Nexo de causalidade – Não demonstração – Sentença mantida – 1- Para a configuração da responsabilidade civil objetiva do Estado, imprescindível a demonstração do nexo de causalidade entre a conduta do agente estatal e a lesão sofrida pelo particular. Na espécie, não fora comprovada a relação entre a hérnia contraída e a cirurgia realizada pelo Sistema de Saúde Público, o que afasta a responsabilização estatal, quanto mais havendo perícia indicando a adoção da técnica adequada pelo profissional da saúde. 2- Apelação conhecida e não provida" (*TJDFT* – Proc. 00455760520148070018 – (1109416), 30-7-2018, Rel. Fábio Eduardo Marques).

"Apelação – Acidente de trânsito – Responsabilidade civil – Buraco na via em que trafegava a autora – Não sinalização – Capotamento do veículo – O Poder Público é responsável pela reparação dos danos decorrentes de sua conduta omissiva na fiscalização e conservação da via pública – Pressupostos da responsabilidade civil devidamente comprovados – Conduta, dano e nexo causal – Responsabilidade civil objetiva do Estado – Inteligência do art. 37, § 6º, da Constituição Federal – Extensão dos danos – Orçamentos apresentados pela autora que ultrapassam o valor do veículo na data do acidente. Condenação ao ressarcimento do valor de mercado do automóvel na data dos fatos – Utilização da Tabela FIPE – Sentença reformada. Recurso provido em parte" (*TJSP* – Ap 0013439-83.2013.8.26.0047, 18-5-2016, Rel. Azuma Nishi).

"Acidente de trânsito – Ação de indenização por danos materiais e morais – Colisão entre veículo e animal na pista – **Responsabilidade civil objetiva** (arts. 14 do CDC, 1º, §§ 2º e 3º da Lei nº 9.503/97 e 37, § 6º da CF) concessionária que administra rodovia não se desincumbiu de provar a culpa exclusiva da vítima ou a existência de causa excludente de sua responsabilidade – danos materiais devidos – danos morais – inocorrência – sucumbência recíproca – Decorre da lei o dever da concessionária de garantir a segurança da rodovia que administra, sendo objetiva a sua responsabilidade perante os consumidores dos serviços que presta. O mero dissabor de se ficar sem o veículo por alguns dias enquanto permaneceu na oficina para os devidos reparos não implica ocorrência de danos morais. Sucumbentes reciprocamente autor e a ré, deve arcar cada qual com metade das custas processuais e com os honorários dos respectivos patronos. Recurso parcialmente provido" (*TJSP* – Ap 1061797-97.2013.8.26.0100, 26-5-2015, Rel. Gilberto Leme).

serviço ou de uma atividade administrativa que deveria estar presente perante o administrado, em tese, caracteriza uma responsabilidade objetiva da Administração. Assim, por exemplo, responde a Administração porque não envia bombeiros a um chamado de incêndio, em local onde costumeiramente esse serviço está disponível; não responderá, em tese, se o chamado ocorre em local ermo, distante da urbanização ou civilização, onde o serviço ainda não tinha condições de ser implantado. A matéria exige o exame do caso específico e maior estudo. No volume próprio, discorreremos mais sobre esse assunto.

14.8.3 Aplicação da Teoria do Risco Administrativo

Não se pode ampliar em demasia o âmbito do preceito constitucional, sob pena de se admitir a teoria do risco integral.

Segundo a teoria, repara-se o dano simplesmente porque existe um ato ou um fato que o produz. O ato pode ser lícito ou ilícito, não sendo necessária a noção de culpa. Seu fundamento é a equidade. Todos os cidadãos são iguais perante as cargas públicas. Já se decidiu, por exemplo, no STF, que o Estado tem responsabilidade por morte ou ferimento por armas de fogo em operação policial.

Para a perfeita aplicação da teoria erigida em preceito no nosso direito, há que se fixar parâmetros: o dano deve ter o caráter de permanência, ainda que não tenha o de perpetuidade, deve ser direto (relação de causalidade entre o causador do dano e o Estado), atual e não tão só eventual e, principalmente, excepcional e não ordinário, isto é, deve exceder os inconvenientes comuns da vida na coletividade, em suma, deve ter o caráter de *anormalidade*.[8]

---

[8] "Apelação cível – Responsabilidade civil do Estado – Ação de indenização por danos morais e estéticos – Queda no calçamento público – Sentença de improcedência – Inconformismo da autora – Cabimento – **Teoria do risco administrativo** – Inteligência do art. 37, § 6º, da Constituição Federal – Demonstração de nexo causal entre a falha do Município na fiscalização e conservação da calçada e a fratura no tornozelo da autora – Fato constitutivo do direito da autora devidamente demonstrado – Precedentes desta C. Câmara – Devida a indenização pelos danos morais e estéticos sofridos – Sentença reformada para julgar procedentes os pedidos indenizatórios iniciais – Recurso provido" (TJSP – Ap 1016794-75.2019.8.26.0564, 30-8-2024, Rel. Jayme de Oliveira).

"Apelação cível. Ação de indenização por danos material e moral. Município de Leme e Saecil. Invasão de águas pluviais na residência do autor. Chuvas fortes. Acúmulo de água no muro do imóvel após esgotamento das galerias. Sentença de parcial procedência. Impossibilidade de reforma. Arguição de ilegitimidade passiva da Municipalidade preclusa. Acórdão proferido por esta Câmara em recurso de agravo de instrumento que, afastando-se a alegação, transitou em julgado. No mérito, confirmados os termos da r. sentença por seus próprios fundamentos. Na hipótese, foram comprovados os fatos, o dano e a relação de causalidade entre eles, conforme o conjunto probatório, com boletim de ocorrência e laudo pericial técnico. Constatação de que, de fato, águas pluviais inadequadamente acumularam-se no muro que ficava na parte de trás do imóvel do autor após o esgotamento das galerias de água inadequadas para o escoamento, causando o seu desmoronamento e invasão de água na construção predial. Inaplicabilidade da **responsabilidade objetiva decorrente da Teoria do Risco Administrativo**. Culpa administrativa ou 'faute du service'. Inteligência do art. 37, § 6º da Constituição Federal. Precedentes desta Corte. Danos materiais e morais constatados. Fixação adequada do termo inicial dos juros de mora e da correção monetária, conforme a jurisprudência do STJ (Súmulas 43, 54 e 362). Sentença mantida. Majoração dos honorários advocatícios em grau recursal. Recursos não providos" (TJSP – Ap 1003385-96.2016.8.26.0318, 31-8-2022, Rel. Camargo Pereira).

"Civil e processual civil – Procedimento comum – Responsabilidade civil do Estado – Queda de pedestre – Más condições de passeio público – Falta de fiscalização do poder público – Culpa do serviço – Nexo de causalidade – Danos morais caracterizados – Indenização devida. 1. A responsabilidade civil do Estado é objetiva baseada na **teoria do risco administrativo** no caso de comportamento danoso comissivo (art. 37, § 6º, da CF) e subjetiva por culpa do serviço ou 'falta de serviço' quando este não funciona, devendo funcionar, funciona mal ou funciona atrasado. 2. Queda de pedestre provocada pelas más condições de passeio público. Ausência de sinalização. Responsabilidade do Município decorrente de omissão do dever de fiscalização do local do acidente. Nexo de causalidade entre a omissão administrativa e os danos materiais e morais. Dever de indenizar. Pedido procedente, em parte. Sentença mantida. Recurso desprovido" (TJSP – Ap 0004300-48.2011.8.26.0348, 15-12-2021, Rel. Décio Notarangeli).

O princípio de reparação do dano não pode dar margem a enriquecimento sem causa, nem pode caracterizar caso fortuito e força maior.

14.8.4 Responsabilidade por Atos Legislativos e Judiciais

O ato legislativo possui características de generalidade e abstração. Excepcionalmente, há ato materialmente administrativo, mascarado de ato legislativo, e, por isso, de efeito concreto, sem as características de norma. Nesse caso, havendo violação de direito subjetivo e tendo causado dano patrimonial, poderá ocorrer indenização.

O ato judicial típico (sentença ou acórdão) não ofende a direitos subjetivos, pois o juiz age como membro integrante de um poder do Estado. Ainda que a sentença cause prejuízos de fato, não há que se falar em indenização. Meros prejuízos de fato não são indenizáveis. Para serem passíveis de indenização, os prejuízos devem ser de direito. Segundo a doutrina mais antiga, os atos judiciais são manifestações da soberania interna do Estado e não são indenizáveis. Do contrário resultaria total instabilidade para o sistema judicial.

Por ato judiciário, em princípio, há apenas dois casos em que haverá indenização, expressamente resguardados por lei: a revisão criminal procedente (art. 630 do Código de Processo Penal) e as situações de dolo, fraude, omissão ou retardamento injustificado de providências por parte do juiz (art. 143, III, do CPC). Neste último caso, a responsabilidade será integral do magistrado, não se comunicando ao Estado. Há forte tendência atual de ser alargada a responsabilidade do Estado derivada de atos judiciais, matéria que deve ser cuidadosamente ponderada sob pena de subverter o sentido da independência e harmonia dos Poderes, bem

---

"Apelação Cível – Direito Administrativo – Processual Civil – Preliminar – Acolhida – Prescrição – Inocorrência – Aplicação da teoria da causa madura – Mérito – **Responsabilidade civil objetiva do Estado** – Teoria do risco administrativo – Reparação de danos – Queima de aparelhos eletrônicos – CEB – Ausência de prova inequívoca – Nexo causal não constatado – 1– Preliminar acerca do prazo de prescrição da pretensão indenizatória em desfavor de pessoa jurídica de direito privado prestadora de serviços públicos acolhida. 1.1 A CEB Distribuição S/A, pessoa jurídica de direito privado prestadora de serviço público de distribuição de energia elétrica no Distrito Federal, está submetida a aplicação do artigo 1º-C da Lei nº 9.494/97 que, de forma taxativa, estabelece o prazo prescricional de 5 anos para se pleitear a indenização de reparação de danos. 1.2 A Lei 9.494/97 é de natureza especial e seu artigo 1º-C delimita a ação indenizatória à qual se dirige, destinando-se clara e especificamente aos danos causados por agentes de pessoas jurídicas de direito público ou privado prestadores de serviços públicos (REsp 1.277.724/PR). 2– Em atenção ao Princípio da primazia da resolução do mérito (CPC, art. 4º), faz-se cogente o julgamento imediato da questão de fundo, uma vez que a situação se enquadra na definição de 'causa madura', constante do artigo 1.013, §§ 3º e 4º, do CPC. 3– Mérito: Conforme preceitua o art. 37, § 6º, da Constituição Federal, é objetiva a responsabilidade das pessoas jurídicas de direito privado prestadoras de serviços públicos, com base na teoria do risco administrativo. 4– O simples fato de as pessoas jurídicas prestadoras de serviço público responderem objetivamente pelos danos decorrentes de sua atividade não afasta a necessidade de comprovação do nexo causal entre o fato lesivo e o dano, o que não ocorreu no caso em análise. 5– Ausente a demonstração do nexo causal de que o dano ocasionado decorreu de falha na prestação dos serviços da ré ora apelada, nos termos da norma inscrita no artigo 373, I, do CPC, o pedido de reparação cível deve ser julgado improcedente. 6– Recurso conhecido e provido. Preliminar de nulidade da sentença acolhida. Causa madura. Mérito. Pedido autoral julgado improcedente" (*TJDFT* – Proc. 07082000220188070018 (1179509), 1-7-2019, Relª Ana Cantarino).

"Responsabilidade civil objetiva do Estado (CF, ART. 37, § 6º) – Configuração – **Teoria do risco administrativo** – Morte causada por disparo efetuado com arma de fogo particular manejada por policial militar do estado de Pernambuco em período de folga – Reconhecimento, pelo tribunal de justiça local, de que se acham presentes todos os elementos identificadores do dever estatal de reparar o dano – Caráter soberano da decisão local, que, proferida em sede recursal ordinária, reconheceu, com apoio no exame dos fatos e provas, a inexistência de causa excludente da responsabilidade civil do poder público – Inadmissibilidade de reexame de provas e fatos em sede recursal extraordinária (Súmula 279/STF) – Doutrina e precedentes em tema de responsabilidade civil objetiva do estado – Acórdão recorrido que se ajusta à jurisprudência do Supremo Tribunal Federal – Sucumbência recursal (CPC/15, art. 85, § 11) – Não decretação, no caso, ante a ausência de 'trabalho adicional' por parte do vencedor da demanda (não apresentação de contrarrazões recursais) – Agravo interno improvido" (*STF* – AgRg-RE-AG 919.386, 28-10-2016, Rel. Min. Celso de Mello).

como as garantias individuais. No entanto, não mais resta dúvida de que o Estado deve ser responsabilizado pela omissão ou pelo excessivo retardamento na prestação jurisdicional. Há várias situações que devem ser analisadas como, por exemplo, os danos causados por uma medida liminar ou antecipação de tutela que a final se mostram descabidas. Desenham-se novas teorias nesse sentido, que são analisadas no volume específico da responsabilidade civil.

Quanto aos atos materialmente administrativos, mas praticados pelo Judiciário, dúvida não há de serem passíveis de indenização. Assim se coloca, por exemplo, a nomeação de um funcionário, que também pode ser feita pelo Judiciário e Legislativo, para o mecanismo administrativo desses poderes.

Lembre-se, ademais, no mesmo diapasão, de que os titulares do Poder Executivo, Presidente da República, Governadores e Prefeitos, são agentes políticos. Tomam decisões de alta complexidade que muito se aproximam dos atos judiciais. Em vista disso, tais agentes do poder não se equiparam a funcionários públicos para os fins do art. 37, § 6º, do preceito maior. Para eles haverá necessidade de culpa manifesta. Há certa dose de falibilidade para essas funções. O regime que rege seus atos submete-se a outras normas de direito administrativo e criminal.

14.8.5 Reparação do Dano: a Ação de Indenização

O funcionário público *lato sensu* não responde perante o particular por atos danosos praticados. Sob o prisma do preceito constitucional, apenas o Estado tem o dever de indenizar o lesado. Este, por sua vez, deve demandar contra o Estado e unicamente contra ele. O funcionário é parte ilegítima para essa demanda. Na ação entre particular e Estado, o funcionário pode ter interesse jurídico, é fato, pois poderá vir a ser acionado em ação regressiva. Tal interesse, porém, não o legitima passivamente para a ação. Poderá ingressar na figura processual de assistente do Estado.

Na relação jurídica processual entre particular-Estado, em face da doutrina do risco administrativo, não se discute culpa do funcionário. Na maioria das vezes, no entanto, o aspecto da culpa será enfocado "incidentalmente". Na ação de regresso movida contra o funcionário, aí, sim, incumbe ao Estado provar culpa de seu servidor, caso contrário a ação regressiva não prosperará.

Oportuno lembrar que ocorrem casos em que não há nenhuma responsabilização por parte do funcionário: casos de *culpa de serviço* em que a atividade administrativa não funciona a contento, sem que haja culpa do servidor. O fato é indenizável, mas não há que se falar em ação de regresso.

14.9 NACIONALIDADE DAS PESSOAS JURÍDICAS

Importa saber a nacionalidade das pessoas de direito privado. As pessoas jurídicas de direito externo são as nações, como tal consideradas no contexto internacional.

Internamente, as pessoas de direito público são unidades políticas autônomas que não podem ter nacionalidade diversa da do Estado a que pertencem.

Quanto à nacionalidade das pessoas jurídicas de direito interno, a matéria relaciona-se com as teorias que tentam tipificar a natureza jurídica da pessoa jurídica. Os que adotam a teoria da ficção entendem que a pessoa não tem nacionalidade, porque é mera ficção, não é nada, não é nem nacional nem estrangeira.

O problema passa a surgir para aqueles que admitem, de um modo ou de outro, a existência da pessoa jurídica.

Pelo princípio da realidade técnica admitimos examinar o problema da nacionalidade da pessoa jurídica.

A nacionalidade da pessoa jurídica, em que pesem as várias correntes doutrinárias, deve ser vista sob o prisma de sua constituição. Há dependência originária da pessoa jurídica ao ordenamento primeiro a que se vinculou. Esse critério é preferível ao critério da nacionalidade dos membros componentes, que pode levar à instabilidade na conclusão sobre o problema.

É, portanto, predominante o *lugar da constituição*, não se atentando para a nacionalidade dos membros ou para o lugar central da sede de negócios da pessoa.

Nosso direito, no art. 11 da Lei de Introdução às Normas do Direito Brasileiro, conforme redação dada pela Lei nº 12.376, de 30-12-2010, filia-se à teoria da constituição: *"As organizações destinadas a fins de interesse coletivo, como as sociedades e as fundações, obedecem à lei do Estado em que se constituírem."* As sociedades que se constituírem no estrangeiro ficam subordinadas, para instalações de filiais, agências ou estabelecimentos em nosso território, à prévia autorização do governo brasileiro.

14.10 COMEÇO DA EXISTÊNCIA LEGAL DA PESSOA JURÍDICA

Tanto para a pessoa natural, que tem início biológico, como para a pessoa jurídica, que tem início legal, há que se fixar o começo da existência.

A pessoa natural tem sua origem com o nascimento com vida.

A pessoa jurídica tem sua origem em uma manifestação humana, em um ato volitivo; quem tiver interesse deve provar que essa pessoa existe e preenche as condições legais de existência.

Há, contudo, diferença fundamental no tocante à pessoa jurídica de direito público e à pessoa jurídica de direito privado.

O Estado, pessoa jurídica fundamental, tem sua origem na Constituição, é pessoa jurídica que surge, espontaneamente, de uma elaboração social, como necessidade para ordenar a vida de determinada comunidade. Os Estados federados têm sua origem na própria Constituição ou na lei que os cria, assim como os Municípios, que gozam de autonomia.

Em síntese, a pessoa jurídica de direito público é criada por lei.

As pessoas jurídicas de direito privado obedecem a um processo diverso de criação. Há três métodos que podem ser adotados pelo legislador na formação dessa pessoa: o sistema da livre associação, o sistema do reconhecimento e o sistema das disposições normativas.

Pelo sistema da *livre associação*, a emissão de vontade dos instituidores é suficiente para a criação do ente personificado. Como não há controle nesse sistema, não é ele aconselhável.

Pelo sistema do *reconhecimento*, seguido pelo ordenamento italiano, há necessidade de um decreto de reconhecimento.

Pelo critério das *disposições normativas*, chegamos a posição intermediária. Dá-se liberdade de criação à vontade humana, sem necessidade de ato estatal que a reconheça, mas exige-se que a criação dessa pessoa obedeça a condições predeterminadas.

Por nosso sistema (estamos no último dos enunciados), salvo casos de necessidade de autorização, a pessoa jurídica, desde que obedeça a certos requisitos, passa a ter existência legal.

Em nosso direito, há duas fases distintas a se examinar: primeiramente, o ato constitutivo, e, posteriormente, a formalidade do registro.

Na primeira fase, há a constituição da pessoa jurídica por um ato unilateral *inter vivos* ou *mortis causa* nas fundações e por um ato bilateral ou plurilateral nas corporações.

Como lembra Maria Helena Diniz (1982, v. 1:114), nessa fase, temos um elemento *material* e um elemento *formal*. O elemento material engloba os atos concretos, a reunião dos sócios, as condições dos estatutos, a definição das várias qualidades de sócios etc. Ao menos a princípio, não há necessidade de bens para que a pessoa jurídica tenha existência. O elemento formal é sua constituição *por escrito* que poderá ser por escrito particular ou público, salvo para as fundações, em que o instrumento público ou o testamento é essencial.

Algumas entidades, contudo, necessitam da autorização para terem existência legal (art. 45).

Após a existência do ato escrito e da autorização, se necessário, passa-se à segunda fase, ou seja, à fase do *registro*. O art. 46 do atual Código especifica o que, necessariamente, o registro declarará.

O número de sócios deve ser definido nos atos constitutivos, devendo, via de regra, ser plúrimo, uma vez que excepcionalmente a pessoa jurídica, ao menos transitoriamente, pode ser constituída de uma única pessoa.

Os associados podem distribuir-se por diversas categorias, com os direitos especificados nos estatutos: sociofundadores, contribuintes, beneméritos, honorários etc. O ato constitutivo esclarecerá as prerrogativas de cada um, seus direitos e deveres. O registro deve ser expresso se os membros respondem, ou não, subsidiariamente, pelas obrigações sociais (art. 46, V).

O ato de constituição, como se vê, deve ser feito por escrito (art. 45).

14.10.1 Registro da Pessoa Jurídica

O registro da pessoa jurídica deve declarar, segundo o art. 46 do Código Civil:

"I – *a denominação, os fins, a sede, o tempo de duração e o fundo social, quando houver;*

II – *o nome e a individualização dos fundadores ou instituidores, e dos diretores;*

III – *o modo por que se administra e representa, ativa e passivamente, judicial e extrajudicialmente;*

IV – *se o ato constitutivo é reformável no tocante à administração, e de que modo;*

V – *se os membros respondem, ou não, subsidiariamente, pelas obrigações sociais;*

VI – *as condições de extinção da pessoa jurídica e o destino do seu patrimônio, nesse caso.*"

Em linhas gerais, o art. 46 do atual Código mantém os mesmos requisitos do estatuto anterior, referindo-se, também, no inciso II, ao "nome e à individualização dos fundadores ou instituidores, e dos diretores".

O parágrafo único do art. 18 do antigo Código acrescentava que *"serão averbadas no registro as alterações que esses atos sofrerem"*, princípio que evidentemente se mantém.

A Lei dos Registros Públicos (Lei nº 6.015/73) estatui no art. 114 que no Registro Civil de Pessoas Jurídicas serão inscritos:

"I – *os contratos, os atos constitutivos, o estatuto ou compromissos das sociedades civis, religiosas, pias, morais, científicas ou literárias, bem como o das fundações e das associações de utilidade pública;*

II – *as sociedades civis que revestirem as formas estabelecidas nas leis comerciais, salvo as anônimas;*

III – *os atos constitutivos e os estatutos dos partidos políticos.*"

Acrescenta o art. 115 da mesma lei:

> *"Não poderão ser registrados os atos constitutivos de pessoas jurídicas, quando o seu objeto ou circunstâncias relevantes indiquem destino ou atividades ilícitos, ou contrários, nocivos ou perigosos ao bem público, à segurança do Estado e da coletividade, à ordem pública ou social, à moral e aos bons costumes.*
>
> *Parágrafo único. Ocorrendo qualquer dos motivos previstos neste artigo, o oficial do registro, de ofício ou por provocação de qualquer autoridade, sobrestará no processo de registro e suscitará dúvida para o juiz, que o decidirá."*

A ilicitude do objeto ou das atividades da pessoa jurídica pode ser patente à primeira vista, demonstrada já nos atos constitutivos. O art. 115 fala da ilicitude aferida exclusivamente nos atos constitutivos, ou em fatos anteriores ou concomitantes ao registro. Caso a pessoa jurídica tenha logrado a constituição e posteriormente se desvie de suas finalidades, é caso de ser promovida a ação de dissolução, cabendo ao Ministério Público a iniciativa, se não o fizerem os sócios ou alguns deles.

Todo ente ou corpo social que se apresente com escopo contrário ao do Estado ou a seu ordenamento deve ser considerado ilícito e ser dissolvido. Os entes, para terem vida jurídica, devem enquadrar-se no plano do ordenamento estatal.

A ilicitude da pessoa jurídica pode ser revelada pelo próprio objeto ou por atos materiais que a demonstrem, atos estranhos ao objeto declarado.

Todo ordenamento jurídico gira em torno da noção de *"bem comum"*. A ideia de bem comum é abstrata e universal. Trata-se de conceito de ordem filosófica, com cunho ideológico. O bem comum deve ser visto à luz das concepções fundamentais em vigor, tendo em mira a ideologia dominante.

Os conceitos de *"ordem pública ou social, à moral e aos bons costumes"*, como está no texto, acham-se abrangidos pela noção genérica de ordem pública, que constitui um padrão jurídico fundamental. Tais padrões são conceitos flexíveis dispostos ao prudente arbítrio do juiz, na aplicação desses dispositivos.

"Bons costumes" têm conotação temporal. Variam de época para época. São padrões a serem aferidos pelo juiz de acordo com o seu tempo e sua localização geográfica. São princípios de conduta impostos pela moralidade média da sociedade. O conceito de ordem pública, de certa forma, engloba também o de bons costumes.

O parágrafo único do art. 115 em tela determina que, ocorrendo quaisquer das circunstâncias aí estatuídas, o oficial do registro, de ofício ou mediante provocação de qualquer autoridade, sobrestará o processo de registro e suscitará dúvida ao juiz corregedor. A dúvida, assim suscitada, deverá expor a causa, os fatos.

14.11 SOCIEDADES E ASSOCIAÇÕES

No âmbito do Direito Civil brasileiro, geralmente, o termo *associação* é reservado para as entidades sem fins econômicos, enquanto *sociedade*, para as entidades com fins lucrativos, embora isso não seja estrito, nem seja regra. A regra, como vimos, faz parte do Código de 2002, que no art. 53 dispõe: *"Constituem-se as associações pela união de pessoas que se organizem para fins não econômicos."*

Os sócios devem convencionar se respondem ou não subsidiariamente pelas obrigações sociais (art. 46, V); podem, evidentemente, estipular se respondem solidária e ilimitadamente.

As sociedades e associações civis estão com suas atividades situadas no campo exclusivamente do Direito Civil, distinguindo-se das sociedades mercantis. O atual Código denomina "sociedades simples" aquelas que possuem finalidade civil, distinguindo-se do que o atual estatuto denomina "*sociedade empresária*" (art. 982). Considera-se empresária a sociedade que tem por objeto o exercício de atividade própria de empresário e simples, as demais. Alude o parágrafo único deste último dispositivo, como se admitia no sistema anterior, que será sempre considerada empresária a sociedade por ações e simples, a sociedade cooperativa.

O art. 966 do atual Código, por seu lado, considera empresário quem exerce profissionalmente atividade econômica organizada para a produção e circulação de bens ou de serviços; o parágrafo único dispõe que não se considera empresário quem exerce profissão intelectual, de natureza científica, literária ou artística, ainda com o concurso de auxiliares ou colaboradores, salvo se o exercício da profissão constituir elemento de empresa. Com essas novas disposições, fica mais clara a distinção, feita antes instintivamente pela doutrina, no tocante às associações, bem como quanto às sociedades civis (sociedades simples) e sociedades mercantis. O texto, porém, não é isento de dúvidas para a caracterização da atividade empresária. Veja o que expomos acerca do contrato de sociedade em nosso volume 3.

A Lei de 1916, contudo, não definia o que se entendia por associações de fins não econômicos. Havia, por isso mesmo, dúvida na doutrina. Entende-se que a associação de fins não lucrativos é aquela não destinada a preencher fim econômico para os associados, e, ao contrário, terá fins lucrativos a sociedade que proporciona *lucro* a seus membros. Assim, se a associação visa tão somente ao aumento patrimonial da própria pessoa jurídica, como um clube recreativo, por exemplo, não deve ser encarada como tendo intuito de lucro. Diferente deve ser o entendimento no tocante à sociedade civil de profissionais liberais, em que o intuito de lucro para os membros é evidente. No vigente sistema, a conceituação é mais clara, embora, como na maioria dos institutos jurídicos, sempre possa haver uma zona cinzenta.

Quando o parágrafo único do art. 53 aponta que não há entre os associados direitos e obrigações recíprocos, a lei reitera que a instituição da pessoa jurídica traduz a união de várias vontades em busca de um fim comum. O negócio jurídico não é bilateral, pois não se contrapõem ou se antagonizam vontades, mas as vontades se unem em prol de uma entidade que irá atender a todos. Cuida-se de exemplo de negócio jurídico plurissubjetivo, que não se identifica com o negócio jurídico plurilateral.

Há corporações que requerem, além da vontade de seus membros, autorização estatal, como é o caso dos sindicatos, das sociedades de seguros, das sociedades cooperativas etc.

As pessoas jurídicas constituídas no país podem ser declaradas de *utilidade pública*, por decreto do Poder Executivo, quando servirem desinteressadamente à coletividade, não sendo remunerados os cargos de diretoria. O reconhecimento de utilidade pública de uma associação outorga-lhe capacidade maior, gozando de maior proteção do Estado, mas continua a ser regida pelo direito privado.

A declaração de utilidade pública pode promanar dos três níveis de administração, *federal*, *estadual* e *municipal*.

14.11.1 Associações

O Código de 2002 abre um capítulo para tratar das associações nos arts. 53 a 61. Vimos que esse diploma acentua o fim não econômico dessas entidades. A Constituição Federal diz ser plena a liberdade de associação para fins lícitos, vedada a de caráter paramilitar (art. 5º, XVII). Dadas as particularidades de suas finalidades, o parágrafo único do art. 53, como vimos, lembra que entre os associados não há direitos e obrigações recíprocas. As associações preenchem as mais variadas finalidades na sociedade. O Código de 1916, de forma assistemática, já se referira a algumas de suas finalidades: religiosas, pias, morais, científicas, literárias (art. 16, I). Qualquer atividade lícita pode ser buscada por uma associação, como, por exemplo, as associações esportivas, que desempenham importante papel na formação da pessoa e no equilíbrio social.

O art. 54, no texto original do atual Código, enunciava os requisitos obrigatórios que deviam constar dos estatutos da associação: *"I – a denominação, os fins e a sede da associação; II – os requisitos para a admissão, demissão e exclusão dos associados; III – os direitos e deveres dos associados; IV – as fontes de recursos para sua manutenção; V – o modo de constituição e funcionamento dos órgãos deliberativos e administrativos; VI – as condições para a alteração das disposições estatutárias e para a dissolução"*. Assim, o inciso V do citado art. 54 apresentou redação com modificação sutil: *"o modo de constituição e de funcionamento dos deliberativos"*. Suprimiu-se a referência aos órgãos administrativos, cujo peculiar interesse de cada entidade deve definir. Nem sempre será fácil discernir na prática entre órgãos deliberativos e administrativos, pois na maioria das vezes se confundem e se identificam. O inciso VII foi acrescentado, dando como requisito essencial *"a forma de gestão administrativa e de aprovação das respectivas contas"*. A aprovação de contas fora, no texto primitivo, atribuída privativamente à assembleia geral (art. 59, III), em texto agora suprimido por essa mais recente lei. Essa aprovação de contas por assembleia poderia, de fato, gerar infindáveis contendas, em associações com milhares de sócios e dificuldades intransponíveis de gestão. Doravante, cabe a cada entidade definir como suas contas serão aprovadas, definindo quais os órgãos competentes para tal. É evidente que esses órgãos devem ter representatividade, possibilitando que cada membro possa examinar e impugnar as contas, por si, ou por algum órgão escolhido de forma democrática.

Outras disposições podem ser acrescentadas, mas essas presentes no texto legal são essenciais. Os estatutos constituem a lei orgânica da entidade. É norma obrigatória para os fundadores da associação e de todos aqueles que no futuro dela venham participar. A vontade dos novos membros manifesta-se pela adesão à associação e aos regulamentos que a compõem.

Esses são os requisitos mínimos que deverão conter os estatutos. A finalidade deve compreender, como comentamos, um sentido não econômico, característica das associações. A sede da pessoa jurídica fixa seu domicílio e disso decorre uma série de consequências. Nada impede que a associação tenha várias sedes, sendo uma principal e outras subsidiárias (filiais, sucursais, agências).

A Lei nº 11.127, de 28 de junho de 2005, atendendo a pressões de inúmeras associações, alterou a redação desse artigo, bem como dos arts. 57, 59 e 60, os quais apresentavam originalmente inovações que se mostravam difíceis de serem aplicadas na prática, embora o intuito moralizador fosse evidente, como comentamos em edições anteriores desta obra.[9]

---

[9] "Obrigação de não fazer – **Instituição religiosa** – Pleito formulado diante da inobservância de medida aplicada a membro da congregação, impedido de praticar atos de concelebração religiosa. Organização religiosa que, apesar de categorizada de modo autônomo no Código Civil, para os fins em discussão se sujeita a regras de todo modo estatutárias. Viabilidade, em tese, de ação preventiva a fim de evitar que o associado desatenda deliberação sancionatória da entidade. Necessidade, porém, de observância do devido processo, portanto do contraditório. Imperativo de ordem constitucional que se aplica também e indistintamente às entidades privadas, mas na espécie não observado. Ausência, ainda, no estatuto, de qualquer previsão de relação entre a função exercida pelo réu e o impedimento que se pretende lhe impor. Improcedência. Sentença mantida. Recurso desprovido" (*TJSP* – Ap 1006508-91.2015.8.26.0624, 6-2-2018, Rel. Claudio Godoy).

"Apelação Cível – **Associação religiosa** – Ação anulatória de doação ajuizada por entidade religiosa em face de seu suposto representante legal e da associação donatária – Sentença de procedência, com determinação de restituição

A admissão de sócios deve atender ao peculiar interesse da pessoa jurídica. O estatuto pode estabelecer certos requisitos para que alguém tenha a qualidade de sócio. Assim, por exemplo, uma associação de advogados somente poderá ter advogados como seus membros. A demissão não se confunde com a exclusão. A demissão decorre da iniciativa do próprio interessado, por oportunidade ou conveniência sua. A exclusão é pena e somente pode ser operada se for dado direito a ampla defesa ao associado envolvido, como veremos a seguir. Isso é verdadeiro tanto nas hipóteses de conduta incompatível ou antissocial, como nas de mora ou inadimplemento por parte do sócio quanto ao pagamento das contribuições sociais. Neste último caso, o inadimplente deve ser regularmente constituído em mora, concedendo-se oportunidade para que seja purgada.

É importante que o estatuto estabeleça a proveniência dos fundos, que podem derivar de contribuições iniciais e periódicas dos próprios associados ou de doações de terceiros. Nada impede que a associação exerça alguma atividade que lhe forneça meios financeiros, sem que com isso se descaracterizem suas finalidades. O exame será muito mais do caso concreto. Assim, por exemplo, uma agremiação esportiva ou social pode cobrar por serviços de locação de suas dependências para eventos; pode vender lembranças e uniformes; pode cobrar pelos serviços de fisioterapia; exames médicos etc. O que importa verificar é se não existe desvio de finalidade.

O modo de constituição diz respeito ao início de suas atividades. A entidade poderá ter vários órgãos deliberativos e administrativos, como conselho fiscal, conselho de administração patrimonial, conselho disciplinar, comissão de admissão de novos sócios etc. Esses órgãos poderão ser permanentes ou temporários.

As condições de alteração das disposições estatutárias, inclusive de suas finalidades, devem ser minuciosamente descritas, bem como o *quorum* necessário para que sejam realizadas em assembleia especialmente convocada. Da mesma forma a dissolução. Sempre deverão ser obedecidos os princípios legais mínimos, pois os estatutos não podem com eles conflitar. Veja o que consta no art. 61, supletivo do estatuto.

O art. 55 estipula que os associados devem ter iguais direitos, mas o estatuto poderá instituir categorias com vantagens especiais.[10] Nem sempre o âmbito dessas vantagens especiais

---

do valor da doação para a autora e condenação somente do corréu, pessoa física, aos ônus da sucumbência, com arbitramento da verba honorária em 15% do valor da condenação – Inconformismo dos corréus – Doação que infringiu disposição estatutária, além de ser efetuada por quem não era representante legal da doadora. Anulação do negócio jurídico que deve prevalecer – Ônus sucumbenciais, entretanto, que devem ser suportados, de forma solidária, pelos corréus, observada a gratuidade judiciária concedida à corré associação – Verba honorária que deve ser reduzida para 1% do valor atualizado da causa, sob pena de resultar em valor elevadíssimo – Redução amparada por orientação do Colendo Superior Tribunal de Justiça. Recurso parcialmente provido" (*TJSP* – Ap 0003060-18.2013.8.26.0101, 9-5-2016, Rel. Viviani Nicolau).

"Agravo de instrumento. Medida cautelar inominada. **Associação**. Eleições para direção. Comissão eleitoral. Legitimidade. Pessoa formal. Conduta que deve se limitar aos poderes conferidos pelo estatuto. Lei orgânica da associação. Arts. 53 e seguintes do Código Civil. 1. A comissão eleitoral, órgão temporário constituído por previsão estatutária, é pessoa formal, ou seja, dotada de personalidade judicial, logo, legítima para ocupar o polo passivo para responder pelos atos que realizar. 2. Consistindo em órgão da associação, a comissão eleitoral deve observar os exatos termos do estatuto, lei orgânica que define e delimita os poderes dos órgãos, consoante interpretação sistêmica dos arts. 53 e seguintes do Código Civil. 3. Não estando prevista no estatuto a possibilidade de recontagem de votos pela posterior averiguação de suposta irregularidade na eleição, tal conduta deve ser coibida. Recurso desprovido" (*TJPR* – Acórdão Agravo de Instrumento 846.974-7, 16-5-2012, Rel. Des. Vilma Régia Ramos de Rezende).

10 "Apelação cível – Ação declaratória de nulidade de assembleia – Sentença de improcedência – Inconformismo de ambas as partes – apelação da associação ré – Alegação de vício na representação processual dos autores não caracterizado – Convenção condominial que atribuiu poderes aos subsíndicos para representar o condomínio (ou seus blocos) em juízo, ativa e passivamente – apelação dos condomínios autores – Nulidade na assembleia não

fica muito claro no caso concreto. O legislador deveria ter sido mais descritivo. Pode ocorrer que existam categorias diversas de associados: sócios efetivos, sócios beneméritos, sócios honorários etc. A dificuldade está em saber, no caso concreto, se é válida a atribuição de vantagens especiais a sócios que contrariam a finalidade primeira do dispositivo, qual seja, a igualdade de direitos. Parece que a melhor solução é entender que toda entidade dessa espécie deve garantir os direitos mínimos aos associados e que as vantagens são excepcionais a algumas categorias que, por natureza, sejam diferenciadas, como, por exemplo, a atribuição da categoria de "sócio benemérito" a alguém estranho inicialmente aos quadros sociais, mas que tenha trazido efetivo benefício à entidade. Nem sempre o deslinde será fácil perante o caso concreto.

O art. 56 possibilita duas espécies de associado, que podem até mesmo conviver na mesma entidade: com ou sem participação em quota ou fração ideal do patrimônio da entidade. São os chamados sócios patrimoniais e sócios meramente contributivos.[11] O que o artigo pretende

---

evidenciada – Estatuto social distinguiu associados em categorias de titulares diretos (condomínios de loteamento) e indiretos (condôminos ou proprietários) – "Titulares Indiretos" votantes na assembleia geral de eleição da diretoria e conselho fiscal e "Titulares Diretos" votantes nas demais assembleias – Proprietários de lotes representados na assembleia por seus condomínios (na pessoa do síndico ou subsíndico constituído) – Possibilidade prevista nos arts. 54, incs. III, V e VII c/c 55, ambos do CC, e no art. 30 do estatuto social – recursos desprovidos". (TJSP – Ap 1047660-24.2020.8.26.0114, 24-5-2023, Rel. Fernando Reverendo Vidal Akaoui).

"Apelação cível – Ação de Obrigação de Fazer cumulada com Indenização por Perdas e Danos – **Sócio remido** de associação recreativa que entende indevida a cobrança de taxas de investimento, de emissão de carteirinhas e de realização de exame médico – Sentença de parcial procedência, apenas para autorizar o autor a ingressar e frequentar todas as áreas do clube, admitida, contudo, a cobrança de serviços de Restaurante e Lanchonetes (comida, bebidas, etc.), expedição de Carteira Social do Titular e seus dependentes e Exame Médico e Taxa de investimentos em novas obras para atendimento aos objetivos sociais – Insurgência de ambas as partes – Acolhimento em parte – Sócio remido que, nos termos do contrato firmado entre as partes, somente é dispensado do pagamento da 'taxa de manutenção', a qual é cobrada para fazer frente às despesas ordinárias do clube – Gastos extraordinários ou de melhoramento da associação recreativa ('taxa de investimento'), cujo custeio pelos sócios remidos deve ser admitido, pouco importando a existência de assembleia geral nesse sentido, tampouco previsão no estatuto – Conclusão que é intrínseca ao tipo de isenção que é concedida aos sócios remidos – Demais serviços, equipamentos e eventos realizados por terceirizados em benefício do clube, que igualmente devem ser custeados pelos sócios remidos, posto que excluídos do conceito de 'taxa de manutenção' – Fruição da 'Pousada', consumo de alimentos e bebidas, taxa de exame médico e de expedição de carteirinha, além do pagamento de ingressos para shows e demais eventos que, nessa linha de raciocínio, devem ser custeados pelo autor, ainda que sócio remido, posto que promovidos por terceirizados em favor do clube. – Acesso à 'área VIP' que deve ser chancelado ao autor e seus dependentes, gratuitamente, uma vez que, pelos elementos constantes dos autos, trata-se de espaço integrante da estrutura regular do clube, não podendo haver cobrança de ingresso, qualquer que seja a categoria de sócio – Proibição de ingresso do apelante e seus dependentes à 'área VIP' que restou incontroversa, ainda que não demonstrada a alegada falsificação de documento. – Situação vexatória caracterizadora de dano moral a ser indenizado. – Reparação que deve ser fixada em R$ 2.500,00, dadas as peculiaridades do caso concreto. – Sentença reformada. – Recursos providos em parte" (TJSP – AC 0004130-51.2015.8.26.0505, 29-7-2019, Rel. Rodolfo Pellizari).

"**Associação** – Pretensão a ser inscrito em chapa para concorrer à eleição do conselho deliberativo e do presidente da diretoria – Falta de interesse de agir superveniente – Eleição já realizada – Extinção do feito sem resolução do mérito – Ônus da sucumbência a cargo do autor – Observância do princípio da causalidade – Pretensão do autor ao seu reconhecimento como **sócio remido** que constitui inconcebível inovação recursal – Recurso do réu provido e recurso do autor não conhecido" (TJSP – Ap 1001945-42.2014.8.26.0704, 26-3-2018, Rel. Luiz Antonio de Godoy).

[11] "**Associação – Assembleia geral extraordinária** – Ação de invalidação de assembleia anterior c/c suspensão de nova assembleia e nomeação de administrador judicial. Tutela de urgência. Insurgência dos autores contra decisão de indeferimento. Manutenção. Ata assemblear assinada por outros associados, além de ata notarial que, por ora, devem ser presumidas verdadeiras. Abusos não verificados. Previsão estatutária de contribuição e de ingresso de novos associados. Irregularidades, ao que tudo indica, são antigas. Ausência dos requisitos do art. 300 do CPC. Recurso não provido" (TJSP – AI 2121964-96.2018.8.26.0000, 4-7-2018, Rel. Carlos Alberto de Salles).

"Agravo retido – Falta de reiteração – Não conhecimento – **Ação anulatória de assembleia geral extraordinária** – Destituição da diretoria pela maioria do capital – Evidente legitimidade da sociedade, pois qualquer deliberação certamente abrangerá seus interesses. Assembleia. Convocação. Cláusula que prevê expressamente a necessidade de prévia notificação dos sócios com antecedência de dez dias (cláusula 11 do contrato social). Notificação de integrante que, embora providenciada dentro do prazo, ocorreu, de fato, poucos dias antes do certame. Nulidade sanada diante do seu comparecimento. Assembleia. Destituição da Diretoria discutida em reunião extraordinária de sócios. Possibi-

resguardar é o peculiar interesse da associação. Ou, em outras palavras, cabe à própria entidade definir quem pode ingressar como associado. O simples fato de transferir-se a quota ou a qualidade de sócio a terceiro não é suficiente, se o estatuto não o permitir.

Na grande maioria das associações há condições de admissibilidade como associado que devem ser obedecidas. Geralmente, dependendo da sofisticação da entidade, há uma comissão de admissão que examina a vida pregressa do candidato a sócio e opina sobre sua admissão, possibilitando a qualquer interessado que impugne o procedimento. Imagine-se, por exemplo, que não é qualquer pessoa que pode ingressar na Academia Brasileira de Letras. Nem há que se entender que um clube social tenha o dever ou a obrigação de receber qualquer pessoa em seu convívio.

Desse modo, se o associado guarda apenas essa situação singela de contribuição, sem participação patrimonial, não pode transferir a terceiro sua situação jurídica, sem aquiescência da associação, se esta o proibir. Da mesma forma, se o associado detém quota ou fração ideal do patrimônio da entidade, a transferência a outrem dessa parcela patrimonial, por negócio *inter vivos* ou *mortis causa*, não tem o condão de, per si, converter o sucessor em sócio. Para tal, há que ser obedecido o estatuto. Na maioria das vezes, os clubes sociais e também associações de outra natureza costumam cobrar, para essa admissão, quando se faz possível, um valor em dinheiro, vulgarmente denominado "joia", ou seja, uma taxa de transferência, que se reverte em benefício da entidade. Todos esses procedimentos devem estar previstos no estatuto. Percebe-se, portanto, que poderá ocorrer que alguém detenha uma quota ou fração ideal da entidade, sem que goze do estado de associado.

A ideia fundamental é no sentido de permitir que a associação faça um juízo de oportunidade e conveniência para a admissão de novos associados. Há entidades que exigem, por exemplo, qualificação profissional ou específica para o ingresso. Os estatutos devem definir a natureza e os requisitos dos associados. Desse modo, não pode, em princípio, participar de uma associação de engenheiros quem não o seja, salvo sob uma forma diversa de participação associativa. Veja o que falamos a respeito da diversidade de categorias de sócio nos comentários ao art. 55. Não há que se admitir que uma entidade deva aceitar em seu seio pessoas de conduta moral duvidosa ou com vida pregressa pontuada de condutas antissociais ou de crimes. A cada caso compete o devido exame para avaliar eventual abuso, que pode ser discutido no Judiciário. Porém, como regra geral, esse vínculo associativo é visto sob o prisma da oportunidade e conveniência. Sob o atual direito constitucional e levando-se em conta a igualdade do homem e da mulher, torna-se difícil sustentar, por exemplo, que uma associação somente admita pessoas do sexo masculino ou do sexo feminino. No entanto, caberá ao bom senso do julgador definir essa possibilidade, no caso concreto, sob o prisma da boa-fé objetiva e dos usos e costumes. Não se esqueça que a tradição, em princípio, integra os usos e costumes, mas não é fator imutável. Por muitos séculos, por exemplo, entidades como a Maçonaria e outras tantas são reservadas apenas para pessoas do sexo masculino. Este novo século há de demonstrar se haverá mudanças também sob esse aspecto.

---

lidade. Assuntos de interesse social (previsão na cláusula 13 do ato constitutivo). Assembleia. Destituição da Diretoria. Alegação de que não há justa causa. Convencimento da maioria aliado à concessão do direito do contraditório que valida o ato. Questão *interna corporis*. Assembleia. Contagem de votos. Destituição da Diretoria. Previsão contratual no sentido de que, falecido o sócio, o cônjuge sobrevivente e seus herdeiros assumem sua posição. Votos que devem ser considerados, independentemente de formalidades, como, por exemplo, o registro de alteração contratual. Assembleia. Contagem de votos. Destituição da Diretoria. Alegação de que uma das sócias favorável à destituição possuía acordo com a diretoria para elegê-la por três mandatos consecutivos. Inaplicabilidade, às sociedades simples, da legislação pertinente às sociedades anônimas, porque estas, diferente daquelas, são empresariais. Pactos em separado entre os sócios que não poderão ser opostos a terceiros. Recurso de apelação parcialmente provido, não conhecido o agravo retido" (TJSP – Ap 9061017-69.2009.8.26.0000, 19-3-2015, Rel. Araldo Telles).

Em princípio, a qualidade de sócio é intransmissível, salvo permissão do estatuto (art. 56). Como se trata basicamente de uma entidade de pessoas, cumpre que o corpo social aprove os novos associados. Desse modo, o estatuto deve regulamentar a sucessão entre vivos e *causa mortis* da fração social ou quota de que o sócio é detentor, geralmente denominada "título". Daí por que o parágrafo único do art. 56 afirmar que a transferência da quota ou fração não importará, de per si, na atribuição da qualidade de associado ao adquirente ou ao herdeiro, salvo disposição diversa no estatuto. Geralmente, as instituições associativas, além da aprovação do novo membro que se apresenta como adquirente do título, exigem, como referimos, um pagamento pela transferência, vulgarmente denominado de "joia".

Uma vez admitido o associado, sua exclusão somente será possível por justa causa, obedecido ao estatuto (art. 57). Especificava ainda esse dispositivo, na redação original, que, se o estatuto fosse omisso, a exclusão poderia ocorrer se fosse reconhecida a existência de motivos graves, em deliberação fundamentada, pela maioria absoluta dos presentes à assembleia geral especialmente convocada para esse fim. O parágrafo único desse artigo acrescentava ainda que, da decisão do órgão que, de conformidade com o estatuto, decretar a exclusão, caberia sempre recurso à assembleia geral. Esse dispositivo dizia menos do que devia: qualquer que seja a dimensão da sociedade ou a gravidade da conduta do associado, deve ser-lhe concedido amplo direito de defesa. Nenhuma decisão de exclusão de associado, ainda que o estatuto permita e ainda que decidida em assembleia geral convocada para tal fim, pode prescindir de procedimento que permita ao indigitado sócio produzir sua defesa e suas provas. O princípio, que poderia estar enfatizado nessa redação original, decorre de princípios individuais e garantias constitucionais em prol do amplo direito de defesa (art. 5º, LV, da Constituição). A Lei nº 11.127/2005, atendendo à nossa crítica, modificou a redação do art. 57, colocando-a nos termos por nós sugeridos:

> *"A exclusão do associado só é admissível havendo justa causa, assim reconhecida em procedimento que assegure direito de defesa e de recurso, nos termos previstos no estatuto. Parágrafo único. (revogado)"*

Foi suprimida a referência que o parágrafo fazia ao recurso à assembleia geral. Dentro do princípio fundamental da ampla defesa, o estatuto deve prever o recurso e o órgão recursal.

Processo sumário ou defeituoso para exclusão de sócio não resistirá certamente ao exame pelo Poder Judiciário. Isso é verdadeiro não somente para a pena de exclusão do quadro social, que é a mais grave; mas também para as demais penalidades que podem ser impostas, como advertência, repreensão, multa ou suspensão. Para que se atenda a esse ditame, era conveniente, como dizíamos, e agora é imposto pela lei que o estatuto preveja um procedimento específico para a aplicação de penalidades, utilizando sempre, por analogia, os direitos e as garantias da ciência processual, mormente os básicos constitucionais, quais sejam, o contraditório e a ampla defesa, com os meios e recursos a ela inerentes. Nesse diapasão, o estatuto e a lei estabelecerão sempre os limites do exercício dos direitos sociais (art. 58).

A assembleia geral é órgão necessário da associação, exercendo o papel de poder legislativo na instituição. O art. 59, ao elencar a matéria privativa da assembleia geral, veio originalmente pleno de intenções moralizadoras, mas de difícil execução em concreto: "*I – eleger os administradores; II – destituir os administradores; III – aprovar as contas; IV – alterar o estatuto*".[12] Para

---

[12] "Declaratória. Obrigação de fazer. Insurgência contra sentença de parcial procedência da ação principal e procedência da reconvenção. Sentença mantida. 1. Recurso da autora. Ausência de interesse recursal quanto aos pedidos de

a matéria dos incisos II e IV, o parágrafo único desse artigo exigia o voto de dois terços dos presentes à assembleia convocada para esse fim, não podendo ela deliberar, em primeira convocação, sem a maioria absoluta dos associados, ou com menos de um terço nas convocações seguintes. O legislador, atento a abusos que ocorrem com frequência, preferiu, no texto aprovado do Código, ser detalhado nessa hipótese, estabelecendo um *quorum* mínimo a ser obedecido em importantes decisões sociais. Não era posição ideal, uma vez que cada sociedade deveria ter autonomia para fixar essas normas. Nas edições anteriores desta obra, dizíamos que o futuro apontaria a senda correta. O legislador preferiu suprimir do texto as matérias que traziam complexidade prática. A norma era cogente: qualquer disposição estatutária que estabelecesse *quorum* inferior para essas decisões seria ineficaz. No mesmo sentido, o art. 60 determina que a convocação da assembleia geral e dos órgãos deliberativos far-se-á na forma do estatuto, garantindo-se sempre a um quinto dos associados o direito de promovê-la.[13]

A Lei nº 11.127, de 28-6-2005, suprimiu do artigo como matéria privativa da assembleia geral a eleição dos administradores e a aprovação de contas, algo que, se possível em pequenas entidades, tornar-se-ia obstáculo, intransponível em associações de monta, com milhares de

---

nulidade das deliberações. Tendo sido declarada a nulidade da assembleia, não há como analisar a legalidade das respectivas deliberações. 2. Reconvenção. Valor depositado incluía honorários contratuais, de modo que acertada a r. sentença ao condenar a reconvinda ao pagamento de honorários sucumbenciais. 3. Recurso da ré. **Impossibilidade de desconsiderar os critérios do Estatuto para deliberações que competem privativamente à assembleia geral (art. 59, *caput*, II, parágrafo único, CC).** Recursos desprovidos" (TJSP – Ap 1000149-25.2021.8.26.0654, 15-2-2024, Rel. Carlos Alberto de Salles).

"Ação de obrigação de fazer. Entidade desportiva. Impugnação pelos autores de alteração do Estatuto Social realizada pelo Conselho Deliberativo. Alegação de inobservância do art. 59 do CC, determinando que cabia à Assembleia Geral alterar o Estatuto Social. Sentença de procedência, com a declaração de nulidade das alterações. Perda superveniente de interesse processual. Clube revogou o antigo Estatuto Social (objeto da presente ação) e a Assembleia Geral aprovou novo Estatuto Social. Ação extinta sem resolução do mérito. Princípio da causalidade. Requerido deve arcar com as verbas da sucumbência. Recurso parcialmente provido" (TJSP – Ap 0120087-11.2007.8.26.0011, 19-4-2021, Relª Silvia Maria Facchina Esposito Martinez).

"**Associação** – Ação cautelar satisfativa – Sentença de improcedência – Insurgência dos autores – Ação cautelar ajuizada para impedir a realização de Assembleia Geral Ordinária para a eleição do corpo administrativo do clube para o biênio 2014/2016. Preliminar de cerceamento de direito afastada. Determinação de distribuição livre da ação. Ausência de interposição do recurso cabível. Preclusão. Validade das eleições do corpo administrativo do clube entre 2008 a 2012 e da Assembleia Extraordinária realizada em 2013 para autorizar a venda de imóvel de propriedade do clube que foi objeto de ação anulatória. Estatuto social que está em conformidade com as regras dos arts. 53 a 61 do CC. Associações que são regidas por estatutos próprios, que estabelecem regras no tocante à convocação de assembleia e eleição de seus diretores e demais membros do corpo administrativo. Obediência às regras estabelecidas no estatuto social e regimento interno quanto à convocação de Assembleia Geral Ordinária e ao registro de chapa dos candidatos às eleições do corpo administrativo do clube. Sentença mantida. Recurso desprovido" (TJSP – AC 1005795-20.2014.8.26.0344, 16-8-2019, Rel. Alexandre Marcondes).

[13] "**Ação de nomeação de administrador provisório** – Negativa de registro do Novo Estatuto Social, ante a ausência de apresentação das atas regulares das eleições, desde 31/12/1991, até a presente data – Inicial indeferida por falta de interesse de agir, tendo em vista a previsão do Estatuto Social de eleições para a Diretoria – Nota de devolução do Cartório que inviabiliza a regularização da Associação pela via administrativa. Necessidade de nomeação de administrador provisório, conforme entendimento da Corregedoria Geral de Justiça – Sentença anulada – Recurso provido" (TJSP – Ap 1026437-02.2016.8.26.0002, 20-3-2018, Relª Ana Maria Baldy).

"Agravo de instrumento – **Ação de nomeação de administrador provisório** – Pretensão de ser nomeado administrador provisório de associação para o fim de extinguir a pessoa jurídica – Decisão que nomeou o autor para presidir assembleia para recomposição dos quadros da associação, ficando autorizada a convocação em local diverso daquele indicado como sede, devendo ser deliberado somente sobre a extinção da associação, e não sobre qualquer questão patrimonial, administrativa, fiscal, financeira ou de ordem não registral – Inconformismo – Autor que, por ter sido nomeado administrador provisório da associação, deve convocar e também presidir a Assembleia Geral – Convocação que deve se ater aos termos do Estatuto – Deliberação apenas sobre a extinção da associação, sendo posteriormente, caso se decida pela extinção da pessoa jurídica, convocada Assembleia Geral específica para deliberar sobre a destinação a ser dada ao patrimônio social – Recurso improvido" (TJSP – AI 2083971-24.2015.8.26.0000, 28-1-2016, Rel. José Aparício Coelho Prado Neto).

associados. Essa era uma reclamação constante dos próceres dessas entidades. O legislador buscara moralizar entidades cujos dirigentes eternizam-se no poder, mediante o controle dos órgãos eletivos. Não há que se desistir desse desiderato, porém, buscando-se novas fórmulas, ainda que não presentes no Código Civil.

O poder executivo da pessoa jurídica é exercido por um diretor ou diretoria, podendo ser criados outros órgãos auxiliares, dependendo do vulto da entidade, tais como outras entidades, conselhos consultivos e fiscais etc.

Dizíamos em tiragens anteriores desta obra, porém, que o art. 59 introduzira importante e salutar inovação na estrutura das associações que certamente implicaria alteração de atitude de grande número de entidades no país. Descreve esse artigo a matéria que compete privativamente à assembleia geral. A primeira perspectiva é analisar se se trata de princípio cogente, que não admite disposição em contrário pela vontade privada, isto é, se é admissível disposição em contrário nos estatutos. Tudo é no sentido da obrigatoriedade ou imperatividade dessa norma, tendo em vista o advérbio peremptório "*privativamente*" colocado no *caput*. O legislador não deixou dúvida a esse respeito. A norma jurídica que tem em mira proteger a boa-fé de terceiros ou interessados ou evitar graves injustiças sociais possui marcadamente o caráter impositivo ou irrenunciável, como denota esta ora comentada. A propósito, lembre-se de que Karl Larenz refere-se expressamente à maioria das normas que regulam as associações como sendo imperativas, referindo-se ao Código alemão, em afirmação perfeitamente aplicável a nosso estatuto (1978:43). Desse modo, estamos perante um preceito legal de ordem pública que deságua na imperatividade da disposição. Sempre que o legislador impõe uma norma desse nível e obsta aos interessados dispor diferentemente, é porque considera que há um interesse social comprometido com seu cumprimento (Borda, 1991, v. 1:77). Assim, pelo novo texto legal, competirá privativamente à assembleia geral somente a destituição dos administradores e a alteração do estatuto.

Ora, partindo dessa premissa, de acordo com o inciso I, na redação original, somente a assembleia geral, para a qual deviam ser convocados todos os associados com direito a voto, poderia eleger os diretores. Com esse princípio, caía por terra qualquer possibilidade de a eleição desses próceres ser realizada por via indireta. Muitas associações, mormente clubes sociais e esportivos deste país, sempre elegeram os diretores por meio de um Conselho, que recebia variados nomes (conselho deliberativo, eleitoral etc.). Algumas entidades possuem ainda conselheiros vitalícios. Com essa estratégia, muitos diretores e grupos conhecidos eternizaram-se no poder, dominando a associação, sem possibilidade de renovação para novas lideranças. Os exemplos são patentes, principalmente, mas não unicamente, nos clubes de futebol profissional, pois a imprensa sempre os decanta e os deplora. Essa eleição direta mostrava-se, contudo, de difícil realização na prática. Havia necessidade, portanto, de modificação de atitude e que essa nova posição legislativa fosse devidamente absorvida no seio dessas entidades, como princípio que atendesse aos novos interesses sociais. Certamente, esse princípio atingia um segmento empedernido de nossa sociedade, acostumado às benesses de uma posição excêntrica, e que resiste a mudanças. Havia, sem dúvida, em muitas situações, dificuldades materiais de difícil transposição na eleição direta, mormente quando existem associados em todo o país e mesmo no exterior, o que desde o início da vigência do Código acarretou muita resistência à aplicabilidade desse dispositivo. Exemplo disso é o que é exposto no item seguinte. Devemos, pois, estar atentos às novas manifestações jurídicas e adaptá-las da melhor forma à nossa realidade e à melhor função social.

De acordo com o dispositivo ora em vigor sob enfoque cabe privativamente à assembleia geral, por lei, apenas a destituição dos administradores e a alteração do estatuto. A alteração do estatuto pela assembleia geral, nas associações com muitos membros, irá exigir esforços. Nada impede que o estatuto de cada entidade acrescente outras matérias como privativas dessa assembleia. Esses atos são tidos como fundamentais para a vida da entidade, não podendo ser relegados a corpos delegados.

Ainda, de acordo com o parágrafo único, na redação primitiva a destituição dos administradores e a alteração de estatutos dependeria do voto de dois terços dos presentes à assembleia convocada para esses fins. Se instalada em primeira convocação, havia necessidade de maioria absoluta de membros para deliberação, e nas convocações seguintes, necessidade de um terço de todos os associados. Desse modo, afastava-se a possibilidade de essas matérias serem discutidas por alguns poucos sócios. Sem o *quorum* mínimo nem mesmo poderia ser instalada a assembleia. Cuidara o legislador de evitar que as assembleias fossem realizadas à socapa, em horários impróprios ou inusitados, como tanto se fez no passado. No tocante à eleição dos administradores e aprovação de contas, a lei original dispensava *quorum* mínimo de instalação e *quorum* mínimo de aprovação, dependendo a aprovação de maioria simples.

Com a nova redação dada pela mais recente lei, perdeu-se o sentido da moralidade e da ética do texto original em prol da praticidade, pois o parágrafo único do art. 59 apresenta agora a seguinte redação:

> *"Para as deliberações a que se referem os incisos I e II deste artigo é exigido deliberação da assembleia especialmente convocada para esse fim, cujo quorum será o estabelecido no estatuto, bem como os critérios de eleição dos administradores."*[14]

Com isso não se impede que camarilhas se instalem com facilidade no poder de inúmeras associações, cumprindo que as minorias dissidentes estejam sempre atentas.

O estatuto, porém, pode estabelecer outros limites desde que não ultrapasse o conceito da razoabilidade e do aceitável em situações análogas. Apenas os atos descritos neste artigo dependem coercitivamente da assembleia geral. O estatuto pode, no entanto, como norma interna regulamentadora subjacente à lei, incluir outros. Tudo que não depender da assembleia geral pode ser decidido e deliberado por outros órgãos, pela diretoria ou conselhos, conforme dispuser o estatuto.

O art. 61 dispõe acerca da finalidade do patrimônio na hipótese de dissolução da associação.[15] O restante do patrimônio líquido, depois de deduzidas as eventuais quotas ou

---

[14] **"Associação civil** – Ação declaratória de nulidade de convocação e realização de Assembleia – Eleição do corréu realizada em desacordo com o Estatuto Social – Nulidade reconhecida – Procedência parcial mantida – Recurso desprovido" (TJSP – AC 1092759-64.2017.8.26.0100, 24-5-2019, Rel. Moreira Viegas).
"Ação de anulação de cláusula de **estatuto de associação** com pedido de tutela antecipada – Anulação de deliberação assemblear para alteração de disposições do estatuto sem a observância do quórum exigido – Improcedência – Inconformismo – Acolhimento em parte – Inexistência de violação ao princípio da igualdade (art. 5º, I, da CF) inerente às disposições estatutárias reformadas – Deliberação que respeitou o estatuto, sendo válida, exceto no que tange à segunda parte do art. 22 – Sentença reformada em parte – Recurso provido em parte" (TJSP – Ap 4007792-46.2013.8.26.0562, 18-5-2015, Rel. Grava Brazil).

[15] "Apelação Cível – **Associação – Alteração de estatuto** – Decadência – Dissolução de associação – Destinação de patrimônio remanescente – Restituição de contribuição – Termo de extinção – Honorários de advogados – Equidade – 1- O prazo decadencial é de três anos para a pretensão para desconstituir as decisões tomadas pelas pessoas jurídicas com administração coletiva, na hipótese de ilegalidade ou transgressão às normas do estatuto, ou forem eivadas de erro, dolo, simulação ou fraude (art. 48, parágrafo único, do Código Civil). 2- É cabível, na dissolução de associação, a destinação de patrimônio remanescente à entidade de fins não econômicos designada em estatuto. Previsão expressa no art. 61 do Código Civil. 3- Deve ser reduzido o valor dos honorários de advogados no caso em que o percentual de 10% (dez por cento) aplicado sobre o valor da causa se mostrar exorbitante, diante da análise

frações ideais dos associados, será destinado a entidade de fins não econômicos, designada no estatuto, ou, omisso este, por deliberação dos associados, a instituição municipal, estadual ou federal, de fins idênticos ou semelhantes. Faculta-se aos associados, pelo estatuto ou por sua deliberação, que estes recebam, antes da destinação final do patrimônio, o valor atualizado das contribuições que tiverem prestado ao patrimônio da associação. Essa possibilidade poderá ser utilizada, na prática, para encobrir fraudes, e deverá ser cuidadosamente documentada. O § 2º determina que o patrimônio social remanescente seja devolvido ao Estado, ao Distrito Federal ou à União, se não existir instituição com fins semelhantes ou idênticos a quem se possa atribuí-lo.

14.11.2 Organizações Religiosas e Partidos Políticos

A Lei nº 10.825, de 22 de dezembro de 2003, a qual, como já referimos, acrescentou dois incisos ao art. 44. Assim, além das associações, das sociedades e das fundações, o ordenamento conclui pela existência de duas outras pessoas jurídicas de direito privado: as *organizações religiosas* e os *partidos políticos*. Ao mesmo tempo, esse diploma, no art. 2.031, acrescenta parágrafo único para estatuir: "*O disposto neste artigo não se aplica às organizações religiosas nem aos partidos políticos.*" Lembre-se de que esse art. 2.031, pertencente às disposições finais do Código, determinou que as citadas pessoas jurídicas, associações, sociedades e fundações, constituídas sob a legislação anterior, deviam adaptar-se às regras do mais recente Código Civil, a partir de um ano de sua vigência. Também existem projetos em tramitação para estender ou modificar esse prazo.

A principal justificativa do legislador para a elaboração dessa norma deveu-se ao fato de os partidos políticos e as igrejas, bem como suas entidades mantenedoras, terem entrado *numa espécie de limbo legal*, pois não se enquadrariam na definição do art. 53. Essa afirmação deve, sem dúvida, ser recebida com reservas. Na verdade, a modificação perdeu seu maior sentido com a alteração mencionada na redação do art. 59, que determinava a eleição e destituição dos administradores, bem como aprovação de contas e alteração de estatuto, somente pela assembleia geral. A lei modificadora, no seu § 1º, estabelece que "*são livres a criação, a organização, a estruturação interna e o funcionamento das organizações religiosas, sendo vedado ao poder público negar-lhes reconhecimento ou registro dos atos constitutivos e necessários ao seu funcionamento*". Mormente as instituições religiosas, tanto as tradicionais como as arrivistas, não comprometidas verdadeiramente com a Fé, continuarão a gozar dos mesmos benefícios, benesses e privilégios legais e se manterão herméticas e obscuras em suas administrações, como sempre demonstrou a História. O dedo corporativo se mostrara evidente na iniciativa e no espírito dessa nova disposição legal. Talvez o *limbo* a que o relator do Projeto textualmente se referiu não seja exatamente aquele por ele descrito, mas meros interesses corporativos subjacentes. Ademais, frise-se, quando se falava em eleição por assembleia geral, nunca havia de se entender como a assembleia de fiéis a determinada igreja, corpo social sem reflexos jurídicos, mas assembleia daqueles que efetivamente participam como sócios. A justificativa do projeto baralhou, quiçá propositalmente, esses conceitos elementares. Tudo é no sentido de que existe uma outra axiologia em torno desse fato social, utilizando-se, mais uma vez, dos princípios da teoria tridimensional. Cada um fará seu próprio julgamento sobre a oportunidade e a conveniência dessa nova disposição, a qual, certamente, não aponta para os novos rumos do atual direito social. É conveniente que o tema seja rediscutido.

---

do contexto do labor desenvolvido pelo advogado da parte, nos termos do art. 8º do CPC. 4- Recurso conhecido e parcialmente provido" (*TJDFT* – Proc. 20160110889259APC – (1086947), 10-4-2018, Rel. Alvaro Ciarlini).

14.12 FUNDAÇÕES

Nas fundações, há de início um patrimônio despersonalizado, destinado a um fim. Ao contrário das sociedades e associações, que são uma reunião de pessoas, uma coletividade, as fundações assentam sua razão de ser no patrimônio para certa finalidade. Estatui o art. 62 do Código Civil:

> *"Para criar uma fundação, o seu instituidor fará, por escritura pública ou testamento, dotação especial de bens livres, especificando o fim a que se destina, e declarando, se quiser, a maneira de administrá-la."*

Trata-se, portanto, de acervo de bens que recebe personalidade para realizar fins determinados. O patrimônio se personaliza quando a fundação obtém sua existência legal. Não é qualquer destinação de bens que constitui uma fundação. É necessário o ato de personificação. O parágrafo único do art. 62 sofreu importante modificação pela Lei nº 13.151/2015. Originalmente o atual Código circunscreveu o âmbito das fundações aos intuitos *religiosos, morais, culturais* ou *de assistência*.[16] Essa lei deu uma amplitude descricional às finalidades

---

[16] "Administrativo e processual civil – Preliminar de nulidade da sentença rejeitada – Ação civil pública – Televisão educativa sem finalidade lucrativa – Propaganda comercial – Violação à legislação – **Desvio de finalidade configurado** – Cassação da outorga afastada (pedido principal) – Obrigatoriedade de adequação ao contrato de concessão e à legislação (pedido subsidiário) – Danos morais coletivos não verificados – I– Ação civil pública proposta pelo Ministério Público Federal objetivando o cancelamento da outorga concedida à Fundação (TV Barretos) para execução de serviços de radiodifusão de sons e imagens, com fins exclusivamente educativos ou, subsidiariamente, a adequação ao contrato de concessão e à legislação pertinente. Busca, ainda, a condenação dos réus (Fundação e os sócios-diretores), solidariamente, ao pagamento de indenização por dano moral coletivo e à devolução do valor auferido irregularmente. Sustenta a utilização da radiofrequência sem a devida autorização do Poder Público e o descumprimento dos termos da outorga de concessão do serviço público federal (caráter exclusivamente educativo). II– Prejudicado o agravo regimental interposto pela Fundação (TV Barretos), haja vista a apreciação dos recursos de apelação. III– Rejeitada a preliminar de nulidade da sentença por ausência de citação dos litisconsortes necessários. A União não figura no polo passivo e nem possui legitimidade, pois em 2010 (ajuizamento da ação) não tinha autorizado o funcionamento da TV. Ainda que fosse necessária a intervenção da União nos autos, nota-se que sua ausência não acarretou prejuízo à Fundação. Portanto, inexiste interesse recursal quanto a esse aspecto. IV– A Fundação (TV Barretos) foi criada tendo como objetivo a execução de serviços de radiodifusão sonora e de sons e imagens, de finalidade exclusivamente educativa, mantendo programas de caráter educativo, cultural, artístico, informativo e recreativo (art. 4º, do Estatuto Social). Assim, considerando o objeto social principal da TV Barretos, somado ao fato de que a outorga foi concedida para fins exclusivamente educacional, é possível concluir, do conjunto probatório, o desvio de finalidade da Fundação (TV Barretos) em razão da venda de inserções publicitárias em sua programação (com aumento patrimonial). V– Todavia, a extinção das Fundações deve se operar apenas quando se mostrar ilícita, impossível ou inútil a sua finalidade, ou vendido o prazo de sua existência, a teor do art. 69 do CC. *In casu*, ainda que verificado o desvio de finalidade pela TV Barretos, não se pode afirmar que se mostrou ilícita, impossível ou inútil, na medida em que não se constatou a integral falta de cumprimento do seu fim educativo, mas tão somente a veiculação de propagandas em sua grade. Além disso, não restou demonstrada a incapacidade legal, técnica, financeira ou econômica da Fundação para a execução dos serviços de concessão (art. 64, 'd', da Lei nº 4.117/62). De rigor, a reforma parcial da sentença, com o afastamento da cassação da outorga da concessão do serviço público de radiodifusão (pedido principal), devendo a Fundação adequar-se a todos os ditames do contrato de concessão e da legislação que regulamenta a matéria (pedido subsidiário). VI– Restou comprovado que a sócia Milena exerceu os cargos de Diretora Vice-Presidente e Diretora Presidente e o sócio Rafael o cargo de Diretor Financeiro (atas de reunião), sendo responsáveis pela administração do patrimônio da Fundação (Estatuto Social) e, assim, pelo desvio de finalidade. VII– A existência do dano moral coletivo depende da ofensa a interesses legítimos, valores e patrimônio ideal de uma coletividade que devam ser protegidos. Entretanto, no presente caso, não vislumbrada a ocorrência. VIII– Agravo regimental prejudicado. Remessa oficial, apelação do Ministério Público Federal e recurso adesivo dos corréus desprovidos. Apelação da Fundação (TV Barretos) parcialmente provida" (*TRF-3ª R.* – Ap-RN 0004689-35.2010.4.03.6138/SP, 3-7-2019, Relª. Desª. Fed. Mônica Nobre).
"Fundação cultural – **Desvio de finalidade** – Uso político/partidário – Participação e convivência de diretores e integrantes dos conselhos curador e fiscal – Destituição dos responsáveis – Prejudiciais afastadas – Sentença

das fundações que era reclamada pela doutrina: I – assistência social; II – cultura, defesa e conservação do patrimônio histórico e artístico; III – educação; IV – saúde; V – segurança alimentar e nutricional; VI – defesa, preservação e conservação do meio ambiente e promoção do desenvolvimento sustentável; VII – pesquisa científica, desenvolvimento de tecnologias alternativas, modernização de sistemas de gestão, produção e divulgação de informações e conhecimentos técnicos e científicos; VII – promoção da ética, cidadania, da democracia; e dos direitos humanos; VIII – atividades religiosas.

A Lei nº 13.151 resolveu descrever com mais detalhes as possibilidades de finalidades sociais, certamente tendo em vista iniquidades e abusos que ocorreram nos últimos anos. Nesse sentido será entendida a afirmação de que a fundação não busca lucros. Assim, é facilmente compreensível por que os bens destinados à fundação devem ser livres. Em princípio, seus dirigentes não podem ser remunerados, mas abrem-se exceções para determinadas atividades (vide Lei nº 13.151/2015). De qualquer modo, as finalidades constantes do amplo rol trazido pela nova lei são aceitáveis e devem ter o detido exame do caso concreto. A fundação não se presta, em princípio, a atuar no mercado mercadológico, buscando lucros.

A fundação, por suas próprias características, possui noção mais técnica que as sociedades e associações.

Para a constituição da fundação há dois momentos bem delineados: o ato de fundação propriamente dito, que é sua constituição emanada de vontade, e o ato de dotação de um patrimônio, que lhe dará vida.

O *ato de dotação* compreende a reserva de bens livres, a indicação dos fins e a maneira pela qual o acervo será administrado.

Os bens devem estar livres e desembaraçados, uma vez que qualquer ônus sobre eles colocaria em risco a existência da entidade, frustrando seus objetivos.

São duas, na verdade, as modalidades de formação: a direta e a fiduciária. Pela formação direta, o próprio instituidor projeta e regulamenta a fundação; pela formação fiduciária, o instituidor entrega a tarefa de organizá-la a outrem.

Pode ocorrer que os bens doados sejam insuficientes para a futura instituição.

O Código de 2002 dá a seguinte solução a esse impasse, no art. 63:

> *"Quando insuficientes para constituir a fundação, os bens a ela destinados serão, se de outro modo não dispuser o instituidor, incorporados em outra fundação que se proponha a fim igual ou semelhante."*

Sob tal aspecto, em nosso direito, pelo Código de 1916, o Estado ficava como agente fiduciário da vontade do instituidor até que haja capital bastante para a existência da entidade. Não havia prazo estipulado na lei para a utilização desse capital, de modo que não havia garantia,

---

mantida – Recurso desprovido. 1 – Ação civil pública é via adequada para causa relativa ao desvio de finalidade ou uso indevido do patrimônio de Fundações, estando o Ministério Público plenamente legitimado a propô-la. 2 – No sistema de persuasão racional adotado pelo Código de Processo Civil (arts. 130 e 131), não cabe, em regra, compelir o magistrado a autorizar a produção desta ou daquela prova, se por outros meios estiver convencido da verdade dos fatos, tendo em vista que o juiz é o destinatário final da prova, a quem cabe a análise da conveniência e necessidade da sua produção. 3 – É firme o entendimento deste Tribunal de que respeitado o contraditório e a ampla defesa em ambas as esferas, é admitida a utilização no processo administrativo de 'prova emprestada' devidamente autorizada na esfera criminal" (*TJSP* – Ap 0014130-11.2011.8.26.0066, 12-6-2016, Rel. Moreira Viegas).

nessa hipótese, de que fosse de fato utilizado, se outra destinação não tivesse sido prevista pelo instituidor. Justamente para evitar essa incerteza, o novel legislador optou pela utilização imediata dos recursos a outra fundação semelhante, quando o instituidor não dispuser diferentemente.

O instituidor tanto pode ser pessoa natural como outra pessoa jurídica.

O Ministério Público é, entre nós, o órgão fiscalizador das fundações, por meio da "*Promotoria de Justiça das Fundações*", nas comarcas em que houver esse cargo na divisão administrativa da instituição. Nas pequenas comarcas, incumbirá ao Promotor Público a fiscalização. Sobre isso dispunha o art. 26 do Código de 1916:

> "*Velará pelas fundações o Ministério Público do Estado, onde situadas.*
>
> *§ 1º Se estenderem a atividade a mais de um Estado, caberá em cada um deles ao Ministério Público esse encargo.*
>
> *§ 2º Aplica-se ao Distrito Federal e aos territórios não constituídos em Estados o aqui disposto quanto a estes.*"

Essa mesma fiscalização é mantida pelo Código (art. 66). Em princípio, cabe, portanto, ao instituidor elaborar o estatuto ou designar quem o faça. O estatuto será apresentado ao Ministério Público, que examinará se foram observadas as bases da fundação e se os bens são suficientes para preencher as finalidades.

Se o instituidor não fizer o estatuto ou se a pessoa por ele designada se omitir no prazo de seis meses ou no prazo designado, será elaborado pelo Ministério Público, que o submeterá à aprovação do juiz (art. 1.202 do CPC de 1973). Esse mesmo dispositivo também consta do atual Código Civil (art. 65, parágrafo único).

Qualquer alteração deve ser submetida à aprovação do Ministério Público. Quando a reforma do estatuto não for unânime, deverá ser dada ciência à minoria vencida, para impugná-la, se desejar, no prazo de dez dias (art. 1.203 do CPC de 1973). Nesse aspecto, entendia-se que estava derrogado o art. 29 do Código Civil de 1916, que atribuíra prazo de um ano para a minoria vencida promover a nulidade da modificação dos estatutos, porque o estatuto processual disciplinou diferentemente a matéria.

Por outro lado, o art. 27 do Código Civil antigo e o art. 65 do atual estavam regulamentados pelos dispositivos do CPC referidos.

Há aspectos de interesse a serem enfocados nas fundações. Um deles é no tocante à inalienabilidade dos bens de seu patrimônio. Normalmente, tais bens são inalienáveis, porque é sua existência que assegura a vida da fundação, não podendo ser desviados de sua destinação. Tal inalienabilidade, no entanto, não deve ser entendida de forma absoluta: comprovada a necessidade da alienação, pode ser autorizada pelo juiz competente, com audiência do Ministério Público, aplicando-se o produto da venda na própria fundação, em outros bens destinados à consecução de seus fins. Tal alienação pode ser efetuada, conquanto imposta pelo instituidor a cláusula de inalienabilidade. Portanto, a alienação sem autorização judicial é nula (Monteiro, 2005, v. 1:158).

No que diz respeito à extinção das fundações, disciplina o art. 69 do atual Código:

> "*Tornando-se ilícita, impossível ou inútil a finalidade a que visa a fundação, ou vencido o prazo de sua existência, o órgão do Ministério Público, ou qualquer interessado, lhe promoverá a extinção, incorporando-se o seu patrimônio, salvo disposição em contrário no*

ato constitutivo, ou no estatuto, em outra fundação, designada pelo juiz, que se proponha a fim igual ou semelhante."[17]

Dispunha o art. 30 do antigo diploma:

"Verificando ser nociva, ou impossível, a mantença de uma fundação, ou vencido o prazo de sua existência, o patrimônio, salvo disposição em contrário no ato constitutivo, ou nos estatutos, será incorporado em outras fundações, que se proponham a fins iguais ou semelhantes. Parágrafo único. Esta verificação poderá ser promovida judicialmente pela minoria de que trata o art. 29, ou pelo Ministério Público."

Por seu lado, o CPC, no art. 765, dispõe:

"Qualquer interessado ou o órgão do Ministério Público promoverá em juízo a extinção da fundação quando:
I – se tornar ilícito o seu objeto;
II – for impossível a sua manutenção;
III – vencer o prazo de sua existência."

O estatuto processual ampliou a legitimidade de quem possa pedir a extinção das fundações. Enquanto o Código Civil de 1916 dispunha que apenas a minoria vencida na modificação dos estatutos poderia pleitear a extinção, o diploma processual e o atual Código dizem *"qualquer interessado"*, dando amplitude maior e legitimidade concorrente, juntamente com o Ministério Público, a quem quer que se sinta prejudicado com a atuação da fundação.

---

[17] "Apelação. Reintegração de posse. Ação julgada improcedente. Pretensão do autor de ser reintegrado na posse de imóvel, sob o argumento de pertencia ao seu falecido pai. Posse, todavia, que pertencia à extinta fundação, em relação à qual o pai do autor era cofundador. Extinção da sociedade que importa na transferência do patrimônio a outra **fundação**, nos termos do art. 69 do CC e da própria escritura de sua constituição. Ausência de prova da posse do autor. Sentença confirmada, com base no art. 252, do RITJSP. Honorários advocatícios – Art. 85, § 11, do CPC – recurso desprovido". (*TJSP* – Ap 1013794-89.2019.8.26.0007, 16-4-2023, Rel. Fábio Podestá).
"Agravo de instrumento. Cumprimento de sentença. Decisão que indeferiu pedido de substituição processual por ausência de comprovação do distrato da fundação executada. Inconformismo do credor. Substituição processual. descabimento. Encerramento irregular ou inatividade da fundação agravada que não se confunde com a extinção da pessoa jurídica. Inexistência de qualquer prova da **extinção da fundação** agravada. Observância das disposições dos art. 64 e 69 CC. Regramento do art. 110 CPC que não se amolda à hipótese. Inclusão dos diretores no polo passivo. Descabe a inclusão dos diretores no polo passivo, uma vez que deve ser observado o procedimento da desconsideração da personalidade jurídica, mediante instauração do incidente. Decisão mantida. Recurso não provido". (*TJSP* – AI 2097154-18.2022.8.26.0000, 27-7-2022, Rel. Rosangela Telles).
"**Fundação** – Direito privado – Proposta do Ministério Público para sua extinção – Alegação de que a ré não presta contas e não comprovou estar em atividade – Finalidade da fundação é o fornecimento de equipamentos para realização de exames neonatais gratuitamente – Existência de seis equipamentos em funcionamento em instituições públicas e privadas – Falta de comprovação quanto à impossibilidade de manutenção dessa finalidade – Art. 69 do CC – Possibilidade de manejo da ação de exigir contas – Improcedência – Recurso não provido". (*TJSP* – Ap 1041443-04.2016.8.26.0114, 16-6-2021, Relª Mônica de Carvalho).
"Apelação cível – **Ação de extinção de fundação** – Destinação de patrimônio remanescente a outra fundação congênere – Previsão estatutária – Artigo 69 do Código Civil – Recurso conhecido e desprovido – 01– Por força do artigo 69 do Código Civil, não é possível a destinação de patrimônio de fundação à associação, ainda que haja identidade de finalidade, ante a necessidade de transmissão entre entidades congêneres, o que se encontra previsto também no Estatuto da Fundação apelante. 02– Recurso conhecido e desprovido" (*TJMS* – AC 0038311-33.2012.8.12.0001, 11-1-2019, Rel. Des. Vladimir Abreu da Silva).

A simples deliberação dos órgãos dirigentes das fundações não pode ter por objeto sua extinção, como podem fazer os membros das corporações, porque, no caso das fundações, a função dos representantes dos órgãos é de mera administração de um patrimônio que não lhes pertence.

Por outro lado, uma vez determinada a extinção, surge a problemática da destinação dos bens. Em primeiro lugar, de acordo com o estatuto civil, obedece-se à vontade do instituidor. No caso de omissão nesse aspecto, recorre-se ao que dispõe o estatuto. Na omissão de ambos, o patrimônio será incorporado a outra fundação de fins iguais ou semelhantes. Para tal opinará o Ministério Público e decidirá o juiz. Isso tudo porque tratamos de fundações de direito privado. Nas fundações de direito público, a lei determinará o destino dos bens. Se não existir outra fundação com destino semelhante, entende Caio Mário da Silva Pereira (2006, v. 1:365), com respaldo na opinião de Clóvis Beviláqua, que, com base em princípios gerais, os bens devem ser declarados vagos, passando para o Estado. De qualquer modo, a matéria da extinção das fundações não é bem regulada e não têm aplicação os princípios de término das outras pessoas jurídicas.

A universalidade de bens que constitui a fundação, por ser uma criação eminentemente técnica, encontra dificuldades para uma correta conceituação jurídica, uma vez que não pode ser simplesmente considerada como patrimônio destinado a um fim. Muitas vezes há interesse pessoal, maior ou menor, de seus administradores. Tendo em vista as demais pessoas jurídicas, certas peculiaridades exclusivas das fundações devem ser examinadas:

1. Na fundação, o elemento "pessoa natural" pode deixar de ser múltiplo, uma vez que a vontade de uma só pessoa basta para sua constituição, enquanto nas demais pessoas jurídicas de direito privado a pluralidade de pessoas é indispensável.
2. O patrimônio não é elemento essencial para as demais pessoas jurídicas, enquanto nas fundações o é.
3. Nas fundações, os fins são imutáveis, porque fixados pelo instituidor, enquanto nas outras pessoas jurídicas a maioria pode alterar a finalidade social.

Nas fundações, os administradores não são sócios. Podem ser qualificados como membros contribuintes, fundadores, beneméritos, efetivos, mantenedores etc. A instituição é regida por seus estatutos, sempre com a fiscalização do Ministério Público. Geralmente, há um conselho de Administração, cujo presidente representa a entidade, podendo haver, de acordo com sua importância, um Conselho Executivo, um Conselho Fiscal etc.

Há algumas alterações a respeito das fundações no atual Código Civil que devem ser ponderadas.

O art. 64 dispõe que, quando a fundação for constituída por negócio jurídico entre vivos, *"o instituidor é obrigado a transferir-lhe a propriedade, ou outro direito real, sobre os bens dotados, e, se não o fizer, serão registrados, em nome dela, por mandado judicial"*. Portanto, a promessa do instituidor que se traduz na dotação de bens ou direitos possui caráter irrevogável e irretratável, autorizando a execução específica.

O art. 67 do Código de 2002 estatui sobre as possibilidades de alteração do estatuto da fundação. Definitivamente, o atual diploma assume que caberá ao Ministério Público opinar em todas as alterações da vida social da fundação. Deverá o órgão do Ministério Público aprovar também as alterações, como diz a nova lei; caso este a denegue, o juiz poderá aprovar o novo estatuto, a requerimento do interessado. Em qualquer situação na qual os interessados não concordem com a posição do Ministério Público, será do Judiciário a palavra final. O Ministério

Público tem prazo de 45 dias para se manifestar sobre alteração (art. 67, III com redação dada pela Lei nº 13.151/2015). Não se manifestando, o juiz pode suprir, a requerimento do interessado.

O art. 29 do Código de 1916 dispunha que a minoria vencida na modificação dos estatutos poderá dentro de um ano promover-lhe a nulidade. Ora, o simples fato de ser vencida a minoria não significa que exista nulidade nos novos estatutos. O atual Código, de forma mais técnica e acessível, dispõe no art. 68:

> *"Quando a alteração não houver sido aprovada por votação unânime, os administradores da fundação, ao submeterem o estatuto ao órgão do Ministério Público, requererão que se dê ciência à minoria vencida para impugná-la, se quiser, em dez dias."*

Na hipótese de impossibilidade de continuação da existência da fundação, por ter-se tornado ilícita, impossível ou inútil a finalidade, ou pelo decurso de prazo de sua existência, o Ministério Público, ou qualquer interessado, poderá promover a extinção, incorporando-se o patrimônio, salvo disposição em contrário no ato constitutivo, ou no estatuto, em outra fundação, designada pelo juiz, que se proponha a fim igual ou semelhante (art. 69). A mesma ideia, com redação um pouco diversa, estava presente no Código de 1916.

14.13 TRANSFORMAÇÕES E EXTINÇÃO DA PESSOA JURÍDICA

A pessoa jurídica pode passar por uma série de mutações, sem que seja extinta. A esse propósito, pontua o art. 1.113 do Código Civil:

> *"O ato de transformação independe de dissolução ou liquidação da sociedade, e obedecerá aos preceitos reguladores da constituição e inscrição próprios do tipo em que vai converter-se."*

Embora os fenômenos ocorram mais frequentemente com sociedades, nada impede que também associações e fundações se valham dessas formas de transformação. De plano, há que se distinguir *alteração* de *transformação*. Alteração é mudança de cláusula no estatuto ou contrato social, enquanto transformação é operação de maior escala, equivalendo a fazer desaparecer uma pessoa jurídica para surgir outra. Altera-se a finalidade social da pessoa jurídica quando se acrescenta nova finalidade social; transforma-se uma pessoa jurídica quando os sócios, que são solidariamente responsáveis pelo capital social, por exemplo, tornam-se apenas subsidiariamente responsáveis; transforma-se a pessoa jurídica de sociedade anônima para sociedade por quotas etc.

Não cuidamos aqui da transformação das pessoas jurídicas de direito público que operam sempre por força de lei.

Na transformação da pessoa jurídica de direito privado, há transformação material, independentemente de liquidação ou dissolução. Há necessidade de consentimento unânime dos sócios ou previsão estatutária.

É também forma de transformação a *fusão* de pessoas jurídicas. Ocorre quando duas ou mais entidades perdem sua personalidade autônoma, para formarem uma pessoa jurídica diversa, com personalidade diferente das anteriores. O art. 228 da Lei nº 6.404/76 (com as alterações introduzidas pela Lei nº 9.457/97 e Lei nº 10.303/01), que tratava das sociedades por ações, conceitua a fusão como *"a operação pela qual se unem duas ou mais sociedades para formar sociedade nova, que lhes sucederá em todos os direitos e obrigações"*. O atual Código dispõe: *"A fusão determina a extinção das sociedades que se unem, para formar sociedade nova, que a elas sucederá nos direitos e obrigações*" (art. 1.119). Estabelece-se uma nova pessoa jurídica, sem que haja liquidação das primitivas.

A *incorporação* tem no vernáculo a noção de inclusão, união, ligação de uma coisa a outra. Para o Direito Empresarial, do qual nos devemos valer, o fenômeno tem essa noção: é a operação pela qual uma ou mais pessoas jurídicas são absorvidas por outra que lhes sucede em direitos e obrigações. Há integração de uma pessoa em outra, desaparecendo a pessoa absorvida. O atual Código Civil, que passa a tratar da empresa, assim conceitua:

> "Na incorporação, uma ou várias sociedades são absorvidas por outra, que lhes sucede em todos os direitos e obrigações, devendo todas aprová-la, na forma estabelecida para os respectivos tipos" (art. 1.116).

Na *fusão*, as duas ou mais pessoas fundidas perdem sua individualidade em benefício de uma terceira que nasce. Na incorporação, há o desaparecimento da empresa incorporada, já que persiste apenas a personalidade da pessoa incorporante. A definição de incorporação estava também no art. 227 da Lei das Sociedades por Ações (Lei nº 6.404/76, com as alterações introduzidas pelas Leis nºs 9.457/97 e 10.303/01).

Na *cisão*, o fenômeno é inverso. A pessoa jurídica divide-se, fraciona-se em duas ou mais pessoas. O art. 229 da citada lei assim a define:

> "É a operação pela qual a companhia transfere parcelas do seu patrimônio para uma ou mais sociedades, constituídas para esse fim ou já existentes, extinguindo-se a companhia cindida, se houver versão de todo o seu patrimônio, ou dividindo-se o seu capital, se parcial a versão."

Na cisão, que pode ser total ou parcial, a empresa cindida continua a existir ou extingue-se. A cisão pode também ser denominada fracionamento ou desmembramento.

Feito esse breve introito sobre as transformações pelas quais pode passar a pessoa jurídica, passamos doravante a tratar de sua *extinção*.

A questão não foi suficientemente versada pelo legislador de 1916. O término da pessoa natural é fisicamente definido pela morte. O fim da pessoa jurídica também deve ser determinado, pois o problema interessa à própria coletividade.

Estatuía o art. 21 do Código Civil de 1916:

> "Termina a existência da pessoa jurídica:
>
> I – pela sua dissolução, deliberada entre os seus membros, salvo o direito da minoria e de terceiros;
>
> II – pela sua dissolução, quando a lei determine;
>
> III – pela sua dissolução em virtude de ato do Governo, que lhe casse a autorização para funcionar, quando a pessoa jurídica incorra em atos opostos aos seus fins ou nocivos ao bem público."

Caio Mário da Silva Pereira (2006, v. 1:353 ss) distingue três formas de extinção: a convencional, a legal e a administrativa.

A *dissolução convencional* é a deliberada pelos consócios. Da mesma forma que a vontade pode criar o ente, pode decidir por extingui-lo. Qualquer associação ou sociedade pode ser extinta por essa forma, ficando fora do princípio as fundações que possuem conotação diversa.

A deliberação de extinção será tomada se houver *quorum*, previsto nos estatutos. Se a decisão não for unânime, a minoria terá seus direitos ressalvados, na forma do art. 21, I, tanto para opor-se à extinção, se houver motivos, quanto para defender eventuais direitos. Terceiros eventualmente prejudicados por tal deliberação também terão seus direitos resguardados.

A *dissolução legal* ocorre em razão de motivo determinado em lei. Por exemplo, o Decreto-lei nº 9.085/46 dispõe sobre a dissolução de sociedades perniciosas. O ordenamento reprime certos tipos de pessoas jurídicas, com finalidade belicosa. Tem o mesmo sentido o art. 670 do revogado CPC, mantido pelo atual diploma processual, que diz:

> *"A sociedade civil com personalidade jurídica, que promover atividade ilícita ou imoral, será dissolvida por ação direta, mediante denúncia de qualquer do povo, ou do órgão do Ministério Público."*

Devem-se distinguir, no entanto, as sociedades sem fins lucrativos, hoje definitivamente denominadas associações, das que os têm. As sociedades de fins lucrativos desaparecem por motivos peculiares a sua própria existência, quando desaparece seu capital ou quando é sensivelmente reduzido, levando a entidade à insolvência. A morte dos sócios pode também dissolver a entidade, se o estatuto não prevê a substituição.

As associações de fins não lucrativos não desaparecem tão só pela falta do capital, que não lhes é essencial. Geralmente, a morte de seu associado, pois o quadro de membros é indeterminado, de igual maneira, não ocasiona sua extinção.

Há que se enfocar ainda a dissolução da sociedade pelo implemento da condição que a mantinha em funcionamento ou pelo decurso do prazo, tendo a pessoa jurídica tempo determinado de existência. Situação semelhante é a das pessoas jurídicas criadas para determinado fim e que se extinguem quando seu objetivo é alcançado ou se esvai, deixando de ter razão sua existência. Serve-nos de exemplo, para melhor esclarecer, o caso da criação de uma associação de auxílio aos flagelados de enchentes em determinada região, cuja finalidade cessa quando cessadas as razões de sua constituição.

A *dissolução administrativa* ocorre na hipótese do art. 21, III, atingindo as pessoas jurídicas que necessitam de aprovação ou autorização governamental. Podem ter a autorização cassada, quando incorrerem em atos opostos a seus fins ou nocivos ao bem público. Não deve, porém, proceder a Administração discricionariamente, sujeitando-se, se assim proceder, à responsabilidade por indenização.

Citemos também a *dissolução judicial*, derivada de processo, sempre que qualquer interessado a promover em juízo.

No tocante à morte dos membros da sociedade, Clóvis colocara no Projeto primitivo a exigência da permanência de pelo menos dois sócios. Como essa redação não foi aceita, vigora o princípio de que, no silêncio dos estatutos, permanece a corporação com um único associado, o que é incongruente, uma vez que para a constituição se exige a pluralidade. O fundamento está em que, mesmo permanecendo apenas um indivíduo na pessoa jurídica, há sempre a possibilidade de sua reconstrução e recondução. Transitoriamente, até a própria sociedade anônima pode permanecer com um único acionista, como observamos do art. 206, I, *d*, da Lei nº 6.404/76 (com as alterações introduzidas pelas Leis nºˢ 9.457/97 e 10.303/01).

Ao contrário do que ocorre com a pessoa natural, o desaparecimento da pessoa jurídica não pode, por necessidade material, dar-se instantaneamente, qualquer que seja sua forma de extinção. Havendo patrimônio e débitos, a pessoa jurídica entrará em *fase de liquidação*, subsistindo tão só para a realização do ativo e para o pagamento dos débitos, vindo a terminar completamente quando o patrimônio atingir seu destino.

Se se trata de pessoa jurídica com finalidade de lucro, o acervo será distribuído entre os sócios, na proporcionalidade de seus quinhões, após a liquidação das dívidas, de acordo com o art. 23 do Código Civil de 1916. Se se tratar de associação sem fins lucrativos, seguir-se-ão os estatutos. O art. 22 do Código anterior dizia que, nesse caso, e não tendo os sócios deliberado eficazmente sobre a destinação dos bens sociais, *"devolver-se-á o patrimônio social a um estabelecimento municipal, estadual ou federal, de fins idênticos ou semelhantes"*. A matéria já foi enfocada e deve ser aprofundada no estudo do novo direito empresarial no Código de 2002, em nosso volume específico.

14.14 DESCONSIDERAÇÃO DA PESSOA JURÍDICA

Dispunha o art. 20 do Código Civil de 1916 que as pessoas jurídicas têm existência distinta da de seus membros. Esse dispositivo não foi repetido no Código de 2002, o que foi criticado pela doutrina. Todavia, a Lei nº 13.874, Lei da Liberdade Econômica, no afã de reformular e solidificar a conceituação de desconsideração, emitiu o art. 49-A:

> *"A pessoa jurídica não se confunde com seus sócios, associados, instituidores ou administradores.*
>
> *Parágrafo único. A autonomia patrimonial das pessoas jurídicas é um instrumento lícito de alocação e segregação de riscos, estabelecido pela lei com a finalidade de estimular empreendimentos, para a geração de empregos, tributo, renda e inovação em benefício de todos."*

Esse artigo canonizando os aspectos positivos fundamentais das pessoas jurídicas serviu de antessala do legislador para uma compreensão mais atual do fenômeno da desconsideração. Na verdade, nunca se duvidou do princípio que ora retorna ao direito positivo por esse artigo.

Ao analisarmos a natureza jurídica do instituto, colocamo-nos na teoria da realidade técnica. A pessoa jurídica deflui de técnica do Direito; é criação jurídica para consecução de certos fins.

Contudo, a par de sua fundamental importância para a sociedade, não é infrequente que a entidade assim criada se desvie de sua finalidade, para atingir fins escusos, ilegais ou prejudicar terceiros. Não esqueça que, apesar de pessoa ser distinta de seus membros, como preferiu novamente pontuar o legislador, são estes que lhe dão vida e agem por ela.

Nesse contexto, ganhou corpo na doutrina, na legislação e nos tribunais brasileiros certo abrandamento ao princípio exacerbado da pessoa jurídica, baseado em doutrina estrangeira.

Sob determinadas situações não é possível manter a clássica distinção entre pessoa jurídica e pessoa natural. Há situações de fraude nas quais proteger a pessoa jurídica sob o seu manto técnico leva a profundas distorções e iniquidades.

Rubens Requião (1977, v. 2:61), um dos introdutores do tema entre nós, assim se expressa:

> *"'todos percebem que a personalidade jurídica pode vir a ser usada como anteparo da fraude, sobretudo para contornar as proibições estatutárias do exercício do comércio ou outras vedações legais'. Surge, então, o que o direito anglo-saxão denomina* disregard of legal entity, *conhecida entre nós como desconsideração da pessoa jurídica, teoria da desestimação da pessoa jurídica, ou então despersonalização da pessoa jurídica."*

Assim, quando a pessoa jurídica, ou melhor, a personalidade jurídica for utilizada para fugir a suas finalidades, para lesar terceiros, deve ser *desconsiderada*, isto é, não deve ser levada em conta a personalidade técnica, não deve ser tomada em consideração sua existência, decidindo o julgador como se o ato ou negócio houvesse sido praticado pela pessoa natural (ou outra pessoa jurídica), que se coloca no seu substrato interno. Na realidade, nessas hipóteses, a pessoa natural procura um escudo de legitimidade na realidade técnica da pessoa jurídica, mas o ato é fraudulento e ilegítimo. Imputa-se responsabilidade aos sócios e membros integrantes da pessoa jurídica que procuram burlar a lei ou lesar terceiros. Não se trata de considerar sistematicamente nula a pessoa jurídica, mas, em caso específico e determinado, não a levar em consideração. Tal não implica, como regra geral, negar validade à existência da pessoa jurídica.[18]

A modalidade de fraude é múltipla e variada, sendo impossível enumeração apriorística, ainda que se enunciem algumas situações. Dependerá do exame do caso concreto. Poderá ocorrer fraude à lei, simplesmente, fraude a um contrato ou fraude contra credores, noções que serão oportunamente examinadas.

---

[18] "Agravo de instrumento – Cumprimento de sentença – Decisão que rejeitou a impugnação à penhora – Inconformismo – Acolhimento – Ausência de regularização da composição societária, nos termos do revogado inciso IV, do art. 1.033, do CC, que não implica na responsabilidade do sócio remanescente, ao menos sem que se opere regular **desconsideração da personalidade jurídica** – Solidariedade entre sócio e sociedade que, no caso, não pode ser presumida – Inteligência do art. 49-A, do CC – Decisão reformada – Recurso provido" (TJSP – AI 2215555-10.2021.8.26.0000, 18-3-2022, Rel. Grava Brazil).

"Agravo de instrumento – Compra e venda – Bem móvel – Ação monitória – Procedência – Cumprimento de sentença – **Incidente de desconsideração da personalidade jurídica** – Inclusão dos antigos sócios no polo passivo da ação – Cabimento – Decisão reformada – Recurso provido. Os elementos trazidos aos autos são suficientes para afirmar que os antigos sócios se utilizaram da pessoa jurídica executada para tirar vantagem pessoal em detrimento da credora, ora agravante, agindo com fraude ou abuso de poder por meio de desvio de finalidade ou confusão patrimonial, possibilitando a aplicação da **teoria da desconsideração da personalidade jurídica**, presentes que se encontram os requisitos do art. 50 do Código Civil" (TJSP – Agravo de Instrumento 2256805-23.2021.8.26.0000, 17-12-2021, Rel. Paulo Ayrosa).

"**Desconsideração da personalidade jurídica** – Inexistência de elementos indicadores de desvirtuamento das finalidades sociais da executada. Não preenchimento dos requisitos do artigo 50 do Código Civil. Decisão reformada. Recurso provido" (TJSP – AI 2072484-18.2019.8.26.0000, 19-6-2019, Rel. Luis Carlos de Barros).

"Agravo interno no agravo em recurso especial – Agravo de instrumento – 1 – **Desconsideração da personalidade jurídica** – Ausência de bens penhoráveis – Dissolução irregular da empresa – Fundamentos que, por si sós, são insuficientes à aplicação da medida – Ilegitimidade do sócio para figurar como parte passiva na execução – Extinção do processo – Art. 485, VI, do CPC/2015 – Manutenção da deliberação monocrática – Pretensão de aplicação da Súmula 7/STJ afastada – 2 – Intenção de incidência da Súmula 435 do STJ – restrição ao âmbito da execução fiscal – 3 – Agravo interno desprovido – 1 – A jurisprudência mais recente desta Casa assevera que 'a mera demonstração de inexistência de patrimônio da pessoa jurídica ou de dissolução irregular da empresa sem a devida baixa na junta comercial, por si sós, não ensejam a desconsideração da personalidade jurídica' (AgRg no AREsp 347.476/DF, Rel. Ministro Raul Araújo, Quarta Turma, julgado em 5/5/2016, DJe 17/5/2016). Decisão monocrática proferida em consonância com o entendimento supra, não sendo o caso de aplicação da Súmula 7/STJ ao apelo nobre, pois a controvérsia dos autos demanda apenas a revaloração jurídica dos fatos delineados no aresto impugnado. 2 – A aplicação do disposto na Súmula 435 do STJ limita-se aos casos relativos à execução fiscal. 3 – Agravo interno desprovido" (STJ – AGInt-AG-REsp 1.006.296 – (2016/0282618-8), 24-2-2017, Rel. Min. Marco Aurélio Bellizze).

"Administrativo – **Desconsideração da personalidade jurídica** – Requisitos – Encerramento das atividades ou dissolução irregulares da sociedade – Insuficiência – Desvio de finalidade ou confusão patrimonial – Necessidade de comprovação. 1 – A jurisprudência do STJ firmou o entendimento de que a desconsideração da personalidade jurídica prevista no artigo 50 do Código Civil trata-se de regra de exceção, de restrição ao princípio da autonomia patrimonial da pessoa jurídica, regra de exceção, de restrição ao princípio da autonomia patrimonial da pessoa jurídica. Assim, a interpretação que melhor se coaduna com esse dispositivo legal é a que relega sua aplicação a casos extremos, em que a pessoa jurídica tenha sido instrumento para fins fraudulentos, configurado mediante o desvio da finalidade institucional ou a confusão patrimonial. 2 – Dessa forma, o encerramento das atividades ou dissolução, ainda que irregulares, da sociedade não são causas, por si só, para a desconsideração da personalidade jurídica, nos termos do artigo 50 do Código Civil – Precedentes. 3 – Agravo regimental não provido" (STJ – AgRg-AG-REsp. 794.237 – 2015/0255605-0, 23-3-2016, Rel. Min. Mauro Campbell Marques).

O direito brasileiro não possuía norma específica sobre o tema. Contudo, já dispunha o § 2º do art. 2º da Consolidação das Leis do Trabalho:

> "Sempre que uma ou mais empresas, tendo, embora, cada uma delas, personalidade jurídica própria, estiverem sob a direção, controle ou administração de outra, constituindo grupo industrial, comercial ou de qualquer outra atividade econômica, serão, para os efeitos da relação de emprego, solidariamente responsáveis a empresa principal e cada uma das subordinadas."

Trata-se de franca aplicação do princípio da desconsideração em prol de maior proteção ao trabalhador. Levantando-se o véu de uma empresa, encontra-se outra, responsável pelas obrigações trabalhistas.

O art. 59 do Projeto do Código Civil em redação primitiva, de 1975, de forma tímida e não enfrentando diretamente a questão, estatuíra:

> "A pessoa jurídica não pode ser desviada dos fins estabelecidos no ato constitutivo, para servir de instrumento ou cobertura à prática de atos ilícitos, ou abusivos, caso em que poderá o juiz, a requerimento de qualquer dos sócios ou do Ministério Público, decretar a exclusão do sócio responsável, ou, tais sejam as circunstâncias, a dissolução da entidade.
>
> Parágrafo único. Neste caso, sem prejuízo de outras sanções cabíveis, responderão, conjuntamente com os da pessoa jurídica, os bens pessoais do administrador ou representante que dela se houver utilizado de maneira fraudulenta ou abusiva, salvo se norma especial determinar a responsabilidade solidária de todos os membros da administração."

Prolixo, mal redigido, no entanto, o dispositivo nada mencionava acerca da desconsideração da personalidade no caso concreto sob julgamento, e não se referia à possibilidade de iniciativa de terceiro interessado no reconhecimento do desvio de finalidade. Na verdade, essa redação pouco tinha a ver com a consagrada doutrina estrangeira sobre a matéria.

Atendendo a essas críticas, foi modificado o Projeto originário, constando hoje do art. 50 do Código de 2002, e mais recentemente com a nova redação dada pela Lei nº 13.874/2019, que também introduziu cinco novos parágrafos nesse texto:

> "Em caso de abuso da personalidade jurídica, caracterizado pelo desvio de finalidade, ou pela confusão patrimonial, pode o juiz decidir, a requerimento da parte ou do Ministério Público, quando lhe couber intervir no processo, desconsiderá-la para que os efeitos de certas e determinadas relações de obrigações sejam estendidos aos bens particulares de administradores ou de sócios da pessoa jurídica beneficiados direta ou indiretamente pelo abuso."

Essa redação atribuída pela atual dicção atende à necessidade de o juiz, no caso concreto, avaliar até que ponto o véu da pessoa jurídica deve ser descerrado para atingir os administradores ou controladores nos casos de desvio de finalidade, em prejuízo de terceiros. Nem sempre há que se entender que há necessidade de requerimento do interessado ou do Ministério Público, embora essa deva ser uma regra geral. O abuso da personalidade jurídica deve ser examinado sob o prisma da boa-fé objetiva, que deve nortear todos os negócios jurídicos. Nem mesmo deverá ser avaliada com maior profundidade a existência de dolo ou culpa, que poderão ser apenas circunstanciais no caso concreto.

A despersonalização é aplicação de princípio de equidade trazida modernamente pela lei. Note ainda que não apenas o patrimônio das pessoas naturais dos controladores, dos administradores ou dos diretores podem ser atingidos quando se desmascara uma pessoa jurídica, mas também e principalmente outras pessoas jurídicas ou naturais que direta ou indiretamente detêm o capital e o controle da pessoa desconsiderada. É muito comum que a pessoa jurídica atue no país com parco ou nenhum patrimônio e que esteja totalmente em mãos de uma empresa escritural estrangeira, as famigeradas off shores. Cabe ao juiz avaliar esse aspecto no caso concreto, onerando o patrimônio dos verdadeiros responsáveis, sempre que um injusto prejuízo é ocasionado a terceiros sob o manto escuso de uma pessoa jurídica.

A Lei nº 8.078, de 11-9-90 (Código de Defesa do Consumidor), trouxe disposição expressa sobre o tema, com redação então reclamada pela doutrina:

"O juiz poderá desconsiderar a personalidade jurídica da sociedade quando, em detrimento do consumidor, houver abuso de direito, excesso de poder, infração da lei, fato ou ato ilícito ou violação dos estatutos ou contrato social. A desconsideração também será efetivada quando houver falência, estado de insolvência, encerramento ou inatividade da pessoa jurídica provocados por má administração."

Acrescenta ainda o § 5º do art. 28:

"Também poderá ser desconsiderada a pessoa jurídica sempre que sua personalidade for, de alguma forma, obstáculo ao ressarcimento de prejuízos causados aos consumidores."

Destarte, a abrangência do vigente dispositivo na lei do consumidor é também ampla, permitindo, como vimos, o exame da oportunidade e conveniência da desconsideração no caso concreto. Razões de equidade devem orientar o julgador.

"Diante do abuso e da fraude no uso da personalidade jurídica, o juiz brasileiro tem o direito de indagar, em seu livre convencimento, se há de consagrar a fraude ou abuso de direito, ou se deva desprezar a personalidade jurídica, para, penetrando em seu âmago, alcançar as pessoas e bens que dentro dela se escondem para fins ilícitos ou abusivos" (Requião, 1977, v. 2:61).

Portanto, a teoria da desconsideração autoriza o juiz, quando há desvio de finalidade, a não considerar os efeitos da personificação, para que sejam atingidos bens particulares dos sócios ou até mesmo de outras pessoas jurídicas, mantidos incólumes, pelos fraudadores, justamente para propiciar ou facilitar a fraude. Essa é a única forma eficaz de tolher abusos praticados por pessoa jurídica, por vezes constituída tão só ou principalmente para o mascaramento de atividades dúbias, abusivas, ilícitas e fraudulentas. Antes mesmo do Código de Defesa do Consumidor nossa jurisprudência aplicava os princípios (*RT* 484/149, 418/213, 387/138, 343/181, 580/84), como descreve João Casillo (*RT* 528) em estudo sobre a matéria.

Ainda que não se trate de típica relação de consumo, impunha-se que o princípio fosse aplicado por nossos tribunais, sempre que o abuso e a fraude se servirem da pessoa jurídica como escudo protetor, daí por que, como afirmamos, a iniciativa do juiz nem sempre dependerá de requerimento do interessado.

Lembre-se, de outro lado, de que a aplicação da desconsideração possui gradação. Por vezes, a simples desconsideração no caso concreto é suficiente para restabelecer o equilíbrio jurídico.

Outras vezes, será necessário ato mais abrangente, como a própria decretação da extinção da pessoa jurídica. Ainda, a gradação da desconsideração estará na medida da prática de um ato isolado abusivo ou fraudulento, ou de uma série de atos, o que permitirá a desconsideração equivalente. Como se denota, o tema é vasto, de difícil enumeração teórica. Conclui Marçal Justen Filho (1987) que

> *"a escolha por uma desconsideração mais ou menos extensa, então, não é produzida por atenção específica à natureza do risco de sacrifício, mas à extensão do abuso. Quanto mais ampla for a utilização abusiva da pessoa jurídica, tanto mais extensa será a desconsideração".*

Buscando aplacar maiores entraves na aplicação da desconsideração no caso concreto, o § 1º da nova redação estatuiu:

> *"Para os fins do disposto neste artigo, desvio de finalidade é a utilização da pessoa jurídica com o propósito de lesar credores e para a prática de atos ilícitos de qualquer natureza"*.[19]

---

[19] "Agravo de instrumento. Incidente de desconsideração da personalidade jurídica. Decadência ou prescrição da pretensão. Inexistência. Entendimento firmado no Colendo Superior Tribunal de Justiça (STJ). Recurso improvido. De acordo com entendimento firmado no STJ, a desconsideração da personalidade jurídica pode ser requerida a qualquer tempo, não se submetendo, em razão da falta de previsão legal, a prazos decadencial ou prescricional. Agravo de instrumento. Incidente de desconsideração da personalidade jurídica. Decisão de deferimento do pedido. Falta de comprovação dos requisitos legais para aplicação do instituto, previstos no art. 50 do Código Civil (CC). Decisão reformada. Recurso provido. A desconsideração da personalidade da pessoa jurídica – de acordo com a 'teoria maior' – é medida excepcional, cujos elementos autorizadores estão previstos no art. 50 do Código Civil (CC). A aplicação de tal instituto está condicionada à comprovação de abuso da personalidade jurídica que, por sua vez, ocorre quando está caracterizado o desvio de finalidade ou a confusão patrimonial. Relativamente ao requisito 'desvio de finalidade', estabelece o § 1º que 'é a utilização da pessoa jurídica com o propósito de lesar credores e para a prática de atos ilícitos de qualquer natureza'. A parte ora agravada não articulou, minimamente, argumentos para demonstrar eventual abuso da personalidade. Se limitou a alegar que a pessoa jurídica executada não quitou a dívida exequenda quando intimada para tal. O argumento não é suficiente para aplicar-se a medida excepcional da desconsideração da personalidade jurídica" (TJSP – AI 2134942-95.2024.8.26.0000, 30-7-2024, Rel. Adilson de Araujo).
"Agravo de instrumento. **Incidente de desconsideração da personalidade jurídica**. Decisão que rejeitou o pedido de desconsideração da personalidade jurídica para inclusão de empresa no polo passivo. Irresignação da parte exequente. Cabimento. A desconsideração da personalidade jurídica é medida excepcional, dependendo da comprovação de abuso da personalidade, caracterizado pelo ato intencional dos sócios de fraudar terceiros com o desvio de finalidade ou pela confusão patrimonial da pessoa jurídica e seus sócios. 'In casu', o conjunto probatório produzido demonstra o desvio de finalidade, uma vez que inequívoco nos autos que a constituição da empresa Ard2 se deu como tentativa de blindagem do patrimônio do coexecutado. Empresa agravada que foi constituída, pelo coexecutado Abdul Kavim, 4 dias antes da contratação do empréstimo 'sub judice', sendo que, dois dias antes do início da inadimplência, Abdul se retirou da empresa e, 15 dias após o ajuizamento da execução em tela, transferiu seus imóveis à empresa (mesmo não mais fazendo parte de seu quadro societário). Evidências de atos com o intuito de lesar credores. Abuso da personalidade jurídica caracterizado. Presença dos requisitos autorizadores da medida. Precedentes deste E. Tribunal em casos recentes envolvendo a mesma empresa agravada em conjunto com Abdul Kavim e outras empresas por ele administradas. Decisão reformada. Recurso provido" (TJSP – AI 2181446-33.2022.8.26.0000, 28-9-2022, Rel. Walter Barone).
"Cumprimento de sentença – Desconsideração da personalidade jurídica – Sociedade devedora que não dispõe de bens penhoráveis ou faturamento, a possibilitar a quitação do débito, ademais de demonstrar conduta desidiosa e desinteressada, completamente dissociada da intenção ao cumprimento da obrigação – Execução que se arrasta desde 2016, sem que nenhuma tentativa de localização de bens ou ativos fosse bem-sucedida – Indícios seguros do desvio de finalidade, consubstanciada na clara intenção de não pagamento, a configurar os motivos permissivos da desconsideração, em face da relação de consumo havida entra o exequente e a executada (art. 28, § 5º, do CDC) – Doutrina e jurisprudência desta Colenda 10ª Câmara de Direito Privado – Decisão que defere a desconsideração, mantida. Agravo não provido" (TJSP – Agravo de Instrumento 2021589-19.2020.8.26.0000, 17-8-2021, Rel. João Carlos Saletti).

É impossível enumerar atos de desvio de finalidade. O caso concreto dará a resposta. A pessoa jurídica esconde patrimônio das mais variadas formas, por exemplo, engendra dívidas fictícias, escamoteia fatos, apresenta balanços falaciosos etc.

O § 2º dispõe:

> *"Entende-se por confusão patrimonial a ausência de separação de fato entre os patrimônios, caracterizada por:*
>
> *I – cumprimento repetitivo pela sociedade de obrigações do sócio ou do administrador ou vice-versa;*
>
> *II – transferência de ativos ou de passivos sem efetivas contraprestações, exceto os de valor proporcionalmente insignificante; e*
>
> *III – outros atos de descumprimento de autonomia patrimonial".*

Essas descrições estão longe de serem número fechado, pois os fraudadores sempre estão passos à frente de textos expressos de lei. O caso concreto sempre poderá apresentar surpresas ao julgador, que deve celeremente punir aqueles que forem lesivos a credores e terceiros.

O § 3º descreve que os parágrafos anteriores se aplicam também às obrigações dos sócios ou administradores da pessoa jurídica. Cuida-se do que se decidiu denominar desconsideração ao inverso. Nessa situação as pessoas naturais, próceres da pessoa jurídica, valem-se dela para transferir patrimônio ou escamoteá-lo, locupletando-se a pessoa natural em detrimento de terceiros.

O § 4º[20] faz importante ressalva: "A mera existência de grupo econômico sem a presença dos requisitos de que trata o caput deste artigo não autoriza a desconsideração da personalidade da pessoa jurídica". Esse texto veio para a lei em boa hora porque muitos abusos foram

---

[20] "Agravo de instrumento – Incidente de desconsideração de personalidade jurídica – Ação monitória em fase de cumprimento de sentença – Decisão que indeferiu, liminarmente, o pedido de processamento do incidente, pois a parte autora sequer indica, pormenorizadamente, quais os atos que caracterizariam abuso da personalidade jurídica ou desvio de finalidade – Salientando o Magistrado que, o afastamento episódico da personalidade jurídica não pode se dar com lastro em alegações genéricas, exigindo prova cabal da existência dos requisitos previstos no art. 50, do CC – Assim, **a mera existência de grupo econômico, sem a prova dos referidos requisitos em nada adianta para fins de desconsideração da personalidade jurídica, ex vi, do § 4º** – Irresignação da exequente – Pretensão de reconhecimento da existência de grupo econômico familiar, formado pela empresa executada e pelas terceiras empresas, deferindo-se a desconsideração inversa da personalidade jurídica, com a consequente inclusão das demais pessoas jurídicas no polo passivo da execução, a fim de que respondam pela satisfação do débito exequendo – Alegação genérica de sucessão fraudulenta e formação de grupo econômico – Descabimento – Ausência de prova cabal dos requisitos elencados no art. 50 do CC – Caso em que a requerente não se desincumbiu de seu ônus de comprovar a existência de grupo econômico, de sucessão fraudulenta ou abuso da personalidade jurídica, como exigido expressamente pelo § 4º do referido art. 50 – Não demonstrado desacerto do Nobre Magistrado de Primeira Instância – Precedentes do C. STJ e deste Eg. TJSP – Decisão mantida – Recurso não provido" (*TJSP* – AI 2084241-04.2022.8.26.0000, 9-9-2022, Rel. Lavínio Donizetti Paschoalão).

"Agravo de instrumento. Ação de execução de título extrajudicial. Resistência da sociedade empresária em quitar o débito ou indicar bens à penhora. Desconsideração da personalidade jurídica. Deferimento. Irresignação. Norma insculpida no art. 50, do Código Civil, que enseja, para a desconsideração da personalidade jurídica, prova de seu abuso, caracterizado pelo desvio de finalidade ou pela confusão patrimonial. Como cediço, nos termos do § 4º, a mera existência de grupo econômico, sem a presença dos requisitos de que trata o *caput* do art. 50 do CC, não autoriza a desconsideração. Caso concreto, entretanto, em que restou provada a transferência de ativos entre empresas sócias, sem provas suficientes de efetivas contraprestações. Subsunção do caso ao art. 50, § 2º, inciso II, do CC/2002, com redação dada pela Lei Federal nº 13.874/2019. Demandados que não comprovaram se tratar de aportes de capital, ônus de prova que lhes competia, à luz do art. 373, II, do CPC. Precedentes. Decisão mantida. Recurso desprovido" (*TJSP* – Agravo de Instrumento 2224524-48.2020.8.26.0000, 16-12-2021, Rel. Rodolfo Pellizari).

praticados no passado. Muitos julgados deslocados da equidade simplesmente decretavam a desconsideração de pessoa jurídica perante a existência de grupos de empresas do mesmo grupo, sem qualquer base fundamentada ou fatos objetivos que justificassem a medida. A situação enfoca também os princípios que norteiam as chamadas empresas holding, que podem servir para dissimular patrimônios de empresas ou pessoas naturais coligadas. Por fim o § 5º dispõe: "Não constitui desvio de finalidade a mera expansão ou a alteração da finalidade original da atividade econômica específica da pessoa jurídica". A hipótese é casuística e o julgador deve atentar com o maior cuidado para a palavra "mera" inserida no texto.

Em linhas gerais, esse novo texto é mais aceitável para as circunstâncias aferíveis para a desconsideração. Aguardemos os rumos da jurisprudência.

15

BENS EM DIREITO ROMANO

15.1 INTRODUÇÃO

Bens ou coisas (*res*) são todos os objetos suscetíveis de conceder uma utilidade qualquer ao homem. A palavra *res* em latim tem sentido tão amplo como a palavra *coisa* em nossa língua. O jurista só estuda as coisas porque podem ser "objeto" do direito.

A pessoa que pode dispor de uma coisa, usufruí-la ou até destruí-la é titular do direito mais amplo, dentro do que se denomina "direito real", ou seja, direito de propriedade.

No Direito Romano, *res* tem sentido mais abrangente que em nosso direito, pois engloba também as coisas imateriais. Para nós, "bens" têm esse sentido, pois aqui incluímos as coisas não materiais, como os créditos, por exemplo.

Apesar de os romanos não se terem preocupado com as divisões dos bens, porque não eram dados à abstração, a divisão fundamental, de acordo com as *Institutas* de Justiniano, eram as categorias das coisas *in patrimonio* e das coisas *extra patrimonium*.

Existem outras classificações nos textos, com importância para vários institutos jurídicos, tais como *res corporales* e *res incorporales*, *res mancipi* e *res nec mancipi*. Nem todas as distinções são romanas, uma vez que umas são de origem filosófica e outras são dos comentadores do Direito Romano histórico.

15.2 AS COISAS *IN PATRIMONIO*

As coisas patrimoniais são aqueles bens que entram para o patrimônio dos indivíduos, são as coisas suscetíveis de propriedade privada.

As coisas *in patrimonio* dividem-se em *res mancipi* e *res nec mancipi*, em coisas corpóreas e incorpóreas, em móveis e imóveis.

15.2.1 *Res Mancipi* e *Res Nec Mancipi*

Não há critério preciso para essa distinção. Podemos dizer, contudo, que as *res mancipi* eram as coisas mais úteis para os romanos primitivos, enquanto as *res nec mancipi* eram as coisas de menor importância. Essa distinção teve a princípio a importância que modernamente se deu aos móveis e imóveis, considerando-se os imóveis como as coisas de maior valor.

Eram consideradas coisas *mancipi*: os fundos itálicos, isto é, o solo situado em Roma e na península itálica, bem como os imóveis situados sobre esses fundos; as servidões prediais sobre os fundos itálicos; os escravos; os animais que eram domados pelo pescoço ou pelo dorso, ou seja, os animais de carga ou de trabalho.

Todas as outras coisas eram *nec mancipi*, tais como: dinheiro, metais preciosos, móveis, outros animais; eram assim também considerados os animais domáveis, mas desconhecidos dos primitivos romanos, como os elefantes e os camelos.

Para os primitivos romanos, povo essencialmente agrícola, as *res mancipi* eram as coisas mais úteis, mais valiosas. Assim, a terra e tudo que auxiliava em sua exploração estavam nessa categoria. O critério de distinção, portanto, era de ordem econômica.

Pouco a pouco, com o desenvolvimento comercial do povo romano, essa distinção perdeu importância, até ser suprimida pela codificação de Justiniano.

Havia, no entanto, importância para a distinção. A transferência da propriedade das *res mancipi* era realizada por meio dos atos formais da emancipação, enquanto as *res nec mancipi* se transferiam por simples tradição. As mulheres *sui iuris* não podiam alienar as *res mancipi* sem a assistência do tutor.

15.2.2   Coisas Corpóreas e Coisas Incorpóreas

Coisa corpórea (*res corporalis*) é uma coisa material percebida pelos sentidos, que se pode tocar (*quae tangi potest*). É incorpóreo o que os sentidos não podem perceber, como um crédito, por exemplo; são as coisas que consistem num direito (*quae in iura consistunt*). Essa divisão era desconhecida dos primitivos romanos, que apenas conheciam as coisas corpóreas.

Não é possível enumerar todas as coisas corpóreas, uma vez que compreendem tudo o que é material, afora o homem livre. A distinção desses bens corpóreos e incorpóreos em móveis e imóveis nunca foi expressamente aceita pelos romanos, embora entendam alguns que esteja implícito nos textos.

As coisas incorpóreas são os direitos suscetíveis de estimação que representam valor pecuniário no patrimônio dos particulares. São assim os direitos de crédito, o direito à herança, isto é, o conjunto de direitos que compõem o patrimônio da pessoa falecida, abstraindo-se daí os bens corpóreos que nesses direitos se encontram.

O homem também está investido de certos direitos com relação a outras pessoas sobre as quais pode exercer autoridade; são os chamados direitos de família, como o pátrio poder e a tutela.

Em Roma, o direito de propriedade era considerado coisa corpórea porque tinha caráter absoluto que se confundia com a própria coisa objeto da propriedade. Por outro lado, todos os outros direitos eram considerados coisas incorpóreas, assim se entendendo o usufruto, as servidões reais, os direitos de crédito, por exemplo.

A distinção entre as coisas corpóreas e incorpóreas é interessante sob o aspecto da posse, pois apenas as coisas corpóreas podiam ser objeto de posse, que é o poder físico exercido sobre a coisa. Essa distinção, em fase mais recente do Direito Romano, é abrandada.

15.2.3   Móveis e Imóveis

Modernamente, essa é a distinção mais importante. Roma, porém, nunca empregou tal expressão. As expressões *res mobiles* e *res immobiles* são de origem pós-clássica.

Coisas móveis são as que se podem deslocar sem perda ou deterioração de sua substância. As *imóveis* são as que, ao contrário, não podem ser deslocadas. Chamam-se *semoventes* os seres dotados de movimento próprio, os animais e, em Roma, os escravos. Imóveis são o solo e tudo o que a ele se agrega.

Essa distinção não possuía igual importância para a Roma primitiva como a *res mancipi* e a *nec mancipi*, mas, à medida que esta última distinção perdeu importância pelo desenvolvimento do comércio, ganhou importância a distinção de móveis e imóveis.

Estabelece-se diferença nos prazos de usucapião: para os móveis era de um ano, para os imóveis, de dez anos. Posteriormente, na época de Justiniano, o prazo passa a ser de três anos para os móveis e de 10 a 20 anos para os imóveis. Há diferença nos interditos possessórios, com medidas específicas para os móveis e para os imóveis. O furto só é possível para as coisas móveis.

15.3 COISAS *EXTRA PATRIMONIUM*

Consideram-se coisas fora do patrimônio tudo que não pode entrar para o acervo do indivíduo, nem é suscetível de apropriação privada.

Há duas classes de coisas *extra patrimonium*: uma diz respeito às coisas de direito humano (*res humani iuris*); outra diz respeito às coisas de direito divino (*res divini iuris*).

Segundo Gaio, essa é a distinção mais importante no antigo direito; pode ser também a distinção mais antiga, se for levada em conta a importância da religião na antiga Roma.

Diz-se indiferentemente, para a maioria dos autores, *res extra patrimonium* ou *res extra commercium*.

15.3.1 *Res Humani Iuris*

São as *res communes* e as *res publicae*.

Res communes são as coisas que, por sua natureza, não podem ser apropriadas pelo indivíduo; são de uso comum a todos, como o ar, a água corrente, os rios etc.

Res publicae são as coisas de uso comum a todos, mas propriedade do povo romano, como as estradas, os portos etc.

Todas as coisas que não são de direito divino são profanas, isto é, de direito humano.

15.3.2 *Res Divini Iuris*

Distinguiam-se três espécies de *res divini iuris*: as *res sacrae*, as *res religiosae* e as *res sanctae*.

Res sacrae são as coisas consagradas aos deuses superiores, como os templos, as estátuas dos deuses, os bosques sagrados.

Res religiosae são os lugares dedicados aos mortos, como os edifícios e os terrenos destinados às sepulturas.

Res sanctae são as coisas que, apesar de não dedicadas aos deuses, possuem caráter religioso, como os muros e as portas da cidade, os marcos dos campos. Tais coisas eram colocadas sob a proteção da divindade em geral, e qualquer ofensa contra elas era severamente punida. Traduzi-las por coisas "santas" é imperfeito. Na verdade, trata-se de coisas protegidas contra os atentados dos homens por uma sanção penal. A violação das portas e muros da cidade poderia levar até à pena capital.

15.4 DIVISÕES MODERNAS DE BENS

A denominação coisa *fungível* e *infungível* é moderna, tendo surgido apenas na Idade Média. Coisas *fungíveis* são as que se pesam, que se medem ou se contam e podem ser substituídas por outras da mesma quantidade, espécie e qualidade. São coisas conhecidas pelo gênero e não por sua individualidade, como os cereais, por exemplo. Infungíveis são as coisas que levam em consideração sua própria individualidade e não podem ser substituídas por outras, como, por exemplo, um escravo com determinada habilidade.

Coisas consumíveis são as que se exaurem imediatamente em seu uso normal, como os alimentos. *Coisas inconsumíveis* são as que não se consomem de imediato, como um livro, por exemplo.

Coisas simples são as que formam um todo orgânico, como um animal; *coisas compostas* são as formadas por um todo composto de várias partes, como um navio, e *coisas coletivas* são as que formam um conjunto, um todo harmônico, constituído de várias coisas simples, como uma biblioteca, um rebanho.

Coisas divisíveis são as que podem ser fracionadas, mantendo cada parte as mesmas propriedades do todo. *Indivisíveis* são as coisas que não podem ser fracionadas, sob pena de perderem as propriedades do todo, deixando de ser o que são.

Juridicamente, o que não pode ser dividido materialmente admite a divisão em frações ideais entre várias pessoas.

As coisas, em relação às outras coisas, podem ser *principais* e *acessórias*. *Principal* é a coisa à qual outra está unida e em estado de dependência. O *acessório* segue o destino do principal: desaparecendo o principal, desaparecerá o acessório, mas a recíproca não é verdadeira.

Fruto é o que a coisa frutífera produz periódica e organicamente e que, destacado dela, não lhe produz dano ou destruição, como as frutas, a lã, as crias. Com relação aos frutos, podem eles ser: *pendentes*, quando ainda se aderem à coisa que os produziu; *percebidos*, quando já foram colhidos; *percipiendos*, quando deveriam ter sido colhidos e não foram; *estantes*, quando foram colhidos e armazenados; e *consumidos*, os que já não existem por terem sido utilizados. Os frutos civis, como juros e aluguéis, produzidos pela coisa, são denominados *rendimentos*. Os *produtos* são aqueles que, destacados da coisa, exaurem-na paulatinamente, diminuindo-lhe a substância, como o ouro e os metais em geral.

As benfeitorias, que serão objeto oportunamente de nosso estudo no Capítulo 16, eram denominadas pelos romanos *impensae* (despesas). São acréscimos que o homem faz às coisas, pois importam despesas. São *necessárias* porque têm por fim evitar que a coisa se deteriore; *úteis* porque visam aumentar a utilidade da coisa, e *voluptuárias* porque servem para mero deleite ou embelezamento da coisa.

15.5 PATRIMÔNIO

No Direito Romano, como no Direito moderno, são distinguidas duas categorias de direito: direitos reais e direitos obrigacionais. Os direitos obrigacionais, também chamados pessoais, têm em mira o crédito, como direito imaterial.

O *direito real* é uma faculdade que pertence a uma pessoa, com exclusão de qualquer outra, incidente diretamente sobre uma coisa determinada, oponível *erga omnes*, isto é, perante todos. É o direito de propriedade o mais amplo direito real, ao lado dos demais, como as servidões, o usufruto, os direitos reais de garantia (penhor, hipoteca).

O *direito obrigacional* é uma faculdade, relação transitória entre um credor e um devedor que tem por objeto prestação devida por este àquele, podendo ser de dar, de fazer e não fazer alguma coisa.

Em Roma, como ainda hoje, o direito real possuía posição de superioridade, dado seu caráter de perenidade. É característica do direito real o *direito de sequela*, faculdade que possui o titular de fazer valer seu direito real onde quer que se encontre o bem e nas mãos de quem quer que seja, enquanto o titular de direito obrigacional só pode fazer valer seu direito perante o devedor.

O conjunto de direitos reais e de direitos obrigacionais ou pessoais forma os direitos do *patrimônio*. Ficam de lado os chamados direitos de família que não têm valor pecuniário nem podem ser cedidos, como o estado de filiação, o pátrio poder etc.

O *patrimônio* é o conjunto de direitos reais e obrigacionais, ativos e passivos, pertencentes a uma pessoa. O patrimônio engloba tão só os direitos pecuniários. Os direitos puros da personalidade, por nós já referidos, não devem ser considerados como de valor pecuniário imediato.

No Direito Romano, nem todas as pessoas detinham capacidade para possuir patrimônio. Era necessário que a pessoa fosse um *pater familias*. Os escravos, a mulher e os filhos sob o pátrio poder não possuíam patrimônio.

16

OS BENS E SUA CLASSIFICAÇÃO

16.1 BENS E COISAS: OBJETO DO DIREITO

Todo direito tem um objeto sobre o qual repousa. Após termos estudado os sujeitos de direito, pessoas naturais e pessoas jurídicas, passemos agora ao estudo do objeto do Direito.

O objeto do Direito pode ser a existência mesma da pessoa, seus atributos da personalidade: a honra, a liberdade, a manifestação do pensamento. Tais direitos, como já examinado, são atributos da personalidade, são imateriais e, quando violados, podem ser avaliados em dinheiro, denominador comum de qualquer indenização, embora esses direitos não tenham valor pecuniário direto e imediato.

O objeto do Direito pode traduzir-se também em uma atividade da pessoa; uma prestação; um fazer ou deixar de fazer algo. As ações humanas, como objeto do direito, manifestam-se no direito obrigacional, que é pessoal, une uma pessoa a outra por meio de um vínculo jurídico.

O objeto do Direito, porém, pode recair sobre coisas corpóreas e incorpóreas, como um imóvel, no primeiro caso, e os produtos do intelecto, no segundo.

Como o direito subjetivo é poder outorgado a um titular, requer, portanto, um objeto. O objeto é a base material sobre a qual se assenta o direito subjetivo, desenvolvendo o poder de fruição da pessoa, com o contato das coisas que nos cercam no mundo exterior.

Entende-se por *bens* tudo o que pode proporcionar utilidade aos homens. Não deve o termo ser confundido com *coisas*, embora a doutrina longe está de ser uníssona. Bem, numa concepção ampla, é tudo que corresponde a nossos desejos, nosso afeto em uma visão não jurídica. No campo jurídico, bem deve ser considerado aquilo que tem valor, abstraindo-se daí a noção pecuniária do termo. Para o direito, *bem* é uma utilidade econômica ou não econômica. Existe conteúdo axiológico nesse vocábulo.

O termo *bem* é uma espécie de coisa, embora por vezes seja utilizado indiferentemente. Coisas são os bens apropriáveis pelo homem. Como assevera Serpa Lopes (1962, v. 1:354),

> "sob o nome de coisa, pode ser chamado tudo quanto existe na natureza, exceto a pessoa, mas como bem só é considerada aquela coisa que existe proporcionando ao homem uma utilidade, porém com o requisito essencial de lhe ficar suscetível de apropriação".

Assim, todos os bens são coisas, mas nem todas as coisas merecem ser denominadas bens. O sol, o mar, a lua são coisas, mas não são bens, porque não podem ser apropriados pelo homem. As pessoas amadas, os entes queridos ou nossas recordações serão sempre um bem. O amor é o bem maior do homem. Essa acepção do termo somente interessa indiretamente ao Direito.

A palavra *bem* deriva de *bonum,* felicidade, bem-estar. A palavra *coisa*, tal como os estudos jurídicos a consagram, possui sentido mais extenso no campo do Direito, compreendendo tanto os bens que podem ser apropriados, como aqueles objetos que não podem.

Todavia, é importante que se advirta, não há acordo entre os autores sobre a conceituação de coisa e bem. Na verdade, há bens jurídicos que não podem ser nomeados como coisas, como é o caso da honra, da liberdade, do nome. Essa afirmação, porém, não é unanimidade na doutrina. Assim é o Direito.

Coisa, por sua vez, pode ser tomada apenas por seu lado corpóreo, como faz o Direito alemão. Em nossa doutrina, porém, coisa pode abranger tanto objetos corpóreos como incorpóreos.

Nossos Códigos não definem os dois termos. O Código português, no art. 202, diz: *"Diz-se coisa tudo aquilo que pode ser objeto de relações jurídicas."* O Código italiano, no art. 810, diz que são bens as coisas que podem formar objetos de direitos.

Nossa legislação e doutrina inclinam-se a tratar indiferentemente ambas as noções. Às vezes, coisa é gênero e bem é espécie, e vice-versa.

O termo bens, que serve de título ao Livro II da Parte Geral do Código Civil de 1916 e do presente Código, tem significação extensa, abrangendo coisas e direitos, sob diversos aspectos. Na Parte Especial, ao tratar do Direito das Coisas, a lei dedica-se unicamente à posse, à propriedade e a seus respectivos direitos derivados.

No Livro II, o Código trata *"das diferentes classes de bens"*. Primeiramente, *"dos bens considerados em si mesmos"*:

> *"I – dos bens imóveis;*
>
> *II – dos bens móveis;*
>
> *III – dos bens fungíveis e consumíveis;*
>
> *IV – dos bens divisíveis e indivisíveis;*
>
> *V – dos bens singulares e coletivos."*

A seguir, trata *"dos bens reciprocamente considerados"* (principais e acessórios) e *"dos bens públicos"*. O Código de 1916 reportava-se ainda às *"coisas que estão fora do comércio"* e ao *"bem de família"*. Este último passou a ser tratado dentro do direito de família no presente Código.

16.2 BENS CORPÓREOS E INCORPÓREOS

Já vimos que os romanos faziam distinção entre bens corpóreos e incorpóreos.

Bens corpóreos são aqueles que nossos sentidos podem perceber: um automóvel, um animal, um livro. Os *bens incorpóreos* não têm existência tangível. São direitos das pessoas sobre as coisas, sobre o produto de seu intelecto, ou em relação a outra pessoa, com valor econômico: direitos autorais, créditos, invenções.

As coisas corpóreas podem ser objeto de compra e venda, enquanto as incorpóreas prestam-se à cessão. As coisas incorpóreas não podem ser objeto de usucapião nem de transferência pela tradição, a qual requer a entrega material da coisa.

Em que pese ao silêncio da legislação, essa distinção, que vem desde o Direito Romano, é de importância relativa.

Os bens incorpóreos são entendidos como abstração do Direito; não têm existência material, mas existência jurídica. As relações jurídicas podem ter como objeto tanto os bens materiais quanto os imateriais. Nesta contemporaneidade, há bens digitais que devem ser entendidos como incorpóreos.

16.3 MÓVEIS E IMÓVEIS

Essa classificação substituiu, sob o prisma da importância, a das *res mancipi* e *res nec mancipi*. Desde a Idade Média, é dada maior importância aos imóveis em detrimento dos móveis. Embora seja essa a orientação de nosso Código Civil, podemos dizer que hoje os valores mobiliários já superam, em importância, os bens imóveis.

Imóveis são aqueles bens que não podem ser transportados sem perda ou deterioração, enquanto *móveis* são os que podem ser removidos, sem perda ou diminuição de sua substância, por força própria ou estranha. *Semoventes* são os animais. São essas noções que encontramos no art. 82: "*São móveis os bens suscetíveis de movimento próprio, ou de remoção por força alheia, sem alteração da substância ou da destinação econômico-social.*" O presente Código acrescentou a dicção: "*sem alteração da substância ou da destinação econômico-social*", o que denota a ideia de que a compreensão dos bens móveis é mais jurídica do que efetivamente real.

Aos direitos, quer recaiam sobre bens móveis, quer recaiam sobre imóveis, também se aplica a divisão. Assim, os direitos de servidão, uso e habitação são imóveis. O usufruto será móvel ou imóvel, dependendo de seu objeto.

Pode-se afirmar que essa distinção é o grande divisor de águas no tocante à consequência de seu regime jurídico: um cônjuge não pode alienar bens imóveis, nem os gravar de ônus real, qualquer que seja o regime do casamento (no Código de 1916), sem a anuência do outro cônjuge (arts. 1.647 e 1.648). No sistema de 2002, quando o regime for de separação de bens, não há necessidade de outorga conjugal. Desse modo, sob a regra geral, o cônjuge é livre para alienar bens móveis, por mais valiosos que sejam, não podendo, contudo, sem a anuência do consorte, alienar ou gravar bens imóveis.

E ainda: os bens imóveis são adquiridos tão só pela transcrição do título no Registro de Imóveis, ou pela acessão, pela usucapião e pelo direito hereditário (art. 530 do Código de 1916), mas sempre deverá constar o titular do respectivo registro. Os móveis são adquiridos por simples tradição, bem como pela ocupação, caça, pesca e invenção (art. 1.263). Os bens imóveis, como regra geral, são dados em hipoteca, enquanto os bens móveis são dados em penhor. O tempo para a aquisição dos imóveis por usucapião é mais longo (10 ou 15 no presente Código, art. 1.238) do que para os móveis (três ou cinco anos; arts. 1.260 e 1.261). Há novas perspectivas para a usucapião no presente Código, o que é por nós estudado no livro dedicado aos direitos reais.

16.3.1 Regime dos Bens Imóveis

Do ponto de vista estritamente natural, o único bem imóvel é o terreno – uma porção de terra do globo terrestre. O legislador, porém, partindo do pressuposto da transferibilidade para distinguir os bens móveis de imóveis, *idealiza* o conceito da imobilidade para outros bens que materialmente seriam móveis. Daí, portanto, os conceitos dos arts. 43 e 44 do Código de 1916, estatuindo quatro categorias de bens imóveis: *por natureza, por acessão física, por acessão intelectual* e *por determinação legal*.

Imóveis por natureza no diploma passado (art. 43, I) eram *"o solo com a sua superfície, os seus acessórios e adjacências naturais, compreendendo as árvores e frutos pendentes, o espaço aéreo e o subsolo".* O atual Código descreve: *"São bens imóveis o solo e tudo quanto se lhe incorporar natural ou artificialmente"* (art. 79). Pelo texto do projeto, exceptuam-se as pertenças. São tantas as restrições ao espaço aéreo e ao subsolo que a atual lei preferiu subtrair essa noção. É importante notar a modificação atual que simplificou o conceito.

Nos componentes do solo, algumas partes são sólidas, outras líquidas, umas formam a superfície, outras o subsolo. Se alguma das partes é separada pela força humana, passa a constituir-se em unidade distinta, mobilizando-se, como a árvore que se converte em lenha, e assim por diante. A água, enquanto pertencente a um imóvel, será imóvel; destacada pelo homem, torna-se móvel.

As árvores e os arbustos, ainda que plantados pelo homem, deitando suas raízes nos solos, são imóveis. Não serão assim considerados se plantados em vasos e recipientes removíveis, ainda que de grandes proporções.

As riquezas minerais ou fósseis, que no regime do Código anterior pertenciam ao proprietário do solo, passaram a constituir propriedade distinta do patrimônio da União, a qual pode outorgar ao particular mera concessão de exploração de jazidas.

Portanto, embora se considerem propriedade o subsolo e o espaço aéreo, tais pontos apenas se consentirão presos à propriedade na medida de sua utilização pelo proprietário do solo. Já não se considera que a propriedade se debruce *usque ad sidera et usque ad inferos* (até o céu e até o inferno). A utilização do solo e do espaço aéreo, pois, não pode ser ilimitada. A lei só ampara o direito de propriedade enquanto de utilidade para o titular. Nesse propósito, dispõe o Código de 2002, no art. 1.229:

> *"A propriedade do solo abrange a do espaço aéreo e subsolo correspondentes, em altura e profundidade úteis ao seu exercício, não podendo o proprietário opor-se a atividades que sejam realizadas, por terceiros, a uma altura ou profundidade tais, que não tenha ele interesse legítimo em impedi-las."*

A disposição entrosa-se com o uso racional, civilizado, *civiliter*, da propriedade e sua função social, que não pode estampar abuso de direito.

São *imóveis por acessão física* (art. 43, II, do Código anterior)

> *"tudo quanto o homem incorporar permanentemente ao solo, como a semente lançada à terra, os edifícios e construções, de modo que se não possa retirar sem destruição, modificação, fratura ou dano".*

Essa noção passa a ser compreendida dentro da definição do art. 79 da presente lei.

As construções que se agregam ao solo participam de sua natureza jurídica, porém, se se tratar de construções ligeiras e provisórias, apenas acostadas ao solo, a sua superfície, como barracas, barracões e construções provisórias, não deve ser considerada imóvel.[1]

---

[1] "Apelação cível – Posse – Ação indenizatória – **Acessões e benfeitorias** – Preliminar de agravo retido. Conhecimento do agravo retido. Hipótese em que não há que se falar em afastamento da revelia, uma vez que o reconvindo, devidamente intimado, deixou de contestá-la. Embora seja possível o aproveitamento da prova produzida na ação principal para julgamento da reconvenção, ausentes elementos probatórios que digam respeito ao objeto da reconvenção. Agravo retido que não merece provimento. Preliminar de prescrição. À cobrança de valores devidos

Os imóveis, edificados ou não, denominam-se *prédios*. São prédios rurais, segundo Clóvis (1980:181), os terrenos situados fora dos limites das cidades, vilas e povoações, destinados à agricultura ou aos campos de criação, ou incultos. São prédios urbanos os situados nos limites das cidades, vilas e povoações, ainda que não cultivados nem edificados. Pouco importará o tipo de construção e a destinação do prédio, que será considerado urbano ou rural, se situado dentro ou fora do perímetro urbano, segundo dados de leis administrativas locais.

Desde que definitiva, pouco importa o material de que seja feita a construção: concreto, tijolos, pedra, madeira etc. O que interessa é sua aderência ao solo em caráter permanente.

Uma vez que se agregarão ao solo, as sementes são consideradas imóveis se lançadas para germinar.

Os chamados prédios de apartamentos, propriedade em planos horizontais, criados pela necessidade urbana moderna, são considerados também imóveis presos ao solo, ainda que os planos acima do andar térreo não estejam diretamente ligados a ele. Trata-se de uma propriedade superposta.

Nem sempre a imobilização das partes que se aderem ao solo será de propriedade do titular do domínio do solo. Habitualmente, tal ocorre. Contudo, pode acontecer que a semente lançada ao solo seja de proprietário diverso, assim como os materiais de construção do edifício. Nesse caso, haverá perda dos móveis em favor do proprietário do solo, com direito à indenização a quem construiu ou plantou em terreno alheio de boa-fé (art. 1.255), ou sem nenhum direito em caso de má-fé.

---

a título de arrendamento rural, aplica-se o prazo decenal, previsto no art. 205 do CC. Tendo a ação sido ajuizada dentro do prazo legal, não há que se falar em prescrição do direito reclamado. Mérito (lide principal). O possuidor de boa-fé tem direito à indenização das benfeitorias necessárias e úteis, bem como, quanto às voluptuárias, se não lhe forem pagas, a levantá-las, quando o puder sem detrimento da coisa, e poderá exercer o direito de retenção pelo valor das benfeitorias necessárias e úteis. *In casu*, a prova judicializada mostra que o requerente foi o responsável pela construção da casa, das duas estufas elétricas, do paiol e pela plantação de eucaliptos. Contexto fático-probatório que não aponta a responsabilidade do requerido pela instalação da rede elétrica e construção do açude. Débitos relativos a financiamentos entabulados para realização das benfeitorias que não constituem óbice à pretensão indenizatória. Sentença reformada, em parte. Negaram provimento ao agravo retido e deram parcial provimento ao recurso de apelação. Unânime" (TJRS – AC 70077705762, 16-5-2019, Rel. Des. Nelson José Gonzaga).

"Apelação cível – Posse (bens imóveis) – **Benfeitorias** – **Acessões** – Indenização – O possuidor de boa-fé tem o direito de retenção e de indenização pelas benfeitorias necessárias e úteis (art. 1.219 do CCB), bem como pelas acessões artificiais. No caso concreto, os autores estavam na posse de boa-fé do terreno, quando construíram a casa de alvenaria, as grades e o pavimento. Assim, os autores possuem o direito de serem indenizados pelos valores das obras que realizaram. Sentença reformada. Apelação provida" (TJRS – AC 70076253236, 26-4-2018, Rel. Des. Marco Antonio Angelo).

"**Acessões – Indenização** – Construção de casa em terreno alheio – Prescrição comum – Prazo trienal do artigo 206, parágrafo 3º, inciso IV, do Código Civil, reservado à ação própria de enriquecimento sem causa, estatuída de modo subsidiário na nova normatização civil para aquelas situações em que, a fim de evitá-lo, não se tenha erigido previsão própria, o que, no caso, não ocorre. Artigo 1.255 do CC. Ademais, termo *a quo* de contagem de todo modo posterior àquele considerado. Reconhecimento de que o autor foi quem, juntamente com sua então companheira, filha dos réus, erguera a casa no terreno. Direito à indenização de metade de seu valor atual. Procedência do pedido. Sentença revista. Recurso provido" (TJSP – Ap 0002593-77.2012.8.26.0132, 22-5-2018, Rel. Claudio Godoy).

"Apelação – Contrato de compromisso de venda e compra – Ação de rescisão contratual cumulada com reintegração de posse e perdas e danos com pedido incidental de exibição de documentos. Sentença de parcial procedência. Inconformismo bilateral. Acolhimento parcial. Apelo da autora: Direito da autora de reter 20% do montante recebido para fazer frente às despesas administrativas. Necessidade de os réus indenizarem pelo tempo de fruição do bem a contar desde o inadimplemento, nos termos do pedido. Arbitramento da indenização em 0,6% do valor atualizado do contrato por mês de atraso. **Benfeitorias e acessões** erigidas pelos réus que devem ser indenizadas. Recurso parcialmente provido. Apelo adesivo dos réus: Alegação de ausência de prova quanto à regularidade do loteamento. Recurso desprovido. Ônus da sucumbência carreado aos réus. Sentença parcialmente reformada. Parcial provimento ao recurso da autora e negado provimento ao recurso adesivo dos réus" (TJSP – Ap 4011299-59.2013.8.26.0224, 26-3-2015, Relª Viviani Nicolau).

Acessão significa justaposição, aderência de uma coisa a outra, de modo que haja absorção de uma coisa por outra. Na hipótese ora tratada, as sementes, os materiais de construção são originalmente coisas móveis, que aderem definitivamente ao solo, passando à categoria de imóveis. Aqui se aplica o princípio de que o acessório segue o principal.

A propósito dos materiais, dizia o art. 46 do Código de 1916: *"Não perdem o caráter de imóveis os materiais provisoriamente separados de um prédio, para nele mesmo se reempregarem."* O atual Código apresenta descrição mais extensiva, ao informar que não perdem o caráter de imóveis:

> *"I – as edificações que, separadas do solo, mas conservando sua unidade, forem removidas para outro local;*
>
> *II – os materiais provisoriamente separados de um prédio, para nele se reempregarem"* (art. 81)."

Importa aqui saber a destinação da separação desses materiais e das edificações. Se os materiais foram separados para conserto ou manutenção, para novamente serem agregados ao prédio, não perdem a condição de imóveis, pois o que se tem em vista é sua aplicação. Nesse mesmo diapasão, coerentemente, diz o art. 84:

> *"Os materiais destinados a alguma construção, enquanto não forem empregados, conservam a sua qualidade de móveis; readquirem essa qualidade os provenientes da demolição de algum prédio."*

Vemos, então, que os materiais serão móveis até serem aproveitados na construção. Após a demolição definitiva do prédio, readquirem a qualidade de móveis, que lhes é própria.

Eram considerados *imóveis por acessão intelectual* no Código de 1916 (art. 43, III) *"tudo quanto no imóvel o proprietário mantiver intencionalmente empregado em sua exploração industrial, aformoseamento, ou comodidade"*.

Essa noção também deve estar compreendida na fórmula geral do novo art. 79 e dependerá do exame do caso concreto. Há que se distinguir, também, no caso específico, as benfeitorias, as quais se distinguem das pertenças, em princípio.

Apenas o proprietário, ou seu representante, pode imobilizar esses objetos. Não pode fazê-lo o mero locatário ou detentor, cuja relação com o imóvel é transitória.

Eram três as espécies da acessão intelectual.

Em primeiro lugar, a lei falava em objetos mantidos intencionalmente no imóvel para sua exploração industrial. Seriam assim considerados máquinas, ferramentas, adubos. Contudo, o simples fato de esses objetos serem encontrados no imóvel não levava à automática conclusão de que foram imobilizados. É a circunstância de cada caso que define sua situação. A dificuldade estava em saber quais utensílios são necessários à exploração do imóvel. Por isso o atual Código preferiu suprimir essa classificação.

Em segundo lugar, falava a lei em objetos empregados para o aformoseamento do imóvel. São vasos, estátuas e estatuetas nos jardins e parques, quadros, cortinas etc. nos prédios de modo geral. Como nem sempre é fácil definir a imobilização, vale o que foi dito no parágrafo anterior.

Em terceiro lugar, mencionava a lei anterior os objetos destinados à comodidade do imóvel. Incluíam-se nessa categoria geradores, circuladores de ar, aparelhos de ar-condicionado, escadas de emergência justapostas nos edifícios, equipamentos de incêndio etc.

Os bens de acessão intelectual distinguiam-se dos bens das classes anteriores, porque, ao contrário da acessão física, não havia justaposição material da coisa móvel ao imóvel. Ocorria tão só um vínculo de ordem subjetiva. Como se tratava de idealização, esses bens não eram permanentemente imobilizados e podiam readquirir, a qualquer tempo, a condição de móveis. Isso tinha importância prática no momento da alienação do imóvel. Se o proprietário o aliena sem fazer ressalva dos imóveis desta categoria, presume-se que na alienação também tais objetos estivessem englobados. Note que a imobilização por acessão intelectual apenas ocorria quando os bens são colocados a serviço do imóvel e não de determinada pessoa. Modernamente, na lei de 2002, cumpre que esses objetos sejam devidamente discriminados ou que se analise a vontade dos interessados, mormente porque introduz a noção de *pertenças*, como veremos.

Na acessão física, os objetos são definitivamente incorporados ao imóvel, seguindo seu destino. Na acessão intelectual, a imobilização é transitória e dependente da vontade, daí por que podem os objetos recuperar a mobilidade. Por essa razão, a essa categoria denominava-se, também, *imóveis por destinação do proprietário*.

É interessante, neste tópico, mencionar o conceito de *partes integrantes*. São aquelas que podem ser separadas do todo, sem perda ou deterioração; como sua finalidade é completar o todo, seu deslocamento prejudica-o. Podem as partes integrantes ser essenciais e não essenciais. *Essenciais* são as que não podem ser objeto de direito real separadamente. São inseparáveis. São *não essenciais* aquelas que, ainda que com diminuição da utilidade do todo, podem ser destacadas. A venda e a transferência de uma coisa determinada compreendem o conjunto das partes integrantes, se não houver ressalva expressa por parte do alienante (Larenz, 1978:380). O caso concreto dará a noção da essencialidade, que vem disposta no Código alemão.

O disposto no art. 43, III, do Código de 1916, foi criticado por ampliar em demasia a conceituação de imóvel. Como vimos, o atual Código (art. 79) limita-se a considerar imóveis *"o solo e tudo quanto se lhe incorporar natural ou artificialmente"*. Se, por um lado, essa dicção pode abranger todas as antigas classificações, por outro lado, serão o caso concreto e a definição da coisa que farão concluir pela imobilidade.

O art. 44 do Código de 1916 especificava os *imóveis por determinação legal*:

> "I – os direitos reais sobre imóveis, inclusive o penhor agrícola, e as ações que os asseguram;
>
> II – as apólices da dívida pública oneradas com a cláusula de inalienabilidade;
>
> III – o direito à sucessão aberta."

O vigente Código restringe-se a apontar, nessa categoria, os direitos reais sobre imóveis e as respectivas ações e o direito à sucessão aberta (art. 80).

Os direitos são bens imateriais e, destarte, não poderiam ser entendidos como coisas móveis ou imóveis. Contudo, para maior segurança das relações jurídicas, a lei considera os direitos sobre imóveis (enfiteuse, servidões, usufruto, uso, habitação, rendas constituídas sobre imóveis, penhor, anticrese e hipoteca, além da propriedade) como imóveis, e, como tal, as respectivas ações, que são a própria dinâmica desses direitos (ações de reivindicação, confessória e negatória de servidão, hipotecárias, pignoratícias, de nulidade ou rescisão de compra e venda etc.).

O legislador entende que tais direitos devem ser imóveis e trata-se de disposição cogente, não podendo as partes dispor diferentemente.

A lei de 1916 colocara o penhor agrícola no rol dos direitos imobiliários para afastar qualquer dúvida a esse respeito e deu maior resguardo e garantia ao instituto.

As apólices da dívida pública são bens móveis, mas passavam a ser tratadas como imóveis por disposição legal, desde que oneradas com a cláusula de inalienabilidade, que podia decorrer de doação ou testamento, ou do caso raro de dote, sem transferência ao patrimônio do marido. Se fossem inalienáveis, as apólices serão consideradas imóveis, por força de lei, e sujeitavam-se às regras relativas à propriedade imóvel. A regra não foi repetida no vigente Código.

O direito à sucessão aberta é o complexo patrimonial transmitido pela pessoa falecida a seus herdeiros. É considerado bem imóvel, ainda que a herança seja composta apenas de móveis. Não cogita a lei das coisas que compõem a herança, porém do direito a elas. Somente com a partilha e sua homologação deixa de existir a herança, passando os bens a serem encarados individualmente. A sucessão aberta abarca tanto os direitos reais como os direitos pessoais. Dessa ficção legal deflui que a renúncia da herança é renúncia de imóvel, e sua cessão configura transmissão de direitos imobiliários sujeita a tributação respectiva.

O vigente Código, como vimos, simplificou a compreensão dos imóveis, suprimindo categorias antiquadas. Assim, o art. 79 dispõe que *"são bens imóveis o solo e tudo quanto se lhe incorporar natural ou artificialmente"*. No projeto há referência às pertenças, nesse artigo, mas não mais se faz referência ao espaço aéreo e ao subsolo, como examinamos, tantas são as restrições legais nesse aspecto. Trata-se, no dispositivo, dos imóveis por natureza e por acessão física. Suprime-se a referência aos imóveis por acessão intelectual, categoria que não mostrava utilidade. O conceito de pertenças, que analisaremos a seguir, deve suprir essa compreensão.

16.3.2 Regime dos Bens Móveis

São três as categorias de bens móveis: *por natureza, por antecipação* e *por determinação da lei*.

São *móveis por natureza "os bens suscetíveis de movimento próprio, ou de remoção por força alheia, sem alteração da substância ou da destinação econômico-social"* (art. 82).

São, portanto, as coisas corpóreas que se podem movimentar, por força própria ou alheia, com exceção daquelas que se agregam aos imóveis. Existem bens móveis que a lei imobiliza para fins de hipoteca, como é o caso dos navios (art. 825 do Código de 1916). O atual Código particulariza com sucesso a noção de bens móveis, inserindo na parte final do artigo a expressão *"sem alteração da substância ou da destinação econômico-social deles"*. Essa noção é importante e resulta em utilidade prática, pois não pode ser considerado móvel aquele bem que, uma vez deslocado, perde sua finalidade.

Modernamente, os bens mobiliários ganham maior dimensão, embora as maiores fortunas ainda se façam com bens imóveis. Avulta, pois, de importância o regime jurídico a ser atribuído a determinados bens móveis.

O direito moderno reconhece a categoria dos *móveis por antecipação*. São bens que, incorporados ao solo, destinam-se à separação e serão convertidos em móveis, como é o caso de árvores que se converterão em lenha, ou da venda de uma casa para demolição. Atribui-se-lhes, dada sua peculiaridade, a condição de coisas móveis. A qualidade mobiliária de seu objeto retroage à data do contrato, em face de seu caráter.

O art. 83 considera *móveis por determinação legal:*

"I – *as energias que tenham valor econômico;*

II – *os direitos reais sobre objetos móveis e as ações correspondentes;*

III – *os direitos pessoais de caráter patrimonial e respectivas ações."*

O antigo art. 48 assim enunciava:

"I – os direitos reais sobre objetos móveis e as ações correspondentes;
II – os direitos de obrigação e as ações respectivas;
III – os direitos de autor."

O projeto de alteração inclui o inciso IV no art. 83, mencionando como móveis por determinação legal *"os conteúdos digitais dotados de valor econômico, tornados disponíveis, independentemente do seu suporte material"*. Andaram bem os projetistas nesse aspecto, pois o patrimônio digital é sempre algo doravante a ser examinado.

Se os direitos sobre coisas imóveis são imóveis, os direitos sobre móveis devem ser móveis, assim como as respectivas ações.

Os direitos autorais, qualificados pelo Código de 1916 como propriedade incorpórea, eram também móveis por disposição legal. Hoje, essa conceituação passa a ser irrelevante, pois nada há que se confunda o direito autoral com coisa móvel. A matéria é disciplinada por legislação própria, dentro de um microssistema legal. Assim, a cessão de um direito autoral não necessita da outorga uxória ou marital. A expressão da lei *"direitos de autor"* devia ser entendida em sentido amplo, englobando toda a forma de produção intelectual, incluindo os desenhos e modelos industriais, as patentes de invenção, os nomes e as marcas de comércio, tudo objeto do Código de Propriedade Industrial, além do direito de autor propriamente dito, isto é, a criação de obras literárias, artísticas e científicas. No atual Código, segundo a dicção transcrita, os direitos de autor incluem-se nos direitos pessoais de caráter patrimonial. Estão incluídas nessa classe as cotas de capital ou ações de sociedade mercantil.

Pelo Código Penal, art. 155, § 3º, a energia elétrica ou qualquer outra forma de energia que tenha valor econômico equipara-se à coisa móvel.

16.4 BENS FUNGÍVEIS E INFUNGÍVEIS

Bens fungíveis são aqueles que podem ser substituídos por outros do mesmo gênero, qualidade e quantidade, tais como cereais, peças de máquinas, gado etc.

Bens infungíveis são aqueles corpos certos, que não admitem substituição por outros do mesmo gênero, quantidade e qualidade, como um quadro de Portinari, uma escultura ou qualquer outra obra de arte.

O Código Civil de 1916, no art. 50, dispunha: *"São fungíveis os móveis que podem, e não fungíveis os que não podem substituir-se por outros da mesma espécie, qualidade e quantidade."* O atual Código mantém a mesma orientação (art. 85).[2]

---

[2] "Exame de competência. Agravo de instrumento. Ação de rescisão contratual c/c reparação de danos com pedido de tutela de urgência. Operação de "locação" de criptomoedas. Pretensão de restituição dos valores à título de aporte. Negócio que não possui, tecnicamente, natureza jurídica de locação. **Criptomoedas enquanto coisas fungíveis**, e não infungíveis. Ausência de previsão expressa no art. 110 do regimento interno. Competência para processamento e julgamento do recurso das câmaras residuais. Dispõe o artigo 565, do Código Civil: "Art. 565. Na locação de coisas, uma das partes se obriga a ceder à outra, por tempo determinado ou não, o uso e gozo de coisa não fungível, mediante certa retribuição. "Bens infungíveis são aqueles que não podem ser substituídos por outros da mesma espécie, quantidade e qualidade. São também denominados bens personalizados ou individualizados, sendo que os bens imóveis são sempre infungíveis. Como bens móveis infungíveis podem ser citados as obras de arte únicas e os animais de raça identificáveis. Já bens fungíveis, nos termos do art. 85, do Código Civil, são os bens que podem ser substituídos por outros da mesma espécie, qualidade e quantidade. O exemplo clássico, neste caso, é o dinheiro. As criptomoedas, tal como o Bitcoin, Ethereum, Binance coin, Cardano, Tether, dentre

Fungíveis são as coisas avaliadas e consideradas no comércio em sua massa *quantitativa*, enquanto infungíveis são as coisas consideradas em sua *massa individual*.

"*Espécie*" na dicção legal está colocada como *gênero*, tal como este é entendido nas ciências exatas.

---

outras, são moedas digitais peer-to-peer (par a par ou, simplesmente, de ponto a ponto), de código aberto, que não dependem de uma autoridade central. Ou seja, são em verdade espécies de dinheiro online, substituíveis por outros da mesma espécie, qualidade e quantidade. Por serem fungíveis, as criptomoedas não podem, sob uma perspectiva técnico-jurídica, serem objeto de contrato de locação, afastando, assim, a possibilidade de distribuição do recurso, nos termos do art. 110, inciso VII, alínea "h", do RITJPR. Redistribuição residual, tomando em conta que o objeto do contrato reside na intermediação para investimento. Observância do art. 111, inciso II, do RITJPR. Exame de competência acolhido" (*TJPR* – Exame de competência 0054299-37.2022.8.16.0000, 19-9-2022, Rel. Des. Luiz Osorio Moraes Panza).

"Recuperação judicial – Impugnação de crédito – Crédito com garantia de alienação fiduciária – Alegação de depreciação dos bens (caminhões, escavadeiras e tratores) que garantem a totalidade do crédito – Impugnação rejeitada – Recuperandas que impugnaram o crédito apresentado pelo banco agravado – O art. 49, § 3º, da Lei nº 11.101/2005 não faz qualquer ressalva quanto a eventual depreciação do bem objeto da alienação fiduciária – Eventual alteração do valor do bem dado em garantia não constitui critério de classificação de crédito concursal ou extraconcursal – Ademais, a questão do preço de mercado é de ser analisada quando da apreensão ou alienação do respectivo bem – **Veículos que são considerados bens fungíveis**, nos termos do art. 85 do Código Civil – Precedentes – Recurso improvido" (*TJSP* – Agravo de Instrumento 2205085-51.2020.8.26.0000, 30-6-2021, Rel. J. B. Franco de Godoi).

"Apelação cível – Depósito – Saca de café – Alegação de prevenção da 15ª C.C – Inexistência – Inadequação da via eleita – Inocorrência– **Bem fungível** – Depósito irregular – Restituição – Conversão em pecúnia – Valor de referência – Data do inadimplemento – Não há que se falar em prevenção de julgador se o caso não se encontra inserido no art. 79 do RITJMG – Nos termos do REsp nº 877.503 – MG (2006/0181948-0) de relatoria do Min. Sidnei Beneti, é cabível ação de depósito em contratos de depósito irregular, ainda que o bem entregue seja fungível– A ausência da petição de interposição do recurso de apelação dirigida ao juiz constitui mera irregularidade, que não impede o conhecimento do recurso. – Em caso de impossibilidade de devolução do bem depositado e diante da necessidade de pagamento do valor correspondente, este deverá ser apurado com base no valor de mercado do bem quando do vencimento da obrigação" (*TJMG* – AC 1.0394.08.083435-8/001, 10-4-2019, Rel. Alexandre Santiago).

"Ação de cobrança – Empréstimo entre particulares – **Mútuo verbal de coisa móvel fungível** (dinheiro) – Competência recursal de uma das Câmaras da Seção de Direito Privado III (art. 5º, III.14 da Resolução 623/2013). Remessa dos autos para redistribuição. Recurso não conhecido" (*TJSP* – Ap 1000304-23.2015.8.26.0368, 3-5-2018, Rel. Flávio Cunha da Silva).

"Processual Civil – Conflito Positivo – Ação de depósito – Cabimento – Ação de busca e apreensão – Armazém-Geral – **Depósito clássico de bens fungíveis** – Contrato Típico – Diferenciação do depósito atípico – Grãos de soja – Restituição – Não submissão ao juízo da recuperação judicial – Competência do juízo do foro de eleição contratual – Decreto nº 1.102/1903 – Lei nº 9.300/2000 – Decreto nº 3.855/2001 – Código Civil, arts. 627 e seguintes – Lei nº 11.101/2005 – Súmula nº 480/STJ – 1. A substituição da decisão proferida no processo originário, que ensejou o ajuizamento do conflito de competência, por novo decisório em outro incidente na mesma causa, que preserva as mesmas características, encaminha a conclusão de que o conflito não está prejudicado. 2. Configurado o conflito positivo de competência quando se submete ao crivo de uma das autoridades judiciárias a discricionariedade sobre o cumprimento de decisão emanada da outra, impondo-se a definição da autoridade judiciária competente. 3. Os bens objeto de ação de busca e apreensão pertencem à sociedade empresária suscitante, estando armazenados em poder da suscitada, que se submete a processo de recuperação judicial, em virtude contrato de depósito. 4. 'O contrato de armazenagem de bem fungível caracteriza depósito regular, pois firmado com empresa que possui esta destinação social, sem qualquer vinculação a financiamento, ut Decreto nº 1.102/1903. Cabível, portanto, a ação de depósito para o cumprimento da obrigação de devolver coisas fungíveis, objeto de contrato típico' (2ª S., EREsp 396.699/RS, Rel. p/ Ac. Min. Fernando Gonçalves, DJU de 03.05.2004). 5. Diferentemente de depósito bancário, o armazenador que comercializa a mesma espécie de bens dos que mantém em depósito deve conservar fisicamente em estoque o produto submetido a sua guarda, do qual não pode dispor sem autorização expressa do depositante. 6. Disciplina legal própria, que distingue o depósito regular de bens fungíveis em estabelecimento cuja destinação social é o armazenamento de produtos agropecuários do depósito irregular de coisa fungível, que se caracteriza pela transferência da propriedade para o depositário, mantido o crédito escrituralmente. 7. Constituindo, por conseguinte, bem de terceiro cuja propriedade não se transferiu para a empresa em recuperação judicial, não se submete ao regime previsto na Lei nº 11.101/2005. Incidência do Enunciado nº 480 da Súmula do STJ. 8. Conflito conhecido para declarar a competência do Juízo de Direito da 5ª Vara Cível de São Paulo" (*STJ* – CC 147.927 – (2016/0201177-2), 10-4-2017, Rel. Min. Ricardo Villas Bôas Cueva).

A vontade das partes não pode tornar fungíveis coisas infungíveis, por faltar praticidade material, mas a infungibilidade pode resultar de acordo de vontades ou das condições especiais da coisa, à qual, sendo fungível por natureza, se poderá atribuir o caráter de infungível. Assim, uma garrafa de vinho pode ser emprestada apenas para uma exposição: por vontade da parte, o que é fungível torna-se infungível, no empréstimo *ad pompan vel ostentationem* (para pompa ou ostentação).

A fungibilidade é qualidade da própria coisa. Haverá situações em que apenas o caso concreto poderá classificar o objeto. Desse modo, uma garrafa de vinho raro, de determinada vindima, da qual restam pouquíssimos exemplares, será infungível, enquanto o vinho, de maneira geral, é fungível.

A distinção interessa precipuamente ao Direito das Obrigações. A prestação do devedor, se for obrigação de fazer, poderá ser personalíssima, como o é a obrigação de um pintor famoso fazer um retrato. Tal prestação não pode ser substituída por outro artista, sendo, portanto, infungível. No mesmo diapasão, na obrigação quanto ao objeto do pagamento, "*o credor não é obrigado a receber prestação diversa da que lhe é devida, ainda que mais valiosa*" (art. 313). Destarte, se o devedor se comprometeu a entregar o cavalo de corrida de nome "X", não poderá desvencilhar-se da obrigação entregando o cavalo "Y", ainda que esse animal seja considerado superior e mais caro.

É diferente a situação de quem se obrigou a entregar uma saca de trigo, pois o cereal é substituível em gênero, quantidade e qualidade.

Em qualquer caso, porém, há de se examinar a vontade das partes, pois se podem agregar especificações à coisa, que em princípio é fungível, mas será colocada em zona cinzenta, não muito fácil de ser qualificada. Assim, um automóvel de série de fábrica é ordinariamente fungível, mas um automóvel com certa preparação de motor, certas adaptações e certos acessórios pode tornar-se infungível.

Nem por isso, contudo, pode-se afirmar, como pretendem alguns autores, que a fungibilidade seja atributo da vontade das partes. Tal qualidade resulta da própria coisa, de seu sentido econômico e não físico e do número de coisas iguais encontráveis. A fungibilidade é qualidade objetiva da própria coisa e não é dada pelas partes, que não podem arbitrariamente alterar a natureza dos objetos.

A fungibilidade ou infungibilidade é conceito próprio das coisas móveis. Os imóveis, mormente aqueles que o são por sua natureza, são sempre infungíveis, embora existam autores com opiniões contrárias.[3] Talvez, em nossa era, considerando que os imóveis podem ser construídos em massa e em série, o conceito de infungibilidade deva mesmo ser revisto.

É no Direito das Obrigações que a diferença avulta de importância: *o mútuo é o empréstimo de coisas fungíveis, ao contrário do comodato, que é o empréstimo de coisas infungíveis* (arts. 579 e 586). "*O mutuário é obrigado a restituir ao mutuante o que dele recebeu em coisas do mesmo gênero, qualidade e quantidade.*" O depósito de coisas fungíveis, em

---

[3] Caio Mário da Silva Pereira (2006, v. 1:427) afirma a propósito: *"Segundo noção aceita em doutrina e legislação, a fungibilidade é própria dos móveis. Os imóveis são sempre infungíveis. Mas o desenvolvimento dos negócios imobiliários veio criar, com certas situações especiais, a extensão da ideia de fungibilidade aos imóveis, como no caso de vários proprietários comuns de um loteamento que ajustam partilhar os lotes ao desfazerem a sociedade: um que se retire receberá certa quantidade de lotes, que são havidos como coisas fungíveis, até o momento da lavratura do instrumento, pois que o credor não o é de corpo certo, mas de coisas determinadas tão somente pelo gênero, pela qualidade e pela quantidade."* Essa situação excepcional narrada pelo prestigioso autor só vem confirmar a noção geral, pois não existe porção de terra no planeta que seja exatamente igual a outra, já que haverá, ao menos, uma diferente posição geográfica.

que o depositário se obriga a restituir objetos do mesmo gênero, qualidade e quantidade, é regulado pelo disposto acerca do mútuo (art. 645). A compensação efetiva-se entre dívidas líquidas, vencidas, e de coisas *"fungíveis"* (art. 369). Também no direito sucessório divisamos a importância da distinção, pois o art. 1.915 estatui que *"se o legado for de coisa móvel, que se determine pelo gênero, será o mesmo cumprido, ainda que tal coisa não exista entre os bens deixados pelo testador".*

O dinheiro é bem fungível por excelência, o mais constante objeto das obrigações de dar coisa incerta. Poderá tornar-se infungível se se tratar de moeda retirada de circulação e, portanto, objeto de coleção.

16.5 BENS CONSUMÍVEIS E NÃO CONSUMÍVEIS

De acordo com o art. 86, *"são consumíveis os bens móveis, cujo uso importa destruição imediata da própria substância, sendo também considerados tais os destinados à alienação".*[4]

A característica da consuntibilidade pode ser *de fato,* como os alimentos, ou *de direito,* como o dinheiro.

São *inconsumíveis* os bens que admitem uso reiterado, sem destruição de sua substância. Tal qualidade deve ser entendida no sentido econômico e não no sentido vulgar, pois tudo que existe na face da terra inexoravelmente será consumido, ou ao menos deixará de ser o que é, para ser transformado.

Algo que normalmente é inconsumível, isto é, permite reiterado uso, como um livro, por exemplo, pode ser considerado consumível se estiver nas prateleiras de uma livraria, pronto para ser alienado, amoldando-se à dicção legal do art. 86.

Não se pode confundir a noção de coisas consumíveis com a de coisas fungíveis: em regra, é fato, coisa fungível é sempre consumível, mas pode acontecer que coisa infungível seja consumível. É o exemplo do vinho raro que mencionamos na seção 16.4. O vinho é essencialmente consumível, mas pode ser infungível. Do mesmo modo, coisa fungível pode não

---

[4] "Apelação cível – Ação monitória – Notas Fiscais – Embargos à ação monitória – Alegação de necessidade de produção de provas – Afastada – Qualidade baixa do produto – Afastada – Incidência da mora a contar do inadimplemento – Embargos rejeitados – Honorários majorados – Recurso conhecido e desprovido – 1– A apelante almeja a realização de prova pericial acerca da qualidade do combustível alvo da negociação, contudo, é notório que por se tratar de um **bem consumível**, na forma do art. 86 do CC/02, o usufruto do bem importa na destruição imediata da sua própria substância, fator que por si só impossibilita qualquer hipótese de análise de sua qualidade. 2– Não obstante, extrai-se do conteúdo das notas fiscais acostadas às fls.24/33 que a empresa apelante efetuou a compra dos combustíveis diversas vezes durante um período que compreende três meses do ano de 2015, ou seja, não se deu de forma pontual, como também já se passaram mais de três anos de sua utilização. 3– Ademais, não há nos autos qualquer lastro probatório que ateste a veracidade das alegações produzidas pela apelante, motivo pelo qual não merece persistir tal irresignação. 4– Quanto à alegação de incidência de juros moratórios a partir da citação, verifica-se que este igualmente não merece prosperar, pois de acordo com a inteligência do art. 397 do CC/02, uma vez inadimplente para com obrigação positiva e líquida, conforme se extrai dos autos, constitui de pleno direito a mora do devedor. 5– Sentença mantida. 6– Honorários majorados. 7– Recurso conhecido e desprovido" (*TJES* – Ap 0006240-71.2017.8.08.0014, 3-5-2019, Rel. Des. Ewerton Schwab Pinto Junior).
"Apelação cível – 1 – Ação de depósito – **Bem fungível e consumível** – Inadequação do procedimento especial de depósito – Aplicação das regras de mútuo – Tem-se por irregular o depósito de sacas de grãos de milho, bens fungíveis e consumíveis. Nesse caso, passados mais de dois anos da data em que, supostamente, a coisa foi colocada sob a guarda do depositário, a ação de depósito não pode ser considerada a via adequada para reclamar a restituição da mercadoria, por ser ela perecível. Assim, justamente em razão de sua natureza, a coisa pode ser substituída por outra de mesmos gênero, qualidade e quantidade, exatamente como ocorre no mútuo (art. 645, CC). 2 – Extinção do processo – Custas – Honorários – A extinção do processo, em razão da inadequação da via eleita, acarreta a imputação das custas e dos honorários ao autor – Apelo prejudicado. Processo extinto sem resolução de mérito" (*TJGO* – AC 9891620668, 29-03-2016, Rel. Marcus da Costa Ferreira).

ser consumível, como, por exemplo, um automóvel de série de uma montadora ou os livros de uma livraria destinados à venda.

Deve-se entender como bens consumíveis todos aqueles que podem desaparecer por um só ato de utilização. *Inconsumíveis* são aqueles que permitem uso continuado, sem acarretar sua destruição total ou parcial. Note que o importante é a destruição "jurídica". As mercadorias destinadas à venda no estoque do comerciante são sempre consideradas consumíveis. Poderão deixar de sê-lo no momento em que forem adquiridas.

Hoje, com as novas técnicas da indústria, muitos objetos tradicionalmente considerados inconsumíveis são tratados como "descartáveis", isto é, de utilização única ou limitada, o que os torna consumíveis. O Código de Defesa do Consumidor introduz, nesse diapasão, a distinção entre bens duráveis e não duráveis (art. 26), numa classificação que se aplica tanto a produtos como a serviços, para fins de contagem de prazos para reclamação por vícios aparentes e de fácil constatação. Bens não duráveis são aqueles que se exaurem, com, em princípio, um único uso; bens duráveis são os que têm vida útil mais ou menos longa. Observe-se que essa classificação não se confunde com a de produtos perecíveis (art. 13, III do CDC), que possui outra compreensão. São perecíveis porque necessitam cuidados especiais de conservação e armazenamento.

Da mesma forma que expusemos ao tratarmos das coisas fungíveis, pode a coisa consumível tornar-se inconsumível por vontade das partes: se empresto uma garrafa de vinho raro tão só para uma exposição... Todavia, essa estipulação só tem efeito para com os contratantes, sendo ineficaz em relação a terceiros.

É importante a distinção, porque nas relações jurídicas que transferem o uso de uma coisa a obrigação de restituir não pode recair, evidentemente, na própria coisa, se for consumível. Certos direitos ordinariamente não podem recair sobre bens consumíveis, como é o caso do usufruto. O chamado "usufruto impróprio", regulado pelo art. 726 do Código Civil antigo, estampava a noção de consuntibilidade ao dizer:

> *"As coisas que se consomem pelo uso caem para logo no domínio do usufrutuário, ficando, porém, este obrigado a restituir, findo o usufruto, o equivalente em gênero, qualidade e quantidade, ou, não sendo possível, o seu valor, pelo preço corrente ao tempo da restituição."*

Tratava-se, o "quase usufruto", de um desvio do instituto que normalmente deve recair tão só em coisas inconsumíveis.

A consuntibilidade, portanto, não decorre da natureza do bem, mas de sua destinação econômico-jurídica, a qual pode, por vezes, ser alterada.

16.6 BENS DIVISÍVEIS E INDIVISÍVEIS

De acordo com o art. 87, "*bens divisíveis são os que se podem fracionar sem alteração, na sua substância, diminuição considerável de valor, ou prejuízo do uso a que se destinam*". Complementa a noção o artigo seguinte, ao dizer que "*os bens naturalmente divisíveis podem tornar-se indivisíveis por determinação da lei ou por vontade das partes*".[5] Embora a compreensão seja a mesma, as novas dicções atualizam os conceitos dos arts. 52 e 53 do velho Código. Conforme

---

[5] "Ação de divisão de terras. Saneamento. Determinação da realização de perícia. Agravante sustenta a impossibilidade jurídica do pedido, pugnando pela extinção do processo sem resolução de mérito. Inviabilidade. **Bem juridicamente divisível** (art. 87 do Código Civil). Fração correspondente ao quinhão a que o agravante terá direito, em tese, superior a um módulo rural previsto no Estatuto da Terra (Lei nº 4.504/64). Decisão agravada mantida. Recurso desprovido" (*TJSP* – Agravo de Instrumento 2139853-58.2021.8.26.0000, 15-7-2021, Rel. Francisco Loureiro).

o art. 52 do Código de 1916, *"coisas divisíveis são as que se podem partir em porções reais e distintas, formando cada qual um todo perfeito"*, enquanto estipulava o art. 53:

> "São indivisíveis:
>
> I – os bens que se não podem partir sem alteração na sua substância;
>
> II – os que, embora naturalmente divisíveis, se consideram indivisíveis por lei, ou vontade das partes."

Nos bens divisíveis, cada segmento repartido mantém as mesmas qualidades do todo. O bem indivisível não admite fracionamento. Nesse sentido, o que se entende por indivíduo: aquilo que não pode ser dividido sem deixar de ser o que é...

Aqui, também, devemos entender a noção com temperamentos. Assim é que para um diamante, por exemplo, dependendo de sua qualidade e pureza, seu fracionamento fará com que haja perda de valor.

Deve ser considerada a indivisibilidade material ou física e a intelectual ou jurídica, ambas decorrentes da lei, ou da vontade das partes. Normalmente, um imóvel não construído é divisível, porém as leis de zoneamento proíbem construções abaixo de determinada metragem. O imóvel rural, por disposição de lei (Estatuto da Terra), não é divisível em áreas de dimensão inferior à constitutiva do módulo rural, dimensão mínima que o legislador entendeu como produtiva.

Há obrigações divisíveis e outras indivisíveis, de acordo com sua natureza ou com a vontade das partes. Há direitos que são sempre indivisíveis, como as servidões e a hipoteca.

Resumindo, há que se ter a indivisibilidade *por natureza, por determinação legal e por vontade das partes*.

Da delimitação da indivisibilidade ou divisibilidade decorrem inúmeras consequências. Por exemplo: as obrigações são divisíveis ou indivisíveis conforme a natureza das prestações; cada caso dirá se a prestação pode ser fracionada (art. 259); no condomínio, haverá importantes consequências; em sua extinção, se divisível, cada consorte receberá seu quinhão, mas se indivisível, ante a recusa de os comunheiros adjudicarem o bem a um só deles, indenizando os demais, o bem será vendido e o preço repartido entre eles (art. 1.322). O condômino em coisa

---

"Apelação cível – **Ação de divisão de terreno adquirido em condomínio** – Indivisibilidade do bem – Diminuição de valor – Possibilidade de alienação do bem com posterior rateio dos valores entre as partes – Recurso improvido – 1– *In casu*, o imóvel objeto do litígio foi adquirido pelas partes quando ainda eram sócios de uma empresa especializada em mecânica de caminhões. 2– Restou apurado por meio de prova pericial o valor do terreno e das benfeitorias que foram realizadas pelas partes. 3– Por divisível entende-se aquele bem que se pode fracionar sem alteração na sua substância, diminuição considerável de valor ou prejuízo do uso a que se destina (art. 87- CC); São divisíveis, portanto, os bens que se podem fracionar em porções reais e distintas, formando cada qual um todo perfeito. 4– No caso dos autos, o imóvel que se pretende dividir geodesicamente não comporta divisão cômoda, e quando isso acontece e não há consenso dos condôminos, aplica-se o art. 1.322 do Código Civil, determinando-se a alienação do bem, com a observância do valor apurado na perícia. – Ressalvado às partes, de comum acordo, estipular valor à menor – Com posterior rateio dos valores entre as partes, salvo a possibilidade de um dos comunheiros adquirir a quota parte dos demais, promovendo-se o regular pagamento, desde que exercido o direito de preferência no prazo legal. 5– Recurso improvido" (*TJES* – Ap 0006736-22.2011.8.08.0011, 22-11-2017, Rel. Des. Carlos Simões Fonseca).

"Alienação judicial de bem imóvel – Partes titulares de direitos sobre imóvel partilhado por ocasião do divórcio – A extinção de condomínio é direito potestativo do condômino, que pode exercê-lo a qualquer tempo e independentemente da vontade do consorte, desde que se trate de **bem comum e indivisível** – Direito à extinção reconhecido e mantido para que se proceda à alienação judicial do imóvel – Questões relacionadas à cobrança das parcelas não pagas pelo autor, bem como da divisão de valores de IPTU e condomínio devem ser realizados em pedido próprio, não cabendo pedido contraposto diante do procedimento adotado – Sentença mantida – Recurso desprovido" (*TJSP* – Ap 0084562-19.2012.8.26.0002, 18-2-2016, Relª. Ana Lucia Romanhole Martucci).

indivisível não poderá vender sua parte sem consultar os demais condôminos (art. 504). Todas essas noções, mantidas no atual Código, estavam presentes no estatuto anterior.

Devemos ter em mira, no entanto, que uma coisa material ou legalmente indivisível pode ser dividida em partes ideais (*pro indiviso*), mantendo-se as partes em condomínio, sem ocorrer a decomposição. O atual Código Civil, como se nota, tornou mais clara a noção da redação anterior. Portanto, não mais repete o atual diploma o *"todo perfeito"* de inteligência obscura. Refere-se a nova lei à alteração da substância, diminuição de valor considerável ou prejuízo do uso, o que fica muito mais fácil de perceber no caso concreto.

16.7 BENS SINGULARES E COLETIVOS

Disciplinava o art. 54 do Código de 1916:

> *"As coisas simples ou compostas, materiais ou imateriais, são singulares ou coletivas:*
> *I – singulares, quando, embora reunidas, se consideram de per si, independentemente das demais;*
> *II – coletivas, ou universais, quando se encaram agregadas em todo."*

As coisas singulares podem ser simples e compostas. *Singulares simples* são as coisas constituídas de um todo formado naturalmente ou em consequência de um ato humano, sem que as respectivas partes integrantes conservem sua condição jurídica anterior, como, por exemplo, um animal, um edifício. *Singulares compostas* são as coisas que se juntam, unindo diferentes objetos, corporeamente, em um só todo, sem que desapareça a condição particular de cada um. Surge aqui, mais propriamente, o conceito já visto de *parte integrante*, essencial e não essencial. O art. 89 do presente Código dispõe que *"são singulares os bens que, embora reunidos, se consideram de per si, independentemente dos demais"*. Cabe, como se vê, o exame do caso concreto.

Para que entendamos o conceito de parte integrante, devemos ter em vista dois requisitos: uma conexão corpórea que deixa a parte integrante aparecer como uma coisa e a necessidade de que o todo constitutivo das partes integrantes seja considerado uma coisa. É o que ocorre em um automóvel, por exemplo, formado de várias partes integrantes.

Segundo Clóvis (1980:186), *"coisas coletivas (universitas rerum) são as que, sendo compostas de várias coisas singulares, se consideram em conjunto, formando um todo"*. Dentro dessa conceituação, encontram-se as universalidades de fato (*universitates facti*), que são complexos de coisas corpóreas; e as universalidades de direito, que são complexos de coisas e direitos. Essa matéria é controvertida entre os estudiosos. A distinção entre universalidade de fato e universalidade de direito nasceu com os glosadores. São, por exemplo, universalidades de fato um rebanho, uma biblioteca. São universalidades de direito a herança, o patrimônio. Clóvis (1980:187) entende que se devem superar as divergências em prol de uma definição prática dos institutos, concluindo pelos seguintes princípios:

> *"(a) A* universitas facti, *agregado de coisas corpóreas, como o rebanho, o armazém, a biblioteca, existe e aparece nas relações jurídicas, mas somente se pode reputar unidade para o direito, quando, por considerações econômicas, a vontade, juridicamente manifestada, ou a lei, assim o determina.*
> *(b) A* universitas iuris, *unidade abstrata de coisas e direitos aparece também na vida jurídica ou para o fim de unificar a irradiação da pessoa na esfera dos bens, ou para o fim de mostrar a integridade econômica de um conjunto de bens. O patrimônio é*

o exemplo a dar-se do primeiro caso; a herança, os pecúlios, o dote, a massa falida são exemplos do segundo caso.

(c) Resultando a universidade de direito de diversas razões e realizando-se para diversos fins, não se submete a regras uniformes."

Complementa o autor do projeto do Código Civil de 1916 que a matéria se apresenta com contornos confusos, razão pela qual o mestre não a contemplou na redação de sua obra.

Tentando sintetizar matéria de difícil assimilação, conclui-se que a *universalidade* é o conjunto de várias coisas singulares reunidas para determinado objeto, formando um todo econômico, com funções próprias. Dentro desses princípios, o Código presente houve por bem definir a universalidade de fato como "*a pluralidade de bens singulares que, pertinentes à mesma pessoa, tenham destinação unitária*" (art. 90), acrescentando no parágrafo único que "*os bens que formam a universalidade, prevista neste artigo, podem ser objeto de relações jurídicas próprias*". No tocante à universalidade de direito, adotou a lei nova a seguinte definição: "*Constitui universalidade de direito o complexo de relações jurídicas de uma pessoa, dotadas de valor econômico*" (art. 91). Nesse sentido, o patrimônio, a herança etc., como enfatizamos, constituem universalidade de direito, aliás como expressamente afirmado pelo art. 57 do Código anterior.

No sistema do nosso Código de 1916, as universalidades de coisas eram regidas pelos seguintes princípios: nas coisas coletivas, se desaparecerem todos os indivíduos, menos um, tem-se por extinta a coletividade (art. 55) e fica sub-rogado ao indivíduo o respectivo valor, e vice-versa. O princípio é intuitivamente lógico e deve persistir na seara do presente diploma (art. 90).

O art. 57 enfatizava que o patrimônio e a herança eram coisas universais, "*embora não constem de objetos materiais*". Essa verdade permanece no conceito do art. 91, no complexo de relações jurídicas dotadas de valor econômico.

Pelo princípio do Código, enquanto remanescer um indivíduo da coletividade, esta fica nele representada. Se um incêndio destruir toda uma biblioteca, menos um livro, os direitos sub-rogam-se sobre o livro remanescente.

O *patrimônio* constitui-se pela reunião de todos os bens, corpóreos e incorpóreos, todo o ativo e todo o passivo pertencentes a uma pessoa. Formado por esses elementos, o patrimônio adquire a natureza de universalidade de direitos, do mesmo modo que a *herança*, que tem essa natureza.

16.8 BENS RECIPROCAMENTE CONSIDERADOS: PRINCIPAIS E ACESSÓRIOS. PERTENÇAS

Depois de haver descrito os bens considerados em si mesmos, o legislador preocupa-se em classificar os bens, uns em relação aos outros, distinguindo-os em *principais* e *acessórios*.

O art. 92 define: "*Principal é o bem que existe sobre si, abstrata ou concretamente; acessório, aquele cuja existência supõe a do principal.*" E dispunha o art. 59 do Código anterior: "*Salvo disposição especial em contrário, a coisa acessória segue a principal.*"[6]

---

[6] "Títulos de crédito (cédula rural hipotecária). Ação declaratória de inexigibilidade de débito c.c. cancelamento de hipoteca. Sentença de procedência. Manutenção. Dívida prescrita. Garantia hipotecária que deve ser cancelada. **Obrigação acessória que segue a sorte da principal**. A cédula venceu em janeiro de 2017.

O acessório pode não seguir o principal, pois a própria lei admite o contrário, embora a regra seja *acessorium sequitur principale* (o acessório segue o principal). O contrato, a vontade das partes, pode também subverter o princípio geral.

Não apenas o objeto corpóreo pode ser acessório, como também os direitos, como é o caso da fiança e da cláusula penal que possuem noção de subordinação a um contrato principal.

Para que se configure o *acessório,* há necessidade de pressupor a existência de um bem principal, ficando assentado que o bem acessório não tem autonomia. Não basta a simples relação de dependência com a coisa, pois não há que se confundir *acessório* com a noção de *parte integrante,* que é parte constitutiva da própria coisa.

De acordo com o processo de ligação à coisa principal, os acessórios podem ser *naturais, industriais* e *civis.*

Serão acessórios naturais os que aderirem naturalmente ao principal, sem a intervenção do homem, como os frutos a uma árvore. No art. 61, dizia a lei mais antiga que os produtos orgânicos da superfície eram acessórios do solo. Os minerais do subsolo já não podiam ser considerados como tal, porque havia incompatibilidade com a disposição do art. 61, II, do Código com o art. 176 da Constituição Federal, que atribui à União esses bens.

São acessórios industriais os derivados do trabalho humano. O art. 61, III, entendia como acessórios *"as obras de aderência permanente, feitas acima ou abaixo da superfície"*. Portanto, as construções efetuadas sobre um terreno, ou abaixo da superfície, são acessórios do solo.

Acessórios civis são os que resultam de uma relação de direito e não de uma relação material, como os juros em relação ao capital.

Como corolário da acessoriedade, presume-se que o proprietário da coisa principal também seja dono do acessório, embora essa presunção admita prova em contrário.

A regra de que o acessório segue o principal tem inúmeros efeitos, lembrando-se de que a acessão é modo de aquisição da propriedade (arts. 1.248 ss). Todas as regras da acessão se escudam no princípio da acessoriedade.

O réu não comprovou qualquer causa interruptiva ou suspensiva do prazo prescricional trienal. Na data do ajuizamento da ação já havia decorrido mais de um quinquênio. Prescrita a dívida, impossível que se proceda à cobrança por meio judicial. A garantia hipotecária prestada é obrigação acessória, cuja finalidade é garantir o cumprimento da obrigação principal. Assim, o cancelamento da hipoteca é mesmo medida que se impõe, uma vez que não é possível executar a garantia se a pretensão creditória se encontra prescrita, porquanto o acessório segue a sorte do principal. Apelação não provida". (*TJSP* – Ap 1085437-17.2022.8.26.0100, 9-8-2023, Rel. Sandra Galhardo Esteves).

"Locação de imóvel – Ação de cobrança cumulada com indenização por danos morais. Recurso de apelação interposto extemporaneamente. Recurso adesivo. **Acessório que segue o principal**. Art. 997, § 2º, CPC. Não conhecimento. Recursos não conhecidos" (*TJSP* – AC 1008271-26.2016.8.26.0032, 30-7-2019, Rel. Cesar Lacerda).

"Apelação Cível – Ação de sobrepartilha – Bens Sonegados – Acessões e benfeitorias necessárias que se incorporaram ao imóvel – **Acessório que segue o principal** – Ausência de interesse de agir – Veículo – Possibilidade de prosseguimento – Sentença reformada – Recurso parcialmente provido – A ação de sobrepartilha é adequada e apropriada no caso de bens do falecido aparecerem após ultimada a partilha, nos moldes do artigo 669, I, do NCPC. Se os bens de pretendida sobrepartilha já se incorporaram ao imóvel objeto de anterior divisão, nos moldes previstos pelo artigo 92, do Código Civil, já foram partilhados na proporção sucessória. Comprovada a sonegação de veículo do de cujus, há interesse no prosseguimento da ação de sobrepartilha" (*TJMS* – Ap 0800387-74.2017.8.12.0034, 22-2-2018, Rel. Des. Marcelo Câmara Rasslan).

"Apelação com revisão – Ação monitória – Prestação de serviços de ensino – O prazo prescricional para a cobrança de mensalidades escolares é de cinco anos, nos termos do artigo 206, § 5º, I, do Código Civil – Destarte, os juros de mora das parcelas inadimplidas observam o mesmo prazo – O acessório segue o principal – Reforma da sentença – Recurso provido" (*TJSP* – Ap 0000670-63.2011.8.26.0063, 6-4-2016, Rel. Neto Barbosa Ferreira).

O Código de 1916 não definira, como fizera o estatuto italiano, as chamadas *pertenças*, coisas acessórias destinadas a conservar ou facilitar o uso das coisas principais, sem que sejam partes integrantes. O art. 817 do diploma italiano define pertenças como *as coisas destinadas, de modo permanente, ao serviço ou ao ornamento de outra coisa*. A destinação, pela lei italiana, pode ser feita pelo proprietário da coisa principal ou por quem tenha direito real sobre ela.

O termo *pertença* vem do latim *pertinere*, pertencer a, fazer parte de. Trata-se de acessório, portanto. Depende economicamente de outra coisa. Nossa lei anterior não se preocupara com o tema. Nosso legislador de 1916 preferiu denominar aquilo que alhures seria considerado pertença, bens imóveis por acessão intelectual, mas a pertença pode dizer respeito tanto aos móveis como aos imóveis. São seus característicos:

a) um vínculo intencional, material ou ideal, estabelecido por quem faz uso da coisa, colocado a serviço da utilidade do principal;
b) um destino duradouro e permanente ligado à coisa principal e não apenas transitório;
c) uma destinação concreta, de modo que a coisa fique efetivamente a serviço da outra. A pertença forma, juntamente com a coisa, unidade econômico-social.

Estabelecido o instituto das pertenças, o Código italiano eliminou o regime da imobilização, utilizado por nosso estatuto. Essa é a orientação que passa a ser adotada entre nós pelo Código de 2002. A relevância passa a ser não mais a imobilização, mas a destinação da coisa, a colocação a seu serviço. O art. 818 do estatuto peninsular determina que os atos e as relações jurídicas referentes à coisa principal também abrangem o sistema das pertenças, salvo disposição em contrário, podendo elas ser objeto de relações jurídicas autônomas.

O vigente Código, secundando o diploma italiano, refere-se às pertenças no capítulo em que trata dos bens reciprocamente considerados. Dispõe o art. 93: "*São pertenças os bens que, não constituindo partes integrantes, se destinam, de modo duradouro, ao uso, ao serviço ou ao aformoseamento de outro*".[7]

---

[7] "Agravo de instrumento. Cumprimento de sentença. Benfeitorias. Aparelhos de ar-condicionado. 1- Decisão recorrida determinou que a empresa autora, ora agravante, indique uma data para que os aparelhos de ar-condicionado instalados no imóvel locado sejam retirados pela empresa locatária por reconhecer que referidos objetos não constituem benfeitorias, mas pertenças. 2- As alegações da agravante de que os aparelhos de ar-condicionado são benfeitorias e que se incorporam ao imóvel não podem ser admitidas. 3- **Aparelhos de ar-condicionado são pertenças e não se confundem com benfeitorias, nos termos do artigo 93 do Código Civil,** e devem ser restituídos à empresa locatária. Precedentes. 4- Discussão acerca da propriedade dos aparelhos de ar-condicionado que, na hipótese dos autos, não é capaz de autorizar qualquer modificação da decisão recorrida, até porque a locadora reconheceu que os referidos objetos foram efetivamente instalados pela empresa locatária, ora agravada. 5- Decisão mantida. Recurso não provido"(*TJSP* – AI 2334991-89.2023.8.26.0000, 20-8-2024, Rel. Rodrigues Torres).

"Civil. Apelação cível. Ação monitória. Impugnação. **Pertenças**. Restituição. Locação imóvel. Coisa julgada. Ação de extinção de condomínio. Irradiação efeitos afastada. Ônus da prova. Autor. Propriedade exclusiva pertenças. Não comprovação. Embargos acolhidos. Litigância de má-fé afastada. Sentença parcialmente reformada. 1. São pertenças os bens que, não constituindo partes integrantes, se destinam, de modo duradouro, ao uso, ao serviço ou ao aformoseamento de outro. Inteligência do Art. 93 do Código Civil. 2. A coisa julgada operada nos autos da ação de extinção de condomínio (Proc. n. 0714060-35.2018.8.07.0001), que confirmou a adjudicação do imóvel em favor de terceiro e julgou improcedente pedido de ressarcimento das benfeitorias realizadas no bem, não irradia seus efeitos aos presentes autos, sobretudo se a complementação do valor inicial da avaliação do imóvel não abrangeu as pertenças arroladas nos presentes autos e tampouco as benfeitorias constantes naqueles autos. 3. O ônus da prova incumbe ao autor quanto ao fato constitutivo de seu direito. Inteligência do Art. 373, inciso I, do Código de Processo Civil. 4. A previsão em contrato de

Como se nota, dentro do conceito de pertenças, na mesma forma da lei italiana, podem ser incluídos os bens presentes na classificação do Código de 1916. No caso concreto haverá que se distinguir, para efeitos práticos, as pertenças das benfeitorias, algo que o novel legislador não fez. Sob o vigente conceito, haverá pertenças que objetivamente serão consideradas benfeitorias. Veja, por exemplo, a situação de estátuas que adornam a entrada de um prédio. A destinação e seus efeitos poderão variar. Muito dependerá a situação, também, da vontade das partes. Tanto assim é que o art. 94 do Código de 2002 é expresso:

"Os negócios jurídicos que dizem respeito ao bem principal não abrangem as pertenças, salvo se o contrário resultar da lei, da manifestação de vontade, ou das circunstâncias do caso."

Conclui-se, pois, que muito dependerá do caso concreto para uma definição do conceito de pertença, ainda porque a própria lei aponta que se examinem as *"circunstâncias do caso"*. Quando se tratar de negócio jurídico, que envolva transferência de posse ou propriedade, é, portanto, conveniente que as partes se manifestem expressamente sobre os acessórios, sejam tidos como benfeitorias ou como pertenças, evitando situações dúbias. Na alienação de imóvel, por exemplo, devem as partes mencionar se a linha telefônica ou de televisão a cabo estão incluídas; na alienação de um automóvel, deve o vendedor mencionar se o equipamento de som está incluso no negócio.

Sob o aspecto de pertenças podem ser incluídos vários bens, como, por exemplo, as máquinas de uma fábrica, armários embutidos, o equipamento de telefonia e segurança do imóvel, os implementos agrícolas de um estabelecimento rural, os aparelhos de ar-condicionado. Pertenças são, portanto, coisas dependentes que não se incorporam à coisa principal, mas que a elas estão vinculadas, em função de sua destinação. No entanto, as pertenças conservam sua individualidade e podem ser separadas. Assim, por exemplo, podem ser considerados alguns acessórios que são colocados em veículos, como já apontamos. Voltaremos ao tema no estudo dos direitos reais.

Como ressaltamos anteriormente, o presente diploma civil cuidou das pertenças no capítulo em que trata dos bens principais e acessórios. Desse modo, na alienação de um móvel, em princípio, por exemplo, as esculturas, lustres, armários, aparelhos de ar-condicionado, sistemas de comunicação e segurança e as alfaias que o adornam não se inserem no negócio jurídico se

---

locação de restituição de móveis à Locadora ao final do pacto não enseja a constituição de pleno direito o título executivo judicial se, apresentados embargos, a Autora não comprova a propriedade exclusiva dos bens. 5. A parte não incorreu em qualquer conduta que caracterizasse sua má-fé, uma vez que exerceu seu direito de ação ancorada em Contrato de Locação que previa a restituição do mobiliário de sua propriedade que guarneciam a residência ao término da locação e se as pertenças arroladas nos presentes autos não foram alvo de exame e pronunciamento em ação de extinção do condomínio do imóvel locado. Multa por litigância de má-fé afastada. 6. Recurso parcialmente provido" (TJDFT – Ap 07169480620208070001, 20-7-2022, Rel. Getúlio de Moraes Oliveira).

"Alienação fiduciária – Ação de busca e apreensão – **Pertenças** que não integraram a garantia – Restituição do valor à autora – Necessidade – Apuração do valor em liquidação por arbitramento – Recurso provido" (*TJSP* – AC 1001915-34.2018.8.26.0100, 10-6-2019, Rel. Pedro Baccarat).

"Direito Civil – Arrematação de imóvel – **Pertenças** – As pertenças somente seguem a sorte da coisa principal quando há disposição legal a respeito, ou ocorra manifestação de vontades das partes, ainda que tácita, ou as circunstâncias do caso autorizem a interpretação nesse sentido (Inteligência do artigo 94 do Código Civil)" (*TJMG* – AC 1.0026.15.006144-3/001, 7-7-2017, Rel. Luiz Carlos Gomes da Mata).

"**Pertenças** – Alienação fiduciária – Busca e apreensão – Dever de devolução ou equivalente em dinheiro – Reconhecimento – Natureza e finalidade dos bens não integrantes do contrato de financiamento e não objetos de alienação fiduciária – Artigo 94 do Código Civil – Recurso não provido" (*TJSP* – Ap 0027586-52.2013.8.26.0003, 4-3-2016, Rel. Henrique Rodriguero Clavisio).

não forem expressamente mencionados. De qualquer forma, em todo negócio jurídico cabe também examinar não só a intenção das partes, mas também os usos do lugar.

16.8.1 Frutos, Produtos e Rendimentos

O art. 60 do Código de 1916 deixara expresso que constituem coisas acessórias frutos, produtos e rendimentos. O art. 95 do presente Código expressa que, *"apesar de ainda não separados do bem principal, os frutos e produtos podem ser objeto de negócio jurídico"*. Na verdade, as duas ideias, presentes em diplomas diversos, completam-se dentro da lógica jurídica.

Washington de Barros Monteiro (2005, v. 1:190) comenta que sobre os frutos duas teorias podem ser mencionadas. Numa, os frutos são utilidades periodicamente produzidas pela coisa, o que traduz a teoria objetiva; enquanto, para a teoria subjetiva, frutos são as riquezas normalmente produzidas por um bem, podendo ser tanto uma safra como os rendimentos de um capital. Nosso ordenamento ateve-se à teoria objetiva.

Os *frutos* classificam-se em *naturais, industriais* e *civis*.

Naturais são os provenientes da força orgânica que se renovam periodicamente, como as frutas de uma árvore e as crias de um animal. *Industriais* são aqueles decorrentes da intervenção do homem sobre a natureza, como a produção de uma fábrica. *Civis* são as rendas provenientes do capital, da utilização de uma coisa frugífera pelo homem, como juros, alugueres e dividendos.

Produtos são bens que se extraem da coisa, diminuindo sua substância, pois não se produzem periodicamente, como os frutos. É o caso do ouro extraído de mina, do petróleo, da pedra de pedreira etc.

Rendimentos são os frutos civis; o Código antigo foi, nesse aspecto, redundante.

Todos esses bens, portanto, ingressam na categoria de coisas acessórias.

Os frutos são classificados em *pendentes,* quando unidos à coisa que os produziu; *percebidos* ou *colhidos,* depois de separados; *estantes,* depois de separados e armazenados; *percipiendos,* os que deveriam ter sido colhidos e não foram; e *consumidos,* os utilizados, que já não existem.

Todas essas conceituações são importantes, porque utilizadas nas relações jurídicas constantes da Parte Especial do Código, bem como em inúmeras relações jurídicas de outros compartimentos do Direito.

Assim, o art. 1.215 estatui que os frutos naturais e industriais se reputam colhidos e percebidos tão logo sejam separados; os civis reputam-se percebidos dia a dia. o possuidor de boa-fé tem direito, enquanto ela durar, aos frutos percebidos. O art. 1.214 determina que os frutos pendentes, quando cessar a boa-fé do possuidor, devem por ele ser devolvidos ao reivindicante. Devem ser também devolvidos os frutos colhidos por antecipação. O art. 1.232 do atual Código acentua que *"os frutos e mais produtos da coisa pertencem, ainda quando separados, ao seu proprietário, salvo se, por preceito jurídico especial, couberem a outrem"*.

16.8.2 Benfeitorias

Benfeitorias são obras ou despesas feitas na coisa, para o fim de conservá-la, melhorá-la ou embelezá-la. Veja o que expusemos acerca das pertenças, cujo conceito pode se confundir com o de benfeitorias.

Benfeitorias são obras, portanto, decorrentes da ação humana. Excluem-se de sua noção os acréscimos naturais ou cômodos, que se acrescem à coisa sem intervenção humana (art. 97 do atual Código).

A divisão das benfeitorias é tripartida, de acordo com a doutrina clássica (art. 96). São *necessárias* as que têm por fim conservar a coisa ou evitar que se deteriore: assim será o reparo nas colunas de um edifício. São *úteis* as que aumentam ou facilitam o uso da coisa: é o caso do aumento de área para o estacionamento em um edifício. São *voluptuárias* as de mero deleite ou recreio, que não aumentam o uso habitual da coisa, ainda que a tornem mais agradável, ou de elevado valor: é o caso da substituição de um piso comum de um edifício por mármore ou a construção de uma piscina ou sauna. Já acentuamos que no caso concreto há que se distinguir as benfeitorias das pertenças. Por vezes, a diferença será sutil e dependerá do exame da intenção dos interessados.

As consequências da classificação em uma das três categorias são grandes, pois o possuidor de boa-fé tem direito à indenização pelas benfeitorias necessárias e úteis, podendo levantar as voluptuárias, se não lhe forem pagas e permitir a coisa, sem que haja prejuízo. Poderá, ainda, o possuidor de boa-fé, pelas benfeitorias úteis e necessárias, exercer *direito de retenção*. Já o possuidor de má-fé não terá tal direito de retenção, devendo apenas ser ressarcido pelo valor das benfeitorias necessárias (arts. 1.219 e 1.220).

A benfeitoria é avaliada de acordo com o acréscimo de utilidade ou de valor que tiver trazido à coisa.

Tecnicamente, a *construção* não é considerada benfeitoria, mas outra espécie de acessório, como se percebe pela redação do art. 61, III, do Código de 1916. No entanto, para certos efeitos, a construção é equiparada à noção de benfeitoria, como se faz na prática e como deflui da própria lei, no art. 1.256.

Não se confundem, também, benfeitorias com *acessões*. Tudo que se incorpora, natural ou artificialmente, a uma coisa chama-se *acessão*. A acessão artificial, mormente as construções, na prática, podem ser confundidas com benfeitorias, o que não é correto. Pontifica com clareza Miguel Maria de Serpa Lopes (1962, v. 1:374):

> *"Há uma benfeitoria, quando quem faz procede como dono ou legítimo possuidor, tanto da coisa principal como da acessória, ou como mandatário expresso ou tácito do dono da primeira, por exemplo, benfeitorias feitas pelo locatário. Na acessão, pelo contrário, uma das coisas não pertence a quem uniu a outra ou a quem a transformou; o autor da acessão não procede na convicção de ser dono ou legítimo possuidor de ambas as coisas unidas, ou como mandatário de quem o é de uma delas, antes sabe não é."*

Nas benfeitorias, portanto, há convicção de que a coisa acrescida pertence ao mesmo dono ou ao menos ao possuidor. Na acessão, a coisa acrescida pertence a proprietário diverso e não existe tal convicção. A acessão é uma das formas de aquisição da propriedade.

Há um tipo de acessório que não é considerado benfeitoria, conforme estatuído no art. 62 do Código de 1916. O critério não é quantitativo, mas qualitativo: a pintura em relação à tela, por exemplo. Na realidade, não se podendo separar do todo, a pintura integra a própria coisa. É critério de valor, cuja logicidade é patente, dispensando sua repetição na nova lei. A ideia é repetida, contudo, no atual Código, art. 1.270, § 2º, quando trata da aquisição da propriedade móvel pela especificação. Assim, conforme o Código antigo, não são consideradas benfeitorias a pintura em relação à tela, a escultura em relação à matéria-prima, a escritura e outro qualquer trabalho gráfico em relação à matéria-prima que os recebe.

A ideia aí é exclusivamente de valor. É tão evidente a disparidade de valores, nesses casos, que o Código afasta a regra geral dos acessórios. Sílvio Rodrigues (2006, v. 1:143) questiona se o critério do valor com relação aos acessórios não deveria transformar-se numa regra geral. Na verdade, é de lembrar que em matéria imobiliária, na grande maioria das vezes, o preço das construções supera, em muito, o valor do solo. É de se pensar em uma reformulação legislativa sobre a matéria, para facilitar as soluções com saídas mais justas para quem, de boa-fé, constrói, por exemplo, em terreno alheio.

16.9 BENS PÚBLICOS E PARTICULARES

Segundo o art. 98, *"são públicos os bens do domínio nacional pertencentes às pessoas jurídicas de direito público interno; todos os outros são particulares, seja qual for a pessoa a que pertencerem.* Acrescenta o art. 99:

> *"I – os de uso comum do povo, tais como rios, mares, estradas, ruas e praças;*
>
> *II – os de uso especial, tais como edifícios ou terrenos destinados a serviço ou estabelecimento da administração federal, estadual, territorial ou municipal, inclusive os de suas autarquias;*
>
> *III – os dominicais, que constituem o patrimônio das pessoas jurídicas de direito público, como objeto de direito pessoal, ou real, de cada uma dessas entidades.*
>
> *Parágrafo único. Não dispondo a lei em contrário, consideram-se dominicais os bens pertencentes às pessoas jurídicas de direito público a que se tenha dado estrutura de direito privado."*

Aqui, os bens são considerados em relação a seus respectivos proprietários.

Na verdade, o art. 98 não é exaustivo, pois há bens que a ninguém pertencem.

O Direito Romano já fizera tal distinção, mas não fornece critério objetivo. Na época clássica, distinguiam-se os bens de domínio público (*res publicae*) das coisas do príncipe (*res fisci*), que eram coisas do soberano, derivadas dessa qualidade. O feudalismo, na Idade Média, fez desaparecer tal distinção; quando surge o rei com poderes absolutos, tudo é considerado, desde que não seja de domínio privado, bens da Coroa.

De acordo com nosso direito, são bens públicos as coisas corpóreas e incorpóreas pertencentes ao Estado, em geral, com suas subdivisões administrativas; tais bens estão submetidos a regime especial. São três as categorias em que se dividem. Os bens de *uso comum do povo (res communes omnium)* são aqueles de que o povo se utiliza; pertencem à União, aos Estados ou aos Municípios, conforme o caso. Tais podem ser usados por todos, sem restrição, gratuita ou onerosamente, sem necessidade de permissão especial, como as praças, jardins, ruas etc. Não perdem tal característica se o Poder Público regulamentar seu uso, restringi-lo ou tornar sua utilização onerosa, como é o caso do pedágio nas rodovias. Pode até mesmo a administração restringir ou vedar o uso, em razão de segurança nacional ou do próprio povo, como é o caso da proibição do tráfego ou a interdição de uma estrada.

Sobre esses bens de uso comum, a administração tem a guarda, direção e fiscalização. Tem, portanto, o ente público a faculdade de reivindicá-los de quem quer que deles se aposse ou impeça a utilização pelo povo, sob qualquer aspecto. Alguns autores, dado o caráter peculiar da relação do Estado com esses bens, negam a existência de um direito de propriedade. Contudo, trata-se de um direito de propriedade com características próprias, *sui generis*.

Os bens públicos de *uso especial* são reservados a determinada espécie de serviço público, como os edifícios destinados aos ministérios ou secretarias de Estado, as escolas públicas, os presídios etc. São bens que têm, portanto, aplicação especial.

Esses bens distinguem-se dos anteriores, porque o Poder Público não tem apenas a titularidade, mas também sua utilização. Seu uso pelos particulares é regulamentado, e a Administração tanto pode permitir que os interessados ingressem em suas dependências, como proibir.[8]

Os bens *dominiais* (ou dominicais) são os que formam o patrimônio dos entes públicos. São aqueles objetos de propriedade do Estado como de qualquer pessoa, como se particular fosse. Seu direito de propriedade é exercido seguindo os princípios de direito constitucional, administrativo e civil, como as estradas de ferro, títulos da dívida pública, telégrafos, oficinas do Estado etc. Também nada impede a utilização desses bens pelos particulares, subordinada às normas administrativas e às condições e limitações impostas pelo Poder Público.

Os bens públicos, de qualquer categoria, são *inalienáveis* e *imprescritíveis*.

A inalienabilidade dos bens públicos decorre de sua própria natureza. A faculdade de aliená-los só pode ocorrer mediante desafetação, isto é, por meio de lei ou ato administrativo que autorize essa alienação (art. 67 do Código anterior), que poderá dar-se só em relação a bens que não se destinem ao uso comum do povo, como mares, rios, estradas etc. Os arts. 100 e 101 do atual Código absorvem justamente essa noção: os bens públicos de uso comum do povo e os de uso especial são inalienáveis, enquanto conservarem sua qualificação, na forma que a lei determinar; os bens dominicais podem ser alienados, observadas as exigências legais.

Os juristas sempre cogitaram da imprescritibilidade dos bens públicos. Clóvis argumentava que tais bens são imprescritíveis. Objetavam outros, em razão de dispor o art. 67 do Código de 1916 sobre a perda da inalienabilidade, que podem esses bens ser objeto de usucapião, de prescrição aquisitiva, portanto. Nossos tribunais vacilavam a esse respeito, e, para que não

---

[8] "Apelação cível – Reintegração de posse – Servidão administrativa – Cerceamento de defesa – Inocorrência – Conversão do julgamento em diligência para produção de prova pericial – Faixa de servidão da linha de transmissão de energia elétrica que é incontroversamente pública, na medida em que está destinada à prestação do serviço público de energia elétrica – Esbulho evidenciado – **Bens públicos insuscetíveis de afetação particular**, dada a sua destinação pública, não podendo ser objeto de usucapião, penhora ou alienação – Bens públicos que estão fora do comércio de direito privado, não estando sujeitos à posse ou a direitos a ela inerentes, inclusive o direito de retenção pelo ressarcimento de benfeitorias realizadas pelos ocupantes – Ocupação meramente precária, sem garantia de permanência – Precedentes do E. STJ e deste C. Tribunal de Justiça Paulista – Metragem da faixa de servidão que se coaduna com a tensão gerada nas linhas que sobrepassam a área em litígio – Recurso não provido". (TJSP – Ap 1014596-97.2016.8.26.0361, 29-6-2022, Rel. Osvaldo de Oliveira).
"Apelações cíveis – 1– Ação possessória – Ocupação de área pública – Prévia notificação judicial não atendida – Esbulho caracterizado – **Bens públicos insuscetíveis de afetação particular**, dada a sua destinação pública, não podendo ser objeto de usucapião, penhora ou alienação – Bens públicos que estão fora do comércio de direito privado, não estando sujeitos à posse ou a direitos à ela inerentes – Direito de retenção e/ou de indenização incabível – Ocupação meramente precária, sem garantia de permanência – Precedentes do E. STJ e deste C. Tribunal de Justiça – Possessória procedente – Manutenção da sentença. 2– Recursos não providos" (TJSP – Ap 0002091-91.2014.8.26.0222, 7-5-2018, Rel. Osvaldo de Oliveira).
"**Bens Públicos** – Manutenção de posse – Ocupação de área pública – Elementos de prova que demonstram o domínio público e a respectiva ocupação pelos autores – Bem público que não é suscetível de posse, e sim de mera detenção – Precedentes deste Egrégio Tribunal – Sentença de improcedência confirmada. Recurso desprovido" (TJSP – Ap 1026480-88.2016.8.26.0114, 17-5-2018, Rel. Oscild de Lima Júnior).
"Apelação Cível – 1. Ação possessória – Empresa exploradora de energia elétrica – Esbulho praticado às margens de reservatório da hidroelétrica de Ibitinga – **Bens públicos insuscetíveis de afetação particular**, dada a sua destinação pública, não podendo ser objeto de usucapião, penhora ou alienação – Bens públicos que estão fora do comércio de direito privado, não estando sujeitos à posse ou a direitos à ela inerentes, inclusive o direito de retenção pelo ressarcimento de benfeitorias realizadas pelos ocupantes – Ocupação meramente precária, sem garantia de permanência – Precedentes do E. STJ e deste C. Tribunal de Justiça Paulista – Possessória procedente – Manutenção da sentença. 2. Recurso não provido" (TJSP – Ap 0005614-74.2011.8.26.0236, 11-8-2017, Rel. Osvaldo de Oliveira).

pairassem dúvidas, a lei determinou a imprescritibilidade dos bens públicos (Decretos n°s 19.924/31 e 22.785/33), qualquer que seja sua natureza (ver também arts. 183, § 3º, e 191, § 3º, da Constituição Federal). Nesse sentido, o atual Código é expresso ao afirmar que os bens públicos não estão sujeitos a usucapião (art. 102).

Como consequência da inalienabilidade, os bens públicos também são impenhoráveis, porque pela impenhorabilidade se impede que passem do patrimônio do devedor ao do credor, por meio da execução judicial.

16.10 BENS QUE ESTÃO FORA DO COMÉRCIO

De acordo com o art. 69 do Código de 1916, *"são coisas fora do comércio as insuscetíveis de apropriação e as legalmente inalienáveis".*

A dicção legal emprega *comércio* no sentido técnico-jurídico. A noção está solidificada, independendo de texto legal, não sendo repetida no atual diploma.

Há bens que formam o objeto normal do comércio jurídico, podendo ser passíveis de compra e venda, doação, empréstimo, penhor etc. Existe, porém, uma categoria de bens que não pode ser *comercializada*; são aqueles bens sobre os quais, segundo Clóvis (1980:208), *"os particulares não podem exercer direitos exclusivos"*, ou aqueles que não podem ser alienados. Há, segundo o autor do projeto, duas classes de coisas fora do comércio: umas por serem individualmente inaproveitáveis, outras porque o direito lhes retira a circulação.

Uma terceira categoria pode ser acrescentada. São os bens da personalidade também inalienáveis, como a honra, a liberdade, o nome civil. No mesmo diapasão, não podem os órgãos e partes do corpo humano ser considerados bens alienáveis. Ainda depois da morte, a doação de órgãos deve ser considerada de valor inestimável. Permite-se a disposição gratuita de partes do corpo humano após a morte, para fins terapêuticos, mediante autorização escrita. As partes do corpo humano, porém, não devem ser consideradas "mercadoria".

São espécies de bens inalienáveis:

a) Os inaproveitáveis por sua natureza: são o ar, o mar em geral, o sol. Isto sem falar na captação de energia dessas fontes que, uma vez captadas, são alienáveis.

b) Os inalienáveis por força de lei: são aqueles que normalmente poderiam ser alienados, mas a lei proíbe. Inserem-se nessa categoria os bens públicos, os bens das fundações já examinados, os bens de menores (art. 1.691), assim considerados em sua própria proteção etc.

Não se trata de bens propriamente fora do comércio. Sua inalienabilidade pode desaparecer sob certas circunstâncias, uma vez que os bens das fundações e os bens públicos, de acordo com o devido processo legal, podem ser alienados. "Inalienabilidade" não é, portanto, expressão equivalente a "comerciabilidade".

c) Os inalienáveis pela vontade humana: são aqueles bens aos quais se apõe a cláusula de inalienabilidade, nas doações ou testamentos. Ninguém pode gravar os próprios bens. Só nos atos de disposição mencionados o interessado poderá gravá-los, mas tais bens irão para as mãos de terceiros.

A esse respeito rezava o art. 1.676 do Código Civil de 1916:

"A cláusula de inalienabilidade temporária, ou vitalícia, imposta aos bens pelos testadores ou doadores, não poderá, em caso algum, salvo os de expropriação por necessidade ou utilidade

pública, e de execução por dívidas provenientes de impostos relativos aos respectivos imóveis, ser invalidada ou dispensada por atos judiciais de qualquer espécie, sob pena de nulidade."

Essa cláusula, que implicava outra de impenhorabilidade e geralmente vem acompanhada daquela de incomunicabilidade, tem como limite temporal a vida do herdeiro e do donatário; não pode passar desse lapso, mas pode ser fixada para tempo menor. O art. 1.911 do presente Código é expresso ao reconhecer que *"a cláusula de inalienabilidade, imposta aos bens por ato de liberalidade, implica impenhorabilidade e incomunicabilidade"*. No presente sistema, a imposição da cláusula de inalienabilidade terá alcance mais restrito porque o testador deverá declarar expressamente a justa causa para essa sua decisão (art. 1.848).

Por exceção, a alienação só se admite nos casos de desapropriação, hipótese em que o *quantum* da indenização fica sub-rogado na cláusula, até que os interessados adquiram novo bem que ficará clausulado e, no caso de execução de dívidas tributárias referentes ao próprio bem, hipótese em que, se houver saldo na alienação judicial, este ficará sub-rogado na cláusula.

Há, portanto, em qualquer caso de inalienabilidade, incapacidade de a coisa integrar patrimônio privado, não somente por sua natureza própria, mas também por destinação do homem.

16.11 OS ANIMAIS

O projeto apresentado ao Senado inclui disposições acerca dos animais, nos arts. 91-A e ss. De fato, na atualidade nos defrontamos com uma ligação muito afetiva entre o ser humano e seus animais domésticos, o que não pode ser ignorado pela lei.

Dispõe a lei projetada que *"os animais, objetos de direito, são seres vivos sencientes e passíveis de proteção jurídica próprias, em virtude de sua natureza especial"*.

O texto a seguir sugere que a matéria seja regulada por lei especial.

Apesar de o texto se referir basicamente à relação afetiva entre humanos e animais, não se deve esquecer que os animais devem ser tratados como um todo, em completa proteção à fauna em geral e ao equilíbrio ecológico. Qualquer norma que encare essa matéria não pode olvidar esse aspecto.

17

FATOS, ATOS E NEGÓCIOS JURÍDICOS

17.1 INTRODUÇÃO: OS FATOS JURÍDICOS

São fatos jurídicos todos os acontecimentos, eventos que, de forma direta ou indireta, acarretam efeito jurídico. Nesse contexto, admitimos a existência de fatos jurídicos em geral, em sentido amplo, que compreendem tanto os fatos naturais, sem interferência do homem, como os fatos humanos, relacionados com a vontade humana.

Assim, são fatos jurídicos a chuva, o vento, o terremoto, a morte, bem como a usucapião, a construção de um imóvel, a pintura de uma tela. Tanto uns como outros apresentam, com maior ou menor profundidade, consequências jurídicas. Assim, a chuva, o vento, o terremoto, os chamados fatos naturais, podem receber a conceituação de fatos jurídicos se apresentarem consequências jurídicas, como a perda da propriedade, por sua destruição, por exemplo. Assim também ocorre com os fatos relacionados com o homem, mas independentes de sua vontade, como o nascimento, a morte, o decurso do tempo, os acidentes ocorridos em razão do trabalho. De todos esses fatos decorrem importantíssimas consequências jurídicas. O nascimento com vida, por exemplo, fixa o início da personalidade entre nós. Por aí se pode antecipar a importância da correta classificação dos fatos jurídicos.

A matéria era lacunosa mormente em nossa lei civil de 1916. Em razão disso, cada autor procurou sua própria classificação, não havendo, em consequência, unidade de denominação. A classificação aqui exposta é simples e acessível para aquele que se inicia nas letras jurídicas.

Partamos do seguinte esquema:

Assim, são considerados *fatos jurídicos* todos os acontecimentos que podem ocasionar efeitos jurídicos, todos os atos suscetíveis de produzir aquisição, modificação ou extinção de direitos.

São fatos naturais, considerados *fatos jurídicos em sentido estrito*, os eventos que, independentes da vontade do homem, podem acarretar efeitos jurídicos. Tal é o caso do nascimento mencionado, ou terremoto, que pode ocasionar a perda da propriedade.

Numa classificação mais estreita, são *atos jurídicos* (que podem também ser denominados atos humanos ou atos jurígenos) aqueles eventos emanados de uma vontade, quer tenham intenção precípua de ocasionar efeitos jurídicos, quer não.

Os atos jurídicos dividem-se em atos *lícitos* e *ilícitos*. Afasta-se, de plano, a crítica de que o ato ilícito não seja jurídico. Nessa classificação, como levamos em conta os efeitos dos atos para melhor entendimento, consideramos os atos ilícitos como parte da categoria de atos jurídicos, não considerando o sentido intrínseco da palavra, pois o ilícito não pode ser jurídico. Daí por que se qualificam melhor como atos humanos ou jurígenos, embora não seja essa a denominação usual dos doutrinadores.

Atos jurídicos meramente lícitos são os praticados pelo homem sem intenção direta de ocasionar efeitos jurídicos, tais como invenção de um tesouro, plantação em terreno alheio, construção, pintura sobre uma tela. Todos esses atos podem ocasionar efeitos jurídicos, mas não têm, em si, tal intenção. São eles contemplados pelo art. 185 do atual Código. Esses atos não contêm um intuito negocial, dentro da terminologia que veremos adiante.

O Código Civil de 2002 procurou ser mais técnico e trouxe a redação do art. 185: "*Aos atos jurídicos lícitos, que não sejam negócios jurídicos, aplicam-se, no que couber, as disposições do Título anterior.*" Desse modo, o atual estatuto consolidou a compreensão doutrinária e manda que se aplique ao ato jurídico meramente lícito, no que for aplicável, a disciplina dos negócios jurídicos.

Alguns autores, a propósito, preocupam-se com o que denominam ato-fato jurídico. O ato-fato jurídico, nessa classificação, é um fato jurídico qualificado pela atuação humana. Nesse caso, é irrelevante para o direito se a pessoa teve ou não a intenção de praticá-lo. O que se leva em conta é o efeito resultante do ato que pode ter repercussão jurídica, inclusive ocasionando prejuízos a terceiros. Como dissemos, toda a seara da teoria dos atos e negócios jurídicos é doutrinária, com muitas opiniões a respeito. Nesse sentido, costuma-se chamar à exemplificação os atos praticados por uma criança, na compra e venda de pequenos efeitos. Não se nega, porém, que há um sentido de negócio jurídico do infante que compra confeitos em um botequim. Ademais, em que pese à excelência dos doutrinadores que sufragam essa doutrina,

> "*em alguns momentos, torna-se bastante difícil diferenciar o ato-fato jurídico do ato jurídico em sentido estrito categoria abaixo analisada. Isso porque, nesta última, a despeito de atuar a vontade humana, os efeitos produzidos pelo ato encontram-se previamente determinados pela lei, não havendo espaço para a autonomia da vontade*" (Stolze Gagliano e Pamplona Filho, 2002:306).

Por essa razão, não deve o iniciante das letras jurídicas preocupar-se com essa categoria, pois a matéria presta-se a voos mais profundos na teoria geral do direito.

Quando existe por parte da pessoa a intenção específica de gerar efeitos jurídicos ao adquirir, resguardar, transferir, modificar ou extinguir direitos, estamos diante do *negócio jurídico*. Tais atos em nosso Código Civil estão descritos no art. 185; a moderna doutrina prefere denominá-los negócios jurídicos, por ver neles o chamado intuito negocial. Assim, serão negócios jurídicos tanto o testamento, que é unilateral, como o contrato, que é bilateral, negócios jurídicos por excelência. Quem faz um testamento, quem contrata está precipuamente procurando atingir determinados efeitos jurídicos. Desses atos brotam naturalmente efeitos jurídicos, porque essa é a intenção dos declarantes da vontade. Já nos atos meramente lícitos não encontramos o chamado intuito negocial. Neste último caso, o efeito jurídico poderá surgir como circunstância acidental do ato, circunstância esta que não foi, na maioria das vezes, sequer imaginada por seu autor em seu nascedouro.

O legislador de 1916 não atentou para essas diferenças, limitando-se a definir o que entende por ato jurídico, sem mencionar a expressão *negócio jurídico*, embora referindo-se a este último.

Os *atos ilícitos*, que promanam direta ou indiretamente da vontade, são os que ocasionam efeitos jurídicos, mas contrários, *lato sensu*, ao ordenamento. No campo civil, importa conhecer os atos contrários ao Direito, à medida que ocasionam dano a outrem. Só nesse sentido o ato ilícito interessa ao direito privado. Não tem o Direito Civil a função de punir o culpado. Essa é a atribuição do Direito Penal e do Direito Processual Penal. Só há interesse em conhecer um ato ilícito, para tal conceituado como ilícito civil, quando há dano ocasionado a alguém e este é *indenizável*, embora já se defenda que a indenização exclusivamente por dano moral tenha um sentido punitivo.

Dano e indenização formam, portanto, um binômio inseparável no campo do direito privado. Por essa razão, o campo da ilicitude civil é mais amplo do que o da ilicitude penal. Só há crime quando a lei define a conduta humana como tal. Há ato ilícito civil em todos os casos em que, com ou sem intenção, alguém cause dano, prejuízo a outrem, transgredindo uma norma ou agindo contra o Direito.

Há situações em que está presente a intenção de praticar o dano. Tem-se aí o chamado *dolo*. Quando o agente pratica o *dano* com *culpa*, isto é, quando seu ato é decorrente de imprudência, negligência ou imperícia, e decorre daí um dano, também estaremos no campo do ilícito civil. O ato ilícito vem descrito no art. 186, do Código Civil, mantendo a mesma ideia do Código anterior: "*Aquele que, por ação ou omissão voluntária, negligência ou imprudência, violar direito e causar dano a outrem, ainda que exclusivamente moral, comete ato ilícito*".[1] O vigente diploma consagra a possibilidade de indenização do dano exclusivamente moral, como

---

[1] "Ação de indenização por danos morais e materiais em razão de acidente de trânsito. Pedidos julgados parcialmente procedentes, condenando os Réus ao pagamento de cem salários mínimos nacionais em danos morais. Insurgência dos Réus. Culpa dos réus pelo acidente que ocasionou o óbito da genitora dos Autores. **Ato ilícito indenizável, conforme disposto no art. 186 do Código Civil.** Dano moral in re ipsa. Quantum indenizatório que deve obedecer aos princípios de razoabilidade e proporcionalidade, sem propiciar o enriquecimento sem causa. Conduta altamente reprovável dos causadores do dano. Dor dos filhos pela perda da mãe, ofensa moral das mais graves enseja a indenização em patamar mais elevado. Valor da indenização fixada em R$ 141.200,00 Sentença mantida. Recurso desprovido" (*TJSP* – Ap 1001704-10.2023.8.26.0201, 30-8-2024, Rel. Marcia Tessitore).

"Apelação. Ação de indenização por danos materiais. Cartão de crédito. Sentença de Procedência. Inconformismo. Não acolhimento. Cerceamento de defesa. Não ocorrência. As provas documentais encartadas nos Autos já se revelavam suficientes à formação da convicção do Douto Magistrado 'a quo'. A autorização dada pela administradora do cartão à Empresa Autora, mediante código, aceitando o cartão de crédito, resulta no reconhecimento de sua responsabilidade pelo pagamento correspondente à venda realizada, ainda que depois se comprove a fraude. Empresa Ré que não se desincumbiu do seu ônus probatório de comprovar a omissão da Empresa Ré no dever de examinar os dados que lhe foram apresentados. Má prestação dos serviços financeiros. **Responsabilidade objetiva da Empresa Ré. Inteligência do art. 186 do Código Civil.** De rigor a condenação da Empresa Ré a pagar à Autora a quantia não repassada. Abuso configurado, a permitir a responsabilização por força do ato ilícito praticado. Sentença mantida. Decisão bem fundamentada. Ratificação, nos termos do artigo 252, do Regimento Interno. Recurso não provido, majorando-se a verba honorária devida pela Empresa Ré para 15% (quinze por cento) sobre o valor da causa, em favor da Banca que patrocinou os interesses da Empresa Autora" (*TJSP* – Ap 1001663-65.2022.8.26.0011, 29-9-2022, Rel. Penna Machado).

"Apelação. Ação declaratória de nulidade de cláusula contratual c/c indenização por danos materiais. Cartão de crédito. Sentença de Procedência. Inconformismo. Não acolhimento. A autorização dada pela Administradora do cartão à Empresa Autora, mediante código, aceitando o cartão de crédito, resulta no reconhecimento de sua responsabilidade pelo pagamento correspondente à venda realizada, ainda que depois se comprove a fraude. Empresa Ré que não se desincumbiu do seu ônus probatório de comprovar a omissão da Empresa Ré no dever de examinar os dados que lhes foram apresentados. Má prestação dos serviços financeiros. Responsabilidade objetiva da Empresa Ré. Inteligência do art. 186 do Código Civil. De rigor a condenação da Empresa Ré a restituir à Autora a quantia estornada. Abuso configurado, a permitir a responsabilização por força do ato ilícito praticado. Sentença mantida. Decisão bem fundamentada. Ratificação, nos termos do art. 252 do Regimento Interno. Recurso não provido, majorando-se a verba honorária devida pela Empresa Ré a 15% (quinze por cento) sobre o valor da condenação, em favor da Banca que patrocinou os interesses da Empresa Autora" (*TJSP* – Ap 1003150-19.2020.8.26.0568, 30-11-2021, Rel. Penna Machado).

autorizou a Constituição de 1988. Desse modo, na letra da nova lei, não basta violar direito, como estampava o antigo estatuto, é necessário que ocorra o dano a outrem. A matéria dará, sem dúvida, azo a críticas e a várias interpretações, como estudaremos no volume dedicado exclusivamente à responsabilidade civil.

Trata-se, em ambas as situações, de qualquer modo, da responsabilidade civil. Na culpa ou no dolo, a vontade está presente, ainda que de forma indireta, como no caso de culpa.

Há situações em que, mesmo na ausência de vontade, mas perante o dano, ocorre o dever de indenizar. São os casos da chamada responsabilidade objetiva, criados por necessidade social, como nos acidentes de trabalho.

17.2 NEGÓCIO JURÍDICO

Essa terminologia tem origem na doutrina alemã e foi assimilada pela Itália e posteriormente por outros países. Fundamentalmente, consiste na manifestação de vontade que procura produzir determinado efeito jurídico, embora haja profundas divergências em sua conceituação na doutrina. Trata-se de uma declaração de vontade que não apenas constitui um ato livre, mas pela qual o declarante procura uma relação jurídica entre as várias possibilidades que oferece o universo jurídico. Inclusive, há ponderável doutrina estrangeira que entende que o negócio jurídico já é uma conceituação superada, tendo em vista o rumo tomado pelos estudos mais recentes (Ferri, 1995:61). Há, sem dúvida, manifestações de vontade que não são livres na essência, mormente no campo contratual, o que dificulta a compreensão original do negócio jurídico. É, contudo, no negócio jurídico, até que se estabeleça nova conceituação, em que repousa a base da autonomia da vontade, o fundamento do direito privado. Não obstante as críticas que sofre, a doutrina do negócio jurídico demonstra ainda grande vitalidade no direito ocidental, mormente na Itália, Alemanha e França. O negócio jurídico continua sendo um ponto fundamental de referência teórica e prática. É por meio do negócio jurídico que se dá vida às relações jurídicas tuteladas pelo direito.

O Código civil de 1916 não regulamentou o negócio jurídico como tal, preferindo tratá-lo como ato jurídico. No entanto, esse estatuto civil trata de diferentes modalidades de atos unilaterais e de contratos que nada mais são do que negócios jurídicos. Embora a categoria também seja usada no direito público, é no direito privado que encontramos o maior número de modalidades de negócios jurídicos. O atual Código adota a denominação negócio jurídico (arts. 104 ss).[2]

---

[2] "**Anulatória de negócio jurídico** – Ausência de descrição e comprovação de quaisquer dos vícios do consentimento hábeis a ensejar a pretendida anulação do ato indicado na exordial. Sentença mantida. Recurso desprovido" (*TJSP* – AC 1081033-98.2014.8.26.0100, 27-5-2019, Rel. Rômolo Russo).
"**Ação anulatória de negócio jurídico** – Contrato de prestação de serviço médico/hospitalar firmado entre as partes que não se mostra desarrazoado ou desproporcional. Estado de perigo previsto no artigo 156 do Código Civil não configurado. Sentença mantida. Sucumbência já arbitrada no patamar máximo, o que inviabiliza sua majoração (art. 85, § 11, do CPC). Recurso não provido" (*TJSP* – AC 1016817-40.2015.8.26.0506, 18-9-2019, Rel. João Pazine Neto).
"**Ação anulatória de ato jurídico** – Alegação de negócio jurídico simulado – Imóvel adquirido pelo réu, pai das autoras, antes do nascimento da corré e do seu segundo casamento. Transmissão do bem, pelos vendedores, diretamente à filha menor do réu, através de escritura de compra e venda com cláusula de usufruto. Vendedores que não integraram o polo passivo da lide. Existência de litisconsórcio passivo necessário. Inteligência dos artigos 114 e 116 do NCPC. Sentença anulada. Recurso prejudicado" (*TJSP* – Ap 1013107-09.2016.8.26.0625, 23-1-2018, Relª Fernanda Gomes Camacho).

O Código anterior, ao definir ato jurídico no art. 81, estava, na realidade, referindo-se ao conceito já conhecido na época de negócio jurídico: *"Todo ato lícito, que tenha por fim imediato adquirir, resguardar, transferir, modificar ou extinguir direitos, se denomina ato jurídico."* O Código de 2002 preferiu não repetir a definição, mas o texto do Código passado é importante para a compreensão do tema. Poucas leis o definem, é verdade. Lembre-se do Código Civil holandês, que no art. 33 do livro terceiro define o negócio jurídico como o ato de vontade que é destinado a produzir efeitos jurídicos e que se manifesta com uma declaração. Muito, porém, discutiu a doutrina até chegar a essa sintética compreensão do fenômeno. Cuida-se muito mais de uma categoria que surge por uma necessidade de sistematização do que propriamente de uma categoria jurídica. Como se percebe, trata-se de fruto do raciocínio jurídico moderno, não estando presente no direito mais antigo. De qualquer modo, o surgimento e a difusão da doutrina do negócio jurídico são um capítulo importante na história do Direito, principalmente tendo em vista sua sistemática e didática, relativa à teoria geral do Direito e à parte geral do Direito Civil, presente na maioria dos códigos mais modernos. Por outro lado, a teoria geral dos negócios jurídicos abriu margem e horizonte à mais recente teoria geral dos contratos, levando-se em conta que o contrato é a principal manifestação de negócio jurídico.

17.2.1 Classificação dos Negócios Jurídicos

É enorme a variedade dos negócios jurídicos, daí a necessidade de classificá-los, pois as várias categorias possuem disciplina jurídica diversa e própria.

Os negócios jurídicos podem ser *unilaterais* e *bilaterais*. Unilaterais são aqueles para os quais é suficiente e necessária uma única vontade para a produção de efeitos jurídicos, como é o caso típico do testamento. Nessa modalidade, a regulamentação dos interesses ocorre para apenas uma das partes. São de duas espécies os negócios unilaterais: aqueles cuja manifestação de vontade depende do conhecimento de outra pessoa, isto é, a vontade deve ser dirigida e conhecida por outrem, como, por exemplo, a revogação de um mandato ou a notificação que comunica o término de uma relação contratual; são os negócios jurídicos *receptícios*, em que a manifestação de vontade deve ser conhecida por outra pessoa, cuja vontade, por sua vez, não necessita ser manifestada; e aqueles que dispensam o caráter receptício, em que o conhecimento por parte de outrem é irrelevante; são os atos *não receptícios*, como, por exemplo, o testamento e a confissão de dívida.

Bilaterais são negócios que dependem sempre da manifestação de duas vontades, existindo também atos plurilaterais, com manifestação de mais de duas vontades. São estes, por excelência, os contratos de conteúdo patrimonial. No Direito de família, há um negócio jurídico com características similares: o casamento.[3]

São negócios jurídicos *complexos* aqueles em que há um conjunto de manifestações de vontade, sempre mais de uma, sem existirem interesses antagônicos, como o contrato de sociedade. As partes procuram uma finalidade comum.

São negócios jurídicos *causais* (*concretos* ou *materiais*) os que estão vinculados à causa que deve constar do próprio negócio, como é o caso dos contratos, em geral. São *abstratos* (ou

---

[3] Não devemos confundir essa classificação com a dos *contratos unilaterais* e *bilaterais*. Unilateral é contrato pactuado entre duas pessoas; é unilateral porque a prestação fica por conta de apenas um dos contratantes, como ocorre na doação pura. São bilaterais os contratos constituídos de obrigações mútuas, com prestações e contraprestações, como é o caso da compra e venda. Leve em conta, porém, que, do ponto de vista do negócio jurídico, o contrato é sempre bilateral.

formais) os negócios que têm existência desvinculada de sua causa, de sua origem. Estes últimos produzem efeito independentemente de sua causa, como é o caso dos títulos de crédito (nota promissória, letra de câmbio).

Quanto a seu objetivo, podem os negócios ser a *título oneroso* e a *título gratuito*. Nos primeiros, uma parte cumpre sua prestação para receber outra, como é o caso da compra e venda. Nos negócios gratuitos, como a doação, só há a prestação de uma das partes; há diminuição patrimonial de uma delas com o aumento patrimonial da outra.

Os negócios jurídicos onerosos podem ser, ainda, *comutativos*, quando as prestações são equivalentes, certas e determinadas, e *aleatórios*, quando a prestação de uma das partes depende de acontecimentos incertos e inesperados; a *álea*, a sorte, é elemento do negócio, como é o caso do contrato de seguro.

Negócios jurídicos *solenes* ou *formais* são os que só têm validade se revestidos de determinada forma. É o caso dos contratos constitutivos ou translativos de direitos reais sobre imóveis de valor superior ao mínimo legal, para os quais é necessária a escritura pública, de acordo com o art. 108 do atual Código. Esse estatuto estabeleceu o valor superior a 30 vezes o maior salário mínimo vigente no país. Negócios jurídicos *não solenes* são os de forma livre; não exigem forma especial, prevalecendo a regra geral do art. 107 do atual Código, o qual dispõe que "*a validade da declaração de vontade não dependerá de forma especial, senão quando a lei expressamente a exigir*".

Podem os negócios jurídicos ser divididos em *pessoais* e *patrimoniais*. Pessoais são os que se ligam às disposições de família, como o casamento, o reconhecimento de filho, a emancipação. Patrimoniais são os que contêm um relacionamento com o patrimônio, como o testamento e os contratos.

Podem ainda ser considerados os negócios *de pura administração*, que não implicam transferência do domínio ou disposição de direitos, e os *de disposição*, que implicam a transferência de direitos, havendo, aí, diminuição do patrimônio do declarante.

Consideram-se, também, os atos *inter vivos* e os *mortis causa*. Dizem-se *mortis causa* os atos e negócios jurídicos que têm por finalidade regular o patrimônio de uma pessoa após sua morte, como o testamento. São *inter vivos* os que não têm esse escopo, como a compra e venda.

17.3 ATOS JURÍDICOS NO DIREITO ROMANO

O Direito Romano não conheceu as categorias de fatos, atos e negócios jurídicos, que são de construção recente. O *ius civile*, porém, conheceu uma série limitada de atos com os efeitos de construir, modificar ou extinguir direitos. Com a assimilação do *ius civile* pelo *ius gentium*, desapareceu a diferença de atos praticados e válidos ora por uma, ora por outra categoria.

Os atos do *ius civile* são eminentemente formais e abstratos e mostram-se como uma série de práticas acompanhadas da manifestação de fórmulas fixas e sacramentais perante testemunhas.

A teoria dos negócios jurídicos é criação dos pandectistas do século XIX, mas é admitido que os romanos houvessem tido intuição do instituto, embora não o tenham sistematizado na doutrina; por essa razão, autores modernos utilizam-na no estudo do Direito Romano.

A princípio os atos do direito Romano eram tão somente orais. Pouco a pouco, a forma escrita foi introduzida; no século II a.C. já era conhecida. Entendia-se, porém, que a forma escrita servia apenas para a prova do negócio jurídico e não de sua substância; o documento era considerado como um complemento. Com Justiniano, a forma passou a ser essencial quando as partes assim houvessem convencionado (Alves, 1971, v. 1:169).

Como principais atos da vida jurídica romana, podem ser mencionados os *negotia per aes et libram* (os negócios com bronze e com balança). São todos os atos jurídicos realizados por meio do bronze (*aes*) e da balança (*libram*). O bronze, como metal não cunhado, nos tempos mais antigos valia como intermediário das compras. A balança fixava o peso do bronze. Tais atos exigiam a presença de pelo menos cinco testemunhas, cidadãos romanos púberes, e de um *libripens*, um pesador, portador da balança. No direito mais antigo, quase todos os negócios reduziam-se a esse formalismo. Havia duas espécies de negócios realizados por meio da balança e do bronze: a *mancipatio* e o *nexum*.

A *mancipatio* é originalmente a troca de coisa pelo preço, transformando-se posteriormente, com o decurso do tempo, em negócio formal de transferência da propriedade; com pequenas modificações, a *mancipatio* é adaptada ao negócio, às servidões rústicas, à garantia das obrigações, à dissolução do vínculo obrigatório (*solutio per aes et libram*), às disposições de última vontade, entre outros.

À *mancipatio* era costume acrescer alguns pactos acessórios que possuíam eficácia segundo a Lei das XII Tábuas.

Como a *mancipatio* era utilizada para um número muito grande de negócios, teve vida longa no Direito Romano e subsistiu durante todo o período clássico. Justiniano revoga-a como meio de transferência do domínio.

O *nexum* teria sido desenvolvido com as mesmas formalidades da *mancipatio*, mas não importava em transferência do domínio e criava um vínculo pessoal por meio da prestação em dinheiro. Desaparece a figura em 326 a.C., com a *Lex Poetelia*, que fez cessar a situação de o corpo do devedor responder por suas dívidas, passando a responsabilidade para seus bens. Permanece, porém, no conceito romano, o caráter pessoal da obrigação, que não pode ser cedida nem transferida, como entendemos modernamente.

Perante o magistrado, há dois atos dignos de nota: a *in iurecessio* e a *sponsio*.

A *in iurecessio* ocorria diante do magistrado, quando então as partes proferiam determinadas palavras. Sua finalidade era igual à da *mancipatio*. Trata-se de ato jurídico abstrato, formal. Cai em desuso na época clássica e não aparece na compilação de Justiniano.

Já a *sponsio* aparece de forma obscura e origina-se das garantias que os litigantes exigiam no processo. O ato constava de uma pergunta e uma resposta formuladas com rigor verbal, do qual não se podia afastar. Tem nítido caráter sagrado.

Em todos os atos, o elemento vontade não é relevante, identificando-se com a forma que a esconde. Os romanos não possuíam ideia da vontade como elemento primordial do ato. Apenas no *ius gentium* ela aparece de forma mais clara.

18

AQUISIÇÃO, MODIFICAÇÃO, DEFESA E EXTINÇÃO DOS DIREITOS

18.1 AQUISIÇÃO DOS DIREITOS

Os fatos jurídicos são agentes que originam, modificam ou extinguem direitos. Os efeitos dos fatos jurídicos em geral são, portanto, aquisitivos, modificativos e extintivos.

Aquisição de um direito é adjunção, encontro, união, conjunção com uma pessoa, seu titular.

Essa aquisição pode ser *originária* ou *derivada*.

É *originária* a aquisição feita pelo titular, sem qualquer relacionamento com um titular anterior ao direito a adquirir, tanto porque o direito surge pela primeira vez (como é o caso da aquisição da propriedade pela ocupação de uma coisa sem dono – *res nullius*), como porque o direito já existia, como na coisa abandonada (*res derelicta*).

Na aquisição *derivada*, há relacionamento com o titular antecedente do direito, como é o caso da compra e venda.

A importância dessa distinção reside fundamentalmente nas relações advindas entre sucessor e sucedido nas aquisições derivadas. Nas transmissões de posse, por exemplo, esta é transmitida com as características anteriores, isto é, uma posse injusta continuará como tal, quando transmitida a outrem.

Nesse aspecto, vigora o brocardo segundo o qual ninguém pode transferir mais direitos do que tem (*nemo plus ius ad alium transferre quam ipse habet*).

Sempre que houver aquisição derivada de direitos, estaremos diante do que se denomina *sucessão*. Essa sucessão pode ocorrer *a título singular* quando se perfaz em uma única coisa, ou num conjunto plúrimo de coisas determinadas, ou em um ou mais direitos. Tal acontece com o comprador na compra e venda, ou com o legatário, em relação ao legado no direito hereditário. Será aquisição *universal* quando existir transmissão do patrimônio por inteiro ou sua quota-parte indeterminada. Esta última é característica própria da sucessão *causa mortis*, em que há substituição subjetiva do falecido (*de cujus*) pelo herdeiro.

A aquisição é *gratuita* quando não há contraprestação, como no caso de sucessão hereditária, ou *onerosa*, quando há o enriquecimento de uma ou de ambas as partes, pela contraprestação, como é o caso da compra e venda.

O direito nasce de um fato ou de uma série de fatos. A norma jurídica é preceito irrealizável se desvinculada do fato. Enquanto o fato ou o conjunto de fatos não se completa, não há aquisição de direitos. Para adquirir-se a propriedade pela usucapião, por exemplo, há necessidade de uma conjunção de fatos, como posse, justo título, coisa hábil, boa-fé e decurso de tempo. Da união desses fatos poderá surgir a propriedade por usucapião. Outro exemplo é o contrato: para que haja contrato no mundo jurídico, é necessária uma fase de tratativas, antes de se firmar o acordo. Para qualquer aquisição de direitos, há necessidade de fatos antecedentes.

A pessoa adquire direitos por ato próprio, desde que possua plena capacidade civil. Por intermédio de outrem, são vários os casos de aquisição de direitos. Os absolutamente incapazes adquirem direitos por meio de seus representantes legais. Também por intermédio de outrem, adquirem-se direitos nos casos de mandato, gestão de negócios e estipulação em favor de terceiros.

O Código Civil de 1916, no art. 74, instituiu:

> "Na aquisição dos direitos se observarão estas regras:
>
> I – adquirem-se os direitos mediante ato do adquirente ou por intermédio de outrem;
>
> II – pode uma pessoa adquiri-los para si, ou para terceiros."

Os mestres apontam deficiência do Código revogado nesse tópico, que é redundante. Tanto assim é que o atual Código de 2002 suprime a disposição, cuja compreensão doutrinária está de há muito solidificada. Há várias hipóteses em que a aquisição dos direitos se dá sem que exista ato do adquirente ou sem que haja intermediação de outrem, como é o caso da prescrição, da aluvião, da herança, por exemplo. Por outro lado, se os direitos podem ser adquiridos por intermédio de outra pessoa, é evidente que poderão ser adquiridos "para si ou para terceiros", sendo desnecessário o inciso II.

18.1.1 Direitos Atuais e Direitos Futuros

Para fins didáticos, é importante, porém, que se mantenha o estudo sobre o tema, o qual desenvolvemos com maior profundidade em nossa obra *introdução ao estudo do direito: primeiras linhas*. O Código antigo, no art. 74, III, dispunha:

> "Dizem-se atuais os direitos completamente adquiridos, e futuros os cuja aquisição não se acabou de operar.
>
> Parágrafo único. Chama-se deferido o direito futuro, quando sua aquisição pende somente do arbítrio do sujeito; não deferido, quando se subordina a fatos ou condições falíveis."

Direito *atual* é o que, tendo sido adquirido, está em condições de ser exercido, por estar incorporado ao patrimônio do adquirente.

Direito *futuro* é aquele cuja aquisição ainda não se operou, que não pode ser exercido. Sua realização depende de uma condição ou prazo. Há fatos que necessitam acontecer para que esse direito se aperfeiçoe. Por exemplo: no compromisso de compra e venda de imóveis a prazo, o direito real só surgirá com o pagamento final do preço e o registro no competente Cartório do Registro de Imóveis.

A expressão *direito futuro* abrange gênero que compreende todas as relações potenciais ainda não exercíveis ou exercitáveis por faltar-lhes um ou outro elemento. O direito não se corporificou. Com essa terminologia, compreendemos não só os direitos a termo e os condicionais, propriamente ditos, como também os chamados *direitos eventuais*, matéria da qual nos ocuparemos a seguir.

O *direito futuro* pode ser *deferido*. É, conforme a lei, aquele que para o complemento de sua aquisição há dependência exclusiva de um ato do próprio sujeito, de sua própria aceitação. São exemplos dessa categoria a situação do herdeiro ou do legatário, na transmissão da herança. Em que pese a herança se transmitir automaticamente, o ato jurídico só se completa pela aceitação dos titulares, pois os herdeiros podem renunciar à herança.

O *direito futuro* será *não deferido* quando para seu aperfeiçoamento houver dependência de condições falíveis, que escapam ao mero arbítrio do interessado. É o caso de doação feita em contemplação de casamento: o casamento pode vir a não se realizar; ou da promessa de recompensa, pois dependerá de credor, inicialmente incerto, que aceite e realize as condições da promessa para que possa exigir recompensa.

O direito *a termo* é noção que não se deve confundir. Há uma situação jurídica perfeita e acabada apenas subordinada a efeito temporal. O que se relega para o futuro é sua execução. O direito surge de imediato, apenas sob o efeito temporal. Se me disponho a entregar um objeto que vendi daqui a 30 dias, a obrigação já está plena e acabada, apenas aguardando o decurso do prazo e a chegada do termo, que é inexorável. Ainda que essas noções não se apresentem com essa ordenação legal no atual Código, são importantes para a compreensão da teoria geral dos negócios jurídicos.

18.1.2 Direitos Eventuais

O *direito eventual* é direito incompleto, que pode ter vários aspectos. O direito eventual é direito futuro, pois depende de um acontecimento para completar-se, mas já apresenta características embrionárias, isto é, em alguns de seus elementos constitutivos. Trata-se de relação jurídica ainda incompleta. Os contratos aleatórios estampam direitos eventuais, assim como a venda de coisa alheia: quem vende algo que ainda não possui fica na dependência de adquirir a coisa para poder transmiti-la. Nesses casos, os direitos já se apresentam moldados, faltando tão só um ou alguns elementos para completá-los.

Pode ser direito quase completo, apresentando-se como direito futuro, mas com certa relação com o presente, já desfruta de alguma proteção jurídica.

18.1.3 Expectativas de Direito

A *expectativa de direito* é a mera possibilidade ou simples esperança de se adquirir um direito. O direito não existe nem em embrião, apenas potencialmente. Na imagem de Serpa Lopes (1962, v. 1:396),

> *"a situação é comparável à de um casal, cuja esposa não apresenta o menor sinal de gravidez. Há elementos biológicos capazes de produzir a geração, mas, para esta, falta o pressuposto indispensável, à semelhança da vontade em face da capacidade e do objeto lícito".*

É o caso do direito que possui objeto lícito e agente capaz, mas não se lhes ajunta a manifestação de vontade; e do herdeiro testamentário que aguarda a abertura da sucessão. Enquanto não ocorrer o evento "morte", tal herdeiro não tem qualquer direito sobre o patrimônio do testador, não gozando de qualquer proteção jurídica.

A lei só concede proteção jurídica quando a expectativa de direito se transforma em direito eventual, isto é, quando a expectativa se converte em *direito*. Enquanto não houver proteção jurídica, estaremos diante de mera expectativa e não de um direito.

18.1.4 Direitos Condicionais

Os direitos condicionais partem da noção de *condição* dada pelo art. 121 do Código Civil: condição é a cláusula que subordina o ato jurídico a evento futuro e incerto. Direitos condicionais, portanto, são os subordinados a evento futuro e incerto. O vigente Código define: "*Considera-se condição a cláusula que, derivando exclusivamente da vontade das partes, subordina o efeito do negócio jurídico a evento futuro e incerto*" (art. 121).[1]

---

[1] "Apelação cível. Direito civil. Rescisão de contrato. Promessa de compra e venda. Prescrição da pretensão. Alegação de existência de condição suspensiva. Não configurada. Sentença mantida. 1. Trata-se de apelação cível interposta contra a sentença que declarou a prescrição da pretensão de rescindir o contrato de compra e venda do imóvel. 2. As apelantes sustentam, em síntese, a impossibilidade de se operar a prescrição da pretensão em razão da condição suspensiva estabelecida de forma informal e posterior ao negócio jurídico. 3. O artigo 121 do Código Civil define o que vem a ser "condição": Art. 121. Considera-se condição a cláusula que, derivando exclusivamente da vontade das partes, subordina o efeito do negócio jurídico a evento futuro e incerto. A lei estabelece como "defesas" aquelas advindas de mero arbítrio de um dos sujeitos da relação contratual (grifamos): "Art. 122. São lícitas, em geral, todas as condições não contrárias à lei, à ordem pública ou aos bons costumes; entre as condições defesas se incluem as que privarem de todo efeito o negócio jurídico, ou o sujeitarem ao puro arbítrio de uma das partes". 4. O aperfeiçoamento do ato negocial não dependia da suposta condição imposta pela devedora, a qual sequer constou do instrumento negocial, conforme confessado pelas recorrentes, posto que a apelada se esquivou de firmar novo aditivo contratual e já se encontrava em atraso com os pagamentos acordados. Revela-se incoerente e desarrazoado o argumento de que a negativa de pagamento das prestações vencidas e vincendas enquanto não resolvida a questão da matrícula do imóvel constituiria "condição suspensiva". 5. Na **condição suspensiva, a aquisição do direito torna-se temporariamente um obstáculo ou subordina os efeitos a evento futuro e incerto (art. 121 do Código Civil)**. De modo que, se existe condição suspensiva, o direito ainda não se adquiriu e, por isso, não pode ser exercido, portanto, não se sujeita a prazo prescricional, por interferência lógica. 6. Na hipótese, não há prova da composição das partes quanto à suspensão do pagamento das prestações até a baixa do gravame na matrícula do imóvel, ao contrário, o que restou claro nos autos é que a apelada não honrou com o pagamento das parcelas do compromisso de compra e venda e que já estava em mora quando notificou as autoras da intenção de suspender os pagamentos. 6. Não se aplica à hipótese dos autos, a disposição normativa do art. 199 do Código Civil, uma vez que a negativa de pagamento por parte do devedor sob imposição de mera exigência superveniente à avença e não prevista no contrato, não configura cláusula de "condição suspensiva", pois, não derivou da convenção das partes, mas, sim, do inadimplemento das obrigações contratuais. Operada a prescrição, a sentença deve ser mantida por seus próprios fundamentos. 7. Preliminares rejeitadas. Recurso improvido". (*TJDFT* – Ap 07065947020218070005, 13-7-2022, Rel. Leila Arlanch).

"Apelação Cível – Obrigação condicional – **Evento futuro e incerto** – Regra prevista no art. 129, do Código Civil – Inaplicabilidade –Má-fé da parte ré – Inexistência – Tratando-se de obrigação sujeita a condição, aquela não se torna exigível enquanto essa não for implementada. – O art. 129, do Código Civil, prescreve que, quando a parte desfavorecida pelo implemento de condição necessária ao negócio jurídico maliciosamente a impedir, reputar-se-á essa verificada. – Somente se o Réu agir de maneira maliciosa, isto é, com intenção deliberada de prejudicar a parte contrária, obstando o implemento da condição, é que se aplica a regra prevista no art. 129, do CC/02" (*TJMG* – AC 1.0024.10.194196-1/001, 8-3-2019, Rel. Roberto Vasconcellos).

"Agravo de instrumento – Prestação de serviços – Ação de cobrança de honorários profissionais – Cumprimento da sentença – Acordo celebrado para pagamento de valores aos exequentes – **Negócio jurídico submetido a determinado acontecimento futuro e incerto** – Rescisão unilateral do contrato – Situação que afetou diretamente a executada, impossibilitando o cumprimento da condição – Inexigibilidade da obrigação – Ocorrência – Ausência dos requisitos básicos da condição – Recurso improvido – O acordo firmado entre exequentes e executada condicionava o pagamento à ocorrência de evento futuro e incerto. Sucede que, por rescisão unilateral de outra empresa à qual a executada estava vinculada, a condição subordinada a evento futuro e incerto não ocorreu, fato jurídico que torna inexigível a obrigação de pagar. Não se olvide, ademais, que o acordo não previu eventual culpa pela não convalidação do evento" (*TJSP* – AI 2130167-47.2018.8.26.0000, 18-7-2018, Rel. Adilson de Araujo).

Tanto nos direitos eventuais como nos condicionais existe subordinação a evento futuro e incerto. Há numerosas coincidências nessas duas categorias. Os direitos eventuais, contudo, trazem elemento futuro e incerto inerente e essencial ao próprio negócio jurídico, enquanto nos direitos condicionais o fato dito condicional é externo ao ato. Nem todo elemento futuro e incerto deve ser considerado condição. O negócio jurídico eventual é negócio jurídico ainda incompleto que necessita que algo ocorra para completar-se. É de índole *interna*. Quem vende, por exemplo, coisa que ainda não tem, depende de obtê-la para poder transmiti-la.

Nos direitos condicionais o direito já se perfez. Apenas se agregou um elemento externo, uma condição, para ser exercido, uma vez que sua existência jurídica depende desse elemento condicional. A condição aposta a um direito é *acessório*.

No direito eventual, o evento futuro e incerto é essencial à integração do direito.

Washington de Barros Monteiro (2005, v. 1:204, 205) concluiu, entretanto, que, para nosso direito,

> "o titular de direito condicional é titular de um direito eventual (art. 121), havendo sinonímia entre as duas expressões".

Temos que concluir que, para fins práticos, tanto o direito eventual como o direito condicional devem ser tratados de maneira idêntica.

18.1.5 Direitos Potestativos

Direitos potestativos são aqueles que se traduzem numa faculdade ou poder, por ato livre da vontade, e que podem ser exercidos enquanto perdurar uma situação jurídica ou fática. A eles corresponde um estado de sujeição de outra parte. Assim, o condômino, no condomínio tradicional, pode, em princípio, a qualquer momento, pedir a extinção do estado de comunhão. Trata-se aí de um direito extintivo, o que ocorrerá também, por exemplo, quando um dos cônjuges requer o divórcio. Porém, os direitos potestativos também podem ser constitutivos quando, por exemplo, o proprietário de um prédio encravado exerce seu direito de exigir uma passagem para a via pública, constituindo uma servidão. O direito potestativo também pode ser modificativo, o que ocorre, por exemplo, quando os cônjuges pedem a modificação do seu regime de bens no casamento, como permite o atual Código Civil (art. 1.639, § 2º).

O direito de ação, garantido constitucionalmente, é também um direito potestativo.[2] Para alguns, os direitos subjetivos se identificam de tal modo com os chamados direitos potestativos,

---

[2] "Apelação cível. Contrato. Cobrança extrajudicial dívida prescrita. Pretensão extinta pela prescrição. Impossibilidade de cobrança judicial ou extrajudicial. Situação a ser regida pelo princípio da sucumbência. Sentença reformada. 1. A pretensão de direito material, que o poder de exigir de outrem uma prestação (judicial ou extrajudicialmente), não se confunde com o direito de ação, que é **direito potestativo** e nasce no momento em houver pretensão resistida. Assim, uma vez extinta a pretensão pela prescrição, como estabelece o art. 189 do Código Civil, a dívida inadimplida, nos prazos a que aludem os artigos 205 e 206 do mesmo diploma legal, não mais pode ser exigida judicial ou extrajudicialmente, porquanto ainda que existente o débito, seu pagamento fica condicionado à atitude unilateral e voluntária do devedor, tendo em vista que o ordenamento jurídico não conferiu o atributo da exigibilidade às obrigações naturais. 2. Se comprovada a cobrança extrajudicial da dívida prescrita, a instituição financeira/credora, que deu causa ao ajuizamento de ação pela devedora, com o intuito de obter o reconhecimento da prescrição e a inexigibilidade do crédito, deve arcar com os ônus da sucumbência. 3. Aplica-se o critério excepcional da equidade para a fixação do valor dos honorários advocatícios, nas causas em que for inestimável ou irrisório o proveito econômico ou, ainda, quando o valor da causa for muito baixo, observando o disposto nos incisos do § 2º do mesmo dispositivo legal. 4. Recurso conhecido e provido em parte". (*TJDFT* – Ap 07292734220228070001, 28-6-2023, Rel. Soníria Rocha Campos D'assunção).

o que tornaria inútil a classificação. No entanto, pode ser entendido que os direitos potestativos sejam uma modalidade de atuação, uma especificidade dos direitos subjetivos, que são muito mais amplos.

18.2 MODIFICAÇÃO DOS DIREITOS

Os direitos podem ser alterados sem que ocorram mudanças em sua substância. Tais alterações podem residir nos respectivos titulares ou em seu conteúdo.

Os direitos podem passar por alterações qualitativas e quantitativas em seu objeto ou por transformações quanto à pessoa titular do direito. Por vezes, torna-se difícil distinguir se houve uma singela modificação no direito ou sua extinção e criação de outro.

É *subjetiva* a modificação quando se altera a pessoa titular do direito. A relação jurídica permanece a mesma, mas o sujeito se altera, transmite todas as prerrogativas do direito que possuía. É o caso da cessão de crédito, quando o credor transfere sua posição ativa no vínculo obrigacional a um cessionário que passa a fazer as vezes do credor originário. A relação jurídica, porém, permanece a mesma.

Isso também ocorre na chamada transferência *causa mortis*, na qual o herdeiro sucede o *de cujus* em seus direitos e obrigações.

Há direitos, no entanto, que são personalíssimos. São os direitos da personalidade.

Há, igualmente, modificação subjetiva quando o direito é exercido por um único titular e passa a ser exercido por vários que se associam a ele, ou vice-versa; bem como vários titulares que se reduzem a um único, no mesmo direito.

"Direito Civil – Apelação Cível – Contratos – Anulabilidade – Erro – Decadência – Prazo – Fluência – **Direito potestativo** – Anulação – Recurso provido – 1– Hipótese em pedido de anulação de contrato de cessão de direitos sobre imóvel à vista da alegada ocorrência de erro substancial. 2– A declaração de vontade que emanada do erro é causa de anulabilidade do negócio jurídico (art. 138 do Código Civil) e pode ser pleiteada judicialmente no prazo de 4 (quatro) anos, a contar da data da celebração do negócio jurídico (art. 178, inc. II, do Código Civil). 2.1. O transcurso do prazo decadencial, no presente caso, legitima a extinção do processo com fundamento no art. 487, inc. II, do CPC. 3– Recurso conhecido e provido" (*TJDFT* – Proc. 07075934320188070000 – (1155707), 8-3-2019, Rel. Alvaro Ciarlini).

"Extinção de condomínio – **Direito potestativo** – Exercício regular de direito – Realidade fática que não tem o condão de obrigar a autora a manter a copropriedade indefinidamente. Alienação judicial do bem comum que só é devida para bens indivisíveis. Malgrado o imóvel seja juridicamente divisível, a divisão deve ocorrer sem que haja alteração na sua substância, diminuição considerável de valor, ou prejuízo do uso a que destinam (art. 87 do CC). Ausente prova técnica para atestar se o imóvel é divisível também sob o aspecto econômico/utilitário. Coisa indivisa. Sentença reformada. Recurso provido" (*TJSP* – Ap 1000403-71.2014.8.26.0224, 22-1-2018, Rel. Rômolo Russo).

"Apelação – Promessa de venda e compra de imóvel – Relação de consumo – Conquanto não se discuta a validade do distrato firmado entre as partes, não pode o manto do *pacta sunt servanda* acobertar a exigência de encargos abusivos, sendo, portanto, perfeitamente possível a eventual revisão da relação contratual, ainda que os compromissários compradores já tenham recebido quantias atinentes à rescisão – Embora, no comum das vezes, seja prevista cláusula de irretratabilidade no contrato, tratando-se de inequívoca relação de consumo, afigura-se abusiva a extirpação da possibilidade de arrependimento por parte do compromissário comprador, ainda que inadimplente – **Direito potestativo** – Súmula nº 01, desta E. Corte. Embora não se discuta que, com a resolução da avença, as partes devam ser restabelecidas ao *status quo ante*, com a devolução das parcelas pagas, não se pode olvidar das despesas havidas com desfazimento do vínculo, gastos administrativos do empreendimento e eventuais prejuízos da compromitente vendedora. Conquanto indiscutível o descabimento da retenção de 80% dos valores pagos, haja vista que os promissários compradores sequer se imitiram na posse da coisa, considerando-se o inequívoco impacto que a rescisão impõe ao sistema arrecadatório da incorporadora imobiliária, afigura-se suficiente a retenção de 10%, descontados os valores já recebidos. Inversão da sucumbência e honorários advocatícios fixados na r. sentença. Recurso provido" (*TJSP* – Ap 0008973-55.2011.8.26.0002, 28-4-2016, Rel. Mauro Conti Machado).

É *objetiva* a modificação que atinge o objeto da relação jurídica, ora no tocante às qualidades, ora no tocante à quantidade do direito.

No caso de modificação qualitativa, altera-se o objeto do direito sem que sua essência seja alterada. É o caso de obrigação cujo pagamento foi acertado em dinheiro e é realizado por meio de cheque. Não há alteração quantitativa do crédito.

Quanto à modificação quantitativa, o direito permanece o mesmo, mas com acréscimo ou diminuição, como é o caso da aluvião, em que as terras marginais de cursos de água podem aumentar ou diminuir, alterando a "quantidade" da propriedade.

18.3 DEFESA DOS DIREITOS

De nada adiantaria a existência dos direitos se o ordenamento jurídico não fornecesse ao titular meio de exercê-los, ou melhor, de defendê-los, caso fossem ameaçados ou houvessem sido tolhidos em seu exercício.

A esse respeito dispunha o art. 75 do Código anterior: *"A todo direito corresponde uma ação, que o assegura."* De fato, o tema, modernamente, pertence ao chamado direito civil constitucional. Trata-se de preceito que se insere no rol dos direitos individuais. Tanto que o art. 5º, XXXV, da Constituição assevera que *"a lei não excluirá da apreciação do Poder Judiciário lesão ou ameaça a direito"*.

Versa a matéria sobre o direito de ação, controvertido, difícil de ser conceituado, mas fundamental para a garantia dos direitos. Deve ser objeto do estudo da ciência processual.

As leis civis, estampadas no Código Civil e na legislação complementar ou acessória, estatuem o chamado *direito material*, assim conceituado o direito substancial, isto é, aquele direito que pode integrar o patrimônio subjetivo de um titular. Para o exercício desse direito material há caminho a ser percorrido, quando violado ou ameaçado. Tal caminho, ou *procedimento*, denomina-se direito *adjetivo*, direito *processual*. No processo judicial, digladiam-se as forças subjetivas do direito para que, por fim, o Estado dê solução ao conflito, por meio de uma decisão que se chama *sentença*.

Esse "caminho" que coloca em movimento todo um aparato estatal perfaz-se por meio do *direito de ação*. É a ação judicial que inicia o procedimento, preenche o processo judicial e tende a realizar o direito material, com decisão final do Poder Estatal, criado para compor conflitos de interesses. Para isso, o direito de ação é marco inicial.

Enquanto o direito material não sofre impugnações, não notamos, não percebemos que existe o direito de ação. No momento em que tal direito se vê ameaçado, surge o que chamamos "conflito de interesses". As partes conflitantes podem chegar a uma solução, a uma composição que se diz vulgarmente "amigável", sem a intervenção do Poder Judiciário. Se essa composição extraprocessual, porém, não ocorrer, só restará recurso ao direito de ação, ou seja, apresentação da causa em conflito ao Estado, para que, por meio de seu aparato específico, solucione o conflito de interesses, o qual, uma vez deduzido em Juízo, denomina-se *lide*.

A ciência do Processo, mais propriamente do Processo Civil, cuida do direito de ação, da lide e de suas particularidades.

A ciência processual vem tendo nos últimos anos grande impulso em seus estudos. Pode-se dizer que o Processo Civil, mormente após a promulgação, entre nós, do CPC de 1973, polarizou a atenção de nossos juristas, deixando os estudos de Direito Civil para um plano secundário. O surgimento de um novo Código Civil no país transformou essa situação. Novos desafios se descortinam agora com o Código de Processo Civil de 2015.

O que não pode ser esquecido, no entanto, é que o "processo" só tem sentido para a realização do direito material; o direito de ação só existe para garanti-lo. A exacerbação da importância do processo leva a alguns erros de perspectiva, transformando, por vezes, o processo em um *fim*, quando, na realidade, é um *meio*. Trata-se de caminho a ser percorrido, garantido pela lei, para atribuir o reconhecimento de um direito material aos litigantes. Esquecer que o direito processual é caminho tem sido erro comum, por vezes, de alguns que, apaixonados pelos meandros do processo, transformam-no de meio em fim, o que deixa o perfazimento do direito material em segundo plano.

Para a própria garantia das partes no litígio, a "ação" deve ser exercida segundo regras estabelecidas no processo. Porém, *summus ius, summa iniura*. Tais regras e garantias processuais não podem ser levadas ao extremo e esquecida a razão de ser do processo e do direito de ação.

O provecto direito de ação, estatuído no art. 75 da lei de 1916, em época na qual a ciência do processo ainda estava nos primórdios, que tem por detrás toda uma ciência e uma legislação processual que se seguiu, estabelece uma das diferenças fundamentais entre Direito e Moral. Como a Moral é desprovida de qualquer meio de sanção, não há para ela direito de ação. Apenas o direito material pode ser coercitivo, com o auxílio de ação que o assegure. Não há direito sem ação. Se determinada situação se achar desprovida do direito de ação, não há direito.

É da própria natureza humana que os direitos sejam violados ou ameaçados. Sua explicação é sociológica e psicológica. Só muito raramente a lei autoriza que os direitos violados ou ameaçados sofram reparo por meio de mão própria, de autotutela, como é a hipótese da legítima defesa da posse, o chamado desforço imediato, estampado no art. 1.210, § 1º. Desde que o Estado se organizou politicamente, não se admite que o lesado no Direito recorra a sua própria razão para restabelecer a ordem violada. Tal fato inseriria o caos na sociedade, pois não haveria medidas para a composição dos conflitos. Todo direito violado, salvo raras exceções legais, deve ser objeto do "direito de ação".

O direito civil diz que A é proprietário de um bem. B entende ser proprietário do mesmo bem. B ameaça apossar-se dele. A tem de valer-se do direito de ação para manter-se com o bem.

Segundo Arruda Alvim (1977, v. 1:132), *"a ação deve ser considerada como o próprio motor do organismo judiciário"*.

O direito a que chamamos material pode ser denominado *objetivo*. Direito *material*, *objetivo* ou *substantivo* são todas denominações aceitáveis para o conjunto de normas reguladoras dos comportamentos humanos. O direito material tutela situações jurídicas, comportamentos humanos.

O direito *adjetivo*, *processual* ou *subjetivo* supõe a existência do direito material. O direito adjetivo pressupõe a titularidade de uma situação jurídica. É a individualização do direito substantivo estampado no código Civil e na legislação complementar. Nesse diapasão, deve ser entendido que o direito material é geral e abstrato, porque regula sem-número de situações e comportamentos, hipóteses ideais. O direito subjetivo regula a situação particular e concreta, já consubstanciada numa situação fática.

A ação é meio de concretização do direito processual. Sem ela, o direito material torna-se letra morta.

É por meio do direito de ação exercido por meio do Poder Judiciário, ou por tribunais arbitrais, que se atinge a sanção, necessária ao perfazimento do Direito. O réu que descumpriu preceito primário imposto no direito material será obrigado a determinado comportamento com a sanção imposta pelo Poder Judiciário ou tribunal arbitral.

A posição mais antiga sobre o direito de ação é a da *teoria civilista*, que vigorou durante todo o século passado, quando o direito processual se achava preso ao direito civil. Os autores identificavam o direito de ação com o próprio direito material. Essa teoria, porém, não explicava a ação julgada improcedente, pois tanto na ação que encontra guarida na sentença como na repelida, o tratamento é o mesmo dado pelo Poder Judiciário. Essa teoria unitária não explicava ambos os aspectos do mesmo fenômeno.

Estudos mais evoluídos procuraram demonstrar que a ação é *direito autônomo*. Foi Adolfo Wach que demonstrou, a princípio, a *pretensão de declaração* e nela a existência da autonomia do direito de ação. A ação meramente declaratória tem por objetivo tão só a certeza jurídica, enquanto a ação condenatória, além da declaração, ínsita em toda a sentença, pretende um *plus*, ou seja, uma alteração fática na situação jurídica demandada. Há direitos de ação independentes dos direitos subjetivos. A ação é dirigida contra o Estado, de quem se deseja prestação jurisdicional, e contra o réu, que deve suportar a determinação do Estado.

Chiovenda prosseguiu os estudos da teoria da ação na Itália, onde pela primeira vez deu rumos da autonomia do direito de ação. Contudo, tanto Wach quanto Chiovenda não deram contornos definitivos à autonomia do direito de ação, pois, para eles, só com a sentença final efetivamente se poderia demonstrar o direito da ação, dependendo do desfecho do processo. O direito de ação existiria desde que a ação fosse procedente.

Essa colocação deixa sem explicação toda a atividade processual até a sentença que decidiu pela carência do direito e extinção sem julgamento do mérito ou por sua improcedência.

O fato é que, segundo a moderna teoria das ações, a ação existe ainda que não exista direito material.

Há *interesse público* no direito de ação, uma vez que ela põe em marcha a *jurisdição*, que é a tutela pública de direitos públicos ou privados. O interesse de composição da lide por meio do Poder Judiciário é direito público.

A ação é, portanto, direito autônomo, subjetivo e público.

Essa matéria deve ser objeto de análise aprofundada no estudo do Direito Processual Civil.

18.3.1 Legítimo Interesse: Condições da Ação

De acordo com o art. 76 do Código Civil anterior, *"para propor, ou contestar uma ação, é necessário ter legítimo interesse econômico ou moral"*. Tal dispositivo era repetido pelo revogado CPC de 1939. O estatuto processual de 1973 limitou-se a dizer, no art. 3º: "*Para propor ou contestar ação é necessário ter interesse e legitimidade*", cuja noção é repetida no art. 17 do CPC de 2015.

Na teoria autonomista do direito de ação, o autor tem sempre direito de pedir tutela jurisdicional, exercendo seu direito de ação, pois mesmo quando sua ação for infundada, o terá exercido.

Para que a ação se apresente viável, isto é, para que seja possibilitado ao autor praticar atos processuais a fim de obter atendimento a seu direito, há que se atender ao que denominamos "condições da ação". O Código Civil, no dispositivo citado, referia-se a "*interesse econômico ou moral*". Na verdade, na técnica processual, são três as condições fundamentais da ação: o *interesse de agir*, a *legitimação para a causa* e a *possibilidade jurídica do pedido*. Essas três condições vêm delineadas no CPC, no art. 485, VI, e art. 330, II e III.

Tais condições são necessárias, embora não suficientes, e estão ligadas à pretensão formulada pelo autor (o que pede a tutela jurisdicional) para que o Estado entregue a prestação jurisdicional com a composição da lide. Essas condições são necessárias, mas não são suficientes, uma vez que o juiz, além delas, deve examinar se concorrem os *"pressupostos processuais"*, que são requisitos válidos para a instauração do processo.

Quando o Código Civil do século passado estipulou que a todo direito corresponde uma ação que o assegura, no art. 75, desejou determinar que o titular do direito subjetivo material pode exigir seu cumprimento tanto diante do Judiciário como perante o sujeito passivo da relação jurídica.

Ao disciplinar, no Código de 1916, no art. 76 o interesse econômico ou moral, está situando esse interesse como condição necessária não apenas para que se exija o direito pretendido como também para que se possibilite levar até o juiz a pretensão, pela propositura da ação.

Somente tem interesse para o cumprimento de uma obrigação aquele que possui legítimo interesse. Interesse é a posição favorável de uma pessoa em relação a determinado bem. A lei deve prever essa posição da pessoa em relação a determinado bem. O interesse pode ser apenas de ordem moral.

Se houver resistência à pretensão ou se ela ficar desatendida no Judiciário, é outro o interesse tutelado, é outro o interesse que aparece. É esse interesse de ordem processual que surge no art. 17 do CPC, completando a noção estudada no Código Civil.

Há interesse de agir quando, delineado o litígio, a providência jurisdicional pedida é amoldável à situação estampada na lide.

Moacyr Amaral Santos (1977, v. 1:145) define esse interesse de agir como interesse secundário para distingui-lo do direito primário, que é o próprio direito material.

> *"O interesse de agir é um interesse secundário, subsidiário, de natureza processual, consistente no interesse ou necessidade de obter uma providência jurisdicional quanto ao interesse substancial contido na pretensão."*

A outra condição da ação é a *possibilidade jurídica* do pedido. Para a propositura de uma ação, o ordenamento deve autorizar a medida pleiteada. A pretensão do autor deve ser de modo a ser reconhecida em juízo. Existe possibilidade jurídica quando, em abstrato, o ordenamento permite a prestação jurisdicional.

A terceira é a *legitimidade para agir* (*legitimatio ad causam*). Por essa condição, o autor deve ser titular do interesse que contém a pretensão com relação ao réu. Do mesmo modo, o réu deve ter legitimação para a pretensão que contra ele é oposta. Daí falar-se em legitimidade ativa e passiva. É essa a legitimidade de que fala o art. 17 do CPC.

Toda essa matéria é objeto da ciência processual, na qual deve ser aprofundada.

Como o Código Civil antigo traçou as primeiras linhas sobre o direito de ação e as condições da ação, é oportuna a primeira noção aqui delineada.

Por fim, é de lembrarmos que, na ausência de qualquer das condições da ação, o juiz deverá decretar o que se denomina *carência* da ação, situação de extinção do processo sem julgamento do mérito, deixando de examinar o cerne da questão posta em juízo, que se denomina *mérito*.

18.4 EXTINÇÃO DOS DIREITOS

Como tudo que existe na realidade que nos cerca, os direitos nascem, têm existência mais ou menos longa, com ou sem modificações, e se extinguem, morrem.

Distinguimos, neste tópico, a *perda* do direito, que é seu desligamento do titular, passando a existir o direito no patrimônio de outrem, da *extinção* propriamente dita, que é o conceito que enfoca o desaparecimento do direito para qualquer titular.

O Código de 1916 mencionava, na parte geral, o *perecimento do objeto*, nos arts. 77 e 78, I, II e III. Tal se dá no caso de o objeto do direito perder suas qualidades essenciais, como no caso das terras invadidas por águas marítimas, fluviais ou pluviais. Se o objeto do direito se confundir com outro de modo que não se possam distinguir, como no caso da mistura de líquido; se cair em lugar de onde não possa ser retirado, como o objeto que vai ao fundo do mar, dá-se também seu perecimento.

Os arts. 79 e 80 concediam linhas gerais para a responsabilidade civil, sempre nos casos de culpa pela perda do objeto. Quando há culpa pela perda do objeto, o valor da coisa perdida a substitui para fins práticos, dizendo-se que há sub-rogação no valor.

Existe também desaparecimento ou perda do direito para o titular com a *alienação*. Alienar é transferir pela própria vontade o objeto do direito. Tem-se ampliado o sentido da expressão para englobar também os casos em que não opera a vontade do titular, isto é, transferência forçada, como no caso de desapropriação. Na alienação, o direito passa ao adquirente. Trata-se, pois, de perda do direito.

Nem todos os direitos são suscetíveis de alienação; há direitos inalienáveis, por sua própria natureza, como é a categoria dos personalíssimos; por vontade do interessado, como a cláusula de inalienabilidade aposta nas doações, testamentos e por vontade da lei, como nos bens públicos.

Os direitos extinguem-se igualmente pela *renúncia*, quando o titular abre mão de seu direito, sem transferi-lo a outrem. É o abandono voluntário do direito. A renúncia típica é aquela em que o titular abre mão de seu direito sem que qualquer outro sujeito dele se apodere. Ocorre também a renúncia quando há aquisição do direito por parte de outro titular. É o caso da renúncia da herança em que o herdeiro abre mão de seu direito, mas outro herdeiro passa a ter essa condição, de acordo com a ordem de vocação hereditária.

Devemos entender, contudo, que sempre que alguém impropriamente renuncia "em favor de outrem" não está exatamente operando uma renúncia, a chamada "renúncia translativa": o que existe aí, na realidade, é uma alienação, uma transferência. Há, inclusive, necessidade do consentimento daquele que adquirirá o direito. Apenas impropriamente se pode chamar essa situação de "renúncia".

Em geral, todos os direitos de cunho privado são renunciáveis, não o sendo os direitos públicos que são indisponíveis, assim como os direitos de ordem pública, como os de família puros (como o antes denominado pátrio poder, poder marital).

Portanto, para que a renúncia seja encarada como tal, independe de qualquer outra vontade que não a do próprio renunciante. Quando existe sujeito passivo determinado na relação jurídica, a renúncia só terá efeitos com sua aquiescência, porque ele terá interesse moral. É o caso da remissão de dívida com a qual o interessado deve concordar.

Não se confunde renúncia com inércia do titular do direito. O proprietário, por exemplo, conquanto não pratique qualquer ato externo que demonstre sua propriedade, não deixará de ser proprietário, a não ser por ato de outrem que, pela posse continuada, venha a adquirir a propriedade sobre a coisa, na usucapião. O titular do direito, por sua vez, dependendo da circunstância, deverá praticar determinados atos para não perder o direito passível de *prescrição* ou *decadência*.

Um pouco diverso da renúncia é o *abandono*. Trata-se também de ato voluntário que pressupõe o aspecto objetivo, o ato de deixar a coisa, e o aspecto subjetivo, o propósito de abandonar. No abandono, a intenção é implícita. A *res derelicta* é a coisa abandonada. Quem dela se apossar pela "ocupação" não tem qualquer vínculo jurídico com o abandonante, tratando-se de aquisição originária. Distingue-se o abandono da renúncia porque, no primeiro, a intenção é implícita e, na segunda, a intenção é explícita.

Pode ocorrer a extinção de direitos com o *falecimento do titular*, sendo o direito personalíssimo e, como tal, intransferível, como era o caso do art. 1.148 do Código Civil de 1916 (venda a contento).

Também ocorre perda de direitos quando se dá a *confusão*, isto é, numa só pessoa se reúnem as qualidades de credor e devedor. E, no *implemento da condição resolutiva*, há extinção de direitos, assim como no aparecimento de direito incompatível com o direito atualmente existente.

19

FENÔMENO DA REPRESENTAÇÃO NO DIREITO: CONCEITO E ESPÉCIES

19.1 CONCEITO

Geralmente é o próprio interessado, com a manifestação de sua vontade, que atua em negócio jurídico. Dentro da autonomia privada, o interessado contrai pessoalmente obrigações e, assim, pratica seus atos da vida civil em geral. Contudo, em uma economia evoluída, há a possibilidade, e muitas vezes se obriga, de outro praticar atos da vida civil no lugar do interessado, de forma que o primeiro, o representante, possa conseguir efeitos jurídicos para o segundo, o representado, do mesmo modo que este poderia fazê-lo pessoalmente. Na representação, portanto, uma pessoa age em nome de outra ou por outra. Trata-se da mais eficaz modalidade de cooperação jurídica.

O representado, ao permitir que o representante aja em seu lugar, amplia sua esfera de atuação e a possibilidade de defender seus interesses no universo jurídico. O representante posiciona-se de maneira a concluir negócios em lugar diverso de onde se encontra o representado, ou quando este se encontra temporariamente impedido de atuar na vida negocial, ou ainda quando o representado não queira envolver-se diretamente na vida dos negócios.

Para que essa situação ocorra, é necessário, primeiramente, que o ordenamento jurídico a permita e, em segundo lugar, que os requisitos desse mesmo ordenamento jurídico tenham sido cumpridos. Há situações de legitimação específica na qual o ordenamento proíba a representação: nesses casos, somente o interessado pode praticar o ato. São atos exclusivamente pessoais ou personalíssimos. Cuida-se de exceção, pois a regra geral é a permissão da representação. Assim, por exemplo, o testamento é negócio jurídico personalíssimo que não admite representação.

Para que ocorra o fenômeno, é necessária a emissão de vontade *em nome do representado* e *dentro do poder de representação* por ele outorgado ou pela lei.

A noção fundamental, pois, é a de que o representante atua em nome do representado, no lugar do representado. O representante conclui o negócio não em seu próprio nome, mas como pertencente ao representado. Quem é a parte no negócio é o representado e não o representante. Reside aí o conceito básico da representação. Estritamente falando, o representante é um *substituto* do representado, porque o substitui não apenas na manifestação externa, fática do negócio, como também na própria *vontade* do representado.

19.2 EVOLUÇÃO HISTÓRICA DA REPRESENTAÇÃO

No Direito Romano, os atos possuíam caráter solene e personalíssimo e não admitiam representação. Não se tinha ideia de que alguém pudesse praticar atos por outrem. A obrigação havia de ser contraída pelo próprio titular. Segundo alguns autores, tal proibição possuía motivo político de resguardar a liberdade de uma pessoa, uma vez que uma obrigação não cumprida poderia levá-la até à escravidão; para outros, a proibição derivava do formalismo inerente aos atos do Direito Romano mais antigo; outros veem na proibição consequência da compreensão pessoal do vínculo obrigacional, na época.

O rigorismo da situação era atenuado por um estratagema, pois quando se tornava necessária a mediação para a aquisição por um menor, por exemplo, atingia-se o resultado pretendido do seguinte modo: o representante do ato adquiria o direito para ele próprio e depois, com uma segunda operação, o transferia ao verdadeiro titular. O sistema, como podemos imaginar, era arriscado, pois dependia da boa vontade do transmitente, bem como de sua solvência. Da mesma forma, eram intervenientes do ato os titulares das ações tendentes a conservar os direitos e não os verdadeiros adquirentes. Só muito mais tarde na história do Direito Romano, concedeu-se ação direta ao verdadeiro titular.

Embora o rigorismo do liame pessoal nas obrigações romanas tenha sido abrandado por influência pretoriana, o Direito Romano não chegou a conhecer a representação, tal qual tipificada no direito moderno.

Caio Mário da Silva Pereira (2006, v. 1:613, 614) aponta um resquício da representação romana ao lembrar da "comissão mercantil", na qual o participante do ato agia em nome próprio, mas por conta alheia. Essa representação, modernamente, recebe o nome de *representação indireta*, mas, na realidade, nesse instituto não existe verdadeiramente representação, uma vez que o representante age em seu próprio nome e a seu risco. Só após concluído o negócio o representante indireto travará acordo com o verdadeiro beneficiário do ato, o que se aproxima bastante da noção romana de representação.

O desenvolvimento do instituto da representação é corolário do desenvolvimento econômico dos povos. A necessidade de recorrer a mecanismos rápidos para a pronta circulação do crédito demonstra ser imprescindível a moderna representação.

19.3 FIGURA DO NÚNCIO

Núncio, ou *mensageiro*, é a pessoa encarregada de levar ou transmitir um recado de outrem. É o que se pode chamar de *porta-voz*.

A tarefa do núncio pode consistir no simples ato de entrega de documento, no qual haja declaração de vontade do interessado, ou na reprodução, de viva voz, da declaração de alguém. Em ambos os casos, o mensageiro coopera na conclusão do negócio jurídico, mas não atua em nome e por conta do verdadeiro titular. Trata-se de mero instrumento fático da vontade do manifestante. Sua atuação não configura a representação.

O núncio, não é, portanto, parte do negócio jurídico; não deve ter qualquer influência em seu perfazimento. Quando sua atividade se limita à entrega de documento, pouco ou nenhuma dúvida advirá. O problema pode surgir quando se tratar de transmissão oral da mensagem. Nesse caso, poderá haver distorção de seu conteúdo, e o núncio poderá ser responsabilizado por perdas e danos, tenha agido com culpa ou não, ressalvando-se ao interessado anular o negócio por erro (Gomes, 1983:378).

Como o mensageiro não é mais do que prolongamento da vontade do declarante, em geral o erro praticado por ele é imputado ao declarante, quando não se tratar de emissão deliberadamente errônea de vontade.

Karl Larenz (1978) enfatiza que a condição de núncio deve ser examinada não segundo a qualidade fixada pelo mandante, mas de acordo com o aspecto externo com que o mensageiro se apresenta ao receptor de mensagem. Portanto, há de ser considerada a situação como de representante, quando a pessoa diz: *"Compro esta coisa para Fulano."* Deve ser considerado núncio o que diz: *"Fulano me encarregou de comprar esta coisa para ele."* No primeiro caso, o transmitente de voz age como representante; no segundo caso, como porta-voz típico. Nesse diapasão, é importante lembrar que o núncio não possui mobilidade em sua vontade ou, mais propriamente, não atua com sua própria vontade. Não pode, portanto, por exemplo, pagar mais do que o autorizado e, se o fizer, fará por sua conta e risco. O representante já se apresenta com uma faixa de mobilidade mais ou menos ampla, de acordo com o mandato, mas sempre com parcela da própria vontade que completa a vontade do mandante. Quanto mais restrito o âmbito do mandato, mais a situação distancia-se do representante e aproxima-se do núncio.

O mandato é a forma pela qual se torna conhecida a representação por vontade dos interessados. Por isso se diz que o mandato, um contrato, que se instrumentaliza pela procuração.

Assim como há representação para a "recepção" de negócios jurídicos (alguém constitui um representante para receber doação, por exemplo), igualmente pode haver constituição de núncio para os atos receptivos. Na verdade, a distinção entre o representante e o núncio é qualitativa.

Pelo fato de não ser o mensageiro participante do negócio, em geral, não se exige dele plena capacidade para integrar o ato. Desde que o núncio não interponha sua vontade, não há de se cogitar de sua capacidade, podendo até ser incapaz.

19.4 REPRESENTAÇÃO LEGAL E VOLUNTÁRIA

Ao contrário de outras legislações, como o Código alemão, que dispensa disciplina específica ao instituto (arts. 164 a 181), nosso Código Civil de 1916 absteve-se de dar disciplina à representação, apesar de a ela referir-se em dispositivos esparsos e de modo geral, como no caso da representação legal da família (arts. 1.567 e 1.568), do pátrio poder ou poder familiar (art. 1.634), da tutela (art. 1.740), dos absoluta e relativamente incapazes; além de disciplinar o mandato como contrato (arts. 653 a 692).

A representação pode ser *legal* ou *voluntária*, conforme resulte de disposições de lei ou da vontade das partes. Pode-se acrescentar a essas formas a representação judicial, nos casos de administradores nomeados pelo juiz, no curso de processos, como os depositários, mas isso é exceção no sistema. Também pode ser considerada forma de representação, ainda que anômala, aquela que tenha um fim eminentemente processual, como é o caso do inventariante, do síndico da massa falida, do síndico de edifícios de apartamentos etc.

A *representação legal* ocorre quando a lei estabelece, para certas situações, uma representação, o que ocorre no caso dos incapazes, na tutela, curatela etc. Nesses casos, o poder de representação decorre diretamente da lei, que estabelece a extensão do âmbito da representação, os casos em que é necessária, o poder de administrar e quais as situações em que se permite dispor dos direitos do representado.

A *representação voluntária* é baseada, em regra, no mandato, cujo instrumento é a procuração. A figura da representação não se confunde com a do mandato.

O Código Civil de 2002 traz, em sua parte geral, disposições gerais sobre a representação (arts. 115 a 120), distinguindo o art. 115 essas duas formas de representação, conferidas *"por lei ou pelo interessado"*. O art. 116 aponta o efeito lógico da representação: *"A manifestação de vontade pelo representante, nos limites de seus poderes, produz efeitos em relação ao representado."* Esclarece o art. 120 que os requisitos e os efeitos da representação legal são os estabelecidos nas normas respectivas, enquanto os da representação voluntária são os da parte especial do Código, principalmente no contrato de mandato.

Deve-se entender que o representante conclui negócio cujo efeito reflete no representado.

É importante que os terceiros tenham ciência da representação, sob pena de inviabilizar o negócio jurídico. Essa é uma das questões fulcrais da matéria. O art. 118 do atual diploma estatui que

> *"o representante é obrigado a provar às pessoas, com quem tratar em nome do representado, a sua qualidade e a extensão de seus poderes, sob pena de, não o fazendo, responder pelos atos que a estes excederam"* (art. 118).[1]

Também o representante legal do incapaz deve informar sua qualidade a terceiros. Sem que o terceiro tenha plena ciência da representação, sua extensão e qualidade, seja ela voluntária ou legal, o dito representante responderá pela prática de atos que excederem os poderes. A esse propósito, o art. 119 pontifica ao afirmar que é anulável o negócio concluído pelo representante em conflito de interesses com o representado, se tal fato era ou devia ser conhecido pelo terceiro com quem contratou.[2] A questão, como se vê, é complexa e depende

---

[1] **"Ação monitória** – Vício de vontade – Alegação de que a representante da autora informou se tratar de atualização cadastral – Consta expressamente, no alto da página, a expressão 'Contrato de Autorização de Figuração' – Cláusulas e objeto descritos de forma clara e objetiva, não havendo espaço para dúvida acerca da finalidade do documento – Réu não alegou que o signatário do contrato não tinha poderes para tanto, logo, descabida a discussão acerca da teoria da aparência. Recurso provido" (TJSP – Ap 0166241-38.2012.8.26.0100, 16-4-2018, Relª Denise Andréa Martins Retamero).

"Apelação cível – Ação de cobrança – Locação – Nulidade da sentença – Procedimento sumário – Audiência de conciliação designada nos termos do artigo 277 do CPC – Ausência de preposto representando a empresa autora no ato processual realizado – Extinção do Feito, sem resolução do Mérito, nos termos do artigo 267, inciso III, do CPC – Impossibilidade – Ausência de previsão Legal – Presença de Procurador da Parte com poderes amplos para transigir, dar e receber quitação – Ausência de prejuízo que inibe a extinção do Feito – Nulidade da r. Sentença *a quo* decretada – Recurso provido, a fim de se anular a r. Sentença de primeiro grau proferida, determinando-se o retorno dos autos à vara de origem, com a intimação da ré para apresentação de sua defesa processual e prosseguimento do Feito em seus ulteriores termos" (TJSP – Ap 1003583-64.2013.8.26.0278, 1-3-2016, Rel. Penna Machado).

"Agravo de instrumento – Ação declaratória de inexigibilidade de débito c/c obrigação de não fazer e indenização por danos morais – Representação processual irregular configurada, porque a procuração do procurador da ré foi outorgada por pessoa sem poderes para tal finalidade – Prova oral – A ausência de especificação, de forma minuciosa, da pertinência da prova, por si só, não justifica negar o pedido da produção, porque ofertado no prazo – Decisão reformada – Recurso a que se dá provimento" (TJSP – AI 2098543-82.2015.8.26.0000, 27-7-2015, Rel. Luis Mario Galbetti).

[2] "Apelação cível – Mandatos – **Procuração em causa própria** – Ação Ordinária – Reconvenção – I– As provas produzidas nos autos demonstram que as partes entabularam contrato de compra e venda de imóvel – Que se deu de forma verbal, e que restou instrumentalizado por meio de procuração, de caráter irrevogável, irretratável e livre de prestação de contas. II– Nestes termos, caracterizada a outorga de mandato em causa própria (*in rem suam*), a teor do que dispõe o art. 685, do Código Civil, tem-se como inviável a revogação do instrumento. III– Em consequência, deve ser declarada inválida a revogação de procuração pública escriturada pela parte ré/reconvinte. IV– Pleito de lucros cessantes formulado pelo autor/reconvindo que merece guarida. V– Danos morais inocorrentes. Situação narrada nos autos que não ultrapassa o mero aborrecimento – Oriundo de divergência contratual entre as partes. VI– Reconvenção que se mostra propositada para o fim de compelir o autor/reconvindo ao pagamento da parcela inadimplente – No valor de R$ 1.500,00 (um mil e quinhentos reais).

da apuração probatória no caso concreto. Procurando o atual Código restringir a instabilidade dos negócios jurídicos de maneira geral, neste passo o atual ordenamento estabelece o prazo decadencial de 180 dias para o pleito de anulação, a contar da conclusão do negócio ou cessação da incapacidade.

A ideia essencial da representação (levando-se em conta que o representante atua e emite vontade em nome do representado, que é verdadeiramente quem adquire, modifica ou extingue direitos) é de que o representante possui *poder de representação*. Tal poder é, portanto, o ponto central do instituto. Na verdade, em qualquer modalidade de representação, tal poder deflui da lei, pois somente há poder de representação quando o ordenamento jurídico o permite.

Tal poder de representação é legal quando emana diretamente da lei, como já vimos no caso dos incapazes. No caso das pessoas jurídicas, o art. 17 do Código antigo dizia impropriamente que eram representadas ativa e passivamente por quem seus estatutos designassem. Não se tratava de representação típica, pois os diretores agem *como se fossem* a própria pessoa jurídica, tanto que preferimos dizer que as pessoas jurídicas são *presentadas* e não representadas. Não existe, no caso, duplicidade de vontades, pois falta declaração volitiva do representante em lugar do representado. A pessoa jurídica projeta sua vontade no mundo jurídico por meio de seus órgãos.

O poder de representação é convencional nos casos de representação voluntária, quando uma pessoa encarrega outra de representá-la; esse efeito é normalmente conseguido com o *mandato*. A doutrina entende que a *procuração*, forma pela qual se estampa o mandato, é figura autônoma e independente dele, porque na maioria das vezes, a procuração tem em mira regular unicamente a relação interna de gestão entre mandante e mandatário. Deve ser intuída a procuração como mero instrumento do mandato. Todavia, deve ficar assentado que, como regra geral, sempre que houver mandato, haverá representação, embora exista quem sustenta que essa regra tem exceção, como, por exemplo, o mandatário atua em causa própria (Maia Júnior, 2004:204).

Alguns autores, por outro lado, entendem que pode haver representação sem a existência de mandato, ainda que o representado ignore inicialmente os atos praticados por sua conta. Colin e Capitant (1934:76) colocam nesse caso a situação da gestão de negócios. Suponha-se, no exemplo clássico, que um vizinho passe a cuidar dos encanamentos da casa ao lado, que ameaça ruir, ou passe a tratar do animal de estimação quando a pessoa responsável se ausentou. O gestor de negócios estaria agindo como representante, sem que houvesse sido outorgado o mandato. Trata-se, portanto, de atuação oficiosa do gestor em nome de outrem, sem ter o primeiro recebido incumbência para tal. A existência de representação na *negotiorum gestio* é convertida, uma vez que de início o gestor procede sem qualquer autorização do dono do negócio. Posteriormente, pode haver ratificação por parte do interessado. Tal ratificação tem o condão de converter a oficiosidade da atividade do gestor em mandato. Há parcela de representação legal na gestão, porque, de início, não há voluntariedade do dono do negócio. Por essas circunstâncias, ficando a gestão de negócios em ponto intermediário entre a representação legal e a voluntária, Caio Mário da Silva Pereira (2006, v. 1:619) prefere chamá-la *"representação especial"*.

VII– Sucumbência redimensionada. Deram parcial provimento ao recurso. Unânime" (*TJRS* – AC 70079944732, 31-1-2019, Rel. Des. Érgio Roque Menine).

"**Apelação cível** – Ação anulatória de escritura de compra e venda – Procuração em causa própria ao representante do autor – Mandatário figurando no feito apenas como representante do autor. Recurso interposto pelo mandatário. Falta de interesse recursal. Apelo não conhecido" (*TJPR* – AC 1603824-5, 7-3-2018, Relª Juíza Substª Ana Paula Kaled Accioly Rodrigues da Costa).

19.5 EFEITOS DA REPRESENTAÇÃO

Uma vez realizado o negócio pelo representante, é como se o representado houvesse atuado, pois seus efeitos repercutem diretamente sobre o último. Tudo se resume, porém, no poder de representação. No conteúdo desse poder, deve-se examinar se a representação foi corretamente exercida.

Como a ideia central da representação se funda no poder de representação, aquele que trata negócios com representante tem o direito de averiguar se existe tal poder e se, para o determinado ato em tela, o representante possui poderes. É esse o sentido estabelecido pelo referido art. 118 do atual Código.

Quando se trata da representação legal, é na lei que se procura o teor do poder de representação. O pai, na administração de bens do filho, possui poderes gerais de gerência, não podendo, contudo, aliená-los ou gravá-los, sem autorização judicial. Para contrair obrigações, o princípio é o mesmo. Tal não ocorre, porém, quando se tratar de aquisição de direitos que, em tese, beneficiam o menor ou incapaz. A lei tem em mira, aí, a proteção ao incapaz de consentir.

Na representação voluntária, é na vontade emitida pelo representado que se deve aquilatar a extensão dos poderes outorgados ao representante. O representante legal pode, por sua vez, constituir representante voluntário que representará o incapaz em determinados atos.

Questão interessante neste tópico é a chamada *autocontratação*. Parte-se do seguinte pressuposto: se o representante pode tratar com terceiros em nome do representado, poderia, em tese, contratar consigo mesmo, surgindo a figura do *autocontrato* ou *contrato consigo mesmo*. Há no caso a figura de dois contratantes numa só pessoa. Há várias circunstâncias que desaconselham tal procedimento. O atual Código Civil traz dispositivo sobre a matéria:

> *"Art. 117. Salvo se o permitir a lei ou o representado, é anulável o negócio jurídico que o representante, no seu interesse ou por conta de outrem, celebrar consigo mesmo.*
>
> *Parágrafo único. Para esse efeito, tem-se como celebrado pelo representante o negócio realizado por aquele em quem os poderes houverem sido subestabelecidos."*[3]

---

[3] "Apelação cível – Cumprimento de sentença – R. Sentença que acolheu a impugnação ao cumprimento de sentença e julgou extinta a execução – Recurso da exequente – Mandatário que, em acordo formalizado em nome do mandante, assumiu o pagamento dos honorários sucumbenciais em favor de si mesmo – Impossibilidade – **'Contrato consigo mesmo'** ou 'Autocontrato' – Ausência de autorização expressa do representado – Incidência do art. 117 do CC – A existência de compromisso sobre a negociação dos honorários advocatícios sucumbenciais não importa em aceitação de quaisquer termos entre a antiga executada e os patronos exequentes – A assunção dos honorários sucumbenciais negociados com a devedora original exige a preexistência de compromisso ou aditamento por escrito dispondo que tal verba seria assumida pelo apelado em favor do patrono exequente – Inteligência do art. 472 do CC – Ratificação deve ser expressa ou resultar de ato inequívoco, o que não se verificou na hipótese (Art. 662, § único do CC) – Precedente – Inexistência de violação à coisa julgada – Sentença mantida – Honorários majorados, nos termos do art. 85, § 11 do CPC – Recurso não provido". (*TJSP* – Ap 0000792-47.2020.8.26.0100, 25-7-2023, Rel. Achile Alesina).

"Apelação – Ação de obrigação de fazer – Apelante que pretende a substituição do beneficiário dos planos de previdência do falecido marido, para que passasse a constar ela própria no lugar do filho – Procuração que lhe foi outorgada sem poderes específicos para tanto – Ato que exorbita aqueles de mera administração ordinária ou de simples gerência, razão pela qual a concretização do intento, em consonância com o disposto pelo art. 661, § 2º, do diploma civil, dependeria de poderes especiais e expressos – Situação que se assemelha, ademais, ao denominado '**contrato consigo mesmo**', outra razão pela qual dependeria de poderes específicos (art. 117 do Código Civil) – Negado provimento" (*TJSP* – AC 1058294-92.2018.8.26.0100, 25-9-2019, Rel. Hugo Crepaldi).

"Embargos à execução – Contratos de mútuo – Celebrações entre mandante e filho da mandatária – **Contrato consigo mesmo ou autocontratação** – Não caracterização – Poderes expressos da representante legal para

Nesse caso, há ausência de duas vontades distintas para a realização do negócio. Moralmente, o negócio também é desaconselhável, pois inelutavelmente haverá a tendência de o representante dar proeminência a seus interesses em detrimento dos interesses do representado. Nosso Código de 1916, apesar de não possuir dispositivo proibindo, como o art. 181 do Código alemão ou semelhante ao vigente Código, possuía várias disposições casuísticas que proíbem, por exemplo, o tutor de adquirir bens do pupilo, o mandatário de adquirir bens do mandante, e assim por diante.

A proibição cai por terra, no entanto, como diz inclusive o atual estatuto, quando o próprio interessado, ou seja, o representado, autoriza a autocontratação; supera-se aí o inconveniente da inexistência de duas vontades, pois passam elas a existir *ex radice*, isto é, desde o nascedouro do negócio. Dessa matéria tratamos especificamente em nosso *Direito civil: teoria geral das obrigações e teoria geral dos contratos* (v. 2).

Representar, portanto, é agir em nome de outrem. Quem age em nome de outrem sem poderes pratica ato nulo ou anulável.

Quando do estudo do mandato, aprofundaremos a noção de representação voluntária em nosso *Direito civil: contratos em espécie* (v. 3, Capítulo 13). Aí tratamos também, com maior dimensão, do mandato em causa própria.

---

as contratações de empréstimos em nome da empresa embargante. Laudo pericial contábil concluindo que as quantias emprestadas refletiram em acréscimo patrimonial do embargante. Sentença mantida por seus próprios fundamentos. Recurso desprovido" (*TJSP* – Ap 0000812-68.2008.8.26.0032, 29-6-2016, Rel. Flávio Cunha da Silva).

20

ELEMENTOS DO NEGÓCIO JURÍDICO. PLANOS DE EXISTÊNCIA E VALIDADE

20.1 ELEMENTOS, PRESSUPOSTOS E REQUISITOS

No exame da estrutura do negócio jurídico, a doutrina longe está de atingir unanimidade de critérios. Assim, cada autor apresenta estrutura própria no exame do negócio jurídico.

Em primeiro lugar, há divergência quanto à denominação que se deve dar aos caracteres estruturais do instituto. Embaralham-se noções como *elementos, pressupostos* e *requisitos* do negócio jurídico.

Pelo conceito léxico, *elemento* é tudo que se insere na composição de alguma coisa, cada parte de um todo. *Pressuposto* é a circunstância ou fato considerado como antecedente necessário de outro. E *requisito* é a condição necessária para a obtenção de certo objetivo, ou para preenchimento de certo fim.

No sistema tradicional de classificação, parte-se da noção inicial de elemento para qualificar o negócio jurídico. Distinguem-se aí os elementos *essenciais* (genéricos e específicos), *naturais* e *acidentais*.

Segundo Vicente Ráo (1961:97),

> "*essenciais dos atos jurídicos são, pois, os elementos que os compõem, qualificam e distinguem dos demais atos, elementos, isto é, sem os quais ou sem algum dos quais aqueles atos não se formam, nem se aperfeiçoam. Deles, uns são genéricos porque a todos atos jurídicos dizem respeito; específicos são outros, por atinentes a cada tipo de ato particularmente considerado*".

Sob esse aspecto, são elementos essenciais do negócio jurídico o *agente capaz*, o *objeto lícito* e a *forma*, estampados no art. 104 do Código Civil, como requisitos de validade.

Washington de Barros Monteiro (1977, v. 1:176) também se refere às três citadas categorias de elementos dos atos jurídicos: *essentiali anegotii, naturalia negotii* e *accidentalia negotii*. São, destarte, elementos *essenciais genéricos* aos negócios jurídicos os três anteriormente citados. São elementos *essenciais específicos* aqueles pertinentes a determinado negócio jurídico; a compra e venda, por exemplo, têm como elementos essenciais a coisa, o preço e o consentimento (*res, pretium consensus*).

Os *elementos naturais* são *as consequências que decorrem do próprio ato, sem necessidade de expressa menção* (Monteiro, 1977, v. 1:176). Na referida compra e venda, serão elementos naturais a garantia que presta o vendedor pelos vícios redibitórios (art. 441) e pelos riscos da evicção (arts. 447 e 448).

Os *elementos acidentais* dos negócios jurídicos são aqueles que se acrescentam ao ato para modificar alguma de suas características naturais. Os mais estudados, porque presentes no Código Civil são a condição, o termo e o encargo (modo ou ônus).

Como não há unanimidade nessa classificação, apresentamos a nossa para facilitar a aprendizagem daquele que se inicia no estudo da Ciência do Direito.

Não devemos esquecer, contudo, que no exame do negócio jurídico, em estudo mais aprofundado, devem ser levados em conta três planos: o da *existência*, o da *validade* e o da *eficácia* do negócio. O ato pode existir, isto é, possuir um aspecto externo de negócio jurídico, mas não ter validade, por lhe faltar, por exemplo, capacidade de agente. Por outro lado, o negócio pode existir, ser válido, mas ser ineficaz, quando sobre ele, por exemplo, pender condição suspensiva. Essa sistematização ora acenada não será muito aprofundada aqui.[1]

Nesse quadro, é importante colocar a *vontade* como elemento do negócio jurídico. No exame do plano de existência não se cogita de invalidade ou ineficácia, mas simplesmente da realidade de existência do negócio. Importa examinar a existência da vontade ou, mais que isso, a existência da declaração de vontade. Temos para nós, contudo, que a vontade, muito antes de ser unicamente um elemento do negócio, é um pressuposto dele, mas um pressuposto que ora interferirá na validade, ora na eficácia do negócio, já que pode "existir" um negócio jurídico com mera aparência de vontade, isto é, circunstância em que a vontade não se manifestou e houve apenas mera "aparência" de vontade.

Tanto a noção de elemento, como a de pressuposto, englobam a compreensão de requisito. Destarte, afora os elementos mencionados, incumbe tecer considerações sobre os pressupostos. Vimos que podemos colocar a vontade como pressuposto do ato jurídico; pressuposto fundamental, acrescentaríamos.

O agente capaz é um dos elementos do negócio. Pressuposto do agente é, portanto, a capacidade. Ao lado dessa capacidade, devemos estudar o conceito de *legitimação*, que também é pressuposto do agente.

Por fim, é mister tecermos considerações sobre o tormentoso tema da causa no negócio jurídico e em particular na nossa legislação.

Neste capítulo, examinaremos a *vontade*, o *agente*, sua *capacidade* e *legitimação*, a *forma*, o *objeto lícito* e a *causa*. Os elementos acidentais dos negócios jurídicos são estudados no capítulo 27, enquanto os elementos naturais, bem como os elementos essenciais específicos, dizem respeito ao estudo de cada negócio jurídico em particular.

20.2 VONTADE E SUA DECLARAÇÃO

A declaração de vontade é elemento essencial do negócio jurídico. É seu pressuposto. Quando não existir pelo menos aparência de declaração de vontade, não podemos sequer falar de negócio jurídico. A vontade, sua declaração, além de condição de validade, constituem elementos do próprio conceito e, portanto, da própria existência do negócio jurídico.

---

[1] Sobre a matéria recomendamos a obra de AZEVEDO (1974).

A vontade, quando não manifestada, não tem qualquer influência no mundo jurídico. Só após a manifestação, passa a ter influência na ordem jurídica, quando então começa a dar vida ao negócio. Apesar de vários autores encontrarem sutil diferença, tanto faz tratarmos da exteriorização da vontade como *manifestação*, ou como *declaração*. Alguns entendem que esse último termo deve ser reservado para aquela vontade dirigida a alguém em especial, enquanto a *manifestação* é qualquer exteriorização de vontade.

Nos contratos, quando há ponto de acordo de suas vontades, a vontade toma o nome de *consentimento* ou *mútuo consenso*. O consenso ou consentimento implica, portanto, duas declarações de vontade que se encontram; o consentimento é elemento dos contratos e outros negócios bilaterais. Nos negócios jurídicos em geral, e em especial nos unilaterais, fala-se somente em vontade e sua declaração ou manifestação.

A identificação do negócio jurídico com a declaração de vontade tem trazido acirradas discussões. Há autores que entendem que não basta a declaração de vontade para gerar o negócio, porque às vezes a ordem jurídica pede não só uma pluralidade de emissões de vontade, como também procedimentos complementares (como consentimento de um terceiro, entrega da coisa etc.), para sua real constituição. A propósito da vontade em si, debatem-se duas correntes: pela *teoria da vontade,* entende-se que se deve perquirir a vontade interna do agente, sua real intenção; pela *teoria da declaração,* entende-se que não há que se investigar o querer interior do declarante, bastando deter-se na declaração em si.

Desse modo, uma vez fixado ser a vontade elemento, pressuposto do negócio jurídico, é fundamental que ela se exteriorize. Enquanto não externada ou exteriorizada não há que se falar em negócio jurídico. Para a vontade, no psiquismo do agente, há um estímulo interno que leva à prática de determinado ato jurídico, mas, enquanto esse agente não exterioriza tal impulso, não pode haver negócio jurídico.

Falamos em *declaração de vontade* em sentido amplo. Não há necessidade de que a vontade atue de uma ou de outra forma. Sua exteriorização pode ser de forma verbal ou escrita, ou até por gestos ou atitudes que revelem uma manifestação de vontade. Não há dúvida, contudo, de que é na palavra, escrita ou falada, que encontramos o grande manancial de declarações de vontade. Quando a vontade é assim exteriorizada, estamos diante de uma manifestação *expressa*, que tanto pode ser pela palavra escrita como pela falada, quer pela expressão da voz, quer pela simples mímica.

Por outro lado, a declaração de vontade pode resultar de comportamento do agente, que expressa a vontade por determinada atitude. Trata-se de manifestação *tácita* de vontade.

Tanto a manifestação expressa quanto a manifestação tácita de vontade têm valor para o ordenamento, salvo nos casos em que a lei especificamente exige a forma expressa; na manifestação por forma expressa, por vezes se exigirá a forma escrita. Muitas vezes, porém, o próprio ordenamento refere-se à manifestação tácita, como faz nosso Código Civil, no art. 1.805, ao tratar da aceitação da herança. O *silêncio* é ponto importante a examinar se é válido como manifestação de vontade.

Por tudo isso pode-se falar em *vontade negocial*. Trata-se da vontade dirigida à obtenção de efeitos práticos, geralmente econômicos, com intenção de que esses efeitos sejam juridicamente tutelados e vinculantes.

Por vezes, a manifestação de vontade não busca um destinatário em particular, como é o caso da promessa de recompensa, cuja oferta é dirigida a um número indeterminado de pessoas. Na maioria dos casos, a vontade é dirigida a determinada pessoa, como no contrato. Pode até ocorrer que a manifestação volitiva não tenha destinatário, como acontece quando o agente se apodera de coisa abandonada. Há, de qualquer forma e em qualquer caso, o que se pode chamar de comportamento declarativo, como faz Manuel A. Domingues de Andrade (1974, v. 2:122). O autor desse comportamento é o declarante. Aquele a quem tal manifestação volitiva é dirigida, em cuja esfera jurídica há de ter efeitos a declaração, é o declaratário, isto é, o destinatário da manifestação. Pode haver, é lógico, mais de um declarante e mais de um declaratário.

Ao enunciarmos pela primeira vez a expressão *negócio jurídico*, reservamo-la para aqueles atos em que o declarante procura especificamente um efeito jurídico. Isso é que, fundamentalmente, distingue o negócio jurídico do fato jurídico em geral. Portanto, não basta a simples atuação da vontade para estamparmos um negócio jurídico. É necessário que a *manifestação de vontade* possua um intuito negocial.

20.2.1 Elementos Constitutivos da Declaração de Vontade

Nas declarações de vontade, distinguem-se dois elementos principais: (a) declaração propriamente dita ou elemento externo e (b) vontade ou elemento interno.

a) *Declaração de vontade propriamente dita* ou *elemento externo* resume-se no comportamento palpável do declarante, já estudado. Nesse comportamento externo, estampa-se o verdadeiro sentido da vontade, no sentido de que só ele é pressuposto do negócio jurídico.

b) *Vontade* ou *elemento interno* é aquele impulso que se projetará no mundo exterior e pressupõe essa projeção.

Nem sempre, porém, ocorre exata correspondência entre o que foi pensado e o que foi transmitido pelo declarante. Reside aí um dos maiores problemas atinentes ao negócio jurídico. Quando não há correspondência entre o elemento interno e o elemento externo do negócio, o declarante emite vontade defeituosa, o que será estudado oportunamente.

Manuel A. Domingues de Andrade (1974, v. 2:126) distingue três subelementos nesse elemento interno: *vontade da ação, vontade da declaração* e *vontade negocial.*

A *vontade da ação* é a querida, desejada, *voluntária*. Um agente diz ao outro que aceita sua proposta de contrato; faz um aceno de cabeça que significa afirmação, ou levanta o polegar num gesto que significa "positivo". O fato de serem tais atos praticados voluntariamente constitui a vontade de ação. Por vezes, esta pode faltar, havendo mera "aparência" de vontade, o que pode dar margem a equívocos ou a mera aparência de negócio jurídico: alguém distraidamente faz um gesto de cabeça interpretado como aquiescência, uma declaração do agente. Nesse caso, não há vontade.

Por outro lado, o declarante pode ter agido consciente e voluntariamente de acordo com o comportamento negocial, mas sem ter desejado atribuir-lhe o significado estampado no negócio. É o caso de um indivíduo, segundo exemplo do autor lusitano supracitado, que entra em um leilão e, vendo um conhecido, lhe faz um cumprimento de cabeça como saudação. Acontece que tal saudação, no leilão, é interpretada, segundo a praxe local, como oferta ou lanço pelo objeto que está sendo leiloado. Aqui, temos a vontade de ação, mas não há vontade de declaração. O ato foi praticado conscientemente, mas sem a vontade de praticar o negócio jurídico.

O terceiro subelemento é a *vontade negocial* ou a *intenção do resultado*. O declarante deve ter a vontade e manifestá-la com o objetivo de praticar determinado negócio e não outro, ou qualquer outro ato. O declarante pode querer comprar o prédio A, quando na verdade o nome do prédio é B. O elemento interno sai distorcido. Há desvio da vontade de ação.

Em quaisquer dos casos, podem não coincidir os elementos interno e externo da declaração; há aqui vício no negócio jurídico, que na maioria das vezes poderá anulá-lo, se já não for nulo de início.

Desses elementos, interno e externo, o último é o mais importante, pois sem ele não se pode falar em existência do negócio jurídico.

20.2.2 Silêncio como Manifestação de Vontade

"Quem cala consente" é um ditado popular, mas não jurídico.

Ocorre acalorada discussão na doutrina em torno do silêncio como manifestação de vontade.

Foi Miguel Maria de Serpa Lopes (1961) que, entre nós, melhor estudou a matéria valendo-se das fontes romanas. Vários eram os casos no Direito Romano em que se atribuía ao silêncio valor jurídico. A aplicação, porém, era casuística, não permitindo regra geral.

No direito moderno, em que pesem várias correntes, o silêncio é tido, em regra, como fato ambíguo, que por si só não representa manifestação de vontade: quem cala não nega, mas também não afirma.

Na verdade, o silêncio apenas produz efeitos quando acompanhado de outras circunstâncias ou condições. O silêncio de um contratante só pode induzir manifestação de vontade, aquiescência de contratar, se naquelas determinadas circunstâncias, inclusive pelos usos e costumes do lugar, pode intuir-se uma manifestação volitiva.

Esse, aliás, é o sentido do Código Civil de 2002, ao estatuir no art. 111:[2]

> *"O silêncio importa anuência, quando as circunstâncias ou os usos o autorizarem, e não for necessária a declaração de vontade expressa."*

---

[2] "Apelação cível. Direito civil. Direito processual civil. Cumprimento de sentença. Extinção do feito pelo pagamento. Intimação do credor. Ausente. Princípio da não surpresa. Nulidade da sentença. Recurso conhecido e provido. Sentença cassada. 1. O Código de Processo Civil, em seus arts. 9 e 10, ressalta que não deve ser proferida decisão contra uma das partes sem que esta seja previamente ouvida ou com fundamento a respeito do qual não tenha dado às partes a oportunidade de se manifestar. 2. O princípio da não surpresa obsta a abordagem de tema não discutido nos autos. Ou seja, o princípio da não surpresa tem por escopo obstar abuso de poder ou afrontado devido processo legal, do contraditório e da ampla defesa, mediante a prolação de decisões sobre fatos e fundamentos inéditos, em relação aos quais não se deu a oportunidade de conhecimento e manifestação das partes. 3. **O art. 111 do Código Civil estabelece que o silêncio só pode ser considerado como anuência nos casos que não for necessária declaração de vontade.** 3.1. O silêncio do exequente não pode ser considerado como anuência apta a extinguir a execução pelo pagamento. 4. Tampouco é possível considerar que petição requerendo o levantamento dos valores valha como quitação tácita do débito, especialmente tendo em vista a inexistência de intimação para que se manifestasse sobre a causa extintiva do processo. 5. Recurso conhecido e provido. Sentença cassada" (*TJDFT* – Ap 07386735620178070001, 31-7-2024, Rel. Romulo de Araujo Mendes).
"Apelação cível. Direito processual civil. Execução de alimentos. Satisfação da obrigação. Intimação do credor. Não localização. Presunção de quitação. Impossibilidade. Consoante previsão contida no artigo 111, do Código Civil, o **silêncio importa anuência,** quando as circunstâncias ou os usos o autorizarem, e não for necessária a declaração de vontade expressa. A extinção do processo em razão do pagamento pressupõe a quitação do credor, não sendo possível presumi-la pela inércia em atender o comando judicial para se manifestar, mormente em se tratando de dívida alimentar" (*TJDFT* – Ap 07087153620198070007, 10-8-2022, Rel. Esdras Neves).
"Apelação cível. Ação de indenização por danos materiais. Contrato de prestação de serviços. Fornecimento de materiais de estrutura metálica. Ação julgada parcialmente procedente. 1. Pleito de concessão da multa contratual pelo período de 25 dias. Divergência entre as partes sobre a prorrogação ou não da entrega de materiais. Solicitação de prorrogação do prazo pela empresa ré. Silêncio da contratante que importa em anuência. Art. 111 do CC. Interpretação de acordo com a boa-fé contratual. 2. Danos materiais. Ressarcimento de supostos custos

Desse modo, não se pode admitir que quem pura e simplesmente silencia em face de proposta de contrato a aceita (*qui tacet consentire videtur* – quem cala consente). Também é de se rejeitar, dados os inúmeros inconvenientes, a situação de quem cala, quando podia e devia falar, aceita (*qui tacet, ubi loqui potuit ac debuit, consentire videtur* – quem cala quando poderia ou deveria falar consente).

Propende-se aqui, portanto, como a maioria da doutrina, para o sentido de quem cala não nega, nem confessa; não diz que não nem sim; não rejeita nem aceita (*qui tacet neque negat, neque utique fatetur*).

Junto a outras circunstâncias, não se nega valor ao silêncio, que não se confunde com a vontade tácita e muito menos com a vontade expressa.

O silêncio, por si só, não deve ter valor algum. Uma parte poderia aproveitar-se de outra, se tal fosse válido, pelo fato de o declaratário ser tímido, ter pouca diligência, ou não ter conhecimentos necessários para a manifestação de vontade.

O puro silêncio só vale se a lei assim o determinar, ou se vier acompanhado de outros fatores externos. A atitude omissiva, pura e simples do destinatário não tem valor algum.

Era comum editoras remeterem fascículos ou livros a eventuais interessados, dizendo que a não manifestação em determinado prazo induziria a aceitação por parte do destinatário. O mesmo se pode exemplificar quanto ao envio de cartões de crédito não solicitados. Tal atitude do destinatário, por si só, não faz defluir a aceitação do objeto. Tanto assim que o Código de Defesa do Consumidor, em seu art. 39, parágrafo único, III, considera prática abusiva a entrega de produto ou serviço sem a autorização ou solicitação do consumidor.

Miguel Maria de Serpa Lopes (1962:165) conclui que em cada caso o juiz deverá examinar as circunstâncias do silêncio, sob aspectos social e psicológico.

> "*É preciso tomar-se em conta a convicção inspirada na outra parte de que a ação negativa do silente foi no sentido de ter querido seriamente obrigar-se.*"

Há necessidade de se fundamentar o silêncio no princípio da boa-fé dos participantes do negócio, sem a qual não há que se falar em silêncio idôneo para produzir efeitos.

20.3 CAPACIDADE DO AGENTE

Já falamos da pessoa natural e da pessoa jurídica, bem como da capacidade e da incapacidade. Vimos que todos possuem capacidade de gozo, em sentido geral, no tocante às pessoas naturais. Quanto às pessoas jurídicas, tal dependerá de sua regular constituição. Ao analisar a

---

com mobilização de equipes e equipamentos. Solicitação de ressarcimento em decorrência da paralisação da obra. Danos materiais não comprovados. Cumulação de cláusula penal compensatória com perdas e danos. Impossibilidade. Precedentes. Sentença mantida. Recurso de apelação conhecido e desprovido" (*TJPR* – Ap 0005519-54.2018.8.16.0017, 30-1-2021, Rel. Guilherme Frederico Hernandes Denz).

"Transporte aéreo – Dano moral – Alegação de atraso de voo – Descabimento – Prova de que a companhia aérea comunicou o autor acerca de mudança nos horários dos voos com um mês de antecedência – **Silêncio do autor que importou anuência** – Hipótese em que o autor não foi surpreendido por qualquer atraso – Inexistência de falha na prestação do serviço. – Recurso não provido" (*TJSP* – AC 1004726-48.2018.8.26.0073, 30-7-2019, Rel. Renato Rangel Desinano).

"Agravo de instrumento – Ação ordinária – Art. 111 do CC – **Silêncio** – **Anuência** – Não comprovação – Recurso a que se dá provimento – Conforme preceitua o art. 111 do Código Civil, o silêncio importa anuência, quando as circunstâncias ou os usos o autorizarem, e não for necessária a declaração de vontade expressa" (*TJMG* – AI-Cv 1.0287.12.008942-3/003, 12-6-2018, Rel. Belizário de Lacerda).

capacidade do agente, suplantamos o plano de existência e nos situamos no plano de validade do negócio jurídico. Ao lado da capacidade do agente, o plano de validade diz respeito, também, à manifestação de vontade livre e de boa-fé, ao objeto lícito, determinado e possível, e à forma livre ou prescrita em lei.

Vimos que sob determinadas circunstâncias as pessoas naturais não possuem capacidade de exercício, por questões de idade, saúde física ou mental.

A capacidade é conceito, portanto, referente à idoneidade da pessoa para adquirir direitos ou contrair obrigações no universo negocial. Não é só isso, contudo. O conceito de capacidade estende-se a outros fatos e efeitos jurídicos, principalmente aos fatos ilícitos e à responsabilidade civil deles decorrentes. Ao lado da chamada capacidade negocial, devemos, pois, lembrar da capacidade delitual, na esfera civil. O que nos interessa primordialmente é a capacidade negocial, aquela que dá aptidão para o agente intervir em negócios jurídicos como declarante ou declaratário.

Tal ideia reconduz-nos às já examinadas capacidades de gozo e de exercício.

Os detentores da incapacidade de exercício só podem praticar os atos da vida civil mediante o instituto da *representação*, como regra geral. Supre-se a incapacidade dos absolutamente incapazes pela representação, enquanto a incapacidade relativa, dos maiores de 16 anos e menores de 21, no Código de 1916, principalmente, pelo instituto da *assistência*. Pela assistência, o relativamente incapaz tem a sua incapacidade "completada" por outrem, que é seu responsável. A vontade do assistente é completiva da vontade do assistido. Entende-se que essa incapacidade é estabelecida em benefício do próprio incapaz, que não teria ainda o pleno discernimento para a vida civil. Não se esqueça de que, no atual Código, a plena capacidade é atingida aos 18 anos.

A regra é a existência sempre da capacidade de gozo. A pessoa natural, maior ou menor, com ou sem discernimento mental, gozará dessa capacidade.

As pessoas jurídicas terão capacidade de gozo de acordo com a destinação para a qual foram criadas, pois não podem agir em desacordo com suas finalidades estatutárias. Por isso, diz-se que no tocante à capacidade de gozo sofrem as pessoas jurídicas restrições de duas ordens: as comuns à generalidade das pessoas coletivas (não podem praticar atos de direitos de família, por exemplo) e as especiais, próprias para certas classes de pessoas jurídicas e de acordo com suas finalidades.

A capacidade de exercício das pessoas naturais é dada pela lei de forma negativa. A lei diz quais pessoas não possuem capacidade de exercício.

Para a validade do ato, portanto, o Código requer *agente capaz*. Tal capacidade deve ser aferida no momento do ato. A capacidade superveniente à prática do ato não é suficiente para sanar a nulidade. Por outro lado, a incapacidade que sobrevém ao ato não o inquina, não o vicia.

20.3.1 Legitimação

Ao lado da noção de capacidade, surge na doutrina a ideia mais moderna de *legitimação*, conceito que tem origem na ciência processual.

Quando se indaga se um menor de 18 anos, de acordo com o Código de 2002, pode realizar negócios jurídicos e se responde pela negativa, temos aí o problema da capacidade. Quando, porém, pergunta-se se um ascendente pode vender bens aos descendentes, sem que os outros descendentes expressamente o consintam (art. 496), ou se os mandatários podem comprar os bens que estejam sob sua administração (art. 497), por exemplo, e a resposta é negativa, a situação que se coloca é outra.

Aqui, já não se discutem as qualidades intrínsecas da pessoa, sua capacidade, que a habilitam para os atos da vida negocial. O que está em jogo, ao contrário, é a posição de determinadas pessoas em face de determinadas situações criadas por fora de sua capacidade, que não está em discussão. Nos últimos exemplos citados não falamos em incapacidade para os negócios, mas em falta de *legitimação*.

Emilio Betti (1969, t. 2:11) assim se posiciona:

> *"A distinção entre capacidade e legitimidade manifesta-se com toda evidência: a capacidade é a aptidão intrínseca da parte para dar vida a atos jurídicos; a legitimidade é uma posição de competência, caracterizada quer pelo poder de realizar atos jurídicos que tenham um dado objeto, quer pela aptidão para lhes sentir os efeitos, em virtude de uma relação em que a parte está, ou se coloca, com o objeto do ato."*

É possível enfocar a legitimidade e a capacidade como duas formas de aptidão para realizar negócios jurídicos, entendendo a capacidade como a idoneidade adquirida. Ambos os conceitos, contudo, são expressos sob forma negativa de incapacidade e ilegitimidade, uma vez que os conceitos positivos são a regra, e os negativos a exceção, dentro do sistema.

Sob tais aspectos, são exemplos de falta de legitimação para a prática de certos atos: marido e mulher, para a prática dos atos enumerados nos arts. 235 e 242 do Código de 1916, necessitavam do assentimento recíproco, ou na falta, de autorização judicial. Essa matéria vem doravante disciplinada no art. 1.647 do Código de 2002. O condômino de coisa indivisível, para vender sua quota-parte a estranhos ao condomínio, salvo se houver previamente oferecido preferência aos demais condôminos (art. 504); as pessoas indicadas no art. 1.521, as quais, apesar de genericamente capazes, não podem casar devido a laços de parentesco de sangue ou civil, ou à preexistência de outro vínculo matrimonial não extinto, ou à circunstância de haverem sido condenadas pela prática de certos atos qualificados como crime; o cônjuge adúltero para fazer doações a seu cúmplice (art. 550).

Nesses casos, verifica-se que não se trata de incapacidade genérica para os atos da vida negocial, mas de aptidão específica para a prática de determinados atos, que pode cessar em certa época, como perdurar durante toda a existência do agente.

A legitimação ou legitimidade depende da particular relação do sujeito com o objeto do negócio, portanto.

As partes, em determinado negócio jurídico, devem ter competência específica para praticar o ato. Esse é o conceito de legitimação.

20.4 FORMA

É requisito de validade dos negócios jurídicos obedecerem à forma prescrita, ou não adotarem a forma proibida pela lei.

A regra é a forma livre. É o que determina o art. 107 do Código Civil:

> *"A validade da declaração de vontade não dependerá de forma especial, senão quando a lei expressamente a exigir."*[3]

---

[3] "Declaratória e indenizatória – Contrato de Empréstimo Consignado – Nulidade – Não reconhecimento – Portabilidade de empréstimo consignado e refinanciamento com crédito de troco – Validade do vínculo e ausente vício na declaração de vontade – **Artigo 107 do Código Civil** – Ônus da prova de fato constitutivo de direito – Artigo 373,

Vimos que a vontade deve ser externada para dar vida ao negócio jurídico. Tal exteriorização pode ocorrer pela palavra escrita, ou simplesmente verbal, ou mesmo só por meio de gestos. O próprio silêncio, sob determinadas condições, pode ser apto a criar negócio jurídico.

A forma pela qual a vontade exterioriza-se é a expressão externa, palpável, da vontade.

Em numerosos casos, a lei exige das partes, para a própria garantia dos negócios, forma especial. É o caso, por exemplo, da compra e venda de imóveis de valor superior a um mínimo legal, dos pactos antenupciais e das adoções, em que requer a escritura pública. Já outros atos não dependem de solenidade. Há contratos que têm forma absolutamente livre, enquanto para outros exige-se ao menos a forma escrita.

Os negócios jurídicos que dependem de determinada forma para terem validade são os *atos formais* ou *solenes*. São *não solenes* ou *não formais* quando sua forma é livre.

Por vezes, a lei, visando garantir sua eficácia, cerca sua forma de *fórmulas,* isto é, de rituais mais ou menos complicados, como ocorre no casamento e no testamento, atos formais por excelência e subordinados a rituais formalísticos. A isso denomina-se solenidade.

A forma especial tanto pode ser imposta pela lei quanto pela própria parte, que contrata com a cláusula de a avença não valer senão sob determinada forma: *"No negócio jurídico celebrado a cláusula de não valer sem instrumento público, este é da substância do ato"* (art. 109).

I, do CPC – Não superação – Elementos dos autos que corroboram a legitimidade das contratações, com efetivo benefício por parte da autora na quitação de débito pretérito existente em seu nome e incontroverso recebimento e disposição de créditos a título de troco em sua conta bancária – Perícia grafotécnica que configura prova de natureza relativa e cuja conclusão cede em face dos demais elementos existentes nos autos que corroboram a legitimidade das contratações e dos descontos correspondentes – Sentença reformada – Ação improcedente – Sucumbência exclusiva da parte autora. Recurso do réu provido e recurso da autora não provido". (TJSP – Ap 1007220-93.2018.8.26.0004, 18-8-2023, Rel. Henrique Rodriguero Clavisio).

"Contrato verbal de compra e venda de coisa móvel (concreto). Ação de cobrança do preço julgada procedente. Apelo do réu. O réu é reconhecidamente atuante no ramo da construção civil. Destarte, presume-se que a utilização de produtos como aquele envolvido no feito, lhe serve de insumo para a sua atividade profissional. Não há, por outro lado, prova alguma de que a obra em questão era executada em propriedade particular do demandado. Destarte, não há que se cogitar de relação consumerista na espécie. Bem por isso afigura-se inócua a discussão armada acerca do dispositivo contido no art. 39, inc. II, do CDC. Controvérsia situada entre as demandas que cuidam de compra e venda, regida pelo Direito Privado – **Negócios jurídicos, em regra, não dependem de forma especial para produzirem seus efeitos, salvo previsão expressa, conforme reza o art. 107, do Código Civil** – Destarte, à luz do ordenamento jurídico vigente, é admissível a celebração de contratos verbais, por telefone – Logo, em sendo a regra, a desnecessidade de forma especial para validade da declaração de vontade, forçoso convir que ao réu cumpria demonstrar, face ao que foi por ele alegado, que no seu caso, em se tratando de celebração de contratos, o que vale é a exceção, qual seja, formalidade de toda e qualquer contratação, o que não aconteceu. Dados coligidos aos autos apontam seria e concatenadamente para conclusão de que as partes celebraram contrato de venda e compra de concreto, nos termos em que postos na inicial. Outrossim, ante a entrega e efetiva utilização do produto pelo réu, o pagamento do preço é de rigor. Recurso improvido". (TJSP – Ap 1003578-22.2015.8.26.0068, 27-4-2022, Rel. Relator Neto Barbosa Ferreira).

"Apelação. Societário. Trespasse. Ação indenizatória. Negócio jurídico verbal. Contratos não assinados. Transferência de valores expressivos aos vendedores. Reforma do estabelecimento pelo adquirente. Posse exercida sobre o imóvel. Circunstâncias que permitem concluir que a declaração de vontades produziu os efeitos pretendidos, a despeito do instrumento não ter sido formalizado. Validade do negócio jurídico. Princípio da Liberdade das Formas. Inteligência do art. 107 do CC. Produção de efeitos dos termos ajustados entre as partes. Pagamento de aluguel imputado ao adquirente. Disposição expressa no instrumento contratual e em seu aditivo. Obrigação do pagamento de aluguel não se confunde com o pagamento do preço do trespasse. Impossibilidade de considerar o depósito feito como adiantamento do preço. Ausência de disposição contratual nesse sentido, não cabendo interpretação extensiva para atender essa finalidade. Contrato empresarial. Mitigação de dirigismo contratual. Inexistência de fundamentos jurídicos ou contratuais para amparar a devolução de valores pleiteada. Recurso desprovido" (*TJSP* – Ap 1012900-24.2019.8.26.0554, 16-6-2021, Rel. Azuma Nishi).

Parte da doutrina e alguns sistemas jurídicos distinguem as formas *ad substantiam* ou *ad solemnitatem* das formas *ad probationem*. As primeiras seriam da essência do ato e não valeriam sem elas. As segundas dizem respeito apenas à sua prova. Entre nós, a distinção não tem importância, pois se a lei exige determinada forma, o negócio é necessariamente *ad solemnitatem*; se não exige, o negócio pode ser provado por qualquer dos meios permitidos em Direito.

20.5 OBJETO

Ao lado da capacidade, legitimidade, forma e naturalmente da vontade, constitui também elemento integrante do negócio jurídico o objeto.

O objeto deve ser idôneo, isto é, apto a regular os interesses sobre os quais recai o negócio. Emilio Betti (1969, t. 2:53) prefere falar em *interesses* em vez de bens,

> *"mesmo quando o objeto do negócio sejam coisas (bens materiais), elas não são consideradas por si, abstratamente, mas sempre com referência aos sujeitos, e são apreciadas e diferenciadas tendo em consideração a sua aptidão para satisfazer necessidades da vida de relações, segundo as opiniões econômicas ou éticas e as valorações historicamente condicionadas da consciência social".*

Sob o enfoque ora dado, podemos distinguir o *objeto imediato* ou *conteúdo*, que são os efeitos jurídicos a que o negócio tende, de acordo com as manifestações de vontade e a lei aplicável; e o *objeto mediato*, ou objeto propriamente dito, que é aquilo sobre o que recaem aqueles efeitos.

No sentido de *objeto imediato* ou *conteúdo*, estamos no campo de "constituição, modificação ou extinção" de relações jurídicas. Desse modo, o conteúdo imediato de um contrato de compra e venda, por exemplo, será a transferência da propriedade da coisa alienada, a obrigação de o vendedor entregar a coisa, a obrigação de o comprador pagar o preço.

No sentido de *objeto mediato* ou objeto propriamente dito, temos a própria coisa ou o próprio interesse sobre os quais recai o negócio. No contrato de compra e venda, o objeto mediato será a coisa vendida. Se se tratar de negócio que visa a bens incorpóreos, então mais propriamente diremos *interesse do negócio*, como acentua o mestre italiano citado.

A expressão *objeto do negócio jurídico* deve englobar tanto um sentido, como outro, quer se examine sob o prisma da idoneidade, em conteúdo amplo, quer estritamente sob o prisma da licitude, como quer o art. 104 de nosso Código.

Deve-se ter em mira que todo ato jurídico é praticado com vista a uma *utilidade*. Sob esse aspecto, o negócio deve gozar de proteção. Há sentido teleológico a ser protegido. Nesse campo, atua a autonomia da vontade e cada um é livre para praticar o negócio que lhe aproveite. Essa é a regra geral, mas ela esbarra em óbices a seguir examinados.

O Código de 2002 dispõe, ao estabelecer os elementos de validade do negócio jurídico, que o objeto deve ser *"lícito, possível, determinado ou determinável"* (art. 104).[4]

---

[4] "Ação declaratória de nulidade de negócio jurídico c.c. repetição do indébito e indenização por danos morais – Contratos de empréstimo e cartão de crédito consignados – Sentença de procedência – Hipótese em que, à época das avenças, a autora estava submetida a curatela provisória – Nulidade dos contratos bancários celebrados por agente incapaz – **Inteligência do artigo 104, inciso I, do Código Civil** – Devolução dos valores indevidamente debitados do benefício previdenciário da autora, sem prejuízo da devolução dos valores que a autora recebeu em decorrência dos contratos, sob pena de seu enriquecimento ilícito, admitida a compensação – Dano moral

O objeto, portanto, deve ser *determinado* ou ao menos *determinável*. Pode o objeto não ter sido determinado no próprio ato, mas há de ser determinável, pelo menos. Distingue-se aí a determinação absoluta da determinação relativa.

> "*É absoluta a determinação quando o ato enuncia o seu objeto de modo certo, individualizando a prestação ou prestações em que consiste, quer se trate de bens corpóreos ou incorpóreos, quer de atos positivos ou negativos. Relativa é a determinação quando os agentes ou partes, para a determinação ou singularização do objeto de seu ato, adotam algum critério a ser, subsequente, observado*" (Ráo, 1952:172).

O objeto deve ser *possível*, entendendo-se tudo que estiver dentro das forças humanas ou das forças da natureza. Será impossível o objeto que fugir a essas forças. É preciso, nesse ponto, distinguir a *impossibilidade absoluta*, que a todos, indistintamente, atinge, da *impossibilidade relativa*, pois o que pode ser impossível para uns pode não ser para todos. Levemos em conta, também, que a impossibilidade para o presente não significa sempre impossibilidade para o futuro.

A impossibilidade pode emanar de leis físicas ou naturais, bem como de leis jurídicas, tendo-se aí a impossibilidade física e a impossibilidade jurídica. Um negócio jurídico que tenha por objeto a herança de pessoa viva é impossível, porque a lei não o permite (art. 426).

Para que seja idôneo o objeto, não basta ser determinado ou determinável e possível. Cumpre, igualmente, ser *lícito*. A licitude do objeto é regulada pela forma negativa: atingimos a compreensão do objeto lícito pelo conceito de ilicitude. A lei impõe limitações ao objeto do negócio.

O objeto do ato não gozará da proteção legal quando for contrário às *leis de ordem pública*, ou aos *bons costumes*.

Nesse sentido, estatui a Lei de Introdução às Normas do Direito Brasileiro, no art. 17:

> "*As leis, atos e sentenças de outro país, bem como quaisquer declarações de vontade, não terão eficácia no Brasil, quando ofenderem a soberania nacional, a ordem pública e os bons costumes.*"

---

não caracterizado – Embora tenha havido o desconto de parcelas no benefício previdenciário da autora, houve depósito na sua conta corrente das quantias concernentes aos contratos, garantindo que não tivesse redução do valor utilizado para a manutenção de sua subsistência – Verba honorária de sucumbência – Fixação em percentual sobre o proveito econômico que, na hipótese, configurará condenação irrisória – Necessidade de fixação por apreciação equitativa, atendendo-se aos princípios da razoabilidade, equidade e proporcionalidade, além da natureza e finalidade da demanda, sua rápida tramitação e o baixo grau de complexidade da matéria posta em juízo – Sucumbência recíproca – Recurso da autora não conhecido, provido, em parte, o da requerida". (*TJSP* – Ap 1005998-25.2023.8.26.0066, 20-6-2024, Relª. Lígia Araújo Bisogni).
"Apelação – Responsabilidade civil – Ação de indenização – Cerceamento de defesa – Não caracterização – Prova concernente à quebra de sigilo bancário dos réus – Indeferimento placitado no julgamento de agravo de instrumento – Preclusão – Ato ilícito – Ausência – Os pagamento realizados pelos autores decorreram de ajustes comerciais entre as partes, que, à míngua de outros elementos, tinham objeto coisa lícita, possível e não defesa em lei, realizada entre agentes capazes, de modo a serem válidos (**art. 104 do Cód. Civil**) – Simulação – Inocorrência – Descumprimento do art. 373, I, do CPC – Improcedência da ação – Honorários de sucumbência fixados segundo art. 85, § 2º, do CPC – Tema 1.076 do STJ – Aplicabilidade – Sentença mantida. Honorários advocatícios elevados para 12% sobre o valor da causa. Preliminar rejeitada – Recurso desprovido" (*TJSP* – Ap 1000272-12.2016.8.26.0100, 25-8-2022, Rel. Antonio Nascimento).
"Apelação civil – Responsabilidade civil – Cobrança indevida – Ilicitude – Serviços não contratados – Autor incapaz – Trata-se de contrato firmado por autor interditado judicialmente, sendo absolutamente incapaz para atos da vida civil (lei em vigor na data do fato). Para ser válido, **o negócio jurídico deve ser firmado entre agentes capazes, objeto lícito, possível, determinado ou determinável, forma prescrita ou não deseja da lei**. O que não ocorreu no caso dos autos, eis que possui um vício na validade do negócio. O valor do dano moral deve ser estabelecido de maneira a compensar a lesão causada em direito da personalidade e com atenção aos princípios da proporcionalidade e da razoabilidade. Impõe-se a manutenção do valor arbitrado na sentença. Apelo não provido" (*TJRS* – AC 70080515521, 30-5-2019, Rel. Des. Marcelo Cezar Müller).

É difícil conceituar o que sejam normas de ordem pública. São, em síntese, aquelas disposições que dizem respeito à própria estrutura do Estado, seus elementos essenciais; são as que fixam, no Direito Privado, as estruturas fundamentais da família, por exemplo.

Da mesma forma, é diluído o conceito de *bons costumes*, não encontrável na lei. Embora não sejam exclusivamente preenchidos pela Moral, os bons costumes são integrados por ela. Existe moral costumeira variável no tempo e no espaço. Incumbe ao juiz, em cada caso concreto, interpretar o que sejam os bons costumes na sociedade na qual o próprio magistrado se insere. Não resta dúvida de que não podemos admitir negócio jurídico contrário à Moral. Sabe-se que a moral é mais ampla que o Direito. Como é difusa, sua conceituação apenas toscamente pode ser dada como noção teórica. Em princípio, nos anos passados, contrariava a moral um contrato de convivência conjugal entre companheiros, salvo, modernamente, o disposto no art. 5º da Lei nº 9.278 de 1996, por exemplo; ou qualquer negócio que tenha por objeto a exploração de casas de tolerância. Como percebemos, o conceito é mais social e psicológico do que propriamente jurídico. Temos em todo o caso de levar em conta a *moral predominante* no espaço e no tempo.

Lembra Sílvio Rodrigues (2006, v. 1:174), no exame da imoralidade do negócio jurídico, que os tribunais valem-se do adágio *nemo auditur propriam turpitudinem allegans* (a ninguém é dado alegar a própria torpeza) ou, então, *in pari causa turpitudinis cessat repetitio* (se ambas as partes agiram com torpeza, não pode qualquer delas pedir em retorno a importância que pagou). Em ambas as situações, tolhe-se ao participante do negócio valer-se dele para fim imoral. Ou, como diz o autor: *"Os tribunais, na defesa de sua dignidade, se recusam a ouvir o autor, pois não lhes é permitido tolerar que uma pessoa proclame, nos pretórios, sua própria torpeza."* Há aplicações legislativas do princípio, como vemos nos arts. 150 e 104 do Código Civil.

Contudo, como alerta Vicente Ráo (1952:167), essas máximas latinas não traduzem princípios absolutos e imperativos. No caso concreto, o juiz deve examinar a oportunidade e a conveniência de aplicá-las.

20.6 CAUSA

Este é um dos temas que gerou grande polêmica na doutrina.

Toda atividade humana tem um motivo. Todo negócio jurídico é composto por um motivo, ou melhor, há motivação para se atingir um fim.

Não sendo este o local para estender a discussão a respeito da causa, devemos deixar patente que *causa* é aquele motivo com relevância jurídica.

Numa compra e venda, por exemplo, o comprador pode ter os mais variados motivos para realizar o negócio: pode querer especular no mercado; pode pretender utilizar-se da coisa para seu próprio uso; pode querer adquiri-la para revender. Todos esses motivos, porém, não têm relevância jurídica. O motivo com relevância jurídica será receber a coisa, mediante o pagamento. Para o vendedor, por outro lado, o motivo juridicamente relevante é receber o preço. Pouco importa, para o Direito, se o vendedor aplicará o dinheiro recebido no mercado de capitais ou pagará dívida.

Sem pretender aprofundar demasiadamente a matéria, devemos entender que *causa*, como se viu no exemplo, é o motivo juridicamente relevante. Os motivos podem ser muitos e geralmente o são, mas causa deve ser entendida como aquele motivo gerador de consequências jurídicas.

Nosso Código Civil de 1916, pretendendo afastar-se de tema tormentoso, não considerou a causa como elemento de validade do negócio jurídico, entendendo que o *objeto* substitui perfeitamente a noção.

Embora semanticamente não haja aproximação, juridicamente os conceitos de *causa* e *objeto* muito se aproximam. O objeto é necessário ao ato, não havendo negócio que não o tenha (Campos Filho, s.d.:53). Giram os conceitos em torno da mesma ideia, ou seja, o fim do negócio jurídico. Nosso Código de 1916, no art. 82 (atual, art. 104), empregou o termo *objeto* no mais amplo sentido, abrangendo a noção de *causa*. A mesma posição é mantida pelo Código de 2002, portanto.

O fato é que os juristas debatem incessantemente, uns vendo na causa elemento essencial do ato; outros entendendo a causa como elemento dispensável, como ponto de criação de dúvidas na validade do negócio jurídico.

Os causalistas dividem-se em várias correntes que podem ser agrupadas em duas fundamentais: a *concepção subjetivista* ou *psicológica* da causa e a *concepção objetivista*.

A *concepção subjetivista,* que predominou entre os juristas franceses, entende que a causa deve ser compreendida como representações psicológicas que fazem as partes concluir negócio ou *fim próximo* para referida conclusão. Esse fim próximo é justamente a causa, enquanto os fins remotos são simplesmente motivos ou móveis do ato. Na compra e venda, no exemplo, fim próximo é, para o comprador, receber a coisa, e, para o vendedor, receber o preço.

A *concepção objetivista* é mais moderna e adotada principalmente na Itália; para ela, a causa vem a ser aquele elemento distintivo do negócio jurídico para cada tipo de negócio, ou a função econômico-social própria de cada figura negocial. Trata-se da *finalidade intrínseca do negócio* (Andrade, 1974:345). Na compra e venda, por exemplo, a causa seria a *própria prestação* do negócio, ou seja, a entrega da coisa e o pagamento do preço. O comprador recebe a coisa, *porque* pagou o preço. O vendedor recebe o preço, *porque* entregou a coisa.

Como conclui Manuel A. Domingues de Andrade (1974:346), ambas as correntes chegam a resultados fundamentalmente idênticos, divergindo a corrente objetivista somente no aspecto de ver o negócio jurídico em si próprio, abstraindo-o da representação psíquica das partes.

Nosso Código anterior inspirou-se no sistema germânico, ao afastar a causa como elemento do negócio jurídico, conforme o próprio Clóvis assevera.

Apenas em situações especiais, o Código de 1916 referia-se à causa. O art. 90 do Código antigo dispunha: *"Só vicia o ato a falsa causa, quando expressa como razão determinante ou sob forma de condição."* O dispositivo estava inserido no capítulo 22, referente ao erro, como defeito, como vício de vontade.

No caso do art. 90, *causa* era entendida como motivo determinante do ato, que pode anular o ato jurídico desde que tenha sido conhecida pela outra parte. Nesse sentido, o art. 140 do vigente Código manifesta-se corretamente ao se referir ao motivo: *"O falso motivo só vicia a declaração de vontade quando expresso como razão determinante."*

Normalmente, a seriação de motivos para a prática do negócio permanece desconhecida para a outra parte contratante; essa a razão por que melhor é afastar a nulidade do ato por defeito de causa. Entretanto, quando a parte erige determinado motivo em razão de ser do negócio, a situação muda de figura, de acordo com o citado art. 90, passando a ser esse motivo *parte integrante da validade do negócio*. Aqui, trata-se de erro sobre o motivo, quando este se reveste de certa gravidade. Suponha-se, por exemplo, a hipótese de alguém que contrata a locação de imóvel para nele instalar um restaurante, com base no pressuposto de que em frente será instalada indústria que trará o necessário movimento ao estabelecimento comercial. Posteriormente, verifica-se que nunca houve qualquer projeto para a instalação da indústria, que o contratante agiu com evidente erro no motivo. Se esse motivo se expressou como razão determinante do ato, o negócio é anulável. No caso do art. 90 do antigo diploma, portanto, a expressão *causa* muito pouco tinha a ver com o sentido técnico da palavra, estando mais para motivo.

Há outras situações especiais em que o problema da causa pode ser resolvido, como ocorre no capítulo do pagamento indevido (arts. 876 ss), que é parte do tema *enriquecimento sem causa*, assim como do *contrato aleatório*, quando a parte não ignora o desaparecimento da sorte e o negócio pode ser anulado (art. 461).

Não resta dúvida, contudo, que por vezes a noção de objeto não é suficiente para o exame da ilicitude ou imoralidade do negócio jurídico, mas nossa jurisprudência nunca teve dificuldade em examinar a questão, sempre sob o prisma do objeto. Como conclui Miguel Maria de Serpa Lopes (1962:485),

> *"o negócio jurídico já contém em si mesmo, consoante a noção realística que se lhe tem dado, a chamada causa, completando-se, assim, a demonstração da falta de fundamento de se pretender construir aquela noção como requisito autônomo. A sua inexistência importa na inexistência do negócio jurídico e não dá lugar, então, a qualquer questão particular".*

21

INTERPRETAÇÃO DOS NEGÓCIOS JURÍDICOS

21.1 SENTIDO DA INTERPRETAÇÃO DOS NEGÓCIOS JURÍDICOS

Há ponderável paralelismo entre a interpretação da lei e a dos negócios jurídicos. Em ambas as situações, procura-se estabelecer o verdadeiro sentido da manifestação de vontade. Só que a lei tem sentido geral, é dirigida a número indeterminado de pessoas, enquanto o negócio jurídico é particular, dirigido apenas ao declarante e ao declaratário de vontade e, por vez, de forma reflexa, a terceiros. O hermeneuta, portanto, apesar de usar de técnicas similares, deve ter sempre em vista sempre essa diferença.

Interpretar o negócio jurídico é determinar o sentido que ele deve ter; é estabelecer o conteúdo voluntário do negócio. Interpretar consiste, em última análise, em aplicar o Direito. Interpretar e aplicar o Direito no caso concreto são ações conjugadas uníssonas. Não há outro interesse na interpretação senão buscar a melhor aplicação da norma.

A declaração de vontade é constituída por dois elementos: o elemento externo (a declaração propriamente dita) e o elemento interno (o substrato da declaração; a vontade real). O ideal é que haja coincidência entre a vontade interna e a declaração, aspecto externo. Pode ocorrer, porém, divergência ou equívoco entre a vontade real e a declarada, por falta ou desvio dos elementos em que se desdobra a primeira. Nesse caso, impõe-se a interpretação, isto é, a busca do sentido que trará efeitos jurídicos. Essa interpretação cabe derradeiramente ao juiz ou árbitro, que, ao defrontar-se com o caso concreto, deverá interpretar a vontade dos declarantes para aplicar o Direito.

Contudo, os primeiros destinatários da interpretação são as próprias partes, que deverão compreender o negócio para cumpri-lo. Ademais, como na lei, o negócio jurídico está sempre disposto a uma interpretação, por mais claro que possa parecer a princípio. É enganoso o argumento do direito clássico de que "*in claris cessat interpretatio*".

Por isso é dito que a problemática da interpretação do negócio jurídico é fenômeno psíquico, porque se cogita adentrar no psiquismo do declarante; bem como jurídico-processual, pois cabe ao julgador fixar o "verdadeiro sentido" da declaração de vontade em sua atividade jurisdicional. Geralmente, a interpretação do negócio jurídico é exigida quando se torne necessário deslindar uma controvérsia em ação judicial. No entanto, o primeiro intérprete será sempre o interessado, envolvido no negócio, ou o advogado que o aconselha.

O juiz, ou árbitro, destinatário último das regras de interpretação, fica preso a dois parâmetros amplos, dos quais não pode fugir: de um lado, a vontade declarada, geralmente externada por palavras; de outro lado, é levado para a possibilidade de investigar a verdadeira "intenção do agente". Nessa atividade mental, o juiz não pode se descurar de que a palavra externada é garantia das partes. Afinal, quando se lavra um documento, tem-se a intenção de sacramentar negócio jurídico e as partes procuram afastar qualquer dúvida que possa advir no futuro. É claro, também, que na mente do intérprete deve estar presente o princípio da boa-fé objetiva, como veremos, que deve nortear todo negócio jurídico. No entanto, ficar preso tão só à letra fria das palavras, ou a qualquer outra forma de exteriorização do pensamento, pode levar a situação de iniquidade. Em razão disso, não pode ser desprezada a possibilidade de o julgador também levar em conta a vontade interna do declarante. Sabemos muito bem que, por melhor que dominemos o idioma, as palavras podem não se amoldar exatamente ao que foi pensado; podem falsear o pensamento ou, como frequentemente acontece, dar margem a entendimento dúbio por parte dos destinatários do negócio.

A interpretação do negócio jurídico situa-se então na fixação do conteúdo da declaração de vontade. Para isso, o julgador se valerá de regras empíricas, mais do que verdadeiramente normas, com o inconveniente inafastável de pisar terreno inseguro, no qual muito importará seu bom senso e subjetivismo. A Lei nº 13.874/2019, Lei da Liberdade Econômica, decorrente de medida provisória, trouxe novas regras de interpretação para o ordenamento, o que nem sempre representa a melhor solução.

Não se deve ficar preso a uma só dessas duas atitudes. Pela *posição subjetivista*, que equivale à corrente voluntarista da manifestação da vontade, deve o hermeneuta investigar o sentido da efetiva vontade do declarante. O negócio jurídico valerá tal como foi desejado. Por essa posição, a vontade real pode e deve ser investigada por meio de todos os elementos ou circunstâncias que a tal respeito possam elucidar o intérprete. Nos contratos, que são negócios jurídicos bilaterais, procurar-se-á a vontade *comum* dos contratantes.

Pela *posição objetivista*, que corresponde à teoria da declaração, não é investigada a vontade interna, mas o intérprete se atém à vontade manifestada. Abstrai-se, pois, a vontade real. Procuramos o sentido das palavras por meio de circunstâncias exclusivamente materiais.

Nenhuma dessas posições isoladas e extremadas é mais conveniente que a outra, mas fizeram brotar uma série de teorias intermediárias que ora dão mais relevância a uma posição, ora a outra.

Em qualquer caso, deve o juiz comportar-se de tal forma que evite o apego excessivo a uma só das posições, pois tal procedimento pode levar a confusões e conclusões injustas.

21.2 INTERPRETAÇÃO NO CÓDIGO CIVIL. A BOA-FÉ

Nossa lei civil, mormente a de 1916, foi parcimoniosa ao traçar normas sobre o tema, no que andou bem. Não deve o legislador descer a minúcias no tocante à interpretação dos atos jurídicos, pois essa é tarefa da doutrina e da jurisprudência; é matéria difícil de ser fixada legislativamente. As legislações que detalham esse assunto tendem a ser vistas como meros conselhos ou exórdios ao julgador, sem outra finalidade mais profunda.

Nosso Código Civil de 1916 fixou um princípio geral no art. 85: "*Nas declarações de vontade se atenderá mais à sua intenção que ao sentido literal da linguagem.*" O mesmo sentido permanece agregado ao Código de 2002, no art. 112: "*Nas declarações de vontade se atenderá mais à intenção nelas consubstanciada do que ao sentido literal da linguagem.*"[1]

Tal princípio, como percebemos de plano, procura afastar-se do extremismo ou evitar de adotar unicamente a declaração, ou a vontade como formas de interpretação.

Como na interpretação o que procuramos é a fixação da vontade, e como esta exprime-se por forma exterior, devemos ter por base a declaração, e a partir dela será investigada a vontade do manifestante. O intérprete não pode simplesmente abandonar a declaração de vontade e partir livremente para investigar a vontade interna.

---

[1] "Ação de distrato c/c danos morais e materiais. Insurgência dos autores contra r. sentença de improcedência. Não acolhimento. Contrato que, apesar de sua denominação, era, em verdade, de mera cessão de posse. Réus que se qualificaram expressamente no contrato como possuidores/cedentes. Inexistência, pois, de qualquer circunstância que permita o reconhecimento da nulidade da avença. **Interpretação do negócio jurídico que deve atender mais à intenção consubstanciada na declaração de vontade do que ao sentido literal da linguagem, nos termos do artigo 112 do Código Civil.** Precedente. Sentença de improcedência que não comporta reparos. Honorários de sucumbência majorados. Apelo desprovido" (*TJSP* – Ap 1003618-09.2022.8.26.0278, 16-6-2023, Rel. Donegá Morandini).

"Agravo de instrumento. Contrato bancário. Instrumento de confissão de dívida. Ação de execução por título extrajudicial. Pedido de inclusão no polo passivo da relação processual dos adquirentes do estabelecimento comercial correspondente à empresa executada, nos termos de cláusula em que tais adquirentes declararam assumir responsabilidade pela dívida reclamada por meio desta execução. Indeferimento. Irresignação improcedente. 1. Negócio em que se fundamenta a pretensão do exequente não caracterizando, propriamente, trespasse, mas, sim, aquisição das cotas sociais da empresa. Cenário trazendo sérias dúvidas sobre o real significado da cláusula em que os adquirentes teriam assumido a responsabilidade pela indigitada dívida, sobretudo diante da consideração de que não teria sentido tais personagens assumirem responsabilidade pessoal por dívida da empresa, uma sociedade de responsabilidade limitada, diante do que dispõe o art. 1.052 do CC. Conjunto do negócio sugerindo que os respectivos participantes pretenderam, em verdade, assentar o conhecimento dos adquirentes sobre a existência da indigitada dívida de responsabilidade da empresa, de modo a evitar atritos futuros entre os contratantes. **Interpretação das declarações de vontade devendo ter em conta, não o sentido literal das palavras, mas a vontade dos participantes do ato** (CC, art. 112). 2. Supostos corresponsáveis pela dívida que, de todo modo, não se enquadram no rol do art. 779 do CPC, que relaciona aqueles contra quem pode ser direcionada a execução. 3. Por isso que o reconhecimento da alegada corresponsabilidade há de ser reclamado pelas vias ordinárias. Decisão de primeiro grau confirmada por tais fundamentos. Negaram provimento ao agravo". (*TJSP* – AI 2125366-49.2022.8.26.0000, 20-7-2022, Rel. Ricardo Pessoa de Mello Belli).

"Apelação. Acidente de trânsito. Pretensão indenizatória deduzida pela vítima em face da causadora do acidente, que denunciou a lide à seguradora. Pedido reparatório acolhido em parte. Indenização por danos morais e estéticos. Condenação solidária. Inconformismo da seguradora denunciada. Responsabilidade da litisdenunciada. O contrato de seguro por danos pessoais compreende os danos morais, salvo cláusula expressa de exclusão. Inteligência da Súmula nº 402 do E. Superior Tribunal de Justiça. No caso concreto, a segurada não contratou cobertura para danos morais, havendo exclusão clara e expressa neste sentido. Exclusão que abrange os danos estéticos, segundo descrição contida no manual do segurado. Ausência de impugnação da denunciante. Embora a exclusão expressa se refira apenas aos danos morais, é certo que nas **declarações de vontade se atenderá mais à intenção nelas consubstanciada do que ao sentido literal da linguagem**. Hermenêutica decorrente do art. 112 do CC. Responsabilidade civil da seguradora afastada. Sentença reformada. Recurso provido" (*TJSP* – Ap. 0000187-43.2015.8.26.0370, 3-12-2021, Relª Rosangela Telles).

"Jurisdição voluntária – **Diretivas antecipadas de vontade** – Ortotanásia – Pretensão de estabelecer limites à atuação médica no caso de situação futura de grave e irreversível enfermidade, visando o emprego de mecanismos artificiais que prologuem o sofrimento da paciente. Sentença de extinção do processo por falta de interesse de agir. Manifestação de vontade na elaboração de testamento vital gera efeitos independentemente da chancela judicial. Jurisdição voluntária com função integrativa da vontade do interessado cabível apenas aos casos previstos em lei. Manifestação que pode ser feita por meio de cartório extrajudicial. Desnecessidade de movimentar o Judiciário apenas para atestar sua sanidade no momento da declaração de vontade. Cartório Extrajudicial pode atestar a livre e consciente manifestação de vontade e, caso queira cautela adicional, a autora poderá se valer de testemunhas e atestados médicos. Declaração do direito à ortotanásia. Autora que não sofre de qualquer doença. Pleito declaratório não pode ser utilizado em caráter genérico e abstrato. Falta de interesse de agir verificada. Precedentes. Sentença de extinção mantida. Recurso não provido" (*TJSP* – AC 1000938-13.2016.8.26.0100, 23-4-2019, Relª. Mary Grün).

Deve, então, o hermeneuta, com base na declaração, procurar o verdadeiro sentido da vontade, como quer o Código, dar-lhe proeminência. Nessa pesquisa, o intérprete examinará o sentido gramatical das palavras, os elementos econômicos e sociais que cercam tal manifestação, tais como nível intelectual e educacional dos manifestantes, seu estado de espírito no momento da declaração etc. Enfim, é cada caso concreto que proporciona a solução.

Clóvis Bevilácqua enfatiza, em seus comentários ao dispositivo, que o preceito é mais do que regra de interpretação. Trata-se, na realidade, de elemento complementar do conceito de ato jurídico.

Washington de Barros Monteiro (1977, v. 1:181) elogia o artigo da lei, dizendo-o impregnado de profunda sabedoria, pois *"declaração que não corresponda ao preciso intento das partes é corpo sem alma"*. Não podemos desprezar a vontade dos interessados por um apego excessivo à declaração externa.

Contudo, apesar de o Código aconselhar preferência pela vontade interna, tal não é de ser utilizado se as palavras são claras e não dão margem a dúvidas.

O conceito dos artigos mencionados, porém, consagra forma eclética de interpretação. Não se trata de procurar o pensamento íntimo do declarante, mas a intenção consubstanciada na declaração.

De qualquer modo, no Direito das Obrigações, no atinente à interpretação dos contratos, a matéria ganha relevo e é nesses estudos que deve ser mais aprofundada. Nessa parte do Código Civil antigo e atual, encontramos outras regras esparsas de interpretação:

> *"Art. 1.027. A transação interpreta-se restritivamente. Por ela não se transmitem, apenas se declaram ou reconhecem direitos" (atual, art. 843).*
>
> *"Art. 1.483. A fiança dar-se-á por escrito, e não admite interpretação extensiva" (atual, art. 819).*
>
> *"Art. 1.090. Os contratos benéficos interpretar-se-ão estritamente" (atual, art. 114).*

No Direito das Sucessões está inserida a regra que diz respeito à interpretação dos testamentos: *"Art. 1.899. Quando a cláusula testamentária for suscetível de interpretações diferentes, prevalecerá a que melhor assegure a observância da vontade do testador"*, o que é aplicação, também, da regra geral do art. 112.

O Código Civil de 2002 teceu outras normas de interpretação, além de repetir, com mínima alteração como vimos, a regra do art. 85 em seu art. 112.

O art. 113[2] do Código reza: *"Os negócios jurídicos devem ser interpretados conforme a boa-fé e os usos do lugar de sua celebração."*[3] O presente diploma orienta o legislador para, ao procurar

---

[2] V Jornada de Direito Civil – Enunciado nº 409 – Art. 113: Os negócios jurídicos devem ser interpretados não só conforme a boa-fé e os usos do lugar de sua celebração, mas também de acordo com as práticas habitualmente adotadas entre as partes.

[3] "Ação declaratória de rescisão contratual c.c. restituição de valores e indenização por danos morais. 'Instrumento Particular de Contrato de Compromisso de Compra e Venda'. Bem imóvel. Autor compromissário comprador que pede a rescisão contratual, com a restituição do valor pago a título de sinal, após o recebimento da documentação do imóvel, ante o risco do negócio em razão do bem ter sido transmitido à ré compromissária vendedora mediante dação em pagamento feita por Empresa terceira alheia à lide, demandada em diversas Ação cíveis, federais e trabalhistas. Sentença de improcedência. Apelação do autor, que insiste no acolhimento do pedido inicial. Exame: expressa previsão contratual de entrega da documentação comprobatória da regularidade do bem imóvel e da vendedora após a assinatura do compromisso, com previsão de possibilidade de rescisão, com devolução do valor pago, em caso de constatação de vício insanável, capaz de comprometer a lisura do negócio. **Negócio jurídico que deve ser interpretado conforme a boa-fé e os usos do lugar da celebração**, sobrepondo-se a intenção da declaração de vontade ao sentido literal da linguagem. Inteligência dos artigos 112 e 113 do Código Civil.

o sentido de uma manifestação de vontade, ter sempre em mira os princípios de boa-fé, regra geral dos contratos, bem como a orientação dos costumes que cercam a realização do negócio.

> Compromissário comprador que, após o recebimento da documentação do imóvel, constatou situação geradora de risco à higidez do negócio, que autorizava mesmo a rescisão do ajuste, impondo-se o retorno das partes ao 'status quo ante'. Ré que deve restituir aos autores o valor pago a título de sinal, com correção monetária a contar do desembolso e juros de mora a contar da citação. Prejuízo moral indenizável, contudo, não configurado. Dissabor que não passou da esfera do mero aborrecimento, transtorno ou percalço do cotidiano. Mero inadimplemento contratual que não gera, necessariamente, prejuízo moral indenizável. Sentença reformada. Recurso parcialmente provido". (*TJSP* – Ap 1006527-16.2021.8.26.0001, 8-8-2023, Rel. Daise Fajardo Nogueira Jacot).
>
> "Apelação. Venda e compra de produtos médicos/hospitalares. Ação de cobrança julgada procedente. Recurso da ré. Inexistência de comprovação da entrega dos materiais, tese defendida pela ré. Não cabimento. Negócio jurídico celebrado entre as partes comprovado pela troca de e-mails onde preposto da autora solicita ao preposto da ré o envio das notas fiscais/fatura relativas aos pacientes indicados na petição inicial. Ação aparelhada com documentos contendo os nomes do médico, dos pacientes, do convênio e dos materiais utilizados. Pacientes submetidos a procedimentos cirúrgicos, urgência que justifica a dispensa de maiores formalidades. **Negócio jurídico que deve ser interpretado conforme a boa-fé e os usos e costumes da celebração**. Aplicação da regra de experiência comum pela observação do que ordinariamente acontece. Inteligência dos arts. 375 do CPC e 113 do CC. Sentença mantida. Recurso desprovido, majorados os honorários advocatícios em mais 2%, nos termos do art. 85, § 11, do CPC, observado o disposto no art. 98, § 3º, do mesmo estatuto processual civil em vigor" (*TJSP* – Ap 1002852-49.2016.8.26.0606, 17-12-2021, Rel. Sergio Alfieri).
>
> "Ação de anulação de cláusula contratual relativa à contratação de cartão de crédito com margem consignável (RMC) – Prática abusiva e ofensiva aos direitos básicos do consumidor – Falta de informação clara e suficiente sobre os termos contratuais – Ofensa aos artigos 112, 113, 422 e 423 do Código Civil e artigos 47, 51, IV e seu § 1º, III, do Código de Defesa do Consumidor – **Cláusula contratual nula** – Dano moral inexistente – Recurso conhecido e parcialmente provido – O Código de Defesa do Consumidor é aplicável às instituições financeiras (Súmula 297 do STJ), e em seu artigo 47 estabelece que as cláusulas contratuais serão interpretadas de maneira mais ampla ao consumidor. Toda e qualquer cláusula, ambígua ou não, tem de ser assim interpretada, veiculando o dispositivo o princípio da *interpretario* contra *stipulatorem*, mas de forma mais ampla, de tal forma que toda e qualquer cláusula que seja ambígua, vaga ou contraditória deve ser interpretada contra o estipulante. Além disso, dispondo o Código Civil em seus artigos 112 e 113 que nas declarações de vontade se atenderá mais à intenção nelas consubstanciada do que ao sentido literal da linguagem e que os **negócios jurídicos devem ser interpretados conforme a boa-fé e os usos do lugar de sua celebração**, deve ser interpretado o contrato celebrado entre as partes não como de cartão de crédito com reserva de margem consignável, mas sim de empréstimo consignado, quando é certo que a autora nunca se utilizou do cartão para saques pessoais, mas apenas sofreu o débito mensal das parcelas do empréstimo pessoal que havia então celebrado com juros mensais e anual abusivos, superior ao dobro da taxa média divulgada pelo Banco Central do Brasil para o mês da contratação. Há, nos dispositivos citados, clara preocupação do legislador em resguardar o elemento anímico real de quem manifesta a vontade, de tal forma que é possível averiguar a intenção do agente, que será decisiva na interpretação. Constatando-se, assim, que a autora fez contratação de empréstimo junto ao banco réu, cujo valor lhe foi creditado de uma só vez em conta corrente e, depois, promoveu o pagamento do valor emprestado mediante descontos consignados em sua folha de pagamento, não se revela válida, tampouco lícita, a cláusula que estabelece que a autora teria contratado cartão de crédito, nunca por ela utilizado para parcelamento de compras no comércio ou saques pessoais, em completo desvirtuamento dessa modalidade de contratação, o que se fez tão somente com o claro intuito de a instituição financeira poder se utilizar de uma modalidade contratual em que os juros são os mais elevados do mercado. Criou-se assim uma situação tal, ilaqueando a boa-fé e ignorância do consumidor sobre os reais termos do contrato, em que o consumidor jamais logrará êxito no pagamento do valor tomado, diante dos notórios encargos substancialmente mais onerosos praticado com as operações derivadas de cartão de crédito. Expedientes dessa natureza são violadores dos princípios encartados no Código de Defesa do Consumidor (artigos 47 e 51, IV e § 1º, III) e, de igual forma, nos artigos 110, 112, 113, 138, 422 e 423, Código Civil, constituindo-se em verdadeiro ato de má-fé negocial, que nulifica de pleno direito a respectiva cláusula. Diante da ilegalidade na forma de cobrança do débito, que o torna impossível de ser pago, é de rigor a anulação da cláusula que prevê a cobrança das parcelas do empréstimo via descontos a título de Reserva de Margem Consignável, devendo ser convertido o Contrato de Cartão de Crédito Consignado para Empréstimo Pessoal Consignado, com encargos normais para esse tipo de operação bancária, à taxa média divulgada pelo Banco Central do Brasil para o mês da contratação e abatidos os valores já pagos a título de reserva de margem consignável. Tais valores, ante a clara e manifesta má-fé do banco apelado, deverão ser devolvidos em dobro à autora, no tanto em que, apurado o valor devido, sobejar a esta saldo favorável ante os pagamentos até aqui já efetuados. A condenação por danos morais não pode ser concedido no caso em que os atos perpetrados pelo banco réu não atingiram a esfera anímica do autor. Recurso conhecido e parcialmente provido" (*TJMS* – AC 0838685-74.2016.8.12.0001, 23-8-2019, Rel. Des. Dorival Renato Pavan).

A citada Lei da Liberdade Econômica, nº 13.874/2019, introduziu dois parágrafos a esse dispositivo, oportunizando novas regras legais de interpretação dos negócios. Destarte, é oportuno que nos debrucemos agora sobre a oportunidade e conveniência da presença desses tópicos na lei civil.

Advirta-se, porém, que os sistemas e regras de interpretação são, há séculos, estudados pela doutrina e comumente aplicados pelos tribunais.

Assim é que o novo texto estabeleceu:

> "§ 1º A interpretação do negócio jurídico deve lhe atribuir o sentido de que:
>
> I – for confirmado pelo comportamento das partes posterior à celebração do negócio;
>
> II – corresponder aos usos, costumes e práticas do mercado relativas ao tipo de negócio;
>
> III – corresponder à boa-fé;
>
> IV – for mais benéfico à parte que não redigiu o dispositivo, se identificável; e
>
> V – corresponder a qual seria a razoável negociação das partes sobre a questão discutida, inferida das demais disposições do negócio e da racionalidade econômica das partes, consideradas as informações disponíveis no momento de sua celebração.
>
> § 2º As partes poderão livremente pactuar regras de interpretação, de preenchimento de lacunas e de integração previstas em lei dos negócios jurídicos diversas daquelas."

O primeiro inciso dirige-se diretamente para a prática negocial. Há que se analisar o comportamento das partes. A interpretação deve ser direcionada ao rumo do que os contratantes efetivamente encetaram no cumprimento daquilo que foi acordado no negócio jurídico. O comportamento das partes em um negócio depois de sua conclusão aponta um rumo para o exegeta, uma interpretação dada pelos próprios contratantes, na realidade os intérpretes originários do negócio.

Figura-se, por exemplo, um contrato de locação de imóvel no qual o inquilino efetua regularmente a destempo, com palpável atraso, o pagamento dos aluguéis, sem qualquer contestação pelo locador. Este não poderá abruptamente pedir o despejo com apenas um ou alguns dias de atraso na quitação. Trata-se de evidente análise do comportamento das partes.

No segundo inciso, o texto menciona os usos, costumes e práticas de mercado. Além dos usos do local da celebração, já previstos no caput do art. 113, a novidade legal passa a ser a menção mais ampla. Esses aspectos já são sobejamente conhecidos da doutrina e jurisprudência. Posição primária do novel legislador, descostumado certamente com a vivência de nossa jurisprudência e com o direito doutrinário. Usos, costumes e práticas de mercado pertencem de há muito ao quadro interpretativo de contratos empresariais aqui e alhures neste mundo globalizado.

Desses conceitos, de forma resumida, se tem "usos" como algo que é feito pelo próprio mercado, de forma rotineira, sem converter-se em costume; costume é a prática reiterada de certo comportamento e que as partes entendem como necessária para o negócio. O costume é uma das fontes subsidiárias do Direito. Práticas de mercado são os atos empresariais comuns no desenrolar de cada negócio. A situação é maiormente pertencente aos contratos empresariais, embora possa ser utilizada para todos os negócios jurídicos.

Independentemente de tentar separar esses conceitos, os usos, costumes e práticas do mercado são termos complementares para referir à prática civil e comercial de um negócio. O que é subentendido mesmo na ausência desse texto que reputamos superfetado, perfeitamente dispensável.

Pothier, importante jurista francês do século XVII, já invocava essa regra de interpretação, juntamente com tantas outras reiteradamente repetidas na doutrina e aplicada nos tribunais. Pois a lei traz aqui uma falsa modernidade, como temos apontado.

Note-se, ademais, que em país enorme como o nosso, interpretações regionalistas se fazem necessárias.

O inciso III trazido para o ordenamento se reporta à boa-fé. A boa-fé é bastante difundida no Código de 2002, vindo reiterada novamente neste tópico. A ideia é acentuar que a interpretação corresponda ao exercício da boa-fé, desconsiderando o que for contrário ou desajustado a esse princípio.

Como regra, a boa-fé prevista no Código Civil é aquela de índole objetiva, em contrapartida à boa-fé subjetiva; esta última é aquela que o agente traz em seu íntimo. A boa-fé objetiva possui sentido ético e moral muito claro, conforme o tempo e o espaço em que é examinada; é aquela externa e conhecida e que se amolda aos princípios gerais de direito. A boa-fé objetiva dá mais segurança ao sistema, porque não há que se adentrar no foro íntimo do agente, que é difícil de se acompanhar, quando não impossível.

O inciso IV reporta-se ao que "for mais benéfico à parte que não redigiu o dispositivo, se identificável". Mais uma vez o legislador repete regra do provecto Pothier.

A disposição consagra fato bem conhecido no Direito. Quem redige cláusula ou contrato deve ser claro. Tinha obrigação de sê-lo. Se não o foi, interpreta-se contra ele. Chama-se a atenção para a dicção no final do texto: "se identificável". Esse destaque não é exatamente novidade, porque, pela lógica mais simples, o que é impossível sempre o será (*ad impossibilia nemo tenetur*). Há negociações que não permitem identificar claramente quem redigiu. As partes contratantes realizam vários ajustes, minutas e contraminutas, marchas e contramarchas, de molde que nem sempre se pode concluir qual deles redigiu cláusula ou clausulas específicas. De qualquer forma, uma vez identificado o autor, o credor não pode ser beneficiado por sua torpeza.

Finalmente o inciso IV expõe que a interpretação do negócio jurídico deve lhe atribuir o sentido que "corresponder à qual seria a razoável negociação das partes sobre a questão discutida inferida das demais disposições do negócio e da racionalidade econômica das partes, consideradas as informações disponíveis no momento de sua celebração".

A disposição é prolixa. Desde os ensinamentos de Pothier que se tem essa noção de interpretação: a de que é preciso voltar para a intenção comum das partes e não somente às palavras em si. Essa verdade nada mais é do que a sinteticamente já consta do art.112, aqui também examinado. Uma cláusula negocial nunca pode ser interpretada isoladamente, mas sim dentro do contexto amplo do negócio colimado. O mesmo vale para um conjunto de contratos interligados.

A racionalidade econômica é termo ligado à Economia. Cuida-se não apenas do exame da busca ao lucro, mas a eficiência do negócio, conforme o que os agentes pretendem. Trata-se, na realidade, de aplicação do princípio da boa-fé objetiva no campo eminentemente empresarial, sob o escopo pretendido.

Levando em conta esse direcionamento, é importante lembrar-se da importância do exame dos denominados "consideranda", algo que ordinariamente se encontra no prólogo dos contratos, justificando sua realização e expondo seu alcance. Trata-se realmente de uma exposição de motivos para o contrato. O texto deve ser claro, pois, certamente, os destinatários operadores do contrato não serão os mesmos que o redigiram.

Por fim o § 2º introduzido no art. 113 dispôs que *"as partes poderão livremente pactuar regas de interpretação de preenchimento de lacunas e de integração dos negócios jurídicos diversas daquelas previstas em lei".*

Pactuar as próprias regras interpretativas faz parte da autonomia da vontade contratual. Os contratantes podem estabelecer parâmetros interpretativos além dos legais. Interpretar é aplicar o Direito, buscando o significado do texto negocial, e dar aplicabilidade ao previsto no instrumento.

As partes podem prever qual será a solução que seguirão diante de um fato novo ou inesperado quando houver lacunas em cláusulas do contrato, podendo ao menos estabelecer um procedimento diante de tais fatos. Para tal devem se valer de juristas técnicos versados na arte de contratar. Essa modalidade de previsões, muito comum no direito comparado, não é usual no nosso país.

O Código atual, oriundo do Projeto de 1975, em várias disposições busca uma aplicação social do Direito, dentro de um sistema aberto, ao contrário do espírito do Código de 1916, de cunho essencialmente patrimonial e individualista. Sob esse prisma, o princípio da denominada *boa-fé objetiva* é um elemento dessa manifestação. Nos contratos e nos negócios jurídicos em geral, temos que entender que os declarantes buscam, em princípio, o melhor cumprimento das cláusulas e manifestação a que se comprometem. O que se tem em vista é o correto cumprimento do negócio jurídico ou melhor, a correção desse negócio. Cumpre que se busque, no caso concreto, um sentido que não seja estranho às exigências específicas das partes no negócio jurídico.

Desse modo, afirma-se que cabe ao juiz analisar a manifestação de vontade sob esse princípio geral de boa-fé. Essa boa-fé, citada no art. 113, é reiterada no art. 422, nas disposições dos contratos:

> *"Os contratantes são obrigados a guardar, assim na conclusão do contrato, como em sua execução, os princípios de probidade e boa-fé."*

Igualmente para a conceituação do abuso de direito, no campo da ilicitude, o atual Código recorre à compreensão da boa-fé objetiva:

> *"Também comete ato ilícito o titular de um direito que, ao exercê-lo, excede manifestamente os limites impostos pelo seu fim econômico ou social, pela boa-fé ou pelos bons costumes"* (art. 187).

Acentuemos que, ainda quando não estavam vigentes esses dispositivos, a atual busca pela aplicação do sentido social às relações jurídicas implica fazer com que o juiz estivesse atento permanentemente a esse princípio de boa-fé, que, em síntese, atende ao ideal de justiça e ao direito natural e faz parte dos princípios gerais do Direito. Em outros termos: no caso concreto, o juiz deve repelir a intenção dos declarantes de vontade, em qualquer negócio jurídico, que se desvie da boa-fé objetiva, qual seja, a conduta normal e correta para as circunstâncias, seguindo o critério do razoável. Trata-se de um processo teleológico de interpretação. Como afirma Judith Martins Costa (2000: 517), ainda que ausentes esses princípios do direito positivo, ainda que não vigorante o atual estatuto, a boa-fé objetiva recebe tratamento adequado de nossa jurisprudência, por decidida influência da doutrina. A boa-fé subjetiva, por outro lado, é aquela intimamente refletida e pensada pelo declarante no negócio jurídico, e que também pode e deve ser investigada pelo hermeneuta no caso concreto, tendo em vista os princípios gerais aqui expostos. De qualquer forma, a presença de princípio geral sobre a boa-fé objetiva no ordenamento legal dará maior segurança ao julgador e ao sistema. Desse modo, pelos dispositivos transcritos da vigente lei civil, percebemos que o diploma de 2002 prescreveu três funções inerentes à boa-fé objetiva: função interpretativa (art. 113); função de controle (art. 187) e função de integração (art. 422). Da interpretação e integração dos contratos ocupamo-nos, em maior espectro, no estudo da teoria geral dos contratos (*Direito civil: contratos*, v. 3, Capítulo 2), bem como em nossa obra de *introdução ao estudo do direito: primeiras linhas*. Do abuso de direito, ocupamo-nos neste volume (Capítulo 30).

O art. 114 acrescenta: *"Os negócios jurídicos benéficos e a renúncia interpretam-se estritamente."*[4]

No mais, cumpre enfatizar, cabe à jurisprudência traçar normas de interpretação. É no direito contratual que maiores problemas surgirão.[5]

---

[4] "Apelação – Cumprimento de sentença – Pedido de homologação de acordo com terceiro estranho à lide – Recurso da exequente – Descabimento – Acordo extrajudicial – Óbice legal – Precedentes – Renúncia do crédito – Inexistência de manifestação de vontade expressa nesse sentido – Anulação parcial da r. Sentença 1 – A notícia de acordo extrajudicial com terceiro estranho à lide deve ser submetida ao crivo da jurisdição voluntária (CPC, arts. 515, II e III, § 2º, e 725, VIII), constituindo grave equívoco sua homologação em fase de cumprimento de sentença, medida que formaria um título executivo judicial contra uma pessoa que não integra a lide e não possui advogado constituído nos autos. Precedentes. 2 – **Não se pode interpretar a renúncia de forma ampliativa, visto que a lei civil é expressa em exigir interpretação estrita** (CC, art. 114). Incabível o reconhecimento de renúncia se ausente manifestação de vontade expressa no sentido de liberar o executado da obrigação perseguida nesta execução. Nulidade parcial da r. Sentença. Recurso da exequente parcialmente provido" (*TJSP* – Ap 1013662-75.2014.8.26.0114, 30-11-2021, Rel. Maria Lúcia Pizzotti).

"Recurso – Não conhecimento das alegações da ré apelante referentes às pretensões deduzidas na ação revisional (processo nº 1101774-91.2016.8.26.0100) e nos embargos à execução (processo nº 1084919-37.2016.8.26.0100), por estarem dissociadas do presente feito. Fiança – Considerando (a) as manifestações de vontades das partes nas tratativas realizadas na contratação da fiança objeto da ação, (b) a boa-fé e os usos do local de sua celebração, como estabelecem os arts. 112 e 113, do CC, e (c) a **interpretação estrita aplicável à renúncia e fiança**, por aplicação do disposto nos arts. 114 e 819, do CC, (d) é de reconhecer que a parte fiadora renunciou ao direito de exonerar-se da fiança, por moratória ou novação, sem sua anuência, concedida ao afiançado, inclusive por obrigações futuras, o que compreende exclusiva aquilo a que a parte fiadora apelada se obrigou, visto que os benefícios desses direitos renunciados são regulados pelos arts. 366 e 383, I, do CC, relativamente à moratória e à novação respectivamente, e pelo art. 821, do CC, no que concerne a fiança por obrigações futuras. Fiança – Como, na espécie, (a) é válida da renúncia da fiadora aos benefícios de exoneração da fiança, por moratória ou novação, sem sua anuência, concedida ao afiançado, inclusive por obrigações futuras, manifestada, no exercício de sua autonomia privada, na carta de fiança objeto da ação, que compreende toda e qualquer obrigação relacionada aos contratos objeto da fiança e de quaisquer outros instrumentos a ele vinculados, de rigor, (b) a rejeição dos pedidos formulados pela parte autora apelada de declarar ou promover a extinção da fiança – Reforma da r. sentença, para julgar improcedente ação. Recurso provido. Litigância de má-fé – Incabível o reconhecimento de litigância de má-fé da parte autora apelante – Não há indícios de que ela e a ré VKN se serviram do processo para praticar ato simulado ou conseguir fim vedado por lei, visto que a ré VKN não ofereceu resistência aos pedidos da inicial e somente foi incluída no polo passivo da lide por se considerar caso de litisconsórcio necessário. Recurso conhecido, em parte, e provido" (*TJSP* – AC 1041674-73.2016.8.26.0100, 21-8-2019, Rel. Rebello Pinho).

"**Renúncia – Interpretação estrita** – Artigo 114/CC – A teor do que dispõe o artigo 114 do CC/02, 'os negócios jurídicos benéficos e a renúncia interpretam-se estritamente'" (*TRT-03ª R.* – RO 0001387-48.2014.5.03.0035, 8-6-2018, Rel. Luiz Antonio de Paula Iennaco).

[5] "Execução de título executivo extrajudicial – Contrato de abertura de crédito em conta corrente – Devedora principal – Recuperação judicial – Incompetência e ilegitimidade – Fiança – Cláusula de renovação automática. O deferimento de pedido de recuperação judicial da devedora principal não implica modificação da competência e nem permite reconhecimento de ilegitimidade, eis que não há novação da dívida em relação aos garantidores e nem autoriza a suspensão ou extinção da demanda executiva em face deles. Não obstante o contrato acessório de fiança possua natureza benéfica, impondo a interpretação estrita de seus termos (art. 114 do Código Civil), entende-se que é válida a cláusula de prorrogação automática da garantia, quando também estendido o prazo de vigência do ajuste principal, ressalvado, porém, o direito de o fiador pleitear a exoneração da fiança com base no art. 835 do mesmo diploma legal. Recurso não provido" (*TJSP* – Agravo de Instrumento 2009704-71.2021.8.26.0000, 5-7-2021, Rel. Itamar Gaino).

"Apelação cível – Embargos à execução – Fiança por procuração – Poderes especiais – Necessidade de previsão expressa – Ilegitimidade Passiva – Reconhecimento – Manutenção – Honorários Advocatícios – Redução por

A interpretação dos negócios jurídicos e da lei em geral mescla-se, na prática, com a aplicação do Direito. Interpretar e aplicar o Direito traduz-se em uma única operação. Não há sentido de interpretar senão para aplicar a norma a um caso concreto. Há todo um substrato filosófico a embasar essa atuação do juiz, do árbitro e da sociedade em geral. A matéria, como se apontou, deve ser mais aprofundada não somente nas áreas específicas do Direito, mas também no estudo de sua filosofia.

No capítulo 7 de nossa obra sobre Contratos, volume 3, retomamos mais detidamente essa matéria, assim como em nossa obra de *Introdução ao Estudo do Direito*, ambos por esta mesma editora.

---

equidade – Impossibilidade – 1- **A fiança é contrato de interpretação restritiva** (CC 819), pois não é negócio jurídico de administração ordinária exigindo, assim, a outorga de poderes especiais e expressos na procuração para prestá-la em nome e por conta de outrem. 2- Os honorários advocatícios de sucumbência nos embargos do devedor correspondem ao valor da execução. 3- Mantém-se o valor da verba honorária fixada na r. sentença em 10% sobre o valor da causa, quando verificado que aludido percentual é razoável e proporcional ao trabalho desenvolvido pelo advogado nos autos. 4- Negou-se provimento ao apelo dos embargados" (*TJDFT* – Proc. 20170710052622APC – (1155995), 8-3-2019, Rel. Sérgio Rocha).

22

DEFEITOS DOS NEGÓCIOS JURÍDICOS – O ERRO

22.1 DEFEITOS DOS NEGÓCIOS JURÍDICOS

A vontade é a mola propulsora dos atos e dos negócios jurídicos. Essa vontade deve ser manifestada de forma idônea para que o ato tenha vida normal na atividade jurídica e no universo negocial. Se essa vontade não corresponder ao desejo do agente, o negócio jurídico torna-se suscetível de nulidade ou anulação.

Quando a vontade nem ao menos se manifesta, quando é totalmente tolhida, não se pode falar nem mesmo em existência de negócio jurídico. O negócio é inexistente ou nulo por lhe faltar requisito fundamental.

Quando, porém, a vontade é manifestada, mas com vício ou defeito que a torna mal dirigida, mal externada, estamos, na maioria das vezes, no campo do ato ou negócio jurídico anulável, isto é, o negócio terá vida jurídica somente até que, por iniciativa de qualquer prejudicado, seja pedida sua anulação.

Nesse tema, o Código Civil de 2002, no Capítulo IV, do Livro III, dá a essas falhas de vontade a denominação *"Defeitos do Negócio Jurídico"*. No sistema do Código de 1916, esses defeitos compreendiam os chamados *vícios de consentimento* (erro, dolo e coação) e os chamados *vícios sociais* (simulação e fraude contra credores). O Código regula o erro ou a ignorância, o dolo, a coação, o estado de perigo, a lesão e a fraude contra credores. No atual sistema legal, a simulação situa-se no campo da nulidade do negócio jurídico.

Por seu lado, o art. 171 do atual Código expressa que além dos casos expressamente declarados por lei, é anulável o negócio jurídico: *"I – por incapacidade relativa do agente; II – por vício resultante de erro, dolo, coação, estado de perigo, lesão ou fraude contra credores"*. O art. 147 do antigo diploma legal dizia ser anulável o ato jurídico por vício resultante de erro, dolo, coação, simulação ou fraude. Na verdade, nos casos de ausência absoluta de vontade, defrontamo-nos com um ato nulo, como em tese ocorre com certa modalidade de erro, como veremos, e com a coação absoluta. Por política legislativa, porém, preferiu o Código de 2002, na mesma senda do estatuto anterior, englobar todos esses vícios passíveis de tornar o negócio anulável. Isso não impede, por exemplo, que tratando-se de coação absoluta, o negócio seja tratado como nulo.

O atual Código coloca-se, como se nota, de forma mais compreensível no art. 171. O relativamente incapaz, quando não devidamente assistido, pratica negócio anulável, como também, pontilhado em todo ordenamento, há situações nas quais a lei tipifica e imputa diretamente a anulabilidade de um ato. Nesta última situação está, por exemplo, a venda do ascendente ao descendente, sem o consentimento dos demais descendentes e do cônjuge, que o art. 496 do atual diploma qualifica expressamente como anulável, pondo fim a dúvida que grassava no Código anterior. Tal como esse artigo, várias outras disposições são encontradas no Código e em leis extravagantes que definem o ato ou negócio como nulo ou anulável.

Ao lado dos vícios de consentimento e deles muito se aproximando, coloca-se a *lesão* junto do *estado de perigo*, que não estavam presentes no Código de 1916, mas é disciplinada pelo Código atual, oriundo do Projeto do Código Civil de 1975, e pelo Código de Defesa do Consumidor.

Serão esses, portanto, os tópicos a serem examinados.

O primeiro vício de consentimento é o *erro*, com as mesmas consequências da *ignorância*. Trata-se de manifestação de vontade em desacordo com a realidade, quer porque o declarante a desconhece (ignorância), quer porque tem representação errônea dessa realidade (erro).

Quando esse desacordo com a realidade é provocado maliciosamente por outrem, estamos perante o *dolo*.

Quando o agente é forçado a praticar um ato por ameaça contra si, ou contra alguém que lhe é caro, o ato é anulável por *coação*.

Quando o agente paga preço desproporcional ao real valor da coisa, sob certas circunstâncias, estaremos perante hipótese de *lesão*. O *estado de perigo* configura-se quando alguém, premido da necessidade de salvar-se, ou a pessoa de sua família, de grave dano conhecido pela outra parte, assume obrigação excessivamente onerosa.

Esses vícios afetam a vontade intrínseca do agente e a manifestação de vontade é viciada. Se não existisse uma dessas determinantes, o declarante teria agido de outro modo ou talvez nem mesmo realizado o negócio.

Nos vícios sociais, a situação é diversa. O intuito é ludibriar terceiros. A vontade, por parte do declarante, é real e verdadeira, mas dirigida para prejuízo de outrem.

Na *simulação*, há processo de mancomunação do declarante e declaratário com o objetivo de fraudar a lei ou prejudicar terceiros. O Código de 2002 coloca esse vício no campo dos atos nulos, não sendo mais anulado como no sistema de 1916.

Na *fraude contra credores*, a intenção do declarante é afastar seu patrimônio de seus credores, por meio de atos que possuam aparência de legitimidade.

Como vemos, apesar de tratados sob a mesma epígrafe, os temas apresentam diversidade. Como o legislador deu o efeito de anulabilidade a todos os defeitos, houve por bem tratá-los no mesmo local, uma vez que, por força do art. 147, II, do antigo diploma legal, e art. 171 do atual, todos esses vícios conduzem ao mesmo fim. Reitere-se, contudo, que a simulação no atual Código é vista sob o prisma da nulidade e não mais da anulabilidade.

Para esses aspectos patológicos do ato jurídico, o ponto de partida é o seguinte: todo ato jurídico é manifestação de vontade, a qual constitui seu substrato.

A posição adotada pelo legislador, pela qual o vício de consentimento torna o ato anulável, traz alguns problemas. Como já nos referimos, no caso de erro-obstáculo, isto é, quando não há absolutamente manifestação de vontade, como veremos a seguir, ou no caso de coação absoluta, a vontade praticamente não existe, é *mera aparência*. Contudo, para fins práticos, o legislador houve por bem tratar, em linha geral, esses atos no tocante ao erro como simplesmente anuláveis. Não houve modificação nesse sentido no Código de 2002. Há legislações que tratam diferentemente dessas duas classes de erro, colocando o erro-obstáculo como causa de nulidade.

Partindo da manifestação de vontade, deve-se fazer referência como fizemos ao tratar da interpretação dos atos jurídicos, às teorias *da vontade* e *da declaração*.

Há tendência de combinar ambas as teorias, não se dando preponderância a uma ou outra. No exame do art. 112, vimos que se parte da declaração para atingir a real intenção do agente.

Surge, nesse repasse, a *teoria da responsabilidade,* em que se prefere o interesse da sociedade ao do indivíduo; a segurança das relações sociais ao interesse individual. Por essa teoria, o erro poderia anular o ato jurídico tão somente se o declarante houvesse agido de plena boa-fé, sem culpa ou dolo. Trata-se de abrandamento à teoria da declaração.

Existe ainda a corrente eclética, a *teoria da confiança,* que é o abrandamento da teoria da vontade. Por ela, se a declaração diverge da vontade, o ato será válido se o defeito não for perceptível pelo declaratário.

De qualquer modo, o Código, no art. 112, formula um conselho ao intérprete a fim de não se apegar unilateralmente a uma só das correntes doutrinárias.

Cumpre ainda que mencionemos dois institutos que também retratam desvios de vontade e defeitos nos negócios jurídicos, a reserva mental e a lesão, esta já citada anteriormente. Ambos os fenômenos não estão presentes no Código de 1916, mas fazem parte do vigente Código. Deles nos ocuparemos nos próximos capítulos.

Interessante apontar, de plano, que o Código de 1916, para os defeitos do negócio jurídico, estabeleceu o prazo prescricional de quatro anos para sua anulação (art. 178, § 9º, V). O vigente Código, esclarecendo dúvida da doutrina, admite expressamente que o prazo, para anular o negócio jurídico por coação, erro, dolo, fraude contra credores, estado de perigo e lesão é *decadencial,* também de quatro anos (art. 178, I e II). Nesse mesmo prazo, decai a pretensão para anular atos de incapazes, a contar do dia em que cessar a incapacidade (art. 178, III). Tratando a simulação como causa de nulidade, a ação para a sua declaração é imprescritível no vigente ordenamento civil.

Feita esta introdução a respeito dos defeitos dos atos jurídicos, passemos a estudá-los de per si.

22.2 ERRO OU IGNORÂNCIA

O Código assemelhou e equiparou os efeitos do erro à ignorância. O erro manifesta-se mediante compreensão psíquica errônea da realidade, ou seja, a incorreta interpretação de um fato. A ignorância é um "nada" a respeito de um fato, é o total desconhecimento.

Erro é forma de representação psíquica, porém desacertada, incorreta, contrária à verdade. A ignorância é ausência de conhecimento, falta de noção a respeito de um assunto; não há na ignorância nem mesmo a representação imperfeita, porque inexiste qualquer representação mental ou conhecimento psíquico. Como vemos, apesar de equiparadas nos efeitos pela lei, não há identidade de conceitos para as duas noções. Portanto, o que se diz para o erro, para fins legais, aplica-se à ignorância.

O art. 86 do Código antigo dispunha que *"são anuláveis os atos jurídicos, quando as declarações de vontade emanarem de erro substancial".* O art. 138 do atual Código, por seu turno, descrevendo circunstancialmente o que era reclamado pela doutrina, dispõe: *"São anuláveis os negócios jurídicos quando as declarações de vontade emanarem de erro substancial que poderia* ser percebido por pessoa de diligência normal, em face das circunstâncias do negócio".[1] Essa redação protege melhor o terceiro de boa-fé, porque somente permite a anulação se a parte contratante, destinatária da manifestação, poderia ter percebido o erro, no caso de pessoa com diligência normal. O projeto acrescenta ao texto a dicção *"sendo irrelevante ser o erro escusável ou não"*. A discussão se o erro era escusável oferece barreiras de difícil compreensão. Tratamos aqui do assunto.

A matéria atinente ao erro tem suscitado as mais vivas controvérsias, mormente porque diz respeito à posição filosófica referente à manifestação de vontade. Quer adotemos a teoria da declaração quer a da vontade, ou qualquer das teorias ecléticas, tal refletirá na postura a respeito do deslinde do problema do erro no negócio jurídico.

O art. 138 fala em *erro substancial*. Distingue-se, portanto, de início, o erro substancial do *erro acidental*.

Antes de adentrarmos nessa distinção, importa, ainda que de maneira perfunctória, enumerar e analisar os *requisitos do erro*.

---

[1] "Apelação – Compra e venda de automóvel – Ação de rescisão contratual cumulada com restituição do preço – Reconvenção para reintegração da alienante na posse do veículo em razão do não pagamento das prestações ajustadas – Sentença de procedência da pretensão inicial e improcedência da reconvenção – Apelo da alienante – Validade do contrato – Rejeição – Defeito do negócio jurídico – Adquirente que não sabia que o veículo continha restrição de alienação fiduciária – **Erro substancial** na manifestação de vontade da adquirente decorrente da omissão da alienante a respeito de tal circunstância – Negócio que não seria celebrado na hipótese de ciência prévia da restrição – Contrato anulado – **Artigo 138 do Código Civil** – Sentença mantida, observado o fundamento jurídico ora exposto – Honorários advocatícios majorados – Recurso improvido" (*TJSP* – Ap 1000929-51.2023.8.26.0441, 29-7-2024, Rel. Luis Roberto Reuter Torro).
"Anulação de negócio jurídico de partilha de bens. **Erro essencial**. Acordo de partilha em divórcio consensual por meio do qual o marido renunciou à meação em favor da esposa. Ação proposta pelo autor, ao argumento de que se trata de pessoa relativamente incapaz, e de que o negócio jurídico foi celebrado mediante coação e erro. Sentença de improcedência. Desacerto. Conjunto probatório comprova de forma suficiente que o autor sempre demonstrou reduzida capacidade cognitiva, a despeito da capacidade para realizar atividades simples do cotidiano. Autor sempre desenvolveu atividades que requerem pouca capacidade intelectual e não concluiu ensino médio, embora provenha de família de classe média que lhe fornecera meios para boa educação formal. Circunstâncias do caso demonstram que o marido incidiu em erro ao celebrar a transação relativa à partilha, e que o vício de consentimento era conhecido da esposa. Patrimônio do casal integralmente atribuído à esposa. Marido despojado de bens e moradia vive de caridade aleia. Código Civil que em seu art. 138 não exige a escusabilidade como requisito do erro, bastando que a distorção do consentimento seja reconhecível pelo destinatário da declaração. Anulação do acordo de partilha, com determinação de que os bens sejam partilhados de acordo com o regime da comunhão parcial de bens. Ação procedente. Sentença reformada. Recurso provido, com determinação" (*TJSP* – Ap 1000583-84.2021.8.26.0081, 21-6-2023, Rel. Francisco Loureiro).
"Apelação – Cartão de crédito com reserva de margem consignável – Ação de nulidade/alteração contratual c.c. Pedido de reparação por danos morais. Cartão de crédito consignado, com aparência de empréstimo consignado tradicional – Contrato exibido – Pactuação comprovada – Indução, porém, em **erro essencial quanto à natureza do negócio jurídico** – Anulação, nos termos do artigo 138 do Código Civil – Empréstimo que deverá ser recalculado com base nas regras existentes para empréstimos consignados – Danos morais – Inocorrência – Direitos da personalidade que não foram violados – Ação julgada improcedente. Sentença reformada parcialmente. – Recurso parcialmente provido" (*TJSP* – Ap 1001092-78.2022.8.26.0081, 26-9-2022, Rel. Edgard Rosa).
"Agravo de instrumento. Locação. Ação de despejo. Locação não residencial. Autocomposição. Descumprimento. Fase de cumprimento de sentença. Penhora de bem imóvel pertencente aos fiadores. Bem de família. Impenhorabilidade não reconhecida. Dentre as espécies de garantias locatícias, nos termos do artigo 37 da Lei de Locações, está a fiança, garantia eleita à obrigação oriunda do contrato objeto do recurso em exame. (...) Os negócios jurídicos celebrados com erro são anuláveis, desde que o erro seja substancial, podendo ser percebido por pessoa de diligência normal e comprovando-se a incapacidade absoluta do fiador. Ausência de prova quanto à ausência de discernimento dos agravados que pudessem influenciar no discernimento em relação ao negócio jurídico. Assinatura dos fiadores reconhecida em tabelionato. Modificações legislativas que importaram o fim da figura do maior absolutamente incapaz. Inteligência do artigo 3º do Código Civil. Não demonstrado alegado 'erro substancial' ou 'vício de consentimento', válida é a fiança prestada no contrato de locação. Jurisprudência do 8º Grupo Cível desta Corte que conforta a tese arguida pela agravante. Agravo de instrumento não provido" (*TJRS* – AI 70084506047, 2-12-2020, Rel. Maria Thereza Barbieri).

Clóvis (1980:219), baseado em Dernburg, diz que o erro deve apresentar os seguintes requisitos:

> "I – ser escusável;
>
> II – ser real, isto é, recair sobre o objeto do contrato e não simplesmente sobre o nome ou sobre qualificações;
>
> III – referir-se ao próprio negócio e não a motivos não essenciais; e
>
> IV – ser relevante."

22.3 ESCUSABILIDADE DO ERRO

Clóvis apresenta a escusabilidade do erro como um dos seus requisitos para a anulação do negócio, mas não a colocou na lei de 1916.

O fato é que sem esse requisito, na prática, se chegaria a soluções injustas. É o que demonstra, com sua habitual argúcia, Sílvio Rodrigues (1979:59 ss), em sua obra *Dos vícios do consentimento*. Para esse autor, atendendo a corrente generalizada na doutrina e na jurisprudência, é impossível imaginar que a lei possa permitir o desfazimento de negócio jurídico, quando se defronta com erro inescusável.

O erro grosseiro, facilmente perceptível pelo comum dos homens, não pode ser idôneo para autorizar a anulação do ato.[2] O princípio geral é do homem médio. Por essa razão, o atual Código reporta-se ao erro que pode ser percebido por pessoa de diligência normal para as circunstâncias do negócio. Trata-se do conceito do homem médio para o caso concreto. Assim, poderá ser anulável o negócio para um leigo em um negócio, para o qual não se admitiria o erro de um técnico na matéria.

Todo vício de vontade, e principalmente o erro, deve ser examinado sob o prisma da declaração de vontade. Doutra parte, não podemos deixar de levar na devida conta a situação do declaratário, principalmente na situação que não obrou, não colaborou para o erro do declarante. Nesse caso, a anulação do ato jurídico para o primeiro será sumamente gravosa. Tendo em vista esse aspecto, não podemos deixar de levar em consideração a escusabilidade do erro.

---

[2] "Ação negatória de paternidade – Anulação de registro civil – **Erro substancial** – Ausência de vínculo afetivo – Desconstituição – Havendo prova da ausência de vinculação genética e cessado o vínculo afetivo entre o apontado pai e a criança, cabível a desconstituição da paternidade, porquanto inadmissível exigir que o pai registral, induzido a erro substancial, mantenha uma relação de afeto também pautada no vício de consentimento inicial" (*TJRO* – Ap 7008940-13.2018.8.22.0001, 4-4-2019, Rel. Des. Raduan Miguel Filho).

"Apelação cível – Ação anulatória – Cartão de crédito consignado – **Erro substancial** – Vícios de contratação não caracterizados – É hígido o contrato bancário que traz indicação clara da modalidade de contratação de um cartão de crédito consignado, prevista em lei (no caso, na Lei nº 10.820/2003, com a redação que lhe foi dada pela Lei nº 13.172/2015), não sendo possível acatar a tese de erro substancial quando da realização do negócio jurídico" (*TJMG* – AC 1.0024.13.316514-2/002, 22-6-2018, Rel. Luiz Carlos Gomes da Mata).

"Agravo – Acidente de trânsito – Ação de reparação de danos – Pedido contraposto rejeitado liminarmente – Decisão que não pôs fim à relação jurídica processual – Agravo de instrumento cabível – Apelação interposta em substituição ao recurso adequado – Questão processual pacífica – **Erro grosseiro** caracterizado – Princípio da fungibilidade recursal não aplicável na espécie – Recurso improvido – Caracteriza-se como interlocutória a decisão que rejeita liminarmente o pedido contraposto, sujeitando-se, assim, ao recurso de agravo. A doutrina e jurisprudência atual não discrepam sobre a correção desse recurso, ensejando, hoje, o reconhecimento de erro grosseiro no manejo de apelação, ainda que protocolada até o final do prazo do recurso adequado. Por isso, não autorizada, na hipótese, a aplicação do princípio da fungibilidade recursal" (*TJSP* – AI 2259289-21.2015.8.26.0000, 26-1-2016, Rel. Adilson de Araújo).

Se o erro facilmente perceptível pudesse trazer anulabilidade ao negócio jurídico, estaria instalada a total instabilidade nas relações jurídicas. O atual Código de certa forma introduz o requisito da escusabilidade, pois exige que se examine o erro no caso ou na situação concreta da parte que nele incide. Avulta de importância, como em toda análise da manifestação de vontade, o trabalho do juiz ou árbitro diante do caso concreto a ser examinado. É sua prudência que dirá se o erro, nas condições sob enfoque, é passível de anular o negócio jurídico ou não.

Como assevera Domingues de Andrade (1974:239), a escusabilidade aparece quando o erro não provém de extraordinária ignorância ou diligência. Por outro lado, o erro indesculpável é o *erro escandaloso*, que procede de culpa grave do declarante; *"é aquele em que não teria caído uma pessoa dotada de normal inteligência, experiência e circunspecção"*.

Embora a lei não contemplasse essa exigência em requisito, a doutrina e a jurisprudência não lhe têm negado aplicabilidade. Isso se dá por necessidade prática de proteção à estabilidade das relações jurídicas e, principalmente, à boa-fé do declaratário, quando este não agiu com culpa.

O Anteprojeto de 1973 continha dispositivo que colocava a escusabilidade como requisito. O presente Código retirou-o assim, preferindo substituir pela descrição apontada.

Foi correta a supressão do requisito *escusabilidade* porque, na atual lei, o negócio só será anulado se o erro for passível de reconhecimento pela outra parte. A escusabilidade, nesse caso, torna-se secundária. O que se levará em conta é a diligência normal da pessoa para reconhecer o erro, em face das circunstâncias que cercam o negócio. Sob tal prisma, há que se ver a posição de um técnico especializado e de um leigo no negócio que se trata. Avultam de importância as condições e a finalidade social do negócio que devem ser avaliadas pelo juiz. Por isso entendemos que não deve ser aprovada a dicção acima apontada, pelo projeto. Pode levar a iniquidades.

22.4 ERRO SUBSTANCIAL E ERRO ACIDENTAL

A lei exige que o erro, para anular o ato, seja *substancial*. O erro substancial ou essencial contrapõe-se ao erro acidental ou incidental.[3]

Erro essencial é o que tem papel decisivo na determinação da vontade do declarante, de modo que, se conhecesse o verdadeiro estado de coisas, não teria desejado, de modo nenhum, concluir o negócio. Erro substancial ou essencial é, portanto, o que dá causa ao negócio (*causam dans*), mas não é necessário que tenha sido a causa única. Pode ter sido *concausa* ou causa concomitante. Dessa forma, o erro deve ser causa suficiente para a conclusão do negócio, uma das causas.

---

[3] "Ação anulatória. Acordo judicialmente homologado. Sentença de improcedência. Tese de ocorrência de **erro substancial na avença**, a justificar a anulação do negócio jurídico (art. 139, I, do Código Civil). Divergência entre a vontade dos contraentes e os termos contratuais que corrobora que o suposto erro alcança a substancialidade do negócio. Termos contratuais excessivamente desvantajosos para os consumidores. Contexto fático que confere verossimilhança ao preenchimento do critério da cognoscibilidade do erro. Plausibilidade do direito material suscitado. Recurso provido" (*TJSP* – Ap. 1001008-72.2019.8.26.0634, 16-5-2021, Rel. Rômolo Russo).

"Ação declaratória de nulidade de doação – Instrumento particular de doação de imóvel – Inadmissibilidade – Inteligência do artigo 108 do Código Civil – **Erro substancial do negócio jurídico** – Intenção de venda do imóvel pelo contratante que não constou do referido instrumento – Doador que é idoso e tem proteção legal nos termos do estatuto do idoso – Ação procedente – Sentença mantida – Recurso não provido" (*TJSP* – AC 1005219-46.2016.8.26.0606, 3-9-2019, Rel. Erickson Gavazza Marques).

"Apelação – Ação anulatória de contrato de compra e venda de imóvel – Vício de consentimento – **Erro substancial** – Não comprovação – Rescisão – Impossibilidade – Inexistindo prova da ocorrência de erro substancial, de modo a viciar a vontade do autor, não há que se anular o negócio jurídico, notadamente considerando que os réus produziram provas acerca da validade dos contratos" (*TJMG* – AC 1.0702.14.038232-7/001, 20-4-2018, Relª Aparecida Grossi).

Suponhamos a situação de alguém que crê estar adquirindo coisa, quando na verdade está locando-a (I).

Ou a situação de quem, ao verificar planta de loteamento, acredita estar adquirindo o lote 5, da quadra B, quando na realidade está adquirindo o lote 5 da quadra A (II).

Ou a situação de quem adquire cavalo, acreditando que é de tiro, quando na realidade é de competição (III).

E ainda o caso de quem faz doação a outrem, supondo que este lhe salvou a vida, o que não ocorreu (IV).

Pois bem, o art. 139, I, define o que a lei entende por erro substancial o que interessa à natureza do negócio, o objeto principal da declaração, ou alguma das qualidades a ele essenciais.[4] O art. 139, II, menciona o erro quanto à pessoa, aquele que *"concerne à identidade ou à qualidade essencial da pessoa a quem se refira a declaração de vontade, desde que tenha influído nesta de modo relevante"*. O presente Código concede um tratamento mais específico e restrito no tocante ao erro quanto à pessoa, pois se refere à influência relevante na vontade, o que não vinha mencionado no diploma anterior. Essa nova posição reflete claramente o trabalho da jurisprudência e da doutrina no tocante ao erro quanto à pessoa.

Destarte, nos exemplos dados, temos em "I" o erro substancial que interessa à natureza do ato (*error in ipso negotio*), o declarante pretende praticar certo ato e, entretanto, outro é praticado. No exemplo "II" há erro sobre o objeto principal da declaração (*error in ipso corpore rei*), a coisa objetivada pelo declarante não era a constante do negócio.

Nesses dois casos, temos o que a doutrina denomina *erro-obstáculo,* já por nós mencionado, que não seria exatamente vício de consentimento, mas óbice impeditivo da manifestação de vontade. Em outras legislações, como a alemã, tais situações de "erro-obstáculo" ou "erro impróprio" atribuem nulidade ao negócio, ficando as demais situações enfocadas como "erro próprio", exatamente vício de vontade, passível de *anular* o negócio. A lei brasileira equipara as duas situações e não faz distinção entre elas; trata todas as situações sob o prisma da *anulabilidade*, entendendo que o erro sobre a natureza do negócio ou sobre a identidade do objeto perfaz, em síntese, manifestação de vontade, errônea, é verdade, mas que nem por isso deixa de ser uma externação volitiva. Se se levasse em conta a distinção, portanto, os casos de "erro-obstáculo", por inexistência da vontade, levariam irremediavelmente à nulidade do negócio, ficando as outras hipóteses para a anulação. Como não foi isso que pretendeu a lei brasileira, Sílvio Rodrigues (1979:26) conclui que, perante nossa legislação, o problema *"ganhou em clareza e em simplicidade o que perdeu em lógica"*.

No exemplo "III", temos caso de erro sobre alguma das qualidades essenciais do objeto principal da declaração (*erro in substantia*); supunha-se existente determinada qualidade que, na verdade, inexistia. A qualidade pretendida era o motivo determinante do ato; por essa razão, o negócio é anulável.

O exemplo "IV" configura situação de erro quanto à pessoa da forma como está estampado no art. 139, II, e na dicção supratranscrita do presente Código. A intenção de doar teve em mira retribuição pelo fato de o donatário ter salvo a vida do doador, mas, na verdade, não foi o donatário quem efetuou o salvamento. Não está presente, portanto, no declaratário uma qualidade essencial, a razão de ser do negócio jurídico, o qual também se torna anulável.

---

[4] Ver nota nº 2.

No tocante ao casamento, há no art. 1.557 a definição, em três incisos, do que entende a lei por erro essencial para inquinar a vontade matrimonial. Trata-se de aplicação particular do erro quanto à pessoa.

Assim, o erro, para propiciar a anulação do negócio, além de *escusável*, deve ser *substancial* e *real*, isto é, verdadeiro, tangível, palpável, importando em verdadeiro prejuízo ao declarante.

Erro *acidental*, pelo contrário, não é suficiente para anular o negócio. Avulta de importância o exame do caso concreto feito pelo juiz, na busca da intenção das partes. *Acidental* é o erro que recai sobre motivos ou qualidades secundárias do objeto ou da pessoa, não alterando a validade do negócio: não se poderia presumir que o declarante não fizesse o negócio se soubesse das reais circunstâncias. Pode-se configurar erro acidental, por exemplo, o fato de alguém adquirir um automóvel de cor branca, quando o automóvel era de cor preta. Trata-se de *error in qualitate*. Pode ser acidental também o *error in qualitate* quando existe diferença entre o que se recebe e o que se intenciona receber. Em qualquer caso, repetimos, é o exame do caso concreto que define o erro substancial ou acidental, cuja dúvida, geralmente, reside nas qualidades essenciais do objeto ou nas qualidades essenciais da pessoa, a quem se refira a declaração da vontade. Em geral, os casos de "erro-obstáculo" são sempre de erro substancial.

22.5 ERRO CONSISTENTE NUMA FALSA CAUSA

Prescrevia o art. 90 do Código de 1916 já por nós mencionado: "*Só vicia o ato a falsa causa, quando expressa como razão determinante ou sob forma de condição.*" Esse dispositivo trouxe à baila discussão de se perguntar se a causa foi erigida em elemento essencial do negócio jurídico.

O termo *causa* está na lei como motivo determinante, e não como causa do negócio jurídico. Estudamos o tema neste volume (seção 20.6). O atual Código emendou e corrigiu a redação, e assim dispôs o art. 140: "*O falso motivo só vicia a declaração de vontade quando expresso como razão determinante.*"

Segundo o art. 90 ou 140, representações psíquicas internas ou razões de ordem subjetiva que antecedem a realização do negócio não têm relevância jurídica para viciar o ato, a não ser que alguma delas tenha sido erigida em motivo determinante. É o caso daquele que aluga imóvel para instalar um restaurante, pressupondo que em frente será estabelecida indústria, ou escola, que dará movimento ao estabelecimento, quando, na verdade, não há nem mesmo conjecturas para a fixação desses estabelecimentos. O negócio seria anulável se tal motivo fosse expresso no negócio.

No mais, os motivos são de ordem interna, psicológica, e não devem intervir na estabilidade jurídica dos negócios. Se as partes, porém, erigem um dos motivos em razão determinante do negócio, ele se integra ao próprio, passa a fazer-lhe parte, gerando a anulabilidade se for inverídico ou falso. Importa aqui mencionar que o motivo deve ser de conhecimento do declaratário; caso contrário, não pode ser alegado como fundamento de anulação do ato.

22.6 ERRO DE FATO E ERRO DE DIREITO

O Código de 1916 nada mencionou a respeito do erro de direito; refere-se tão somente ao erro de fato, surgindo daí controvérsia para saber se o erro de direito também pode possibilitar a anulação do negócio.

O princípio entre nós dominante, como na maioria das legislações, é o de que *a ninguém é lícito desconhecer a lei*.

Clóvis Beviláqua não admitiu o erro de direito para anular o ato jurídico, comentando o art. 86 do Código de 1916 à luz do art. 5º da antiga Lei de Introdução. Sua opinião fez adeptos entre os primeiros comentadores do Código.

Sílvio Rodrigues (1981:102) verifica que a opinião de Clóvis, baseada na revogada Lei de Introdução, não podia prevalecer na lei atual. A lei anterior dizia: *"Ninguém se escusa alegando ignorar a lei."* O texto atual da Lei de Introdução às Normas do Direito Brasileiro, Lei nº 12.376, de 30-12-2010, dispõe: *"Ninguém se escusa de cumprir a lei, alegando que não a conhece."* Concluiu o autor:

> *"Enquanto o texto revogado impedia se alegasse ignorância da lei, possibilitando, talvez, a interpretação de Beviláqua, o artigo, na forma que lhe deu o legislador de 1942, tem menor abrangência, pois só veda a escusa para o caso de descumprimento da lei."*

Portanto, quem é levado a falso entendimento, por ignorância de lei não cogente, não está desobedecendo-a. Logo, em nossa sistemática, nada impede que se alegue erro de direito se seu reconhecimento não ferir norma de ordem pública ou cogente e servir para demonstrar descompasso entre a vontade real do declarante e a vontade manifestada. Serpa Lopes (1962, v. 1:432) acentua: *"O que justifica o erro de direito é a ignorância da lei, senão a própria razão do consentimento viciado."*

Destarte, a regra *nemo ius ignorare consentur* (a ninguém é dado ignorar a lei) tem alcance limitado e refere-se sobretudo aos atos ilícitos.

Como exemplo, citamos o caso de quem contrata a importação de determinada mercadoria sem saber ser ela proibida em nosso país. A parte não pretendeu furtar-se ao cumprimento da lei, tanto que efetuou o contrato. É o caso típico em que a vontade foi externada viciada por erro.

Essa opinião foi recentemente quase unânime na doutrina. Para tanto, aduz Washington de Barros Monteiro (2005, v. 1:231), com sua habitual argúcia:

> *"O apego à ficção – nemo jus ignorare licet – só deve ser mantido, quando indispensável à ordem pública e à utilidade social. A lei é humana e equitativa. Entendê-la de outro modo será muitas vezes, condenar quem realmente estava enganado e foi vítima de equívoco perfeitamente desculpável."*

Nesse aspecto, o presente Código oriundo do Projeto de 1975 foi expresso ao estatuir, no art. 139, III, que o erro é substancial também *"quando sendo de direito e não implicando recusa à aplicação da lei, for o móvel único ou principal do negócio jurídico"*, pondo, assim, fim à controvérsia.

22.7 ART. 141 DO CÓDIGO CIVIL

Dispõe esse artigo: *"A transmissão errônea da vontade por meios interpostos é anulável nos mesmos casos em que o é a declaração direta".* O projeto acrescenta meios *físicos ou virtuais*, o que é oportuno. Apesar de a lei de 1916 falar em nulidade, é evidente que se trata de nulidade relativa ou anulabilidade. Nesse sentido, a redação do atual Código é correta, pois trata a situação descrita como anulável, no art. 141.[5]

---

[5] "Escritura de venda e compra lavrada em favor de terceiro – Erro – **Transmissão errônea da vontade** por mandatário – Escritura obtida por terceiro em prejuízo do mandante – Prazo prescricional – Artigo 178, § 9º, inciso V, do

Se a vontade é transmitida erradamente por anúncio, por exemplo, ou no caso de mensagem truncada por telex, telegrama, fac-símile ou meios informatizados, o ato pode ser anulado, nas mesmas condições da transmissão direta.

A doutrina estrangeira trata o presente caso como "erro-obstáculo"; tal procedimento ensejaria a nulidade, mas não é o caso entre nós.

Aqui, também, temos de ter em vista a situação do declaratário. O erro deve ser reconhecível por ele. A lei, é evidente, não cuidou da hipótese, mas podemos aplicar o que foi dito anteriormente.

Se o ato não logra ser anulado, a hipótese é de responsabilidade do emitente da declaração (do núncio ou do mensageiro), se obrou com culpa, nos termos do art. 186 do Código Civil.

22.8 ART. 142 DO CÓDIGO CIVIL

Esse dispositivo trata de erro acidental ou incidental e, portanto, sanável, incapaz de viciar o ato.

Um testador refere-se ao filho Antônio, quando, na realidade, não tem filho com esse nome, mas apenas filho de nome José. O comprador menciona que adquire veículo de uma marca, quando o vendedor só trabalha com veículos de outra. São meros enganos facilmente corrigíveis pelo contexto e pelas circunstâncias.

Esse artigo é mero complemento do art. 138, pelo qual a anulação só é possível no erro substancial, tendo sido mantida no atual Código.

22.9 ERRO DE CÁLCULO

O atual Código, no art. 143, diz que *o erro de cálculo apenas autoriza a retificação da declaração de vontade*.[6] É disposição nova dessa lei que repete o art. 665 do Código português vigente. De acordo com essa disposição, que podia perfeitamente ser aplicada como orientação

---

[6] Código Civil de 1916 – Regra de transição do artigo 2.035 CC 2002 – Em se tratando de ação anulatória de natureza desconstitutiva, o prazo é decadencial – Sentença de extinção mantida, mas por fundamento diverso – Decadência reconhecida – Recurso improvido" (*TJSP* – Ap 0006118-51.2002.8.26.0477, 12-2-2016, Rel. J. B. Paula Lima).
"Apelação. Ação de obrigação de fazer. Contrato de promessa de compra e venda envolvendo lote. Divergência quanto ao valor das prestações. Cobrança pela ré de valor superior ao constante do contrato sob alegação de ter se equivocado quanto ao valor do lote. Ação promovida pelos adquirentes visando cumprimento do contrato com pagamento do valor estipulado no instrumento de venda. Acolhimento. Ainda que haja demonstração de que os vendedores, internamente, se confundiram quanto ao valor à vista do lote, não se trata de mero erro de cálculo na forma do art. 143 do Código Civil, não sendo lícito à vendedora alterar o valor das prestações. Valor cobrado substancialmente superior ao valor pela venda à vista, não sendo o consumidor obrigado a realizar cálculo de juros e apurar o valor correto da venda mediante pagamento parcelado. Erro que não foi percebido nem mesmo pelos vendedores. Erro substancial que demandaria eventual anulação do negócio e não cobrança de valor diverso do ofertado aos consumidores. Normas do CDC que autorizam os adquirentes a exigir o cumprimento do contrato nos termos em que ofertado, não se tratando de erro reconhecível de plano pelo adquirente. Erro de cálculo é aquele que não interfere no consentimento na formação do contrato, o que não se verifica no caso sub judice. Inteligência dos arts. 30 e 35, I, do CDC. Sentença mantida, nos termos do art. 252 do RITJSP. Recurso desprovido". (*TJSP* – Ap 1001535-29.2018.8.26.0288, 10-2-2023, Rel. Enéas Costa Garcia).
"Recurso inominado. ação de cobrança. Contrato de arrendamento rural. Área arrendada menor do que a prevista no contrato. Retificação do valor do contrato. Possibilidade. Erro acidental de cálculo. Art. 143 do CC. Valor da condenação reduzido. Sentença reformada. Recurso conhecido e parcialmente provido". (*TJPR* – Ap 0001491-06.2020.8.16.0136, 17-7-2023, Rel. Fernanda de Quadros Jorgensen Geronasso).
"Agravo de Instrumento. Ação de restituição de quantias pagas. Identificação de erro de cálculo em negócio jurídico firmado entre as partes. Ausência de homologação do acordo. Negócio jurídico que deve ser desconsiderado em observância ao princípio da boa-fé que emana sobre todas as relações contratuais. Ocorrência de **erro de cálculo**

doutrinária, o erro é acidental. Não constitui motivo de anulação, mas pode ser corrigido; vale, portanto, o negócio. Há necessidade, porém, como fala a doutrina portuguesa, de que se trate de erro ostensivo, facilmente perceptível; caso contrário, o erro será substancial.

22.10 ACEITAÇÃO DA MANIFESTAÇÃO DE VONTADE ERRÔNEA PELO DECLARATÁRIO

Imaginemos o exemplo supracitado. O comprador crê que adquire lote 5 da quadra B, quando, na verdade, adquire lote 5 da quadra A, segundo a planta que lhe é apresentada. Trata-se de erro substancial. Antes mesmo, porém, que o declarante pretenda anular o ato, ou quando este já exerce sua pretensão, o declaratário (vendedor) concorda em entregar-lhe o lote 5 da quadra B. Não há, assim, qualquer prejuízo para o declarante. Tal solução, pelos princípios gerais, é perfeitamente aplicável na atualidade.

A esse propósito, o atual Código foi expresso:

> *"O erro não prejudica a validade do negócio jurídico, quando a pessoa, a quem a manifestação de vontade se dirige, se oferecer para executá-la na conformidade da vontade real do manifestante"* (art. 144).

A execução, porém, de acordo com a vontade real deve ser possível, pois de nada adiantará a boa vontade do declaratário se for ela impossível. O vigente Código busca aproveitar o ato e torná-lo hígido, sempre que possível.[7]

---

a permitir a retificação da declaração da vontade. Inteligência do art. 143 do Código Civil. Decisão mantida. Recurso desprovido". (*TJSP* – AI 2275517-61.2021.8.26.0000, 14-3-2022, Rel. L. G. Costa Wagner).

[7] "Civil – Processual civil – Apelação – Declaração de nulidade de procuração – Preliminar – Cerceamento de defesa – Não configurado – Preclusão – Produção de provas – Desnecessidade – Julgamento antecipado do mérito – Prova emprestada (art. 372 do CPC) – Contraditório observado – Possibilidade – Ausência de intervenção do Ministério Público na primeira instância – Efetiva atuação no segundo grau de jurisdição – Irregularidade sanada – **Vício de consentimento** – Não demonstrado – Art. 373, I, do CPC – Anulabilidade – Arts. 138, 139 e 141, todos do Código Civil – Inaplicabilidade – Art. 144 do CC/2002 – Manutenção do negócio jurídico – Recurso conhecido e improvido – 1- Não há que se falar em cerceamento de defesa, quando a parte, apesar de devidamente intimada, deixa transcorrer o prazo para a especificação de provas, permanecendo-se inerte, concluindo-se pela ocorrência da preclusão consumativa. 1.1. O silêncio da parte quanto à dilação probatória determinada, implica no seu desinteresse em produzir novas provas no curso do processo, justificando, caso assim entenda o juízo da causa, no julgamento antecipado do mérito. Precedentes. 1.2. *In casu*, o juízo de primeiro grau determinou a conclusão dos autos para sentença, promovendo, de forma justificada, o julgamento antecipado do mérito, por se tratar de matéria de direito e de fato, sem a necessidade de produção de novas provas. 1.3. Observa-se que, no caso dos autos, o feito comporta julgamento antecipado do mérito (art. 355, I, do CPC), tendo em vista que mesmo se for considerado o requerimento feito na peça vestibular de produção de prova oral e/ou pericial, estes se mostram prescindíveis para o deslinde da questão. A uma porque, a prova oral requerida foi colhida oportunamente pela d. Autoridade Policial no bojo da representação criminal efetuada pelo apelante. A duas porque, o Instituto de Identificação da Polícia Civil do Distrito Federal manifestou-se pela impossibilidade de colhimento da digital aposta no documento dos autos, em razão da referida impressão digital não oferecer condições técnicas para confronto papiloscópico. 1.4. Nesta instância recursal, diante da identidade de partes e assegurado o devido contraditório, a juntada por linha da cópia integral da representação criminal formulada pelo apelante contra o apelado, já que o caderno processual originário apresentava apenas alguns trechos daquela representação. 1.5. Analisando-se os documentos juntados por linha, os quais serviram como prova emprestada (art. 372 do CPC), verifica-se que os autos originários, de fato, comportavam julgamento antecipado do mérito, já que todas as provas requeridas na peça vestibular, quais sejam: oral e pericial, foram produzidas no Processo Criminal nº 2016.16.1.006746-9, cujo trâmite se deu perante ao d. Juízo da Vara Criminal e Tribunal do Júri de Águas Claras. 1.6. Tal providência, em razão do princípio da economia processual é admitida e até recomendável, ainda que não haja identidade de partes, desde que seja garantido o devido contraditório às partes, situação que foi observada nos autos. Precedentes. 2- O Col. Superior Tribunal de Justiça firmou o entendimento de que a intervenção do Ministério Público no segundo grau de jurisdição supre a ausência de participação do *Parquet* no juízo *a quo*;

22.11 ERRO E VÍCIOS REDIBITÓRIOS

A teoria dos vícios redibitórios é aplicação da teoria geral do erro. Vício redibitório é o defeito oculto de que é portadora a coisa objeto do contrato comutativo, que a torna imprópria ao uso a que se destina ou prejudica-lhe o valor (art. 441). O erro é apontado como seu fundamento: se o agente soubesse do vício, não teria realizado o contrato. Tem como efeito a duplicidade de alternativa: pode o adquirente enjeitar a coisa, redibindo o contrato e devolvendo o bem ou, se for o caso, pode utilizar-se da ação *quanti minoris*, pedindo diminuição do preço.

Embora íntima a relação existente entre os vícios redibitórios e o erro sobre qualidades essenciais do objeto, seus respectivos fundamentos são diversos. No vício redibitório, o fundamento é a obrigação que o vendedor possui de assegurar o comprador contra defeitos ocultos na coisa que a tornem imprestável para a finalidade à qual se destina. No erro, o fundamento é a vontade incorretamente manifestada no momento do próprio ato. O vício redibitório é objetivo, existe na própria coisa. O erro é subjetivo, reside na manifestação de vontade.

Mesmo nos vícios redibitórios, os tribunais têm negado a redibição quando o defeito é visível, facilmente perceptível, quando há, então, negligência por parte do agente.

22.12 ERRO SOBRE O VALOR

O art. 139 do vigente diploma civil não menciona o erro sobre o valor, fazendo concluir que ele não conduz à anulação do contrato.

Muitos autores, no entanto, entendem que, na falta de disposição expressa sobre a *lesão*, não regulada pelo Código anterior, a teoria do erro podia, em tese, permitir a anulação do negócio.

Em resumo, há erro quando alguém paga determinado preço que acredita justo, numa compra e venda, e posteriormente vê que é desproporcionadamente alto, havendo enorme disparidade.

Como faz Sílvio Rodrigues (2006, v. 1:226 ss), podemos entender que, não existindo o instituto da lesão no Código Civil de 1916 (o Código de Defesa do Consumidor de certa forma reintroduziu-o), podia perfeitamente o negócio nessas condições ser anulado por erro substancial. Verdade é, porém, que defendemos a possibilidade de se anular o negócio por lesão, não apenas com base na Lei da Economia Popular, mas sobretudo por princípios gerais. O erro

---

nos casos em que a d. Procuradoria de Justiça, sem vislumbrar prejuízo para parte, enfrenta o mérito recursal, não efetuando qualquer pedido de nulidade. Precedentes do STJ. 3- A questão de fundo resume-se em perquirir quanto à existência (ou não) de manifestação de vontade na feitura do instrumento procuratório público e, em decorrência, as eventuais responsabilidades das declarações ali contidas. 4- A versão apresentada pelo apelante não se mostra verossímil, não restando demonstrado, diante das provas suficientes e necessárias colhidas nos autos, o vício de consentimento necessário para declarar nula a procuração vergastada. 5- *Ad argumentandum tantum*, destaca-se que o fato de o apelante ser idoso e analfabeto não o exime de conhecer a lei (art. 3º da LINDB). 6- *In casu*, não incide nenhuma das causas de anulabilidades previstas nos artigos 138, 139 e 141, todos do Código Civil, tendo em vista que o apelante, pesar de idoso e analfabeto, é pessoa lúcida e acostumada a transacionar e parcelar os lotes existentes em sua chácara; Sendo certo que, quando ele (apelante) e o apelado tomaram conhecimento de que os Cartórios de Taguatinga não realizavam documentos referentes a transações envolvendo imóveis situados na Vicente Pires, resolveram, de comum acordo, procurarem alguém que pudesse fazê-lo. 6.1. *Ad argumentandum tantum*, se algum erro houve, este não é o suficiente para anular o negócio jurídico anteriormente entabulado entre as partes, pois, nos termos do art. 144 do CC, considera-se válido o negócio jurídico nascido de manifestação de vontade erroneamente externada sob erro substancial, desde que atinja seu desiderato pela execução consoante a vontade real do manifestante. 7- Não tendo o apelante se desincumbido do ônus probatório de provar a ausência (e/ou mitigação) da manifestação de vontade exarada (art. 373, I, CPC), não há que se falar em nulidade do instrumento procuratório público. Precedentes. 8- Apelação conhecida e improvida" (*TJDFT* – Proc. 20150710097650APC – (1111946), 31-7-2018, Rel. Alfeu Machado).

substancial é uma válvula perfeitamente aceitável para tal finalidade. O Código de Defesa do Consumidor permite também esse entendimento. No atual diploma civil, a lesão é reintroduzida em nosso ordenamento, conforme estudaremos no Capítulo 25.

22.13 CONSEQUÊNCIAS DA ANULAÇÃO DO NEGÓCIO POR ERRO – INTERESSE NEGATIVO

Quando se decreta a anulação de negócio jurídico por erro, cria-se situação geralmente não estudada. Vejamos a situação do exemplo citado: O agente adquire o lote 5 da quadra B. Certo tempo após o negócio ter sido concluído (o prazo de prescrição é de quatro anos, art. 178, § 9º, V, *b*, do Código Civil de 1916; o atual Código estabelece o mesmo prazo de quatro anos, expressamente admitindo ser de decadência, art. 178, II), o vendedor vê-se surpreendido com a ação judicial pedindo outro lote e, por fim, tem contra si uma procedência, sucumbido por motivo para o qual não concorreu. Ora, após realizado o negócio, o vendedor deu o destino que desejou ao numerário recebido.

Pois bem, anulação por erro redunda em situação toda especial, ou seja, *a responsabilidade é exatamente daquele que pede a anulação do negócio, já que é o único responsável por sua má destinação*. Seria sumamente injusto que o declaratário que não errou, nem concorreu para o erro do declarante, arcasse com duplo prejuízo, duplo castigo: a anulação do negócio e a absorção do prejuízo pelas importâncias a serem pagas ou devolvidas, conforme o caso, além dos ônus da sucumbência processual. Devem, portanto, os juízes atentar para essa importante particularidade ao decretar a anulação do negócio por erro. De acordo com o julgado inserido na *RT* 554/80, dois agentes foram levados a erro, vendendo imóvel que valia Cr$ 220.000,00, por Cr$ 60.000,00. A ação foi julgada procedente, anulado o negócio, mas os próprios autores foram condenados a devolver a importância recebida de Cr$ 60.000,00,

> "para que se restabeleça o equilíbrio econômico e para que nenhuma das partes sofra qualquer lesão em seu patrimônio, os autores, recuperando a propriedade do imóvel, deverão restituir aos réus, com correção monetária desde a época do ato, a quantia de Cr$ 60.000,00, por eles recebida".

Nessa decisão, foram atendidos os requisitos do interesse negativo.

Nossos Códigos são omissos quanto ao tema, mas a solução decorre dos princípios da boa-fé, bem como dos princípios gerais de direito.

O Código alemão é expresso sobre tal responsabilidade; a doutrina a denomina *interesse negativo* e só excetua a indenização no caso em que a vítima do prejuízo, ou seja, o declaratário, tenha conhecido o motivo do erro ou por negligência sua tenha deixado de ter esse conhecimento (art. 122). Tal princípio também é estampado no Código suíço de Obrigações. Essa responsabilidade *sui generis* não provém de culpa.

> "A parte que incide em erro responde pelos danos causados por um ato lícito, já que decorreu de sua própria negligência ao contratar, o que deu causa à anulabilidade desse mesmo ato. Trata-se de chamado interesse negativo" (Lopes, 1962, v. 1:436).

Processualmente, a situação é interessante. Quer-nos parecer que o réu na ação anulatória deve ingressar com pedido contraposto, pois, na sistemática processual, é estranha a condenação do autor que vence a ação. Na falta dessa reconvenção, ficarão abertas ao sucumbente as portas de ação autônoma, se bem que entendemos nada obstar que, mesmo na ausência de reconvenção, o réu seja indenizado em execução de sentença, a qual, geralmente, deve ser processada por artigos. A situação é *mutatis mutandis* semelhante ao direito de retenção por benfeitorias. O que é patente para nós, no entanto, é que não podemos sacrificar o direito material sob fundamento de atender a princípios de ordem processual. A presente situação é típica de encarar o processo como meio de atingir a Justiça e não um fim em si mesmo. Ainda que a situação possa parecer estranha, o fato é que o direito material deve ser atendido, considerando-se igualmente o princípio de economia processual.

23

DOLO

23.1 CONCEITO

Nossa lei não define o dolo, limitando-se o art. 145 do Código Civil a estatuir que: "São os negócios jurídicos anuláveis por dolo, quando este for sua causa." Dolo consiste em artifício, artimanha, engodo, encenação, astúcia, desejo maligno, condução malévola da vontade tendente a viciar a vontade do destinatário, a desviá-la de sua correta direção.

O Código Civil português o define no art. 253, primeira parte:

> *"Entende-se por dolo qualquer sugestão ou artifício que alguém empregue com a intenção ou consciência de induzir ou manter em erro o autor da declaração, bem como a dissimulação, pelo declaratário ou terceiro, do erro do declarante."*

O dolo induz o declaratário, isto é, o destinatário da manifestação de vontade, a erro, mas erro provocado pela conduta do declarante. O erro participa do conceito de dolo, mas é por ele absorvido.

Entre nós é clássica a definição de Clóvis (1980:219):

> *"Dolo é artifício ou expediente astucioso, empregado para induzir alguém à prática de um ato jurídico, que o prejudica, aproveitando ao autor do dolo ou a terceiro."*

O dolo tem em mira o proveito ao declarante ou a terceiro. Não integra a noção de dolo o prejuízo que possa ter o declarante, porém, geralmente, ele existe, daí por que a ação de anulação do negócio jurídico, como regra, é acompanhada de pedido de indenização de perdas e danos. Sem prejuízo, não há direito à indenização. A prática do dolo é ato ilícito, nos termos do art. 186 do Código Civil.

Embora a noção seja ontologicamente igual, não se confunde o dolo nos atos ou negócios jurídicos com o dolo no Direito Penal. Neste é doloso o crime *"quando o agente quis resultado ou assumiu o risco de produzi-lo"* (art. 18, I, do Código Penal). Nesse dispositivo, estão presentes as duas espécies de dolo do direito criminal, o dolo direto e o indireto. Compete à outra ciência estudá-los. Para nós, por ora, importa saber que, sendo o dolo um ato ilícito, tal ilicitude pode tipificar crime, e daí ocorrer que o dolo civil seja também dolo criminal, acarretando procedimentos paralelos, com pontos de contato entre ambos os juízos.

O dolo, como noção genérica, ocorre em qualquer campo do Direito. No processo civil, o dolo da parte ou de seu procurador gera as penas estatuídas ao litigante de má-fé (arts. 79, 80 e 81 do CPC).

No campo do Direito Civil, o dolo, como os demais vícios, tem o condão de anular o negócio jurídico (arts. 145 e 171).[1]

O dolo pode ocorrer por único ato ou por série de atos para atingir-se a finalidade ilícita do declarante, perfazendo uma *conduta dolosa*.

Como temos repetido, o elemento básico do negócio jurídico é a vontade. Para que essa vontade seja apta a preencher o conceito de um negócio jurídico, necessita brotar isenta de

---

[1] "Anulação de negócio jurídico. Aquisição de estabelecimento comercial – trespasse. Anulação em condições de sobressair. Autora/apelada comprovou a enorme divergência entre o anúncio apresentado pelo réu/apelante abrangendo média de faturamento e outros itens correlatos sobre o estabelecimento. Distorção da realidade caracterizada e determinante para a celebração do negócio jurídico. **Dolo verificado** – art. 145 e 147 CC. Observa-se que não se trata de 'dolus bonus', aquela valorização pelo vendedor do objeto a ser alienado como uma forma de propaganda, que é aceitável nas negociações. O caso é de dolo propriamente dito, em sua face comissiva e omissiva, pois o vendedor/apelante apresentou informações inverídicas em seu anúncio e, além disso, não informou os compradores acerca de diversas rescisões de contratos de clientes mensalistas, o que gera um impacto direto na tomada de decisão pelo comprador na formalização do negócio. Doutrina. Precedentes deste e. TJSP. Anulação do negócio apta a prevalecer. Retorno das partes ao 'status quo' primitivo – art. 182 CC. Apelante deverá devolver todos os valores recebidos. Apelada restituirá integralmente o estabelecimento comercial com todos os itens correlatos. Eventual impossibilidade de restituição do estabelecimento decorrente do despejo por falta de pagamento dos aluguéis deverá ser objeto de análise em ação específica, uma vez que nesta demanda leva-se em consideração efetivamente o pedido certo e determinado, e nada além disso, ressaltando o princípio da adstrição do juiz. Sentença que ressaltou todos os itens envolvendo a negociação, portanto, mantida. Apelo desprovido". (TJSP – Ap 1073621-77.2018.8.26.0100, 4-4-2023, Rel. Natan Zelinschi de Arruda).

"Apelação – Negócio Jurídico – Vícios do consentimento – Dolo e coação – Ação anulatória – Cessão de direitos possessórios relativos a unidades de estabelecimento hoteleiro de titularidade do autor e de parte do terreno onde seria edificado outro bloco de unidades, imóvel em relação ao qual o autor tem posse. Alegação de que o réu, a pretexto de investir no empreendimento, teria obtido transferência dos direitos possessórios, realizando pagamentos com cheques que não compensaram e prometendo que teria comprador para os bens conquanto estes fossem transferidos para seu nome. Autor que teria sido pressionado a não promover medidas contra o requerido após constatação do descumprimento do contrato. Decadência. Ação anulatória do negócio por dolo que está sujeita ao prazo de quatro anos, decorrido até o momento em que proposta a ação. Coação. Decadência. Caracterização. Nos termos do art. 178, I do CC, o prazo somente flui a partir do momento em que cessar a coação. Considera-se cessada a coação no momento em que parte contratante recupera sua liberdade natural e não está mais submetida ao medo de expor sua pessoa ou fortuna a mal considerável e presente. Autor que, no período em que sustenta ainda estar sob efeito da vis, compareceu a processo criminal promovido contra o réu, tendo terceiro como vítima, e prestou depoimento como testemunha da acusação, relatando com liberdade os negócios praticados com o réu e descrevendo seu comportamento ameaçador. Conduta que denota ter cessado a coação à época. Não é compatível com o estado de coacto o comparecimento da vítima perante autoridade judicial para prestar depoimento contra o réu em processo criminal relativo a outro assunto, demonstrando que não teme mais as eventuais ameaças. Fluência do prazo desde este momento, caracterizando-se decadência. União estável. Outorga uxória (art. 1.647 do CC). Entendimento do STJ no sentido de que em princípio a exigência de outorga uxória também se aplica à união estável, contudo, dada a natureza informal da relação, necessário preservar o direito do terceiro de boa-fé. A despeito do reconhecimento em tese do cabimento de outorga uxória, no caso *sub judice* não houve alienação de imóvel, mas mera cessão de direitos possessórios, a qual não exige vênia conjugal. Recurso improvido" (TJSP – AC 0002452-04.2012.8.26.0247, 13-8-2019, Rel. Enéas Costa Garcia).

"Apelação cível – Compra e venda de imóvel – **Dolo** – Comprovação – Anulação do negócio jurídico – A nulidade do negócio jurídico deve ser declarada quando plenamente demonstrada a existência de vício de consentimento das partes" (TJMG – AC 1.0479.11.008910-5/002, 19-6-2018, Rel. Evandro Lopes da Costa Teixeira).

"Anulação de negócio jurídico – Dação em pagamento que estabeleceu transferência de marcas e transmissão de equipamentos. Retorno ao *status quo ante*. Alegação de dolo durante e após as tratativas. **Dolo que não se presume**. Falta de provas. Oitiva de testemunhas não realizada por inépcia da autora. Recurso desprovido" (TJSP – Ap 0024403-02.2007.8.26.0224, 21-6-2018, Rel. Rômolo Russo).

qualquer induzimento malicioso. Deve ser espontânea. Quando há perda dessa espontaneidade, o negócio está viciado. O induzimento malicioso, o dolo, é uma das causas viciadoras do negócio.

23.2 ERRO E DOLO

Objetivamente, o erro mostra-se à vista de todos, da mesma forma que o dolo, ou seja, como representação errônea da realidade. A diferença reside no ponto que no erro o vício da vontade decorre de íntima convicção do agente, enquanto no dolo há o induzimento ao erro por parte do declaratário ou de terceiro. Como costumeiramente diz a doutrina: o dolo surge provocado, o erro é espontâneo (*RT* 557/161).

O dolo, na verdade, é tomado em consideração pela lei, em virtude do erro que provoca na mente do agente.

Conforme dispositivos legais, assim como existe erro essencial e erro acidental, há dolo principal ou essencial e dolo incidente, com iguais consequências; os primeiros implicam a anulabilidade e os segundos, não. O dolo essencial, assim como erro essencial, é aquele que afetam diretamente a vontade, sem os quais o negócio jurídico não teria sido realizado.

Na prática, verificamos que a mera alegação de erro é suficiente para anular o negócio. Sucede, no entanto, que a prova do erro é custosa, por ter de adentrar-se no espírito do declarante. Daí por que preferem as partes legitimadas alegar dolo e demonstrar o artifício ardiloso da outra parte, menos difícil de se evidenciar. Por essa razão, rareiam as causas nas quais se discute o erro.

Ademais, o erro demanda o "interesse negativo", por nós aventado no Capítulo 22, de difícil manuseio, o que vem a obstar ainda mais sua alegação em juízo.

23.3 DOLO E FRAUDE

A fraude consiste em procedimento astucioso e ardiloso tendente a burlar a lei ou convenção preexistente ou futura. O dolo, por seu lado, surge concomitantemente ao negócio e tem como objetivo enganar o próximo. O dolo tem em mira o declaratário do negócio. A fraude, que na maioria das vezes se apresenta de forma mais velada, tem em vista burlar dispositivo de lei ou número indeterminado de terceiros que travam contato com o fraudador. A fraude geralmente visa à execução do negócio, enquanto o dolo visa à sua própria conclusão.

Desse modo, podemos exemplificar: há dolo quando alguém omite dados importantes para elevar o valor do seguro a ser pago no caso de eventual sinistro; há fraude se o sinistro é simulado para o recebimento do valor do seguro.

De qualquer modo, é preciso encarar tanto o dolo quanto a fraude como circunstâncias patológicas do negócio jurídico, como aspectos diversos do mesmo problema.

23.4 REQUISITOS DO DOLO

Washington de Barros Monteiro (2005, v. 1:232) e Serpa Lopes (1962, v. 1:439) em uníssono enumeram os requisitos do dolo baseados em Eduardo Espínola:

"a) *intenção de induzir o declarante a praticar o ato jurídico;*
b) *utilização de recursos fraudulentos graves;*
c) *que esses artifícios sejam a causa determinante da declaração de vontade;*
d) *que procedam do outro contratante ou sejam por este conhecidos como procedentes de terceiros.*"

O dolo há de ser essencial, isto é, mola propulsora da vontade do declarante. Deve, em outro conceito, estar na base do negócio jurídico. Caso contrário, será dolo acidental e não terá potência para viciar o ato.

A intenção de prejudicar é própria do dolo, mas, em que pese a opinião de parte da doutrina, o prejuízo é secundário. Basta que a vontade seja desviada de sua meta para que o ato se torne anulável. O prejuízo pode ser apenas de ordem moral e não econômico. Lembra Serpa Lopes (1962:440) que o ato ou negócio é anulável ainda que a pessoa seja levada a praticar ato objetivamente vantajoso, mas que ela não desejava.

A gravidade dos atos fraudulentos de que costuma falar a doutrina não é definida em lei. Implica o exame de cada caso concreto. Importa muito o exame da condição dos participantes do negócio. O dolo que pode ser considerado grave para a pessoa inocente em matéria jurídica pode não o ser para pessoa experiente e escolada no trato dos negócios da vida. Os artifícios astuciosos são da mais variada índole e partem desde a omissão dolosa até todo um complexo, uma conduta dolosa.

O art. 145 especifica o requisito de que o dolo deve ser a causa da realização do negócio jurídico. É o dolo principal. Dolo de base da vontade.

Por derradeiro, o dolo deve emanar do outro contratante ou, se vindo de terceiro, o outro contratante dele teve conhecimento (art. 148).

O silêncio intencional de uma das partes sobre fato relevante ao negócio também constitui dolo (*RT* 634/130).

O Código de 2002 admite expressamente que o prazo para anular o negócio jurídico é de decadência, fixando-o em quatro anos, contado do dia em que se realizou o negócio (art. 178, II). O Código de 1916 também estabelecia esse prazo em quatro anos (art. 178, § 9º, V, *b*), definindo-o como prescrição, embora essa conceituação trouxesse dúvidas na doutrina.

23.4.1 Dolo Essencial e Dolo Acidental

A essencialidade é um dos requisitos para a tipificação do dolo (*dolus causam dans* – dolo como causa de dano). O *dolo principal* ou essencial torna o ato anulável. O *dolo acidental*, este definido no Código (art. 146), "*só obriga à satisfação das perdas e danos*".

No *dolo essencial* ou *causal* há vício do consentimento, enquanto no *dolo acidental* há ato ilícito que gera responsabilidade para o culpado, de acordo com o art. 186 do Código Civil.

Tanto no dolo essencial como no dolo acidental[2] (*dolus incidens*), há propósito de enganar. Neste último caso, o dolo não é a razão precípua da realização do negócio; o negócio apenas surge ou é concluído de forma mais onerosa para a vítima. Não influi para a finalização do ato, tanto que a lei o define: "*É acidental o dolo, quando a seu despeito o ato se teria praticado, embora por outro modo*" (art. 146).

A contrario sensu, nos termos do art. 146, é essencial o dolo, que é a razão de ser do negócio jurídico. A jurisprudência tem seguido os ditames da doutrina, nesse sentido:

> "O dolo essencial, isto é, o expediente astucioso empregado para induzir alguém à prática de um ato jurídico que o prejudica, em proveito do autor do dolo, sem o qual o lesado não o teria praticado, vicia a vontade deste e conduz à anulação do ato" (RT 552/219).[3]

---

[2] "Tanto no dolo essencial como no dolo (**acidental**)".
[3] "Apelação Cível – **Ação anulatória de negócio jurídico**– Vício de consentimento – Permuta – Erro substancial – Contratação inválida – Reparação por dano moral – Prejuízo configurado – Indenização – Critérios de arbitra-

Procura-se, por outro lado, identificar o dolo incidente como aquele praticado no curso de negociação já iniciada. Com frequência isso pode ocorrer, mas não é caso exclusivo de dolo incidental.

De qualquer forma, a diferenciação entre essas duas modalidades é árdua. A tarefa cabe ao juiz que a examina no sopesamento e avaliação das provas.

23.4.2 *Dolus Bonus* e *Dolus Malus*

Como examinamos, a gravidade do dolo é verificada de acordo com sua intensidade.

Há, na história do Direito, dolo menos intenso, tolerado, que os romanos denominavam *dolus bonus*, opondo-o ao dolo mais grave, o *dolus malus*.[4] O denominado dolo bom é, no exem-

---

mento – A força obrigatória dos Contratos cede às máculas que recaem sobre a manifestação volitiva, que têm o condão de tornar nulo ou anulável o negócio jurídico, o que ocorre nas hipóteses de erro, dolo, coação, estado de perigo, lesão e fraude – O Contrato, quando comprovadamente realizado com vício de consentimento, é passível de anulação – O fato de o Réu haver omitido do Autor informações acerca do bem permutado, que, certamente, inviabilizariam o negócio jurídico, com nítida intenção de enganar a parte, causaram a esse sentimento de impotência social, frustração e indignação, que ultrapassam o mero dissabor da vida cotidiana, ensejando lesão anímica típica do dano moral – No arbitramento do valor indenizatório devem ser observados os critérios de moderação, proporcionalidade e razoabilidade em sintonia com o ato ilícito e as suas repercussões – O ressarcimento por dano extrapatrimonial não pode servir como fonte de enriquecimento do indenizado, nem consubstanciar incentivo à reincidência do responsável pela prática dos ilícitos" (*TJMG* – AC 1.0123.15.003028-6/001, 9-7-2019, Rel. Roberto Vasconcellos).

"Direito civil – Instrumento particular de cessão de direitos – Anulação do negócio – **Dolo** – Inocorrência – I- A prova produzida nos autos não evidencia qualquer artifício ou ardil capaz de viciar a vontade do autor na pactuação do negócio jurídico. Inviável, pois, a sua anulação. II- Negou-se provimento ao recurso" (*TJDFT* – Proc. 20160410097548APC – (1101481), 12-6-2018, Rel. José Divino).

"Processo civil, civil e consumidor – Apelação Cível – Rescisão de contrato de compra e venda – Reconvenção – **Dolo** – Erro – Termo aditivo – Vício de vontade substancial – Ônus da prova – Anulabilidade – Inadimplemento – Culpa recíproca – Restituição ao estado anterior – Distribuição das custas e honorários – Atendimento ao número de pedidos. 1- O dolo substancial é uma das espécies de vício de vontade que se verifica no emprego de artifício ardiloso com o objetivo de enganar outrem e, ao mesmo tempo, auferir proveito próprio. 2 – O dolo substancial gera a nulidade relativa do contrato e o acidental dá azo à pretensão de indenização por perdas e danos (arts.145 e 146 do CC). 3 – O erro, na codificação civil atual, ainda que perceptível, é causa de anulabilidade sempre que recair sobre elemento ou circunstância relevante, quando assumirá a qualificação de substancial (arts.138 e 139 do CC). 4 – Havendo culpa de ambos os contratantes pela rescisão da avença, haja vista, por parte do vendedor, o dolo na negociação do termo aditivo do contrato que resultou na troca do objeto da venda e, por parte do comprador, o inadimplemento das prestações, há de serem restituídas as partes ao estado anterior, com a devolução do sinal e das parcelas vertidas, vedada a aplicação de cláusula penal e de qualquer retenção a título de cobrança por despesas administrativas. 5 – Nos termos do artigo 21, *caput*, do Código de Processo Civil, se cada litigante for em parte vencedor e vencido, serão recíprocas e proporcionalmente distribuídos e compensados entre eles os honorários e as despesas, considerando-se, na análise da distribuição do ônus, a parcela de sucumbência na ação principal e na reconvenção. 6 – Recurso conhecido e desprovido" (*TJDFT* – Proc. 20130710355320 – (922097), 1-3-2016, Rel. Des. Ana Maria Duarte Amarante Brito).

4 "Direito civil – Apelações cíveis – Ação de anulação e cancelamento de escritura pública de compra e venda de imóvel c/c pedido de reintegração de posse e indenização por danos. Vícios de consentimento. Dolo. Comprovação. Autoria e materialidade do delito apurados em processo criminal. Arts. 171 e 304 do Código Penal. Art. 935 do Código Civil. Nulidade de escritura pública. Art. 145 do Código Civil. Retorno da situação do imóvel ao *status quo ante*. Ressarcimento de perdas e danos. Apuração em liquidação de sentença. *Quantum* a título de danos morais fixados em R$ 10.000,00 (dez mil reais). Recurso do autor conhecido e provido. Recurso do réu conhecido e não provido. 1- Inicialmente, cumpre registrar que ambas as partes interpuseram recurso de apelação, os quais serão examinados conjuntamente, tendo em vista que todas as questões de mérito foram devolvidas a este juízo *ad quem* por meio dos recursos de apelação interpostos, a teor do art. 1.013 do CPC-15.2. A controvérsia cinge-se à ação de anulação e cancelamento de escritura pública de compra e venda de imóvel c/c pedido de reintegração de posse e indenização por danos, na qual o autor alega que houve fraude pela empresa ré ao falsificar certidão negativa de débitos da fazenda nacional com objetivo de dar quitação à obrigação pactuada no contrato de compra e venda do imóvel em tela. Com base na existência da referida fraude, o autor almeja a anulação da escritura pública para reaver a propriedade do imóvel bem quanto a reparação dos danos a ele causados. 3- Cotejando o

plo clássico do passado, a atitude do comerciante que elogia exageradamente sua mercadoria, em detrimento dos concorrentes. É, em princípio, dolo tolerado a gabança, o elogio, quando circunstâncias típicas e costumeiras do negócio. É forma de dolo já esperada pelo declaratário. Assim se colocam, por exemplo, as expressões do vendedor: "o melhor produto"; "o mais eficiente"; "o mais econômico" etc. Em princípio, essa conduta de mera jactância não traz qualquer vício ao negócio, mas há que se ter hodiernamente maior cuidado tendo em vista os princípios do Código de Defesa do Consumidor e as ofertas de massa. Caberá ao caso concreto e ao bom senso do julgador distinguir o uso tolerável do abuso intolerável e prejudicial no comércio. Na

---

conjunto probatório dos autos, conclui-se que os fatos alegados pelo autor condizem com a verdade, no sentido de que a certidão negativa de débito foi a ele apresentada pelos sócios da empresa ré para induzi-lo a acreditar que os débitos federais estariam pagos, de modo a concluir o negócio jurídico de compra e venda, lavrando-se a escritura pública. Isso porque os fatos foram devidamente apurados pelo delegado da delegacia de crimes contra fé pública, desde o inquérito policial e, em seguida, pela instrução processual penal do processo criminal, da qual resultou na sentença condenatória dos sócios da empresa ré. 4- É cediço que a esfera civil é independente da esfera penal, ressalvada a hipótese de restarem decididas, no juízo criminal, a autoria e a materialidade do delito, a teor do art. 935 do Código Civil, hipóteses que podem influenciar o juízo cível. 5- No presente caso, foram reconhecidas a materialidade do delito e a autoria do crime perpetrado pelos sócios da empresa ré, razão pela qual se deve levar em consideração o entendimento prolatado pelo juízo criminal. A empresa ré, ora apelante, inclusive, confirma que a sentença criminal não foi objeto de recurso de apelação (FLS 531), afirmando que houve a extinção da punibilidade dos sócios da empresa ré, o que não se constatou no caso. Da sentença criminal, somente se extrai que o juiz extinguiu a punibilidade em relação ao crime de desobediência, e não aos crimes dispostos nos arts. 171 e 304 do Código Penal, como se denota às fls. 192. 6- No curso do processo criminal, a falsidade da certidão negativa de débitos foi reconhecida no laudo pericial de exame grafoscópico (FLS. 201/204), revelando-se portanto o dolo substancial dos sócios da empresa ré, os quais utilizaram de artifício malicioso para ludibriar o autor e induzi-lo a concluir o negócio, lavrando a escritura pública. O *dolus malus*, portanto, macula o negócio jurídico por vício de consentimento, tornando-o, portanto, anulável. 7- Vale registrar que, na escritura pública de compra e venda, lavrada no cartório de Itaiçaba, consta que o documento apresentado foi a certidão positiva com efeitos de negativa, a qual a empresa ré alega que o autor tomou ciência no momento da lavratura da escritura. Em que pese ter sido apresentada à tabeliã do cartório de Itaiçaca a certidão positiva com efeitos de negativa, a empresa ré não comprovou que o autor tinha ciência do documento e do parcelamento da dívida, não apresentando provas do alegado, a teor do art. 373, II, do CPC-15. 8- Desse modo, deve ser mantida a declaração de nulidade da escritura pública, retornando à situação do imóvel ao *status quo ante*, mediante o ressarcimento de todas as perdas e danos decorrentes da rescisão/nulidade do contrato, conforme pleiteado na petição inicial, a serem apuradas em sede de liquidação. 9- Apesar de não existirem critérios rígidos para a fixação da condenação pelo dano moral, considero que o valor de R$ 10.000,00 (dez mil reais) é suficiente para atender à finalidade no presente caso, qual seja, a de inibir a prática ocorrida referente à celebração de contrato mediante ardil, em desobediência às regras legais e da boa-fé que devem pautar as relações jurídicas. 10- Em relação ao ônus da sucumbência, reformo-os para condenar a parte ré ao pagamento das custas processuais e honorários advocatícios, os quais arbitro em 10% (dez por cento) sobre o valor atualizado da condenação, a ser apurado em sede de liquidação, a teor do art. 85, § 2º, do CPC-15. 11- Recurso do autor conhecido e provido. 12- Recurso da ré conhecido e não provido" (*TJCE* – Ap 0049493-28.2005.8.06.0001, 6-9-2019, Relª. Lira Ramos de Oliveira).

"Direito processual civil – Litigância de má-fé – Intenção malévola (dolo) – Discrepância entre a narrativa da petição inicial e o depoimento do autor – Alteração da verdade dos fatos – Elemento subjetivo não comprovado – Depoimento pessoal do qual não se percebe intenção de ludibriar o juízo – A má-fé processual pressupõe um elemento subjetivo consubstanciado em uma intenção malévola (dolus malus), ou seja, é de ser punida a conduta quando motivada pela intenção de prejudicar (TRF4, AC 2003.72.07.004278-7, 5ª Turma, Rel. Des. Federal Celso Kipper, D.E. 02/10/2007). Se porventura essa intenção não estiver clara nos autos, a aplicação da pena por litigância de má-fé deve ser afastada – A circunstância da narrativa da petição inicial não se coadunar com o depoimento do autor não necessariamente significa que a parte demandante tenha agido de má-fé. Se não se vislumbra a intenção de ludibriar o juízo, mediante a alteração deliberada e flagrante da verdade dos fatos, não se pode aplicar a multa por litigância de má-fé" (*TRF-4ª R*. – AC 5005425-20.2014.4.04.7101, 6-6-2017, Relª Juíza Fed. Maria Isabel Pezzi Klein).

"Negócio jurídico – Conceito – **Dolus malus** – Nulidade – Negócio entabulado entre o casal a ser reconhecido como mera liberalidade. Inteligência do disposto nos artigos 166 e 167 do CC pátrio. Procedimento que não merece ser reconhecido como negócio simulado. Não se desincumbindo a autora de produzir provas de natureza concreta e induvidosa a resguardar seus direitos a consequência é a improcedência da ação. Aplicabilidade do disposto no artigo 252 do Regimento Interno do Tribunal de Justiça de São Paulo, prestigiado pelo Superior Tribunal de Justiça e pelo Supremo Tribunal Federal. Recurso desprovido" (*TJSP* – Ap 0015548-03.2010.8.26.0071, 7-3-2013, Rel. Júlio Vidal).

atualidade, é difícil conceber que possa ocorrer um dolo irrelevante, se ele foi a causa interna para a manifestação de vontade.

A doutrina tradicional defendia que quem incorresse nessa forma inocente de dolo o faria por culpa própria, por não ter a diligência média, os cuidados do "bom pai de família". Em síntese, nessa situação, em princípio, não há dolo a ser considerado, embora, como vimos, não haja peremptoriedade nessa afirmação. Esse procedimento de dolo do bom comerciante é irrelevante para o campo do Direito. O eventual erro em que incorre o destinatário da vontade, no caso, é inescusável. O princípio é o mesmo do erro, incapaz de anular o ato jurídico, se inescusável. De qualquer forma, há um novo enfoque que deve ser dado a esse denominado dolo bom em face das novas práticas de comércio e dos princípios de defesa do consumidor.

23.5 DOLO POSITIVO E DOLO NEGATIVO

O *dolo positivo* (ou *comissivo*) traduz-se por expedientes enganatórios, verbais ou de outra natureza que podem importar ou induzir em série de atos e perfazer uma conduta. É comissivo, por exemplo, o dolo daquele que faz imprimir cotação falsa da Bolsa de Valores para induzir o incauto a adquirir certas ações; é comissivo o dolo do fabricante de objeto com aspecto de "antiguidade" para vendê-lo como tal.[5]

O *dolo negativo* (ou *omissivo*) consiste na reticência, na ausência maliciosa de ação para incutir falsa ideia ao declaratário.[6] Costuma-se dizer na doutrina, a ser admitido

---

[5] "Ação anulatória – **Negócio jurídico** – Compra e venda – Dolo e má-fé pré-contratual configurados – O negócio jurídico é anulável por dolo quando 'o silêncio intencional de uma das partes a respeito de fato ou qualidade que a outra parte haja ignorado constitui omissão dolosa, provando-se que sem ela o negócio não se teria celebrado' (art. 147, do Código Civil)" (TJMG – AC 1.0002.13.001106-3/002, 26-2-2016, Rel. Newton Teixeira Carvalho).

"**Ação de anulação de negócio jurídico** – Cerceamento de defesa – Inocorrência – Protesto genérico de provas – Inobservância da especificação com justificação da necessidade e da pertinência dos meios de prova requeridos. Desnecessidade de expedição de ofício. Diligência que cumpria à parte interessada. Inépcia da inicial. Inocorrência. Interesse de agir configurado. Ausência de nulidade da r. sentença. Princípio *pas de nullité sans grief*. Arrendamento rural com a finalidade de desenvolvimento de hotel fazenda. Alienação anterior da terra vizinha para implantação de aterro sanitário. Inviabilização do negócio turístico. Revelia caracterizada. Presunção relativa da veracidade dos fatos alegados. Fatos controvertidos. Incidência da regra do art. 333, II, do Código de Processo Civil. Silêncio intencional sobre a inviabilidade do negócio. Dolo por omissão (CC, art. 147). Violação do princípio da boa-fé objetiva e do dever de informação. Vício de consentimento. Anulação do negócio jurídico. Ato ilícito caracterizado. Ressarcimento dos valores percebidos. Despesas não comprovadas. Compensação indevida. Recurso improvido" (TJSP – Ap 0000449-36.2006.8.26.0102, 22-5-2013, Rel. Hamid Bdine).

[6] "Anulação de negócio jurídico – Contrato de permuta de imóveis – Imóvel adquirido pelo autor que está ocupado por terceiros e é objeto de ação de usucapião extraordinária. Autor que alega haver sido induzido em erro, por falta de informação acerca desses fatos. **Omissão dolosa**. Art. 147 do CC. Anulabilidade do negócio jurídico por dolo omissivo que depende da comprovação de omissão intencional de fatos que poderiam ser percebidos por pessoa de diligência normal, elemento essencial à caracterização do erro. Autor que não obteve certidões de feitos ajuizados contra o anterior proprietário e sequer foi verificar as condições em que se encontrava o imóvel. Falta de diligência normal. Autor que é pessoa capaz, apesar do baixo grau de instrução. Imóvel que pertencia ao autor que já foi novamente cedido a terceiro de boa-fé. Improcedência. Recurso desprovido" (TJSP – AC 1021770-28.2014.8.26.0071, 26-6-2019, Relª. Mary Grün).

"Recurso de apelação cível – Ação anulatória de negócio jurídico com pedido de indenização por danos morais – Preliminar de nulidade de citação por edital – Rejeitada – Esgotamento de todos os meios para a concretização do ato – Nulidade da sentença por cerceamento de defesa – Nomeação de procurador *ad hoc* – Defensoria pública que atua nos autos como curadora especial – Inocorrência – Mérito – Nulidade do contrato – Dolo – Vício comprovado – Sentença mantida – Recurso desprovido – 1- Não há falar em nulidade da citação por edital, quando demonstrado que foram esgotados todos os meios possíveis para a citação pessoal da parte. 2- Diante da inércia da Defensoria Pública, que mesmo intimada, deixa de comparecer à audiência de instrução e julgamento, sem qualquer justificativa, mostra-se possível à nomeação de defensor dativo para acompanhar o ato, de modo que

com certa reserva, que só há verdadeiramente dolo omissivo quando existe para o "deceptor" o dever de informar. Tal dever, quando não resulta da lei ou da natureza do negócio, deve ser aferido pelas circunstâncias. Nas vendas, por exemplo, o vendedor não se deve calar perante o erro do comprador acerca das qualidades que ordinariamente conhece melhor. Assim devemos operar nos contratos análogos. Em síntese: é sempre o princípio da boa-fé objetiva que deve nortear os contratantes e é com base nele que o julgador deve pautar-se.

Interessante julgado de dolo omissivo encontrado na jurisprudência:

> *"O silêncio intencional de um dos contraentes sobre a circunstância de se achar insolúvel, e, portanto, em situação de absoluta impossibilidade de cumprir a obrigação de pagar o preço, vicia o consentimento de outro contratante, que não teria realizado o negócio se tivesse ciência do fato, configurando omissão dolosa, que torna o contrato passível de anulação"* (RT 545/198).

Tratava-se de uma pessoa jurídica que, ao contratar, estava em situação de insolvência, sem mínima possibilidade de efetuar pagamento. É aplicado, destarte, o art. 147 do Código Civil:

> *"Nos negócios jurídicos bilaterais, o silêncio intencional de uma das partes a respeito de fato ou qualidade que a outra parte haja ignorado, constitui omissão dolosa, provando-se que sem ela se não teria celebrado o contrato."*[7]

---

[7] não há falar em nulidade da sentença por cerceamento de defesa, máxime quando não há prova de que houve prejuízo processual ao Apelante. 3- São requisitos do dolo negativo a intenção de induzir o outro contratante de praticar o negócio e se desviar de sua real vontade; O silêncio sobre uma circunstância não conhecida pela outra parte; Relação de causalidade entre a omissão dolosa intencional e a declaração de vontade; ser a omissão do próprio contratante e não de terceiro. 4- Na hipótese, é nítida a ocorrência de dolo negativo por parte do Apelante, já que omitiu dos Apelados a real situação financeira da empresa, a fim de tirar proveito da situação e se beneficiar, fato que justifica a nulidade do negócio diante do vício contratual" (TJMT – Ap 29796/2017, 27-9-2017, Relª Desª Clarice Claudino da Silva).

"Ação anulatória de cessão de crédito – Aquisição de crédito trabalhista em processo de falência por valor irrisório, com deságio de mais de 90% em relação ao crédito adquirido – Cedente induzida em erro sobre fato essencial ao negócio, sendo-lhe omitida informação sobre o real valor de seu crédito – **Omissão dolosa que configura vício de consentimento, ensejando a anulação do negócio – Inteligência do art. 147 do Código Civil** – Sentença mantida. Tendo havido intencional omissão de fato essencial à realização do negócio, induzindo em erro a contraparte, fazendo-a crer em noção falsa da realidade, a qual foi decisiva para a celebração do negócio, há que se reconhecer, por força de aplicação do art. 147 do CC, a invalidade do contrato, devendo as partes ser reconduzidas ao status quo ante. Recurso desprovido" (TJSP – Ap 1034389-24.2019.8.26.0100, 15-2-2024, Rel. Andrade Neto).

"Locação de imóvel – Ação de despejo por falta de pagamento – Sentença de improcedência da ação e de procedência da reconvenção – Recurso do autor/reconvindo – Manutenção, mas sob fundamento diverso – Cabimento – Incontroversa constatação de que o autor/locador era inadimplente perante suas obrigações contratuais envolvendo o credor fiduciário dos imóveis locados (lotes) e, ainda assim, firmou com o réu contrato de locação quando já consolidada a propriedade dos bens – Fato ocultado do réu, que firmou o pacto de boa-fé e com o intuito de construir um prédio no local, destinado ao comércio de materiais de construção – Negócio jurídico defeituoso – São anuláveis por dolo os contratos quando este for a sua causa e se **o silêncio intencional** de uma das partes a respeito de fato ou qualidade que a outra parte haja ignorado, constitui **omissão dolosa**, provando-se que sem ela o negócio não se teria celebrado – Inteligência aos arts. 145, 147, 171, II e 422, do CC. Apelo do autor/reconvindo desprovido" (TJSP – Ap 1005636-39.2020.8.26.0127, 14-2-2022, Rel. Marcos Ramos).

"Apelação Cível – Ação anulatória de negócio jurídico – Vício de consentimento – Dolo – Dano Moral – Correção monetária – 1- Extrai-se dos autos que a apelante sabia que as unidades autônomas adquiridas pelos apelados não estavam livres e desembaraçadas porque inseridas em área de preservação ambiental, de que era sabedora e que necessitava de aprovação do projeto nos órgãos públicos. 2- A apelante não informou aos apelados tal situação, ferindo, portanto, o princípio da boa-fé objetiva, consubstanciado no dever de proteção, cooperação

A omissão dolosa deve ser cabalmente provada, devendo constituir-se dolo essencial.

São, portanto, requisitos do dolo negativo:

a) intenção de levar o outro contratante a se desviar de sua real vontade, de induzi-lo a erro;
b) silêncio sobre circunstância desconhecida pela outra parte;
c) relação de essencialidade entre a omissão dolosa intencional e a declaração de vontade;
d) ser a omissão do próprio contraente e não de terceiro.

Nos contratos de seguro, há aplicação específica do dever de informação particularmente amplo, uma regra geral não só na esfera securitária, mas também no âmbito do Código de Defesa do Consumidor.

Desse modo, conclui-se que, apesar de o silêncio, por si só, não gerar efeito jurídico algum, quando há dever de informar, pode caracterizar dolo omissivo.

Esse dever de informar decorre de cada caso concreto, do prudente exame do juiz. Nesse aspecto, avulta de importância o critério do julgador para identificar o verdadeiro *dolus bonus*, ou dolo inocente, distinguindo-o do *dolus malus*.

23.6 DOLO DE TERCEIRO: DIFERENÇA DE TRATAMENTO DA COAÇÃO PRATICADA POR TERCEIRO NO CÓDIGO DE 1916

Geralmente, o dolo que conduz à anulação do negócio provém do outro contratante. Pode ocorrer, contudo, que terceiro fora da eficácia direta do negócio aja com dolo.

Sobre esse aspecto, dispunha o art. 95 do Código de 1916: "*Pode também ser anulado o ato por dolo de terceiro, se uma das partes o soube.*" O atual Código dispõe de forma mais descritiva:

> "*Pode também ser anulado o negócio jurídico por dolo de terceiro, se a parte a quem aproveite dele tivesse ou devesse ter conhecimento; em caso contrário, ainda que subsista o negócio jurídico, o terceiro responderá por todas as perdas e danos da parte a quem ludibriou*" (art. 148).[8]

---

e informação que os contratantes devem respeitar quando da contratação, ou seja, a apelante era obrigada a informar algo que conhecia de modo que há no contrato vício de consentimento em virtude do dolo, pois a venda dos lotes nestas condições induziu que os apelados adquirissem as unidades fazendo-os acreditar não haver nenhum empecilho para tanto, condição esta determinante na realização do aludido negócio jurídico. 3- Dispõe o artigo 147 do Código Civil que '**Nos negócios jurídicos bilaterais, o silêncio intencional de uma das partes a respeito de fato ou qualidade que a outra parte haja ignorado, constitui omissão dolosa**, provando-se que sem ela o negócio não se teria celebrado', consubstanciando o silêncio como uma das formas de manifestação da vontade, conforme as circunstâncias tendo também significado quando configura comportamento ilícito. 4- O valor da indenização fixado na sentença (R$ 5.000,00- cinco mil reais) não destoa da orientação da jurisprudência do colendo Superior Tribunal de Justiça no sentido de que 'a indenização por dano moral deve ser arbitrada em valor proporcional e adequado à compensação do prejuízo extrapatrimonial, observada sempre sua dupla finalidade, isto é, punir aquele que comete o ato ilícito e reparar a vítima pelo sofrimento moral experimentado' (AgRg no REsp 1171470/SP, Rel. Ministro Antônio Carlos Ferreira, Quarta Turma, julgado em 05-02-2015, DJe 19-02-2015). 5- Quanto a devolução da quantia, a correção monetária incidirá a partir da data do desembolso. 6- Recurso desprovido" (TJES – Ap 0020776-29.2014.8.08.0035, 1-2-2019, Rel. Des. Dair José Bregunce de Oliveira).

[8] "Ação anulatória c.c. indenizatória – Consórcio – Vício de consentimento – Ônus da prova – Aquisição de bem imóvel – Alegação de que a preposta das administradoras prestou informação equivocada, o que foi determinante para a contratação – Dolo – Demonstração – Inexistência – Anulabilidade não reconhecida – Inteligência dos arts.

Imagine a hipótese de agente que pretende adquirir uma joia, imaginando-a de ouro, quando na verdade não é. O fato de não ser de ouro não é ventilado pelo vendedor e muito menos pelo comprador. Um terceiro, que nada tem a ver com o negócio, dá sua opinião encarecendo que o objeto é de ouro. Nisso o comprador é levado a efetuar a compra. Fica patente, aí, o *dolo de terceiro*. O fato, porém, de o vendedor ter ouvido a manifestação do terceiro e não ter alertado o comprador é que permitirá a anulação. Daí por que o atual Código especifica que o ato é anulável se a parte a quem aproveite tivesse conhecimento do dolo ou dele devesse ter conhecimento. O exame probatório é das circunstâncias de fato em relação ao que se aproveita do negócio.

O dolo de terceiro, para se constituir em motivo de anulabilidade, exige a ciência de uma das partes contratantes (*RT* 485/55). O acréscimo constante do vigente Código é absorção do que a doutrina e a jurisprudência já entendiam. Caberá ao critério do juiz entender o ato anulável por ciência real ou presumida do aproveitador do dolo de terceiro.

---

39 e 51 do CDC: – Tendo sido alegado induzimento à aquisição de cotas de consórcio, mediante falsas promessas, e inexistindo essa comprovação nos autos, inviável o reconhecimento de dolo e consequente anulação do negócio jurídico, com fulcro nos artigos 39 e 51 do CDC. Ainda que não se ignore a possibilidade de dolo de terceiro, para a anulação do negócio jurídico é indispensável que a parte a quem aproveite tivesse ou devesse ter conhecimento de sua ocorrência **(CC, artigo 148)**, o que também não se evidenciou. Recurso não provido" (*TJSP* – Ap 1002487-34.2021.8.26.0407, 3-7-2024, Rel. Nelson Jorge Júnior).

"Recurso de apelação do réu – Ação de rescisão contratual c/c busca e apreensão – Pretensão do autor da **desconstituição de negócio jurídico de compra e venda de veículo em razão do inadimplemento do réu**, com a restituição do bem objeto do negócio – Sentença de procedência – Inconformismo do réu – Pretensão da reforma da r. sentença recorrida – Inadmissibilidade. Diante do conjunto probatório produzido nos autos, restou incontroverso sobre os fatos relevantes para o julgamento, vez que o autor/apelado pretendia vender um veículo e publicou anúncio em portal da internet específico; uma terceira pessoa ('estelionatário') entrou em contato com o autor e realizou tratavas no sentido de adquirir o veículo pelo preço ofertado e, que o mesmo estelionatário manteve tratativas com o réu no sentido de vender o veículo anunciado pelo autor por um preço sensivelmente menor – Estelionatário que manteve as partes em erro, tendo em vista que fez com que o autor transferisse o veículo ao réu e fez com que o réu realizasse o pagamento ao próprio estelionatário (provavelmente por meio de contas bancárias fraudadas ou titularizadas por 'laranjas') – O documento acostado às fls. 21 demonstrou que o autor efetivamente transferiu o veículo para o réu em 02.10.2020, mesma data em que o réu realizou transferência bancária em favor de terceiros, conforme observa-se às fls. 66 – Ambas as partes foram mantidas em erro em decorrência de conduta maliciosa do estelionatário, vez que ocorreu erro quanto aos elementos essenciais do negócio jurídico, tendo em vista que as partes acreditavam que estavam materialmente contratando com pessoa diversa, além de acreditarem que os valores envolvidos no negócio eram diferentes (o autor acreditava que vendia por um preço, o réu acreditava que adquiria por um preço sensivelmente menor) – Nos termos do artigo 148 do Código Civil, o negócio não deve ser desfeito em decorrência do dolo. O dolo de terceiro somente contamina o negócio se a parte beneficiada 'tivesse ou devesse ter conhecimento' dele, o que não é o caso dos autos, vez que ambas as partes foram igualmente mantidas em erro e enganadas – Assim, mantido o negócio, o réu estaria obrigado a realizar o pagamento do preço, o que não fez – No tocante ao preço, cumpre-se, salientar, que, o documento acostado às fls. 21 demonstrou que o valor acordado entre as partes era de R$ 68.000,00 e o próprio réu parece reconhecer que não realizou este pagamento – O depósito de parte deste valor representado às fls. 66 não pode ser reconhecido como pagamento, tendo em vista que foi feito em favor de terceiro – O negócio jurídico é válido, porém, o réu não realizou o pagamento do valor, permitindo o seu desfazimento em decorrência do inadimplemento (art. 475 do CC) e, por conseguinte, com o desfazimento do negócio jurídico o veículo 'sub judice' deve ser restituído ao autor da ação. (...) Sentença que julgou procedente a ação, mantida – Recurso de apelação do réu, improvido" (*TJSP* – Ap 1014379-15.2020.8.26.0361, 6-7-2022, Rel. Marcelo L Theodósio).

"Apelação cível – Compra e venda de veículo – Dolo de terceiro – Anulação do negócio jurídico – Culpa exclusiva da vítima – Responsabilidade da revendedora de veículos afastada – Improcedência dos pedidos – 1- Nada obstante o regramento do art. 148 do Código Civil, a controvérsia, fundada na alegação do dolo de terceiro contra empresa revendedora de veículo se submete às regras do Código de Defesa do Consumidor. No caso, contudo, vislumbra-se culpa exclusiva de terceiro e falta de cautela da própria vítima, aptos a excluir a responsabilidade civil da empresa pelos danos causados pelo falsário, porquanto as provas convergem no sentido de que o consumidor contribuiu decisivamente para a aparência de regularidade da negociação. 2- Apelação conhecida e não provida" (*TJDFT* – Proc. 07007608520188070007 – (1195083), 29-8-2019, Rel. Fábio Eduardo Marques).

O dolo pode ocorrer, de forma genérica, nos seguintes casos:

1. dolo direto, ou seja, de um dos contratantes;
2. dolo de terceiro, ou seja, artifício praticado por estranho ao negócio, com a cumplicidade da parte;
3. dolo de terceiro, com mero conhecimento da parte a quem aproveita;
4. dolo exclusivo de terceiro, sem que dele tenha conhecimento o favorecido.

Nas três primeiras situações, o negócio é anulável. No último caso quando o eventual beneficiado não toma conhecimento do dolo, o negócio persiste, mas o autor do dolo, por ter praticado ato ilícito, responderá por perdas e danos (art. 186 do Código Civil). O vigente Código Civil é específico ao determinar essas perdas e danos ao terceiro nesse caso, em seu art. 148. Lembre-se, contudo, de que em qualquer caso de dolo, como se trata de ato ilícito, haverá o direito à indenização por perdas e danos, com ou sem a anulação do negócio.

Não falamos, no entanto, em dolo de terceiro se a vítima previamente tomou conhecimento do artifício a ser perpetrado por ele.

Levando em conta que, conquanto o dolo de terceiro seja desconhecido pela vítima e pelo outro contratante, há desvio de vontade, a doutrina critica o legislador por não permitir a anulação do ato. Protege-se, no entanto, nessa hipótese, a boa-fé do contratante inocente, em detrimento do desvio de vontade do declarante. O vigente Código Civil, oriundo do Projeto de 1975, procurou ser mais abrangente, como se vê da redação do art. 148.

A inovação permite maior âmbito de decisão ao julgador, pois poderá ser anulado o negócio em circunstâncias em que o beneficiado com dolo de terceiro, presumivelmente, tivesse conhecimento.

Objeção mais profunda é feita pela doutrina no que diz respeito ao tratamento diverso do atual estatuto quanto ao dolo de terceiro do art. 148 e à coação praticada por terceiro dos arts. 154 e 155. No que se refere ao dolo, se a parte dele não tomou conhecimento, o ato não é anulável. Portanto, o ato é anulável tenham ou não as partes conhecimento da coação.

Tanto na coação, quando o desvio de vontade se mostra pela violência, como no dolo, quando se mostra pela astúcia, há vícios de vontade. Não haveria razão, em tese, para diversidade de tratamentos. Parece, à primeira vista, que a diferença no dolo de terceiro e na coação de terceiro no Código de 1916 era incoerente, que o legislador se impressionara mais com a coação, por nela estar presente conotação de violência.

Como assevera Sílvio Rodrigues (2006, v. 1:216), a maior divergência deve residir nos efeitos de ambas as situações. Tanto para esse autor como para nós, a melhor solução seria fazer prevalecer o negócio decorrente de dolo ou coação de terceiros sempre que o outro contratante não tivesse ciência do vício, respeitando-se sua boa-fé.

A violência contra a vontade do manifestante, a coação, é mais facilmente percebida pelo outro contratante, pelo declaratório. A esse respeito, atendendo aos reclamos da doutrina, dispõe diferentemente o art. 154 do Código de 2002:

> "Vicia o negócio jurídico a coação exercida por terceiro, se dela tivesse ou devesse ter conhecimento a parte a quem aproveite, e esta responderá solidariamente com aquele por perdas e danos."

Voltaremos ao assunto ao tratarmos da coação.

23.7 DOLO DO REPRESENTANTE

O dolo pode ser do representante do agente. A esse respeito dispõe o art. 96 de 1916:

> "*O dolo do representante de uma das partes só obriga o representado a responder civilmente até à importância do proveito que teve.*"

O representado era responsável, pela dicção da lei, tivesse ou não ciência do dolo do representante. Se, porém, tivesse conhecimento do dolo e nada houvera feito para evitá-lo, deveria responder solidariamente por perdas e danos, com o representante.

A solução legal era injusta, mormente no tocante à representação voluntária. O legislador do Código de 1916 deveria ter diferenciado as situações da representação legal da representação voluntária. Na representação legal, o representado não tem responsabilidade alguma pela escolha, boa ou má, do representante. Na representação convencional, incumbe ao representado escolher bem seu representante, sob pena de responder por culpa *in eligendo*.

O atual Código corrige a distorção, atendendo a essa crítica doutrinária, ao estatuir no art. 149:

> "*O dolo do representante legal de uma das partes só obriga o representado a responder civilmente até a importância do proveito que teve; se, porém, o dolo for do representante convencional, o representado responderá solidariamente com ele por perdas e danos.*"[9]

A solução da lei de 2002 é mais justa. O tutor, curador, pai ou mãe no exercício do poder familiar são representantes impostos pela lei. Se esses representantes atuam com malícia na vida jurídica, é injusto que a lei sobrecarregue os representados pelas consequências de atitude que não é sua e para a qual não concorreram. O mesmo não se pode dizer da representação convencional, em que existe a vontade do representante na escolha de seu representado. O representado, ao assim agir, cria risco para si.

Desse modo, a culpa *in eligendo* ou *in vigilando* do representado deve ter por consequência responsabilizá-lo solidariamente pela reparação do dano, nos termos do art. 1.518, e não simplesmente, como diz o Código antigo no tópico analisado, limitar sua responsabilidade *ao proveito que teve*. Assim, o texto do atual Código, art. 942, faz melhor justiça, na prática.

---

9   "Ação de rescisão contratual c/c restituição de crédito e danos morais – Consórcio – Alegação de que teria havido dolo por parte do representante da empresa ré, a macular a livre manifestação de vontade do autor, que foi induzido a erro na celebração do negócio jurídico, por promessa de contemplação e entrega antecipada do bem, independentemente de sorteio – Documentação coligida que não dá sustento à versão trazida na inicial – Autor que não logrou êxito na demonstração da ocorrência do vício de consentimento, por **ato deliberado do representante da ré**, que teria induzido o requerente a erro na contratação – Sentença de improcedência mantida – Recurso não provido" (*TJSP* – Ap 1001882-28.2015.8.26.0010, 17-2-2016, Rel. Heraldo de Oliveira).

"Contrato Bancário. Ação de anulação de cláusula de fiança. A autora alegou ter sido influenciada por sua empregadora a firmar a garantia a favor da microempresa onde trabalhava. Ação julgada procedente. Recurso do banco. Defesa da validade do pacto celebrado, que teria atendido às formalidades legais, e da necessidade de manutenção do nome da autora nos cadastros de proteção ao crédito. Irrazoabilidade. Dolo de terceiro. No caso em exame, a instituição financeira (na qualidade de contratante beneficiada pela garantia prestada) teria condições de reconhecer a existência do vício de consentimento, caso tivesse procedido com normal diligência. Sentença mantida. Recurso improvido" (*TJSP* – Acórdão Apelação Cível 0264873-79.2010.8.26.0000, 19-6-2013, Rel. Des. Jurandir de Sousa Oliveira).

23.8 DOLO DE AMBAS AS PARTES

Se ambas as partes procederam com dolo, há empate, igualdade na torpeza. A lei pune a conduta de ambas, não permitindo a anulação do ato. "Art. 150. Se ambas as partes procederem com dolo, nenhuma pode alegá-lo para anular o negócio, ou reclamar indenização." É aplicação da regra geral pela qual ninguém pode alegar a própria torpeza – *nemo propriam turpitudi nem allegans*. Quando o dolo é bilateral, não há boa-fé a se defender.[10]

Note que não se compensam dolos, embora a noção prática possa ser esta. O que a lei faz é tratar com indiferença ambas as partes que foram maliciosas, punindo-as com a impossibilidade de anular o negócio, pois ambos os partícipes agiram de má-fé.

---

[10] "Contrato de consórcio – Pretensão de rescisão do contrato – Alegação do autor de que foi induzido em erro quando da celebração do contrato, em razão da promessa do preposto da ré de que obteria a carta de crédito imediatamente – Sentença de parcial procedência – Insurgência das rés – Cabimento – Elementos dos autos que indicam que o autor possuía ciência do funcionamento do sistema de consórcio e da previsão de inexistência de garantia de contemplação – Hipótese em que tanto o autor quanto o preposto da ré, que não pode ser considerado terceiro, agiram com dolo, com intuito de burlar as regras impostas aos demais consorciados – Impossibilidade de alegação de dolo para anular o negócio ou reclamar indenização – Inteligência dos arts. 149 e 150, do Código Civil – recursos providos". (*TJSP* – Ap 1004023-79.2022.8.26.0008, 5-5-2023, Rel. Renato Rangel Desinano).

"Apelação cível. Anulatória de doação. Parte ideal de imóvel. Alegação de existência de vício de vontade na lavratura de escritura pública e inadimplemento por parte do réu. Sentença de improcedência. Recurso dos autores. Insistência nos argumentos da inicial. Ausência de comprovação documental de vício de consentimento. Prova testemunhal que não dá conta de coação ou ameaça, levando-se em conta que à época da assinatura da escritura pública já haviam se passado seis meses do procedimento cirúrgico a que a autora se submeteu. Ônus que era dos autores e do qual não se desincumbiram (art. 373, I, do CPC). **Dolo bilateral que afasta pretensão anulatória**. Inteligência do art. 150 do Código Civil. Honorários majorados nos termos do § 11 do art. 85 do CPC. Recurso desprovido" (*TJSP* – Ap 1001158-69.2019.8.26.0079, 15-7-2021, Rel. Cristina Medina Mogioni).

"Apelação cível – Rescisão contratual – Cessão de direitos sobre imóvel – Contrato prevendo área maior do que a que o cedente possuía – Vício de consentimento – Dolo – Ônus da prova – Ausência de provas das alegações do autor – Princípio da boa-fé objetiva – Possibilidade de confirmação de negócio anulável – Invalidade parcial do negócio jurídico – **Dolo bilateral** – No campo das causas de anulabilidade do negócio jurídico, há, dentre outros vícios de vontade, o erro substancial e o dolo, que estão previstos nos artigos 138 a 150, do Código Civil . No erro, o declarante tem representação errônea da realidade, que o leva a praticar negócio não desejado; De outro lado, no dolo, o erro é induzido por outrem. A ausência de provas que subsidiam as alegações da parte recai sobre si, como consequência negativa no processo, pois o ônus da prova, em regra, cabe a quem alega determinado fato. Assim, ausentes provas hábeis a demonstrar, com segurança, as alegações de que a alteração na metragem do imóvel objeto do contrato teria ocorrido por culpa do contratante e de que esse tinha pleno conhecimento acerca do real tamanho do imóvel, não há que falar em boa-fé objetiva do cedente na celebração da avença. Consoante as disposições do Código Civil, é possível a confirmação pelas partes do negócio anulável, mas o ato de confirmação deve ser expresso e conter a substância do negócio, salvo se, após a ciência do vício, o devedor ainda assim cumprir a sua parte no negócio jurídico. Incabível falar em invalidade parcial do negócio jurídico, com a subsistência do restante do contrato, se a supressão da cláusula que contém vício compromete a própria estrutura da avença, interferindo diretamente na manifestação de vontade do contratante. Constatado o dolo de ambas as partes na celebração do negócio jurídico, nenhuma pode alegá-lo para anular o negócio ou reclamar indenização" (*TJDFT* – Proc. 07033131120188070006 – (1191957), 15-8-2019, Rel. Esdras Neves).

24

COAÇÃO E ESTADO DE PERIGO

24.1 CONCEITO

Ao traçarmos os princípios do erro e do dolo, percebemos que ambos guardam relação próxima, pois no dolo, ao menos externamente, há erro não espontâneo, mas provocado. O erro ocorre também no dolo.

Já na coação, a vontade deixa de ser espontânea como resultado de violência contra ela. A figura da coação não é redutível a qualquer outro vício, guardando visível autonomia. A matéria, como acontece com os demais vícios de vontade, é da Teoria Geral do Direito, aplicando-se aos negócios jurídicos em geral; não é exclusiva dos contratos, como pode parecer por outras legislações que versam sobre o tema na parte do direito contratual.

Entre os vícios que podem afetar o negócio jurídico, a coação é o que mais repugna à consciência humana, pois dotado de violência. Nesse vício da vontade, mais vivamente mostram-se o egoísmo, a rudeza, a primitividade. Trata-se do vício mais grave que pode afetar a vontade. Pretender alguém lograr um benefício pela força, pela ameaça, é aspecto reprovado por nossa consciência. Daí ser importante fixar o exato alcance do problema na teoria dos negócios jurídicos. Como aduz Francisco Amaral, *"a coação não é, em si, um vício de vontade, mas sim o temor que ela inspira, tornando defeituosa a manifestação de querer do agente"* (2003:508).

O medo e o temor são fraquezas próprias do homem. Afetam-no diferentemente, dependendo de várias circunstâncias. Uma pessoa absolutamente destemida foge à normalidade; é caso patológico. Sabedores disso, há espíritos que se achando mais fortes buscam aproveitar-se das fraquezas humanas, incutindo temor por ameaças.

Clóvis Beviláqua (1980:221) define coação como *"um estado de espírito, em que o agente, perdendo a energia moral e a espontaneidade do querer, realiza o ato, que lhe é exigido"*.

No conceito de coação, é importante distinguir a coação absoluta (*vis absoluta*), que tolhe totalmente a vontade, da coação relativa (*vis compulsiva*), que é vício de vontade propriamente falando. Na *coação absoluta*, não há vontade ou, se quisermos, existe, se tanto, apenas vontade aparente. Trata-se de violência física que não concede escolha ao coacto. Assim, se um indivíduo aponta arma a outrem, ou conduz sua mão para conseguir sua assinatura em documento, não há vontade por parte do violentado. No final das contas, a ação obtida não é do violentado, mas do violentador, pois a este deve ser materialmente imputada. Na coação absoluta, não há vício de vontade, mas, existindo total ausência de manifestação volitiva, o negócio jurídico reduz-se a caso de nulidade.[1]

O que nos ocupa, agora neste capítulo, é a *coação relativa* ou coação moral, em que, com maior ou menor amplitude, haverá certa escolha por parte do coacto. Nessa hipótese, a vítima da coação não fica reduzida à condição de puro autômato, uma vez que pode deixar de emitir a declaração pretendida, optando por resistir ao mal cominado. Daí por que a *vis relativa* torna o ato simplesmente *anulável*, como vício de vontade que é.

Portanto, na coação relativa, conserva o coacto a possibilidade de optar entre expor-se ao mal cominado e a conclusão do negócio que se lhe pretende extorquir. Nesse caso, a vontade do agente é tão só *cerceada, restringida* e não totalmente *excluída*. Equivale a total exclusão da vontade a situação do assaltante que diz: "A bolsa ou a vida!" Aqui não há propriamente escolha...

---

[1] "Processo civil e direito civil – Apelação cível – **Anulação de negócio jurídico – Vício de consentimento não configurado** – Arts. 138, 139 e 171 do CC – Parte autora não provou inequivocamente a existência de vício de consentimento resultante de dolo/coação capaz de atingir a sua manifestação de vontade. Art. 373, I, do CPC. Mero arrependimento. Inexistência de ilegalidade no procedimento administrativo vergastado. Sentença mantida. Recurso conhecido e não provido. 1- Cinge-se a controvérsia recursal em analisar a validade de negócio jurídico celebrado entre as partes, bem quanto a legalidade do ato administrativo relativo à transferência de permissão remunerada de uso – TPRU do box nº 77 do galpão 05 na CEASA do autor para o réu. 2- A anulação de um ato jurídico depende da demonstração inequívoca de existência do vício de consentimento, resultante de erro, dolo ou coação capaz de atingir a manifestação de vontade do agente, interferindo na elaboração do negócio jurídico que se pretende anular (arts. 138, 139 e 171 do CC). 3- A parte autora não se desincumbiu, no bojo dos autos, de produzir prova inequívoca de que tenha realizado o negócio por erro, ou que tivesse sido induzida dolosamente pela outra parte a fazê-lo ou, em outro viés, que o tenha feito em consequência de qualquer outro vício do consentimento (art. 373, I, do CPC). 4- Ausente, portanto, a prova do vício de consentimento na realização do negócio, este deverá prevalecer em razão da certeza e segurança jurídica que consubstanciam as relações contratuais. O mero arrependimento pelo negócio não dá ensejo à sua invalidação. 5- Para que o permissionário possa ceder a área que lhe foi permitido o uso se faz necessária a autorização das centrais de abastecimento do CEARÁ S/A CEASA, autorização esta concedida pelo ente, conforme se observa nos documentos de fls.19/22, relativos ao termo de permissão remunerado de uso, concedido ao ora recorrido. 6- Ademais, as testemunhas ouvidas em juízo são enfáticas ao afirmar que o procedimento administrativo referente a transferência ora discutida respeitou todos os procedimentos legais junto ao CEASA. Desse modo, em dissonância do alegado pela parte autora, bem como em atenção às provas constantes nos autos, não há de falar em qualquer ilegalidade no procedimento administrativo ora vergastado. 7- Estando o *decisum a quo* em conformidade com a legislação e com a jurisprudência pacificada no âmbito do desta corte, não havendo fundamentação apta a ensejar a sua modificação, o improvimento do presente recurso é a medida que se impõe. 8- Recurso conhecido e não provido" (TJCE – Ap 0004235-93.2009.8.06.0117, 21-5-2019, Relª Lira Ramos de Oliveira).
"Civil e processual civil – Apelação cível – Negócio jurídico – Cirurgia plástica – Vício de consentimento – **Anulação do negócio jurídico – Coação** – Não ocorrência – Contratação prévia dos serviços – Recurso desprovido – 1- A anulação de negócio jurídico perfeito e acabado exige a demonstração cabal de defeitos no ato jurídico, como a ocorrência de erro (art. 138, CC), dolo (art. 145 do CC), coação (art. 151 do CC), estado de perigo (art. 156 do CC), lesão (art. 157 do CC), ou de fraude contra credores (art. 158 do CC). 2- Considera-se coação o vício que macula a vontade do indivíduo, a qual deve ser livre quando de sua manifestação. Ela ocorre, nos termos do art. 151 do CC, quando incute ao paciente fundado temor de dano iminente e considerável à sua pessoa ou à sua família, ou aos seus bens. 3- Não há que se falar em coação se a contratação dos serviços médicos ocorreu de forma prévia à sua realização e não há elementos nos autos que evidenciem a prática de conduta ilícita do réu durante o procedimento cirúrgico. 4- Apelação conhecida e desprovida" (TJDFT – Proc. 20170110006064APC – (1087001), 10-4-2018, Rel. Sebastião Coelho).
"Prestação de serviços hospitalares – Embargos à execução – Nota promissória – Caução – A exigência de emissão de título de crédito como garantia do pagamento de serviços médico-hospitalares representa prática abusiva do hospital, caracterizadora de **coação** psicológica, sendo de rigor a anulação da cambial. Embargos procedentes. Recurso improvido" (TJSP – Ap 0012376-72.2011.8.26.0506, 22-02-2016, Rel. Itamar Gaino).
"**Negócio jurídico – Anulação**. Promessa de compra e venda. Preliminar de cerceamento de defesa. Acolhimento. Alegações de coação moral e de grande disparidade entre o valor do imóvel e o da dívida que se pretendia garantir. Fatos controvertidos. Necessidade de dilação probatória. Cerceamento de defesa caracterizado. Sentença anulada, para que, após a especificação das provas, seja proferido despacho saneador, prosseguindo-se como de direito Recurso provido" (TJSP – Ap 0021104-88.2013.8.26.0003, 24-3-2015, Rel. Paulo Eduardo Razuk).

A coação, por outro lado, deve deixar margem de escolha ao agente.

No Direito Romano, o ato praticado sob coação moral era considerado válido, mas foram introduzidos meios destinados a proteger a parte que tinha a vontade viciada pela violência. Havia a *actio quod metus causa* (ação derivada do medo), concedida contra o autor da violência e também contra o terceiro que obtivesse a coisa com violência. Por meio da *exceptio*, podia-se reprimir ato proveniente de violência, pois era meio de defesa. Também havia a *restitutio in integrum* (restituição integral), concedida pelo direito pretoriano, que considerava não realizado o ato jurídico extorquido por violência; restabelecia-se, assim, a situação anterior.

A ação *quod metus causa* era de caráter penal e impunha ao agente da coação o pagamento do quádruplo do valor do prejuízo causado à vítima. Essa penalidade só era imposta, contudo, quando o réu não fazia, voluntariamente, devolução do que recebera injustamente, pois era esse o fim real da demanda. Pouco a pouco, foi desaparecendo o aspecto penal da ação, que se converteu em instrumento processual.

24.2 REQUISITOS DA COAÇÃO

Dispunha o art. 98 do Código Civil de 1916:

> "*A coação, para viciar a manifestação da vontade, há de ser tal que incuta ao paciente fundado temor de dano a sua pessoa, a sua família, ou a seus bens, iminente e igual, pelo menos, ao receável do ato extorquido.*"

Nesse contexto, do qual não foge o Código de 2002, enumeram-se os seguintes requisitos da coação:

1. essencialidade da coação;
2. intenção de coagir;
3. gravidade do mal cominado;
4. injustiça ou ilicitude da cominação;
5. dano atual ou iminente;
6. justo receio de prejuízo, igual, pelo menos, ao decorrente do dano extorquido;
7. tal prejuízo deve recair sobre pessoa ou bens do paciente, ou pessoas de sua família.

O atual Código, atendendo a críticas que descrevemos a seguir, modifica em parte esse conceito, sem retirar-lhe os requisitos, estatuindo, no art. 151: "*A coação, para viciar a declaração de vontade, há de ser tal que incuta ao paciente fundado temor de dano iminente e considerável à sua pessoa, à sua família, ou a seus bens.*" Esse diploma estabeleceu o prazo decadencial de quatro anos para pleitear-se a anulação do negócio jurídico no caso de coação, contado do dia em que ela cessar (art. 178, I). O projeto, no art. 152, prefere substituir a referência a sexo, idade, condição de saúde e condições pessoais do coacto simplesmente por *condições e características pessoais da vítima*. É oportuna essa alteração.

24.2.1 Essencialidade da Coação

É preciso que a coação seja determinante ou essencial, ou, melhor ainda, que seja a causa do negócio. Pode ocorrer, a exemplo do que sucede com o dolo, que a coação seja incidente ou acidental. Quando o ato jurídico for realizado de qualquer forma, a ocorrência de coação só gera o direito de o coacto pedir perdas e danos, com fundamento no art. 186 do Código Civil.

O Código não faz referência a essa coação acidental, a qual deve ser admitida, pois decorre do sistema.

Para que se configure, porém, a coação capaz de anular o negócio, deve existir relação de causalidade entre a ameaça e a declaração. A coação deve ser o motivo determinante do ato ou da conduta da vítima.

Se, por exemplo, alguém foi ameaçado, mas consentiu, emitiu vontade ou praticou o ato ou negócio independentemente da ameaça, não houve coação.

No tocante à prova, cumpre ao coacto fazê-la. O critério do exame de prova depende da prudência do julgador diante do caso concreto, pois a coação é de difícil comprovação, porque quem se vale dela geralmente se mune de artifícios para camuflá-la.

24.2.2 Intenção de Coagir

É elemento da própria noção do vício. Consiste no ânimo de extrair o consentimento para o negócio. Esse exame da intenção depende muito da prova. Normalmente, são as circunstâncias externas do negócio que denotam a coação. A propósito já se decidiu:

> *"É nula a escritura de venda e compra, realizada fora do cartório e a desoras, outorgada a um dos diretores de estabelecimento bancário, e não ao banco, a fim de evitar prisão e instauração da ação criminal, por desfalque de seu funcionário, e, ainda, com ocultação das circunstâncias que cercavam o fato"* (RT 428/175).

Por outro lado, não haverá intenção de coagir no caso, por exemplo, de alguém que, ameaçado de morte, compra arma para defender-se.

24.2.3 Gravidade do Mal Cominado

Importa aqui a intensidade do mal, sua probabilidade de consumação. A vítima, perante a violência procedente do outro contraente ou de terceiro, deve escolher entre consentir e curvar-se à ameaça ou sofrer as consequências. A ameaça deve, por isso, revestir-se de certa gravidade. Assim já se decidiu: *"Não basta qualquer constrangimento para que se haja o ato jurídico por viciado. Para que ocorra a coação, mister se faz que se atinja o limite da anormalidade"* (RT 524/65). A ideia do julgado é que todos nós, com maior ou menor amplitude, vivemos sob pressão constante das próprias condições que a sociedade nos impõe. Não podemos sujeitar um negócio jurídico à anulabilidade, trazendo incerteza às relações jurídicas, perante essas pressões ordinárias da vida.

No Direito Romano, vigorava critério para aferição da gravidade da ameaça. Tinha-se em mira a coação capaz de atemorizar um homem diligente. Nosso Código, no art. 152, fugindo à tradição romana, adotou critério concreto para o exame, em cada caso, do vício:

> *"No apreciar a coação, ter-se-ão em conta o sexo, a idade, a condição, a saúde, o temperamento do paciente e todas as demais circunstâncias que possam influir na gravidade dela."*[2]

---

[2] "Apelação – Defeito do negócio jurídico e responsabilidade civil – Ação anulatória de negócio jurídico por coação e indenizatória de danos materiais e morais – Sentença de improcedência – Apelo do autor – Alegação de existência de prova nos autos da coação e dos danos dela decorrentes – Rejeição – **Coação que, para justificar a anulação do negócio, deve ser grave e capaz de incutir fundado temor à vítima, consideradas suas condições pessoais – Artigos 151 e 152 do Código Civil** – Desinteligências, prática de atos intensos de cobrança pelos réus e delongas nas tratativas de acordo que não tem o condão de causar fundado temor no autor, que é advogado e, por

A posição do legislador é de estrito respeito à vontade individual e à dignidade humana. Para aferição desse vício não se leva em consideração, portanto, o padrão do homem médio, mas a situação no caso concreto.

Desse modo, entende-se que uma criança reage diferentemente a uma ameaça do que um adulto; a mulher, de forma diversa do homem; o doente, do são, e assim por diante. Até o mais destemido dos seres humanos pode ser Grande é a liberdade do juiz em tais circunstâncias, mas não deverá descuidar-se dos demais requisitos.

24.2.4 Injustiça ou Ilicitude da Cominação

A doutrina não é unânime neste requisito. No tocante à injustiça, trata-se de fator de natureza ética, difícil de precisar. Quanto à ilicitude, porém, nossa lei civil estatui que não se considera coação a ameaça do exercício normal de um direito (art. 153 do Código Civil).[3] Assim,

---

via de consequência, presumidamente conhecedor do ordenamento jurídico – Inexistência de coação ou de ato ilícito apto a violar direito de personalidade – Honorários advocatícios majorados – Sentença mantida – Recurso improvido" (TJSP – Ap 1005052-09.2021.8.26.0071, 23-2-2024, Rel. Luis Roberto Reuter Torro).

"Apelação cível – Adjudicação compulsória – **Negócio jurídico** – **Coação** – Ausência de comprovação – A coação consiste em vício de consentimento na celebração de negócio jurídico, restando configurado quando a pessoa pratica um ato mediante ameaça física ou moral contra si, a sua família ou a seus bens, conforme dispõe o art. 151, do CC – Para que o negócio jurídico seja passível de anulação, necessário que a suposta vítima demonstre de forma cabal que somente celebrou o pacto em decorrência de coação praticada pelo outro contratante – A simples divergência entre informações constantes de documentos relativos aos contratos celebrados não é causa de anulação do negócio jurídico, quando não frauda a lei ou prejudica terceiros estranhos à relação negocial, devendo, pois, ser prestigiadas as manifestações de vontade expressadas pelas partes na negociação" (TJMG – AC 1.0480.01.021960-2/002, 2-2-2018, Rel. Marco Aurelio Ferenzini).

"**Anulatória de negócio jurídico** – Supressão da fase de saneamento – Prejuízo não demonstrado – Incidência do adágio *pas de nullité sans grief* – Patrocínio infiel não configurado – Presunção ficta de veracidade – Contestação que impugnou especificamente os fatos articulados na inicial – Hipótese que não absorve a incidência do art. 302 do CPC – Julgamento antecipado – Cerceamento de defesa inocorrente – Preliminares rejeitadas – Coação na assinatura do contrato de cessão e transferência de posse e de direitos – Requisitos para a configuração do vício do consentimento não verificados (art. 151, *caput*, do CC) – Higidez contratual – Erro substancial (art. 139, III, do CC) – Não constatação – Argumentação direcionada aos vícios da vontade e do consentimento desacompanhada de indícios (art. 333, I, do CPC) – Teses refutadas – Sentença de improcedência mantida – Recurso desprovido" (TJSP – Ap 0000580-11.2005.8.26.0566, 4-5-2016, Rel. Rômolo Russo).

[3] "Despesas Condominiais. Ação de reparação de danos materiais e morais. Coação. Não há prova do vício do consentimento alegado pelos autores. No caso, ao contrário do que expõem nas razões recursais, houve tempo hábil para consultarem advogado e contestarem os valores que estavam discriminados na planilha de cálculo. Ademais, **não constitui coação a ameaça relacionada ao exercício regular de um direito, nos termos do artigo 153 do Código Civil.** Sentença de improcedência mantida, por fundamento diverso. Recurso improvido" (TJSP – Ap 1103369-52.2021.8.26.0100, 15-4-2024, Rel. Gomes Varjão).

"**Compra e venda de imóvel entre particulares** – Alegação de que o contrato foi assinado sob coação, uma vez que os apelantes já estavam arcando com as prestações do financiamento bancário e necessitavam do imóvel. Coação não configurada, nos termos do art. 151 do CC. Ônus dos apelantes. art. 373, I, DO CPC – Ainda que tivesse ocorrido a coação, de acordo com o art. 178, do CC, o prazo para pleitear a anulação do negócio jurídico é de 4 anos, a contar do dia que a coação cessar. Contrato assinado em 05.10.2012 e ação ajuizada em 12.06.2017. Parte do pagamento realizado através da entrega do veículo Fox, financiado pelos compradores. Cláusula 4 do contrato firmado entre as partes determina que os compradores devem arcar com o financiamento do veículo. Não quitação das parcelas vencidas. Conversão em perdas e danos. Possibilidade. Apelantes não comprovaram o valor das multas que teriam sido aplicadas em razão de infrações de trânsito praticadas pelo réu. Planilha de cálculo dos valores devidos pelos apelantes apresentada pelo réu que não foi impugnada. Preclusão. Considerando que na planilha apresentada pelo réu aplicou correção monetária e juros de mora até 31.08.2017, tais valores devem ser corrigidos a partir de 31.08.2017. Sentença parcialmente reformada, apenas para determinar a aplicação da correção monetária e dos juros de mora a partir de 31.08.2017. Recurso parcialmente provido" (TJSP – AC 1003466-62.2017.8.26.0010, 28-8-2019, Relª. Fernanda Gomes Camacho).

"Apelação cível – Ação anulatória de ato jurídico – **Alegação de vício de consentimento (coação)** no aval prestado pela autora à dívida contraída por meio de cédula de crédito bancário. Improcedência na origem. Insurgência da

não pratica coação o credor que ameaça requerer a falência do devedor. Aqui avulta, porém, de importância o *abuso de direito,* descrito no art. 187 do atual Código. O exercício regular de um direito não pode ser desvirtuado. Tal exercício deve ser desempenhado com o objetivo de atingir a finalidade para a qual foi criado.

Nessas premissas, nosso ordenamento de 1916 coibia o ato abusivo, ao estipular no art. 160, I (atual, art. 188, I), que não constituem atos ilícitos os praticados *no exercício regular de um direito reconhecido.* Tratava-se de indução *a contrario sensu,* pois *o exercício irregular de um direito é ilícito.* Destarte, a ameaça ao devedor de requerer sua falência é um direito. Publicar em jornais que a situação financeira de seu devedor é ruim e que será requerida sua falência é abuso, por exemplo. O novo Código é expresso na definição de abuso de direito, enquadrando--o na categoria de ato ilícito: *"Comete ato ilícito o titular de um direito que, ao exercê-lo, excede manifestamente os limites impostos pelo seu fim econômico ou social, pela boa-fé ou pelos bons costumes"* (art. 187). Ou, como diz Manuel A. Domingues de Andrade (1974:226): *"A exorbitância da vantagem obtida pelo credor colora de ilicitude seu comportamento."* Também é assim que se manifesta Orosimbo Nonato (1957:171) sobre a matéria:

> *"Se o constrangimento, posto eficaz e intenso, é legal, é legítimo, constituiria incivilidade maior da marca haver como injusta a ameaça de seu emprego."*

24.2.5 Dano Atual ou Iminente

O art. 151 prescreve que o dano deve ser iminente. Nesse sentido, o dano deve ser atual e inevitável sob o prisma da vítima.

A lei não exige mal remoto e distante, evitável pela intervenção da autoridade, ou de quem quer que seja. O temor deve ser de dano palpável para as condições da vítima. Se a ameaça não contiver *atualidade,* não há que se falar em vício.

É evidente que a gravidade da ameaça se entrelaça com a iminência e atualidade. O caso concreto fornece as diretrizes.

O art. 98 reporta-se a temor *fundado.* Tem-se em vista também a pessoa do coacto. Não basta, porém, a mera *suspeita* da vítima para anular o negócio. Como para todos os requisitos, a prova deve ser segura. Não pode, contudo, o julgador ser rigoroso em seu exame a ponto de nulificar a intenção do legislador.

24.2.6 Justo Receio de Prejuízo Igual, pelo menos, ao Decorrente do Dano Extorquido. A Posição do Atual Código

Segundo disposição do Código anterior, a coação só viciava o negócio quando provocasse na vítima, em seu espírito, temor de dano a sua pessoa, à pessoa de sua família ou a seus bens, devendo esse dano ser igual, pelo menos, ao receável do ato extorquido (art. 98).

---

autora. Pretendido reconhecimento da nulidade do negócio jurídico firmado entre a devedora principal e o credor pela ocorrência de simulação. Afastamento. Tese que ultrapassa os limites da causa. Insubsistência, ademais, da hipótese de simulação aventada pela autora. Pretendida anulação do aval pela presença de vício de consentimento (coação). Inexistência de provas de que o banco tenha exercido qualquer espécie de pressão psicológica para compelir a demandante a assumir o pagamento da dívida na condição de avalista. Prova testemunhal insuficiente ao reconhecimento da alegada coação. Causas de anulabilidade do negócio jurídico, descritas no art. 171 do Código Civil, não verificadas na hipótese. Sentença mantida. Recurso conhecido e desprovido"*(TJSC* – AC 0001065-08.2013.8.24.0074, 17-4-2018, Rel. Des. Saul Steil).

A terminologia de nossa lei de 1916, ao mencionar contrapeso do ato receável, cotejando-o com o conteúdo da ameaça, era inconveniente, como foi demonstrado pela doutrina. Em outras legislações, a mensuração da intensidade do dano é difusa, não tendo descido a minúcias. Assim age o vigente Código, no art. 151 transcrito, a exemplo do Código francês. Fala em dano *considerável* e assim concede maior elasticidade ao julgador. Aliás, em várias oportunidades, o Código de 2002 concede maior atividade discricionária ao magistrado, naquilo que a doutrina convenciona denominar cláusulas abertas. No sistema de 1916, levado o texto citado ao pé da letra, a vítima da coação teria de provar que o mal prometido era igual, pelo menos, ao que resultaria do cumprimento da ameaça, como se tais condutas pudessem ser postas em uma balança. Como podemos facilmente perceber, em muitos casos concretos a utilização desse "equilíbrio" desejado pelo legislador era impraticável, mormente quando se tratasse de ameaça de dano moral. Como saber se uma injúria ou calúnia prometida, ou o sequestro de um filho, tem o mesmo valor extorquido? Como defendiam Clóvis Beviláqua (1916) e Sílvio Rodrigues (2006, v. 1:215), tal requisito deveria mesmo ser dispensado, mormente se o dano ameaçado não fosse de ordem patrimonial.

De qualquer forma, no sistema anterior, para poder balancear o dano com a intensidade da ameaça, o juiz deveria ponderar os vários fatores em jogo, principalmente aqueles dispostos no art. 99. Conquanto se tratasse de ameaça de dano patrimonial, não se deveria fixar fórmula matemática para atingir a igualdade entre o dano e a ameaça. Deveria preponderar certa elasticidade de raciocínio por parte do julgador, que examinaria a espontaneidade da manifestação de vontade, verificando se a pressão exercida contra ela fora capaz de viciar o ato, tanto pela gravidade, como pela iminência do dano ameaçado. Nesse diapasão, a redação do art. 151, do Código de 2002, como pontuamos, atendeu às críticas da doutrina.

24.2.7 Ameaça de Prejuízo à Pessoa ou Bens da Vítima, ou Pessoas de Sua Família

O texto do art. 98 do Código antigo não precisou o alcance do vocábulo *família*. Em sentido abrangente, dentro do termo estariam englobados todos os membros com vínculo de sangue. Também devem ser inseridos os membros ligados à pessoa pela afinidade, relação nascida com o vínculo conjugal, ou seja, o cunhado, bem como as pessoas do sogro e da sogra. Modernamente, contudo, com a diminuição dos vínculos afetivos, há tendência social de incluir na "família" apenas os cônjuges e os filhos. É inelutável, pois, que o julgador examine as circunstâncias da violência, incumbindo ao coacto provar que a ameaça foi dirigida ou relacionada a pessoa de estreito vínculo afetivo, tratando-se de parente ou afim mais afastado. Não se esqueça que a Constituição de 1988 considera a entidade familiar como um todo, independentemente de casamento, levando em consideração até mesmo a denominada família monoparental. Portanto, também esse aspecto deve ser levado em conta.

Surge o problema de a coação ameaçar pessoa que não se insere no vocábulo *família,* mas ligada ao coacto por vínculo afetivo intenso, como, por exemplo, o amigo íntimo, a concubina sem conotação técnica de companheira, o menor do qual o coacto tem a guarda. É inexorável, dependendo da ordem de afetividade, que a coação aja como instrumento viciador da vontade nessas hipóteses. É sempre do exame das circunstâncias realizado pelo juiz que advirá a sábia solução. Foi nesse sentido que propugnou o vigente Código, ao estampar, no parágrafo único do art. 151: *"Se disser respeito* (a coação) *a pessoa não pertencente à família do paciente, o juiz, com base nas circunstâncias, decidirá se houve coação."*

Mesmo no sistema do Código anterior, não era desvinculada da lei a solução que adote a orientação do presente Código, pois o legislador não definiu o alcance de *família*.

Quanto aos bens, devem ser eles próprios do ameaçado. Ao que tudo indica, o texto não autoriza a anulação do ato, se a ameaça for dirigida a bens que não do próprio coagido. Em todo caso, nessa hipótese é temerário fazer afirmação peremptória, pois certamente casos concretos ocorrem em que a aplicação textual da lei pode conduzir a injustiças. Deve o julgador sempre levar em conta a existência ou não de espontaneidade na manifestação de vontade, analisando em conjunto todos os requisitos da coação.

24.3 O TEMOR REVERENCIAL

O art. 153 do Código diz que *"não se considera coação a ameaça do exercício normal de um direito, nem o simples temor reverencial"*.[4]

Por temor reverencial *"entende-se o receio de desgostar o pai, a mãe ou outras pessoas, a quem se deve obediência e respeito"* (Beviláqua, 1980:224). A ideia principal é o desejo de não desagradar, de não prejudicar a afeição e o respeito do descendente para com o ascendente. Mas não é só. Reverencial é o temor de ocasionar desprazer a pessoas ligadas por vínculo afetivo, ou por relação de hierarquia.

O Código francês, no qual se inspirou nosso texto, refere-se apenas em *"pai, mãe, ou outro ascendente"*. Nossa lei é mais abrangente. O princípio deriva de fontes romanas.

É significativo o fato de nosso legislador ter colocado o termo *simples* na dicção legal. Nem sempre haverá temor reverencial na situação enfocada, pois existe zona cinzenta, em que dúvidas ocorrem sobre se houve ou não coação. É fato, porém, que, extravasando os limites do

---

[4] "Doação de dinheiro a instituição religiosa. Ação de anulação do negócio jurídico por coação moral e ingratidão. Ingratidão não configurada. Receio de castigo divino, que constitui **temor reverencial**. Aplicação da regra do art. 153 do Código Civil. Ação improcedente. Recurso desprovido". (*TJSP* – Ap 1001156-79.2021.8.26.0063, 23-3-2023, Rel. Pedro Baccarat).
"Apelação – Ação de obrigação de fazer c/c dano moral – Sentença de improcedência – Inconformismo dos autores – Cerceamento de defesa não verificado – Prova oral – Desnecessidade – Prova documental que é suficiente para o julgamento da causa – Pretensão autoral que está fundada em suposta coação e simulação, quando da constituição de sociedade empresária – Autores que reconhecem que aceitaram ingressar na sociedade, em razão do suposto pedido realizado pelos seus superiores, nos quais eles tinham confiança, e do alegado receio de perderem seus respectivos empregos – Circunstâncias dos autos que não indicam coação, mas, sim, aparente medo e temor reverencial – **Medo ou o temor reverencial**, em razão do respeito ou de subordinação hierárquica que não configura força irresistível capaz de caracterizar a coação e, por conseguinte, macular a vontade do agente (CC, art. 153) – Alegada simulação que não restou demonstrada – Circunstâncias dos autos e documentos carreados pelas partes que contrariam todas as alegações apresentadas pelos autores – Ainda que fosse verificada a ocorrência da simulação, quando da constituição da sociedade empresária, os autores não fariam jus à indenização por danos morais, uma vez que contribuíram para a ocorrência do ato ilícito e, assim sendo, não poderiam beneficiar-se da própria torpeza – Sentença mantida – Recurso desprovido". (*TJSP* – Ap 1001863-35.2017.8.26.0274, 2-5-2022, Rel. Maurício Pessoa).
"Apelação cível. Nulidade negócio jurídico. Sociedade em comum. Coação. Ônus probatório. Parte autora. Comprovação. Ausência. **Temor reverencial**. Não coação. Nexo causal inexistente. 1. A coação apta a viabilizar a anulação do negócio jurídico por vício de consentimento deve ser de tamanha gravidade a intimidar e influenciar a vítima a realizar negócios jurídicos contra a sua vontade, sob fundada ameaça de sofrer dano iminente e considerável à sua pessoa, à sua família ou a seus bens, devendo ser consideradas, ainda, as circunstâncias dos fatos e as características da vítima, e desconsiderados o simples temor reverencial e o exercício normal de um direito. 2. A coação demanda necessária comprovação do alegado vício de consentimento, não presumível, incumbindo à parte autora o ônus probatório. 3. O simples temor reverencial decorrente de relação de proximidade, respeito e confiança entre as partes, não se mostra apto a ser considerado como coação, nos termos do artigo 153 do Código Civil. 4. Não tendo a parte autora cumprido com o ônus de comprovar o fato constitutivo de seu direito, na forma do artigo 373, inciso I, do CPC, consistente na demonstração de efetiva coação e ameaça de dano iminente a afastar seu consentimento, impõe-se a improcedência de seus pedidos. 5. Apelação cível conhecida e não provida". (*TJDFT* – Ap 07165808820208070003, 25-5-2022, Rel. Ana Cantarino).

"simples" temor reverencial, existirá a coação. Tal fato ora estudado é importante em matéria de casamento, em que é frequente a pressão dos parentes.

No caso do temor reverencial, o agente se curva a praticar, ou deixar de praticar, ação por medo de desgostar a outrem, a quem deve obediência e respeito. O filho em relação ao pai, o militar, funcionário público ou empregado com relação a seu superior hierárquico. Não havendo gravidade na ameaça, a lei desconsidera a existência de coação. Quem consente apenas para não desgostar o pai ou a mãe equipara-se ao que soçobra a ameaça inócua ou irrisória, não devendo o ato ser passível de anulação.

O vocábulo *simples,* sabiamente colocado em nossa lei, está a demonstrar que é do exame de cada caso concreto que advirá a solução. Cabe ao juiz determinar onde termina o *"simples"* temor de desagradar e onde começa a coação. Se ao temor reverencial ajunta-se a ameaça idônea para viciar o ato, ele é anulável.

24.4 COAÇÃO POR PARTE DE TERCEIROS

Vimos, ao estudar o dolo, que o tratamento do Código de 1916 era diferente para o dolo de terceiro (art. 95; atual, 148) e para a coação provinda de terceiro (art. 101; atual, 154 e 155). Enquanto o dolo de terceiro poderia viciar o ato, se uma das partes o soubesse, a coação emanada de terceiro sempre o viciaria. A esse respeito dispunha o art. 101 de 1916:

> *"A coação vicia o ato, ainda quando exercida por terceiro.*
>
> *§ 1º Se a coação exercida por terceiro for previamente conhecida à parte, a quem aproveite, responderá esta solidariamente com aquele por todas as perdas e danos.*
>
> *§ 2º Se a parte prejudicada com a anulação do ato não soube da coação exercida por terceiro, só este responderá pelas perdas e danos."*

No caso, havendo coação por parte de terceiros, o negócio sempre poderia ser anulado. Se o agente tivesse conhecimento da coação, estaria na posição de cúmplice, coautor da violência e, por isso, responderia solidariamente com o coator principal por perdas e danos. Não tendo conhecimento da coação, só o coator responderia pela indenização.

O tratamento diferenciado da lei de 1916 no que toca ao dolo e à coação, nessa hipótese, mereceu críticas, como já examinado. O legislador pretérito pareceu entender ser a coação extremamente mais grave que o dolo; por essa razão, deu solução diferente, em prejuízo da estabilidade das relações. Na coação de terceiro, desprezava-se a boa-fé do contratante inocente que ignorava sua existência.

A solução reclamada pela doutrina foi adotada pelo vigente Código, no art. 154, segundo o qual, na coação exercida por terceiros vicia o ato, se dela tivesse ou *devesse ter conhecimento a parte a quem aproveita,* respondendo ambos, coator e parte no negócio, solidariamente pela indenização. De acordo com o art. 155 dessa mais recente lei, o negócio subsistirá, no caso de coação de parte de terceiro, com o desconhecimento real ou implícito por parte do agente no negócio:

> *"Subsistirá o negócio jurídico, se a coação decorrer de terceiro, sem que dela tivesse ou devesse ter conhecimento a parte a quem aproveite, mas o autor da coação responderá por todas as perdas e danos do coacto."*

A solução do sistema de 1916 era iníqua, portanto, ao contratante de boa-fé, que não tinha ciência sobre estar o outro manifestante de vontade agindo sob coação. No prazo de quatro anos, esse negócio pode vir a ser anulado. Esse prazo tinha nítido caráter decadencial, embora a jurisprudência vacilasse a respeito. Como vimos, o vigente Código estabelece expressamente esse prazo como decadencial para o negócio viciado por coação, contado a partir do dia em que ela cessar (art. 178, I).

A presente solução legislativa quanto à coação praticada por terceiro, semelhante àquela já encontrada para o caso de dolo de terceiro, muda de aspecto. Pelo atual Código, se as circunstâncias da declaração de vontade do agente revestiam-se de veementes indícios de coação, que o beneficiado não podia ignorar, é anulável o negócio. Por outro lado, se a coação estava camuflada sem existir motivos para que o beneficiado a conhecesse, o negócio subsiste em homenagem à boa-fé. Aliás, a boa-fé objetiva é um dos pontos cardeais do atual Código (arts. 422 e 187).

24.5 ESTADO DE NECESSIDADE OU ESTADO DE PERIGO. SITUAÇÕES AFINS

Imagine-se o exemplo clássico de alguém que está afogando-se e, naquele momento de desespero, promete toda a sua fortuna para ter salva sua vida. A doutrina lastreada no velho Código Civil procurava enquadrar essa hipótese na coação. A vítima estaria agindo sob coação.

A situação, na realidade, se aproxima do estado de necessidade do direito penal. Aplica-se também o paradigma penal da inexigibilidade de conduta diversa. O estado de necessidade, porém, como instituto mais amplo, abrange situações diversas. Pode-se afirmar, sem preocupação com o tecnicismo, que o estado de perigo é uma modalidade do estado de necessidade.

A questão primordial que se analisa é aquela na qual o indivíduo, de acordo com as circunstâncias, não possui outra saída ou alternativa viável. Veja que a afinidade do estado de perigo com a coação sob esse aspecto é muito ampla. É vasta a doutrina que equipara ambos os vícios. Na coação, porém, leva-se em conta primordialmente o temor iminente, o elemento subjetivo para a realização do negócio. No estado de perigo, o elemento objetivo é o que mais importa, isto é, as condições por demais onerosas do negócio.

Também existe muita afinidade do estado de perigo com a lesão, como se examinará em capítulo adiante.

Stolze Gagliano e Pamplona Filho apontam, como atual exemplo, o ato de garantia (fiança, aval ou emissão de cheque) prestado por indivíduo que pretenda internar, em caráter de urgência, um parente seu ou pessoa grada em estabelecimento hospitalar e se vê na contingência de só obter a internação mediante a emissão da garantia (2002:379). Esse aspecto já sofre, aliás, repressão do ordenamento. Essa situação corriqueira até recentemente era mórbida, para dizer o mínimo, e se amolda perfeitamente ao tema sob enfoque. No sistema do Código de Defesa do Consumidor, tipifica-se como cláusula abusiva.

Importa saber se obrigação contraída em estados semelhantes é válida, levando-se em conta que o beneficiado não colaborou para o estado de perigo.[5] Se for entendido simplesmente

---

[5] "Apelação cível. Ação anulatória de negócio jurídico c.c. restituição da quantia e dano moral. Sentença de procedência da ação e improcedência da reconvenção. Inconformismo. Não acolhimento. 1. Venda a non domino devidamente caracterizada. Promessa de doação do imóvel objeto dos autos às filhas do recorrido homologada no bojo da ação de reconhecimento e dissolução da união estável, em 2017. Contrato de compra e venda celebrado em 2018, quando inexistia registro da promessa de doação na matrícula do imóvel. Autores que fazem jus ao reembolso integral do valor pago pelo imóvel, bem como à indenização pelo muro divisório construído. Presença de boa-fé. Inteligência do art. 1.219 do CC. 2. Danos morais devidamente caracterizados. Inegáveis as consequências psíquicas enfrentadas pelos autores, em razão da frustração decorrente da compra do imóvel que lhe impingiram lesão moral. 3. **Estado de perigo**. Inocorrência. A inviabilidade de pagamento do financiamento imobiliário não é situação extrema a caracterizar o estado de perigo, rotineiramente ocorrida nas transações bancárias. Ademais, o

ter havido vício na vontade do declarante, o negócio será anulável. Se for entendido o contrário, o negócio valerá, sofrendo a vítima empobrecimento considerável, desproporcional ao serviço prestado. Como vemos, nenhuma das soluções extremadas satisfaz.

A doutrina aventou a hipótese, sob várias fundamentações, de o negócio praticado em estado de perigo subsistir, mas o valor do pagamento ser reduzido a seu preço justo, porque a mera anulação do negócio conduz também a resultado injusto, pois houve um serviço prestado. Por outro lado, a persistência do negócio leva a um locupletamento por parte do beneficiado. Portanto, a solução justa, que se prende aos princípios gerais, é o juiz manter o negócio, mas reduzir o valor da prestação aos limites razoáveis relativos ao serviço prestado.

O vigente Código define estado de perigo no art. 156:

> *"Configura-se o estado de perigo quando alguém, premido da necessidade de salvar-se, ou a pessoa de sua família, de grave dano conhecido pela outra parte, assume obrigação excessivamente onerosa.*
>
> *Parágrafo único. Tratando-se de pessoa não pertencente à família do declarante, o juiz decidirá segundo as circunstâncias."*

Desse dispositivo conclui-se que o estado de perigo possui os seguintes requisitos: uma situação de necessidade; a iminência de dano atual e grave; nexo de causalidade entre a

---

recorrente não assumiu obrigação excessivamente onerosa, eis que o imóvel foi vendido pelo valor de mercado. Exegese do art. 156 do CC. 4. Ademais, não há de se invocar ausência de vícios de consentimento, uma vez que as próprias proprietárias do imóvel não consentiram o negócio jurídico. Nulidade do ato de compra e venda devidamente caracterizado. Sentença mantida. Recursos desprovidos" (*TJSP* – Ap 1000110-63.2020.8.26.0104, 26-8-2024, Rel. Silvério da Silva).

"Prestação de Serviços Hospitalares – Pedido de anulação de contrato por vício de consentimento – Assinatura sob estado de perigo – Consulta médica eletiva – Mãe da autora apresentava crise convulsiva no Pronto Socorro, devido ao aneurisma cerebral – Inviabilidade de transferência para Hospital Público, em razão do grave estado de saúde do paciente. Paciente necessitou de cuidados intensivos em UTI por 18 dias – Após a morte da paciente o hospital cobrou o valor de R$ 478.586,12, em setembro de 2015 – Inadmissibilidade – Obrigação contratual excessivamente onerosa – **Tipificada a hipótese de estado de perigo** – Nulidade do contrato – Aplicabilidade do disposto nos artigos 156 e 171, II do Código Civil – Reconvenção improcedente – Pedido de condenação por dano moral afastado – Recurso provido parcialmente" (*TJSP* – Ap 1128295-10.2015.8.26.0100, 20-6-2022, Rel. Luis Carlos de Barros).

"Civil e processual civil. Apelação. Ação monitória. Cobrança de despesas hospitalares. **Estado de perigo**. Não demonstrado. Pretensão de custeio pelo ente público. Omissão não comprovada. Sentença mantida. 1. Nos termos do art. 156 do Código Civil, a alegação de contrato celebrado em estado de perigo exige demonstração de onerosidade excessiva e existência de vício de vontade no contrato de prestação de serviços hospitalares. 2. Embora seja dever do Estado prestar assistência médico-hospitalar à população, oferecendo os meios necessários àqueles que não possuem condições de arcar com as despesas do seu tratamento, não pode o Poder Público arcar com o custo de procedimento médico realizado em hospital particular, quando sequer houve tentativa de tratamento da rede pública de saúde. 3. Recurso conhecido e não provido" (*TJDFT* – Ap 07133146520218070001, 16-3-2022, Rel. Cruz Macedo).

"Plano de saúde – Irmão assumiu responsabilidade por despesas da irmã – **Estado de perigo não caracterizado** – Ausência de prova de que despesa seja "excessivamente onerosa" – Cobrança procedente – Contratação de plano de saúde suficientemente provada – Emergência evidenciada (Lei nº 9.656/1998, art. 35-C) – Dever de cobertura após 24 horas de contratação (Lei nº 9.656/1998, art. 12, inc. V, 'c' e súm. 103 do TJSP) – Limitação da internação inválida (Súm. 302 do e. STJ) – Denunciação da lide procedente – Recurso parcialmente provido" (*TJSP* – AC 1005079-63.2016.8.26.0007, 2-7-2019, Rel. Luiz Antonio Costa).

"Apelação – Ação de cobrança – Sentença de procedência – Prestação de serviços hospitalares – Internação particular que não ocorreu por deliberação dos requeridos, mas por 'conduta médica' – Obrigação excessivamente onerosa assumida em razão da urgência do estado de saúde e da dificuldade no surgimento de vaga em uma entidade conveniada ao SUS – **Estado de perigo** configurado – Inteligência do art. 156, do Código Civil – Afastada a cobrança das despesas hospitalares – Sentença reformada – Recurso provido" (*TJSP* – Ap 1031426-35.2014.8.26.0224, 4-5-2016, Rel. Cesar Luiz de Almeida).

manifestação e o perigo de grave dano; ameaça de dano à pessoa do próprio declarante ou de sua família; conhecimento do perigo pela outra parte e a assunção de obrigação excessivamente onerosa.

Como se nota, muitos desses requisitos se afinam com os da coação. Há um amplo exame no caso concreto que deve ser feito pelo juiz. Há de diverso, aqui, o exame das circunstâncias do negócio e sua excessiva onerosidade. Se o preço é razoável, não haverá espaço para a anulação. Esse aspecto há de ser examinado pelo juiz em seu mister. Aduz com propriedade Carlos Roberto Gonçalves:

> "O objetivo da regra do art. 156 é afastar a proteção a um contrato abusivo entabulado em condições de dificuldade ou necessidade do declarante. O fundamento é o enorme sacrifício econômico que teria o devedor para cumprir a prestação assumida, colocando em risco, algumas vezes, todo o seu patrimônio, em consequência do desmedido desequilíbrio das prestações, e ferindo a equidade que deve estar presente em todo contrato comutativo" (2003:395).

Se, por um lado, a vigente lei merece elogios por ter trazido ao ordenamento a conceituação que faltava ao Código de 1916, por outro lado, o fato de permitir aparentemente a anulação do ato em estado de perigo merece críticas. Melhor seria a solução aceita pela doutrina de manter o ato, mas reduzir o valor do pagamento ao justo limite pelo serviço prestado. Na solução do atual Código, em tese, uma vez anulado o negócio, só restaria ao agente recorrer à ação de enriquecimento sem causa para haver o pagamento. Contudo, ao estampar o conhecimento do estado de perigo por parte do beneficiado ("grave dano conhecido pela outra parte"), entende o legislador que houve abuso de situação; o agente valeu-se do terror incutido a outra parte para realizar o negócio, tendo cessado a boa-fé. Nesse caso, o negócio não poderia subsistir. Nada impede, porém, e se harmoniza com o sistema, a solução de o juiz manter a validade do negócio, atendendo às circunstâncias do caso, determinando que a prestação seja reduzida ou reconduzida a seu justo valor, a exemplo do que a nova lei alvitra para o caso de lesão (art. 157, § 2º).

No estado de perigo, ao contrário do que ocorre na coação, há uma parte que não é responsável pelo estado em que ficou ou se colocou a vítima. O perigo não foi causado pelo beneficiário, embora ele tome conhecimento da situação. Essa ciência do perigo é essencial para que ocorra o vício. Trata-se, como se nota, de um abuso de situação. A situação, embora análoga, também se distancia da lesão, porque nesta o contratante, com base em razões econômicas ou por sua própria inexperiência, é levado a contratar. Na lesão, não existe a situação emergencial, que é ínsita ao estado de perigo ou estado de necessidade.

O prazo decadencial, expressamente admitido como tal pelo atual Código, para anular o negócio jurídico eivado de estado de perigo, é de quatro anos, contado do dia em que se realizou o negócio (art. 178, II).

25

LESÃO

25.1 INTRODUÇÃO

"A lesão, como meio de viciar o negócio jurídico, caracteriza-se, em síntese, pela desproporcionalidade existente nas prestações. O seu campo de atuação é o dos contratos onerosos, mormente o de compra e venda. É 'o prejuízo que uma pessoa sofre na conclusão de um ato negocial resultante da desproporção existente entre as prestações das duas partes'" (Pereira, 1978, v. 1:472).

Ou

"o negócio defeituoso em que uma das partes, abusando da inexperiência ou da premente necessidade da outra, obtém vantagem manifestamente desproporcional ao proveito resultante da prestação, ou exageradamente exorbitante dentro da normalidade" (Rizzardo, 1983:69).

O instituto da lesão justifica-se como forma de proteção ao contratante que se encontra em estado de inferioridade. No contrato, mesmo naqueles paritários, ou seja, naqueles em que as partes discutem livremente suas cláusulas, em determinadas situações, um dos contratantes, por premências várias, é colocado em situação de inferioridade. Esse agente perde a noção do justo e do real, e sua vontade é conduzida a praticar atos que constituem verdadeiros disparates do ponto de vista econômico. É evidente que sua vontade está viciada, contaminada que é por pressões de natureza várias. Vê-se, de plano, que posicionamos a lesão como vício de vontade.

O direito não pode desvincular-se dos princípios morais, da equidade, da proteção à dignidade humana; não pode ser convertido em instrumento do poderoso contra o fraco. Numa época em que as diferenças sociais e econômicas se acentuam, importa fazer revisão no conceito da lesão, mormente agora que foi reintroduzido no direito positivo, no Código de Defesa do Consumidor, presente também no atual Código (art. 157).

25.2 NOÇÃO HISTÓRICA

O instituto da lesão, em regra emanada do Direito Romano, equivalia à alienação da coisa por menos da metade de seu justo preço ou valor, tendo-se estendido, posteriormente, e alcançado o Direito francês. O Código de Napoleão possui princípio lesionário: sempre que o prejuízo for igual ou superior a sete doze avos do valor da coisa.

No Direito Romano, não sem algumas dúvidas, diz a doutrina que a *laesio enormis* surgiu como instituto jurídico na Lei Segunda (*lex secunda*), do ano 285 de nossa era, promulgada por Diocleciano. O instituto encontra-se presente no Código de Justiniano, mencionado como pertencente às Constituições de Diocleciano e Maximiliano. No Direito Romano primitivo, era desconhecido.

Na *lex secunda*, haveria lesão sempre que o preço pago fosse inferior à metade do valor da coisa, possibilitando, assim, desfazimento do negócio ou complementação do preço. O critério, como percebemos, era completamente objetivo. O instituto era destinado à anulação de negócios sobre imóveis.

Na alta Idade Média, o instituto desaparece, mas ressurge no século XII influenciado pela Igreja, sob a égide do *justo preço*, e alicerçado no pensamento de Santo Tomás de Aquino. No auge do pensamento cristão, foi criada a *lesão enormíssima*, inexistente no pensamento romano. Era reconhecida nas situações em que o vendedor sofria prejuízo em mais de dois terços do valor da coisa. A presença desse vício não somente inquinava o contrato, possibilitando sua rescisão, como também o considerava inexistente como ato jurídico. Consistia, pois, em forma especial de lesão.

Em nosso direito anterior a 1916, a lesão conservava o aspecto original romano, não sendo caracterizada por qualquer defeito de ordem psicológica, mas tão só pelo lado objetivo: a desproporcionalidade entre o valor e o preço. Nas Ordenações Afonsinas, a lesão estendia-se a todos os contratos. Nas Ordenações Manuelinas e Filipinas, tendo sido mantidos os mesmos princípios, foram estabelecidas a lesão enorme e a lesão enormíssima, respectivamente, para os negócios afetados pela desproporção de mais da metade ou de mais de dois terços do valor da coisa.

O princípio não encontrou lugar em nosso Código Comercial de 1850, vendo-se no art. 220 que não há possibilidade de anulação por lesão nas compras e vendas entre comerciantes.

Clóvis Beviláqua não se referiu à lesão no Projeto do Código Civil de 1916, justificando sua ausência com o argumento de que a parte iludida no contrato teria outros meios para resguardar seu direito, valendo-se dos princípios do erro, do dolo, da fraude, da simulação ou da coação. Apesar de ter havido tentativas para sua introdução no Código de 1916, vingou a ideia dos que a repeliam, como fruto do individualismo em vigor na época. Como lembra Arnaldo Rizzardo (1983:82), as ideias de então eram fruto de momento histórico que não registrava, entre as classes sociais, fortes tensões; tendia-se para a menor interferência possível da ordem pública na vontade dos particulares. Foi adotada a filosofia liberal de predominância da vontade individual.

A lesão, não obstante, sobreviveu na maioria dos Códigos ocidentais, com certa restrição, com seu campo de atuação quase sempre restrito ao contrato de compra e venda e à partilha.

De certo modo, o instituto foi revivido entre nós, como veremos na legislação que define os crimes contra a economia popular, Decreto-lei nº 869, de 18-11-38, modificado pela lei nº 1.521, de 26-12-51, com roupagem diversa, como lesão de cunho subjetivo, semelhantemente ao que foi disciplinado nos Códigos alemão, suíço e italiano atual. No Anteprojeto do Código de Obrigações de Caio Mário, o instituto foi inserido como lesão qualificada ou subjetiva, princípio que foi aceito no Projeto de 1975.

Existe traço claro da lesão no Código de Defesa do Consumidor, em vários de seus dispositivos.

O art. 39 do Código de Defesa do Consumidor, ao tratar das *práticas abusivas* por parte do fornecedor de bens ou serviços, veda a exigência de *vantagens manifestamente excessivas* em perfeita alusão ao vício da lesão. O dolo de aproveitamento nessa lei é presumido. O dispositivo refere-se à prestação exagerada, requisito objetivo, cujos conceitos veremos a seguir.

25.3 CONCEITO E REQUISITOS

Há ponderável doutrina que resiste em colocar a lesão como um dos vícios de vontade. Muitos juristas negam a relação dos vícios com a lesão. É inegável, porém, a íntima relação entre os vícios de vontade e o instituto, ainda que não se queira vê-lo como vício de vontade estrito.

Com efeito, modernamente, como se vê das disposições sobre o instituto nas legislações modernas, a lesão perdeu o caráter marcadamente objetivo do Direito Romano para ganhar contornos também de índole subjetiva, como em nossa Lei de Economia Popular. Há elemento objetivo, representado pela desproporção do preço, desproporção entre as prestações, mas há também elemento subjetivo, que faz aproximar o defeito dos vícios de vontade, representado pelo estado de necessidade, inexperiência ou leviandade de uma das partes, de que se aproveita a outra das partes no negócio.[1]

---

[1] "Ação monitória – Mútuo – Sentença de procedência, com a rejeição dos embargos monitórios e constituição do título executivo judicial – Acerto – Preliminar – Nulidade da sentença por ausência de fundamentação – Rejeição – Magistrado que não está obrigado a examinar todas as alegações e requerimentos elaborados pelas partes, mas apenas aqueles que, em abstrato, possam repercutir sobre o desfecho da lide – Sentença que, embora sucinta, abordou adequadamente as matérias essenciais – Prejudicial de mérito – Prescrição – Não ocorrência – Prazo quinquenal (art. 206, § 5º, I, do Código Civil) – Caso que envolve contrato de prestação continuada, que vigora enquanto perdurarem as prestações – Mérito – Excesso de execução não verificado – Inexistência de abusividade no tocante aos encargos moratórios e legais – Vício de consentimento não verificado – **Lesão (art. 157 do Código Civil)** – Alegação genérica de que a embargante teria contraído os empréstimos sob premente necessidade e por inexperiência – Afirmação contraditória em relação a sua própria versão dos fatos – Amortização – Tabela price – Aplicação – Possibilidade – Utilização que não implica anatocismo – Honorários advocatícios contratuais que não se confundem com a verba sucumbencial – Erro grosseiro – Tutela provisória – Examinada a demanda em sede de cognição exauriente, não se verifica a existência de qualquer elemento que justifique a concessão da medida cogitada pela embargante – Sentença mantida – Majoração da verba honorária, nos termos do art. 85, § 11, do CPC (Tema 1059 do C. STJ) – Recurso não provido" (*TJSP* – Ap 1003867-55.2021.8.26.0484, 28-8-2024, Rel. Marcelo Ielo Amaro).

"Apelação. Ação declaratória de nulidade de negócio jurídico c./c. indenização por danos morais. Consumidor. Previdência Privada. Sentença de improcedência. Recurso da Autora que comporta provimento. **Vício de consentimento**. Caracterização. Autora, senhora idosa de 77 (setenta e sete) anos, leiga e inexperiente no que tange à aplicações financeiras e procedimentos bancários, que é convencida pelos prepostos dos Réus, com quem mantinha uma relação de confiança, a transferir todo o dinheiro que se encontrava investido em outros bancos e a realizar um plano de previdência complementar que claramente não atendia às suas necessidades e totalmente inadequado ao seu perfil. Autora que acreditava que estava investindo seu dinheiro num produto que tinha uma certa familiaridade anterior (VGBL). Falha na prestação dos serviços verificada (art. 14 do CDC). Falha no dever de prestar informações adequadas e claras sobre o produto bancário oferecido e sobre os riscos do negócio (art. 6º, III, do CDC). Erro substancial escusável sobre a sua natureza que permite a anulação do negócio jurídico entre as partes. Ocorrência de lesão. Inteligência dos arts. 138, 139, 157 do CC. Negócio jurídico anulado com base no art. 171, II do CC. Necessidade de prevalência dos princípios da probidade e da boa-fé objetiva, com respeito aos deveres anexos de colaboração e lealdade e afastamento do abuso de direito e da má-fé processual. Aplicação dos artigos 187 e 422 do Código Civil. Danos morais 'in re ipsa' caracterizados e fixados em R$ 10.000,00 (dez mil reais). Sentença reformada. Sucumbência alterada. recurso provido" (*TJSP* – Ap 1021707-66.2021.8.26.0100, 4-4-2022, Rel. L. G. Costa Wagner).

"Atraso na entrega da obra – Distrato prévio – **Vício de consentimento** – Ônus da prova – O vício de vontade deve ser cabalmente demonstrado pela parte que o alega, que deve comprovar que, embora tenha agido de determinada forma, assim o fez sob coação, ou por dolo, erro ou ignorância, estado de perigo, lesão ou fraude contra credores, nos termos dos artigos 138 e seguintes do Código Civil" (*TJMG* – AC 1.0702.14.039969-3/001, 30-8-2019, Relª. Evangelina Castilho Duarte).

O art. 157 do atual Código assim estatui a lesão:

"Ocorre a lesão quando uma pessoa, sob premente necessidade, ou por inexperiência, se obriga a prestação manifestamente desproporcional ao valor da prestação oposta.

§ 1º Aprecia-se a desproporção das prestações segundo os valores vigentes ao tempo em que foi celebrado o negócio jurídico.

§ 2º Não se decretará a anulação do negócio, se for oferecido suplemento suficiente, ou se a parte favorecida concordar com a redução do proveito."

Essa redação atende ao que reclamava a doutrina. Poderá alegar lesão qualquer das partes contratantes e não apenas o vendedor, como acontece em outras legislações.

Se alguém se prevalece do estado de necessidade do outro contratante, estaremos muito próximos da coação. Na segunda hipótese, se se trata da leviandade ou inexperiência de outrem, para provocar o engano, estaremos próximos do dolo. Verifica-se, então, a vizinhança desse vício com os vícios de vontade. No atual Código, a matéria vem tratada no capítulo *"dos defeitos do negócio jurídico"*, juntamente com o erro, dolo, coação, estado de perigo e fraude contra credores.

A Lei nº 1.521, de 26-12-51, que tipifica os crimes contra a economia popular, assim define uma das formas de usura pecuniária ou real, no art. 4º:

"Obter ou estipular, em qualquer contrato, abusando da premente necessidade, inexperiência ou leviandade de outra parte, lucro patrimonial que exceda o quinto do valor corrente ou justo da prestação feita ou prometida."

"Apelação cível – Ação de anulação de ato jurídico c/c danos morais – **Vício de consentimento – Lesão** – Inocorrência – A anulação do negócio jurídico só pode ser declarada quando demonstrada a existência de vício de consentimento, ou seja, erro, dolo, coação, estado de perigo, lesão ou fraude contra credores (CC, art. 171). Não provada a lesão na forma do que dispõe o art. 157 do CC, não há falar em anulação ou nulidade do ato jurídico. Recurso desprovido" (*TJMG* – AC 1.0701.14.022637-7/001, 24-8-2018, Rel. Manoel dos Reis Morais).

"Apelação cível – Direito privado não especificado – Ação de cobrança – **Vício de vontade – Lesão** – Ônus da prova – 1- Incumbe àquele que alega a comprovação, a teor do artigo 373, inciso II, do CPC/2015, da existência de vício de consentimento, bem como que este decorre de grave ameaça, coação, ou situação de premente necessidade ou inexperiência (lesão). 2- Caso concreto em que se verifica a regularidade das despesas imputadas à parte demandada, haja vista a inequívoca prestação de serviços hospitalares à paciente corré, vítima de traumatismo intracraniano, em regime de internação particular. Honorários advocatícios redimensionados, à luz do artigo 85, § 11, do CPC/2015. Apelação desprovida. Unânime" (*TJRS* – AC 70078072592, 26-7-2018, Rel. Des. Umberto Guaspari Sudbrack).

"Apelação Cível – Compra e venda – **Ação de anulação de negócio jurídico** – Ação de consignação em pagamento – Julgamento conjunto – Reunião das ações, anulatória e consignatória, em razão da conexão pelo mesmo negócio jurídico. Relação de consumo. **Vício de consentimento caracterizado pela lesão**. Anulação da Procuração outorgada pela Autora em favor do primeiro Réu com poderes para alienar Imóvel dado em garantia para aquisição de automóvel da Empresa Corré. Desproporcionalidade dos bens envolvidos. Valor do Imóvel muito superior ao valor do veículo adquirido. Obtenção de vantagem excessiva em relação à Autora. Sentença de Procedência. Inconformismo. Não acolhimento. Sentença mantida. Ratificação da sentença, nos termos do artigo 252, do Regimento Interno. Recurso não provido" (*TJSP* – Ap 1003262-47.2014.8.26.0099, 9-5-2017, Rel. Penna Machado).

"Apelação – Compromisso de compra e venda de bem imóvel – **Vício de consentimento** – Ação declaratória de nulidade de contrato de compra e venda – Sentença de improcedência – Inconformismo do autor – Preliminar de cerceamento de defesa – Havendo nos autos elementos de prova documental suficientes para formar o convencimento do julgador, não ocorre cerceamento de defesa se julgada antecipadamente a lide – **Lesão** – Inocorrência – Ausência de demonstração de que o automóvel dado em pagamento, por 50% do imóvel discutido nos autos, seria, de fato, de propriedade do autor. Não constatada a alegada desproporcionalidade das prestações contratualmente fixadas, uma vez que o imóvel não se encontrava completamente quitado à época dos fatos, assumindo a ré o restante da dívida – Ausência de inexperiência ou situação de necessidade do autor – Sentença mantida – Sucumbência do autor, que deverá arcar com as custas, despesas processuais e honorários advocatícios da parte contrária, arbitrados em R$ 800,00, ressalvado o benefício da gratuidade processual – Negado provimento ao recurso" (*TJSP* – Ap 0002066-66.2013.8.26.0302, 5-4-2016, Rel. Viviani Nicolau).

Grosso modo, com nuanças que a seguir veremos, também na lei penal estão presentes os requisitos para o vício ora estudado.

Como lembra Caio Mário da Silva Pereira (1978, v. 1:473), a lesão situa-se na zona limítrofe dos vícios de consentimento,

> *"por aproveitar-se o beneficiário da distorção volitiva, para lograr um lucro patrimonial excessivo; é sem dúvida um defeito do negócio jurídico, embora diferente, na sua estrutura, dos até agora examinados, razão por que é chamado por alguns de vício excepcional".*

A lesão, em linhas gerais, consiste no prejuízo que um contratante experimenta em contrato comutativo quando não recebe da outra parte valor igual ou proporcional ao da prestação que forneceu. Nos contratos aleatórios, apenas excepcionalmente pode ser tipificada a lesão, quando a vantagem obtida é frontalmente superior à álea do contrato. A lesão tem seu campo de atuação, de fato, como modalidade de aplicação da decantada boa-fé objetiva nos contratos sinalagmáticos ou comutativos.

No Direito Romano, ocorria o vício quando havia desproporção entre as prestações recíprocas, quando uma das partes recebia menos da metade do valor que entregava. O conceito era tão só objetivo.

No direito moderno, para a caracterização do vício, como percebemos pelas definições legais já expostas, devem estar presentes o *requisito objetivo* e o *requisito subjetivo*.

O requisito objetivo configura-se pelo lucro exagerado, pela desproporção das prestações que fornece um dos contratantes. Pelo que se depreende da lei dos crimes contra a economia popular, tal requisito foi tarifado em *um quinto do valor corrente ou justo da prestação feita ou prometida*. Esse tarifamento sempre se mostrou inconveniente, por limitar em demasia a atividade do julgador. É sempre mais aceitável deixar a caracterização para o prudente arbítrio do julgador em cada caso concreto, como faz a redação do vigente Código Civil. Nenhuma legislação estrangeira estabelece cifra determinada.

O requisito subjetivo consiste no que a doutrina chama *dolo de aproveitamento* e afigura-se, como dizem os diplomas legislativos, na circunstância de uma das partes aproveitar-se da outra pela inexperiência, leviandade ou estado de premente necessidade.[2] Tais situações psicológicas

---

[2] "Apelação – Ação de cobrança – Prestação de serviços hospitalares – Sentença de procedência – Insurgência da ré Jaqueline – Acompanhante de paciente que firmou contrato obrigando-se ao pagamento dos serviços hospitalares, ciente de que prestados por instituição particular – Incontroversa a regular prestação dos serviços – **Inocorrência da circunstância prevista no art. 156 do CC** – Da situação de emergência isoladamente considerada não é possível extrair-se a configuração do alegado estado de perigo, pois sua caracterização depende, além da demonstração da urgência de atendimento médico decorrente do estado de saúde, da comprovação da concomitante presença de dolo de aproveitamento da parte contrária e de excessiva onerosidade dos valores cobrados, o que não se vislumbra no caso em apreço – Beneficiários dos serviços contratados e efetivamente prestados devem ser obrigados a arcar com seu pagamento para que não haja enriquecimento sem causa – Honorários advocatícios recursais – Negado provimento" (*TJSP* – Ap 1001389-81.2023.8.26.0071, 25-7-2024, Rel. Hugo Crepaldi).

"Apelação – Ação monitória – Prestação de serviços médico-hospitalares – Inadimplência – Acompanhante de paciente que firmou contrato obrigando-se ao pagamento dos serviços hospitalares, ciente de que prestados por instituição particular – Incontroversa a regular prestação dos serviços – Inocorrência da circunstância prevista no art. 156 do Código Civil – Da situação de emergência isoladamente considerada não é possível extrair-se a configuração do alegado estado de perigo, pois sua caracterização depende, além da demonstração da urgência de atendimento médico decorrente do estado de saúde, da comprovação da concomitante presença de dolo de aproveitamento da parte contrária e de excessiva onerosidade dos valores cobrados, o que não se vislumbra no caso em apreço – Beneficiários dos serviços contratados e efetivamente prestados devem ser obrigados a arcar com seu pagamento para que não haja enriquecimento sem causa – Negado provimento" (*TJSP* – Ap 1038031-80.2021.8.26.0602, 13-4-2023, Rel. Hugo Crepaldi).

são aferidas no momento do contrato. Não há necessidade de o agente induzir a vítima à prática do ato, nem é necessária a intenção de prejudicar. Basta que o agente se aproveite dessa situação de inferioridade em que é colocada a vítima, auferindo lucro desproporcional e anormal.

Verificados esses dois pressupostos, o negócio é anulável. Contudo, a solução do ordenamento de 2002, já reclamada pela doutrina, permite que o negócio seja aproveitado, conforme o § 2º do art. 157, *"se for oferecido suplemento suficiente, ou se a parte favorecida concordar com a redução do proveito"*. Mesmo quando não se tratava de lei vigente, essa solução não contrariava qualquer dispositivo e poderia ser adotada, com base nos princípios gerais.

A necessidade referida pela lei é a premência negocial, contratual, não se identificando com o estado de necessidade ou estado de perigo. É a indispensabilidade de contratar sob determinadas premissas. É irrelevante o fato de o lesado dispor de fortuna, pois a necessidade se configura na impossibilidade de evitar o contrato; a necessidade contratual, portanto, independe do poder econômico do lesado. O conceito envolve também o estado de penúria pelo qual pode passar a vítima, mas não é o único elemento. O lesado vê-se na premência de contratar impulsionado por urgência inevitável. Caracteriza-se a necessidade, por exemplo, numa época de seca, quando o lesado paga preço exorbitante pelo fornecimento de água.

Além da necessidade, caracteriza ou pode caracterizar o vício a inexperiência do lesado. Trata-se de pessoa envolvida no negócio sem maiores conhecimentos dos valores, desacostumada

---

"Agravo de instrumento – Transação judicial – Inadimplemento – Cumprimento de sentença – Impugnação – Alegado **dolo de aproveitamento** – Tema essencial pendente – Prova técnica açodada – Necessidade de exame da questão em primeiro grau, pena de supressão de instância. Processo anulado de ofício com determinação. Recurso prejudicado" (TJSP – AI 2079690-83.2019.8.26.0000, 28-5-2019, Rel. Beretta da Silveira).

"Ação de cobrança – Despesas médico-hospitalares – Termo de responsabilidade – Dever de pagar, sob pena de enriquecimento ilícito – Inviável exigir previamente o valor exato dos serviços hospitalares emergenciais, por isso que imprevisíveis os seus desdobramentos. Não se vislumbra a presença dos requisitos necessários para a anulação do contrato, eis que não caracterizados o **dolo de aproveitamento** e a onerosidade excessiva. Sentença mantida. Apelação não provida" (TJSP – Ap 1013208-20.2017.8.26.0008, 16-4-2018, Rel. Jairo Oliveira Junior).

"Ação de cobrança – Prestação de serviços médico-hospitalares – Crédito da requerente que está representado pelo termo de compromisso e de responsabilidade – Alegação de que o convênio médico da paciente não cobriu o valor despendido pela requerente, restando saldo a pagar – Caso concreto em que a falecida era beneficiária do plano de saúde, onde a operadora/seguradora se compromete a arcar com os custos necessários, inclusive de eventual cirurgia ou internação – Caberia à autora-apelante comprovar que a recusa da operadora constitui exercício regular do direito, o que não ocorreu – Inteligência no art. 6º, VIII do CDC – Ausência de prova de informação à usuária – Inobservância do dever de informação – Cobrança indevida – Requerida que somente aceitou subscrever o termo de responsabilidade porque esta era a única opção disponível para assegurar a saúde de sua genitora e isso é vinculativo – O **estado de perigo** é vício do consentimento e, como tal, deverá ser reconhecido quando presentes os requisitos objetivos e subjetivos – Somente será inválida a contratação e aí, sim, caberá intervenção judicial para reconhecer a deficiência do negócio jurídico quando presente a onerosidade excessiva e o **dolo de aproveitamento** (art. 156 do Código Civil) – Ação julgada improcedente – Sentença confirmada – Ratificação do julgado – Hipótese em que a sentença avaliou corretamente os elementos fáticos e jurídicos apresentados pelas partes, dando à causa o justo deslinde necessário – Artigo 252, do Regimento Interno do TJSP – Aplicabilidade – Sentença mantida – Recurso não provido" (TJSP – Ap 1047304-90.2015.8.26.0506, 19-4-2018, Rel. Spencer Almeida Ferreira).

"Apelação cível – Relação de consumo – Ação de cobrança – Hospital que pleiteia crédito decorrente de despesas médico-hospitalares durante internação do filho do réu. Serviços prestados adequadamente e não impugnados. Inexistência de dolo de aproveitamento e onerosidade excessiva. **Estado de perigo não configurado**. Sentença de procedência que se prestigia por seus fundamentos e conclusão. Recurso a que se nega provimento" (TJRJ – Ap 0023098-81.2011.8.19.0209, 2-5-2017, Relª Sandra Santarém Cardinali).

"Apelação – Plano de saúde – Alegação de atendimento de urgência em regime de carência contratual – Embargante que não comprovou a situação de emergencialidade da intervenção cirúrgica de sua esposa, a qual, sobretudo, foi agendada para quinze dias depois da consulta médica – Art. 333, II, CPC – **Estado de perigo** – Não configuração – Obrigação assumida que não se mostrou excessivamente onerosa – Excesso de execução não verificado – Multa cobrada no patamar de 2% e juros moratórios de 1% – Sentença reformada – Recurso provido" (TJSP – Ap 0025065-85.2012.8.26.0451, 23-5-2016, Rel. Fábio Podestá).

no trato de determinado negócio ou dos negócios jurídicos em geral. Mesmo o erudito, o culto, o técnico podem ser lesados sob determinadas circunstâncias, se não conhecem os meandros dos negócios em que se envolvem.

A leviandade é outro elemento estatuído na lei penal citada. Trata-se da irresponsabilidade do lesado. É leviano quem procede irrefletidamente, impensadamente. Por vezes, por agir desavisadamente, o leviano põe a perder toda uma fortuna. O Direito tem o dever de proteger as vítimas contra tais atos. Note que o termo *leviandade* não vem estatuído no Código oriundo do Projeto de 1975. A omissão, porém, não traz problemas, pois os elementos presentes no art. 157 do referido diploma legal, a premente necessidade ou inexperiência, suprem-na.

A desproporção das prestações deve ser aferida no momento de contratar. Quando surge posteriormente ao negócio, é irrelevante, pois, nessa hipótese, estaríamos no campo da cláusula *rebus sic stantibus* (teoria da imprevisão).

A desproporção do preço deve ser apurada pela técnica pericial, devidamente ponderada pelo julgador.

A lesão distancia-se do estado de perigo, porque neste a vítima, ou alguém de sua família, corre perigo de vida. Na lesão o dano é patrimonial e sua estrutura a afasta também dos demais vícios de vontade.

25.4 LESÃO E LEI DE PROTEÇÃO À ECONOMIA POPULAR. CÓDIGO DE DEFESA DO CONSUMIDOR

Fazia-se, no sistema anterior, a seguinte pergunta: estando os pressupostos da lesão estatuídos em lei de índole penal, podiam eles, transplantados para o juízo cível, anular o negócio jurídico? A questão tinha importância na vigência do Código de 1916.

A doutrina entendia afirmativamente. Assim é que Sílvio Rodrigues (2006, v. 1:226) declara que, como o dispositivo do art. 4º da mencionada lei é de caráter criminal, torna o ato jurídico ilícito e possibilita sua invalidade na órbita civil; acrescenta, ainda, que o § 3º do mesmo artigo manda o juiz ajustar os lucros usurários à medida legal, devendo ordenar a restituição da quantia paga em excesso, com os juros legais, no caso de já ter sido fornecida a prestação exagerada. Entende o autor que se tratava de caso de nulidade, com fundamento no art. 145, II, do Código Civil anterior.

No mesmo sentido argumentava Arnaldo Rizzardo (1983:102):

> *"Evidentemente, se os contratos desta espécie constituem delitos, desprovidos de valor jurídico se encontram. Não se trata de mera analogia aos contratos do direito civil. Há uma incidência direta da lei, caracterizando de ilegais os negócios com lucros ou proveito econômico excedente a um quinto do valor patrimonial da coisa envolvida na transação."*

O mesmo autor, a seguir, cita decisão do Tribunal de Justiça do Rio Grande do Sul, Apelação Cível nº 27.850, da Primeira Câmara Cível, julgamento de 12-12-1978, no qual a tese ora esposada foi defendida.

Conclui-se que, se a lei penal não tolerava determinado negócio, também devia ser inadmitido no âmbito civil, por uma questão de coerência da unidade do ordenamento jurídico.

De qualquer modo, é patente que as partes, ainda na vigência do Código de 1916, não se valeram do recurso estatuído na lei penal, porque na maioria das vezes a hipótese caracteriza também dolo ou coação.

Como parecia a Caio Mário da Silva Pereira (1959:201), a situação não era de nulidade absoluta, mas de nulidade relativa, pois a consequência da ação não era simplesmente repor as partes ao estado anterior. Tal como no sistema agora vigente, restituição ou a complementação do preço aproveitava o ato, respeitando-o na parte restante.

Ao Código de Defesa do Consumidor (Lei nº 8.078/90) não foram estranhos os princípios da lesão contratual. Assim é que, entre as práticas vedadas ao fornecedor de produtos e serviços descritas no art. 39, menciona-se: *"prevalecer-se da fraqueza ou ignorância do consumidor, tendo em vista sua idade, saúde, conhecimento ou condição social, para impingir-lhe seus produtos ou serviços"* (inciso IV). A lei consumerista realça, como se percebe, os elementos da lesão, quais sejam, a fraqueza ou ignorância do consumidor. O inciso V aponta como prática vedada *exigir do consumidor vantagem manifestamente excessiva*. Estão nesses dispositivos presentes os requisitos da lesão, de forma mais elástica, sem prefixação do valor excessivo que deve ser apurado no caso concreto. Não bastassem essas disposições, no rol que elenca as chamadas cláusulas abusivas (art. 51), a lei considera nula a cláusula contratual que estabelecer *"obrigações iníquas, abusivas, que coloquem o consumidor em desvantagem exagerada, ou sejam incompatíveis com a boa-fé ou a equidade"*. Sem dúvida, os princípios da lesão contratual estão presentes com todo o vigor na lei do consumidor.

25.5 PROCEDIMENTO JUDICIAL

A ação judicial contra lesão visa à restituição do bem vendido, se se tratar de compra e venda, ou restabelecimento da situação anterior, quando possível. Há faculdade de evitar tal deslinde com a complementação ou redução do preço, conforme a situação, o que não desnatura o caráter típico da ação. Fundamentalmente, seu objeto é o retorno ao estado anterior. A pretensão pode conter pedido subsidiário ou alternativo, portanto.

A ação é de natureza pessoal, mas, se versar sobre imóveis, é imprescindível a presença de ambos os cônjuges, segundo a exigência do art. 73 do CPC.

Se a coisa se encontrar em poder de terceiros, a discussão de direito obrigacional restringe-se essencialmente entre alienante e adquirente. O terceiro será demandado como simples detentor. Se vier a devolver o bem, terá o direito à indenização, seguindo-se os princípios da evicção.

Como o instituto não se restringe apenas à compra e venda, conforme a natureza do contrato é impossível a volta ao estado anterior, só restando o caminho da indenização, por perdas e danos.

Na lide entre os participantes do contrato lesionário, o terceiro possuidor pode ingressar no processo como assistente, nos termos do art. 50 e ss. do CPC.

Se o terceiro possuidor for demandado para restituir a coisa, deve denunciar a lide ao transmitente, de acordo com o art. 125, I, do estatuto processual.

25.6 RENÚNCIA ANTECIPADA À ALEGAÇÃO DE LESÃO

Não é de se admitir que os contratantes renunciem previamente ao direito de anular o contrato por qualquer vício de vontade e muito menos por lesão. Permitir esse artifício equivaleria a anular o princípio da lesão, afastando do Judiciário seu exame. O mesmo se diga em relação a qualquer outro vício de vontade.

Na verdade, os fatores que levaram a vítima da lesão a contratar sob suas circunstâncias terão levado esse contratante a abrir mão, no mesmo ato, de seu direito de anular o negócio. Não pode, portanto, vingar renúncia nas mesmas circunstâncias do vício, pois viciada também estará.

A renúncia posterior ao ato será válida, se especificado no instrumento o preço real ou justo e se a parte prejudicada se conformar em manter o negócio. De qualquer modo, a renúncia posterior só será válida se ausentes os fatores lesionários.

25.7 PRAZO PRESCRICIONAL

Para o exame da prescrição, deve ser definido o ato como nulo ou anulável. O ato nulo, segundo a doutrina, ou nunca prescreve, ou prescreve no maior prazo previsto em lei, ou seja, aquele destinado às ações pessoais. No Código de 2002, como vimos, os negócios nulos são imprescritíveis (art. 169). Os atos anuláveis prescrevem em prazos menores, mais ou menos exíguos.

Levando-se em conta que o vício da lesão não tem caráter de nulidade absoluta, mas relativa, o prazo prescricional mais coadunante em nosso sistema de 1916 era o de quatro anos, por analogia ao prazo capitulado no art. 178, § 9º, V, *b*, do Código Civil pretérito. Era o prazo estipulado para a prescrição dos atos viciados por erro, dolo, simulação, coação e fraude, com os quais a lesão tem íntima relação. Esse prazo devia ser contado do dia da concretização do negócio.

No atual Código, como vimos, o legislador assume expressamente o prazo decadencial de quatro anos, contado do dia em que se realizou o negócio, citando expressamente a lesão (art. 178, II).

26

FRAUDE CONTRA CREDORES

26.1 INTRODUÇÃO

A garantia dos credores para a satisfação de seus créditos reside no patrimônio do devedor. Enquanto o devedor, no curso de sua vida negocial, pratica atos que não colocam em choque a garantia de seus credores, está ele plenamente livre para agir dentro da capacidade que o Direito lhe concede.

No momento em que as dívidas do devedor superam seus créditos, mas não só isso, no momento em que sua capacidade de produzir bens e aumentar seu patrimônio mostra-se insuficiente para garantir suas dívidas, seus atos de alienação tornam-se suspeitos e podem ser anulados. Surge, então, o tema da fraude contra credores, como parte deste capítulo muito mais amplo que é o da fraude em geral, como categoria geral do Direito.

É interesse da sociedade coibir a possibilidade de alguém obter proveito com a própria fraude.

Houve, na ciência jurídica, evolução lenta na teoria dos atos e negócios jurídicos, ou especialmente na parte que trata dos atos ilícitos, como estão a demonstrar os enfoques atuais da responsabilidade extracontratual e do abuso de direito. O sentido de coibir o abuso, e a fraude é um abuso, pode ser visto na doutrina, na jurisprudência e na lei. Desse modo, a fraude é o mais grave ato ilícito, destruidor das relações sociais, responsável por danos de vulto e, na maioria das vezes, de difícil reparação.

Se, por um lado, no campo do ato ilícito, existe arcabouço repressor, por vezes até excessivo, não encontramos para a fraude um dispositivo genérico, talvez pela dificuldade de fixar seu conceito. Trata-se, evidentemente, de compreensão atinente aos princípios gerais de direito, ao *honeste vivere*.

Nessas premissas, preocupa-se o Direito com dois aspectos do problema: a fraude à lei e a fraude contra o direito de terceiros.

Na fraude contra o direito de terceiros, além da transgressão à lei, a ação fraudulenta é dirigida com malícia, com ou sem a intenção de ocasionar prejuízo contra o titular do direito lesado.

É fora de dúvida que toda fraude, em princípio, atenta contra o Direito. Secundariamente, pode existir prejuízo de terceiros.

Aqui, nos ocuparemos da fraude contra credores, matéria colocada em nosso Código Civil antigo e atual, em sua Parte Geral, como um dos defeitos dos atos jurídicos, um dos chamados vícios sociais.

É, portanto, princípio assente que o patrimônio do devedor constitui garantia comum de seus credores. Se estes dispensam garantias reais ou especiais para assegurar o adimplemento de seu crédito, o fazem pressupondo que o devedor aja dentro dos princípios da boa-fé. Recordemos que hoje sobreleva o conceito de boa-fé objetiva, como cláusula aberta, expressa no atual Código (art. 422). Ao contrair a obrigação, contentam-se os credores com a existência do patrimônio do devedor como garantia suficiente. Assim, quando o devedor age com malícia, para depauperar seu patrimônio, há fraude, podendo os credores insurgir-se contra os atos por meio da ação pauliana.

Como vemos há proeminência da boa-fé, como aplicação de regra moral por excelência, no deslinde dos conflitos de interesses. O dever de conduta leal no mundo jurídico é essencial para manter o equilíbrio das relações sociais.

26.2 NOÇÃO HISTÓRICA

A origem da ação pauliana é obscura e segue sendo discutida.

Acentua Pontes de Miranda (1970, v. 4:421) que os interpoladores confundiram os textos mais do que esclareceram, surgindo a ação pauliana como ação real com muitas interpretações.

Para alguns intérpretes, a origem vincula-se à evolução do interdito *fraudatorium*, do qual derivou uma *actio in factum*, a qual, ao contrário do primeiro, só podia ser exercida contra o terceiro cúmplice da fraude.

Importa recordar também como origem remota do instituto a *missio in bona*, pela qual era permitido ao credor vender os bens do devedor para se ressarcir. Por meio da *venditio bonorum*, o credor podia satisfazer a seu crédito. O pretor concedia a medida ingressando o credor na posse de todo patrimônio do devedor, sozinho, ou em concurso com outros credores, havendo possibilidade, após certo tempo, de oferecer esses bens à venda.

O devedor, pela *bonorum venditio*, sofria *capitis deminutio maxima*. A *missio in bona* compreendia a universidade dos bens do devedor, daí por que o credor (*bonorum emptor*) era sucessor universal do patrimônio do devedor. Contudo, o instituto não impedia que o devedor alienasse bens em prejuízo de seus credores. Surge a atividade do pretor, que visa coibir abusos do devedor e permitir, por meio de um édito, que os credores impugnem as vendas fraudulentas.

A *actio pauliana* é terminologia aposta pelos glosadores, segundo alguns, na Idade Média.

Por essa ação, o pretor punia a fraude contra credores e exigia a intenção de causar prejuízo na diminuição do patrimônio; que o devedor conhecesse o caráter fraudulento do ato e que tivesse a noção do *eventus damni*, bem como tivesse conhecimento da fraude o terceiro adquirente (*consilium fraudis*).

26.3 FRAUDE EM GERAL

A fraude é vício de muitas faces. Está presente em sem-número de situações na vida social e no Direito.

Sua compreensão mais acessível é a de todo artifício malicioso que uma pessoa emprega com intenção de transgredir o Direito ou prejudicar interesses de terceiros.

A má-fé encontra guarida não só na fraude, mas também em outros vícios, como dolo, coação e simulação.

O dolo é caracterizado pelo emprego de artifícios ou ardis que incidem sobre a vontade de alguém e a viciam. Existe erro na mente de quem é vítima do dolo, mas erro provocado, externo ao próprio agente.

A coação caracteriza-se pela violência contra o livre agir do coacto, que pratica o ato mediante vontade conduzida, viciada por um *metus*.

Na simulação, que possui muitos pontos de contato com a fraude, as partes fazem aparentar negócio que não tinham intenção de praticar. Na fraude, o negócio jurídico é real, verdadeiro, mas feito com o intuito de prejudicar terceiros ou burlar a lei.

Alvino Lima (1965:29) diz: "*A fraude decorre sempre da prática de atos legais, em si mesmos, mas com a finalidade ilícita de prejudicar terceiros, ou, pelo menos, frustrar a aplicação de determinada regra jurídica.*" O mesmo autor, porém, acrescenta que não existe unanimidade na doutrina de que o dano constitua elemento essencial ao instituto. É certo, porém, que a existência do prejuízo deve ocorrer para proporcionar ação ao lesado, dentro dos parâmetros do interesse de agir.

Não resta dúvida de que a fraude a terceiro também é forma de fraude à lei, dentro de conceito amplo.

A regra de direito, ou simplesmente o Direito, é imperativo disciplinador da sociedade e obriga seus membros a agirem conforme normas. São multiformes os meios e processos empregados pelos infratores para se furtarem ao império e às sanções das leis.

Não ingressam no conceito de fraude aquelas ações ofensivas às normas de forma aberta, flagrante. A fraude caracteriza-se por meios que iludam a lei por via indireta, sem que ocorra forma ostensiva. A fraude dá ideia de disfarce, sem adentrar no conceito de simulação.

A fraude orienta-se em direção à finalidade do ato ou negócio jurídico. Geralmente, o objeto e as condições do ato ou negócio são perfeitos. A causa final do ato é que apresenta vício. O entendimento é deveras sutil e a matéria merece estudo mais aprofundado.

Em razão do que expusemos, cumpre, portanto, fazer a distinção, para efeitos civis, de atos em violação à lei e atos em fraude à lei. É claro que sempre haverá zona cinzenta entre ambos os aspectos, o que não elidirá os efeitos práticos que visam à anulação de um ou de outro ato.

Na fraude contra credores, o preceito a ser protegido é a defesa dos credores, a igualdade entre eles e o patrimônio do devedor, enfim, a garantia dos créditos. Trata-se, pois, de aplicação do conceito mais amplo de fraude.

26.4 FRAUDE CONTRA CREDORES

Desde os tempos em que o devedor já não respondia com o próprio corpo por suas dívidas, a garantia de seus credores passou a residir em seu patrimônio.

Não havendo garantia real, privilegiada, conta o credor exclusivamente com a garantia genérica, proporcionada pelos bens. Trata-se do credor quirografário que apenas possui a garantia comum: o patrimônio do devedor.

Esse patrimônio pode ser depauperado de vários modos pelo próprio devedor para frustrar a garantia, seja pela alienação gratuita ou onerosa dos bens, seja pela remissão de dívidas, pela renúncia da herança, pelo privilégio concedido a um dos credores e por tantos outros meios capazes de diminuir a garantia do credor. Nessas premissas, vêm em socorro do credor as armas conferidas pelas disposições da *fraude contra credores* (arts. 158 a 165) para recompor o patrimônio do devedor.

Como se nota, o conceito de fraude é volátil, mas pode ser percebido com facilidade pelo bom senso do magistrado.

O objeto da ação pauliana é anular o ato tido como prejudicial ao credor. Melhor seria falar em ineficácia do ato em relação aos credores do que propriamente em anulação, como defende com razão a doutrina mais moderna. Essa não é, porém, a diretriz de nosso Código, embora os efeitos sejam típicos de ineficácia do ato ou do negócio. Na realidade, o que ocorre em concreto é um processo ou conduta fraudatória. Se levarmos em conta que a ação pauliana é de natureza declaratória, e não desconstitutiva, não teria aplicação o lapso prescricional do art. 178, § 9º, V, *b*, no sistema do Código de 1916. A matéria continua em aberto, contudo, para maior discussão. Lembre-se, ademais, de que o atual Código não aclarou a questão, pois persiste estatuindo que o negócio em fraude contra credores é anulável. O Código não adotou, assim, como defende boa parte da doutrina, o caminho da ineficácia relativa do negócio apenas no tocante ao credor, permanecendo o negócio válido entre os contratantes. Se admitida essa tese,

> *"para essa corrente, a ação pauliana tem natureza declaratória de ineficácia do negócio jurídico em face dos credores, e não desconstitutiva. Se o devedor, depois de proferida a sentença, por exemplo, conseguir levantar numerário suficiente e pagar todos eles, o ato de alienação subsistirá, visto não existirem mais credores"* (Gonçalves, 2003:414).

Para muitos, portanto, com razão, a posição do mais recente Código é inaceitável, pois não se amolda à teoria mais moderna. Perante os termos peremptórios do ordenamento, a solução é realmente a anulação do negócio jurídico, ainda porque houve tentativa de modificação do texto no Código de 2002 nesse sentido, não atendida pela Comissão Revisora.

É fraude contra credores qualquer ato praticado pelo devedor já insolvente ou por esse ato levado à insolvência com prejuízo de seus credores.[1]

---

[1] "Apelação civil. Ação pauliana. Procedência. Irresignação dos réus. Fraude contra credores. Vício social que torna o negócio jurídico anulável. Caracterização. Instituto previsto nos artigos 158 e seguintes do Código Civil. Eventus damni. Prejuízos sofridos pelo credor caracterizado pela insolvência do devedor avalista, que em nenhum momento demonstrou a existência de bens aptos a garantirem o cumprimento da obrigação, que supera trinta milhões de reais. Recuperação judicial da devedora principal. Consilium fraudis. Doação de bem imóvel, realizada pelo avalista de cédulas de crédito bancário, a seus filhos, pouco antes de ingressarem com ação de recuperação judicial da empresa devedora. Conluio fraudulento caracterizado. Irrelevância dos donatários não terem participado do consilium fraudis, dada sua incapacidade. Suficiência da conduta maliciosa do doador. Doação ineficaz. Anterioridade do crédito. Violação aos princípios informadores do Código Civil e à boa-fé objetiva. Caracterização de **fraude preordenada para prejudicar futuros credores**. Anterioridade relativizada no caso concreto, conforme precedentes do A. STJ. Desfazimento antecipado de bens, já antevendo, num futuro próximo, o surgimento de dívidas, com vistas a afastar o requisito da anterioridade do crédito, como condição da ação pauliana que deve ser cabalmente rechaçado. O intelecto ardiloso, com o intuito de escusar-se do pagamento ao credor, enseja leitura teleológica do dispositivo legal. Fraude caraterizada. Ineficácia do negócio jurídico. Sentença mantida. Apelo desprovido". (*TJSP* – Ap 1014642-53.2020.8.26.0068, 27-5-2022, Rel. Rodolfo Pellizari).

"Ação pauliana. Alegação de fraude contra credor. Existência de crédito anterior à celebração do negócio que se pretende anular; a insolvência do devedor, e a consciência das partes de que o negócio se fez em prejuízo do credor. Fraude caracterizada. **Nítida intenção de desfalcar o patrimônio para prejudicar o credor**. Procedência do pedido inicial. Recurso provido" (*TJSP* – Ap 1012558-71.2020.8.26.0006, 15-12-2021, Rel. J. B. Paula Lima).

"**Fraude contra credores** – Ação pauliana – Sentença que julgou procedente a ação, anulando a cessão de direitos realizada pelos réus e a escritura definitiva do imóvel objeto do negócio jurídico. Irresignação dos réus. Preliminares: Julgamento do recurso pela sistemática do CPC/1973. Gratuidade da justiça pleiteada pelos corréus indeferida em primeiro grau. Corréus que, embora intimados, não recorreram da decisão e não efetuaram o preparo da apelação. Deserção decretada. Recurso não conhecido. Mérito: Preenchimento dos requisitos da ação pauliana. Anterioridade do crédito que pode ser excetuada quando suficientemente comprovada a ocorrência de fraude predeterminada em detrimento de futuros credores. Precedente do STJ. *Eventus damni* e *consilium fraudis* demonstrados. Alienação

Se tivermos em mente que o patrimônio do devedor responde por suas dívidas, que esse patrimônio possui ativo e passivo, e se levarmos em conta que para o devedor insolvente o passivo supera o ativo, concluímos que, ao diminuir bens de seu patrimônio, está de certo modo alienando bens que pertencem mais propriamente a seus credores. Daí as medidas legais visando proteger os credores nessas situações.

26.4.1 Requisitos

São três os requisitos para a tipificação da fraude contra credores: a *anterioridade do crédito*, o *consilium fraudis* e o *eventus damni*.[2]

---

praticada pelos corréus em estado de insolvência, frustrando os direitos creditórios da autora. Réus que mantinham relacionamento próximo, evidenciando que o corréu adquirente sabia (ou pelo menos tinha motivos para saber) da condição insolvente dos devedores. Fraude contra credor configurada. Negócio jurídico anulado. Sentença mantida. Recurso do corréu desprovido, não conhecido o dos corréus" (TJSP – Ap 1027839-86.2014.8.26.0100, 22-1-2019, Rel. Alexandre Marcondes).

"**Apelação cível – Ação Pauliana – Fraude contra credores** – Vício social que torna o negócio jurídico anulável. Procedência. Irresignação. Descabimento. Caracterização dos requisitos de anterioridade do crédito, *consilium fraudis* e *eventus damni*. Instituto previsto nos artigos 158 e seguintes do Código Civil. Anterioridade do crédito. Existência. Na hipótese dos autos, a cártula de garantia do empréstimo concedido pelo autor foi emitida antes da alienação do imóvel pelo devedor. Embora pós-datado, o cheque continua a consubstanciar ordem de pagamento à vista, ainda que dado em garantia ou promessa de pagamento, não perdendo a sua cambiariedade e executividade. Precedentes desta E. Corte. Requisito preenchido. *Eventus damni*. Prejuízos sofridos pelo credor caracterizado pela insolvência do devedor, que em nenhum momento demonstrou a existência de bens aptos a garantirem o cumprimento total da obrigação. Embora tenha indicado alguns imóveis, a análise de suas matrículas permite conclusão oposta quanto ao real proprietário do bem e à possibilidade de satisfação integral do débito. Tentativa de induzir o juízo a erro. Dano ao credor caracterizado. *Consilium fraudis*. Comprador que, malgrado conste na matrícula tenha pago o valor de R$ 110.000,00 pelo imóvel, permitiu que o vendedor e seus filhos continuassem a dele usufruir desde então, por vários anos, sem qualquer contraprestação. Filhos do vendedor que continuam residindo no bem, mesmo após a morte do pai. Relação locatícia não comprovada por qualquer dos réus, ainda que instados pelo juiz *a quo*. Conluio fraudulento caracterizado. Apelos desprovidos" (TJSP – Ap 0002181-94.2009.8.26.0539, 9-6-2018, Rel. Rodolfo Pellizari).

"Agravo interno no agravo em recurso especial – Ação Pauliana – Negócio Jurídico Anulado – **Fraude contra credores** – Requisitos Comprovados – Revisão de matéria fático-probatória – Incidência da súmula 7 desta corte – Agravo desprovido – 1 – O eg. Tribunal de origem, à luz dos princípios da livre apreciação da prova e do livre convencimento motivado, bem como mediante análise soberana do contexto fático-probatório dos autos, concluiu pela presença de todos os requisitos para reconhecer a fraude contra credores: anterioridade, *eventus damni* e o *consilium fraudis*, reconhecendo como explícita a intenção de fraudar negócio jurídico celebrado entre pai e filha. A modificação do entendimento lançado no v. acórdão recorrido demandaria o revolvimento de suporte fático-probatório dos autos, o que é inviável em sede de recurso especial, a teor do que dispõe a Súmula 7 deste Pretório. 2 – Agravo interno a que se nega provimento" (STJ – AGInt-AG-REsp 896.248 – (2016/0086466-0), 26-6-2017, Rel. Min. Raul Araújo).

[2] "Apelação. Ação pauliana. Sentença de parcial procedência que reconheceu a impenhorabilidade do imóvel por se tratar de bem de família, mas anulou a doação do bem. Insurgência dos requeridos. Não acolhimento. Fraude contra credores configurada. Doação de imóvel para os filhos, com usufruto da ex-companheira, em sede de partilha de bens. Presença dos pressupostos legais. Anterioridade do crédito. **Eventus damni e consilium fraudis verificados**. Devedor insolvente. Má-fé presumida pela doação gratuita à prole. Sentença mantida. Recurso desprovido" (TJSP – Ap 1035658-56.2019.8.26.0114, 24-07-2024, Relª Clara Maria Araújo Xavier).

"Ação pauliana – Pedido de reconhecimento de fraude contra credor em razão da transferência de imóvel simulada entre os réus – Improcedência – Juízo de Primeiro Grau que reconheceu que a transferência de uma parte de um imóvel pertencente ao devedor não o reduziu ao estado de insolvência – Inconformismo do autor – Reconhecimento da existência do negócio jurídico ocorrido entre as partes, consistente na compra e venda de gado, com pagamento mediante a emissão de cheques – Devedor insolvente que alienou fração ideal de bem imóvel a irmã após realização do negócio e esquivou-se do pagamento da dívida quando acionado em ação monitória proposta pelo autor – Requisitos da ação pauliana consistentes da anterioridade do crédito, **eventus damni e consilium fraudis presentes** – Negócio jurídico inoponível ao credor – Sentença reformada – Apelo provido" (TJSP – Ap 1000703-52.2018.8.26.0334, 5-7-2022, Rel. Galdino Toledo Júnior).

"Apelação – **Ação Pauliana** – A procedência da ação pauliana exige a presença de três requisitos: i) anterioridade do débito em relação ao ato fraudulento; ii) o *eventus damini*, ou seja, prejuízo causado ao credor e, iii) o *consilium*

A anterioridade do crédito em face da prática fraudulenta está expressamente prevista no art. 158, § 2º.

É facilmente perceptível a razão dessa exigência. Quem contrata com alguém já insolvente não encontra patrimônio garantidor. Os credores posteriores não encontram a garantia almejada pela lei. Sua obrigação é certificar-se da situação patrimonial do devedor.

Destarte, a matéria pode transferir-se para a prova acerca de quando foi o débito contraído; quando o foi por escrito particular. Se o documento foi registrado, a data do registro constatará a anterioridade do crédito, mormente porque o documento deve ser registrado para ter eficácia contra terceiros.

Outra hipótese a ser enfocada é a sub-rogação de crédito, quando esta é posterior ao ato fraudulento. Como a dívida é anterior, entendemos existir a anterioridade; a sub-rogação ou a cessão de crédito não desnaturam essa característica. O mesmo não se pode dizer da novação, em que há a extinção da obrigação anterior e constituição de uma nova.

Quanto aos créditos condicionais, no que tange ao crédito sob condição resolutiva, não há dúvida de que o ato fraudulento o atinge. Com relação aos créditos sob condição suspensiva, há divergências na doutrina, pois, sendo seu implemento futuro, resta saber como colocar o requisito da anterioridade do crédito. Acreditamos que, mesmo no caso de suspensividade da condição, há direito eventual do credor; existe, portanto, anterioridade; já pode ser resguardada qualquer violação de direito, como é a fraude contra credores.

Outra hipótese trazida pela doutrina diz respeito à fraude que objetiva o futuro. Ora, o credor posterior conhecia, ou devia conhecer, os atos ditos fraudulentos; não pode, pois, impugná-los. Caso não conhecesse as manobras, o vício seria outro, dolo ou simulação; nesse caso, a ação pauliana seria imprópria.

---

fraudis: conluio fraudulento dos envolvidos no ato negocial – Alegada fraude contra credores – Pleito de anulação do negócio jurídico celebrado entre os réus – Sentença de improcedência – Apelação: requisitos da ação pauliana, tais como estado de insolvência e *consilium fraudis* não comprovados – Inobservância do art. 333, I, do NCPC – Ausência de comprovação da má-fé – Sentença mantida – Recurso improvido" (*TJSP* – Ap 4005729-03.2013.8.26.0577, 14-12-2020, Rel. Salles Rossi).

"Apelação – **Ação Pauliana** – Sentença que julga procedente a ação e declara a nulidade do negócio jurídico constante no registro na matrícula no imóvel. Fraude contra credores caracterizada. Defesa genérica, sem indicação clara de existência de bens suficientes para a garantia da dívida. Prejuízo ao autor evidente. Alienantes que não possuem bens para a garantia de dívida e a alienação do imóvel para frustrar o pagamento do credor. Adquirentes do imóvel que são contadores dos alienantes. Presunção de que conheciam a situação financeira dos clientes. Sentença de procedência mantida. Recursos desprovidos" (*TJSP* – Ap 3001890-59.2013.8.26.0165, 11-12-2020, Rel. Cristina Medina Mogioni).

"Apelação cível – Ação pauliana – **Fraude contra credores** – Requisitos – Não caracterização – Deve ser mantida a sentença de improcedência, quando não configurados os requisitos da fraude contra credores. Embora demonstrada a pré-existência da dívida, sobreleva que, na data da venda da área/imóvel, não há prova de que a parte devedora estava insolvente ou que tenha sido por tal transferência, reduzida à insolvência. Ausente o *consilium fraudis* atinente ao conluio fraudulento havido entre comprador e vendedor, com o fito de fraudar os credores deste. Sentença mantida. Recurso não provido" (*TJMG* – AC 1.0596.16.002569-5/001, 5-6-2019, Rel. Amorim Siqueira).

"Agravo interno no recurso especial – **Fraude contra credores** – Comprovação – Preenchimento dos requisitos exigidos – Agravo parcialmente provido – 1- A ocorrência de fraude contra credores demanda a anterioridade do crédito, a comprovação de prejuízo ao credor (*eventus damni*), que o ato jurídico praticado tenha levado o devedor à insolvência e o conhecimento, pelo terceiro adquirente, do estado de insolvência do devedor (*scientia fraudis*). 2- Agravo interno parcialmente provido" (*STJ* – AGInt-REsp 1.294.462 – (2011/0109650-3), 25-4-2018, Rel. Min. Lázaro Guimarães).

"Apelação – Ação Pauliana – Doação à divorcianda, em acordo na ação de divórcio, do único imóvel que possuía o casal – Virago que tinha conhecimento das dívidas do marido e do valor devido ao autor, o que caracteriza a má-fé, materializada na não satisfação do crédito do apelante – Insolvência do devedor caracterizada em razão da doação – Sentença reformada – Recurso provido para reconhecer a fraude à credores e anular a doação" (*TJSP* – Ap 1001581-95.2015.8.26.0361, 23-1-2018, Rel. Luis Mario Galbetti).

Não confunda, de qualquer forma, a fraude contra credores, no que diz respeito à anterioridade do crédito, com a fraude à execução, estatuída no CPC.

Da mesma forma, o *eventus damni* necessita estar presente para ocorrer a fraude tratada. Aqui não há divergência. Sem o prejuízo, não existe legítimo interesse para propositura da ação pauliana.

O objeto da ação é revogar o ato em fraude, ou, na forma acolhida pela doutrina, tornar a declarar a ineficácia do ato em relação aos credores. Esse ato danoso para o credor tanto pode ser alienação, gratuita ou onerosa, como remissão de dívida etc. Verifica-se o *eventus damni* sempre que o ato for a causa do dano, tendo determinado a insolvência ou a agravado. Protege-se o credor quirografário, bem como aquele cuja garantia se mostrar insuficiente (art. 158, § 1º, do atual Código).

O dano, portanto, constitui elemento da fraude contra credores.[3]

---

[3] "Ação pauliana – Sentença de procedência – Inconformismo dos réus – Fraude contra credores. Instituto previsto nos artigos 158 e seguintes do Código Civil – Imóvel que foi alienado à filha do devedor depois da constituição do crédito – Anterioridade do crédito, 'consilium fraudis' e '**eventus damni**' comprovados – Dívida não paga – Caracterizada a fraude contra credores – Ausência de demonstração de existência de bens suficientes para garantir a dívida – Solvência não comprovada – Sentença mantida – recurso não provido". (TJSP – Ap 1000157-92.2021.8.26.0236, 12-6-2023, Rel. Ana Maria Baldy).

"Pauliana – Preliminares afastadas – Corréu que, aproximadamente 01 ano depois de avalizar 07 cédulas de crédito bancário de empresas da família, transfere todos os imóveis a uma empresa da qual é sócio majoritário e a seu filho, reduzindo todas as garantias do credor – **Eventus damni comprovado** – Elementos que demonstram a ausência de boa-fé dos demandados – Anterioridade do crédito que, nem sempre, é elemento essencial à caracterização da fraude – Precedente do C. STJ – Revocatória que constitui meio de conservação do patrimônio do devedor – Entendimento – Sentença mantida – Recursos desprovidos". (TJSP – Ap 1087185-55.2020.8.26.0100, 8-4-2022, Rel. Fernanda Gomes Camacho).

"Ação pauliana. Doação de bem imóvel realizada pelos devedores em benefício do filho. Pretendida nulidade por violação ao disposto no art. 158 do Código Civil. Não acolhimento. Fraude que reclama a comprovação do estado de insolvência do devedor. "**Eventus damni**", na espécie dos autos, não demonstrado. Subsistência de imóvel em nome dos doadores. Propriedade, ainda, de valor de mercado superior ao débito reclamado pela credora. Desinteresse na dilação probatória para a avaliação do bem. Ônus que tocava à autora, nos termos do art. 373, inc. I, do Código de Processo Civil. Improcedência acertada. Apelo desprovido". (TJSP – Ap 0010784-47.2010.8.26.0176, 11-2-2022, Rel. Donegá Morandini).

"Apelação Cível – Ação Pauliana – Compra e venda – **Fraude contra credores** – Requisitos – Ausência de provas – A fraude contra credores se caracteriza por ato de disposição do devedor que, ao diminuir ou esvaziar o seu patrimônio, se torna insolvente, acarretando prejuízo para o credor por crédito quirografário formado anteriormente (*eventus damni*), ato este praticado, isoladamente ou aliado a terceiro, de má-fé e com o intuito fraudulento (*consilium fraudis*)" (TJMG – AC 1.0105.09.302059-9/001, 20-9-2019, Rel. Maurílio Gabriel).

"Apelação cível – **Ação Pauliana – Fraude contra credores** – Anterioridade do crédito – Requisito que pode ser relativizado – Precedente do STJ – Ausência de demonstração da data em que o contrato foi firmado entre os apelados. Intuito fraudulento demonstrado. Imóveis objeto do contrato entabulado entre os apelados que sequer foram transferidos à apelada avalista da cédula de crédito bancário. Sentença reformada. Recurso a que se dá provimento" (TJPR – AC 1602782-8, 2-3-2017, Rel. Juiz Subst. Magnus Venicius Rox).

"Apelação – **Ação Pauliana** – Fraude demonstrada – Cártulas emitidas em 10.05.2006, 26.05.2006 (fls. 41), 01.06.2006 (fls. 20/32) e a escritura de compra e venda lavrada em 25.09.2006 (fls. 18/19) – Anterioridade do débito comprovada – Alienação feita por preço meramente figurativo envolvendo parentes próximos – Destinação de valores e prova da existência de outros bens – Ônus do devedor – *Consilium fraudis* e o *eventus damni* demonstrados – Recurso provido" (TJSP – Ap 0019925-26.2009.8.26.0047, 17-05-2016, Rel. Rosangela Telles).

"Ação pauliana – **Fraude contra credores** – Requisitos demonstrados – Procedência mantida – Insurgência dos réus contra sentença de procedência – Não conhecimento do recurso por irregularidade formal – Descabimento – Cumprimento das disposições do art. 514, CPC – Fundamentos do apelo bem evidenciados – Razões expostas na peça recursal que se mostram suficientes para a demonstração do interesse dos recorrentes na reforma da sentença. Mérito. Alegação de solvência. Descabimento. Ausência de prova. Art. 333, II, CPC. Transferência de propriedade que teria se dado após penhora de outro imóvel. Indiferença. Ausência de gravames no imóvel objeto do negócio jurídico. Indiferença. *Eventus damni* e *consilium fraudis* demonstrados. Má-fé dos adquirentes. Relação estreita com devedor. Depoimentos vagos e lacunosos a respeito dos motivos da compra de imóvel. Reconhecimento de fraude

O terceiro requisito é elemento subjetivo, ou seja, o *consilium fraudis*. Em nosso direito, esse elemento subjetivo dispensa a intenção precípua de prejudicar, bastando para a existência da fraude o conhecimento dos danos resultantes da prática do ato.

Em nossos ambos ordenamentos civis, é diferente o tratamento para os atos ou negócios a título gratuito e a título oneroso. No que diz respeito aos casos de transmissão gratuita e de remissão de dívidas, nos termos do art. 106, a fraude constitui-se por si mesma, independentemente do conhecimento ou não do vício. Basta o estado de insolvência do devedor para que o ato seja tido como fraudulento, pouco importando que o devedor ou o terceiro conhecesse o estado de insolvência. Tanto assim é que este último aspecto da ignorância do fato da insolvência pelo devedor, sempre decantado pela doutrina, foi expresso no vigente Código no art. 158.

Justifica a doutrina o dispositivo entre o beneficiado e os credores, os quais procuram a reparação de um prejuízo já causado. A lei protege os últimos, não só pelos princípios do locupletamento ilícito, como também porque quem está em estado de insolvência não está em condições de praticar liberalidades... Há, na realidade, presunção de má-fé.[4]

Por outro lado, a hipótese do art. 159 é a tradicional e não dispensa o *consilium fraudis*. Diz a lei, porém, que a insolvência deve ser notória ou deve haver motivo para ser conhecida do outro lado contratante. Entendemos aqui, como alhures, que a matéria será resolvida exclusivamente dentro do bojo probatório da ação pauliana.

A notoriedade e a ciência da insolvência pelo outro contratante dependem, exclusivamente, do caso concreto, podendo, no entanto, ser traçadas balizas para essa prova, mas nunca de forma inflexível.

Importa também lembrar, como faz Jorge Americano (1932:56), que

> *"a alienação é o meio de converter os bens imóveis ou móveis de difícil ocultação, em moeda corrente, facilmente ocultável. Mas, outras vezes é o meio procurado pelo devedor para obter fundos com que manter o seu crédito e desembaraçar-se da má situação que considera passageira".*

---

mantido. Litigância de má-fé. Inocorrência. Sentença mantida. Art. 252, RITJSP. Recursos desprovidos" (TJSP – Ap 0002557-05.2013.8.26.0066, 11-2-2015, Rel. Carlos Alberto de Salles).

4 **"Ação Pauliana** – Réus devedores do banco autor na qualidade de avalistas de cédulas de crédito bancário. Doação de imóveis realizada pelos devedores após a constituição do crédito. Réus que não demonstraram a suficiência de seu patrimônio para o pagamento da dívida. Patrimônio das sociedades, devedoras principais, que não se confunde com o dos sócios. Aval, ademais, que é garantia autônoma em relação à obrigação avalizada. Doação que gerou desfalque do patrimônio dos avalistas. Fraude contra credores caracterizada. Anulação que é de rigor. Recurso improvido" (TJSP – Ap 1001387-79.2015.8.26.0431, 19-7-2018, Rel. Maia da Cunha).

"Apelação – **Ação Pauliana** – Fiadores que doaram seus bens tornando-se insolventes – Doação dos bens que ocorreu em momento anterior ao inadimplemento do locatário – Irrelevância. Como houve a transmissão gratuita do bem é desnecessária a aferição da existência do *consilium in fraudis*. A anterioridade do crédito se verifica ante a preexistência do contrato de fiança, ainda que o inadimplemento tenha ocorrido em momento posterior ao da doação do bem imóvel. A interpretação pretendida pelos apelantes claramente favoreceria uma postura de má-fé, além de consistir em comportamento contraditório. Pelo dever de boa-fé do contratante, não poderiam os réus se desfazer de seus bens, tornando-se insolventes, quando ainda existente a relação contratual. Recurso não provido" (TJSP – Ap 3000335-85.2013.8.26.0430, 26-2-2016, Rel. Luis Mario Galbetti).

"Fraude contra credores – **Ação Pauliana** – Ilegitimidade dos herdeiros do devedor para integrar o polo passivo – Falta de abertura de inventário – Providência que pode ser adotada pelo credor – *Consilium fraudis* e *eventus damni* não comprovados – Devedor que não se achava insolvente ao tempo da alienação – Presunção de boa-fé de terceiros adquirentes – Sentença de improcedência mantida – Recurso improvido" (TJSP – Ap 0001261-79.2008.8.26.0370, 11-6-2015, Relª Marcia Tessitore).

Serão importantes a sensibilidade do julgador e os valores em jogo. Daí por que a ciência da insolvência, por parte do adquirente, torna-se importante para o legislador.

Essa notoriedade de que fala a lei não tem o mesmo conteúdo dos fatos notórios, meios de prova de processo, que não necessitam ser provados. Tal notoriedade de insolvência deve ser provada na ação pauliana, não se confundindo com os fatos notórios que eventualmente podem ser utilizados tanto nessa ação como em qualquer outra. Na verdade, dispensar a prova da notoriedade seria transformar o juiz em testemunha do fato sobre o qual se pronunciará.

Note, igualmente, que o conceito atual de fraude não implica a utilização de meios ilícitos. Pode o vício consistir em atos plenamente válidos, perfeitos e lícitos, mormente porque, sempre que desaparecer a insolvência, ainda que no curso de ação, desaparece o interesse para a demanda.

A intenção de prejudicar também não é requisito. Geralmente, quem contrata com insolvente não conhece seus credores. Se a intenção fosse erigida em requisito para a ação, estaria ela frustrada, porque muito difícil é o exame do foro íntimo do indivíduo. O requisito está, por conseguinte, na previsibilidade do prejuízo. Ou, fazendo um paralelo com o Direito Penal, basta a culpa para possibilitar a anulação do ato, não se exigindo o dolo.

Quem compra bem de agente insolvente, ou em vias de se tornar tal, deve prever que esse ato pode lesar credores. Não lhe é lícito ignorar que a lei proíbe a aquisição nessas circunstâncias, na proteção dos respectivos credores. Esse é o princípio legal.

Contudo, o erro de fato aproveita ao terceiro adquirente se provar que a insolvência não era notória e que não possuía motivos para conhecê-la. Mas a prova lhe compete. Quanto ao próprio devedor, a fraude, nessas circunstâncias, é presumida. A notoriedade, como expusemos, depende do caso concreto, mas a jurisprudência e a doutrina fixaram determinadas situações: amizade íntima entre o insolvente e o terceiro adquirente; seu parentesco próximo; protesto de cambiais; elevado número de ações de cobrança; empréstimos excessivos junto a instituições bancárias; pagamento de juros extorsivos etc. Fica, todavia, a critério do juiz decidir quando havia notoriedade e quando havia motivo para o outro contratante conhecer da insolvência do devedor, se o fato não for notório. A prova deve ser concludente, sendo de capital importância.

26.4.2 Ação Pauliana

Os credores que movem a ação o fazem em seu nome, atacando o ato fraudulento como um direito seu.

Quanto à natureza da ação, não concorda a doutrina. Dizem uns ser ação real, enquanto outros a entendem direito pessoal. Esta última é a corrente majoritária. Sua finalidade é anular ato fraudulento, visando ao devedor alienante e ao adquirente, participantes da fraude. Na verdade, como apontamos, a real finalidade da ação é tornar o ato ou negócio ineficaz, proporcionando que o bem alienado retorne à massa patrimonial do devedor, beneficiando, em síntese, todos os credores. Se o ato houver sido gratuito, seu intento é evidentemente evitar o enriquecimento ilícito.

A natureza da ação é revocatória e tem por fim recomposição do patrimônio. Assim, não pode a ação ser proposta contra atos que não levaram o devedor à insolvência nem contra aqueles atos pelos quais o devedor deixou de ganhar algo.

De acordo com nosso estatuto civil (o antigo e o atual), só os credores quirografários podem exercer a ação. O credor com garantia pode também ajuizar a ação se a garantia for insuficiente: nesse caso, ele será um credor quirografário no montante no qual a garantia não o protege. Incumbe a esse credor provar que a garantia não é suficiente para cobrir a integralidade do crédito.

Apesar de nosso Código, no art. 161, dispor que "*a ação, nos casos dos arts. 158 e 159, poderá ser intentada contra o devedor insolvente, a pessoa que com ele celebrou a estipulação considerada fraudulenta, ou terceiros adquirentes que hajam procedido de má-fé*", o que se deve entender na dicção legal é que a ação deverá ser movida contra todos os participantes do ato em fraude.[5] Isso porque só com a participação de todos será atingido o objetivo de anulação ou ineficácia do negócio, com efeito de coisa julgada. Caso contrário, o ato seria anulado ou ineficaz para uns e não para outros, o que é inadmissível. Há alguns julgados que contrariam essa afirmação, mas são minoria.

O terceiro adquirente, como estatui o Código, pode ser chamado à relação processual em diversas hipóteses, desde que se constate conluio e sua má-fé. Esta existirá sempre que a insolvência for notória ou sempre que esse terceiro tiver motivos para conhecê-la.

Jorge Americano (1932:83) lembra a hipótese de ação pauliana para anular instituição de bem de família em fraude contra credores. Nesse caso, a ação é movida tão só contra o instituidor, para fazer reverter o bem ao patrimônio alienável.

Quanto aos efeitos da ação pauliana, várias eram as soluções que o legislador poderia adotar.

No tocante aos credores, as legislações optam por três tipos de efeitos:

1. restitui-se o objeto do ato invalidado ao patrimônio do devedor, aproveitando indistintamente essa invalidação a todos;
2. restitui-se o objeto do ato invalidado ao patrimônio do devedor, aproveitando apenas aos credores anteriores ao ato;
3. faz-se aproveitar a invalidação apenas aos que a promoveram.

---

[5] "**Ação Pauliana** – Indeferimento de tutela antecipada para decretar a indisponibilidade de imóvel objeto de doação – Inconformismo da autora – Acolhimento – Doação de imóvel no curso de demandas milionárias que pode levar o réu à insolvência – Documentos juntados que conferem a probabilidade do direito invocado e o perigo da demora – Tutela provisória de urgência, na modalidade cautelar, que deve ser deferida para assegurar o resultado útil do processo – Decisão reformada para determinar a indisponibilidade do imóvel em discussão – Recurso provido" (*TJSP* – AI 2061153-39.2019.8.26.0000, 14-6-2019, Rel. J. L. Mônaco da Silva).

"Apelação Cível – **Ação Pauliana** – Ausência dos requisitos de crédito anterior ao ato apontado fraudulento e da demonstração da finalidade de fraudar credores. Alienação de 17,5% do imóvel que se deu em data que antecede em mais de dois anos da propositura da demanda, quando não havia qualquer indício da pretensão de responsabilizar a ex-síndica pelos desvios perpetrados por funcionário contra o condomínio. Ação de responsabilidade civil que veio a ser julgada improcedente. Sentença que julga improcedente o pedido que não merece reparo. Recurso não provido" (*TJRJ* – AC 0196779-08.2009.8.19.0001, 3-7-2018, Relª Fernanda Fernandes Coelho Arrabida Paes).

"Apelação – **Ação Pauliana** – Avalista de quinze cheques não compensados – Doação de imóvel às filhas e esposa – *Consilium fraudis* presente – Insolvência confessada – Fraude presumida, quando a alienação decorre de ato gratuito – Claro intuito de se evitar constrição judicial – Fraude a credores reconhecida – Alegação de impenhorabilidade de bem cuja análise não cabe nesta ação – Arguição deverá ser apresentada em momento processual oportuno – Sentença mantida, por seus próprios fundamentos, nos termos do artigo 252 do Regimento Interno deste E. Tribunal. Recurso não provido" (*TJSP* – Ap 0026762-90.2009.8.26.0114, 19-4-2016, Rel. Edson Luiz de Queiroz).

"**Ação Pauliana** – Reconhecimento da inexistência do *consilium fraudis* – Impossibilidade – Insolvência notória dos vendedores, que, ao tempo da realização da compra e venda, já possuía diversas negativações e protestos em seu nome, além de ações executivas ajuizadas em face dele – Informações que apareceriam diante de mera pesquisa nos órgãos de proteção ao crédito – Fraude aos credores caracterizada – Sentença reformada – Apelo provido – Sucumbência invertida" (*TJSP* – Acórdão Apelação Cível 9221989-47.2008.8.26.0000, 6-2-2013, Rel. Des. Ramon Mateo Júnior).

O art. 165 do Código Civil mostra-se de certa forma incoerente, porque a redação original do Código de 1916 dizia que a vantagem resultante da anulação reverteria em proveito da *massa*, numa referência à insolvência civil então adotada. A redação final substituiu o termo *massa* pela expressão *acervo sobre que se tenha de efetuar o concurso de credores*. Portanto, por esse dispositivo, a anulação aproveita a todos os credores sem distinção, quirografários ou privilegiados. Ainda que não exista concurso de credores aberto, o resultado da ação beneficia a todos os credores. Não será fácil, nessas premissas, conciliar os princípios processuais da coisa julgada, pois há terceiros juridicamente interessados, atingidos pela sentença, que não serão obrigados a respeitá-la no caso de improcedência, por exemplo.

Por outro lado, a anulação só será acolhida até o montante do prejuízo dos credores.

Se o escopo dos atos revogados era apenas atribuir preferências a determinado credor, o efeito da ação importará tão só no desaparecimento de dita preferência, como diz o parágrafo único do art. 165.

26.5 CASOS PARTICULARES ESTATUÍDOS NA LEI

Nos arts. 160, 162, 163 e 164, do atual Código, repetindo o que já constava no diploma anterior, são tratadas situações particulares relativas à fraude contra credores.

O art. 160 trata do meio que possui o adquirente de evitar a anulação do ato, mediante a ação pauliana. São requisitos, de acordo com esse dispositivo: que o adquirente não tenha pago o preço; que o preço do negócio seja aproximadamente o corrente; que seja feito o depósito desse preço em juízo, com citação de todos os interessados. O Código de 1916 exigia que fosse promovida a citação-edital de todos os interessados. O vigente Código suprime a referência à citação por edital, meio de conhecimento processual que traz mais problemas do que vantagens. Destarte, deverá ser obtida a citação pessoal dos interessados; a citação por edital será válida e necessária desde que obedecidos os princípios processuais para o caso concreto que a propicia.

O adquirente só pode valer-se desse meio se o preço contratado foi o justo, devendo consignar em juízo e citar todos os interessados. Há que se examinar, no caso concreto, quais são os verdadeiros interessados. No sistema do Código de 1916, quanto à referência da citação por edital, nas edições anteriores desta obra observamos: é claro que, se for possível, como medida de economia e de evidente segurança, a citação pessoal deveria ser preferida. O caso é de *fraude não concluída*.

O meio processual é a ação de consignação em pagamento, na qual algum credor poderá contestar e alegar que o preço não é real, não é o valor corrente de mercado. O deslinde caberá à perícia, que dirá se o preço é real ou não. Não deve ser negado, contudo, ao adquirente o direito de complementar o justo preço alcançado pela perícia, atingindo-se, então, a intenção da lei. Essa solução, viável no sistema anterior, está agora expressa no atual Código (art. 160, parágrafo único). De fato, pelo atual diploma, se o preço for inferior, o adquirente poderá depositar o preço faltante, para conservar os bens.

De acordo com o dispositivo ora em estudo, o adquirente que ainda não ultimou o pagamento pode optar por restituir o objeto comprado e desfazer o negócio ou depositar o preço. Essa opção é exclusivamente sua, não podendo os credores se insurgir contra a escolha, pois dela não lhes advirá prejuízo.

Carvalho Santos (s. d.) lembra a hipótese de o adquirente pagar preço correspondente à aquisição e de o devedor decidir não dar prejuízo a seus credores e, por isso, resolve ele depositar o preço, com fundamento no art. 160. Conclui o autor que, apesar de o Código não prever a hipótese, não há razão para proibir tal iniciativa, não existindo substrato para que se anule o ato: o próprio devedor requererá o depósito do preço corrente e promoverá a citação de todos os seus credores. Não existindo, destarte, dano, não podem os credores recorrer à ação pauliana. Tanto faz ao credor que a coisa em espécie fique à disposição de seu crédito ou, melhor ainda, o equivalente em dinheiro.

Em seguida, pelo princípio do art. 162, o credor quirografário que receber do devedor insolvente o pagamento da dívida ainda não vencida fica obrigado a repor o que recebeu, em benefício do acervo.[6] A redação original do Código de 1916 também aqui falava em *massa*. A

---

[6] "Apelação – Direito civil e processual civil – Assistência judiciária gratuita – Desnecessidade de reiteração do pedido – **Ação Pauliana** – Ausência de contemporaneidade do crédito – Natureza condenatória e constitutiva da ação de cobrança – Inexistência de *consilium fraudis* – Validade da garantia imobiliária – Desconhecimento sobre eventual insolvência dos devedores – Presunção de invalidade da quitação antecipada de dívidas – Não configuração – Credor com direito real de hipoteca – Aparente discrepância entre os motivos que originaram o débito – Não configuração de indício de fraude – Cessação da posse direta dos devedores – Exercício dos direitos inerentes à propriedade pelos credores – Boa-fé dos adquirentes e publicidade dos negócios jurídicos – Preços dos imóveis compatíveis com os praticados pelo mercado – Recurso conhecido e improvido – Honorários recursais – 1- A concessão do benefício da assistência judiciária gratuita prevalece para todos os atos do processo, sendo dispensável a reiteração do requerimento em sede recursal. Precedente da Corte Especial do Superior Tribunal de Justiça. 2- O crédito dos apelantes apenas foi constituído no dia 28 de maio de 2009 com o trânsito em julgado da sentença proferida no bojo da ação de cobrança, a qual ostenta natureza condenatória e constitutiva, enquanto as escrituras públicas de confissão de dívida com garantia hipotecária e de dação em pagamento, respectivamente, foram lavradas nos dias 15 de junho de 2007 e 05 de novembro de 2007. Precedente do STJ. 3- Ainda que fosse adotado o entendimento de que a sentença da ação de cobrança possui natureza declaratória, a ausência de instrumentalização da relação jurídica existente entre os apelantes e a apelada denota que inexistia termo estabelecido para o cumprimento da obrigação de pagar. Por isso, esta teria sido constituída em mora mediante sua interpelação judicial, que ocorreu de maneira ficta pela via editalícia no dia 02 de junho de 2008. 4- As garantias imobiliárias conferida por (...) foram efetivadas 04 (quatro) meses antes ao ajuizamento da ação de cobrança, o que aliado à comprovação permanecia como titular de domínio útil de outro imóvel rural não permite presumir que as hipotecas tinham caráter fraudatório, tampouco que tinha conhecimento acerca de possível insolvência dos devedores ou sobre a existência da ação de cobrança. 5- Não há que se falar na presunção de invalidade da quitação antecipada de dívidas restringe-se ao credor quirografário que recebe do devedor insolvente o pagamento de dívida vincenda, pois a regra do artigo 162 do Código Civil não é aplicável ao titular de crédito com garantia real. 6- O fato de a escritura pública de confissão de dívida mencionar que o débito em questão fora originado de transações comerciais que encontrava-se representado em nota promissória não configura indício de irregularidade, sobretudo quando analisado que o instrumento público acabou por conferir uma posição mais favorável ao credor então portador de título de crédito, haja vista que este passou a ter direito real de hipoteca. 7- A aparente contradição entre o motivo que originou o débito das escrituras públicas de confissão de dívida e de dação em pagamento não indicam confusão suficiente a demonstrar que os apelados buscaram frustrar o crédito dos apelantes, pois o termo de empréstimo em dinheiro é utilizado vulgarmente nas práticas comerciais relativas à venda a futuro de sacas de café. 8- Os negócios jurídicos impugnados pelos apelantes não foram realizados de modo clandestino, e sim foram devidamente registrados no cartório de registro de notas e nas respectivas matrículas dos bens imóveis dados em pagamento. 9- A ausência de *consilium fraudis* é evidenciada pelo fato de que cessaram o exercício da posse direta sobre os bens imóveis, ao mesmo tempo que os apelados começaram a se valer dos direitos inerentes à propriedade, o que rechaça a alegação de que as escrituras públicas serviriam para resguardar o patrimônio daqueles. 10- Os valores atribuídos aos imóveis dados em pagamento foram condizentes às avaliações de corretores de imóveis, clarificando que não foi praticado preço vil no negócio jurídico. 11- Ademais, a boa-fé é ressaltada pelo fato de que arcou com dívidas trabalhistas que possui com os funcionários dos imóveis rurais, apesar de não constituir obrigação *propter rem*. 12- Recurso conhecido e improvido. Majoração da condenação dos apelantes ao pagamento de honorários advocatícios em 02% (dois por cento) sobre o valor da causa, em razão da sucumbência recursal. Manutenção da suspensão da exigibilidade das verbas sucumbenciais na forma do artigo 98, § 3º, do CPC" (*TJES* – Ap 0002869-10.2011.8.08.0047, 7-3-2018, Rel. Des. Subst. Raimundo Siqueira Ribeiro).
"Apelação – **Ação Pauliana** ou Revocatória – Venda de imóvel objeto de garantia anterior prestada em contrato de locação, firmado com o autor – Insolvência presumida – Dicção do disposto no art. 159 do CC – Retorno do status quo ante, a fim de não prejudicar o credor e recompor o patrimônio dos devedores para garantir a higidez de eventual cobrança – Requisitos da ação revocatória que se fizeram presentes, diante do acervo probatório existente nos autos – Os réus não se desincumbiram do seu ônus de afastar a constituição do direito da parte autora, nos termos do artigo 333, II do atual CPC – Recurso desprovido" (*TJSP* – Ap 0003826-08.2012.8.26.0004 – São Paulo – 28ª CDPriv. – Rel. Mario Chiuvite Junior – *DJe* 22-3-2016).

atual fala em *acervo do concurso de credores*. Pelo procedimento do devedor insolvente houve benefício a um de seus credores. Esse credor adquiriu situação melhor do que a dos outros. Deve ser restabelecida a igualdade entre eles para eventual rateio. São requisitos para a ação pauliana, sob o fundamento do art. 162: que a dívida não esteja vencida, que tenha sido paga por credor insolvente e que o pagamento seja feito a credor quirografário. Se a dívida for vencida, o pagamento subsistirá, evidentemente.

Como vemos, a fraude contra credores só ocorre, nessa hipótese, no pagamento antecipado.

Na dação em pagamento pode surgir a fraude, mesmo no caso de dívida vencida. É o caso de o bem dado em pagamento suplantar a dívida; evidentemente, haverá excesso em prejuízo dos credores. Esse excesso ou é doação ou negócio oneroso e, nesse caso, cabível a ação pauliana.

Também nesse dispositivo exige-se a ciência da insolvência por parte do credor que recebe antecipadamente. O princípio do art. 159 é geral, aplicável a todos os negócios onerosos.

O pagamento antecipado feito a credor privilegiado também pode ocasionar dano aos credores, quando o pagamento for em valor superior ao bem dado em garantia. Nesse caso, o que superar o valor do bem deve ser entendido como pagamento feito a credor quirografário e, portanto, anulável.

Cumpre notar que, uma vez procedente a ação pauliana com fundamento no art. 162, deve o credor então beneficiado repor o que recebeu, não para o autor da ação pauliana, mas para o acervo de bens. Reside nesse aspecto, processualmente, uma das particularidades interessantes da ação pauliana, tanto que se defende que se trata de ineficácia do ato. Qualquer credor pode ingressar como assistente litisconsorcial do autor (art. 124 do CPC).

A seguir, o art. 163 dispõe: "*Presumem-se fraudatórias dos direitos dos outros credores as garantias de dívidas que o devedor insolvente tiver dado a algum credor.*"[7] A ação pauliana com fundamento nesse dispositivo tem por fim anular as garantias dadas. Aqui, a ação pode ser intentada ainda que o credor não conheça o estado de insolvência, pois se trata de presunção absoluta.

Uma vez que as garantias pessoais em nada afetam o patrimônio do devedor, o texto refere-se evidentemente às garantias reais.

---

[7] "Ação revocatória – Alienações dos imóveis após deferida a concordata preventiva de empresa coligada – Impossibilidade, diante da peculiaridade do caso concreto – Aplicação da regra do 167 do Decreto-lei 7.661/45 – Autora, ademais, que teve sua personalidade jurídica desconsiderada para se submeter aos efeitos da falência da empresa coligada – Imóveis alienados dentro do termo legal da falência – Ineficácia – Art. 52, VIII, do mencionado Decreto-lei – Honorários sucumbenciais majorados – Recurso da ré improvido, provido o da autora" (*TJSP* – Ap 0078160-66.2011.8.26.0224, 31-7-2015, Rel. Eduardo Sá Pinto Sandeville).

"Ação pauliana – Decisão que indeferiu pedido de reconhecimento de ilegitimidade passiva e inclusão de terceiros indicados pela agravante no polo passivo. Insurgência. Ausência de prova segura que leve ao deferimento pretendido. Matrícula do imóvel apresentada que não traz qualquer indício de que o bem foi alienado para terceiro. Matéria que será melhor apreciada pelo juízo de origem quando do julgamento do mérito. Decisão que deve ser mantida. Recurso improvido" (*TJSP* – AI 2138319-21.2017.8.26.0000, 21-2-2019, Rel. Fábio Quadros).

"Apelação – **Ação Pauliana** – Não demonstração do *consilium fraudis* – O contrato de compra e venda que se pretende questionar fora celebrado entre os apelados um dia antes da assinatura do contrato de locação, no qual o apelado aparece como fiador. Inarredável a má-fé contratual de Luiz Afonso, contudo, tal não autoriza a ineficácia do pacto de alienação. Não há comprovação do requisito *consilium fraudis* com o adquirente. Recurso improvido" (*TJSP* – Ap 0607449-73.2008.8.26.0003, 20-8-2018, Relª. Rosangela Telles).

"**Ação revocatória** – Alienação no termo legal da falência – Veículo que não foi transmitido documentalmente à falida – Sócia cotista que deveria integralizá-lo – Fraude configurada – Recurso não provido" (*TJSP* – Ap 0004370-03.2007.8.26.0123, 21-5-2015, Relª Silvia Sterman).

No tópico ora examinado, não importa o fato de a dívida estar vencida ou não. O art. 823 do Código de 1916 tratava de caso de nulidade de hipoteca se feita nos 40 dias anteriores à quebra. Também é caso de presunção de fraude. O dispositivo do art. 111 do Código antigo e art. 163 do atual, porém, tratam de ato anulável e não nulo, não estando tal anulabilidade presa aos 40 dias mencionados pelo referido art. 823.

Por fim, o art. 164 dispõe sobre atos não passíveis de ação pauliana:

"*Presumem-se, porém, de boa-fé e valem os negócios ordinários indispensáveis à manutenção de estabelecimento mercantil, rural, ou industrial, do devedor, ou à subsistência do devedor e de sua família.*"

O art. 164 do atual Código acrescentou, com razão, presumirem-se válidos também os negócios indispensáveis à subsistência do devedor e de sua família. A disposição é de sentido evidente, pois, caso contrário, o devedor estaria fadado ineflutavelmente à insolvência ou à falência. O fato de ele poder continuar produzindo é meio de subsistência não só seu, mas também garantia para os credores.

O princípio deve ser visto de forma mais ampla, abrangendo todas as atividades essenciais do devedor. A questão de saber se os negócios praticados eram essenciais à manutenção do patrimônio do devedor e se podiam ser classificados como atividade ordinária de seu comércio é tarefa para o juiz e fatalmente dependerá de perícia. Essa prova deverá por vezes descer a minúcias.

26.5.1 Outros Casos Particulares de Fraude contra Credores

Afora os casos específicos do capítulo, outras situações legais existem visando coibir a fraude.

De acordo com o art. 1.813, podem os credores aceitar herança renunciada pelo devedor. Essa aceitação é feita com a autorização do juiz, em nome do herdeiro, até o montante suficiente para cobrir o débito. O saldo eventualmente remanescente não ficará com o herdeiro renunciante, é óbvio, pois ocorreu sua renúncia, mas será devolvido ao monte para a partilha entre os demais herdeiros.

Em face do princípio da *saisine*, o herdeiro que renuncia à herança abre mão de direito praticamente adquirido (trata-se de ficção legal), diminui seu patrimônio e prejudica, portanto, seus credores. Basta provar a insolvência, sendo desnecessária a intenção de fraudar.

Washington de Barros Monteiro (2005, v. 1:268) entende que o princípio da aceitação por parte dos credores é exclusivo da herança, não se aplicando às doações e aos legados sob fundamento de que nesses casos o repúdio ao benefício pode ocorrer por motivos de ordem moral. Aplicar-se-ia também nesse caso o princípio, segundo esse autor, pelo qual ninguém deve aceitar benefício contra a vontade (*invito beneficium non datur*).

Alvino de Lima (1965:179) apresenta opinião contrária, entendendo que também a renúncia a legado, em fraude a credores do legatário, pode ser objeto de revogação. Diz, em síntese, que a doutrina é homogênea nesse sentido, que o legado é acréscimo patrimonial que passa a integrar o patrimônio do devedor. Não nega, contudo, esse autor, que a dificuldade maior reside na falta de dispositivo expresso, como na renúncia da herança.

Razão está com o saudoso mestre Washington de Barros Monteiro. Não só porque a renúncia ao legado pode vir banhada de razões morais, como também porque o legado é disposição testamentária feita na razão direta do beneficiado. Admitir-se fraude contra credores no repúdio ao legado é deixar de atender à vontade do testador, que, presumivelmente, não faria o benefício se o legatário não quisesse ou não pudesse aceitá-lo, porque já estava assoberbado por dívidas, em estado de insolvência. O mesmo pode ser dito acerca da doação.

Outra hipótese que é encontrada no estatuto civil é a do art. 193. Por esse dispositivo, qualquer interessado pode alegar prescrição. Desse modo, podem os credores apelar para a prescrição na hipótese de quedar-se inerte o devedor quando demandado, como também podem interromper a prescrição de acordo com o art. 203. Ingressam os credores no processo por meio do instituto da assistência.

A renúncia à prescrição também deve merecer tratamento análogo pelos princípios já estudados. Atualmente, a anulação de negócios jurídicos está sujeita à decadência e não se discute prescrição na hipótese.

Igualmente, como visto, a solução de dívida por dação em pagamento, ainda que vencida, pode ser anulada se, por exemplo, o bem dado for de valor superior ao da dívida.

Washington de Barros Monteiro (1977, v. 1:220), sob o manto do Código anterior, lembrava ainda a possibilidade de os credores se oporem à separação do dote, quando fraudulenta (art. 308); de poderem impugnar o abandono gratuito do prédio aforado pelo enfiteuta (art. 691); e a de não ser válida a desistência de ação pelo devedor se a ela se opuser o credor com penhora nos direitos do autor.

Em todas essas hipóteses, é o princípio geral da fraude contra credores que opera. Demonstram que o Direito não tolera a fraude, não importando de que forma seja revestida.

26.6 FRAUDE DE EXECUÇÃO

Dispõe o art. 792 do CPC:

> "A alienação ou a oneração de bem é considerada fraude à execução:
>
> I – quando sobre o bem pender ação fundada em direito real ou com pretensão reipersecutória desde que a pendência do processo tenha sido averbada no respectivo registro público, se houver;
>
> II – quando tiver sido averbada, no registro do bem, pendência do processo de execução, na forma do art. 828;
>
> *III – quando tiver sido averbado, no registro do bem, hipoteca judiciária ou outro ato de constrição judicial originário do processo onde foi arguida a fraude;*
>
> *IV – quando, ao tempo da alienação ou oneração, tramitava contra o devedor ação capaz de reduzi-lo à insolvência;*
>
> V – nos demais casos expressos em lei.
>
> § 1º A alienação em fraude à execução é ineficaz em relação ao exequente.
>
> § 2º No caso de aquisição de bem não sujeito a registro, o terceiro adquirente tem o ônus de provar que adotou as cautelas necessárias para a aquisição, mediante a exibição das certidões pertinentes, obtidas no domicílio do vendedor e no local onde se encontra o bem.
>
> § 3º Nos casos de desconsideração da personalidade jurídica, a fraude à execução verifica-se a partir da citação da parte cuja personalidade se pretende desconsiderar.
>
> § 4º Antes de declarar a fraude à execução, o juiz deverá intimar o terceiro adquirente, que, se quiser, poderá opor embargos de terceiro, no prazo de 15 (quinze) dias."

As atitudes do proprietário que pretende furtar-se ao pagamento de seus credores podem ocorrer de duas formas, com denominação semelhante, mas origem diferente: a fraude contra credores e a fraude contra execução. Trata-se de dupla aplicação do vocábulo *fraude*, mas não há equivalência nos dois institutos, se bem que a finalidade seja a mesma.

Os §§ 2º e 3º desse artigo vieram mais recentemente para esclarecer situações de fato, que ocorrem com certa frequência.

Na fraude contra credores, o devedor adianta-se a qualquer providência judicial de seus credores para dissipar bens, surrupiá-los, remir dívidas, beneficiar certos credores etc. Nessa hipótese, o credor ainda não agiu em juízo, pois a obrigação pode estar em curso, sem poder ser exigido seu cumprimento. O interesse na fraude contra credores até aqui estudado é de âmbito privado. A insolvência do devedor é requisito fundamental para o instituto.

Na fraude de execução, o interesse é público, porque já existe demanda em curso; não é necessário, portanto, que tenha sido proferida a sentença. O interesse é público porque existe processo, daí por que vem a matéria disciplinada no estatuto processual.

Na fraude de execução, o elemento *má-fé* é indiferente, tanto do devedor como do adquirente a qualquer título, pois é presumido. Nessa hipótese, existe mera declaração de ineficácia dos atos fraudulentos. Não se trata de anulação, como na fraude contra credores; conforme já mencionamos, a moderna doutrina tende a considerar esses negócios ineficazes. Os fatos que ensejam a fraude de execução no CPC de 2015 são ampliativos às regras mais gerais que já constavam no art. 593 do estatuto processual anterior.

Não sobra dúvida, no entanto, que ambos os institutos buscam a mesma finalidade, ou seja, proteger o credor contra os artifícios do devedor que procura subtrair seu patrimônio. Ocorre na fraude de execução um procedimento mais simplificado para o credor, que não necessitará do remédio pauliano para atingir seus fins. O fato, porém, de o ato inquinado ser anulado na ação pauliana ou declarado ineficaz na fraude de execução não terá maior importância prática, desde que o credor seja satisfeito.

Note que, na fraude de execução, o ato apontado pode apresentar-se tanto sob as vestes da simulação como sob o manto da fraude propriamente dita. Os vícios equivalem-se nesse caso, não existindo a diferença que ocorre no direito privado.

O diploma processual refere-se não só à alienação dos bens em fraude, como também à oneração. Há um elenco ampliado, mas com a mesma finalidade no CPC de 2015. A fraude do devedor pode ser tanto unilateral como bilateral. Importante, porém, para existir a fraude de execução, em qualquer das espécies descritas no código processual, é que já exista ação judicial proposta direta ou indiretamente relacionada com o bem sob constrição.

A ideia central da fraude de execução é impedir o descrédito do Poder Judiciário; impedir que o credor depois de mais ou menos longo caminho judicial veja frustrada sua pretensão e o adimplemento de seu crédito. A fraude está sempre um passo à frente da lei.

> *"Com efeito, a fraude de execução, fruto da deturpação de valores e depravação de costumes, é prática costumeira, cuja severa repressão sempre se propugnou. Fato é que atualmente os expedientes empregados na prática de tal modalidade de fraude são cada vez mais sofisticados, dissimulados e difíceis de combater, sobretudo porque a mente fértil do fraudador não é acompanhada pela implementação de mecanismos importantes à erradicação dessa fraude (v. g., a saudável interligação dos cartórios de Registros de Imóveis de todo o País) e, tampouco, por uma evolução no pensamento da doutrina e da jurisprudência, ainda tímidas no seu reconhecimento"* (Cais. *Fraude de execução*, 2005:2).

Tanto na fraude de execução como na fraude contra credores, a alienação ou oneração, por si só, pode não configurar fraude, se o devedor possuir outros bens que suportem suas dívidas. Nesse caso, não haverá dano.[8]

Sustentada e provada a fraude no curso da ação, pode o credor pedir a penhora do bem fraudulentamente alienado, pois tal alienação para o direito público é ineficaz em relação a terceiros. Estes, é claro, terão ação regressiva contra o transmitente para se ressarcirem do que pagaram, cumulada com perdas e danos, se presentes seus requisitos.

Desse modo, os casos capitulados no CPC trazem a

> "presunção peremptória de fraude, e por isso, em execução movida contra o alienante, a penhora pode recair sobre os bens transmitidos, como se não houvesse alienação. Mas fora dessas hipóteses, os atos de alienação em fraude de credor só podem ser anulados por demanda revocatória, ou pauliana, a fim de que possa, depois, a penhora recair sobre os bens alienados" (Tornaghi, 1976, v. 1:86).

A jurisprudência majoritária entende que a fraude de execução pode ocorrer a partir da citação, quando se tem a ação por proposta e ajuizada.[9]

---

[8] "Apelação cível – **Ação pauliana** – Alegação de transferência de imóveis em fraude a credores, ante inadimplência anterior dos réus-vendedores perante instituição financeira. Sentença de procedência. Requisitos caracterizados da fraude contra credores perfeitamente comprovados (dívida anterior ao ato de transmissão, o '*eventus damni*' e o '*consilium fraudis*'). Boa-fé do espólio réu não configurada pelos fatos descritos e comprovados nos autos. Sentença mantida. Honorários recursais. Aplicação do artigo 85, § 11 do CPC. Majoração dos honorários advocatícios para 20% do valor atualizado da causa. Resultado. Recurso não provido" (*TJSP* – AC 1002858-16.2016.8.26.0296, 30-8-2019, Rel. Edson Luiz de Queiroz).
"Apelação Cível – Direito privado não especificado – **Ação Pauliana** – A ação pauliana é o meio processual adequado para anulação de atos jurídicos praticados em fraude contra credores através da comprovação de que a dívida é anterior ao ato de transmissão, do *eventus damni* e do chamado *consilium fraudis*, sendo dispensada, porém, a comprovação deste último no caso de transmissão gratuita. No caso, a prova dos autos foi clara no sentido de demonstrar o preenchimento dos requisitos, devendo ser mantida a sentença. Jurisprudência da Corte. Negaram provimento ao recurso. Unânime" (*TJRS* – AC 70074476136, 28-2-2018, Relª. Desª. Walda Maria Melo Pierro).

[9] "Preliminar – Nulidade – Ausência de fundamentação – Inocorrência – A Constituição Federal não exige que a sentença seja extensamente fundamentada, mas que o juiz ou o tribunal dê as razões de seu convencimento – Hipótese em que o juiz fundamentou a decisão de forma clara e sucinta – Ausência de afronta aos arts. 93, IX, da CF e 489, § 1º, III e IV, do CPC – Preliminar afastada. Agravo de instrumento – Ação de execução – Fraude à execução – Má-fé – Caracterização – Bem de família – Não caracterização – Penhorabilidade. I – Decisão agravada que, rejeitando os embargos de declaração do agravante, manteve os fundamentos da decisão embargada, a qual rejeitou o pedido de reconhecimento de fraude à execução, bem como afastou a penhora sobre o imóvel de matrícula nº 4.141, do 1º CRI de Bauru/SP, ante sua impenhorabilidade – Recurso do exequente. II – Para o reconhecimento da fraude à execução, não basta a simples alienação do bem após a citação – Necessário, ainda, o registro de penhora do bem alienado ou prova da má-fé do terceiro adquirente, o que não ocorreu no caso – Inteligência do art. 593 do ACPC, com correspondência no art. 792, do NCPC, c.c. a Súmula nº 375 do C. STJ – Ausência de registro da penhora junto à margem da matrícula – Ausência da prova de má-fé, a qual cabia ao exequente, já que a boa-fé se presume – Coexecutados, ademais, que permanecem como sendo proprietários do imóvel penhorado. III – Demonstrado através da documentação pertinente que o imóvel objeto da penhora é bem de família, utilizado como residência dos coexecutados – Único imóvel de titularidade dos mesmos – Aplicabilidade do art. 1º, da Lei nº 8.009/90 – Penhora corretamente levantada – Precedentes – Decisão mantida – Agravo improvido" (*TJSP* – AI 2223476-15.2024.8.26.0000, 19-8-2024, Rel. Salles Vieira).
"Apelação – **Fraude contra credores** – Caracterização – Ato de liberalidade praticado pelo devedor em favor de seus filhos. *Consilium fraudis*. Desnecessidade em se tratando de ato gratuito (art. 158 do CC). Alegação do devedor de que não tinha conhecimento do inadimplemento do afiançado, o que afastaria a fraude no ato de alienação. Não acolhimento da alegação, pois o devedor figurava no contrato como devedor principal e solidário, de modo que a mora existe desde o vencimento (art. 397 do CC), sendo desnecessária interpelação. Rejeição da alegação de falta de registro da garantia. Contrato com garantia pessoal (fiança), sendo irrelevante a menção de bem imóvel

26.7 AÇÃO REVOCATÓRIA FALENCIAL

Em que pese a ação revocatória na falência ter a mesma finalidade, esta não tem por objeto anular o ato, mas simplesmente torná-lo ineficaz em relação à massa. Não se confunde, portanto, com a ação pauliana.

O art. 52 da velha Lei de Falência dispunha: "*não produzem efeito relativamente à massa, tenha ou não o contratante conhecimento do estado econômico do devedor, seja ou não intenção deste fraudar credores*". Vemos claramente que a natureza da ação era tornar tais atos "*sem efeito*", ineficazes. A boa-fé do contratante também era irrelevante, assim como era irrelevante perquirir se houve intenção por parte do devedor em fraudar credores. A doutrina declarava que os atos do art. 52 apresentavam ineficácia objetiva, por não haver necessidade da *consilium fraudis*.

O art. 53 dispunha diferentemente e dizia que seriam revogáveis os atos praticados com a intenção de lesar os credores, sendo a prova da fraude necessária. Aqui a ação é pauliana típica, porque exige o *consilium fraudis* e o *eventus damni*.

A ação do art. 52 exige que o ato tenha sido praticado no período suspeito da falência. No art. 53 é exigida a prova da fraude, sem a limitação do período suspeito.

A Lei nº 11.101/2005, Lei de Falências e de Recuperação de Empresas, mantém os mesmos princípios. O art. 129 relaciona os atos que *são ineficazes em relação à massa falida*, o que equivale à expressão *não produzir efeito*, embora com maior clareza, mantida em síntese a mesma redação do art. 52 da antiga lei. O art. 130 mantém a mesma noção do anterior art. 53: "*São revogáveis os atos praticados com a intenção de prejudicar credores, provando-se conluio fraudulento entre o devedor e o terceiro que com ele contratar e o efetivo prejuízo sofrido pela massa falida.*"

A ação revocatória falencial existe tão só em razão da quebra. Se não houver falência, a ação perde sua razão de ser.

26.8 CONCLUSÃO

A fraude contra credores é apenas um capítulo da fraude em geral. O Direito procura, por todas as formas, coibir o engodo, o embuste, a má-fé, sempre protegendo o que age de boa-fé. Daí por que não existe fraude coibida pelo ordenamento apenas nos fatos típicos descritos na lei, mas também em todos os casos em que o fraudador estiver à frente do legislador.

Nossos juristas têm-se preocupado quase exclusivamente com a fraude contra credores, esquecendo-se de que esta é apenas uma espécie de fraude.

O homem, ávido por proveitos materiais, não mede esforços nem consequências para conseguir vantagem, ainda que em prejuízo do próximo. A fraude não é somente fruto da simples desonestidade, mas principalmente resultado de inteligências apuradas e de astúcia. Por isso, pelos princípios gerais de direito e pela equidade, não está o julgador adstrito tão só à lei para punir e coibir a fraude, em todas as suas formas.

---

de titularidade do fiador, o que não caracteriza caução real ou hipoteca, sendo incabível discussão sobre registro imobiliário. Recurso improvido" (*TJSP* – Ap 0072893-66.2012.8.26.0002, 19-2-2019, Rel. Enéas Costa Garcia).

"Embargos de terceiro. **Fraude à execução** declarada por sentença. Declarada a ineficácia dos negócios jurídicos. Apelação. Fraude caracterizada. Alienação dos bens que ocorreu após a citação da ação de execução. Sentença mantida. Recurso desprovido" (*TJSP* – Ap 0008694-49.2008.8.26.0269, 1º-3-2013, Rel. Moreira de Carvalho).

27

ELEMENTOS ACIDENTAIS DOS NEGÓCIOS JURÍDICOS: CONDIÇÃO, TERMO E ENCARGO

27.1 INTRODUÇÃO – ELEMENTOS ACIDENTAIS DO NEGÓCIO JURÍDICO

O negócio jurídico apresenta elementos essenciais, obrigatórios para sua constituição. Sem eles nem mesmo se adentra no plano de sua existência. Outros elementos, porém, podem estar presentes, dependendo da necessidade ou interesse das partes, e modificar os negócios jurídicos. Embora facultativos, tais elementos, uma vez apostos ao negócio pela vontade das partes, ou mesmo pelo ordenamento, tornam-se, para os atos ou negócios a que se agregam, inarredavelmente essenciais. São facultativos no sentido de que, em tese, o negócio jurídico pode sobreviver sem eles. No caso concreto, porém, uma vez presentes no negócio, ficam indissociavelmente ligados a ele. Na moderna doutrina, ultrapassado por nós o estudo dos planos de existência e validade, esses elementos integram o chamado plano de eficácia dos negócios jurídicos.

O Código Civil relaciona três modalidades de elementos acidentais: condição, termo e encargo. Essa enumeração não é taxativa, porque muitos outros elementos acessórios podem ser apostos ao negócio jurídico, segundo conveniência das partes e necessidade do mundo jurídico. O vigente Código abandonou o título "Das modalidades do ato jurídico", que na verdade pouco expressava, o qual constava do Código de 1916, para especificar diretamente "Da condição, do termo e do encargo", no Capítulo III.

O ordenamento permite que a manifestação de vontade surja limitada pelo próprio sujeito. Por vários modos, pode ocorrer o fenômeno: ora é aposto obstáculo à aquisição do direito, ora subordina o efeito do negócio a sua ocorrência, sujeitando-se a evento futuro e incerto, estatuindo-se a *condição*. Por vezes, o sujeito fixa tempo para início e fim dos efeitos do negócio jurídico e especifica um *termo* dentro de lapso de tempo que se denomina prazo. Por outro lado, pode o agente instituir uma imposição ao titular de um direito, não impedindo, contudo, sua aquisição, o que se denomina *modo*, *ônus* ou *encargo*.

Geralmente, todos os atos com conteúdo econômico permitem a aposição desses elementos ditos acidentais. Não podem, no entanto, constar de negócios que digam respeito ao estado das pessoas, aos direitos de família puros, que não admitem restrição. Como esses elementos modificam a natureza dos negócios, parte da doutrina os denomina de modalidades do negócio jurídico.

27.2 CONDIÇÃO

Segundo a definição legal do art. 114 do Código Civil de 1916, *"considera-se condição a cláusula que subordina o efeito do ato jurídico a evento futuro e incerto"*. Por sua vez, o atual Código define: *"Considera-se condição a cláusula que, derivando exclusivamente da vontade das partes, subordina o efeito do negócio jurídico a evento futuro e incerto"* (art. 121). Nesses conceitos, encontramos os elementos essenciais do instituto: a *futuridade* e a *incerteza* do evento.[1] Apesar de o ordenamento referir-se a partes, há negócios unilaterais, como o testamento e a promessa de recompensa, cuja participação é de uma única parte e também admitem condições.

A condição deve referir-se a fato futuro. Fato passado não pode constituir-se em condição. Se disser respeito a fato pretérito, o fato já ocorreu ou deixou de ocorrer. Se o fato ocorreu, o negócio deixou de ser condicional, tornando-se puro e simples. Se o fato deixou de ocorrer definitivamente, sem possibilidade de se realizar, a estipulação tornou-se ineficaz, pois não houve implemento da condição. Imagine a hipótese de pessoa "x" prometer quantia a pessoa "y" se determinado cavalo ganhar a corrida. Se o cavalo ganhou, a obrigação a que se comprometeu é simples e não condicional; se o cavalo não ganhou, a estipulação tornou-se ineficaz, por ter falhado o implemento da condição. Essas seriam as chamadas *condições impróprias* do direito romano e não podem ser consideradas condição.

---

[1] "Rescisão do contrato de compra e venda – **Condição – Elemento acidental** – Não efetivação – Resolução – Enriquecimento sem causa – Impossibilidade. O elemento acidental do negócio jurídico somente é válido quando não sujeitar os efeitos do negócio jurídico ao puro arbítrio de uma das partes (art. 122 do Código Civil). Hipótese em que as partes estabeleceram uma condição, ou seja, entabularam que a eficácia do contrato de promessa de compra e venda estaria subordinada a um evento incerto e futuro, qual seja, a celebração do financiamento. Aquele que sem justa causa se enriquecer, em prejuízo de outrem, deve restituir o valor indevidamente auferido. Hipótese em que, em razão das tratativas preliminares para compra e venda de imóvel, o pretenso comprador dispendeu valores para a finalização das obras do imóvel de propriedade do pretenso vendedor a fim de propiciar o financiamento, sendo que, posteriormente, o negócio não se consumou, por motivo não imputável às partes" (*TJMG* – AC 1.0702.09.649883-8/001,25-1-2019, Rel. Tiago Pinto).

"Agravo de instrumento – Prestação de serviços – Ação de cobrança de honorários profissionais – Cumprimento da sentença – Acordo celebrado para pagamento de valores aos exequentes – **Negócio jurídico submetido a determinado acontecimento futuro e incerto** – Rescisão unilateral do contrato – Situação que afetou diretamente a executada, impossibilitando o cumprimento da condição – Inexigibilidade da obrigação – Ocorrência – Ausência dos requisitos básicos da condição – Recurso improvido – O acordo firmado entre exequentes e executada condicionava o pagamento à ocorrência de evento futuro e incerto. Sucede que, por rescisão unilateral de outra empresa à qual a executada estava vinculada, a condição subordinada a evento futuro e incerto não ocorreu, fato jurídico que torna inexigível a obrigação de pagar. Não se olvide, ademais, que o acordo não previu eventual culpa pela não convalidação do evento" (*TJSP* – AI 2130167-47.2018.8.26.0000, 18-7-2018, Rel. Adilson de Araujo).

"Apelação – Seguro de vida e acidentes pessoais – Cobrança – Documentação comprobatória de que o mal que acomete o autor se deu antes da contratação do seguro – Pedido improcedente – Recurso improvido – O mal que lhe acomete é datado de 2011, ou seja, anterior à vigência da apólice contratada. Os contratos de seguro são celebrados para garantir **evento futuro e incerto** e não um evento já ocorrido. Além disso, não existe cobertura para o evento invalidez permanente por doença. Este fato está claro na proposta de seguro trazida aos autos pelo autor. A doença do autor equipara-se a acidente do trabalho para fins previdenciários, mas não com relação ao contrato de seguro privado. Assim, a condição apresentada pelo segurado é evento não coberto pela apólice contratada" (*TJSP* – Ap 1042084-21.2014.8.26.0224, 11-4-2016, Rel. Adilson de Araújo).

"**Apelação** – Petição de herança – Prescrição – Alegada presença de condição suspensiva (art. 170, I, do Código Civil/1916) – Inocorrência – Ausência de inventário, a cargo dos cessionários, que não impedia o exercício do direito de ação da autora. Extinção mantida. Sentença prestigiada. Aplicação do art. 252 do Regimento Interno. Recurso improvido" (*TJSP* – Ap 9000001-03.2008.8.26.0695, 16-7-2015, Rel. Mauro Conti Machado).

"Processo civil – Ação de alimentos – Agravo de instrumento – Terceiro prejudicado – **Condição suspensiva** – Cláusula contratual expressa – 1. O contrato que condiciona a sua eficácia a um evento futuro e incerto, por possuir cláusula suspensiva expressa nesse sentido, deve se ater a seus termos. Assim, não pode ser imposto ao devedor o depósito imediato de quantia, quando ainda não se implementou a condição para o seu pagamento. Nesse sentido, torna-se imprescindível a observância de todas as determinações da cláusula contratual. 2. Agravo conhecido e parcialmente provido" (*TJDFT* – Proc. Cív. 20140020023522 – (792942), 3-6-2014, Rel ª. Desª. Ana Cantarino.

Ademais, a condição deve relacionar-se com fato incerto. Se o fato avençado for certo, inexorável, como, por exemplo, a morte de uma pessoa, não haverá condição, mas termo. A cláusula condicional deve depender exclusivamente da vontade das partes. Esta última dicção, aliás, foi acrescentada, para melhor compreensão, à definição de condição no atual Código. O evento falível é externo ao negócio, mas a condição é elemento da vontade e somente opera porque os interessados no negócio jurídico assim o desejaram.

Enquanto não realizada a condição, o ato não pode ser exigido. Assim, a promessa de pagar quantia a alguém, se concluir curso superior, não pode ser exigida enquanto não ocorrer o evento.

A condição atinge os efeitos dos negócios jurídicos se assim desejarem os agentes, uma vez que o ato sob condição se apresenta como todo unitário, não devendo a condição ser compreendida como cláusula acessória. Trata-se de elemento integrante do negócio. A condição agrega-se inarredavelmente ao negócio, por vontade exclusiva das partes, como acentua o vigente Código, e não pode ser preterida, como elemento de validade e eficácia. Apesar de a condição não ser considerada *a priori* elemento essencial, quando aposta a negócio torna-se essencial para ele.

É importante notar que a palavra *condição* tem várias acepções equívocas no Direito. Sob o prisma ora enfocado, trata-se de determinação da vontade dos manifestantes em subordinar o efeito do negócio a evento futuro e incerto. Pode o vocábulo, também, ser tomado no sentido de requisito do ato, daí as expressões *condição de validade* ou *condição de capacidade*. Numa terceira acepção, a condição é considerada *pressuposto* do ato, sendo chamada por alguns de *condição legal* (*conditio juris*), que também se denomina *condição imprópria*. É o caso, por exemplo, de se exigir em negócio translativo de imóveis escritura pública com valor superior ao legal.

Neste presente capítulo, a condição tem o sentido técnico do art. 121.

Fique assente que a condição deve-se referir a evento incerto. Essa incerteza deve ser objetiva e não subjetiva. Não há condição se o agente estiver em dúvida sobre a ocorrência ou não de determinado fato.

Há certos atos que não comportam condição como exceção dentro do ordenamento. São os chamados atos ou negócios puros. São, por exemplo, os direitos de família puros e os direitos personalíssimos. Assim, o casamento, o reconhecimento de filho, a adoção, a emancipação não a admitem. Assim também, por sua natureza, a aceitação ou renúncia da herança (art. 1.808). Geralmente, os atos ou negócios unilaterais que necessariamente devem gerar efeitos imediatos, como os atos abdicativos ou de renúncia de direitos, não admitem condição.

As condições admitem várias classificações, como a seguir veremos.

27.2.1 Condições Lícitas e Ilícitas

Dispõe o art. 122 que "*são lícitas, em geral, todas as condições não contrárias à lei*". Sob interpretação contrária a essa dicção, serão ilícitas todas aquelas que atentarem contra proibição expressa ou virtual do ordenamento jurídico. Há que se verificar no caso de condição ilícita o fim ilícito da condição, pois uma condição nesse aspecto sempre pode ser realizada pela vontade da pessoa a quem se dirige.

Devem ser consideradas *ilícitas* as condições *imorais* e as *ilegais*. São imorais as que, no geral, atentam contra a moral e os bons costumes. São dessa natureza as que vão contra o direito de liberdade das pessoas, seus princípios religiosos, sua honestidade e retidão de caráter. São ilegais as que incitam o agente à prática de atos proibidos por lei ou a não praticar os que a lei manda. Não pode ser admitida, portanto, a condição de alguém se entregar à prostituição ou transgredir alguma norma penal. O vigente Código expande mais o conceito, ao disciplinar no art. 122: "*São lícitas, em geral, todas as condições não contrárias à lei, à ordem pública ou aos bons costumes*".[2]

Alguns casos, contudo, dão margem a dúvidas. Lembrem-se da condição de obrigar alguém a se manter em celibato. Na verdade, tal estipulação atenta contra a liberdade individual e não pode ser considerada válida. A condição oposta, porém, de valer o ato se a pessoa contrair matrimônio, deve ser tida como eficaz, pois não contraria a ordem normal da vida. A condição de não contrair matrimônio com determinada pessoa deve ser admitida, pois aí não existe restrição maior da liberdade do indivíduo (Monteiro, 2005, v. 1:278). A condição de obrigar alguém a se manter em estado de viuvez, em regra, por atentar contra a liberdade individual, não deve ser admitida.

---

[2] "Ação de cobrança. Honorários advocatícios contratuais. Autora que requer a condenação do pagamento de honorários contratuais inadimplidos, em razão de serviços advocatícios prestados. Sentença de procedência. Apelo da ré. Ausência de controvérsia em relação à prestação dos serviços advocatícios, atuação efetiva da requerente, benefício jurídico obtido e valor dos honorários contratuais pactuados. Disposição contratual que impõe **condição potestativa** em favor do contratante postergando de forma desarrazoada o recebimento por parte do contratado. Aplicação dos arts. 122 e 129 do Código Civil. Defesa que se limita a justificar sua conduta pelo princípio do pacta sunt servanda. Inexistência de fato obstativo do direito do autor. Ré que não se desincumbiu de seu ônus processual em demonstrar suas alegações ou qualquer outro fato obstativo da pretensão autoral. Procedência da ação. Sentença mantida. Recurso não provido" (*TJSP* – Ap 1023431-92.2023.8.26.0114, 19-08-2024, Relª Mary Grün).

"Prestação de serviços advocatícios. Ação com preceitos desconstitutivo e condenatório. Advocacia de massa. Sentença de improcedência dos pedidos reformada. Partes, escritório de advocacia e Instituição Financeira, que celebraram contrato de prestação de serviços advocatícios (advocacia de massa), por prazo indeterminado e com possibilidade de denúncia a qualquer tempo. Aditamento do contrato com a previsão de que, em caso de rompimento da avença, o escritório autor não teria direito aos honorários *ad exitum* em acordos já celebrados, ainda que a Instituição Financeira receba os créditos dos devedores e em virtude do trabalho do escritório autor. Nulidade do aditamento reconhecida. O advogado tem direito ao recebimento dos honorários contratuais pelos serviços efetivamente prestados, constituindo flagrante abuso do direito e violação à boa-fé objetiva (art. 187 do CC/2002) a existência de cláusula que condiciona o pagamento dos honorários por êxito à permanência na relação contratual e, consequentemente, dispensa o pagamento dos honorários *ad exitum* em caso de rompimento, sem direito a qualquer valor, ainda que do serviço prestado decorra benefício econômico. Referida disposição contratual, sob via transversa, também revela **condição puramente potestativa**, vedada pelo art. 122 do CC/2002, pois condiciona o pagamento por serviços efetivamente prestados e valores recebidos pelo réu, decorrentes de atuação do autor, no fundo, à vontade única e exclusiva do réu, que pode, caso decida romper imotivadamente o contrato, não pagar pelo serviço prestado, embora receba os benefícios do trabalho realizado. Nulidade que não viola a autonomia privada. O contrato não se esgota na autorregulamentação de interesses, mas demanda a atribuição de uma validade ética e o respeito ao ordenamento jurídico. Precedentes. Pedido julgado parcialmente procedente, com necessidade de apuração dos valores em aberto em sede de liquidação por arbitramento. Recurso provido" (*TJSP* – Ap 1119711-07.2022.8.26.0100, 27-8-2023, Rel. Alfredo Attié).

"Embargos do devedor – Execução por título extrajudicial – Escritura de venda e compra com garantia hipotecária – Título hígido a fundamentar o procedimento executivo apesar do silencio a respeito do termo/marco para início da execução da fundação do edifício, bem como do prazo máximo para conclusão dessa etapa. **Condição potestativa** e, portanto, inválida. Desde a data da formalização da escritura até a data em ajuizada execução já transcorreram mais de 17 anos, tempo suficiente para o término de construção de todo edifício. Constituição em mora com a citação válida. Sentença mantida. Aplicação do disposto no artigo 252 do regimento interno do tribunal de justiça. Recurso desprovido" (*TJSP* – Ap 0023578-67.2009.8.26.0554, 28-1-2019, Rel. Coelho Mendes).

"Ação declaratória de inexigibilidade de débito – Dívida decorrente de penalidade prevista em contrato de exclusividade para a abertura de contas salários e outras avenças, consistente na devolução das parcelas pagas pela instituição financeira até o sexto mês de vigência do instrumento – Ausência de celebração de contrato de adesão – Modificação das cláusulas pelas partes – Resilição pelo contratante mediante denúncia notificada ao réu – Ausência de previsão de indenização caso o réu fosse o optante pelo desfazimento do negócio – **Cláusula potestativa** – Efeitos do contrato que ficam ao puro e livre arbítrio do contratado – Condição defesa, nos termos do art. 122 do Código Civil – Caracterização de desequilíbrio contratual – Inaplicabilidade do art. 473, Parágrafo Único, do aludido diploma – Decurso de prazo compatível com a natureza e o vulto dos investimentos – Inocorrência de enriquecimento ilícito por parte do autor – Inexigibilidade da quantia exigida – Inclusão de honorários recursais, art. 85, § 11, do Código de Processo Civil – Recurso não provido" (*TJSP* – Ap 1096160-08.2016.8.26.0100, 6-6-2017, Rel. César Peixoto).

Rezava o art. 117 do Código de 1916 que "*não se considera condição a cláusula que não derive, exclusivamente, da vontade das partes, mas decorra, necessariamente, da natureza do direito, a que acede*". Enfatizava o dispositivo que a condição devia derivar da vontade das partes. Esse aspecto foi incluído na própria definição de condição no atual Código (art. 121). A condição deve ser proposta por um dos contraentes e aceita pelo outro. É esse justamente o sentido. Clóvis, em seus *Comentários*, tece o seguinte exemplo: alugo uma casa se o locador me garantir seu uso pacífico, durante o tempo do contrato. Aqui, não se trata de condição, mas de obrigação inerente ao contrato de locação. Não haverá locação sem essa perspectiva. Não se admite como condição, portanto, essa perplexidade.

27.2.2 Condição Perplexa e Potestativa

O Código, no art. 122, segunda parte, estipula que "*entre as condições defesas se incluem as que privarem de todo efeito o negócio jurídico, ou o sujeitarem ao puro arbítrio de uma das partes*". A primeira hipótese do artigo trata das chamadas condições *perplexas*, as quais nulificam e fulminam a eficácia do negócio jurídico; a segunda, das condições potestativas.

São condições *perplexas* ou *contraditórias* as "*que não fazem sentido e deixam o intérprete perplexo, confuso, sem compreender o propósito da estipulação*" (Gonçalves, 2003:344). Nelas há uma impossibilidade lógica, invalidando o negócio por serem incompreensíveis ou contraditórias como estipula o art. 123, III.

Ao tratar das condições potestativas, o Código de 2002 inseriu o adjetivo *puro*, ao se referir ao arbítrio de uma das partes, e veremos a razão.[3]

---

[3] "Apelação – Ação de rescisão contratual cumulada com indenizatória – A conclusão do contrato estava sujeita ao puro arbítrio da requerente, tratando-se, portanto, de **condição puramente potestativa**, vedada pelo art. 122 do Código Civil – Tal fato, aliado ainda à ausência de maiores especificidades no contrato acerca do programa a ser desenvolvido, já dificultariam a identificação da mora da ré – Negado provimento" (*TJSP* – Ap 1068252-39.2017.8.26.0100, 12-5-2022, Hugo Crepaldi).

"Ação de indenização. Contrato de gestão de pagamentos. Cláusula chargeback. Sentença de parcial procedência. Recurso da requerida. A cláusula chargeback não pode consubstanciar condição puramente potestativa, vedada pela parte final do art. 122 do Código Civil. Autora que demonstrou a remessa de mercadorias à compradora. Inexistência de justa causa para o cancelamento da compra pelo consumidor e, consequentemente, para a retenção dos valores pela bandeira do cartão. Indenização por danos materiais devida, em razão da ausência de repasse dos valores das transações à empresa autora, alienante das mercadorias. Responsabilidade objetiva da ré. Risco da atividade de gestão dos pagamentos. Sentença de procedência mantida. Recurso de apelação não provido" (*TJSP* – Ap 1002131-86.2020.8.26.0047, 1º-6-2021, Rel. Régis Rodrigues Bonvicino).

"Apelação cível – Ação declaratória de nulidade contratual – Contrato de promessa de compra e venda de imóvel – Ausência de condição irretratável ou irrevogável – Direito de rescisão unilateral do contrato assegurado a ambas as partes. Inexistência de **cláusula puramente potestativa** ou abusiva. Notificação extrajudicial. Ocorrência. Recurso conhecido e improvido" (*TJPA* – AC 00041213220118140301 (202852), 23-4-2019, Rel. Constantino Augusto Guerreiro).

"Ação Ordinária – Instrumento particular de cessão de quotas societárias – Alegação de descumprimento contratual – Discussão em torno de **condição puramente potestativa** – Pretensão de pagamento imediato dos valores previstos em cláusula contratual e de multa por inadimplemento contratual – Julgamento de improcedência dos pedidos em primeiro grau – Provimento em parte do recurso – Cláusula que difere o pagamento do montante referente à alienação das cotas sociais à efetiva elisão das pendências financeiras – Adquirentes que passam a administrar a sociedade por mais de seis anos desde a cessão e se recusam à providenciar o registro da alienação e ao pagamento do valor das cotas – Diferimento do pagamento que não pode persistir por longo período – Condição suspensiva que não pode eternizar-se – Impedimento à contratação de condição que, de todo, afaste o efeito do contrato ou, ainda, opere efeitos a favor de uma só parte, privando a outra a execução daqueles que lhe são inerentes à natureza do contrato – Resultado pericial que não autoriza estender por mais tempo o cumprimento do contrato pelos adquirentes – Conclusão de primeiro grau de validade da condição suspensiva que deve ser sopesada à circunstância de que o diferimento dos pagamentos se deve exclusivamente à capacidade administrativa e ao efetivo exercício da atividade empresarial realizada pelos requeridos, operando apenas em seu benefício – Dúvidas constatadas na análise do laudo pericial que devem operar em favor dos autores – In-

A *condição potestativa* é aquela que depende da vontade de um dos contraentes. Uma das partes pode provocar ou impedir sua ocorrência. A ela contrapõe-se a *condição causal*, a que depende do acaso, não estando, de qualquer modo, no poder de decisão dos contraentes.

Porém, nem todas as condições potestativas são ilícitas.[4] Somente aquelas cuja eficácia do negócio fica exclusivamente sob o arbítrio de uma das partes, sem a interferência de qualquer fator externo. Por essa razão, a fim de espalmar dúvidas, o Código atual inseriu a expressão *"puro arbítrio"* na dicção legal mencionada. Distinguem-se, destarte, as *condições potestativas simples* das *condições puramente potestativas*. Nas primeiras, não há apenas vontade do interessado, mas também interferência de fato exterior. Assim serão, por exemplo, as condições "se eu me casar", "se eu viajar para o Rio", "se eu vender minha casa". Por outro lado, a condição puramente potestativa ou potestativa pura depende apenas e exclusivamente da vontade do interessado: "se eu quiser", "se eu puder", "se eu entender conveniente", "se eu assim decidir" e equivalentes. A proibição do art. 122 refere-se, de acordo com a doutrina, e agora mais fortemente pela mais recente dicção legal, tão só às condições puramente potestativas. Puro arbítrio de uma das partes. Isso, doravante, consta do atual ordenamento.

Embora não seja muito comum, a jurisprudência tem registrado a ocorrência de condições potestativas:

> *"É condição puramente potestativa cláusula que, em contrato de mútuo, dê ao credor poder unilateral de provocar o vencimento antecipado da dívida, diante da simples circunstância de romper-se o vínculo empregatício entre as partes"* (RT 568/180).

As condições simplesmente potestativas exigem também a ocorrência de fato estranho ao mero arbítrio da parte. "Dar-te-ei uma quantia se fores à Europa." O fato de ir à Europa depende de série de fatores que não se prende unicamente à vontade do declarante. Carlos Alberto Dabus Maluf (1983:34), em monografia sobre o tema, lembra da condição referente à renovação de locação deixada ao arbítrio do locatário. Nossa jurisprudência tem entendido, sem discrepância, que essa cláusula não configura condição puramente potestativa, mas potestativa simples. Isso porque a manifestação do locatário depende de circunstâncias externas

---

consistências, omissões documentais, retificações e confissões de desembolsos a empresas do grupo econômico dos réus suficientes a embasar a tese da inicial de que inexiste razão plausível para a não quitação, nos últimos seis anos, do montante contrato a título de pagamento das cotas adquiridas – Multa contratual admitida, porém, mitigada – Recurso provido em parte. Dispositivo: deram provimento em parte ao recurso" (TJSP – Ap 1011521-28.2014.8.26.0003, 8-8-2018, Rel. Ricardo Negrão).

"Cambial – Duplicata – Sacadora que, desconsiderando a condição prevista na cláusula de retenção técnica estabelecida em contrato firmado entre as partes, emitiu o título para a cobrança do valor correspondente à retenção técnica – Impossibilidade – Hipótese em que não se está diante de **cláusula puramente potestativa** – Sentença que julgou procedentes o pedido principal de declaração de inexigibilidade e o cautelar de sustação de protesto mantida – Recurso não provido" (TJSP – Ap 0127404-11.2012.8.26.0100, 18-1-2016, Rel. Paulo Pastore Filho).

[4] "Obrigação de fazer – Sociedade em conta de participação – Previsão em aditivo contratual de pagamento de lucros à sócia participante em virtude de participação em empreendimento imobiliário. Pagamento que se daria com a venda de determinados lotes, desde logo identificados, de propriedade da sócia ostensiva. Valor integral que seria repassado à autora. Obrigação sem prazo para cumprimento. Vendas que ainda não ocorreram, já arcando a sócia ostensiva, todavia, com despesas inerentes à propriedade. Sujeição da autora à **condição puramente potestativa**. Desequilíbrio contratual reconhecido. Necessidade de observar a real intenção das partes e o princípio da boa-fé. Artigos 112, 113, e 422, do Código Civil. Cabimento da transferência dos lotes, descritos na inicial. Ação procedente. Recurso provido" (TJSP – Ap 1010453-28.2017.8.26.0071, 28-5-2018, Rel. Augusto Rezende).

a sua exclusiva vontade, não de mero capricho. Simplesmente potestativa é a condição que extravasa o mero arbítrio do agente.[5]

A condição potestativa simples pode perder esse caráter depois de feita a avença. Considere-se o caso: "Dar-te-ei uma importância se fores a determinado local." Se o agente vier a sofrer um acidente que o impeça de se locomover, a condição, de potestativa que era, torna-se *promíscua*, e passa a ser regida pelo acaso. Não se confunde esta, no entanto, com as denominadas *condições mistas*, estas ao mesmo tempo dependentes da vontade das partes e do acaso ou de fato de terceiro: "se for eleito deputado", por exemplo.

27.2.3 Condição Impossível no Código de 1916

O tratamento dispensado pelo Código de 1916 variava, quer a condição fosse juridicamente impossível, quer fisicamente impossível.

Dispunha o referido estatuto civil: "*As condições fisicamente impossíveis, bem como as de não fazer coisa impossível, têm-se por inexistentes. As juridicamente impossíveis invalidam os atos a elas subordinados*" (art. 116; atual, arts. 123 e 124).

---

[5] "Apelações cíveis – Ação de cobrança c.c – Indenização por perdas e danos – Sentença de parcial procedência – Inconformismo de ambas as partes – Legitimidade passiva – Cônjuges anuentes com a entrega de bem em hipoteca – Ação que visa discutir legalidade de condição em negócio assinado por todos os réus. Legitimidade passiva. Possibilidade de execução da garantia existente. Reintegração dos réus no polo passivo, de rigor. Cerceamento de defesa. Inocorrência. Juntada de documentos estranhos à lide e que somente dizem respeito aos valores percebidos pelos donos do imóvel. Fração ideal dos autores já alienada anteriormente à confissão, por instrumento de compra e venda. Confissão de dívida. Negócio atrelado a prejuízos havidos em partilha. Pagamento sob condição. Reconhecimento de **cláusula puramente potestativa**. Inconformismo dos réus. Sustentada a licitude da cláusula, nos termos do art. 121 do CC. Puro arbítrio de uma das partes, todavia, configurado após a celebração. Ilicitude, nos termos do art. 122 do CC bem reconhecida. Dívida cujo pagamento não pode ficar atrelado à venda do bem, se demonstrada a inércia ou o desinteresse dos devedores na alienação. Pagamento imediato de rigor. Mora a partir das notificações extrajudiciais. Indenização por perdas e danos. Inocorrência. Parte ideal vendida aos réus por força de escritura de venda e compra. Prejuízo existente, no caso, decorrente de outro negócio e somente em razão da espera para o recebimento do crédito confessado. Correção e juros moratórios que ressarcem a parte pela demora no recebimento do pagamento. Lucros cessantes decorrentes de arrendamento. Valores que não podem ser pleiteados por quem não é proprietário do imóvel. Pretensão ao ressarcimento de despesas decorrentes da contratação de advogado. Descabimento. Réus que não participaram da contratação do patrono e tampouco se beneficiaram do serviço prestado. Impossibilidade de condenação ao pagamento. Sucumbência recíproca. Decaimento proporcional de pedidos. Honorários advocatícios. Arbitramento em conformidade com o proveito econômico de cada parte. Honorários devidos ao patrono dos autores arbitrados em 10% do valor da condenação. Honorários dos patronos dos réus, arbitrados, por critério equitativo em R$ 2.000,00, Inteligência do art. 85, § 2º e 8º, do CPC. Sentença parcialmente reformada. Recurso dos autores parcialmente provido, não provido o dos réus" (*TJSP* – Ap 1004827-10.2016.8.26.0541, 4-4-2018, Rel. Hélio Nogueira).
"Civil e processual civil – Apelação – Cobrança – Contrato de compra e venda de imóvel – Pagamento ao arbítrio da compradora – **Cláusula potestativa** – Ilicitude – Honorários advocatícios – Art. 20, CPC – Sentença mantida – 1. Nos termos do disposto no art. 122 do Código Civil/2002, é ilícita a cláusula contratual que estabelece condição potestativa, sujeitando o pagamento do saldo devedor ao puro arbítrio da compradora. 1.1 noutras palavras: é ilícita a condição potestativa cujo implemento ficar no alvedrio de uma das partes, geradora de incerteza e até mesmo perplexidade. 2. Precedente turmário. (...). 3. A sujeição do início da contagem do prazo de cumprimento do acordo entabulado ao puro arbítrio de uma das partes qualifica-se como cláusula puramente potestativa, que recebe expressa vedação legal, a teor do artigo 122 do Código Civil. 4. Recurso conhecido e desprovido" (20130111232139APC, Relator: Sebastião Coelho, 5ª Turma Cível, *DJE* 7-3-2014, pág. 93). "3. Os honorários advocatícios foram fixados mediante apreciação equitativa do juiz, atendidos os critérios de grau de zelo do profissional, lugar de prestação do serviço, natureza e complexidade da causa, trabalho realizado pelo advogado e tempo exigido para o seu serviço, conforme preceitua o art. 20 do CPC, razão pela qual devem ser mantidos. 4. Recurso improvido" (*TJDFT* – PC 20130710076353 – (839504), 26-1-2015, Rel. Des. João Egmont).
"**Inválida e nula a cláusula** que prevê a prorrogação da locação pelo mesmo preço, por períodos certos e sucessivos, quando ela é deixada ao arbítrio exclusivo do locador, equivalente, assim, a uma condição ilícita, potestativa. Recurso conhecido e provido" (*STF* – RE 54016, 23-8-63, 2ª Turma – Rel. Min. Ribeiro da Costa).

Determinava essa lei que se tivesse por não escrita a condição fisicamente impossível. É desta natureza a condição do exemplo clássico: "dar-te-ei uma importância se tocares o céu com o dedo". Se válida fosse esta cláusula, retiraria toda a eficácia do ato, pois o implemento da condição é irrealizável. Como aduz Clóvis, em seus *Comentários* ao artigo em questão, as condições dessa natureza não são condições, porque não há incerteza nos acontecimentos. O mesmo se diga das condições de não fazer coisa impossível, em que também falta o caráter de incerteza essencial à condição. Como, no entanto, delas não resulta imoralidade alguma, o Código de 1916 as tinha por inexistentes e subsistiam os respectivos atos.

Uma condição pode ser impossível para uns, mas não para outros. A condição fisicamente impossível poderá ser relativa. Assim, a condição de qualquer indivíduo viajar para a Lua é impossível; não o será, no entanto, para um astronauta da Nasa... Importa, aí, o exame de cada caso concreto.

No que diz respeito às condições juridicamente impossíveis, invalidavam elas os respectivos atos a que acediam. Atente para a diversidade de tratamento: as condições fisicamente impossíveis tinham-se por não escritas; as juridicamente impossíveis invalidavam o ato. O Código de 1916 foi criticado pela diferença de tratamento.

Clóvis, nos *Comentários*, defende a posição dessa lei, dizendo que as condições juridicamente impossíveis invalidam os atos porque o Direito não pode amparar o que lhe é adverso. Dá como exemplo a condição de contrair matrimônio antes da idade núbil. A nubilidade atinge não só as condições juridicamente impossíveis, como também as imorais.

No entanto, essa solução podia trazer injustiças, pois uma liberalidade pode ser anulada se se fizer acompanhar de uma condição juridicamente impossível, prejudicando o beneficiário que em nada concorreu para a aposição da condição.

A condição juridicamente impossível poderia produzir a nulidade do ato em seu todo ou apenas em parte, conforme a condição se referisse ao ato em sua unidade ou apenas a alguma disposição particular.

27.2.3.1 Condições que Invalidam o Negócio Jurídico no Atual Código

Atentemos para o que dispõe o vigente Código no art. 123:

> "*Invalidam os negócios jurídicos que lhes são subordinados:*
>
> *I – as condições física ou juridicamente impossíveis, quando suspensivas;*
>
> *II – as condições ilícitas, ou de fazer coisa ilícita;*
>
> *III – as condições incompreensíveis ou contraditórias.*"

Há maior rigor técnico e lógico na especificação desse artigo. No mesmo caminho trilhado pelo estatuto antigo, as condições juridicamente impossíveis invalidam os negócios a elas subordinados (art. 116, segunda parte, do Código de 1916). O atual Código, contudo, especifica que essa nulidade ocorre apenas se a condição for suspensiva. Se resolutiva for, o ato ou negócio já possui, de início, plena eficácia, que não será tolhida pela condição ilegal. O conceito das condições resolutiva e suspensiva é estudado a seguir. No tocante às condições fisicamente impossíveis, o atual Código adota idêntica solução: se for suspensiva essa condição, o negócio será inválido. No sistema de 1916, as condições fisicamente impossíveis, em geral, eram tidas por inexistentes, portanto não maculavam a higidez do ato ou negócio. O art. 124 do atual Código acrescenta, portanto: "*Têm-se por inexistentes as condições impossíveis, quando resolutivas, e as de não fazer coisa impossível.*" Inexistentes as condições desse jaez, o negócio terá, pois, plena eficácia e validade.

Quanto à ilicitude da condição ou a de fazer coisa ilícita, de forma peremptória, ao contrário do antigo sistema, o presente Código aponta que essas condições invalidam, em qualquer circunstância, os negócios jurídicos que lhes são subordinados. Desse modo, a condição de furtar ou de alguém se entregar ao tráfico de drogas, por exemplo, invalida o negócio subordinado.

O Código de 2002 também acentua que as condições incompreensíveis ou contraditórias invalidam os negócios respectivos, conforme já referimos. São condições complexas. Apontamos, de início, que a condição aposta a um negócio jurídico passa a integrá-lo como um todo e dele não pode mais ser dissociada. As condições são elementos acidentais do negócio até que se materializem em um negócio jurídico. Nesse sentido, se a condição não puder ser entendida com clareza, se for contraditória dentro do contexto do negócio jurídico, o vigente sistema pune com a invalidade todo o negócio jurídico a ela subordinado. Nesses termos, a base do negócio contamina-se pela incompreensão da condição. De qualquer forma, a incompreensibilidade ou a contradição da condição deve ser apurada no caso concreto e tem a ver com as regras de interpretação do negócio jurídico, já por nós examinada neste volume.

27.2.4 Condição Resolutiva e Condição Suspensiva

Essas duas modalidades de condição possuem estrutura bastante diversa e se afastam bastante uma da outra no alcance e na compreensão.

Prescreve o art. 125 do Código: "*Subordinando-se a eficácia do negócio jurídico à condição suspensiva, enquanto esta se não verificar, não se terá adquirido o direito a que ele visa*".[6] Sob

---

[6] "Apelação. Prestação de serviços educacionais. Ação de cobrança de mensalidades não adimplidas. Sentença de improcedência do pedido. Apelo da ré. Concretização do contrato e aceitação da matrícula mediante o pagamento da primeira parcela da semestralidade de 2013. **Ausência de prova de que a condição suspensiva contratual foi aperfeiçoada. Dicção do art. 125 do CC.** Não comprovação de que os serviços educacionais foram efetivamente prestados à ré. Sentença mantida. Recurso não provido" (TJSP – Ap 1018602-17.2017.8.26.0005, 28-2-2024, Relª Carmen Lucia da Silva).
"Agravo de Instrumento. Ação de cancelamento de protesto c.c indenização por danos morais por protesto indevido c.c pedido de tutela de urgência. Decisão que deferiu a suspensão dos efeitos e da publicidade do protesto objeto da causa. Inconformismo. Agravado que ao tomar conhecimento de a ação de usucapião não ter sido acolhida, houve por entender que poderia suspender o pagamento da última parcela até o preenchimento da condição temporal e, quando, então, o cedente vir a ingressar com nova ação de usucapião. Não se pode margear que, provisória tenha sido a cessão da posse, na forma do instrumento firmado, parece-me que o tempo de formação à pretensão de domínio através da ação de usucapião passa a ser um componente de tempo faltante que está argolado, desde o contrato de cessão, para ele cessionário e não mais para o cedente. Dessa forma, se do compromisso constou apenas a obrigação do cessionário ingressar com a ação de usucapião, e sua posse não está sendo imputada de viciada pelo autor, agravado, tenho que o negócio firmado para sua eficácia, por não estar expressamente condicionado ao sucesso ou insucesso da ação de usucapião, não contém **condição suspensiva** para haver deixado de pagar a última parcela obrigacional para usufruir de forma plena a posse do imóvel (artigo 125 do Código Civil). Compromisso puro de cessão de área rural, sem condicionante para o implemento de todo o pagamento no caso. Decisão reformada. Recurso provido" (TJSP – AI 2184573-42.2023.8.26.0000, 23-8-2023, Rel. Hélio Nogueira).
"Ação de cobrança de honorários advocatícios – Sentença de improcedência – Irresignação do autor – Inadmissibilidade – O contrato de honorários advocatícios firmado entre as partes foi celebrado ad exitum. Iterativa jurisprudência, inclusive do C. STJ, já firmou entendimento no sentido de que o pressuposto da contratação 'ad exitum', que constitui **condição suspensiva nos exatos termos em que postos no art. 125, do CC**, é a existência do efetivo resultado em favor da parte. Em outras palavras, o implemento da vitória processual do mandante é obrigatório, para que o advogado faça jus à remuneração contratada. In casu, não houve vitória da ré (mandante) na ação ajuizada em seu nome pelo mandatário (autor – advogado). Em outras palavras, não houve proveito

econômico por parte da apelada, na demanda ajuizada pelo autor em nome dela. Destarte e não demonstrado pelo autor (e tal ônus lhe incumbia, ex vi do que dispõe o art. 373, inc. I, do CPC), o alcance patrimonial ou proveito econômico auferido pela ré na demanda por ele ajuizada, o improvimento do recurso é medida que se impõe. Recurso improvido" (TJSP – Ap 0010650-71.2008.8.26.0020, 29-6-2022, Rel. Neto Barbosa Ferreira).

"Apelação. Embargos de terceiro. Sentença que julgou improcedente a ação. Inconformismo da parte autora. Bem imóvel constrito em cumprimento de sentença. Imóvel cuja meação do réu foi prometida em doação à filha após a quitação junto ao agente financeiro, em ação de divórcio. Sentença homologatória do divórcio anterior à constrição do bem imóvel e não averbada. Irrelevância. Súmula 84, do C. STJ. **Condição suspensiva da doação** que não havia sido implementada à época da constrição, não se aperfeiçoando (artigo 125, do C.C.). Constrição deve ser mantida. Precedente do C. STJ. Alegação de se tratar de bem de família. Bem que não serve de moradia permanente do devedor. Sentença mantida. Recurso improvido" (TJSP – Ap 1005985-31.2020.8.26.0066, 23-6-2022, Rel. Rodolfo Cesar Milano).

"Apelação cível – Ação de cobrança – Seguro prestamista – Contrato de mútuo – Ação movida por herdeiro da parte segurada – Prazo prescricional decenal – Art. 205 do Código Civil – Prefacial de prescrição afastada – Mérito – Doença preexistente – Inocorrência – Indenização devida de acordo com o pactuado – Da prescrição do direito de ação. 1. A lide versa sobre o cumprimento de contrato de seguro prestamista não postulado pelo segurado. Assim, descabe a aplicação do art. 206, § 1º, inciso II, do Código Civil, tendo em vista que este dispositivo tem incidência apenas na pretensão do segurado contra o segurador, o que não é o caso dos autos. [...] 5. O contrato de seguro tem o objetivo de garantir o pagamento de indenização para a hipótese de ocorrer à condição suspensiva, consubstanciada no evento danoso previsto contratualmente, cuja obrigação do segurado é o pagamento do prêmio devido e de prestar as informações necessárias para a avaliação do risco. Em contrapartida a seguradora deve informar as garantias dadas e pagar a indenização devida no lapso de tempo estipulado. Inteligência do art. 757 do Código Civil. 6. Igualmente, é elemento essencial deste tipo de pacto a boa-fé, caracterizado pela sinceridade e lealdade nas informações prestadas pelas partes e cumprimento das obrigações avençadas, nos termos do art. 422 da atual legislação civil. 7. Contudo, desonera-se a seguradora de satisfazer a obrigação assumida apenas na hipótese de ser comprovado o dolo ou má-fé do segurado para a implementação do risco e obtenção da referida indenização. 8. Assim, caso seja agravado intencionalmente o risco estipulado, ocorrerá o desequilíbrio da relação contratual, em que a seguradora receberá um prêmio inferior à condição de perigo de dano garantida, em desconformidade com o avençado e o disposto no art. 768 da lei civil, não bastando para tanto a mera negligência ou imprudência do segurado. 9. Quando da ocorrência do evento danoso, a parte autora estava inadimplemento com parcelas do prêmio securitário. 10. No entanto, tratando-se de contrato de seguro, é nula e abusiva a cláusula que estabelece cláusula resolutiva com o cancelamento automático, em razão do não pagamento da parcela atinente ao prêmio, sem qualquer comunicação prévia do segurado acerca do inadimplemento, com o objetivo de viabilizar a purga da mora. [...] Afastada a prefacial de prescrição e, no mérito, dado provimento ao apelo" (TJRS – Ap 70083518498, 30-9-2020, Rel. Jorge Luiz Lopes do Canto).

"Apelação – Ação de cobrança de honorários advocatícios – Cobrança de valores elencados em cláusula 'quota litis', que tem natureza de condição suspensiva – Demonstração de vantagem financeira do cliente, no caso, da ocorrência da separação com ganhos pela partilha – Autor que não se desincumbiu do ônus da prova que lhe compete, nos termos do art. 333, I, do Código de Processo Civil/73, vigente à época – Não se verificando a **condição suspensiva**, não se adquire o direito a que ela visa – Inteligência do artigo 125, do Código Civil – Sentença mantida. Recurso improvido" (TJSP – Ap 0014152-30.2012.8.26.0003, 18-4-2018, Rel. Luis Fernando Nishi).

"Apelações – Ação de cobrança – Contrato de subempreitada – Pretensão da autora, como sucessora da subempreiteira, à restituição dos valores retidos pela ré a título de caução – Cessão de crédito – Os fatos narrados se aproximam da cessão de crédito, e não da cessão de posição contratual – Ausência da notificação exigida pelo art. 290 do Código Civil que é suprida pela citação – Precedentes do Superior Tribunal de Justiça – Os documentos colacionados aos autos demonstram, ademais, que a demandada possuía plena ciência da cessão, não tendo restituído os valores à autora apenas por conta de indigitadas reclamações trabalhistas nas quais figura como litisconsorte passiva ao lado da cedente – A posterior alegação da ré de ineficácia da cessão em razão da ausência de anuência por escrito representa violação à proibição de comportamentos contraditórios (*nemo potest venire contra factum proprium*), figura parcelar da boa-fé objetiva, dadas as legítimas expectativas que seus atos anteriores geraram para a demandante – **Condição suspensiva de exigibilidade** – Inocorrência – Reclamações trabalhistas que, a despeito da coincidência parcial entre as partes, não possuem relação com o contrato em discussão – Honorários advocatícios majorados, nos termos do art. 85, § 11, do Código de Processo Civil – Negado provimento ao recurso da ré – Recurso da autora provido" (TJSP – Ap 1071456-28.2016.8.26.0100, 23-5-2018, Rel. Hugo Crepaldi).

"Ação ordinária – Instrumento particular de cessão de quotas societárias – Alegação de descumprimento contratual – Discussão em torno de condição puramente potestativa – Pretensão de pagamento imediato dos valores previstos em cláusula contratual e de multa por inadimplemento contratual – Julgamento de improcedência dos pedidos em primeiro grau – Provimento em parte do recurso – Cláusula que difere o pagamento do montante referente à alienação das cotas sociais à efetiva elisão das pendências financeiras – Adquirentes que passam a administrar a sociedade por mais de seis anos desde a cessão e se recusam a providenciar o registro da alienação e ao pagamento do valor das cotas – Diferimento do pagamento que não pode persistir por longo período – Condição suspensiva

essa forma de condição, portanto, o nascimento do direito fica em suspenso, a obrigação não existe durante o período de pendência da condição. O titular tem apenas situação jurídica condicional, mera expectativa. "Dar-te-ei uma quantia se te graduares no curso superior"; "farei o negócio se as ações da empresa X obtiverem a cotação Y em Bolsa, em determinado dia". Enquanto o agente não concluir o curso superior, não terá direito ao prometido; se as ações não atingirem o valor especificado, não será concluído o negócio.

Resolutiva é a condição cujo implemento faz cessar os efeitos do ato ou negócio jurídico:

> "Se for resolutiva a condição, enquanto esta se não realizar, vigorará o ato jurídico, podendo exercer-se desde o momento deste o direito por ele estabelecido; mas, verificada a condição, para todos os efeitos, se extingue o direito a que ela se opõe" (art. 119 do Código de 1916).

O Código biparte em dois dispositivos a noção, visando à melhor compreensão:

> "Se for resolutiva a condição, enquanto esta não se realizar, vigorará o negócio jurídico, podendo exercer-se desde a conclusão deste o direito por ele estabelecido" (art. 127).

> "Sobrevindo a condição resolutiva, extingue-se, para todos os efeitos, o direito a que ela se opõe; mas se aposta a um negócio de execução continuada ou periódica, salvo disposição em contrário, não tem eficácia quanto aos atos já praticados, desde que compatíveis com a natureza da condição pendente e conforme os ditames da boa-fé" (art. 128).

Os romanos não estabeleciam tal distinção. Para eles, toda condição era suspensiva.

É exemplo de condição resolutiva: "pagar-te-ei uma pensão enquanto estudares"; "enquanto a cotação das ações da empresa se mantiver acima do valor X, pagarei o aluguel mensal".

Na condição suspensiva, seu implemento faz com que o negócio, que estava em suspenso, tenha vida, enquanto na condição resolutiva seu implemento faz com que o negócio cesse sua eficácia; resolve-se o negócio jurídico.

No exame dos fatos, nem sempre é fácil distinguir a condição resolutiva da condição suspensiva. A condição: "dar-te-ei cem se meu filho se bacharelar em Direito" é suspensiva. Se digo: "dar-te-ei cem, mas se meu filho não se bacharelar em Direito aos vinte e cinco anos a doação ficará sem efeito", a condição é resolutiva. Há zonas limítrofes na qual classificar o tipo de condição é difícil, como, por exemplo: "dar-te-ei cem se não tiver mais filhos" ou "compro este imóvel se não for inadequado para a construção de uma casa" (Maluf, 1983:61).

---

que não pode eternizar-se – Impedimento à contratação de condição que, de todo, afaste o efeito do contrato ou, ainda, opere efeitos a favor de uma só parte, privando a outra a execução daqueles que lhe são inerentes à natureza do contrato – Resultado pericial que não autoriza estender por mais tempo o cumprimento do contrato pelos adquirentes – Conclusão de primeiro grau de validade da condição suspensiva que deve ser sopesada à circunstância de que o diferimento dos pagamentos se deve exclusivamente à capacidade administrativa e ao efetivo exercício da atividade empresarial realizada pelos requeridos, operando apenas em seu benefício – Dúvidas constatadas na análise do laudo pericial que devem operar em favor dos autores – Inconsistências, omissões documentais, retificações e confissões de desembolsos a empresas do grupo econômico dos réus suficientes a embasar a tese da inicial de que inexiste razão plausível para a não quitação, nos últimos seis anos, do montante contratado a título de pagamento das cotas adquiridas – Multa contratual admitida, porém, mitigada – Recurso provido em parte. Dispositivo: deram provimento em parte ao recurso" (TJSP – Ap 1011521-28.2014.8.26.0003, 8-8-2018, Rel. Ricardo Negrão).

Nessas situações, é impossível a fixação de regras *a priori*, devendo-se recorrer às regras sobre a interpretação da vontade, pois propender para uma ou para outra classificação dependerá da vontade do declarante.

A condição suspensiva pode ser examinada em três estágios possíveis: o estado de pendência (situação em que ainda não se verificou o evento futuro e incerto); o estado de implemento da condição (quando o evento efetivamente ocorre) e o estado de frustração (quando o evento definitivamente não tem mais possibilidade de ocorrer).

Pendente a condição, a eficácia do ato fica suspensa. Se se trata de crédito, enquanto não ocorrer o implemento da condição, é ele inexigível, não há curso da prescrição e, se houver pagamento por erro, há direito à repetição. No entanto, "*ao titular do direito eventual, no caso de condição suspensiva, é permitido exercer os atos destinados a conservá-lo*" (art. 121 do Código de 1916). O presente Código, no art. 130, é mais abrangente, pois estatui que "*ao titular do direito eventual, nos casos de condição suspensiva ou resolutiva, é permitido praticar os atos destinados a conservá-lo*". Mesmo nos casos de condição resolutiva, poderá haver interesse nesse sentido do titular do direito eventual.

Nessa hipótese, pode o titular desse direito, sob condição suspensiva geralmente, lançar mão das medidas processuais cautelares para fazer valê-lo no futuro. Interessante notar que, uma vez concedida a medida cautelar, a parte deve propor a ação principal no prazo de 30 dias (art. 308 do CPC). Parece-nos que, no caso estampado no art. 130 do Código Civil, o prazo processual citado não é de ser obedecido, em face da própria natureza do direito material em jogo. Interpretar-se, *in casu*, ao pé da letra o estatuto processual é fazer *tabula rasa* do dispositivo de direito material. A medida cautelar deve sobreviver até o implemento da condição, ou melhor, até 30 dias após o implemento da condição ou até a data de sua frustração. O titular de um crédito sob condição suspensiva não pode ser obrigado a ficar inerte enquanto o futuro devedor dilapida seu patrimônio...

Quando ocorre o implemento da condição, o direito passa de eventual a adquirido, obtendo eficácia o ato ou negócio, como se desde o princípio fosse puro e simples e não eventual. Trata-se do chamado efeito retroativo das condições.

Se a condição se frustra, é como se nunca houvesse existido a estipulação. Por exemplo: prometo uma quantia se determinado cavalo vencer uma corrida e o cavalo vem a falecer antes da prova. Frustrou-se a condição.

Importa lembrarmos, também, que o ato sob condição suspensiva está formado, perfeito. Já não podem as partes retratar-se, porque o vínculo derivado da manifestação de vontade está estabelecido. Desse modo, o direito condicional é transmissível, *inter vivos* e *causa mortis*, mas é transmissível com a característica de direito condicional, pois ninguém pode transferir mais direitos do que tem.

No caso de condição resolutiva, dá-se de plano, desde logo, a aquisição do direito. A situação é inversa à condição suspensiva. O implemento da condição resolutiva "resolve" o direito em questão, isto é, faz cessar seus efeitos, extingue-se. A obrigação é desde logo exigível, mas o implemento restitui as partes ao estado anterior. A retroatividade das condições é aqui mais patente porque o direito sob condição resolutiva é limitado, podendo-se até dizer, ainda que impropriamente, mas para melhor compreensão, que se trata de um direito "temporário". Com o implemento, apagam-se os traços do direito. A cláusula resolutiva, por ser limitação ao direito, deve constar do Registro Público porque, se assim não for, terceiros não serão obrigados a respeitá-la, não sendo atingidos, de qualquer forma, os atos de administração.

Nos termos do art. 474 do Código Civil de 2002, a condição resolutiva pode ser expressa ou tácita. Se for expressa, opera de pleno direito, independentemente de notificação ou interpelação. Se for tácita, há necessidade desse procedimento.

No tocante à condição suspensiva há de se levar em conta o disposto no art. 126:

> *"Se alguém dispuser de uma coisa sob condição suspensiva e, pendente esta, fizer quanto àquela novas disposições, estas não terão valor, realizada a condição, se com ela forem incompatíveis."*[7]

Sílvio Rodrigues apresenta o seguinte exemplo: alguém promete dar um veículo sob condição; dá em penhor o veículo no entretempo da condição suspensiva. Com o advento do implemento da condição, o penhor se resolve, os efeitos da condição retroagem à data do negócio, por força do citado art. 126 (Rodrigues, 2006, v. 1:251). O texto legal, deveras, não é de fácil compreensão. No atual Código, a solução aponta para o art. 123, III, que se refere à invalidade dos negócios jurídicos se as condições forem incompreensíveis ou contraditórias.

Lembre-se de que o legislador imagina a existência de uma condição resolutiva em todos os contratos bilaterais. Contrato bilateral é todo aquele que possui obrigações recíprocas, carreadas a ambos os contratantes, como a compra e venda, por exemplo. Nos contratos bilaterais, o perfazimento de uma prestação está ligado à contraprestação da outra parte. Nesse tipo de convenção existe sempre, de forma expressa ou tácita, condição resolutiva, pois o contrato se resolverá se uma das partes não fornecer sua prestação. Ocorrendo o inadimplemento de um contratante, o outro pode pedir a rescisão com o pagamento de perdas e danos (art. 1.092 do Código de 1916, princípio geral mantido no presente Código, art. 475).

A propósito, estabelecia o parágrafo único do art. 119 do Código de 1916 que *"a condição resolutiva da obrigação pode ser expressa, ou tácita; operando no primeiro caso, de pleno direito, e por interpelação judicial, no segundo"*. O presente Código transplantou a regra para a temática contratual, no art. 474: *"A cláusula resolutiva expressa opera de pleno direito; a tácita depende de interpelação judicial"*.[8] Quer isso dizer que, na resolutória tácita, a parte prejudicada poderá

---

[7] "Agravo de instrumento – Cumprimento de sentença – Pretensão de execução de verba honorária decorrente de sucumbência – Parte beneficiária da Justiça Gratuita – Ausência de elementos que comprovem a alteração da situação financeira – **Condição suspensiva mantida** – Aplicação do art. 98, § 3º do Código de Processo Civil – Decisão reformada – Recurso provido" (*TJSP* – AI 2098329-52.2019.8.26.0000, 31-5-2019, Rel. Moreira de Carvalho).
"Corretagem – Ação de cobrança – Pagamento da comissão sujeito à **condição suspensiva** – Concordância expressa do corretor – Incorporação imobiliária não concretizada – Resultado útil não alcançado – Risco da atividade medianeira – Comissão indevida – Recurso provido para julgar a ação improcedente – O mediador faz jus à comissão avençada quando o negócio é concluído definitivamente. Sem resultado útil não há direito à comissão, pois o objeto do contrato não é o serviço do corretor em si, mas o resultado útil desse serviço" (*TJSP* – Ap 1020782-41.2014.8.26.0577, 20-8-2018, Rel. Renato Sartorelli).
"Agravo de instrumento – Pretensão à penhora sobre participação ideal em bem imóvel alienado fiduciariamente à instituição financeira. Possibilidade de ocorrer a constrição em direito sob **condição suspensiva** – 'direito expectativo'. Previsão expressa no atual CPC, inserta no inciso XII, do art. 835. Precedente jurisprudencial. Agravo provido" (*TJSP* – AI 2051884-44.2017.8.26.0000, 29-6-2017, Rel. Alberto Gosson).
"Compra e venda de veículo – Ação de obrigação de fazer cumulada com indenização por danos morais – Cerceamento de defesa – Inocorrência – Validade da compra e venda do bem alienado fiduciariamente, que se aperfeiçoará mediante a anuência da instituição financeira credora, quando da quitação integral dos valores previstos no contrato de financiamento – Negócio jurídico lícito, possível e válido, que vincula as partes contratantes, malgrado a **condição suspensiva** – Danos morais reconhecidos – Fixação de nova disciplina dos ônus sucumbenciais – Recurso provido em parte" (*TJSP* – Ap 1009370-19.2014.8.26.0576, 2-3-2016, Rel. Edgard Rosa).
"Bem imóvel – Corretagem – Ação anulatória de título extrajudicial – 1. A remuneração do corretor é devida, quando prevista no contrato de intermediação a possibilidade de retenção da comissão ainda que haja desistência do negócio pelo comprador, ou ainda que o empreendimento imobiliário seja cancelado. 2. Não comprovado o cancelamento do empreendimento imobiliário por falta de vendas, estas a cargo do corretor, não se vê o implemento da **condição resolutiva** que prevê a restituição dos valores recebidos a título de comissão. 3. Negaram provimento ao recurso" (*TJSP* – Ap 0001691-32.2011.8.26.0562, 19-8-2015, Rel. Vanderci Álvares).

[8] "Apelação. Ação de obrigação de fazer c/c reparação de danos. Contrato verbal de distribuição. Resilição unilateral sem aviso prévio. Justa causa para a extinção. **Cláusula resolutiva tácita, em contratos verbais, depende de interpelação judicial para operar seus efeitos. Inteligência do art. 474 do Código Civil.** Inviabilidade de

pedir ao juiz que declare rescindido o contrato e que aprecie se houve ou não causa de rescisão. No caso de resolutória expressa, quando essa modalidade se pactua no contrato, a parte pode pedir desde logo ao juiz aplicação dos efeitos do inadimplemento das obrigações contratuais, independentemente de qualquer interpelação judicial, considerando-se o contrato rescindido pelo simples fato do não cumprimento da obrigação, no tempo, lugar e forma devidos.

27.2.5 Implemento ou Não Implemento das Condições por Malícia do Interessado. Frustração da Condição

De conformidade com o art. 129 do Código,

> "reputa-se verificada, quanto aos efeitos jurídicos, a condição, cujo implemento for maliciosamente obstado pela parte, a quem desfavorecer, considerando-se, ao contrário, não

---

requerimento apenas em contestação. Necessidade de ação autônoma ou de reconvenção. Ampliação indevida do objeto litigioso. Precedente do E. STJ. Resilição unilateral deve observar o aviso prévio de que trata o art. 720 do Código Civil. Indenização devida. Base de cálculo dos lucros cessantes não impugnada. Sentença mantida. SUCUMBÊNCIA. Majoração dos honorários advocatícios, segundo as disposições do art. 85, §11, do CPC/15. Recurso não provido" (*TJSP* – Ap 1001238-06.2023.8.26.0269, 12-3-2024, Relª Rosangela Telles).

"Embargos à execução – Alegação de prescrição – **Contrato de locação com cláusula resolutiva expressa** – Término da relação contratual – Interpretação do art. 474 do Código Civil – Faculdade de resolver o contrato que surge em favor da parte lesada pelo inadimplemento – Doutrina – Data da manifestação inequívoca de fazer uso da cláusula em seu favor – São devidos os aluguéis e verbas condominiais vencidas até a resolução da locação acrescidos dos encargos contratuais – Celebração de contrato coligado de coparticipação – Montante devido, a despeito da resolução antecipada – Parcelamento da dívida que não modifica a integralidade do débito assumido pelo executado – Como o fim da relação contratual se deu com a notificação acerca do exercício da cláusula resolutiva, o vencimento antecipado das parcelas vincendas deve ser a data interpelação extrajudicial – Termo inicial da correção monetária das parcelas vincendas à época da resolução deve ser a data da notificação extrajudicial – Sucumbência mínima da exequente – Recurso parcialmente provido" (*TJSP* – Ap 1007026-97.2021.8.26.0001, 30-6-2023, Rel. Mário Daccache).

"Ação de rescisão de instrumento particular de compromisso de compra e venda de imóvel – Extinção do feito sem resolução do mérito na forma do art. 485, IV, do Código de Processo Civil – Decisão fundamentada de forma clara e objetiva, art. 93, IX, da Constituição Federal – Contrato celebrado que estabeleceu obrigação líquida e com termo certo para pagamento – Caracterização de mora ex re, na forma do art. 397 do Código Civil – Dispensabilidade da prévia notificação pelo credor – Legitimidade da pretensão de rescisão da avença por força da previsão de **cláusula resolutiva tácita**, ínsita aos contratos bilaterais – Inteligência do art. 474 do Código Civil – Precedente do Superior Tribunal de Justiça – Determinação do retorno dos autos ao primeiro grau para o regular processamento do feito – Sentença reformada – Recurso provido, com determinação" (*TJSP* – Ap 1007507-49.2021.8.26.0037, 12-7-2022, Rel. César Peixoto).

"Apelação Cível – Promessa de compra e venda – **Cláusula resolutiva expressa** – Exceção de contrato não cumprido – I– Tendo o contrato de promessa de compra e venda estipulado cláusula resolutiva expressa, a qual foi reiterada em renegociações de parcelas assinadas pelas partes, a constituição da demandante em mora prescindia de notificação extrajudicial. Inteligência do art. 474 do CC/2002. Precedentes desta Corte. II– Reforma da decisão hostilizada, que havia declarado resolvido o contrato, por inadimplemento da ré, haja vista que não obstante o atraso de 06 meses na expedição do habite-se, o inadimplemento da autora foi prévio, substancial e apto a ensejar a incidência da cláusula supra. III– Não obstante, ainda que o contrato não tivesse sido previamente desfeito, a pretensão autoral encontraria óbice na incidência do art. 476 do Código Civil/2002, no qual insculpido o instituto da exceção de contrato não cumprido. Isso porque, não estando com o pagamento do preço em dia, quando do término do prazo da cláusula de tolerância de 180 dias, não poderia a autora reclamar o rompimento do vínculo contratual com base na mora da ré. IV– Deflagrada a indução do juízo em erro, mediante o ajuizamento de ação em que se postula a declaração de resolução do contrato por inadimplemento da construtora, quando, dois anos e meio antes, a autora havia assinado termo de cancelamento do contrato, operado por força da cláusula resolutória expressa. Litigância de má-fé configurada, a ensejar a aplicação de multa, com base no art. 80, II e V, c/c art. 81, *caput* e § 2º, ambos do NCPC. V– Diante da reforma da decisão, os ônus sucumbenciais serão arcados pela demandante, cujo decaimento tornou-se integral. Deram provimento ao apelo. Unânime" (*TJRS* – AC 70081417289, 12-6-2019, Rel. Des. Dilso Domingos Pereira).

verificada a condição maliciosamente levada a efeito por aquele a quem aproveita o seu implemento" (antigo, art. 120).[9]

O Código pune, em ambas as situações, quem impede e quem força, respectivamente, a realização do evento em proveito próprio. Suponhamos o seguinte exemplo: um agente promete pagar, subordinando o pagamento a determinada cotação de ação na Bolsa de Valores. Para que a cotação não atinja o montante avençado, o agente manipula artificialmente o mercado e a cotação da Bolsa. Provado o fato, reputa-se implementada a condição.

A malícia, ou seja, o dolo, é requisito expressamente exigido pelo art. 129 para verificação da hipótese, não bastando, pois, por vontade do legislador, a simples culpa. Presentes os pressupostos do dispositivo, o dano é ressarcido de modo específico, considerando-se verificada a condição obstada e não verificada aquela cujo implemento foi maliciosamente causado pela parte interessada. A execução específica da avença não impede, ainda, que a parte prejudicada pela malícia pleiteie perdas e danos se ocorrerem os requisitos. O implemento ou não implemento da condição, nesse caso, deve ser incentivado ou obstado pela parte, para que ocorra o efeito do art. 129; se o fato for levado a efeito por terceiro, sem participação da parte interessada, o caso não é de se considerar como implemento ou não da condição, mas tão só de pedir indenização a esse terceiro.

Se a parte não age com dolo (malícia, como diz a lei), mas por negligência ou imperícia, e tem-se a condição por verificada ou não, conforme o caso,

"*nem por isso deixa de ser aplicável a regra da responsabilidade decorrente da violação das obrigações, contratuais ou não, responsabilidade que se traduz no dever de ressarcimento das perdas e danos causados (artigos 159 e 1.056 do Código Civil)*" (Ráo, 1952:344).

Nesse caso, contudo, não tem aplicação o art. 129 do Código, que exige o dolo.

É, em qualquer caso, à parte prejudicada que cabe o ônus da prova, mas à outra é facultado provar que, mesmo sem sua intervenção, se verificaria ou não a condição, conforme o caso.

Como bem lembra Sílvio Rodrigues (2006, v. 1:252/253), a regra (do art. 129) é baseada no princípio da responsabilidade, pois, "*convocando ou frustrando a condição, um dos contratantes causa prejuízo ao outro, e a melhor maneira de repará-lo é considerar a condição como não ocorrida ou realizada*".

---

[9] "Apelação cível – Ação declaratória de nulidade de cláusula contratual cumulada com cobrança – Sentença de procedência – Inconformismo do réu – Formalização de instrumento particular de confissão de dívidas entre as partes. Hipótese em que o réu reconheceu a existência de débito no valor de R$ 50.000,00 (cinquenta mil reais) em favor do autor, com vencimento condicionado a futura alienação de imóvel de propriedade do devedor. Réu que, até o presente momento, não promoveu nenhum ato visando à alienação do bem. Diferimento do pagamento da obrigação que não pode subsistir por longo período. Impossibilidade de contratação de condição suspensiva que afaste o efeito do contrato ou opere efeitos a favor de uma das partes em detrimento da outra. Parte final da cláusula 1ª que se mostrou puramente potestativa. Aplicação do disposto no artigo 129, do Código Civil, **reputando-se verificada a condição cujo implemento foi maliciosamente obstado pelo devedor**. Débito exigível – Litigância de má-fé não caracterizada – Sentença mantida. Majoração dos honorários advocatícios em grau de recurso, nos termos do artigo 85, § 11, do Código de Processo Civil – Recurso não provido" (*TJSP* – AC 1106588-78.2018.8.26.0100, 14-5-2019, Relª Daniela Menegatti Milano).
"Apelação cível – Ação de cobrança julgada improcedente – Contrato particular de reconhecimento e dissolução de união estável – Art. 252 do Regimento Interno – Eficácia do negócio jurídico subordinada à condição suspensiva, ainda não verificada – Art. 125 do CC – Apelante que somente fará jus ao recebimento de valores após a alienação do imóvel – Inaplicabilidade do art. 129 do CC – Inexistência de prova de que o implemento da **condição foi maliciosamente obstado** pela apelada – Sentença mantida – Recurso improvido" (*TJSP* – Ap 0016045-10.2009.8.26.0020, 10-2-2016, Rel. José Joaquim dos Santos).

27.2.6 Retroatividade da Condição

O estado de pendência de uma condição cessa por seu implemento ou por sua falta, isto é, quando a condição falha, não se realiza ou se realiza fora do tempo estipulado.

Ocorrendo o implemento da condição, isto é, realizada ou verificada a condição, muitos entendem que tudo se passa como se o ato fosse puro e simples, como se o tempo medeado entre a manifestação de vontade e o implemento da condição não existisse. É o que se denomina efeito retroativo da condição. Os que o admitem entendem o negócio jurídico como se tratasse desde o início de manifestação de vontade não condicionada. Outros entendem que a condição não tem esse efeito retro-operante. A controvérsia vem desde o Direito Romano.

Como nosso Código Civil atual, na mesma senda do estatuto revogado, não possui dispositivo específico a respeito da retroatividade, não podemos dizer que ocorra retroação. Como conclui Caio Mário da Silva Pereira (2006, v. 1:562), o efeito retroativo só operará se expressamente convencionado pelas partes, pois não decorre da lei. Há casos em que a própria lei admite a retroatividade, quando então o ato terá efeito de negócio puro e simples; as consequências e os efeitos ocorridos *medio tempore* são destruídos pela ocorrência da condição, como na propriedade resolúvel, e não têm efeito retro-operante àqueles atos a que a lei dá validade *medio tempore*, como, por exemplo, os atos de administração. Como acrescenta o mestre,

> "a doutrina legal brasileira encontra-se, portanto, na linha das teorias mais modernas que contestam esse efeito retro-operante como regra geral, admitindo que ele se entenda como uma forma de construção jurídica, que explica e torna mais claros os efeitos do direito condicional, fixando de que maneira atua o evento na aquisição ou na resolução do direito, na maioria dos casos".

A conclusão semelhante chega Sílvio Rodrigues (2006, v. 1:254-255):

> "A retroatividade dos efeitos do ato jurídico constitui, a meu ver, exceção à regra geral da não retroatividade, de sorte que, para retroagirem os efeitos de qualquer disposição contratual, mister se faz que haja lei expressa em tal sentido, ou convenção entre as partes. Caso contrário, isto é, se nada se estipulou e a lei é silente, os efeitos da condição só operam a partir do seu advento."

Mesmo os que admitem retroatividade das condições concluem que nesse caso os efeitos visados *"são quase os mesmos e resolvidos do mesmo modo"*, como aduz Serpa Lopes (1962, v. 1:499), após analisar as duas posições.

De qualquer forma, como recorda Orlando Gomes (1983:233), a preferência, quer pela teoria da retroatividade, quer pela teoria da irretroatividade, é acadêmica, porquanto o que se deve examinar é o estado do direito durante a condição. De fato, é difícil fixação de regra geral. Em cada caso, deve ser examinada a espécie da condição; se houve avença pela retroatividade das partes; se a lei determina a retroatividade naquele determinado caso concreto etc. Importa saber, pendente a condição, se o titular do direito condicional deve ser protegido e até que ponto. Isso só o caso concreto poderá solucionar, aplicando-se as regras da interpretação da vontade, juntamente com a obediência aos princípios legais e regras de princípios gerais de direito. Não se esqueça de que o titular do direito eventual, nos casos de condição suspensiva ou resolutiva, pode praticar os atos destinados a conservá-lo (art. 130 do atual Código).[10]

A esse respeito, veja que o presente Código reporta-se ao problema na segunda parte do art. 128 referido. No tocante aos negócios de execução periódica ou continuada, operada a condição, somente haverá retroatividade nos efeitos, nos atos já praticados, se houver disposição nesse sentido. O mais recente legislador assume, portanto, como regra geral, a irretroatividade da condição: sem vontade expressa das partes e sem lei que a estabeleça, não haverá retroação. Essa é, em síntese, a opinião da doutrina colacionada aqui.

27.2.7 Condição e Pressuposição

Há referência na doutrina a uma figura que se aproxima da condição, a *pressuposição*. Trata-se de uma condição subentendida, não declarada, mas que se faz presente na mente dos participantes de um negócio, doutro modo este não se realizaria. Também se traduz como um evento futuro, mas nem sempre incerto. Se alguém adquire, por exemplo, um imóvel de outrem casado sob o regime de comunhão de bens, pressupõe que o cônjuge do alienante esteja de acordo, caso contrário o negócio se inviabiliza; na aquisição de um imóvel, também, pressupõe-se que não está ele onerado com cláusula de inalienabilidade. Trata-se, como se percebe, de um meio-termo entre motivo e condição de um negócio (Amaral, 2003:473).

Caracteriza-se por ser explícita e nem sempre carrega a futuridade e incerteza. Só terá sentido se for futura e incerta, porque, se já existente quando da concretização do negócio, confundir-se-á com o erro na declaração de vontade, sujeitando o negócio à anulação.

O direito brasileiro não se refere expressamente a esse fenômeno, embora o art. 140 se refira ao falso motivo como razão determinante da declaração de vontade, justamente ao tratar do erro. Em hipótese que já nos referimos, o conceito dessa figura é mesmo de uma pressuposição, quando alguém adquire, por exemplo, imóvel para instalar um restaurante próximo a local onde se supõe será construída uma escola e o fato não é verdadeiro ou não se realiza; ou quando alguém aliena imóvel por preço vil, sob o escudo de um decreto expropriatório que não existe ou caducou. No entanto, o julgador deve ser muito cuidadoso no exame dessas hipóteses, sob pena de converter a causa como elemento integrante da validade do negócio, o que não pertence ao nosso sistema.

27.3 TERMO

A eficácia de um negócio jurídico pode ser fixada *no tempo*. Determinam as partes ou fixa o agente quando a eficácia do ato começará e terminará. Esse dia do início e do fim da eficácia do negócio chama-se termo, que pode ser *inicial* ou *final*.

Denomina-se termo *inicial* (ou *suspensivo* ou *dies a quo*) aquele a partir do qual se pode exercer o direito; é termo *final* (ou *extintivo* ou *dies ad quem*) aquele no qual termina a produção de efeitos do negócio jurídico.

---

[10] "Ação cautelar – Ação cautelar preparatória de procedimento arbitral – Contrato de cessão de quotas sociais, com cláusula condicionando parte expressiva do preço a **condições suspensivas** de performance da sociedade (*earn outs*) – Antigo sócio demitido da nova sociedade que pede acesso a documentos, com o escopo de acompanhamento dos atos de administração da empresa e verificação do implemento ou da frustração da **condição suspensiva** – Dúvida fundada sobre a possibilidade de concorrência desleal, uma vez que o próprio contrato de cessão de quotas já previa a cisão da empresa e a permanência do antigo sócio, ora agravado, em determinadas atividades ligadas ao ramo médico – Solução dada pela decisão agravada que se mostra equilibrada e somente permite o acesso do antigo sócio a contratos já celebrados, com prazo razoável. Recurso improvido" (*TJSP* – AI 0092230-13.2013.8.26.0000, 19-6-2016, Rel. Francisco Loureiro).

O termo inicial suspende a eficácia de um negócio até sua ocorrência, enquanto o termo final resolve seus efeitos. Os pontos de contato com as condições (suspensiva e resolutiva) são muitos, tanto que estipulava o Código de 1916, no art. 124, que *"ao termo inicial se aplica o disposto, quanto à condição suspensiva, nos artigos 121 e 122 e, ao termo final, o disposto acerca da condição resolutiva do artigo 119".* O mesmo sentido, de forma mais técnica, faz-se presente no recente Código: *"Ao termo inicial e final aplicam-se, no que couber, as disposições relativas à condição suspensiva e resolutiva"* (art. 135). O termo, porém, é modalidade do negócio jurídico que tem por finalidade suspender a execução ou o efeito de uma obrigação, até um *momento determinado*, ou o advento de um evento *futuro e certo.* Aí reside a diferença entre o termo e a condição.[11]

Na condição, tem-se em mira evento futuro e *incerto;* no termo, considera-se evento futuro e *certo.* Tanto que, na condição, o implemento desta pode falhar e o direito nunca vir a se consubstanciar; o termo é inexorável e sempre ocorrerá. No termo, o direito é futuro, mas *diferido,* porque não impede sua aquisição, cuja eficácia é apenas suspensa.

Como a compreensão de condição é muito próxima da compreensão de termo, ao titular do direito a termo, a exemplo do direito condicional, permite-se a prática de atos conservatórios, de acordo com o art. 130. E no termo, com maior razão, pois o titular de direito condicional possui apenas direito eventual, o titular de direito a termo possui direito diferido, apesar de futuro.

Embora tenhamos afirmado que o termo seja sempre certo, o momento de sua ocorrência pode ser indeterminado. Assim, é certo e determinado o vencimento de dívida no dia 30 de outubro. É indeterminado, porém certo, o termo fixado para o falecimento de uma pessoa. A doutrina, ainda que impropriamente, denomina, no caso, termo certo e termo incerto. É de capital importância saber se o *termo é certo (determinado)* ou *incerto (indeterminado),* porque a obrigação a termo certo constitui o devedor de pleno direito em mora, enquanto a de termo incerto necessita de interpelação do devedor (art. 397 do Código Civil).

---

[11] "Agravo interno – Questões relativas a correção monetária, multa e verba honorária que consistem em inovação recursal e que, por ser deste modo, não podem ser conhecidas. Agravo interno – Juros remuneratórios – **Termo final** – Questão que não foi alvo de impugnação específica na impugnação apresentada pelo executado – Inovação recursal – Não conhecimento. Agravo interno – Matérias atinentes a ilegitimidade ativa, competência do juízo, necessidade de liquidação e incidência de juros remuneratórios que foram decididas em conta a sentença exequenda, e os entendimentos desta 17ª Câmara de Direito Privado e do STJ – Inteligência dos art. 543-C, do CPC/73 e 1.036 e seguintes, do CPC/2015. Recurso conhecido em parte, e, na parte conhecida, desprovido" (*TJSP* – AgRg 2193443-91.2014.8.26.0000, 29-5-2019, Rel. João Batista Vilhena).

"Apelação – Compromisso de compra e venda de bem imóvel – Ação de indenização por danos materiais e morais c.c. – Obrigação de fazer com pedido liminar – Sentença de procedência parcial – Inconformismo de ambas as partes. – Atraso na entrega do imóvel – Não configurada hipótese de caso fortuito externo, ocorrido dentro do prazo inicial previsto para a entrega da unidade. – Atraso para emissão do 'habite-se' pela Prefeitura Municipal. – Justificativa que encerra *res inter alios acta* em relação aos adquirentes. Aplicação da Súmula nº 161 deste Tribunal – **Termo final** da mora que se dá com a efetiva imissão dos adquirentes na posse do imóvel – Correção monetária – A atualização monetária não deixa de incidir durante o período de mora da vendedora, por se tratar de simples recomposição do valor real da moeda – Precedentes do STJ – Súmula nº 163 deste Tribunal – Cláusula penal – Previsão na hipótese dos autos de cláusula penal para mora da vendedora, que deve ser observada – Lucros cessantes – Impossibilidade de concomitância da condenação ao pagamento de cláusula penal e de lucros cessantes (aluguéis de outro imóvel durante o período de atraso) – Perdas e danos já prefixados no contrato por força da cláusula penal – Dano moral – Devida indenização pelos danos morais sofridos, diante das peculiaridades do caso concreto – Valor arbitrado em R$ 10.000,00 que se harmoniza com o entendimento que vem prevalecendo nesta Câmara – Sentença parcialmente reformada – Sucumbência recíproca – Recurso dos autores provido e recurso da ré parcialmente provido" (*TJSP* – Ap 1008362-43.2015.8.26.0100, 1-4-2016, Rel. Viviani Nicolau).

O termo pode derivar da vontade das partes (termo propriamente dito ou termo convencional), decorrer de disposição legal (termo de direito) ou de decisão judicial (termo judicial).

Na condição, enquanto não se verificar seu implemento, não se adquire o direito a que o ato visa (art. 125); no termo inicial, pelo contrário, não se impede a aquisição do direito, mas se retarda seu exercício (art. 131).

O termo, portanto, aposto a negócio jurídico, indica o momento a partir do qual seu exercício inicia-se ou extingue-se.

Há atos, contudo, que não admitem a aposição de termo. Tal não é possível quando o direito for incompatível com o termo, dada sua natureza, bem como nos casos expressos em lei. Há incompatibilidade nos direitos de personalidade puros, nas relações de família e nos direitos que por sua própria natureza requerem execução imediata. Ninguém pode fazer adoção ou reconhecer filho subordinando tais atos a termo, por exemplo.

É regra geral de interpretação que a aposição do termo seja feita em benefício da pessoa obrigada, salvo prescrição legal ou estipulação em contrário. É regra também encontrada no Código, no art. 133.

27.3.1 O Prazo

Tradicionalmente se diz que prazo é o lapso de tempo decorrido entre a declaração de vontade e a superveniência do termo. O prazo é também o tempo que medeia entre o termo inicial e o termo final.

Não se confunde, portanto, com o termo. Cuida-se aqui, unicamente, dos prazos de direito material. O estatuto processual trata de forma parcialmente diversa os prazos processuais.

O termo é o limite, quer inicial, quer final, aposto ao prazo. É o tempo que decorre entre o ato jurídico e o início do exercício ou o fim do direito que dele resulta.

Diz-se que o prazo é certo se o ato é a termo certo, e incerto se o ato é a termo incerto.

O art. 132 traça as disposições sobre a contagem dos prazos:

> "Salvo disposição legal ou convencional em contrário, computam-se os prazos, excluindo o dia do começo, e incluindo o do vencimento.
>
> § 1º Se o dia do vencimento cair em feriado, considerar-se-á prorrogado o prazo até o seguinte dia útil.
>
> § 2º Meado considera-se, em qualquer mês, o seu décimo quinto dia.
>
> § 3º Os prazos de meses e anos expiram no dia de igual número do de início, ou no imediato, se faltar exata correspondência.
>
> § 4º Os prazos fixados por hora contar-se-ão de minuto a minuto."

Se o prazo cair em sábado, fica igualmente prorrogado de um dia útil, de acordo com o art. 3º da Lei nº 1.408, de 9-8-51. As obrigações vencíveis em sábado serão pagáveis no primeiro dia útil imediato, por força da Lei nº 4.178, de 11-12-1962, que suprimiu o expediente bancário aos sábados.

A Lei nº 810, de 6-9-49, reformara o critério do § 3º do art. 125 do Código de 1916, definindo o ano civil:

> "Art. 1º Considera-se ano o período de dozes meses contados do dia do início ao dia e mês correspondentes do ano seguinte.

Art. 2º Considera-se mês o período de tempo contado do dia do início ao dia correspondente do mês seguinte.

Art. 3º Quando no ano ou mês do vencimento não houver o dia correspondente ao do início do prazo, este findará no primeiro dia subsequente."

O critério do § 3º do art. 125 era diferente: mês era o período sucessivo de 30 dias completos, 30 dias corridos. A Lei nº 810 amoldou a lei civil à lei que regulava o direito cambiário (Decreto nº 2.044, de 31-12-1908), uniformizando a contagem dos prazos e revogando o citado § 3º.

O atual Código incorporou sinteticamente as regras ultimamente adotadas, no art. 132, § 3º. Os prazos de meses e anos expiram no dia de igual número do de início, ou no imediato, se faltar exata correspondência.

O art. 133 do Código Civil prescreve que,

"nos testamentos, presume-se o prazo em favor do herdeiro, e, nos contratos, em proveito do devedor, salvo quanto a esses, se do teor do instrumento, ou das circunstâncias, resultar que se estabeleceu a benefício do credor, ou de ambos os contratantes".

Nos testamentos, o herdeiro tem a contagem de prazo a seu favor, preferindo ao legatário. A preferência do prazo em favor do devedor é que, no silêncio do contrato e na dúvida, deve ser beneficiado, em detrimento do credor, pois o primeiro deve cumprir a obrigação e está geralmente em situação de inferioridade.

Por outro lado, estabelece o art. 134:

"Os negócios jurídicos entre vivos, sem prazo, são exequíveis desde logo, salvo se a execução tiver de ser feita em lugar diverso ou depender de tempo."

Disposição semelhante é a do art. 331:

"Salvo disposição legal em contrário, não tendo sido ajustada época para o pagamento, o credor pode exigi-lo imediatamente."

Como regra geral, as partes fixam prazo dentro do qual deve ser cumprida a obrigação. O credor não pode exigir o cumprimento antes do termo. Ainda que não haja fixação de prazo, há certas obrigações que, por sua natureza, só podem ser cumpridas dentro de certo lapso de tempo, como é o caso do empréstimo, por exemplo. Quando, porém, a obrigação permite e os contraentes não fixam prazo, a obrigação é exequível desde logo, com as ressalvas da lei, ou seja, se a execução tiver de ser feita em lugar diverso ou depender de tempo. Se se tratar de empréstimo, é óbvio que o credor não pode exigir imediatamente a devolução da coisa emprestada, assim também na empreitada, no contrato de fornecimento etc. De qualquer modo, a expressão *desde logo*, estampada no art. 134, não deve ser entendida ao pé da letra: temos que entender que o negócio jurídico deve ser realizado em tempo razoável, ainda que exequível *desde logo*, isto é, deve haver prazo razoável para que o ato seja realizado. Não havemos de dar rigor excessivo à regra aí estabelecida.

27.4 ENCARGO

O encargo ou *modo* é restrição imposta ao beneficiário de liberalidade. Trata-se de ônus que diminui a extensão da liberalidade. Assim, faço doação a instituição, impondo-lhe o encargo de prestar determinada assistência a necessitados; doo casa a alguém, impondo ao donatário obrigação de residir no imóvel; faço legado de determinada quantia a alguém, impondo-lhe o dever de construir monumento em minha homenagem; faço doação de área a determinada Prefeitura, com encargo de ela colocar, em uma das vias públicas, meu nome etc. Os exemplos multiplicam-se.

Geralmente, o encargo é aposto às doações; porém, a restrição é possível em qualquer ato de índole gratuita, como nos testamentos, na cessão não onerosa, na promessa de recompensa, na renúncia e, em geral, nas obrigações decorrentes de declaração unilateral de vontade.

Destarte, o encargo apresenta-se como restrição à liberdade, quer estabelecendo uma finalidade ao objeto do negócio, quer impondo uma obrigação ao favorecido, em benefício do instituidor ou de terceiro, ou mesmo da coletividade. Não deve, porém, o encargo se configurar em contraprestação; não pode ser visto como contrapartida ao benefício concedido. Se houver contraprestação típica, a avença deixa de ser liberal para ser onerosa, não se configurando o encargo.

O fato é que ninguém é obrigado a aceitar liberalidade. Se o faz, sabendo ser gravada com encargo, fica sujeito a seu cumprimento.

Embora o encargo não se possa configurar em contraprestação, não há para ele limitação quantitativa: a instituição pode deixar intacto o montante do benefício, como no caso de se fazer uma doação de uma área à Municipalidade com a obrigação de esta colocar o nome do doador em uma das vias públicas; ou pode a disposição abater parte do benefício, como no caso de fazer doação de quantia a alguém com o ônus de o donatário pagar pensão aos pobres do lugar; ou pode até a instituição esgotar todo o benefício, como no caso de legado com a obrigação de o legatário erigir um túmulo ao testador que absorva toda a quantia legada. Em nenhum caso, no entanto, o encargo pode constituir contraprestação.

Como nos casos de condição, o encargo deve estampar obrigação lícita e possível. A ilicitude ou impossibilidade do encargo torna-o não escrito, valendo a liberalidade como pura e simples; nisto difere da condição, em que somente a juridicamente impossível ou a ilícita ou imoral anulam o próprio ato. Se o ato é fisicamente irrealizável, tem-se, da mesma forma, por não escrito.

Em que pese à aparente semelhança, o encargo não se confunde com a *condição*. O encargo é *coercitivo*, o que não ocorre com a condição, uma vez que ninguém pode ser obrigado a cumpri-la. Doutro lado, a condição suspende a aquisição do direito, se for suspensiva, o que não ocorre com o encargo, a não ser que assim seja expressamente disposto pelo manifestante: "*O encargo não suspende a aquisição, nem o exercício do direito, salvo quando expressamente imposto no negócio jurídico, pelo disponente, como condição suspensiva*" (art. 136, Código Civil). Assim, feita a doação com o encargo, a liberalidade não se suspende por seu não cumprimento, salvo na hipótese de suspensividade ora enfocada. A condição ora suspende a aquisição do direito (suspensiva), ora o extingue (resolutiva). O encargo não suspende tal aquisição, que se torna perfeita e acabada desde logo, salvo a exceção do art. 136. O não cumprimento do encargo poderá resolver a liberalidade, mas *a posteriori*. O encargo obriga, mas não suspende, o exercício do direito.

Na prática, surgindo dúvidas sobre a existência de condição ou encargo, deve-se concluir pela existência de encargo, porque é restrição menor que a condição. Como meio prático de se distinguir uma da outra, Washington de Barros Monteiro (2005, v. 1:288) apresenta um critério: a conjunção *se* serve para indicar que se trata de condição, enquanto as expressões *para que, a fim de que, com a obrigação de* denotam a presença de encargo. É, sem dúvida, critério interpretativo, não infalível.

O cumprimento do encargo, nas doações modais, pode ser exigido por via judicial pelo doador, quer o encargo haja sido imposto em seu benefício, quer em benefício do donatário, quer em benefício geral, assim como pelo terceiro favorecido pela liberalidade ou pelo Ministério Público, depois da morte do doador, se este não tiver tomado a iniciativa, nas liberalidades em geral (Monteiro, 2005, v. 1:288).

O doador pode optar (assim como herdeiros) entre duas ações: a de resolução da liberalidade, do negócio, por descumprimento do encargo, que caracteriza a mora (esta ação é conferida pelo art. 555), e a de execução do encargo (obrigação de fazer ou de dar, conforme a natureza do encargo), por força do art. 553.

Quanto aos demais casos, afora o de doação, por analogia havemos de aplicar, no tocante às ações, os princípios aqui expostos. Lembre-se, contudo, de que, apesar de o encargo não ser essencial ao negócio jurídico, uma vez aposto, torna-se elemento integrante, de modo que qualquer interessado (e o interesse deve ser examinado em face do caso concreto) está legitimado a pedir a anulação do negócio.

A ação de revogação das doações por descumprimento do encargo prescrevia em um ano, contado o prazo do dia em que o doador soube do fato que autorizava a revogação (art. 178, § 6º, I, do Código Civil de 1916). Na falta de disposições gerais a respeito do encargo para outros casos, defendia a doutrina que, por analogia, deveria ser aplicado esse prazo. No entanto, tratando-se de omissão do agente, difícil era precisar o termo inicial, sem sua constituição em mora. Esse prazo também é de um ano, decadencial, no atual Código (art. 559). No entanto, o Código estipula no art. 562 que "*a doação onerosa pode ser revogada por inexecução do encargo, se o donatário incorrer em mora. Não havendo prazo para o cumprimento, o doador poderá notificar judicialmente o donatário, assinando-lhe prazo razoável para que cumpra a obrigação assumida*".

Note que, se ao instituidor e seus herdeiros cabe a ação para revogar a liberalidade, aos terceiros beneficiados e ao Ministério Público só caberá ação para executar o encargo, porque seu interesse situa-se tão só na exigência de seu cumprimento. O instituidor pode optar entre a revogação e a execução.

Falecendo o beneficiário antes de cumprir o ônus, a ele ficam obrigados seus herdeiros, a não ser que a disposição seja personalíssima e incompatível para com estes.

O Código de 2002 inova ao apresentar dispositivo sobre o encargo, no art. 137: "*Considera-se não escrito o encargo ilícito ou impossível, salvo se constituir o motivo determinante da liberalidade, caso em que se invalida o negócio jurídico.*" O artigo, que se apresenta com redação nova com relação à original do Projeto, preenche lacuna e estanca dúvidas da doutrina. O encargo ilícito ou impossível somente viciará o negócio se for motivo determinante da disposição, o que deve ser examinado no caso concreto, como, por exemplo, a locação de um imóvel para casa de jogos proibidos. Doutra forma, considera-se não escrito. Assim, para ter eficácia, o encargo deve ser lícito e possível.[12]

---

[12] "**Ação de revogação de doação** – Sentença de improcedência – Insurgência do autor – Revogação da doação por inexecução de encargo – Impossibilidade – Doação pactuada sem a estipulação de encargo – Sentença mantida – Recurso não provido – Nega-se provimento ao recurso" (*TJSP* – Ap 1002434-48.2018.8.26.0572, 21-1-2019, Relª. Marcia Dalla Déa Barone).
"Agravo de instrumento – Embargos de declaração – Execução Fiscal – Penhora – Bem imóvel doado por município com cláusula de reservabilidade – Impenhorabilidade – 1- O previsto nos arts. 184 do CTN e 30 da Lei 6.830/80 não afasta a impenhorabilidade porque no caso concreto não se trata de óbice à penhora decorrente de cláusula aposta pelas partes contratantes, mas de impenhorabilidade decorrente da cláusula de reversão estipulada em favor de pessoa jurídica de direito público interno, que, se executada, reconduz o bem à catego-

ria dos bens públicos. 2- **A doação onerosa pode ser revogada por inexecução do encargo** e o prazo para executar a cláusula de reversão somente inicia quando findo o prazo fixado para cumprimento desse encargo. Não há nenhuma informação, nos autos da execução ou deste agravo, sobre ter havido ou não o cumprimento do encargo por parte da empresa donatária. Além disso, a Lei municipal que autorizou a doação previu sua revogação por meio de mero Decreto, em caso de descumprimento dos encargos postos, o que pode ter sido feito pelo ente doador. 3- Não há como reverter a decisão agravada, porque necessário que a União comprove que o imóvel integrou-se em definitivo, por obra da doação, ao patrimônio da executada, providência que deverá adotar nos autos da ação executiva" (*TRF-4ª R.* – AI 5043583-73.2015.4.04.0000, 25-7-2018, Rel. Juiz Fed. Alexandre Rossato da Silva Ávila).

"Embargos de declaração – Administrativo – **Revogação de doação por inexecução de encargo** – Ausência de omissão – Extinção do processo sem resolução do mérito – Causa Madura – Julgamento da lide – Possibilidade – Prazo prescricional vintenário – Acórdão fundamentado em circunstâncias fáticas – Súmula 7/STJ – Inovação Recursal – Omissões sanadas. 1 – Conforme consignado no acórdão embargado, a jurisprudência desta Corte já firmou posicionamento no sentido de que a ação para tornar sem efeito a doação por motivo de inexecução do encargo prescreve em vinte anos. Precedentes. 2 – Mesmo nos casos de extinção do processo com resolução de mérito, em que o juízo primevo acolheu a alegação de prescrição, é possível ao Tribunal, se entender ser o caso de afastá-la, julgar desde logo a lide, se esta já se encontra madura e se a causa versar questão exclusivamente de direito. Nesse aspecto, também se verifica que o acórdão proferido pela Corte de origem não foi omisso e se amolda à lei e à jurisprudência do STJ. 3 – Verifica-se que o Tribunal de origem decidiu a controvérsia com enfoque nas circunstâncias fáticas do caso, e a modificação do acórdão demandaria o reexame de todo o contexto fático-probatório dos autos, o que é defeso a esta Corte em vista do óbice da Súmula 7/STJ. Nesse aspecto, pretende o embargante rediscutir a causa, o que não se coaduna com a finalidade dos embargos de declaração. 4 – No caso dos autos, ao contrário do alegado pelo embargante, o Tribunal de origem teceu considerações quanto à alegação de cerceamento de defesa, visto que deixou consignado, por ocasião do julgamento dos embargos de declaração, que 'a alegação de cerceamento de defesa não se amolda nas hipóteses do art. 535, do CPC, tratando-se de mero inconformismo da decisão do tribunal que, ao aplicar o art. 515, §§ 1º e 2º do CPC, conheceu desde logo do mérito da ação, vez que a matéria encontrava-se pronta para julgamento (fls. 378).' 5 – O Tribunal de origem decidiu a controvérsia com enfoque nas circunstâncias fáticas do caso, e a modificação do acórdão demandaria o reexame de todo o contexto fático-probatório dos autos, o que é defeso a esta Corte em vista do óbice da Súmula 7/STJ. Nesse aspecto, pretende o embargante rediscutir a causa, o que não se coaduna com a finalidade dos embargos de declaração. 6 – Quanto à pretendida indenização por benfeitorias, verifica-se que o Tribunal de origem considerou ser inovação recursal a matéria, visto que não foi tema da peça contestatória (fl. 674, e-STJ). Ademais, não merece reparos o acórdão recorrido, visto que a questão das benfeitorias, de fato, não foi alegada em contestação, de forma que se configura inovação recursal sua alegação apenas nos embargos de declaração. Embargos acolhidos em parte sem efeitos infringentes" (*STJ* – EDcl-AgRg-EDcl-Ag-RE 46.650 – 2011/0121833-8, 13-4-2016, Rel. Min. Humberto Martins).

"Administrativo – Reversão de doação por encargo não cumprido – Possibilidade – Bem público – Imóvel doado visando a expansão industrial do Município, bem como a geração de novos empregos – Encargo descumprido – Interesse público contrariado – Sentença confirmada – Recurso de apelação desprovido" (*TJSP* – Ap 0001395-72.2011.8.26.0218, 8-7-2015, Rel. J. M. Ribeiro de Paula).

"Agravo de instrumento – **Ação de reversão de doação** de bem público, por descumprimento de encargo previsto em lei municipal, com pedido de tutela antecipada para reintegração na posse do imóvel. Decisão que indeferiu a medida. Manutenção. Hipótese na qual não há nos autos elementos suficientes a indicar particular urgência na medida, ou irreparabilidade da lesão na hipótese de só voltar a ser apreciada após a formação do contraditório. Recurso improvido" (*TJSP* – AI 2125047-28.2015.8.26.0000, 20-7-2015, Rel. Aroldo Viotti).

"Ação de anulação de negócio jurídico – Autor que pretende ver declarada a nulidade de Escritura Pública de venda e compra de bem imóvel, sob o argumento de simulação, eis que, em verdade, sua intenção seria de supostamente realizar doação com encargo e não a venda do imóvel em favor dos corréus. Sentença que, na origem, extingue o feito com resolução de mérito e fundamento na previsão legal contida no artigo 269, IV do CPC, pronunciada a prescrição. Recurso do autor. Prazo prescricional. Artigo 178, § 9º, inciso V, do Código Civil de 1916, diploma aplicável ao negócio jurídico em foco nos autos. Em se tratando de Ação Anulatória de natureza desconstitutiva, o prazo é decadencial, destacando-se ser a simulação vício que acarretava nulidade relativa na sistemática legal do CC 1916 (artigo 147, II). Sentença de extinção do Processo, com resolução de mérito, nos termos do artigo 269, IV do CPC que resta mantida, adotado, contudo, fundamento diverso. Decadência reconhecida. Recurso de Apelação do autor não provido" (*TJSP* – Ap 0011785-08.2007.8.26.0068, 16-4-2015, Rel. Alexandre Bucci).

28

INVALIDADE DOS NEGÓCIOS JURÍDICOS

28.1 INTRODUÇÃO AO ESTUDO DAS NULIDADES DO NEGÓCIO JURÍDICO

Trataremos do negócio jurídico *ineficaz* e da *ineficácia* dos negócios jurídicos em sentido genérico, abrangendo os fenômenos da *inexistência, nulidade* e *anulabilidade,* como específicos de ineficácia. O conceito de invalidade é vasto, abarcando todos esses fenômenos.

Não há uniformidade na doutrina a respeito da terminologia; pelo contrário, cada autor busca apresentar sua própria classificação. Será estampada aqui a teoria da ineficácia de forma lógica, sem grandes arroubos de profundidade; pretende-se, porém, clareza de conceitos.

Quando o negócio jurídico se apresenta de forma irregular, defeituosa, tal irregularidade ou defeito pode ser mais ou menos grave, e o ordenamento jurídico pode atribuir reprimenda maior ou menor. Ora a lei simplesmente ignora o ato, pois não possui mínima consistência, nem mesmo aparece como simulacro perante as vistas do direito, que não lhe atribui qualquer eficácia; ora a lei fulmina o ato com pena de nulidade, extirpando-o do mundo jurídico; ora a lei o admite, ainda que viciado ou defeituoso, desde que nenhum interessado se insurja contra ele e postule sua anulação. Traçamos, pois, aqui as três categorias de ineficácia dos negócios jurídicos: negócios inexistentes, nulos e anuláveis. Tal divisão tripartida, todavia, ainda que implicitamente admitida pela lei, recebe tratamento legal por vezes confuso, mormente no Código de 1916, o que dá margem a criação própria, com várias correntes de pensamento. Nosso ordenamento atual, a exemplo do revogado, não contemplou o conceito de rescindibilidade, questão que já foi versada quando vimos os efeitos da fraude contra credores. O estatuto preocupou-se com as categorias de nulidade e anulabilidade.

A ineficácia, no sentido geral, trata-se da declaração legal de que os negócios jurídicos não se amoldam aos efeitos que ordinariamente produziriam. Sem dúvida, a ineficácia, por qualquer de suas formas, tem sentido de pena, punição pelo fato de os agentes terem transgredido os requisitos legais. Essa pena ora tem o interesse público a respaldá-la, como nos atos ou negócios inexistentes e nulos, ora o simples interesse privado, no qual a lei vê o defeito de menor gravidade, como nos atos ou negócios anuláveis.

O vocábulo *ineficácia* é empregado para todos os casos em que o negócio jurídico se torna passível de não produzir os efeitos regulares. Quando o negócio jurídico é declarado judicialmente defeituoso, torna-se *inválido.* Nesse sentido, há que se tomar o termo *invalidade.*

28.2 NULIDADE

A função da nulidade é tornar sem efeito o ato ou negócio jurídico. A ideia é fazê-lo desaparecer, como se nunca houvesse existido. Os efeitos que lhe seriam próprios não podem ocorrer. Trata-se, portanto, de vício que impede o ato de ter existência legal e produzir efeito, em razão de não ter sido obedecido qualquer requisito essencial.

Nos casos de nulidade absoluta, em contraposição à nulidade relativa, que é a anulabilidade, existe interesse social, além de interesse individual, para que o ato não ganhe força.

O art. 145 do Código de 1916 estabelecia:

> "É nulo o ato jurídico:
>
> I – quando praticado por pessoa absolutamente incapaz (art. 5º);
>
> II – quando for ilícito, ou impossível, o seu objeto;
>
> III – quando não revestir a forma prescrita em lei (arts. 82 e 130);
>
> IV – quando for preterida alguma solenidade que a lei considere essencial para a sua validade;
>
> V – quando a lei taxativamente o declarar nulo ou lhe negar efeito."

O atual Código estende, ao menos aparentemente, o rol das nulidades, estabelecendo no art. 166:

> "É nulo o negócio jurídico quando:
>
> I – celebrado por pessoa absolutamente incapaz;
>
> II – for ilícito, impossível ou indeterminável o seu objeto;
>
> III – o motivo determinante, comum a ambas as partes, for ilícito;
>
> IV – não revestir a forma prescrita em lei;
>
> V – for preterida alguma solenidade que a lei considere essencial para a sua validade;
>
> VI – tiver por objetivo fraudar lei imperativa;
>
> VII – a lei taxativamente o declarar nulo, ou proibir-lhe a prática, sem cominar sanção."

O projeto de reforma do Código Civil encaminhado ao Senado pretende acrescentar mais um item nesse artigo, mencionando negócio *"praticado em contrariedade à boa-fé ou à função social"*. A ser compreendido.

A ocorrência de qualquer dessas hipóteses é reputada pela lei como séria causa de sua infringência; provoca, como reação do ordenamento, a decretação de nulidade. Essa nulidade pode inquinar todo o ato, como regra, *nulidade total*, ou apenas parte dele, *nulidade parcial*, se assim o ordenamento e a natureza do negócio o permitir.

O ato ou negócio jurídico requer agente capaz. Assim, o ato praticado pelo menor de 16 anos, pelo psicopata, pelo surdo-mudo que não pode expressar sua vontade está sem o requisito de vontade, sem a complementação de outrem, conforme reputava a lei de 1916, não devendo produzir efeitos jurídicos. Veja o que observamos sobre a incapacidade no atual Código (cap. 10).

Da mesma forma, deixa de ter fundamento legal o ato quando tiver por objeto coisa ilícita ou impossível. O objeto é ilícito quer por afrontar a moral, quer por afrontar os bons costumes, assim tidos como tal de acordo com a moral vigente na época. O atual Código ainda acrescenta nesse tópico que o objeto do negócio jurídico deva ser *determinável*. Não é necessário que o objeto exista e que seja perfeitamente delineado quando do negócio, tanto que é possível a compra e venda de coisa futura; o que se exige é que o objeto seja identificável, sob pena de tornar o negócio írrito porque vazio de conteúdo.

O Código de 2002 menciona também que haverá nulidade quando o *motivo determinante*, comum a ambas as partes, for ilícito. Aqui, não se trata pura e simplesmente de objeto ilícito, embora a espécie assim devesse ser tratada pelo Código de 1916. A matéria tem a ver, embora não exclusivamente, com a simulação, em que há conluio para mascarar a realidade. Se ambas as partes se orquestrarem para obter fim ilícito, haverá nulidade. Nem sempre será fácil distinguir o objeto ilícito do motivo determinante comum ilícito. Assim, a compra e venda de um lupanar possui em si a finalidade ilícita. O financiamento, conhecido de ambas as partes, com a finalidade de adquirir esse conventilho ingressa no motivo determinante que tornará o negócio nulo. Veja o que comentamos a esse respeito do motivo e da causa (seção 20.6). No caso, se uma só das partes conhecer da finalidade ilícita, não há nulidade do negócio quanto ao motivo determinante, porque o que se pune é o negócio na integralidade. Quando um só dos partícipes estiver ciente da ilicitude, não há como nulificar o negócio sob pena de constante instabilidade no mundo jurídico. A ciência de ambas as partes quanto ao motivo determinante é matéria de prova; nem sempre fácil, por sinal.

Já estudamos a necessidade de ser obedecida determinada forma para alguns negócios jurídicos. Sua preterição, quando exigida, acarretará a nulidade.

O ato ou negócio também será nulo quando preterida qualquer solenidade considerada essencial pela lei para sua validade. É o caso, por exemplo, do testamento que em suas formas ordinárias pedia cinco testemunhas, no Código de 1916. Um testamento realizado perante número inferior, sob a égide do antigo ordenamento, será nulo. No Código de 2002, esse número de testemunhas é reduzido, de acordo com a modalidade de testamento, duas para os testamentos público e cerrado e três, pelo menos, para o testamento particular (arts. 1.864, II; 1.868, I, e 1.876, § 2º). A jurisprudência atual, no entanto, tem dado certa flexibilidade às exigências testamentárias, evitando a decretação de nulidade.

A lei menciona ainda que o negócio será nulo quando taxativamente o ordenamento o disser. São vários os casos pontilhados no Código que se inserem neste dispositivo. A lei pode expressamente declarar nulo determinado negócio. Assim por exemplo:

> "*Art. 1.518. Até a celebração do casamento podem os pais ou tutores revogar a autorização.*" (Redação dada pela Lei nº 13.146, de 2015)
>
> "*Art. 489. Nulo é o contrato de compra e venda, quando se deixa ao arbítrio exclusivo de uma das partes a fixação do preço.*"

Muitas outras hipóteses podem ser lembradas, como as dos arts. 142, 548, 549 etc.

Na expressão "*quando a lei taxativamente o declarar nulo, ou lhe negar efeito*", do estatuto de 1916, deveriam ser compreendidas outras situações que atingem a mesma finalidade.

Desse modo, são também casos de nulidade os dispositivos que surgem com as expressões: "*não terá validade*"; "*não vale*"; "*será de nenhum efeito*"; "*não produzirá efeito*"; "*sob pena de nulidade*", e outras equivalentes. Por vezes, a lei usa de expressões como: "*não pode*"; "*não é lícito*"; "*não é permitido*", e outras semelhantes. Nesses casos, incumbirá ao intérprete, em interpretação sistemática, verificar se se trata de nulidade ou anulabilidade. Observe-se, ainda, que, quando a lei tolhe o efeito do ato, está suprimindo-lhe a eficácia. Preferiu a vigente lei suprimir essa expressão ambígua.

Geralmente, nessas situações, ocorrerá a nulidade, sem que isto seja uma regra. É exemplo dessa espécie o art. 1.132 do Código de 1916: "*Os ascendentes não podem vender aos descendentes, sem que os outros descendentes expressamente consintam.*" Esse dispositivo, já que a lei não foi expressa, sempre deu margem a discussões na jurisprudência e na doutrina, quanto à nulidade ou anulabilidade. O vigente Código assumiu felizmente posição expressa declarando a anulabilidade nessa hipótese: *"É anulável a venda de ascendente a descendente, salvo se os outros descendentes e o cônjuge do alienante expressamente houverem consentido"* (art. 496).

O presente Código, também, em socorro à maior compreensão do tema, diz que o negócio jurídico será nulo quando a lei lhe proibir a prática, sem cominar sanção. Desse modo, fica mais simples o raciocínio do intérprete: perante as expressões encontráveis: *"não pode", "é vedado", "é proibido"* etc. sem qualquer observação sancionatória diversa, o negócio será nulo. Advirta-se, contudo, que em Direito qualquer afirmação peremptória é arriscada: poderão existir situações nas quais o negócio se apresenta aparentemente como nulo, mas a interpretação sistemática o faz entendê-lo como anulável. De qualquer forma, o caminho torna-se mais seguro para o exegeta com a nova dicção legal.

Tenha-se em mente que a nulidade repousa sempre em causas de ordem pública, enquanto a anulabilidade tem em vista mais acentuadamente o interesse privado.[1] Essa perspectiva deve sempre estar presente no exame das nulidades.

---

[1] "Apelação Cível – Contrato de prestação de serviços – Ação de cobrança – Sentença de procedência, condenando os demandados, solidariamente, a adimplir os valores atinentes aos serviços prestados pela autora – Irresignação da pessoa jurídica corré – Preliminar de nulidade da citação do corréu, declarado revel – Nulidade arguida por terceiro – Descabimento – Pleito em nome próprio, relativamente à direito alheio – Falta de interesse recursal, visto que é vedado à parte postular, em nome próprio, direito alheio (art. 18, caput, do CPC) – **Matéria, contudo, de ordem pública – Análise de ofício** – Pessoa física – Aviso de recebimento assinado por terceiro estranho aos autos – Inaplicabilidade do disposto no artigo 248, § 4º, do CPC – Inviabilidade de apreciação do pedido recursal – Nulidade absoluta que deve ser declarada de ofício – Processo anulado por ausência de citação regular de um dos réus pessoa física – Exame do mérito do recurso prejudicado" (*TJSP* – Ap 1009102-83.2023.8.26.0564, 25-7-2024, Rel. João Antunes).

"Ação anulatória, cumulada com indenização. Venda de lote irregular/clandestino. Área declarada de preservação ambiental. Sentença de procedência, para declarar nulo o contrato e condenar os corréus ao pagamento de indenização pelos prejuízos sofridos pela autora. Insurgência. Alegação de ilegitimidade de parte do corréu Luiz. Inadmissibilidade. Questão decidida no despacho saneador e não recorrida. Preclusão. Venda de loteamento irregular. Violação ao artigo 37 da Lei nº 6.766/79. **Nulidade absoluta do instrumento particular celebrado, já que não preenchido um dos requisitos de validade do negócio jurídico, consistente na licitude de seu objeto** (artigo 166, incisos II e VII, do Código Civil), insuscetível de convalidação (artigo 169 do Código Civil). Manutenção da anulação do negócio jurídico, com o retorno das partes ao status quo ante que é medida que se impõe. Indenização devida, nos termos estabelecidos pela sentença. Pleito da autora, de repetição de valores referentes ao IPTU que pagou. Inadmissibilidade, pois o artigo 34 do CTN estabelece que 'o contribuinte do imposto é o proprietário do imóvel, o titular do seu domínio útil, ou o seu possuidor a qualquer título', devendo ela, assim, responder pelo tributo incidente no imóvel ao tempo em que dele usufruiu. Sentença mantida. Recursos desprovidos" (*TJSP* – Ap 3003353-02.2013.8.26.0629, 5-4-2022, Rel. Márcio Boscaro).

"Usucapião extraordinária – **Nulidade absoluta** verificada – Falta de citação daqueles em cujo nome o imóvel está registrado, dos confinantes e de eventuais interessados, bem como ausência de intimação dos representantes da Fazenda Pública da União, do Estado e do Município – Recurso prejudicado" (*TJSP* – AC 0006734-89.2015.8.26.0438, 16-4-2019, Rel. Luiz Antonio de Godoy).

"Usucapião – Cerceamento de defesa – **Nulidade absoluta** – Há cerceamento de defesa se o julgamento é proferido sem que seja dada a oportunidade para a produção de prova pericial tempestivamente requerida" (*TJMG* – AC 1.0142.16.001853-7/001, 4-5-2018, Relª Evangelina Castilho Duarte).

"Processual Civil – Alegação de **nulidade absoluta** – Ausência de citação de suposto compossuidor – Descabimento – Manejo de nulidade de algibeira – STJ – Precedentes 1 '3 A alegação de que seriam matérias de ordem pública ou traduziriam nulidade absoluta não constitui fórmula mágica que obrigaria as Cortes a se manifestar acerca de temas que não foram oportunamente arguidos ou em relação aos quais o recurso não preenche os pressupostos de admissibilidade' (REsp 1439866/MG, Rel. Ministro Sebastião Reis Júnior, Sexta Turma, julgado em 24/04/2014, *DJe* 6/5/2014). 4 'A jurisprudência do STJ, atenta à efetividade e à razoabilidade, tem repudiado o uso do processo como instrumento difusor de estratégias, vedando, assim, a utilização da chamada 'nulidade de algibeira ou de bolso' (EDcl no REsp 1424304/SP, Rel. Ministra Nancy Andrighi, Terceira Turma, julgado em 12/08/2014, *DJe* 26/08/2014)' (Edcl. no AREsp nº 258.639, Min. Luis Felipe Salomão). 2 'Não há nulidade processual sem prejuízo. A invalidade

Ao ser estudada a fraude em geral (seção 26.3), vimos que se trata de vícios de muitas faces. O fraudador procura mascarar seu ato; nunca transgride a lei de forma frontal. Sempre se reclamou um dispositivo genérico sobre a fraude, dando mais conforto ao julgador ao concluir pela nulidade do negócio. Nesse diapasão, o art. 166, VI, do Código de 2002 é expresso ao considerar nulo o negócio jurídico quando tiver por objetivo fraudar lei imperativa. A lei dispositiva, aquela que permite às partes dispor diferentemente, podendo ser desconsiderada pelos interessados, não ocasiona nulidade. A lei poderia ter, nesse caso, optado pela ineficácia do ato, mas optou pela nulidade.

Em geral, prova-se o ato nulo de forma objetiva, pelo próprio instrumento ou por prova literal. Poderá ocorrer, porém, com menos frequência, que a nulidade necessite ser provada, caso seja contestada ou posta em dúvida, como é o caso de ato praticado pelo alienado mental, antes de sua interdição, da hipótese do motivo ilícito bilateral ou da fraude mencionadas. Tais circunstâncias deverão ser provadas para que se constate a nulidade.

A nulidade é penalidade que importa em deixar de existir qualquer efeito do ato, desde o momento de sua formação (*ex tunc*). A sentença que decreta a nulidade retroage, pois, à data do nascimento do ato viciado.[2] O ideal legal é que os efeitos do negócio jurídico nulo desapareçam como se nunca houvessem se produzido. Os efeitos que seriam próprios ao ato desaparecem.

---

processual é sanção que decorre da incidência de regra jurídica sobre um suporte fático composto: defeito + prejuízo. Sempre mesmo quando se trate de nulidade cominada em lei, ou as chamadas nulidades absolutas' (DIDIER JUNIOR, Fredie. Curso de direito processual civil. 18 ed. Salvador: JusPodivm, 2016, p. 410). 3 Exige-se, ainda que para as nulidades tidas por absolutas, que a parte interessada alegue, e demonstre, o prejuízo sofrido, bem como que não aja de má-fé, no intuito malicioso de guardar a alegação para utilizá-la no momento processual que for mais oportuno, a depender de como o feito se desenvolverá" (*TJSC* – AC 0308948-22.2014.8.24.0033, 28-3-2018, Rel. Des. Luiz Cézar Medeiros).

[2] "Agravo de instrumento – Cumprimento de sentença – Nulidade absoluta da sentença – Reconhecimento pelo próprio juiz – Possibilidade – Inteligência dos arts. 278 e 282 do CPC – Agravo improvido" (*TJSP* – AI 2171055-58.2018.8.26.0000, 28-1-2019, Rel. Coutinho de Arruda).

"Civil e processo civil – Apelação Cível – **Nulidade** – **Absoluta** – Intimação do patrono no DJE – Ausência – A intimação é o ato pelo qual se dá ciência à parte ou ao interessado dos atos e termos do processo, visando a que faça ou se abstenha de fazer algo. A ausência de intimação em nome do patrono constituído é causa de nulidade absoluta, por violar os princípios da publicidade, do devido processo legal, do contraditório e da ampla defesa. Os atos eivados de vícios insanáveis devem ser declarados nulos" (*TJDFT* – Proc. 20160110033776APC – (1077964), 6-3-2018, Rel. Esdras Neves).

"Recurso Especial – Direito Comercial – Direito Processual Civil – Embargos à execução – Títulos Extrajudiciais – Contrato de compra e venda de quotas sociais – Emissão de notas promissórias em garantia – **Nulidade do contrato** – Reconhecimento Judicial – Trânsito em julgado – Prosseguimento da execução – Ofensa à coisa julgada – Ausência de circulação dos títulos – Perda de exigibilidade – Vinculação ao negócio original – 1. Embargos à execução fundada em contrato de compromisso de compra e venda de quotas sociais e de 96 (noventa e seis) das 143 (cento e quarenta e três) notas promissórias a ele vinculadas. Superveniência do trânsito em julgado de sentença na qual restou reconhecida a nulidade do negócio jurídico original. 2. Acórdão recorrido que, a despeito do advento do trânsito em julgado de sentença que declarou a nulidade do contrato a que vinculadas as notas promissórias executadas, determinou o prosseguimento do feito executório com o abatimento de apenas parte do crédito, valendo-se para tanto do fundamento de que no contrato tido como nulo existiria negócio não alcançado pelos efeitos da nulidade decretada. 3. Transitada em julgado a sentença de mérito, opera-se o fenômeno da eficácia preclusiva da coisa julgada, segundo o qual, inclusive por expressa disposição legal, 'reputar-se-ão deduzidas e repelidas todas as alegações e defesas que a parte poderia opor assim ao acolhimento como à rejeição do pedido' (art. 474 do CPC/1973). 4. Com o trânsito em julgado da sentença meritória, reputam-se repelidas não só as alegações efetivamente deduzidas pelas partes na inicial ou na contestação, mas também todas aquelas que poderiam ter sido e não foram suscitadas a tempo e modo oportunos pelos interessados. 5. O reconhecimento da nulidade integral de contrato, por decisão judicial transitada em julgado, obsta que seja posteriormente reconhecida, em ações distintas, a validade parcial dessa mesma avença, sob pena de se incorrer em grave ofensa à autoridade da coisa julgada. 6. O reconhecimento da nulidade do contrato original torna inexigíveis as notas promissórias pro solvendo emitidas em garantia do negócio ali avançado, especialmente quando, por não terem circulado, apresentam-se desprovidas da abstração. 7. Recurso especial provido" (*STJ* – REsp 1.608.424 – (2016/0119728-8), 4-4-2017, Rel. Min. Ricardo Villas Bôas Cueva).

No entanto, ainda que a lei determine que as nulidades atuem dessa maneira, é inevitável que restarão efeitos materiais, na maioria das vezes, ao ato declarado nulo.

Assim, a regra *"o que é nulo não pode produzir qualquer efeito"* (*quod nullum est nullum effectum producit*) deve ser entendida com o devido temperamento. Na maioria das vezes, embora o ato seja tido como nulo pela lei, dele decorrem efeitos de ordem material. No dizer de Miguel Maria de Serpa Lopes (1962, v. 1:503), *"essa criação inválida não deixa de ser um fato jurídico, uma atividade que deve ser e é tomada em consideração pelo Direito".* Desse modo, por exemplo, um negócio praticado por alienado mental, por pessoa sem o devido discernimento sem que a outra parte o soubesse, gera uma série de efeitos materiais. O negócio é juridicamente nulo, mas o ordenamento não pode deixar de levar em conta efeitos materiais produzidos por esse ato. Isso é verdadeiro tanto em relação aos atos nulos como em relação aos atos anuláveis. As partes contraentes devem ser reconduzidas ao estado anterior. Nem sempre, fisicamente, isto será possível. Daí a razão de o art. 182 estatuir: *"Anulado o negócio jurídico, restituir-se-ão as partes ao estado, em que antes dele se achavam, e não sendo possível restituí-las, serão indenizadas com o equivalente."* A regra, apropriada ao negócio anulado, aplica-se, quando for o caso, ao negócio nulo para efeitos práticos.

Quando os efeitos materiais do ato não podem ser extirpados, a lei determina que seja feita recomposição em dinheiro, único substituto possível nessas premissas.

Na elaboração da teoria das nulidades, nosso legislador não adotou a orientação francesa, erigindo o *prejuízo* em critério de nulidade. Nosso ordenamento é inspirado no critério do *respeito à ordem pública*, estando, por isso, legitimado a arguir a nulidade qualquer interessado, em seu próprio nome, ou o representante do Ministério Público, em nome da sociedade, que representa o vício por ofício. Não bastasse isso, nossa lei foi ainda mais longe na recusa de efeitos aos atos nulos:

> *"Art. 168. As nulidades dos artigos antecedentes podem ser alegadas por qualquer interessado, ou pelo Ministério Público, quando lhe couber intervir.*
>
> *Parágrafo único. As nulidades devem ser pronunciadas pelo juiz, quando conhecer do negócio jurídico ou dos seus efeitos e as encontrar provadas, não lhe sendo permitido supri-las ainda que a requerimento das partes."*

Assim, também ao juiz é determinado que decrete a nulidade, dela tomando conhecimento, sem qualquer provocação.

Como foi explanado, a lei declara a nulidade por diversas formas, não havendo fórmula sacramental, o que, aliás, é inconveniente por não conferir a devida certeza ao intérprete. Ora a lei estipula explicitamente, declarando que o ato é nulo em determinada circunstância; ora o proíbe terminantemente; ora fulmina o ato em termos imperativos. Há, porém, circunstâncias em que a lei não estatui expressamente nulidade do ato; o texto não a menciona, mas esta é subentendida. Daí distinguirem-se duas espécies de nulidades: *nulidade textual* e *nulidade virtual*.

É *nulidade textual* aquela disciplinada expressamente na lei. É *nulidade virtual* aquela implícita no ordenamento, depreendendo-se da função da norma na falta de sanção expressa. A determinação das nulidades virtuais é custosa, pois não existe critério seguro, de ordem geral, a autorizar sua conclusão. No direito de família, por exemplo, só se tem admitido nulidades textuais, enquanto nos outros campos do Direito Civil se admite a nulidade virtual. A propósito, o sistema de nulidade no direito de família possui características próprias, não se submetendo tão só às regras gerais aqui estudadas. Desse modo, quando se examinam nulidades em matéria de casamento, sua decretação e os respectivos efeitos obedecerão a princípios peculiares.

A nulidade é insuprível pelo juiz, de ofício ou a requerimento das partes. O ato ou negócio nulo não pode ser ratificado. Se as partes estão de acordo em obter efeitos jurídicos para o ato viciado praticado, só conseguirão isso praticando-o novamente, seguindo, então, todas as formalidades.[3] Há, no caso, o perfazimento de um segundo ato, pois o primeiro está irremediavelmente nulo. Apenas impropriamente pode ser denominado esse segundo ato ou negócio (e agora válido) de confirmação do primeiro. Tal não ocorre, como veremos, nos atos anuláveis que podem ser ratificados.

Assim, uma compra e venda realizada por menor impúbere sem representação legal é nula. Para que o negócio valha, deve ser repetido com a presença do representante legal do menor. Só tem existência legal o segundo negócio. A partir dele é que se produzirão os efeitos da compra e venda; o primeiro negócio, nulo, nenhum efeito produz.

Os autores divergiam no tocante à *prescrição* dos atos nulos.[4] Para uns o ato nulo era imprescritível; para outros o ato nulo prescrevia no prazo máximo admitido pela lei. Embora não fôssemos maioria, encampamos a opinião de Caio Mário da Silva Pereira (2006, v. 1:635), para quem o ato nulo prescrevia no prazo máximo estabelecido em lei, ou seja, 20 anos. Isso porque nosso legislador de 1916, ao estabelecer que os direitos reais prescreviam em 10 e 15 anos e os pessoais em 20 anos, de acordo com o art. 177, determinara que nenhum direito poderia sobreviver à inércia de seu titular por tempo maior que 20 anos.

"*Esta prescrição longi temporis não respeita a vulnerabilidade do ato nulo, e, portanto, escoados 20 anos do momento em que poderia ter sido proposta a ação de nulidade, está trancada a porta, e desta sorte opera-se a consolidação do negócio jurídico, constituído embora sob o signo do desrespeito à ordem pública.*"

---

[3] "Negócio fiduciário – **Ação declaratória de nulidade de ato jurídico** – Hipótese de incapacidade civil absoluta, ao tempo da constituição de garantia. Abordagem para invalidar posição de garante, na circunstância de alegado dolo de aproveitamento. Juízo de procedência. Apelo de litisconsorte passivo. Desprovimento"(*TJSP* – Ap 1010665-30.2015.8.26.0100, 12-2-2019, Rel. Carlos Russo).

"Ação declaratória de **nulidade de negócio jurídico** e de atos judiciais, c/c indenização por danos morais e materiais – Impossibilidade – Validade do contrato – Ação improcedente – Recurso não provido – Não há que se falar em nulidade do contrato por ausência de registro, vez que o autor não nega tê-lo firmado. A questão do registro do contrato serviria para garantir direitos de terceiros, sendo que entre as partes é de conhecimento mútuo os termos contratados. Se o veículo em questão garantia o contrato que o autor assinou como avalista e que restou inadimplido, de rigor a procedência da busca e apreensão, vez que o réu apenas cumpriu o determinado na lei e no contrato, não sendo devida qualquer indenização. Recurso não provido"(*TJSP* – Ap 0000358-53.2012.8.26.0063, 14-3-2016, Rel. Paulo Ayrosa).

"Agravo de instrumento – **Ação declaratória de nulidade de negócio jurídico** c.c. Indenizatória. Venda de automóvel realizada com documentos extraviados do agravado. Afastamento da decadência e prescrição. Negócio jurídico nulo. Ausência de manifestação de vontade do titular do direito. Ato simulado que não se convalida com o tempo. Aplicação da regra do artigo 169 do Código Civil. Decisão mantida. Recurso não provido" (*TJSP* – AI 2015739-57.2015.8.26.0000, 18-6-2015, Relª Daise Fajardo Nogueira Jacot).

[4] "**Ação declaratória de nulidade de ato jurídico cc** – Reintegração de posse – Venda de imóvel mediante procuração supostamente não outorgada pelo proprietário, autor da ação. Sentença extinguiu o processo, com resolução de mérito, ao considerar prescrita a pretensão. Apela o autor, alegando inocorrência da prescrição; Procuração elaborada mediante assinatura de terceiro é ato nulo, portanto imprescritível, não se convalesce com o decurso do tempo; Falsificação da assinatura enseja nulidade absoluta; necessária a perícia grafotécnica a fim de provar suas alegações, única prova capaz de esclarecer o ocorrido. Cabimento. Versa a ação sobre declaração de nulidade de ato jurídico, buscando declarar a nulidade absoluta, tratando-se de pretensão imprescritível. A ação declaratória tem como objeto nulidade (absoluta), que envolve interesse público, não convalescendo com o tempo (art. 169 do CC). Afastada a prescrição, retornem os autos à origem, para que prossiga em seus ulteriores termos. Recurso provido" (*TJSP* – AC 1029416-90.2017.8.26.0554, 24-4-2019, Rel. James Siano).

A ideia central é que a prescritibilidade é regra e a imprescritibilidade é exceção, em prol do princípio de mantença da paz social.

No tocante ainda à prescrição, para extinguir com a divergência na doutrina, o presente Código oriundo do Projeto de 1975, no art. 169, é expresso em relação à imprescritibilidade do negócio jurídico: *"O negócio jurídico nulo não é suscetível de confirmação, nem convalesce pelo decurso do tempo"*. Tal dispositivo reforça o entendimento de que o próprio legislador desse Projeto admitia a prescritibilidade dos atos nulos no Código de 1916, tanto que houve por bem estabelecer dispositivo expresso a esse respeito, para que não pairem mais dúvidas. Doravante, portanto, não cabe mais a divagação doutrinária perante os termos peremptórios da nova lei. O projeto apresenta dois parágrafos a esse texto, que não alteram, em princípio, a regra geral. Aguardemos eventual aprovação.

A nulidade do negócio pode ser *total* ou *parcial*. Total quando afeta todo o negócio; parcial quando se limita a uma ou algumas de suas cláusulas. A lei de 1916 admitia que, sempre que possível, a parte sã do ato fosse aproveitada: *"Art. 153. A nulidade parcial de um ato não o prejudicará na parte válida, se esta for separável. A nulidade da obrigação principal implica a das obrigações acessórias, mas a destas não induz a da obrigação principal"*.[5]

O Código de 2002 mantém idêntico princípio, mas observa que essa validade parcial deve respeitar a intenção das partes:

> *"Respeitada a intenção das partes, a invalidade parcial de um negócio jurídico não o prejudicará na parte válida, se esta for separável; a invalidade da obrigação principal implica a das obrigações acessórias, mas a destas não induz a da obrigação principal"* (art. 184).

A matéria é de prova e requer o cuidado do julgador, que deverá também examinar se a invalidade não macula todo o negócio, ou seja, se é ou não separável. O princípio aplica-se tanto aos casos de nulidade absoluta como aos casos de nulidade relativa (anulabilidade). O princípio da acessoriedade aí estampado é o já estudado de que o acessório segue o destino do principal, mas o principal não é afetado pelo destino do acessório.

---

[5] "Registro – **Ação de nulidade de ato registral** – Venda *a non domino* – "Recurso especial. Direito civil. Ação de nulidade de ato registral. Venda *a non domino*. Celebração de compra e venda de imóvel com base em procuração com qualificação errônea dos outorgantes. Negligência do cartório. Fraude. 1- Polêmica em torno da existência, validade e eficácia de escritura pública de compra e venda do imóvel dos demandantes, lavrada em Tabelionato por terceiros que atuaram como vendedores com base em procuração pública também fraudada, constando, inclusive, dados errôneos na qualificação dos outorgantes, efetivos proprietários, como reconhecido pelas instâncias de origem. 2- Deficiente a fundamentação do recurso especial em que a alegação de ofensa ao art. 535 do CPC/1973 se faz de forma genérica, não havendo a demonstração clara dos pontos do acórdão que se apresentam omissos, contraditórios ou obscuros, senão a pretensão de que esta Corte Superior analise os embargos de declaração para dali extrair aquilo que, porventura, a parte recorrente entenda não tenha sido bem analisada quando do julgamento dos embargos. 3- Não há falar na incidência do prazo quadrienal previsto no art. 178, § 9º, inciso V, b, do CC/2016, voltado à anulação de contratos com base em vícios do consentimento quando sequer consentimento houve por parte dos autores, que foram surpreendidos pela venda *a non domino* do seu imóvel. 4- Escritura de compra e venda realizada com base em procuração na qual constam nomes incorretos do casal proprietário, troca de numeração de documentos pessoais, utilização de número de identidade de outro Estado. Questões fático-probatórias. Insindicabilidade. 5- Negligência do Tabelião que, ao confeccionar a escritura pública de compra e venda, não conferiu os dados dos supostos alienantes. 6- Nulidade do registro mantida. 7- Insindicável o valor arbitrado pela instância de origem a título de honorários com base no § 4º do art. 20 do CPC/1973 que não se revela exacerbado, atraindo-se o Enunciado nº 7/STJ . 8- Recurso especial desprovido" (STJ – REsp 1748504/PE, 21-5-2019, Rel. Min. Paulo de Tarso Sanseverino).

28.2.1 Conversão do Negócio Jurídico

Atente-se para o art. 170 do Código de 2002, que fala da *conversão* dos negócios jurídicos e traz nova disposição:

> "Se, porém, o negócio jurídico nulo contiver os requisitos de outro, subsistirá este quando o fim a que visavam as partes permitir supor que o teriam querido, se houvessem previsto a nulidade."

Já nos referimos ao tema ao iniciar o estudo dos negócios jurídicos. Trata-se da hipótese em que o negócio jurídico nulo não pode prevalecer na forma pretendida pelas partes, mas seus elementos são suficientes para caracterizar outro negócio. Analisa-se a pressuposição das partes, situação já vista ao tratarmos das condições. É a transformação de um negócio jurídico nulo em outro de natureza diversa. Não será fácil sua existência, na prática. Cuida-se, enfim, de modalidade de aplicação do brocardo *utile per inutile non vitiatur*. Aproveita-se a finalidade do ato desejado pelas partes sempre que for possível e não for obstado pelo ordenamento. Trata-se da denominada conversão substancial do negócio jurídico, quando o negócio vale, em síntese, em sua substância, em seu conteúdo formal. Nesse sentido, por exemplo, uma escritura pública nula de compra e venda de imóvel poderia ser admitida como compromisso de compra e venda, para o qual não existe necessidade da escritura. Uma nota promissória nula, por não conter os requisitos formais, pode ser convertida em uma confissão de dívida plenamente válida (Mello, 2000:209).

Como anota José Abreu Filho, para viabilidade da conversão há necessidade de requisitos que a doutrina aponta: identidade de substância e de forma entre os dois negócios (nulo e convertido; identidade de objeto num e noutro e adequação do negócio substitutivo à vontade hipotética das partes (1997:363).

Para a conversão é necessária, primeiramente, reunião no negócio nulo de todos os elementos para um negócio de natureza diversa e que esse negócio possa ser entendido como contido na vontade das partes.

Essa conversão só é possível quando não proibida taxativamente ou então pela natureza da norma, como ocorre nos casos de testamento, cujas formalidades para cada modalidade são absolutamente estritas. Nesse caso, obsta-se a chamada *conversão formal,* que a doutrina entende que se afasta da conversão substancial descrita no art. 170. Aponta-se ainda para a menção da *conversão legal.* Nesta situação, a própria lei, por política ou necessidade social, autoriza que certos atos praticados com um sentido sejam aproveitados em outro, se lhes falta algum elemento essencial (Mello, 2002:213).

Discute-se, por outro lado, se a conversão é possível também no negócio anulado. Em princípio, não seria de admitir-se, porque sendo o negócio anulável passível de confirmação, caberia sanar o vício, não havendo utilidade para a conversão. Contudo, há muitas situações nas quais se impossibilita a ratificação pela própria parte, quando então surge a utilidade da conversão (Mello, 2002:211). De qualquer modo, a conversão não é modalidade de corrigenda ou sanação da irregularidade. Quando se corrige um negócio, na realidade pratica-se outro para sanar o primeiro, enquanto na conversão aproveitam-se os elementos do próprio negócio inquinado. Quando se pratica um negócio de saneamento, o que era inválido torna-se algo novo válido, enquanto na conversão é o próprio negócio que se converte em válido.

Na conversão do negócio jurídico, vê-se um fenômeno posto à disposição das partes no sentido de que seja aproveitada a manifestação de vontade que fizeram, desde que não seja contrariada sua intenção. Nesse sentido, uma venda simulada poderia valer como uma doação, por exemplo (Stolze Gagliano e Pamplona Filho, 2002:413). Não se admite converter, porém, se o resultado do procedimento traduz a um ato imoral ou ilícito, o que é reprimido pelo sistema.

Stolze Gagliano e Pamplona Filho recordam exemplo de conversão no campo processual que pode ocorrer nas ações possessórias, quando, de acordo com o art. 554 do CPC, a propositura de uma ação possessória em vez de outra não obstará a que o juiz conheça do pedido e outorgue a proteção legal correspondente àquela, cujos requisitos estejam provados (2002:415). A lei processual se refere aos interditos de proibição, manutenção e reintegração de posse. O exemplo, na verdade, se amolda à conversão legal, já mencionada.

Em termos gerais, contudo, o art. 170 introduzido na legislação pátria abre um novo caminho no campo de estudo e aplicação no sistema de nulidades em nosso Direito.

28.3 ANULABILIDADE

A anulabilidade é sanção mais branda ao negócio jurídico.

Dizia o art. 147 do Código anterior:

> *"É anulável o ato jurídico:*
> *I – por incapacidade relativa do agente (art. 6º);*
> *II – por vício resultante de erro, dolo, coação, simulação, ou fraude (arts. 86 a 113)."*[6]

---

[6] "Apelação – Ação monitória – Sentença que rejeitou os embargos monitórios e julgou procedente a ação para constituir o título executivo judicial – Insurgência da embargante – Não acolhimento – Apelante que afirmou que, na ocasião da celebração do negócio jurídico, não seria capar de exercer os atos da vida civil, em razão da sua incapacidade – Ato anulável cujos efeitos persistem até o trânsito em julgado da sentença declaratória da anulação e que deve ser alegada pela interessada em ação própria – Inexistindo notícia de tal ação, o negócio jurídico formalizado produz seus regulares efeitos – **Inteligência dos art. 171, I,** e 177 do Código Civil – Embora atualmente reconhecida como incapaz, não apresentava sinais claros e inequívocos da incapacidade que justificasse qualquer suspeita do autor – Eventual invalidação do negócio jurídico poderia implicar enriquecimento sem causa da ré – Precedentes dos C. STJ e deste E. Tribunal de Justiça – Sentença mantida – Recurso improvido" (TJSP – Ap 1006398-52.2022.8.26.0073, 15-8-2024, Rel. Jorge Tosta).

"**Ação anulatória de negócio jurídico**. Compra e venda de veículo. Autora que requer a anulação da aquisição de veículo em razão de sua incapacidade relativa à época dos fatos. Sentença de procedência. Apelo da ré. Existência da relação jurídica e delimitação de seus termos que restaram incontroversos. Resistência da ré em rescindir a avença, alegando plena capacidade civil da autora. Boletins de atendimento médico que atestam diversas ocorrências relacionadas a transtorno de bipolaridade da autora no período em questão. Avença celebrada entre as datas do pedido e da efetiva internação da requerente. Financiamento do veículo realizado em valor superior ao salário da autora. Movimentações bancárias que atestam gastos excessivos e expressivo endividamento da requerente. Comprovação suficiente acerca do estado de incapacidade civil relativa transitória à época da avença. Aplicação do art. 4º, incisos III e IV, e art. 171, inciso I, do Código Civil. Ademais, prova oral que atestou que o preposto da ré tinha conhecimento acerca dos transtornos psicológicos e emocionais da autora, e mesmo assim optou por celebrar a avença. Anulabilidade do negócio jurídico reconhecida. Sentença mantida. Recurso não provido" (TJSP – Ap 1009775-91.2018.8.26.0066, 2-6-2022, Rel. Mary Grün).

"Doação – **Ação de anulação de ato jurídico** – Intenção de anular doação de bem imóvel entre irmãos, com reserva de usufruto vitalício, realizada em fraude contra herdeiros – Impossibilidade – Doação válida – Inexistência de herdeiros necessários que autoriza os doadores a fazer, em vida, livre destinação do seu patrimônio – Sentença mantida por seus próprios fundamentos, nos termos do art. 252 do Regimento Interno deste Tribunal – Recurso desprovido" (TJSP – AC 1007028-60.2017.8.26.0566, 12-3-2019, Rel. Rui Cascaldi).

"Apelação cível – **Ação de anulação de ato jurídico** – Escritura pública de compra e venda de fração ideal de imóvel – Pleito ajuizado por condôminos sob o fundamento de simulação – Venda que teria sido efetuada por preço maior do que o valor de mercado do bem, de forma a impedir o exercício do direito de preferência dos condôminos, ora autores – Sentença de improcedência – Inconformismo – Não acolhimento – Inviabilidade da conversão do julgamento em diligência ou anulação da sentença – Encerramento da instrução probatória sem a interposição de recurso no momento oportuno – Preclusão – Perícia realizada nos autos que indicou ter sido o bem vendido por valor compatível com o de mercado – Realização do negócio comunicada à Receita Federal – Simulação que

O atual Código, por seu lado, dispõe no art. 171:

> *"Além dos casos expressamente declarados na lei, é anulável o negócio jurídico:*
> *I – por incapacidade relativa do agente;*
> *II – por vício resultante de erro, dolo, coação, estado de perigo, lesão ou fraude contra credores."*

Haverá modificação nesse texto pelo projeto. Aguardemos.

A anulabilidade tem em vista a prática do negócio ou do ato em desrespeito a normas que protegem certas pessoas. As causas de anulabilidade residem no interesse privado. Há razões de ordem legislativa que têm em mira amparar esse interesse. Na verdade, o negócio jurídico realiza-se com todos os elementos necessários a sua validade, mas as condições em que foi realizado justificam a anulação, quer por incapacidade relativa do agente, quer pela existência de vícios do consentimento ou vícios sociais. A anulação é concedida a pedido do interessado.

Os vícios do negócio jurídico já foram estudados, inclusive sob a óptica do atual Código.

Quanto ao agente relativamente capaz, lembre-se de que sua participação no negócio jurídico só será perfeitamente idônea quando agir devidamente autorizado pelo respectivo assistente ou com a intervenção de curador. Em caso contrário, a anulabilidade de tal ato só será possível se o menor não agiu com malícia, nos termos do art. 180:

> *"O menor, entre dezesseis e dezoito anos, não pode, para eximir-se de uma obrigação, invocar a sua idade, se dolosamente a ocultou, quando inquirido pela outra parte, ou se, no ato de se obrigar, declarou-se maior."*

O projeto substitui o termo "menor" por "adolescente".

A ordem jurídica, neste caso, recusa proteção ao que usou de má-fé. A regra geral, contudo, estava estatuída no art. 154 do Código antigo:

> *"As obrigações contraídas por menores, entre 16 (dezesseis) e 21 (vinte e um) anos, são anuláveis (arts. 6º e 84), quando resultem de atos por eles praticados:*
> *I – sem autorização de seus legítimos representantes (art. 84);*
> *II – sem assistência do curador que neles houvesse de intervir."*

Em nossa sociedade, há uma série de atos de pequeno âmbito praticados exclusivamente por menores ou outros incapazes, sem qualquer participação dos pais ou responsáveis, que são perfeitamente tolerados: ninguém argumenta ser nulo, por exemplo, o ato de um menor adquirir guloseima em um estabelecimento comercial, adquirir ingresso para um cinema, contratar um filme em sua TV etc. O sistema tem, porém, dificuldade de explicar tecnicamente essa adequação social. Cuida-se de atos civilmente tolerados. O projeto de reforma do Código Civil busca resolver definitivamente a questão, como já apontamos nesta obra, qual nunca efetivamente causou maiores problemas práticos.

---

não restou configurada – Autores, ademais, que sequer efetuaram o depósito do valor que entendiam correto, de modo a possibilitar o exercício da preempção – Manutenção da r. sentença por seus próprios fundamentos, nos termos do artigo 252 do Regimento Interno deste E. Tribunal de Justiça – Negado provimento ao recurso" (*TJSP* – Ap 0002895-57.2010.8.26.0268, 11-4-2016, Rel. Viviani Nicolau).

Sob outro aspecto, quando, em qualquer situação, o interesse do filho menor colidir com o interesse dos pais, ainda que em tese, ou potencialmente, deve ser-lhe dado curador especial, para o ato determinado.

No tocante aos atos ilícitos, no estatuto de 1916, o menor púbere equiparava-se ao maior quanto às obrigações resultantes de ato ilícito em que fosse culpado (art. 156). Ao analisarmos a responsabilidade civil, faremos referência a essa problemática no atual Código.

O ato ou negócio anulável é imperfeito, mas seu vício não é tão grave para que haja interesse público em sua declaração. Desse modo, a lei oferece alternativa ao interessado, que pode conformar-se com o ato, tal como foi praticado, sendo certo que sob essa situação o ato terá vida plena. Por essa razão, estão legitimados a ingressar com a ação anulatória os interessados que intervêm nos atos e, sob certas condições, seus sucessores, bem como determinados terceiros que sofram influência dos atos, como é o caso do credor prejudicado, na fraude contra credores.

O negócio jurídico anulável produz efeitos até ser anulado. Os efeitos da anulação passam a ocorrer a partir do decreto anulatório (*ex nunc*). A anulação dependerá sempre de sentença. Nesse sentido dispõe o art. 177 do atual Código:[7]

> *"A anulabilidade não tem efeito antes de julgada por sentença, nem se pronuncia de ofício; só os interessados a podem alegar, e aproveita exclusivamente aos que a alegarem, salvo o caso de solidariedade ou indivisibilidade."*

No Código de 1916, a regra constava do art. 152, que se reportava às *"nulidades do art. 147"*. O velho Código referia-se às nulidades relativas. Para evitar os termos equívocos utilizados no Código revogado, no dispositivo equivalente transcrito, o atual Código menciona que a *anulabilidade* não tem efeito antes de julgada por sentença.

Assim, tendo em vista a dicção do parágrafo do art. 152 do antigo Código, se a escritura pública não fosse essencial ao ato, nula esta, poderia haver prova do ato por outros meios. Esse é o sentido, também, do art. 183 do atual diploma, que, de forma mais técnica, aduz: *"A invalidade do instrumento não induz a do negócio jurídico sempre que este puder provar-se por outro meio."*

Os negócios jurídicos anuláveis podem convalescer por duas razões, tornando-se eficazes. Primeiramente, pelo decurso do tempo, pois os atos anuláveis têm prazo de prescrição ou decadência mais ou menos longos; decorrido o lapso prescricional ou decadencial, o ato ou negócio torna-se perfeitamente válido. Há como que ratificação presumida do ato; o interessado que podia impugná-lo queda-se inerte. A segunda possibilidade de convalescimento do negócio anulável é a *ratificação*.

---

[7] "Apelação – **Ação de anulação de ato jurídico** – Direito de preferência – Exercício no prazo legal sob pena de decadência. O eventual direito de preferência deve ser exercitado no prazo de 180 dias com a propositura de ação própria e depósito do preço pago, sob pena de decadência" (*TJMG* – AC 1.0079.09.941953-7/001, 21-5-2019, Rel. Pedro Bernardes).
"**Ação declaratória de nulidade de ato jurídico** – Pretensão de tornar sem efeito desmembramento, escrituras de venda e compra e matrículas de lote oferecido como parte de pagamento em venda de estabelecimento comercial. Hipóteses de nulidade e anulabilidade do negócio, previstas nos artigos 166, 167 e 171, não configuradas. Sentença de improcedência mantida. Recurso desprovido" (*TJSP* – Ap 0005310-12.2007.8.26.0270, 20-8-2015, Rel. Paulo Alcides).
"Processual civil. Recurso especial. Acidente de trabalho. Pensão mensal. Prescrição vintenária. Art. 177 do código civil atual. Precedentes. Agravo regimental desprovido. 1. A jurisprudência do STJ entende que a pensão mensal decorrente de indenização por acidente de trabalho submete-se ao prazo prescricional vintenário, previsto no art. 177 do Código Civil de 2002. Precedentes. 2. Agravo regimental a que se nega provimento" (*STJ* – Acórdão AgRg no Recurso Especial 1.132.748/SP, 21-3-2013, Rel. Min. Raul Araújo).

Observe-se que o atual Código adotou o sistema de enunciar os prazos de decadência, no bojo dos dispositivos de cada instituto. Assim, no tocante aos negócios anuláveis, o art. 178 estabeleceu o prazo de decadência de quatro anos para o caso de coação, do dia em que ela cessar; no caso de erro, dolo, fraude contra credores, estado de perigo ou lesão, do dia em que se realizou o negócio jurídico e, no caso de atos de incapazes, do dia em que cessar a incapacidade. O art. 179 estabelece o prazo decadencial de dois anos para os negócios anuláveis em geral, para os quais não se dispuser prazo diferente, a contar da data da conclusão do ato. Tendo a lei, peremptoriamente, assumido a decadência para essas situações, não mais se discutirá acerca da celeuma de sua diferenciação com a prescrição e sua aplicação nessas hipóteses.

28.3.1 Ratificação ou Confirmação dos Negócios Anuláveis

Ao contrário do que ocorre com o negócio nulo, o negócio anulável pode ser *ratificado* ou *confirmado*, ou seja, poderá ser expurgado o vício inquinador por meio do instituto da ratificação.

Assim dispunha o art. 148 do Código de 1916: *"O ato anulável pode ser ratificado pelas partes, salvo direito de terceiro. A ratificação retroage à data do ato."*

O Código deste século prefere utilizar o termo *confirmação* (art. 172). A ratificação ou confirmação implica atitude positiva daquele que possuía qualidade para atacar o negócio, no sentido de acatá-lo e atribuir-lhe efeitos. Daí por que se fala, também, em *confirmação do ato*.

Ratificar ou confirmar é dar validade a ato ou negócio que poderia ser desfeito por decisão judicial. Por meio da ratificação, há renúncia à faculdade de anulação.

A lei de 1916 dizia que a ratificação *"retroage à data do ato"*, expressão que o vigente Código preferiu suprimir. Embora o termo *retroagir* expressasse bem a ideia da lei, não é tecnicamente perfeito: o negócio anulável produz efeitos normalmente até que haja sentença em sentido contrário. O ato ou negócio continuará, como que pela lei da inércia, a manter seus efeitos, desaparecendo, tão só, a faculdade de ser desfeito, não havendo, propriamente, efeito "retroativo".[8]

A ratificação poderá ser *expressa* ou *tácita*.

Será *expressa* quando houver declaração do interessado que estampe a substância do ato, com intenção manifesta de torná-lo isento de causa de anulação. É o caso do ato sob coação,

---

[8] "Apelação cível – **Ação declaratória de anulação de ato jurídico** – Processo extinto, sem resolução do mérito, com fundamento no artigo 485, III, do Código de Processo Civil. Ação ajuizada no ano de 2011, sem citação da ré até a presente data. Falta de movimentação do processo. Advogado constituído nos autos. Intimação do autor para promover o andamento do processo pela Imprensa Oficial e por carta com AR. Ausência de regular andamento ao processo. É válida a intimação pela via postal a fim de cientificar o autor acerca da necessidade de promover o prosseguimento do feito, desde que atinja tal desiderato, e considerando não se mostrar crível que a carta devidamente encaminhada ao endereço da petição inicial, não tenha chegado ao conhecimento do autor, tem-se por atendia a exigência prevista no artigo 485, § 1º, do CPC. Reputando-se válida a intimação e remanescendo o autor da ação inerte, a extinção do feito, em que não restou conformada a relação processual com o ora recorrido, era mesmo a medida de rigor. Interesse do Estado na célere entrega da tutela jurisdicional. Apelo desprovido" (TJSP – Ap 0008877-34.2011.8.26.0004, 17-1-2019, Rel. Silvério da Silva).

"Apelação cível – **Ação de anulação de ato jurídico** – Escritura pública de compra e venda de fração ideal de imóvel – Pleito ajuizado por condôminos sob o fundamento de simulação – Venda que teria sido efetuada por preço maior do que o valor de mercado do bem, de forma a impedir o exercício do direito de preferência dos condôminos, ora autores – Sentença de improcedência – Inconformismo – Não acolhimento – Inviabilidade da conversão do julgamento em diligência ou anulação da sentença – Encerramento da instrução probatória sem a interposição de recurso no momento oportuno – Preclusão – Perícia realizada nos autos que indicou ter sido o bem vendido por valor compatível com o de mercado – Realização do negócio comunicada à Receita Federal – Simulação que não restou configurada – Autores, ademais, que sequer efetuaram o depósito do valor que entendiam correto, de modo a possibilitar o exercício da preempção – Manutenção da r. sentença por seus próprios fundamentos, nos termos do artigo 252 do Regimento Interno deste E. Tribunal de Justiça – Negado provimento ao recurso" (TJSP – Ap 0002895-57.2010.8.26.0268, 11-4-2016, Rel. Viviani Nicolau).

por exemplo, quando o coacto, após cessada a coação, concorda em convalidá-lo, em aceitá-lo definitivamente por meio de nova manifestação de vontade.

Assim também ocorre com relação ao ato praticado por menor entre 16 e 18 anos (16 e 21 anos no Código anterior). O pai ou tutor do menor poderá ratificar o ato praticado sem sua assistência. O próprio menor e os outros relativamente incapazes, adquirindo a capacidade plena, poderão também ratificar o ato praticado. O art. 176 do presente Código, a propósito, dispõe: *"Quando a anulabilidade do ato resultar de falta de autorização de terceiro, será validado, se este a der posteriormente."* Trata-se de caso expresso de ratificação, que sempre foi admitido.

Como vemos, a ratificação cabe aos que teriam o direito subjetivo de alegar a anulabilidade.

O ato de ratificação ou confirmação deve ser claro e expresso a respeito da intenção das partes; deve conter a substância do negócio e a vontade expressa de mantê-lo, segundo a dicção do art. 173 do presente Código, que moderniza os termos do art. 149 do antigo diploma.

A confirmação *tácita* é referida no art. 174: *"É escusada a confirmação expressa, quando a obrigação já foi cumprida em parte pelo devedor, ciente do vício que a inquinava."*

O início de cumprimento da obrigação proveniente de ato anulável induz sua ratificação. A ciência do vício por parte do contraente dependerá das circunstâncias do negócio e será matéria de prova. Desse modo, por exemplo, em venda a prazo, o contraente sabedor de eventual vício, e tendo iniciado o pagamento das prestações, estará, tacitamente, ratificando o negócio.

Quando se tratar de ratificação *expressa*, será necessário que obedeça à mesma forma do ato inquinado; se este foi realizado por escritura pública, que era essencial à validade do ato, a ratificação deve obedecer a essa forma.

Como exposto, dispunha o art. 149 do antigo diploma: *"O ato de ratificação deve conter a substância da obrigação ratificada e a vontade expressa de ratificá-la."* No mesmo sentido foi colocado o art. 173 do Código de 2002: *"O ato de confirmação deve conter a substância do negócio celebrado e a vontade expressa de mantê-lo."* Não é necessário, destarte, que se reproduza por inteiro o ato a ser ratificado, mas a ratificação deve ser inequívoca, identificando claramente o ato e declarando a intenção de confirmá-lo, não havendo necessidade, entre nós, de mencionar-se o defeito que se quer expurgar.

Os terceiros, porém, devem ser protegidos contra eventuais danos advindos da ratificação.

A ratificação pode ocorrer de forma *unilateral*, e não necessita, em regra, da presença do outro contraente, isto é, daquele que é responsável pelo vício. A ratificação ou confirmação, na verdade, não representa novo contrato, mas apenas a clarificação do negócio precedente. Nada impede, porém, que ambos os contraentes participem do ato.

Qualquer que seja a modalidade de ratificação, haverá extinção de todas as ações ou exceções que contra ele pudesse opor o interessado (art. 175).

28.4 DISTINÇÃO ENTRE NEGÓCIOS NULOS E NEGÓCIOS ANULÁVEIS

No texto já foram pontuadas características de cada um. Atente-se, porém, para os detalhes mais marcantes:

Os negócios nulos no sistema de 1916, segundo uns, nunca prescreviam ou, como entendíamos, prescreviam no prazo máximo estipulado pela lei. Os negócios anuláveis têm prazos menores de prescrição. Como vimos, o recente Código aponta expressamente para prazos decadenciais para os atos anuláveis e declara a imprescritibilidade dos negócios nulos.

A anulabilidade é deferida no interesse privado do prejudicado ou no interesse de determinadas pessoas, enquanto a nulidade é de ordem pública, decretada no interesse da coletividade.

Daí por que tem legitimidade para pedir a declaração de nulidade qualquer interessado ou o Ministério Público (art. 168), devendo ser pronunciada pelo juiz, quando conhecer do negócio ou dos seus efeitos; não lhe cabendo suprir nulidades. Já no que diz respeito à anulabilidade, só os interessados a podem alegar (art. 177).

Os negócios anuláveis permitem a ratificação, o que não ocorre com os negócios nulos, que não só não a permitem, como também não podem ter a nulidade suprida pelo juiz.

A anulação deve ser sempre requerida por meio de ação judicial. Tal não é essencial à nulidade dos negócios jurídicos, embora, por vezes, torne-se necessária a declaração judicial de nulidade.

A nulidade é sanção mais intensa, como vimos, porque visa punir transgressores de preceitos de ordem pública ou de interesse geral. A anulabilidade é mais branda, porque versa sobre interesses privados.

28.5 PROBLEMÁTICA DA INEXISTÊNCIA DOS NEGÓCIOS JURÍDICOS

À margem dos atos ou negócios nulos e anuláveis, refere-se a doutrina aos *atos inexistentes*. Nossa lei não consagra essa classificação. Não é, porém, raro que tenhamos de defrontarmo-nos, em caso prático, com o problema da inexistência.

No negócio nulo e no negócio anulável existe a "formação" ao menos do ato aparente, mas em razão de falta de integração jurídica eles não produzem efeitos regulares.

No ato ou negócio inexistente, há, quando muito, "aparência" de ato ou negócio jurídico. A teoria da inexistência foi engendrada no passado por Zaccharias, que encontrou adeptos nas doutrinas italiana e francesa. A questão foi primeiramente enunciada no tocante ao casamento inexistente, aquele onde faltasse o consentimento, ou a autoridade celebrante, ou quando houvesse igualdade de sexos. Nesses casos, o casamento simplesmente não existiria. No direito de família, vigora o princípio de que o casamento só é ineficaz quando a lei o declara de modo expresso. O legislador só se preocupa com sua validade. Destarte, algumas situações absurdas poderiam surgir, como as que enunciamos, nas quais os pressupostos do casamento estão ausentes, ainda que a ordem jurídica não acoberte atos a que faltam elementos essenciais. O raciocínio seria que, faltando texto expresso, o ato deveria ser admitido como válido. Para coibir tais absurdos, foi criada a doutrina dos atos inexistentes, para justificar a ineficácia absoluta daqueles atos a que faltam requisitos elementares a sua existência. É o que se dá na situação citada de casamento de pessoas do mesmo sexo. Trata-se de mera aparência de matrimônio que não poderia, rigorosamente falando, ser declarado nulo. A situação é de inexistência do negócio jurídico. Seria absurdo admitir essas situações como atos jurídicos.

Desse modo, a ideia de inexistência, nascida em matéria de casamento, espraiou-se para a teoria geral dos negócios jurídicos. É de ser visto como inexistente, por exemplo, compra e venda de imóvel lavrada por quem não é oficial público, em livro particular. Ainda aqui, porém, a ideia de nulidade ampara a situação.

A denominação *ato ou negócio inexistente* é, sem dúvida, ambígua e contraditória, pois o que não existe não pode ser considerado "ato". Contudo, o que pretendemos exprimir é que, embora existente porque possui aparência material, o ato ou negócio não possui conteúdo jurídico. Na verdade, o ato não se formou para o Direito.

Alguns autores têm a teoria dos atos ou negócios inexistentes por inconveniente e inútil. Todavia, não podemos negar que por vezes o jurista, perplexo, na enorme variedade de fenômenos que o cerca, encontrará casos típicos de inexistência do ato. Embora se diga que o ato ou negócio inexistente prescinda de declaração judicial, a aparência de ato pode ser tão palpável que a declaração por sentença talvez se mostre necessária. A declaração judicial, no entanto, terá os mesmos efeitos da declaração de nulidade, à qual, para efeitos práticos, a inexistência se assemelha.

No tocante à prescrição, afirma-se: ainda que se admitisse a prescrição dos atos nulos no sistema de 1916, os atos inexistentes não prescrevem, pela simples razão de que nunca chegaram a formar-se para o mundo do Direito (Gomes, 1983:398).

Embora na maioria das vezes, para fins práticos, as consequências do ato ou negócio nulo se equivalham às do ato inexistente, situações haverá em que isso não será verdadeiro.

Não devemos dar maiores dimensões à teoria dos atos inexistentes, pois, na grande maioria das vezes, estaremos perante ato ou negócio nulo. O ato inexistente deve ser visto como simples fato sem existência legal. Como afirma Orlando Gomes (1983), somente dois requisitos devem ser vistos como elementares ao ato e, uma vez ausentes, podem levar à inexistência: a *vontade* e o *objeto*.[9] Todo negócio jurídico deve conter elementarmente declaração de vontade; faltando esta, não haverá negócio. Também o negócio jurídico sem objeto é um nada jurídico. Todas as outras situações aberrantes à normalidade do negócio jurídico devem ser tidas como casos de nulidade.

Há nítida separação entre inexistência e nulidade, que o jurista não pode ignorar. A lei não admite a categoria dos atos inexistentes, porque, sendo eles simples fatos sem ressonância no campo jurídico, não deve o ordenamento deles ocupar-se.

---

[9] Em matéria de casamento inexistente há outra importante consequência: enquanto o casamento nulo pode ser dado como putativo, se um ou ambos os cônjuges estiverem de boa-fé (art. 221 do Código Civil), o casamento inexistente, como nunca existiu, não pode gerar qualquer efeito, ainda que exista boa-fé do(s) contraente(s).

29

SIMULAÇÃO

29.1 CONCEITO

Simular é fingir, mascarar, camuflar, esconder a realidade. Juridicamente, é a prática de ato ou negócio que esconde a real intenção. A intenção dos simuladores é encoberta mediante disfarce, parecendo externamente negócio que não é espelhado pela vontade dos contraentes.

As partes não pretendem originalmente o negócio que se mostra à vista de todos; objetivam tão só produzir *aparência*. Trata-se de declaração enganosa de vontade.

A característica fundamental do negócio simulado é a divergência intencional entre a vontade e a declaração. Há, na verdade, oposição entre o pretendido e o declarado. As partes desejam mera aparência do negócio e criam ilusão de existência. Os contraentes pretendem criar aparência de um ato, para assim surgir aos olhos de terceiros.

A disparidade entre o desejado e o manifestado é produto da deliberação dos contraentes.

Na simulação, há conluio. Existe uma conduta, um processo *simulatório*; acerto, concerto entre os contraentes para proporcionar aparência exterior do negócio. A simulação implica, portanto, mancomunação. Seu campo fértil é dos contratos, embora possa ser encontrada nos atos unilaterais recíprocos. A simulação implica sempre conluio, ligação de mais de uma pessoa para criar a aparência.

Trata-se do chamado vício social, por diferir dos vícios de vontade. No erro, o declarante tem representação errônea da realidade, induzindo-o a praticar negócio não desejado; daí a disparidade da vontade. No dolo, o erro é induzido por outrem. Na coação, a violência conduz a vontade. Na simulação, as partes em geral pretendem criar na mente de terceiros falsa visão do pretendido.

Afirma Clóvis (1980:225):

> *"Diz-se que há simulação, quando o ato existe apenas aparentemente, sob a forma, em que o agente faz entrar nas relações da vida. É um ato fictício, que encobre e disfarça uma declaração real da vontade, ou que simula a existência de uma declaração que se*

não fez. É uma declaração enganosa da vontade, visando a produzir efeito diverso do ostensivamente indicado."[1]

Estampa-se a simulação, na prática, de várias formas, dentro do que pretende a dicção legal, quer por interposta pessoa, caso do inciso I do dispositivo (art. 167, § 1º), quer por manifestação de vontade não verdadeira, como está no inciso II, casos mais encontradiços nos tribunais.[2]

---

[1] Nosso Código de 1916 não definiu o instituto. Disse, porém, no art. 102:
"Haverá simulação nos atos jurídicos em geral:
I – Quando aparentarem conferir ou transferir direitos a pessoas diversas das a quem realmente se conferem ou transmitem.
II – Quando contiverem declaração, confissão, condição ou cláusula não verdadeira.
III – Quando os instrumentos particulares forem antedatados ou pós-datados."

[2] "Apelação cível. Ação declaratória de nulidade de negócio jurídico. Sentença de procedência. Inconformismo da apelante. Descabimento. **Simulação verificada.** Imóvel objeto do negócio que foi oferecido ao sócio e representante legal da sociedade empresária apelante pelo pai de uma das corrés para quitação de uma dívida entre ambos, conforme se depreende do conjunto probatório coligido aos autos. Recorrente que não demonstrou o pagamento do preço indicado na escritura pública, exceto a transferência de valor ínfimo, que logo foi transferido para conta bancária do filho da mesma corré (...). Negócio jurídico pactuado por meio da escritura pública de compra e venda que pretendia ocultar a quitação da dívida existente entre (...) e (...), mediante entrega do imóvel que pertence ao requerente, verificando-se a simulação (art. 167, § 1º, inc. I, CC). Negócio jurídico simulado, por sua vez, que não pode subsistir, pois implicaria indevido decréscimo do patrimônio do titular do bem mediante o enriquecimento indevido do devedor e do credor. Sentença mantida. Recurso improvido" (TJSP – Ap 1008331-76.2019.8.26.0037, 23-8-2024, Rel. Ademir Modesto de Souza).
"Ação declaratória de nulidade de relação jurídica – Sócia 'laranja' – Autora apelante que, apesar de constar no contrato social, nunca foi verdadeiramente sócia das rés apeladas – Decretação de nulidade do negócio jurídico em razão de **simulação**, com efeitos 'ex tunc' (art. 167 e § 1º, Código Civil) – A sentença apelada anulou o negócio firmado entre as partes, com base em erro, determinando que os efeitos se produzam a partir da sentença ('ex nunc'), e não a partir do ato simulado (09/10/2014) – No entanto, o pedido de declaração de nulidade do negócio jurídico funda-se em simulação (art. 167, Código Civil). Autora que foi incluída como sócia da empresa LASERWORK INDÚSTRIA E COMÉRCIO LTDA., como 'laranja' das rés, visto que jamais recebeu 'pro labore' nem participou de qualquer atividade empresarial – Conjunto probatório que ampara a tese de existência de simulação, quando (I) aparentar conferir ou transmitir direitos a pessoas diversas daquelas às quais realmente se conferem, ou transmitem; (II) contiver declaração, confissão, condição ou cláusula não verdadeira (art. 167, § 1º, Código Civil) – Havendo simulação, o ato é nulo e a decisão judicial que o declara tem eficácia retroativa ('ex tunc') – Sentença reformada em parte – recurso provido" (TJSP – Ap 1018333-05.2018.8.26.0114, 13-9-2022, Rel. Sérgio Shimura).
"Nulidade de doação – **Simulação** – Sonegados – Sentença de parcial procedência do pedido, declarando a nulidade da doação, em decorrência da simulação, subsistindo o negócio de compra e venda. Contratantes dos negócios simulado e dissimulados que devem integrar o polo passivo da demanda. Litisconsórcio passivo necessário e unitário. Inteligência dos arts. 114 e 115, § único, do CPC. Jurisprudência deste E. Tribunal. Doadora e sucessores do contratante do alegado negócio dissimulado que não integraram a relação jurídica processual. Necessária retificação do polo passivo e citação dos contratantes. Matéria de ordem pública. Anulação da sentença, de ofício, apelos prejudicados" (TJSP – AC 0004088-79.2011.8.26.0266, 9-8-2019, Rel. J. B. Paula Lima).
"Ato jurídico – **Ação anulatória de escritura pública de venda e compra** – **Simulação relativa** – Ocorrência – Imóvel alienado por preço vil, ausente comprovação de pagamento – Validade da doação na parte que não excedeu a legítima – Aplicação do artigo 167 do Código Civil – União estável reconhecida indevidamente na sentença – Hipótese que contempla o afastamento – Recurso dos autores parcialmente provido, improvido o da ré" (TJSP – Ap 0044523-03.2010.8.26.0405, 4-9-2018, Rel. Luis Mario Galbetti).
"Direito Civil – Apelação cível – **Ação Anulatória** – Procuração – Compra e venda de veículo – Vício de consentimento – Simulação – Distribuição ordinária do ônus da prova – Fato constitutivo não demonstrado – Sentença Mantida – 1 – Não tendo a parte autora comprovado a alegada simulação do negócio jurídico e ante a demonstração pela parte ré do fato extintivo do direito autoral, consistente na demonstração de que agiu de boa-fé, sem o intuito de se enriquecer ilicitamente, não procede o pleito de anulação de procuração outorgada para aquisição de veículo em favor do Réu. 2 – Apelação conhecida, mas não provida. Unânime" (TJDFT – Proc. 20150110876250APC – (997235), 24-2-2017, Relª Fátima Rafael).
"Apelação cível – **Ação declaratória de nulidade de negócio jurídico** – Recurso dos réus – Simulação – Venda de ascendente para descendente por interposta pessoa – Ato Nulo – Falta de anuência expressa dos demais descendentes – Exegese dos arts. 167 e 496, do CC – Réus que não se desincumbiram do ônus probatório disposto no art. 333, II, do CPC/73 – Sentença mantida – 'a interposição de terceira posição visa encobrir a venda direta,

Assim, já se decidiu que a cessão onerosa de meação à mulher disfarça doação que atenta contra o regime da separação legal de bens entre os cônjuges:

> "Se a mulher não tinha pecúnia bastante para pagar o preço constante de escritura de compra e venda de meação do seu marido, com o qual era casada no regime de separação legal de bens, resulta a convicção de que tal cessão onerosa nada mais foi que simulação, para infringência da proibição contida na parte final do artigo 226 do Código Civil" (RT 440/87).

29.2 REQUISITOS

Voltando ao conceito podemos configurar a simulação quando existe divergência intencional entre a vontade e a declaração, emanada do acordo entre os contratantes, com o intuito de enganar terceiros. Daí podemos extrair os elementos do instituto.

Há *intencionalidade* na divergência entre a vontade e a declaração. Trata-se da consciência por parte do declarante ou declarantes de que a emissão de vontade não corresponde a sua vontade real. O declarante não só sabe que a declaração é errônea, como também quer emitir essa vontade. É divergência livre, querida, desejada pelo declarante.

A declaração de vontade é livre. Caso tal declaração fosse conduzida por violência, não haveria espontaneidade e estaríamos perante coação. É por meio desse elemento que distinguimos o vício social da simulação.

Existe, também, *acordo simulatório*, concerto, ajuste entre os contraentes, conforme já dito. O campo fértil da simulação é o dos contratos. Nos atos unilaterais, a simulação é possível nos negócios receptícios. Quando se trata de negócio jurídico unilateral não recíproco, não há como configurar esse vício, embora haja quem o defenda. A simulação implica conluio, mancomunação. Há todo um processo simulatório, uma conduta. Na maioria das vezes, o ato simulado esconde o ato verdadeiro, ou seja, o ato dissimulado.[3]

---

coibida expressamente pelo art. 496 (art. 1.132 do Código anterior), de modo a dar ao ato a aparência de uma compra e venda. De certo modo, está mais evidente a intenção de se intentar a fraude da própria lei, o que motiva a anulação do negócio' (RIZZARDO, Arnaldo. Contratos. 6. ed. Rio de Janeiro: Forense, 2006. p. 366) (TJSC, Apelação Cível nº 2008.019676-9, Relator: Des. Victor Ferreira, j. em 21.03.2013). (AC nº 2012.033354-2, Rel. Des. Subst. Artur Jenichen Filho, J. em 24.09.2013). Pleitos de ressarcimento por benfeitorias, despesas com IPTU e com funeral manejados na contestação – Ausência de caráter dúplice da ação – Necessidade de reconvenção – Reclamo arredado no ponto – 'Mostra-se inadequada a dedução pelo réu, em sede de contestação, em demanda que tramita sob a égide do rito ordinário, de pedido contraposto ao do autor, ainda que baseado nos mesmos fatos alegados na petição inicial, razão pela qual não merece ser conhecida a pretensão articulada.' (AC 2002.022075-8, de Criciúma, rel. Des. Joel Dias Figueira Junior). (AC nº 2011.066103-9, rel. Des. Carlos Adilson Silva, j. em 24.07.2012). Recurso conhecido e desprovido" (TJSC – AC 2014.062805-2, 19-4-2016, Rel. Des. Subst. Gerson Cherem).

3 "Apelação cível – Ação anulatória – Venda de ascendente para descendente por interposta pessoa – **Simulação** – **Nulidade absoluta** – Inexistência de prescrição – Recurso provido – A venda de ascendente para descendente por interposta pessoa aperfeiçoada na vigência do Código Civil de 2002 não prescreve, pois seu artigo 167 estabelece que é nulo o negócio jurídico simulado e, segundo o art. 169, não há prazo para a declaração dessa nulidade" (TJMT – Ap 11465/2018, 16-3-2018, Rel. Des. Rubens de Oliveira Santos Filho).

"Anulação de ato jurídico – Alegação de vício do consentimento – Transferência de propriedade imóvel entre o pai do autor e sua ex-esposa, com o fito de beneficiar apenas os filhos do primeiro casamento – Imputação de **simulação** praticada na vigência do Código Civil de 2002, quando este tipo de negócio jurídico passou a ser nulo e não mais anulável – Decadência afastada – Recurso provido para que o feito retome seu curso" (TJSP – Ap 0073473-23.2012.8.26.0576, 18-1-2016, Rel. Luis Mario Galbetti).

"Anulação ato jurídico – Escritura de compra e venda – Alegação de simulação, em prejuízo à meação da apelante – Art. 167, § 1º, II do CC – Imóvel adquirido pelo ex-companheiro da apelante, porém registrado no nome de sua mãe. Apelante, todavia, que tinha conhecimento desta circunstância. Escritura pública de outorga da propriedade, ademais, lavrada pelo menos três anos antes da separação do casal. Ignorância da vítima acerca da verdadeira

O conteúdo material da simulação insere-se no instrumento do simulacro, ou seja, a falsificação ou o arremedo do ato.

O conluio, geralmente, antecede a declaração, mas pode a ela ser contemporâneo.

Contém a simulação, igualmente, o *intuito de enganar terceiros*. Não se confunde o intuito de enganar com o intuito de prejudicar. Terceiros podem ser enganados, sem que sofram prejuízos. O art. 167 do Código Civil não considera vício quando inexistente a intenção de prejudicar terceiros, ou violar disposição de lei,[4] mas o projeto tenta incluir o § 3º nesse artigo, dispondo que *"toda simulação, inclusive a inocente, é invalidante"*. Se esse texto for aprovado, merecerá nosso comentário.

A finalidade de enganar terceiros pode ser defender legítimo interesse ou até beneficiar terceiros. É o caso da chamada simulação inocente, que se contrapõe à simulação maliciosa. O

---

intenção das partes que celebraram o negócio simulado, que é elemento essencial à caracterização do instituto, o que não se verifica nos autos. Sentença de improcedência mantida. Recurso desprovido" (*TJSP* – Ap 0005856-64.2007.8.26.0659, 19-1-2015, Rel. Teixeira Leite).

[4] "Compra e venda – Nulidade de negócio jurídico – **Simulação** – Ação declaratória – Alegação de nulidade de escritura pública de compra e venda. Anotação no instrumento de que as assinaturas das partes foram colhidas no tabelionato. Informação não verdadeira. Alienante acometido por grave câncer à época dos fatos, vindo a falecer cinco dias após a lavratura da escritura. Aposição de digital no instrumento, posteriormente assinado a rogo por terceiro. Adquirente que reconhece em contestação não ser o proprietário do imóvel. Inexistência de prova do pagamento do preço. Falsidade do depoimento da corré alienante supostamente favorecida pelo pagamento. Outorga de procuração autorizando terceiro a alienar o imóvel na mesma data da celebração da escritura pública que robustece a tese de simulação. Nulidade do negócio reconhecida. Ação procedente. Sentença reformada. Recurso provido" (*TJSP* – AC 0020940-79.2011.8.26.0590, 20-3-2019, Rel. Alexandre Marcondes).

"Apelação cível – **Ação anulatória** – Sentença de improcedência – Inconformismo que não prospera – Simulação contratual – Inocorrência – Condomínio horizontal – Clandestinidade da negociação não verificada – Autor devidamente cientificado, que declina do direito de preferência para a compra da fração ideal do imóvel comum – Venda por preço abaixo do mercado – Imóvel eivado de dívidas, que depreciam o valor de mercado do bem – Compra e venda, ademais, que subsistiria como doação parcial, nos termos do artigo 170 do CCB – Comprovação da realização da negociação nos termos como enunciada – Ausência de comprovação de intenção de fraudar a lei ou de prejudicar terceiros – Sentença mantida – Ratificação da decisão, nos termos do artigo 252, do regimento interno. Recurso não provido" (*TJSP* – Ap 4015193-96.2013.8.26.0562, 31-8-2018, Rel. Penna Machado).

"Agravo de instrumento – **Negócio Jurídico Simulado** – Execução – Tese de simulação de negócio jurídico envolvendo veículo de luxo – Transferência do bem para a empresa em recuperação judicial, como forma de blindar a excussão do automóvel – Ausência de comprovação da alegada fraude – Necessidade, contudo, da manifestação do Juízo *a quo* a respeito do pedido de penhora do bem em razão de não ter sido incluído na recuperação judicial – Impossibilidade de supressão de instância – Decisão mantida. Agravo de instrumento não provido, com observação. Agravo interno prejudicado" (*TJSP* – AI 2245177-13.2016.8.26.0000, 31-3-2017, Rel. Marino Neto).

"Anulação de compra e venda – **Simulação** – Negócio jurídico simulado de compra e venda de imóveis com a finalidade de disfarçar verdadeiro negócio de doação – Art. 167, CC – Nulidade das escrituras de compra e venda – O negócio jurídico dissimulado, doação, reputa-se nulo, deixando de subsistir, pois diz respeito à totalidade dos bens do falecido sem reserva de parte, ou renda suficiente para a subsistência do doador – Vedação de doação universal – Sentença mantida por seus próprios e jurídicos fundamentos – Recurso desprovido" (*TJSP* – Ap 0017127-80.2012.8.26.0114, 28-4-2016, Rel. J. B. Paula Lima).

"Anulação de negócio jurídico – Causa de pedir que indica a ocorrência de simulação subjetiva – Imprescritibilidade – Ausência do alegado contrato de permuta – Prevalência da escritura e do registro de venda e compra – Inocorrência de cerceamento de defesa – Improcedência mantida – Recurso não provido – 1. Escritura de venda e compra – Imóvel – Negócio que teria sido firmado pelos autores, apesar de ter constado como comprador o filho. Simulação subjetiva. Nulidade. 2. Permuta. Alegação dos autores de que o imóvel onde moram foi objeto de permuta com outro imóvel. Contrato escrito não juntado aos autos. 3. Escritura de venda e compra em nome do filho. Registro. Propriedade do imóvel registrada em nome do filho dos autores, pai e marido dos réus. 4. A ausência do contrato escrito de troca, somada à escritura registrada da venda e compra em nome do filho dos autores, afasta a procedência do pedido. A prova oral, ausente a documental, não pode ser admitida. 5. Improcedência mantida, embora por outro fundamento. Recurso não provido" (*TJSP* – Ap 0025403-69.2009.8.26.0320, 7-5-2015, Rel. Carlos Alberto Garbi).

que constitui elemento da simulação é o intuito de enganar ou iludir, e não o intuito de prejudicar, causar dano a outrem; este último elemento pode não estar presente.

Como a simulação caracteriza-se pelo conhecimento da outra parte (mancomunação, conluio), evidencia-a também a ignorância da artimanha por parte de terceiros. Distingue-se, aí, do dolo, no qual apenas uma das partes conhece o artifício malicioso, geralmente por ela engendrado. Na simulação, existe dolo de ambas as partes contra terceiros.

Suponha-se a hipótese da doação feita por homem casado a sua concubina:

> *"É anulável a doação feita por homem à sua concubina e, quando essa doação é mascarada sob a forma de venda pela concubina, sabendo-se que o dinheiro foi fornecido pelo amásio, caracteriza-se a simulação prevista pelo artigo 102, I, do CC. A mulher tem ação para anular o ato simulado e extraverter o ato dissimulado, que era a aquisição pelo marido, com as consequentes retificações no Registro Imobiliário"* (RT 556/203).

Estão aí presentes os requisitos da simulação: há ato bilateral; há prévio ajuste entre o doador, pseudovendedor, e donatária, pseudocompradora; não há correspondência do negócio com a real intenção das partes que nunca pretenderam realizar compra e venda, e é negócio formalizado com a intenção de enganar terceiros (cônjuge e herdeiros do doador).

29.3 ESPÉCIES DE SIMULAÇÃO

No primeiro inciso, no art. 167, o legislador trata da simulação por interposição de pessoa, forma muito utilizada de simulação. O intuito do declarante é atingir, com o negócio jurídico dissimulado, um terceiro que não o figurante no próprio negócio. O figurante no negócio é o testa de ferro, laranja, presta-nome ou homem de palha. Há uma mise-en-scène em que o figurante, na realidade, adquire, extingue ou modifica direitos para terceiro oculto. O "testa de ferro" é apenas titular aparente do direito.[5] Para que isso ocorra, há necessidade de entendimento

---

[5] "Ação declaratória de nulidade de negócios jurídicos c.c. indenização por danos morais – Autora apelante que busca a declaração de nulidade do ato de constituição da empresa (...), bem como da procuração lavrada em seu nome e dos negócios jurídicos (empréstimos bancários) celebrados, por ausência de manifestação de vontade livre e consciente, além de indenização por danos morais – Autora que afirma ter sido ludibriada pelos réus (...), para quem trabalhou como empregada doméstica – Sentença de improcedência – Inconformismo da autora Ivonete – Acolhimento parcial. 1. Justiça gratuita concedida aos réus. Revogação – Réus apelados que, embora se declarem comerciantes, são empresários, sócios em diversas sociedades, declaram imposto de renda e residem em condomínios de luxo em São Paulo, ostentando alto padrão de vida – Não comparecimento dos réus à audiência em razão de viagem à Europa – Elementos e documentos dos autos que contrastam com a miserabilidade declarada, sendo de rigor a revogação da justiça gratuita concedida aos réus apelados – recurso provido nesse tópico. 2. Negócios jurídicos simulados – nulidade – dano moral configurado – **Simulação – Autora apelante que foi usada como 'laranja'** – Autora que assinou o requerimento de abertura da empresa (...), bem como procuração dando poderes gerais e especiais aos réus para agirem em nome da empresa, enquanto trabalhava como mera empregada doméstica. Autora que foi ludibriada por seus patrões, que realizaram empréstimos bancários em seu nome – Situação financeira e posição social da autora que evidenciam que jamais poderia ter sido considerada 'empresária' – Autora que nunca auferiu qualquer benefício advindo da abertura da empresa, não sendo crível que o tenha feito pela simples vontade de ser 'empresária', como alegam os réus apelados – Apelante que serviu, em verdade, como 'laranja' dos réus – Ocorrência de simulação – Conjunto probatório que ampara a tese de simulação, especialmente quando os negócios jurídicos (I) aparentarem conferir ou transmitir direitos a pessoas diversas daquelas às quais realmente se conferem, ou transmitem; (II) contiverem declaração, confissão, condição ou cláusula não verdadeira (art. 167, § 1º, Código Civil) – Nulidade – Dano moral configurado, ora fixado em R$ 20.000,00 – Recurso provido nesse tópico. 3. Negócios jurídicos perante os bancos – ineficácia – Constatada a ocorrência de simulação, impõe-se o reconhecimento da nulidade dos atos de constituição da empresa e da outorga da procuração – No entanto, não pode ser reconhecida a nulidade dos contratos bancários de empréstimo, como pretende a autora apelante, pois os bancos, na hipótese, são terceiros de boa-fé, que celebraram contratos de

entre todos os participantes do procedimento, porque a simulação estampa conduta complexa, ainda que, externamente, apareça negócio que supostamente pressupõe outro, o negócio oculto. Temos de ver a simulação como um todo unitário.

Não se confunde a figura do "testa de ferro" com a do mandatário. "*É um titular aparente, nominal, que em momento algum detém os direitos e obrigações decorrentes do negócio celebrado, ao contrário do que ocorre com o mandatário*" (Miranda, 1980:104). Para caracterizar a natureza jurídica dessa figura, há necessidade de distinguir duas situações: aquelas que pressupõem

---

empréstimo com os apelados, que estavam munidos de procuração, de modo que não podiam ter conhecimento a respeito da nulidade do instrumento – No entanto, conquanto válidos os contratos de empréstimo perante os réus ITAÚ e BRADESCO, tais negócios jurídicos se mostram ineficazes perante a apelante, tendo os bancos direito de cobrança contra os respectivos subscritores, que praticaram os atos com abuso de mandato (arts. 665 e 667 do Código Civil) – Recurso parcialmente provido nesse tópico" (*TJSP* – Ap 1041788-49.2015.8.26.0002, 5-3-2024, Rel. Sérgio Shimura).

"Ação declaratória de nulidade de negócio jurídico – **Simulação** – Simulação da venda e compra do imóvel de matrícula nº 22.128 do 2º CRI da comarca de Sorocaba, de propriedade dos autores, que se mostrou incontroversa – Negócio que foi firmado com o intuito de que fosse levantada quantia em dinheiro por meio do financiamento imobiliário realizado pelos réus com o 'HSBC Bank Brasil S.A.' – Caso em que os autores, supostos alienantes do imóvel, com o escopo de pagarem parte dos débitos que possuíam com os réus, restituíram a estes o valor recebido por meio do contrato de financiamento imobiliário – Autores que se responsabilizaram pelo pagamento das parcelas do referido contrato no lugar dos réus, supostos adquirentes do bem – Fato que foi admitido pelos réus na contestação – Contrato de venda e compra do imóvel em questão que é nulo de pleno direito – Art. 167, § 1º, I, do CC – Sentença reformada – Ação procedente. Simulação – Terceiro de boa-fé – Reconhecimento da nulidade do contrato de venda e compra do imóvel que, todavia, não tem o condão de atingir o contrato de financiamento imobiliário firmado com o 'HSBC Bank Brasil S.A.' – Banco que é terceiro de boa-fé – Caso em que o contrato de financiamento e a garantia de alienação fiduciária correspondente ao imóvel financiado devem permanecer hígidos – Art. 167, § 2º, do CC – Apelo dos autores provido" (*TJSP* – Ap 1011947-13.2019.8.26.0602, 15-2-2023, Rel. José Marcos Marrone).

"Penhora – Imóveis e automóvel – Bens pertencentes a terceiro – Admissibilidade – Demonstração de que os bens foram adquiridos pela então sogra do coexecutado que não dispõe de renda nem patrimônio compatíveis – Caso, ademais, em que demonstrado que era o coexecutado que se apresentava como proprietário dos bens, administrando os imóveis rurais e residindo no urbano, além de fazer uso do automóvel, encontrado em sua garagem, em cidade distinta daquela da proprietária formal – Simulação demonstrada com anulação dos negócios jurídicos e manutenção daqueles dissimulados – Bens que integram o patrimônio do coexecutado e que devem responder pela dívida em execução – Inteligência do art. 790 do Cód. de Proc. Civil, bem como dos arts. 167 e 168 do Cód. Civil – Decisão reformada – Agravo de instrumento provido" (*TJSP* – Agravo de Instrumento 2188107-62.2021.8.26.0000, 12-11-2021, Rel. José Tarciso Beraldo).

"Apelação – Locação não residencial – Ação declaratória – **Simulação** – Inocorrência – Pedido para que a locação seja considerada finda apenas depois de compensados investimentos com benfeitorias e pagamentos de uma parceria comercial – Impossibilidade – Renúncia à retenção do imóvel ou indenização por benfeitorias – Inexistência de prova de pagamentos feitos em razão de uma parceria comercial. Se a autora subscreveu o contrato de locação, declarando que assumia a obrigação de pagar aluguel pelo uso do bem e, neste feito, alega que tal pactuação teve por objetivo garantir o desenvolvimento de sua atividade econômica com o uso do imóvel, simulação não houve, já que não demonstrado o intuito de prejudicar a terceiros. Em seu artigo 35, a Lei de Locação concede aos contratantes a faculdade de estipularem que qualquer benfeitoria (necessária, útil ou voluptuária) realizada pelo locatário no imóvel não seja passível de indenização nem possibilite a retenção do bem, não havendo qualquer óbice legal a esta renúncia pelo inquilino, já que explicitamente permitida por tal lei especial. Os canhotos de fls. 78/161 e 172/183 não estão acompanhados de nenhum documento que comprove a compensação dos cheques a que se referem, não servindo, assim, como prova da quitação de valores por uma suposta parceria, pois é impossível inferir qual dos valores efetivamente foi pago. Some-se a isso que as informações lançadas nesses canhotos foram inscritas pela própria emitente, sem nenhuma possibilidade de aceitá-las como prova de que os valores a que aludem sejam de retiradas atinentes a uma parceria. Apelação desprovida" (*TJSP* – AC 1010431-96.2016.8.26.0008, 11-6-2019, Rel. Lino Machado).

"Apelação Cível – Ação anulatória – **Negócio jurídico – Simulação** – Vício não comprovado – Ônus da prova – Art. 373, inciso I do CPC. – O reconhecimento da nulidade do ato jurídico, por ter ocorrido mediante simulação, requer a existência de um dos requisitos postos no artigo 167 do Código Civil, sendo certo que incumbe a quem alega, e a quem o seu reconhecimento aproveite, provar a existência de um dos vícios que invalidam em geral os atos jurídicos. Ausente a prova da existência de simulação, é de ser mantida a sentença de improcedência do pedido inicial" (*TJMG* – AC 1.0680.10.000992-6/001, 3-7-2018, Rel. José Arthur Filho).

no mero figurante, um direito ou uma posição anterior e aquelas em que ele não possui essa qualidade anterior.

No primeiro caso, por exemplo, para perdoar dívida, efetuar venda, em que se supõe a qualidade de proprietário ou de credor, embora no interesse de um terceiro, sua condição jurídica é de um *fiduciário* (Miranda, 1980:105). Aqui, além da inerente atribuição patrimonial que faz o titular do direito, existe a relação de confiança (fidúcia), que é característica fundamental do negócio fiduciário.[6]

No segundo caso, por exemplo, para efetuar aquisição, ou contrair dívida, existe iniciativa da celebração do negócio por parte do figurante; sua condição jurídica é de *mandatário em nome próprio*.

Nas duas figuras, a pessoa interposta, aqui denominada figurante, adquire direitos em nome próprio, os quais, por um motivo ou outro, está obrigada a transmitir a outrem.

Imagine a hipótese de indivíduo, separado de fato da esposa, em vias de ultimar a separação judicial ou divórcio, cuja atividade laborativa implica a especulação com imóveis. Para que os imóveis adquiridos não ingressem na comunhão de bens, essa pessoa vale-se de terceiro para realizar os negócios. Sabedora dos fatos, a mulher ingressa com a ação para desmascarar os negócios. O problema da ação judicial posiciona-se na prova, mas, como foram vários os negócios realizados e o tal terceiro não possuía capacidade financeira para aquelas aquisições, obtém-se a anulação, ou seja, fazer com que se considerem as transações imobiliárias como feitas pelo próprio simulador, ingressando os bens no regime da comunhão. Desmascarou-se, portanto, a "aparência" de que fala o art. 102, I, do Código Civil antigo.

No inciso II dentro do art. 167, cuida-se da simulação por *ocultação da verdade na declaração*. É o que ocorre quando, por exemplo, uma doação oculta venda, ou um pacto de retrovenda oculta empréstimo, ou quando na compra e venda o preço estampado no título não é o realmente pago. Existe aí ocultação da exata natureza do ato, que não se apresenta no mundo jurídico com a devida seriedade.

O inciso III diz que há simulação "*quando os instrumentos particulares forem antedatados ou pós-datados*". Quando no documento particular se coloca data não verdadeira, anterior ou posterior à real, existe simulação, porque a data constante do documento não é aquela na qual foi assinado. O simples fato de alguém pretender colocar data falsa no documento revela intenção discordante da verdade, que o torna suspeito.

Quando se exige autenticação do documento, pelo reconhecimento de firma ou pela inscrição no Registro de Título de Documentos, tolhe-se, em tese, a possibilidade de antedatar.

Quando se trata de instrumentos públicos, a fixação da data é atribuição legal do oficial, cuja declaração merece fé, e qualquer falsidade nesse sentido, além de grave falta funcional, é crime de responsabilidade do funcionário.

29.4 SIMULAÇÃO ABSOLUTA E SIMULAÇÃO RELATIVA

Há *simulação absoluta* quando o negócio é inteiramente simulado, quando as partes, na verdade, não desejam praticar ato algum. Não existe negócio encoberto porque realmente nada

---

[6] O negócio fiduciário é o instituto que pode ser conceituado da seguinte forma: negócio pelo qual uma das partes recebe da outra um conjunto de bens, móveis e imóveis, assumindo o encargo de administrá-lo em proveito do instituidor ou de terceiros, com a livre administração dos mesmos, mas sem prejuízo do beneficiário. Trata-se do truste do direito inglês.

existe. Não existe ato dissimulado. Existe mero simulacro do negócio: *colorem habet, substantiam mero nullam* – possui cor, mas a substância não existe. Veja o art. 167 do atual Código, que expressamente se refere à substância do negócio dissimulado.

Na *simulação relativa*, pelo contrário, as partes pretendem realizar um negócio, mas de forma diferente daquela que se apresenta (*colorem habet substantiam vero alteram* – possui cor mas a substância é outra). Há divergência, no todo ou em parte, no negócio efetivamente efetuado. Aqui, existe *ato ou negócio dissimulado*, oculto, que forma um complexo negocial único. Desmascarado o ato simulado pela ação de simulação, aflora e prevalece o ato dissimulado, se não for contrário à lei nem prejudicar terceiros. Esse é, aliás, o sentido expresso pelo atual Código, no art. 167.

Sílvio Rodrigues (2006, v. 1:298) destaca três formas de simulação relativa:

"a) sobre a natureza do negócio;
b) sobre o conteúdo do negócio ou seu próprio objeto;
c) sobre a pessoa participante do negócio".

Ocorre simulação sobre a natureza do negócio quando as partes simulam doação, mas, na verdade, realizam compra e venda. Há simulação sobre o conteúdo do negócio quando, por exemplo, se coloca preço inferior ao real em compra e venda, para se recolher menos imposto, ou quando se altera a data do documento para acomodar interesses dos simulantes. Finalmente, há simulação sobre a pessoa participante do negócio quando o ato vincula outras pessoas que não os partícipes do negócio aparente; quando, na compra e venda, por exemplo, é um "testa de ferro" que aparece como alienante ou adquirente.

Nossos Códigos não se referiram a essa classificação expressamente. Nas modalidades do art. 167, § 1º, I e II, podem ocorrer duas formas de simulação: a absoluta e a relativa. A hipótese contemplada no inciso III é de simulação relativa.

Lembre-se de que o vínculo na simulação relativa, entre negócio simulado e negócio oculto ou dissimulado, é tão íntimo que o instituto deve ser tratado como negócio único. Essa perspectiva unitária contraria parte da doutrina mais tradicional que costuma ver aí dois negócios distintos. O negócio jurídico simulado, segundo o entendimento mais moderno, forma, com a relação jurídica dissimulada, parte de um todo, *um procedimento simulatório*. Daí por que, com a ação de simulação, desmascarado o defeito, valerá o negócio dissimulado, desde que não contrarie a lei ou prejudique terceiros, desde que seja válido na substância e na forma, como é expresso o atual ordenamento (art. 167).

Pergunta-se: para admitir validade ao negócio dissimulado havia necessidade de que o negócio simulado tivesse obedecido à forma prescrita àquele? Entendendo-se o procedimento simulatório, na simulação relativa inteira, a declaração de vontade simulada deverá conter os requisitos de forma exigidos à relação dissimulada. É a posição adotada pela nova lei. Não temos de levar em conta a forma de eventual documento oculto, celebrado pelas partes, o qual raramente existirá ou será trazido como conteúdo probatório à ação de simulação.[7] Entender diferentemente poderá ocasionar injustiças aos terceiros prejudicados, além de entraves difíceis de ser sobrepujados, na ordem processual.

---

[7] Sobre o problema da forma no negócio dissimulado, discorre com profundidade Custódio da Piedade U. Miranda (1980:104).

Recorde que, como todos os vícios do negócio jurídico, o prazo de prescrição para a ação de simulação era de quatro anos, de acordo com o art. 178, § 9º, V, *b*, do Código Civil.[8] No sistema de 2002, considerada a simulação como negócio nulo, portanto a ação é imprescritível.

29.5 SIMULAÇÃO MALICIOSA E SIMULAÇÃO INOCENTE

Aqui, a diferenciação é vista sob o aspecto da boa ou má-fé dos agentes. Na *simulação inocente*, a declaração não traz prejuízo a quem quer que seja, sendo, portanto, tolerada. É o caso do homem solteiro que, por recato, simula compra e venda a sua amásia ou companheira, quando, na verdade, faz doação.

Na *simulação maliciosa*, existe intenção de prejudicar por meio do processo simulatório.

A esse respeito, dizia o art. 103 do Código de 1916: "*A simulação não se considerará defeito em qualquer dos casos do artigo antecedente, quando não houver intenção de prejudicar a terceiros, ou de violar disposição de lei.*" O atual Código, sob o mesmo propósito, mas com efeitos diversos, dispõe no art. 167, § 2º: "*Ressalvam-se os direitos de terceiros de boa-fé em face dos contraentes do negócio jurídico simulado.*"

Nos efeitos, encontramos a definição de uma ou de outra forma de simulação, não existindo critério apriorístico para a conclusão pela boa ou má-fé da simulação. A simulação inocente, enquanto tal, não levava à anulação do ato porque não trazia prejuízo a terceiros. O ordenamento não a considera defeito.

Questão a ser considerada era aquela levantada pelo art. 104 do Código antigo.[9] Por esse dispositivo, na simulação maliciosa, os simuladores não podiam alegar o vício em juízo, um

---

[8] "Compra e venda de imóvel – **Anulação – Simulação** – Autora pretende a anulação da escritura de compra e venda firmada com os réus. Sentença de improcedência. Alegação de vício de consentimento a autorizar a anulação da escritura. Autora que confessa ter pactuado com o negócio, sabidamente, simulado. Coação não comprovada. Vício do negócio jurídico não configurado. Simulação que, ademais, não ficou satisfatoriamente demonstrada. Todos os envolvidos no negócio tiveram plena ciência do contrato que estavam firmando e, por consequência, concordaram com seus termos. Não há que se cogitar de vício. Ainda que se considerasse que houve contrato simulado, a simulação não seria inocente. Vedação de alegação da própria torpeza. Precedentes. Sentença mantida. Recurso desprovido" (*TJSP* – AC 0002259-62.2014.8.26.0588, 28-6-2019, Relª Mary Grün).

"Apelação – **Anulação de negócio jurídico** – Pretensão de nulidade de escritura de compra e venda de bem imóvel – "Venda" realizada pelo mandatário da autora à sua companheira – Ocorrência de simulação que, todavia, não torna nulo o negócio jurídico, por força do art. 167, in fine, do CC – Procuração outorgada ao mandatário, genitor da demandante, que atribuiu amplos, gerais e ilimitados poderes para transferência de bens imóveis – Manutenção da sentença – Não provimento" (*TJSP* – Ap 1004715-50.2014.8.26.0302, 26-1-2016, Rel. Enio Zuliani).

[9] "Civil e processual civil – Apelação cível ação de anulação de negócio jurídico c/ pedido de liminar – **Anulação de negócio jurídico** e escritura pública – Simulação configurada – Recurso improvido – 1- A questão central do recurso diz respeito sobre a validade do negócio jurídico celebrado entre as parte e a ocorrência de simulação na realização deste. 2- Analisando a situação posta nos autos, entendo que o caso se amolda à hipótese de simulação, defeito do negócio jurídico descrito no art. 167 do Novo Código Civil. 3- Dessa forma, a prova produzida nos autos evidencia que houve a transferência simulada de domínio de imóvel, tudo indicando, inclusive, que foi realizada para evitar que o imóvel viesse a ser transmitido para a sua família, motivo pelo qual outra solução não há senão a manutenção da sentença de procedência da ação. 4- Voto pelo conhecimento e improvimento do recurso de Apelação, a fim de manter a sentença ora vergastada em todos os seus termos, pois em completa consonância com a legislação vigente e ausentes quaisquer erros a ensejar a sua reforma. Ausente o parecer Ministerial Superior. 5- Recurso Conhecido e Improvido, 6. Votação Unânime" (*TJPI* – AC 2017.0001.009322-1, 29-5-2019, Rel. Des. José Ribamar Oliveira).

"Apelação Cível – **Anulação de ato jurídico** e adjudicação compulsória – Conexão – Compra e venda de imóvel – Sentença una – Improcedência da primeira e procedência da segunda – Recurso da vencida (autora da anulatória e ré da adjudicação) – Recorrente que insiste na simulação do negócio jurídico com fins de justificar saque de valores depositados em nome de menor de idade (COMPRADOR) por sua genitora. Tese não demonstrada. Argumentos esposados na exordial dos autos de anulação que não se sustentam. Recibo arguidamente falso cuja

contra o outro, ou contra terceiros, numa aplicação do princípio pelo qual a ninguém é dado alegar a própria torpeza. A doutrina e a jurisprudência sempre resistiam a esse entendimento. Portanto, a contrário senso, a simulação inocente *podia* ser alegada pelos agentes, porque, nesse caso, a lei não proibiu. No sistema do Código de 2002, desaparece definitivamente a restrição, porque a simulação se situa no plano de nulidade. Essa foi, inclusive, uma das razões que fizeram o legislador, sob influência de Moreira Alves, colocar a simulação no campo das nulidades.

A doutrina vinha entendendo que, para a configuração da simulação maliciosa, não era necessário o resultado constante do prejuízo a terceiros. Bastava mera possibilidade ou potencialidade de esse prejuízo ser ocasionado. Tal interpretação era escudada na lei, que se referia apenas à intenção de prejudicar. Não havendo tal intenção, mas ocorrendo o prejuízo ou possibilidade de sua existência, o ato não poderia ser anulado. Protegia-se, em síntese, a boa-fé objetiva. O mesmo não se sustentava, no entanto, quanto a violar disposição de lei. Quando a simulação feria ou fere disposição legal, por força do princípio do art. 3º da Lei de Introdução às Normas do Direito Brasileiro, pelo qual *"ninguém se escusa de cumprir a lei, alegando que não a conhece"*, não se pode utilizar o mesmo raciocínio. Nesta última hipótese, poderia haver casos em que, ainda que não houvesse intenção de infringir a lei, a simulação seria ilícita, passível de anulação.

Por outro lado, utilizando-se do raciocínio a contrário senso, no art. 104,

> *"tratando-se de simulação inocente, assiste aos contraentes o direito de usar da ação declaratória de simulação ou opô-la sob a forma de exceção, em litígio de um contra o outro ou contra terceiros"* (RT 527/71).

Na simulação maliciosa, os terceiros prejudicados ou o representante do Poder Público podiam e podem pleitear a anulação e agora a nulidade.

Destarte, na simulação maliciosa, se não houvesse terceiros interessados em anular o ato, pela proibição do art. 104 do antigo Código, os agentes simuladores seriam compelidos a sofrer o resultado de sua própria atitude, ainda que para eles tal declaração se mostrasse danosa. Daí se infere que nem sempre a simulação tinha o condão de proporcionar anulação do negócio. Se era inocente, não se anularia. Se era maliciosa, era necessário distinguir as duas situações: quando houvesse prejuízo de terceiros, apenas eles teriam legitimidade para impugnar o ato; caso contrário, os simuladores não se podiam valer da própria malícia para anulá-lo, restando a hipótese em que a Fazenda Pública ou o Ministério Público pudessem fazê-lo. A situação era

---

autenticidade foi demonstrada judicialmente por exame grafotécnico. Comportamento contraditório da apelante no procedimento de alvará. Perda da credibilidade. Anemia probatória verificada. Ademais, relação regulada pelo Código Civil de 1916. **Suposta simulação maliciosa**. Legitimidade para requerer a anulação restrita a terceiros prejudicados e ao poder público. Arts. 104 e 105 do códex revogado. Recurso desprovido" (TJSC – AC 0015148-62.2001.8.24.0005, 7-8-2018, Rel. Des. André Luiz Dacol).

"Agravo de instrumento – Ação de improbidade administrativa – Indisponibilidade de bens – Incidente de anulação de doação – Negócio jurídico nulo – **Simulação** – Decisão agravada mantida – Recurso de agravo desprovido" (TJSP – AI 2149551-98.2015.8.26.0000, 5-5-2016, Rel. J. M. Ribeiro de Paula).

"Apelação – **Declaratória de nulidade de negócio jurídico** – Extinção do processo com resolução de mérito, CPC, art. 269, inc. IV – 01. Doação inoficiosa: Prazo prescricional vintenário, contado da data do ato de alienação – Transcurso de mais da metade do prazo na data de entrada em vigor do novo Código Civil – Incidência da lei anterior – Precedentes do STJ – Prescrição reconhecida. 02. Venda de ascendente a descendente por interposta pessoa: – Hipótese de simulação – Prazo prescricional de quatro anos, contado da data da abertura da sucessão do alienante – Inocorrência da prescrição – Extinção afastada – Necessidade de produção de provas tocante às alegadas simulações – Decisão nesta parte anulada devendo o feito ter regular prosseguimento na origem – Recurso Provido em Parte" (TJSP – Ap 0033884-11.2012.8.26.0451, 27-7-2015, Rel. Egidio Giacoia).

complexa e trazia iniquidades na prática. Por essa razão, a deslocação do vício para a sede de nulidade, no Código de 2002, apresenta vantagens. Como aponta Moreira Alves:

> *"Ressalvando os direitos de terceiros de boa-fé em face dos contraentes do negócio jurídico simulado, admite, como decorrência da mesma nulidade, que a simulação possa ser invocada pelos simuladores em litígio de um contra o outro, ao contrário do que reza o art. 104 do Código de 1916"* (2003:119).

29.6 SÍNTESE DA SIMULAÇÃO NO DIREITO ATUAL

Pelo atual Código, não há distinção expressa entre simulação relativa e absoluta, havendo em ambos os casos a nulidade do negócio simulado. O que se leva em conta é a conduta simulatória, como um todo. Enfaticamente, essa lei diz valer o negócio dissimulado na simulação relativa, se válido for na substância e na forma. Assim, se os agentes demonstram externamente uma compra e venda, quando, na verdade, o negócio subjacente e realmente querido pelas partes é uma doação, subsistirá a doação se não houver impedimento legal para esse negócio jurídico e se foi obedecida a forma desse negócio. Nem sempre será fácil avaliar se o negócio dissimulado e oculto, uma vez extravertido, será válido. Geralmente, as partes simulam para ocultar algo que contraria a lei ou prejudica terceiros, o que deve ser apurado no caso concreto.

Desse modo, um primeiro enfoque que deve ser dado à possibilidade de o negócio dissimulado subsistir é que a simulação seja inocente. Se maliciosa, certamente terá sido perpetrada em fraude à lei ou em detrimento de terceiros. Estes, por sua vez, não podem ser prejudicados pela simulação (art. 167, § 2º). Veja o que dissemos. Na verdade, a dicção do atual art. 167 harmoniza-se com o estampado no art. 103 do Código anterior, que não considera defeituoso o negócio jurídico sob simulação, quando não houver intenção de prejudicar terceiros, ou de violar disposição de lei.

Não há a tradicional distinção entre simulação maliciosa e simulação inocente, em razão desse atual enfoque.

Não havendo a restrição do art. 104 do Código antigo, mormente porque se trata de caso de nulidade, os simuladores podem alegar a simulação um contra o outro, ainda porque a nulidade pode ser declarada de ofício. A modificação já constava do Anteprojeto, aliás, expressamente, no art. 156. A propósito, o Anteprojeto ainda considerava a simulação como defeito passível de tornar o ato anulável. Foi o Projeto de 1975 que inovou, transformando-a em causa de nulidade.

O § 2º do art. 167 da lei civil em rigor refere-se aos direitos de terceiros: *"Ressalvam-se os direitos de terceiros de boa-fé em face dos contraentes do negócio jurídico simulado."*

Entender que o negócio simulado é nulo e não mais anulável é opção legislativa que segue, inclusive, a orientação do atual Código português e outras legislações. Tal como está redigido o vigente texto, podem os simuladores arguir tal nulidade entre si, não podendo, contudo, fazê-lo contra terceiros de boa-fé. O fato de enfocar a simulação como causa de nulidade traz alteração substancial do instituto, a começar pela imprescritibilidade, não desnaturando, porém, seus fundamentos. A esse respeito, dispõe o art. 169 que o negócio jurídico nulo não é suscetível de confirmação, nem convalesce pelo decurso do tempo.

As mesmas causas de anulação do negócio por simulação descritas nos três incisos do art. 102 do Código anterior persistem nos incisos do art. 167 do atual Código como causas de nulidade do negócio jurídico. Como negócio nulo, sua decretação pode ocorrer de ofício, até mesmo incidentemente em qualquer processo em que for ventilada a questão.

Como aduz José Carlos Moreira Alves, ao comentar a guinada de posição teórica do então projeto do Código de 2002:

> "Ao disciplinar a simulação, apartou-se o Projeto inteiramente do sistema observado pelo Código Vigente. A simulação, seja a relativa, seja a absoluta, acarreta a nulidade do negócio simulado. Se relativa, subsistirá o negócio dissimulado, se válido for na sua substância e na forma. Não mais se distingue a simulação inocente da fraudulenta; ambas conduzem ao mesmo resultado: nulidade do negócio simulado, e subsistência do dissimulado, se for o caso. Essa aliás, a consequência – segundo a melhor doutrina – que resulta do art. 103 do Código em vigor (Código de 1916), que não considerava defeito a simulação inocente."

Nessa síntese do insigne prócer que orientou a elaboração da Parte Geral do atual Código Civil está a base da nova posição da simulação no ordenamento brasileiro. Nossa jurisprudência vem dando o melhor balizamento dessa importante alteração legislativa em matéria de negócios jurídicos.

29.7 SIMULAÇÃO E DEFEITOS AFINS. RESERVA MENTAL. RESERVA MENTAL NO CÓDIGO DE 2002

Há várias figuras que se aproximam da simulação, mas com ela não se confundem.

A simulação não se identifica com o *negócio fraudulento*. Vemos que a simulação traduz negócio aparente. O negócio fraudulento é visivelmente real, não é negócio aparente; é perfeitamente sério. Na fraude, pretende-se exatamente o que se declarou. A fraude procura circundar a letra da lei para violar seu espírito. Aquele que frauda atém-se às disposições legais, mas, na realidade, infringe o sentido da disposição legal, frustrando o fim a que se destina a norma. Nos negócios em fraude à lei, portanto, nunca há violação frontal à norma. A expressão *fraude*, por si só, sugere procedimento tortuoso para burlar a lei, contorno à proibição legal. As partes prendem-se às formas exigidas pela lei, mas engendram negócio ou combinações que, por não as contemplar a lei em seu enunciado, não incidem diretamente na proibição. Na fraude, há violação indireta da lei, enquanto na simulação só pode ocorrer violação direta à letra da lei, mas com estratagema de ocultação. Há violação da lei no negócio simulado, mas encoberto por manto enganador. A simulação não é meio para fraudar a lei, mas meio para ocultar sua violação. É caso de fraude, por exemplo, os cônjuges separarem-se judicialmente, apesar de continuarem a vida em comum, deixando o varão, na partilha, todos os bens para a mulher, para que possa ele lançar-se em negócios de alto risco que colocariam em perigo seu patrimônio.

Não resta dúvida, porém, de que por vezes a linha divisória da fraude à lei e da simulação será tênue, nada impedindo, em determinados casos concretos, que a fraude seja considerada simulação, mormente em nosso sistema jurídico, que não possui qualquer disposição genérica a respeito da fraude à lei. Para fins de anulação do negócio jurídico, a simulação que atenta contra a lei é expediente fraudatório. Tal conclusão é, portanto, verdadeira quando a simulação é preordenada no sentido de burlar norma cogente, quando, então, a simulação confunde-se com a própria fraude. Nesse caso, porém, quando a destinação da simulação era burlar norma cogente, a situação deveria ser tratada como ato nulo, como faz o vigente Código, e não anulável, sendo o prazo prescricional de 20 anos (ou imprescritível, segundo parte da doutrina) e não de quatro anos, conforme art. 178, 4º, V, *b*, do Código Civil de 1916. É a essa conclusão que chega Serpa Lopes (1962, v. 1:451):

> "Toda vez que a simulação atue como um meio fraudatório à lei, visando à vulneração de uma norma cogente deve desaparecer para dar lugar à preponderância da fraude à lei,

pela violação da norma de ordem pública. Por outro lado, quando não ocorrer essa hipótese, quando o ato dissimulado não atentar contra uma norma de ordem pública, devem preponderar os princípios inerentes à simulação."

O *negócio fiduciário* figura com certa afinidade com a matéria tratada, representa negócio sério, realmente concluído pelas partes contratantes. As partes não pretendem simular, com entrega de uma porção de bens a alguém, para que este os administre e aufira vantagens em nome do fiduciante. O negócio fiduciário deve ser admitido desde que tenha finalidade lícita. Seu ponto de contato com a simulação está no fato de que no negócio fiduciário há um agente que atua oculto, em detrimento do fiduciário, que o faz de forma ostensiva. Em geral, no negócio fiduciário não há intenção de prejudicar terceiros ou de fraudar a lei, além de ser negócio real, efetivo e verdadeiramente manifestado pelas partes.

A simulação possui também pontos de contato com a *falsidade*, mas não se confundem. Esta diz respeito à prova do ato ou negócio jurídico, é divergência entre o efetivamente manifestado e o que realmente se passou. A simulação não diz respeito à prova do ato, mas ao próprio ato. Uma escritura pública, por exemplo, lavrada por oficial público, merece fé. Pode, contudo, conter falsidade, atestar o que não se passou, quanto às pessoas que nela intervieram ou quanto ao conteúdo da declaração. Se o oficial público certifica o que não ocorreu, comete falsidade. Por isso, a antedata ou pós-data nos documentos públicos reflete falsidade e não simulação. Se, porém, os simuladores declaram seu fingimento ao oficial público e este se limita a lavrar o ato, há simulação, não tendo o servidor condições de aquilatar sua existência.

A simulação também não se confunde com a *fraude contra credores*, já estudada no Capítulo 26. Esta última pressupõe atos praticados por um "devedor", que atingem a incolumidade de seu patrimônio, garantia dos credores. Na simulação, não há o requisito do "crédito", nem que este já existisse à época dos atos inquinados. Importante distinção, no entanto, é que no negócio realizado em fraude contra credores existe um negócio normal, real e desejado pelos contraentes, tal como se mostra, ao contrário da simulação, cujo conteúdo diverge da aparência. Os requisitos da ação de simulação e da ação pauliana, esta derivada da fraude contra credores, são também diversos. Pode haver, contudo, simulação em determinados casos de fraude contra credores; como esta última se posiciona como espécie, em relação ao gênero, que é a simulação, a anulação se dará pela fraude, o que vem patentear que pode ocorrer proximidade entre os dois vícios.

29.7.1 Reserva Mental

Outra atitude próxima à simulação é a **reserva mental** ou *reticência*, que ocorre quando o declarante faz a ressalva de não querer o negócio objeto da declaração. Na reserva mental, o declarante emite conscientemente declaração discordante de sua vontade real, com intenção de enganar o próprio declaratário. É diversa da simulação, porque na reserva mental a intenção de enganar é dirigida contra o próprio declaratário, não havendo acordo simulatório. Podemos dizer, ainda que impropriamente, mas para melhor compreensão, que a reserva mental traduz "simulação unilateral", sendo também a simulação, sob certo aspecto, uma "reserva mental bilateral" (Andrade, 1974:215). "*Há reserva mental quando o declarante manifesta uma vontade que não corresponde à sua vontade real, com o fim de enganar o declaratário*" (Amaral, 2003:404).

A reserva mental configura-se, é certo, por uma mentira ou falsidade do declarante. No entanto, essa mentira somente será relevante para o negócio se tiver efeitos jurídicos. *À mentira pura e simples, que não traduza nenhum reflexo no âmbito do direito, não se pode dar importância para o fim de conceituar a reserva mental* (Lopes, 1962, v. 1:451). Essa relevância jurídica deve permitir a anulação do negócio por parte do declaratário, que foi induzido maliciosamente em erro (dolo). A reserva mental totalmente desconhecida pela parte a quem se destina a declaração não afeta a validade desta e produz efeitos regulares. Em síntese, nessa hipótese, a reserva mental é irrelevante para o universo negocial. Há, portanto, que se distinguir duas modalidades de reserva mental, a conhecida e a desconhecida pelo declaratário.

Nosso direito de 1916 não tratou da reserva mental, que constava, no entanto, do projeto primitivo do Código Civil, de Clóvis Beviláqua:

> "A declaração de vontade subsiste válida, ainda que o declarante haja feito reserva mental de não querer o que declara, salvo se a pessoa a quem for dirigida tiver conhecimento da reserva."

Não houve justificação para a exclusão desse dispositivo na redação final. A disposição, contudo, é reintroduzida no art. 110 do vigente Código, acompanhando a redação de Clóvis:

> "A manifestação de vontade subsiste ainda que o seu autor haja feito a reserva mental de não querer o que manifestou, salvo se dela o destinatário tinha conhecimento."[10]

---

[10] "Agravo de instrumento. Ação declaratória de nulidade contratual cumulada com pedido indenizatório. Decisão de indeferimento do pedido de tutela de urgência para suspensão das parcelas vincendas da obrigação. Inconformismo do requerente. 1. Alegação de que o consumidor foi induzido em erro pelo preposto do banco ao assinar empréstimo diverso do que pretendia. Ausência dos requisitos do art. 300, do CPC, para concessão de tutela de urgência. Hipótese que exige o desenvolvimento regular do contraditório e da instrução. A dilação probatória é necessária no caso, uma vez que a controvérsia cinge em torno de vício de consentimento ou de **reserva mental de vontade, conforme art. 110, do CC,** fatos que demandam prova complexa. 2. Pretensão de suspender as parcelas do débito. Impossibilidade. A mera discussão acerca da obrigação não inviabiliza a cobrança do valor nominal que está inscrito na cártula ou mesmo a inscrição do nome do devedor nos cadastros de inadimplentes. Inteligência do art. 313, do CC, e da súmula 380, do STJ. Decisão mantida. Recurso desprovido" (TJSP – AI 2064003-90.2024.8.26.0000, 29-7-2024, Rel. Regis Rodrigues Bonvicino).

"Apelação. Embargos à execução. Acolhimento. Cerceamento de defesa. Inocorrência. **Reserva mental** reconhecida. Art. 110 do Código Civil. Prova dos autos que evidenciou, à saciedade, que a intenção real dos contratantes era diversa daquela instrumentalizada no contrato objeto da execução. Inexigibilidade da dívida corretamente reconhecida. Honorários de sucumbência. Pretensa redução. Impossibilidade. Aplicação do entendimento firmado no Tema 1.076 do Eg. STJ. Sentença prestigiada. Recurso improvido" (TJSP – Ap 1008844-36.2021.8.26.0114, 11-4-2023, Rel. Mauro Conti Machado).

"Apelação cível – Ação declaratória de nulidade de ato jurídico cumulada com danos morais – Sentença de improcedência – Alegação de vício de vontade na outorga de procuração pública e de simulação nas escrituras de compra e venda – Descabimento – Mandato que autorizava expressamente ao mandatário alienar os bens – **Inexistência de indicativos de reserva mental** – Tese de valor que vil que, também, não prospera, porquanto cabia ao mandatário estipular o preço e o apelante devia valores ao genitor do comprador – Inexistência, outrossim, de nulidade em razão de o imóvel ter sido registrado em nome do filho do credor – Questões inerentes à suposta falsificação de certidão e recolhimento a menor do ITBI que devem ser invocadas pela administração pública e, por si só, não induzem à conclusão de nulidade ou simulação. desnecessidade de outorga uxória porquanto a procuração foi, também, outorgada pelo cônjuge virago. elevação da verba honorária ante o desprovimento do recurso – Art. 85, §11, do CPC/2015. recurso desprovido" (TJPR – Ap 0000317-74.2010.8.16.0115, 4-5-2022, Rel. Des. Fernando Antonio Prazeres).

"Apelação – Ação anulatória de negócio jurídico – Prescrição e decadência – Não configuração – Compra e venda do imóvel – **Simulação e reserva mental** – Anulação – Impossibilidade – Deveres de boa-fé – Risco de lesão a coletividade – Venire contra factum proprium. 1- A situação fática dos autos ocorreu sob a égide do Código Civil de 1916, no qual se pretende a declaração de nulidade dos registros do imóvel objeto da ação, sendo que como bem entendeu o Juízo a quo, tanto no Código Civil de 1916, quanto no Código Civil de 2002, as ações declaratórias, o que inclui as declarações de nulidade, não prescrevem. 2 A parte autora, ora apelante, deixou de lado a segurança costumeira em tais situações, para, desde logo, transferir a propriedade, sem ressalvar na escritura pública a obrigação do adquirente de lhe pagar o preço. Ao contrário, conforme se depreende da petição inicial, autora declarou falsamente, em escritura pública, ter recebido a integralidade do preço, dando quitação do valor recebido. 3- Os destinatários de uma declaração de vontade inserida em registro imobiliário não eram apenas

A ideia é de que a validade e a eficácia do negócio jurídico e a estabilidade das relações negociais não podem ficar sujeitas ao exclusivo subjetivismo do declarante. Em princípio, a vontade manifestada deve prevalecer. Nesse aspecto, reside a utilidade desse dispositivo. Com clareza, explica Manuel A. Domingues de Andrade:

> *"É difícil conceber que existia alguém tão falho de senso jurídico que suponha, pelo simples fato de não querer os efeitos jurídicos correspondentes à sua declaração, isto basta para invalidar o respectivo negócio. Mas pode perfeitamente hipnotizar-se que um indivíduo pretenda enganar outro, fingindo concluir com ele um dado negócio jurídico que de fato não quer, na suposição errada de que tal negócio será nulo por outro motivo (vício de forma, etc.). Neste negócio, visto ser errada a suposição do declarante, a única anomalia existente será pois a reserva mental"* (1974:216, v. 2).

Sob esse clima, portanto, como apontam a doutrina e a lei atual, o negócio não pode ser anulado com escudo na reserva mental. A reserva mental será, portanto, juridicamente irrelevante, ineficaz. A solução seria idêntica com ou sem presença de texto legal expresso. Se a reserva mental é, por outro lado, conhecida da outra parte, o deslinde da questão desloca-se simplesmente da reserva mental e deve buscar a análise do caso concreto: poderá ocorrer outro vício no negócio jurídico.

Quando a reserva mental é de conhecimento do declaratário, a situação em muito se aproxima da simulação, do acordo simulatório, tanto que nessa hipótese parte da doutrina equipara ambos os institutos. No entanto, o que caracteriza primordialmente a reserva mental é a convicção do declarante de que o declaratário ignora a mentira. Todavia, se o declaratário efetivamente sabe da reserva e com ela compactua, os efeitos inelutavelmente serão de simulação, com aplicabilidade do art. 167.

Nem a simulação nem a reserva mental devem ser confundidas com declarações jocosas, didáticas ou cênicas. Nesse sentido, colocam-se, por exemplo, a celebração de um casamento ou a elaboração de um testamento em sala de aula ou em representação teatral, com cunho eminentemente didático ou cênico. De qualquer forma, para que os fatos sejam irrelevantes juridicamente, é essencial que não haja intuito de enganar.

29.8 AÇÃO DE SIMULAÇÃO

Vimos que, se a simulação é maliciosa, os contraentes nada poderiam alegar um contra o outro no sistema de 1916, não sendo legitimados, portanto, a propor a ação anulatória. Tal impedimento era geralmente combatido pela doutrina estrangeira, em que não há a proibição expressa, tal como aparecia em nosso art. 104 do Código de 1916. O fato é que raramente os próprios simuladores necessitarão aflorar a questão em juízo, uma vez que o negócio é realizado com base na absoluta confiança entre eles. Serpa Lopes (1962, v. 1:453) noticia que a jurisprudência admitira, para certas hipóteses, a ação de enriquecimento sem causa, derivada da simulação fraudulenta. Em nosso ordenamento, isso não é possível, tendo em vista os termos

---

os adquirentes diretos do imóvel, mas todos aqueles que, posteriormente, puseram fé no registro público e se dispuseram a adquirir uma fração de terreno, incabível, portanto, a reforma da sentença, tendo em vista o risco de lesão aos diversos compradores subsequentes e que acreditaram no ato jurídico perfeito, sob pena de lesão a toda a coletividade de condôminos. 4- O princípio da boa-fé e seus consectários devem ser mantidos em todas as fases contratuais e está previsto no artigo 422, do Código Civil, o qual dispõe: 'Os contratantes são obrigados guardar, assim na conclusão do contrato, como em sua execução, os princípios de probidade e boa-fé'. 5- Apelos conhecidos e não providos"(*TJDFT* – Proc. 20180110353600APC (1175377), 4-6-2019, Rel. Gilberto Pereira de Oliveira).

peremptórios da lei. A principal razão de a simulação ter sido transposta para os foros de nulidade no código de 2002 foi justamente evitar esse entrave do antigo art. 104.

Se a simulação fosse inocente, inexistindo prejuízo, violação de direito de terceiro ou fraude à lei, prevaleceria o ato dissimulado, desde que não ilidisse disposição legal, bem como reunisse os elementos necessários para ter vida jurídica. Pela interpretação, ao contrário do art. 104, vimos que os simuladores inocentes poderiam ingressar com ação declaratória para afirmar a existência do negócio dissimulado, ou para afirmar a inexistência de qualquer ato, se a simulação for absoluta.

Na simulação maliciosa, possuíam legitimidade para propor a ação de simulação todos os terceiros interessados no ato, entendendo-se como tais aqueles que nele não intervieram. Entre eles, incluímos os representantes do Poder Público, quando havia interesses do Estado ou, mais propriamente, da Fazenda Pública. Essa situação não se altera no Código de 2002, embora operem os princípios da nulidade, de maior espectro.

Importante é fixar certas particularidades dessa ação de simulação, mormente no sistema de 1916. Se a ação visasse anular simulação absoluta, sua decisão procedente extirparia o negócio do mundo jurídico simplesmente, com eficácia *ex nunc*, uma vez que se tratava de anulação, ou seja, o ato ou negócio vale e subsiste até o decreto judicial de anulação. No sistema de 2002, o efeito é *ex tunc*, por força da nulidade.

Quando, porém, o processo visa atingir simulação relativa, que esconde ato dissimulado, a anulação ou declaração de nulidade do ato simulado fará aflorar o ato camuflado não aparente, o negócio dissimulado. Com isso, deve o juiz determinar que esse ato dissimulado passe a ter eficácia como ato efetivamente realizado. Voltemos à situação na qual a mulher objetiva anular aquisição de imóvel feita pelo marido, por meio de amigo íntimo, ou testa de ferro. Qual foi a finalidade real do negócio? Fazer com que o objeto da aquisição não ingressasse na comunhão de bens e, portanto, não houvesse comunicação ao patrimônio da mulher. Ao julgar procedente a ação simulatória, o juiz deve *extraverter* o ato, isto é, determinar que o negócio efetivamente desejado, ou seja, a compra em nome do marido, tenha plena eficácia. Deverá, então, o julgador determinar que se procedam às devidas anotações no Registro de Imóveis para que a aquisição conste em nome do verdadeiro adquirente e não mais em nome do "testa de ferro". Se o imóvel já houver sido transferido a terceiros, restará a estes o direito de ingressar com pedido de perdas e danos contra os simuladores. A propósito, interessantes questões podem surgir no tocante a interesses de terceiros na simulação, mormente quando interessados na validade do ato simulado, ou na validade do ato dissimulado.

Em nossa sistemática legal, a ação de simulação pode ser de duas naturezas: ação declaratória destinada à mera declaração do negócio jurídico simulado, na simulação inocente; ou ação anulatória do art. 105 do Código de 1916 ou atualmente declaratória de nulidade, conforme o art. 168 do presente Código, destinada a declarar a nulidade do ato fraudulento, a qual pode ser proposta por terceiros lesados, ou por representantes do Poder Público, ou enfim por qualquer interessado (art. 168).[11] A ação declaratória é contemplada, por raciocínio

---

[11] "Direito civil e processual civil – Ação declaratória de nulidade – Simulação – Decadência não configurada – Colocação de 'testa-de-ferro' à frente da administração de pessoa jurídica – Atos nulos – Honorários advocatícios – Arbitramento – Valor da causa irrisório – Ponderação equitativa – Sentença mantida – I- Pleito declaratório assentado na existência de simulação, vício que, segundo o artigo 167 do Código Civil, induz à nulidade absoluta do negócio jurídico, é insuscetível a prescrição ou decadência. II- São simulados e, por conseguinte, nulos, atos e negócios jurídicos realizados com o intuito de introduzir na administração de pessoa jurídica 'testa-de-ferro' ou 'presta-nome' para encobrir o seu verdadeiro dirigente. III- Sendo extremamente baixo o valor da causa, os honorários advocatícios devem ser arbitrados mediante 'apreciação equitativa', consoante o disposto no artigo 85, § 8º,

contrário, no art. 104 do Código antigo. Neste último caso, a ação prescrevia em 20 anos, por aplicação da regra geral do art. 177 do antigo Código, pois o prazo quadrienal do art. 178, § 9º, V, *b*, aplicava-se para as ações de "anulação" do ato ou negócio. No sistema implantado no presente Código, a ação de nulidade produzirá também as mesmas consequências, mormente porque o art. 167 é expresso no sentido de fazer subsistir o negócio dissimulado, se válido for na substância e na forma.

Importa também fixar o âmbito da ação de simulação, principalmente sob o manto do Código de 1916, com a *ação pauliana*, na fraude contra credores.

A ação pauliana compete aos credores quirografários para anular atos verdadeiros praticados pelo devedor. Como pontos comuns com a ação de simulação, encontramos que a pauliana é ação anulatória e está sujeita ao mesmo prazo prescricional de quatro anos. Como existem pontos de contato, é admissível a cumulação de fundamentos na mesma ação, com pedidos alternativos, ou ter a pauliana como pedido subsidiário. Não podem, evidentemente,

---

do Código de Processo Civil. IV- Recurso conhecido e desprovido" (*TJDFT* – Proc. 20150110702918APC – (1168855), 13-5-2019, Rel. James Eduardo Oliveira).

"**Ação Anulatória – Simulação** – Alegação de que o pai falecido confidenciou à mãe, companheira dele, a prática de fraude em relação aos quatros veículos questionados para evitar a apreensão judicial em razão de execuções fiscais federais – Falecido que era divorciado, com filhos do casamento e de outro relacionamento – Ajuizamento da ação pelos filhos do outro relacionamento contra Empresa constituída por um filho do falecido com a ex-esposa – Sentença de improcedência – Apelação dos autores, que insistem no pedido de anulação dos negócios envolvendo os quatro caminhões indicados por simulação atribuída ao pai falecido, com a inversão da sucumbência – Rejeição – Simulação não demonstrada – Falecido que mantinha Sociedade Empresária com um dos filhos do casamento desfeito – Filhos da união anterior que se estabeleceram com Empresas do mesmo ramo do pai em outro Estado da Federação – Sentença mantida – Recurso não provido" (*TJSP* – Ap 0002286-92.2008.8.26.0511, 10-3-2016, Rel. Daise Fajardo Nogueira Jacot).

"Recurso especial – **Ação condenatória e declaratória de nulidade de negócio jurídico** simulado, cumulada com pedido de reintegração de posse – Cessão de direitos sobre bem imóvel celebrada entre a ré e a ex-cônjuge do autor, a fim de dissimular doação – Sentença de parcial procedência, na qual se declarou a nulidade parcial do negócio jurídico – *Decisum* mantido pela corte de origem – Inteligência do disposto no artigo 167, *caput*, do Código Civil – Distinção entre simulação absoluta e relativa – Negócio jurídico dissimulado (doação) válido na parte em que não excedeu à parcela disponível do patrimônio da doadora/ofertante (artigo 549 do Código Civil), considerada a substância do ato e a forma prescrita em lei – recurso especial não provido – insurgência recursal do autor – Pretensão voltada à declaração de nulidade absoluta de negócio jurídico, consistente em cessão de direitos sobre bem imóvel, a fim de ocultar doação. Instâncias ordinárias que reconheceram a existência de simulação, declarando, no entanto, a nulidade parcial da avença, reputando parcialmente válido o negócio jurídico dissimulado (doação), isto é, na fração que não excedia à legítima. 1. Ofensa ao artigo 102 do Código Civil. A insurgência encontra-se deficiente, pois não há exposição clara e congruente acerca do modo como o Tribunal de origem teria contrariado o dispositivo tido como violado, circunstância que atrai, por analogia, a aplicação da Súmula nº 284 do STF. 2. Violação do artigo 535 do Código de Processo Civil inocorrente. Acórdão local devidamente fundamentado, tendo enfrentado os aspectos fático-jurídicos essenciais à resolução da controvérsia. Desnecessidade de a autoridade judiciária enfrentar todas as alegações veiculadas pelas partes, quando invocada motivação suficiente ao escorreito desate da lide. Não há vício que possa nulificar o acórdão recorrido ou ensejar negativa de prestação jurisdicional. 3. O negócio jurídico simulado pode ter sido realizado para não produzir qualquer efeito, isto é, a declaração de vontade emitida não se destina a resultado algum; nessa hipótese, visualiza-se a simulação absoluta. Diversamente, quando o negócio tem por escopo encobrir outro de natureza diversa, destinando-se apenas a ocultar a vontade real dos contraentes e, por conseguinte, a avença de fato almejada, há simulação relativa, também denominada de dissimulação. 3.1. De acordo com a sistemática adotada pelo novo Código Civil, notadamente no artigo 167, em se tratando de simulação relativa – Quando o negócio jurídico pactuado tem por objetivo encobrir outro de natureza diversa –, subsistirá aquele dissimulado se, em substância e forma, for válido. 3.2. No caso em tela, o magistrado singular, bem como a Corte de origem, ao entender preenchidos os requisitos de validade – Forma e substância – Em relação ao negócio dissimulado (doação), ainda que em parte, declarou a nulidade parcial do negócio jurídico celebrado entre a ré e a ex-cônjuge do autor. 3.3. O negócio jurídico dissimulado apenas representou ofensa à Lei e prejuízo a terceiro (no caso, o recorrente) na parte em que excedeu o que a doadora, única detentora dos direitos sobre o bem imóvel objeto do negócio, poderia dispor (doação inoficiosa). 4. Recurso especial conhecido em parte e, na extensão, não provido" (*STJ* – REsp 1.102.938, [2008/0272721-2], 24-3-2015, Rel. Min. Marco Buzzi).

na cumulação de ações, os pedidos ser cumulativos, pois são excludentes um do outro. Assim já decidiu a jurisprudência:

> "A fraude e a simulação são figuras afins e uma e outra se prestam para vulnerar a garantia genérica dos credores e, requerendo o eventus damni, nada impede o exercício simultâneo da ação simulatória e da revocatória" (RT 436/91).

Em que pese à possibilidade de cumulação, ambas as ações não se confundem. A simulatória visa a atos aparentes, enquanto a pauliana ou revocatória visa a atos reais, normais. A ação pauliana exige a anterioridade do crédito: só o credor, cujo crédito seja anterior ao negócio a ser revogado, está legitimado a exercer essa ação (art. 106, parágrafo único, do Código de 1916; atual, art. 158). Para a ação pauliana, é necessário que o devedor esteja insolvente no momento da realização do negócio a ser anulado, ou tenha sido reduzido à insolvência como consequência. Na ação de simulação, não há necessidade da existência de crédito anterior ao negócio, visto que pode o prejudicado por crédito posterior demandar a anulação (daí decorre o interesse, na maioria das vezes, da cumulação das ações, pois nem sempre é possível precisar com exatidão a época do crédito). Os efeitos de ambas as ações também são diversos: na ação pauliana, uma vez anulado o ato, o bem em questão volta ao patrimônio do devedor, beneficiando toda a massa de credores. Na ação de simulação os efeitos podem ser vários, inclusive, como demonstramos, com a prevalência do ato dissimulado; e, sob o atual Código, o efeito é de nulidade do negócio.

29.9 PROVA DA SIMULAÇÃO

É difícil e custosa a prova da simulação. Por sua própria natureza, o vício é oculto. As partes simulantes procuram cercar-se de um manto para encobrir a verdade. O trabalho de pesquisa da prova deve ser meticuloso e descer a particularidades.

Raramente, surgirá no processo a chamada "ressalva" (contracarta ou contradocumento, documento secreto), isto é, documento que estampa a vontade real dos contratantes e tenha sido elaborado secretamente pelos simulantes. Em razão disso, devem as partes prejudicadas recorrer a indícios para a prova do vício.

O intuito da prova da simulação em juízo é demonstrar que há ato aparente a esconder ou não outro. Raras vezes, haverá possibilidade da prova direta. Os indícios avultam de importância. Indício é rastro, vestígio, circunstância suscetível de nos levar, por via de inferência, ao conhecimento de outros fatos desconhecidos. A dificuldade da prova nessa ação costuma desencorajar os prejudicados.

O CPC de 1939 estatuía, no art. 252, que "*o dolo, a fraude, a simulação, e, em geral, os atos de má-fé poderão ser provados por indícios e circunstâncias*".

O estatuto processual de 1973 não repetiu a disposição. Rezava, porém, seu art. 332:

> "Todos os meios legais, bem como os moralmente legítimos, ainda que não especificados neste Código, são hábeis para provar a verdade dos fatos, em que se funda a ação ou a defesa."

Acrescentava, a propósito, o art. 335:

> "Em falta de normas jurídicas particulares, o juiz aplicará as regras de experiência comum subministradas pela observação do que ordinariamente acontece e ainda as regras da experiência técnica, ressalvado, quanto a esta, o exame pericial."

O CPC de 2015 estatui de forma peremptória no art. 369:

> *"As partes têm o direito de empregar todos os meios legais, bem como os moralmente legítimos, ainda que não especificados neste Código, para provar a verdade dos fatos em que se funda o pedido ou a defesa e influir eficazmente na convicção do juiz".*

Como vemos, é ampla a possibilidade de o juiz valer-se dos indícios para pesquisar a simulação. A presunção também é outro meio de prova útil no caso. Presunção é a ilação que o julgador tira de um fato conhecido para chegar a um fato desconhecido.

É importante, para concluir pela simulação, estabelecer um quadro, o mais completo possível, de indícios e presunções. São indícios palpáveis para a conclusão positiva de simulação: parentesco ou amizade íntima entre os contraentes; preço vil dado em pagamento para coisa valiosa; falta de possibilidade financeira do adquirente (que pode ser comprovada com a requisição de cópia de sua declaração de Imposto de Renda); o fato de o adquirente não ter declarado na relação de bens, para o Imposto de Renda, o bem adquirido.

Um dos principais indícios de simulação é a pesquisa da *causa simulandi*. A primeira pergunta que deve fazer o julgador é: possuíam os contraentes motivo para praticar um ato simulado? Assim como o criminoso tem um móvel para o crime, os simuladores têm um móvel para a prática do negócio viciado.

A segunda pergunta que se deve fazer no exame de um caso de simulação é: possuíam os contraentes *necessidade* de praticar o negócio simulado? Tal necessidade pode ser de variada natureza. O caso concreto dará a resposta.

A resposta afirmativa a essas duas questões induz o julgador a decidir pela existência da simulação.

Outros indícios, porém, formarão o complexo probatório: alienação de todo o patrimônio do agente ou de grande parte dele; relações já citadas de parentesco ou amizade íntima entre os simuladores, bem como relação de dependência hierárquica ou meramente empregatícia ou moral; antecedentes e a personalidade do simulador; existência de outros atos semelhantes praticados por ele; decantada falta de possibilidade financeira do adquirente: preço vil; não transferência de numerário no ato nas contas bancárias dos participantes; continuação do alienante na posse da coisa alienada; o fato de o adquirente não conhecer a coisa adquirida.

A prova da simulação requer um todo homogêneo, não bastando simplesmente a íntima convicção do julgador.

30

ATOS ILÍCITOS. INTRODUÇÃO. ABUSO DE DIREITO

30.1 RESPONSABILIDADE CIVIL, RESPONSABILIDADE CONTRATUAL E EXTRACONTRATUAL

Quando o agente pratica ato volitivo, quer especificamente para atingir efeitos jurídicos, ou não, estaremos no campo já estudado dos negócios jurídicos.

Se o agente dos negócios e atos jurídicos, por ação ou omissão, pratica ato contra o Direito, com ou sem intenção manifesta de prejudicar, mas ocasiona prejuízo, dano a outrem, estamos no campo dos atos ilícitos. O ato ilícito pode constituir-se de ato único, ou de série de atos, ou de *conduta* ilícita.

A ação ou omissão ilícita pode acarretar dano indenizável. Essa mesma conduta pode ser punível no campo penal.

Embora o ato ilícito, ontologicamente, tenha entendimento único, pode receber punição civil e penal, como, por exemplo, quando há lesões corporais. O Direito Penal pune o autor das lesões corporais com pena privativa de liberdade, além de outras sanções na ordem criminal. O interesse de punir, no campo penal, é social, coletivo. Pouco importa para o Direito Penal que não tenha havido prejuízo patrimonial, pois é direito punitivo ou repressivo por excelência. As razões ontológicas e axiológicas das punições aplicadas nesse campo são objeto do estudo da Sociologia e da Política Criminal.

No Direito Civil, importa saber quais os reflexos dessa conduta ilícita. No crime de lesões corporais, a vítima pode ter sofrido prejuízos, tais como despesas hospitalares, faltas ao trabalho e até prejuízos de ordem moral, se foi submetido à chacota social, se tiver ficado com cicatriz que prejudique seu trânsito social. No campo civil, só interessa o ato ilícito à medida que exista dano a ser indenizado. O Direito Civil, embora tenha compartimentos não patrimoniais, como os direitos de família puros, é essencialmente patrimonial. Quando se fala da existência de ato ilícito no campo privado, o que se tem em vista é exclusivamente a reparação do dano, a recomposição patrimonial. Quando se condena o agente causador de lesões corporais a pagar determinada quantia à vítima, objetiva-se o reequilíbrio patrimonial, desestabilizado pela conduta do causador do dano. Não há, no campo civil, em princípio, ao contrário do que vulgarmente podemos pensar, sentido de "punir o culpado", que se traduz nos *"punitive damages"* do direito norte-americano, mas o de se indenizar a vítima. Essa última afirmação, quase um dogma no passado, tem sofrido modificações modernamente, pois muito da indenização de dano exclusivamente moral possui uma conotação primordialmente punitiva, como veremos em nossos estudos nesse campo.

No campo penal, há série de condutas denominadas típicas, descritas na lei, que se constituem nos *crimes* ou *delitos*. Quando alguém pratica alguma dessas condutas, insere-se na esfera penal. O *ato ilícito* no campo penal, portanto, é denominado *crime* ou *delito*. A terminologia *ato ilícito* é reservada, no sentido específico, para o campo civil, daí se falar em *responsabilidade civil*.

Em matéria de responsabilidade civil, havia artigo no Código Civil de 1916 a fundamentar a indenização *não derivada de contrato*:[1]

> "Art. 159. Aquele que, por ação ou omissão voluntária, negligência, ou imprudência, violar direito, ou causar prejuízo a outrem, fica obrigado a reparar o dano."

O atual Código, no dispositivo equivalente, refere-se ao dano moral, presente expressamente na Constituição de 1988:

> "Aquele que, por ação ou omissão voluntária, negligência ou imprudência, violar direito e causar dano a outrem, ainda que exclusivamente moral, comete ato ilícito" (art. 186).

Desses dispositivos decorrem todas as consequências atinentes à responsabilidade extracontratual entre nós. O projeto pretende alterar a redação, a nosso ver sem muita necessidade. Na responsabilidade extracontratual, também denominada aquiliana, em razão de sua origem romana, não preexiste um contrato. É o caso de alguém que ocasiona acidente de trânsito agindo com culpa e provocando prejuízo indenizável. Antes do acidente, não havia relação contratual ou negocial alguma. Tal fato difere do que ocorre no descumprimento, ou cumprimento

---

[1] "**Responsabilidade civil extracontratual** – Grua a serviço da Construtora que tombou sobre a residência do autor – *Bystander* – Equiparação do autor a consumidor – Lucros Cessantes – Não comprovação – Dano moral – Ocorrência – Regras de experiência – Afastamento da residência pelo prazo de 10 (dez) dias que abala substancialmente a rotina pessoal, gerando transtornos anormais indenizáveis – Indenização fixada em R$ 5.000,00 em atenção às peculiaridades do caso – Recurso provido em parte" (*TJSP* – Ap 1031953-24.2016.8.26.0577, 14-2-2019, Rel. Alcides Leopoldo).
"**Responsabilidade civil extracontratual** – Ação cominatória e indenizatória que tem por fundamento prática irregular de distribuição de panfletos – Interposição de agravo de instrumento contra a decisão que deferiu a tutela de urgência para que a ré se abstenha da prática de efetuar panfletagem nas dependências do *shopping center* – Posterior prolação de sentença de parcial procedência da demanda – Perda do objeto recurso prejudicado" (*TJSP* – AI 2176220-23.2017.8.26.0000, 11-7-2018, Rel. Andrade Neto).
"Apelação – Ação de obrigação de fazer para outorga de escritura e registro no Cartório de Imóveis, c/c danos morais. Sentença de procedência. Improcedência da impugnação à justiça gratuita deferida aos autores. Inconformismo da ré. Não acolhimento. Escritura do imóvel outorgada aos autores, com o respectivo registro na matrícula do imóvel após a interposição do recurso de apelação. Recurso prejudicado nessa parte. Reconhecido o direito dos autores aos benefícios da justiça gratuita. Proventos de aposentadoria, juntamente com remuneração por trabalho e moradia própria que não levam à presunção de que os autores têm condições de arcar com o pagamento das custas processuais, sem prejuízo de seu sustento. Impugnante que não trouxe elementos que comprovassem a perda da condição de hipossuficiência dos impugnados. Inteligência dos artigos 2º, parágrafo único e artigo 4º da Lei 1.060/50. Dano moral caracterizado. Espera pela outorga da escritura e registro do imóvel em nome dos autores por mais de dez anos que supera os meros aborrecimentos e dissabores do dia a dia. Mantida a indenização de R$ 10.000,00, corrigida pela Tabela do TJSP, a partir da publicação da sentença, com incidência de juros de 1% ao mês a partir da citação. Sentença mantida. Negado provimento ao recurso, na parte conhecida" (*TJSP* – Ap 0007671-70.2011.8.26.0008, 8-6-2015, Relª Viviani Nicolau).

defeituoso, de um contrato no qual a culpa decorre de vínculo contratual. Por vezes, não será fácil definir se a responsabilidade é contratual ou não.

O ato ilícito, portanto, tanto pode decorrer de contrato como de relação extracontratual. O dispositivo que regulava a responsabilidade contratual estava no art. 1.056 do Código Civil anterior:

> *"Não cumprindo a obrigação, ou deixando de cumpri-la pelo modo e no tempo devidos, responde o devedor por perdas e danos."*

O Código de 2002 atualiza esse conceito no art. 389: *"Não cumprida a obrigação, responde o devedor por perdas e danos, mais juros, atualização monetária e honorários de advogado. Parágrafo único. Na hipótese de o índice de atualização monetária não ter sido convencionado ou não estar previsto em lei específica, será aplicada a variação do Índice Nacional de Preços ao Consumidor Amplo (IPCA), apurado e divulgado pela Fundação Instituto Brasileiro de Geografia e Estatística (IBGE), ou do índice que vier a substituí-lo".*

A ilicitude cominada no art. 186 diz respeito à infringência de norma legal, à violação de um dever de conduta, por dolo ou culpa, que tenha como resultado prejuízo de outrem.[2]

A infração à norma pode sofrer reprimenda penal, consistente em pena corporal, alternativa ou multa, correlatamente à indenização civil, ou tão somente indenização civil, caso a norma violada não tenha cunho penal.

O art. 186 menciona tanto o dolo como a culpa, assim considerados no campo penal. Fala o dispositivo em *"ação ou omissão voluntária"*. O Código Penal define dolo como a situação em que o agente *quer o resultado ou assume o risco de produzi-lo* (art. 18, I). No dolo específico, o agente quer o resultado direta ou indiretamente. No dolo eventual, especificado no dispositivo penal (quando o agente assume o risco de produzir o resultado), o agente pratica o ato sem

---

[2] "Apelação. Intermediação. Corretagem. Prestação de serviços defeituosa. Ação que visa à indenização por danos materiais e morais. Sentença de improcedência dos pedidos. Apelo do autor. Aplicação do CDC que não conduz ao acolhimento automático do pedido. Necessidade de análise da verossimilhança das alegações do consumidor, que não se faz presente no caso concreto. Dever de informação devidamente respeitado. Contrato com expressa previsão de que os valores de transferência seriam pagos pelo comprador. Inexistência de ato ilícito praticado pela intermediadora contra os direitos de personalidade dos compradores a ensejar a reparação civil **(arts. 186 e 927 do CC)**. Danos morais indenizáveis não caracterizados. Sentença mantida. Recurso não provido" (*TJSP* – Ap 1010582-70.2022.8.26.0099, 30-8-2024, Rel. Carmen Lucia da Silva).

"Apelação Cível – Ação Indenizatória – Dano Material – Acidente de trânsito – Reconhecimento, por parte do requerido, da dinâmica do acidente – Fato impeditivo, extintivo ou modificativo do direito da autora – Demonstração – Inexistência – Culpa do réu evidenciada – Dever de indenizar configurado – Recurso não provido – Para que se configure o ato ilícito que enseja a reparação é necessário que simultaneamente ocorram as seguintes situações: [a] fato lesivo voluntário, causado pelo agente, por ação ou omissão voluntária, negligência ou imprudência; [b] ocorrência de um dano patrimonial ou moral, cumuláveis as indenizações por dano material ou moral decorrentes do mesmo e [c] nexo de causalidade entre o dano e o comportamento do agente. Reconhecida, pelo réu, a dinâmica do acidente e não havendo, nos autos, prova de fato extintivo, impeditivo ou modificativo do direito da autora, resta evidenciada a culpa do requerido e, via de consequência, o dever de indenizar" (*TJMG* – AC 1.0024.13.126554-8/001, 22-1-2019, Rel. Otávio Portes).

"Apelação Cível – Ação indenizatória – Imprensa – Direito de imagem – Matéria jornalística – **Responsabilidade pelo conteúdo publicado** – Ofensa à honra objetiva ou subjetiva – Inocorrência – Aquele que, por ação ou omissão voluntária, negligência ou imprudência, violar direito e causar dano a outrem, ainda que exclusivamente moral, comete ato ilícito (art. 186 do CC). Não há que se falar em dever de reparação civil quando a matéria jornalística limita-se a divulgar informações de interesse da sociedade local e sem apresenta-las como uma verdade absoluta, mas ressalvando que se tratava de fatos, objeto de apuração pelo Ministério Público" (*TJMG* – AC 1.0433.10.318557-8/001, 7-8-2018, Relª Mônica Libânio).

querer propriamente certo resultado; quando, porém, de forma implícita, aquiesce com ele, tolerando-o, estará agindo com dolo eventual.

A culpa, segundo o mesmo art. 186, vem estatuída pela expressão *negligência* ou *imprudência*. O Código Penal, no art. 18, acrescenta a *imperícia*. Na conduta culposa, há sempre ato voluntário determinante do resultado involuntário. O agente não prevê o resultado, mas há previsibilidade do evento, isto é, o evento, objetivamente visto, é previsível. O agente, portanto, não prevê o resultado; se o previsse e praticasse a conduta, a situação se configuraria como dolo. Quando o resultado é imprevisível, não há culpa; o ato entra para o campo do caso fortuito e da força maior, e não há indenização alguma.

Quando se fala em *culpa* no campo civil, englobam-se ambas as noções distinguidas no art. 186, ou seja, a culpa civil abarca tanto o dolo quanto a culpa, estritamente falando. Ainda para fins de indenização, uma vez fixada a existência de culpa do agente, no campo civil, pouco importa tenha havido dolo ou culpa, pois a indenização poderá ser pedida em ambas as situações. Também não há, em princípio, graduação na fixação da indenização, tendo em vista o dolo, mais grave, ou a culpa, menos grave. No entanto, deve ser lembrado o art. 944, parágrafo único do Código de 2002, o qual permite ao juiz reduzir equitativamente a indenização, se houver expressiva desproporção entre a gravidade da culpa e o dano. Sobre o tema inovador em nosso ordenamento, voltaremos quando do estudo da responsabilidade civil (vol. II).

Quando se tem em mira a culpa para a caracterização do dever de indenizar, estaremos no campo da chamada *responsabilidade subjetiva*, isto é, dependente da culpa do agente causador do dano. Em contraposição, há várias situações nas quais o ordenamento dispensa a culpa para o dever de indenizar, bastando o dano, a autoria e o nexo causal, no campo que se denomina *responsabilidade objetiva*. Realce-se que neste capítulo temos apenas noções introdutórias, que serão aprofundadas em nosso volume 2, dedicado exclusivamente à responsabilidade civil.

O que importa na responsabilidade civil é a fixação de um *quantum* para reequilibrar o patrimônio atingido. Não se trata, portanto, de punição. O Direito Penal é punitivo, e na fixação da pena, sem dúvida, o juiz atenderá, entre outros fatores, à intensidade da culpa ou do dolo para aplicar a pena mais adequada.

Outro ponto deve ser destacado: no Direito Penal, o ato ilícito, o crime, é de definição estrita, atendendo-se ao princípio do *nulla poena sine lege*. Só haverá responsabilidade penal se for violada a norma compendiada na lei. Por outro lado, a responsabilidade civil emerge do simples fato do prejuízo, que igualmente viola o equilíbrio social, mas cuja reparação ocorre em benefício da vítima. Por conseguinte, as situações de responsabilidade civil são mais numerosas, pois independem de definição típica da lei.

30.2 ELEMENTOS DA RESPONSABILIDADE EXTRACONTRATUAL (EXTRANEGOCIAL) OU AQUILIANA

Como nesta rápida introdução prendemo-nos apenas à responsabilidade extracontratual ou extranegocial, impõe-se decompor os elementos do art. 186.

Para que surja o dever de indenizar, é necessário, primeiramente, que exista ação ou omissão do agente; que essa conduta esteja ligada por relação de causalidade com o prejuízo suportado pela vítima e, por fim, que o agente tenha agido com culpa (assim entendida no sentido global exposto). Faltando algum desses elementos, desaparece o dever de indenizar.

Quanto à *ação ou omissão voluntária*, já expusemos que mais propriamente se trata de conduta, porque o ato ilícito pode compor-se de um único ato ou de série de atos. A conduta ativa geralmente constitui-se em ato doloso ou imprudente, enquanto a conduta passiva é estampada normalmente pela negligência. A conduta omissiva só ocorre quando o agente tem o dever de agir de determinada forma e deixa de fazê-lo. É ativa a conduta do indivíduo que imprime velocidade excessiva a seu automóvel e provoca acidente. É omissiva a conduta do indivíduo que deixa seu automóvel estacionado em declive, sem acionar o freio de mão, e o deslizamento do veículo provoca dano na propriedade alheia.

A ideia original é de que a ação praticada pelo próprio agente o incumbirá de indenizar. No entanto, na responsabilidade civil, tendo em vista o maior equilíbrio das relações sociais, por vezes o autor do dano não será o responsável ou ao menos responsável único pela indenização. Os empregados, por exemplo, agindo com culpa, farão com que o dever de indenizar seja dos patrões, assim como nas demais situações do art. 932. Trata-se da responsabilidade por fato de outrem, que se distingue da responsabilidade primária por fato próprio. Toda essa matéria deve ser aprofundada no estudo específico, que fazemos no volume 2 desta obra.[3]

---

[3] "Administrativo e processual civil – **Responsabilidade Civil** – Erro Médico – Atendimento em Hospital Público Municipal – Relação Extracontratual – **Culpa Aquiliana** – Juros Moratórios – Termo Inicial – Evento Danoso – Súmula 54/STJ – 1- Em se tratando de responsabilidade civil extracontratual, os juros moratórios incidem desde a data do evento danoso, a teor da Súmula 54 /STJ. 2- No caso, a atuação médica, da qual decorreram danos no braço esquerdo da autora/paciente, transcorreu em hospital público municipal, inexistindo qualquer contrato prévio de prestação de serviço firmado entre ela e o esculápio, ou entre ela e o nosocômio, do que resulta a desenganada natureza aquiliana dos danos relatados na exordial. 3- Agravo interno não provido" (STJ – AGInt-AG-REsp 1394775/SP, 26-3-2019, Rel. Min. Sérgio Kukina).

"Embargos de declaração em apelação cível – **Responsabilidade civil aquiliana** – Inexistência de relação de consumo – Contratação de serviço para instalação de carroceria em caminhão de entrega de mercadorias. Produto que, a toda evidência, se destina ao incremento da atividade comercial da parte autora, o que afasta o Código de Defesa do Consumidor. Tratando-se de reparação civil comum, o prazo prescricional é de três anos, nos termos do inciso V, § 3º, do art. 206, do Código Civil. Ação que somente foi ajuizada após quase 5 (cinco) anos. Embargos de declaração. Improvimento" (TJRJ – AC 0011971-70.2016.8.19.0210, 6-7-2018, Rel. Antônio Carlos Arrabida Paes).

"Recurso Especial – **Responsabilidade Civil** – Dicotomia Tradicional – Aquiliana e contratual – Reformulação – Responsabilidade pela quebra da confiança – Origem na confiança criada. Expectativa legítima de determinado comportamento. Responsabilidade pré-contratual. Inexistência de contrato formal superada pela repetição de atos. Juiz como perito dos peritos. Coordenação das provas. Art. 130 do CPC/1973. 1. Tradicionalmente, a responsabilidade civil divide-se em responsabilidade civil stricto sensu (delitual ou aquiliana) e a responsabilidade contratual (negocial ou obrigacional), segundo a origem do dever descumprido, contrato ou delito, critério que, apesar de conferir segurança jurídica, mereceu aperfeiçoamentos, à luz da sistemática atual do Código Civil, dos microssistemas de direito privado e da Constituição Federal. 2. Seguindo essa tendência natural, doutrina e jurisprudência vêm se valendo de um terceiro fundamento de responsabilidade, que não se vincula a uma prestação delineada pelas partes, nem mesmo vincula indivíduos aleatoriamente ligados pela violação de um dever genérico de abstenção, qual seja a responsabilidade pela confiança. 3. A responsabilidade pela confiança é autônoma em relação à responsabilidade contratual e à extracontratual, constituindo-se em um terceiro fundamento ou 'terceira pista' (dritte Spur) da responsabilidade civil, tendo caráter subsidiário: onde houver o dano efetivo, requisito essencial para a responsabilidade civil e não for possível obter uma solução satisfatória pelos caminhos tradicionais da responsabilidade, a teoria da confiança será a opção válida. 4. A teoria da confiança ingressa no vácuo existente entre as responsabilidades contratual e extracontratual e seu reconhecimento se fundamenta principalmente no fato de que o sujeito que dá origem à confiança de outrem e, após, frustra-a, deve responder, em certas circunstâncias, pelos danos causados dessa frustração. A defraudação da confiança constitui o verdadeiro fundamento da obrigação de indenizar. 5. A responsabilidade fundada na confiança visa à proteção de interesses que transcendem o indivíduo, ditada sempre pela regra universal da boa-fé, sendo imprescindível a quaisquer negociações o respeito às situações de confiança criadas, estas consideradas objetivamente, cotejando-as com aquilo que é costumeiro no tráfico social. 6. A responsabilidade pela quebra da confiança possui a mesma ratio da responsabilidade pré-contratual, cuja aplicação já fora reconhecida pelo STJ (REsp 1051065/AM, REsp 1367955/SP). O ponto que as aproxima é o fato de uma das partes gerar na outra uma expectativa legítima de determinado comportamento, que, após, não se concretiza. O ponto que as diferencia é o fato de, na responsabilidade pré-contratual, a formalização de um contrato ser o escopo perseguido por uma das partes, enquanto que na responsabilidade pela confiança, o contrato, em sentido estrito, não será, ao menos necessariamente, o objetivo almejado. 7. No caso dos autos, ainda que não se discuta a existência de um contrato formal de compra e venda entre as partes ou de qualquer outra natureza, impossível negar a existência de relação jurídica comercial entre as empresas envolvidas, uma vez que a IBM portou-se, desde o início das tratativas, como negociante, com a apresentação de seu projeto, e enquanto titular deste, repassando à Radiall as especificações técnicas do produto a ser fabricado, assim como as condições do negócio. 8. Com efeito,

Para que surja o dever de indenizar, também deve existir a *relação de causalidade* ou *nexo causal*. Pode ter ocorrido ato ilícito, pode ter ocorrido um dano, mas pode não ter havido nexo de causalidade entre esse dano e a conduta do agente. O dano pode ter sido provocado por terceiros, ou, ainda, por culpa exclusiva da vítima. Nessas situações, não haverá dever de indenizar. Na maioria das vezes, incumbe à vítima provar o requisito. Deverá ser considerada como causa aquela condição sem a qual o evento não teria ocorrido.

Em terceiro lugar, para reclamar indenização, é necessário ocorrer *dano*. Não existindo dano, para o Direito Privado o ato ilícito é irrelevante. Com relação ao dano patrimonial, não há dúvida quanto à indenização, pois é ele facilmente avaliável. O problema maior surge quando o dano é moral, ou, mais especificamente, não patrimonial. Pergunta-se: até que ponto a dor ou os inconvenientes da vida pode ser indenizados? Muito têm escrito os autores sobre o dano moral. Parece não haver mais dúvida de que o dano não patrimonial, quando acompanhado de prejuízo de ordem material, deve ser indenizado.[4] Assim, na injúria, quando a dignidade ou o decoro da pessoa é atingido, há dano moral, mas com reflexos de ordem patrimonial. Quando se alega que um comerciante é de moral duvidosa, é inafastável a ocorrência também de prejuízo econômico. A maior resistência da doutrina e da jurisprudência reside na indenizabilidade do dano exclusivamente moral. Nesse diapasão, como já apontamos, a indenização por dano exclusivamente moral denota um cunho eminentemente pedagógico, punitivo e não indenizatório.

Não há mais dúvida de que o dano moral deve ser indenizado em qualquer hipótese, se presentes os demais requisitos. O art. 186 é específico ao mencioná-lo, secundando o princípio

---

por mais que inexista contrato formal, o direito deve proteger o vínculo que se forma pela repetição de atos que tenham teor jurídico, pelo simples e aqui tantas vezes repetido motivo: protege-se a confiança depositada por uma das partes na conduta de seu parceiro negocial. 9. Mostrou-se, de fato, incontroverso que os investimentos realizados pela recorrente, para a produção das peças que serviriam ao computador de bordo de titularidade da recorrida, foram realizados nos termos das relações que se verificaram no início das tratativas entre essas empresas, fatos a respeito dos quais concordam os julgadores de origem. 10. Ademais, ressalta claramente dos autos que a própria recorrida estipulou quais os modelos de conectores deveriam ser produzidos pela recorrente e em que quantidade, vindo, após certo tempo, repentina e de maneira surpreendente, a alterar as especificações técnicas daquelas peças, tornando inúteis as já produzidas. 11. O ordenamento processual pátrio consagra o juiz como o perito dos peritos e a ele a lei atribui a tarefa de dar a resposta à controvérsia apresentada em juízo, não importando a que ramo do conhecimento diga respeito. Essa a lição que se extrai do art. 130 do CPC de 1973, que atribuiu ao juiz a função de ordenar e coordenar as provas a serem produzidas, conforme a utilidade e a necessidade, a postulação do autor e a resistência do réu, podendo determinar a realização de perícia, quando necessária a assessoria técnica para auxiliá-lo no deslinde da questão alvo (arts. 145, 421, 431-B do CPC). 12. Assim, a solução apresentada à controvérsia deve ser fruto do convencimento do Juiz, com base nas informações colhidas no conjunto probatório disponível nos autos, não estando restrito a uma e qualquer prova, especificamente. 13. Recurso especial parcialmente provido, para reconhecer a responsabilidade solidária da IBM – Brasil pelo ressarcimento dos danos materiais (danos emergentes e lucros cessantes) à recorrente" (*STJ* – REsp 1.309.972 – (2012/0020945-1), 8-6-2017, Rel. Min. Luis Felipe Salomão).

"Apelação – Ação de responsabilidade civil cumulada com indenização por danos materiais e morais – Acidente em tirolesa durante hospedagem – Defeito na prestação de serviço – Condenação incontroversa no pagamento de indenização por danos materiais e morais – Termo inicial dos juros moratórios – Apesar da existência de contrato de prestação de serviços entre as partes, o dano moral não advém de inadimplemento contratual, e sim de ato ilícito (fato do serviço) – **Responsabilidade civil aquiliana** – Juros de mora contados a partir do evento danoso e não da citação ou do arbitramento – Sentença mantida – Recurso não provido" (*TJSP* – Ap 0150904-20.2009.8.26.0001, 24-5-2016, Rel. Rosangela Telles).

"Acidente de trânsito – Responsabilidade civil – Culpa subjetiva – Colisão entre veículo e bicicleta – Causa de pedir fundamentada na culpa subjetiva – **Responsabilidade aquiliana** – Aplicação do art. 186 do CC – Ausência de prova – Ônus do autor – Indenização – Descabimento – Não demonstrada a culpa do réu em qualquer das suas modalidades para a ocorrência do evento danoso, ônus atribuído às autoras por força do art. 333, inc. I, do CPC, indevida qualquer indenização. Recurso desprovido" (*TJSP* – Ap 0009380-61.2009.8.26.0445, 17-7-2015, Rel. Gilberto Leme).

[4] "São cumuláveis as indenizações por dano material e dano moral oriundos do mesmo fato" (Súmula 37 do *STJ*).

da Constituição de 1988. O Código de 1916 não se referia expressamente à indenização por dano moral. O fato é, porém, que nosso Código de 1916 admitira em vários artigos a indenização de dano de cunho moral (arts. 1.537, 1.538, 1.543, 1.548, 1.549, 1.550). O Código de 2002 admite expressamente a reparação do dano moral: "*Art. 186. Aquele que, por ação ou omissão voluntária, negligência ou imprudência, violar direito e causar dano a outrem, **ainda que exclusivamente moral**, comete ato ilícito.*"

A Constituição de 1988 assegura a indenização do dano moral (art. 5º, V), dirimindo, a partir daí, qualquer possibilidade de dúvidas.

Em quarto lugar, surge a *culpa* para fazer emergir a responsabilidade civil. Culpa civil engloba, portanto, o dolo e a culpa estritamente falando. Da culpabilidade já nos ocupamos na seção anterior.

Nosso direito abandonou a vetusta distinção entre delitos e quase delitos, do código francês, que compreendiam, respectivamente, os atos dolosos e os atos culposos. Para nós, tanto os atos provenientes de dolo como os provenientes de culpa geram dever de indenizar. O que se mede é o prejuízo causado e não a intensidade da conduta do agente.

A ideia de culpa implica a de imputabilidade, de modo que, em princípio, os débeis mentais e os menores impúberes não podem ser responsabilizados, a não ser por intermédio das pessoas que os tenham sob sua guarda. De acordo com o art. 156 do Código Civil de 1916, o menor púbere equiparava-se ao maior quanto às obrigações decorrentes de ato ilícito em que for culpado.

No sistema tradicional do Código de 1916, era irrelevante a consideração do grau de culpa que outrora era levado em conta. Distinguiam-se a grave, a leve e a levíssima. A culpa grave era decorrente de imprudência ou negligência manifesta, avizinhando-se do dolo. A culpa leve era aquela em que faltava ao agente a diligência ordinária em sua conduta, aquela em que um homem comum poderia incidir, mas não um homem cuidadoso. A culpa levíssima era a situação que apenas um homem de extrema diligência e cuidado poderia evitar, não gerando, em geral, o dever de indenizar. Na doutrina tradicional, tal distinção é irrelevante, pois no sistema de 1916 o elemento fundamental é o prejuízo e não o grau de culpa, pois mesmo a culpa levíssima criará o dever de indenizar. Ultimamente, temos sentido uma reviravolta nesses paradigmas clássicos. A moderna doutrina, calcada nos juristas franceses mais atuais, admite que a indenização, mormente por dano moral, não tem um sentido exclusivamente de reparação do prejuízo, mas preenche também finalidade social, pedagógica e punitiva, ao impor um pagamento ao ofensor. A matéria será mais bem estudada em nosso volume 2. De qualquer modo, o presente Código não é infenso a essa nova perspectiva. O art. 944 estampa em seu *caput* a regra geral, qual seja, "*a indenização mede-se pela extensão do dano*". No entanto, seu parágrafo único, já referido, dispõe: "*Se houver excessiva desproporção entre a gravidade da culpa e o dano, poderá o juiz reduzir, equitativamente, a indenização.*" Portanto, o grau de culpa passa a ter influência na fixação da indenização, o que, no passado, não era admitido. A nova lei refere-se à possibilidade de redução da indenização. Aguardemos os rumos da jurisprudência na aplicação desse artigo. É de se prever que está aberta a válvula, inclusive, para a exacerbação da indenização, mormente nos danos morais e nos casos de culpa grave, o que, aliás, harmoniza-se com as novas tendências doutrinárias. Voltaremos ao tema ao cuidarmos especificamente da responsabilidade civil (Volume 2).

Outro critério na distinção da culpa é o da culpa *in concreto* e da culpa *in abstrato*. Pela culpa *in concreto*, examina-se a conduta do agente no caso ocorrido. Pela culpa *in abstrato*, a responsabilidade tem como padrão o homem médio da sociedade, o *diligens pater familias* dos romanos; trata-se de ficção. Entre nós, é adotado o critério da culpa *in concreto*.

Outras modalidades de culpa podem ser citadas. A culpa *in eligendo* é a decorrente da má escolha do representante ou preposto: alguém entrega a direção de veículo a pessoa não habilitada, por exemplo.

A culpa *in vigilando* é a que decorre da ausência de fiscalização sobre outrem, em que essa fiscalização é necessária ou decorre da lei; é a que ocorre no caso do patrão com relação aos empregados; os atos ilícitos do preposto fazem surgir o dever de indenizar do preponente. Pode também ocorrer com relação à própria coisa. O indivíduo que dirige veículo sem a devida manutenção dos equipamentos de segurança, por exemplo.

A culpa *in committendo* acontece quando o agente pratica ato positivo; a culpa *in omittendo*, quando a atitude consiste em ato negativo.

A culpa *in custodiendo* consiste na ausência de devida cautela com relação a alguma pessoa, animal ou coisa. É o caso do animal que não é devidamente guardado pelo dono e causa dano.

Todas essas situações, com maior ou menor profundidade, foram acolhidas em nossa lei.

A vítima, como regra geral, dentro da responsabilidade decorrente da culpa, deve provar os elementos constitutivos do ato ilícito para obter a reparação do dano.

Há tendência na jurisprudência que a cada dia mais se avoluma: a de se alargar o conceito de culpa para possibilitar maior âmbito na reparação dos danos.

Criou-se a noção de culpa presumida, alegando-se que existe dever genérico de não prejudicar. Sob esse fundamento, chegou-se, noutro degrau, à teoria da *responsabilidade objetiva*, que escapa à culpabilidade, o centro da *responsabilidade subjetiva*. Passou-se a entender ser a ideia de culpa insuficiente, por deixar muitas situações de dano sem reparação. Passa-se à ideia de que são importantes a causalidade e a reparação do dano, sem se cogitar da imputabilidade e da culpabilidade do causador do dano. O fundamento dessa teoria atende melhor à justiça social, mas não pode ser aplicado indiscriminadamente para que não se caia no outro extremo de injustiça. Contudo, já são vários os casos de responsabilidade objetiva em nossa legislação. O princípio geral de nosso Código Civil de 1916, no entanto, era de responsabilidade subjetiva. É no campo da teoria objetiva que se coloca a *teoria do risco*, pela qual cada um deve suportar os riscos da atividade a que se dedica, devendo indenizar quando causar dano. O presente Código inova arriscadamente nessa área. De fato, o parágrafo único do art. 927, que estabelece a obrigação geral de reparar o dano por conduta decorrente de ato ilícito, dispõe:

> "*Haverá obrigação de reparar o dano, independentemente de culpa, nos casos especificados em lei, ou quando a atividade normalmente desenvolvida pelo autor implicar, por sua natureza, risco para os direitos de outrem.*"

Abre-se, portanto, válvula para que, no caso concreto, o juiz defina a responsabilidade de acordo com o risco e suprima a discussão sobre a culpa. Assim, poderá a jurisprudência entender que, por exemplo, o simples fato de dirigir veículo automotor na via pública é atividade de risco. Antes de uma conclusão apressada, há que se aguardar o rumo dos julgados nesse aspecto. De qualquer forma, está na berlinda e corre o risco de ser exceção de fato, no futuro, em nosso país, a responsabilidade dependente da culpa.

São várias as subdivisões da teoria objetiva da responsabilidade, mas devem elas conviver lado a lado com a teoria subjetiva, pois, na verdade, completam-se. A teoria do risco encontra respaldo legislativo, entre nós, por exemplo, na legislação dos acidentes de trabalho. O raciocínio fundamental reside no seguinte fato: aquele que se serve da atividade alheia e dela tira proveitos responde pelos riscos a que expõe os empregados. Surge então a regra pela qual o patrão deve sempre indenizar os acidentes de trabalho sofridos pelos empregados, não se cogitando da culpa do patrão. A lei, para indenizar sempre, prevê indenização moderada, sendo o montante inferior àquele que normalmente decorreria da responsabilidade com culpa. O legislador criou um sistema securitário para suportar os acidentes do trabalho.

Com o alargamento que se dá hoje à tendência de admitir a responsabilidade sem culpa, inelutavelmente, no futuro, partiremos para a ampliação do campo securitário, como já ocorre em países mais desenvolvidos, para proteger determinadas profissões e atividades. Os mais extremados chegam a propugnar por um seguro geral que protegeria o indivíduo perante qualquer tipo de dano praticado a terceiros.

30.3 EXCLUSÃO OU DIMINUIÇÃO DA RESPONSABILIDADE

Sob determinadas circunstâncias, embora à primeira vista se encontrem presentes os requisitos para a responsabilização, esta não ocorre ou ocorre mitigadamente.

No tocante à diminuição dos efeitos do ato ilícito, deve ser mencionada a *concorrência de culpas*. Pode suceder que, não obstante o agente tenha agido com culpa, da mesma forma se tenha comportado a vítima. A culpa da vítima faz por compensar a culpa do agente. No campo civil, as culpas compensam-se, o que não ocorre no campo penal. Essa tem sido a orientação tradicional da jurisprudência.[5] Nesse sentido, o vigente Código é expresso: "*Se a vítima tiver*

---

[5] "Apelação cível. Ação declaratória c.c indenizatória. Fraude bancária. Golpe da falsa central de atendimento. Sentença de parcial procedência. Irresignação do réu. Preliminares deduzidas no recurso. Ilegitimidade passiva rejeitada. Discussão acerca da legalidade de lançamentos em cartão de crédito e empréstimos firmados com a instituição financeira. Requerimento de atribuição de efeito suspensivo e redução do valor da multa. Pleito prejudicado. Apreciação em sede de julgamento do recurso que mostra-se inócua. Preliminares rejeitadas. Preliminar arguida nas contrarrazões. Violação ao princípio da dialeticidade, não verificada. Apelante expôs de forma clara os motivos pelos quais requer a reforma da r. sentença. Preliminar rejeitada. Mérito. Autora que foi ludibriada pelos fraudadores. Ligação telefônica conduzindo a autora a comparecer em caixa eletrônico. Procedimento assaz incomum. Negligência/imprudência da autora. Prática de ato voluntário que explicita assunção de risco. Por outro lado, as operações realizadas destoam do perfil de consumo da demandante. Desídia da autora e falha no serviço de segurança do banco. **Culpa concorrente caracterizada (art. 945, CC)**. Débitos impugnados que deverão ser repartidos em igual proporção entre as partes. Sentença reformada. Sucumbência recíproca. Recurso parcialmente provido" (*TJSP* – Ap 1020601-94.2023.8.26.0554, 27-8-2024, Rel. Pedro Paulo Maillet Preuss).

"Apelação – Ação indenizatória – Danos materiais e morais – Falha na prestação do serviço público de fornecimento de água – Rompimento de tubulação de água que causou danos ao imóvel da autora – preliminar – Cerceamento de defesa – Esclarecimentos prestados pelo perito judicial, diligência que se mostra suficiente ao deslinde da causa – Rejeição – mérito – Pedido de reparação por danos patrimoniais e extrapatrimoniais ocasionados por rompimento na tubulação de água localizada atrás do imóvel da autora, o qual teria causado os danos estruturais alegados – Responsabilidade objetiva da concessionária de serviço público – Aplicabilidade do art. 37, § 6º da CF e do CDC – Falha na prestação do serviço constatada – Laudo pericial confirmatório – Responsabilidade civil configurada – No entanto, patente a **culpa concorrente** da autora, em maior grau – Imóvel que já apresentava falhas construtivas, além de edificações irregulares – Concausa caracterizada – Rompimento da tubulação que concorreu para a aceleração da deterioração do imóvel, sem ser a causa única – danos materiais – Dever de indenizar caracterizado – Adoção do montante apurado no laudo judicial – Perícia equidistante dos interesses das partes – Abatimento de 2/3 no valor indenizatório em razão da culpa concorrente da vítima – DANOS MORAIS – Violação extrapatrimonial configurada – Abatimento de 2/3 do valor arbitrado pelo juízo de origem – Consectários legais alterados por ser a ré autarquia municipal – Sucumbência não recíproca – Alteração – Reforma parcial da r. sentença – Recurso parcialmente provido" (*TJSP* – Ap 1007789-87.2019.8.26.0286, 4-9-2023, Rel. Silvia Meirelles).

"Apelação – Ação de inexistência de débito c.c indenização por danos morais – Golpe do *motoboy* – Sentença de parcial procedência – Recurso do banco réu – Compra realizada por falsários com o uso de cartão crédito da autora – Aprovação de operação em valor que foge ao histórico regular de gastos da consumidora – Falha na prestação de serviços – Reconhecimento, por outro lado, de parcela de culpa da correntista ao entregar indevidamente a tarjeta a terceiro – Descuro na adoção de medidas de cautela razoavelmente esperadas da titular do cartão – Hipótese de **culpa concorrente**, nos moldes do art. 945 do Código Civil – Danos morais – Ocorrência – Negativação indevida –

concorrido culposamente para o evento danoso, a sua indenização será fixada, tendo-se em conta a gravidade de sua culpa em confronto com a do autor do dano" (art. 945).

Quando ocorre *culpa exclusiva da vítima*, não podemos falar em indenização, pois o agente não contribuiu para o evento.[6] Quando a culpa é concorrente da vítima e do agente, isto é, a vítima *também concorreu para o evento danoso*, com sua própria conduta, o julgador, geralmente, fixará a indenização mitigadamente, em montante inferior ao prejuízo. É comum a indenização ser concedida pela metade ou em fração diversa, dependendo do grau de culpa com o qual concorreu a vítima. Como ambas as partes cooperaram para o evento, não é justo que uma só arque com os prejuízos. Aqui, a graduação da culpa interferirá no montante da indenização. Veja a dicção do atual Código.

Se o evento foi ocasionado por *caso fortuito* ou *força maior* (nossa lei não distingue os efeitos de ambos), deixa de existir o elemento culpa, cessando a responsabilidade. O parágrafo único do art. 393 equipara os fenômenos e define: "*O caso fortuito, ou de força maior, verifica-se no fato necessário, cujos efeitos não era possível evitar, ou impedir.*" No fenômeno do caso fortuito e da força maior, existem dois elementos: um de ordem interna, que é a inevitabilidade do evento, outro de ordem externa, que é a ausência de culpa do indigitado agente.

Padecimento imaterial caracterizado *in re ipsa* – Responsabilidade civil – *Quantum* indenizatório reduzido para R$ 5.000,00 (cinco mil reais) – Montante que, apesar de destoar do referencial adotado por esta Colenda 24ª Câmara de Direito Privado em casos de apontamento indevido, está de acordo com as peculiaridades do caso analisado, notadamente a configuração de culpa concorrente da autora – Sucumbência recíproca configurada – Sentença parcialmente reformada – Recurso parcialmente provido" (*TJSP* – Ap 1008031-27.2021.8.26.0011, 16-12-2021, Rel. Jonize Sacchi de Oliveira).

[6] "Apelação cível. Acidente de trânsito. Ação de indenização por danos materiais e morais. Atropelamento. **Culpa exclusiva da vítima.** Filmagens do momento do acidente. Evidente imprudência da vítima. Improcedência da demanda. 1. Ação de indenização por danos materiais e morais proposta pela autora que sofreu atropelamento por veículo conduzido pela requerida. Pleiteia reembolso por despesas médicas, recebimento de pensão vitalícia e indenização por danos morais. 2. Câmeras da via que flagraram conduta imprudente da vítima, revelando a excludente de responsabilidade por culpa exclusiva da vítima que atravessou a via fora da faixa de pedestres e desatenta ao fluxo de veículos. Aplicação dos artigos 373, I e 487, I do CPC. 3. Tese defensiva da ré alegando culpa exclusiva da vítima que atravessou a via fora da faixa de pedestres. Denunciação da lide ao seguro pela ré. Contestação da seguradora sustentando ausência de culpa da segurada e limitação da cobertura contratual. 4. Presunção de veracidade dos fatos pela ausência de prova em contrário pela autora (art. 373, I, CPC) acompanhada de prova da culpa exclusiva da vítima que atravessou a via fora da faixa de pedestres e desatenta ao fluxo de veículos. 5. Rompimento do nexo de causalidade entre a conduta da requerida e o dano da autora pela presença de excludente de responsabilidade civil (arts. 944 e 945 do CC). 6. Mantida sentença de improcedência. Desprovido recurso da autora" (*TJSP* – Ap 1002923-11.2020.8.26.0477, 29-8-2024, Relª Léa Duarte).

"Acidente de trânsito – Atropelamento – Culpa do requerido – Que transitava pela faixa exclusiva de ônibus – Demonstrada – Danos morais devidos à vítima e para sua avó – Valdecina –, que presenciara o infortúnio – Ausentes, no entanto, em relação a sua genitora – Verba honorária fixada na lide secundária que deve ser reduzida. Recurso parcialmente provido" (*TJSP* – Ap 0119417-89.2010.8.26.0100, 15-6-2015, Rel. Gil Cimino).

"Apelação – **Indenização por danos morais** – Queda em supermercado – Denunciação da lide à seguradora contratada pelo réu – Sentença que julgou improcedentes a lide principal e a secundária, impingindo ao réu os ônus sucumbenciais devidos à seguradora denunciada. Inconformismo da autora e do réu. 1. Apelo da autora. Provas coligidas nos autos indicativas de que a autora não sofreu a queda por culpa do réu. Aplicação do artigo 14, § 3º, II, do Código de Defesa do Consumidor. Responsabilidade objetiva do réu elidida pela culpa exclusiva da vítima. 2. Apelo do réu denunciante. Pleito recursal de afastamento do dever de suportar os ônus sucumbenciais relativos à lide secundária. Inconsistência. Embora a denunciação à lide estivesse prejudicada, em razão da improcedência da ação principal, foi ela julgada improcedente. Contudo, isso não afasta o dever do réu de arcar com os honorários advocatícios da seguradora denunciada. Denunciação da lide que não tem natureza obrigatória. Precedentes do Colendo Superior Tribunal de Justiça. 3. Manutenção da sentença por seus próprios fundamentos, nos termos do artigo 252 do Regimento Interno deste E. Tribunal de Justiça. Negado provimento aos recursos" (v. 16124) (*TJSP* – Ap 0003868-87.2012.8.26.0576, 8-7-2014, Rel. Viviani Nicolau).

A alegação de caso fortuito ou força maior cabe ao réu, e é a defesa alegada mais comum. Ainda, o art. 188 estatui casos de exclusão de ilicitude:

> *"Não constituem atos ilícitos:*
> *I – os praticados em legítima defesa ou no exercício regular de um direito reconhecido;*
> *II – a deterioração ou destruição da coisa alheia, ou a lesão a pessoa, a fim de remover perigo iminente.*
> *Parágrafo único. No caso do inciso II, o ato será legítimo somente quando as circunstâncias o tornarem absolutamente necessário, não excedendo os limites do indispensável para a remoção do perigo."*

O dispositivo prevê a *legítima defesa, o exercício regular de um direito reconhecido* e o *estado de necessidade*. Essas três situações fazem desaparecer a ilicitude.

A lei civil não define a legítima defesa porque é na lei penal que encontramos seu conceito. Com efeito, reza o art. 25 do Código Penal:

> *"Entende-se em legítima defesa quem, usando moderadamente dos meios necessários, repele injusta agressão, atual ou iminente, a direito seu ou de outrem."*

A regra geral é de que a defesa dos direitos deve ser entregue à decisão do Poder Judiciário. Excepcionalmente, porém, permite a lei a justiça de mão própria.

Segundo o conceito do Direito Penal, para que ocorram os pressupostos da legítima defesa, é necessário:

a) que a ameaça ou a agressão ao direito seja atual ou iminente;
b) que seja injusta;
c) que os meios utilizados na repulsa sejam moderados, isto é, não vão além do necessário para a defesa;
d) que a defesa seja de direito do agente ou de outrem.

Se a ameaça de ofensa ao direito não é iminente, deve o ameaçado recorrer às vias judiciais. Se a ameaça é justa, não pode haver legítima defesa, não se justificando a reação. Os meios utilizados não podem ir além do estritamente necessário para a repulsa à injusta agressão. É claro que, sob situação de agressão, não há termômetro exato para aferição de todas essas circunstâncias. Caberá ao julgador sopesar os elementos em cada caso concreto.

Assim como na esfera penal, a legítima defesa exclui a punição; no direito civil a legítima defesa exclui o dever de reparar o dano.

Outra situação prevista na lei é o *estado de necessidade*. Sob determinadas circunstâncias, uma pessoa pode vir a ser compelida a destruir bem alheio, sem que isso constitua ato ilícito, como prescreve o citado dispositivo do Código em análise.

Da mesma forma que a legítima defesa, o estado de necessidade encontra sua conceituação no campo penal. Dispõe o art. 24 do Código Penal:

> *"Considera-se em estado de necessidade quem pratica o fato para salvar de perigo atual, que não provocou por sua vontade, nem podia de outro modo evitar, direito próprio ou alheio, cujo sacrifício, nas circunstâncias, não era razoável exigir-se."*

O estado de necessidade, na esfera penal, afasta a ideia de crime. No estado de necessidade, o fato é objetivamente lícito.

Para que se configure o estado de necessidade, exige-se:

1. Perigo atual que ameace um bem jurídico, não provocado voluntariamente pelo agente. O perigo deve surgir independentemente da vontade do agente. Pouco importa a natureza do bem jurídico ameaçado, podendo tratar-se de pessoa ou coisa.
2. Prejuízo indispensável para evitar o dano iminente. O perigo deve ser de tal monta que deve obrigar o dono a praticar dano ao bem alheio. Nesse sentido, prescreve o parágrafo único do art. 188. O ato necessário requer do agente a intenção de evitar um perigo.
3. A limitação do prejuízo com relação à sua extensão. O agente deve limitar-se ao necessário para a remoção do perigo.
4. Proporção maior do dano evitado em relação ao dano infligido. É evidente que, para salvar coisa inanimada, não pode o agente atentar contra a vida de outrem. Não pode haver desproporção desmedida entre o valor do dano provável e o que se irá causar. Cada caso concreto dará a solução.

Assim, age em estado de necessidade quem destrói a propriedade alheia para salvar vida alheia, no caso de acidente, de incêndio, de afogamento.

Diversamente da legítima defesa, que exclui a responsabilidade, os arts. 1.519 e 1.520 do Código de 1916 determinavam que, se o dono da coisa destruída ou deteriorada não for culpado do perigo, o autor do dano será responsável pela reparação, ficando, contudo, com ação regressiva contra seu causador. No mesmo sentido estão os arts. 929 e 930 do atual Código. Assim, embora a lei declare que a ação sob estado de necessidade não tipifica um ato ilícito, nem por isso deixa de sujeitar o autor do dano a sua reparação. Nos termos do parágrafo único do art. 930 do atual Código, tanto no caso de estado de necessidade como no de legítima defesa, quando o prejudicado não é o ofensor, mas terceiro, o dever de indenizar mantém-se. Tal direito só desaparece se o atingido é o próprio ofensor ou o autor do estado de perigo.

Embora exista semelhança, a legítima defesa não se confunde com o estado de necessidade. Na legítima defesa, há reação do ofendido, por meio de contra-ataque; o perigo surge de uma agressão injusta. Já o estado de necessidade surge de um acontecimento fortuito, acidental, criado pelo próprio atingido ou por terceiro.

A outra hipótese que escusa a responsabilidade é *o exercício regular de um direito reconhecido*. No ato ilícito, há um procedimento contrário ao Direito. Portanto, o exercício de um direito elimina a ilicitude. Quem exerce um direito não provoca o dano (*qui iure suo utitur nemine facit damnum*). O credor que, preenchendo as condições legais, requer a falência do devedor comerciante; o proprietário que constrói em seu terreno, embora tolhendo a vista do vizinho, apesar de esses agentes causarem dano a outrem, não estão obrigados a indenizá-lo, porque agem na esfera de seu direito.

Sempre que o agente, conquanto à primeira vista esteja exercendo direito seu, extravasa os limites para os quais esse direito foi criado, ingressa na esfera do *abuso de direito*.

30.4 ABUSO DE DIREITO

Cada vez mais se torna difícil manter o homem no âmbito de seus próprios direitos. Tendo em vista a pressão social, o exercício de um direito, ainda que dentro de seu próprio limite, pode causar dano a outrem.

Na harmonização procurada pelo Direito, nem sempre a lesão do direito alheio conduzirá à possibilidade de indenização, tal como ocorre nos direitos de vizinhança, na legítima defesa, na manifestação do pensamento.

Na noção de ato ilícito, pugna o jurista segundo os conceitos de dolo e culpa e atinge a noção ampla de culpa civil. Por vezes, ocorre dano obrado por alguém que, aparentemente no exercício de seu direito, causa transtorno a terceiros. Esse extravasamento de conduta, dentro do âmbito do direito, pode gerar dever de indenizar. A temperança no exercício de qualquer ato da vida humana não é apenas virtude moral ou ética. O Direito não pode desconhecer essa realidade. Assim como a conduta do homem deve ser exercida com moderação, para não se sujeitar a uma reprimenda social ou psíquica, também o Direito não pode ser levado ao extremo.

A compreensão inicial do abuso de direito não se situa, nem deve se situar, em textos de direito positivo. A noção é supralegal. Decorre da própria natureza das coisas e da condição humana. Extrapolar os limites de um direito em prejuízo do próximo e da sociedade merece reprimenda, em virtude de consistir em violação a princípios de finalidade da lei e da equidade.

É inafastável, por outro lado, que a noção de abuso de direito se insira no conflito entre o interesse individual e o interesse coletivo.

A aplicação da teoria é relativamente recente. Contudo, não há que se localizá-la exclusivamente no campo do Direito Civil ou do direito privado propriamente dito. Hoje, com a plublicização do direito privado e com o aumento avassalador dos poderes do Estado, deve a teoria servir de obstáculo aos mandos e desmandos do Estado títere.

No vocábulo *abuso* encontramos sempre a noção de excesso; o aproveitamento de uma situação contra pessoa ou coisa, de maneira geral. Juridicamente, abuso de direito pode ser entendido como o fato de se usar de um poder, de uma faculdade, de um direito ou mesmo de uma coisa, além do que razoavelmente o Direito e a sociedade permitem.

Ocorre abuso quando se atua aparentemente dentro da esfera jurídica, daí ser seu conteúdo aplicável em qualquer esfera jurídica, ainda que isso no direito público possa ter diferente rotulação.

Cumpre, portanto, saber quais as situações em que se configura o abuso de direito, quais suas consequências, quais os sujeitos ativo e passivo dessa relação jurídica e, ainda, qual sua natureza jurídica.

30.4.1 Conceito de Abuso de Direito

A doutrina tem certa dificuldade em situar o abuso de direito em uma categoria jurídica.

Primeiramente, a teoria ora tratada foi colocada em capítulo "Da responsabilidade civil," como simples expansão da noção de culpa. Também foi o abuso de direito situado como categoria autônoma, uma responsabilidade especial, paralela ao ato ilícito.

O fato é que a teoria atingiu a noção de direito subjetivo, delimitando sua atuação. Entendeu-se que nenhum direito pode ser levado às últimas consequências. Nada mais, nada menos do que a aplicação do velho brocardo *summum ius, summa iniura* (justiça perfeita, injustiça perfeita).

Pedro Batista Martins (1941) vê no abuso de direito não categoria jurídica à parte, mas fenômeno social.

Ocorre, porém, que o abuso de direito deve ser tratado como categoria jurídica simplesmente porque traz efeitos jurídicos. Aquele que transborda os limites aceitáveis de um direito, ocasionando prejuízo, deve indenizar. Como vemos, os pressupostos são por demais assemelhados aos da responsabilidade civil. Contudo, como no campo da responsabilidade civil há quase sempre a noção de culpa, no abuso de direito, essa noção, se bem que possa integrar a natureza do ato, deve ser afastada.

Quer se encare o abuso de direito como extensão do conceito de responsabilidade civil, quer se encare como falta praticada pelo titular de um direito, importa saber, do ponto de vista eminentemente prático, como devem ser regulados os efeitos do abuso. Resta inarredável que, sendo o abuso transgressão, no sentido lato, de um direito, suas consequências deverão ser assemelhadas às do ato ilícito. Isso será tanto mais verdadeiro, como se verá, em nosso direito, nos termos dos mencionados arts. 186 e 188.

Deve ser afastada qualquer ideia de que exista direito absoluto.

No abuso de direito, pois, sob a máscara de ato legítimo esconde-se uma ilegalidade. Trata-se de ato jurídico aparentemente lícito, mas que, levado a efeito sem a devida regularidade, ocasiona resultado tido como ilícito.

O exercício de um direito não pode afastar-se da finalidade para a qual esse direito foi criado.

É inafastável certo arbítrio do julgador, ao se defrontar com situação de abusos de direito. Todavia, esse arbítrio é mais aparente do que real, pois o juiz julga em determinada época, circundado por um contexto social e histórico, o que fatalmente o fará obedecer a esses parâmetros, uma vez que sua decisão sofrerá o crivo de seus pares.

Não obstante os resultados práticos do abuso de direito (forma de indenização) localizarem-se no campo da responsabilidade civil, é na parte geral do Direito Civil, ou, melhor ainda, na Teoria Geral do Direito, que deve ser colocada a teoria ora estudada. Por esse fato, uma norma genérica sobre o abuso de direito é de difícil solução legislativa, como se vê das próprias legislações que adotaram positivamente o sistema. Daí por que, mesmo nas legislações que silenciam sobre a teoria, é ela aplicada sem rebuços, como na França, que teve jurisprudência precursora sobre a matéria.

Conclui-se, portanto, que o titular de prerrogativa jurídica, de direito subjetivo, que atua de modo tal que sua conduta contraria a boa-fé, a moral, os bons costumes, os fins econômicos e sociais da norma, incorre no *ato abusivo*. Nessa situação, o ato é contrário ao direito e ocasiona responsabilidade do agente pelos danos causados.

O presente Código, como mencionamos na seção 30.4.4, adotou fórmula expressa para definir o abuso de direito, colocando-o na categoria dos atos ilícitos.

30.4.2 Alguns Exemplos Significativos de Abuso de Direito

Nos direitos reais, especialmente no direito de propriedade, surge a teoria quando os direitos são exercidos com intenção de prejudicar.

Nos direitos de família, mormente nos casos de abuso do pai de família, do velho poder marital e do poder familiar, lembramos que incumbia ao marido, entre nós, no estatuto de 1916, antes dos princípios constitucionais de igualdade de 1988, fixar o domicílio do lar conjugal, mas não podia o varão alterar o domicílio a seu arbítrio, de modo que prejudicasse o lar conjugal e a prole. Também se aplica a teoria ao caso de negativa injustificada para autorização de casamento de filho menor.

No direito contratual, podemos exemplificar abuso de direito na recusa injustificada de contratar, no rompimento da promessa de contratar, no desfazimento unilateral injustificado do contrato (resilição do contrato).

No direito de trabalho, defrontamo-nos com o direito de greve, que pode desviar-se da legalidade, pois não pode ser exercido senão com propósitos de beneficiar os trabalhadores.

No direito processual, o abuso de direito caracteriza-se pela lide temerária, trazendo o CPC, nos arts. 71 e 78, descrição pormenorizada da falta processual.

Os autores repetem, com ênfase, o que teria sido o primeiro caso albergado pela jurisprudência francesa: um proprietário erige em seu terreno obstáculos de madeira, com extremidades pontiagudas, para dificultar o voo de aeronaves no terreno vizinho. Trata-se da célebre decisão do Tribunal de Compiègne de 1913, de Clement Bayard. O proprietário pretendia forçar a compra de seu terreno a preço elevado (Colin e Capitant, 1934, v. 2:190).

Sílvio Rodrigues (1975:48) enumera o caso também da jurisprudência francesa, cuja corte entendeu ser ilícito o comportamento de médico que, na utilização de aparelho elétrico, interferia nos aparelhos de rádio postos à venda em loja próxima. O proprietário da loja viu-se impedido de mostrar os aparelhos em funcionamento para seus fregueses. Obteve o comerciante ganho de causa, sendo o médico condenado a pagar perdas e danos.

Aguiar Dias (1979, v. 2), em sua obra clássica sobre responsabilidade civil, também se refere a outros exemplos de uso abusivo de direito. Tal é o caso de alguns cães de caça que adentraram no imóvel de vizinho, em perseguição a aves, vindo a ser alvejados pelo proprietário do imóvel. O caso envolvia, de um lado, o direito de caçar e, de outro, o direito de propriedade. Trata-se de caso levado ao antigo Tribunal de Apelação de São Paulo. Com divergência, decidiu-se que o proprietário abusou de seu direito de propriedade ao matar os cães. Teria ele mero direito de indenização por eventuais danos causados pelos animais, além de os caçadores perderem a caça abatida, porque a matéria é regulada por lei.

Outro exemplo citado por esse autor refere-se a romancista que, baseado em fatos da vida cotidiana, permite a identificação da personagem, trazendo prejuízos à pessoa real. Haverá, nesse caso, abuso de direito do escritor. O mesmo se diga em relação ao cinema, teatro e telenovelas, que, por vezes, abusam na cópia de personagens, permitindo a identificação da pessoa na vida real e acarretando, em tese, prejuízos, ao menos de ordem moral.

Lembre-se, ainda, das formas de defesa de propriedade, por meio de ofendículas cada vez mais sofisticadas. Houve exemplo no interior do Estado de São Paulo, noticiado pela imprensa, de certo sitiante que, pretendendo defender sua propriedade, eletrificou as cercas, o que veio a causar a morte de um menor. Houve evidente excesso na legítima defesa da propriedade. Ainda que o autor do dano tivesse se precavido colocando avisos na cerca eletrificada, sempre haveria a possibilidade de um analfabeto ou uma criança aproximar-se dela, como de fato ocorreu. O direito de propriedade deve ser entendido nos devidos termos, pois nunca poderá ser erigido em valor superior à vida humana. A defesa da propriedade nunca poderá ser tal que coloque em risco número indeterminado de pessoas.

Outro aspecto que diz respeito à matéria ora tratada é o da responsabilidade pelo dano ecológico. As indústrias que jogam detritos nos mares, lagos e rios praticam evidente abuso de direito. Desgraçadamente, temos conhecimento de danos de vulto ocasionados pelo despejo de substâncias químicas no mar, como foi o caso notificado que ocorreu no Japão e comprometeu inclusive a higidez física de futuras gerações, com a ingestão pela população de pescado infestado por mercúrio. São terríveis os danos causados pelo derrame de petróleo nos oceanos.

No caso de dano ecológico, nem sempre a teoria da culpa será suficiente para combatê-lo. A teoria do abuso de direito servirá para tal finalidade.

Intimamente ligados com esse último problema estão os danos causados por experiências nucleares e pela utilização da energia derivada dessa fonte. Cada vez tornam-se mais discutíveis as vantagens da energia nuclear, se cotejadas com a possibilidade de causar danos irreparáveis à humanidade.

30.4.3 Aplicação da Teoria do Abuso em Nosso Direito

O art. 160, I, de nosso Código Civil de 1916, timidamente, consagrara o princípio do abuso de direito, com caráter objetivo:

"*Não constituem atos ilícitos:*

I – Os praticados em legítima defesa **ou no exercício regular de um direito reconhecido**" (grifo nosso).

Portanto, no passado, ficou consagrado em nosso direito que o exercício "*irregular*" de um direito constitui ato ilícito. O abuso de direito, como acenamos, é tratado como ato ilícito. Suas consequências são as mesmas do ato ilícito.

A controvérsia maior surge, na prática, em delimitar o alcance do exercício irregular de um direito. Não resta dúvida de que o juiz terá amplos poderes no exame de cada caso.

Ademais, existem disposições em nosso direito nas quais despontam a noção de coibição do abuso de direito.

O art. 5º da Lei de Introdução às Normas do Direito Brasileiro, Lei nº 12.376, de 30-12-2010, dispõe: "*Na aplicação da lei, o juiz atenderá aos fins sociais a que ela se dirige e às exigências sociais do bem comum.*" O critério finalístico do direito deve, pois, sempre estar presente no julgamento.

O art. 76 do Código Civil de 1916 determinava que "*para propor, ou contestar uma ação, é necessário ter legítimo interesse econômico, ou moral*". A propositura de demanda temerária converte-se em abuso de direito.

O art. 153 de nosso Código dispõe que "*não se considera coação a ameaça do exercício normal de um direito*", numa aplicação específica do princípio do art. 188, I.

Também, entre outras, as disposições referentes aos direitos de vizinhança nada mais são do que a aplicação do princípio, desde o Direito Romano.

O grande critério norteador do instituto entre nós, no sistema do Código antigo, era o do art. 160, I. Como vimos, o legislador preferiu forma indireta de instituí-lo.

A problemática surge quanto ao modo de se fixar no caso concreto o abuso. A dúvida maior é saber se por nossa legislação há necessidade do *animus* de prejudicar, ou se o critério objetivo da pouca valia do ato para o agente pode ser utilizado.

Melhor concluir, aderindo a parte da doutrina, que o critério mais eficaz é o finalístico adotado pelo direito pátrio. O exercício abusivo de um direito não se restringe aos casos de intenção de prejudicar. Será abusivo o exercício do direito fora dos limites da satisfação de interesse lícito, fora dos fins sociais pretendidos pela lei, fora, enfim, da normalidade.

Assim, o abuso de direito não se circunscreve às noções de dolo e culpa, como pretendem alguns. Se isso fosse de se admitir, a teoria nada mais seria do que um capítulo da responsabilidade civil, ficando em âmbito mais restrito. Se, por outro lado, fosse essa a intenção do legislador, o princípio genérico do art. 186 seria suficiente, não tendo por que a lei falar em "*exercício regular de um direito*" no artigo seguinte. Portanto, se, de um lado, a culpa e o dolo podem integrar a noção, tal não é essencial para a configuração do abuso, uma vez que o proposto é o exame, em cada caso, do desvio finalístico do exercício do direito. Daí sustentarmos que a transgressão de um dever legal preexistente, no abuso de direito, é acidental e não essencial para configurá-lo. Essa também parece ser a conclusão de Clóvis Beviláqua (1916, v. 1:473): "*O exercício anormal do direito é abusivo. A consciência pública reprova o exercício do direito do indivíduo, quando contrário ao destino econômico e social do direito, em geral.*"

Se, por um lado, não se equipara o abuso de direito ao ato ilícito, nem se coloca o instituto no campo da responsabilidade civil, como consequência prática, por outro lado, a reparação do dano causado será sempre feita como se se tratasse de um ato ilícito. Isso quando não houver forma específica de reparação no ordenamento.

30.4.4 Abuso de Direito no Atual Código Civil

O vigente estatuto incluiu texto sobre o abuso de direito, na categoria dos atos ilícitos, com a seguinte redação:

> "*Dos Atos Ilícitos*
>
> *Art. 186. Aquele que, por ação ou omissão voluntária, negligência ou imprudência, violar direito e causar dano a outrem, ainda que exclusivamente moral, comete ato ilícito.*
>
> *Art. 187. Também comete ato ilícito o titular de um direito que, ao exercê-lo, excede manifestamente os limites impostos pelo seu fim econômico ou social, pela boa-fé ou pelos bons costumes*".

A colocação do atual diploma é correta e merece elogios. O fato de a matéria estar inserida no capítulo dos atos ilícitos em nada o prejudica. De fato, se o abuso de direito não constitui propriamente um ato ilícito e transcende os limites da responsabilidade civil, razão prática impõe que as consequências do abuso sejam as mesmas da reparação por responsabilidade civil. A boa-fé objetiva, como cláusula aberta, é um dos elementos a serem analisados na conceituação do abuso. Esse conceito de boa-fé se mostra presente em outras situações do atual Código, como um critério para a interpretação dos negócios, bem como para a análise dos contratos. Juntamente com a boa-fé, avulta de importância o critério do julgador no caso concreto, pois, ao concluir pelo abuso de direito, verificará ele se, além de transgredir a boa-fé objetiva aceitável na hipótese, a conduta excedeu os limites estabelecidos para o fim econômico ou moral do direito que se discute, além dos bons costumes, também citados no texto legal.

O Código de 2002, de forma elegante e concisa, prescinde da noção de culpa, no art. 187, para adotar o critério objetivo-finalístico. É válida, portanto, a afirmação apresentada de que o critério de culpa é acidental e não essencial para a configuração do abuso. Adota ainda a atual lei, ao assim estabelecer, a corrente majoritária em nosso meio.[7]

---

[7] "Dano moral – Porta Giratória – Sapatos com bico de metal – 1- O uso de porta giratória é regular e configura exercício regular de direito evitar ingresso de possíveis armas no interior da agência bancária. 2- No entanto, desbordou desse exercício de direito o banco, pois obrigou o autor a retirar os sapatos e, após feito isso, o impediu de ingressar porque estava descalço. O cliente só pôde resolver suas pendências bancárias com uso de sandálias de sua esposa, sendo, por isso, alvo de chacota dos funcionários e demais clientes presentes na

Como enfatizamos, toda essa matéria será aprofundada nos estudos específicos da responsabilidade civil.

---

agência. 3- Os fatos alegados na inicial são incontroversos, porque não foram validamente impugnados na oportunidade processual adequada, não logrando o réu exigir prova deles apenas em sede de recurso. 4- No arbitramento do dano moral, há que se observar as circunstâncias da causa, a capacidade econômica das partes e as finalidades reparatória e pedagógica desse arbitramento. Não há caráter punitivo, mas meramente pedagógico. 5- Observando-se que a sentença não deve ser reformada, porquanto irretocável sua análise dos fatos e fundamentação, possível a confirmação do resultado, ratificando aqueles fundamentos, nos termos do art. 252 do Regimento Interno desta Corte. 6- Recurso não provido" (*TJSP* – AC 1006045-58.2018.8.26.0006, 19-6-2019, Rel. Melo Colombi).

"Apelação Cível – **Responsabilidade Civil – Dano moral** – Porta giratória – Dever de segurança – Exercício regular de direito – Abuso no exercício desse direito que se equipara a ato ilícito – Art. 187, CC – Dano moral configurado – *Quantum* mantido – A simples abordagem em porta giratória, por si só, não é situação suficiente para caracterizar dano moral. Equipamento de segurança integrante do aparato de segurança dos bancos, que têm obrigação de prestar vigilância e garantir a segurança interna de seus empregados e usuários. Lei nº 7.102/1983. No entanto, responde a instituição financeira e a empresa de vigilância quando exercer tal direito excedendo manifestamente os limites impostos pelo seu fim econômico ou social, pela boa-fé ou pelos bons costumes. Situação dos autos em que a prova produzida demonstrou que a autora restou exposta a situação que superou em muito o razoavelmente aceito, tendo ocorrido abuso do direito, considerando que a autora, mesmo após retirar todos os seus pertences pessoais da bolsa nas diversas tentativas de ingressar ao banco, teve o acesso bloqueado na porta giratória, tendo sido exposta a situação de constrangimento e humilhação. Prova oral que confirmou a atuação dos demandados ao impedir o acesso da autora na agência bancária, cuja situação gerou-lhe notório nervosismo e abalo psíquico, não tendo conseguido acessar o banco. Dever de indenizar mantido. Valor da condenação fixado (R$ 5.000,00) de acordo com as peculiaridades do caso em concreto, bem assim observados os princípios da proporcionalidade e razoabilidade e a natureza jurídica da condenação. Apelo Desprovido" (*TJRS* – AC 70077319945, 16-5-2018, Rel. Des. Tasso Caubi Soares Delabary).

"Apelação – Indenização – Inscrição em cadastro negativo – Devedor em mora – **Exercício regular do direito** – Litigância de má-fé – Necessidade de exercício abusivo do direito – A inscrição em cadastro negativo do nome do devedor em mora configura exercício regular do direito do credor, não havendo como responsabilizar este pelos danos advindos de tal conduta. O exercício do direito de ação desprovido de abuso não configura litigância de má-fé" (*TJMG* – AC 1.0079.14.003739-5/001, 23-2-2018, Rel. Pedro Bernardes).

"Apelação – **Ação de indenização por danos morais** – Danos que, segundo o autor, policial militar, decorreram da instauração de procedimento administrativo, originado de fatos narrados pelo réu – Procedimento administrativo que foi arquivado por falta de provas – Sentença de improcedência – Apelo do autor – Inconsistência – Ausência de provas de que a instauração do procedimento tenha ocorrido de forma injusta, despropositada e de má-fé – Demandado que agiu no exercício regular de seu direito – Inexistência de ato ilícito a viabilizar reparação de eventuais danos. Manutenção da sentença por seus próprios fundamentos, nos termos do artigo 252 do Regimento Interno deste Tribunal de Justiça – Negado provimento ao recurso" (*TJSP* – Ap 1000521-72.2015.8.26.0269, 1-4-2016, Rel. Viviani Nicolau).

"Apelação cível – Indenização por danos morais – Preliminar de cerceamento de defesa. Possibilidade de julgamento antecipado da lide, nos termos do artigo 330, I, do CPC. Desnecessidade da oitiva de testemunhas. Documentos acostados que são o suficiente para a resolução da questão. Inocorrência de prejuízo da recorrente em virtude da não apresentação de memoriais. Pedido preliminar afastado. Mérito Incidência do art. 252 do RITJSP. Representação a órgão de classe. Expressões injuriosas e difamatórias que não condizem com a legalidade. **Abusos que afastam a alegação de exercício regular de um direito e da profissão.** Dano moral configurado. Imperiosa a redução da condenação para o montante de R$ 6.000,00, com incidência de juros legais da data do evento danoso (Súmula 54 do STJ) e de correção monetária da publicação do acórdão (Súmula 362 do STJ). Sentença reformada. Recurso parcialmente provido" (*TJSP* – Ap 0003040-02.2013.8.26.0562, 31-3-2015, Rel. José Joaquim dos Santos).

31

PRESCRIÇÃO E DECADÊNCIA

31.1 INFLUÊNCIA DO TEMPO NAS RELAÇÕES JURÍDICAS

O exercício de um direito não pode ficar pendente indefinidamente. Deve ser exercido pelo titular dentro de determinado prazo. Isso não ocorrendo, perderá o titular a prerrogativa de fazer valer seu direito. O tempo exerce, como já assentado nesta obra, influência abrangente no Direito, em todos os campos, no direito público e no direito privado.

Se a possibilidade de exercício dos direitos fosse indefinida no tempo, haveria instabilidade social. O devedor, passado muito tempo da constituição de seu débito, nunca saberia se o credor poderia, a qualquer momento, voltar-se contra ele. O decurso de tempo, em lapso maior ou menor, deve colocar uma pedra sobre a relação jurídica cujo direito não foi exercido. É com fundamento na paz social, na tranquilidade da ordem jurídica que devemos buscar o fundamento do fenômeno da prescrição e da decadência. A tendência moderna é restringir o lapso de tempo para o exercício de direitos, fixado em extensos 20 anos no Código de 1916, para as ações pessoais (art. 177). Em passado mais remoto esse prazo era ainda maior, de 30 anos. Esse prazo mostrava-se exagerado mais atualmente e foi restringido pelo atual Código, como apontaremos.

O direito exige que o devedor cumpra sua obrigação e permite ao credor valer-se dos meios necessários para receber seu crédito. Se o credor, porém, mantém-se inerte por determinado tempo, deixando estabelecer situação jurídica contrária a seu direito, este será extinto. Perpetuá-lo seria gerar terrível incerteza nas relações sociais. Existe, pois, interesse de ordem pública na extinção dos direitos que justifica os institutos da prescrição e da decadência.

Num primeiro contato, e para os não iniciados na ciência jurídica, a prescrição pode parecer injusta, pois contraria o princípio segundo o qual quem deve e comprometeu-se precisa honrar as obrigações assumidas. Contudo, como pretendemos demonstrar, a prescrição é indispensável à estabilidade das relações sociais. O adquirente de imóvel precisa ter essa aquisição estabilizada e não pode ficar sujeito indefinidamente a eventual ação de reivindicação. Esse mesmo adquirente, ao efetuar o negócio, deve certificar-se de que a propriedade adquirida efetivamente pertence ao alienante e que, no prazo determinado pela lei, esse bem não tenha sofrido turbação. Não fosse assim, o adquirente nunca poderia ter certeza de estar adquirindo bem livre e desembaraçado, porque teria de investigar, retroativamente, por tempos imemoriais, as vicissitudes do bem que adquiriu.

Não fosse o tempo determinado para o exercício dos direitos, toda pessoa teria de guardar indefinidamente todos os documentos dos negócios realizados em sua vida, bem como das gerações anteriores.

Com a extinção dos direitos pela prescrição e pela decadência, há prazo determinado, o qual, depois de escoado, isenta de riscos de eventual anulabilidade. Numa aquisição de imóvel, o adquirente só deve examinar o título do alienante e dos seus antecessores imediatos no período de 20 anos, que era o prazo máximo estabelecido no Código de 1916. Houve redução para 10 anos no atual estatuto (art. 205). Se tudo estiver em ordem, poderá efetuar tranquilamente a aquisição. Os recibos e demais documentos de negócios efetuados só precisam ser guardados até que se escoem os respectivos prazos prescricionais ou decadenciais fixados na lei.

Assim, o aspecto à primeira vista desfavorável da prescrição é superado pelas vantagens apontadas.

Note que os institutos da prescrição e da decadência são construções jurídicas. O tempo é fato jurídico, acontecimento natural. A prescrição e a decadência são fatos jurídicos em sentido estrito, porque criados pelo ordenamento. Cabe, portanto, ao legislador fixar os prazos de extinção dos direitos, que podem ser mais ou menos dilatados, dependendo da política legislativa. Coube também ao legislador do vigente Código estabelecer critérios mais seguros para distinguir prescrição de decadência, algo que nos incomodava.

31.2 PRESCRIÇÃO EXTINTIVA E PRESCRIÇÃO AQUISITIVA

A *prescrição extintiva*, prescrição propriamente dita, conduz à perda do direito de ação por seu titular negligente, ao fim de certo lapso de tempo, e pode ser encarada como força destrutiva.

Fala-se também da *prescrição aquisitiva*, que será tratada devidamente ao ser estudado a usucapião, no direito das coisas.

A prescrição aquisitiva consiste na aquisição do direito real pelo decurso de tempo. Tal direito é conferido em favor daquele que possuir, com ânimo de dono, o exercício de fato das faculdades inerentes ao domínio ou a outro direito real, no tocante a coisas móveis e imóveis, pelos períodos de tempo que são estabelecidos pelo legislador. São dois os fatores essenciais para a aquisição de direito real pela usucapião: o tempo e a posse. O decurso de tempo é essencial, porque cria uma situação jurídica. A posse cria estado de fato em relação a um direito.

Se o possuidor de um imóvel tivesse título e boa-fé, o prazo prescricional era de 10 anos entre presentes e 15 entre ausentes, no sistema tradicional de 1916. Se o possuidor de um imóvel não estivesse munido de justo título, o termo seria de 20 anos, no mesmo diploma, para perfazer a usucapião.[1] Em qualquer caso, devem se aliar ao decurso de tempo a continuidade e a pacificidade da posse, com ânimo de ser dono. Se a coisa fosse móvel, a aquisição se daria em cinco anos, na ausência de título, e em três anos, com justo título e boa-fé, no Código de 1916. Aqui apenas se exemplifica, pois esses prazos foram sensivelmente alterados no Código atual. Há inúmeras particularidades na usucapião que serão mais bem estudadas no momento próprio, inclusive as inovações trazidas pelo corrente Código.

É tida como aquisitiva essa prescrição porque, solidificando uma situação fática, pelo decurso de tempo, confere direito real ao possuidor. O direito do possuidor convalesce, ainda que a princípio não seja perfeito.

---

[1] Lembre-se também do chamado usucapião constitucional, referido no art. 183 da Constituição Federal, cujo prazo prescricional é de cinco anos.

Embora tanto na prescrição extintiva como na prescrição aquisitiva o ponto de contato seja o decurso do tempo, os institutos têm finalidades diversas. Em razão disso, é correta a posição de ambos os Códigos em separar as duas formas de prescrição. A prescrição extintiva é estruturada na Parte Geral, uma vez que se aplica a todos os direitos, enquanto a usucapião é regulada na Parte Especial, dentro do direito das coisas, no qual tem seu campo de aplicação, pois sua finalidade é a aquisição de direitos reais.

Como percebemos, a finalidade social de uma e de outra é diversa: enquanto a prescrição extintiva faz desaparecer direitos em face da inércia do titular, a prescrição aquisitiva ou usucapião faz nascer direito real, motivado pela posse contínua de uma coisa.

Neste capítulo, tratamos unicamente da prescrição extintiva, denominada simplesmente *prescrição*.

31.3 SÍNTESE HISTÓRICA DA PRESCRIÇÃO

A palavra *prescrição* vem do vocábulo latino *praescriptio*, derivado do verbo *praescribere*, formado por *prae* e *scribere*; significa *escrever antes* ou *no começo*.

Antônio Luís Câmara Leal (1978:3) descreve a história desse conceito etimológico. Quando o pretor foi investido pela lei Aebutia, no ano 520 de Roma, do poder de criar ações não previstas no direito honorário, introduziu o uso de fixar prazo para sua duração, dando origem, assim, às chamadas ações temporárias, em contraposição com as ações de direito quiritário que eram perpétuas. Ao estabelecer, prescrever, que a ação era temporária, fazia o pretor precedê-la de parte introdutória chamada praescriptio, porque era escrita antes ou no começo da fórmula. Por uma evolução conceitual, o termo passou a significar extensivamente a matéria contida nessa parte preliminar da fórmula, surgindo então a acepção tradicional de extinção da ação pela expiração do prazo de sua duração. O direito anglo-saxão, que recebeu a influência do direito romano mantendo suas origens históricas, lembra ainda, na prescrição, a atividade do pretor, no chamado "statute of limitations", como denomina o instituto nos países de língua inglesa.

O instituto da prescrição era desconhecido no Direito Romano. Vigorava, a princípio, noção de perpetuidade das ações. Foi justamente com o período ânuo de jurisdição do pretor, como vimos na explicação etimológica, que surgiu a temporaneidade das ações. Surge, então, necessidade de delimitar o tempo dentro do qual as ações poderiam ser propostas, criando-se distinção entre ações perpétuas e temporárias.

No direito de família, a noção completou-se. O casamento formal dos romanos – *cum manu* – obedecia a um rito, nas duas formas, a *confarreatio* e a *coemptio*. Se não fosse obedecida alguma das formalidades, haveria nulidade, mas o decurso do tempo sanava a irregularidade, caso tivesse havido convivência conjugal durante um ano. O *usus,* que era outra forma de união, pela Lei das XII Tábuas, consolidava-se ao fim de dois anos de convivência, daí surgindo a palavra *usucapião,* que pressupõe uma aquisição pela posse, com justo título e boa-fé. *Praescriptio* significava, como vimos, a propositura tardia de uma demanda, fora de qualquer questão possessória.

Justiniano estabeleceu duas espécies de prescrição: (a) *longis temporis praescriptio,* que corresponde ao *usucapio,* que exige posse, justo título e boa-fé; (b) a *longissimi temporis praescriptio,* que era oponível em qualquer situação e não exigia nem posse nem justo título.

31.4 CONCEITO E REQUISITOS DA PRESCRIÇÃO

Sempre foi controvertido na doutrina se a prescrição extingue a ação ou se mais própria e diretamente o direito.

Como aduz Câmara Leal (1978:8), historicamente a prescrição foi introduzida como forma de tolher a ação. O direito podia sobreviver à ação. A inércia é causa eficiente da prescrição; ela não pode, portanto, ter por objeto imediato o direito. O direito incorpora-se ao patrimônio do indivíduo. Com a prescrição o que perece é o exercício desse direito. É, portanto, contra a inércia da ação que age a prescrição, a fim de restabelecer estabilidade do direito, eliminando um estado de incerteza, perturbador das relações sociais. Por isso, a prescrição só é possível quando existe ação a ser exercida. O direito é atingido pela prescrição por via de consequência, porque, uma vez tornada a ação não exercitável, o direito torna-se inoperante. Tanto isso é válido que a lei admite como bom o pagamento de dívida prescrita, não admitindo ação para repeti-lo. Também os títulos de crédito, prescritos, se não autorizam a ação executiva, sobrevivem à prescrição, pois podem ser cobrados por ação ordinária de enriquecimento sem causa, o que demonstra que o direito, na verdade, não se extingue. Ver, a respeito, os arts. 61 e 62 da Lei do Cheque (Lei nº 7.357, de 2-9-1985).

Na clássica e decantada definição de Clóvis Beviláqua (1980:286), "prescrição é a perda da ação atribuída a um direito, e de toda a sua capacidade defensiva, em consequência do não uso delas, durante um determinado espaço de tempo". Como acrescenta o autor do Projeto de 1916, não é o fato de não se exercer um direito que lhe tira a força. Os direitos podem ficar inativos em nosso patrimônio por tempo indeterminado. O que torna inválido esse direito é a não utilização de sua propriedade defensiva, em suma, da ação que protege esse direito. A noção harmoniza-se com a compreensão romana de defesa de direitos.

Como requisitos da prescrição, ou seus elementos integrantes, temos (Leal, 1978:11):

"1. a existência de ação exercitável;
2. a inércia do titular da ação pelo seu não exercício;
3. a continuidade dessa inércia por certo tempo;
4. ausência de fato ou ato impeditivo, suspensivo ou interruptivo do curso da prescrição".

1. A existência de ação exercitável é o objeto da prescrição. Tendo em vista a violação de um direito, a ação tem por fim eliminar os efeitos dessa violação. Violado o direito, surge a pretensão. A ação prescreverá se o interessado não a promover. Tão logo surge o direito de ação, já principia a transcorrer o prazo de prescrição.

2. A inércia do titular da ação pelo seu não exercício é atitude passiva. O titular nada promove para nulificar os efeitos do direito violado. Há, por parte do prescribente, abstenção do direito de ação. A inércia é, pois, o não exercício da ação, em seguida à violação de direito. Tal inércia cessa com a propositura da ação, ou por qualquer ato idôneo que a lei admita como tal.

3. A continuidade dessa inércia durante certo lapso de tempo é outro requisito. Esse é o fator operante da prescrição que joga com o tempo. Não é a inércia momentânea ou passageira que configura prescrição, mas aquela ocorrida durante o lapso de tempo fixado em lei, especificamente para aquele direito violado. Se antes de advir o termo legal da prescrição o titular move a ação, ou pratica ato equivalente, interrompe-se a prescrição. A inércia exigida é a continuada, que constitui elemento da prescrição. O Código Civil de 1916 fixou prazos para todas as situações: há prazos especiais para determinados direitos e quando não existe prazo especial, a prescrição ocorrerá nos prazos gerais do art. 177 do Código de 1916, segundo sua natureza pessoal ou real (atual Código,

arts. 205 e 206). O Código de 2002 reduziu os prazos de prescrição e procurou simplificar a compreensão do instituto da decadência.

4. A lei estipula causas que impedem, suspendem ou interrompem a prescrição. São fatores neutralizantes do instituto a serem examinados adiante.

31.4.1 Ações Imprescritíveis

A regra geral é ser toda ação prescritível. A prescrição refere-se a todos os direitos indistintamente. Essa é a noção inferida do art. 205 do Código.[2]

A regra, porém, não é absoluta. Há relações jurídicas incompatíveis, inconciliáveis, por sua própria natureza, com a prescrição ou a decadência. Desse modo, não se acham sujeitos a limite de tempo e não se extinguem pela prescrição os direitos da personalidade, como a vida, a honra, o nome, a liberdade, a nacionalidade. Também não prescrevem as chamadas ações de estado de família, como a ação de divórcio, a investigação de paternidade etc.[3]

---

[2] "Apelação. Responsabilidade civil. Compra e venda de veículo. Reintegração de posse com pedido subsidiário de condenação em perdas e danos. Sentença de procedência. Insurgência da ré. Preliminar de prescrição afastada. Relação contratual. **Prazo decenal, previsto no art. 205 do Código Civil.** Entendimento firmado no julgamento do EREsp nº 1.281.594, pela Corte Especial do E. STJ. Prescrição não demonstrada na hipótese. Entrega do veículo a interposta pessoa para comercialização em leilão. Interposta pessoa detentora de e-mail do domínio da empresa leiloeira. Teoria da aparência. Aparência de legitimidade. Razoável potencial de convencimento do homem médio quanto à licitude da transação. Sentença mantida. Recurso desprovido" (*TJSP* – Ap 1007385-18.2020.8.26.0604, 3-9-2024, Rel. João Baptista Galhardo Júnior).

"Ação reparatória com pedido de indenização. Sentença de improcedência. Apelação do autor improvido. Consumidor. Contrato bancário. Plano de previdência privada. Utilização dos valores pelo banco réu para abatimento dos débitos do autor. **Prescrição decenal.** Reconhecimento. Ação de indenização. Sentença de improcedência. Prescrição. Reconhecimento. Alegação de que o banco teria se utilizado de saldo do plano de previdência privada para o abatimento de débitos existentes na conta corrente do autor. Ausência de prova de que os resgates da previdência privada tivessem sido direcionados para cobertura de saldo devedor em conta corrente. Além disso, o autor que não negou que teria conhecimento de um saldo devedor na conta corrente, na época de sua formação, o que interessava para início da contagem do prazo de prescrição. Desde o último resgate e transferência ocorridos em 03/09/2010 (fl. 125), o autor já tinha conhecimento do evento danoso. Decurso de vários anos com a inércia do apelante. Ora, se os valores da previdência exigiam declaração anual para o imposto de renda, inafastável a conclusão afirmativa do seu conhecimento dos fatos. Ultrapassados mais de 10 anos, desde o evento danoso, adequado o reconhecimento da prescrição decenal, na forma do artigo 205 do Código Civil. Impossibilidade de se fixar o termo inicial da contagem só com um pedido de resgate da previdência, providência para 'ressuscitar' o direito de indenização. Ação julgada improcedente. Sentença mantida. Recurso do autor improvido" (*TJSP* – Ap 1019172-61.2021.8.26.0005, 4-9-2023, Rel. Desembargador Alexandre David Malfatti).

"Contrato bancário – Descumprimento contratual – Indenização por danos morais e materiais – **Prescrição** – Civil e processual civil. Agravo regimental nos embargos de declaração no recurso especial. Recurso manejado sob a égide do CPC/1973. Contrato bancário. Descumprimento contratual. Indenização por danos morais e materiais. Prescrição. Matéria de ordem pública, ausência de prequestionamento. Incidência da Súmula nº 282 do STF. Termo inicial da prescrição fixado pela corte local com base em premissas fáticas. Incidência da Súmula nº 7 do STJ. Decisão mantida. Agravo regimental não provido. 1- Inaplicabilidade do NCPC a este julgamento ante os termos do Enunciado Administrativo nº 2, aprovado pelo Plenário do STJ na sessão de 09.03.2016: Aos recursos interpostos com fundamento no CPC/1973 (relativos a decisões publicadas até 17 de março de 2016) devem ser exigidos os requisitos de admissibilidade na forma nele prevista, com as interpretações dadas até então pela jurisprudência do Superior Tribunal de Justiça. 2- A jurisprudência desta Corte é firme no sentido de que mesmo as matérias de ordem pública, cognoscíveis de ofício pelas instâncias ordinárias, devem ser prequestionadas de modo a viabilizar o acesso à via especial. 3- A prescrição submete-se ao princípio da *actio nata*, segundo o qual a prescrição se inicia quando possível ao titular do direito reclamar contra a situação antijurídica. Precedente. 4- Não sendo a linha argumentativa apresentada capaz de evidenciar a inadequação dos fundamentos invocados pela decisão agravada, o presente agravo interno não se revela apto a alterar o conteúdo do julgado impugnado, devendo ele ser integralmente mantido em seus próprios termos. 5- Agravo regimental não provido" (*STJ* – Ag Rg-EDcl-REsp 1541937/PR, 2-5-2019, Rel. Min. Moura Ribeiro).

[3] "Agravo interno no recurso especial – Ação de enriquecimento sem causa – Negócio de compra e venda nulo – **Prescrição indenizatória** – Teoria da *actio nata* – Trânsito em julgado da anulatória – Súmula nº 83/STJ – Decisão Mantida – 1 – Pela teoria da *actio nata*, a pretensão – E o prazo prescricional – Surge com a efetiva lesão ao bem

Os bens públicos não podem ser adquiridos por usucapião e são, portanto, imprescritíveis, por força de lei (Decreto nº 22.785, de 31-5-33; Decreto-lei nº 710, de 17-9-38, art. 12, parágrafo único; Decreto-lei nº 9.760, de 5-12-46, art. 200; art. 183, § 3º, e art. 191 da Constituição Federal).[4]

Também são imprescritíveis os denominados direitos facultativos ou potestativos, já por nós mencionados, como é o caso de o condômino exigir a divisão da coisa comum (art. 1.320) ou pedir sua venda (art. 1.323); a faculdade de se pedir a meação do muro divisório entre vizinhos (art. 1.327), princípios mantidos pelo atual Código. Trata-se ações de exercício facultativo, que persiste enquanto persistir a situação jurídica, como a possibilidade de divórcio de duas pessoas casadas. O direito de divorciar existe enquanto persistir o casamento.

31.4.2 Prescrição e Decadência

Decadência é a ação de cair ou o estado daquilo que caiu, desapareceu. No campo jurídico, indica a queda ou perecimento de direito pelo decurso do prazo fixado para seu exercício, sem que o titular o tivesse exercido.

É grande a identidade entre decadência e prescrição. Ambos os institutos se fundam na inércia do titular do direito, durante certo lapso de tempo. Ambas jogam, portanto, com o conceito de inércia e tempo. Muitos foram os doutrinadores do passado que não viam diferença entre ambos os institutos.

---

juridicamente tutelado. Precedentes do STJ. 2 – Tratando-se de ação indenizatória decorrente do reconhecimento judicial de nulidade de negócio jurídico, inicia-se o prazo prescricional no momento em que definitiva a nulidade, isto é, do trânsito em julgado da ação anulatória. Súmula nº 83/STJ. 3 – Agravo interno não provido" (STJ – AGInt--REsp 1.378.521 – (2013/0109773-6), 9-2-2017, Rel. Min. Luis Felipe Salomão).

"Responsabilidade civil do Estado – Indenização por danos morais e materiais – Alegação de perseguição política no período da ditadura militar e tortura nas dependências do DOPS – Ausência de comprovação – **Prescrição – Inocorrência** – Os atos atentatórios aos direitos humanos são imprescritíveis – Entendimento consolidado no STJ, neste sentido – Afastada a prescrição reconhecida em primeira instância – Meritum causae – Conjunto probatório insuficiente para ensejar a reparação pretendida. Autor que exerce o cargo de agente penitenciário, na época dos fatos, e respondeu a processos administrativo e criminal, por suspeita de envolvimento em introdução de armas em presídio onde trabalhava, passando um dia no DOPS, em agosto de 1981. Completa ausência de provas de ocorrência de prisão ilegal, por motivos políticos, e de atos de tortura. Inexistência, ainda, de provas do nexo de causalidade entre a invalidez permanente do autor, que ensejou a sua aposentadoria, dois anos depois (em 1983), e os fatos narrados na inicial e não demonstrados. Sentença de improcedência mantida, porém por fundamento diverso. Recurso do autor não provido" (TJSP – Ap 0009147-79.2011.8.26.0191, 6-5-2015, Rel. Djalma Lofrano Filho).

[4] "Apelação. Posse. Ação reintegratória julgada procedente. Apelação da ré, suspensão da ordem de reintegração. ADPF 838. Inaplicabilidade. Decisão que versa sobre ocupação de moradia coletiva. **Usucapião**. Descabimento. Imóvel pertencente à CDHU que, em que pese se tratar de pessoa jurídica de direito privado, tem por finalidade a implantação de políticas públicas para moradia social, utilizando-se, para tanto, de verba do erário. Natureza de bem público. Impossibilidade da aquisição pela usucapião. Súmula 340, do stf. Ausência de óbice para o cumprimento da medida em face da pandemia da covid-19. Sentença de reintegração de posse mantida. Apelação não provida" (TJSP – Ap 1005776-10.2019.8.26.0127, 30-8-2022, Rel. César Zalaf).

"Apelação – **Usucapião – Bem público** – Desacolhimento – Impossibilidade legal e constitucional de aquisição do domínio e bem público pela prescrição aquisitiva. Inteligência do art. 183, § 3º da CF/88 e do art. 102 do CC/02. Uso e ocupação de bens públicos por particulares que não se submete aos ditames do direito privado, mas de preceitos específicos de direito público. Recurso não provido" (TJSP – AC 1001709-78.2017.8.26.0480, 30-8-2019, Relª. Rosangela Telles).

"Administrativo – Usucapião – Imóvel pertencente à Rede Ferroviária Federal RFFSA – Bem Público – Impossibilidade – Aos bens originariamente integrantes do acervo das estradas de ferro incorporadas pela União, à Rede Ferroviária Federal S.A., nos termos da Lei 3.115/57, aplica-se o disposto no artigo 200 do Decreto-lei 9.760/46, segundo o qual os **bens imóveis, seja qual for a sua natureza, não são sujeitos a usucapião**. Tratando-se de bens públicos propriamente ditos, de uso especial, integrados no patrimônio do ente político e afetados à execução de um serviço público, são eles inalienáveis, imprescritíveis e impenhoráveis" (TRF-4ª R. – Acórdão 2004.71.13.000001-0/RS, 27-8-2011, Rel. Juiz Fed. Jorge Antonio Maurique).

Muito tem discutido a doutrina acerca dos critérios diferenciadores da prescrição e da decadência. Os autores apresentam série de traços distintivos, sem que se tenha chegado a consenso. Trata-se de um dos pontos mais árduos da ciência jurídica. O atual Código, em prol da melhor operosidade, estabelece inteligentemente critério objetivo, como apontado a seguir, que exclui consideravelmente a maioria das dúvidas.

Seguindo o critério por nós adotado de que a prescrição extingue diretamente as ações e atinge indiretamente, portanto, os respectivos direitos, partimos do ponto de que a decadência extingue diretamente o direito. As consequências finais dessa distinção são iguais, pois em qualquer caso haverá a extinção de um direito. Afirma Washington de Barros Monteiro (2005, v. 1:341):

> *"A prescrição atinge diretamente a ação e por via oblíqua faz desaparecer o direito por ela tutelado; a decadência, ao inverso, atinge diretamente o direito e por via oblíqua, ou reflexa, extingue a ação."*

Se, por um lado, a finalidade dos dois institutos é idêntica, diferem bastante no modo de atuação e na produção de efeitos, razão pela qual é importante diferenciá-los. Daí por que agiu corretamente o legislador do Projeto de 1975, diminuindo consideravelmente esse que sempre foi um fardo para o operador do Direito, qual seja, a distinção entre os dois institutos.

Costuma-se, para maior facilidade, distinguir prescrição de decadência pelos seus respectivos efeitos, o que, em si, para fins práticos, ajuda a compreensão, apesar de não proporcionar qualificação exata ao problema que continua cercado de certa obscuridade.

Seguindo Câmara Leal, grande e saudoso monografista pátrio sobre o assunto, já estampamos o primeiro grande critério de distinção: a decadência extingue diretamente o direito, e com ele a ação que o protege, enquanto a prescrição extingue a ação, e com ela o direito que esta protege. A seguir, afirma o autor que o segundo critério reside no momento do início da decadência e no momento do início da prescrição: a decadência começa a correr, como prazo extintivo, desde o momento em que o direito nasce, enquanto a prescrição não tem seu início com o nascimento do direito, mas a partir de sua violação, porque é nesse momento que nasce a ação contra a qual se volta a prescrição. Trata-se do decantado princípio da *actio nata*.

A terceira distinção reside na diversa natureza do direito que se extingue, pois a decadência supõe um direito que, embora nascido, *"não se tornou efetivo pela falta de exercício; ao passo que a prescrição supõe um direito nascido e efetivo, mas que pereceu pela falta de proteção pela ação, contra a violação sofrida"* (Leal, 1978:101).

Nesse diapasão, como critério mais seguro de distinção, embora não definitivo, ao examinarmos o caso específico, tomamos em consideração a origem da ação; se a origem for a mesma do direito e nasceu com ele, configura-se a decadência; se for diversa, se a ação nasceu posteriormente, quando o direito já era existente e vem a ser violado, tal ato caracteriza a prescrição. Vejamos, apenas para ilustração, alguns exemplos, no Código de 1916:

- O prazo de três meses para o marido contestar a legitimidade do filho, contado de seu regresso ao lar conjugal, se estava ausente, ou contado da data do conhecimento do nascimento, se lhe foi ocultado (art. 178, § 4º, I), é de decadência, porque nasce ao mesmo tempo que o direito e tem a mesma origem.

- O prazo de um ano para os donos de casa de pensão, educação, ou ensino cobrarem as prestações de seus pensionistas, alunos ou aprendizes, contado o prazo do vencimento de cada um (art. 178, § 6º, VII), é de prescrição, *porque a ação nasceu posteriormente ao direito e tem origem distinta deste.* O direito de cobrança das pensões já existia, intuitivamente, quando foi ofendido. A ação origina-se da ofensa. Aquele que deixou de pagar no prazo devido criou obstáculo ao exercício do direito. Daí nasceu a ação para a cobrança e começou a correr o prazo de prescrição.

- O prazo de 15 dias, contados da tradição da coisa móvel para haver abatimento do preço se esta foi recebida com vício redibitório, ou para rescindir o contrato e reaver o preço pago, nas perdas e danos (art. 178, § 2º), é reconhecidamente de decadência, porque a ação estimatória ou a redibitória aí estampadas, decorrentes dos vícios redibitórios, *nascem com o recebimento da coisa.*

- O prazo de dois anos para os professores, mestres e repetidores de ciência, literatura ou arte, cujos honorários sejam estipulados em prestações correspondentes a períodos maiores de um mês, contado do vencimento da última prestação (art. 178, § 7º, III), é de prescrição, *pois a ação de cobrança nasce posteriormente ao direito que já existia quando foi violado.* É exatamente da violação, do não pagamento dos honorários, que se origina a ação para havê-los. O não pagamento impediu o pleno exercício do direito preexistente.

Esse é apenas um critério diferenciador, entre tantos meios apontados pela doutrina para distinguir a prescrição da decadência. Na verdade, os autores são unânimes em reconhecer, na prática, a dificuldade da distinção.

Sílvio Rodrigues (2006, v. 1:330) aponta que, no elenco dos prazos do art. 178 do Código de 1916, todas as hipóteses referentes às relações de direito de família eram de decadência (também denominada caducidade), e não de prescrição. A situação mais ainda se confunde porque o Código de 1916 descreveu casos de prescrição e casos de decadência no mesmo dispositivo, sem mencionar expressamente a decadência (art. 178).

Parafraseando a definição de Antônio Luís Câmara Leal (1978:101), podemos definir a decadência como a extinção do direito pela inércia do titular, quando a eficácia desse direito estava originalmente subordinada ao exercício dentro de determinado prazo, que se esgotou, sem o respectivo exercício.

O objeto da decadência, portanto, é o direito que nasce, por vontade da lei ou do homem, subordinado à condição de seu exercício em limitado lapso de tempo. Todo direito nasce de um fato a que a lei atribui eficácia para gerá-lo. Este fato pode ser acontecimento natural, assim como pode emanar da vontade, transfigurando-se em ato jurídico (ou negócio jurídico) praticado no intuito de criar direitos. Em ambos os casos, quer o acontecimento seja proveniente de ocorrência natural, quer proveniente da vontade, a lei pode subordinar o direito, para se tornar efetivo, à condição de ser exercido dentro de certo período temporal, sob pena de decadência. Se o titular do direito deixar de exercê-lo, deixando transcorrer em branco o prazo, sem tomar a iniciativa, opera-se sua extinção, a caducidade ou decadência, não sendo mais lícito ao titular colocá-lo em atividade.

Uma das características da prescrição é que a ação tenha nascido, isto é, que seja exercitável (*actio nata*). Isto é, como na maioria das vezes, quando há transgressão de um direito, o que faz nascer a possibilidade de ação. A decadência, por seu lado, extingue o direito antes que ele se torne efetivo pelo exercício, impedindo o nascimento da ação.

Posto isso, podemos elencar as distinções entre prescrição e decadência pelos seus efeitos, uma vez que o efeito passa a ser o único critério sobre o qual não pairam grandes dúvidas, apesar de não enfocar o âmago da divergência:

1. A decadência tem por efeito extinguir o direito, enquanto a prescrição extingue a ação.

2. A decadência não é suspensa nem interrompida e só é impedida pelo exercício do direito a ela sujeito. A prescrição pode ser suspensa ou interrompida pelas causas expressamente colocadas na lei.

3. O prazo de decadência pode ser estabelecido pela lei ou pela vontade unilateral ou bilateral, uma vez que se tem em vista o exercício do direito pelo seu titular. O prazo de prescrição é fixado por lei para o exercício da ação que o protege.

4. A decadência pressupõe ação cuja origem é idêntica à do direito, sendo por isso simultâneo o nascimento de ambos. A prescrição pressupõe ação cuja origem é distinta da do direito, tendo, assim, nascimento posteriormente ao direito.

5. A decadência deve ser reconhecida de ofício pelo juiz e independe da arguição do interessado. A prescrição das ações patrimoniais não podia ser decretada *ex officio*, e dependia sempre da alegação do interessado. Afirmava o art. 194 do Código Civil de 2002 que "*o juiz não pode suprir, de ofício, a alegação de prescrição, salvo se favorecer a absolutamente incapaz*". Tratava-se de norma eficaz erigida na proteção justa do absolutamente incapaz. *No entanto, de forma surpreendente, quebrando a tradição de nosso Direito, a Lei nº 11.280, de 16 de fevereiro de 2006, de índole processual, em busca de maior celeridade, revogou esse art. 194. A prescrição será pronunciada de ofício.*

6. A prescrição admite renúncia (art. 191) por parte dos interessados, depois de consumada.[5] A decadência, em qualquer hipótese, não pode ser renunciada.

---

[5] "Agravo de instrumento – Execução de título extrajudicial – Decisão que rejeita exceção de pré-executividade – Pretensão do agravante ao reconhecimento de prescrição, excesso de execução e desbloqueio de valores – Prescrição – Não ocorrência – **Existência de transações para pagamento dos débitos que configura expressa renúncia da prescrição** – Incidência do art. 191 do CC – Excesso de execução – Questão arguida pelo executado que demanda dilação probatória, o que não é comportado na exceção apresentada – Matéria típica de embargos à execução – Pretensão ao reconhecimento de excesso de execução que extrapola a estreita bitola cognitiva desse meio de defesa – Inadequação da via eleita – Pedido de liberação de ativos financeiros localizados em conta corrente pelo sistema Sisbajud – Não comprovação de que o valor bloqueado é impenhorável – Inaplicabilidade do art. 833, X, do CPC – Decisão mantida – Recurso desprovido". (*TJSP* – AI 2030604-07.2023.8.26.0000, 7-6-2023, Rel. Irineu Fava).

"Direito civil e processual civil. Apelação cível. Ação de cobrança cumulada com danos morais. **Renúncia tácita à prescrição**. Inexistência. Restituição do valor. Não cabimento. Revelia da ré. Inegável vantagem. Os fatos constitutivos do direito da apelante. Necessidade de demonstração. Dano moral. Não configurado. Verba sucumbencial. Redistribuição. Recurso conhecido e não providos. 1. O art. 191 do Código Civil estabelece o seguinte: 'A renúncia da prescrição pode ser expressa ou tácita, e só valerá, sendo feita, sem prejuízo de terceiro, depois que a prescrição se consumar; tácita é a renúncia quando se presume de fatos do interessado, incompatíveis com a prescrição'. 2. O STJ consolidou o entendimento de que não é qualquer postura do obrigado que enseja a renúncia tácita, mas aquela considerada manifesta, patente, explícita, irrefutável e facilmente perceptível (REsp 1250583/SP, Rel. Ministro LUIS FELIPE SALOMÃO, QUARTA TURMA, julgado em 03/05/2016, DJe 27/05/2016). 3. A mera declaração feita pela Devedora, em mensagens eletrônicas, de que ela deve determinada quantia e 'que não aceita sequer o perdão da dívida', não implica renúncia à prescrição, visto que para ser considerado ato inequívoco, seria necessário que houvesse um fato contundente, a fim de demonstrar sua intenção de renunciar. 4. O simples reconhecimento da existência de uma dívida, por parte do devedor, não representa uma ação real ou concreta deste, apta a afastar a prescrição operada a seu favor. 5. A revelia da Ré, por si só, não determina a vitória do Autor, embora redunde em efetivo domínio de posição de inegável vantagem, visto que a Autora está dispensada de qualquer esforço para provar os fatos afirmados. Todavia, da análise das provas dos autos, não se pode concluir que a Apelada se apropriou indevidamente da quantia de R$ 11.000,00 (onze mil reais). 6. O dano moral, para que se faça indenizável, deve infundir na vítima uma grande violência à sua imagem, integridade física e honra ou profunda dor em sua esfera íntima e psíquica, hábil a deixar sequelas que se reflitam de forma nociva em seu dia a dia. 7. Mero dissabor, aborrecimento, mágoa, irritação ou sensibilidade exacerbada, estão fora da órbita do dano moral, pois, além de fazerem

7. A decadência opera contra todos, já a prescrição não opera para determinadas pessoas elencadas pela lei (art. 197).

Há que se atentar que o texto apresentado nesta oportunidade, redigido na primeira edição desta obra, foi mantido como noção teórica, antes do advento do atual Código, oriundo do Projeto de 1975. Doravante, algumas dessas observações, em face da nova posição legislativa, devem ser vistas *cum granum salis*.

Em magnífico e interessante estudo intitulado *Critério científico para distinguir a prescrição da decadência* (RT 300/8), o saudoso magistrado Agnelo Amorim Filho aponta que só as ações condenatórias podem sofrer os efeitos da prescrição, porque só elas pretendem alcançar prestação e só os direitos que buscam uma prestação possibilitam ação condenatória. O art. 177 de 1916, fixando prazos gerais de prescrição, referia-se apenas a ações reais e pessoais, sendo certo que apenas as ações condenatórias podem se dividir em ações reais e pessoais. Portanto, o art. 177 só era aplicado às ações condenatórias.

Desse modo, as ações constitutivas ligam-se à decadência.

As ações declaratórias, que só visam obter certeza jurídica, não estão sujeitas nem à decadência nem à prescrição.

Conclui, então, o autor que estão sujeitas à prescrição todas as ações condenatórias e somente elas; e estão sujeitas à decadência as ações constitutivas com prazo fixado na lei. São imprescritíveis as ações constitutivas que não têm prazo especial fixado em lei, assim como as ações declaratórias.

---

parte da normalidade do dia a dia, tais situações não são intensas e duradouras, a ponto de romper o equilíbrio psicológico do indivíduo. (...) 11. Apelação conhecida e não provida". (*TJDFT* – Ap 07359558120208070001,7-7-2022, Rel. Roberto Freitas Filho).

"Ação de cobrança – Cheque – Alegação de renúncia tácita à prescrição – Prova insuficiente de que a conduta do devedor consistiu em renúncia – Prescrição consumada – Pretensão de reparação por danos morais – Descabimento – Danos morais não configurados – Não demonstração do abalo à honra da Autora, nem sua exposição à situação constrangedora – Mero aborrecimento – Indenização indevida – Sentença mantida – Recurso improvido" (*TJSP* – Ap 4006484-17.2013.8.26.0451, 21-1-2019, Rel. Mario de Oliveira).

"Agravo interno no agravo em recurso especial – Ação de execução – 1– Negativa de prestação jurisdicional – Não ocorrência – 2– Renúncia à prescrição – Quadro fático delineado pelo acórdão recorrido – Infirmar suas conclusões – Impossibilidade – Súmula 7 /STJ – 3– Agravo desprovido – 1– Todas as questões suscitadas pelas partes foram devidamente apreciadas pela Corte estadual, não havendo que se falar em negativa de prestação jurisdicional. 2– O Tribunal *a quo* refutou a ocorrência de renúncia tácita à prescrição com amparo no acervo fático probatório carreado aos autos, e para infirmar tais conclusões, seria imprescindível o reexame de provas, atraindo a incidência da Súmula 7 /STJ. 3– Agravo interno desprovido" (*STJ* – AGInt-AG-REsp 1.194.638 – (2017/0278949-8), 12-3-2018, Rel. Min. Marco Aurélio Bellizze).

"Administrativo – **Renúncia à prescrição** – Possibilidade – Taxa de ocupação – 1– A jurisprudência do STJ reconhece a eficácia da renúncia à prescrição, nos termos do art. 191 do CC, mesmo em se tratando de relação jurídica regida pelo Direito Público (RMS 41.870/RJ, Rel. Ministro Humberto Martins, Segunda Turma, DJe 16/11/2015; REsp 1.451.798/PB, Rel. Ministro Olindo Menezes, Primeira Turma, DJe 13/10/2015). 2– 'Esta Corte só afasta a renúncia à prescrição em face de confissão de débito já prescrito feita pelo executado, nos termos do art. 191 do CC, em caso de débitos regulados pelo CTN, que prevê a extinção do próprio crédito tributário pela consumação do lapso prescricional (art. 156, V, do CTN). Todavia, a hipótese em comento não é regida pelo Direito Tributário, sendo aplicável a norma civilista invocada (art. 191 do CC)' (AgRg no AREsp 163.869/SP, Rel. Ministro Humberto Martins, Segunda Turma, DJe 18/3/2013). 3– Agravo Interno não provido" (*STJ* – AGInt-REsp 1.613.175 – (2016/0181932-0), 6-3-2017, Rel. Min. Herman Benjamin).

"**Compromisso de venda e compra** – Inadimplemento confesso – Resolução – Decadência do pleito que se afere em função da prescrição da pretensão creditícia que lhe dá suporte. Renúncia tácita à prescrição que se verifica ocorrida no caso. Procedência. Sentença mantida. Recurso desprovido" (*TJSP* – Ap 0001642-66.2012.8.26.0073, 3-2-2014, Rel. Claudio Godoy).

O instituto da decadência não foi regulado especificamente no Código Civil de 1916. Os prazos foram baralhados nesse Código. Esse tema sempre foi constante preocupação da doutrina e da jurisprudência, as quais nunca alcançaram posições definitivas. Coube à doutrina construir suas bases, tendo o fenômeno sido acolhido pelos tribunais. O próprio autor do Projeto desse diploma legislativo, Clóvis Beviláqua (1916: obs. 5 ao art. 161), reconhece que o estatuto não fez a distinção. Como vimos, porém, no elenco de prazos estabelecidos pelo Código, havia que se fazer a distinção, pois ali estavam mesclados prazos de prescrição e de decadência. O Código de 2002, como apontamos, traz dispositivos sobre a decadência, simplificando sobremaneira a distinção, com critério objetivo.

31.4.3 Disposições Legais sobre a Prescrição

O art. 161 do Código de 1916 dispunha sobre renúncia da prescrição. No mesmo sentido se coloca o vigente Código no art. 191:

> *"A renúncia da prescrição pode ser expressa, ou tácita, e só valerá, sendo feita, sem prejuízo de terceiro, depois que a prescrição se consumar; tácita é a renúncia quando se presume de fatos do interessado, incompatíveis com a prescrição."*

Renúncia é ato de vontade abdicativo, de despojamento, de abandono de um direito por parte do titular. Trata-se de ato totalmente dependente da vontade do renunciante, sem necessidade de aprovação ou aceitação de terceiro. É ato unilateral, não receptício, portanto.

Renúncia à prescrição é a desistência, por parte do titular, de invocá-la.

A renúncia à prescrição não pode ser antecipada, isto é, não se pode renunciá-la antes que o prazo se inicie. Isto é, não há renúncia antecipada da prescrição. Se fosse permitida a renúncia prévia, a prescrição perderia sua finalidade, que é de ordem pública, criada para a estabilização do direito.

A lei dispõe que a renúncia da prescrição só é válida depois de consumada. Perguntamos: é válida a renúncia no curso do prazo da prescrição? Câmara Leal entende que é válida a renúncia depois de iniciado prazo prescricional, mas antes de seu termo. Argumenta que, permitindo a lei a renúncia tácita, implicitamente admite a renúncia nesses termos. A própria lei estampa, entre as causas interruptivas da prescrição, o ato inequívoco, ainda que extrajudicial, que importa reconhecimento pelo devedor. Como a interrupção inutiliza o tempo decorrido do prazo prescricional, o reconhecimento do direito do titular pelo prescribente determina a renúncia da prescrição em curso. Afora esse caso, na hipótese de renúncia expressa, tendo em vista os termos peremptórios do dispositivo legal, não nos parece possível a renúncia da prescrição antes de consumada. O que a parte pode fazer é abrir mão da prescrição já decorrida, iniciando-se novo lapso prescricional.

As partes poderão, por outro lado, dilatar a prescrição já em curso, uma vez que a interrupção da prescrição nada mais é do que um prolongamento de seu curso. Se o titular pode interromper a prescrição, por ato de sua vontade, reconhecendo o direito de outrem, é evidente que pode prolongar o prazo da prescrição. O que o prescribente não pode fazer é estender o prazo prescricional com relação a prazo por decorrer, porque isso importaria em renúncia antecipada.

Entende-se que as partes não podem diminuir o prazo da prescrição, não só porque o instituto é de ordem pública, como também poderiam os interessados reduzir a prazo tão ínfimo a prescrição que a aniquilaria.

A renúncia pode ser expressa ou tácita, presumindo-se, na segunda hipótese, de fatos do interessado incompatíveis com a prescrição. Expressa não significa que seja necessariamente escrita: pode-se expressar verbalmente a renúncia, provada por todos os meios permitidos, da mesma maneira que se deve considerar tácita a renúncia decorrente da prática, pelo interessado, mesmo por escrito, de qualquer ato incompatível com a prescrição. Trata-se de renúncia tácita, por exemplo, a carta do devedor ao credor pedindo prazo para pagar obrigação prescrita. A validade da renúncia independe da aceitação do credor. A renúncia expressa, não escrita, prova-se por todos os meios. A renúncia tácita ocorre sempre que o prescribente, sabendo ou não da prescrição, pratica algum ato que importe no reconhecimento do direito, cuja ação está prescrita. Ainda que o prescribente não saiba do decurso da prescrição, entendemos que, se praticar ato incompatível com ela, estará abrindo mão desse instituto. Não fora assim, poderia repetir o pagamento alegando erro, o que não se admite, porque não se repete dívida prescrita.

A renúncia à prescrição é ato jurídico que requer plena capacidade do agente. Só pode renunciar à prescrição consumada quem pode alienar, regra expressa no Código Civil francês (art. 2.222). A renúncia à prescrição é ato de liberalidade. Desse modo, o incapaz só poderá renunciar à prescrição se devidamente autorizado judicialmente, o que, na prática, não ocorrerá, pois o juiz só poderá autorizar o incapaz a praticar tal ato se houver, para ele, interesse... Por essa razão é impraticável a renúncia da prescrição pelo incapaz.

A renúncia à prescrição é ato pessoal do agente e apenas afeta o renunciante ou seus herdeiros. Considera-se inexistente em relação a terceiros que jamais deverão ser por ela prejudicados. Sendo, portanto, diversos os coobrigados de obrigação solidária ou indivisível, prescrita essa, a renúncia feita por um dos devedores não restabelece a obrigação dos demais coobrigados, não renunciantes, passando o renunciante a responder, só ele, individualmente, pelo cumprimento integral da obrigação.

A renúncia à prescrição pelo devedor insolvente tipifica uma fraude contra credores, cabendo a estes, que já o eram ao tempo da renúncia, anulá-la por meio da ação pauliana. Como a renúncia é ato de liberalidade, para o caso basta a existência do *eventus damni*, por aplicação do art. 158.

O efeito da renúncia à prescrição é de natureza retro-operante e torna o negócio jurídico já prescrito plenamente eficaz, como se nunca houvesse sido extinto.

O art. 193 dispõe sobre *quem pode alegar a prescrição*:

"A prescrição pode ser alegada, em qualquer instância, pela parte a quem aproveita."

Ao contrário da decadência, que pode ser conhecida de ofício pelo juiz, a prescrição de direitos patrimoniais, não sendo invocada pelo beneficiado, não podia ser decretada pelo juiz, salvo quando favorecesse a absolutamente incapaz (art. 194). Esse artigo foi revogado, como já apontamos, pela Lei nº 11.280/2006.

O dispositivo menciona *"qualquer instância"*, isto é, qualquer grau de jurisdição, podendo, portanto, a prescrição ser alegada em grau de recurso. Pode ser alegada em qualquer estado da causa. Será inadmissível, porém, em recurso extraordinário, se não tiver ocorrido prequestionamento da questão, pois o Supremo Tribunal Federal e o Superior Tribunal de Justiça não conhecem de questões que não tenham sido apreciadas na justiça local (Súmula 282 do Supremo Tribunal Federal).

Cessa, contudo, a faculdade de alegá-la com o trânsito em julgado. A prescrição não pode ser alegada na fase de execução, porque, se o interessado não alegou no processo de conhecimento, tacitamente a ela renunciou.[6]

Essas pessoas aparecem aí como credoras (*"estão sujeitas"*) e como devedoras (*"podem invocá-las"*). Tanto as pessoas jurídicas de direito público como as de direito privado estavam abrangidas pelo dispositivo, não havendo qualquer privilégio nesse particular. A disposição era resquício da reação contra o antigo direito que admitia isenções de prescrição para determinadas pessoas jurídicas. Não prescreviam, por exemplo, os bens da Coroa; a Igreja pretendia prazo de 100 anos para perder seus bens etc. Por temer a revivescência desses privilégios o Código de 1916 estampou o dispositivo em questão.

O ordenamento de 1916 a seguir trata da *prescrição consumada em detrimento de pessoas privadas da administração de seus bens*. Dispunha o art. 164:

> *"As pessoas que a lei priva de administrar os próprios bens, têm ação regressiva contra os seus representantes legais, quando estes, por dolo, ou negligência, derem causa à prescrição."*

Entre essas pessoas de que falava o dispositivo não se incluíam os absolutamente incapazes (art. 5º), porque contra estes não corria a prescrição (art. 169, I). Contra estes não tem curso o prazo prescricional ou, se já houver iniciado por um antecessor, ele é suspenso.

Quanto aos relativamente incapazes ou àquelas pessoas que não se encontram na administração de seus bens, a lei não conferia igual guarida e permite que a prescrição se consume, mas procura preservar o patrimônio dessas pessoas, concedendo ação de regresso contra os representantes legais. A cobrança do prejuízo, no entanto, depende da consumação da prescrição por dolo ou negligência, culpa em sentido lato, do representante do incapaz que deveria, pelo menos, interromper a prescrição (art. 172).

Assim, por exemplo, se o tutor do menor púbere permitir, culposamente, que ação de pupilo prescreva, deverá indenizá-lo pelo prejuízo ocasionado.

Se a prescrição ocorresse com relação à pessoa relativamente incapaz, que não tivesse representante legal, o prejuízo restaria inamovível, porque contra esse incapaz tem curso a prescrição e não tem ele contra quem se voltar para se ressarcir do dano. A solução possível seria a de, no curso do prazo prescricional, dar-se curador especial ao incapaz para o fim de defender seus interesses em perigo de extinção.

Note que, ainda que não houvesse o dispositivo do art. 164, os responsáveis pelo prejuízo do incapaz deveriam indenizar nos termos gerais do art. 159, cujo artigo ora em exame constitui mera aplicação.

O art. 196 cuida da *sucessão do prazo prescricional*:

> *"A prescrição iniciada contra uma pessoa continua a correr contra o seu sucessor."*

O herdeiro do *de cujus* disporá, portanto, apenas do prazo faltante para exercer a ação, quando esse prazo se iniciou com o autor da herança. Com a morte deste, o prazo não se inicia novamente. Corretamente, o atual Código refere-se ao "sucessor", e não a herdeiro, como

---

[6] O art. 163 do Código de 1916 estabelecia a igualdade do *sistema da prescrição para as pessoas jurídicas*, dúvida que não mais persiste: *"As pessoas jurídicas estão sujeitas aos efeitos da prescrição e podem invocá-los sempre que lhes aproveitar".*

fazia o Código anterior, em conotação mais ampla (art. 196). Esse sucessor não será apenas o decorrente da morte, mas também de ato entre vivos.[7]

Observe que a prescrição continua a fluir contra ou a favor dos interessados, de modo que o último titular tem a seu favor, ou contra si, todo o tempo decorrido em relação a seus antecessores. O Código não foi explícito e referiu-se no art. 196 apenas ao efeito passivo da prescrição e, ainda, de modo incompleto. Lembre-se de que a prescrição deve ser vista também pelo lado ativo.

Prosseguia o ordenamento em suas disposições sobre a prescrição no art. 194:

> "O juiz não pode suprir, de ofício, a alegação de prescrição, salvo se favorecer a absolutamente incapaz."

Deduz-se do dispositivo que o juiz *podia e devia* conhecer da prescrição em favor de absolutamente incapaz, ainda que não invocada pelas partes. No sistema de 1916, o art. 166 dizia que o juiz não podia conhecer de ofício de direitos patrimoniais, se a questão não fosse alegada pelas partes. A situação era de difícil ocorrência. Em princípio, não existe direito não patrimonial sujeito à prescrição. Os direitos puros de família estão sujeitos à decadência. Os casos de decadência, como expusemos, independem de invocação das partes. Como apontamos, esse art. 194 foi revogado (Lei nº 11.280/2006) e o juiz reconhecerá a prescrição sempre que evidenciada.

Como regra geral, no entanto, a parte deve alegar prescrição em juízo para ser decretada, pois nem sempre o juiz terá meios de reconhecê-la de ofício. Embora a prescrição seja instituída em prol da ordem pública, seus efeitos repercutem exclusivamente na ordem privada, daí a orientação legal na quase maioria das legislações, orientação essa da qual nosso ordenamento ora se afasta.

Prosseguia nosso provecto Código no art. 167:

> "Com o principal prescrevem os direitos acessórios."

Tratava-se da aplicação da regra geral sobre os acessórios (art. 58), uma vez que o próprio Código se encarregou de definir principal e acessório. Firmou-se a regra de que o acessório segue o principal (art. 59). Não havia necessidade de nova repetição da regra, que não subsistiu no atual Código. Assim, o capital prescrito não rende juros; o penhor e a hipoteca extinguem-se com a prescrição do mútuo. O inverso não é verdadeiro. É possível ocorrer prescrição da ação referente ao acessório, sem que prescreva a ação para se exigir o principal. A ação referente ao direito principal é inatingível pela prescrição das ações acessórias.

31.4.4 Impedimento, Suspensão e Interrupção da Prescrição

Não se confundem impedimento, suspensão e interrupção da prescrição.

O impedimento e a suspensão da prescrição fazem cessar, temporariamente, seu curso. Uma vez desaparecida a causa de impedimento ou superada a causa de suspensão, a prescrição retoma seu curso normal, computado o tempo anteriormente decorrido, se este existiu.

---

[7] O Código de 1916 apenas mencionava *herdeiro*, nada dizendo acerca do sucessor a título singular, como o cessionário ou legatário. Lembrava a respeito, com propriedade, Washington de Barros Monteiro (2005, v. 1:346) que, *"embora a literalidade da lei apoie esse entendimento, força é convir que ele conduz ao absurdo. Temos de interpretá-la, portanto, de maneira a compreender na palavra herdeiro não só o sucessor a título universal, como o sucessor a título singular, como acontece no usucapião"*.
O legislador, portanto, disse menos do que pretendera. Da mesma opinião é Câmara Leal (1978:34). O atual Código, como vimos, corrigiu essa impropriedade.

O Código não faz expressamente distinção entre suspensão e impedimento. Embora alguns autores façam a distinção no rol de causas apresentadas pela lei, tais causas ora impedem, ora suspendem a prescrição, de modo que os arts. 197, 198, 199 e 200 aplicam-se a ambas as situações. Vejamos: ou preexiste ao vencimento da obrigação o obstáculo ao início do curso do prazo prescricional, *e o caso será de impedimento*, ou esse obstáculo surge *após* o vencimento da obrigação e durante a fluência do prazo, *ocorrendo nessa hipótese a suspensão da prescrição*. Desse modo, não podemos preestabelecer, dentro dos artigos citados, casos estanques de impedimento ou suspensão da prescrição, como querem alguns, pois a classificação dependerá da situação fática.

Antônio Luís Câmara Leal (1978:133) tem por bem distinguir as causas de impedimento das causas de suspensão. Diz que são causas impeditivas da prescrição:

"a) *entre cônjuges, na constância do matrimônio;*

b) *entre ascendentes e descendentes, na vigência do pátrio poder;*

c) *entre tutelados e tutores, na vigência da tutela;*

d) *entre curatelados e curadores, na vigência da curatela;*

e) *contra o depositante, o devedor pignoratício, o mandante e pessoas representadas, na guarda dos bens pelo depositário, pelo credor pignoratício, pelo mandatário, pelo representante, de modo a não correr a favor destes e contra aqueles a prescrição das ações resultantes de direitos ou obrigações relativos a esses bens;*

f) *contra os incapazes, em sua incapacidade absoluta;*

g) *contra todos, na condição suspensiva e o prazo ainda não vencido;*

h) *contra o adquirente, e a favor do transmitente, a pendência de ação de evicção proposta por terceiro".*

Diz que são causas suspensivas (Leal, 1978:159):

"a) *a ausência do titular da ação, fora do Brasil, a serviço público da União, dos Estados ou dos Municípios;*

b) *o serviço militar, em tempo de guerra, para aqueles que se acharem servindo na Armada ou no Exército nacionais".*

Não nos parece conveniente essa distinção apriorística, pois a maioria das causas das citadas hipóteses poderá enquadrar-se ora como impedimento, ora como suspensão. É o caso da pessoa capaz que se torna incapaz no curso do prazo prescricional: suspende-se a prescrição. Se a pessoa já era incapaz, o prazo prescricional não começa a fluir, sendo, portanto, caso de impedimento.

Nos casos de impedimento, mantém-se o prazo prescricional íntegro, pelo tempo de duração do impedimento, para que seu curso somente tenha início com o término da causa impeditiva. Nos casos de suspensão, nos quais a causa é superveniente, uma vez desaparecida esta, o prazo prescricional retoma seu curso normal, computando-se o tempo verificado antes da suspensão.

O art. 200 do Código deste século estampa uma causa de impedimento da prescrição: quando a ação se originar de fato que deva ser apurado no juízo criminal, não correrá a prescrição antes da respectiva sentença definitiva.

Na *interrupção* da prescrição a situação é diversa: verificada alguma das causas interruptivas (art. 202), perde-se por completo o tempo decorrido. O lapso prescricional iniciar-se-á novamente. O tempo precedentemente decorrido fica totalmente inutilizado. Verificamos, portanto, interrupção da prescrição quando ocorre fato hábil para destruir o efeito do tempo já transcorrido, anulando-se, assim, a prescrição já iniciada.

A diferença essencial é que na suspensão o termo anteriormente decorrido é computado, enquanto na interrupção o termo precedente é perdido. Se a interrupção decorreu de processo judicial, somente recomeça o prazo a ser contado do último ato nele praticado (art. 202).

A Lei nº 14.010/2020, lei temporária para atender situações da pandemia da COVID-19 enfrentadas pelas nações, determinou estarem impedidos ou suspensos os prazos prescricionais enquanto durarem os efeitos legais dessa situação. O dispositivo expressamente estatuiu que essa hipótese legal também se aplica à decadência. O texto não está claro e muitas dúvidas podem surgir.[8] A volta à normalidade esvazia o conteúdo dessa lei.

A. Causas impeditivas e suspensivas da prescrição

Dispõe o art. 197:

> "*Não corre a prescrição:*
> *I – entre os cônjuges, na constância da sociedade conjugal;*
> *II – entre ascendentes e descendentes, durante o poder familiar;*
> *III – entre tutelados ou curatelados e seus tutores ou curadores, durante a tutela ou curatela.*"

Discute-se se os casos enumerados na lei são taxativos ou permitem ampliação. Há que se entender que deve haver a mitigação necessária. Assim sendo, quando há obstáculo invencível, independente da vontade do interessado, como, por exemplo, a desídia do escrivão do processo, é preciso entender ser caso de suspensão da prescrição. Desse modo, quando a ação é proposta oportunamente, o titular do direito não pode ser prejudicado por impedimento judicial (*RT* 510/99, 501/154; contra *RT* 487/128).

---

[8] "Apelação – Ação de indenização decorrente de atraso na entrega de imóvel – Improcedência do pedido, ante a prescrição da pretensão do autor – Rejeição da preliminar de não conhecimento do recurso – Mérito. Tese deduzida pelo apelante de que o termo inicial da prescrição deve ter início a partir do termo fixado para entrega do imóvel, o que faria com que o termo ad quem recaísse em 6-9-2023 – Essa proposição foi rejeitada por diversos julgados da Corte e será novamente repelida – Prazo prescricional decenal que se inicia a partir do momento em que o imóvel deveria ter sido entregue – Prazo final para a entrega do imóvel era 01.07.2012, já com a tolerância de 180 dias, sendo o termo inicial da prescrição o dia seguinte a essa data (art. 189 do CC) – Ainda que considerada a suspensão dos prazos prevista na Lei 14.010/20, a demanda deveria ter sido ajuizada até 20.11.2022, contudo, foi proposta somente em 07.12.2022, quando já decorrido o prazo decenal – Confirmação da sentença, com majoração dos honorários recursais – Não provimento". (*TJSP* – Ap 1034316-05.2022.8.26.0405, 10-8-2023, Rel. Enio Zuliani).
"Agravo de instrumento. Locação de imóvel comercial. Atraso no pagamento de alugueres e acessórios. Acordo homologado. Cumprimento de sentença. Impugnação. Prescrição. Aplicação do prazo trienal, previsto no art. 206, §3º, I, do Código Civil (CC). Suspensão. Reconhecimento. Inteligência do art. 3º, da lei nº 14.010/20, que estabeleceu regras especiais incidentes sobre as relações privadas durante a pandemia de covid-19. Suspensão do prazo prescricional entre 10/06/2020 e 30/10/2020. Recurso improvido. A Lei nº 14.010/20 instituiu normas de caráter transitório e emergencial para a regulação de relações jurídicas de Direito Privado em virtude da pandemia do coronavírus (Covid-19), e deve ser aplicada ao presente caso. Estabelece o art. 3º, da referida lei, que os prazos prescricionais consideram-se impedidos ou suspensos, conforme o caso, a partir da entrada em vigor desta Lei até 30 de outubro de 2020. Como a citada lei entrou em vigor na data de sua publicação (10/06/2020), a partir de então e até 30/10/2020, os prazos prescricionais permaneceram suspensos". (*TJSP* – AI 2167185-29.2023.8.26.0000, 18-7-2023, Rel. Adilson de Araujo).

O inciso I deve também abranger os conviventes.

Como assevera Clóvis Beviláqua (1916:296), as razões inspiradoras do art. 168 (atual, art. 197) são de ordem moral, a determinar o impedimento ou o curso da prescrição. As relações afetivas que devem existir entre essas pessoas justificam o preceito legal. Por razão moral semelhante, não tinha curso a prescrição no caso do inciso IV, do antigo Código, entre pessoas que estivessem ligadas por relação jurídica de *confiança,* conservando bens da outra em seu poder ou sob sua guarda. Por isso, não fluía a prescrição em favor do credor pignoratício contra o devedor, quanto à coisa apenhada; em favor do depositário contra o depositante; do mandatário contra o mandante; do administrador de bens alheios contra seus proprietários. A lei, em síntese, queria dizer nesse tópico que o credor pignoratício, o depositante, o mandatário e todos aqueles em situações análogas não poderiam se prevalecer da prescrição para se recusarem a restituir os bens recebidos em decorrência dessas relações jurídicas. Esse inciso não foi repetido no atual Código; no entanto, continuam presentes as demais situações do antigo art. 168 no contemporâneo art. 197.

Também não corre a prescrição, segundo o art. 198 do presente Código:

"*I – contra os incapazes de que trata o art. 3º;*

II – contra os ausentes do País em serviço público da União, dos Estados ou dos Municípios;

III – contra os que se acharem servindo nas Forças Armadas, em tempo de guerra".

O dispositivo não trata da impossibilidade do curso da prescrição *em favor,* mas *contra* as pessoas que menciona, as quais são beneficiadas como credoras. Nos casos em que forem devedoras, a prescrição corre normalmente a seu favor.

Os incapazes do art. 3º são os menores de 16 anos de idade, os que não tiverem discernimento e os que, mesmo por causa transitória, não puderem exprimir sua vontade. Essas pessoas são absolutamente incapazes de exercer pessoalmente os atos da vida civil.

Não se incluem no dispositivo o deficiente mental que não tenha sido interditado, bem como os surdos-mudos que puderem exprimir sua vontade. A ausência, como vimos, não é mais causa de incapacidade.

Se qualquer um desses incapazes se tornar titular de direito cujo prazo de prescrição já estiver em curso, ele se suspenderá. Identicamente, haverá impedimento do curso do prazo prescricional, se o direito ainda não for exercitável por ocasião da aquisição, como no caso de crédito ainda não vencido.

O benefício ora tratado restringe-se aos absolutamente incapazes, não atingidos os relativamente incapazes, que agem assistidos.

Se, por um lado, no sistema de 1916, contra os ausentes não declarados tais por sentença judicial corre a prescrição, o mesmo não acontece se a ausência refere-se às situações dos incisos II e III do art. 169, do antigo Código, ou seja, serviço público no estrangeiro ou serviço militar em tempo de guerra.

Finalmente, outros motivos ainda suspendem a prescrição:

"*Art. 199. Não corre igualmente a prescrição:*

I – pendendo condição suspensiva;

II – não estando vencido o prazo;

III – pendendo ação de evicção."

As situações aqui são objetivas, sendo, portanto, de *impedimento* da prescrição, cujo prazo ainda não se iniciou em nenhuma delas.

Condição suspensiva é aquela cuja eficácia do ato subordina-se a seu implemento. Enquanto esta não se verificar, não se terá adquirido o direito visado. Assim, se o direito é condicional, não é direito adquirido, não havendo ainda ação correspondente para assegurá-lo (art. 75 do Código de 1916). Da mesma forma, não há ainda ação exercitável antes de vencido o termo fixado.

Evicção é a perda total ou parcial do direito sobre alguma coisa, decorrente de decisão judicial, que o atribui a outrem, que o adquirira anteriormente. Se o terceiro propõe a ação de evicção, fica suspensa a prescrição até seu desfecho final.

Clóvis, em seus comentários ao art. 170, equivalente no diploma anterior, entende-o supérfluo, pelo simples fato de que nos decantados casos, a prescrição não corre e nem poderia correr, porque não existe ação para o cumprimento da obrigação.

Leis posteriores criaram outras situações de impedimento e suspensão, como é o caso, entre outros, do art. 440 da Consolidação das Leis do Trabalho: "*Contra os menores de 18 anos não corre nenhum prazo de prescrição.*"

O Decreto nº 20.910, de 6-1-32, o qual continua em vigência, que estipulou prazo de cinco anos de prescrição de dívidas passivas da União, dos Estados e dos Municípios, determinou no art. 4º que

> "*não corre a prescrição durante a demora que, no estudo, ao reconhecimento ou no pagamento da dívida, considerada líquida, tiverem as repartições ou funcionários encarregados de estudar e apurá-la*".

Tal suspensão começa a ter eficácia a partir do momento em que se der "*a entrada do requerimento do titular do direito ou do credor nos livros ou protocolos das repartições públicas, com designação do dia, mês e ano*" (parágrafo único do art. 4º). Por outro lado, o art. 5º do mesmo diploma estabelece:

> "*Não tem efeito de suspender a prescrição a demora do titular do direito ou do crédito ou do seu representante em prestar os esclarecimentos que lhe forem reclamados, ou o fato de não promover o andamento do feito judicial, ou do processo administrativo, durante os prazos respectivamente estabelecidos para extinção do seu direito à ação ou reclamação.*"

Deve ser acrescentada outra regra no tocante à suspensão da prescrição: defende-se que não corre a prescrição na pendência de acontecimento que impossibilite alguém de agir, quer em razão de motivação legal, quer em razão de motivo de força maior, consubstanciando-se na regra que a jurisprudência francesa adota, seguindo o brocardo: "*contra non valentem agere non currit praescriptio*" (contra incapaz de agir não corre a prescrição). Desse modo, não se deve entender o elenco legal de causas de suspensão e impedimento como número taxativo. Várias leis estrangeiras admitem a regra expressamente. Sobre sua aplicação entre nós, assim se manifesta Serpa Lopes (1962, v. 1:606):

> "*A regra contra non valentem agere inspira-se numa ideia humana, um princípio de equidade, e que não pode deixar de ser reconhecida pelo juiz. Cabe, portanto, a aplicação analógica. Mesmo entendida como uma exceção à regra geral, esta não é de molde a encerrar*

num numerus clausus os casos de suspensão da prescrição, sobretudo quando se impõe interpretá-la com o espírito de equidade."

Assim, se o titular do direito estiver impedido de recorrer à Justiça, por interrupção administrativa de suas atividades, o princípio deve ser reconhecido.

Ainda, no que tange à suspensão da prescrição, o art. 201:

"Suspensa a prescrição em favor de um dos credores solidários, só aproveitam os outros se o objeto da obrigação for indivisível."

A regra geral é que a suspensão da prescrição só aproveita ao credor, solidário ou não, mas de acordo com os arts. 197, 198 e 199. Nem mesmo no caso de solidariedade a suspensão da prescrição pode beneficiar outros credores. A exceção ocorre no caso do art. 201, tendo-se em vista a indivisibilidade do objeto da obrigação. Assim, por exemplo, no caso de existirem três credores contra devedor comum, de determinada quantia em dinheiro, sendo um dos credores absolutamente incapaz. O fato de não correr a prescrição contra o menor não impede o curso normal da prescrição contra os demais credores. Aqui, neste caso, o direito é divisível, pois se trata de dinheiro. A prescrição fica suspensa em relação ao incapaz, não aproveitando, porém, aos demais credores. Em outro exemplo, um pai compra imóvel indivisível em nome de seus filhos, sendo que um é absolutamente incapaz. Como contra o incapaz não corre a prescrição, esta só começará a correr, *para todos os filhos*, quando o incapaz completar 16 anos. Se a coisa foi recebida com vício redibitório, o prazo do art. 178, § 5º, IV, de seis meses, do Código de 1916, somente começará a correr quando o absolutamente incapaz se tornar relativamente capaz, beneficiando os irmãos maiores. Se o direito é indivisível, a suspensão aproveita a todos os credores.

B. Causas interruptivas da prescrição

O ponto principal autorizador da perda do direito de ação pela prescrição é a inércia do titular. Portanto, não pode ser punido o prescribente quando defende seu direito, com a intenção de inutilizar a prescrição. Desse modo, a prescrição é interrompida com fato hábil a destruir o lapso de tempo pretérito. Ao contrário da suspensão, em que o tempo anterior ao fato X é computado.

Dispõe o art. 202:

"A interrupção da prescrição, que somente poderá ocorrer uma vez, dar-se-á:

I – por despacho do juiz, mesmo incompetente, que ordenar a citação, se o interessado a promover no prazo e na forma da lei processual;

II – por protesto, nas condições do inciso antecedente;

III – por protesto cambial;

IV – pela apresentação do título de crédito em juízo de inventário ou em concurso de credores;

V – por qualquer ato judicial que constitua em mora o devedor;

VI – por qualquer ato inequívoco, ainda que extrajudicial, que importe reconhecimento do direito pelo devedor.

Parágrafo único. A prescrição interrompida recomeça a correr da data do ato que a interrompeu, ou do último ato do processo para a interromper."

Há várias modificações nesse dispositivo trazidas pelo projeto.

Note, de plano, que o novel estatuto civil inova e somente permite a interrupção da prescrição uma única vez, algo que em muito restringe o alcance da disposição, impedindo procrastinações desnecessárias. Desse modo, a possibilidade de exercício do direito de ação não mais se eternizará por constantes interrupções de prescrição.

A parte não pode ser prejudicada por obstáculo judicial para o qual não concorreu, de modo que tais dispositivos devem ser entendidos com esta ressalva.

Para a interrupção da prescrição, a nosso entender, é suficiente, portanto, o simples despacho ordenando a citação ou a distribuição protocolar. Promover a citação, na dicção legal, é providenciar a extração do mandado citatório, com pagamento de custas devidas, para que seja entregue ao oficial de justiça.

Cabe-nos a pergunta se a citação ordenada em processo anulado é idônea para interromper a prescrição. Se não é a nulidade decretada exatamente por vício de citação, tudo nos leva a concluir que, em tal hipótese, há interrupção. Tanto isso é verdadeiro que o Decreto nº 20.910, de 6-1-32, que trata da prescrição contra entidades públicas, estatuiu expressamente em seu art. 7º que "*a citação inicial não interrompe a prescrição quando, por qualquer motivo, o processo tenha sido anulado*". Se o legislador entendeu de bom alvitre dispor expressamente sobre a matéria no tocante à prescrição de ações contra a Fazenda, é porque implicitamente admite que, com relação às demais pessoas, a citação sempre interrompe a prescrição, embora depois o processo venha a ser anulado (Monteiro, 2005, v. 1:353).

Outra situação a ser examinada é quando existe no processo sua própria extinção, sem a resolução do mérito, instituto anteriormente denominado "absolvição de instância", embora com pequenas alterações de conteúdo. Quando há a extinção do processo sem julgamento do mérito, quer-nos parecer que esse processo não teve a força de interromper a prescrição, não deve surtir efeito algum. Ao menos com relação aos incisos II e III desse art. 267, que caracterizam inércia das partes, essa situação é verdadeira. As demais hipóteses, como admite a doutrina, não se enquadram nessa situação de inércia, e permanece incólume o efeito interruptivo da prescrição. De qualquer forma, ao lado dessa aparente exceção, a prescrição só se interromperá no processo com sentença de mérito.

A citação, enfim, demonstra providências do titular do direito em não se manter inerte.

A lei admite que a citação alcance o efeito apontado "*ainda que ordenada por juiz incompetente*". Não é de se beneficiar, porém, aquele que, à última hora, pede a citação ao primeiro juiz que encontrar. Temos para nós que, nesse ponto, não se pode admitir o erro grosseiro. O dispositivo está na lei para beneficiar aqueles que, de boa-fé, peticionam perante o juiz incompetente. Não interromperá a prescrição, por exemplo, a citação em processo cível, ordenada por juiz trabalhista.

No sistema do antigo Código constava que, para a citação interromper a prescrição, não podia padecer de vício de forma, por se achar perempta a instância ou a ação (art. 175). A questão tem hoje a ver com a extinção do processo sem julgamento do mérito e deve ser examinada no caso concreto.[9]

A validade do ato citatório é condição de eficácia de causa interruptiva da prescrição e dependerá da obediência aos requisitos legais estatuídos na lei processual.

---

9   O dispositivo menciona a citação *circunducta*, aquela que dependia de sua acusação em audiência para ter validade. Tal requisito já não está presente no atual estatuto processual.

O que o Código Civil de 1916 denominava perempção da instância é o que o CPC de 1939 denominava de absolvição de instância e o atual CPC denomina de extinção do processo sem julgamento do mérito, sem exata equivalência. Como já examinamos a questão, um processo terminado desse modo, nas hipóteses apontadas, faz com que o efeito interruptivo da prescrição caia por terra.

A segunda modalidade de interrupção da prescrição, estampada no art. 202, é o *"protesto, nas condições do número anterior"*. A lei refere-se aqui ao protesto judicial, na forma do art. 867 do CPC (atual art. 726). Devem ser obedecidos todos os requisitos da citação. Embora, a princípio, tenha havido certa vacilação da jurisprudência, o protesto cambial não era idôneo para essa finalidade no sistema do Código de 1916.Em boa hora, o novel Código é expresso no sentido de admitir o protesto cambial como idôneo para essa finalidade interruptiva (inciso III). De fato, o protesto cambial ou equivalente, além do sentido clássico de evidenciar a impontualidade do devedor, demonstra que o credor não está inerte.

Lembre-se, a propósito, de que, no processo interruptivo contra a Fazenda Pública, a prescrição também só se interrompe uma única vez, por força dos arts. 8º e 9º do Decreto nº 20.910, de 6-1-32. A possibilidade de interrupção por uma única vez é regra geral consagrada no vigente Código (art. 202). Desse modo, interrompida a prescrição por qualquer das causas, não poderá haver nova interrupção. Nesse caso, a dúvida poderá se situar na efetiva existência de uma interrupção de prescrição primitiva e se houve intenção de ser feita, como, por exemplo, se determinado ato judicial teve esse condão interruptivo ou não.

A quarta modalidade de que fala a lei é a *apresentação do título de crédito em juízo de inventário, ou em concurso de credores*. Tais atitudes denotam a intenção do titular do direito em interromper a prescrição. A situação pode ser estendida ao caso análogo da habilitação de crédito na falência cuja finalidade é idêntica.

De acordo com o inciso V do art. 202, também interrompe a prescrição *"qualquer ato judicial que constitui em mora o devedor"*. O Código não esclarece quais são esses atos. Neles podem ser incluídas as medidas cautelares do estatuto processual (arts. 796 ss), bem como as notificações e interpelações (Monteiro, 2005, v. 1:355).

Finalmente, diz a lei que interrompe a prescrição *"qualquer ato inequívoco, ainda que extrajudicial, que importe reconhecimento do direito pelo devedor"* (inciso VI).

A lei dispõe que não importa seja o ato judicial ou extrajudicial, bastando ser inequívoco. Assim, interrompe a prescrição carta do devedor reconhecendo a legitimidade da dívida, bem como o pagamento parcial da dívida ou de juros. Tais atitudes, na verdade, declaram renúncia à prescrição do lapso já decorrido. O dispositivo aplica-se também às obrigações comerciais. Em todo o caso, a atitude do devedor não pode ser presumida, mas há de ser patente, inequívoca, como quer a lei. A situação avulta de importância no vigente Código, porque permite uma única interrupção de prescrição.

Sílvio Rodrigues (2006, v. 1:342) lembra que, embora o protesto cambial não interrompesse a prescrição no sistema anterior, a jurisprudência vinha entendendo que, se o devedor, intimado do título enviado a protesto, comparecesse a cartório e reconhecesse a dívida, a prescrição ter-se-ia por interrompida, com fundamento neste último inciso e não propriamente no protesto extrajudicial.

O parágrafo único do art. 202 dispõe que *"a prescrição interrompida recomeça a correr da data do ato que a interrompeu, ou do último ato do processo para a interromper"*. Trata-se de decorrência do princípio do efeito instantâneo da interrupção da prescrição. O prazo recomeça imediatamente após a interrupção, restituindo-se integralmente ao credor. Leve-se em conta, porém, que não haverá reinício de prazo se a interrupção já ocorrera anteriormente, por força da regra do *caput*, pela qual essa interrupção só poderá ocorrer uma vez.

Desse modo, os atos interruptivos são os enumerados no art. 202. O processo para interromper a prescrição é o da causa principal, em que se dá a citação pessoal do devedor (inciso I). Afora esta última hipótese, o prazo recomeça do ato interruptivo. Tudo se passa a um só tempo. A interrupção verifica-se e desde logo começa a correr novo prazo. Na hipótese de processo, a prescrição recomeça do último ato. A citação inutiliza a prescrição, mas o reinício do prazo somente terá lugar quando do último ato praticado no processo. Aliás, é apenas neste último caso que a prescrição não tem efeito instantâneo.

Já se decidiu, porém, que o último ato do processo não é o que manda os autos ao arquivo, quando houve anteriormente abandono manifesto da causa pelo autor (*RT* 459/121). Entendeu-se que o último ato a que se refere o dispositivo é o praticado no processo e que expressa, de qualquer forma, direito do credor de cobrar a dívida.

Lembre-se, a propósito, de que, se o processo ficar paralisado, sem justa causa, pelo tempo de prescrição, esta se consumará. É o que se denomina *prescrição intercorrente*.[10] Note que consolidando o que já vinha sendo decidido pelos tribunais, o novel art. 206-A no Código Civil, estabeleceu que: "*A prescrição intercorrente observará o mesmo prazo de prescrição da pretensão, observadas as causas de impedimento, de suspensão e de interrupção da prescrição previstas neste Código...*", atendidos os princípios do CPC.[11] Algo que vínhamos admitindo sem discussões no passado.

---

[10] "**Prescrição intercorrente** – Ação de execução fundada em cédula de crédito bancário – Sentença de extinção do processo nos termos do art. 924, V, do CPC/2015 no reconhecimento de prescrição intercorrente – Prematuridade – Necessidade de cumprimento prévio do contraditório, consoante tese 1.4 firmada no IAC 1-REsp 1.604.412/SC, de efeito Vinculante (art. 947, § 3º, NCPC) – Sentença extintiva desconstituída com retorno dos autos ao juízo 'a quo' para cumprimento prévio do contraditório – Recurso provido por outros fundamentos" (*TJSP* – AC 0005499-38.2008.8.26.0081, 27-6-2019, Rel. José Wagner de Oliveira Melatto Peixoto).
"Execução fiscal – Processo que permaneceu paralisado por mais de seis anos – Inércia da parte exequente – **Prescrição intercorrente** – Presentes os pressupostos que autorizam o reconhecimento – Inteligência do art. 174 do Código Tributário Nacional – Decisão mantida – Negado provimento ao reexame necessário". "Execução fiscal – Prescrição intercorrente – Aplicação da súmula 314 STJ – 1. A suspensão do prazo de prescrição (art. 40, *caput*, da Lei nº 6.830/80) não é infinita nem pode ser ilimitada. 2. Em execução fiscal, não localizados bens penhoráveis, suspende-se o processo por um ano, findo o qual se inicia o prazo de prescrição quinquenal intercorrente (Súmula 314 STJ). Prescrição consumada. Sentença mantida. Reexame necessário desacolhido" (*TJSP* – Reexame Necessário nº. 9001677-07.1999.8.26.0014, 9ª CD. Públ., Des. Rel. Décio Notarangeli, J.V. 03.06.2015, V.U.). (*TJSP* – RN 9002442-17.1995.8.26.0014, 12-8-2015, Rel. Moreira de Carvalho).

[11] "Apelação. Direito processual civil. Execução de título extrajudicial. **Prescrição intercorrente.** Extinção. 1. A pretensão inaugural era a de cobrança de dívida líquida constante de instrumento público ou particular, o que caracteriza a hipótese prevista no art. 206, § 5º, inciso I, do Código Civil, e que prescreve em 5 anos, sendo este, portanto, o prazo aplicável para fins de computo da prescrição intercorrente (inteligência da Súmula 150 do STF e do art. 206-A do Código Civil). 2. No presente feito, passaram-se mais de cinco anos entre o término do prazo de 1 ano de suspensão da prescrição e a data de hoje, sem que, nesse tempo, o credor tenha localizado o devedor ou bens penhoráveis. Além disso, anoto que a parte credora, apesar de devidamente intimada, não indicou a ocorrência de nenhum ato impeditivo, suspensivo ou interruptivo do prazo prescricional. 3. Mantida a sentença de extinção da execução em razão da ocorrência de prescrição intercorrente. Recurso a que se nega provimento" (*TJSP* – Ap 0009205-16.2007.8.26.0032, 30-8-2024, Relª Léa Duarte).
"Prescrição intercorrente – Cumprimento de sentença de ação de cobrança – Termo de adesão ao regulamento do cartão BNDES – Aplicação do artigo 206, § 5º, I do Código Civil – Prescrição em cinco anos – Prescrição intercorrente se submete ao mesmo prazo da prescrição do direito de ação, conforme art. 206-A do CC – Envio do feito ao arquivo em maio/2015 – Incidência das teses do IAC no REsp nº 1.604.412-SC – Encerramento da suspensão e início do prazo prescricional em maio/2016 – Permanência da paralisação do processo no arquivo até janeiro/2023 – Desnecessidade de prévia intimação – Prescrição intercorrente consumada – Sentença de extinção mantida – Recurso não provido" (*TJSP* – Ap 0007720-26.2010.8.26.0565, 29-8-2023, Rel. Maia da Rocha).
"Apelação cível. Execução de título extrajudicial. Cobrança de aluguéis. Suspensão. 1 ano. Início do prazo. Manifestação do credor. Dentro do prazo prescricional. Ausência de decisão judicial. Paralisação do processo. Demora.

De acordo com o art. 203 do Código de 2002, *"a prescrição pode ser interrompida por qualquer interessado"*. Segundo o antigo art. 174, a interrupção da prescrição podia ser promovida: "*I – pelo próprio titular do direito em via de prescrição; II – por quem legalmente o represente; III – por terceiro que tenha legítimo interesse*". Bem fez o atual Código em suprimir esse casuísmo repetitivo e desnecessário.

O titular do direito, o prescribente, é o maior interessado em interromper a prescrição. Geralmente, é ele quem a promove. O representante legal do prescribente pode promover a interrupção. O assistente dos menores relativamente capazes pode fazê-lo, assim como os representantes convencionais, pois contra os absolutamente incapazes não corre a prescrição. No mais, importa examinar no caso concreto quem possui interesse para promover a interrupção da prescrição. Em princípio, interrupção efetivada por quem não tenha interesse ou legitimação será ineficaz. Os terceiros, com legítimo interesse, podem promover a interrupção, tais como os herdeiros do prescribente, seus credores, os fiadores etc.

Lembre-se de que o inciso VI do art. 202 refere-se à interrupção da prescrição por qualquer ato inequívoco *do devedor*. Aqui, o direito de interromper é só do prescribente ou de seu representante, se for o caso, e não estão os terceiros intitulados a fazê-lo, por mais legítimo interesse que possuam.

Geralmente, os *efeitos da prescrição* são pessoais, de maneira que a interrupção da prescrição feita por um credor não aproveita aos outros, assim como aquela promovida contra um devedor não prejudica os demais. É regra do art. 204. O dispositivo traz, porém, exceções.

Em se tratando de credores solidários, observamos que, na relação jurídica, existem várias relações enfeixadas numa só, que se denomina solidariedade. Os vários credores podem exigir, individualmente, o pagamento de toda a dívida. Desse modo, a interrupção fomentada por um dos credores solidários aproveita a todos.

O mesmo ocorre na solidariedade passiva. A interrupção feita a um dos devedores (já que todos são responsáveis pela totalidade da dívida) a todos prejudica, e a seus herdeiros, porque se trata de convenção tratada de maneira una, decorrente da lei ou da vontade das partes.

Por outro lado, ainda de acordo com o art. 204, se um dos herdeiros do devedor solidário sofre a interrupção, os outros herdeiros, ou devedores, não são prejudicados; o prazo, para estes últimos, continuará a correr, a não ser que se trate de obrigações e direitos indivisíveis. Neste último caso, todos os herdeiros ou devedores solidários sofrem os efeitos da interrupção da prescrição, passando a correr contra eles o novo prazo prescricional.

Por fim, em se tratando de fiança, que é obrigação acessória, se a interrupção for promovida apenas contra o afiançado, que é o devedor principal, o prazo, no entanto, restabelece-se também contra o fiador. Este fica, assim, prejudicado, conforme o princípio de que o acessório segue sempre o destino do principal. Por consequência, a interrupção operada contra o fiador não prejudica o devedor principal, já que a recíproca não é verdadeira, isto é, o principal não é afetado pelo destino do acessório.

Imputável ao serviço judiciário. Prescrição intercorrente. Não configurada. 1. Nos termos do art. 206-A do Código Civil, 'A prescrição intercorrente observará o mesmo prazo de prescrição da pretensão, observadas as causas de impedimento, de suspensão e de interrupção da prescrição previstas neste Código e observado o disposto no art. 921 da Lei nº 13.105, de 16 de março de 2015 (Código de Processo Civil)'. 2. A pretensão executória prescreve no mesmo prazo prescricional da ação, conforme dispõe a Súmula 150 do STF. 3. Atos praticados pelo exequente, quando se limitam a requerer a reiteração de diligências, não produzem qualquer efeito a fim de impedir a prescrição. Precedente. 4. A paralisação do processo por mecanismos do próprio serviço judiciário não é imputável ao exequente" (*TJDFT* – Ap 00011645120168070007, 15-8-2023, Rel. Diaulas Costa Ribeiro).

31.5 PRESCRIÇÃO E DECADÊNCIA NO CÓDIGO CIVIL DE 2002. A NOVA DECADÊNCIA

O presente Código apresenta inúmeras inovações, como já apontamos. Há necessidade de pleno conhecimento da estrutura da prescrição no Código de 1916, para que se compreenda o estudo feito neste tópico.

A principal novidade, talvez, é tratar da decadência expressamente nos arts. 207 a 211, tornando mais clara a distinção da prescrição.

O art. 189 abre o capítulo, dispondo: *"Violado o direito subjetivo, nasce para o titular a pretensão, a qual se extingue pela prescrição, nos prazos a que aludem os arts. 205 e 206."* Adota-se o princípio da *actio nata*, admitindo-se que a prescrição tolhe o direito de ação, ou, mais especificamente, dentro do direito material, a prescrição faz extinguir a *pretensão*, que é o espelho do direito de ação. Na decadência ocorre a perda ou extinção de um direito potestativo, em face da inércia de seu titular. Sobre a controvérsia e dificuldade da distinção já nos manifestamos. O Código atual procurou simplificar a questão de forma segura, considerando prescrição apenas as situações legais como tal descritas, o que resulta em enorme facilidade prática. Não se estabelecendo as situações dos arts. 205 e 206, todos os demais prazos extintivos presentes no Código, tanto na parte geral como na parte especial, são decadenciais.

O art. 190 dispõe: *"A exceção prescreve no mesmo prazo em que a pretensão."* Exceção aí é colocada como forma de defesa. O meio de defesa deverá ser exercido no mesmo prazo que o direito de ação. São duas as formas, no sentido amplo, de se exercer a pretensão, pela ação e pela exceção. A exceção também é modalidade do direito de ação.

As disposições acerca da renúncia à prescrição (art. 191) permanecem inalteradas.

O art. 192, colocando fim à celeuma criada na doutrina, dispõe, como já referimos: *"Os prazos de prescrição não podem ser alterados por acordo das partes."* Assim, os prazos não poderão ser nem dilatados, nem reduzidos. Desse modo, não podem ser negociados os prazos prescricionais. Nula será qualquer avença nesse sentido. Veja o que dissemos anteriormente. O princípio ora introduzido aplica-se restritivamente à prescrição e não aos outros fenômenos de extinção de direitos, inclusive à decadência.

O art. 193 continua a afirmar que a prescrição pode ser alegada em qualquer instância, ou seja, *"em qualquer grau de jurisdição, pela parte a quem aproveita".*

O art. 194 inovava ao dizer: *"O juiz não pode suprir, de ofício, a alegação de prescrição, salvo se favorecer a absolutamente incapaz."* Como já apontamos, a decretação da prescrição, de ofício, pelo juiz, podia ocorrer *em favor* do absolutamente incapaz, não porém *contra* o absolutamente incapaz. O artigo não fazia mais a ressalva do antigo art. 166, que se referia ao conhecimento de ofício de *"direitos patrimoniais".* Difícil seria, como falamos, que se discutisse a prescrição de direitos não patrimoniais. O presente estatuto civil era mais técnico ao falar em *"alegação"* da prescrição. A prescrição em geral deve ser reconhecida de ofício, face à revogação do art. 194.

O art. 195 do atual Código expande a noção do art. 164 do Código de 1916:

> *"Os relativamente incapazes e as pessoas jurídicas têm ação contra os seus assistentes ou representantes legais, que derem causa à prescrição, ou não a alegarem oportunamente."*

Suprime-se a referência ao dolo e à negligência, evidentemente dispensáveis pela natureza da atividade descrita. Como vimos, é aplicação do princípio geral da responsabilidade, disciplinada pelo art. 186.

O art. 196, corrigindo a imperfeição do Código atual como mencionamos, substitui, na redação do atual art. 165, a palavra *herdeiro*, pela palavra *sucessor*: "*A prescrição iniciada contra uma pessoa continua a correr contra o seu sucessor.*" Sempre foi assim, como expusemos, que se entendeu a redação do Código antigo.

O art. 197 do atual Código corresponde ao art. 168 antigo. Substitui-se, no inciso I, o vocábulo matrimônio por sociedade conjugal e suprime-se o inciso IV, que trata do credor pignoratício, do mandatário etc. Ao que tudo indica, entende o novel legislador que esse dispositivo é prescindível, não necessitando a lei dizer expressamente que não corre a prescrição em relação a essas pessoas, com fundamento nas noções gerais da usucapião, sob o prisma da prescrição aquisitiva.

O art. 198 repete a redação do art. 169 de 1916, substituindo, no inciso III, a dicção *na Armada e no Exército nacionais*, por *nas Forças Armadas*, para incluir, evidentemente, a Aeronáutica, inexistente na época do antigo Código, bem como outras armas, como a Guarda Costeira, que podem ser criadas.

O art. 199 repete a redação do art. 170 do Código de 1916.

O art. 200 é inovação: "*Quando a ação se originar de fato que deva ser apurado no juízo criminal, não correrá a prescrição antes da respectiva sentença definitiva.*" Trata-se da apuração de questão prejudicial a ser verificada no juízo criminal. A lei mais recente a estampa como causa de impedimento do curso da prescrição, que só começará a correr após a sentença definitiva de natureza criminal, como apontamos. Na prática, a maior dificuldade será definir se a matéria discutida no juízo criminal é efetivamente uma questão prévia.

O art. 201 repete o art. 171 antigo, referindo-se aos credores solidários.

O art. 202 passa a tratar da interrupção da prescrição. Como enfatizamos, o atual diploma civil inova no sentido de admitir a interrupção *por uma única vez*. Nesse aspecto, admitir sucessivas e infindáveis interrupções de prescrição contraria a própria índole histórica do instituto, que é estancar a instabilidade e incerteza jurídicas. A disposição segue tendências do direito comparado e já constava da lei que regula a prescrição contra a Fazenda Pública.

Dentro das hipóteses legais de interrupção, ressaltamos que, no inciso III, o artigo admite expressamente o "*protesto cambial*" como interruptivo da prescrição. De fato, no sistema anterior não se admitia o protesto cambial como meio idôneo para interromper a prescrição. Tecnicamente, no entanto, ao protestar um título, o credor demonstra clara e liminarmente que não está inerte, sendo absolutamente correta a nova posição legislativa.

O art. 203 dispõe que "*A prescrição pode ser interrompida por qualquer interessado*", em fórmula mais genérica e abrangente do que o antigo art. 174. O interessado poderá ser terceiro ou não, representante ou não, o que se apurará no caso concreto.

O art. 175 do Código de 1916 não é repetido ou mencionado no recente Código, concluindo-se, à primeira vista, que o legislador da novel legislação pretende que a citação, com vício de forma ou ocorrida em processo extinto, sem julgamento do mérito, interrompa a prescrição. Não é essa a melhor conclusão, porém. Em cada caso há de se ver se houve ou não inércia do prescribente. Note, no entanto, que, pelo atual estatuto, a prescrição só poderá ser interrompida uma única vez. O que deve ser examinado no caso concreto é se a conduta do titular do direito que promove a citação foi idônea, de boa-fé, excluindo a inércia, que é essencial ao conceito de extinção de direitos pela prescrição. A matéria também é regulada pela legislação processual.

O art. 204 do atual Código repete a redação do art. 176 do Código de 1916, acrescentando, porém, o § 3º, que já era admitido pela doutrina e já por nós mencionado: "*A interrupção produzida contra o principal devedor alcança o fiador.*"

Ao tratar dos prazos de prescrição, o art. 205 fixa a prescrição ordinária, para qualquer situação, em dez anos, não mais distinguindo as ações reais e as ações pessoais, no que andou bem. Como apontamos, a redução do prazo máximo prescricional é salutar. O art. 206 elenca os prazos especiais, estipulando prazos de um a cinco anos.

A seguir, o atual estatuto ocupa-se da *decadência*. Esse instituto passa a ocupar uma posição de destaque na nova lei. Os prazos decadenciais são ordenados dentro dos dispositivos legais dos respectivos institutos, inclusive na parte geral (arts. 119, 178, 179). Assim, por exemplo, o art. 178 estabelece o prazo de decadência de quatro anos para anular os negócios jurídicos por coação, erro, dolo etc. O art. 179, dentro dos princípios gerais dos negócios jurídicos, fixa o prazo decadencial de dois anos para inquirir os atos anuláveis, a contar de sua conclusão, quando a lei não estabelecer outro prazo.

O corrente Código preferiu não se prender exclusivamente aos princípios doutrinários tradicionais em matéria de decadência, tantas eram as dificuldades em sua distinção da prescrição. Doravante, na seara do presente Código, temos que ter em mente que, quando a lei expressamente dispõe que determinado prazo é decadencial, não mais caberá qualquer discussão, por mais que, tecnicamente, dentro dos princípios tradicionais, a hipótese aponte para prescrição. Doutro modo, criaremos uma problemática árida e inóspita que a atual lei buscou evitar. Ademais, ainda que a lei não o diga expressamente, os prazos espalhados pelos capítulos do Código, como já se admitia nessas situações no Código de 1916, são decadenciais. A lei assim quer: *tollitur quaestio*. Não mais se discute. Assim, por exemplo, o art. 501 menciona que o vendedor ou o comprador decai do direito de utilizar ações referentes ao negócio *ad corpus* ou *ad mensuram* em um ano, a contar da transcrição do título. Em outro exemplo, a revogação da doação por ingratidão deverá ser pleiteada em um ano, a contar de quando chegue ao conhecimento do doador o fato que a autorizar, e de ter sido o donatário seu autor (art. 559). Essas situações encontram-se pontilhadas pelos dispositivos do presente Código.

Sob esse atual horizonte, principia o art. 207: "*Salvo disposição legal em contrário, não se aplicam à decadência as normas que impedem, suspendem ou interrompem a prescrição.*" A regra geral, sempre admitida, é no sentido de que a decadência é contínua, não admitindo suspensão, impedimento ou interrupção.

O atual art. 208 disciplina: "*Aplica-se à decadência o disposto nos artigos 195 e 198, inciso I.*" Destarte, pela nova lei, não correrá decadência contra os absolutamente incapazes, e opera-se o direito regressivo de indenização, nas hipóteses do art. 195.

O art. 209 estatui ser nula a renúncia à decadência fixada em lei. Admite-se, portanto, que a decadência pode ser fixada por vontade das partes, quando então se admitirá a renúncia. Nesse sentido, o contrato pode estabelecer prazo para exercício de direitos, como ordinariamente ocorre.

A decadência deverá ser conhecida de ofício pelo juiz, quando se tratar de prazo decadencial fixado por lei (art. 210). No entanto, "*se a decadência for convencional, a parte a quem aproveita pode alegá-la em qualquer grau de jurisdição, mas o juiz não pode suprir a alegação*" (art. 211).

A atual lei procurou simplificar o entendimento sempre desditoso da distinção entre prescrição e decadência, ao disciplinar na parte geral o prazo geral da prescrição no art. 205, dez anos, e os prazos especiais no art. 206, que se graduam de um a cinco anos. Os princípios da decadência são disciplinados em capítulo à parte (arts. 207 a 211). Os prazos de decadência estão espalhados pelas partes geral e especial, como vimos. Desse modo, não bastassem os princípios diferenciados enunciados na parte introdutória, há esse critério prático para auxiliar o intérprete, qual seja, todos os prazos constantes dos institutos específicos são prazos de decadência. Não é diferente no estatuto vigente, embora essa ideia não tenha ficado suficientemente clara no passado. Ainda que não seja um critério definitivo, é um critério legal. O tratamento da matéria no Código contemporâneo é atual, facilita sua operosidade e apara as maiores dificuldades desses dois institutos. Aguarda-se que a jurisprudência absorva com facilidade essa nova posição.

32

FORMA E PROVA DOS NEGÓCIOS JURÍDICOS

32.1 CONCEITO, VALOR E FUNÇÃO DA FORMA

Repise-se novamente que a manifestação de vontade é essencial para a existência do negócio jurídico. Essa manifestação deve vir inserida em um contexto e existir envoltório para essa vontade. O modo pelo qual a vontade se expressa é a forma e ela só poderá ser levada em conta no campo do Direito se, de qualquer modo, houver uma expressão externa.

O mais usual consiste na vontade de declarar-se por intermédio de palavras, ora por uma única palavra, como "sim" ou "não", ora por proposições mais ou menos complexas. Já vimos que o silêncio tem seu valor, ainda que relativo, como meio de manifestação de vontade. Menos comumente a vontade também pode manifestar-se por gestos, sinais mímicos, ou comportamentos voluntários que denotam manifestação. É o meneio de cabeça que afirma ou nega, é o sinal do polegar para cima ou para baixo que significa "positivo" ou "negativo".

Tudo isso são formas de manifestação de vontade, isto é, fatores externos que fazem a vontade extravasar os limites do pensamento, do raciocínio singelo, que por si sós não podem ter efeito jurídico. É por meio da forma que existe a comunicação; tal comunicação ganhará contornos jurídicos dependendo da direção imposta pelo agente. Ao mesmo tempo que serve para exteriorizar a vontade, a forma serve de prova para o negócio jurídico. Por vezes, para maior garantia do próprio interessado e da ordem pública, a lei exigirá que determinados atos só tenham eficácia no mundo jurídico se revestidos de determinada forma.

Sob essas premissas, na clássica definição de Clóvis (1980:242), *"forma é o conjunto das solenidades, que se devem observar para que a declaração da vontade tenha eficácia jurídica"*.

O art. 104, ao tratar dos requisitos essenciais do ato jurídico, refere-se à *"forma prescrita ou não defesa em lei"*. O art. 166, IV, do atual Código estatui que é nulo o negócio jurídico quando não se revestir da forma prescrita em lei. O inciso V do mesmo artigo inquina também de nulidade o negócio, quando for preterida alguma solenidade que a lei considere essencial para sua validade. O art. 107, ao abrir capítulo específico, dispõe: *"A validade da declaração de vontade não dependerá de forma especial, senão quando a lei expressamente a exigir."*

A regra é, portanto, a forma livre. Quando determinado ato requer certa forma, a lei assim disporá.

A forma confere maior segurança às relações jurídicas. No antigo Direito Romano, a forma era a regra, em que a menor desobediência implicava nulidade do ato. Numa sociedade primitiva, na qual ainda não se utilizava da forma escrita, os rituais substituíam a escritura. Quando o Império Romano se expandiu, sentiram os antigos necessidade de abandonar o formalismo em prol de maior dinamização do mundo jurídico.

A forma determinada na lei, contudo, permanece para uma série de atos. Note-se, hoje, ressurgimento da forma, talvez como reflexo da época atual, em que as pressões sociais fazem aumentar a desconfiança na sociedade. Isso faz com que as pessoas tentem cercar-se de maiores garantias contra a má-fé. São tão numerosos os atos formais no momento atual que a doutrina chega a afirmar que, na realidade, a regra é a forma prescrita.

O art. 107 do Código de 2002 dispõe que "*a validade da declaração de vontade não dependerá de forma especial, senão quando a lei expressamente a exigir*" (antigo, art. 129). Na verdade, a lei não comina nenhuma outra sanção, a não ser a própria nulidade do ato, pois preceitua o art. 166 ser nulo o ato jurídico "... *III – (quando) não revestir a forma prescrita em lei; IV – (quando) for preterida alguma solenidade que a lei considere essencial para a sua validade*".

Em paralelo ao exposto, o art. 170 do atual Código exprime que, se o negócio jurídico nulo contiver os requisitos de outro, subsistirá este quando o fim a que visavam as partes permitir supor que o teriam querido, se tivessem previsto a nulidade. Nesse diapasão, por exemplo, se as partes participam de escritura pública nula porque lavrada em desacordo com os princípios legais, mas se o ato puder valer como documento particular, atingirá o efeito procurado pelas partes.[1] Trata-se de medida conservatória que a doutrina denomina conversão substancial do negócio jurídico. Aproveita-se do negócio nulo o que for possível para ser tido como válido. Nesse sentido, aponta Marcos Bernardes de Mello que

> "*a conversão do ato jurídico constitui uma das aplicações do princípio da conservação que consiste no expediente técnico de aproveitar-se como outro ato jurídico válido aquele inválido, nulo ou anulável, para o fim a que foi realizado. Assim, por exemplo, a emissão de uma nota promissória nula por não conter os requisitos formais previstos em lei pode ser convertida em uma confissão de dívida plenamente válida*" (2000:209).

Nem sempre, porém, o ordenamento permite essa conversão, o que deve ser examinado no caso concreto. Não se aplica em matéria de testamento, por exemplo: inválido o testamento

---

[1] "Apelação Cível – Ação de despejo c/c cobrança de aluguéis – Sentença de procedência – Inconformismo do réu – Incontroversa a inadimplência – Validade das cláusulas contratuais – **Livre manifestação de vontade** – Ausência de purga da mora – Sentença que não merece reforma – Afastada preliminar de cerceamento de defesa. Recurso visando a reforma do julgado, para desconsiderar os aluguéis e encargos a partir de setembro de 2015. Dever do locatário apelante em honrar com sua parte do contrato assinado, ou seja, pagar os aluguéis e encargos dentro da data aprazada. Alegação do apelante que o contrato foi encerrado verbalmente, informando a desocupação do bem e disponibilidade das chaves, eis que o apelado se recusou a recebê-las. Impossibilidade. Necessidade de comprovação inequívoca da entrega das chaves ou sua consignação em Juízo. Apelante locatário que não se desincumbiu de comprovar fato impeditivo, modificativo ou extintivo do direito do apelado locador. Precedentes. Majoração dos honorários para 15% do valor da condenação. Desprovimento do recurso" (*TJRJ* – Ap 0002642-52.2016.8.19.0010, 13-4-2018, Rel. Nilza Bitar).
"Alienação fiduciária – Busca e apreensão. 1 – O **contrato deve ser interpretado de forma a prestigiar a livre e soberana manifestação de vontades** celebrada entre as partes, prevalecendo a regra do *pacta sunt servanda*, devendo cada uma das partes envolvidas no litígio arcar com a responsabilidade assumida no acordo. 2 – A ação de busca e apreensão não é a via adequada para discussão acerca do *quantum debeatur* e muito menos para a revisão de cláusulas contratuais, que exigem ação própria ou reconvenção – Sentença mantida – Recurso desprovido" (*TJSP* – Ap 1001676-23.2015.8.26.0007, 6-6-2016, Rel. Felipe Ferreira).

pela forma pública, não pode ser admitida sua validade como testamento particular. Devemos voltar à matéria quando tratarmos das nulidades.

Não se confunde, por outro lado, *forma* com *prova* dos atos jurídicos. A forma é vista sob o aspecto estático; é aquele envoltório que reveste a manifestação de vontade. A prova é vista sob o aspecto dinâmico; serve para demonstrar a existência do ato. Quando a lei impõe determinada forma, o ato não se pode provar senão quando obedecida.²

A Lei nº 7.104, de 20-6-83, alterou o inciso II do art. 134 e dispôs que o valor ali constante passava a cinquenta mil cruzeiros.³ Tal alteração teve a intenção de revigorar o dispositivo que se tornara letra morta em virtude da inflação. De qualquer modo, mesmo com a correção automática anual, o valor ainda era baixo e sua aplicação diminuta; o mesmo pode ser dito com o vigente ordenamento civil. O art. 108 do atual Código estabelece:

> *"Não dispondo a lei em contrário, a escritura pública é essencial à validade dos negócios jurídicos que visem à constituição, transferência, modificação ou renúncia de direitos reais sobre imóveis de valor superior a trinta vezes o maior salário mínimo vigente no País."*

"Ação de cobrança – Contrato bancário – Negócio realizado por meio eletrônico – Validade – Juros remuneratórios – Taxa informada nos autos – Não demonstração de abusividade – Os elementos trazidos pelo Banco-autor demonstram que houve negócio jurídico regular entre as partes, sendo fornecido o crédito aos réus, admitindo-se a contratação por meio eletrônico, não se exigindo a forma escrita com assinatura das partes para lhe atribuir validade – Havendo **livre manifestação de vontade entre as partes** e em se tratando de negócio relacionado a direitos disponíveis, não se infere vedação em lei na contratação de crédito por meio eletrônico – Admissível, além disso, a cobrança de juros remuneratórios em patamar superior a 12% ao ano conforme precedentes de nossos Tribunais e observando-se a Súmula Vinculante 07 do Supremo Tribunal Federal – Taxa que foi informada nos autos, não sendo impugnada, de forma especificada, na contestação, o que possibilitava aos réus a comparação com as taxas médias de mercado a justificar eventual abusividade, o que não foi feito – Observância da taxa contratada para os juros remuneratórios – Hipótese, ademais, em que, para o período de inadimplência, houve incidência apenas de correção monetária e de juros de mora legais – Recurso não provido" (*TJSP* – Ap 4001630-43.2013.8.26.0624, 29-7-2015, Rel. Luiz Arcuri).

² "Condomínio – Embargos à execução – Acordo firmado entre as partes – Suspensão da ação – Inadimplemento – Retomada da execução – Livre manifestação da vontade – Inclusão das obrigações vencidas e não pagas durante o curso do processo até a satisfação da obrigação – Inteligência do artigo 323 do Código de Processo Civil e Súmula nº 13, deste E. Tribunal de Justiça – Multa moratória fixada em 2% (dois por cento) – Inteligência do artigo 1.336, § 1º, do Código Civil – Sentença mantida. Recursos não providos" (*TJSP* – AC 1012893-86.2017.8.26.0009, 13-5-2019, Rel. Sá Moreira de Oliveira).

"Alienação fiduciária de bem imóvel – Declaratória de nulidade de ato jurídico. 1 – O contrato deve ser interpretado de forma a prestigiar **a livre e soberana manifestação de vontades** celebrada entre as partes, prevalecendo a regra do *pacta sunt* servanda, devendo cada uma das partes envolvidas no litígio arcar com a responsabilidade assumida no acordo. 2 – Não há se falar em inconstitucionalidade de leilão extrajudicial, conforme posicionamento do STF quanto ao Decreto Lei nº 70/66. 3 – Se devidamente constituído em mora o devedor deixa decorrer o prazo sem purgá-la, regular a consolidação da propriedade em nome do credor – Inteligência do art. 26 da lei 9.514/97 – Sentença mantida – Recurso desprovido" (*TJSP* – Ap 1002305-98.2014.8.26.0405, 2-5-2016, Rel. Felipe Ferreira).

"Ação declaratória de nulidade de título c.c – Rescisão de contrato e indenização por perdas e danos – Realização de negócio jurídico, envolvendo carteira de clientes do ramo de segurança e monitoramento 24h. Alegação de prejuízo, necessidade de rescindir o instrumento. Sentença de improcedência. Apela a autora, alegando que não houve coação; os réus não agiram com boa-fé; Embora não tenha comprado, fundido ou incorporado outra empresa, vem sofrendo consequências como se assim tivesse agido; Negócio jurídico foi realizado de forma irregular e se encontra eivado de nulidade, ensejando a rescisão e consequente indenização; Réu gerou expectativas quando da negociação entre as partes, mas deixou de cumprir com o pactuado. Descabimento. Autora pactuou de forma livre com o réu, sem qualquer vício a ensejar a nulidade do negócio jurídico. As partes possuem **liberdade para contratar** (autonomia da vontade), sabendo que nem sempre as expectativas da negociação são atendidas ou superadas (teoria do risco), não sendo possível alegar que o faturamento se deu abaixo do esperado ou que se viu em situação de urgência. Admitir os argumentos da autora seria permitir a incidência de comportamento contraditório *venire contra factum proprium*, ou seja, contrata a negociação, depois, sem que haja justificativa plausível, busca anular o ato para o qual concorreu. Recurso improvido" (*TJSP* – Ap 0009642-81.2013.8.26.0344, 6-3-2015, Rel. James Siano).

³ Esse valor deveria ser corrigido anualmente.

Em alguns sistemas e em nosso Direito anterior, as formas distinguiam-se em *ad solemnitatem*, quando sem elas o ato jurídico não se configurava; e *ad probationem tantum*, quando o ato não podia ser provado, porque sua consubstanciação ficaria condicionada à forma imposta pela lei. No sistema atual, não há utilidade nessa distinção, pois não há formas impostas exclusivamente para prova dos atos: os atos ou negócios jurídicos têm forma especial, determinada pela lei, ou sua forma é livre. Se a forma é estampada na lei, dela não se pode fugir sob pena de invalidade do ato; se a forma é livre, podem os atos ser demonstrados pelos meios de prova admitidos em geral no Direito.

Dizem-se *formais* ou *solenes* os atos que requerem determinada forma. São solenes, por excelência, por exemplo, o casamento e o testamento. A solenidade é um *plus*, na verdade, que expande e qualifica a própria forma exigida. A celebração do casamento, por exemplo, exige que o ato seja formalizado em recinto com portas abertas (art. 1.534). A preterição dessa solenidade que integra a forma inquina o ato. A preterição de suas formas ou solenidades faz com que o ato não valha. Assim, quando não há exigência de escritura pública, podem os atos ser realizados por escrito particular. Aos atos formais e solenes contrapõem-se os atos *não formais* ou *não solenes*.

Há situações em que a lei admite a realização do ato por vários modos. Quando a lei apenas determina a forma escrita, não há necessidade de escritura pública, sendo suficiente qualquer forma gráfica, até mesmo a escritura pública.

As partes podem também, se desejarem, fixar uma forma para suas avenças, mesmo quando a lei não determine. É o que dispõe o art. 109: "*No negócio jurídico celebrado com a cláusula de não valer sem instrumento público, este é da substância do ato*" (antigo, art. 133). É a forma prescrita por convenção das partes; elas podem não só contratar a respeito de determinada forma, mas também especificar livremente seus requisitos, indicando se desejam a forma escrita, a forma pública, o registro do documento etc. O que não podem fazer é impor ou ajustar forma diversa da exigida pela lei. Pode ocorrer, no entanto, que as partes tenham praticado o ato por forma não prescrita em lei, forma facultativa, mas que apresente algum vício. Nesse caso, o ato deve prevalecer, por força de regra de conversão formal dos atos jurídicos, bem como por força dos arts. 170, 177 e 183 do Código de 2002 (Ráo, 1961:178). Sobre a conversão dos negócios jurídicos, já nos referimos no presente texto.

Há situações em que o formalismo assume novo aspecto, quando a lei (ou mesmo a vontade das partes) impõe a necessidade da divulgação de um negócio para conhecimento de terceiros, isto é, para aqueles que não tomaram parte no negócio. Essa *publicidade* é conferida pelo sistema de registros públicos. A preterição do registro, no caso, não atinge a validade do negócio, mas afeta sua oponibilidade contra terceiros. Tais formalidades no Registro Público constituem segurança para preservação do ato e para sua validade perante quem não participou dele. O Registro Público, portanto (regulado entre nós pela Lei nº 6.015, de 31-12-73), constitui fonte segura de informações, ao alcance de qualquer interessado. A esse respeito dispõe o art. 221 do atual Código:

> "*O instrumento particular, feito e assinado, ou somente assinado por quem esteja na livre disposição e administração de seus bens, prova as obrigações convencionais de qualquer valor; mas os seus efeitos, bem como os da cessão, não se operam, a respeito de terceiros, antes de transcrito no registro público.*"

32.1.1 Escritura Pública e Instrumento Particular

Escritura pública, exigida pela lei para certos negócios, é ato em que as partes comparecem perante oficial público, na presença de testemunhas, para fazer declaração de vontade. Uma vez assinado o ato pelo oficial público, pela parte ou partes declarantes e pelas testemunhas, o oficial encerrará o instrumento, dando fé pública daquele ato ali ocorrido. Presume-se que o conteúdo desse ato seja verdadeiro, até prova em contrário. Vimos que há atos em que a lei impõe esse procedimento. Nesses casos, a prova do negócio só se faz por meio da certidão da escritura pública. O art. 215 do atual Código ratifica que a escritura pública, lavrada em notas de tabelião, é documento dotado de fé pública, fazendo prova plena. Os requisitos da escritura pública são descritos nos parágrafos desse artigo. Afora os requisitos lógicos e tradicionalmente exigidos, como a identificação das partes, manifestação de vontade, leitura pelo oficial na presença dos interessados etc., chama-se a atenção para o fato de que os comparecentes devem entender o idioma nacional (§ 4º). Se o tabelião não entender o idioma respectivo, deverá comparecer tradutor público para servir de intérprete, ou, não havendo na localidade, outra pessoa capaz, a juízo do tabelião, que tenha idoneidade e conhecimento bastantes. Outro aspecto de capital importância está descrito no § 5º:

> *"Se algum dos comparecentes não for conhecido do tabelião, nem puder identificar-se por documento, deverão participar do ato pelo menos duas testemunhas que o conheçam e atestem sua identidade."*

A identidade é fundamental para os atos notariais: a possibilidade de ser dispensada a apresentação de documentos nesse caso abre, segundo demonstra a experiência, válvula perigosa para a idoneidade do ato. A lei deveria exigir justificação mais rigorosa quando o interessado se apresenta sem documento de identificação.

Instrumento particular é o escrito feito e assinado ou somente assinado pela parte ou partes, e *subscrito por duas testemunhas* (art. 135 do Código antigo). Vinha entendendo a jurisprudência ainda que na ausência da firma de duas testemunhas o instrumento tem o condão de vincular os manifestantes, presumindo-se a veracidade das declarações. Tais documentos só operam em relação a terceiros quando estiverem devidamente registrados. Pela regra geral, contudo, esse registro é facultativo. Nesse sentido, posicionou-se também o art. 221 do atual Código; os efeitos com relação a terceiros somente são alcançados com o registro. Esse dispositivo, também, suprime a referência a assinatura de duas testemunhas, ratificando o entendimento jurisprudencial. Acrescenta ainda o parágrafo único do art. 221 que *"a prova do instrumento particular pode suprir-se pelas outras de caráter legal"*. Sempre haverá de se examinar se esse suprimento probatório não é vedado pelo ordenamento.

O art. 219 do Código expõe importante noção a respeito dos documentos particulares:

> *"As declarações constantes de documentos assinados presumem-se verdadeiras em relação aos signatários.*
>
> *Parágrafo único. Não tendo relação direta, porém, com as disposições principais ou com a legitimidade das partes, as declarações enunciativas não eximem os interessados em sua veracidade do ônus de prová-las."*

Quem assina documento terá o ônus de provar, se tiver interesse, que as declarações ali constantes não são verdadeiras. A presunção que decorre de um documento firmado é relativa, portanto. O parágrafo único deveria ser redigido de forma mais clara: quando a declaração é meramente circunstancial e não se refere ao bojo ou ao fulcro do direito em berlinda, deve ser provada pelos interessados. Desse modo, se alguém se qualifica como filho de determinada pessoa ou em estado civil de casado ao fazer uma quitação, por exemplo, e essa circunstância torna-se importante para respaldar outro direito, deve o fato ser provado pelo interessado.

32.2 PROVA DOS NEGÓCIOS JURÍDICOS

Prova é o meio de que o interessado se vale para demonstrar legalmente a existência de um negócio jurídico. A matéria encontra-se na zona fronteiriça entre o direito material e o direito processual, razão pela qual o Código Civil traça os contornos principais, enquanto o Código de Processo Civil tece maiores minúcias sobre o tema.

O Direito Civil estipula *"os meios de prova"* e os fundamentos principais respectivos pelos quais se comprovarão fatos, atos e negócios jurídicos. O direito processual traça os limites da produção da prova, sua apreciação pelo juiz, bem como a técnica de produzi-la em juízo. Como é íntimo o conteúdo do negócio jurídico com sua prova, é acertado o enfoque do Código Civil, ao traçar princípios fundamentais e dispor sobre meios de prova. A utilidade de um direito mede-se pela possibilidade de que se dispõe para se realizar a prova de um fato. De nada adianta possuir um direito se não se tem os meios para prová-lo. Na verdade, o que se prova não é o direito. Prova-se o fato relacionado com um direito. A demonstração da evidência em juízo é a finalidade elementar do processo na busca da verdade processual. Isso porque nem sempre o que se logra provar em uma lide coincide com a verdade real. Não há outra solução, para o Direito, a não ser contentar-se com a *"verdade processual"*.

Na clássica definição de Clóvis (1980:245), prova *"é o conjunto dos meios empregados para demonstrar, legalmente, a existência de um ato jurídico"*.

A teoria da prova deve obedecer a certas regras gerais. Segundo o autor do Projeto do Código de 1916, a prova deve ser *admissível, pertinente* e *concludente*. A prova admissível é aquela que o ordenamento não proíbe, tendo valor jurídico para a situação que se quer provar. Desse modo, se a lei exige para determinado negócio a forma escrita, não se provará de outro modo, ou seja, a prova testemunhal não terá valor para demonstrar sua evidência. A prova pertinente significa que deve dizer respeito à situação enfocada, deve relacionar-se com a questão discutida. Deve ser concludente, porque não pode ser dirigida à conclusão de outros fatos que não aqueles em discussão, caso contrário a atitude do juiz, que é o condutor da prova, seria inócua.

Ademais, é princípio fundamental em campo probatório que quem alega um fato deve prová-lo: *ei incumbit probatio qui dicit non qui negat* (a prova incumbe a quem afirma e não a quem nega). De modo geral, pode afirmar-se que o ônus da prova incumbe ao autor da demanda. Se um credor se alega como tal, deverá provar seu crédito. Se o devedor, demandado, alega pagamento, também deverá fazê-lo no tocante a essa afirmação. Se o devedor, porém, alega algum fato extintivo, modificativo ou suspensivo do direito do credor, é a ele, devedor, que caberá a prova. São princípios estampados no CPC (art. 373, I e II).

O juiz fica adstrito, para julgar, ao alegado e provado. Não pode decidir fora do que consta do processo. Julga pelas provas que lhe são apresentadas, mas pode examiná-las e sopesá-las de acordo com sua livre convicção, para extrair delas a verdade legal, uma vez que a verdade absoluta é apenas um ideal dentro do processo.

Lembre-se, ainda, de que os *fatos notórios* não precisam ser provados (art. 374, I do CPC). São fatos de conhecimento comum da sociedade ou, ao menos, da sociedade onde tem curso o processo. Assim, tendo havido inundação, amplamente noticiada pelos meios de comunicação, o evento não necessita ser provado, por ser de conhecimento comum. Os fatos notórios não são aqueles de conhecimento do juiz, mas de conhecimento de toda a comunidade.

Os fatos incontroversos também não merecem prova. Nesse aspecto, nada adianta aos litigantes lutar por prová-los, pois ambos têm os fatos como verídicos. Assim, em ação de alimentos, se a paternidade geradora do direito a alimentos não é contestada, a matéria é incontroversa e sobre ela não girará a prova. No entanto, ainda que os fatos sejam incontroversos, não ficará o julgador adstrito a aceitá-los, porque o contrário poderá resultar do bojo probatório.

É costume mencionar que os fatos negativos não podem ser provados. Como lembra, porém, Washington de Barros Monteiro (2006, v. 1:297), a questão deve ser entendida com reserva, porque as negativas, por vezes, correspondem a uma afirmativa. Como afirma o saudoso mestre: "*Digo, por exemplo, que Paulo é rico; nega-o meu opositor; mas essa negativa equivale a uma afirmativa, suscetível de comprovação (a de que Paulo é pobre).*"

O juiz é condutor do processo. Embora a prova seja produzida pelas partes, deve o julgador "*velar pela rápida solução do litígio*" (CPC, art. 139, II), indeferindo as provas inúteis e protelatórias (art. 370 do CPC). Por outro lado, tudo que for alegado deve ser provado.

Lembre-se, finalmente, de que "*a anuência, ou a autorização de outrem, necessária à validade de um ato, provar-se-á do mesmo modo que este, e constará, sempre que se possa, do próprio instrumento*" (art. 220 do Código Civil). Assim, se o ato exige escritura pública, a autorização ou a anuência de outrem deverá constar de escritura pública e esta, sempre que possível, deverá fazer parte do próprio instrumento do ato principal.

Conforme exposto, os atos *formais* ou *solenes*, que exigem forma especial, predeterminada na lei, provam-se pela própria forma que lhes é essencial. Quando a escritura pública for da substância do ato, não poderá ser provado de outra forma. Nos casos de casamento, testamento e de outros atos de forma preestabelecida, sua prova só se fará conforme sua forma legal.

A prova dos atos *não formais*, aqueles cuja forma pode ser livremente escolhida pelas partes, faz-se por intermédio dos meios admitidos em Direito.

32.2.1 Meios de Prova

O art. 136 do Código Civil de 1916 enumerava de forma exemplificativa, e não taxativa, os meios de prova para os atos de forma livre:

> "*Os atos jurídicos, a que se não impõe forma especial, poderão provar-se mediante:*
>
> *I – Confissão.*
>
> *II – Atos processados em juízo.*
>
> *III – Documentos públicos ou particulares.*
>
> *IV – Testemunhas.*
>
> *V – Presunção.*
>
> *VI – Exames e vistorias.*
>
> *VII – Arbitramento.*"

O atual Código, no art. 212, com o mesmo sentido, enumera: confissão, documento, testemunha, presunção e perícia. Primeiramente, cumpre atestar que, em se tratando de negócio jurídico de que a lei não exige forma especial, qualquer meio de prova é admitido pela ordem jurídica, desde que não proibido expressa ou tacitamente. A esse respeito, dispõe o art. 369 do CPC: "*As partes podem se utilizar dos meios legais, bem como os moralmente legítimos, ainda que não especificados no Código Serão hábeis para provar a verdade dos fatos, em que se funda a ação ou a defesa".* Desse modo, filmes, gravações de voz e imagem, pelos meios técnicos cada vez mais aperfeiçoados, devem ser admitidos como prova lícita, desde que não obtidos de forma oculta, sem o consentimento das partes, o que os tornaria moralmente ilegítimos, e desde que provada sua autenticidade. Assim se posta o atual Código no art. 225. Dentro desse diapasão, deve ser colocado o correio eletrônico. O jurista não pode ficar insensível ao avanço tecnológico e deve adaptar os velhos conceitos da prova aos avanços da ciência, em seus vários campos.

A seguir, examinaremos cada meio de prova.

32.2.2 Confissão

O art. 389 do CPC estatui o que o legislador entende por confissão: "Há confissão, judicial ou extrajudicial quando a parte admite a verdade de um fato, contrário ao seu interesse e favorável ao adversário. A confissão é judicial ou extrajudicial". A confissão é, portanto, um pronunciamento contra o próprio manifestante da vontade; é o reconhecimento que alguém faz da verdade de um fato. O objetivo da confissão deve ser um fato, porque só os fatos estão sujeitos à prova. A confissão não é admissível quanto a direitos indisponíveis (art. 213 do atual Código). Somente pode confessar quem pode dispor do direito discutido.

A confissão é sempre da parte, embora se admita por mandato, desde que existam poderes especiais para tal (art. 390, parágrafo único, do CPC). O parágrafo único do art. 213 do atual Código remarca que, se a confissão é feita por um representante, somente é eficaz nos limites em que este pode vincular o representado. Em outros termos, somente será válida a confissão nos limites da representação conferida ao representante; este não pode confessar mais do que foi autorizado. Nem sempre, no caso concreto, ficará muito claro esse aspecto.

É considerada a rainha das provas, desde os tempos mais antigos, mas não são todos os fatos que a admitem. Como apontamos: *"Não vale como confissão a admissão, em juízo, de fatos relativos a direitos indisponíveis"* (art. 392 do CPC). Assim, não tem efeito absoluto a confissão em matéria de anulação de casamento, por exemplo, quando seu valor será apenas relativo, na livre apreciação da prova feita pelo juiz.

Sujeito da confissão é sempre a parte. Quem confessa não pode ser terceira pessoa, estranha à lide, ao litígio, pois ela atuaria como testemunha e não como confitente.

Em qualquer definição que se faça do instituto, um aspecto fica patente: a confissão é sempre admissão de fato contrário ao interesse do declarante. Como se trata de ato de disposição, a confissão requer agente capaz. O confitente deve ser capaz de obrigar-se. Feita por quem não seja capaz, seu efeito não será absoluto, mas meramente relativo, dentro do bojo probatório do processo.

A própria lei distingue dois tipos de confissão: *judicial* e *extrajudicial*. A *confissão judicial* é aquela ocorrida durante o curso do processo e em seu bojo; a *extrajudicial* configura-se no reconhecimento do fato litigioso fora do processo. O momento oportuno para a confissão judicial é o depoimento pessoal da parte, pela forma oral, perante o juiz. Isso não significa, contudo, que a confissão não possa ocorrer em outros momentos processuais. A confissão extrajudicial é trazida para o bojo do processo e pode, é verdade, sofrer maiores ataques quanto à autenticidade do que aquela perpetrada perante o juiz. Daí inferir-se que a confissão judicial se mostra mais forte. Embora esta última tenha valor probante maior, é incontestável a importância de ambas dentro do contexto probatório.

A confissão pode ser *expressa*, quando emana da deliberação precípua do confitente por forma verbal ou escrita; ou *presumida*, porque não expressa e apenas admitida por presunção (pode ser chamada também confissão *tácita*, porque decorrente do silêncio, ou *ficta*, porque criada por ficção jurídica). O fundamento e as formas de confissão presumida pertencem a princípios de ordem processual. Assim, "*se o réu não contestar a ação, será considerado revel e presumir-se-ão verdadeiras as alegações de fato formuladas pelo autor*" (art. 344 do CPC). Trata-se da *revelia*, que é consequência da confissão tida como presumida pela lei. Da mesma forma ocorre quando a parte intimada a comparecer para prestar depoimento pessoal deixa de fazê-lo, ou se recusa a depor; o juiz, nesse caso, aplicar-lhe-á a pena de confissão (art. 385, do CPC). É discutida a chamada *indivisibilidade da confissão*. Vem estampada no art. 395 do CPC:

> "*A confissão é, em regra, indivisível, não podendo a parte que a quiser invocar como prova aceitá-la no tópico que a beneficiar e rejeitá-la no que lhe for desfavorável, porém cindir-se-á quando o confitente a ela aduzir fatos novos, capazes de constituir fundamento de defesa de direito material ou de reconvenção*".

Como aduz Moacyr Amaral Santos (1971, v. 2:287),

> "*com várias e significativas exceções, as legislações e a doutrina contemporâneas estabelecem, como regra, o princípio da indivisibilidade da confissão. Quer dizer, a confissão não pode ser dividida em prejuízo de quem a fez. Ou, em outras palavras, a confissão não pode ser aceita em parte e rejeitada em parte; não pode cindir-se, de forma que seja aceita na parte que beneficia o adversário do confitente e repelida na parte que o prejudicar*".

O art. 214 do Código enfatiza que a confissão é irrevogável, mas pode ser anulada se decorreu de erro de fato ou de coação. A anulação ou declaração de ineficácia da confissão pode ser pleiteada em processo autônomo ou no curso no processo em que ocorreu, dependendo da oportunidade e conveniência. A nova lei não se refere ao dolo: a confissão decorrente de dolo pode gerar, em princípio, indenização à vítima, mas a confissão será válida. Se o erro integrar o dolo, permite-se que sob esse fundamento seja invalidada a confissão. Por tal razão, o exame do dolo na manifestação de vontade de uma confissão deve ser aferido com cuidado, pois não deve afetar o conteúdo da confissão. Dessa maneira, o novel legislador não se referiu a tal vício de vontade no artigo projetado. Da mesma forma, exclui-se o erro de direito da confissão porque esta se refere apenas a fatos: quem confessa o faz com relação a fatos e não a direitos. O direito refoge ao âmbito da confissão.

32.2.3 Atos Processados em Juízo

São aqueles atos praticados no bojo de um processo ou objeto de processo judicial, inclusive a *coisa julgada*. Coisa julgada é a decisão judicial de que já não mais caiba recurso. É atribuição dos princípios do processo estipular os requisitos da coisa julgada, estabelecendo, inclusive, quando a decisão não pode mais ser atacada pelos meios recursais. Trata-se de presunção (veja item seguinte). O fato afirmado em *sentença* nessas condições não comporta contradita e não pode ser alterado por outra sentença. Não pode, também, a sentença com trânsito em julgado ser negada pela parte a quem seja oponível, pois se trata de fator de estabilidade das relações sociais.

Muitas vezes, poderá ocorrer de a sentença ser injusta, mas o legislador prefere esse risco a admitir instabilidade das relações, dos julgamentos.

Só pode ocorrer coisa julgada quando houver identidade de objeto, de causa de pedir e de pessoas, estampando, nesse caso, uma certeza legal.

Cumpre mencionar como ato processado em juízo a chamada *prova emprestada*, isto é, prova produzida em outro processo que não aquele dos litigantes. Em geral, só se admite validade a essa prova se produzida entre as mesmas partes, pois a parte que não participou do processo não pode "agir" sobre ela, isto é, interferir positivamente em sua produção. De qualquer forma, sendo outro o juiz a receber a prova emprestada, seu valor será menor e servirá tão só de subsídio à convicção do julgador.

São exemplos outros de atos processados em juízo os termos judiciais, cartas de arrematação, formais de partilha, alvarás e mandados expedidos pelos juízes. O atual Código houve por bem suprimir a referência aos atos processados em juízo, pois todos, de uma forma ou de outra, se inserem nas demais categorias. O art. 218 do atual Código, repetindo a noção do art. 139 do antigo diploma civil, observa, ademais, que *"os traslados e as certidões considerar-se-ão instrumentos públicos, se os originais se houverem produzido em juízo como prova de algum ato"*.

32.2.4 Documentos Públicos ou Particulares

É comum a referência a *instrumento* e *documento* como sinônimos, mas a lei faz distinção. Documento é gênero, enquanto instrumento é espécie. O documento denota a ideia de qualquer papel útil para provar ato jurídico. Instrumento é veículo criador de um ato ou negócio. Pode-se dizer que o instrumento é criado com a intenção precípua de fazer prova, enquanto o documento, genericamente falando, faz prova, mas não é criado especificamente para tal. No dizer de Moacyr Amaral Santos (1971, v. 2:78), o instrumento é prova pré-constituída; o documento é prova meramente casual.

Assim, os documentos públicos ou particulares, documentos em geral, são escritos que, não tendo surgido como prova pré-constituída, apresentam elementos de prova.

São públicos os documentos emanados de autoridade pública, como avisos ministeriais, portarias, ordens de serviço, páginas dos diários oficiais. São particulares os documentos criados pelo particular, tais como cartas, memorandos, atas de assembleias de pessoas jurídicas, livros, artigos de jornal etc.

Em sentido amplo, o termo *documento* não abrange apenas a forma escrita, mas também toda e qualquer representação material destinada a reproduzir duradouramente um pensamento.

Os *instrumentos* também podem ser *públicos* e *particulares*. Os instrumentos públicos são os escritos lavrados por oficial público no seu mister, tais como escrituras públicas, atos judiciais, certidões extraídas pelos oficiais de registro, bem como qualquer certidão emanada de autoridade pública etc. São instrumentos particulares contratos, cartas comerciais, livros contábeis etc.

Os documentos escritos em língua estrangeira deverão ser traduzidos por tradutor público juramentado, para ter efeito legal no país (art. 224 do Código Civil). O Projeto de Lei nº 6.960/2002, que pretendeu alterar inúmeros artigos do atual Código, acrescenta no art. 224 que os documentos traduzidos devem necessariamente ser registrados em Títulos e Documentos. Esse acréscimo não é justificável; é inócuo, e só faz por agravar a famigerada vocação cartorial deste país.

As certidões extraídas de qualquer ato do processo terão o mesmo valor probatório dos originais (art. 216). Assim também os traslados e as certidões extraídas por oficial público, de instrumento ou documento lançados em suas notas (art. 217).

Como regra geral, as cópias fotográficas ou equivalentes são admitidas como documentos, quando autenticadas ou não impugnada sua validade e autenticidade. A autenticação é feita por oficial público que declara ser a cópia fiel ao original. A esse respeito dispõe o art. 223 do atual Código:

> *"A cópia fotográfica de documento, conferida por tabelião de notas, valerá como prova de declaração da vontade, mas, impugnada sua autenticidade, deverá ser exibido o original.*
>
> *Parágrafo único. A prova não supre a ausência do título de crédito, ou do original, nos casos em que a lei ou as circunstâncias condicionarem o exercício do direito à sua exibição."*

Os documentos públicos provam materialmente os negócios que exigem tal forma. Quando a lei não requer registro, são oponíveis contra terceiros. Transcrito o documento perante o oficial público, tem *fé pública*, do qual decorre a autenticidade do ato quanto às formalidades exigidas. Havendo presunção de autenticidade, pode ela ser contraditada por prova cabal.

Quando o instrumento público não for exigido pela lei para determinado ato, ou quando as partes não convencionarem em contrário, vale o instrumento particular para prova dos negócios jurídicos de qualquer valor. Esse instrumento deve ser assinado pelo declarante capaz e tem valor apenas entre as partes contraentes. Para valer com relação a terceiros, é necessário que o instrumento particular seja objeto de inscrição no Registro Público, como estipula o art. 221 do Código Civil. O escrito particular, porém, não é da substância de negócio jurídico algum e, por isso, pode sua prova ser suprida por outra admissível; daí por que o parágrafo único do art. 221 dispõe: "A prova do instrumento particular pode suprir-se pelas outras de caráter legal". O atual Código Civil, no art. 227, ratificando o que já estava expresso no art. 141 do antigo diploma, mantinha a mesma diretriz de valores para a prova exclusivamente testemunhal (até o décuplo do salário mínimo para a prova exclusivamente testemunhal), ressalvando textualmente os "casos expressos". Esse dispositivo não tinha muita razão de existir. O CPC de 2015 revogou expressamente o *caput* do art. 227 do Código Civil (art. 1.072, II). O parágrafo único do art. 227 continua aplicável, pois *"qualquer que seja o valor do negócio jurídico, a prova testemunhal é admissível como subsidiária ou complementar da prova por escrito"*.

O art. 226 do Código de 2002 afirma que os livros e fichas dos empresários e sociedades provam contra as pessoas que pertencem em seu favor, quando, escriturados sem vício extrínseco ou intrínseco, forem confirmados por outros subsídios. Como notamos, os livros e os documentos das empresas, hoje em grande parte informatizados, terão importante valor probatório e deverão ser corretamente valorados pelo juiz.

O art. 222 reporta-se ao telegrama que tenha sua autenticidade contestada. Nesse caso, a prova é feita mediante a conferência com o original assinado. Essa solução também pode ser conferida ao correio eletrônico.

Atente-se que, de acordo com o art. 223, parágrafo único do atual Código, já referido, *"a prova não supre a ausência do título de crédito, ou do original, nos casos em que a lei ou as circunstâncias condicionarem o exercício do direito à sua exibição"*. Nesses casos, mormente em se tratando de direito cartular, o original deve ser apresentado, ainda que para simples conferência pelo cartório ou autoridade judiciária.

32.2.5 A Prova Testemunhal

Prova testemunhal é a que resulta do depoimento oral de pessoas que viram, ouviram ou souberam dos fatos relacionados com a causa.

A prova exclusivamente testemunhal só será admitida nos contratos cujo valor não supere o décuplo do maior salário mínimo vigente no país ao tempo em que foram celebrados.

Contudo, "*qualquer que seja o valor do negócio jurídico, a prova testemunhal é admissível como subsidiária ou complementar da prova por escrito*" (parágrafo único do art. 227 do Código Civil).

A prova testemunhal é sempre campo fértil para o ataque dos que criticam o sistema jurídico. É prova perigosa, volúvel, difícil, custosa, mas importante e necessária. É prova sempre sujeita a críticas; não havendo outra saída, é a que na grande maioria das vezes é utilizada para decidir uma causa.

Fatos podem ser provados por testemunhas quando perceptíveis aos sentidos. A prova testemunhal apresenta grande carga de subjetivismo, daí sua maior crítica.

Testemunha é, portanto, a pessoa, estranha ao processo, que afirma em juízo a existência ou inexistência de fatos em discussão, relevantes para a causa.

As testemunhas podem ser *judiciárias*, pessoas naturais, estranhas à relação processual, que declaram em juízo fatos relevantes para a causa, e *instrumentárias*, quando se manifestam sobre o conteúdo do instrumento que subscrevem, devendo ser duas nas escrituras públicas e cinco nas formas ordinárias de testamento.

Segundo a tradição de nosso antigo direito, dizia-se que uma só testemunha era insuficiente para a prova de um fato (*testis unus, testis nullus*). Essa regra, no entanto, está totalmente desprestigiada, não é lógica e não pode ser levada em consideração. A prova testemunhal, independentemente da quantidade, é também prova qualitativa, pois se levam muito em conta a personalidade e a idoneidade da testemunha. Uma só testemunha idônea poderá provar suficientemente um fato, autorizando o juiz a formar sua convicção.

A lei proíbe determinadas pessoas de servir como testemunhas. É o que faz o art. 228 do Código Civil. A razão é justificada por questão de incapacidade, como no caso dos que não possuem discernimento, dos menores impúberes e dos cegos e surdos quando a ciência do fato que se quer provar depende do sentido que lhes falta. Também a razão se situa na falta de legitimação, quando se trata de pessoa interessada no litígio, ou de parente ou cônjuge dos demandantes.

O CPC, no art. 447, distingue os *incapazes*, os *impedidos* e os *suspeitos* de servirem como testemunhas.

Os *incapazes* são os que não podem depor em razão de deficiência orgânica ou desenvolvimento mental incompleto:

> "I – *o interdito por demência;*
>
> II – *o que, acometido por enfermidade, ou debilidade mental, ao tempo em que ocorreram os fatos, não podia discerni-los; ou, ao tempo em que deve depor, não está habilitado a transmitir as percepções;*
>
> III – *o menor de 16 (dezesseis) anos;*
>
> IV – *o cego e o surdo, quando a ciência do fato depender dos sentidos que lhes faltam.*"

Os *impedidos* de depor como testemunhas são aqueles que possuem um relacionamento "objetivo" com a causa:

> "I – *o cônjuge, bem como o ascendente e o descendente em qualquer grau, ou o colateral, até o terceiro grau, de alguma das partes, por consanguinidade ou afinidade, salvo se o exigir o*

interesse público, ou, tratando-se de causa relativa ao estado da pessoa, não se puder obter de outro modo a prova, que o juiz repute necessária ao julgamento do mérito;

II – o que é parte na causa;

III – o que intervém em nome de uma parte, como o tutor na causa do menor, o representante legal da pessoa jurídica, o juiz, o advogado e outros, que assistam ou tenham assistido as partes".

Os *suspeitos* são aqueles que guardam uma razão "subjetiva" que os proíbe de depor:

"I – o condenado por crime de falso testemunho, havendo transitado em julgado a sentença;

II – o que, por seus costumes, não for digno de fé;

III – o inimigo capital da parte, ou seu amigo íntimo;

IV – o que tiver interesse no litígio".

O § 4º do art. 447 do estatuto processual acrescenta:

"Sendo estritamente necessário, o juiz ouvirá testemunhas impedidas ou suspeitas; mas os seus depoimentos serão prestados independentemente de compromisso".

Esses depoimentos independem de compromisso e o juiz os valorará de acordo com a situação.

Trata-se de depoimento colhido como "meras declarações", neste caso.

O art. 458, por sua vez, referido no dispositivo transcrito, determina que a testemunha se comprometa a dizer a verdade, sendo advertida pelo juiz sobre o crime de falso testemunho. O crime de falso testemunho é tipificado no art. 342 do Código Penal.

O atual Código prefere fórmula mais genérica e que permite maior mobilidade e discricionariedade ao juiz no caso concreto, reportando-se a todas as testemunhas impedidas relacionadas no art. 228, dispondo no § 1º desse artigo: *"Para a prova de fatos que só elas conheçam, pode o juiz admitir o depoimento das pessoas a que se refere este artigo".*[4] Assim, por exemplo, o ascendente ou amigo íntimo da parte envolvida em processo pode ser admitido como testemunho se foi a única pessoa que tomou conhecimento dos fatos em discussão. Nessa situação, porém, o bom senso indica que essas pessoas devem ser ouvidas em simples declarações, sem o compromisso que possa levá-las ao crime de falso testemunho.

De acordo com o CPC, também os impedidos por parentesco podem, excepcionalmente, ser admitidos a depor como testemunhas, em ações de estado, tais como investigação de paternidade, separação judicial etc. O art. 228 do atual Código enumera as pessoas que não podem ser admitidas como testemunhas, na mesma trilha do art. 142 do estatuto anterior. Nessa matéria, dada sua natureza, há de prevalecer a orientação técnica da lei processual, sem prejuízo de harmonização dos dois diplomas.

---

[4] O art. 143 do Código Civil de 1916 admitia expressamente como testemunhas os ascendentes, por consanguinidade ou afinidade, *"em questões em que se trate de verificar o nascimento ou óbito dos filhos".*

Regra geral, a testemunha não pode recusar-se a depor, salvo exceções expostas na lei.[5] A testemunha funciona como auxiliar da Justiça. O CPC ampliara a regra de exceção do Código Civil, dispondo no art. 448:

> "A testemunha não é obrigada a depor sobre fatos:
> I – que lhe acarretem grave dano, bem como ao seu cônjuge ou companheiro e aos seus parentes consanguíneos ou afins, em linha reta, ou na colateral, até o terceiro grau;
> II – a cujo respeito, por estado ou profissão, deva guardar sigilo".

A obrigação de guardar segredo profissional é garantia para as partes, bem como para determinadas profissões. Sem a segurança de que determinados fatos serão mantidos em sigilo, as pessoas não confiariam a solução de seus problemas a terceiros. Da mesma forma, a testemunha não é obrigada a depor sobre fatos que representem ameaça a si e a seus parentes próximos.

Lembramos que algumas profissões estão sujeitas a sigilo profissional por imposição do seu próprio regulamento, como é o caso de médicos e advogados. As particularidades da prova testemunhal devem ser buscadas no estatuto processual (arts. 437 ss).

As disposições processuais tratam das testemunhas judiciárias, cuja função é traduzir ou comunicar ao juiz do processo as percepções que tiveram dos fatos ou acontecimentos relacionados com a causa. Há, portanto, diferença no conceito de testemunha judicial e de testemunhas instrumentárias. A testemunha instrumentária participa como integrante de um negócio jurídico. Sua função é estar presente ao desenvolvimento, formação ou encerramento de negócios jurídicos. Sob determinadas circunstâncias, nem mesmo é necessário que as testemunhas instrumentárias estejam presentes no momento da feitura do ato. Tendo em vista sua função, a testemunha instrumentária, geralmente duas para a ordinariedade dos atos, mais interessa ao Direito Privado e apenas excepcionalmente ao Direito Público, processual, pois quando é chamada a prestar depoimento, deve relatar sua participação nos atos instrumentais, cujo conteúdo nem sempre conhece. Na maioria das vezes, a testemunha instrumentária tem ciência das formalidades do ato e não de seu conteúdo.

Como está estampado no CPC, o sujeito da relação jurídica processual não pode ser testemunha. Pode, porém, ser ouvido no processo por iniciativa da parte contrária ou do próprio juiz: trata-se do "*depoimento pessoal*", outro meio de prova admitido. No entanto, não devemos confundir o depoimento pessoal da parte com o depoimento testemunhal. O depoimento da parte é o naturalmente faccioso, pois o depoente tem interesse na demanda. Cabe ao juiz dar o devido valor a esse meio de prova.

32.2.6 Presunções e Indícios

Presunção é a conclusão que se extrai de fato conhecido para provar-se a existência de outro desconhecido.

As presunções classificam-se em *legais* (*juris*) e *comuns* (*hominis*). As presunções legais dividem-se em presunções *iuris et de iure* (*absolutas*) e presunções *iures tantum* (*relativas*), expressões essas criadas na Idade Média.

---

[5] O art. 144 do Código Civil de 1916 dispunha: "*Ninguém pode ser obrigado a depor de fatos a cujo respeito, por estado ou profissão, deva guardar segredo*".

Presunção *iuris et de iure* é aquela que não admite prova em contrário; a própria lei a admite como prova absoluta, tendo-a como verdade indiscutível. A lei presume fato, sem admitir que se prove em contrário. Por exemplo: o ordenamento presume que todos conheçam a lei; que a coisa julgada seja tida como verdadeira, não admitindo prova em contrário; uma vez decretada a interdição do alienado mental, presume-se, de forma absoluta, sua incapacidade; a venda de ascendente a descendente, sem o consentimento dos demais descendentes, presume-se fraudulenta (art. 496 do atual Código; art. 1.132 do Código Civil de 1916). Em todos esses casos, a lei não admite prova em contrário.

A presunção *iuris tantum* admite prova em contrário, daí por que também se denomina condicional. Por exemplo, o art. 8º do Código Civil presume a comoriência: *"Se dois ou mais indivíduos falecerem na mesma ocasião, não se podendo averiguar se algum dos comorientes precedeu aos outros, presumir-se-ão simultaneamente mortos."* Tal presunção admite prova em contrário: admite-se provar que a morte de um precedeu a de outro. A presunção legal tem o condão de eliminar dificuldade no deslinde de questão de prova, mas se esta prova é possível, cai por terra a presunção. Outros exemplos dessa categoria de presunção são os arts. 219, 1.597, 322, 323 e 324 do atual Código Civil.

A presunção relativa faz reverter o ônus da prova. Normalmente, esse ônus pertence ao autor da ação, que alega um direito. Se a lei, porém, presume um fato, o ônus da prova transfere-se para o réu, que tem que provar em contrário ao que foi estabelecido na presunção.

As presunções comuns (*hominis*) são decorrência do que habitualmente acontece na realidade que nos rodeia. Fundam-se naquilo que ordinariamente acontece e se impõem pela consequência do raciocínio e da lógica. Tal raciocínio auxilia o juiz na formação de sua convicção. Por exemplo: presume-se que os pais amam os filhos e nada farão que os prejudique. Não é conclusão absoluta. A presunção *simples* ou *hominis* só pode ser aceita pelo juiz quando não contrariada pelo restante da prova produzida no processo. É de ser admitida dentro dos limites em que se aceita a prova testemunhal, excluindo-se os casos em que tal prova não seja admissível. Nesse sentido, era expresso o atual Código Civil: *"As presunções, que não as legais, não se admitem nos casos em que a lei exclui a prova testemunhal"* (art. 230). O CPC de 2015 excluiu esse dispositivo em consonância com o art. 227, também revogado.

Muitos entendem que existe sinonímia entre *indício* e *presunção*. Embora seu valor como prova seja equivalente, existe diferença. O *indício* é o ponto de partida do qual, por inferência, chega-se a estabelecer uma presunção. É o caso de, ao se deparar com uma ponta de gelo no mar glacial, entender-se que é indício de um *iceberg*. Ou, no campo do Direito, quando se verifica que o agente vende bem por preço irrisório a um parente, estando assoberbado por dívidas, tal fato indicia que pode haver fraude contra credores. O *indício*, portanto, deve ser entendido como causa ou meio de se chegar a uma presunção, que é o resultado. A esse respeito, acrescenta Moacyr Amaral Santos (1971, v. 2:399):

> *"Conquanto sejam dois conceitos distintos, justo é reconhecer-se que as duas palavras, na ordem lógica, se equivalem, por isso que significam o procedimento racional pelo qual de um fato conhecido e certo se infere, por concatenação de causa e efeito, o fato desconhecido. Nesse sentido compreende-se a sinonímia entre a presunção e indício, por muitos autores afirmada."*

Para distinguirmos, na prática, quando se está perante uma presunção *absoluta* ou presunção *relativa*, devemos ter em mira o seguinte: as presunções relativas formam a regra, as absolutas são a exceção; são presunções relativas aquelas cuja lei declara admitir prova em contrário, colocando no próprio texto, "*salvo prova em contrário*", ou outra equivalente. Nos casos de dúvida, a presunção será tida como absoluta tão só quando se refira a matéria de ordem pública ou de interesse coletivo, segundo o mesmo mestre Moacyr Amaral Santos (1971, v. 2:471).

32.2.7   A Perícia. A Inspeção Judicial

O juiz, embora se requeira que seja pessoa de razoável cultura, não pode ser especialista em matérias técnicas. Quando o deslinde de uma causa depende de conhecimento técnico, o magistrado se valerá de um "perito" que o auxiliará na questão fática. O Código de 1916 fazia referência a exames, vistorias e arbitramento, termos que modernamente são absorvidos pela noção de perícia em sentido amplo.

Exame é apreciação de alguma coisa para o esclarecimento do juízo. *Vistoria* é operação semelhante, porém atinente à inspeção ocular. Normalmente, a "perícia" englobará tanto o exame como a vistoria.

Arbitramento é forma de perícia tendente a fixar um valor ou estimação em dinheiro de uma obrigação.

Desse modo, o perito deve ter conhecimentos técnicos para elaborar seu mister. A prova pericial poderá requerer especialista graduado em engenharia ou medicina, nas várias especializações, assim como em economia, contabilidade, informática etc. Poderá também versar sobre a falsidade ou autenticidade de documento e requerer perito em grafotécnica. Enfim, o campo do exame pericial é tão vasto quanto o próprio conhecimento humano.

A produção da prova pericial vem disciplinada no CPC, arts. 464 e ss. Por outro lado, os arts. 145 a 147 definem a figura do perito e sua responsabilidade. Dispõe o art. 156: "O juiz será assistido por perito quando a prova do fato depender de conhecimento técnico ou científico".

O perito é auxiliar da justiça. Uma vez nomeado, não poderá recusar-se ao mister, sem justo motivo: "*O perito tem o dever de cumprir o ofício, no prazo que lhe designar o juiz, empregando toda a sua diligência; podendo escusar-se do encargo, alegando motivo legítimo*" (art. 157 do CPC).

> "Na verdade, o perito funciona como a real visão do juiz sobre a causa, devendo sua manifestação ser imparcial (art. 158 do CPC). Responderá se agir com dolo ou culpa."

O art. 342 do Código Penal pune a falsa perícia.

Lembremos, porém, o que é de vital importância, que o juiz não ficará, em hipótese alguma, adstrito a admitir a conclusão do perito em sua decisão. Pode o magistrado determinar nova perícia, como pode também formar sua convicção para julgar, não adotando a conclusão de qualquer delas. Se o juiz ficasse preso à perícia para formar seu julgamento, estaria transferindo a missão de julgar ao perito...

A perícia é prova indireta; pressupõe sempre a figura do perito. Quando o exame é feito pelo próprio juiz, a prova denomina-se "*inspeção judicial*", regulada pelo CPC, arts. 481 a 484. Por vezes, será da mais alta conveniência para a convicção do julgador que ele examine pessoalmente local, objeto ou pessoa, importantes para o deslinde da questão, o que nem sempre será possível, mormente nas grandes cidades, onde os juízes se veem assoberbados com pletora de feitos. Mas essa dificuldade não justifica o indeferimento dessa prova.

Na realidade, a perícia deve ser encarada como sucedâneo da inspeção judicial; deve ser utilizada quando ao juiz faltam os conhecimentos técnicos necessários ou quando não pode ou não é oportuno fazer a inspeção. É lamentável que a inspeção judicial feita pelo próprio juiz da causa não seja mais frequentemente utilizada, em parte devido ao estranho entendimento de que essa providência é de difícil realização. Em muitas oportunidades, em nossa própria carreira na judicatura, decidimos questões com absoluta tranquilidade com uma simples visão local dos fatos, mormente em questões de posse, ações divisórias e demarcatórias de terras, visita ao local de acidente de veículos, construções irregulares etc. Muitas vezes, decidimos realizar essa prova de ofício, no curso da própria audiência de instrução, com as partes e patronos presentes se dirigindo ao local, quando as testemunhas se tornam contraditórias ou confusas, quando não reticentes, como sói acontecer. Indo imediatamente ao local para o exame, não terão as partes oportunidade para alterá-lo. É fato, porém, que o procedimento tanto mais se dificulta quanto maior a cidade ou a comarca em que se atua. A inspeção judicial é meio de prova regulado pelo Código de Processo Civil, constituindo-se em importante instrumento para a convicção do magistrado. Não é concebível a renitência e resistência dos magistrados em realizar essa prova, inclusive de ofício, independentemente de requerimento das partes. Fica aqui, portanto, registrado um conselho aos juízes, mormente aos jovens magistrados do país, que tanto têm buscado contribuir para a melhor distribuição da Justiça.

No entanto, a inspeção judicial é simples visão ocular de um fenômeno. A perícia é exame técnico.

Em toda perícia gravitam elementos que lhe são essenciais: a verificação, certificação e comprovação de fatos, quer para carrear a prova deles para o processo, quer para interpretá-los e torná-los inteligíveis e acessíveis ao juiz.

A perícia pode ser feita extrajudicialmente; então, se apresentada em processo, terá o valor relativo que o juiz houver por bem conceder (art. 472 do CPC, com a redação dada pela Lei nº 8.455/92). Não elidirá, porém, a perícia realizada no processo, por meio de perito de confiança do magistrado que o nomeia.

Quando a perícia tiver por finalidade fixar fatos que com o tempo podem modificar-se ou desaparecer, denomina-se vistoria *ad perpetuam rei memoriam*, conceito que integra a noção da produção antecipada de provas. Tem por finalidade fixar indelevelmente uma situação, um fato transeunte, e serve de prova para o futuro.

Uma vez que o juiz é cientista do Direito e tem como mister conhecê-lo, a perícia deverá visar à matéria técnica que não da ciência jurídica.

A prova pericial deve ser vista pelo prisma da necessidade. Os fatos ordinários, de conhecimento comum, não necessitam de perícia.

Dignos de serem realçados em matéria de prova e de perícia são os arts. 231 e 232 do atual Código.

O primeiro desses dispositivos dispõe que quem se recusar a submeter-se a exame médico necessário não poderá aproveitar-se de sua recusa. O segundo artigo estatui que a recusa à perícia médica ordenada pelo juiz *poderá* suprir a prova que se pretenda obter com o exame.

Essa matéria relaciona-se primordialmente, mas não exclusivamente, com as investigações de paternidade. Embora não de forma peremptória, pois o Código utiliza a terminologia o *juiz "poderá"* suprir a prova, quem se recusar a permitir o exame de DNA, por exemplo, poderá ter contra si a presunção indigitada. No entanto, a Lei nº 12.004/2009, ao alterar a Lei nº 8.560/92, que regula a ação de investigação de paternidade dos filhos havidos fora do casamento, introduziu o texto:

> *"A recusa do réu em se submeter ao exame do código genético – DNA gerará a presunção de paternidade, a ser apreciada em conjunto com o contexto probatório"* (art. 2º-A, § 1º).

A Lei nº 14.138/2021 acrescentou parágrafo a esse artigo, possibilitando ao juiz, no caso de pai indigitado falecido, a realização de exame genético com parentes próximos ou distantes.

Esse texto, a nosso ver, apenas corrobora o que já vinha descrito no Código Civil: trata-se de uma presunção que admite prova em contrário. Nada que represente novidade e algo que devia ser aplicado pelo magistrado mesmo perante a ausência de texto legal expresso. Note que o texto determina que essa recusa deve ser apreciada em conjunto com contexto probatório. Trata-se de regra fundamental de valoração de qualquer prova e não apenas desta.

De qualquer modo, a recusa em submeter-se a exame médico ou perícia médica nunca poderá ser valorada de forma absoluta em favor do recusante, mas, como regra geral, operará contra ele. Muito cuidado, no entanto, é exigido do juiz nesses casos, pois há sempre forte carga emocional nesses processos. Se o exame do DNA e outros exames técnicos por si são quase infalíveis, as pessoas que com eles se envolvem não o são. O juiz deverá exercer sua máxima cautela a aplicar os arts. 231 e 232, bem como o novo texto legal aqui mencionado. Em muitas oportunidades em centenas de processos que atuamos, nem sempre o que mais parece é real. Veja o que falamos a esse respeito em nosso *Direito civil: direito de família* (v. 5, parte I, cap. 12).

BIBLIOGRAFIA

ABREU FILHO, José. *O negócio jurídico e sua teoria geral*. 4. ed. São Paulo: Saraiva, 1997.

ACCIOLY, Hildebrando. *Manual de direito internacional público*. 8. ed. São Paulo: Saraiva, 1968.

ALMEIDA, Silmara J. A. Chinelato e. *Tutela civil do nascituro*. São Paulo: Saraiva, 2000.

ALVES, José Carlos Moreira. *Direito romano*. Rio de Janeiro: Forense, 1971. v. 1.

ALVES, José Carlos Moreira. *A parte geral no projeto de Código Civil brasileiro*. 2. ed. São Paulo: Saraiva, 2003.

ALVES, Vilson Rodrigues. *Da prescrição e da decadência no novo Código Civil*. Campinas: Bookseller, 2003.

AMARAL, Francisco. *Direito Civil*: introdução. 5. ed. Rio de Janeiro: Renovar, 2003.

AMERICANO, Jorge. *Da ação pauliana*. 2. ed. São Paulo: Saraiva, 1932.

AMORIM, José Roberto Neves. *Direito ao nome da pessoa física*. São Paulo: Saraiva, 2003.

AMORIM FILHO, Agnelo. Critério científico para distinguir a prescrição da decadência. São Paulo, *Revista dos Tribunais*, nº 300.

ANDRADE, Manuel A. Domingues de. *Teoria geral da relação jurídica*. Coimbra: Almedina, 1974.

ARMINJON, Pierre; NOLDE, Baron Boris; WOLFF, Martin. *Traité de droit comparé*. Paris: LGDJ, 1950.

ARRANGIO-RUIZ, Vincenzo. *Instituciones de derecho romano*. Buenos Aires: Depalma, 1973.

ARRUDA ALVIM, José Manoel de; CÉSAR, Joaquim Portes de Cerqueira; ROSAS, Roberto (coord.). *Aspectos controvertidos do novo Código Civil*. São Paulo: Revista dos Tribunais, 2003.

ARRUDA ALVIM, José Manoel de. *Manual de direito processual*. 7. ed. São Paulo: Revista dos Tribunais, 2001. v. 1.

AZEVEDO, Álvaro Villaça. *Bem de família*. 5. ed. São Paulo: Revista dos Tribunais, 2002.

AZEVEDO, Antonio Junqueira de. *Negócio jurídico*: existência, validade e eficácia. 4. ed. São Paulo: Saraiva, 2002.

BATALHA, Wilson de Souza Campos. *Comentários à lei de registros públicos*. 2. ed. Rio de Janeiro: Forense, 1979. v. 1.

BETTI, Emilio. *Teoria geral do negócio jurídico*. Coimbra: Coimbra Editora, 1969.

BEVILÁQUA, Clóvis. *Teoria geral do direito civil*. 2. ed. (Edição histórica). Rio de Janeiro: Editora Rio, 1980.

BEVILÁQUA, Clóvis. *Código Civil dos Estados Unidos do Brasil comentado*. Rio de Janeiro: Francisco Alves, 1916. v. 1.

BORDA, Guillermo A. *Tratado de derecho civil*: parte general. 10. ed. Buenos Aires: Abeledo Perrot, 1991. v. 1 e 2.

BURDESE, Alberto. Domicilio: diritto romano. *Enciclopedia del diritto*. Varese: Giuffrè, 1964. v. 13.

CAENEGEM, R. C. Van. *Uma introdução histórica ao direito privado*. 2. ed. São Paulo: Martins Fontes, 2000.

CAHALI, Yussef Said. *Divórcio e separação*. 10. ed. São Paulo: Revista dos Tribunais, 2002.

CAIS, Frederico F. S. *Fraude de execução*. São Paulo: Saraiva, 2005.

CAMPOS FILHO, Paulo Barbosa de. *O problema da causa no Código Civil brasileiro*. São Paulo: Max Limonad, s.d.

CASILLO, João. Desconsideração da pessoa jurídica. *RT*, São Paulo, nº 528.

CASILLO, João. *O erro como vício de vontade*. São Paulo: Revista dos Tribunais, 1982.

CASTRO, Carlos Roberto Siqueira. *A Constituição aberta e os direitos fundamentais*. Rio de Janeiro: Forense, 2003.

CHAMOUN, Ebert. *Instituições de direito romano*. 6. ed. Rio de Janeiro: Editora Rio, 1977.

CHAVES, Antônio. *Tratado de direito civil*. São Paulo: Revista dos Tribunais, 1982. v. 1, t. 1.

CIANCI, Mirna (coord.). *Prescrição no novo Código Civil*. São Paulo: Saraiva, 2005.

COELHO, Fábio Ulhoa. *Desconsideração da personalidade jurídica*. São Paulo: Revista dos Tribunais, 1989.

COLIN, Ambroise; CAPITANT, H. *Cours élémentaire de droit civil français*. 8. ed. Paris: Dalloz, 1934. v. 2.

CORREIA, Alexandre; SCIASCIA, Gaetano. *Manual de direito romano*. 2. ed. São Paulo: Saraiva, 1953.

CRETELLA JR., José. *Direito romano moderno*. Rio de Janeiro: Forense, 1980.

CUNHA, J. S. Fagundes. *Bem de família*: comentários à Lei nº 8.009/90. Curitiba: Juruá, 1992.

CUQ, Edouard. *Manuel des institutions juridiques des romains*. 2. ed. Paris: LGDJ, 1928.

CZAJKOWSKI, Rainier. *A impenhorabilidade do bem de família*. Curitiba: Juruá, 1992.

DAVID, René. *Los grandes sistemas juridicos contemporaneos*. Madri: Aguilar, 1973.

DEKKERS, René. *El derecho privado de los pueblos*. Madri: Revista de Derecho Privado, 1957.

DELGADO, Mário Luiz; ALVES, Jones Figueiredo (coord.). *Novo Código Civil*: questões controvertidas. São Paulo: Método, 2003. v. 1.

DELGADO, Mário Luiz; ALVES, Jones Figueiredo. *Novo Código Civil*: questões controvertidas. São Paulo: Método, 2004. v. 2.

DEL NERO, João Alberto Schützer. *Conversão substancial do negócio jurídico*. Rio de Janeiro: Renovar, 2001.

DIAS, José de Aguiar. *Da responsabilidade civil*. 6. ed. Rio de Janeiro: Forense, 1979. v. 2.

DINIZ, Maria Helena. *Curso de direito civil brasileiro*. 18. ed. São Paulo: Saraiva, 2002. v. 1.

DINIZ, Maria Helena. *As lacunas no direito*. São Paulo: Revista dos Tribunais, 1981.

DINIZ, Maria Helena. *Lei de introdução do Código Civil brasileiro interpretada*. 9. ed. São Paulo: Saraiva, 2002.

ESPÍNOLA, Eduardo. *Sistema do direito civil*. Rio de Janeiro: Editora Rio, 1977.

ESPÍNOLA, Eduardo; ESPÍNOLA FILHO, Eduardo. *A lei de introdução ao Código Civil brasileiro*. Rio de Janeiro: Freitas Bastos, 1943.

ESPÍNOLA, Eduardo; ESPÍNOLA FILHO, Eduardo. *A lei de introdução ao Código Civil brasileiro*. Rio de Janeiro: Renovar, 1999.

FERRARA, Francesco. *Le persone giuridiche*. 2. ed. Turim: Unione Tipografica, 1958.

FERRI, Giovanni B. *Negozio giuridico*. Verbete in *Digesto delle discipline privatistiche*. Turim: UTET, 1995. v. 12.

FRANÇA, Rubens Limongi. *Princípios gerais de direito*. 2. ed. São Paulo: Revista do Tribunais, 1971.

FRANÇA, Rubens Limongi. *Do nome civil das pessoas naturais*. 2. ed. São Paulo: Revista dos Tribunais, 1964.

FRANCIULLI NETTO, Domingos; MENDES, Gilmar Ferreira; MARTINS FILHO, Ives Gandra da Silva (coord.). *O novo Código Civil:* estudos em homenagem ao prof. Miguel Reale. São Paulo: LTr, 2003.

FRANCO, J. Nascimento; GONDO, Nisske. *Condomínio em edifícios*. 5. ed. São Paulo: Revista dos Tribunais, 1988.

GAGLIANO, Pablo Stolze; PAMPLONA FILHO, Rodolfo. *Novo curso de direito civil*. São Paulo: Saraiva, 2002.

GAMA, Guilherme Calmon Nogueira da. *Direito civil*: parte geral. São paulo: Atlas, 2006.

GARCEZ NETO, Martinho. *Temas atuais de direito civil*. Rio de Janeiro: Renovar, 2000.

GARCIA, Basileu. *Instituições de direito penal*. 4. ed. São Paulo: Max Limonad, s.d. v. 1. t. 1.

GAUDEMET, Jean. *Institutions de l'antiquité*. Paris: Sirey, 1967.

GIRARD, Paul F. *Manuel eléméntaire du droit romain*. 5. ed. Paris: Arthur Rousseau, 1911.

GOMES, Orlando. *Introdução ao direito civil*. 7. ed. Rio de Janeiro: Forense, 1983.

GONÇALVES, Carlos Roberto. *Direito civil brasileiro*. São Paulo: Saraiva, 2003. v. 1.

GRESSAYE, Brethe de la; LACOSTE, Laborde. *Introduction générale à l'étude du droit*. Paris: Recueil Sirey, 1947.

JABUR, Gilberto Haddad. *Liberdade de pensamento e direito à vida privada*. São Paulo: Revista dos Tribunais, 2000.

JUSTEN FILHO, Marçal. *Desconsideração da personalidade societária no direito brasileiro*. São Paulo: Revista do Tribunais, 1987.

KELSEN, Hans. *Teoria pura do direito*. 5. ed. Coimbra: Arménio Amado, 1979.

KOSCHAKER, P. *Europa y el derecho romano*. Madri: Revista de Derecho Privado, 1955.

LARENZ, Karl. *Derecho civil*: parte general. Madri: Revista de Derecho Privado, 1978.

LEAL, Antônio Luís Câmara. *Da prescrição e da decadência*. 3. ed. Rio de Janeiro: Forense, 1978.

LIMA, Alvino. *A responsabilidade civil pelo fato de outrem*. 2. ed. Rio de Janeiro: Forense, 2000.

LIMA, Alvino. *A fraude no direito civil*. São Paulo: Saraiva, 1965.

LIMA, João Franzen de. *Curso de direito civil brasileiro*. 7. ed. Rio de Janeiro: Forense, 1977. v. 1.

LOPES, Miguel Maria de Serpa. *Curso de direito civil*. 4. ed. São Paulo: Freitas Bastos, 1962. v. 1.

LOPES, Miguel Maria de Serpa. *O silêncio como manifestação de vontade*. 3. ed. Rio de Janeiro: Freitas Bastos, 1961.

LOPES, Miguel Maria de Serpa. *Comentários à lei de introdução ao Código Civil brasileiro.* Rio de Janeiro: Freitas Bastos, 1959.

LOTUFO, Renan. *Código Civil comentado.* São Paulo: Saraiva, 2003. v. 1.

MAIA JÚNIOR, Mairan Gonçalves. *A representação no negócio jurídico.* 2. ed. São Paulo: Revista dos Tribunais, 2004.

MALUF, Carlos Alberto Dabus. *As condições no direito civil.* Rio de Janeiro: Forense, 1983.

MARTINS, Pedro Batista. *O abuso de direito e o ato ilícito.* 2. ed. Rio de Janeiro: Freitas Bastos, 1941.

MARTINS-COSTA, Judith. *A boa-fé no direito privado.* São Paulo: Revista dos Tribunais, 2000.

MAY, Gaston. *Éléments de droit romain.*18. ed. Paris: Sirey, 1932.

MEDINA, José Miguel Garcia; ARAÚJO, Fabio Caldas de. *Código Civil Comentado.* São Paulo: Revista dos Tribunais, 2014.

MEIRA, Sílvio. *Curso de direito romano*: história e fontes. São Paulo: Saraiva, 1975.

MEIRA, Sílvio. *Instituições de direito romano.* 4. ed. São Paulo: Max Limonad, s.d.

MEIRA, Sílvio. *A lei das XII tábuas*: fonte do direito público e privado. Rio de Janeiro: Forense, 1972.

MELLO, Marcos Bernardes de. *Teoria do fato jurídico:* plano de validade. 11. ed. São Paulo: Saraiva, 2001.

MELLO, Marcos Bernardes de. *Teoria do fato jurídico:* plano de existência. 11. ed. São Paulo: Saraiva, 2001.

MIRABETE, Julio Fabbrini. *Manual de direito penal.* 25. ed. São Paulo: Atlas, 2007. v. II.

MIRANDA, Custódio da Piedade U. *A simulação no direito civil brasileiro.* São Paulo: Saraiva, 1980.

MIRANDA, Custódio da Piedade U. *Interpretação e integração dos negócios jurídicos.* São Paulo: Revista dos Tribunais, 1989.

MIRANDA, Custódio da Piedade U. *Teoria geral do negócio jurídico.* São Paulo: Atlas, 1991.

MIRANDA, Darcy Arruda. *Anotações do Código Civil brasileiro.* São Paulo: Saraiva, 1981. v. 1.

MONTEIRO, Washington de Barros. *Curso de direito civil.* 16. ed. São Paulo: Saraiva, 1977. v. 1.

MONTEIRO, Washington de Barros. *Curso de direito civil.* Parte geral. 40. ed. São Paulo: Saraiva, 2005.

NEGRÃO, Theotonio. *Código Civil e legislação em vigor.* São Paulo: Revista dos Tribunais, 1980.

NERY JR., Nelson. *Vícios do ato jurídico e reserva mental.* São Paulo: Revista dos Tribunais, 1983.

NÓBREGA, Flóscolo da. *Introdução ao direito.* 5. ed. Rio de Janeiro: José Konfino, 1972.

NONATO, Orosimbo. *Da coação como defeito do ato jurídico.* Rio de Janeiro: Forense, 1957.

PEREIRA, Caio Mário da Silva. *Instituições de direito civil.* 5. ed. Rio de Janeiro: Forense, 1993. v. 1.

PEREIRA, Caio Mário da Silva. *Instituições de direito civil.* 21. ed. Rio de Janeiro: Forense, 2006.

PEREIRA, Caio Mário da Silva. *Condomínio e incorporações.* 7. ed. Rio de Janeiro: Forense, 1993.

PEREIRA, Caio Mário da Silva. *Lesão nos contratos.* 2. ed. Rio de Janeiro: Forense, 1959.

PEREIRA, Caio Mário da Silva. *Direito civil*: alguns aspectos da sua evolução. Rio de Janeiro: Forense, 2001.

NUCCI, Guilherme de Souza. *Manual de direito penal*. 8. ed. São Paulo: Revista dos Tribunais, 2012.

PERES, Ana Paula Ariston Barion. *Transexualismo*: o direito a uma nova identidade sexual. Rio de Janeiro: Renovar, 2001.

PETIT, Eugene. *Tratado elemental de derecho romano*. Buenos Aires: Albatroz, s.d.

PFEIFFER, Roberto A. A.; PASQUALOTTO, Adalberto (coord.). *Código de Defesa do Consumidor*: convergências e assimetrias. São Paulo: Revista dos Tribunais, 2005.

PLANIOL, M. *Traité élémentaire de droit civil*. 6. ed. Paris: s. n., 1911/1913. t. 1.

PONTES DE MIRANDA, Francisco Cavalcanti. *Tratado de direito privado*. 3. ed. Rio de Janeiro: Borsoi, 1970. v. 4.

RÁO, Vicente. *O direito e a vida dos direitos*. São Paulo: Max Limonad, 1952. v. 2.

RÁO, Vicente. *Ato jurídico*. São Paulo: Max Limonad, 1961.

REALE, Miguel. *Lições preliminares de direito*. São Paulo: Edusp, 1973.

REQUIÃO, Rubens. Abuso de direito e fraude através da personalidade jurídica. In: *Enciclopédia Saraiva de Direito*. São Paulo: Saraiva, 1977. v. 2.

RIZZARDO, Arnaldo. *Contratos*. 6. ed. Rio de Janeiro: Forense, 2006.

RIZZARDO, Arnaldo. *Da ineficácia dos atos jurídicos e da lesão no direito*. Rio de Janeiro: Forense, 1983.

RODRIGUES, Sílvio. *Direito civil*: parte geral. São Paulo: Saraiva, 1981.

RODRIGUES, Sílvio. *Dos vícios do consentimento*. São Paulo: Saraiva, 1979.

RODRIGUES, Sílvio. *Responsabilidade civil*. 21. ed. São Paulo: Saraiva, 2006.

RODRIGUES, Sílvio. *Parte Geral*. 34. ed. São Paulo: Saraiva, 2006. v. I.

SANTOS, Carvalho. *Repertório enciclopédico do direito brasileiro*. Rio de Janeiro: Borsoi, s.d. v. 2.

SANTOS, Moacyr Amaral. *Primeiras linhas de direito processual civil*. 5. ed. São Paulo: Saraiva, 1977. v. 1.

SANTOS, Moacyr Amaral. *Prova judiciária no cível e no comercial*. 4. ed. São Paulo: Max Limonad, 1971. v. 2.

SOARES, Guido Fernando Silva. *Common law*. 2. ed. São Paulo: Revista dos Tribunais, 2000.

SZANIAWSKI, Elimar. *Limites e possibilidades do direito de redesignação do estado sexual*. São Paulo: Revista dos Tribunais, 1999.

TARTUCE, Flávio. *O novo CPC e o Direito Civil*. São Paulo: Método, 2015.

TEDESCHI, Vitorio. Verbete: *varium*. *Digesto italiano*: domicilio, rezidenza e dimora. Turim: Torinese, 1968.

TEPEDINO, Gustavo. *A parte geral do novo Código Civil*. Rio de Janeiro: Renovar, 2002.

TEPEDINO, Gustavo (coord.). *Problemas de direito civil-constitucional*. Rio de Janeiro: Renovar, 2000.

TORNAGHI, Hélio. Comentários ao Código do Processo Civil. *Revista dos Tribunais*, v. 1, 1976.

TRABUCCHI, Alberto. *Istituzioni di diritto civile*. 33. ed. Pádua: Cedam, 1992.

VELOSO, Zeno. *Comentários à lei de introdução ao Código Civil*. 2. ed. Belém: Umuama, 2006.

VENOSA, Sílvio de Salvo. *Direito civil*: Contratos. 17. ed. São Paulo: Atlas, 2017. v. 3.

VENOSA, Sílvio de Salvo. *Direito civil*: Parte Geral. 17. ed. São Paulo: Atlas, 2017. v. 1.

VENOSA, Sílvio de Salvo. *Direito civil*: Obrigações e Responsabilidade Civil. 17. ed. São Paulo: Atlas, 2017. v. 2.

VENOSA, Sílvio de Salvo. *Direito civil*: Reais. 17. ed. São Paulo: Atlas, 2017. v. 4.

VENOSA, Sílvio de Salvo. *Direito civil*: Família. 17. ed. São Paulo: Atlas, 2017. v. 5.

VENOSA, Sílvio de Salvo. *Direito civil*: Sucessões. 17. ed. São Paulo: Atlas, 2017. v. 6.

VENOSA, Sílvio de Salvo. *Direito empresarial*. 7. ed. São Paulo: Atlas, 2017.

VENOSA, Sílvio de Salvo. *Lei do inquilinato comentada*. 11. ed. São Paulo: Atlas, 2012.

VENOSA, Sílvio de Salvo. *Primeiras linhas*: introdução ao estudo do direito. 3. ed. São Paulo: Atlas, 2010.

ÍNDICE REMISSIVO

A

Abuso de direito, 30.4
   conceito de, 30.4.1
   exemplos de, 30.4.2
   no atual Código Civil, 30.4.4
Ação(ões)
   de simulação, 29.8
   imprescritíveis, 31.4.1
   pauliana, 26.4.2
   quanti minoris, 22.11
   revocatória falencial, 26.7
Acessório
Acordo simulatório, 29.2
Actio in factum, 26.2
Administração
   responsabilidade civil, 14.8
Agente
   capacidade do, 20.3
alteração do nome, 11.2.4.1
Analogia, 2.5
Anterioridade do crédito, 26.4.1
Anulabilidade, 28.3
Anulação do negócio por erro
   Consequências, 22.13
Arbitramento, 32.2.1
Associações e sociedades, 14.11
Atos
   do registro civil, 10.11
   formais, 32.1
   ilícitos, 30
   jurídicos, 17
   jurídicos no direito romano, 17.3
   legislativos e judiciais: responsabilidade, 14.8.4
   não formais, 32.1
   processados em juízo, 32.2.1
   solenes, 32.1
Ausência, 10.11.3
   no atual Código, 10.8
Ausentes no Código de 1916, 10.9

B

Benfeitorias, 16.8.2
Bens
   acessórios, 16.8
   classificação, 16
   coletivos, 16.7
   consumíveis, 16.5
   corpóreos, 16.2
   divisíveis, 16.6
   divisões modernas de, 15.4
   fora do comércio, 16.10
   fungíveis, 16.4
   imóveis: regime dos, 16.3.1
   inconsumíveis, 16.5
   incorpóreos, 16.2
   indivisíveis, 16.6
   infungíveis, 16.4
   móveis: regime dos, 16.3.2
   não consumíveis, 16.5

particulares, 16.9
principais, 16.8
públicos, 16.9
reciprocamente considerados, 16.8
singulares, 16.7
Boa-fé, 21.2
Bona, 9.2.2

C

Capacidade
   das pessoas jurídicas no Direito romano, 13.4
   de direito, 9.1
   jurídica, 9.1
Capitis deminutio, 10.4.1
Capitis deminutio maxima, 9.2
Causa, 20.6, 22.5
Coação
   e estado de perigo, 24
   essencialidade da, 24.2.1
   por parte de terceiros, 24.4
   praticada por terceiro, 23.6
   requisitos da, 24.2
Codificação, 6
   de Justiniano, 3.5, 3.5.6
   do século XX, 6.4
   efeitos positivos e negativos, 6.1.1
   novas tendências, 5.4.3
   novos rumos, 6.1.2
   técnicas da, 6.5
Código Alemão (BCG), 6.3
Código Civil, 22.8
   art. 141 do, 22.7
   interpretação no, 21.2
Código de 1916, 7.3
   art. 15 do, 14.8.2
   condição impossível no, 27.2.3
Código de Napoleão, 6.2
Coisa(s)
   consumíveis, 15.4
   corpóreas, 15.2.2
   divisíveis, 15.4
   extra patrimonium, 15.3
   imóveis, 15.2.3
   in patrimônio, 15.2
   incorpóreas, 15.2.2
   móveis, 15.2.3
   simples, 15.4
Cominação
   injustiça ou ilicitude da, 24.2.4
Comissivo (dolo positivo), 23.5
Common Law, 2, 5.3.2
Comoriência, 10.9.1
Concessão do pai, mãe ou tutor no Código de 1916, 10.7
Condição(ões)
   de liberto, 9.2.2
   do nascituro, 10.2.1
   e pressuposição, 27.2.7
   ilícitas, 27.2.1
   lícitas, 27.2.1
   perplexa, 27.2.2
   potestativa, 27.2.2
   resolutiva, 27.2.4
   retroatividade da, 27.2.6
   suspensiva, 27.2.4
Confissão, 32.2.1, 32.2.2
Consentimento, 20.2
Conteúdo (objeto imediato), 20.5
Corpo
   direito ao próprio, 11.1.5
Costumes, 2.2
   e codificação, 5.4.2
Crédito
   anterioridade do, 26.4.1
Credores
   casos particulares de fraude contra, 26.5.1
   fraude contra, 26, 26.4
Culpa
   administrativa, 14.8.1
   in committendo, 30.2
   in custodiendo, 30.2
   in vigilando, 30.2

D

Dano
   atual, 24.2.5
   iminente, 24.2.5

Decadência, 31, 31.4.2
    no Código Civil de 2002, 31.6
Declaração de vontade, 20.2
    elementos constitutivos da, 20.2.1
Declaratário
    aceitação da manifestação de vontade errônea pelo, 22.10
Defesa dos direitos, 18.3
Deficiência mental, 10.3.2, 10.4.2
Deficientes visuais, 10.4.3
Digesto, 3.5.2
Direito(s)
    administrativo, 4.2
    aquisição dos, 18.1
    aquisição, modificação, defesa e extinção dos, 18
    atuais, 18.1.1
    atual: síntese da simulação no, 29.6
    chinês, 5.3.5
    civil brasileiro, 7
    civil, 4, 4.2
    civil: antes do Código, 7.1
    civil: fontes, 4.5
    civil: importância, 4.3
    civil: objeto, 4.4
    comercial, 4.2
    como um ramo do direito privado, 4.2
    condicionais, 18.1.4
    constitucional, 4.2
    da personalidade, 11, 11.1.1
    da personalidade: tutela dos, 11.1.2
    defesa dos, 18.3
    do nascituro, 10.2
    do trabalho, 4.2
    econômico, 4.2
    eventuais, 18.1.2
    eventual, 10.2.1
    expectativas de, 18.1.3
    extinção dos, 18.4
    fenômeno da representação no, 19
    futuros, 18.1.1
    internacional: privado, 4.2
    internacional: público, 4.1
    japonês, 5.3.5
    modificação dos, 18.2
    penal, 4.2
    potestativos, 18.1.5
    princípios gerais, 2.6
    privado em face do direito público, 4.1
    processual civil, 4.2
    processual penal, 4.2
    socialistas, 5.3.4
    subjetivo, 5.4.1
    tributário, 4.2
Direito Romano, 4.2
    atos jurídicos no, 17.3
    bens em, 15
    capacidade das pessoas jurídicas no, 13.4
    divisão, 3.2
    e moderno Direito Civil Brasileiro, 3.6
    período da monarquia absoluta, 3.2.4
    período da República, 3.2.2
    período do principado, 3.2.3
    período régio, 3.2.1
    pessoas jurídicas, 13
    sistema do *Ius Civile*, 3.3
Dissolução
    administrativa, 14.13
    judicial, 14.13
Documentos
    particulares, 32.2.4
    públicos, 32.2.4
Dolo, 23
    acidental, 23.4.1
    de ambas as partes, 23.8
    de terceiro, 23.6
    do representante, 23.7
    e erro, 23.2
    e fraude, 23.3
    essencial, 23.4.1
    negativo (omissivo), 23.5
    positivo (comissivo), 23.5
    requisitos do, 23.4
Dolus bônus, 23.4.2
Dolus malus, 23.4.2
Domicílio, 12
    da pessoa jurídica, 12.6
    de eleição, 12.5.1 (nota)
    espécies, 12.5

falta, 12.3
importância, 12.4
mudança, 12.3
no Direito Romano, 12.1
pluralidade, 12.3
unidade, 12.3
Doutrina(s), 2.3
   da ficção: pessoa jurídica, 14.4.1
   da instituição, 14.4.4
   da realidade: pessoa jurídica, 14.4.2
   negativistas, 14.4.3

E

Ébrio, 10.4.2
Eleição
   foro de, 12.5.1
Emancipação, 10.7, 10.11.3
   no atual Código, 10.7
   por escritura pública e por sentença, 10.7
Encargo, 27.4
Equidade, 2.7
Erro, 22.2
   acidental, 22.4
   consequências da anulação do negócio por, 22.13
   consistente numa falsa causa, 22.5
   de cálculo, 22.9
   de direito, 22.6
   de fato, 22.6
   e dolo, 23.2
   e vícios redibitórios, 22.11
   escusabilidade, 22.3
   sobre o valor, 22.12
   substancial, 22.4
Escravidão, 9.2.1
Escritura pública, 32.1.1
Estado
   das pessoas, 10.10
   de necessidade, 24.5
   de perigo, 24, 24.5
   individual, 10.10
   político, 10.10
Estatuto da Pessoa com Deficiência, 10.3.2
Excepcionais, 10.4.2
Execução
   fraude de, 26.6
Extra patrimonium, 15.3

F

Falsa causa
   erro consistente numa, 22.5
Fase de liquidação, 14.13
Fatos jurídicos, 17
Filii familias, 9.4
Fontes do direito, 2
Forma, 20.4
Foro de eleição, 12.5.1
Fraude
   contra credores, 26, 26.4
   contra credores: outros casos particulares de, 26.5.1
   de execução, 26.6
   e dolo, 23.3
   em geral, 26.3
Fruto(s), 15.4, 16.8.1
   civis, 15.4
   pendentes, 15.4
   percipiendos, 15.4
   produtos, 15.4, 16.8.1
   rendimentos, 15.4, 16.8.1
Fundações, 14.12
Fungibilidade, 16.4 (nota)

G

Grupos com personificação anômala, 14.6.2

H

Homem sujeito de direito, 9.2

I

Ignorância, 22.2
Imagem
   proteção da, 11.1.4
Imóveis, 15.2.3, 16.3
Incapacidade
   absoluta, 10.3

no atual Código, 10.4
   transitória, 10.3.3
Incapazes
   proteção aos, 10.5
Inclusão de nome, 11.2.4.1
Indícios, 32.2.6
Ingenuitas, 9.2
Ingênuo, 9.2
Inspeção judicial, 32.2.7
Institutas, 3.5.3
Instrumento particular, 32.1.1
Intenção de coagir, 24.2.2
Intencionalidade, 29.2
Interdição, 10.11.3
Ius civile, 3.3, 9.2
Ius gentium
   sistema do, 3.4
Ius sufregii, 9.2

J

Joia, 14.11.1
Jurisprudência, 2.4

L

Legitimação, 20.3.1
Legítimo interesse, 18.3.1
Lei, 2.1
   classificação, 2.1.1
   das XII Tábuas, 3.2.2
   de ordem pública, 2.1.1
   de proteção à economia popular, 25.4
Lesão, 25
   conceitos e requisitos, 25.3
   renúncia antecipada à alegação de, 25.6
Liberto
   condição do, 10.2.1
Liquidação
   fase de, 14.13

M

Maiores de 16 e menores de 18 anos, 10.4
Mal cominado: gravidade do, 24.2.3

Mancipatio, 17.3
Manumissio per epistulam, 9.2.1
Massa falida, 14.6.2
Meios de prova, 32.2.1
Menores de 16 anos, 10.3.1
Menores de 18 anos, 10.4
Momento da morte, 10.9.2
Moradia, 12.2
Morte
   momento da, 10.9.2
   presumida no Código, 10.9
Móveis, 15.2.3, 16.3
Mundo
   consenso, 20.2
   da cultura, 1
   da natureza, 1
   dos valores, 1

N

Nascimentos, 10.11.1
   condição, 10.2.1
Nascituro
   condição do, 10.2.1
   direitos do, 10.2
Negócios
   anuláveis e negócios nulos: distinção entre, 28.4
   anuláveis: ratificação ou confirmação dos, 28.3.1
Negócio(s) jurídico(s), 17, 17.2
   causais, 17.2.1
   classificação dos, 17.2.1
   complexos, 17.2.1
   conversão do, 28.2.1
   defeitos dos, 22
   elementos acidentais dos, 27
   elementos, 20.1
   forma e prova dos, 32
   formais, 17.2.1
   interpretação dos, 21
   invalidade dos, 28
   objeto do, 20.5
   pressupostos, 20.1
   problemática da inexistência dos, 28.5

prova dos, 32.2
requisitos, 20.1
sentido da interpretação dos, 21.1
solenes, 17.2.1
Nome, 11.2.3 (nota)
alteração mediante supressão, 11.2.4 (nota)
alteração para voltar a usar o que tinha antes de obter a anterior retificação, 11.2.4
civil das pessoas naturais, 11
da mulher e do marido: alteração, 11.2.4, 11.2.4.1
da mulher: divórcio, 11.2.4.1
e prenome: alteração de estrangeiro, 11.2.4
e prenome: alteração impossível, 11.2.4
elementos integrantes, 11.2.3
possibilidade de alteração, 11.2.4
prenome e sobrenome, 11.2.4
proteção do, 11.2.5
vocatório, 11.2.3
Nomes curiosos, 11.2.4 (nota)
Norma jurídica, 1
Novelas, 3.5.4
Nulidade, 28.2
Núncio
figura do, 19.3

O

Óbitos, 10.11.2
Objeto, 20.5
do negócio jurídico, 20.5
imediato (conteúdo), 20.5
mediato, 20.5
Omissivo (dolo negativo), 23.5
Ordenações
Afonsinas, 3.6
Manuelinas, 3.6
Organizações religiosas, 14.11.2

P

Partidos políticos, 14.11.2
Pater familias, 9.4, 15.5
Patrimônio, 15.5

como elemento não essencial da pessoa jurídica, 14.7
Patronato, 9.2.2
Perícia, 32.2.7
Persona, 9.1
Personalidade
jurídica, 9.1
natural: começo, 10.2
natural: fim, 10.9
Personificação anômala
grupos com, 14.6.2
Pertenças, 16.8
Pessoas
estado das, 10.10
Pessoa(s) jurídica(s), 14
capacidade e representação, 14.5
classificação, 14.6
de direito privado, 14
denominação, 14.2
desconsideração da, 14.14
doutrina da ficção, 14.4.1
doutrina da instituição, 14.4.4
doutrina da realidade, 14.4.2
doutrina negativista, 14.4.3
e direitos da personalidade, 11.1.6
existência legal da, 14.10
nacionalidade das, 14.9
natureza, 14.4
no direito atual, 13.1
no Direito Romano, 13, 13.2
principais, 13.3
registro, 14.10.1
requisitos para a constituição, 14.3
transformações e extinção, 14.13
Pessoa(s) natural(is), 9, 10.1
nome civil das, 11, 11.2
Prazo, 27.3.1
Prejuízo
ameaça de, 24.2.7
aos bens da vítima, 24.2.7
à pessoa, 24.2.7
a pessoa da família da vítima, 24.2.7
Prejuízo igual
decorrente do dano extorquido, 24.2.6
justo receio, 24.2.6

Prenome
  alteração, 11.2.4
  mudança de, 11.2.4.2
Prescrição, 31, 31.4.2
  aquisitiva, 31.2
  causas impeditivas e suspensivas da, 31.4.4A
  causas interruptivas da, 31.4.4B
  conceito e requisitos da, 31.4
  disposições legais sobre a, 31.4.3
  e decadência no Código Civil de 2002, 31.6
  extintiva, 31.2
  impedimento, suspensão e interrupção da, 31.4.4
  síntese histórica da, 31.3
Presunção(ões), 32.2.6
  iuris et de iure, 32.2.6
  iures tantum, 32.2.6
Princípios gerais de direito, 2.6
Privacidade
  proteção da, 11.1.4
Pródigo, 10.4.1
Produtos, 16.8.1
Proteção
  aos incapazes, 10.5
  da imagem, 11.1.4
  do nome, 11.1.4, 11.2.5
Prova
  da simulação, 29.9
  meios de, 32.2.1
  testemunhal, 32.2.5

R

Reforma legislativa, 7.4
Registro civil
  atos do, 10.11
Relação jurídica
  sujeitos da, 9.1
Rendimentos, 16.8.1
Reparação do ano
  ação de indenização, 14.8.5
Representação
  efeitos da, 19.5
  evolução histórica da, 19.2
  indireta, 19.2
  legal, 19.4
  no direito, 19
  voluntária, 19.4
Representante: dolo do, 23.7
Res divini iuris, 15.3.2
Res humani iuris, 15.3.1
Res mancipi, 15.2.1
Res nec mancipi, 15.2.1
Reserva mental no Código de 2002, 29.7
Residência e moradia, 12.2
Responsabilidade civil, 30.1
  contratual, 30.1
  da administração: evolução doutrinária, 14.8.1
  das pessoas jurídicas, 14.8
  exclusão ou diminuição da, 30.3
  extracontratual (extranegocial), 30.2
  extracontratual: elementos da, 30.2
  objetiva, 14.8
  subjetiva, 14.8
Retificação de nome, 11.2.4.3 (nota)
Revocatio in servitutem, 9.2.2
Risco
  administrativo, 14.8.1
  integral, 14.8.1

S

Sanção, 2.1
Semoventes, 15.2.3
Silêncio, 20.2.2
Silvícolas, 10.6
Simulação, 29
  absoluta, 29.4
  ação de, 29.8
  e defeitos afins, 29.7
  espécies de, 29.3
  inocente, 29.5
  maliciosa, 29.5
  no direito atual: síntese da, 29.6
  prova da 29.9
  relativa, 29.4
Sistema romano-germânico
  e o *Common Law*, 5.3.2

características, 5.3.1
Sistema(s)
  do direito costumeiro: *Common Law*, 2
  do *ius gentium*, 3.4
  filosóficos, 5.3.5
  jurídicos, 5
  jurídicos no mundo contemporâneo, 5.3
  religiosos, 5.3.5
Sobrenome
  alteração, 11.2.4
Sociedades e associações, 14.11
Status civitatis, 9.3
Status familiae, 9.4
Status libertatis, 9.2
Sujeitos do direito, 9.2, 10
Surdos-mudos, 10.4.3

T

Temor reverencial, 24.3
Teoria
  da confiança, 22.1
  da declaração, 22.1
  da responsabilidade, 22.1
  da vontade, 22.1
  do abuso: aplicação da, 30.4
  do risco administrativo: aplicação, 14.8.3
  organicista do Estado, 14.8 (nota)
Terceiro(s)
  coação praticada por, 23.6
  coação por parte de, 24.4
Termo, 27.3
Testemunha, 32.2.1
Tipicidade, 1.1
Transexual
  alteração do nome, 11.2.4.2 (nota)
Tutela dos direitos da personalidade: legitimidade para a, 11.1.3

U

Universidade, 5.4.1

V

Vacatio legis, 8.3
Valor
  erro sobre o, 22.12
Venditio bonorum, 26.2
Vícios
  do consentimento, 22.3, 22.4
  redibitórios, 22.11
  sociais, 22.1
Vontade
  da ação, 20.2.1
  da declaração, 20.2.1
  negocial, 20.2.1